天通苑居住小区一角

中华人民共和国国务院令

第467号

现公布《地方志工作条例》，自公布之日起施行。

总理　温家宝

2006年5月18日

地方志工作条例

第一条　为了继承和发扬中华民族优秀文化传统，全面、客观、系统地编纂地方志，科学、合理地开发利用地方志，发挥地方志在促进经济社会发展中的作用，制定本条例。

第二条　中华人民共和国境内地方志的组织编纂、管理、开发利用工作，适用本条例。

第三条　本条例所称地方志，包括地方志书、地方综合年鉴。

地方志书，是指全面系统地记述本行政区域自然、政治、经济、文化和社会的历史与现状的资料性文献。

地方综合年鉴，是指系统记述本行政区域自然、政治、经济、文化、社会等方面情况的年度资料性文献。

地方志分为：省（自治区、直辖市）编纂的地方志，设区的市（自治州）编纂的地方志，县（自治县、不设区的市、市辖区）编纂的地方志。

第四条　县级以上地方人民政府应当加强对本行政区域地方志工作的领导。地方志工作所需经费列入本级财政预算。

第五条　国家地方志工作指导机构统筹规划、组织协调、督促指导全国地方志工作。

县级以上地方人民政府负责地方志工作的机构主管本行政区域的地方志工作，履行下列职责：

（一）组织、指导、督促和检查地方志工作；

（二）拟定地方志工作规划和编纂方案；

（三）组织编纂地方志书、地方综合年鉴；

（四）搜集、保存地方志文献和资料，组织整理旧志，推动方志理论研究；

（五）组织开发利用地方志资源。

第六条　编纂地方志应当做到存真求实，确保质量，全面、客观地记述本行政区域自然、政治、经济、文化和社会的历史与现状。

第七条　省、自治区、直辖市人民政府制定本行政区域地方志编纂的总体工作规划(以下简称规划)，并报国家地方志工作指导机构备案。

第八条　以县级以上行政区域名称冠名的地方志书、地方综合年鉴，分别由本级人民政府负责地方志工作的机构按照规划组织编纂，其他组织和个人不得编纂。

第九条　编纂地方志应当吸收有关方面的专家、学者参加。地方志编纂人员实行专兼职相结合，专职编纂人员应当具备相应的专业知识。

第十条　地方志书每20年左右编修一次。每一轮地方志书编修工作完成后，负责地方志工作的机构在编纂地方综合年鉴、搜集资料以及向社会提供咨询服务的同时，启动新一轮地方志书的续修工作。

第十一条　县级以上地方人民政府负责地方志工作的机构可以向机关、社会团体、企业事业单位、其他组织以及个人征集有关地方志资料，有关单位和个人应当提供支持。负责地方志工作的机构可以对有关资料进行查阅、摘抄、复制，但涉及国家秘密、商业秘密和个人隐私以及不符合档案开放条件的除外。

地方志资料所有人或者持有人提供有关资料，可以获得适当报酬。地方志资料所有人或者持有人不得故意提供虚假资料。

第十二条　以县级以上行政区域名称冠名、列入规划的地方志书经审查验收，方可以公开出版。

对地方志书进行审查验收，应当组织有关保密、档案、历史、法律、经济、军事等方面的专家参加，重点审查地方志书的内容是否符合宪法和保密、档案等法律、法规的规定，是否全面、客观地反映本行政区域自然、政治、经济、文化和社会的历史与现状。

对地方志书进行审查验收的主体、程序等由省、自治区、直辖市人民政府规定。

第十三条　以县级以上行政区域名称冠名的地方综合年鉴，经本级人民政府或者其确定的部门批准，方可以公开出版。

第十四条　地方志应当在出版后3个月内报送上级人民政府负责地方志工作的机构备案。

在地方志编纂过程中收集到的文字资料、图表、照片、音像资料、实物等以及形成的地方志文稿，由本级人民政府负责地方志工作的机构指定专职人员集中统一管理，妥善保存，不得损毁；修志工作完成后，应当依法移交本级国家档案馆或者方志馆保存、管理，个人不得据为己有或者出租、出让、转借。

第十五条　以县级以上行政区域名称冠名的地方志书、地方综合年鉴为职务作品，依照《中华人民共和国著作权法》第十六条第二款的规定，其著作权由组织编纂的负责地方志工作的机构享有，参与编纂的人员享有署名权。

第十六条　地方志工作应当为地方经济社会的全面发展服务。县级以上地方人民政府负责地方志工作的机构应当积极开拓社会用志途径，可以通过建设资料库、网站等方式，加强地方志工作的信息化建设。公民、法人和其他组织可以利用上述资料库、网站查阅、摘抄地方志。

第十七条　县级以上地方人民政府对在地方志工作中作出突出成绩和贡献的单位、个人，给予表彰和奖励。

第十八条　违反本条例规定，擅自编纂出版以县级以上行政区域名称冠名的地方志书、地方综合年鉴的，由县级以上地方人民政府负责地方志工作的机构提请本级人民政府出版行政部门依法查处。

第十九条　违反本条例规定，未经审查验收、批准将地方志文稿交付出版，或者地方志存在违反宪法、法律、法规规定内容的，由上级人民政府或者本级人民政府责令采取相应措施予以纠正，并视情节追究有关单位和个人的责任；构成犯罪的，依法追究刑事责任。

第二十条　负责地方志工作的机构的工作人员违反本条例第十四条第二款规定的，由其所在单位责令改正，依法给予处分。

第二十一条　编纂地方志涉及军事内容的，还应当遵守中央军委关于军事志编纂的有关规定。

国务院部门志书的编纂，参照本条例的相关规定执行。

第二十二条　本条例自公布之日起施行。

北京昌平年鉴

BEIJING CHANGPING NIANJIAN

2006（总第2卷）

中共北京市昌平区委党史办公室 编
北京市昌平区地方志办公室

中共党史出版社

图书在版编目（C I P）数据

北京昌平年鉴．2006／中共北京市昌平区委党史办公室，北京市昌平区地方志办公室编．—北京：中共党史出版社，2006.8 ISBN 7-80199-537-6

Ⅰ．北... Ⅱ．①北...②地... Ⅲ．昌平区—2006—年鉴 Ⅳ．Z521.3

中国版本图书馆CIP数据核字（2006）第097962号

书　　名：北京昌平年鉴（2006）

编　　者：中共北京市昌平区委党史办公室，北京市昌平区地方志办公室
责任编辑：李青建
出版发行：中共党史出版社
社　　址：北京市海淀区芙蓉里南街6号院1号楼
邮　　编：100080
经　　销：新华书店
印　　刷：中国人民解放军第四二一零工厂
开　　本：185mm×260mm
字　　数：850千字
印　　张：35.25
印　　数：1-2000册
版　　次：2006年8月第1版
印　　次：2006年8月第1次印刷

ISBN 7-80199-537-6
定　　价：106.00元

昌平区地方志编纂委员会

顾　　问	赵凤桐　任宝贵　王振华
主　　任	佟根柱
副 主 任	王　刚　杨旭明
成　　员	曹鹏程　王双武　贺　军　王海津　裴卫东
	冯长水　张维亮　刘贵才　董洪江　郝　和
	姚富清　李永生　杨国昌　张荣禄　于　泓
	杨富志　李春菊　杜高潮　刘亮珍　何朝柱
	丁朝胜　徐忠富　吕良仲　李志武　刘富林
	李万佰　刘建初
区志办公室	
主　　任	刘建初
副 主 任	袁宝伦　王文治
工作人员	苗广生　卢永著　李国棣　吕　征　孟繁全
	王宏适　刘桂芳　刘　斌　王淑丽　李长富
	兰士兴

北京昌平年鉴

主　　编	刘建初
副 主 编	袁宝伦　苗广生　卢永著（执行）
编　　辑	卢永著　吕　征

序　　言

昌平区代区长　**关成华**

首卷《北京昌平年鉴》自2005年出版后，引起了较好的社会反响。年鉴系统翔实记载了过去的一年，昌平区在市委、市政府的正确领导下，坚持以邓小平理论和“三个代表”重要思想为指导，认真贯彻党的路线、方针和政策，落实科学发展观，经济建设及各项事业所取得的成就，展示了全区广大干部群众在建设“三个首选之区”的进程中，团结奋斗、开拓进取的精神风貌。

2005年是“十五”计划的收官之年，也是“十一五”规划的筹谋之年。2001年——2005年是昌平历史上经济社会发展最快、城乡面貌变化最大、人民生活改善最明显的五年。在区委、区政府的正确领导下，我们圆满完成了“十五”计划确定的目标和任务，为“十一五”期间的持续发展打下了坚实的基础。“十一五”规划的编制和实施，标志着昌平经济和社会的发展步入了一个崭新的阶段。未来五年昌平发展面临的是一个机遇与挑战并存，机遇大于挑战，总体上有利于促进经济社会发展的环境。根据市委、市政府对昌平的功能定位和全区发展的总体要求而制定的昌平“十一五”规划和2020年远景目标纲要，描绘了昌平美好的前景。我们要紧紧抓住举办2008年奥运会的机遇，以“发展、统筹、创新、开放、和谐、人本”为主题，坚持科教创新基地、人文生态景区、和谐宜居新城的发展定位，进一步转变观念，创新发展模式，增强发展活力，提高发展质量，努力走出一条经济发展、生活富裕、生态良好、社会和谐的科学发展之路，全面推进“三个首选之区”建设，构建和谐宜人新昌平。

岁序沿革，载之典籍。《北京昌平年鉴》自首卷始，将逐年编纂、连续出版，记录一地变迁，促进各业发展，激励万众奋进。作为综合地情资料工具书和史料文献，将更好地发挥存史资政、宣传育人和鉴往知来的作用。

编 辑 说 明

一、《北京昌平年鉴》是一部综合性、资料性工具书和文史资料。在中共北京市昌平区委和昌平区人民政府的领导下，由区地方志编纂委员会主持编纂，区地方志办公室负责实施编纂工作。

二、本年鉴以马列主义、毛泽东思想、邓小平理论和“三个代表”重要思想为指导，坚持党的基本路线，遵循实事求是的原则，与时俱进，开拓创新，科学地反映客观情况。

三、本年鉴从2005年开始，逐年编纂出版。当年出版的年鉴，全面记述上年昌平区经济和社会发展各方面的基本情况和重大事件，对境域内中央、市属单位亦适当记述。记述时限为2005年1月1日至2005年12月31日。凡在本书中直书月、日的，均指2005年内的日期，文中“本年”、“年内”一律指2005年。

四、本年鉴采用分类编辑体例，用文章和条目两种形式，以条目为主，用规范的语体文、记述体直陈其事，文字力求言简意赅。全书设类目、分目、子目、条目4个层次。条目的标题统一用黑体并外加【】标明。类目、分目、子目的标题分别用不同型号的字体加以区别。

五、本年鉴的文字内容，设有综述、特载、专记、大事记、政党·团体、政权·政协、政法·军事、经济行政管理、财税·金融·保险、城乡建设、城市管理、交通·邮政、农业、工业、商务·旅游、科技·教育·文化·卫生·体育、社会生活、街道·镇、人物、统计资料、附录共21个类目，97个分目，154个子目，2333个条目。全书除文字部分外，还配以地图、彩色照片、表格，力求具体、形象、生动地反映昌平区的发展面貌。

六、本年鉴收录昌平区党、政、军、团体、街、镇和部分企业负责人名录，以2005年内任职为限，其中有任免情况的分别予以注明。收录2005年市级以上（含市级）各类先进人物、先进单位名单，所收录的内容均以各单位提供的材料为准。

七、选入本年鉴的文章和条目，除部分资料由年鉴编辑人员直接收集外，其它均由各部门、各单位确定的专人撰写或提供，并经部门、单位主要领导审阅，报区委、区政府有关领导审查。组织机构负责人名单由区委组织部提供，统计资料由区统计局提供，照片由各有关单位提供。

八、本年鉴的编辑工作得到各撰稿单位及各方面的热情关怀和大力支持，在此深表谢意。由于水平有限，对本书的疏漏之处与不足，恳请各界批评指正，以利于今后改进。

北京市昌平区行政区划图

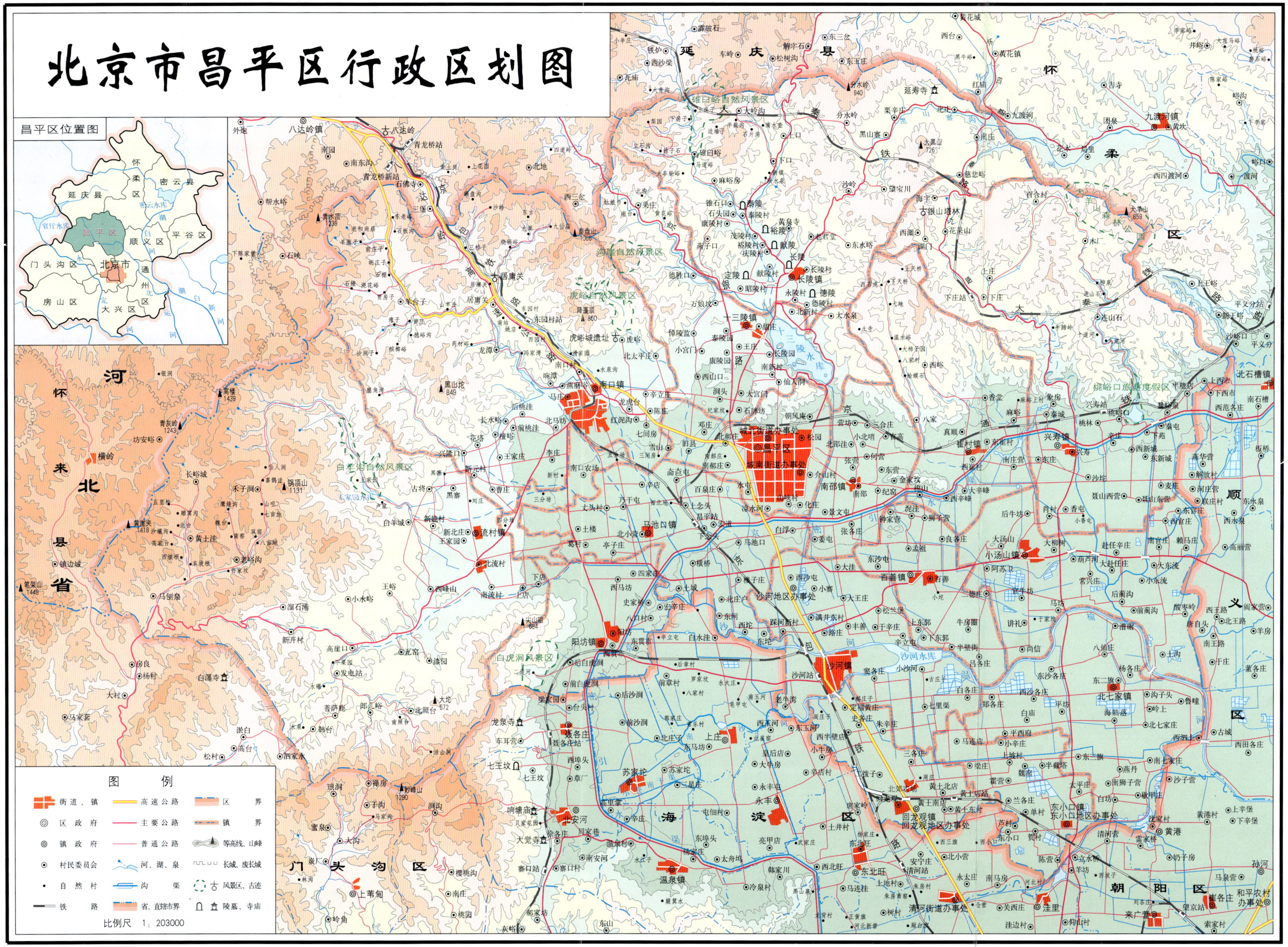

昌平区卫星影像图

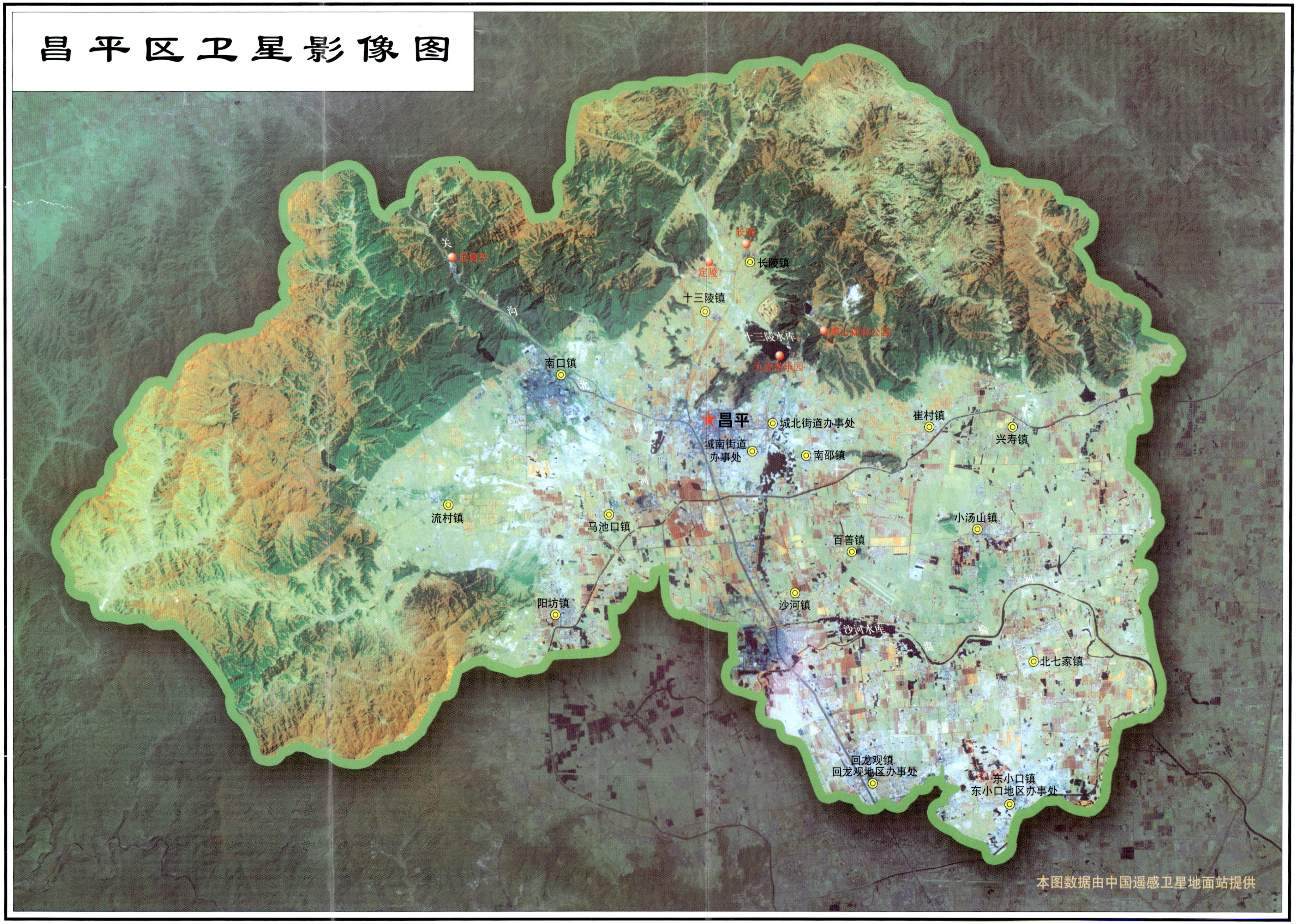

关
居庸关
沟
长陵
长陵镇
定陵
十三陵镇
十三陵水库
蟒山森林公园
九龙游乐园
南口镇
北
昌平
城北街道办事处
崔村镇
兴寿镇
城南街道
办事处
南邵镇
流村镇
马池口镇
小汤山镇
百善镇
沙河镇
阳坊镇
沙河水库
北七家镇
回龙观镇
回龙观地区办事处
东小口镇
东小口地区办事处
本图数据由中国遥感卫星地面站提供

9月5日，中共中央政治局委员、北京市委书记刘淇（中）到黑山寨学校调研

6月20日，全国政协副主席张榕明（左一）到昌平职业学校考察职业教育工作

8月26日，北京市市长王岐山（左二）到天通苑社区居委会调研

7月16日，国家水利部部长汪恕诚（右二）、北京市副市长牛有成（左二）到本区调研水务工作

4月26日，国家旅游局局长邵琪伟（中）、北京市副市长张茅（左二）到十三陵定陵景区检查五一"黄金周"的接待准备工作

6月8日，国家档案局局长、中央档案馆馆长毛福民(右)到南口镇龙虎台村就现行文件利用服务工作进行调研

2月4日，中国地震局局长陈建民（左一）到本区慰问指导工作

9月26日，中共北京市委副书记龙新民（右二）到本区调研

4月14日，中共北京市委副书记、市纪委书记阳安江（左一）到本区调研

10月8日，北京市副市长牛有成（右一）到本区调研农村垃圾管理情况

12月5日，北京市副市长孙安民（右一）到长陵镇麻峪房村计生家庭民俗旅游贴息贷款户考察

12月11日，北京市副市长吉林（左一）到康庄治超站慰问一线民警

北京市昌平区第二届人民代表大会第三次会议

中国人民政治协商会议北京市昌平区第二届委员会第三次会议

1月12日，召开区纪委第三次全体会议暨全区党风廉政建设工作会

1月29日，召开保持共产党员先进性教育活动动员部署会

2月18日，举办保持共产党员先进性教育活动专题报告会

3月3日，召开庆祝昌平区荣获“全国科技进步示范区”大会

3月4日，召开优秀共产党员先进事迹报告会

3月17日，召开党风监督员特邀监察员座谈会

5月24日，举办处级党政正职领导干部“构建社会主义和谐社会”专题读书班

7月18日，举行区政府与加拿大大不列颠哥伦比亚省坎卢普斯市友好交流合作协议签字仪式

9月9日，北京铁人三项世界杯举行新闻发布会

9月12日，召开全区宣传思想工作会议

9月15日，举办党风廉政歌曲比赛决赛

10月22日，举行区政府与美国加利福尼亚州奥克兰市友好交流合作协议签字仪式

10月27日，举行韩国现代汽车配套企业入驻昌平园签约仪式

12月8日，举行北京生命科学研究所揭牌仪式

1月10日，召开天通苑文化居住区交通协管队成立大会

3月3日，举办爱耳日义诊活动

4月6日，举行昌平区行政投诉中心成立揭牌仪式

4月26日，昌平五中修建状元林

4月29日，举行“盛都明皇”牌白酒包装印制交通安全警句启动仪式

5月－9月，公安昌平分局开展“开门大接访”活动

6月28日，举办昌平区第八届学生艺术节

7月13日，举办纪念《会计法》颁布20周年座谈会

8月4日，昌平青少年友好交流团赴韩国道峰区访问

8月20日，北京燕岭农业生态园开业（揭牌）

8月27日，举行“关爱女孩阳光助学行动”

9月17日，傲胜北京铁人三项世界杯赛在十三陵水库举行

9月22日，召开《文物志》、《明十三陵志》编修工作座谈会

10月17日，举行“公安昌平分局拘留所”揭牌仪式

10月19日，举行《昌平周刊》入户仪式

10月22日，举办昌平区第二届苹果节

10月28日，举行郑各庄村税法宣传基地揭牌成立仪式

11月12日，“奥运向我们走来倒计时1000天”北京市直机关干部登居庸关长城活动在本区举办

12月1日，昌平四中健美操队参加全国健美操万人大赛北京赛区比赛获三等奖

12月5日，北京市人口与计划生育工作领导小组对本区人口计生“两个转变”工作进行评估验收

12月8日，区工商联合会沙河分会成立

12月16日，城管大队东小口分队成立

12月28日，111国道一期改建工程主路通车

街景绿化美化工程

街景绿化美化工程

目　录

综　述

特　载

专　记

大事记

政党·团体

中国共产党北京市昌平区委员会

群众团体

·昌平区总工会

·共青团昌平区委员会

·昌平区妇女联合会

·昌平区工商业联合会

昌平区人民政府

财税·金融·保险

财 政

税 务

·国家税务

·地方税务

交通·邮电

交通

·公路建设

·运输管理

邮　政

农　　业

农村集体经济产权制度改革

科技·教育·文化·卫生·体育

科　技

教　育

·教委工作

·学前教育

人 物

统 计 表

附 录

综述

综　　述

地情概况

昌平为北京市辖区，位于北京市西北部。自古为军事重镇，军事必争之地，是北京的北大门，素有“京师之枕”、“甲视诸州”之称。区域地理坐标东经115°50′17″～116°29′49″、北纬40°2′18″～40°23′13″，北与延庆县、怀柔区相连，东邻顺义区，南与朝阳区、海淀区毗邻，西与门头沟区和河北省怀来县接壤。全区总面积1352平方公里，耕地面积28万亩。全区地处温榆河冲积平原和燕山、太行山支脉的结合地带，地势西北高、东南低，北倚燕山西段军都山支脉，南俯北京小平原，山区、半山区占全县总面积的2/3。山地海拔800米至1000米，平原高度海拔30米至100米。主要河流属温榆河水系。全县处在温带季风区，属暖温带大陆性季风气候。年平均日照时数2684小时，年平均气温11.8℃，年平均降水量550.3毫米。

昌平历史悠久，早在6000多年前祖先就已在境内雪山、南口等地繁衍生息。西汉时期始设昌平县。明正德元年（1506）县升为州。民国2年（1913）撤州设县。抗日战争、解放战争时期在县西部和北部地区建立中国共产党领导的昌宛、昌延、昌平、昌顺联合县等民主革命政权。1948年12月12日昌平县解放。1949年4月昌顺联合县分设昌平县，属察哈尔省南口专区；8月1日起属河北省通县专区；1956年1月划归北京市管辖，撤县设区。1960年1月，撤区复设昌平县。1999年9月16日撤销昌平县设立昌平区。2005年，全区辖15个镇，2个街道办事处，2个地区办事处。年末全区户籍人口48.2万人，比上年末增加1.2万人；全区人口出生率8.1‰，自然增长率0.48‰。全区人口由汉族、回族、满族、蒙古族、朝鲜族等45个民族构成，其中主要为汉族。

2005年国民经济和社会发展

2005年，全区国内生产总值完成192.0亿元，比上年增长5.2%；其中一、二、三产业增加值分别为3.6亿元、84.3亿元、104.1亿元，一、二、三产业占国内生产总值比例为1.9:43.9:54.2。实现地方财政收入13.2亿元，比上年增长20.5%。

农　业

全区农村经济总收入实现148.4亿元，比上年增长18.0%。全区实现农林牧渔业总产值9.36亿元，其中种植业产值4.87亿元，林业产值1.25亿元，牧业产值2.92亿元，渔业产值3244.2万元。全区粮食播种面积13.5万亩，与上年持平，粮食总产3700万公斤，同比增长15.6%。年出栏猪10.4万头，出栏肉牛3009头，出栏羊16.6万只，出栏家禽239.7万只；年蔬菜产量7607万公斤，水果产量4927万公斤，牛奶产量1579万公斤，鲜蛋产量368.8万公斤，水产品产量255万公斤。全年实现种业生产总收入

2218.3万元，同比增长183.2%；其中种蛋收入最高，占牧业种业总收入的78.5%。

全区312个村全部完成土地承包经营权确权，74个村已经完成和正在进行农村集体经济产权制度改革。农业产业化以苹果为主的特色林果业、肉羊产业、牧草产业、温水鱼产业、休闲产业继续保持良好发展势头，全区苹果总产量达2600万公斤，成功销往香港、欧盟等地，效益突破1亿元。苹果标准化示范区被评为全国农业标准化示范区先进单位。罗非鱼协会建成国家级罗非鱼良种场，生产鱼种450万尾，带动全区养殖水面4500亩。兴翼草莓合作组织推行标准化生产，全年草莓产量达到60万公斤。农业标准化生产示范基地达86家，北京市安全食用农产品基地达91家，国家无公害农产品基地42家，绿色食品认证2家，ISO、HACCP等各种国际认证24家。农民技能培训累计12013人，其中4522人就业。新发展市级民俗旅游户291个，全区累计民俗旅游村达60个、1800户，观光采摘园达77个。完成山区险村险户搬迁56户共198人。

工　业

全区完成工业总产值465.7亿元，完成工业主营业务收入445.1亿元，实现工业利润总额12.8亿元。其中中关村科技园区昌平园完成工业产值231亿元，同比增长4.8%，占全区工业总量的49.6%；完成工业主营业务收入200.2亿元，同比增长1.6%；实现工业利润总额13.2亿元，同比下降8.6%；出口创汇7.8亿美元，比上年增长39.3%；上缴税费总额11亿元，比上年增长4%。新批入园企业200家，其中股份制企业179家，外商独资企业14家，中外合资企业7家。新增注册资金17亿元，注册资金在亿元以上的企业1家，5000万元以上企业2家，2000万元以上的企业12家，1000万元以上的企业14家；成功引入全球最大的食品配料加工企业和全球最大的食品供应链提供企业美国嘉吉公司。年内全区有10家企业通过ISO9000质量体系认证，累计达113家。新增各类市场经营主体18662户，累计达57335户，增长14.36%。农民向二三产业转岗培训8704人，转移达5300人。

商业　外经外易　旅游

全区实现消费品零售额55.2亿元，同比增长19.9%；其中各类商品交易市场实现零售额11.5亿元，同比增长近1倍。餐饮业实现零售额9.3亿元，同比增长48.7%，占全区消费品零售总额的16.8%。全区限额以上商业企业实现商品销售额63亿元，同比增长36%；实现利润总额4317.6万元，同比增长18.8%。18家商业企业年销售额超过亿元。年末全区拥有连锁企业4家，连锁分(门)店369个；农村连锁便利店56个、社区便民菜店30个。

全年新批外商投资企业59家，投资总额3.29亿美元，同比增长70.5%；注册资本1.75亿美元，同比增长32%；合同外资1.54亿美元，同比增长66.1%。实际利用外资达到5737.5万美元，同比增长22.2%。全区完成外贸出口交货额74.5亿元，同比增长188.5%。其中：中关村科技园区昌平园完成出口58.5亿元，同比增长295.9%；镇(街)企业完成出口10.6亿元，同比增长42.1%；中央、市属及无主管单位完成出口5.4亿元，同比增长59.6%。

全年共接待海内外游客1625.1万人次，同比增长7.3%；实现旅游收入18.4亿元，同比增长19.9%。其中民俗旅游增长明显，全年共接待游人119万人次，同比增长7.6%；实现旅游收入8000万元，同比增长42.9%。十三陵特区共接待海内外游客516.6万人次，同比增长11.7%；实现旅游收入2.8亿元，同比增长6.5%。

财政、金融

全年实现财政收入13.2亿元，同比增收2.2亿元，增长20.5%。其中固定收入完成1.39亿元，共享收入完成9.98亿元，分级收入完成1.82亿元。财政支出25.78亿元，比上年增支4.15亿元，增长19.2%。其中文教卫生事业支出5.73亿元，农口支出3.13亿元，抚恤、社救、社会保障支出2.86亿元，行政管理支出2.47亿元，基本建设、城市维护支出2.27亿元，公检法司支出1.56亿元，企业挖潜改造和科技三项支出9266万元，其它支出6.84亿元。全区完成全社会固定资产投资总额99.6亿元。其中：房地产开发完成投资70.4亿元；城镇固定资产投资完成14.4亿元；农村固定资产投资完成14.7亿元。

全区金融机构各项人民币存款余额为349.9亿元，比年初增加50.7亿元，同比增长14.6%；其中城乡居民储蓄余额为189.9亿元，比年初增加40.5亿元，同比增长26.5%。各项贷款余额为192.9亿元，比年初减少8.2亿元，同比下降5.5%。

城镇建设

全区投资1107万元，建设黑山寨集中供水厂；投资4984万元，为山区9个村打井11眼，铺设支管道221公里；在小汤山、马池口等地打备用水源井5眼，铺设管线9.6公里。全区城乡集中供水能力达到20万吨/日。建成覆盖全区的水质监测点24个，地下水位监测点28个。创建市级节水先进单位5个，节水小区7个。新增节水绿地10万平方米，新增农业节水灌溉面积1.18万亩。

全区重点实施了京津风沙源治理2.88万亩，国道111一期绿化工程832亩，小城镇绿化美化837.5亩，水源涵养林等0.4万亩，义务植树88.5万株。全年新增绿化面积2.4万亩，栽植各类苗木390.15万株，平均成活率97.8%。全区林木覆盖率57.8%，人均绿地面积48.3平方米，森林绿化覆盖率为37.6%。

全区投资4315万元，完成15条道路的新建、改建、步道翻建及水关环岛、永安环岛改造工程，完成道路铺油20.4万平方米，步道铺装6.74万平方米，砌路缘石5.37万米，铺雨、污水管线2971米。安装路灯143棵，胡同硬化2.25万平方米。全区天然气用户达到45051户，铺设管线258.59公里。实行垃圾密闭化管理，建垃圾站222处，配备压缩垃圾车94辆，三轮收集车170辆，收集容器34210只。全区119个居住小区、工业区实行垃圾分类管理，参与人口达40多万人。全年新建、改造二类公厕61座，全区首个粪便无害化定点消纳站建成投入试运行，日处理城市粪便能力达200吨、泔水达100吨。

全区空气质量二级和好于二级的天数达74%。完成小汤山污水处理厂改建、扩建工程，日处理能力增加0.6万吨；实施分散治污单位53家，建污水处理设施50处，日处理能力增加3.4万吨；全区日污水处理能力18.9万吨，处理总量3880万吨，污水处理率50.2%。

全区房地产开复工面积达到607.2万平方米，同比增长31.3%；其中新开工面积159.4万平方米，房地产竣工面积达到153.5万平方米。城镇居民人均住房使用面积20.2平方米。农村居民人均住房面积44.9平方米。

教育 科技 文化 卫生 体育

全区有普通中学49所，在校生19760人，专任教师2032人；小学90所，在校生22159人，专任教师2950人；幼儿园118所，在园幼儿10076人，专任教师87人。全区5427名考生参加中考，中考录取率99.24%；3996名考生参加高考，高考录取率85%；初中、高中体育考试及格率分别为98.96%、98.4%。年内完成8所小学、2所中学撤并任务，整合成教中心、经委中专、财贸干校等教育资源，完成了南口铁中、南口铁小的接收工作；完成了18所中小学危电、低电改造和23所中小学师生饮水工程；建立校园网121个，建成多媒体教室、计算机教室、教师电子备课室782个，全区有6所学校被评为北京市教育信息化先进学校，有6所中小学被评为北京市环境教育绿色学校，有16所学校获得北京市健康促进学校称号。年内加大对教师的培训力度，先后开设学历班53个，4000多人次的教师参加了学习,4700名教师接受了岗位培训和新课程培训。

全区共输出技术1463项,成交总额20.7亿元,同比增长64.9%,位居远郊区县首位。共吸纳技术440项,吸纳技术额3.2亿元,同比增长41.1%。全区实施各类科技计划41项,申报国家、市级科技项目23个。科技发展计划项目创造产值6800万元,实现利税530万元。专利申请量为549件,专利授权量为277件,全区17家企业被市知识产权局定为北京市百家专利试点企业。全面实施"一校带一镇,科普进村镇"工程,6所高校的1000余名学生参加,共开展科普宣传活动39项。

年内开展送图书下基层活动260余次,赠送图书1.8万余册。全区重点扶持镇级文化站10个,村级俱乐部59个。全区有39支业余艺术分团,102支业余演出队,251支秧歌队,61档民间花会,43支民族乐队,2支钢管乐队。以元旦、春节、五一、七一、十一等重大节日庆典为主题,成功举办了第六届艺术节、第六届新秧歌比赛、北京市乡村歌手大赛和纪念抗日战争胜利60周年等大型文艺演出。仅第六届艺术节期间,全区演出各类文艺节目1200余个,放映电影120余场,举办书画展、摄影展10余场,观众达30万人次。获得全国农村电影发行放映工作先进集体称号。年内检查娱乐场所、新闻出版场所632个,取缔非法经营摊点86个,收缴盗版光盘4万余张,盗版软件280张,盗版音带540盒,盗版图书3638册。在各类市级以上媒体(电台、电视台、报纸、杂志、网络)刊登(播出)各类稿件3200多篇,

年内为15个社区配置健身器材,累计达265个。区综合体育馆完成主体工程建设,工程总面积22556平方米。基层开展健身活动400余次,参与群众达6万余人次。接待各项体育赛事30次,先后承办了"傲胜北京铁人三项世界杯"比赛、北京市"奔向2008巴士旅游杯登银山塔林大赛"等多项国际、国内比赛,组织了区春季长跑比赛、区健身秧歌大赛、区独生子女趣味运动会、区篮球联赛等区内比赛。本区运动员在世界中学生田径运动会上获得1枚金牌;在市青少年锦标赛上获得8枚金牌;在全国第十届运动会上,取得1金、2银、2铜的优异成绩。全年向上级输送运动员7人。

全年完成门急诊173万人次,床位使用61万床日,急诊抢救3482人次,抢救成功率98.8%。启动区医院外科、妇科手术楼工程,区妇幼保健院门诊病房楼工程;沙河、南口、北郊、小汤山地区四个急救站正式投入使用;完成了28个村卫生室、46个社区服务站、27个传染病接诊室、6个传染病专用门诊和1个传染病隔离留观室的标准化建设工程,并全部投付使用。全区参加新型农村合作医疗大病统筹19.88万人,占全区农业人口的86.4%。免疫接种9.45万人次,公民义务献血6881人次。全年共审批、核准、审核各类卫生执业、卫生许可证3874个,取缔非法行医150户次,没收伪劣违法药品38箱、医疗器械90件。

人民生活和社会保障

年内全区在岗职工平均工资20510元,增长6.2%;城镇居民人均可支配性收入15684.2元,增长13.7%;农村居民人均纯收入7416元,增长9.8%。

年末全区养老保险参保单位1961家,失业保险参保单位1989家,工伤保险参保单位1626家,医疗保险参保单位1787家。全区开发社区就业岗位3724个,安置社区就业失业人员3079人,安置农村富余劳动力9388人,城镇登记失业人员就业率达到46.96%,城镇登记失业率控制在2.24%。对4593名失业人员进行了再就业培训,就业率63%;对13762名农村劳动力进行技能培训,就业率83.8%。对2800名在职职工进行技能提升培训,中级工持证率达到64%,高级工及高级工以上持证率达到14%。全年发放保障金734.1万元,下拨救灾款90万元,临时救

助款111万元，对149名流浪乞讨人员实施了及时有效的救助。正式实施农村特困人员医疗救助，将4217人纳入了医疗救助范围。区儿童福利部、救助管理站建成并投入使用。退伍、转业安置率100%。

精神文明和民主法制建设

精神文明建设以开展文明礼仪教育实践活动为突破口，加大了对《公民道德建设实施纲要》、《首都市民文明公约》、《首都市民文明守则》的宣传力度，全区共组织礼仪知识讲座、礼仪秧歌表演等活动400余场，受教育群众达7万余人；发放《文明礼仪普及读本》、《文明礼仪知识宣传册》、“文明礼仪知识讲座”光盘宣传材料8.6万份；先后举办了“美德在农家”征文活动、“生活礼仪”知识竞赛活动，“情系奥运，文明礼仪伴我行”主题系列教育实践活动，深入开展了“四进社区”、“三下乡”、“创建五好文明家庭”、评选“十星级文明户”、交通安全社区（村）、私营企业、个体工商户精神文明户及其他非公经济领域的精神文明创建活动。创建首都文明街道1个、首都文明镇2个、首都文明单位标兵8个、首都文明单位37个、首都文明村32个、首都文明社区18个、首都绿色社区15个、首都文明旅游景区10个。

年内办理人大代表议案和建议190件、政协委员提案178件，办复率100%。拍摄了系列法制宣传片，创办了《昌平法治专刊》；编辑出版了《流动人口常用法律知识问答》、《依法治区在昌平》等法律书籍，制作了50米长的法制画廊（墙）。在全区305个村、95个社区，建立了400个融法制宣传、法律咨询、化解纠纷、反馈信息等功能为一体的法制宣传咨询工作站。全区农村、社区有组织地向村（居）民播放普法电视短剧近500场次，受教育人数40万人次。年内区代表队获北京市依法治市领导小组办公室、市委宣传部和市司法局联合举办的“村官社干”法律知识电视大奖赛冠军。全区共调解纠纷7475件，成功调解7396件，调解成功率为98.9%。防止了104件濒于激化的纠纷，避免了197人可能造成的伤亡。年内各类刑事案件立案5315起，破获1750起；经济案件立案220起，破案196起。

特 载

特　　载

中共昌平区委工作报告

——2005年12月29日在区委二届八次全会上

昌平区委书记　赵凤桐

同志们：

这次全会的主要任务是，认真贯彻党的十六大、十六届三中、四中、五中全会和中央经济工作会议精神，落实市委九届十一次全会的工作部署，总结今年的工作，研究和部署明年的各项任务。下面，我受区委常委会的委托，向全会作工作报告。

一、区委二届六次全会以来的工作回顾

区委二届六次全会以来，在市委、市政府的正确领导下，区委常委会坚持以邓小平理论和“三个代表”重要思想为指导，认真履行职责，先后召开了区委二届七次全会和47次常委会，就关系全区经济社会发展的重大问题进行了深入研究，作出了一系列决策和部署。区委常委会切实加强自身建设，认真贯彻落实科学发展观，带领全区各级党组织和广大党员干部群众，开拓进取，扎实工作，顺利完成了全年的各项任务和“十五”计划的各项指标。全区经济建设、政治建设、文化建设、社会建设和党的建设都取得了新的进展，在推进“三个首选之区”建设、构建和谐宜人新昌平的道路上迈出了新的步伐。

“三个代表”重要思想和科学发展观的贯彻落实不断深入。区委常委会坚持把以邓小平理论和“三个代表”重要思想为指导、全面贯彻落实科学发展观作为重大战略任务，不断完善学习制度，认真抓好全区各级领导干部的理论学习，结合贯彻党的十六届五中全会和市委九届九次、十次全会精神，结合构建社会主义和谐社会的要求，结合开展保持共产党员先进性教育活动，努力掌握和运用科学发展观。坚持理论联系实际，注重分析和研究全区发展中的战略性、前瞻性问题，在科学发展观的指导下，全面谋划全区的经济社会发展。落实市委九届十次全会精神，提出了关于“十一五”规划的建议，进一步明确了全区未来五年的发展思路、发展目标和发展任务。落实北京市总体规划和区县功能定位，研究确定了“科教创新基地、人文生态景区、和谐宜居新城”的发展定位和“一带两轴、一城多点”的总体空间布局。进一步修编完善了昌平新城规划以及交通、环境整治等17个专项规划。研究制定了各镇(街道)功能定位和经济社会协调发展绩效评价考核体系，促进了镇(街道)特色发展、整体功能优化和城乡协调发展。

全区保持共产党员先进性教育活动取得了明显成效。按照中央精神和市委的统一部署,区委常委会认真领导组织了全区的先进性教育活动,圆满完成了第一批、第二批先进性教育活动的各项工作任务,启动了第三批先进性教育活动。区委常委以普通党员的身份带头学习、带头分析评议、带头整改提高,进一步坚定了理想信念,增强了党性意识,执政能力有新的提高。制定了五个方面 89 项整改措施,切实解决了一批涉及群众利益和影响改革发展稳定的突出问题。全区先进性教育活动取得了实实在在的成效,广大党员的党员意识、组织纪律观念、保持先进性的意识进一步增强,基本达到了中央提出的“提高党员素质、加强基层组织、服务人民群众、促进各项工作”的目标,真正成为了群众满意工程。

全区经济继续保持了平稳较快的增长势头。在经济发展中,坚持有所为、有所不为的方针,加快调整经济结构,转变经济增长方式,进一步加大了中关村科技园区昌平园、生命科学园、小汤山现代农业科技示范园等重点产业发展区的基础设施和环境建设力度,积极支持支柱作用强、导向性明显的重点企业发展,全区高新技术产业和先进制造业、旅游会展业、流通服务业、现代农业等“五个经济板块”有了新的发展,产业综合竞争力进一步增强。预计全年财政收入增长 15%左右;农民人均纯收入和城镇居民人均可支配性收入分别增长了 10%和 15%左右。

统筹城乡发展的力度进一步加大。紧紧抓住市委、市政府加大对郊区投入的机遇,进一步加大了对农村地区基础设施建设和社会事业发展的支持力度。启动了北禾路、南雁路等农村地区近 100 公里的道路改扩建工程,完成了 56 个山区村的饮水设施和 30 多个村的村内道路的改造,实现了山区有线电视全覆盖,恢复了 11 个镇的有线广播,建设了一批镇文化站,新建了 87 个规范化的村级文化和卫生设施。继续落实好山区生态林补偿机制,制定了矿产资源看护政策,组建了群众性社会治安巡逻队伍、农村垃圾收集队伍等,解决了万余人的就业。加大了对农村劳动力的培训力度,全年培训 1 万多人次。深入开展了新一轮山区对口支援工作,山区村自我发展能力进一步增强。积极推进城乡生态建设和环境综合治理,进一步完善了农村垃圾消纳工作机制,城乡群众的生产生活环境得到进一步改善。

城镇建设与管理水平进一步提高。按照高质量建设城市的要求,加强市政重点工程建设,启动了南环路大桥等一批道路工程的建设,完成了回龙观部分地区道路疏堵工程,推进了昌平、沙河、南口等城镇的市政设施建设,加强了北七家集中供水、小汤山污水处理厂等一批公用事业的建设,全面实现了昌平卫星城集中供暖,加大了与群众生活息息相关的路标路牌、公共厕所等公共服务设施的建设力度。按照高效能管理城市的要求,积极探索运用信息技术管理城市,进一步加强了对天通苑、回龙观两大社区的管理,初步建立了社区管理工作的新机制。进一步加强了大气污染治理、污水处理等工作。

体制改革和对外开放进一步深化。积极推进国有、集体企业改革,引进战略投资者重组改造现有企业取得了新进展。按照市委、市政府的统一部署,完成了国土、水资源等部门的体制改革工作。继续推进全程办事代理制向基层延伸,覆盖到了全区的科、队、站、所、村。启动了网上互联审批的筹备工作。农村集体经济组织产权制度改革扎实推进,今年又启动了 15 个村的改革工作,进一步探索了农村新型经济组织运行的体制机制。投融资改革稳步推进。积极做好对外开放工作,对外交往日益增多,外贸出口交货额持续增长。

和谐社会建设稳步推进。扎实推进社会建设与管理,城镇社区、村等基层自治组织建设不断加强,维护和谐稳定的作用得到进一步发挥。认真做好再就业工作,城镇登记失业率控制在2.5%以内。加快社会保障体系建设,进一步做好对特殊困难群体的帮扶工作,城乡困难群众的基本生活保障水平进一步提高。全面落实社会治安综合治理的各项措施,加大对各种违法犯罪活动的打击力度,全区保持了良好的社会治安状况。高度重视公共安全和安全生产,认真抓好禽流感防控工作,有效保障了人民群众的生命财产安全。深入贯彻落实《信访条例》,规范信访秩序,加强了人民内部矛盾的排查调处工作,进一步巩固了和谐稳定的社会局面。制定了《关于开展创建和谐社会试点工作的意见》,全区在1个镇、32个社区、村和企业中开展了试点工作,进一步探索了构建和谐社会的途径和方式,为全面推进和谐社会建设积累了经验。

精神文明建设和民主法制建设取得新进展。切实加强公民思想道德建设,启动了城乡居民素质教育工程,广泛开展了群众性精神文明创建活动,城乡文明程度和群众文明素质进一步提高。大力发展社会事业,进一步改善了部分中小学校办学条件,落实了城镇优质教育资源支援山区的政策,教育教学质量有了新的提高。沙河高教园区的筹建工作稳步推进。进一步加强科技工作,制定了加强科协工作的意见,召开了区科协代表大会,争创全国科普示范区工作取得明显进展。深入组织开展了基层群众文化体育活动,成功举办了2005年度铁人三项世界杯赛,得到了市委、市政府的充分肯定。继续加强公共卫生服务体系建设,城乡医疗卫生服务水平进一步提高。切实加强人大、政协工作,召开了第二次区人大工作会、政协工作会。深入落实村民自治和各项办事公开制度,基层民主建设取得新进展。扎实推进"四五"普法的总结验收和争创"四五"普法先进区工作,依法行政、公正司法和法制宣传教育工作得到进一步加强。

党的建设进一步加强。区委常委会高度重视自身建设,着力加强思想政治建设,在加强学习、提高素质、改进作风等方面取得了新进展。积极推进执政能力建设和先进性建设,全区各级党组织的领导核心、政治核心作用和党员的先锋模范作用进一步发挥。认真贯彻市委《关于推进基层党建工作创新的意见》,落实了党员年人均100元支部活动经费的要求,根据实际需要设立了社区专职党务工作者,组织了一批处级后备干部到农村基层挂职锻炼,进一步充实了基层党建工作力量。按照中央和市委关于建立健全教育、制度、监督并重的惩治和预防腐败体系的要求,加大了反腐倡廉宣传教育工作的力度,深入落实和完善了党风廉政建设的各项制度,对全区各级领导干部廉洁自律和作风建设提出了新的要求,进一步加大了查处违纪违法案件力度。成立了行政投诉中心,启动了巡视工作,全区党风廉政建设和反腐败斗争取得了新的成效。

2005年是"十五"计划的最后一年。经过全区上下的共同努力,我们全面超额完成了"十五"计划的各项任务,科学谋划了"十一五"时期的发展,全区经济社会发展站在了一个新的历史起点上。认真总结一年来和整个"十五"期间的各项工作,我们有以下六个方面的体会。

一是必须坚持以科学发展观为统领,推进经济社会全面协调可持续发展。科学发展观是指导发展的世界观和方法论。全区发展取得的成绩,最根本的是我们按照科学发展观的要求,不断转变发展观念、创新发展模式、提高发展质量,努力走科学发展之路。实现全区经济社会平稳较快发展,我们必须进一步全面贯彻落实科学发展观,按照以人为本的要求,不断增强发展的全面性、协调性和可持续性。

二是必须坚持总揽全局,统筹兼顾,分类指导。做好全区工作,必须总揽全局、协调各方,不断提高党委领导经济社会发展的水平,统筹协调好各方面的关系,调动各方面的积极性。要统筹安排党委的各项工作，积极支持人大、政府、政协和群团组织独立负责、协调一致地开展工作。要统筹兼顾城乡发展、经济社会协调发展、人口、资源、环境的可持续发展。要加强分类指导，按照镇（街道）功能定位的要求，促进各镇（街道）实现各具特色的发展。

三是必须坚持决策的民主化、科学化，不断提高党的执政能力。健全民主决策、科学决策、依法决策的制度，是加强党的执政能力建设的重要任务。要坚持民主集中制，进一步完善党委的议事规则和决策程序。凡是涉及到城市规划和发展等专业性较强的重大事项，要积极探索政府组织、专家领衔、部门合作、公众参与的工作方式；凡是涉及广大群众切身利益的问题，要采取多种方式征求广大群众的意见和建议，逐步建立和完善科学的决策机制，以科学决策推动科学发展。

四是必须坚持开拓创新，广泛凝聚一切推动发展的力量。创新是永葆生机与活力的源泉。既要总结和继承以往的好经验、好方法，又要大力发扬创新的精神，不断推进思路创新、体制创新、科技创新、管理创新，靠创新来解决全区工作中的难题。要把市委、市政府的工作部署与昌平的实际相结合，创造性地开展工作，努力使全区各项工作充分体现时代性、把握规律性、富于创造性。要进一步倡导“大昌平”理念，认真做好为驻昌单位和企业的服务工作，整合全区资源，形成推动发展的合力。

五是必须坚持以人为本，切实解决群众最关心、最直接、最现实的利益问题。以人为本，是科学发展观的本质和核心，是坚持立党为公、执政为民的必然要求。我们要继续坚持每年为城乡群众办实事的制度，进一步完善领导信访包案和联系基层群众制度，认真解决群众就业、就学、就医、安全、社会保障等方面的突出问题，使城乡群众享受到改革发展带来的实惠，促进社会和谐稳定。

六是必须坚持求真务实，不断提高持续抓工作落实的执行力。求真务实是我们党的优良传统，也是我们各项工作取得成绩的关键所在。要进一步健全完善抓工作落实的体制机制，明确责任、分工协作，加强督促检查，确保各项决策部署真正落到实处，使各项工作建立在更加坚实的基础之上。

二、当前的形势和明年工作的总体要求

2006年，是实施“十一五”规划的开局之年，也是把握重要战略机遇期，全面推进“三个首选之区”建设、构建和谐宜人新昌平的关键一年。做好明年的各项工作，必须全面、准确地把握形势。

从宏观形势看，中央提出的科学发展观和构建社会主义和谐社会的重大战略思想，为我们实现平稳较快发展提供了更加科学的指导思想。市委九届十次全会提出的“十一五”规划建议和市委九届十一次全会对2006年全市工作的全面部署，为今后五年和明年实现平稳较快发展指明了方向。市委、市政府坚持以科学发展观统领经济社会发展全局，实施“新北京、新奥运”的战略构想，不断加大统筹郊区发展的力度，为我们实现平稳较快发展提供了良好的条件。

从自身发展看，经过多年的不懈努力，全区综合实力和竞争力不断增强，培育了一批新的经济增长点，经济的聚集发展、节约发展和可持续发展能力有了新的提高，人民生活水平进一步改善，全区发展具备了更加坚实的基础。通过经济普查工作，我们对全区的经济总量、三次产业结构和就业方式等方面的新变化有了新的认识。此外，我们对推进社会主义新农村建设和构建和谐社会也有了进一步新的思考。

在全区迈入产业结构和经济增长方式的调整转变期、城乡建设与管理的统筹推进期、社会事业全面进步期的新阶段，我们必须清醒地认识到全区发展面临的一些突出矛盾和主要问题：一是企业的自主创新作用和自主创新能力有待进一步提高，新兴产业发展不足，转变经济增长方式和调整产业结构的任务还很艰巨；二是社会主义新农村建设处于完善思路、探索机制阶段，统筹城乡、区域协调发展的任务仍然很重；三是深化改革面临一些更深层次的矛盾，落实科学发展观的体制机制有待进一步建立和完善；四是一些关系群众切身利益问题的解决需要继续引起我们的高度重视，加强流动人口的服务与管理、环境治理等任务还比较艰巨；五是消除不稳定因素，切实维护全区安全稳定还需要我们常抓不懈；六是加强基层基础工作，转变工作作风，提高各级党组织和党员干部抓工作落实的执行力还有很多工作要做。对此，必须高度重视，认真加以解决。

做好明年的工作，总的要求是：以邓小平理论和“三个代表”重要思想为指导，以科学发展观统领经济社会发展全局，全面贯彻党的十六大、十六届三中、四中、五中全会和中央经济工作会议精神，认真落实市委九届十一次全会的各项工作部署，按照市委、市政府对昌平的功能定位，着力推进经济结构调整和经济增长方式的转变，着力推进昌平新城和新农村建设，着力增强自主创新能力，着力优化发展环境，全面提升建设“三个首选之区”、构建和谐宜人新昌平的水平，为顺利实施“十一五”规划起好步、开好局。

本着积极、稳妥的原则，明年全区经济社会发展的主要目标预期为，地区生产总值和地方财政收入分别增长10%左右，城镇居民人均可支配收入和农民人均纯收入年均增长8%左右，城镇登记失业率控制在2%以内，新农村建设实现良好开局，昌平新城规划和部分局部地区建设取得新进展。

三、明年的工作重点和主要任务

完成明年的各项任务，要统筹兼顾，突出重点，着重抓好六个方面的工作。

（一）进一步调整经济结构和转变经济增长方式，促进全区经济平稳较快发展

继续坚持“强二兴三优一”的产业发展思路，做大做强具有昌平特色的“五个经济板块”，重点发展高新技术产业、先进制造业和文化休闲产业，进一步提高经济聚集发展、节约发展和可持续发展的水平。

1、加快推进七个重点产业功能区的建设和发展。推动产业结构高级化，发展高端产业，整合各方面的资源，要以七个重点产业功能区为主要载体，促进产业聚集发展。要加强领导和工作力度，加快基础设施和配套设施建设，完善相应政策，创造发展的新优势，增强各个功能区的导向、辐射、带动作用。要着力建设好中关村科技园区昌平园、生命科学园，形成有较强吸引力的高新技术产业聚集区。同时，要积极推进中关村国家工程技术创新基地的前期筹备工作；支持、服务北汽福田、三一重工等企业的发展，做强全区的先进制造业；培育第三产业的新亮点，启动中关村国际商城建设，支持亚运村汽车新市场的建设，增强消费对经济的拉动作用；充分挖掘温泉地热资源优势，支持九华山庄等企业创造品牌，推动会展休闲产业的发展；进一步加强小汤山现代农业科技示范园的建设，提高其科技示范、辐射影响的能力，促进全区现代农业的发展；稳步推进沙河高教园区建设，力争入园高校建设取得实质性进展；着力保护好十三陵、居庸关长城世界文化遗产，统筹规划周边地区和北部山区的发展，努力形成历史文化和自然生态景观相结合的知名旅游景区和休闲度假区。各镇（街道）都要按照各自功能定位，努力发展各具特色的产业，培育一批新的经济增长点。

2、继续做好引进高质量产业项目的工作。这是调整经济结构和转变经济增长方式的基础，也是今后一个时期全区经济工作的重点。要继续坚持有所为、有所不为的方针，重点引进符合全区产业发展要求的银行、证券、保险等金融和投资机构，引进农产品加工、旅游、高新技术、先进制造业企业和国内外知名度较高企业的总部。此外，我们还要高度重视文化创意产业的发展。我们要继续倡导人人都是昌平的形象，人人都是投资环境的理念，努力为已经在昌平的企业做好服

务工作。

3、大力推进自主创新。自主创新是调整经济结构和转变经济增长方式的中心环节。要充分发挥中关村科技园区昌平园、生命科学园、小汤山现代农业科技示范园在区域创新中的引擎作用，搭建创新平台，整合创新资源，促进企业与驻昌高校和科研院所广泛开展合作，形成产学研相结合的技术创新体系，提升昌平在首都创新体系中的地位和作用。进一步发挥企业的创新主体作用，从投入、机制、政策、人才等方面加大力度，支持企业引进、消化、吸收高新技术和适用技术，推动创新型企业的成长和发展。推进自主创新要围绕资源综合利用、资源节约、资源替代等方面开展工作，重点在节水、节能、节约用地等方面取得新进展。同时，要在思路创新、体制创新、管理创新等方面有新的作为，提供良好的创新环境。

（二）坚持因地制宜，推进社会主义新农村建设

建设社会主义新农村是重大而长期的历史任务。要按照“生产发展、生活宽裕、乡风文明、村容整洁、管理民主”的要求，坚持从实际出发，充分尊重农民的主体地位，以改善农民生产生活条件为切入点，通过发展农村二、三产业、推进城镇化、加快基础设施建设等途径，进一步提高全区新农村建设的水平，确保新农村建设取得良好开局。

1、认真做好新农村建设的总体规划。新农村建设必须坚持规划先行。要从全区发展实际出发，认真分析新农村建设面临的机遇和挑战，进一步明确新农村建设的重点和难点，统筹考虑农村的基础设施和公用设施、产业发展、旧村改造等因素，制定科学合理、切实可行的全区新农村建设总体规划。要按照总体规划的要求，深入调查研究，从平原村、山区半山区村的实际出发，分期分批制定各村的规划。同时，要实现各种规划的有机衔接。

2、加快发展农村经济。生产发展是建设新农村的基础。要进一步调整农业结构，大力发展苹果、林木种苗、牧草、肉羊、温水鱼等优势产业，结合保护山区生态环境，积极推进观光采摘、休闲度假、民俗旅游等产业的发展，使农民从农业及其延伸产业增效中获得更多收益。支持农民发展专业合作组织，进一步增强进入市场和抵御风险的能力。积极引导农民向二、三产业和城镇转移，实现就业增收。继续加强山区工作，做好对低收入村的帮扶工作，进一步增强低收入村的自我发展能力。希望各镇认真研究每个村的实际情况，制定切实可行的经济发展规划。

3、加强农村基础设施和公用设施建设。要围绕改善农民生产生活条件的目标，进一步提高农村基础设施和公用设施供给水平。分期分批推进村内道路硬化和农村地区公交候车亭建设工作，改善群众出行条件。加快农村特别是平原地区供水设施改造，继续做好垃圾消纳工作，分阶段、分步骤加强农村污水处理设施建设，积极推动农村改厕工程，切实改善农村人居环境。分期分批对农村学校校舍进行改扩建，提高农村医护人员医疗服务水平，加大农村文化场所和体育设施建设力度，推进农村各项社会事业协调发展。明年，区委、区政府将综合推进60个左右村的改水、街巷硬化、绿化美化等工作，完成100个村的公交候车亭建设，新发展农村便民连锁店40个。

4、扎实有序推进新农村建设的试点工作。新农村建设是一个长期的过程，必须量力而行，尽力而为，以点带面，稳步推进。要根据实际，抓紧研究制定新农村建设的示范模式。重点建设16个区级示范村，力争使6个村达到市级示范村的标准。当前，我们要做好五项工作：一是成立新农村建设的协调领导和具体办事机构；二是抓紧完善全区新农村建设五年规划纲要；三是进一步整合全区人、财、物和科技等资源，形成推动新农村建设的合力，在开局之年，使新农村建设取得新的实效；四是通过多种途径引入社会资源

参与新农村建设；五是认真做好舆论宣传工作，充分发挥农民的主体作用，调动农民群众建设美好家园的积极性。

（三）以新城建设为突破口，进一步加强城镇建设和管理

要按照科教创新基地、人文生态景区、和谐宜居新城的发展定位，进一步完善“以两大城镇组团为支撑，重点镇、一般建制镇协调发展”的城镇体系，不断提高城镇建设和管理水平，稳步推进城镇化。

1、继续做好规划的编制与实施工作。按照新城规划，研究制定新城重点区域、重点项目的控制性详细规划，做好土地利用总体规划的修编工作，实现与“十一五”规划和各专项规划的相互衔接。进一步完善中心镇和建制镇的控制性详细规划，提高规划对推进城镇化的调控能力。加强对规划执行的监督和管理，强化规划的权威性，使各项规划落到实处。

2、加快昌平新城和重点工程建设。昌平新城的核心区是由原昌平卫星城、沙河卫星城和周边地区组成的。要以核心区建设带动全区城乡发展。认真做好昌平组团东区局部基础设施和部分居民住宅新区建设，同时，继续有序推进旧城改造，扎实启动沙河巩华城的旧城改造。明年，我们要在继续高质量建设好南环大桥、区医院、妇幼保健院配套设施的同时，抓紧启动几条主要道路、变电站、检察院技术业务用房，几所学校、医院等的建设工程。此外，还要抓紧做好西关环岛改造方案的技术论证工作。通过基础设施和重点工程的建设，一方面是拉动我们固定资产投资的增长，另一方面改善我们生产、生活、发展的环境。

3、进一步提高城市管理水平。积极推进城市管理体制改革，不断完善区、街道、社区相互衔接、合理分工和规范高效的城市管理网络。要进一步强化社区的管理职责，探索建立社区党组织、居委会、业主委员会、物业公司之间相互协调、齐抓共管的工作机制，加强对老旧小区的环境整治工作，提高管理水平，为建设和谐社区提供保障。加快推进城市信息化管理，不断提高城市管理的效率。继续做好城乡环境综合治理工作，加大城乡管理和综合执法力度，疏堵结合，营造整洁、优美的城乡环境，进一步展示昌平对外的良好形象。要进一步加强对回龙观、东小口两大社区管理出现的新情况、新问题的研究，不断完善工作的机制、体制，进一步做好这两个社区的管理、服务工作。

4、加强生态环境建设。要进一步做好环境保护和污染防治工作，切实提高生态环境建设的层次和质量，为创建“国家级生态示范区”奠定良好基础。加强水资源的保护、开发和利用，加大温榆河绿色生态走廊的建设力度，继续推进山区清洁小流域治理工程。坚持和完善“村收集、镇运输、区处理”的垃圾消纳模式，提高垃圾无害化处理率。按照集中处理与分散处理相结合的原则，支持企业和单位建立污水处理设施，提高污水处理率。继续搞好京津风沙源治理工程，做好重要水源和水库涵养地的保护和山区绿化工作，抓好城镇公共绿地建设。

（四）继续深化改革，为全区发展创造良好的体制机制环境

要以完善落实科学发展观的体制机制为重点，积极推进各方面的改革。

1、进一步推进行政管理体制改革。以建设公共服务型政府为目标，进一步完善全程办事代理制，积极推行网上互联审批，为促进全区发展创造良好的政务环境。加快电子政务建设，进一步完善公开办事制度，增强各项工作的透明度。积极稳妥地推进事业单位分类改革。继续推进镇（街道）综合管理体制改革，不断完善财政管理体制，切实保障镇（街道）履行社会管理和公共服务职能的需要。要逐步完善工作绩效评价体系，进一步强化领导的责任意识，提高工作水平。

2、加快推进国有、集体企业和国有资产管理体制改革。研究制定国有企业改革发展

规划,加快国有和集体企业股份制改革步伐,依法推进资不抵债企业的破产工作。要按照现代企业制度的要求,完善法人治理结构,提高企业的经营管理水平。建立国有、集体资产经营预算体系,逐步建立非经营性资产管理体制、资产经营责任体系和激励约束机制,加强企业内部审计,促进资产的保值增值。

3、不断深化农村各项改革。着眼于创新农村管理体制机制和调动广大农民建设新农村的积极性和主动性,进一步推动以农村集体经济组织产权制度改革为重点的各项农村改革。要加快推进具备条件村的产权制度改革步伐,力争明年完成正在进行的19个村的改革任务,帮助村集体妥善解决好新体制运行遇到的问题和矛盾。要完善土地确权工作,推进土地承包经营权依法、自愿、有偿、规范有序地流转。切实加强农村经营管理,规范对农村资产、财务、合同的监督,切实维护广大农民的利益。

(五)坚持以人为本,全面推进和谐社会建设

改革发展的根本目的是让广大群众得到实惠。我们要在发展中统筹协调好各方面的利益关系,着力解决人民群众最关心、最直接、最现实的利益问题,推动和谐社会建设。

1、要切实抓好就业和再就业工作。坚持把扩大就业摆在经济社会发展更加突出的位置,千方百计扩大就业规模。要在开发公益性岗位的同时,充分发挥各类企业在吸纳劳动力就业中的主渠道作用,支持自主创业、自谋职业,促进城乡群众就业。要适应市场需求,加大对城镇失业人员和农民的培训力度,提高职业技能,增强就业能力。进一步完善城乡一体的就业信息网络和服务体系,为劳动力市场供求双方搭建更加方便快捷的信息交流平台。

2、进一步加强社会保障体系建设。要逐步扩大社会保险覆盖面,做好企业职工参加养老、医疗、失业等社会保险的服务工作。继续妥善解决好新征地转工人员参加社会保险问题。继续加大政府投入和政策引导,完善以大病统筹为主要内容的农村新型合作医疗制度,探索建立农村养老保险制度。进一步健全城乡居民最低生活保障制度,提高保障水平,切实保障城乡困难群体的基本生活。同时,要大力支持慈善事业、社会救助、社会福利、民间捐赠、志愿者行动,营造相互关爱的社会氛围。

3、加快推进和谐社区、和谐村镇建设。要按照总体规划、全面布局、突出重点、狠抓基层的思路,进一步落实好市委《关于建设和谐社区和谐村镇的若干意见》,认真总结试点经验,研究制定全区关于建设和谐社区和谐村镇的实施意见。进一步加强基层党组织和基层自治组织建设,完善基层民主自治制度,充分发挥城乡基层党组织服务群众、凝聚人心和基层自治组织协调利益、化解矛盾、排忧解难的作用,夯实促进和谐的基础。要充分调动社会各方面的积极性,提高群众参与社区管理的意识和能力,引导群众自觉维护社会和谐。

4、推动各项社会事业不断进步。围绕推进全区教育现代化的目标,继续加大对教育事业的投入,加强师资队伍建设,进一步提高教育质量。继续落实好"两免一补"政策和给予山区寄宿制学生生活补贴的办法。提高公共卫生和基本医疗服务能力,做好重大传染病的防治工作,加强区疾控中心、卫生监督所、妇幼保健院和精神卫生保健院等设施建设,进一步提高全区的医疗服务水平,加强突发公共卫生事件应急机制建设。进一步提高全国科技进步示范区的建设水平,做好全国科普示范区的创建工作。加强公共文化服务体系和基层文化设施建设,不断满足社会文化需求。认真落实中央关于进一步加强农村文化事业建设的意见,组织好文化科教卫生"三下乡"活动,抓好农村电影放映工程,切实做好农村文化服务。进一步调动文化工作者的积极性,打造特色群众文化活动品牌,不断繁荣昌平文化。鼓励社会资本投资文化产

业，进一步繁荣文化市场。加强对文化市场管理，规范市场秩序，确保文化市场健康有序发展。加强基层体育设施建设，推进全民健身运动，增强人民体质。继续抓好人口与计划生育工作，稳定低生育水平，切实保障老人、妇女儿童和残疾人的合法权益。

5、进一步提高平安建设的水平。坚持严打方针，完善以“巡逻、社区、治安、内保”四张网为框架的社会治安防控体系，加强社会治安综合治理，依法打击各种违法犯罪活动，积极推进科技创安，增强城乡群众的安全感。建立覆盖全区的司法民事调解工作体系。认真抓好安全生产工作，推动生产经营单位落实主体责任，强化对食品、药品、饮食卫生、危险化学品和交通安全等的监管，努力遏制重特大事故的发生。继续深入贯彻落实《信访条例》，加强和改进信访督查工作，不断完善多形式、多层次的社会利益协调和矛盾纠纷排查调处机制，依法、及时、妥善处理各种人民内部矛盾，切实维护全区稳定。要进一步健全公共安全的预防、预警和应急联动机制，提高处置突发事件、重大自然灾害及社会风险的能力。继续高度重视高致病性禽流感防控工作，进一步加强动物疫病防控体系建设。

（六）进一步加强民主政治和精神文明建设

始终坚持抓好民主法制和精神文明建设，是推进“三个首选之区”建设、构建和谐宜人新昌平的重要内容，必须高度重视，稳步推进。

1、扎实推进民主政治建设。全面落实区委关于进一步加强人大工作的意见，充分发挥人大及其常委会和人大代表的作用，推动人大各项工作深入开展。认真落实区委关于加强政协工作的意见，进一步完善政治协商的内容、形式和程序，做好民主党派、工商联、无党派和民主人士的参政议政和民主监督工作，做好党的民族、宗教、侨务等工作，充分发挥工会、共青团、妇联等群团组织的桥梁纽带作用，巩固和壮大最广泛的爱国统一战线。继续推进基层民主政治建设，加强基层组织民主管理，坚持和完善各项公开办事制度，扩大基层群众的民主权利。深入落实《行政许可法》，全面推进依法行政，进一步提高行政执法水平。强化司法机关的职能作用，努力营造公正司法的环境。制定并落实“五五”普法规划，加强法制宣传教育，切实提高全区各级领导干部的法制观念和依法行政能力。

2、切实加强精神文明建设。认真抓好意识形态工作，进一步增强全区广大群众学习贯彻邓小平理论、“三个代表”重要思想和科学发展观的主动性和坚定性，不断巩固全区人民团结奋斗的共同思想基础。加强以未成年人为主的思想道德和社会公德建设，通过组织建党85周年、长征70周年等纪念活动，大力弘扬以爱国主义为核心的民族精神和以改革开放为核心的时代精神，积极在全区倡导爱国守法、明理诚信、团结友善、勤俭自强、敬业奉献的基本道德规范，进一步提高全区人民的思想道德水平。积极推进“人文奥运”工程，以提高城乡居民的文明素质、创建优美环境、优良秩序、优质服务为重点，在生活、社会、校园和涉外活动等方面深入开展文明礼仪教育实践活动，切实提高城乡居民的文明素养，充分展示城乡居民的良好精神风貌。

四、以执政能力建设和先进性建设为重点，不断推进党的建设新的伟大工程

做好“十一五”开局之年的各项工作，必须加强和改进党的领导。要按照党要管党、从严治党的方针，紧紧围绕党的执政能力建设和先进性建设，以改革的精神全面推进党的建设新的伟大工程，为推动全区发展提供坚强的思想、组织、作风和制度保障。

一是继续深入开展保持共产党员先进性教育活动。按照中央精神和市委的统一部署，在巩固和扩大第一批、第二批先进性教育活动成果的同时，认真总结经验，从全区农村实际出发集中力量抓好第三批先进性教育活动。要紧紧围绕建设社会主义新农村这个主题，把党的先进性建设和社会主义新农村建设有机结合起来,切实加强组织领导,创新方式方法,深入解决“三农”工作中的突出问题,通过先进性教育活动促进社会主义新农村建设和基层党组织建设。要加大典型宣传力度,用身边的优秀人物和典型事迹教育党员,认真总结先进性教育活动中涌现出来的好经验、好做法,及时转化为长效机制,切实把党的先进性建设推向前进。

二是着力加强思想政治建设。面对新形势、新任务,要继续采取有力措施组织党员干部深入学习贯彻邓小平理论和“三个代表”重要思想,全面落实科学发展观,不断提高各级领导干部运用科学发展观谋划发展、解决问题、指导工作的能力。要继续坚持党委理论中心组等各种学习制度,完善落实领导干部的学习考核和激励机制,促进广大党员干部坚持学习理论、思考问题、推动实践、创新发展。要继续做好干部培训工作,切实增强培训工作的针对性、实效性,着力提高领导干部的职业素质和专业管理水平,进一步提高各部门、各单位贯彻落实科学发展观的自觉性和坚定性。

三是进一步加强各级领导班子和干部队伍建设。区委常委会将进一步加强自身建设,不断加强学习、改进作风、提高素质,以此带动二级领导班子建设。要认真贯彻落实《党政领导干部选拔任用工作条例》,大力推进干部人事制度改革。按照科学发展观和正确政绩观的要求,继续完善领导干部绩效考核办法和干部分类管理制度,坚持用好的制度选人,以职责管理为中心加强干部管理。要认真贯彻落实《公务员法》,全面提高公务员的整体素质。继续做好党管人才工作,大力实施人才强区战略,努力把各方面的优秀人才聚集到全区发展的事业中来。明年,区镇两级领导班子要进行换届工作,这是全区政治生活中的一件大事。要按照市委的统一部署,高度重视,加强领导,周密安排,切实做到思想不散、秩序不乱、工作不断,确保换届工作顺利进行。区、镇两级干部要从大局出发,正确对待进退留转。要以这次换届工作为契机,全面提高区镇两级领导班子把握大局的能力,贯彻科学发展观的能力,领导发展的能力,处理利益关系的能力,处理各种突发事件的能力,服务群众、凝聚群众、带领群众共同前进的能力,努力把全区各级领导班子建设成为政治坚定、求真务实、开拓创新、勤政廉政、团结协调的领导集体。

四是积极稳妥推进基层党建工作创新。继续深入贯彻落实市委《关于推进基层党建工作创新的意见》,紧紧围绕密切与人民群众联系的主题,进一步调整工作职责、创新工作方式、加强自身建设。要坚持分类指导,协调推进农村、社区、企业、学校、新经济组织和新社会组织等各个领域的基层党建工作,不断增强基层党组织的影响力、凝聚力和战斗力。农村基层党组织要结合先进性教育活动,切实解决一些工作方式落后、与农民群众利益需求脱节等问题,不断增强领导发展、服务群众的本领。街道社区党组织要积极组织居民推进民主自治,加强社区管理,引导居民共建和谐社区。机关、企业、学校等基层组织,都要根据实际情况不断推进工作创新,努力提高各自的工作水平。全区各部门、各单位都要重视基层工作,切实帮助基层组织解决实际问题,努力为基层干部创造更好的工作条件。

五是切实加强党风廉政建设和反腐败工作。按照中央关于《建立健全教育、制度、监督并重的惩治和预防腐败体系的纲要》和市委落实《纲要》意见的要求,继续认真抓好全区具体任务分解方案的落实,切实加强教育、制度、监督三个环节的工作,抓紧建立健全符合全区实际的惩治和预防腐败体系。认真贯彻落实中央和市委关于加强党内监督、廉洁自律的有关规定,严格执行区委关于严禁领导干部酒后驾车、不许借婚丧嫁娶之机大操大办和党政机关工作人员工作日午间不得饮酒等规定,进一步抓好领导干部廉洁自律、查处大案要案、纠正损害群众利益不正之风等工作，努力为全区经济社会发展创造良好的环境。按照市委的统一部署，明年我们将着手探索党代会代表常任制试点工作，全面推进巡视工作，适时对全区派驻机构的纪检监察干部进行垂直统一管理，各部门各单位要认真配合，确保工作顺利开展。

六是广泛动员组织全区党员干部群众为推动经济社会发展而奋斗。当前，全区总的发展势头良好，党员干部群众发展的积极性和建设美好生活的热情很高。我们要因势利导，乘势而上，努力形成推动发展的强大合力。全区各级党组织要把握方向，善于调动各方面的积极性，组织和带领党员干部群众落实好区委、区政府的各项工作部署，切实发挥领导核心作用。各级领导干部要进一步增强忧患意识、责任意识、机遇意识，树立正确的权力观和政绩观，认真负责，加强沟通，互相支持，切实解决实际问题，作“为民、务实、清廉”的表率。广大党员要坚定理想信念，牢记党的宗旨，大力发扬谦虚谨慎、艰苦奋斗的优良传统，兢兢业业地干好本职工作，在全区发展中充分发挥先锋模范作用。全区广大党员干部都要进一步密切联系群众，深入做好群众工作，不断提高组织群众、宣传群众、服务群众的本领，使城乡群众的智慧和创造力得到充分发挥。

明年各项工作任务相当繁重。我们一定要更加紧密地团结在以胡锦涛同志为总书记的党中央周围，高举邓小平理论和“三个代表”重要思想伟大旗帜，全面贯彻落实科学发展观，按照市委、市政府的工作部署，振奋精神，扎实工作，为全面推进“三个首选之区”建设、构建和谐宜人新昌平，实现“十一五”全区经济社会发展的良好开局而努力奋斗！

关于北京市昌平区国民经济和社会发展第十一个五年规划纲要的报告

——2006 年 1 月 9 日在区二届
人大三次会议上

昌平区区长　佟根柱

各位代表：

现在，我代表昌平区人民政府，向大会作关于国民经济和社会发展第十一个五年规划纲要的报告，请各位代表连同《纲要（草案）》一并审议，并请区政协各位委员提出意见。

一、“十五”时期国民经济和社会发展回顾

“十五”时期是全区经济社会发展史上不平凡的五年。在市委、市政府和区委的正确领导下，全区人民认真贯彻党的十六大和十六届三中、四中、五中全会精神，树立和落实科学发展观，紧紧围绕建设“投资创业、旅游休闲、生活居住”三个首选之区的奋斗目标，解放思想，抢抓机遇，团结奋斗，开拓创新，提前超额完成了“十五”计划的各项任务，全区经济、政治、文化、社会建设的各个领域，改革、发展、稳定的各个方面，都取得了显著成绩。

——经济持续快速健康发展，综合经济实力达到并稳定在全市 18 个区县的中等偏

上水平。各项经济指标均提前1－3年完成“十五”计划任务。根据第一次全国经济普查结果，2004年全区地区生产总值达到182.5亿元。据初步统计，“十五”期间全区地区生产总值年均增长18.7%。2005年，全区区域税收实现38.7亿元，地方财政收入实现13.2亿元，分别比“九五”期末增长了4倍和3.4倍。贯彻“强二兴三优一”的产业发展思路，发挥“三园”、“三区”的辐射带动作用，高新技术产业和先进制造业、旅游会展业、现代流通服务业、现代农业、房地产业和建筑业“五个经济板块”发展壮大，成为区域经济发展的主要支撑。转变经济增长方式初见成效。形成了北汽福田、九华山庄、诺华制药等一批知名企业，规模以上企业达到1452家。三次产业结构调整为2.3:47.3:50.4，基本达到了现阶段的发展要求。

——人民生活质量进一步提高，总体上朝着全面小康的水平迈进。城镇居民人均可支配收入和农民人均纯收入年均增长14.1%和8.8%，居民储蓄存款余额增长近2倍。群众的住房、出行、就学、就医、通信等条件继续改善。行政村实现了村村通油路、程控电话和有线电视。山区农民基本用上了安全洁净的自来水。城镇登记失业率控制在2.6%以内，失业人员再就业率保持在60%以上。3.97万人次农村劳动力和城镇失业人员享受了免费就业培训。投入资金7309万元，开发了生态林管护、土地矿产资源保护、治安巡防、环卫保洁等一大批公益性就业岗位，安置城乡劳动力11379人。累计向二、三产业转移农村富余劳动力2.33万人。初步建立了多层次的社会保障体系，社会保险参保人次达到53.7万，比“九五”期末翻了一番。86.4%的农民参加了新型农村合作医疗大病统筹，年报销金额近1800万元。投入资金3828万元，解决了3072名建设征地农转工自谋职业人员、终止解除劳动关系人员和超转人员的社会保障问题，提高了3460名重度残疾人的生活保障水平。实施为民办实事项目121项，解决了一批直接关系群众生产生活的突出问题。对口帮困、社会救济等工作成效显著，山区农民人均劳动所得达到5878元，消除了人均劳动所得3000元以下的村。

——基础设施建设全面推进，城乡环境明显改善。“十五”期间，在城乡基础设施和公共设施建设方面共投入财政资金40.2亿元，是“九五”时期的23.6倍。新建和改建了立汤路、水南路等8条区级以上公路，建成了8座集中供水厂和3座集中供热厂，建成了区医院门诊楼、区图书博物馆、区广电中心综合楼等一批大型公共设施，区体育馆、区妇幼保健院门诊病房楼、区医院外妇手术楼等项目正在按计划推进。全区新增公路里程108.6公里，新增日集中供水能力6.98万吨，日供电量达到821万千瓦时，昌平卫星城基本实现集中供热，城市综合服务功能显著增强。向农村地区投入资金3.5亿元，重点改善了农村的水、电、路等基础设施条件。创建全国卫生区取得阶段性成果。污染治理和生态建设取得新进展。建立了“村收集、镇运输、区处理”的垃圾管理长效机制。垃圾无害化处理率和城镇污水处理率分别达到70%和50.2%。空气质量二级以上天数占全年的74%以上。林木覆盖率达到57.8%，比“九五”期末提高了8.7个百分点。

——城市化进程不断加快，社会管理水平继续提高。完成了鼓楼南北大街、西大街改造和16.3万平方米的危旧平房改造。昌平卫星城东区市政基础设施建设全面启动。完成了昌平新城规划的编制工作。天通苑、回龙观地区的社会管理和公共服务得到加强。小汤山、北七家、阳坊、南口等重点小城镇的承载能力不断提高。各建制镇中心区面貌有了新的改观。根据城市化发展的要求，适时调整了行政区划，建立了城南街道办事处和东小口、回龙观两个地区办事处。组建了95个社区居委会，进一步完善了基层管理工作机制。城市综合管理执法工作不断加强。初步建立了统一的突发公共事件应急指挥系统,制定了各类应急预案,提高了防灾减灾能力。安全生产管理、社会治安综合治理和人民内部矛盾排查调处等工作力度加大,和谐稳定的社会局面进一步巩固。

——社会事业协调发展,公共服务水平全面提升。“十五”期间,在科技、教育、文化、卫生、体育等社会事业发展方面共投入财政资金25.2亿元,是“九五”时期的3.3倍。科技创新服务体系初步建立,信息化建设稳步推进,被评为全国科技进步示范区。各级各类教育全面发展,农村办学条件进一步改善。义务教育质量稳步提高,高考升学率达到85%以上,昌平一中、二中进入市级示范校行列,被评为北京市教育工作先进区。公共卫生体系不断完善,三级医疗预防保健网络初步建成。服务全市大局,为首都成功战胜非典疫情做出了积极贡献。高致病性禽流感防控工作取得阶段性成果。为76个山区村配建了卫生室。全面启动了农村卫生室药品和医疗器械统一配送工作。文化文物事业繁荣发展,明十三陵被列入世界文化遗产名录。建成了一大批覆盖城乡的基层文化、健身场所,群众的精神文化生活进一步丰富,健康素质进一步提高。十三陵水库及周边区域被确定为2008年奥运会铁人三项赛事举办地,成功举办了2005北京国际铁人三项世界杯赛。先后在文化、文物、体育、计划生育服务等方面获得全国先进区称号。在第十届全国运动会和第五届全国农民运动会上取得了优异成绩。

——各项改革持续深入,对外开放水平不断提高。完成了351家国有、集体企业的产权制度改革。初步建立了国有资产监督管理体系。成立了政府基础设施投资平台和土地储备分中心。进一步完善了企业融资担保体系。机构改革和行政审批事项清理工作继续深入。政务公开、全程办事代理制和“一站式”服务全面推行,电子政务快速发展,部门办事效率和服务水平有较大提高。新的区镇财政管理体制开始实行。完成了农村土地确权和23个村的集体经济产权制度改革。对外交流合作进一步扩大,外向型经济快速发展。外贸出口交货额年均增长56%,实际利用外资1.5亿美元。

——精神文明建设取得新成绩,民主法制建设进一步加强。以“三个代表”重要思想为指导,根据区委的统一部署,政府系统深入开展了保持共产党员先进性教育活动,提高了党员干部队伍的凝聚力和战斗力。群众性精神文明创建活动持续开展,市民素质不断提高,涌现出一批国家级和市级文明单位,被评为首都文明区。贯彻依法治区战略,全面推进依法行政,认真执行区人大及其常委会的决议,坚持重大事项向区人大常委会报告制度和向区政协通报制度。办复市、区人大代表议案和建议967件、政协委员提案639件,有力地推动了政府工作。“四五”普法和基层依法治理成效显著,被评为全国普法先进区和全国村民自治模范区。“双拥”工作继续加强,获得了全国双拥模范城(县)五连冠。

各位代表!过去五年是昌平历史上经济社会发展最快、城乡面貌变化最大、人民生活改善最明显的时期之一。这些成绩的取得,是在区委的正确领导下,认真贯彻党的路线、方针、政策的结果;是区人大依法监督、区政协参政议政的结果;是驻昌中央、市属单位、大专院校、科研院所和部队大力支持的结果;是全区人民团结奋斗的结果。在此,向各位代表、各位委员,向各民主党派、工商联和无党派人士,以及所有关心、支持昌平发展的社会各界人士表示衷心的感谢!向奋战在全区各条战线上的同志们致以崇高的敬意!

总结过去五年的实践,我们深深体会到:推进全区经济社会全面协调可持续发展,建设“三个首选之区”,必须坚持以科学发展观统领经济社会发展全局,按照统筹兼顾、分类指导的原则,促进城乡、区域和经济社会协调发展;必须坚持以人为本,把提高人民群众的生活质量作为政府工作的根本出发点和落脚点；必须坚持以创新为动力，不断增强全区发展的活力；必须坚持经济、政治、文化和社会建设四位一体，努力构建和谐社会；必须坚持大昌平的理念，以开放的姿态，广泛凝聚一切推动发展的力量；必须坚持推进政府职能转变，全面履行基层政府在促进发展、市场监管、社会管理和公共服务四个方面的职能。

在总结成绩的同时，我们也清醒地看到，全区贯彻落实科学发展观还处在起步阶段，建设社会主义新农村、构建和谐社会还需要在认识上不断深化，在实践中不断探索。与建设“三个首选之区”的要求相比，不少方面还存在较大差距。一是产业内部结构不合理，经济增长方式还不能完全适应科学发展观的要求，自主创新和节约集约利用资源、能源的水平还不高；二是农村地区的发展相对滞后，农民就业增收的基础还比较薄弱；三是城市建设管理水平还不能适应城市化发展的要求；四是优质的教育、卫生等公共服务资源还比较少，不能很好地满足人民群众日益增长的物质文化需要；五是政府职能转变还不到位，社会管理和公共服务还有待加强，等等。对上述问题，我们将高度重视，采取更加有效的措施，努力加以解决。真诚希望各位代表、政协委员，各民主党派、工商联和无党派人士以及广大人民群众给予批评和监督，帮助我们把政府工作做得更好。

二、“十一五”时期的发展目标及工作重点

从现在起到2010年，是全面推进“三个首选之区”建设、构建和谐宜人新昌平的关键时期。根据区委二届七次全会通过的《中共北京市昌平区委关于制定昌平区国民经济和社会发展第十一个五年规划的建议》，区政府认真听取各方面意见，制定了《北京市昌平区国民经济和社会发展第十一个五年规划纲要（草案）》。

《纲要（草案）》深入分析了全区发展面临的形势。今后五年，全区发展面临着新的挑战，更面临着难得的机遇。从宏观条件看，党中央、国务院将进一步加强和改善宏观调控，加快结构调整和增长方式转变，使宏观经济在“十一五”期间继续保持平稳发展的态势；市委、市政府将加快落实“新北京、新奥运”战略构想，围绕举办一届有特色、高水平的奥运会，进一步加大政策倾斜和资金投入力度，大力推进新农村建设和郊区发展。从昌平的自身条件看，撤县设区以来，全区经济社会持续快速健康发展，综合实力不断增强，特别是近年来形成了一批较为稳定的经济增长点，为实现可持续发展奠定了物质基础；建设“三个首选之区”成为全区上下共同的奋斗目标，形成了推动未来发展的强大合力；作为奥运旅游服务区和铁人三项赛事举办地，2008年奥运会的举办给我们带来了难得的发展机遇。总的看，全区面临着机遇与挑战并存、机遇大于挑战、总体上有利于促进经济社会发展的形势。

《纲要（草案）》提出，今后五年全区经济社会发展的指导思想是：坚持以邓小平理论和“三个代表”重要思想为指导，以科学发展观统领经济社会发展全局，按照市委、市政府对昌平的功能定位和全区发展的总体要求，紧紧抓住举办2008年奥运会的难得机遇，以“发展、统筹、创新、开放、和谐、人本”为主题，进一步转变发展观念，创新发展模式，增强发展活力，提高发展质量，努力走出一条经济发展、生活富裕、生态良好、社会和谐的科学发展之路，全面推进“三个首选之区”建设，构建和谐宜人新昌平。

“十一五”期间，全区发展要突出六个重点：

一是进一步提高综合经济实力和人民生活质量。今后五年，要坚持发展这个第一要务，促进全区经济平稳较快发展，地区生产总值和地方财政收入年均增长10%左右，综合经济实力继续稳定在全市18个区县的中等偏上水平。坚持把提高人民生活质量作为根本出发点和落脚点，实现城镇居民人均可支配收入和农民人均纯收入年均增长8%左右，城镇登记失业率控制在2.5%以内，城镇登记失业人员再就业率保持在60%以上，群众生活质量总体上达到比较富裕的小康水平。坚持每年解决一批群众最关心、最直接、最现实的利益问题，使人民群众最大限度地享受到改革发展的成果。

二是建设昌平新城。昌平新城作为北京城市总体规划确定的11个新城之一，发展定位是“科教创新基地、人文生态景区、和谐宜居新城”，包括昌平、沙河两个组团，覆盖了原来的昌平、沙河两个卫星城和马池口、百善地区，规划面积220平方公里。在全区“一带两轴、一城多点”的总体空间布局中，“一城”即昌平新城是建设和发展的重心所在。

今后五年，昌平新城建设要围绕提高城市现代化水平这条主线，坚持高起点规划、高质量建设、高水平管理的原则，努力在增强综合经济实力、基础设施和公共设施建设、新区建设和旧城改造等方面取得明显进展。到2010年，新城的人口规模控制在40万左右，初步形成空间布局合理、产业基础牢固、生态环境良好、基础设施健全、公共服务配套、人文特色明显、现代气息浓郁、综合发展能力较强的现代化新城框架，力争走在全市11个新城建设的前列。昌平组团形成以南环路大桥为主要连接点、新旧城区协调发展的新格局。旧城区综合服务功能更加完善，东扩新区市政设施基本健全。东沙河两岸的城市滨水新区建设初具规模。沙河组团巩华城改造和北区建设初见成效。马池口镇、百善镇面貌有较大改观，产业和人口进一步向中心区聚集。昌平、沙河两个组团与全区各镇之间的交通联络体系比较健全，辐射带动能力明显增强。

三是建设社会主义新农村。建设社会主义新农村是十六届五中全会提出的一项战略任务，是破解城乡二元结构、加快解决“三农”问题的一条新途径。今后五年，全区新农村建设要围绕增加农民收入、改善农村生产生活条件这条主线，采取产业带动、城市化带动、基础设施推动等综合措施，努力在落实“生产发展、生活宽裕、乡风文明、村容整洁、管理民主、邻里和谐”的要求上取得明显进展。到“十一五”期末，传统农业基本实现向都市型现代农业的转变，农村二、三产业快速发展，农村富余劳动力拥有相对充足的转移就业空间。农民普遍享受到政府组织的免费技能培训和就业服务。农民收入保持稳定增长，生活更加宽裕。农村中小学条件全面改善，卫生、文化、体育等公共设施比较健全。农村环境建设成效明显，形成一批村容村貌整洁、服务设施比较完善、生活便利舒适的新村。村民自治机制进一步健全，村域和谐程度稳步提高。

四是加强天通苑、回龙观地区的管理。天通苑、回龙观居住区作为北京重要的经济适用房住宅区，在全市总体规划中被列入城市中心区范围。今后五年，要围绕实施高水平管理和提供便捷优质服务这条主线，积极争取和调动各方面的积极性，努力在天通苑、回龙观地区的配套设施建设和完善社区服务等方面取得明显进展。到“十一五”期末，两个居住区的市政基础设施比较健全，教育、卫生、邮政等公共服务资源基本能够满足居民的日常生活需求。环境秩序和治安状况明显好转，交通拥堵现象得到有效缓解。居民能够享受到较为完善的社区服务。居住区周边形成一定规模的配套产业。

五是加快重点小城镇建设。中心镇、建制镇是全区城镇体系布局的重要组成部分。今后五年，要围绕推进农村城镇化这条主线，努力在镇域经济发展、基础设施建设和镇中心区改造等方面取得明显进展。到“十一五”期末，小汤山、北七家、阳坊、南口等重点小城镇建设力争达到全市小城镇建设的一流水平，聚集一批具有较大规模的高新技术企业、先进制造业企业和劳动密集型企业，形成较强的镇域经济实力和吸纳本地劳动力就业的能力。

六是推进以奥运工程为代表的重大工程项目建设。今后五年，要紧紧抓住北京举办奥运会的难得机遇，高质量完成奥运会铁人三项比赛和训练场地建设，全面推进中关村国家工程技术创新基地、沙河高教园区、城乡重点基础设施等一批重大工程项目建设，力争在改善城乡面貌、优化发展环境、促进产业发展等方面发挥较强的带动作用。

围绕“十一五”时期全区经济社会发展的目标和重点，要抓好以下五个方面：

（一）加快调整产业结构，转变经济增长方式

今后五年，要继续坚持“强二兴三优一”的产业发展思路，进一步做大做强“五个经济板块”。重点建设八达岭高速公路沿线的高教、高新技术产业和先进制造业发展轴。到“十一五”期末，高新技术产业和先进制造业对全区经济增长的贡献率达到80%以上。昌平园、生命科学园在中关村科技园区中的位置进一步前移。以北汽福田为主的沙河制造业基地建成首都重要的先进制造业基地之一。中关村国家工程技术创新基地初具规模。中科院沙河产业基地和各镇工业基地形成较强的生产能力。沙河高教园区建设取得明显进展，力争建成部分高校的新校区。中关村国际商城等一批大型现代流通服务业项目建成并开始营业。

着力打造立汤路沿线以地热资源为基础的东部休闲度假、都市农业产业发展轴。“十一五”期间，温榆河绿色生态走廊建设要取得明显进展。平原地区全面退出高耗粮、高污染的养殖业和高耗水、低效益的种植业。基本建成以小汤山现代农业科技示范园为龙头的都市型现代农业基地。小汤山等地区的休闲度假和康复疗养等产业全面发展，九华山庄成为北京郊区会展旅游的“旗舰型”企业。

加快推进北部山区生态文化旅游休闲产业带建设。“十一五”期间，十三陵景区要向着国际一流景区的水平迈进。兴寿、崔村、长陵、十三陵、南口、流村六个镇要充分利用好山区、半山区丰富的自然资源和历史文化资源，吸引城市资源，不断提高生态建设和管理水平，大力营造生态景观，积极发展以富士苹果为特色的林果业和休闲产业，逐步形成符合山区特点的产业发展模式。

坚持向低投入、低消耗、低排放和高效率的集约型增长方式转变，大力发展循环经济，全面推行清洁生产。力争到“十一五”期末，万元地区生产总值能耗、水耗分别比“十五”期末降低10%和20%。坚持节约、集约利用土地资源，合理控制用地规模，严格保护耕地。完善产业项目筛选机制和产业用地评价指标体系，提高产业用地的投资强度和产出率。

着力提高区域自主创新能力。以中关村科技园区昌平园、生命科学园、中关村国家工程技术创新基地为核心，积极整合创新资源，逐步建立以企业为主体、以市场为导向、产学研相结合的技术创新体系。进一步加强沟通，完善服务，积极引导驻昌高校和科研院所广泛参与区域性的技术创新活动。认真落实国家和北京市关于支持自主创新和科技成果产业化的政策措施，着力引进和培育一批创新型企业，聚集一批创新型、复合型人才。积极发展科技中介服务组织，进一步加大知识产权保护力度，努力营造有利于自主创新的社会环境。

（二）全面提升基础设施水平，大力优化城乡环境

今后五年，要抓住奥运契机，加快推进全区基础设施建设，进一步提高城乡环境质量。基本完成昌平组团东扩新区的主要路网和市政管线建设，建成南环路大桥等一批标志性的重点项目。全面推进沙河组团巩华城改造和北区建设。加快小汤山、北七家、阳坊、南口等重点小城镇的基础设施建设，进一步改善各镇中心区的市政条件。依法推进土地一级开发，保护群众的合法权益，促进城镇建设有序发展。逐步提高道路等级和路网密度，完成安四路、温南路等26条道路的建设和改造，新增公路里程49.6公里，基本形成“六纵七横”的路网框架。新建昌平、沙河、太平庄

3个一级客运站，进一步完善全区交通联络体系。完成3座22万伏、23座11万伏变电站的建设和改造，形成更加合理的电网布局。新建和改建阳坊、沙河等10座集中供水厂，全面完成供水管网改造。大力推进集中供暖、天然气管网等基础设施建设，进一步提升城市综合服务功能。着力加强农村基础设施建设，力争用3－5年的时间，基本实现交通路网、公交站点、自来水、有线电视、移动通信、文化场所和体育设施覆盖所有村庄，全面解决平原地区的安全饮水问题，基本完成农村主要街巷的硬化工作。

围绕创建国家级生态示范区的目标，不断加强城乡环境治理和生态环境建设。坚持和完善“村收集、镇运输、区处理”的垃圾管理模式，积极促进阿苏卫垃圾集中焚烧厂建设，垃圾无害化处理率达到90%以上。进一步完善污水管网，提高中水回用能力，新建、扩建沙河、马池口、南口等7座集中污水处理厂和135座小型污水处理设施，城镇污水处理率达到85%以上。积极探索新方法、新模式，逐步解决农村污水处理问题。加快推进东沙河水上公园、山区清洁小流域等重点区域建设，基本完成南北沙河和东沙河治理，有效改善水环境。继续推进京津风沙源治理和绿化美化工作。

（三）坚持推进改革开放，创新和完善落实科学发展观的体制机制

继续推进行政管理体制改革，进一步优化区域发展的服务环境。加快转变政府职能，减少和规范行政审批事项，认真落实政府在义务教育、公共卫生、公共安全、社会保障等领域的责任，不断提高政府的社会管理和公共服务水平。大力发展电子政务，积极推进政府部门政务公开和互联审批，进一步提高行政效率，降低行政成本，为企业和群众提供高效优质的服务。

加大改革重组力度，推动具备条件的国有、集体企业全面完成产权制度改革。加快建立国有资本经营预算制度和非经营性资产监管体制。进一步强化监管，促进国有、集体资产保值增值。继续推进投融资体制改革，逐步健全政府投资管理机制。完善政府投资平台的功能，积极吸引社会资本参与基础设施、公用设施的建设和管理。充分发挥昌鑫国有资产投资经营公司和晨光昌盛投资担保公司的作用，拓宽融资渠道，推动具备条件的企业上市融资。进一步完善支持非公有制经济发展的政策措施，加强和改善对非公有制企业的服务，鼓励和支持非公有制经济参与国有、集体企业改革。稳步推进农村改革，用2－3年的时间，完成所有具备条件村的集体经济产权制度改革。

全面提高对内对外开放水平。努力营造更具亲和力、创造力的投资创业环境，吸引一批大公司、大企业在昌平设立地区总部或结算中心。加快发展对外经济贸易，使外贸出口保持较快增长，利用外资的规模和质量进一步提高。积极拓展对外交往领域，促进民间对外交流，优化企业合作服务平台，推动对外开放向更大范围、更广领域和更高层次发展。

（四）健全社会公共服务体系，促进经济社会协调发展

今后五年，要坚持面向基层、面向群众，加快建立覆盖城乡、布局合理的社会公共服务体系。

坚持优先发展教育事业。全面发展学前教育、基础教育、职业教育和成人教育，进一步规范社会力量办学。调整优化中小学布局，全面改善农村办学条件。建立财政支出向义务教育和农村教育倾斜的机制，认真落实九年制义务教育“两免一补”政策，对所有山区寄宿制学生和平原地区生活有困难的寄宿制学生给予生活补贴。全面提高教育教学质量，重点培养一批名校长、名教师，昌平一中、二中要向全市一流高中的水平迈进。

加强公共卫生体系建设，进一步健全区、镇、村（社区）三级卫生服务网络。调整完善镇卫生院功能，逐步提高村卫生室和社区卫

生站的服务能力，使广大城乡居民享受到更加便捷的医疗卫生服务。积极引进优质医疗资源，建设2－3所三甲水平的综合性医院，更好地满足人民群众的就医需求。加强疾病预防控制体系建设，不断提高突发公共卫生事件应急处理能力。

加快发展科技、文化、体育等各项事业。建立和完善科技交流与服务体系，继续保持全国科技进步示范区的工作水平。加快推进信息化建设，基本建成统一的信息资源管理平台和专项数据库。加强科普工作，争创全国科普示范区。积极推进文化设施建设，建立比较完善的公共文化服务体系。加快文化体制改革，积极培育和发展文化产业。加强文物修复和保护，按计划推进明陵抢修工程。精心做好奥运会铁人三项赛事以及前期测试性赛事的筹备和服务保障工作。积极推进北京市铁人三项训练基地建设，努力提高竞技体育水平。全面推进基层体育健身场所和设施建设，广泛开展全民健身运动，进一步增强人民体质。

（五）加强和谐社会建设，促进全区安定和谐

坚持把就业和再就业作为区、镇两级政府持久追求的责任目标，摆在更加突出的位置来抓。今后五年，要积极拓宽就业渠道，大力扶持和发展劳动密集型企业、中小型企业和非公有制经济。坚持把政府承担的社会管理、公共服务职能与促进城乡居民就业有机结合起来，每年开发一批公益性服务岗位，重点帮助城乡就业困难群体实现就业。进一步健全就业培训和服务体系，为城镇失业人员和农村富余劳动力提供高质量、全免费的培训和服务。建立健全以工促农、以城带乡的长效机制，促进农民收入保持较快增长，进一步缩小与城镇居民的收入差距。积极促进农村富余劳动力向二、三产业转移，每年新增转移就业岗位5000个以上。坚持对山区低收入村进行对口支援，力争“十一五”期间低收入村人均劳动所得年均增长10%以上。

加大财政投入，多渠道筹措资金，逐步建立与经济发展水平相适应的社会保障体系。继续扩大社会保险的覆盖范围。积极探索农民参加养老保险的新模式。力争实现新型农村合作医疗大病统筹全覆盖。进一步完善城乡居民最低生活保障制度。认真落实各项优抚政策。大力发展社会福利和慈善事业。切实保护好妇女、儿童、老年人和残疾人的合法权益。

建立健全区、街道、社区相互衔接、合理分工和规范高效的城市管理网络。积极应用网格化、信息化管理技术，提高城市管理现代化水平。加强老旧小区环境整治和配套设施改造，全面规范居住小区的管理。加强对天通苑、回龙观地区的管理，逐步完善地区办事处和公安、城管等行政管理机构的职能，及时组建新的社区居委会，确保社区配套设施和活动场所全部达标。加快农村管理信息化建设，全面推进民主管理、村务公开，逐步完善村民自治机制。

健全社会公共安全体系。建立统一高效的突发公共事件应急指挥系统，完善各类应急预案，形成较强的防范、处置和减灾、救灾能力。进一步完善安全生产监管体制，强化对食品、药品、饮食卫生、危险化学品和交通安全的监管，有效遏制重特大安全事故发生。继续提高对流动人口的管理和服务水平。不断健全社会治安防控体系，依法严厉打击各类犯罪活动，确保治安形势总体平稳，保障人民群众生命财产安全。加强和改进信访工作，健全人民内部矛盾排查调处的长效机制，确保社会和谐稳定。

以“人文奥运”为主题，深入开展思想道德、科学文化和文明礼仪教育，广泛开展群众性精神文明创建活动，全面提升市民素质和城市文明程度，争创全国文明区。加强民主法制建设，不断推进和深化基层依法治理。全面落实“五五”普法规划，进一步增强人民群众的法律素质。

三、2006年政府工作

2006年是实施“十一五”规划的第一年。要全面落实区委二届八次全会的各项部署，保持全区经济社会发展的良好势头，为“十一五”发展开好局、起好步。

2006年，全区经济社会发展的主要预期目标是：地区生产总值和地方财政收入增长10%左右；城镇居民人均可支配收入和农民人均纯收入增长8%左右；城镇登记失业率控制在2.5%以内，城镇登记失业人员再就业率保持在60%以上。

围绕实现上述目标，将重点抓好十一项工作：

(一)保持经济平稳较快发展

以高新技术产业和先进制造业为支撑，进一步提高二产总量和竞争力。继续改善中关村科技园区昌平园、生命科学园、中科院沙河产业基地的基础设施条件，完善配套服务，吸引一批规模企业入园。进一步做实做强昌平园中心区，抓好昌平园东区的新材料、生物医药及电子信息产业等专业园区的基础设施建设。积极推进中关村国家工程技术创新基地建设的前期工作，力争年内启动。继续支持北汽福田调整产品结构，扩大生产规模。积极发展汽车零部件等相关产业，加快建设先进制造业基地。合理规划和利用好各镇的工业基地，加快修正药业集团等重点项目建设，培育一批规模型的经济增长点。落实产业用地评价机制，按照提高土地利用效率和降低能源消耗的要求，继续引进一批符合全区产业发展规划的新企业、新项目。

加快发展旅游会展业和现代流通服务业，优化三产内部结构。围绕创建国际一流景区的目标，进一步提高明十三陵、居庸关长城等历史文化旅游景区的服务档次和水平。以开发利用小汤山地热资源为核心，发挥九华山庄的龙头带动作用，加快发展立汤路沿线的会议会展、休闲度假和康复疗养等产业。加快北部山区的生态环境建设，进一步规范民俗旅游经营，带动生态观光旅游发展。积极支持现代流通服务业发展，加快推进中关村国际商城、京粮广场等规模项目建设。大力发展总部经济，积极吸引国内外的金融机构总部和业务中心落户昌平。继续规范、引导房地产业、建筑业健康发展，保持对区域经济的拉动力。

调整优化第一产业，加快向都市型现代农业转变。深入研究北京高档次农产品的市场需求，着力打造具有昌平特色的农产品品牌。加快发展有机农业，抓好4万亩有机农产品生产基地和金六环有机农业示范展示中心建设。积极培育和发展农民专业合作组织。继续推进小汤山现代农业科技示范园西区建设，充分发挥其辐射带动作用，进一步提高农业产业化水平。完善农产品质量体系，努力培育一批符合奥运会标准的农产品。

(二)促进城乡居民就业增收

坚持以人为本，用足用好各项促进就业的政策，积极推进城镇失业人员再就业。新增社区就业岗位4000个，安置再就业人员3200人。继续加大财政投入，新开发一批公益性服务岗位。坚持为“4050”人员、享受低保人员等就业困难群体提供就业援助。进一步完善区、镇(街道)就业服务组织网络。继续为城镇失业人员和农村劳动力提供免费培训。抓好10个农民远程教育培训基地建设，完成农民技能培训1万人。通过“政企互动、订单培训”等方式，广泛调动社会各方面的积极性，加快推进农民向二、三产业转移，安置农村富余劳动力5000人以上。进一步完善政策措施，落实灵活就业人员的社会保险待遇。积极鼓励城乡劳动者自谋职业、自主创业。认真落实为民办实事项目，促进城乡居民收入增加和生活环境改善。

(三)扎实推进新农村建设

建立和完善新农村建设的领导体制、工作机制，积极探索符合昌平实际的运作模式，充分调动村级组织和农民的积极性，综合推进60个左右村庄的改水、改厕、街巷硬化、绿化美化等工作，重点建设6个市级示范村，10个区级示范村。全面完成12个村的村庄规划编制工作。基本解决66个村4.8万人的安全饮水问题。继续加大财政投入，推进农村公共设施建设。调整增设农村地区的公交线路，完成100个村的公交候车亭建设。对农村卫生室的药品和医疗器械全部实行统一配送。新发展农村便民连锁店40个，在1000人以上的村实现全覆盖。

大力推进山区、半山区发展。新建、改建禾子涧路、昌流路等山区道路，积极推进山区、半山区69个村的有线电视信号入户工程。全面完成山区泥石流易发区100户、536人的搬迁工作。坚持生态富民的方针，抓好白羊沟清洁小流域建设。因地制宜地发展特色种植、绿色养殖、休闲旅游等产业，开发建设6个休闲产业区，发展200个市级民俗旅游户，帮助山区农民实现原地就业、稳定增收。积极引入城市资源，加快启动望宝川等村的旧村改造，探索山区新农村建设的有效途径。进一步做好对口支援山区低收入村的工作，力争使低收入村年人均劳动所得达到5300元以上。

（四）抓好规划编制和基础设施建设

突出规划的龙头作用，高水平编制昌平新城的控制性详细规划，认真做好重点地区的景观设计。积极推进综合交通、市政设施、温榆河以南地区排水等专项规划的编制工作。加快修编各镇总体规划和控制性详细规划。认真做好全区土地利用总体规划修编工作，确保与昌平新城规划及全区“十一五”规划协调统一。

坚持基础设施先行的原则，全面启动和实施一批重点项目。完成昌平组团东扩新区3条道路和南环路大桥建设，启动何营东路、南环北路和南丰路建设。加快推进沙阳路、七北路、怀长路、110辅线（西关环岛至陈庄段）、安四路（大柳树环岛至京密引水渠段）、北环路西延等一批新建、改建工程，完成11条区级以上公路大修和8座危桥改造。加快供水、供电、供暖等设施建设。启动东部地区和西部地区供水工程的管网建设，新建、改建阳坊、郑各庄等5座变电站。全面完成永安公园和政府街地下停车场建设，完成昌平组团旧城区的雨污水管线改造和二毛环岛改造。在小汤山、北七家、阳坊、南口等重点小城镇建成一批新的基础设施项目。继续支持各建制镇对中心区进行改造。

（五）加强环境治理和生态建设

进一步美化市容镇貌。严格规范户外广告设置，启动昌平组团的夜景照明工程。对创新路、振兴路等7条道路和南口公园进行绿化改造。进一步完善城镇环卫设施配置，加快推进昌平新城、南口、旅游景区和奥运比赛场地周边的标准化公厕建设。加大执法力度，对占道经营、张贴非法小广告、环境脏乱差等突出问题开展集中治理。进一步做好高校周边、主要道路和城铁沿线等重点区域的环境整治工作。积极推行生活垃圾分类收集和集中处理。抓紧完成昌平垃圾焚烧厂改造，进一步提高垃圾处理能力。加强水污染防治和水环境治理，启动南口、北七家污水处理厂建设和北沙河治理工程。全面落实控制大气污染的各项措施。加强京津风沙源治理，积极开展绿化造林，加快建设高水平的绿色生态体系。

（六）进一步深化改革、扩大开放

积极推进各项改革。抓紧完成首钢红冶钢厂、华都酒厂等企业的改制工作。加快推进玻璃公司与联想集团、北标集团与北汽公司的并购重组。加大企业资产整合力度，依法推进资不抵债企业的破产工作。深化投融资体制改革，积极开展政府投资项目代建制试点。进一步完善中小企业服务平台的功能。创新农村发展的体制机制，抓好19个村的集体经济产权制度改革，积极稳妥地推进农户土地承包经营权流转，继续推进农村管理信息化建设。

牢固树立优化环境促开放、完善服务引投资的理念，继续扩大对内对外开放。进一步完善外商投资促进服务机制，提高利用外资的规模和质量。不断优化外贸出口主体、商品和市场结构，扩大自主知识产权、自主品牌和高附加值商品的出口，使外贸出口增长15%以上。逐步扩大对外交往领域，健全政府间的经贸合作平台，为企业参与国际经济合作提供便利条件。

(七)完善城乡社会保障体系

进一步扩大社会保险覆盖面，做好非公有制企业参加社会保险的服务工作，力争使参加养老、医疗、失业、工伤和生育保险的人次增长 10%，保险基金收缴率达到 95%以上。认真落实好相关政策措施，着力解决新征地转工人员的就业安置和社会保险问题。进一步提高新型农村合作医疗大病统筹的参保率。以应保尽保为目标，不断完善社会救助体系。严格执行城乡居民最低生活保障制度，将农村地区的低保标准由 1200 元/年上调为 1680 元/年。坚持对农村低收入群体增收状况进行动态监测，有针对性地开展帮扶。加大临时救助力度，切实做好专项救助工作，重点解决低收入家庭的特殊性、突发性困难。

(八)大力发展各项社会事业

继续调整优化学校布局，进一步改善农村办学条件。积极推进长陵学校、陈庄中学、流村中学建设，启动前锋学校、黑山寨学校、上苑学校改扩建工程。对 25 所中小学的操场进行硬化改造。制定和实施对寄宿制学生的生活补贴政策。大力发展职业教育和成人教育。加强教师队伍建设，进一步提高基础教育质量。积极促进沙河高教园区的入驻高校开工建设。加快建设区域信息资源平台和科技交流合作与服务平台。继续实施“一校带一镇、科普进镇村”工程。进一步完善公共卫生服务体系，加快推进区医院外妇手术楼、综合病房楼、区妇幼保健院门诊病房楼建设，完成十三陵、小汤山等 5 所镇卫生院改造。加大文物保护力度，全面推进泰陵抢修工程和明十三陵文物库建设。进一步完善公共文化服务体系，积极开展数字电视试点，新建和完善一批镇(街道)、村(社区)文化、体育活动场所，广泛开展基层文化活动和全民健身运动。全面完成区体育馆建设，抓紧启动区体育活动中心改造工程。精心组织好承办2006 年铁人三项世界杯赛的各项工作。

(九)强化基层管理和安全稳定工作

以构建和谐社区、和谐村镇为目标，进一步强化基层管理。积极推进城市管理体制改革，逐步完善街道、社区的管理和服务功能。认真组织好社区居委会的换届选举工作。充分发挥社区居委会的作用，探索建立社区居委会、业主委员会和物业公司之间的协调运转机制，促进和谐社区建设。继续推进城管、警务进社区，完善社区便民服务网络，为居民提供高效便捷的服务。积极争取和配合市有关部门，加快推进天通苑、回龙观地区的教育、卫生、市政等配套设施建设，并认真做好接管工作。进一步加强农村基础工作，积极推进村务公开、民主管理。

强化公共安全管理。完成突发公共事件应急指挥中心建设，加快建立公共安全信息平台，完善各项应急预案，进一步提高防范和处置能力。严格落实安全生产责任制，深入排查和消除各类重大事故隐患。加强动物疫病防控体系建设，防止重大动物疫情发生。认真做好防汛、防火和防灾工作。广泛开展“平安社区、平安村”等创建活动。进一步完善社会治安防控体系，依法严厉打击各类犯罪活动。切实加强对流动人口的管理和服务。认真落实《信访条例》，健全信访网络，积极开展人民内部矛盾排查调处工作，提高处理信访突发问题和群体性事件的能力，确保全区社会稳定。

(十)加强社会主义精神文明建设

以“新北京、新奥运”和“争做首都文明市民”、“争做文明昌平人标兵”为主题，广泛开展文明社区、文明村镇、文明单位、文明行业等群众性精神文明创建活动，进一步提高城市的整体文明程度。大力加强青少年思想道德教育，为未成年人健康成长创造良好的社会环境。突出“人文奥运”的主题，以文明礼仪教育为重点，全面推进城乡居民素质教育。

深入开展普法和诚信守法教育，努力在全区形成学法、知法、守法、用法的良好风气。积极开展双拥共建和国防教育，争创全国双拥模范城（县）六连冠。

（十一）切实加强政府自身建设

紧紧围绕建设法治、务实、服务和学习型政府的目标，不断提高政府依法行政的能力和水平。严格执行《行政许可法》，认真落实政府工作规则，进一步规范内部决策程序，全面推行行政执法责任制。全体政府组成人员和工作人员要严格按照法定权限和程序行使职权。全面落实区委召开的人大、政协工作会议精神。自觉接受区人大的法律监督、工作监督和区政协的民主监督。健全抓落实的责任机制，坚持对关系群众切身利益的事项实行全过程督查。全面推行部门工作责任制，提高抓工作落实的执行力。牢固树立“管理就是服务”的理念，大力推进政务公开和网上互联审批，推动全程办事代理制向基层延伸，全面提高政府部门的办事效率和服务水平。认真执行《国家公务员法》，进一步规范公务员管理，加强公务员培训，努力建设一支高素质的公务员队伍，提升政府的整体创新能力和管理效能。

各位代表，全区“十一五”发展的蓝图即将绘就，我们深知任务非常艰巨，责任十分重大，使命无比神圣，前景无限美好。让我们紧密团结在以胡锦涛同志为总书记的党中央周围，以邓小平理论和“三个代表”重要思想为指导，全面落实科学发展观，坚定信心，迎难而上，开拓进取，扎实工作，为圆满完成“十一五”规划的各项任务，全面建设“三个首选之区”、构建和谐宜人新昌平而努力奋斗！

北京市昌平区人民代表大会常务委员会工作报告

——2006年1月10日在区二届人大三次会议上

区人大常委会主任　任宝贵

各位代表：

我受北京市昌平区第二届人民代表大会常务委员会的委托，向大会报告工作，请予审议。

2005年的主要工作

区二届人大二次会议以来，区人大常委会在中共昌平区委的正确领导和市人大常委会的监督指导下，坚持以邓小平理论和“三个代表”重要思想为指导，深入贯彻党的十六大和十六届三中、四中、五中全会精神，树立科学发展观，落实中央9号文件和市委、区委人大工作会议精神，全面执行区二届人大二次会议的各项决议，认真履行宪法和法律赋予的职责，围绕中心，服务大局，与时俱进，开拓创新，发挥了地方国家权力机关的作用。一年来，区人大常委会依法举行了8次会议，审议了34项议题，作出了4项决议、决定，常委会的各项工作取得了新的进展。

一、法律监督取得新的成效

常委会致力于促进依法治区的深入实施，始终把促进依法行政、公正司法和解决人民群众关心的热点问题作为法律监督工作的重点，加大执法检查力度，加强对法律法规实施情况的监督，取得了较好效果。

一年来，常委会进行了6项执法检查。在执法检查中，注意将全面检查与重点检查相结合，集中检查与分散检查相结合，听取工作汇报与实地检查相结合，明查与暗访相结合，做到方案具体，重点突出，程序规范，注重实效。一是对关系全区经济社会可持续发展的法律法规实施情况进行重点检查。水资源是经济社会可持续发展的基础和保障。常委会将实施水法和水污染防治法情况列入2005年执法检查计划并成立检查组，对沙河水库、邓庄水厂、昌平污水处理厂等15处进行了重点检查。常委会审议了检查组的执法检查报告，对发现的问题提出了25条意见和建议，推动了水资源的开发、利用、节约和保护工作。二是对与人民群众生活密切相关的法律法规实施情况连续检查。食品卫生安全关系千家万户，是人民群众关心的热点问题。常委会每年都对全区贯彻食品卫生法情况进行执法检查，2005年加大了检查的力度，历时一个多月，采取区、镇人大上下联动、听取汇报、抽查暗访等形式检查了189家餐馆以及部分食堂、民俗旅游农家院、超市和送餐企业。对检查发现的个别地区食品卫生水平下滑，食品监管力量不足，城乡结合部一些中小餐馆卫生条件差等问题及时向执法部门提出了整改意见，促进了全区食品卫生状况的进一步改善。常委会坚持教育执法检查制度，9月至11月，对教育法律法规的贯彻实施情况进行了检查。三是对关系生产生活安全的法律法规实施情况深入检查。常委会听取了贯彻实施北京市安全生产条例情况的报告，检查了兴寿镇锰银矿、下庄白灰厂、昌平区烟花鞭炮分销中心等企业，抽查暗访了超市、建筑工地、网吧等人员密集场所安全保障情况，还深入非煤矿山巷道，了解安全生产条件和防护措施，针对存在的安全隐患，提出了加强和改进安全生产工作的相关意见。区政府有关职能部门根据检查组的意见，对全区非煤矿山和重点企业的安全生产设施进行排查，对设备进行调试、维修，推动了全区安全生产工作。长陵镇人大代表听取了镇政府关于安全工作的专项报告，并进行了视察检查，推动了关闭金矿和矿工安置工作的开展。常委会专题审议了区政府关于社会治安综合情况的报告，提出了健全镇、街道综合治理机构、加强流动人口管理和公安队伍建设等9个方面意见、建议，促进了社会治安责任的落实和社会稳定。常委会综合运用听取审议工作报告、执法检查、视察等多种措施，对全区实施药品管理法、档案法和北京市图书馆条例等法律法规情况进行了审议和检查。

以贯彻实施"四五"普法规划和行政许可法为重点，保证宪法和法律的贯彻实施。2005年是实施"四五"普法规划的最后一年，为了全面完成"四五"普法的各项工作，常委会组织部分人大代表，从组织领导、机制保障、普法重点、宣传教育、依法治理等方面，深入镇村和职能部门进行调研，审议了实施"四五"普法规划的报告，提出要进一步创新宣传形式，丰富宣传内容，推广民主法治示范村的典型经验，提高学法用法的普及程度；进一步增强领导干部的法制观念和法律意识，提高行政执法整体水平，加大行政执法检查力度，实现由提高全民法律意识向提高全民法律素质的转变，由注重依靠行政手段管理向注重运用法律手段管理的转变，采取有力措施，争创普法先进区。为推动行政许可法的贯彻实施，常委会征求了820名行政管理相对人对实施行政许可的评价意见，听取审议了区政府贯彻实施行政许可法情况的报告，建议区政府清理规范性文件，规范行政许可事项，加强全程办事代理，理顺部门间行政许可衔接关系，把行政许可和监管有机结合起来，全面推进依法行政工作进程。

常委会认真执行北京市人大常委会监督司法工作条例，专题听取了区人民法院审判工作情况的报告。要求区人民法院以"公正与效率"为主题，依法保护各类市场主体和公民法人的合法权益，努力破解案件大量增加、审判人员不足的难题，加强诉讼调解工作，进一步加强审判队伍建设，提高审判人员素质，高质量完成审判工作。在审议区人民检察院关于查办职务犯罪情况的报告时，指出要强化检察监督职能，进一步提高法律监督效能，积极运用检察建议，推动预防职务犯罪工作，在建立健全预防惩治职务犯罪体系中发挥更大作用。认真落实全国人大常委会关于完善人民陪审员制度的决定，及时调整充实了人民陪审员队伍，并会同区法院、司法局加强对人民陪审员的教育、培训和管理，提高了人民陪审员参与案件审理的能力。

按照市人大常委会的安排，常委会对《中华人民共和国畜牧法》、《北京市集体合同条例》、《北京市烟花爆竹安全管理条例》等9部法律法规草案征求了意见，参与了立法工作。

二、工作监督取得新的进展

常委会紧紧围绕全区重点工作，审议了6项重大事项的报告，推进了全区经济社会发展目标的顺利实现。

一是着眼于抓大事、议大事。听取了区政府关于国民经济和社会发展第十一个五年规划纲要编制情况的报告。在审议报告前，常委会开展了广泛调研，向全体区人大代表发放了"十一五"规划纲要征求意见稿，听取了方方面面的意见。常委会会议在审议中指出，编制好"十一五"规划纲要是关系昌平经济社会发展的大事，要贯彻落实科学发展观，统筹经济社会和城乡协调发展。要按照市政府对昌平的功能定位和全区发展的总体要求，以"发展、统筹、创新、开放、和谐、人本"为主题，切实做好"十一五"规划编制工作。在审议中，对于如何加快西部经济发展、完善社会保障体系，特别是关注弱势群体、落实就业和再就业工程等方面提出了意见和建议。常委会关注"十一五"专项规划的编制工作，组织代表听取了教育、卫生、妇女儿童、昌平新城建设等规划编制情况的汇报。常委会利用两个多月的时间，对全区旅游规划修编工作进行了专题调研，召开了有关职能部门和镇村领导近百人参加的9个座谈会，还听取了驻昌部队、市属单位和旅游企业的意见，撰写了专题调研报告，就旅游布局、环境整治、产品开发、挖掘民俗旅游文化内涵等，提出了32条建议，对于旅游规划修编，起到了拓宽思路、填补内容的作用。常委会在审议全区土地管理使用情况报告时指出，土地是民生之本，发展之基，要严格执行基本农田保护制度和项目用地审批，强化审批后的监督，加强对土地使用情况的检查，严肃查处违法用地行为，确保土地依法合理使用；要大力推进土地利用集约化，提高土地利用率。常委会审议了区政府关于建设工程招投标工作的报告，建议要坚持"公开、公正、公平"的原则，增加透明度，依法加强对市场主体的监管，严肃查处招投标过程中的违法、违规行为，维护建筑市场秩序。为了推动"十五"计划的全面完成，常委会审议了2005年上半年国民经济和社会发展计划执行情况及财政预算执行情况的报告、区政府2004年财政收支决算报告、2004年度财政预算执行和其他财政收支情况审计工作报告，作出了关于批准昌平区2004年财政决算的决议。

二是着眼于统筹城乡发展，推动"三农"工作。土地确权和农村集体经济产权制度改革是当前农村工作的重点，是农村经济体制变革的突破口，也是农民极为关注的热点问题。常委会主任会议专题听取了区政府关于土地确权和农村集体经济产权制度改革的报告，指出要从保持农村稳定、维护农民根本利益、推动社会主义新农村建设的高度，加强领导，把握政策，摸清底数，积极稳妥地推进产权制度改革；要建立集体资产管理使用制度，健全经济运行和收益分配监督制约机制，促进农村经济发展，增加农民收入。为推动高致病性禽流感防控工作，常委会视察了区动物疫病预防控制中心和镇动物卫生防疫站，查看了动物疫病检测、防控设备及防控物资储备，听取了区农委、区动物疫病预防控制中心关于禽流感防控工作的汇报，要求区政府及有关部门继续扩大监测范围，制定工作预案，强化巡查、督查，把禽流感防控工作作为一项政治任务来抓，确保万无一失。常委会视察了区水产公司，建议进一步加快昌平水产养殖业发展，打造名优品牌，为优化一产，富裕农民做出更大贡献。此外，常委会还协助市人大对“贯彻落实农村土地承包法及农村土地确权”和“山区基础设施建设”等6项课题进行了调研。

三是着眼于落实奥运行动计划，推动体育事业发展和奥运承办项目的筹备工作。常委会组织人大代表视察了在建的昌平综合体育馆、奥运铁人三项赛运动员训练基地和镇村体育设施建设及使用情况，听取了体育工作情况的报告。建议要围绕贯彻实施全民健身计划纲要，抓好群众体育工作，不断提高群众体育水平；要深入贯彻体育法、公共文化体育设施管理条例等法律法规，加强体育健身设施的维护管理；以备战2008年奥运会为重点，调整项目布局，引入竞争机制，完善管理体制，进一步提高竞技体育水平；要切实做好铁人三项赛场地的筹建工作，加速区综合体育馆和运动员训练基地建设，抓住奥运契机，全面提升体育工作水平。

三、干部监督工作有新的突破

对人大选举、任命的国家机关工作人员实施监督，是地方国家权力机关的重要职责。2005年，常委会加大了述职评议工作的力度，对副区长冯维利和区教委主任李永生进行了述职评议，对6名区政府组成人员进行了书面述职评议。述职评议工作在三个方面有了新的突破，一是首次评议了副区长，二是会议评议与书面评议相结合扩大了覆盖面，三是评议工作的影响进一步扩大。常委会对述职评议工作十分重视，成立了领导小组和工作小组，制定工作方案，进一步改进评议方法，简化评议程序，采取走访、座谈、民意测评等多种形式对冯维利副区长和李永生主任任职以来，在贯彻宪法、法律法规，依法履职，执行人大的决议、决定，办理人大代表议案和建议，廉洁自律等方面的情况进行了深入调研，召开了有近200人参加的17个座谈会，并进行了民意测评，同时征求了市农委、市教委等主管部门的意见。述职评议中，对冯维利副区长重点从深化农村经济体制改革，调整农村产业结构；加强山区建设和农业技术推广；做好农村富余劳动力安置等方面进行了调研。对李永生主任重点调查了全区教育教学工作现状、教师队伍素质、外来务工人员子女教育和社会力量办学等方面的情况。两位述职人员认真撰写了述职报告并在常委会会议上述职。常委会组成人员本着客观公正、实事求是的原则，肯定了成绩，指出了不足，分别提出了评议意见。两位述职人员按照评议意见制定了整改措施，并向常委会报告了整改落实情况。在书面述职评议工作中，常委会组成人员认真审阅了述职报告，通过座谈、走访等形式，对被评议对象贯彻执行法律法规、依法履行职责等方面的情况进行了深入的了解，提出评议意见，向述职人员进行了反馈并提出了整改要求。对冯维利副区长和其他政府组成人员的述职评议在全区引起强烈反响，进一步增强了国家机关工作人员的公仆意识和自觉接受人大监督的意识，提高了法律素质和履职水平，促进了依法行政。

常委会认真贯彻执行任免国家机关工作人员办法，坚持了任前法律法规知识考试制度，依照法定程序，任免了国家机关工作人员42名，人民陪审员10名。常委会第十二次会议决定接受任学良同志辞去昌平区人民政府副区长职务；第十五次会议决定接受陈锐同志辞去昌平区人民法院院长职务，决定鲁为同志任昌平区人民法院副院长、审判委员会委员，代理院长，特报本次代表大会备案。

四、代表工作有了新的提高

常委会认真贯彻中央9号文件精神,充分发挥代表作用,加强建议督办,丰富活动内容,为代表履职提供服务,进一步推进了代表工作。

一是加强代表建议督办工作。区二届人大二次会议期间,代表提出的181件建议,均在规定期限内办复,代表对办理结果的满意度比上年有所提高。为了提高督办质量,常委会加强了与办案单位的联系和沟通,与区市政委、发改委、政法委、农委和教委等承办单位共同召开办理工作分析会,听取意见,掌握进度,促进落实。加大重点难点建议的督办力度,对涉及面广、难度大的重要建议案,由区人大常委会领导牵头督办。组织人大代表对办理情况开展专项视察检查,先后视察了山区人畜供水、京密引水渠跨河桥、城区公厕和道路建设等工程,推动了建议的办理。常委会听取了区政府关于办理区二届人大二次会议代表建议、批评和意见情况的报告,要求区政府对重点建议要加大办理力度,对答复代表年内解决的要如期落实。常委会重视闭会期间建议的办理工作,规范程序,加强督办,代表在闭会期间提出的15件建议均如期办复。

二是努力为代表依法履职创造条件。加强了代表学习培训,组织区、镇两级人大代表学习代表法、北京市实施办法和代表履职的相关知识,学习贯彻十届全国人大三次会议和中央9号文件精神,与镇、街人大一起举办了二十多场次学习研讨会,提高了代表整体素质;举办报告会,向代表通报全区经济运行和社会发展情况,为代表寄送《中国人大》、《北京人大》、《昌平周刊》和《昌平人大信息》等学习资料,利用昌平人大网站为代表提供法律法规知识、常委会工作情况、代表活动和区情、政情信息,为代表知情知政创造条件。常委会汇集了19篇代表依法履职的作法和经验,编印了《代表风采》一书,宣传代表的先进事迹,进一步激发了依法履职的积极性。

三是加强代表活动的组织和指导。围绕常委会议题,结合人民群众关心的热点、难点问题,采取听取汇报、实地察看等形式,组织代表对基本农田保护、垃圾集中清运、山区学校改造、昌平图书馆和博物馆、人口和计划生育等工作进行了视察。组织代表旁听法院案件审理,邀请了136名人大代表列席常委会会议,参与议题的审议。以镇、街道为单位建立健全代表小组和代表联组活动制度,开展了学习培训、民主评议和视察检查活动。在南口镇开展了人大代表向选民述职的试点工作,13名区、镇人大代表述职,接受选民代表评议。通过述职,增强了代表的责任感,提高了履职的积极性,为全区开展代表向选民述职工作提供了经验。

常委会加强对各镇、街道人大工作的指导,坚持每季度召开人大主席联席会,举办了人大干部培训班,召开了代表工作经验交流会,指导各镇依照法定程序召开镇人民代表大会。

常委会继续把接待人大代表和人民群众来信来访、受理申诉,作为维护人民群众合法权益、履行监督职能的重要内容。认真办理群众来信,热情接待群众来访,全年共办理来信来访799件次。其中,来信272件,接待来访527人次。对关系群众切身利益的重要来信来访,常委会领导亲自受理,督办落实,进一步密切了与人民群众的联系,解决了一些群众反映突出的实际问题。

常委会加强了市人大代表的联络和服务工作,受市人大常委会的委托,组织市人大代表昌平团视察了重点工程建设情况和区法院、检察院的工作情况,听取了制定"十一五"规划情况的汇报,为市人大代表知情知政、依法履职提供了服务。

五、自身建设有了新的加强

常委会以贯彻中央9号文件为重点,从学习培训、改进作风、完善制度入手,加强自身建设,不断提高履职能力和工作水平。

加强学习,提高素质。常委会结合开展保持共产党员先进性教育活动,不断加强思想建设，提高政治理论水平。认真学习宪法、法律，学习党的十六届四中、五中全会精神，举办了宪法、反分裂国家法、行政许可法、信访条例等8次法制讲座，提高了法律素质。学习贯彻中央9号文件精神和人民代表大会制度知识，进一步提高了对坚持和完善人民代表大会制度重要性的认识，明确了做好人大工作必须坚持正确的政治方向、必须坚持民主集中制、必须坚持走群众路线的三项原则，增强了新形势下做好人大工作的责任感和使命感，提高了整体素质。

加强调研，改进作风。常委会认真落实联系代表制度，通过走访和座谈，加强了与代表经常性联系。区人大常委会主任、副主任每人联系2－3名区人大代表，经常深入基层、深入实际，听取代表和人民群众的意见和呼声，了解社情民意，努力解决实际问题。常委会领导认真做好联系部队、厂矿、学校、贫困村、贫困户工作，密切与人民群众的联系。常委会组成人员结合审议议题和重点工作深入开展调查研究，撰写了贯彻实施行政许可法、“四五”普法和体育工作等26篇调研报告。

2005年，区委召开了第二次人大工作会议，制定了《关于进一步加强和改进人大工作的意见》。为了开好这次会议，常委会进行了专题调研，召开了有镇人大主席、人大代表、政府组成人员、法院、检察院有关人员和人大机关干部参加的11个座谈会，重点调查了落实区委第一次人大工作会议情况，对各级党委加强和改进人大工作的领导、人大代表依法履职、“一府两院”接受监督、镇人大工作等情况进行了广泛深入的调查研究，在区人大代表中进行了问卷调查，广泛征求了进一步加强和改进人大工作的意见，为区委决策提供了依据。

健全制度，规范程序。建立审议意见书制度，推进审议意见交办、反馈的规范化；健全与“一府两院”和有关部门的沟通协调机制；健全镇、街道人大主席（主任）例会制度。规范执法检查工作的形式和程序，进一步提高了常委会依法履行职责的能力。完善了常委会重大事项向区委报告制度，制定了理论学习制度，努力推进常委会工作制度化、规范化建设。

常委会加强对外交流，接待了韩国金井区、道峰区议会代表团来访，并组团对两区议会进行了回访，促进了相互交流和友谊。

各位代表，常委会工作取得的成绩，是区委正确领导，“一府两院”的支持与配合，社会有关方面和广大人民群众关心、支持、帮助的结果，也是常委会组成人员、全体区人大代表集体心血和智慧的结晶。在此，我代表区人大常委会，向所有关心、支持、帮助人大工作的同志们、朋友们，表示崇高的敬意和衷心的感谢！

面对新形势新任务，我们也清醒地看到，常委会工作还有一定的差距。主要是工作监督和法律监督力度还需要进一步加大，代表的主体作用还需要进一步发挥，常委会工作制度还需要进一步完善，自身建设还需要进一步加强。这些问题，我们将在今后的工作中认真研究，加以改进。

2006年的主要任务

2006年是实施“十一五”规划的开局之年，是贯彻中央9号文件精神和市委、区委人大工作会议精神的重要一年。新的形势和任务对人大工作提出了更高的要求。区人大常委会要坚持以邓小平理论和“三个代表”重要思想为指导，深入贯彻党的十六大、十六届五中全会精神，贯彻市委、区委全会精神，落实科学发展观，推进社会主义新农村建设，进一步加大监督力度，增强监督实效，加强和改进代表工作，提高常委会工作水平，为发展社会主义民主政治，坚持和完善人民代表大会制度，全面推进“三个首选之区”建设，构建和谐宜人新昌平做出更大的贡献。

一、深入学习贯彻中央9号文件和市委、

区委人大工作会议精神

中央9号文件，抓住发挥代表作用和人大制度建设这两个关键问题，深刻阐述了坚持和完善人民代表大会制度的重要意义，进一步明确了坚持和完善人民代表大会制度的指导思想、基本原则、工作重点和主要措施，是新时期进一步做好人大工作的纲领性文献。市委、区委先后召开了第二次人大工作会议，制定了《关于进一步加强和改进人大工作的意见》。区委对人大及其常委会提出了"要在围绕中心、服务大局、推动发展上有新作为，在加强和改进监督工作、增强监督效果上有新突破，在加强人大常委会自身建设、不断提高工作水平上有新进展"的要求。区人大常委会要把学习宣传和贯彻落实中央9号文件和市委、区委的《意见》作为今后一个时期人大工作的重点，对需要人大落实的任务进行分解，由主管主任牵头，各委室负责，制定具体措施，切实把《意见》落到实处。

二、进一步加强和改进监督工作，增强监督实效

贯彻落实科学发展观，紧紧围绕"新北京、新奥运"战略构想和"十一五"规划确定的目标，突出监督重点，改进监督方式，增强监督实效，确保宪法和法律、法规得到正确实施，促进依法行政和公正司法。今年常委会拟安排听取区政府关于国民经济和社会发展计划执行情况、财政预算执行情况和2005年财政决算、财政收支审计情况的报告；听取审议奥运会铁人三项赛准备工作、山区基础设施和加强薄弱校建设等情况的报告；听取审议"五五"普法规划的报告；听取审议贯彻实施安全生产法、防震减灾法、北京市道路交通安全条例、建设工程质量管理条例的报告；对涉及人民群众切身利益的食品卫生法、教育法律法规的实施情况进行重点执法检查；以推动社会主义新农村建设为主题，对农业和农村工作进行视察和检查；对全区重点工程建设进展情况进行视察；进一步强化监督司法工作，对基层法庭建设情况进行视察；加大述职评议工作的力度，开展评议检察官的试点工作，对17名政府组成人员进行书面述职评议。

三、加强和改进代表工作，充分发挥代表主体作用

区人大常委会要进一步拓宽代表知情知政的渠道，建立健全服务保障制度，扩大代表参与常委会工作的范围，坚持邀请代表列席常委会会议和参加各工作委员会活动制度，组织代表参加执法检查、视察、专题调研和评议等活动，为代表依法履职创造条件，提供服务。要进一步加强和规范闭会期间代表活动，增强活动实效，认真做好代表议案和建议、批评、意见的督促办理工作，规范闭会期间代表提出议案和建议的办理程序，加强督办过程中与代表的沟通，对重点、难点议案和建议，常委会领导分工负责，组织专门力量加强督办和落实。要进一步加强对镇、街道人大工作的指导，认真贯彻执行代表法，推进代表向选民述职，接受选民的监督，抓好代表的学习培训，丰富内容，突出实效，切实提高代表的综合素质和履行职务的能力。

四、切实做好区、镇两级人大代表换届选举工作

根据北京市人大常委会的决定，区、镇两级人大代表将于今年下半年换届。要认真做好换届选举调查摸底工作，重点做好代表资源的调查，结合实际认真制定选举工作计划，切实加强对选举工作人员的培训，强化法律意识，严格法律程序，科学合理地划分选区，重点抓好选民登记、提名候选人和投票选举几个关键环节，着眼于提高代表素质，改善代表结构。在区委的领导下，把充分发扬民主与严格依法办事结合起来，确保换届选举工作的顺利完成。

五、以制度建设为重点加强自身建设，提高常委会工作水平

加强思想建设，常委会组成人员要认真学习和贯彻中央9号文件精神和市委、区委关于进一步加强和改进人大工作的意见，不断增强做好新时期人大工作的责任感和紧迫感，提高依法履职的能力和水平；加强制度建设，制定区人大常委会执法检查、财政预算监督等办法，进一步健全人大信访工作制度，畅通民主渠道；加强作风建设，进一步密切同人大代表和人民群众的联系，坚持深入基层，调查研究，了解民情，反映民意，科学决策，民主决策，维护好人民群众的根本利益；加强队伍建设，充分调动机关干部的积极性、主动性和创造性，为人大及其常委会更好地发挥地方国家权力机关、工作机关和代表机关作用服务。

各位代表，“十一五”规划的宏伟蓝图已经展现在我们面前，昌平区经济社会发展将翻开新的一页，新的形势、新的任务对人大工作提出了新的要求。让我们紧密团结在以胡锦涛同志为总书记的党中央周围，高举邓小平理论和“三个代表”重要思想伟大旗帜，在区委的正确领导下，求真务实，扎实工作，为全面推进“三个首选之区”建设，构建和谐宜人新昌平作出更大的贡献！

政协北京市昌平区第二届委员会常务委员会工作报告

——2006年1月8日在政协北京市昌平区二届三次全会上

政协昌平区委员会主席　王振华

各位委员、各位同志：

我受政协北京市昌平区第二届委员会常务委员会委托，向大会做工作报告，请予审议。

一、2005年工作的回顾

2005年，在区委正确领导和市政协精心指导下，区政协坚持以邓小平理论和“三个代表”重要思想为指导，贯彻落实党的十六大、十六届三中四中五中全会和《中共中央关于进一步加强中国共产党领导的多党合作和政治协商制度建设的意见》、市委的实施意见和区委贯彻市委意见的具体措施，用科学发展观统揽政协工作全局，紧紧把握团结和民主两大主题，全面落实区政协二届二次全会决议和常委会年初确定的全年任务，围绕中心、服务大局，求真务实、开拓进取，认真履行职能并取得新成绩。

（一）认真履行政治协商、民主监督、参政议政主要职能。

认真开展政治协商。常委会认真组织各界委员开展不同层次的协商，促进了区委区政府决策的民主化科学化，推动了全区各项事业发展。通过全体委员会议就全区大政方针和重大事项进行协商。在区政协二届二次会议上，委员们认真听取区政府工作报告，通过大会发言、小组讨论等形式，围绕全区大政方针和事关全区发展的全局性工作进行了充分协商，同时提出提案179件。区委区政府及各委办局领导出席会议，认真听取委员意见，共商昌平改革开放和现代化建设的大计，充分调动了委员参政议政积极性。委员们还通过充分酝酿、民主协商，补选6名同志为区政协常委。通过常委会议和专题座谈会对《昌平新城规划》进行协商。根据区委指示，先后召开常委会议和委员座谈会，邀请市规划设计院和区规划分局介绍昌平新城规划情况，委员们对新城规划进行了讨论，诚恳地发表了意见和建议。通过专题座谈会和印发材料征求意见等形式对昌平区“十一五”规划和部分专项规划进行协商。组织委员参加区委召开的座谈会，对《中共北京市昌平区委关于制定昌平区国民经济和社会发展第十一个五年规划的建议》进行了讨论；向全体委员下发《北京市昌平区国民经济和社会发展第十一个五年规划纲要（草案）》，广泛征求了意见；组织部分委员参加区教委、卫生局、妇联等部门召开的座谈会，对全区教育、卫生、妇女、儿童工作等“十一五”专项规划进行了讨论；组织委员参加区市政委召开的座谈会，对《昌平区夜景照明工作实施方案》进行了讨论。委员们在讨论中提出的意见和建议得到了区委区政府及有关部门的高度重视和认真采纳。

深入开展民主监督。常委会高度重视民主监督工作，认真落实有关制度，加大了民主监督力度。深入开展专项民主监督工作。区政协财政预算、舆论导向等7个民主监督小组先后8次组织委员和特邀监督员共190人次开展了专项民主监督活动。通过开展通报、视察活动进行民主监督。先后25次组织政协委员共715人次开展通报和视察活动，委员们相继听取了全区有线电视网络建设、治理大气污染、工业骨干企业发展、科技工作、农业重点工程建设等16项情况通报。组织委员先后对北京中车摩比斯汽车零部件有限公司和北京清华阳光能源开发有限公司等11个企业、十三陵水库上游京津风沙源治理和流村王家园水库除险加固、山区供水等7个农业重点工程和昌平广电中心、昌平看守所等28个单位进行了视察。按照区委要求，听取了全区禽流感防控情况通报并进行了重点视察。认真参与督查考核、民主测评和民主评议活动。按照区委区政府要求，全体政协委员参与了对职能部门履行职责情况的督查考核和民主测评。在第一、二批保持共产党员先进性教育活动中，政协委员共560人次参与对区镇两级领导班子、领导干部的民主测评和评议活动。应邀担任职能部门特约监督工作的50名政协委员和区政协聘请的31名特邀监督员认真履行了监督职责。政协在民主监督过程中提出的有价值的意见和建议得到了区委区政府及有关职能部门的高度重视和采纳。

积极参政议政。常委会紧密围绕建设“三个首选之区”、构建和谐宜人新昌平的一些重大事项，组织委员认真参政议政。进一步提高提案工作质量。召开提案工作会议，贯彻落实全国和市政协提案工作会议精神，总结和部署提案工作。各专委会和界别小组组织委员认真学习和调研，进一步提高了提案质量。委员们在二届二次全会期间提出的179件提案经审查立案178件（其中经济科技类35件，城乡建设与管理类76件，教育文化体育卫生类35件，社会与法制建设类32件）；报送区委区政府后，政协主席、副主席及时了解提案办理情况并督办了15件重点提案。召开有关部门座谈会，就解决提案所反映的问题进行了协调。视察了歌华昌平分公司办理提案工作。对区市政委系统办理提案情况进行了民主评议。在区委区政府高度重视和有关职能部门共同努力下，委员提案全部办复，促进了全区经济社会发展中一些实际问题的解决。深入开展调查研究。组织委员35人次参与区政协对山区学前教育情况、卫生室和村医队伍情况的调查，在普遍调查基础上重点走访了115个山区村，形成了两篇调查报告共提出7条建议，及时报送区委区政府主管领导并和有关部门交换了意见，有关建议已得到采纳。组织委员122人次参与了区政协对全区台资企业、农民致富技能培训、村务公开和山区民俗旅游等情况进行的专题调研，形成了四篇调研报告共提出26条建议，区领导做了批示。在区民政局等有关部门支持下，配合市政协进行了关于“完善社区服务，构建和谐社会”和“少数民族聚集地区社区建设情况”专题调研，有关材料及时上报市政协。

（二）充分发挥统一战线组织在构建和谐社会中的作用。常委会坚持高举爱国主义和社会主义两面旗帜，发挥政协作为统一战线组织的优势，为构建和谐社会广泛凝聚力量。加强与全区各界人士的团结。举办了部分职能部门领导座谈会、迎新春茶话会、特邀监督员座谈会、女委员庆“三八”座谈会、部队委员和其单位领导成员、部分委员庆“八一”联谊会、台资企业座谈会、特邀委员座谈会、纪念中国人民抗日战争暨世界反法西斯战争胜利60周年、迎国庆中秋座谈会，进一步促进了全区各族各界人士的大团结大联合。加强国内外友好交流。接待外省市、本市区县政协来访共13批150人次；组织委员赴外省市和本市区县考察学习共5批75人次。接待全国政协和市政协视察5批190人次；举办了部分全国、市政协委员与区政协委员联谊参观活动；邀请市政协和区县政协的部分老领导到昌平进行了参观；协助市政协在昌平召开工作会议5次。受区委区政府委托，组团到韩国、德国和法国进行了友好访问；接待了韩国首尔市道峰区和釜山市金井区代表团、日本板柳町和群马县友好人士来访。积极投身经济建设和社会公益事业。组织部分委员和委员单位捐资55万元，慰问了昌平区102名参加过抗战的老干部和支援了下庄学校、流村中学、黑山寨幼儿园、南口学校的教育事业。据不完全统计，2005年委员和委员单位扶助贫困村捐款320多万元。很多政协委员在本职工作岗位上又取得显著成绩，如区委区政府表彰的36名优秀中国特色社会主义建设者中有政协委员15名。委员们以实际行动赢得了社会各界的充分肯定。

（三）加强政协工作的研究、宣传和文史工作。常委会高度重视政协工作的研究、宣传和文史工作，进一步活跃和推进了政协工作。加强对政协工作的研究。两次召开“政协为构建社会主义和谐社会做贡献”研讨会，委员们认真学习理论，紧密联系实际，对政协如何履行好职能、如何为构建和谐社会做贡献等问题提出意见和建议。区政协编辑《发挥政协委员主体作用，为构建和谐社会做贡献》论文集，收录了委员76篇35万字的论文。通过研讨，促进了委员学习，促进了政协工作。按照市政协要求，区政协对十年来贯彻落实《政协全国委员会关于政治协商、民主监督、参政议政的规定》情况、区政协二届一次全会以来发挥委员主体作用情况和开展专项民主监督工作情况进行认真总结，上报了3份专题材料。加强政协宣传工作。在《北京观察》杂志发表了图片专版，宣传了区政协部分工作。编辑印发了《与时俱进，创造辉煌》第一本宣传册，已对57个委员企业进行了宣传，为委员加强相互了解，整合企业资源提供了方便。由政协提议、组织并本着委员自愿个人出资原则，尝试制作了《政协委员风采》2006年台历3500本，宣传了部分委员及其单位事迹。《昌平周刊》和昌平电台电视台及时报道政协工作情况，共编发广播电视新闻稿件78篇，播放新闻报道59条。加强政协文史工作。充分发挥政协文史“存史资政、团结育人”作用。对即将正式出版的《北京市文史资料精选·昌平卷》再次进行了认真核实校对。编辑出版有76篇文章29万字的《昌平文史资料》第四辑。2005年新征集到文史资料152篇31万字。与区党史办合作搜集整理了60万字的有关抗战时期南口大战的史料。初步建立了一支较稳定的文史资料撰稿员队伍。

（四）加强自身建设。常委会注重加强政协自身建设，进一步提高了整体素质。加强常委班子和委员队伍建设。一是坚持集体领导。常委会做到在充分发扬民主的基础上统一思想意志，坚持集体协商讨论决定重大问题。二是大力加强学习。组织和引导委员深入学习《中共中央关于进一步加强中国共产党领导的多党合作和政治协商制度建设的意见》及市委的实施意见、区委贯彻市委意见的具体措施,使大家进一步提高了做好政协工作重要性必要性的认识,增强了责任感和使命感。组织委员参加民族宗教工作、台海形势报告会,了解有关情况及国家相关政策。组织委员参观中国人民抗日战争纪念馆,与昌平抗战老战士座谈,使委员受到深刻的爱国主义教育。三是继续为委员提供学习资料。2005 年下发《昌平政协》月刊共 12 期,刊登各级领导重要讲话、法律法规、方针政策、区各职能部门工作简介等多方面学习资料共 191 篇 56 万字。坚持办好政协网页,全年输入资料 50 多万字。四是建立和落实委员分片联席活动制度。研究制定《关于建立镇、街道、地区办事处政协委员分片联席活动制度的暂行办法》,按照委员所分布的地域情况,将委员划分为 12 个活动小组,由镇、街道办事处特邀委员(党委副书记)担任召集人。各小组根据实际需要组织委员开展活动,促进了政协工作在基层开展。五是加大委员跨界别活动力度。在视察、调研等履行职能的活动中,先后组织委员 312 人次参加跨界别活动。通过组织委员分片活动、跨界别活动,既扩大了委员知情面,拓宽了政协履行职能的渠道,又增进了委员之间的信任和友谊。六是认真开展评选表彰优秀界别小组和优秀委员活动。为充分发挥政协界别小组优势,常委会研究制定了《关于评选优秀界别活动小组的暂行办法》,对界别小组开展活动提出具体要求。各界别小组认真落实暂行办法,提高了小组活动质量,通过常委会考核均被评为优秀界别小组。在对委员学习、工作、履行委员职责等情况进行全面考核基础上,通过认真协商和审议,2005 年又新评选出优秀政协委员 125 名。通过评选表彰优秀界别小组和优秀政协委员,激发了委员积极向上的意识,增强了委员的团队精神和界别小组的凝聚力、战斗力。加强政协机关建设。按照中央、市委和区委要求,政协机关认真开展了保持共产党员先进性教育活动。党组和机关党支部带领机关党员及工作人员深入学习"三个代表"重要思想和胡锦涛总书记、刘淇书记、区委赵凤桐书记重要讲话,学习李大钊、董存瑞等革命先烈事迹和焦裕禄、任长霞等优秀党员事迹。通过学习,机关党员提高了对保持共产党员先进性重要性必要性的认识,认真撰写学习体会和党性分析材料,严肃查找问题,广泛征求意见,认真开展批评与自我批评;制定并落实了整改方案和整改措施。机关党员还积极为黑山寨学校、全市慈善事业、受灾地区捐款捐物。通过开展保持共产党员先进性教育活动,机关全体党员增强了党性观念和做好政协工作的责任感和使命感,进一步转变了工作作风,团结机关工作人员努力克服任务重、人员紧张的困难,讲政治讲大局讲团结讲奉献,努力拼搏、开拓进取,认真完成了全年工作任务,同时认真完成了区委交给的农村产权制度改革和先进性教育督导等中心工作。

各位委员、各位同志:我们顺利完成了区政协常委会年初确定的各项工作任务并取得新成绩,得到区委和市政协的充分肯定。成绩来源于区委正确领导、区人大区政府及各职能部门的高度重视和大力支持、社会各界的真诚合作、全体政协委员的努力拼搏。在此,我代表区政协常委会向区委区人大区政府、向各职能部门表示衷心感谢,向社会各界和全体政协委员表示衷心感谢。总结 2005 年工作,我们有以下五点深刻体会:

*(一)必须坚持以科学理论为指导,必须坚持和加强党的领导。*坚持以科学理论为指导,坚持和加强党的领导,是政协全面履行职能的根本保证。在区委正确领导下,区政协坚持以马列主义、毛泽东思想、邓小平理论和"三个代表"重要思想为指导,以科学发展观统领政协工作全局,保证了政协工作的正确方向。区政协坚持重大问题及时向区委请示汇报。区委坚持把政协工作纳入重要议事日程,及时研究解决政协工作中的重大问题。

为落实市委关于贯彻《中共中央关于进一步加强中国共产党领导的多党合作和政治协商制度建设的意见》的实施意见，区委赵凤桐书记亲自到区政协调查研究，听取意见和建议。区委及时研究制定了关于贯彻市委实施意见的具体措施并及时召开政协工作会议，切实加强和改进了对政协工作的领导。区政府高度重视政协工作，认真接受政协民主监督并在各方面加大了对政协工作的投入。区委区政府为政协履行职能提供了坚强的政治保证和可靠的经济保障。

（二）必须突出团结、民主两大主题。突出团结和民主两大主题，对于做好政协工作至关重要。只有坚持突出团结的主题，采取有效措施加强委员之间的了解与信任，加强与社会各界人士的沟通与联系，才能不断凝聚力量，增进团结、友谊和共识。只有坚持突出民主的主题，鼓励各界委员积极围绕全区经济社会发展的重大问题畅所欲言，及时反映各方面的意见和建议，才能为委员履行职责、团结各界人士为昌平发展贡献力量营造融洽和谐的政治环境。

（三）必须坚持开拓创新，必须推进制度化规范化程序化建设。我们在发扬政协工作优良传统的基础上，继续探索运用多种方式方法开展政协工作，拓宽了政协履行职能的渠道。只有坚持与时俱进开拓创新，才能不断增强政协工作的活力。建立健全和落实政协工作制度，是全面履行政协职能的重要措施。我们在已修订、建立和落实26项制度基础上，又制定落实了评选优秀界别小组和委员分片联席活动等工作制度，从而加大了工作力度。只有加强政协工作制度化规范化程序化建设，才能进一步提高履行职能的水平。

（四）必须不断提高委员整体素质。提高政协委员的整体素质，是充分发挥委员主体作用，做好政协工作的重要基础。我们积极探索运用多种手段提高委员队伍整体素质，通过组织委员参加报告会、研讨会；下发政协刊物、印发学习资料；深入开展通报、视察、考察、调研活动和评优创先活动，促进了委员政治理论水平和履职能力的提高。只有建设学习型政协，深入开展政协工作，才能促进委员素质的提高；只有不断提高委员整体素质，才能为不断推进政协工作奠定坚实基础。

（五）必须全面提高政协机关的服务水平。为委员做好服务工作，是政协机关的重要任务。政协党组、机关党支部和各专委会只有增强大局意识、责任意识和服务意识，才能提高履行职责的能力，提高服务水平，认真听取委员呼声，帮助委员排忧解难，调动委员积极性，充分发挥委员主体作用。

总结2005年工作，常委会认为，政协在自身建设、服务工作、提案工作、调查研究等履行职能的各方面都需要进一步加强，需要继续提高水平，需要进一步开拓创新。我们在新的一年里要努力克服这些不足。

二、2006年的工作

2006年是实施“十一五”规划的开局之年。我们要认真贯彻落实区委二届八次全会和区人大、区政协会议精神，深入做好政协工作。区政协工作的指导思想是：坚持以邓小平理论和“三个代表”重要思想为指导，深入学习贯彻中共十六大、十六届三中四中五中全会和中共昌平区委政协工作会议、区委二届八次全会精神，坚持中国共产党领导的多党合作和政治协商制度，继续高举爱国主义、社会主义两面旗帜和坚持团结、民主两大主题，紧紧围绕实施国民经济和社会发展第十一个五年规划和建设“三个首选之区”、构建和谐宜人新昌平的奋斗目标，充分发挥委员主体作用和界别优势，全面履行政协职能，进一步开创政协工作新局面，为昌平经济、政治、文化和和谐社会建设做出新的更大贡献。

（一）围绕中心、服务大局，认真履行政协职能。围绕中心、服务大局，是人民政协履行职能必须遵循的原则。发展是党执政兴国的第一要务，也是人民政协履行职能的第一要务。围绕“十一五”规划的实施，认真开展政治协商。本次全会上，全体委员围绕昌平区

“十一五”规划认真进行协商讨论。全会后，要按照区委区政府工作部署和安排，围绕“十一五“规划的实施，有针对性地开展政治协商。选择昌平经济社会发展中的重要课题，开展调查研究，提出切实可行的意见和建议，促进决策的民主化科学化。继续加大民主监督力度。继续探索民主监督新途径新方法，加强政协民主监督工作，促进职能部门科学执政、民主执政和依法执政。继续发挥委员界别优势，加强专项民主监督工作，提高监督质量。充分发挥政协委员和特约监督员、特邀监督员作用。继续加强政协民主监督工作的研讨，以切实提高监督实效。运用多种形式主动参政议政。动员和组织各界委员围绕贯彻落实科学发展观，构建社会主义和谐社会，就昌平实施“十一五”规划、社会主义新农村建设、和谐村镇和和谐社区建设、低收入人群的社会保障、弱势群体的救助、促进就业等群众关心的热点问题，通过提案、专题调研、视察、考察、通报、座谈、协商、议政等形式，积极建言献策。

（二）充分发挥政协优势，为构建社会主义和谐社会多做贡献。构建社会主义和谐社会，是中共中央从全面建设小康社会、开创中国特色社会主义事业新局面的全局出发提出的重大任务。人民政协作为最广泛的爱国统一战线组织，通过履行职能为经济社会发展、构建和谐社会服务，还要自觉多做贡献。切实加强与民主党派、工商联、无党派人士和社会各界人士的密切联系，及时沟通思想、通报情况、转达意见，协助党委和政府进一步做好协调关系、理顺情绪、化解矛盾、凝聚人心、增进团结、促进稳定的工作，努力维护安定团结的政治局面。努力拓宽工作渠道，运用多种形式，营造知无不言、言无不尽、融洽和谐、生动活泼的氛围，尊重和保障各界人士充分发表意见的权利，努力促进社会主义民主政治建设。坚持大团结大联合，充分调动一切积极因素，努力把各方面的积极性引导到“十一五”规划确定的目标上来。继续鼓励和引导委员在努力干好本职工作的同时，积极扶贫济困，支持公益事业，支持社会主义新农村建设，为构建和谐社会多做贡献。

（三）加强自身建设，全面推进政协工作。加强自身建设是提高政协履行职能水平的重要保证，是人民政协事业不断发展的内在需要。要继续加强常委会建设，增强常委会组成人员的政治意识、大局意识、责任意识和表率意识，进一步发挥常委会集体领导作用。继续加强委员队伍建设，提高委员队伍综合素质。全体政协委员要坚持用科学理论武装头脑、指导实践，这是推进政协工作的必然要求和重要保证。要继续组织和引导委员深入学习邓小平理论和“三个代表”重要思想，深入学习党的统战理论和人民政协理论，学习贯彻中共十六大和十六届三中四中五中全会精神，深入学习好市委贯彻《中共中央关于进一步加强多党合作和政治协商制度建设的意见》的实施意见和区委贯彻市委意见的具体措施，使政协工作始终坚持正确方向。学习贯彻区委政协工作会和区委二届八次全会、二届三次人代会、政协会精神，进一步增强委员做好人民政协工作的责任感、使命感和紧迫感。继续通过举办培训班、报告会等形式组织委员学习现代经济、科技、法律等知识；继续为委员提供学习资料，办好政协刊物和网页；继续提高政协各项活动质量，使委员更好地了解国情市情区情，更好地参政议政，充分发挥主体作用。通过学习，切实不断提高委员的素质和履职能力。继续加强机关自身建设，组织机关干部深入学习政治理论与业务知识，不断增强事业心和责任感，进一步转变工作作风，提高工作效率和服务水平。巩固和扩大保持共产党员先进性教育的成果。利用多种形式加强政协宣传工作。做好文史资料的征集、编辑和出版工作。继续推进政协工作的制度化规范化程序化建设，使政协工作取得新进步。

各位委员、各位同志：

昌平区国民经济和社会发展第十一个五

年规划描绘了昌平未来五年的宏伟蓝图。在实施“十一五”规划的征途中，人民政协肩负着重大责任。让我们紧密地团结在以胡锦涛同志为总书记的中共中央周围，继续高举邓小平理论和“三个代表”重要思想的伟大旗帜，在中共昌平区委领导下，坚持以科学发展观统揽政协工作全局，充分发挥人民政协的优势，与时俱进，开拓创新，团结一致，顽强拼搏，进一步谱写政协工作新篇章，为实现“新北京、新奥运”战略构想，为全面实施“十一五”规划和建设“三个首选之区”、构建和谐宜人新昌平而努力奋斗！

全面履行工作职责　加大防治腐败力度
不断开创全区党风廉政建设和反腐败工作新局面

——2006年1月5日在昌平区党风廉政建设工作会议上的报告

昌平区委副书记、区纪委书记　李福忠

同志们：

今天我们在这里召开全区党风廉政建设工作会议暨启动巡视工作会议。这次会议是在全区上下深入学习贯彻党的十六届五中全会、市委九届十次、十一次全会、区委二届七次、八次全会精神，研究制定全区经济社会发展“十一五”规划的新形势下召开的。会议的主要任务是：以邓小平理论和“三个代表”重要思想为指导，认真学习贯彻中央纪委六次全会和市纪委九次全会精神，总结2005年工作，研究部署2006年全区党风廉政建设和反腐败工作任务，为促进全区经济社会全面发展提供有力保证。下面，我讲三个问题：

一、2005年工作回顾

2005年，全区各级党委、政府和纪检监察组织认真落实中央纪委五次全会，市纪委七次、八次全会和区纪委三次全会精神，紧密结合实际，突出针对性、注重实效性，充分发挥职能作用，认真扎实地开展工作，党风廉政建设和反腐败各项工作取得了较好成效。

（一）党风廉政建设责任制得到有效落实。制定了《2005年全区党风廉政建设和反腐败工作主要任务》、《落实市委关于贯彻落实〈实施纲要〉的意见的任务分解方案》，并下发全区各处级单位，明确了各项工作任务的牵头单位及具体要求。全区各级党政机关、企事业单位领导班子与下属单位层层签订了党风廉政建设责任书，层层分解党风廉政建设和反腐败工作任务。认真坚持台帐制度，两次对全区处级单位落实责任制情况进行了全面检查，从总体情况看，全区党风廉政建设责任制得到有效落实。

（二）领导干部廉洁自律工作不断加强。以落实中央“五条规定”为重点，制定完善相关纪律规定。向全区转发了中央纪委、中组部《关于严肃查处党员干部参与赌博的通知》，有效预防和制止了一些党员干部参与赌博的行为。制定并严格执行了《关于严禁全区各级党政机关工作人员工作日午间饮酒的规定》，全区各级党员干部的工作作风进一步转变。针对农村干部存在的突出问题，深入开展了农村干部廉洁从政情况专项检查活动，修订完善了《关于村级领导干部廉洁从政的若干规定》。通过检查，纠正违反规定为他人担保4200万元，清退违反规定领取工资奖金补贴9.5万元，清退超标报销通讯费8.5万元，清退违规上保险费3.1万元，对13个村存在的帐外帐现象进行了纠正。与59名新任职的处级领导干部进行了集体廉政谈话，对40名新任职的处级干部进行了廉政知识培训。开展了“当好廉内助、共建幸福家”的家庭助廉活动。

（三）源头治理腐败工作力度进一步加大。认真贯彻落实中央关于《建立健全教育、制度、监督并重的惩治和预防腐败体系实施纲要》，注重从源头上预防和治理腐败问题。行政审批事项得到进一步精简，做到了公开透明；财政体制改革稳步推进，部门预算改革继续深化，行政事业性收费“收支两条线”管理工作不断规范和加强；干部人事制度改革进一步深化，继续实行民主推荐、差额考察、公开选拔、任前公示等制度。制定下发了《中共北京市昌平区委关于开展党务公开工作的意见》，党务公开试点工作正式启动，各项工作有序开展。

农村集体经济产权制度改革稳步推进。全区12个镇（街道）42个村已推行了农村集体经济产权制度改革，目前已完成的有22个村。产权制度改革不仅保护了人民群众的切身利益，维护了农村稳定，而且实现了权力制衡，有效防止了村干部以权谋私等问题的发生。

（四）受理信访举报和查办案件工作继续加强。一年来，全区各级纪检监察组织共受理信访举报454件（与去年同比下降了15.3%）。其中区纪委监察局受理301件，基层纪检监察组织受理153件，这些信访举报都得到了及时地处理和解决。充分发挥信访案源主渠道作用，不断加大查办违纪违法案件力度，加强案件管理和案件审理工作，确保案件查处质量。一年来，全区共立案件34件（区纪委监察局直查12件，基层纪检监察组织查处22件），大要案18件（大案13件，要案5件），给予党纪政纪处分38人。其中，处级干部6人，科级干部6人，一般干部6人，一般党员20人。通过查办案件，为国家和集体挽回经济损失230余万元。

（五）纠正部门和行业不正之风工作成效显著。认真开展纠正医药购销不正之风工作，对全区卫生系统15家医疗机构和18家社区门诊使用中标药品、医用耗材集中招标采购以及医疗服务工作等情况进行了联合检查。全区医疗单位集中招标采购药品总金额1.67亿元，占用药总金额的85%，让利患者202万元。认真开展治理中小学教育乱收费工作，对两所学校的7294元不合理支出进行了纠正，对一所学校违规补课行为进行了查处，向学生退还补课费9.6万元。围绕依法行政、办事效率、服务态度、群众来信来访办理情况四个方面，对区建委等4个单位，开展了民主评议政风行风活动。在昌平区政府网开设“政风行风热线”，全年共受理群众举报和投诉499件，办结417件，办结率为83.6%。

（六）行政执法监察工作有序推进。成立了昌平区行政投诉中心，建立了《昌平区行政投诉工作规则》、《昌平区行政投诉中心工作流程》，全年共受理投诉79件次。深入推进“阳光工程”，特别对区综合体育馆在建项目等8项重点工程程序执行情况进行了监督。对全区交通安全、违章建筑拆除、非煤矿山生产安全等项工作进行了联合检查。对区“高考”、“中考”等考务工作进行了全程监督。全程办事代理制工作进一步规范和深化，基本建立了区、镇、村三级全程办事代理机制，并向基层科、队、站、所进行了延伸。全年共受理代办事项25.82万件，办结25.78万件，一次办结率达到99.86%。

（七）党风廉政宣传教育工作深入开展。坚持党风廉政“大宣教”工作联席会议制度和“分层施教”原则，形成了反腐倡廉宣传教育的整体合力，突出了教育的针对性和实效性。

继续在区“两台、两刊、两网”开办党风廉政专题节目。通过组织党员干部参观“反腐倡廉警示教育展”、旁听区质监局原局长付金祥违纪违法案件庭审、制作违纪案件剖析专题片等深入开展警示教育。坚持每月给全区各处级单位党政“一把手”发送廉政手机短信。积极推进廉政文化建设，广泛开展了廉政歌曲创作、演唱、廉政书画展览等一系列活动，在全区营造“以廉为荣，以贪为耻”的良好社会氛围。

（八）纪检监察干部队伍素质进一步提高。采取集中与分散相结合的方式，围绕“以改革统领反腐败工作全局，进一步提高纪检监察能力建设”、“认真受理信访举报，不断提高查办案件工作水平”，对全区纪检监察干部进行了专题培训。组织45名纪检监察干部分别参加中央纪委、市纪委、市农村纪工委举办的业务知识培训。加强对派驻纪检监察干部的日常管理和年度考核工作。对纪检监察派驻机构实行统一管理工作正在着手研究，在适当时候将全面推开。

从总体情况看，2005年全区党风廉政建设和反腐败各项工作进展顺利，取得了一定的成绩。但在肯定成绩的同时，我们也应清醒地认识到工作中还有一些需要加强和改进的方面：一是个别单位对落实党风廉政建设责任制重要性的认识还不够，工作缺乏扎实细致；二是个别单位抓落实各项廉洁自律规定的力度还不够，个别党员干部还存在着不廉洁的行为；三是面对新形势新任务，从源头上预防腐败，创造性地开展工作方面还需进一步探索和研究。这些问题，在今后的工作中要采取有力措施，认真加以解决。

二、2006年主要工作任务

2006年，是全面实施全区经济社会发展“十一五”规划的第一年。我们要以邓小平理论和“三个代表”重要思想为指导，认真学习贯彻中央纪委六次全会、市纪委九次全会精神，结合昌平实际，坚持标本兼治，综合治理，惩防并举，注重预防的方针，以改革统揽预防腐败的各项工作，不断开创全区党风廉政建设和反腐败工作新局面，为全区经济社会和谐有序发展，建设和谐宜人新昌平提供有力保证。

（一）认真开展好党风廉政宣传教育工作。思想教育是反腐倡廉工作的关键环节，是拒腐防变的基础性工作。要以各级领导干部为重点，不断加强理想信念和从政道德教育、党纪条规和国家法律法规教育。要深入研究思想道德教育的规律，按照“分层施教”的原则，进一步改进教育方式，切实增强教育的针对性和有效性。要着眼于使宣传教育更加贴近受教育者的思想实际和工作实际，真正做到入情入理、入脑入心，取得实实在在的效果。要充分发挥“大宣教”工作格局的作用，纪检监察、组织人事和文化宣传等部门要分工负责做好经常性的反腐倡廉教育工作，全区广播、电视、报刊和互联网络等大众媒体要加强反腐倡廉宣传，努力形成反腐倡廉的强大合力，推动反腐倡廉教育工作的深入开展。要通过办展览、印发廉政勤政宣传手册、组织有影响力的专场演出等形式，进一步推动廉政文化“六进”活动，努力在全区营造反腐倡廉的良好气氛。

按照全市统一部署，结合昌平实际，以“坚持‘两个务必’传统，保持艰苦奋斗精神”为主题，广泛开展党风廉政宣传教育活动。要教育广大党员干部认真执行中央有关厉行节约、反对铺张浪费的规定，查找和纠正存在的问题，坚决制止讲排场、比阔气、奢侈浪费等不良风气，加快推进节约型社会建设。要严格执行领导干部廉洁从政各项规定，运用纪律处分和组织处理，严肃查处领导干部违反规定收送现金、有价证券和支付凭证、参与赌博等党风方面存在的问题。认真贯彻中央、市关于规范公务员收入的规定，严肃查处滥发津贴补贴等违反规定的行为。坚决纠正一些单位和部门以开展革命传统教育和爱国主义教育为名，组织党员干部公款旅游等歪风。

（二）进一步健全和完善各项反腐倡廉制度。加强制度建设是标本兼治、逐步加大反腐败治本力度的根本途径，要把制度建设贯穿于反腐倡廉工作的各个环节。坚持用改革统揽反腐败各项工作，要以深化行政审批制度改革为重点，全面推进依法行政，规范审批行为，理顺政府与企事业单位、市场中介组织的关系。要以推进公共财政体系建设为重点，不断深化财政管理体制改革，全面落实“收支两条线”规定，深入推进部门预算改革，规范转移支付制度，强化对财政资金的监管。要结合贯彻执行公务员法，深化干部人事制度改革，建立和完善领导干部职责绩效管理制度，继续开展领导干部经济责任审计工作，加强对党政领导干部选拔任用的监督。要健全国有企业监督制约机制，加快完善法人治理结构，强化对关键环节和重点岗位的监控。要继续完善政府投资工程建设项目招标投标制度、经营性土地使用权招标、拍卖、挂牌出让制度和政府采购制度。

（三）要切实加强农村民主政治建设和廉政建设。按照建设社会主义新农村的要求和市委、市政府《关于建设和谐社区、和谐村镇的若干意见》，结合昌平实际，引导农村基层干部进一步增强群众观念、法纪观念和廉洁奉公意识。继续推行农村集体经济产权制度改革，加强对农村集体资金、资产、资源的管理，从根本上解决产权不清、权责不明、主体错位、与民争利的问题。要认真执行《关于村级领导干部廉洁从政若干规定》，强化民主决策、民主管理、财务公开等相关制度的落实，建立健全村级干部考核监督机制，使农村干部不犯或少犯错误。要加强村级组织的民主政治建设，不断创新维护群众利益的方法与途径，畅通诉求渠道，主动排查问题，及时化解矛盾，积极预防和妥善处置群体性事件。

（四）不断加大监督力度。要以落实党内监督条例为重点，不断加大对各级党组织特别是领导班子和领导干部的监督。要进一步推进党务公开工作，在总结试点经验的基础上，在全区全面推行党务公开工作，增强党组织工作透明度，使广大党员更好地了解和参与党内事务。进一步落实好党员权利保障条例，切实保障党员参与党内日常生活、维护自身权益、对党组织和其他党员进行监督等权利。认真开展巡视工作，巡视组要按照巡视工作计划，深入基层、深入群众，充分发挥职能作用，加强对被巡视单位领导班子及其主要负责人的监督。要把党内监督和党外监督紧密结合起来，不断畅通监督渠道，充分发挥人大监督、政协监督、司法监督、新闻舆论监督和社会监督的作用。要继续发挥党风巡视员和特邀监察员的监督优势，并注重监督成果的应用。要继续深化和推进政务公开、厂务公开、村务公开等，加大公用事业单位公开办事工作的力度，不断增强公开的针对性和有效性，切实公开人民群众普遍关心、涉及人民群众切身利益的各类事项，保证人民群众的知情权、参与权、监督权。

（五）认真做好受理信访举报和查办案件工作。要认真落实信访举报制度，鼓励实名举报，严格基层信访责任追究，确保信访举报件件有着落，事事有结果。要严格依纪依法办案，坚持主动出击，拓宽案源渠道，完善办案协调机制，整合办案资源，继续加大查办案件工作力度。要以查办发生在领导机关和领导干部中违纪违法案件为重点，着力查办以下六类案件：一是利用各种公共事务管理权谋取私利、破坏区域经济发展环境的案件；二是领导干部滥用权力、贪污贿赂的案件；三是利用人事权、司法权、审批权谋取私利的案件；四是各类严重侵害群众利益的案件，特别是土地管理、矿山开发、食品药品安全、生产安全等方面失职渎职的案件；五是群体访、集体访以及重特大安全责任事故背后隐藏的腐败案件；六是一些领域、部门和行业在商品购销、工程承发包、项目审批等环节中的商业贿赂问题。要注重抓好办案成果的转化，发挥好查办案件在治本抓源头方面的作用。要加强案件审理和申诉受理等工作，切实保障党员的合法权益。

(六)切实抓好纠正部门和行业不正之风工作。要按照构建和谐社会的要求,坚持纠建并举、综合治理,切实解决损害群众利益的突出问题。要进一步纠正医药购销和医疗服务中的不正之风,以开展“人民满意医院”创建活动为契机,加强医疗机构管理,严格药品审评审批,强化医药价格监管,规范诊疗行为。要健全完善教育收费管理制度,加强义务教育阶段公办学校“两免一补”政策和公办高中招收择校生“三限”政策的监督落实,严肃查处挤占、挪用、截留教育经费和学校乱收费问题,为我区争创“北京市教育收费文明示范区”奠定基础。要加强市场监管,打击制售假冒伪劣食品药品的行为,打击哄抬农资价格,制售假劣农资坑农害农的行为。认真贯彻中央、市有关加强环境保护的法律法规,切实解决企业违法排污等破坏生态环境的问题。要继续纠正在征收征用土地、城镇房屋拆迁、企业重组改制和破产中损害群众利益,以及拖欠农民工工资等问题。要利用好“政风行风热线”这一网络平台,认真开展政风行风评议工作,把评议员评议、群众评议和网络评议有机结合起来,各党政机关要把政风行风评议纳入到公务员的绩效管理中,加强政风行风建设。要充分发挥行政投诉中心作用,严肃查处不认真履行职责等行为,切实解决一些机关和单位在工作效率、办事程序、服务态度等方面存在的问题,提高政府职能部门服务水平。

(七)继续加强行政执法监察工作。要进一步规范全程办事代理制,巩固全程办事代理工作向基层单位延伸的成果,督促落实网上互联审批工作,为全区经济和社会发展创造方便、快捷、宽松、和谐的投资环境。要加强对重点工程项目重点环节进行跟踪监督。围绕全面推进依法行政、加强和改善宏观调控、群众关心的热点难点问题开展执法监察。加强对行政许可法、土地管理法、招标投标法贯彻执行情况的监督检查,加大对我区非煤矿山生产安全的监督检查。加紧制定《昌平区行政效能监察、廉政监察和执法监察工作的办法》、《昌平区行政许可责任追究办法》等规定,开展对行政执法责任制落实情况的监督检查,对违反有关规定的人员依法追究责任。

三、认真贯彻落实党风廉政建设责任制,确保全年各项工作任务落到实处

全区各级党委、政府要进一步贯彻落实党风廉政建设责任制,继续制定党风廉政建设和反腐败工作任务分工,把反腐败各项任务落实到具体部门和有关人员,层层签订责任书。党政一把手要做到“五个亲自”,班子成员要做到“三个抓好”,牵头单位要做到“三个必须”,协办单位要做到“两个确保”。要继续抓好党风廉政建设责任制台帐制度的落实,加强对党风廉政建设责任制落实情况的监督、检查、考核。对党风廉政建设工作抓得不力、发生重大问题的地区和单位,要追究有关领导的责任,维护责任制的严肃性。

全区各级纪检监察组织要进一步加大组织协调力度,加强与各方面的联系和沟通,建立健全协作配合、信息反馈和情况通报等制度,注重因地制宜、区别对待和分类指导,不断提高工作的针对性和有效性。要通过多种形式加强对全区纪检监察干部进行教育和培训,逐步推进纪检监察派驻机构统一管理工作,不断提高纪检监察工作的能力和水平。

同志们,做好2006年的党风廉政建设和反腐败工作,对于顺利实施全区经济社会发展“十一五”规划、全面落实科学发展观、建设和谐宜人新昌平具有重要意义,让我们以饱满的政治热情和高度负责的精神,开拓进取,勤奋工作,扎实完成好各项工作任务,不断开创我区党风廉政建设和反腐败工作的新局面。

北京市昌平区人民法院工作报告

——2006年1月10日在区二届人大三次会议上

昌平区人民法院代院长　鲁　为

各位代表：

我代表昌平区人民法院，向大会报告工作，请予审议。

一、2005年的主要工作

2005年，在区委和市高级法院党组的领导下，在区人大及其常委会的监督和区政府的关心、支持下，我院以邓小平理论和"三个代表"重要思想为指导，深入贯彻落实党的十六大和十六届四中、五中全会精神，用科学发展观统揽法院工作，坚持司法为民，围绕"公正与效率"工作主题，努力增强司法能力，不断提高司法水平，全面加强法院各项工作。

（一）全面加强审判工作，努力维护社会和谐稳定

一年来，面临案件数量持续攀升、审判力量相对不足的压力，我院干警迎难而上、奋勇拼搏，紧紧围绕党和国家的工作大局，严格依法办理各类案件，全面发挥审判职能作用，努力促进社会和谐，维护社会稳定。

2005年，共受理各类案件16683件，比上年的13928件增加2755件，上升19.78%；办结各类案件16598件（含旧存，下同），比上年的13927件增加2671件，上升19.18%。

第一，加强刑事审判工作，依法惩治各类犯罪活动

全年共受理刑事案件712件，比上年上升7.55%；审结714件，比上年上升8.02%，判处罪犯1083人。依法审结盗窃、抢劫、抢夺、故意伤害等多发性犯罪案件387件，判处罪犯583人；审结聚众斗殴、寻衅滋事等妨害社会管理秩序案件65件，判处罪犯142人；审结交通肇事等危害社会公共安全的犯罪案件59件，判处罪犯68人；审结贪污贿赂类职务犯罪8件，判处罪犯9人。审理了4件利用邪教组织破坏法律实施案，判处罪犯13人，对利用"法轮功"宣传邪教、严重扰乱社会公共秩序、破坏国家法律实施的刑事犯罪依法予以打击。召开宣判会11场，对29案75名被告人进行了公开宣判，旁听群众达3000余人。依法审理了昌平区质量技术监督局原局长付金祥滥用职权、受贿案，被告单位北京市松明源盛农业科技开发中心、被告人陈劲松非法杀害珍贵、濒危野生动物案及昌平区东小口镇马连店村原党支部书记兼村民委员会主任万洪才贪污、职务侵占案等一批具有相当社会影响的案件，取得了较好的法律效果与社会效果。与中国政法大学、区检察院就刑事简易程序、适用普通程序审理"被告人认罪案件"进行研讨，进一步规范刑事诉讼活动，提高审理刑事案件的效率与质量。

在依法惩治犯罪的同时，依法保障人权，认真贯彻宽严相济的刑罚原则。为57案83名符合条件的当事人指定承担法律援助义务的律师进行辩护、代理，依法保护当事人的合法权益。对犯罪情节较轻，有自首、立功表现或积极退赃、赔偿被害人损失的犯罪分子，依

法予以从轻、减轻或免除处罚，符合缓刑条件的依法宣告缓刑。全年共对193名符合缓刑条件的被告人宣告缓刑，对2名被告人免除刑事处罚，教育挽救了一批犯罪分子。

第二，加强民商事审判工作，促进社会和谐发展

全年共受理民商事案件10977件，比上年上升18.57%；审结10959件，比上年上升18.98%。高度重视群体性纠纷的审理工作，及时制订工作预案，积极与有关部门沟通，耐心细致地做好当事人的思想疏导工作，妥善处理涉及10人以上的群体性纠纷49起，涉案人数达3900余人，未因处置不当而产生新的涉诉信访案件。

及时化解人民内部矛盾，维护当事人合法权益。稳妥处理婚姻家庭纠纷992件，有效保护了妇女、儿童和老人的合法权益。审结劳动争议案件376件，依法保护了劳动者的切身利益和生产积极性，维护了正常的生产秩序。依法解决房地产纠纷案件296件，促进了我区房地产业的健康发展。审结物业管理纠纷案件1027件，促进了我区物业管理的规范化和制度化。妥善处理追索供暖费案件1256件，为供暖费的收取提供了司法支持，维护大多数人民群众的利益。

妥善处理经济纠纷案件，维护市场秩序。积极审理金融纠纷案件，共审结金融纠纷案件278件，涉案标的额达1.62亿元。针对我区经济快速发展的特点，加强了对保险合同纠纷、涉及金融机构的借贷等金融案件的审理。年内，金融系统起诉要求偿还购车贷款案件大幅上升，且部分涉案当事人难寻。案件受理后，我院采取多种形式查寻债务人，及时进行审理，维护了正常的金融秩序。慎重办理企业破产案件，坚持有利于企业改革和社会稳定的方针，对符合破产条件的企业依法宣告破产。审结破产案件4件，宣告破产案件1件，促进了企业产业结构调整和资源的合理配置。

第三，加强行政审判工作，支持和监督依法行政

全年共受理行政案件71件，比上年上升31.48%；审结69件，比上年上升23.21%。在审结的行政案件中，依法维持行政机关处理决定的13件，依法确认行政机关违法及撤销行政机关决定等8件，判决驳回原告诉讼请求11件，裁定驳回原告起诉9件，裁定准许原告撤诉21件。办结非诉行政执行案件26起，有力地支持了我区的城市建设等各项工作。在行政审判工作中，不断强化大局意识、稳定意识，始终坚持依法审查具体行政行为合法性的原则，既支持、监督行政机关依法行政，又充分维护当事人的合法权益。在依法审判的前提下，积极探索行政案件协调解决机制，选择对保护相对人合法权益最有利的方式解决纠纷。全年通过我院的协调工作，被诉行政机关改变具体行政行为，原告申请撤诉案件达到12件。

通过组织行政机关旁听案件审判、座谈等多种形式加强了与行政机关的沟通交流，规范和提高行政机关的执法水平。行政审判工作的主管院长应区委组织部的邀请，在我区镇领导干部、处级行政管理干部培训班上，先后4次作行政诉讼专题讲座。组织专门力量对行政登记案件进行调研，针对行政机关在行政登记行为及行政诉讼中暴露出的问题，提出了规范相关行政行为的建议。

第四，加强执行工作，努力实现当事人的合法权益

全年共受理执行案件4844件，比上年上升25.01%；办结执行案件4777件，比上年上升21.83%。执行标的金额达4.2亿元。努力提高案件执结率、执行标的到位率和当事人满意率，高度重视追索劳动报酬、赡养费、抚养费及群体性纠纷案件的执行。加强执行公开工作，进一步增强执行工作的规范性、透明度和公信力。

在努力压缩执行未结案件的同时，着力加强执行制度建设，进一步规范执行行为，促进执行公正：一是按照司法为民的要求，进一

步完善执行接待制度。继续坚持每天专人接待和周五上午的执行庭全员接待制度，为方便当事人来访，实行了执行员挂名接待制度；二是坚持在解决执行难问题上开拓思路，充足适用法律规定的各种强制措施，运用了“委托调查令”、“悬赏公告”等执行新举措，在新闻媒体公告52名拒绝履行人民法院生效裁判的被执行人名单，进一步加大执行力度；三是加强了对执行案件、执行款物、执行卷宗的管理工作，设专人负责中止案件的管理和恢复执行工作，充分保障当事人执行权益的实现；四是认真贯彻落实最高人民法院《关于人民法院民事执行中拍卖、变卖财产的规定》，进一步规范民事执行中的拍卖、变卖措施，全年共委托评估案件70件，评估标的额3521万元；委托拍卖15次，拍卖标的额793万元。

第五，加强基层基础工作，不断推进人民法庭建设

2005年8月、9月，区委书记、区委政法委书记相继视察我院人民法庭工作，11月份我院召开人民法庭工作会对长期坚持在人民法庭工作的干警进行表彰，使全院干警特别是人民法庭干警深受鼓舞、倍感振奋，人民法庭工作得到进一步加强。一是物质装备建设得到显著改善。在区委、区政府的关心支持下，对人民法庭进行了改造，并增配了办公车辆。二是队伍建设趋向科学化。分派新录用的大学生到人民法庭工作，提高人民法庭干警的整体素质，为人民法庭配备了司法警察和聘任制书记员负责法庭的安全保卫工作与审判辅助工作。三是司法为民进一步制度化。人民法庭根据司法为民的要求，不断完善填充式起诉状、巡回办案、送法下乡、赡养案件审后回访等司法为民举措，并不断加强相关制度建设，有效减轻了当事人的诉累，深受群众的欢迎和好评。

第六，加强涉诉信访工作，维护社会稳定大局

一年来，不断加强涉诉信访工作，积极化解人民内部矛盾，维护社会稳定，被市高级人民法院授予“涉诉信访工作先进集体”的荣誉称号。全年共办理群众来信505件，接待群众来访1886人次，院庭长接待168人次。一是充分发挥我院涉诉信访工作领导小组的领导作用，强化全院干警“信访工作一盘棋”的大局意识和责任感，多次召开会议部署、研究涉诉信访工作。二是在具体工作中严格执行我院《信访工作规定》、《信访工作紧急情况处理方案》，建立了信访工作分级负责、归口管理机制，进一步完善院庭长接待制度、值班法官接待制度和法官助理值班制度，将信访工作纳入院目标管理责任制进行考核。三是坚持每季度召开一次信访工作例会，及时总结经验，主动向区委及上级法院汇报重点涉诉信访案件。

第七，加强社会治安综合治理工作，推进和谐社会建设

在全面加强审判工作的同时，不断加强人民法院参与社会治安综合治理工作，推进和谐社会建设。一是主动开展对未成年被告人的帮教工作。我院少年法庭在审理未成年人犯罪案件中，本着“教育、感化、挽救”的方针，做到庭前抓调查、庭审抓教育，庭后必回访。主动邀请未成年人户籍所在地派出所民警、村民委员会主任、未成年人所在学校领导及其家属举行落实帮教措施座谈会，切实帮助和鼓励被告人悔过自新。积极延伸刑事审判工作职能，进一步加强社区矫正工作，会同区司法局制定出《关于加强未成年缓刑人员社区矫正工作的具体办法》，启动未成年人犯罪案件社会调查员制度。二是积极参加法制宣传教育活动。全年共举办法律咨询、讲法制课等法律宣传活动129场次，积极推动我区的普法工作，并在各类新闻媒体上发表法律宣传稿件近千篇。我院的13名法制校长深入学校，以讲法制课、指导模拟法庭等形式，向广大青少年宣传法律，增强了未成年人的法律意识。三是针对审判中发现的问题，及时向有关单位发出司法建议书40份，提出司法建议96条，引起了被建议单位的高度重

视，对被建议单位改进工作起到了一定的促进作用。

(二)积极创新工作机制，努力促进司法公正与高效

一年来，适应增强司法能力、提高司法水平的要求，以加强审判管理、调解工作和便民诉讼为重点，巩固和深化法院改革。

第一，加强审判管理，提高案件质量

为了保障当事人申诉和申请再审的权利，规范了申诉再审案件的立案标准和审理程序，全年共受理申诉、再审案件79件，全部审结。深入开展案件评查工作，采取随机抽查、合议庭互查等方式，定期按比例检查各类生效案件，将案件评查与差错案件界定和岗位目标管理责任制考核有机结合，促进了案件质量的提高；继续坚持利用计算机网络等现代化办公设施强化审判流程管理，提高办案效率；加强对裁判文书的管理，提高裁判文书的整体质量；积极运用“庭审光盘刻录系统”，通过科技手段促进庭审行为规范化。

第二，创新调解机制，注重办案效果

在案件审理过程中注重运用调解方式审结案件，并将开庭审理中的调解与开庭前的调解有机结合，妥善处理人民内部矛盾，维护社会稳定。2005年12月，在区政府、区台办的协调下，通过我院领导和主审法官耐心、细致的调解工作，调解解决北京统一食品有限公司与69名职工之间的劳动争议纠纷案件，取得了较好的法律效果和社会效果。设立了民事案件的简易审判组，专门审理婚姻家庭、民间借款、物业管理纠纷等类型的简易案件，在注重调解的基础上又体现了案件的繁简分流和速裁机制。审结的10959件民商事案件中，调解结案和经法院做调解工作当事人主动撤诉的案件为4567件，占41.67%。

第三，加强便民诉讼，落实司法为民

坚决贯彻我院《落实司法为民的若干规定》，设立了当事人书写台和便民电话，将司法为民落实到法院工作的各个环节。切实落实法律救助制度，全年共为经济确有困难的当事人减、免、缓交诉讼费32万余元。认真总结和完善释明制度，制定并深入落实《关于在诉讼程序中就有关事项向当事人进行释明的规定》，要求从立案、审理到执行，对于涉及影响当事人程序权利和实体权利的重要事项，都要向当事人进行解释说明，引导当事人正确行使诉讼权利、履行诉讼义务。我院的释明工作受到上级机关和其他法院的关注与重视，被市委政法委列为“规范执法行为，促进执法公正”的典型举措之一。2005年11月14日，《人民法院报》头版在显著位置刊登了介绍我院释明工作的专题报道。

(三)扎实开展党员先进性教育活动和专项整改活动，努力加强队伍建设

一年来，我院大力加强队伍建设，全面提升队伍整体素质。面临繁重的审判工作压力，许多干警主动加班工作，保持了蓬勃向上的精神风貌和积极进取的工作姿态。

第一，深入开展教育活动，规范司法行为

根据中央、市委和区委的部署，深入开展了保持共产党员先进性教育活动，提高了广大干警司法为民的宗旨意识；按照中央政法委和最高法院的要求，扎实开展“规范司法行为，促进司法公正”专项整改活动，制定并修改了13项涉及审判管理等方面的规章制度，为建立全面规范司法行为的长效机制奠定了良好基础；通过召开民主生活会、层层签订党风廉政建设责任书及开展学习优秀法官宋鱼水、金桂兰等形式多样的活动，坚持不懈地加强党风廉政建设，确保司法廉洁；涌现出“全国巾帼文明岗”立案庭、“全国人民法庭优秀人民法官”金生旺、“北京市先进工作者”沈长英等一批先进集体、先进个人。

第二，积极推进干部人事制度改革，激化队伍活力

按照素质优良、结构合理、堪当重任的要求，任命了5名中层副职干部，干部队伍的年龄、知识结构更加优化；按照公开、公正、竞争、择优的原则，组织进行了审判长、合议庭法官及书记官的选任工作；提请区人大常委

会任命24名审判员，充实了审判力量；探索聘任制公务员管理制度，对2005年新录用应届大学毕业生实行聘任制和合同管理，为解决审判力量严重不足的问题积累经验；落实人员分类管理，进一步规范了聘任制书记员、聘任制司法警察的管理。

第三，加强业务学习和培训，增强司法能力

2005年，我院以更好地服务审判、保障审判为目标，加大对干警的培训力度，有针对性地对审判人员及审判辅助人员进行了培训，突出更新知识和提升司法技能的需要，注重培训的实际效果；继续坚持重点调研课题党组成员负责制，将调研工作纳入目标管理考核的范围，通过组织干警撰写法学论文和案例分析、参加研讨会等活动，促进干警业务能力的提高。

（四）主动接受人大监督，努力改进法院工作

一年来，我院进一步增强接受人大监督的主动性、自觉性，积极推动法院各项工作。

深入落实《中共北京市昌平区委关于进一步加强和改进人大工作的意见》，坚决贯彻区人大及其常委会的各项决议和决定，主动接受区人大及其常委会的监督；继续坚持重大司法活动和重大事项的报告制度。2005年8月，我院向区人大常委会第24次主任会议专题汇报了审判工作情况，并根据主任会议的意见和建议，进一步采取有力措施加强审判工作。

邀请市区人大代表视察并座谈法院审判、执行工作，针对有影响的以及代表关注的案件，邀请代表旁听并座谈，虚心听取代表对庭审工作的意见和建议；深入落实《全国人民代表大会常务委员会关于完善人民陪审员制度的决定》，及时报请区人大常委会，调整充实了人民陪审员队伍；完善人民陪审员考核工作，定期向区人大常委会报告人民陪审员在法院履行工作职责情况；继续坚持为人民陪审员送发业务学习资料，组织力量对人民陪审员进行了集中培训，提高人民陪审员参与案件审判工作的能力与水平；全年由人民陪审员参与审理的案件共3006件，占我院以普通程序审理的案件3683件的81.62%。其中，市区人大代表、政协委员作为人民陪审员参与审理案件36件。聘请部分区人大代表及相关部门代表为特邀监督员，定期召开特邀监督员座谈会，认真听取特邀监督员对法院工作的意见和建议，并在工作中积极研究落实。

回顾一年来的工作，我们所取得的成绩，既是全院干警奋力拼搏的结果，更凝聚了区委、区人大、区政府、区政协和社会各界人士对法院工作的关心和支持。在此，我代表昌平区人民法院全体干警，向支持法院工作的人大代表和各界人士表示衷心的感谢！在总结成绩的同时，我们也清醒地认识到，法院工作面临着许多挑战，如：案件逐年大幅上升与审判力量相对不足的状况，短期内尚难以得到明显改善；人民法庭的基础设施建设仍显滞后，不能完全适应日趋繁重的审判工作需要。对照“公正司法，一心为民”的要求，我院的工作中还存在一些不容忽视的问题，如：少数案件的审判质量不高，一些案件办理期限较长，“执行难”问题仍然存在；法官队伍的整体司法能力、司法水平尚待进一步提高；审判作风建设须进一步强化等等。上述问题，我们将通过进一步强化培训、严格管理、深化改革等措施，切实加以解决。

二、2006年的工作思路

2006年，我院要在总结2005年工作经验的基础上，开拓进取，奋发有为，圆满完成各项工作任务；要继续开展“规范司法行为，促进司法公正”专项整改活动，不断加强队伍建设，努力提高司法水平。将着重抓好以下几项工作：

——进一步加强审判工作，为构建和谐社会提供司法保障。继续严厉打击各类严重危害人民群众生命、财产安全的刑事犯罪活动，坚决惩处贪污、贿赂和挪用公款等职务犯

罪活动;配合有关部门开展好社区矫正工作,促进社会长治久安;加大依法调处民商事关系、行政关系的工作力度和调解工作力度,积极稳妥地处理群体性纠纷,依法保护公民、法人和其他组织的合法权益,监督并支持国家机关依法行政,促进经济发展和社会稳定;坚持依法执行、高效执行、文明执行的工作要求,继续规范执行行为,积极探索新的执行方法,进一步加大执行工作力度,努力保障当事人的合法权益得到及时、充分实现。

——进一步加强人民法庭工作,发挥审判前沿作用。继续加强人民法庭工作的制度化、规范化建设,提高管理效能;进一步完善、调整人民法庭的设置和基础设施的改造,更好地发挥便民诉讼功能;积极参与辖区的社会治安综合治理工作,加大法制宣传的工作力度,加强对基层人民调解组织的指导工作,切实提高广大群众的法律意识;继续坚持行之有效的便民诉讼举措,注重办案的社会效果。

——进一步加强司法为民工作,维护群众合法权益。继续落实司法为民制度,努力将司法为民各项举措落实到法院工作的各个环节;继续做好法官释明工作,充分保障当事人的诉讼权利;进一步扩大司法公开,以公开促进司法公正;加大司法救助力度,切实保障经济确有困难的群众打得起官司;继续做好涉诉信访工作,利用多种手段解决信访问题。

——进一步加强队伍建设,提高队伍整体素质。继续开展"规范司法行为,促进司法公正"专项整改活动,正视并切实解决人民群众反映强烈的突出问题,进一步规范司法行为;深入贯彻落实区委关于加强人大工作的意见,强化干警接受人大监督的主动性、自觉性;继续开展教育培训工作,全面提高干警的政治修养和业务水平,为法院各项工作的顺利开展提供可靠的人才保障和智力支持。

各位代表:在新的一年里,我们将认真贯彻落实党的十六大和十六届四中、五中全会精神,以"三个代表"重要思想为指导,公正司法,一心为民,开拓进取,奋发有为,为创造和谐稳定的社会环境,为全面推进"三个首选之区"建设、构建和谐宜人新昌平作出新的更大的贡献!

北京市昌平区人民检察院工作报告

——2006年1月10日在区二届人大三次会议上

昌平区人民检察院检察长　白金刚

各位代表:

现在,我代表昌平区人民检察院向大会作报告,请予审议。

2005年的检察工作

2005年,我院在区委和市检察院党组的正确领导下,在区人大及其常委会的有效监督下，在区政府及社会各界的大力支持下，以“三个代表”重要思想为指导，认真实践“强化法律监督，维护公平正义”的检察工作主题，坚持和落实以人为本的科学发展观，深入开展保持共产党员先进性教育和“规范执法行为，促进执法公正”专项整改活动，狠抓队伍建设，提高干警素质，加强检务保障，推进科技强检，加大工作力度，提高执法水平和办案质量，各项检察工作都取得了新的进展。

一、全面履行刑事检察职能，全力维护社会和谐与稳定

我院始终把维护社会和谐与稳定作为首要任务，坚持依法从重从快惩处严重刑事犯罪的方针，认真履行批准逮捕、提起公诉职能，保持了对严重刑事犯罪的高压态势。全年共受理提请逮捕案件 717 件 1121 人，其中，批准或决定逮捕 577 件 878 人；共受理移送审查起诉案件 737 件 1212 人，其中，提起公诉 677 件 1027 人；在提起公诉的案件中，被判处十年以上有期徒刑的 53 人，三年以上十年以下有期徒刑的 198 人。

加强与公安、法院等机关的协调配合，就执法过程中存在的问题，定期召开联席会议研究解决，全年共组织召开公检法联席会议 5 次。通过召开联席会议，就轻伤害案件的处理、不起诉案件的标准、讯问犯罪嫌疑人的重点、法律文书的制作规范等具体问题进行了探讨，统一了执法标准，形成了办案合力，加大了打击力度。

严厉打击严重危害社会治安的犯罪，突出打击故意杀人、抢劫、绑架等严重暴力犯罪，黑恶势力犯罪、毒品犯罪，盗窃、抢夺等多发性犯罪，赌博犯罪、扰乱社会管理秩序犯罪及利用邪教组织破坏法律实施犯罪。在全区乃至全市产生较大影响的杨显峰等十二人抢劫、聚众斗殴、敲诈勒索、寻衅滋事、容留介绍卖淫案，王晓明等二十余人参与的“月神迪吧”恶势力寻衅滋事、聚众斗殴、故意伤害案，徐国良等十九人在天通苑社区采取威胁、打骂手段强行为业主搬运建材寻衅滋事案等一批严重危害社会治安的犯罪先后被我院批准逮捕、提起公诉，进一步增强了人民群众的安全感。

积极开展整顿和规范市场经济秩序专项行动，重点打击制假售假、侵犯知识产权、金融诈骗等犯罪活动，组织召开了全区行政执法与刑事司法相衔接工作联席会议，在案件移送、资源共享等方面达成了共识。全年共批准逮捕此类犯罪嫌疑人 26 人，提起公诉 36 人。以涉嫌非法经营、非法吸收公众存款罪，认真办理姜瑜等人非法炒卖十三陵天堂别墅福位、造成严重群访事件案，有力的维护了全区的和谐稳定。

积极参与社会治安防控体系建设，认真落实检察环节的社会治安综合治理措施。加强对青少年的法制教育，选配了九名具有丰富办案经验的检察官担任法制副校长，先后到兴寿镇上苑中学、北京市商业学校等法制教育基地，召开座谈会，举办法制讲座，提高青少年的遵纪守法意识。如：在北方交通大学昌平分校新生入学大会上，以《珍视人生，做有为青年》为主题，对该校 600 余名新生进行了法制教育，起到了警示教育作用；加大对在押人犯的教育感化力度，落实了入所、出所谈话制度，以在押人犯为对象开展了问卷调查，切实掌握思想动态和监管情况，便于有针对性的开展工作。以“远离违法犯罪，重塑健康人生”为主题，对未成年人犯进行了法制教育，组织家长、检察官、看守所干警为未成年人犯过生日，以“增强法制观念，维护合法权益”为主题，在“三八”妇女节为在押女犯讲了法制课；针对办案中发现的问题，先后向北京市质量技术监督局、北京鹿牌都市生活用品有限公司、西三旗新龙商贸集团市场等单位发出检察建议，帮助其建章立制、堵塞漏洞，防止类似案件的再发生。截止目前，共发出检察建议 19 份，相关单位都及时制定了整改措施并回函我院。

二、积极查办和预防职务犯罪，推进反腐败斗争向前发展

我院始终把查办和预防职务犯罪摆在重要位置，认真履行查办贪污贿赂、渎职侵权等职务犯罪的职责。全年共受理职务犯罪案件线索51件，立案侦查16件16人，其中，大案9件，要案2件。

积极扩大案件线索来源，认真开展了举报宣传周活动，召开新闻发布会，对举报有功的单位和个人进行了奖励，营造“反腐倡廉，人人参与”的氛围；加强与纪委、审计部门的联系，对于触犯刑律的违反党纪及财经纪律的案件，依法做出司法处理；建立健全内设部门案件线索移送制度，制定实施了《加强在执法司法中职务犯罪案件查处工作的规定》，侦查监督、公诉、民事行政检察、监所检察等部门在工作中发现的职务犯罪案件线索，及时移送侦查部门依法查处，形成了打击职务犯罪的合力。

适时调整侦查工作重点，利用农村土地确权工作中暴露出的矛盾，深挖背后的职务犯罪案件，先后查办了3起农村基层组织工作人员职务犯罪案件，使我院在查办此类案件方面取得重大突破；落实市检察院“抓系统，系统抓”的要求，重点查办教育和医疗卫生两个重点系统的职务犯罪，侦破了中国石油大学后勤服务总公司工作人员受贿窝案，并挖出行贿串案，年内共立案侦查涉及教育系统的职务犯罪案件7件7人。

积极就上级的重大工作部署、工作中存在的问题及加大工作力度的措施等，向党委、人大做专题汇报，为深入开展职务犯罪查办工作争取了有力的支持。区委书记办公会听取了我院落实最高人民检察院开展集中查办破坏社会主义市场经济秩序渎职犯罪专项工作的情况汇报，并就如何扎实开展专项工作提出了具体要求；年内，就职务犯罪查办工作的情况向区人大常委会主任会议做了专题汇报，受到了人大领导的好评，并提出了强化职务犯罪查办工作的意见。

继续推进科技强侦，警务区全面投入使用，侦查指挥车已经配备到位，先进的技术装备正逐步应用于办案中，职务犯罪侦查实现了同步录像和远程指挥，有效的提高了侦查工作的科技含量，促进了职务犯罪侦查工作的健康发展。

深入推进预防职务犯罪工作，以区委党校预防职务犯罪教育基地为依托，对新任处职领导干部、国家公务员、行政执法干部进行了专题培训，为参加村民委员会主任调训班的农村基层村委会主任举办了法制讲座；组织机关干部、人大代表、政协委员等二百余人，旁听了区质量技术监督局原局长付金祥职务犯罪案件公开庭审活动，并以此案为切入点在全市质量技术监督系统开展了警示教育；全程监督了卫星城东扩项目道路建设工程招标投标工作；制作预防职务犯罪展板42块，组织区副科级以上干部约3000人进行了观看，并在全区进行了巡回展出；以法律法规、典型案例等为内容，编印发放《预防职务犯罪法律知识一本通》8000余册；在八达岭高速路旁树立起四面以“预防职务犯罪，净化发展环境”为内容的公益广告，大力加强廉政文化建设。

三、依法履行法律监督职能，维护司法公正和社会正义

我院立足国家专门的法律监督机关的宪法地位，不断完善监督机制，强化监督措施，依法纠正了诉讼活动中存在的一些不严格执法的问题。

加强对刑事立案、侦查和刑事审判活动的监督。对应当立案而未立案的，共依法监督侦查机关立案3件，对应当逮捕、起诉而未提请逮捕、未移送起诉的，依法决定追加逮捕5人，追加起诉3人；对不符合法定逮捕、起诉条件的，依法决定不批准逮捕225人，不起诉33人。此外，发出纠正违法通知书4份，改变侦查机关定性45人，退回侦查机关补充侦查298人；认真开展了以纠正刑讯逼供为重点的专项侦查监督工作，到区公安分局，以“预防和纠正刑讯逼供等侦查违法活动，促进侦查活动合法文明公正”为主题，举办了法制讲座;积极开展刑事审判监督工作,对审判机关庭审中存在的问题及时给予纠正,通过量刑建议等形式,对审判机关的刑事裁判进行监督。

加大对刑罚执行和羁押监管活动的监督力度。认真开展办案期限、法律手续的日常检查工作,防止超期羁押,多年来,我区看守所在侦查、检察、审判各个环节均未出现超期羁押现象;集中力量对看守所服务部所售商品价格、质量进行专项监督检查,及时纠正了存在的问题,维护了在押人犯的合法权益;落实了检察官法律咨询制度,定期解答在押人犯的法律咨询,受理在押人犯的控告投诉;加强对社区矫正工作的监督,深入基层司法所,对社区矫正工作情况进行了检查,有力的促进了社区矫正工作的开展。

积极开展民事审判和行政诉讼监督。全年共审结案件 87 件,其中,立案 7 件。加强与审判机关的协调,充分利用检察建议的形式,建议审判机关启动再审程序,减少了诉讼环节和时间;对当事人不服正确裁判的申诉案件,通过依法说服、解释,耐心做好息诉工作,有力的维护了司法的统一;拓展民事审判和行政诉讼监督工作,认真开展了基层调研行活动,深入基层镇、村,就民事合同等相关问题提出法律意见,如:在基层走访过程中,向崔村镇西峪村村委会提出法律建议,保证了旅游资源开发的依法进行。

认真做好刑事申诉检察工作。坚持实行检察长接待日和办理结果回复制度,热情接待群众来访,积极化解社会矛盾。全年共受理刑事申诉案件 7 件,来信 118 件,来访 443 批 500 余人次,本着对法律负责,对事实负责,对当事人负责的原则,依法进行了办理,对长期申诉、久拖不决的案件,列为专题进行督办,切实维护了当事人的合法权益。

四、创新内外部监督制约机制,保障检察权的正确行使

自觉接受党委的领导、人大及其常委会的监督。坚持把检察工作置于党委的领导和人大及其常委会的监督之下,建立了完善的工作制度,形成了定期报告、专项报告、日常信息报送等多种形式的报告工作机制;组织部分市级人大代表、市检察院特约监督员、人民监督员和特约检察员视察指导我院监所检察工作,听取了我院监所检察工作的汇报,并就如何加强对刑罚执行的监督进行了探讨;以检察职级晋升为契机,邀请区人大常委会、组织部、人事局、政法委等单位领导参与述职评议,不仅接受了外部监督,而且提高了评议的民主性。

积极接受政协的民主监督和社会各界的监督。组织部分政协委员视察我院未成年人司法保护情况,向政协委员们介绍了几年来我院开展保护未成年犯罪嫌疑人和被害人的主要做法,政协委员们查看了未成年人监室,并与未成年人犯进行了座谈;有计划的组织基层镇、街道办事处人民群众,举办了四次检察开放日活动,实现"零距离"监督;年内,对所办结的职务犯罪案件进行了逐件回访,征求发案单位对执法活动的意见和建议,以便有针对性的改进工作;认真做好人民监督员制度试点工作,依法向 13 名被决定逮捕的犯罪嫌疑人告知了权利,启动案件监督评议会 2 次,在听取案件承办人汇报案情及适用法律情况的基础上,人民监督员经过独立评议表决,一致同意检察机关的处理意见;为区委、区人大、区政府、区政协领导、各镇人大专职主席、特约监督员、人民监督员订阅《检察日报》等刊物,编发反映我院检察工作的专刊,主动接受外部的监督。

切实完善内部监督制约机制。进一步规范办案程序,强化检察机关内部举报、侦查、批捕、起诉、申诉等各个办案环节的相互监督制约。制定实施了《办理直接受理职务犯罪案件内部监督实施细则》,在制度上保证了职务犯罪侦查权的正确行使,多年来,我院职务犯罪侦查工作未出现安全事故及违法现象。坚持实行检察委员会对重大疑难案件集体讨论制度,充实了纪检监察力量,加强对案件的督查考核,切实保障案件质量和依法办案。

五、狠抓检察队伍建设,不断提高干警的综合素质和能力

把先进性教育活动贯穿于检察工作的始终,加强思想政治建设。按照中央、市委和区委的统一部署,在全院136名在职及离退休党员中,扎实开展了先进性教育活动。贯彻"用教育活动促进检察工作,用工作成绩体现教育成果"的思路,正确处理工学矛盾,认真制定了工作方案和每个阶段的工作安排,落实了学习动员、分析评议、整改提高、巩固深化等各个阶段的工作。期间,组织了中层干部暨党支部书记培训班,开展了先进性教育心得体会交流活动,举办了先进性在检察岗位闪光演讲比赛,参观了李大钊烈士陵园并重温了入党誓词,组织开展了"和谐昌检"创建活动,树立了北京市劳模集体反贪局侦查二处、昌平区优秀党员干部先进典型杨琳等先进集体和个人,通过一系列健康向上、富有特色的活动,提高了全体干警的党员意识、责任意识、大局意识,大力弘扬了"为民,公正,严明,清廉"的首都检察精神,初步建立了"党员受教育,群众得实惠"的长效机制。

认真开展"规范执法行为,促进执法公正"专项整改活动,加强执法能力建设。邀请人大代表、政协委员、新闻记者、执业律师、特约监督员召开座谈会,听取社会各界对我院规范执法的意见;职务犯罪侦查、侦查监督、公诉、监所检察、民事行政检察、控告申诉检察等重点业务部门召开讨论会,认真查找自身存在的执法不规范问题;在建立规范执法的长效机制上下功夫,组织各重点业务部门清理了现有的规章制度,制定实施了《案件督查考核工作规则》、《提高审查逮捕案件质量十项措施》等规章制度,初步建立起保障我院执法规范的制度体系;以改革和管理作为检察事业发展的两大动力,加强机关规范化建设,制定实施了《检察干警日常行为规范》、《教育培训工作规定》等规章制度,开展了经常性的督促检查工作;积极备战全市检察机关专项整改培训考核工作,全体检察干警采取封闭培训和在岗学习,个人自学和集中辅导相结合的方式,认真开展了学习培训工作,并分不同部门参加了闭卷和开卷考试,通过培训考核,全体检察人员的业务素质得到普遍提高,执法能力得到普遍增强。

贯彻市检察院《关于检察队伍建设的意见》,围绕"理想、能力、责任、形象、廉政"等内容,通过政治理论学习、双重组织生活等形式,大力加强领导班子建设,加大了对规章制度落实情况的检查力度;制定落实了《关于大力加强思想政治工作,加快对青年干警培养的工作意见》,采取处长助理、外派培训等形式,着力提高团队意识、创新意识和奉献意识,为检察事业的发展储备高素质人才;积极开展检察文化建设,举办了登山健身赛、书画摄影展等活动,丰富干警的业余文化生活,提高队伍的凝聚力和战斗力。

各位代表,检察工作成绩的取得,与区委、市检察院党组的正确领导,人大的监督,政府、政协和广大人民群众的关心、帮助和大力支持密不可分。在此,我代表全院干警表示衷心的感谢。与此同时,我们也清醒的认识到,工作中仍然存在着一些问题和困难:一是构建社会主义和谐社会的目标对检察工作提出了更高的要求,面对新的形势和任务,检察机关法律监督的力度与人民群众的要求存在一定差距,诉讼监督仍是薄弱环节,监督的力度、广度和深度仍然需要不断加大;二是案多人少的矛盾依然突出,在规范执法方面存在瓶颈,上级的各项要求不能得到很好的落实,很大程度上制约了检察工作的发展;三是队伍的素质还有待进一步提高,执法能力还有待进一步加强,个别检察人员还存在执法思想、执法作风不够端正的问题,个别案件在处理上法律效果、社会效果结合得还不够好;四是检务保障还不完全适应工作的要求,办公办案条件需要进一步改善,检察环节的提讯用房问题亟待解决,部分干警科技强检的意识和能力需要不断加强。这些问题,还有待于我们在今后的工作中不懈的努力，认真的逐步加以解决。同时，我们也恳请各位代表一如既往的支持和帮助。

2006年的工作安排

2006年，检察机关履行法律监督职责，促进经济健康发展和社会和谐稳定的任务依然艰巨而繁重。在新的一年里，我院将继续坚持“在服务区域发展中发展检察事业”的工作思路，重点做好以下几项工作：

一、认真学习贯彻十六届五中全会精神，不断提高服务大局的思想认识

深刻领会全会的精神实质和重大意义，自觉将检察工作置于党和国家的工作大局之中，牢固树立为发展这个党执政兴国的第一要务服务的意识，以科学发展观为指导全面推进各项检察工作，努力为完成“十一五”规划、推动经济社会和谐发展提供有力的法治保障。

二、严厉打击各类严重刑事犯罪活动，积极推动社会主义和谐社会的建设

整合办案资源，突出打击重点，将高压态势贯穿于批捕、起诉的各个环节，依法做到快捕快诉；贯彻宽严相济、区别对待的刑事政策，尽量挽救失足者，减少社会对立面；综合运用社会治安综合治理措施，通过开展法制宣传、提出检察建议、参与重点治理、提供法律服务等工作，促进社会的和谐发展。

三、深入开展职务犯罪查办和预防工作，努力推动党风政风的进一步好转

依法严肃查办贪污受贿、挪用公款等败坏党风政风的案件，玩忽职守、滥用职权，造成国家利益和人民生命财产重大损失的案件，刑讯逼供、暴力取证等侵犯人权案件，在国有企业重组改制和农村城市化进程中导致国有资产严重流失的职务犯罪案件；认真开展预防职务犯罪工作，加强规范建设，通过干部任职培训、警示教育等形式，推动党风政风进一步好转。

四、全面履行法律监督职责，在维护社会公平正义及化解矛盾纠纷方面积极工作

增强法律监督意识，不断加强和改进法律监督工作。强化诉讼监督，重点纠正人民群众关注的执法不严、司法不公的突出问题；认真做好对超期羁押、社区矫正和刑罚执行活动的监督，保证监管活动的依法有序开展；加大对民事审判和行政诉讼的监督力度，重点监督严重违反法定程序及因贪赃枉法、徇私舞弊而导致错误裁判的案件；积极开展控告申诉检察工作，认真排查调处人民内部矛盾，做好检察环节的申诉处理工作，努力化解社会矛盾。

五、提高队伍素质和规范化管理水平，为检察中心工作的健康发展提供不竭动力

认真开展社会主义法治理念教育，贯彻“执法公正，一心为民”的政法工作指导方针，突出抓好领导班子建设，以班子建设带动队伍建设；积极稳妥的开展检察改革，不断深化和规范人民监督员制度试点工作，完善检务公开的各项制度和措施，积极推进检察人员分类管理；进一步规范警务区建设、侦查指挥中心建设、网上办公办案、执法责任追究及检察干警日常行为。

六、自觉接受党的领导和人大及社会各界的监督，确保“立检为公，执法为民”目标落到实处

坚决贯彻执行区委和市检察院党组对检察工作的决定和部署，坚持重大事项请示报告制度；贯彻落实区委关于加强人大工作的意见，坚持向人大及其常委会报告工作，认真落实人大及其常委会的决议和要求；进一步加强与人大代表、政协委员的联系，积极组织人大代表、政协委员开展视察活动；拓展接受监督的渠道，主动征求社会各界对检察工作的意见和建议，加强和改进检察工作。

各位代表，本次人代会之后，我们将认真落实大会关于检察工作的决议，求真务实，与时俱进，努力做好各项检察工作，为区域经济的发展和社会的和谐做出新的、更大的贡献。

关于北京市昌平区2005年国民经济和社会发展计划执行情况与2006年国民经济和社会发展计划的报告

——2006年1月9日在区二届人大三次会议上

昌平区发展和改革委员会主任　郝　和

各位代表:

我受区人民政府的委托,向大会报告2005年全区国民经济和社会发展计划执行情况与2006年国民经济和社会发展计划草案,请予审议,并请各位政协委员提出意见。

一、2005年全区国民经济和社会发展计划执行情况

过去的一年,在区委、区政府的正确领导下,全区人民认真贯彻"三个代表"重要思想和党的十六届四中、五中全会精神,紧紧围绕创建"三个首选之区"的奋斗目标,锐意进取,扎实工作,克服了禽流感疫情和其它不利因素的影响,全面完成了国民经济和社会发展计划,主要经济指标完成情况较好,社会事业全面进步,人民生活水平显著提高。

1、经济持续健康发展,产业结构日趋合理。

坚持"强二、兴三、优一"的产业发展思路,不断优化产业布局和产业结构,壮大五大经济板块,区域经济整体竞争力和发展活力持续增强。2005年全区完成地方财政收入13.2亿元,增长20.6%。区域税收完成38.7亿元,增长12.8%。

第一产业稳定发展。全区农村经济总收入预计完成148.1亿元,增长12.3%。农业结构调整步伐加快,小汤山现代农业科技示范园的辐射带动作用进一步增强,盛世富民、鲜绿安等名牌产品正在形成,以红栌园为代表的温水鱼养殖业取得长足进展,北部山区文化旅游休闲产业正向规模化发展。农业标准化建设取得明显成果,农产品安全生产体系基本形成,全区农业标准化生产示范基地达到86家,北京市安全食用农产品生产基地达到91家,国家无公害农产品基地达到42家。加强了动物防疫体系建设,成立了区动物疫病预防控制中心,设立了16个镇级动物卫生防疫站,建立了覆盖全区的动物疫病防控体系,成功预防了禽流感疫情的发生。

第二产业增速趋缓。全区工业产值预计完成462亿元,比去年减少8%左右。工业产值出现下降的主要原因是受北汽福田车辆股份有限公司和北京神华昌运高技术配煤有限公司生产下降的影响。按1-11月统计数据分析,北汽福田完成工业总产值132.5亿元,同比下降31.9%,拉动全区工业总产值下降13.7个百分点。神华配煤完成产值45亿元,同比下降31.2%,拉动全区总产值下降4.5个百分点。如果扣除北汽福田和神华配煤两个企业的影响,全区其他工业企业1-11月份完成工业总产值240.8亿元,同比增长23.3%。

第三产业快速发展。旅游文化交流活动

丰富多彩，民俗旅游规模、档次稳步提高。全年预计实现旅游经济收入18.2亿元，增长18.4%。商业引进和业态结构调整进展顺利，消费品市场繁荣活跃，国泰百货昌平店、世纪联华燕平店和物美超市天通苑店等相继开业。全年预计实现社会消费品零售额54亿元，增长15%左右。

2、重点工程进展顺利，城乡基础设施建设稳步推进。

2005年，全区固定资产投资特别是房地产投资的快速增长势头明显回落，全区固定资产投资预计完成80亿元，比去年减少25%，其中占全区投资总额75%的房地产投资下降近20%。投资增速减慢主要是受国家实施宏观调控政策和土地、信贷紧缩等因素的影响，同时也表明全区固定资产投资正向更为合理、更加科学的方向调整。年初区政府确定的41项重点工程，目前已经开复工的39项，占项目总数的95%。2005年度京津风沙源治理工程进展顺利，人工造林1万亩，爆破造林3800亩，完成京张公路、温榆河、六环路等绿色通道管护2万亩。

城乡基础设施建设步伐进一步加快。南环路、白浮泉路、北禾路等道路改扩建工程进展顺利。完成了南环供热厂、昌盛园供热厂等基础设施建设，昌平组团也成为全市首个联片集中供热的城区。环境治理工作进一步深入，噪音达标、烟尘控制、大气治理及水源保护工作继续加强，全区空气质量二级以上天数占全年的74%以上，超额完成全年目标。

3、各项改革不断深化，发展活力持续增强。

国有资产管理体制改革迈出坚实步伐，初步建立了国有资产监督管理制度，完成了全区国有资产的调查摸底，对15家区属国有企业进行了改革改组，国有资本经过市场机制的优化选择和配置正逐步向优势产业集中。投融资体制改革不断推进，制定并实施了《关于昌平区投融资体制改革的意见》，积极探索投融资体制的新模式。落实党在农村的基本政策，全区305个行政村全部完成土地确权工作，23个村完成了农村集体经济产权制度改革。积极推进政务公开，加强了专家咨询、信息披露、社会公示等制度建设，提高了决策的科学化、民主化水平。

4、招商引资取得成效，外向型经济稳定发展。

不断优化投资环境，加大招商引资力度，努力创新招商引资方式。紧抓北京奥运的重大商机，引进和储备了修正药业集团等一批对全区经济发展影响较大的项目。全年三资企业投资总额3.3亿美元，注册资本1.76亿美元，合同外资1.5亿美元，分别增长71.3%、32.3%和61.3%。实际利用外资5750万美元，增长27.6%。

出口力度进一步加大，对外贸易大幅增长。全年预计完成出口交货额65亿元，增长近1.9倍。

5、各项社会事业全面进步，人民生活水平不断提高。

深入实施“科教兴昌”战略，科技推广应用力度进一步加大，“一校带一镇，科普进镇村”工程正式启动。教育事业健康发展，区域办学条件进一步改善。2005年全区中考及格率、优秀率、平均分三项综合指标均排远郊区县第一，高考升学率达到85%以上。医疗卫生事业持续发展，疾病预防和控制体系初步建立，医疗设施进一步完善。区医院外妇手术楼、妇幼保健院门诊业务楼等工程进展顺利，沙河、南口、北郊、小汤山急救站正式投入使用，创建全国卫生区的工作正在有序进行。文化活动丰富多彩，成功举办了第六届艺术节、北京市乡村歌手大赛和纪念抗战胜利60周年等大型文艺演出活动。体育工作成绩显著，圆满承办了2005北京国际铁人三项世界杯赛，我区运动员在十运会上取得了一金二银二铜的优异成绩，区体育馆主体工程已完工，奥运会铁人三项比赛场地和训练基地建设正在积极筹划之中。计划生育工作进一步加强，全区继续保持低生育水平，人口自然增长率为1.12‰，计划生育率达到98.8%。

人民生活水平不断提高，农民人均纯收入预计达到7400元，同比增长9.6%；城镇居民人均可支配收入预计达到15700元，同口径增长15%左右。就业形势基本平稳，就业服务水平进一步提高。全区开发社区就业岗位4300个，安排失业人员就业3700人，城镇登记失业人员再就业率保持在60%以上，城镇登记失业率控制在2.6%以内。

6、完成“十一五”规划编制工作。

“十一五”规划的编制工作自2004年11月全面启动以来，按照“突出重点、衔接平衡、民主参与”的编制原则，经全区人民的共同努力，现已完成《昌平区国民经济和社会发展第十一个五年规划(草案)》，提交此次会议审议。编制了15个专项规划，开展了29个前期研究课题。内容涉及城乡规划、土地利用、水资源综合开发、产业布局、基础设施建设、社会事业发展、生态保护等多个方面。与“十五”计划相比，“十一五”规划更加注重以人为本，更加注重经济社会发展的统筹，更加注重全面协调的可持续发展，基本涵盖了全区经济社会发展各主要领域的一些重大问题。

各位代表，2005年全区经济虽然保持了持续协调健康增长，但从当前发展形势看，仍面临着诸多矛盾和问题。主要是经济增长方式比较粗放，与落实科学发展观还有一定差距；产业结构有待进一步优化，统筹城乡、区域发展的任务仍十分艰巨；城市建设还不能满足区域发展和群众的需要，优化发展环境方面仍存在一些薄弱环节等等。对于这些问题，要按照科学发展观的要求，进一步创新体制，深化改革，优化环境，加快发展，积极采取有针对性的措施，认真逐步加以解决。

二、2006年国民经济和社会发展总体思路和主要目标

按照区委二届八次会议的部署，今年经济和社会发展的总体思路是：以邓小平理论和“三个代表”重要思想为指导，认真贯彻党的十六届五中全会和市委九届十次全会精神，坚持以科学发展观统领经济社会发展全局，以“发展、统筹、创新、开放、和谐、人本”为主题，进一步转变发展观念，创新发展模式，增强发展活力，提高发展质量，推进经济社会全面协调可持续发展，为实现“三个首选之区”建设、构建和谐宜人新昌平奠定坚实的基础。

2006年国民经济与社会发展的主要指标为：

1、预期指标：

——地区生产总值增长10%左右；

——地方财政收入增长10%左右；

——固定资产投资增长10%；

——农村经济总收入增长12%；

——工业总产值增长8%；

——社会消费品零售额增长12%；

——外贸出口交货额增长15%；

——旅游经营收入增长15%。

——城镇居民人均可支配收入和农民人均纯收入增长8%左右。

2、调控目标：

——城镇登记失业率控制在2.5%以内；

——城镇登记失业人员再就业率保持在60%以上；

——人口自然增长率控制在2‰以内；

——高考升学率保持在85%以上；

——全区林木绿化率保持在60%以上；

——空气质量二级以上天数达到全年的70%以上。

2006年是全面实施“十一五”规划的开局之年，面临的困难不少，发展的任务很重。要在新的起点上实现新的发展、达到新的水平，就必须做到“六个坚持”，即：坚持走科学发展之路，促进全区经济平稳较快发展；坚持科教创新基地、人文生态景区、和谐宜居新城的发展定位，不断提高城乡建设和管理水平；坚持以创新为动力，进一步增强全区发展活力；坚持统筹兼顾的原则，努力促进城乡和区域协调发展；坚持经济、政治、文化和社会建设四位一体，不断提高构建和谐宜人新昌平的水平；坚持以开放的姿态，广泛凝聚一切推动发展的力量。努力工作，锐意进取，团结协作，保证全年经济社会发展任务的顺利完成。

三、实现 2006 年经济社会发展预期目标的主要措施

为全面完成 2006 年经济和社会发展预期目标，要重点做好以下几个方面工作：

1、加快经济结构调整，促进三次产业协调发展。

按照全区经济的发展方向，继续坚持“强二兴三优一”的产业发展思路，大力发展科技主导型、文教服务型、旅游休闲型和生态友好型经济，做大做强体现昌平特色的“五个经济板块”，形成符合昌平功能定位、体现资源禀赋、具有综合竞争力的产业结构。在产业布局上，按照“一带两轴、一城多点”的区域空间布局和各镇（街道）的功能定位，进一步调整和优化产业布局，推进产业集群化发展。

加快高新技术企业和先进制造业发展，进一步提高二产总量和竞争力。加快产业链培育，做大做强支柱型产业。重点抓好中关村科技园昌平园、中关村生命科学园和中科院沙河产业基地建设，抓好汽车制造、微电子、生物医药等主导产业的发展，增强产业发展实力和后劲。发挥汽车产业的集聚效应，积极引进相关的上下游配套项目，形成以北汽福田生产基地为核心的汽车产业链。重点支持修正药业等一批重点产业项目建设，培育一批新的经济增长点，引导区域工业从产品经营向品牌经营转变。继续抓好技术改造工作。全年安排重大技改项目 30 项，建立一批“产学研”联合体。

加快现代服务业发展，健全产业支撑体系。加快实施商业发展规划，全力推进新型业态的发展。抓住筹办奥运的商机，加强对餐饮、旅游、特色商品、环保、文化等领域的市场研究，积极引导区域企业参与奥运市场开发。加快中关村国际商城、京粮广场等大型商业设施的建设，改造水屯农副产品批发市场、回龙观城北大钟寺商品交易市场，促进第三方物流的发展，提升物流专业化水平。继续提升明十三陵、居庸关长城等历史文化旅游景区的服务档次，加快发展以九华山庄为龙头的会展、休闲、康体产业，规范和发展民俗旅游，带动生态观光旅游和采摘旅游的发展。积极引导房地产业和建筑业的健康发展，保持对区域经济的拉动力。

调整优化农业结构，推进农业产业化、现代化进程。坚持引进与培育相结合，加强农业产业化龙头企业建设。继续增强小汤山现代农业科技示范园的辐射带动作用，推动示范园西区及配送中心、草业中心建设。加快建设金六环农业园，建成集有机农业组织管理、示范展示、监测检测、技术培训等功能于一体的有机农业示范展示中心。建设 4 万亩有机农产品生产基地，建成 30 个有机农业示范基地。

2、统筹城乡协调发展，着力建设社会主义新农村。

建设社会主义新农村，是党中央提出的统筹城乡发展的重大战略决策。围绕建设社会主义新农村的目标，从实际出发，按照生产发展、生活宽裕、乡风文明、村容整洁、管理民主、邻里和谐的要求，扎实推进社会主义新农村建设。

加强农村基础设施建设。加强乡村建设的统筹规划，重点解决农村基础设施建设滞后、公共服务薄弱的问题。加快推进农村地区改水工作，实施 2006 年农村地区饮用水改造工程，使 66 个村 4.8 万人的饮用水达到安全指标。调整增设农村公交线路，为 100 个村新建村公交候车亭。新发展 40 个农村便民商业连锁店，争取实现千人以上村的“全覆盖”。做好农村地区的疫情防治工作，加强对禽流感等重大疫情的控防。

加快山区、半山区的发展。新建和改建北禾路、昌流路等山区道路，解决 20 个山区村主要道路硬化问题。完成沙河、流村两镇农村有线广播网建设，实施山区、半山区69个村的电视信号入户工程。为深山区26个村安装新型太阳能路灯。继续做好险村险户的搬迁工作，完成山区泥石流易发区100户536人的搬迁工作。开发建设6个休闲产业区，发展200个市级民俗旅游户，抓好白羊沟清洁小流域治理，启动望宝川等村的旧村改造。继续做好山区对口支援工作，力争使低收入村年人均劳动所得达到5300元以上。加强对山区农民的科学文化知识、实用技术和职业技能培训，帮助山区农民实现就业、稳定增收。

3、加快城市化建设步伐，提高城市管理水平。

按照基础设施建设先行的原则，以综合交通、信息通讯、能源供应、水资源保障为主体，有序推进基础设施和生态环境建设，改善城乡居住环境，提高城市的承载力，为高质量建设昌平新城奠定基础。继续加快道路建设，抓好昌平组团东扩新区崔昌北路、何营路、内环路和南环大桥的建设，推进沙阳路、七北路、怀长路、110辅线等新建、改建工程，完成11条区级公路的大修和8座危桥改造。加强水、电、暖的供应。年内完成阳坊、大东流、郑各庄、回龙观等变电站建设，积极筹建科技园区变电站，力争年内开工。完成永安公园和政府街地下停车场建设，完成昌平组团旧城区的雨污水管线改造和二毛环岛改造。

推进昌平新城建设。按照“五年打基础、十年成体系”的总体要求，启动昌平新城建设，着重完成昌平新城总体规划和各专项规划的编制工作，研究制定新城建设的实施政策和运行机制。

提高城市管理水平。对振兴路、创新路等7条道路两侧和南口公园绿化改造，进一步做好天通苑、回龙观、沙河大学城、城铁沿线等重点区域的环境治理工作。坚持依法、科学、从严、有序管理城市，加强对占道经营、张贴非法小广告、环境脏乱等问题的整治。深化城市管理体制改革，建立和完善相互衔接、合理分工和规范高效的城市管理网络，建立统一高效的城市应急指挥系统，完善各类突发事件应急预案，建立健全有效的应急机制。健全安全生产监管体制，落实安全生产责任制，有效遏制重大安全事故发生。进一步强化对食品、药品、农畜产品、餐饮卫生的市场监管，保证人民群众健康安全。

4、进一步深化各项改革，优化全区发展环境。

抓好规划衔接实施工作。重点做好经济与社会发展规划、城市总体规划和土地利用总体规划的衔接工作，高水平编制昌平新城的控制性详细规划和重点地区景观设计，积极推进综合交通、市政设施等专项规划编制工作。采取政府与专家、学者相结合的方式，加强对关系全区国民经济和社会发展全局性、战略性问题的研究。建立评价体系，定期对规划执行情况进行评估。做好经济运行形势的分析工作，加强对重点产业、重点区域的监测，确保全年经济增长预期目标实现。

继续深化国有企业和国有资产管理体制改革。加快制定国有经济布局调整与国有企业改革发展的战略规划，坚持“有所为、有所不为”的原则，以产权制度改革为突破口，因企制宜，审时度势，推动监管企业改革改组。重点指导首钢红冶钢厂、华都酒厂和外贸公司等规模企业的改革工作，积极推进玻璃公司与联想集团、北标集团与北汽公司的并购重组。加快建立国有资产资本经营预算制度和非经营性资产监管体制，实现国有集体资产保值增值，推动国有经济持续发展。

加快中小企业服务体系建设。积极发挥中小企业服务中心的服务协调作用，健全中小企业服务体系，为中小企业创业、生存和发展提供全方位服务。认真贯彻落实各项鼓励扶持政策，维护中小企业的合法权益。进一步完善融资担保体系，扩大担保规模和担保范围，降低中小企业融资风险。

全面推进投融资体制改革。加强部门联动，对政府投资实行统一集中管理；综合运用补助、贷款贴息、担保、捆绑招标等多种形式，促进项目融资，增强政府投资的引导、带动和放大作用。建立和完善项目库，做好项目的前期准备工作，强化项目的实施与监督管理，规范政府投资行为。积极开展政府投资项目“代建制”试点工作，健全政府投资决策和项目法人约束机制。

5、大力发展开放型经济，努力提高对外开放水平。

按照北京市“两轴－两带－多中心”城市空间发展战略，紧抓奥运商机，围绕奥运场馆建设、昌平新城建设等重大工程项目的实施，加大招商引资力度。通过参加“北京科博会”、“京港经济合作研讨洽谈会”和“日本、韩国投促洽谈会”等各类招商引资活动，力争引进2—3个跨国公司到我区投资创业。拓宽招商领域，积极推动现代型农业、高新技术产业、商贸旅游业、现代服务业的招商引资工作。

全面提高对外开放水平，壮大各类出口主体的规模和实力，力争培育年出口5000万美元以上的企业1－2户。不断优化出口产品结构，积极扩大拥有自主知识产权、自主品牌和高附加值的商品出口。外贸出口争取在2005年强劲增长的形势下，继续保持15%以上的增长幅度。

6、坚持“以人为本”，努力构建和谐新昌平。

扎实推进就业和社保工作。加快发展就业容量大的第三产业、中小企业和劳动密集型产业，创造更多的就业岗位。落实好就业再就业的各项优惠政策，全面拓宽就业渠道，抓好就业培训。全年新增社区就业岗位4000个，安置再就业人员3200人，城镇登记失业率控制在2.5%以内。继续扩大社会保险覆盖面，各项社会保险基金的收缴率保持在95%以上。

促进各项社会事业全面发展。全面推进科技进步示范区建设，继续保持全国科技进步示范区的建设水平。继续推进“一校带一镇、科普进镇村”工程，积极开展科普进学校、进社区、进农村活动。加快农村中小学布局调整，推进长陵学校、南口中学和前锋学校的建设。大力发展以就业为导向的职业教育、继续教育和多种形式的职业培训。促进沙河高教园区入驻高校的开工建设。继续提高教学质量，力争使高考升学率保持在85%以上。以农村为重点，抓好疾病预防控制、应急医疗救治、公共卫生信息和卫生监督执法四大体系建设。重点推进区医院外妇手术楼、综合病房楼和区妇幼保健医院门诊病房楼建设。完成十三陵、小汤山等5所镇卫生院改造。积极推进文化事业发展，繁荣文化市场，壮大文化产业。加大文物保护力度，积极推进泰陵抢修和定陵文物库建设工程。继续推动体育“六化”进程，重点抓好区体育馆和奥运铁人三项比赛场地和训练基地建设，组织召开区第三届机关运动会，积极备战“北京市第十二届运动会”，高标准完成2006年世界杯铁人三项比赛的承办任务。继续加强人口与计划生育工作。保证全年人口自然增长率控制在2‰以内，计划生育率控制在96%以上。

加强生态环境建设。高标准建设绿色生态体系，重点抓好京津风沙源治理工程，加强西北部地区的生态修复。进一步落实好生态林补偿机制，建设高水平的森林资源保障体系，巩固造林成果。做好大气污染防治工作，力争使空气质量二级以上天数达到全年的70%以上。加快城市污水、垃圾处理厂建设，抓紧完成昌平垃圾焚烧厂改造，启动南口、北七家污水处理厂建设和北沙河治理工程。力争城镇污水集中处理率达到80%，垃圾无害化处理率达到90%，全区安全饮水达标率达到100%。

各位代表，今年我们将进入一个新的发展时期，全区国民经济和社会发展的任务光荣而艰巨，让我们在区委、区政府的领导下，在区人大、区政协的支持、指导和监督下,全面贯彻落实科学发展观,团结奋进,改革创新,紧抓机遇,扎实工作,为圆满完成2006年国民经济和社会发展的各项任务而努力奋斗。

北京市昌平区2005年财政预算执行情况和2006年财政预算草案的报告

——2006年1月9日在区二届人大三次会议上

昌平区财政局局长 刘亮珍

各位代表:

我受区人民政府委托,向大会报告昌平区2005年财政预算执行情况和2006年财政预算草案,并对“十五”时期财政改革与发展进行简要回顾,提出“十一五”时期财政工作的基本思路。请予审议。

一、2005年度财政收支执行情况

(一)财政收入完成情况

2005年昌平区第二届人民代表大会第二次会议通过的昌平区2005年度区级财政收入预算为120500万元。其中:固定收入13810万元;共享收入95090万元;分级收入11600万元。预算执行结果:区级财政收入完成132000万元,完成年度预算的109.5%,比上年增收22498万元,增长20.6%。其中:固定收入完成13944万元,完成年度预算的101%,比上年增收818万元,增长6.2%;共享收入完成99812万元,完成年度预算的105%,比上年增收14793万元,增长17.4%;分级收入完成18244万元,完成年度预算的157.3%,比上年增收6887万元,增长60.6%。

(二)财政支出完成情况

2005年昌平区第二届人民代表大会第二次会议通过的昌平区2005年度财政支出预算为211114万元,由于财政收入增长和市追加专项等因素的影响,使财政支出预算增至302120万元,财政实际支出257827万元,占年度预算的85.3%,比上年增支39217万元,增长17.9%。其中:

——基本建设支出20639万元,比上年减少4208万元,下降16.9%。

——企业挖潜改造支出4349万元,比上年增支700万元,增长19.2%。

——科技三项及科学事业费支出4917万元,比上年增支840万元,增长20.6%。

——农口支出31293万元,比上年增支7711万元,增长32.7%。

——文教卫生事业费支出57311万元,比上年增支12168万元,增长27%(其中:教育事业费支出39081万元,比上年增支8707万元,增长28.7%,高于财政经常性收入增长)。

——其他部门事业费支出4022万元,比上年增支546万元,增长15.7%。

——抚恤、社救及行政事业单位离退休经费支出25108万元,比上年增支2978万元,增长13.5%。

——社会保障补助支出3466万元，比上年增支1160万元，增长50.3%。

——行政管理费支出24712万元，比上年增支6114万元，增长32.9%。

——公检法司支出15578万元，比上年增支5037万元，增长47.8%。

——城市维护费支出2088万元，比上年增支1489万元，增长248.6%。

——专项支出14979万元，比上年增支5438万元，增长57%。

——其它支出48365万元，比上年增支753万元，增长1.6%。

——上解支出1000万元。

总之，2005年度财政运行情况良好，财政收入超额完成了预算任务，总财力达到了30.2亿元，财政支出完成25.8亿元，结转下年4.4亿元，为全区经济社会发展做出了积极贡献。

二、“十五”时期昌平区财政工作回顾

“十五”期间，财政发展保持了良好的运行态势，收入质量明显提高，财政的抗风险能力逐步增强。财政部门坚持“一要吃饭，二要建设”的原则，工资发放、政权运转、社会保障、法定支出等方面都得到了有效的保障。在此基础上，通过积极筹措资金支持了经济和社会各项事业的协调发展。农村税费改革试点、部门预算、国库集中收付、政府采购、“收支两条线”等财政改革率先探索成效显著。

——财政收入稳定增长，总财力达“九五”末的3倍。“十五”时期是全面贯彻实施北京市与区县新的财政管理体制的时期，区财税部门在区委、区政府的正确领导下，紧紧围绕建设“投资创业、旅游休闲、生活居住”三个首选之区奋斗目标，坚持以经济建设为中心，大力发展区域经济，充分发挥财税部门的职能作用，努力增加财政收入。五年来，财政收入不断攀升到新的高度，收入总额和增长幅度实现了全市排名前移。财政收入从2000年的3.02亿元，增长到2005年的13.2亿元，年均增长34.3%。虽然财政收入增速从45.9%下降到20.6%，但仍保持在较高的发展水平上。市与区县新的财政管理体制，充分调动了地方政府当家理财的积极性。五年来，各项收入均呈增长态势。固定收入由2000年的5435万元，增长到2005年的13944万元，年均增长20.7%；共享收入由2000年的20420万元，增长到2005年的99812万元，年均增长37.3%；分级收入由2000年的4328万元，增长到2005年的18244万元，年均增长33.3%。在财政收入稳步增长的同时，区财政按照市与区县财政体制的要求，结合昌平经济社会发展的实际积极争取资金，财政总财力不断增长，由2000年的96698万元，增长到2005年的302120万元，年均增长达25.6%。为全区各项事业的快速健康发展打下了坚实的财政基础。

——统筹安排财政资源，确保重点支出需要。五年来，财政部门本着勤俭节约保重点、集中财力办大事的原则，不断优化支出结构。有力地促进了我区农业、教育、科技、文化、体育、卫生、社会保障等各项事业的发展。保证了市政基础设施、重点工程、环境综合整治和为民办实事工程的需要。财政支出总额呈现持续增长态势，财政支出结构不断得到调整优化。年度支出总额从2000年的70014万元增长到2005年的257827万元，年均递增29.8%。五年来，财政部门认真落实区委、区政府的各项工作部署，按照公共财政体制的要求，在压缩一般性支出的同时，将支出重点转向公共服务和社会管理并不断向农村基层倾斜。财政支出中：科技支出（三项费+科学支出）达到2005年的4917万元，年均增长率达84.2%，有力地促进了全国科技示范区建设；文化教育支出达到45457万元，年均增长24.4%，各级各类教育全面发展，农村中小学教学条件进一步改善。城乡基层文化、健身场所日渐完善，群众精神文化生活不断丰富；卫生事业费支出达到11854万元，年均增长28.6%；公共卫生体系不断完善，确保了非典和高致病性禽流感防控工作的需要；农口支出达到31293万元，年均增长25.5%，农业结构调整成效显著，农民收入不断提高，农村水、电、路等基础设施条件及生态环境明显改善；社会保障支出达到3466万元，年均增长53.9%，解决了建设征地农转工自谋职业人员、终止劳动关系及超转人员的社会保障问题，提高了重度残疾人的生活保障水平，确保了就业再就业培训、农村新型合作医疗大病统筹等重点工作的需要。

同时，区财政以积极筹集保重点、科学安排促发展为原则，认真落实全区重点工作。支出7309万元，保证了生态林看护、土地矿产资源保护、治安巡防、环卫保洁等机制建设，安置城乡劳动力11379人；支出40.2亿元，保障了区广电中心综合楼、图书博物馆、区医院门诊楼、8座集中供水厂、3个集中供热厂的建设，新建和改建了立汤路等8条区以上公路，有力地促进了昌平城市综合服务功能的提升。

——坚持依法理财，推进财政理论创新、体制创新和管理创新。多年来，区财政一直把“坚持依法理财，强化制度管理”作为财政工作的指导思想。从适应财政改革和发展的需要出发，陆续出台了《昌平区财政局依法行政工作制度》(涉及具体制度11项)、《昌平区财政局设立兼职法制员制度》、《行政执法责任制》及相关的行政许可制度等共17项。在推进依法理财的过程中，始终把发展作为财政工作的第一要务，将财源建设放在各项工作首位，积极培植财源，通过落实经济发展政策，改善投资环境，强化服务与税收监管等多种形式，努力探索有利于财政增收的长效机制；坚持以人为本和全面、协调、可持续的科学发展观，通过调整区与镇街财政管理体制、优化支出结构，将支出重点不断向农村、基层倾斜，促进经济社会和人的全面发展；坚持推进依法理财与深化财政改革、转变财政职能有机结合起来，既体现改革创新精神，又有计划、有步骤地分类推进各项改革；坚持依法理财与提高财政工作效率统一起来，做到既严格依法办事，又积极履行职责，提高财政工作效率。

——财政管理体制不断完善，有力促进了区域经济的健康发展。2000年1月1日起，北京市正式实施了新的市与区县财政管理体制。我区按照体制要求，对我区的各项优惠政策和属地纳税情况进行了全面清理和调查，分析、测算区级财力，依法调整了年度收支预算，2000年顺利完成了新旧体制的衔接和过渡工作。经过深入实际地调查与研究，制定了《关于进一步完善区与镇(街)财政管理体制的意见》，确立了“划分税种定收入、参照事权定支出、依据收支定补贴(上解)、根据发展定奖励”的管理体制。新的财政管理体制的实施充分调动了区与镇(街)发展区域经济、组织收入的积极性，财政收入稳步增长。随着财政改革力度的不断加大，财政税收政策发生了较大变化，客观上需要对现行的区与镇(街)财政管理体制做进一步的调整。从2004年1月1日起实行新的财政管理体制，即“按照企业属地分税、保障基本经费需求、财权事权相对统一、建立动态调控机制、规范转移支付制度”，这对调整在改革进程中的利益分配关系，加快区域经济和各项事业发展起到了积极的作用。

——财政预算管理制度的改革不断深化，公共财政框架初步形成。一是实行了部门预算，将部门、单位的预算内、外收支全部纳入综合预算管理。为规范和加强预算资金管理，增加预算的科学性，提高预算透明度及财政资金的使用效率，出台了《昌平区部门预算编审管理办法》。到2004年部门预算进一步细化，完善了资金切块管理办法，实行“零基预算”，提高了财政资金的使用效益及部门预算资金的到位率；二是不断加强财政专项资金项目的管理，逐步完善了专项资金项目库制度。财政专项资金从项目申报、审核、支付到检查验收的全程监控，实现了各项事业分阶段按计划实施，节约了资金，提高了效益;三是认真落实政府采购管理办法,制定了《昌平区政府采购工作实施意见》、《昌平区政府采购资金核算暂行办法》、《昌平区党政机关公务用车车辆配备标准及审批程序》,编制下发了采购目录,加大了政府采购的力度,规范了采购程序,采购范围进一步扩大,建立政府采购专户,采购金额从2001年的2194万元增加到2005年的28285万元,增长了11.9倍;四是积极推进国库集中收付制度改革,拟定了《昌平区行政事业单位实行财政统一发放工资管理暂行办法》和《昌平区政府采购资金财政直接拨付管理实施细则》,完成了财政统发工资工作。到2005年财政区本级参加统发工资的单位达到189个,参统人数16827人、月统发工资额4550万元,全年财政统发工资额达6亿元;五是严格执行"收支两条线",加强预算外资金管理。对行政事业性收费等预算外资金全部上缴国库或财政专户,实行"收支两条线"管理。全面推行行政事业性收费公示制度、票据"验旧购新"制度和"票款分离"缴款办法。按照巩固深化、强化监督、严格标准、完善提高的工作目标,对行政事业性收费等财政性资金实行了部门预算管理,基本实现了预算内外资金的有机结合;六是对全区行政事业单位进行了清产核资,重新修订了《昌平区行政事业单位固定资产管理办法》,进一步完善了国有资产管理制度,理顺了各项审批程序,保证了企业转制工作的顺利进行。

——加强监督,夯实基础工作,综合服务水平不断提升。财政监督工作不断加强,几年来,区财政为保证财政资金安全、有效的运行,充分发挥财政资金的使用效率,在不断完善各项管理制度、程序,加强日常监督的基础上,认真坚持开展财政资金专项检查,组织了如"罚没收入"检查、"乡镇财务管理"专项检查、卫生事业费及扶贫救灾资金的检查等。通过检查,纠正了财政资金在管理中的一些问题,规范了会计核算。同时,会计信息质量检查不断加强,依照《会计法》、《会计基础工作规范》等法律法规的要求,5年来,共检查了54个单位,查出漏缴税费665万元。通过检查,有效地维护了法律法规和财经制度的严肃性,同时也维护了我区的财经秩序,提高了执法水平,较好的发挥了执法与宣传法规并举的作用。

财政基础工作水平不断提升,五年来,区财政以部门预算、国库集中收付、政府采购、完善财政体制、财政监督为核心内容,以"金财工程"为技术支撑,努力加强各项基础工作。财政项目数据库、信息共享平台建设初具规模,预算编制、执行、监督、绩效管理为一体的综合信息系统构架基本建成。结合政务公开、全面开展全程办事代理制。制定了《全程办事代理制实施方案》、《全程办事代理制投诉督查暂行办法》等14项工作制度。以科室为单位,进一步完善了各项规章制度和工作流程,各项基础工作水平明显提升,办事效率显著提高。

——加强干部队伍建设,服务水平不断提高。几年来,财政部门认真开展了以"三个代表"重要思想为核心的思想道德教育,提高了广大干部实践"三个代表"的自觉性和主动性;通过开展一系列的党风廉政建设和警示教育,增强了广大干部勤政为民的工作意识和拒腐防变能力;通过不断加强法制教育和业务培训,使广大干部的执法水平和理财能力有了较大提高。特别是保持共产党员先进性教育活动的深入开展,通过深刻剖析和整改提高实现了先进性教育与财政改革与发展的有机结合,为财政改革与发展打下了坚实的思想基础。全体干部职工的精神面貌焕然一新,办事效率和服务质量显著提高,

三、"十一五"时期财政发展目标及重点任务

(一)"十一五"时期财政工作的指导思想

以邓小平理论和"三个代表"重要思想为指导,以全面贯彻落实科学发展观,构建和谐社会为主线,以统筹协调发展为主题,积极落实稳健的财政政策,以《昌平区国民经济和社

会发展第十一个五年规划纲要》为依据，按照进一步健全和完善公共财政基本框架的要求，紧紧围绕建设“三个首选之区”基本实现现代化的奋斗目标。拓展理财思路，提升理财理念，充分发挥昌平优势，千方百计做大“蛋糕”，增强财政实力，统筹配置资源，力争在系关经济社会发展全局的基础设施、社会各项事业、社会保险、环境整治、城乡协调发展等重点领域有所突破，为实现全面建设小康社会和经济社会的协调发展而奋斗。

(二)“十一五”财政改革的主要任务和措施

——按照“有所为，有所不为”的原则，适时调整财政工作思路，转变理财观念，在经济发展的基础上不断壮大财政实力。大力支持经济结构调整，促进产业结构的优化升级和经济总量的稳步提升。认真落实“强二、兴三、优一”的产业发展思路，贯彻落实市财政的各项经济发展扶持政策，积极争取政策资金，合理安排好本级资金，营造良好的投资环境。发挥财政资金的导向作用，促进“五大经济板块”建设，促进经济增长方式的转变，推动科技主导型、文教服务型、旅游休闲型和生态友好型经济的发展。

——加大城乡基础设施的投入力度，促进生态环境建设与保护。进一步提高基础设施建设支出占整个财政支出的比重，同时积极筹措资金，拓宽融资渠道，进一步加快基础设施建设。全面推进城乡基础设施建设，继续改造和完善道路设施，市政管线，确保供水、供电、供气、供热安全，提高城市综合承载能力。进一步完善农村水、电、道路、通讯等配套设施，大力支持村镇道路、公路以及环卫基础设施建设，进一步改善山区基础设施条件。确保卫星城东扩南环路大桥建设、山区清洁小流域和温榆河绿色生态走廊、京津风沙源治理和生态绿化等重点建设项目的需要。

——统筹经济社会发展，发挥公共财政职能，促进公共服务体系建设。一是坚持教育优先发展战略，促进教育资源整合与教育教学改革，在保证教育重点项目、重点设施建设的基础上，进一步将教育资源向农村倾斜、向山区倾斜，促进各级各类教育协调发展；二是继续加大公共卫生方面的投入力度。支持公共卫生体系的完善，健全三级卫生服务网络，提高突发公共卫生事件的应急处理能力，配合卫生部门深化医疗卫生改革，促进优质医疗资源的引进，满足人民群众的就医要求；三是支持科技、文化、体育等各项事业持续协调发展。支持科技成果转化机制和体制的建立和完善，完善科学技术传播支撑体系，争创全国科普示范区。支持公共文化、体育设施建设并重点向镇村倾斜，加大文物保护力度，推动文化体制改革，确保综合体育馆工程、奥运会铁人三项赛事保障及训练基地建设。

——确保社会公共管理建设需要，促进社会和谐稳定。一是进一步促进社会保障体系建设，维护群众根本利益。大力支持促进就业和再就业，建立政府引导就业、市场调节就业、农民自主择业、劳动力转移就业的长效机制，推动政府社会管理、公共服务与促进城乡就业的有机结合；二是完善社会统筹与个人账户相结合的基本养老保险制度，推进农村养老保险，推进农村新型合作医疗大病统筹全覆盖；三是认真落实城乡居民最低生活保障制度，切实做到应保尽保，按照昌平区《临时救助办法》的精神，继续加大对城镇和农村低收入群众临时救助的投入。大力开展扶贫、助残、解困及各种社会互助活动，切实保障妇女、未成年人、残疾人的合法权益；四是推动全区、街道、社区相互衔接，合理分工和规范高效的城市管理网络建设。积极争取、合理安排促进社区配套服务设施和活动场所达标工作；五是支持公共突发应急指挥系统建设，确保社会和谐稳定；六是支持城乡居民思想道德建设，落实“五五”普法规划。

四、2006 年度财政预算安排草案和保证措施

(一)2006 年度预算安排草案

根据我区国民经济和社会发展计划,参照上年经济运行和财政收入完成情况,2006年,财政预算收入安排14.5亿元,比上年增长10%。其中:固定收入13690万元,比上年下降1.8%;共享收入112614万元,比上年增长12.8%;分级收入18896万元,比上年增长3.6%。

2006年我区的总财力为261570万元,其中:当年财政收入145200万元;上年结转44293万元;激励机制返还50574万元;体制定额补助15071万元;转移支付补助6432万元。

2006年本着"量入为出、收支平衡"的原则,财政预算支出安排261570万元,比上年预算增长23.9%。其中:

——农口支出安排17810万元,比上年增长18.4%。

——企业挖潜改造支出安排1348万元,比上年增长381.4%。

——城市维护费安排3056万元,比上年增长135.6%。

——文教卫生事业费安排支出51792万元,比上年增长7%(其中:教育事业费安排37541万元,比上年增长10.8%,高于财政经常性收入增长幅度)。

——科技三项及科学事业费安排5130万元,比上年增长12.1%。

——其他部门事业费安排4189万元,比上年下降11.7%。

——抚恤、社救及行政事业单位离退休经费安排26257万元,比上年增长7.7%。

——行政管理费安排27272万元,比上年增长16.6%。

——公检法司支出安排15787万元,比上年增长11.9%。

——专项支出安排14229万元,比上年下降9.2%。

——其他支出类安排86035万元,比上年增长46.4%。

——社会保障补助支出安排2665万元,比上年增长7.6%。

——预备费安排5000万元。

——上解支出1000万元。

(二)2006年财政工作

——全力支持经济发展,努力实现稳定增收。经济发展是财政增收的前提,要实现区级财政收入14.5亿元的目标,2006年财税部门在强化税收征管工作的同时,要进一步完善税收监控分析系统,全面掌握各类企业的生产经营状况,为企业提供优质的专业服务。财政部门要进一步落实区委、区政府推动经济发展的各项政策、措施,落实"强二、兴三、优一"的产业发展思路,支持以"三园三区"基础设施建设,促进各镇工业基地的利用,培育一批规模型的经济增长点。进一步支持三产内部结构调整,促进旅游业会展业、民俗旅游、生态观光和现代流通业的发展;大力促进第一产业向都市型现代农业的转变,加大对品牌产品、有机农业和龙头企业的扶持,推动农业标准化生产基地建设,因地制宜地发展特色种植、绿色养殖业,带动全区农业发展,促进农民增收。

——积极筹措资金,优化支出结构,为建设"三个首选之区"、构建和谐宜人新昌平做好财政保障。一是认真落实促进就业的各项优惠政策,支持就业服务网络建设和农民远程教育培训基地建设,确保公益性服务岗位的资金需要;二是加大社会保障体系建设投入,推进村级养老保障向社会养老保险过渡,大力支持全面推行农村新型合作医疗大病统筹,严格落实城乡居民最低生活保障制度,确保低收入家庭特殊性、突发性困难专项补助支出;三是进一步支持农村基础设施建设和公共设施建设,全力支持饮用水工程、公交候车亭、农村便民连锁店、电视信号入户工程、深山区太阳能路灯、小型污水等工程的建设,全面优化农村环境;四是支持教育、科技、卫生、文化体育事业的协调发展。落实寄宿制学生生活补贴政策。进一步改善农村办学条件,确保长陵中学、前锋中学等新建、改扩建设工程。推进“一校带一镇、科普进村镇”工程。努力推动区医院外妇楼综合病房楼及区妇幼保健院门诊病房楼建设，支持镇卫生院改造。大力支持镇(街道)、村(社区)文化、体育建设和基层文化、全民健身运动。确保区综合体育馆、区体育活动中心等为民办实事工程的需要。

——推进城乡管理体制改革，支持精神文明建设，促进社会和谐与稳定。合理安排资金支持基层管理组织建设，推进城管、警务进社区，完善社区便民服务网络。全力支持突发公共事件应急指挥体系建设，社会治安整体防控体系的进一步完善。支持精神文明建设和法制教育，确保文明社区、文明村镇等群众性精神文明创建活动和普法教育的资金需要。

——继续深化财政各项改革，认真落实全区党风廉政建设和反腐败斗争主要工作任务。努力构建以政府财政资金分配、使用、监督三个环节为主线，以部门预算、国库集中收付、政府采购、完善财政体制、政府支出绩效评价、财政监督为核心内容，以“金财工程”为技术支撑的公共财政“三位一体”管理模式，充分发挥财政资金的使用效益。

——加强财政干部队伍建设，提高办事效率和服务水平。2006年作为“十一五”规划的第一年，财政部门将认真总结“十五”时期的经验和做法，努力提高财政干部的综合素质：一是要进一步巩固保持共产党员先进性教育活动成果，通过以实践“三个代表”重要思想为主要内容的保持共产党员先进性的教育活动，教育广大党员干部自觉运用科学理论武装自己，自觉实践党的宗旨，加强与群众的密切联系，立足本职岗位，努力争创一流业绩，展示财政良好风貌；二是进一步强化服务意识，依法行政，依法理财，发挥财政职能作用，为全区的经济建设和各项事业的发展做出应有的贡献；三是着力营造浓厚的学习氛围，通过采取灵活多样的学习形式和方法，进一步加强政治理论和业务学习，使财政干部队伍的整体素质得到不断的提高；四是抓好全局干部职工的党风廉政建设，通过开展廉政教育，不断增强廉洁自律意识、法纪观念和拒腐防变能力。

各位代表：2006年，财税工作将面临新的机遇和挑战。我们决心在区委、区政府的正确领导下，在区人大常委会和各位代表的监督指导下，进一步解放思想，坚定信心，与时俱进，锐意进取，扎实工作，为全面完成2006年财税工作任务而奋斗。

2005年在直接关系群众生活方面拟办的重要实事各项工作全年完成情况

昌平区人民政府

2006年1月9日

2005年,区政府在直接关系群众生活方面拟办的31件重要实事,经过全区各有关责任单位的共同努力,已基本完成,具体情况如下:

一、道路修建、改建及排水工程

1、南雁路大修:已竣工,道路全长32.8公里,共计完成沥青路面铺筑24.9万平方米。建成后为山区三级公路,路面宽6-9米。(主要责任单位:昌平公路分局)

2、温南路大修(南口大街段):已竣工,共计完成路面铣刨3.2万平方米,铺筑路缘石3620米,铺设人行步道砖8442平方米,铺筑沥青混凝土面层8412平方米。(主要责任单位:昌平公路分局)

3、政府街、南环路、星火街、火炬街步道改造工程:已竣工,共计完成铺设大理石路缘石2212米,大理石步道砖1万平方米,彩砖1.26万平方米,港湾铺油280平方米。(主要责任单位:区市政管委)

4、垃圾厂路、南口镇新西广街、水厂路大修工程:已竣工,共计完成铺油2.8万平方米。(主要责任单位:区市政管委)

5、水关环岛、永安环岛改造工程:已竣工,共计完成取土4032立方米,铺油1.9万平方米,铺设步道4469平方米。(主要责任单位:区市政管委)

6、振兴路、超前路、富康路大修工程:已竣工,共计完成步道彩砖铺装2.7万平方米,铺设路缘石2.4万米,砌树池869座,路面铺油9.1万平方米。(主要责任单位:区市政管委)

7、中山口路大修工程:已竣工,完成了雨水方沟、道路加宽补油等工程,路面铺油3.2万平方米。(主要责任单位:区市政管委)

8、111国道一期改建0号标工程:该道路为城市主干路,双向六车道,已全面实现通车;天桥已完工5座。(主要责任单位:公路昌平分局)

9、北郊农场桥至北清路铺路改建工程:西侧全长0.9公里,东侧全长5.06公里,路面宽12米,两侧改造3处港湾停车站,两侧道路均已通车,两座天桥计划于2006年1月上旬投入使用。(主要责任单位:公路昌平分局)

10、排水工程:完成沙河东环路给排水工程、小汤山派出所南排水渠改造、小汤山镇老关桥至六环路排水工程及老街二期排水工程。完成砌排水方沟760米、铺设雨水管道800米,污水管道422.5米,检查井9个。(主要责任单位:区市政管委)

二、绿化美化

1、赛场公园、亢山广场、南口公园绿化改造及南口公园附属设施建设工程。已竣工,完成清运渣土和回填土3万方,路面铺装9600平方米,大殿、长廊、文化墙粉刷1622平方米,栽植各类苗木4.85万株,色带3.08万棵,绿篱4700株,草坪2600平方米。(主要责任单位:区市政管委)

2、白浮泉路、八达岭高速路东辅路、超前路等道路绿化改造工程:已竣工,栽植紫玉

兰、红花洋槐、油松、法桐等各类苗木9万株，绿篱和色块13.7万株，新植景天1万平方米。（主要责任单位：区市政管委）

3、科技园区等道路绿化改造工程：已竣工，完成移植国槐、毛白杨、垂柳、白蜡等乔木5500株，步行甬道铺装完成9100平方米。（主要责任单位：区市政管委）

4、111国道绿化：已竣工，绿化总长度10.8公里，绿化面积44.3万平方米，完成垫土方9.4万立方米，栽植白皮松、雪松等常绿树种1926株，银杏、法桐等阔叶乔木2万株，各类花灌木19.5万株，栽植色带96.2万株，铺草坪8.2万平方米，播种白三叶18.2万平方米。（主要责任单位：区林业局）

5、节日摆花：完成节日摆花50万盆。（主要责任单位：区市政管委）

三、胡同硬化

完成道署胡同、太安胡同，沙河镇扶京门、果品路、蝴蝶路、后坑胡同，南口镇半壁街、西中街、西广街、隆盛街等11条胡同硬化，硬化总面积2.25万平方米。（主要责任单位：区市政管委）

四、路灯安装

中山口路灯安装，已完成安装太阳能节能灯100棵。（主要责任单位：区市政管委）

五、环境卫生设施改造

建设标准化公厕14座，已全部完成。三街、北环、昌平公园东门等新建二类公厕8座；南口镇清真寺、南大街、南口村社区等改建三类公厕6座。（主要责任单位：区市政管委）

六、天然气工程

马池口、小汤山两座调压站建设已完成征地，铺设中压管线4.3公里。（主要责任单位：区市政管委）

七、整顿交通秩序，增设交通客运线路，更新车辆，方便群众出行

1、开通流村镇经卓达大学、吉利大学至轻轨龙泽站客运线路。根据客流情况，将始发站由流村镇调整至南口村，11月6日该线路开始试运营；区内公交车已全部更新完毕，共更新运营车104辆，增加了发车班次，线路班次间隔由更新前的15分钟缩短为10分钟。（主要责任单位：区交通局）

2、北郊农场桥优化改造工程：已于2005年1月10日全部完成，共增加护栏500米，增设交通标志8面，改造回龙观文化居住区通往东辅线的道路，由土路改造成柏油路，有效缓解了交通拥堵；昌平区交通安全宣传管理系统于4月中旬开通运行，该网络加强了区安委会对外的宣传力度，可以方便、快速的查询各社会单位的基础信息、违章信息和交通事故信息等，该系统运行良好，系统稳定可靠。（主要责任单位：昌平交通支队）

八、电信、有线电视光缆网建设

1、回龙观电信局建设：已安装交换设备10000门；完成程控交换设备增容5000门、宽带设备端口增容8000个。（主要责任单位：昌平电信局）

2、有线电视网建设：山区5个镇30个村有线电视分配网建设已全部完成；已完成兴寿镇平原21个行政村光缆联网和10个行政村分配网建设；2万户有线电视光缆网与分配网建设已全部完成。（主要责任单位：歌华昌平分公司）

九、污水处理厂建设

小汤山污水处理厂建设规模为日处理污水1.1万吨，主体工程已基本竣工，正进行试运行，日处理污水能力达1万吨。（主要责任单位：区水务局）

十、增加教育投入，改善教育硬件设施

1、教育信息化建设：168套多媒体、25个计算机网络教室、800台教师计算机已到位；2003年建设的部分校园网（完小）和2004年建设的校园网光纤接入工作已经完成。（主要责任单位：区教委）

2、流村中学扩建工程：建设方案已确定，规划意见书等各项相关手续齐全，已开工建设。（主要责任单位：区教委）

3、昌平实验中学综合楼工程：建筑面积

4000平方米，工程已竣工并通过验收，已于2005年9月1日投入使用。(主要责任单位：区教委)

4、学校、幼儿园科技创安工程：全年18所学校技防设备安装任务已完成，截止目前，全区70%的中小学已初步安装了技防设备。(主要责任单位：区教委)

5、中小学低电改造和师生饮水工程：昌平三中、城关小学、流村中学、下庄学校、维修站等17所学校低电线路改造工程已全部完成；十三陵中学、阳坊中学、小汤山中学、南邵中心小学等19所学校饮水设施改造工程已全部完成。(主要责任单位：区教委)

十一、文化、体育设施建设

1、10个镇文化中心建设：十三陵镇、崔村镇、阳坊镇、兴寿镇、百善镇、南口镇、长陵镇、沙河镇、小汤山镇9个镇级文化中心建设已基本完成，流村镇文化中心建设主体工程已于2005年10月开工建设，计划2006年初完工。(主要责任单位：区文化委)

2、59个村级俱乐部建设：已全部完工并投入使用。(主要责任单位：区文化委)

3、15个社区健身器材安装工程：已全部安装完成并投入使用。(主要责任单位：区体育局)

十二、医疗卫生设施建设

1、区医院外妇手术楼建设(跨年度)：已完成地下一、二层基础槽挖土方、地上一至九层框架柱、顶板、梁及墙体钢筋绑扎支模及混凝土浇筑工程，累计完成主体工程量的85%。计划2006年8月整体完工。(主要责任单位：区卫生局)

2、区妇幼保健院门诊病房楼建设(跨年度)：建筑面积21020平方米，地下2层、地上9层，已完成地上4层，占结构工程总量的60%。地下室回填工程正在施工，预计2007年3月整体完工并交付使用。(主要责任单位：区卫生局)

3、改造15个镇1000座农村厕所工程：确定对百善、南邵、南口、流村等镇6个村进行改厕，1000座无害化厕所改造任务已全部完成。(主要责任单位：区卫生局)

十三、建立食品安全监控系统，定期公布食品安全信息

1、建立食品经营单位进货验收制度。以大中型超市为重点，规范和完善索证索票、进货检查验收及进场后食品安全管理等各项食品安全制度。对不符合要求的单位一律立案查处，2005年食品经营单位进货验收制度建立率为92.8%(主要责任单位：工商昌平分局)

2、通过食品安全快速检测对市场实施有效监控。加大食品快速检测力度，全年检测车共检测样品1004份，其中不合格样品164份，复检不合格126份，不合格率为16.3%。立案处罚销售不合格食品单位28家，执行不合格食品下架52批次1180余种；加强食品打假维权，查处食品案件164件，罚款26.6万元，取缔制假窝点33个，查扣伪劣假冒白酒、酱油等涉案食品价值23万元。(主要责任单位：工商昌平分局)

3、建立食品安全信息库。制作并开通了“昌平食品安全信息网”，并在区政府网站上增加了链接窗口，使之成为我区食品安全信息收集、发布、交流的统一平台，定期发布食品安全工作动态、食品检测专报、不合格食品下架通知等相关信息。全年编发“食品安全工作动态”16期，“食品安全消费常识”12篇，及时发布“不合格食品下架”通知及产品名单21份。(主要责任单位：工商昌平分局)

4、发挥“12315”综合服务平台功能，方便消费者投诉举报。严格反馈时限，特别是对食品举报要求24小时反馈，昌平工商分局12315投诉举报中心与大中电器昌平第二分公司等6家企业建立了投诉快速解决通道，及时受理消费者投诉。全年共受理投诉、举报、咨询3754件，为消费者挽回经济损失56.9万元，罚没金额28.6万元(主要责任单位：工商昌平分局)

5、工商工作站及全同管理站建设。全年

新建的8个工商工作站已正式挂牌启动，并进一步完善了2004年已建的13个工作站的各项软件设施；兴寿镇合同管理服务指导中心已投入使用。（主要责任单位：昌平工商分局）

十四、进一步加强质量监督管理，规范市场经营行为

1、加大对煤炭、燃油市场的整顿力度。全年共抽取了11家加油站的柴油、汽油样品11个，合格率达100%；检查煤炭使用单位317家，抽取样品280个，合格率为68.2%，对抽样不合格的100家单位进行了立案处理，有效促进了燃煤质量的提高。（主要责任单位：区质量技术监督局）

2、对挂面、糖果、果脯蜜饯、啤酒、葡萄酒等8类产品实行市场准入制，大力查处无证生产和生产不合格食品等质量违法行为。端掉制假洋酒窝点1个，查获洋酒空瓶2514个，包装礼盒60套。先后组织了涉及"禽流感"、"苏丹红"、"口蹄疫"等食品企业专项检查，共检查有关食品企业167家。（主要责任单位：区质量技术监督局）

3、加强农业标准化体系建设。依据北京市地方标准，确定了4个标准化生产示范基地建立标准化体系；加强对标准化基地执行情况的监督，抽查农业标准化生产基地35次，抽取样品56个，合格率达100%。（主要责任单位：区质量技术监督局）

4、加大了对"土锅炉"的集中整治力度，对全区的"土锅炉"数目及使用情况进行了调查摸底。（主要责任单位：区质量技术监督局）

十五、加强药品市场监督管理，保证群众用药安全

1、加强日常监督检查，规范药品市场秩序。全年共检查药品经营企业178家，检查医疗器械生产、经营使用单位168家，保健品、化妆品生产经营企业968家；完成药品抽样160批次，医疗器械抽样31件，化妆品抽样28件，抽检出不合格药品15批次，已全部立案查处。（主要责任单位：药监昌平分局）

2、严格执法，打击违法行为。全年共受理举报、投诉113起，立案16件，结案16件，罚款7.56万元。（主要责任单位：药监昌平分局）

3、将规范化的药品配送网络延伸至村卫生室。流村、长陵、十三陵、马池口、阳坊、兴寿6个镇107个村卫生室已全面实现药品同一配送。（主要责任单位：药监昌平分局）

十六、健全社会保障体系，做好失业人员再就业工作，拓宽农村富余劳动力就业渠道

1、就业工作完成情况。2005年，全区城镇登记失业率为2.57%，城镇失业人员再就业率为56.5%；全区共开发社区就业岗位4524个，完成全年任务的113.1%；安置失业人员3865人，完成全年任务的121%；培训农村劳动力7984人，帮助12004名农村富余劳动力实现就业，完成全年任务的247%。（主要责任单位：区社会和劳动保障局）

2、社会保障工作完成情况。2005年，全区共有1961家单位参加养老保险，收缴养老保险金4.51亿元，收缴率为97%，比上年同期增长49.36%；共为3.85万名离退休职工发放养老金4.69亿元，比上年同期增长11.99%；1989家单位参加失业保险，收缴失业保险金3514.95万元，收缴率为97%，比去年同期增长21%；2064家单位参加基本医疗保险，收缴基本医疗保险金2.1亿元，比去年同期增长37.39%。（主要责任单位：区社会和劳动保障局）

十七、IC卡水表安装工程

昌平卫星城、沙河镇、小汤山镇IC卡水表改造已完成36620套，南口地区已完成安装IC卡水表664套。（主要责任单位：区自来水公司、区水务局）

十八、改造配电设施，提高供电能力

1、东小口主变增容工程：已于2005年4月底竣工投入使用。（主要责任单位：昌平供电公司）

2、110千伏白坊变电站工程：已于2005

年6月底竣工投入使用。（主要责任单位：昌平供电公司）

十九、农民培训工作

2005年累计培训农村劳动力13762人，其中职业技能培训7984人，完成全年计划任务的137.6%；实用技术培训5740人，完成全年计划任务的115.6%；6925人实现就业，培训就业率达83.8%，人均月收入450－1200元。（主要责任单位：区农委）

二十、山区生态林补偿工作

全区5397名管护人员2005年共计安排生态林补偿金2155.9万元。目前1－3季度的生态林补偿金共1616.9万元已发放完毕，第四季度生态林补偿金539万元正在发放过程中。（主要责任单位：区林业局）

二十一、山区险村险户搬迁

完成搬迁55户、199人，完成全年计划任务115%，共计发放补助资金298.5万元。（主要责任单位：区农委、各有关镇）

二十二、山区险村险户防护工程建设

2005年险村险户防治工程共治理排洪沟45条，防治泥石流险户227户，完成防护工程2.1万米，完成土石方4.2万立方米，浆砌石6.4万方，投入资金1003.48万元。（主要责任单位：区水务局）

二十三、改善农村居民饮水工程

1、十三陵地区农村生活供水工程：工程已全部完工，共完成建设中控室、配电室及办公用房640平方米，打400米深供水岩石井2眼，建机泵房2间、36平方米，铺设供水管道18公里，已具备向各村供水的能力。（主要责任单位：区水务局）

2、黑山寨地区人畜饮水工程：已完成打岩石井2眼，单井深400－500米。3座总蓄水量为1200方蓄水池主体工程已竣工，共计铺设供水主管道4公里。（主要责任单位：区水务局）

3、其它村饮水改造工程：已竣工，其中流村镇北照台村完成水源井1眼，铺设管道约5000米，修建100方蓄水池1座；兴寿镇百合村完成打水源井1眼，井深450米，出水量40吨/小时，解决了362户880人的饮水问题；十三陵镇果庄村完成打井1眼，供水主管道1800米，加固维修50方蓄水池1座。（主要责任单位：区水务局）

二十四、进一步规范市场，方便群众购物

1、农村便利店建设。全年共发展57家镇级连锁超市和农村便利店。（主要责任单位：区商务局）

2、社区便民菜店。全年共设立社区便民菜店30个（主要责任单位：区商务局）

二十五、一校带一镇，科普进村镇工程

全年完成南口镇王庄村、流村镇南流村等9个山区村级科普图书室建设工作，充实各类图书8万册；投资60万元为6所高校配置科普宣传车；完成了崔村镇、兴寿镇等5个山区标准科普图书室建设，化工大学、政法大学等高校捐赠图书6000余册；完成百善镇上东廓村、十三陵镇涧头村等10个村科普宣传画廊建设工作；各高校自行与对口镇组织科普活动共计31次。（主要责任单位：区科委）

二十六、农村特困户、优抚对象危房改造及特困人员救助

1、农村特困户危房修缮：45户135间危房修缮工作已全部完工。（主要责任单位：区民政局）

2、优抚对象危房改造：对20户优抚对象危房改造60间已全部完成。（主要责任单位：区民政局）

3、农村特困人员医疗救助：区民政局、财政局、卫生局联合下发了相关通知，农村特困人员医疗救助已正式实施，已为享受农村低保的4217人支付了参加农村合作医疗个人缴费费用12.651万元。（主要责任单位：区民政局）

4、区救助管理站建设：选址在南邵镇张各庄村，8月20日开始施工，主体工程已竣工。（主要责任单位：区民政局）

5、区儿童福利部建设：区儿童福利部主体工程已竣工，预计2006年4月投入使用。

（主要责任单位：区民政局）

二十七、加快民俗旅游发展，促进农民致富

全年新发展民俗户291户，规范星级民俗宾馆10家，规范观光采摘园5个，解决了600人就业，培训民俗户和民俗旅游管理人员2018人次，为10个市级民俗村统一制作接待站、服务中心等标准化标识牌工作已全部完成。（主要责任单位：区旅游局）

二十八、文物修缮

1、康陵明楼抢修工程：已竣工，完成的主要项目有明楼方城及两侧蹬城马道修缮、内宝城墙剔补、祾恩殿前月台地面修复、石活归安、内宝城清淤、马道地面、方城月台地面修补等。（主要责任单位：十三陵特区办事处）

2、庆陵抢修二期工程：已竣工，完成的主要项目有明楼方城彩画、祾恩殿残墙现状保护、方城月台地面修补、宝城马道地面砖补配等。（主要责任单位：十三陵特区办事处）

3、泰陵明楼抢修工程：明楼抢修工程已于9月15日获北京市文物局及国家文物局批准，已开工建设。（主要责任单位：十三陵特区办事处）

二十九、环境污染治理

进一步加大大气污染源治理力度，全年完成燃煤锅炉治理103台，餐饮业油烟净化器验收118套；通过各部门通力合作，完成了南环供热厂和昌盛园供热厂集中联片供暖改造工程，共拆除政府街以南的小锅炉房30座，拆除锅炉74台；2005年，昌平区空气质量二级和好于二级的天数达到74.2%。（主要责任单位：区环保局）

三十、积极做好扶残助残工作

为350名贫困残疾人发放用品用具350件，完成计划的100%；为87名贫困白内障患者免费做白内障手术，完成计划的109%；对120名残疾人进行职业技能培训，完成计划的100%；为6个山区、半山区医疗指导站配发价值6万元的康复器材工作已落实；帮扶170户重度残疾人家庭解决实际困难，完成计划的100%；各镇（办事处）各扶持1户贫困残疾人，共帮扶18户贫困残疾人家庭，已完成计划的100%；请北京市残疾人艺术团为全区残疾人巡回演出18场，完成计划的100%。（主要责任单位：区残联）

三十一、政务公开工作

全年共发行四期《现行文件汇编》，其中包括为非公企业编制《现行文件汇编（专刊）》一期。共收录国家、北京市和昌平区文件98份，信息31条，发放到全区各镇（街道）、村和社区544个点，共发放4500份。（主要责任单位：区档案局、法制办）

北京市昌平区国民经济和社会发展第十一个五年规划纲要

(2006年1月11日北京市昌平区第二届人民代表大会第三次会议通过)

序　言

《北京市昌平区国民经济和社会发展第十一个五年规划及2020年远景目标纲要》是昌平区在党中央提出科学发展观后的第一个中长期发展规划。其内容主要是根据北京市对昌平新的功能定位,针对经济与社会发展中出现的新情况、新问题,提出符合我区实际的指导思想、发展原则、发展目标和主要任务,规划经济社会发展的空间布局,明确发展重点和政策措施,同时对2020年远景目标作简略的展望。更为详细和具体的安排,将在年度计划和行业发展专项规划中体现。

本规划的主要依据是:《中共中央关于制定国民经济和社会发展第十一个五年规划的建议》、《中共北京市委关于制定北京市国民经济和社会发展第十一个五年规划的建议》、《中共北京市昌平区委关于制定昌平区国民经济和社会发展第十一个五年规划的建议》、《北京市城市总体规划(2004年-2020年)》及北京市对昌平区工作的一系列重要指示精神。

规划期限:2006年——2010年。

现代市场经济条件下发展规划的功能

发展规划,是政府对经济和社会中长期发展在时间和空间上所做的战略谋划和具体部署,是政府履行促进发展、市场监管、社会管理和公共服务职责的重要依据。一般认为,发展规划具有显露信息、协调政策和有效配置公共资源等基本功能。从"十一五"开始,国家将中长期发展"计划"改为"规划",充分反映出我国经济体制、发展理念、政府职能等方面的重大变革。

第一部分　规划背景

一、良好基础

2001年—2005年,是昌平历史上经济社会发展最快、城乡面貌变化最大、人民生活改善最明显的五年。全区人民在区委、区政府的正确领导下,坚持以邓小平理论和"三个代表"重要思想为指导,认真贯彻落实科学发展观,围绕"建设投资创业、旅游休闲、生活居住首选之区"这一奋斗目标,开拓进取,锐意创新,努力工作,全面发展,圆满完成了"十五"计划确定的主要目标和任务,为"十一五"期间的继续发展打下了坚实的基础。

国民经济持续快速发展。地区生产总值年均增长18.7%,地方财政收入在"九五"末的基础上翻了两番,各项主要经济指标都提前超额完成了"十五"计划。高新技术产业和先进制造业、旅游会展业、现代流通服务业、现代农业以及房地产开发与建筑业取得了长足发展,基本形成了符合昌平现阶段发展要求的结构模式。城乡市场繁荣稳定,旅游业持续攀升,金融保险业稳步增长,形成了经济活跃、增长稳定的良好局面。

城市化进程稳步推进。基础设施建设力度不断加大,城市功能日趋完善,农村城镇化进程逐步加快,山区面貌明显改善,全区城镇化率已达到51.1%,进入了城市化加速发展阶段。生态环境保护成效明显,城乡环境得到进一步改善,全区林木覆盖率达到57.8%,空气质量二级以上天数占全年的74%以上。

社会事业取得全面进步。科技事业快速发展,信息化建设稳步推进,被评为“全国科技进步示范区”。各级各类教育全面发展,高考升学率达到85%以上,被评为“北京市教育工作先进区”。区域文化活动丰富多彩,文物保护力度不断加大,明十三陵被列入世界文化遗产名录,2002年获得“全国文化先进区”称号,2003年获得“全国文物先进区”称号。卫生事业健康发展,城乡医疗管理和服务水平明显提高,建立了突发公共卫生事件应急体系,成功战胜了非典疫情,高致病性禽流感防控工作取得阶段性成果。体育工作成绩骄人,竞技体育捷报频传,2003年被评为“全国体育先进区”。人口环境进一步改善,继续保持低生育水平,人口分布向着更为合理的方向转变,2003年被授予“计划生育优质服务先进区”称号。社会保障体系更加健全,保险覆盖面不断扩大,就业形势保持稳定。精神文明建设和民主法制建设得到加强,先后被评为“首都文明区”、“全国村民自治模范区”和“全国普法先进区”。

改革开放不断深入。国有资产监管体制和国有企业改革、农村集体经济产权制度改革、基础设施投融资体制改革等各项改革不断深入,新的区镇财政管理体制开始施行,特许经营、代建制等多种新型管理方式相继实施。对外开放取得新突破,五年来实际利用外资1.5亿美元。

人民生活水平明显改善。在经济发展的基础上,城乡居民收入逐年提高,全区城镇居民人均可支配收入年均增长14.1%,农民人均纯收入年均增长8.8%。消费结构明显改善,教育、旅游、文化支出不断增长,人均居住面积大幅提高。全区消除了人均劳动所得3000元以下的村,山区群众的生活条件不断改善。

“十五”计划各主要经济指标完成情况

单位:亿元

名称	年均增长率(%)	2000年完成值	“十五”计划值	2005年完成值	计划完成情况(%)
地方财政收入	34.5	3	5.3	13.2	249.1
工业总产值	52.7	55.6	——	462	
旅游经营收入	28.5	5.2	8	18.2	227.5
固定资产投资	34.3	18.3	——	80	
社会消费品零售额	19.7	22	35	54	154.3
外贸出口交货额	58.5	6.5	10	65	650
农村经济总收入	14.6	75	132	148.1	112.2
农民人均纯收入(元)	8.8	4853	6900	7400	107.2
城镇居民人均可支配收入(元)	14.1	7970	12000	15700	130.8

注:除地方财政收入外,其它各项经济指标为预计值。

二、发展环境与机遇

“十一五”期间是首都全面实施《北京城市总体规划(2004 年 - 2020 年)》的关键时期,是实现“新北京、新奥运”战略构想的关键阶段,是全区上下落实科学发展观、坚持以人为本、推进经济社会全面协调可持续发展的重要时期。

难得的奥运机遇。首都正在举全市之力筹办一届有特色、高水平的奥运会。作为奥运旅游服务区及铁人三项赛场所在地,昌平的世界知名度将会明显提升,基础设施建设力度将会明显加大,公众文明素质将会明显提高。

快速的新城建设。通过推进昌平新城建设,将加快全区基础设施建设的步伐,推动城市化进程,为高新技术研发、科技教育以及商贸旅游等产业的发展注入新的活力,促进昌平经济社会的持续发展。

良好的政策环境。中央提出了建设社会主义新农村的战略构想,市委、市政府做出了加快郊区发展的战略部署,实施了“两个转移”和“五个倾斜”政策,为全区经济社会发展提供了有利的机遇。

强大的发展合力。经过几年来的实践,建设“三个首选之区”的理念已深入人心,全区政治、经济、文化和社会建设的思路更加清晰,目标更加具体,特色更加鲜明,措施更加得力,发展更加协调。广大干部群众建设美好昌平的积极性和创造力竞相迸发,谋发展、促发展的合力在形成。

三、区位优势

地理位置优越。昌平位于首都西部发展带上,区位优势明显。京包、京承、大秦等铁路穿境而过,八达岭高速路、京承高速路、立汤路纵贯南北,昌怀、顺沙路横贯东西,构成了畅达的立体交通网络。

自然资源独特。生态环境良好,植被种类多样,山青水秀,空气清新,拥有蟒山国家森林公园等自然风景区。水资源条件较好,水质优良,地热资源丰富,这些都为经济发展提供了良好的条件。

旅游资源丰富。文物古迹众多,有 3 级以上的文物保护单位 78 个,其中 3 个为国家级文物重点保护单位,有以明十三陵和居庸关长城为代表的世界知名人文景区,有以九华山庄为龙头的众多商务会展中心,有亚洲最大的坦克博物馆和航空博物馆,有依托自然景观蓬勃发展的民俗休闲旅游,形成了丰富的旅游资源优势。

人才资源雄厚。区内聚集多所不同类型的大专院校和数十家科研机构。随着沙河高教园区、中科院沙河产业基地、中关村国家工程技术创新基地的兴建与完善,昌平将成为京郊最大的高校和科研机构聚集区,为未来发展提供了雄厚的人才和智力保障。

四、面临问题

经济实力需不断增强。与发达地区相比全区经济总量偏小,支柱产业和知名高科技大企业较少,尚未形成特色产业链,产业聚集程度低,行业带动能力有限,经济运行抗风险能力尚需提高。

资源利用需集约节约。人口增加、城镇建设、产业发展与自然资源之间的矛盾日渐明显,区域内可利用土地资源趋于饱和,土地集约节约利用水平不高,煤、电、油、气供应仍然紧张,经济增长方式还不能完全适应科学发展观的要求。

发展环境需继续优化。资本、技术、人才等要素市场还需完善,政府职能部门服务企业、服务基层的意识还需加强,发展环境还需进一步优化。

统筹城乡发展任务艰巨。农村建设相对滞后,部分居民收入偏低,社会保障水平有待提高,就业、住房、医疗等方面的一些问题有待解决。

基础设施建设有待加强。经济社会的持续快速发展以及昌平新城建设,对全区的基础设施和公共服务提出了更高的要求,特别需要加强供水、供电、供气、供暖和垃圾、污水处理等设施的建设。

生态环境保护任重道远。未来很长一段时期，还需加强水源保护区、深山绿化与水土保持区、浅山景观生态区、风沙治理区、城市生态环境建设区、平原生态与节水农业区等区域的生态建设和环境治理。

城市管理水平亟待提高。城市管理特别是城镇社区管理、流动人口管理等方面还存在许多不足，社会公共安全和城市防灾减灾应急体系需要进一步完善，各项公共服务有待进一步加强，构建和谐宜人的新昌平还面临着许多新情况、新问题。

“十一五”时期，昌平经济社会发展的环境总体上是有利的。面对新的任务和挑战，必须保持清醒头脑，增强忧患意识，抓住有利机遇，加倍努力工作，促进全区经济社会平稳较快健康协调发展。

第二部分　指导原则与发展目标

一、指导原则

“十一五”及今后一个时期，全区要以邓小平理论和“三个代表”重要思想为指导，以科学发展观统领经济社会发展全局，按照市委、市政府对昌平的功能定位和全区发展的总体要求，紧紧抓住奥运机遇，以“发展、统筹、创新、开放、和谐、人本”为主题，进一步转变发展观念，创新发展模式，增强发展活力，提高发展质量，努力走出一条经济发展、生活富裕、生态良好、社会和谐的科学发展之路，全面推进“三个首选之区”建设，构建和谐宜人新昌平。在发展中注意把握好以下几个方面：

（一）坚持产业发展方向，促进经济平稳较快发展

坚持“强二兴三优一”的产业发展思路，进一步优化调整产业布局，大力发展高端、高效、高辐射力产业，做大做强“五个经济板块”。着力完善落实科学发展观的体制机制，积极转变经济增长方式，在保持经济平稳较快增长的同时，更加注重提高经济运行质量，更加注重引进高质量的增量、培育发展后劲，更加注重节约集约利用资源，实现速度和结构、质量、效益的协调统一。

（二）坚持科教创新基地、人文生态景区、和谐宜居新城的发展定位，不断提高城乡建设和管理水平

落实全市总体规划和区县功能定位的要求，进一步优化城镇体系布局，集中力量推进昌平新城建设。切实加强基础设施和生态环境建设，健全交通联络体系和公共服务基础设施网络，大力改善城乡居住环境，提高城市承载能力。建立健全城乡管理运行机制，增强服务功能。

（三）坚持以创新为动力，进一步增强全区发展的活力

进一步发挥中关村科技园区昌平园、生命科学园的带动作用，充分利用驻昌高校、科研院所的人才和科技优势，不断增强自主创新能力。大力推进体制创新、科技创新和管理创新，优化有利于创新的发展环境，让劳动、知识、技术、管理和资本的活力得到充分发挥，让创造财富的源泉充分涌流。

（四）坚持统筹兼顾，努力促进城乡和区域协调发展

按照全区总体规划和各镇（街道）的功能定位，区别对待，分类指导，促进各镇（街道）发挥各自的优势，实现特色发展。鼓励东部和南部相对发达地区创造新优势、再迈新台阶，支持北部和西部地区抓住新机遇、促进新发展。实施城乡联动、协调发展战略，推进新农村建设，加快农村特别是山区、半山区的发展。

（五）坚持经济、政治、文化和社会建设四位一体，不断提升构建和谐宜人新昌平的水平

按照以人为本的要求，积极推进社会管理体制机制创新，不断加强社会建设与管理。积极推进公共服务体系建设，解决好关系群众切身利益的就业、就学、就医、安全等问题。更加注重社会公平，更加注重基层基础工作，

更加注重改革发展稳定的协调,从构建和谐社区、和谐村镇入手,促进全区社会和谐稳定。

(六)坚持以开放的姿态,广泛凝聚一切推动发展的力量

进一步树立"大昌平"理念,大力营造更具亲和力、创造力的环境,加强对驻昌单位和企业的服务,鼓励社会各界人士和各类人才为昌平发展贡献智慧和力量。加强区域交流与协作,全面提高对外开放的质量和水平。

二、发展目标

通过五年努力,经济增长方式明显转变,循环经济模式初步建立,经济总量继续壮大,经济增长的质量和效益不断提高。昌平新城初具规模,城乡基础设施更加完善,城市功能基本完备,城市管理水平大幅提升。各项改革持续深化,充满活力、更加开放的体制环境基本形成。社会事业不断发展,各项社会保障机制更加完备,人民生活水平明显提高。经济社会发展水平与城乡居民收入稳定在全市18个区县的中等偏上水平,"三个首选之区"建设迈出新的步伐。

(一)经济发展水平的新提高

保持经济平稳较快发展,在优化结构、提高效益和降低消耗的基础上,经济总量继续壮大。地区生产总值年均增长10%左右,达到300亿元以上;地方财政收入年均增长10%左右,达到20亿元。市场经济体制进一步完善,对外开放与区域合作进一步深化,形成具有昌平特色的经济发展新格局。

(二)自主创新能力的新提高

加快中关村科技园区昌平园、生命科学园和国家工程技术创新基地等重点产业功能区的建设,培养和形成一批具有自主知识产权和知名品牌的优势企业。提高产业效益,使高新技术产业和先进制造业对全区经济增长的贡献率稳步提升。

(三)可持续发展能力的新提高

提高资源利用效率,全区万元地区生产总值能耗和水耗分别比"十五"末有明显降低。生态环境质量明显改善,空气质量二级以上天数占全年的75%以上。基本完成南北沙河、东沙河治理以及温榆河生态走廊的建设。全区林木覆盖率达到62%以上,城市人均公共绿地面积达到18平方米。

(四)新农村建设水平的新提高

加大城乡统筹发展的力度,因地制宜地发展农村经济,完善农村基础设施和公共设施,改善农村生产、生活环境,创新农村管理机制,加强农村精神文明建设,加快新农村建设的步伐。

(五)人民生活品质的新提高

改革发展的成果惠及更广大的群众,城镇居民人均可支配收入和农民人均纯收入年均增长8%左右。城镇基本养老保险、基本医疗保险、失业保险的征缴率均保持在95%以上。城乡居民安全饮用水达标率实现100%。

(六)构建和谐宜人新昌平水平的新提高

积极推进精神文明与民主法制建设,逐年提高公共财政用于社会事业的投入。加强社会管理和公共服务,建立起比较完善的城市安全运行维护体系,建立与经济发展水平相适应的城乡社会保障体系,建成一批和谐社区、和谐村镇,城市法治化水平和文明素质明显增强。

"十一五"期间国民经济和社会发展主要指标

1、调控指标

经济调节

城镇登记失业率控制在2.5%以内。

地方财政收入年均增长10%左右。

万元地区生产总值能耗和水耗分别比"十五"末降低10%和20%。

市场监管

食品安全监测抽查合格率稳定在97%以上。

药品抽检合格率保持在98%以上。

社会管理

养老保险、医疗保险、失业保险、工伤保

险、职工生育保险的征缴率保持在95%以上。

社区卫生服务覆盖率达到95%以上。

城镇登记失业人员再就业率保持在60%以上。

人口自然增长率保持在2‰以下。

公共服务

小学入学率、巩固率均保持在99.9%以上。

高考升学率保持在85%以上。

全区林木覆盖率达到62%以上。

城市人均公共绿地面积达到18平方米。

全区人均道路面积达到11.5平方米。

空气质量二级以上天数占全年的75%以上。

垃圾无害化处理率达到90%以上。

城镇污水处理率达到85%以上。

农村卫生厕所普及率达到95%以上。

全区安全饮用水达标率达到100%。

2、预期指标

地区生产总值年均增长10%左右。

固定资产投资年均增长12%左右。

在地工业总产值年均增长10%左右。

农村经济总收入年均增长10%左右。

社会消费品零售额年均增长12%左右。

外贸出口交货额年均增长15%左右。

直接利用外资额年均增长10%左右。

旅游经营收入年均增长15%左右。

税收年均增长12%左右。

城镇居民人均可支配收入和农民人均纯收入年均增长8%左右。

第三部分　区域空间和产业空间布局

按照北京市城市总体规划和市委、市政府关于区县功能定位的指导意见，在目前已经形成的城镇体系和发展格局的基础上，初步规划全区未来五年以至更长时期经济社会发展的区域空间布局和产业空间布局。

一、区域空间布局

全区的空间布局大致为：一带两轴，一城多点。

一带：北部山区生态带。

两轴：八达岭高速公路昌平段为西轴，立汤路为东轴。

一城：昌平新城。

多点：各镇中心区和重要产业聚集区。

按照“一带两轴、一城多点”的总体空间布局，完善和建设“以两大城镇组团(昌平新城、中心城市组成区)为支撑，重点镇、一般建制镇协调发展”的城镇体系。

二、产业空间布局

按照“一带两轴、一城多点”的区域空间布局，结合目前全区产业分布状况、资源状况和投资环境，大致将全区产业空间布局安排如下：

一带：在加强生态建设的同时，重点发展生态农业和旅游休闲业，实现产业化经营、规模化发展，并辅之其它相关产业。

两轴：西轴(八达岭高速公路昌平段)沿线重点发展高新技术产业、先进制造业、高等教育，辅之其它相关产业。东轴(立汤路)沿线重点发展现代农业、现代服务业、旅游会展业、房地产业，辅之其它相关产业。

一城：在推进昌平新城建设的同时，在现有城区重点发展现代服务业和房地产业。

多点：各镇中心区和重要产业聚集区按照全区区域功能划分，引导产业合理布局，挖掘潜力，建设各具特色、优势互补、错位发展的专业聚集区。

全区重点发展的产业聚集区主要有：

高新技术产业基地。着力建设中关村科技园区昌平园、生命科学园和国家工程技术创新基地，推动科技成果转化和产业化，提高自主创新能力，不断创造推动发展的新优势。

先进制造业基地。着力建设以北汽福田为支撑的沙河制造业基地，壮大规模，提高质量，形成首都重要的先进制造业基地之一。

旅游会展休闲区。着力发展小汤山及周边地区以温泉疗养及会展为主要方向的旅游休闲产业，支持九华山庄等企业做大做强。

高等教育基地。着力推进沙河高教园区建设，大力发展教育文化服务产业，为自主创新提供技术支持和人才保障，形成首都高等教育基地之一。

现代物流基地。着力推进中关村国际商城、亚运村汽车新市场和水屯市场等大型商业中心的建设，形成首都重要的现代物流基地。

旅游文化度假区。着力保护好十三陵世界文化遗产，统筹规划周边地区和北部山区的发展，形成历史文化和自然生态景观相结合的知名旅游景区和休闲度假区。

现代农业基地。着力建设小汤山现代农业科技示范园和各类标准化果园，围绕"科技、绿色、富民"，进一步加强农业科技创新，形成首都都市型现代农业基地之一。

第四部分　主要任务

一、转变经济增长方式

按照"强二兴三优一"的产业发展思路，大力发展科技主导型、文教服务型、旅游休闲型和生态友好型经济，发展壮大"五个经济板块"，加快经济结构调整，切实转变增长方式。从提高产业层次、提升技术水平、扩大产业规模、增加聚集效益、加强资源节约入手，实现全面协调可持续发展。

（一）加快产业结构调整

走高端产业发展之路，做大做强高新技术产业和先进制造业，提升旅游会展业水平，大力发展现代物流服务业，加强都市型现代农业的建设，充分利用区位优势适度发展房地产业。

加速发展高新技术产业。以中关村科技园区昌平园为核心，形成涵盖中关村国家工程技术创新基地、中科院产业基地等在内的高新技术走廊，重点发展电子信息、光机电一体化、生物工程和新医药、新材料等产业。园区内科技成果转化率明显提高，高新技术产业的工业产值实现快速稳定增长。

电子信息。依托首都科研实力，参与首都电子信息产业分工，开发互补或替代产品，寻求新的经济增长点。重点发展科技含量高、市场前景好的电子产品制造业，推进光电大功率半导体激光器及集成组件生产等项目的建设，促进 LED 高端显示屏、智能化产品、广播电视设备、通信设备等电子信息企业的快速发展，培育壮大计算机软件、锂离子电池等高新技术产品群。

光机电一体化。提高先进制造技术在微机电产品、电力、仪器仪表、印刷等传统产业中的应用水平，优先发展光电子系列产品、先进印刷机械、智能化仪器仪表和医疗设备、先进检测设备等产品。

生物工程与新医药。以中关村生命科学园为龙头，着力开发培育一批拥有自主知识产权的生物工程和新医药产品。重点发展生化工程、基因治疗、生物芯片、医药生物制剂、新型植物药有效成分提取技术等项目。

新材料。积极培育多元化新材料产业体系，实现传统材料产业调整与新材料产业发展相互融合渗透。重点发展高性能合金制造、复合工艺和表面处理技术，加快开发手机用微型电池、锂离子电池及相关材料、稀土磁性材料、金刚石薄膜材料、功能陶瓷材料、生物医用材料等产品。

加快发展先进制造业。构建先进制造业产业集群，促进先进制造业上下游企业的集中发展，扶持技术含量高、带动作用强的骨干企业，逐步向产品轻型化、生产工艺先进化、技术装备精良化、产品高附加值化、生产过程无污染化的方向调整。继续支持北汽福田等企业优化产品结构，扩大生产规模，培育龙头企业和先进制造业基地。

调整优化现代农业。认真落实市政府提出的"221"行动计划，优化第一产业区域布局，按照"生态景观、休闲产业、都市精品"的发展思路，大力发展都市型现代农业，建成首都重要的都市型和功能拓展型现代农业基地。

加快农村经济结构调整，坚持“两退出、一跟进”原则，平原地区全面退出高耗粮、高污染的养殖业，退出高耗水、低效益的种植业，跟进发展农村二、三产业。发挥山区比较优势，大力发展以民俗旅游为代表的休闲产业，加快山区、半山区生态建设和产业发展的步伐。

重点推进北部山区生态带的产业化经营，建设以观光采摘、民俗旅游、休闲度假为一体的农业生态休闲产业区。发展以苹果为主的果品生产，努力把苹果产业做大、做强、做精，成为北京地区最大的苹果产业区。

京密引水渠以南至六环路沿线建设集籽种业、农产品加工、物流配送为一体的农业精品产业区。以小汤山农业科技示范园为龙头，带动周边地区发展现代农业、有机农业、观光农业，支持盛世富民肉羊、红栌温水鱼、小汤山特菜、兴寿草莓、金六环蔬菜、绿土地葡萄等产业的发展，打造农业精品，创建特色品牌。

六环路以南至城乡结合部地区建设以经济林、生态林为支撑的绿色产业区。以温榆河绿色生态走廊为核心，建设绿色生态产业区，创建优美的水生态环境，形成生态观光旅游产业带，使沿河地区成为城市的旅游休闲区和景观带，营造良好的人居环境。

全面提升旅游会展业水平。围绕建设旅游休闲之区的目标，整合全区旅游资源，突出昌平特色，建设结构合理、重点突出、功能齐全、形式多样、具有市场竞争力的旅游产品体系。

古迹观光旅游产品的开发。坚持开发与保护并重，在保护的基础上，有序开发潜在旅游资源，深入挖掘旅游文化内涵，推出历史文化旅游项目，走内涵式增长道路。应用先进适用技术加强明十三陵、居庸关长城、银山塔林等文物的保护。明十三陵要围绕明文化开发新产品，延长旅游消费链条；居庸关长城要加大宣传力度，突出历史文化内涵，力争在形象宣传方面有新突破；银山塔林要充分利用生态良好的优势，打造旅游休闲产业，形成北部山区新的旅游增长点。

休闲度假、康体疗养旅游产品的开发。以“温泉之乡”——小汤山镇为龙头，充分开发地热资源，做大做强文化、康体、休闲等产业。

商务会展旅游系列产品的开发。支持九华山庄加快发展，树立其东部旗舰企业的地位，打造小汤山商务休闲旅游区。充分利用十三陵水库的区位优势，发展旅游会展业。

山区生态旅游系列产品的开发。山区生态旅游发展的重点是在保护生态环境的基础上，扩大观光采摘的规模，丰富观光采摘的形式，带动休闲产业的发展。拓宽民俗旅游思路，整合民俗旅游资源，规范民俗旅游市场，提高民俗旅游水平。

不断完善现代流通服务业。以物流产业为依托，以物流信息化为支撑，适应北京国际化大都市商业发展的要求，构建以生活服务商业网络为主，旅游商业、专业市场、再生资源回收业为辅的现代流通服务业架构，形成具有昌平特色的商业流通模式和格局。

优化商业服务布局。建立以中关村国际商城和京粮广场为代表的购物中心，推进亚运村汽车新市场、水屯市场等大型现代流通设施的建设，形成首都重要的商品贸易集散地。在区内人口集中、人均消费能力较强的地区建立地区性商业中心，积极发展社区商业网点，推进农村商业连锁店建设，满足城乡居民就近消费的需求。

推进现代物流产业的发展。充分考虑商品流向规律和流通量，加快为昌平服务并辐射周边的物流中心建设，同时引进现代物流企业，增强全区物流配送能力。

促进其它服务业的发展。支持现代金融、信息咨询、体育休闲、教育培训等服务业的发展壮大，规范监督相关市场的运作，提高服务水平。

合理发展房地产和建筑业。进一步完善房地产市场体系,规范和引导房地产业健康发展。激活房地产二、三级市场,盘活存量住房,带动新房销售。通过房地产业的发展,带动建筑业和相关产业发展。适度发展经济住宅区,完善配套基础设施建设。

(二)大力发展循环经济

按照建设资源节约型、环境友好型社会的要求,全面推行清洁生产,实现废弃物的资源化、减量化、无害化,积极推广应用节约资源的新技术、新工艺、新设备和新材料,切实推动循环经济的发展,努力建设节约型社会。

严格执行产业用地标准,建立项目筛选评价机制,把土地投资强度、投入产出效率和水耗、能耗、环境要求等指标作为审核项目和提供土地的重要依据,引导资金投向"低投入、高产出、低消耗、少排放、能循环、可持续发展"的项目。

研究制定发展循环经济规划,推进节能、节地、节水、节材工作,减少对自然资源的直接消耗。限制和淘汰落后的生产技术与工艺,实现节能降耗,提高资源利用效率。在重点产业功能区、新建小区和生产型企业,搞好循环经济示范试点。提高城市垃圾回收利用能力,建成有效的再生资源回收利用体系和危险废弃物处置体系。

开发和推广符合循环经济要求的产品,积极发展节能节地住宅、绿色照明设备和节水生活用品,鼓励和倡导公众使用能效标志产品、节能节水认证产品、环境标志产品和绿色标志产品,减少过度包装和一次性用品的使用。

循环经济

循环经济是以"减量化、再利用、资源化"为原则,以提高资源利用效率为核心,以低投入、低消耗、低排放、高效率为基本特征,符合可持续发展理念的经济增长模式。所谓"减量化"是指在生产和服务过程中,尽可能减少资源消耗和废物产生;"再利用"是指废弃产品或拆解后的零部件继续使用,或修复、翻新、再制造后继续使用,尽可能地延长产品的使用周期;"资源化"是指废物最大限度地转化为资源,变废为宝、化害为利。

(三)创造良好发展环境

深入转变政府职能,按照促进发展、市场监管、社会管理、公共服务的要求,合理界定政府在市场经济活动中的职责范围,积极推进政企分开、政资分开、政事分开、政府和中介组织分开,简化和规范行政审批程序。落实政府在义务教育、公共卫生、公共安全、社会保障等领域的责任,提高政府社会管理和公共服务的水平。

加快镇(街道)职能转变的步伐,从财力、体制、职责上探索保障镇(街道)履行社会管理和公共服务职能的长效机制,建立健全科学的经济社会发展综合评价体系和政绩考核评价体系。

加快政府管理模式和管理手段的创新,提高办事效率。大力发展电子政务,加快推进"数字昌平"建设,继续推广"全程办事代理制",扩大网上办公范围,推进政府部门间的资源共享,实行部门联动、政务公开,推进政府机关和公务员工作规范化、服务标准化,切实降低行政成本,为企业和公众提供高效优质的服务。

积极促进市场开放,清理和取消各种不符合发展要求的限制性规定和做法,尤其在社会事业发展领域,切实放宽市场准入。加强信用环境建设,在注重吸引资本流入的同时,更加注重对技术、管理、人才的吸引和生产经营环境的改善。

培育社会中介组织,规范中介组织服务行为,发挥中介组织在市场中的作用,增强市场活力,促进经济发展。

二、推进社会事业发展

坚持以人为本,加大财政投入,创新服务模式,提高服务效率,大力推进基本公共服务均等化,建立覆盖城乡、布局合理的社会公共服务体系。

(一)优先发展公共教育

坚持教育优先发展战略,全面推进素质教育,优化教育空间结构布局,提高教育质量和办学水平,基本实现教育现代化。

全面普及学前三年教育。办好各类幼(托)儿园(所),满足适龄儿童的入园需求,3－6岁幼儿接受学前教育率达到100%。注重0－3岁婴幼儿早期教育,逐步实现托幼一体化。幼儿监护人、看护人接受教育指导率达到95%以上。

继续提高九年义务教育的质量和水平。落实义务教育免收杂费、书本费和对困难学生给予补助的政策,切实解决好低收入家庭子女上学问题。全区小学入学率、巩固率均保持在99.9%以上,初中在校生年退学、流失率控制在0.4%以内,毕业合格率达到100%,并逐步实现12年义务教育的目标。努力做好流动人口子女接受义务教育工作,维护外来务工人员子女接受义务教育的权利。

大力发展普通高中教育。全面提高教育教学质量,加快优质普通高中的建设,满足全区学龄人口接受优质高中教育的需求。每年优质高中招生占年度招生总额的80%以上,高考升学率保持在85%以上,努力将昌平一中、二中建成全市一流中学。

积极发展职业教育。以市场为导向,调整专业结构设置,注重打造优势品牌,使职业教育更有效地为经济社会发展服务。继续完善"订单式"培训模式,建设3－5个高水平培训实习基地。职前培训率达到90%以上,从业人员在职培训参与率达到70%以上。

统筹发展成人教育、社区教育。形成具有昌平特色的成人、社区教育网络,建立统筹协调、分工负责、归口管理的社区教育管理体制和运行机制。规范发展民办教育,扶持发展特殊教育。努力构建终身教育体系,推动学习型社会的建设。

大力支持教育基础设施建设。在资源整合、合理布局的基础上,加强学校的基础设施建设,彻底改变基础薄弱校和农村学校的办学条件。"十一五"期间,全区撤并中小学校8所、新建19所、改扩建37所。完成26所学校的饮水改造、11所学校的用电改造、16所学校的学生食堂改造和所有中小学的操场改造等项目。重点完成陈庄中学、长陵学校、流村中学、前锋学校、昌平二中南校区等新建、扩建工程。到2010年,新建、扩建学校全部达到北京市新颁办学条件标准。

加快基础教育信息化建设。力争完成校园网建设,实现校校通、班班通。以教育信息网为载体,搭建中小学管理信息平台,实现网上办公。建成内容丰富、共享共用、覆盖全区的教育资源库。促进现代信息技术与学科教学的整合,基本实现远程教育,教育信息化水平显著提高。

实施人才强教工程。加强教师队伍的培训,各级各类学校专任教师按比例逐年进行培训学习,普遍提高教师队伍的质量和水平。

(二)加强医疗卫生服务

着眼于满足城乡居民健康保障的需要,健全和完善疾病预防控制、应急医疗救治、卫生监督执法和公共卫生信息四大服务体系,全面提升医疗卫生服务的能力和水平。

建立健全疾病预防控制体系。建成区疾病防控中心业务楼,并在天通苑、回龙观地区建立疾病预防控制分中心。"十一五"期间,全区主要传染病发病率控制在全市平均水平以下,常住人口儿童计划免疫接种率达到96%以上。

建立健全医疗救治体系。初步形成以镇卫生院和社区卫生服务站为主体,以二级医疗机构和专业预防、保健机构为核心的卫生服务体系基本框架。村卫生室要逐步纳入镇卫生院管理。继续增加急救网点设置,扩大覆盖范围,提高院前急救效率,建设院内急救绿色通道。

建立健全卫生监督执法体系。2010年底前,完成区卫生监督所业务楼改扩建工程,并在天通苑、回龙观和北七家镇等地区建立卫生监督分所。全面建立起集公共卫生、医疗、血液、妇幼等领域执法功能为一体的卫生监督执法体系。

建立健全公共卫生信息网络系统。建成区级公共卫生信息平台,完成卫生行政部门、疾病预防控制机构、卫生监督机构、妇幼保健机构和各级医疗机构等的链接,形成区域公共卫生信息网。

加强医疗基础设施建设。在回龙观、东小口和生命科学园各建一所三级医院,昌平组团东扩新区、沙河高教园区各建一所二级医院或引进一所三级医院的分支机构,增强新建地区和人口稠密地区的医疗服务能力。加快镇级卫生院、社区卫生服务站和村卫生室的建设,使全区卫生服务覆盖率达到95%以上,基本形成布局合理的城乡卫生服务网络。完成区医院外妇手术楼、综合病房楼和区妇幼保健院门诊病房楼等重点工程。全区60岁以上老年人和重点人群健康档案建档率达到100%。

(三)加快发展科技事业

提高自主创新能力。保持全国科技进步示范区的工作水平,整合全区科技资源,形成一定规模的科技成果转化基地和高新技术科研基地。发挥驻昌高校、科研院所和高科技园区的作用,提高区域自主创新能力,建立以企业为主体、以市场为导向、产学研相结合的技术创新体系,培育和形成一批具有较强自主创新能力的规模企业。加强知识产权保护,营造良好的技术创新环境。

信息化建设。建立完善的、城乡一体化的公众信息服务体系,实现政府、企业和社会信息化的互动和对接,信息化水平位居北京市远郊区县的前列。构建由市、区和镇(街道)三级政府互通互联的电子政务网络体系,重点抓好信息资源管理、城镇综合管理与应急指挥系统等信息平台的建设。

科普工程建设。以创建"全国科普示范区"为目标,全面贯彻落实《中华人民共和国科学技术普及法》,大力实施《全民科学素质行动计划纲要》,充分发挥学会、协会等社会团体的力量,提高全区人民的科学素质。创建镇级科技活动中心、科普画廊和村级图书室。切实做好"一校带一镇、科普进村镇"活动。到2010年,使科普进村率达到100%,中小学生科普教育率达到100%。

增加科技投入。加大政府科技投入力度,保证科技资金的不断增长。"十一五"期间,每年科技事业费和科技三项费用的增长速度高于本级财政经常性收入的增长速度。

(四)大力繁荣文化事业

建立和完善文化馆、图书馆、博物馆、影剧院、新华书店等文化设施体系,加大对山区文化设施建设的投入,扶持镇级文化站(文化中心)和村级俱乐部发展。坚持面向基层、面向群众、贴近生活,大力提高文艺创作水平,积极开展群众喜闻乐见的文化活动。继续推动农村电影放映"2131工程"建设,解决山区农村看电影难的问题。鼓励社会力量投资经营文化场馆设施,整合文化资源,形成共享、互补、和谐、多彩的昌平特色文化。发挥群众文艺团体的作用,提高对外文化交流的能力。积极打造演出市场文化品牌,办好各种大型文化活动。加大对非法音像制品、出版物的打击力度。加强文物保护工作,抓紧文物的抢救修缮工作,重点完成明十三陵文物库等文物抢救建设工程。

(五)积极发展体育事业

完善区、镇、社区和村三级健身组织服务体系,构建全民健身指导服务体系,各行业系统、处级单位、镇(街道)都建立规范化的体育组织。提高竞技体育水平,努力为国家和北京市培养输送优秀体育人才。以北京2008年奥运会为契机,高质量地完成奥运会铁人三项赛比赛场地、综合体育馆、体育活动中心改造升级等重点工程。大力支持和发展体育产业,整合体育资源,制定完善的相关政策,鼓励社会资本积极参与体育产业市场竞争,壮大体育产业规模。

三、加强基础设施建设

紧紧抓住奥运契机，建设安全、高效、完善的现代化基础设施体系，提升基础设施水平，努力使城乡面貌明显改观，投资环境继续优化，产业基础更加坚实。

路网建设。加强全区“六纵七横”的路网改造和建设，提高道路等级，建立方便快捷的交通路网体系。重点完成昌赤路、安四路、温南路、昌流路、何营东路等一批道路改建工程，完成各镇中心区和工业规划用地内道路建设等工程。

公共交通枢纽。建设昌平、沙河、太平庄、回龙观、霍营、沙河大学城等客运站。加快公共停车设施建设，严格管理占道停车。

电力。积极推进全区电网建设，提升供电能力和对经济发展的支撑力，重点建设阳坊、科技园区、白坊、回龙观西、沙河高教园区、何营、香屯等一批110kV站输变电等工程，确保电力供应安全。

天然气。重点建设管道天然气配气工程项目，抓好六环路高压A(4.0MPa)、昌平组团东扩新区次高压A(1.0MPa)、沙河至百善次高压A(1.0MPa)等天然气管线及一批调压站工程建设，逐步增加工业用气和商业用气。

热力供应。继续抓好集中供热工程，建设沙河高教园区、沙河巩华城、北七家镇、南口镇、小汤山镇、阳坊镇等地集中供热厂及管网配套工程。

供水系统。建设安全有效的供水系统，建设昌平组团东扩新区、阳坊、沙河高教园区、南口、马池口、真顺、王家园等集中供水及管网工程。

排水系统。提升城乡污水处理水平，建设沙河、南口、北七家等污水处理厂和温榆河排污治理及污水分散治理、沙河水库水质深化处理等水务工程项目。建设一批中水回用工程，提高中水利用率。

新能源和可再生能源利用。加快太阳能、地热能、风能、生物质能等可再生能源的开发利用，制定鼓励政策，支持新能源和可再生能源使用。到2010年，可再生能源占能源消费总量的比重达到4%左右。

四、努力建设昌平新城

昌平新城包括昌平、沙河两个组团，覆盖了原来的昌平、沙河两个卫星城及其周边的马池口、百善地区，规划总面积220平方公里。到2010年集中城市建设用地为42平方公里，人口规模控制在40万左右。

按照“五年打基础、十年成体系”的总体要求，坚持“科教创新基地、人文生态景区、和谐宜居新城”的发展定位，突出主导功能，突出发展理念创新，突出产业配套，突出时空合理有序，抓好规划编制工作和基础设施建设，力争走在全市11个新城建设的前列。完成昌平新城的总体规划和各专项规划的编制工作，研究制定新城建设的实施政策和运行机制。全面启动新城建设，建设一批关键性基础设施和重点项目，同时抓好旧区改造，初步形成新城发展的基本框架。

五、推进社会主义新农村和小城镇建设

按照“生产发展、生活宽裕、乡风文明、村容整洁、管理民主”的要求，扎实推进社会主义新农村建设。加强乡村建设的统筹规划，继续加大政府投入，发展农村二、三产业，加快城镇化步伐，加强基础设施建设，实施一批直接服务于农村、让农民受益的项目，到“十一五”末，全区农村基本实现道路硬化、路灯亮化、村庄绿化、环境净化、整体美化，使农民的生活质量得到明显改善和提高。

(一)促进农村经济发展

按照产业布局，平原农村重点发展都市型现代农业，山区农村重点发展生态农业。抓好北部山区旅游文化休闲产业的发展，形成规模，提高档次，增加效益。加大工业反哺农业、城市支持农村的力度，加强二、三产业对一产的拉动作用，做好对口支援工作，促进农村经济不断发展，农民收入不断提高。

(二)扩大农民就业途径

继续发展以休闲产业为主的农村二、三产业，扩大农民转移就业空间。对农民进行实用技术、职业技能和引导性培训，培养有文化、懂技术、会经营的新型农民,增强农民就业能力。促进城镇就业服务网络和促进就业政策向农村延伸,完善乡镇和村级就业服务体系,建立和完善农民就业服务保障机制。

(三)深化农村经济改革

继续推进农村土地制度改革,规范农村土地承包经营流转程序,建立农村集体所有土地征用补偿机制和土地承包人收益分配机制。继续推进农村集体经济产权制度改革,改造农村集体经济组织,建立新型股份合作制经济,大力发展农民专业合作经济组织。继续深化农村税费改革,切实减轻农民负担。

(四)加强农村基础设施建设

重点解决农村基础设施建设滞后的问题,抓好农村地区道路、垃圾处理、清洁能源等项目的建设和落实,改善农民的生产、生活条件。

道路硬化和路网建设。推动城市路网向农村延伸,到2010年完成各镇中心区道路扩建,实现村与村、村内通往休闲产业区和景点的道路硬化,实现公交线路辐射所有行政村。

环境整治。建设适合乡村特点的污水处理设施,继续实施“村收集、镇运输、区处理”的垃圾消纳模式,力争用3–5年的时间,基本完成农村改厕工作,使农村环境卫生状况得到明显改善。到2010年,全区农村卫生厕所普及率达到95%以上。

能源清洁。巩固农村低压电网改造成果,继续完善农村供电网络。改变农村落后的能源利用方式,重点推广太阳能、沼气等新型能源,使农村清洁优质能源比重显著提高。

(五)改善农村公共服务

提升农村办学水平,改善农民就医条件,加快农村文化、体育和信息化建设,实现城乡社会事业均衡发展。

中小学改造。合理整合教育资源,加大对农村教育的投入,改善农村办学条件,加强师资培训,建立对生活有困难的寄宿制学生给予生活补贴的机制。

农村卫生设施。进一步改善山区、半山区农民就医条件,提高农村服务质量,重点抓好镇级卫生院改扩建工程,继续完善社区卫生服务站和村卫生室的建设。到2010年,每个行政村都建成一个标准化的卫生室,使农民人人享有初级卫生保健,力争使农民群众小病不出村,享受质优价廉便捷的医疗服务。适应农村养老需要,建设一批农村敬老院。

农村文化体育设施。推进文化馆、图书馆、新华书店网点向农村特别是山区农村延伸。结合农民意愿和当地文化传统,规划建设一批适合农村特点的文化体育活动设施。对镇文化服务中心、村文化室和体育活动场所进行扶持,在2010年前全部达到市颁标准。

信息化建设。重点建设完善农村广播、电视、电信、电话网络,推进光缆入村、网络入户。2006年实现自然村有线电视“村村通”,2008年实现山区村移动通讯网络“全覆盖”。

(六)促进城镇建设健康发展

按照资源整合、产业培育和人口聚集的要求,科学规划、有序推进试点镇、中心镇和一般建制镇的建设,完善城镇体系,初步形成分工有序、优势互补、布局合理、协调发展的城镇格局。坚持规划和基础设施建设先行,合理进行旧村改造,抓好新村建设试点,建设一批村容村貌整洁、服务设施完善的新村。规划和利用好镇级工业用地,改善投资环境,集聚一批具有较大规模的高新技术企业、先进制造业企业和都市型工业企业,逐步提高税收贡献率和吸纳本地劳动力就业的能力。

六、加强天通苑、回龙观地区的管理

天通苑、回龙观居住区是北京重要的经济适用房住宅区,担负着承载首都中心区人口转移的重要功能,已经被列入北京城市中心规划区。“十一五”期间,要围绕实施高水平管理和提供便捷优质服务这条主线,努力在配套设施和公共服务等方面取得明显进展,力争到“十一五”末,使天通苑、回龙观地区的市政基础设施比较健全,教育、医疗、邮政等公共服务资源基本能够满足居民的日常生活需求，社区管理比较到位，周边环境和治安状况明显好转，居民能够享受比较完善的社区服务。

七、加快实施重大项目

“十一五”期间要突出重点，组织实施好一批关系全局和长远发展的重大项目，提升城市形象，改善投资环境，培育新的经济增长点，促进经济社会全面协调可持续发展。

（一）奥运工程建设

北京2008年奥运会铁人三项比赛场地设在昌平十三陵水库及周边区域，训练场地设在区体育中心。依据奥运会铁人三项赛设计大纲的要求，严格按照“安全、质量、功能、工期、成本”五统一的原则，充分考虑赛期使用和赛后利用，认真组织设计与施工，保证在2007年底前，高水平高质量地完成奥运会铁人三项比赛场地和训练场地的建设，并通过测试和试运行，满足举办奥运会的各项要求。同时围绕奥运做好各项准备工作，确保奥运会铁人三项比赛圆满成功。

（二）中关村国家工程技术创新基地建设

项目位于沙河与六环路之间，东起八达岭高速公路绿化带，西至规划京包快速路，北临六环高速公路绿化带，南至马满路。总规划面积4平方公里，其中规划建设用地面积3.7平方公里。“十一五”期间，完成项目建设的前期手续，启动基础设施建设，使中关村国家工程技术创新基地初具规模。

（三）中关村科技园区昌平园建设

中关村科技园区昌平园是我区目前最大的产业聚集区。“十一五”期间，园区规划建设生物工程和新医药、电子信息专业园，建成80万平方米的标准化厂房和配套服务平台，建成3－5个不同特点的孵化器，孵化器场地总面积达到30万平方米，在孵企业及项目达到400家（个）以上，至少孵化出50家具有一定市场竞争力的高新技术企业。同时加强水、电、暖、污染治理等基础设施建设，进一步增强服务能力，使昌平园在中关村科技园区中的位置进一步前移。

（四）中关村生命科学园建设

生命科学园位于回龙观镇西侧，东邻京包铁路，西至规划京包快速路，南起北清路，北至南沙河，占地279公顷，建设面积52万平方米。以构建自主知识产权创新能力为核心，突出生物技术与基因工程相结合的集成化开发，打造具有综合竞争实力的产业化链条。加速推进研发和产业化发展环境建设，引进一批知名企业和高端的科技项目及产品，形成强大的产业聚集效应和整体竞争优势。完成生命园三期130公顷产业扩展区用地的规划报建工作，以及生活配套用地规划和住宅建设工作。

（五）沙河高教园区建设

沙河高教园区北起六环路，南至沙河卫星城北环北路，西起东沙河，东至回昌路。“十一五”期间，力争实现“三年建成，五年完善”的目标。项目建成后，将有北京航空航天大学、北京邮电大学、北京师范大学、中央财经大学、外交学院等5所著名高校入驻，形成新的高校科研基地，成为培养首都现代化人才的重要基地和高等教育改革的试验区。

（六）中关村国际商城建设

项目位于北京八达岭高速路与北清路交汇处的史各庄村，占地102公顷，建筑面积30万平方米。项目建成后，将成为京北融购物、餐饮、娱乐、科技、旅游、酒店为一体的大型多功能购物中心，满足市区、中关村科技园区、过境旅游人口的消费和服务需求。

八、深化经济体制改革和管理创新

按照完善社会主义市场经济体制的总体要求，把握主要矛盾，从重点领域和关键环节入手，大力推进体制创新，为全面贯彻落实科学发展观提供体制保障。

抓好国有企业改革。加快区属国有企业的改革步伐，积极引导外资、民营资本参与国有企业的改制、改组和改造，大力发展混合制经济。按照“公开、透明、有序”的要求，规范国有企业改制和产权转让，稳妥推进企业破产工作，维护职工合法权益。

健全国有资产监督管理体制。加快建立国有资本经营预算制度和非经营性资产监管体制，落实出资人收益权，提高国有、集体资产的经营和监管效率，实现国有、集体资产保值增值。

深化投资体制改革。全面实行投资项目核准制和备案制，进一步完善管理办法，理顺办事程序，强化后续监管，建立职责清晰、运转协调、畅顺高效的项目管理机制。加强政府投资管理，严格稽查监管制度，推进非经营性政府投资项目的代建制，建立健全政府投资责任追究制度、风险管理制度、后评价制度。

促进非公有制经济的发展。按照非禁即入的原则，切实放宽市场准入，实现民营企业和其它经济性质企业的平等待遇，鼓励和支持非公有制经济参与国有、集体企业改革。发挥中小企业服务中心的作用，加强对非公有制企业的服务，拓宽非公有制企业融资渠道，重点解决中小企业融资难等问题。

推进市场体系建设。进一步规范土地市场，完善经营性用地“招拍挂”制度。加强信用体系的建设，培育和发展一批具有社会公信力的信用服务中介机构。加强社会诚信教育和宣传，营造讲信守信的社会环境。整顿规范市场秩序，坚决打击制假售假、侵犯知识产权等市场不法行为。

完善经济调节机制。进一步做好价格管理工作，健全专家评审、价格听证等价格决策制度，加强监督检查，重点抓好教育、医疗、物业等领域的价格检查，切实维护群众利益。加强经济形势监测预测，启用经济形势分析系统，确保经济平稳运行。

扩大对内对外开放。完善外商投资促进服务机制，扩大利用外资的规模，提高利用外资的质量和效益。优化外贸出口主体、商品和市场结构，扩大具有自主知识产权、自主品牌和高附加值商品的出口。不断扩大对外交往领域，加强与友好城市或地区的交流合作，为企业和民间交往搭建合作平台。

九、推进和谐社会建设

以科学发展观为指导，确立以人为本的理念，按照民主法治、公平正义、诚信友爱、充满活力、安定有序、人与自然和谐相处的要求，努力解决与人民群众关系密切的问题，构建和谐宜人新昌平。

扎实做好就业工作。以扩大就业为中心，全面贯彻落实各项促进就业的优惠政策，多渠道、多层次开发就业岗位。加快公益性职介机构建设，规范全区劳动力就业市场的服务行为，促进劳动力市场的有序发展。完善再就业援助中心的服务功能，落实空岗报告制度和用工备案制。鼓励发展劳动密集型产业、中小型企业和非公有制经济。继续开发治安巡逻、公共卫生保洁、社区行政协管、山林看护等公益性服务岗位，扩大就业面。积极做好培训工作，提升劳动者的就业能力和创业能力。完善就业困难群体的托底就业机制，加强动态管理，最大限度地安排困难群体就业。关注“4050”弱势群体。加大劳动合同管理，及时掌握企业续订、终止劳动合同的动态，确保劳动合同的续订率在90%以上。“十一五”期间，努力保持城镇登记失业人员再就业率达到60%以上，城镇登记失业率控制在2.5%以内。

完善社会保障体系。建立多层次的养老保险体系，积极落实养老保险的各项法律法规，不断扩大城乡养老保险的覆盖面。努力探索建立多层次的养老保险制度，鼓励用人单位建立补充保险和商业保险，倡导劳动者个人进行储蓄性保险。积极探索农村养老保险的新模式。力争实现农村新型合作医疗大病统筹的全覆盖。加大养老保险追缴和稽核力度，重点做好混合所有制经济组织、非公企业、灵活就业人员、农民工的参保服务，切实做到应保尽保、应收尽收。完善医疗保险体系，继续巩固企业补充医疗保险成果，力争使98%以上的参保人员建立补充医疗保险。规范医疗救助制度，对没有能力参加基本医疗保险的职工进行社会医疗救助。继续完善城乡居民最低生活保障制度，建立以“五保户”供养为主体、专项救助为辅，城乡一体的社会救助体系，确保低保费和各项专项救助款及时发放。

提升城市管理水平。完善政府社会管理和公共服务职能，构建与经济社会和人的全面发展相适应的社会管理体制。创新城市管理体制，完善社区管理体制机制，全面落实社区建设和指导职能，充分发挥街道、居委会和社区服务中心在社会管理中的作用。完善区、街道、社区三级城市管理网络，引进数字城市管理技术，建立社会管理与服务数据信息库和网络，大力推进城市网格化、信息化管理，逐步实现精确、高效的城市管理。关心支持国防事业发展，积极做好国防动员和经济动员工作，继续争创“双拥模范区”。加强人民防空工作，加大地下空间的开发利用和管理。做好地震预警预防工作，在城区中心和人口密集区筹建避难场所。加强安全生产工作，防止发生重大安全生产事故。健全社会公共安全体系，完善各项减灾防灾紧急救助预案，提高应对各种突发事件的能力。提高全民档案意识，依法加强全区档案工作的监督和指导，建立与国民经济和社会发展相协调的档案事业。探索流动人口的管理方式，提高对流动人口的管理和服务水平。加强动物疫病防控体系建设，防止重大动物疫情发生。强化对食品、药品、农畜产品、餐饮卫生等市场的监管，保证人民群众健康安全。

加强生态环境建设。以创建“国家级生态示范区”为目标，加大环境保护和污染治理力度。重点加强水资源的保护、开发和利用，加大东沙河、南北沙河综合治理力度，加快温榆河绿色生态走廊和东沙河水上公园的建设，有效改善水环境。实施河流水质与水生态恢复工程。完善城区污水处理系统，使城镇污水处理率达到85%以上。鼓励发展天然气等清洁能源的使用。继续强化大气污染治理，做好城市垃圾、固体废物的环境污染防治工作，使垃圾无害化处理率达到90%以上。完成京津风沙源治理、阳坊废弃采石场生态治理和森林资源安全保障体系建设等工程，建设一批兼具生态效益和景观效应的城市公共绿地，提升城市生态环境的质量。落实好生态林补偿机制，探索生态保护和资源利用的关系，促进经济发展、资源开发和生态建设的良性循环。

着力创建和谐社区。建立维护群众利益机制，健全社区内人大代表、政协委员和居委会成员定期接待群众制度。合理布局社区居委会，为居委会开展工作创造良好的条件。完善社区居委会与驻昌单位共同参与的协商议事制度。推进老旧小区改造和城中村改造，营造良好的社区环境。积极发展社区文化事业，完善社区养老、医疗卫生、就业、法律援助等服务体系。

加强精神文明建设。坚持用邓小平理论和“三个代表”的重要思想教育干部群众，坚持正确的舆论导向，使科学的理论成为全区人民团结奋斗的思想基础和精神支柱。强化公民思想道德修养，倡导“和睦、互助、平等、友爱、宽容、诚信”，不断提高全区人民的文明素质。围绕“人文奥运”，大力开展文明单位、文明社区、文明村镇、文明行业、文明校园、文明景区的创建活动。到2010年底，区级文明单位达到80%，文明社区达到90%，首都文明镇、区级文明镇达到90%，各主要景区达到首都文明景区的标准，其中长陵、定陵、居庸关、神路景区要达到国家级标准，进入全国文明景区行列。

促进人口健康发展。制定人口中、长期发展规划，合理确定城乡人口承载量。充分运用法律、利益导向和行政等手段调控人口增长速度，严格控制人口的机械增长，继续稳定低生育水平，引导人口合理分布，保证人口、资源、环境的协调发展。“十一五”期末人口自然增长率控制在2‰以下。

以结构调整为主线，加强人才队伍建设，努力提升人才资源素质。充分利用全区的教育资源，加大教育培训力度，加大党政机关竞争上岗和考核力度。公务员队伍和事业单位专业技术队伍坚持凡进必考原则。对农村的管理人才要逐步实行考试录用、民主推荐、公开竞争等途径选拔。

加大依法治区力度。落实"五五"普法规划,深化全民普法教育。深入贯彻落实国务院《全面推进依法行政实施纲要》,坚持依法办事。按照"整体防控、精确指导、精确打击"的要求,依法严厉打击各种犯罪活动,切实保障人民群众生命财产安全。以推进"安全社区"工作为重点,健全治安防范领导责任制,完善社区防范体系,建立严打长效机制,建立区、镇、村三级治安防控网络。加强人民内部矛盾的纠纷排查调处工作,控制治安问题产生的诱因和条件。

加强民主法制建设。加强行政执法队伍建设,完善依法行政监察体系。继续推进民主党派、无党派人士参政议政的制度化、规范化和程序化建设,建立健全重要情况事先同人大代表、民主党派、无党派人士协商和通报的制度。建立健全公众参与、专家论证、重大决策集体讨论和决策的公开制度。提高领导干部和公职人员的法律素质。加强对群众的法制宣传和教育,保证人民群众依法直接行使民主权利,提高社区居民的自治程度。依法加强对民族宗教事务的管理。

全面促进社会和谐。促进妇女儿童事业发展,把妇女儿童、未成年人发展状况作为衡量经济社会发展和政府工作的重要指标,加强对未成年人的保护,加大对农村妇女儿童工作的支持力度。提升青年的综合素质,拓宽就业渠道,提高青年就业率。切实提高老年人物质和文化生活水平,完善养老保险制度,开展助老帮困活动。贯彻落实相关法律法规,为发展残疾人事业提供可靠保障。重视和加强无障碍环境建设,努力满足残疾人的需要,营造社会扶残助残的良好氛围。注重残疾人教育工作,鼓励并提供机会使残疾人各尽其能,为社会贡献力量。完善各类慈善救助机构,做好慈善募捐工作。利用昌平周刊、电视台、电子屏幕网络等媒体,加强宣传,营造扶危济贫的良好社会氛围。

第五部分　2020年远景目标展望

一、2020年远景目标

经济持续健康稳定增长,地区经济总量力争保持10%左右的增速。合理的产业结构基本形成,高新技术产业和先进制造业地位更加突出。第三产业增加值在GDP中占有相当大的比重,文化教育旅游产业形成规模。区域生态环境良好,质量明显改观,环境承载力进一步增强。自然资源、能源高效利用,循环经济发展模式已经确立,节约型城市基本建成。

城乡居民生活水平显著提高,生活品质明显改善,达到较高水平的小康。城市化程度明显提高,社会差距明显缩小,公民素质、社会文明程度大幅提高,居民文化生活日益丰富,城市管理水平和城市公共服务能力显著提高,居民对政府工作满意度进一步提升,各项社会事业取得良好发展。到2020年,昌平将成为区域功能明确、经济繁荣、生态友好、和谐安定的首都城市发展新区,成为理想的投资创业首选之区、旅游休闲首选之区、生活居住首选之区,成为现代化宜居城市。

二、战略措施

(一)调整优化产业结构

以提高产业发展、城市建设和生态环境的和谐度为根本出发点,深入落实"强二兴三优一"的产业发展思路,完善产业空间布局,提升产业聚集效益和区域竞争优势,进一步优化升级产业结构,促进生态经济与循环经济的发展。

(二)建设完善的节约型社会

以循环经济为导向,加快工业园区的生态化改造。推进企业的清洁生产,发展生态友好型企业。大力发展生态农业,加强农村环境综合整治。完善节约用水机制,建设节水型社会。大力推进节能工作,加速新能源开发步伐。厉行节约用地，提高土地集约利用水平。加强废弃物的无害化处理，加速废弃物的资源化利用。倡导绿色消费，发展循环型第三产业。发动公众参与，积极创建循环型社区。

(三)明确新的战略重点

继续推进昌平新城建设、新农村建设，探索山区、半山区产业发展模式。研究经济发展阶段所存在的新问题、新矛盾，确定新的涉及人民群众切身利益的战略重点，制定并实施相应措施，推进经济与社会事业发展再上新台阶。坚定不移地走科学发展之路，进一步推进农村城镇化、城市现代化进程，使经济更加发展、民主更加健全、科技更加进步、文化更加繁荣、社会更加和谐、人民生活更加殷实。

(四)继续优化发展环境

完善基础设施建设，提高城市承载能力。继续完善综合交通体系、能源供应体系、城市供排水体系等市政设施体系。加大环境污染治理力度，全面推进生态环境建设，进一步优化人居环境。完善以人为本、覆盖城乡、功能合理的社会公共服务体系。不断深化体制改革，为经济社会发展提供体制保障。

第六部分　规划实施

科学的规划要靠科学的组织实施来保障。全面实现“十一五”规划确定的各项目标和任务，必须掌握好规划实施的节奏和重点，建立完备的规划实施机制，保证规划按期落实。

一、实施进度

为保证国民经济持续平稳健康发展，坚持“依法实施”原则，严格按规划规定的进度组织实施。根据实施过程的具体情况，依据“动态调整，滚动修正”原则，保持规划实施进度的连续性。把握规划实施重点，体现“规划带项目”原则，抓好不同时期重大项目的建设进度，强化对重大项目的协调监督管理，确保高质量地如期完成，保证规划的顺利实施。

二、实施机制

(一)加强组织领导

本规划一经批准，将成为编制国民经济和社会发展年度计划以及政府审批、核准各类投资项目的重要依据。区政府成立实施规划领导小组，协调解决规划实施重大问题，监督检查重大事项进展和落实情况。全区各级行政机关在实际工作中必须统一思想，充分认识本规划的重要性，切实保障本规划对全区经济社会发展的指导、调控作用。

(二)强化规划衔接

建立相关部门专项规划衔接协调机制，促进国民经济和社会发展规划、城市总体规划、土地资源利用规划的相互衔接。

(三)健全考评机制

对规划涉及的工作目标、重点任务和改革措施，制定年度重大事项实施方案，落实牵头责任单位。区政府加快建立与社会主义市场经济体制相适应的规划实施考核评价办法，对牵头责任单位的年度重大事项实施方案进行评价考核，保证规划严格有效的实施。

(四)开展规划评估

区发展和改革委员会围绕规划提出的发展目标、重点任务和政策措施，建立健全评估体系和评估制度，定期组织开展规划评估工作，全面分析检查规划实施效果及各项政策措施落实情况，提出评价改进意见，保证规划目标实现。

(五)完善规划方案

在确保本规划的指导思想、发展原则和发展目标不变的情况下，对具体重点任务和政策措施要根据实际情况进行适时补充、调整和完善。加强基础建设，提高规划管理信息化水平。

(六)进行科学决策

进一步完善公众参与、专家论证和政府决策相结合的决策机制。完善重大问题决策的专家咨询论证制度，以及重大项目建设的公示和社会听证制度。有组织地广泛联系专家学者、企业家，建立多种形式的决策咨询机制和信息支持系统。深入调查研究，充分发扬民主，掌握和遵循经济发展规律及各项社会事业发展规律，使决策真正做到民主化、科学化。

（七）扩大公众参与

政府有关部门面向社会、面向公众，加强对规划的宣传，不断增强公众规划意识，提高维护和执行规划的自觉性，共同推进规划的实施。落实公众参与原则，让更多的社会公众通过法定程序和渠道有效参与规划实施的决策和监督，推进公众参与规划实施的规范化、制度化。

三、规划调整

本规划一经批准，由区人民政府组织实施。规划实施期间由于特殊原因确需调整时，按有关程序报批。

专记

专 记

昌平区保持共产党员先进性教育活动

按照中央的要求和市委的统一部署，在中共北京市委督导组、市委巡视组和市委巡回检查组的帮助支持下，从 2005 年 1 月份开始，全区用一年半左右的时间，在 1301 个基层党组织和 43005 名党员中，分三个批次集中开展了以实践“三个代表”重要思想为主要内容的保持共产党员先进性教育活动。总体来看，全区先进性教育活动顺利完成了各个批次、各个环节的任务，取得了实实在在的成效，基本达到了中央提出的“提高党员素质、加强基层组织、服务人民群众、促进各项工作”的目标。这次先进性教育活动，为在新形势下加强党的建设积累了新的经验。

一、全区先进性教育活动的简要回顾

这次保持共产党员先进性教育活动，是近年来在全党开展的一次参与人数最多、规模最大的集中先进性教育活动。按照中央精神和市委的统一部署，全区各级党组织和广大党员牢牢把握“关键是要取得实效”和“成为群众满意工程”这两个重点，坚持把先进性教育活动与提高党的执政能力、推进基层党建工作创新、构建和谐社区和谐村镇、建设社会主义新农村等相结合，密切联系实际，统筹谋划，精心组织，扎扎实实地推进了各个批次的先进性教育活动。主要有五点基本做法。

(一)加强组织领导，完善工作机制，为先进性教育活动顺利开展提供组织保证

全区各级党组织和党员领导干部始终高度重视先进性教育活动，根据先进性教育活动的进展和实际，建立了区委、各部委办党委(党组)、各镇(街道)党(工)委、村(社区)党支部三级领导体制和责任体系，强化了督导工作机制，进一步落实了领导干部联系有关单位、部门、村(社区)、普通党员以及学习、调查研究等制度，确保了各个批次先进性教育活动组织到位、人员到位、工作到位，形成了全区一级带一级、一级抓一级的工作格局，为全区先进性教育活动的有效衔接、上下联动、互促共进提供了组织保障。

区委统筹推进全区各批次的先进性教育活动，从动员、实施、督导、宣传等各个方面精心谋划、统筹安排。成立了区委保持共产党员先进性教育活动领导小组和办公室，负责全区先进性教育活动的组织协调和各项具体工作；先后召开了 28 次常委会、25 次全区性工作部署会和情况通报会，制定了全区《先进性教育活动的实施意见》、各批次先进性教育活动《实施方案》以及督导工作安排等 52 个文件，对全区三个批次的先进性教育活动进行深入研究和部署；结合各批次先进性教育活动的不同特点，先后组建了 19 个区级督导巡视组、31 个市区镇联合督导组和 244 个镇

级督导组,深入基层具体督促指导先进性教育活动。按照区委的要求,全区各单位党委(党组)和各基层党组织也相应成立了领导机构和工作班子,紧密结合自身实际,精心组织,周密安排,切实加强了对本部门、本单位开展先进性教育活动的组织领导,承担起了作为先进性教育活动组织者和具体实施者的工作任务。

在先进性教育活动中,全区各级党员领导干部坚持以身作则,带头参加学习,带头为党员讲党课、做辅导,带头查找问题并征求广大党员、群众的意见,带头开展谈心和主题实践活动,带头制定和落实整改措施,为广大党员做出了表率。区级党员领导干部认真落实联系点制度,以普通党员身份参加了所在支部的活动,先后深入联系点和联系支部讲党课、开展调研、参加相关活动,有力地指导和推动了全区先进性教育活动的深入开展。全区二级单位领导同志也认真落实区委的要求,充分发挥示范和表率作用,以自己的实际行动影响和带动广大党员积极投身于先进性教育活动,使全区形成了领导带头示范、党员同步跟进、上下互促联动的良好局面。

(二)把握总体要求,抓好关键环节,努力做到"规定动作不走样、自选动作有创新"

在先进性教育活动中,全区各级党组织和广大党员认真把握中央的总体要求和市委的统一部署,根据不同批次、不同对象的情况和特点,紧紧抓住"学习动员"、"分析评议"和"整改提高"三个工作环节,扎扎实实地推进各项工作,真正做到了"规定动作"一丝不苟,"自选动作"生动具体。

在学习动员阶段,各单位本着严谨负责的态度,认真组织党员进行学习培训,普遍建立起集中学习、记笔记、考勤等制度,党员集中教育时间都达到甚至超过了40小时。各单位在领导带学、骨干领学、上门送学、相互帮学、分散自学的基础上,不断丰富了典型引学、影像教学、竞赛比学、参观促学等灵活多样的学习形式。为了明确学习内容,区委统一编印了《先进性学习教育读本》,把它同中央、市委的有关文件精神以及《党章》、建设社会主义新农村理论等作为党员学习培训的重点,组织广大党员进行广泛深入地学习;针对新型社会组织中的党员、流动人员中的党员、下岗失业职工中的党员以及广大农村党员的实际,专门增加了实用技术和专业技能的内容。同时,结合实际普遍开展了重温入党誓词、新时期党员标准大讨论、"永葆党的先进性"党员警句格言征集等活动,深入开展了社会主义荣辱观教育,积极推进了城乡居民素质教育工程。在组织开展新时期党员标准大讨论中,区委在认真学习把握中央提出的"六个坚持"和市委提出的"六个必须"的基础上,对全区共产党员提出了"五个树立"的要求,对区级党员领导干部提出了争做"五个表率"的具体要求。各单位和广大党员也结合自身实际,提出了体现时代精神、反映群体特征、符合岗位实际的具体要求和实践途径。

在分析评议阶段,全区各级党组织注重发扬党内民主,坚持开门搞教育,广泛组织开展了"我为党员谏一言"、"我为组织献一策"、"五查五看一访问"以及"万名党员入农户,凝聚人心见行动"等系列活动,深入查找和梳理了存在的问题与不足。区委常委会通过征求干部群众的意见和建议,查找出了全区发展中存在的突出问题和常委会工作中存在的差距,并作了通报。区级党员领导干部认真参加了班子的专题民主生活会和所在支部的组织生活会,认真开展了批评与自我批评,进行了深刻地党性分析。全区各级党组织也都深入开展了征求意见和谈心活动,认真组织召开了领导班子专题民主生活会和党员专题组织生活会。广大党员充分运用"自己找、群众提、上级点、相互帮"的方法,面对服务对象和广大群众,真正做到了用热心拉近感情、用交心融洽关系、用关心疏导矛盾、用诚心听取意见,真正把征求意见、开展批评与自我批评的过程变成了谈心交流、解疑释惑的过程,变成了统一思想、改进工作的过程,全区先进性教育活动呈现出组织自觉行动、党员激情参与、群众热情关注的生动局面。

在整改提高阶段,全区各级党组织和广大党员针对征求意见、自我剖析和民主评议中反映出的问题,认真研究制定了整改方案,普遍建立了整改台帐挂销、整改结果反馈跟踪等制度,并采取自查、抽查、督查、评查等措施,集中进行了整改。在这一阶段,区委常委会针对干部群众提出的意见建议和查找出的突出问题,在经过研究整理后制定出了89项整改措施,并明确了整改责任人和责任单位,为全区各单位和广大党员作出了表率。各部门、各单位特别是服务窗口单位,结合自身实际和行业特点,以改进工作作风、提高工作质量、服务人民群众为整改目标,纷纷针对存在的问题制定并落实了一系列整改措施,还积极与一些低收入村、低收入户"结对",认真帮助解决实际问题,展示了优良的服务作风和机关形象。全区广大农村基层党组织把制定并落实整改措施同更好地服务基层、服务群众结合起来,同在建设社会主义新农村进程中进一步发挥党组织领导作用结合起来,同进一步提高带领群众共同致富的本领结合起来,广泛开展了"服务日、服务周"活动,集中解决了一批群众迫切需要解决的实际问题。各级党组织抓好整改提高,确保了先进性教育活动不断取得实效,真正成为群众满意工程。

(三)突出活动主题,丰富教育内容,不断增强先进性教育活动的针对性和实效性

为了使先进性教育活动更具体、更生动、更贴近实际,全区各级党组织和广大党员按照中央和市委的要求,积极探索,大胆创新,不断深化了主题实践活动,进一步丰富了活动内容,强化了活动效果。区委从全区经济建设和社会发展的实际需要出发,坚持把先进性教育活动与促进全区各项工作结合起来,在全区深入开展了"珍惜荣誉树形象,建设昌平当先锋"的主题实践活动,用鲜明的主题有效地将广大党员干部的思想和行动引导到自觉提高执政能力和工作水平上来,引导到全面推进"三个首选之区"建设、构建和谐宜人新昌平的奋斗目标上来。

按照区委的要求,全区各级党组织深入开展了富有特色的主题实践活动。其中,各机关党组织以"抓教育、强服务,聚党心、连民心"为主题,把开展先进性教育活动与推进机关党的建设相结合,与提高机关党员的思想、文化、业务素质相结合,围绕密切联系群众这个核心,从保障党员民主权利、维护人民合法权益、改善基层党组织工作条件入手,进一步更新工作观念、调整工作职责、创新工作机制,进一步提高了机关党员的思想政治素质、业务水平和为群众办事的能力。各企业党组织围绕"把党员培养成为员工眼里最受欢迎的人、企业生产中最顶用的人、领导眼里最可靠的人、组织考核最优秀的人"这一主题,把开展先进性教育活动与企业增产增效相结合,与提高员工整体素质、发挥党员带动作用、培养员工爱岗敬业精神相结合,使党组织在企业中的政治核心地位进一步巩固,党员的党性意识、责任意识进一步增强。各社区党组织突出"加强社区党建、构建和谐社区"这一主题,结合社区工作实际,因地制宜地开展了"退岗不褪色"、"下岗不失志"、"在岗不落伍"等主题实践活动,有效动员了社区内退休党员发挥余热、主动投身社区建设、协助化解各方面矛盾的政治热情,激励了社区中的下岗党员正确面对人生、积极实现自我就业和努力帮助群众就业的服务热情,强化了在职党员牢记党的宗旨、发挥模范作用的先进性意识。农村各基层党组织紧密围绕市委提出的"通过一个活动、推动两项建设、解决三方面问题"的目标要求,突出"社会主义新农村建设"这一主题,在先进性教育活动中提出了"以教育促稳定,以稳定促和谐,以和谐促发展,以发展赢民心"以及"党员利益面前让一步,党群干群关系进一步"、"党员身份亮出来、服务村民干起来、关键时刻站出来、先锋形象树起来"等响亮口号,激发了广大农村党员建设社会主义新农村的热情。

(四)坚持典型引路,注重直观教育,不断增强先进性教育活动的影响力和感染力

为了使广大党员在先进性教育活动中学有榜样、评有标尺、行有方向,区委和各单位注重发挥先进典型的示范作用,坚持用先进典型人物的事迹感染和教育广大党员,加强对党员的直观教育。在先进性教育活动中,区委邀请了宋鱼水等先进人物作报告,号召广大党员学习他们的岗位奉献精神。同时,注重从身边的典型学起,在三个批次的先进性教育活动中,从不同层面、不同岗位上重点挖掘和树立了一批全区新时期优秀共产党员典型,作出了向黄福水、王曙光两位同志学习的决定,开展了"百名农村优秀共产党员风采展"等系列活动,以宣讲团、事迹报告会、专题片等多种形式,号召全区党员学习先进人物立党为公、对党无限忠诚的坚定理想信念,学习他们心系群众、甘当公仆的宗旨意识,学习他们不畏困难、艰苦奋斗的坚强意志,学习他们勤奋学习、勇于开拓的创新精神,学习他们淡泊名利、甘于奉献的优良品德。在此基础上,区委坚持正面典型教育与反面警示教育相结合,分批组织了3000余名党员干部参加了市纪委举办的警示教育展览活动,收到了良好效果。

各基层党组织在先进性教育活动中按照"有的学、学得了,事迹感人,不求高大全"的原则,也从实际出发深入挖掘和树立了一批工作在基层、服务在第一线的普通党员先进典型,并利用建党84周年、反法西斯战争胜利60周年、"八一"建军节、国庆节等有利时机,广泛开展了以"宣传党员先进性教育活动、讴歌中国共产党"为主题的优秀党员事迹报告会、基层党员座谈会等活动。通过用身边的优秀党员教育人、用熟悉的典型事迹感染人、用丰富多彩的活动鼓舞人,全区先进性教育活动呈现出了"学先进、比先进、当先进、赶先进"的生动局面,党组织和党员在群众心目中的形象和威信进一步树立和提高。

(五)强化宣传引导,扩大活动声势,积极营造先进性教育活动的浓厚氛围

按照"贴近实际、贴近党员、贴近群众"的原则,在先进性教育活动中,全区各级党组织坚持把握导向性、体现生动性、打好主动仗,充分利用"媒体造声、活动造势",组织开展了一系列党员群众喜闻乐见的宣传先进性教育活动,包括"先进性教育活动影片巡展月"、"昌平教育杯"知识竞赛以及演讲会、故事会、演唱会等;充分利用广播电视、橱窗、宣传栏、学习园地、板报、横幅以及内部刊物等多种载体,大力宣传开展先进性教育活动的重大意义、先进典型人物事迹、先进性教育活动的做法、经验和成效,充分展示了广大党员的精神风貌。区新闻媒体以"保持共产党员先进性教育活动"为主题,开辟了"珍惜荣誉树形像,建设昌平当先锋"、"永葆党的先进性,始终走在时代前列"、"党员警句格言选登"以及"做时代先锋"、"优秀共产党员风采展"等专题栏目,坚持每天播出、每期刊登并适时更新内容,让广大党员和群众及时充分地了解先进性教育活动带来的新认识、新行动、新气象,不断增强党员群众搞好先进性教育活动的信心和决心。区委先进性教育活动领导小组办公室和各单位通过编发简报、印发学习材料等形式,积极宣传先进性教育活动,对沟通信息、加强交流起到了重要作用。开展先进性教育活动以来,区委先进性教育活动办公室共编发简报367期,中央和市委先后刊发反映我区先进性教育活动的信息70余条,《北京日报》、北京电视台等市级以上新闻媒体共刊播反映我区先进性教育活动的专题新闻110余篇(次)。这些措施有效扩大了全区先进性教育活动的影响,为先进性教育活动注入了活力,全区上下形成了"党员参与、群众关注"的良好舆论氛围。

二、全区先进性教育活动取得了明显成效

按照市委的统一要求和区委的具体部署,全区各级党组织和广大党员,按照"务求实效"和"群众满意"的总体要求,围绕"提高党员素质、加强基层组织、服务人民群众、促

进各项工作”的目标，扎扎实实地推进先进性教育活动，取得了明显成效。主要体现在以下六个方面。

（一）对党的先进性建设的历史、时代内涵和要求有了深刻认识，主动实践先进性的意识进一步增强

在先进性教育活动中，广大党员认真学习了党的先进性建设的历史以及胡锦涛总书记等中央领导同志的讲话，积极参与了保持共产党员先进性具体要求和实践途径的大讨论。通过学习讨论，广大党员充分认识到，党的先进性建设是马克思主义政党的根本建设，重视党的先进性建设是我们党能够始终得到人民的支持和拥护、始终站在时代前列的重要原因。广大党员在学习先进性建设的历史中深切地体会到，党的先进性是历史的、具体的，也是时代的。在不同的历史时期，我们党总是顺应时代趋势、走在时代前列、把握时代规律、引领时代潮流，根据不同的时代主题和时代要求，赋予先进性以不同的时代内涵。回顾我们党的先进性建设的历史，就可以清晰地看到，不同历史时期，党和党员的先进性有着不同的体现。当前，适应时代发展和经济社会转型的要求，党的先进性建设必须体现在党执政兴国的各项实践中去。具体到昌平而言，就是要分层次、有重点地加强各级党组织的执政能力建设，不断提高创造力、凝聚力和战斗力，切实把各级党组织建设成为贯彻落实“三个代表”重要思想的组织者、推动者、实践者，增强广大党员建设昌平的责任感和使命感。通过这次先进性教育活动，全区各级党组织和广大党员充分认识到了加强党的先进性建设的极端重要性，进一步明确了现阶段保持共产党员先进性的基本要求、具体要求、实践途径和努力方向，实践党的先进性成为广大党员的自觉行动。在先进性教育活动期间，广大党员特别是领导干部，踊跃参加了区委组织的“保持共产党员先进性教育活动与党的先进性建设”理论研讨活动，共形成理论成果 188 篇，为在新形势下加强党的先进性建设探索了途径，积累了经验。

（二）学习实践“三个代表”重要思想的自觉性、坚定性进一步增强，党员的先锋模范作用更加突出

在先进性教育活动中，全区各级党组织按照中央和市委提出的提高党员素质的目标要求，始终坚持把学习实践“三个代表”重要思想贯穿于先进性教育活动的各个阶段、各个环节，广泛组织党员学习了党的先进性建设的理论和中央的有关政策，组织了多种形式的主题实践活动，使党员普遍受到了一次深刻的马克思主义教育，得到了一次充分的党性锻炼。通过学习先进性教育活动，广大党员进一步加深了对“三个代表”重要思想的理解和认识，践行“三个代表”重要思想的理念进一步坚定，党的观念、党员意识进一步增强，思想道德修养进一步加强，思想作风、工作作风进一步改进，纪律观念进一步严明。按照中央要求，全区各级党组织和广大党员认真贯彻落实胡锦涛总书记在中央纪委第六次全会上的重要讲话精神，主动自觉地学习党章、遵守党章、贯彻党章、维护党章，对集中概括了我们党作为一个马克思主义政党先进性全部要求的党章的认识更加深刻，作为党员的责任感和履行党员义务的自觉性都有了明显提高，党员的先锋模范作用得到进一步的发挥。全区先进性教育活动中涌现出一批非常突出的人物和事迹，城北街道办事处的共产党员王今满，在学习中感动、在感动中思考、在思考中行动，志愿奔赴广西百色支援西部教育，用实际行动践行了党的先进性。

（三）党建工作创新不断取得新进展，各级党组织的战斗堡垒作用进一步强化

加强基层组织既是先进性教育活动的一个重要目标，又是搞好先进性教育活动的关键。全区各级党组织以开展先进性教育活动为契机，切实加强了自身建设。区级四套班子以及各部门、各单位认真组织召开了领导班子专题民主生活会，每个支部都召开了专题组织生活会，各级领导和广大党员结合党

性分析材料，从世界观、人生观、价值观进行剖析，认真开展批评与自我批评，重点查摆了问题，进一步明确了今后的努力方向。在先进性教育活动中，各级党组织注重加强使党员“长期受教育、永葆先进性”的长效机制建设，区委及时总结了先进性教育活动中的一些好的经验和做法，研究制定并健全完善了一系列制度，有效地巩固了先进性教育活动的积极成果，推进了党的先进性建设的科学化、制度化和规范化。区委认真落实市委关于基层党建创新的意见，按照上级党组织为下级党组织服务、党组织为党员服务、党组织和党员为群众服务的要求，在解决农村支部活动经费和“两委”班子成员报酬、加强干部和党员队伍培训、解决支部活动场所等方面加大了工作力度，为基层党支部开展工作创造了良好的条件，使全区基层党建工作创新不断取得了新的进展。先进性教育活动期间，全区共调整和新建党的基层组织 76 个，有 2145 名积极分子向党组织递交了入党申请书，各级党组织的创造力、凝聚力和战斗力进一步增强。

(四)立党为公、执政为民进一步转化为自觉行动，服务基层、服务城乡群众有了新的举措

能否解决突出问题和让群众满意，是衡量先进性教育活动成效的重要标准。在先进性教育活动中，区委和各级党组织坚持立党为公、执政为民，把群众是否满意贯穿于先进性教育活动的始终，坚持开门搞教育，通过召开座谈会，发放征求意见表、设置意见箱、开通征求意见电话、设立专用邮箱、走访调查、深入农户等形式，广泛征求了党员群众的意见。根据群众反映的问题和自身查摆的问题，各单位党组织和广大党员本着对党的事业和广大人民群众高度负责的精神，坚持边学边改、边议边改，边整边改，都制定了切实可行的整改方案，努力把立即能够整改的问题改在前面，把群众意见最大、最不满意的事情改在前面，把群众最希望办、当前能够办好的事情改在前面。

区委常委会和区人大常委会、区政府、区政协党组以及各单位根据群众反映的问题，把整改贯穿于先进性教育活动的始终，以为群众谋实惠、让群众满意为出发点和落脚点，加强了整改措施的落实。区委、区政府落实市委、市政府的工作部署，制定了生态林补偿机制，结合实际，研究制定了城乡垃圾治理、矿产资源管护、社会治安群防，城管协管等长效管理机制，既解决了城乡社会管理的突出问题，又解决了 13000 余名城乡居民的就业问题。进一步加强了对农民的职业技能和实用技术的培训，去年全区累计培训农村劳动力 10000 余人。进一步加强城市管理，加大了与群众生活息息相关的城镇地区公共厕所、道路标识等公共设施的建设力度。各级党组织和广大党员，针对群众提出的意见和建议，结合日常工作，也积极开展了整改工作。比如，区建委针对拖欠农民工工资问题，进一步加大了工作力度，组织工作队深入各建设单位、施工企业督促协调解决；区劳动保障局积极采取措施，加大力度帮助困难群众解决就业服务、社会保险、“看病难、看病贵”和退休人员医疗费报销不方便的问题；区林业局积极组织科技人员深入田间果园开展实用技术培训，现场指导农民修剪栽培技术；流村镇机关党支部的 72 名党员深入到联系村对困难党员群众进行全面摸底，分别建立了老革命、老干部、老党员、缺技术和资金的党员群众、因患病造成困难的党员群众、无业下岗的困难党员和群众信息库，以“1+1”的形式结成帮扶对子，并建立了帮扶工作台帐。农村党支部根据实际，积极争取各方面的支持和帮助，解决了一批农村发展中的突出问题，有的村整治了街坊路，改善了村容村貌；有的村购置了班车，解决了学生上下学不方便的问题；有的村动员干部群众救助身患重病的村民，等等。这些服务基层、服务党员、服务群众的工作，使广大群众实实在在感受到了先进性教育活动带来的新气象、新变化。

（五）贯彻落实科学发展观和正确政绩观的主动性、自觉性进一步坚定，实现科学发展的基础更加牢固

推动工作、促进发展，是开展先进性教育活动的根本目的。区委以及各部门、各单位，在抓好先进性教育活动的同时，认真做到"两不误，两促进"，始终以科学发展观为统领，以正确的政绩观衡量工作效果，扎扎实实抓好全区的经济建设、政治建设、文化建设和社会建设的各项工作，在推进"三个首选之区"建设、构建和谐宜人新昌平的道路上迈出了新的步伐。

区委、区政府按照科学发展的要求，编制了全区"十一五"规划，研究确定了"科教创新基地、人文生态景区、和谐宜居新城"的发展定位和"一带两轴、一城多点"的总体空间布局，修编完善了昌平新城规划以及交通、环境整治等专项规划，研究制定了各镇（街道）功能定位和经济社会协调发展绩效评价考核体系，制定了《关于统筹城乡发展，推进社会主义新农村建设的实施意见》，编制了新农村建设规划，全区实现科学发展的基本框架进一步得到明确。

区委、区政府认真落实整改措施，去年以来，进一步加大经济结构整和增长方式转变力度，全区经济社会继续保持了平稳较快的发展势头，以"五个经济板块"为支撑的产业综合竞争力进一步增强。2005年，全区顺利完成了"十五"计划的各项指标，区域税收达到38.7亿元，地方财政收入实现13.2亿元，分别比"九五"期末增长了4倍和3.4倍；城镇居民人均可支配收入和农民人均纯收入分别增长14.1%和8.8%。今年截至4月20日，全区地方财政收入实现6.04亿元，完成年度预算的41.6%，比上年同期增长了32.4%；城镇居民人均可支配性收入和农民人均纯收入分别增长了12.8%和4.3%。与此同时，全区在城乡建设与管理、和谐社会试点、社会事业发展、精神文明和民主法制建设等方面，不断加大工作力度，也取得了丰硕成果。总而言之，全区的发展基础进一步夯实，为全面建设小康社会奠定了坚实的基础。

（六）农村党员的党性观念、党员意识进一步增强，建设社会主义新农村有了坚实的思想基础和良好的开局

在农村开展先进性教育活动是整个先进性教育活动的重点和难点。为了把这项工作做实、做好，区委先进性教育活动领导小组先在十三陵镇进行了试点。在此基础上，按照市委提出的"通过一个活动、推进两项建设、解决三个问题"的要求，认真抓好第三批先进性教育活动。经过有效组织，广大农村党员边学习、边对照、边改进、边提高，集中受到了一次贯彻"三个代表"重要思想、落实科学发展观以及树立社会主义荣辱观的教育，进一步增强了党性观念和党员意识，增强了发挥先锋模范作用的主动性和自觉性。同时，通过开展先进性教育活动，广大农村党员干部进一步加深了对建设社会主义新农村内涵的理解，对建设社会主义新农村的紧迫性、长期性、艰巨性有了清醒的认识，进一步明确了肩负的重任。可以说，先进性教育活动已经成为建设社会主义新农村的新起点，调动和激发了农村党组织和广大农村党员建设社会主义新农村的积极性和热情。

近年来，区委、区政府坚持城乡统筹发展，不断加大"三农"工作力度，在农村经济发展、农民就业增收、农村基础设施和公用事业建设、对口支援山区、农村经济制度创新、环境治理和生态建设等方面不断取得了一些新进展，为推进全区新农村建设积累了经验、奠定了基础。全区新农村建设的各项工作已经陆续启动，经过"十一五"期间的努力，全区的新农村建设必将提高到新的水平。

三、开展先进性教育活动的基本体会

开展保持共产党员先进性教育活动，是我们党在新的历史条件下加强党的先进性建设的创新举措，是以党的建设新的伟大工程促进我们党领导的伟大事业的一次新的实践。历时一年半的先进性教育活动，使我们

对党的先进性建设的重要意义、科学内涵、具体要求、实现途径等重大理论有了更加深刻的认识,对全区党员和党组织在先进性建设中存在的差距和问题有了更加清醒的把握,在建立保持党的先进性的长效机制上有了更加丰富的实践,积累了宝贵的经验。回顾全区的先进性教育活动,有以下五点体会。

(一)必须坚持学习实践"三个代表"重要思想、树立和落实科学发展观,不断加强党的先进性建设

先进性是我们党带有根本性的一个特征,是关系到我们党的生存、发展、壮大的一个根本性问题。党的先进性建设是马克思主义政党的根本性建设。在党长期执政的条件下,我们加强党的先进性建设,就抓住了党的建设的根本,就抓住了加强党的执政能力建设,巩固党的执政地位的关键。这次的先进性教育活动,是我们党成立以来参加党员人数最多、规模最大的一次党内马克思主义正面教育、自我先进性教育活动。在三批先进性教育活动中,全区各级党组织和广大党员牢牢把握学习贯彻"三个代表"重要思想这条主线,认真落实科学发展观,按照中央"关键在于取得实效"和"成为群众满意工程"的要求,根据市委和区委的部署,围绕"提高党员素质、加强基层组织、服务人民群众、促进各项工作"的目标,周密安排,扎实推进,全区的先进性教育活动取得了明显成效。通过开展先进性教育活动,全区广大党员受到了一次深刻的马克思主义教育,学习实践"三个代表"重要思想、全面落实科学发展观的自觉性进一步提高,运用"三个代表"重要思想和科学发展观指导实践的能力进一步增强。实践证明,只有以"三个代表"重要思想和科学发展观为指导,扎扎实实抓好党的先进性建设,全区的经济、政治、文化和社会建设才能不断取得新的进展,改革、发展、稳定的大局才能得到维护和推动,才能实现全区经济社会全面、协调、可持续的发展。

(二)必须坚持加强党的基层组织建设,不断提高各级党组织的创造力、凝聚力、战斗力

党的基层组织是党的全部工作和战斗力的基础。"基础不牢、地动山摇",保持党的先进性,客观上要求我们就必须持之以恒地抓好党的基层组织建设。多年来,区委始终高度重视加强包括区委常委会、镇(街道)党(工)委、农村社区党支部等在内的各级基层组织建设,在基层党组织"三级联创"工作中,取得了丰硕的成果,涌现出一批"五个好"镇党委和村党支部。在这次先进性教育活动中,我们将加强党的基层组织建设摆在了十分突出的位置,围绕提高执政能力和基层党组织的创造力、凝聚力、战斗力,采取了许多切实可行的措施,开展了深入细致的工作,党的工作覆盖面进一步扩大,基层党组织的作用得到进一步强化。无论是机关还是企事业单位、无论是社区还是农村,全区各级党组织学习贯彻"三个代表"重要思想和落实科学发展观的自觉性有了新的提高;服务党员、服务群众,保持先进性的途径更加明确和具体;促进科学发展、构建和谐社会和建设社会主义新农村的行动更加自觉。这些成效,既是先进性教育活动取得的重要成果,也是先进性教育活动顺利进行的重要保证。实践证明,只有始终高度重视党的基层组织建设工作,不断增强全区广大基层党组织的创造力、凝聚力、战斗力,才能使广大基层党组织成为贯彻落实"三个代表"重要思想和科学发展观的组织者、推动者、实践者,为加强党的先进性建设奠定坚实的基础。

(三)必须充分发挥党员的主体作用,不断增强建设"三个首选之区"、构建和谐宜人新昌平的责任感、使命感

党员是先进性教育活动的主体,党员能否以积极的态度参加先进性教育活动,基层党组织是否做到了切实依靠广大党员,直接关系到先进性教育活动的成效。先进性教育活动开展以来,广大党员以饱满的热情投身到先进性教育活动的每个阶段、每个环节,表现出主动接受先进性教育活动的强烈的自觉

性和迫切性。广大党员以高度负责的精神，加强理论学习，认真开展批评与自我批评，深入进行党性分析，针对存在的问题认真研究制定整改措施并抓好落实，充分发挥了在先进性教育活动中的主体作用。在第三批先进性教育活动中，广大党员按照中央的要求，努力把学习党章、遵守党章、贯彻党章、维护党章作为自觉行动，对党的性质和宗旨、党的路线和纲领、党的指导思想和奋斗目标有了更加深刻的认识，对党员的权利和义务、党内政治生活、组织生活的有关重大原则问题有了更加全面的理解。在整个先进性教育活动中，全区各级党组织正是依靠广大党员的积极参与，充分发挥党员的主体作用，才把先进性教育活动不断引向深入，并取得了丰富的实践成果，解决了一批涉及全区改革发展稳定的问题，解决了一批城乡群众关心的热点、难点问题，各级党组织和广大党员积极为群众办实事、做好事、解难事，真正做到了“让党员受教育、使群众得利益”。实践证明，只有相信党员、依靠党员，充分发挥他们的聪明才智，才能不断使先进性教育活动取得新成效，才能增强他们的责任感和使命感，激发他们建设“三个首选之区”和构建和谐宜人新昌平的热情。

(四)必须建立健全永葆先进性的长效机制，不断推进先进性建设的制度化、规范化、经常化

保持党的先进性是一项长期的历史任务，既要靠思想教育，又要靠制度保证；既要靠个人自觉，又要靠严格管理；既要靠集中教育，又要靠常抓不懈。在这次先进性教育活动中，我们注重把解决实际问题与完善制度、健全机制结合起来，把开展先进性教育活动与抓好经常性的党员教育管理工作结合起来，在抓好先进性教育活动每个阶段每个环节工作的同时，认真总结一些好的经验和做法。全区各级党组织按照具体经验系统化、成功做法制度化的要求，结合自身实际，在建立健全党员学习、教育、管理、联系群众、党内民主参与等长效机制上取得了一些初步成果，全区先进性建设初步形成了制度化、规范化、经常化的格局。实践证明，只有抓好机制建设，为党员“长期受教育、永葆先进性”提供可靠的制度保证，并保证所制定的制度行得通、做得到、管得住、用得好，才能使党的先进性永葆青春与活力。

(五)必须坚持立党为公、执政为民，努力实现好、维护好、发展好广大群众的根本利益

胡锦涛总书记指出：“加强党的先进性建设，提高党的执政能力，最终要落实到实现好、维护好、发展好最广大人民的根本利益上来。”在这次先进性教育活动中，全区各级党组织和广大党员，坚持以群众是否满意为标准，在着力解决自身存在的突出问题的同时，认真把握广大群众的所需、所急、所忧、所盼，坚持从群众反映强烈的问题和具备条件解决的问题入手，扎扎实实抓好整改工作，做到边学边改、边议边改，积极为群众办实事、做好事、解难事，先后解决了一批涉及群众切身利益的实际问题。在巩固扩大先进性教育活动已有成果的过程中，各级党组织和广大党员注重提高解决自身问题的能力，围绕建设“三个首选之区”和构建和谐宜人新昌平的总目标，积极探索推进全区科学发展之路，努力使城乡群众共享改革发展的成果。实践证明，只有准确把握立党为公、执政为民的本质要求，始终保持和发展党同人民群众的血肉联系，逐步解决好人民群众最关心、最直接、最现实的利益问题，才能使先进性教育活动真正成为群众满意工程。

历时一年半的保持共产党员先进性教育活动，为我们留下的宝贵财富，永久载入昌平党建的历史。全区各级党组织和广大共产党员将继续保持先进性教育活动中激发出来的高昂政治热情和良好精神状态，高举邓小平理论和“三个代表”重要思想的伟大旗帜，锐意进取，开拓前进，不断开创全区改革开放和现代化建设的新局面。

大事记

大　事　记

2005年昌平大事记

1　月

8日　北京市第十五届农民艺术节开幕式暨北京市第六届乡村歌手大赛在本区举行。

11日－12日　市人大常委会副主任金生官、市人大财经委主任高佑之一行到居庸关、中关村科技园区昌平园调研。

12日　召开中共北京市昌平区纪律检查委员会第三次全体(扩大)会议暨全区党风廉政建设工作会议。会议总结了2004年全区党风廉政建设和反腐败工作,部署了2005年党风廉政建设和反腐败工作任务。市纪委副书记王翔出席会议。

15日　二届区委召开第六次全体会议。区委书记赵凤桐代表区委常委会作题为《牢固树立和认真落实科学发展观,推进全区经济和社会全面协调可持续发展》的报告,对2004年全区工作进行了回顾,并提出了2005年工作的总体设想和经济社会发展的预期目标。区长佟根柱作题为《落实科学发展观,坚持以人为本,转变政府职能,推动全区经济社会平稳协调发展》的讲话。会议审议并通过了《二届区委第六次全体会议决议(草案)》。全体区委委员、区委候补委员出席会议,区纪委委员、区级党员领导干部、各处级单位党政正职领导干部列席了会议。

16日－19日　举行中国人民政治协商会议昌平区第二届委员会第二次会议。会议听取并审议了中国人民政治协商会议北京市昌平区第二届委员会常务委员会的工作报告和区政协二届一次会议以来提案工作情况的报告;列席了北京市昌平区二届人大二次会议开幕式,听取并协商讨论了《昌平区人民政府工作报告》以及其它报告;增补张维亮、塔娜、衡晓帆、李雪红、刘艺兰、薛林兴为区政协常务委员;通过了《中国人民政治协商会议北京市昌平区第二届委员会第二次会议关于常务委员会工作报告的决议》、《中国人民政治协商会议北京市昌平区第二届委员会第二次会议关于常务委员会提案工作情况报告的决议》、《中国人民政治协商会议北京市昌平区第二届委员会第二次会议政治决议》。

17日－19日　举行昌平区第二届人民代表大会第二次会议,210名代表出席会议。会议听取并审议了《昌平区人民政府工作报告》、《昌平区人大常委会工作报告》、《昌平区2004年国民经济和社会发展计划执行情况与2005年国民经济和社会发展计划草案的报告》、《昌平区2004年财政预算执行情况和2005年财政预算草案的报告》、《昌平区人民法院工作报告》、《昌平区人民检查院工作报告》;审查批准了北京市昌平区2004年国民经济和社会发展计划执行情况与2005年国民经济和社会发展计划草案；审查批准了北京市昌平区2004年财政预算执行情况和2005年财政预算；审议通过了北京市昌平区人民代表大会议事规则；依法补选了李启忠为昌平区第二届人大常委会委员。

21日 昌平区山区有线电视光缆覆盖工程开通仪式在流村镇韩台村举行。市委副书记龙新民，市委常委、宣传部长蔡赴朝等出席仪式。

25日 “首都星火富民科技下乡工程”暨“科技下乡服务在线远程教育网”启动仪式在昌平商务会馆举行。仪式后在南邵镇农业服务中心举行了“科技下乡服务在线远程教育网”开通仪式。

26日 原全国政协副主席张思卿到小汤山现代农业科技示范园入园企业北林园艺分公司视察。

29日 区委召开保持共产党员先进性教育活动动员会，区级四套班子党员领导干部出席会议，全区处级以上领导干部和各基层党组织负责人参加了会议。区委书记赵凤桐作动员讲话，市委先进性教育活动督导组组长刘凤歧到会并提出要求。第一批保持共产党员先进性教育活动共涉及处级单位73个，其中党工委6个、党委18个、党组31个、党总支(支部)330个，党员6753名。

31日 副市长牛有成带领市农业、卫生、工商等部门负责人对昌平区医院、水屯批发市场和华都肉鸡公司防控禽流感工作进行综合检查。

2 月

3日 区委召开老干部工作会议。

4日 中国地震局局长陈建民到本区指导工作。

5日 昌平科技园区919支(3)公共汽车正式开通。

△ 举行2005年春节团拜会，区级四套班子领导干部出席团拜会并与300余名各界代表共同观看了演出。

18日 区委举办昌平区保持共产党员先进性教育活动专题报告会。区委书记赵凤桐作新时期保持共产党员先进性的专题报告，参加第一批先进性教育活动各单位副职以上党员领导干部聆听了报告。

22日 召开山区生态流域治理工作会，共划定五个流域，分别是韩台流域、老峪沟流域、大石坡流域、十三陵水库上游流域、兴寿牛蹄岭流域，流域面积共计402825.5亩。

24日 区委召开农村工作务虚会，各镇(街道)党(工)委书记就加强村级班子建设、农村精神文明建设和农民教育等问题进行讨论。

25日 区委、区政府召开2005年交通安全工作暨“两会”交通安全保卫动员会议。

是月 举办第二届春节“民俗村过大年”活动，全区民俗旅游春节黄金周收入达到137.16万元，同比增长66.6%；人次18318人次，同比增长26.6%。

3 月

1日 启动旨在提高全区柿子质量、增加柿子产业规模、增加柿农收入的柿子“提质增效”工程。

3日 举行庆祝昌平区荣获“全国科技进步示范区”大会，副市长范伯元出席会议。

4日 区委举办保持共产党员先进性教育活动优秀共产党员先进事迹报告会，区级党员领导干部及全区党员代表600多人聆听了先进事迹报告。

7日 实施南口镇李庄治沙造林治理工程。该工程是由北京和意大利合作的风沙治理项目之一，治理面积686亩。

9日 区政府召开2005年全区旅游工作大会。

11日 区委、区政府召开2005年昌平区农村工作会。

16日 市人大常委会副主任赵凤山到本区就农村土地确权情况进行调研。

18日 区委召开各镇(街道)党(工)委书记座谈会，征求对《昌平区村级干部报酬管理考核暂行办法》(征求意见稿)的意见并研究如何进一步解决农村劳动力就业问题。

22日 团区委联合区委610办公室、区文委、区教委共同组织发起了青少年民族艺术传承活动暨“民族艺术进校园”活动。

23日 副市长牛有成到本区视察生态林补偿工作和春季森林防火工作。

30日 召开2005年精神文明建设工作会议。

31日 召开2005年度依法治区工作暨“四五”普法总结验收大会。

是月 昌平区获首都全民义务植树服务奖。

△ “北京市绿昌然苗圃”和“北京市昌平区林业试验场”获“全国无检疫对象苗圃”称号。

△ 本区42家市级安全食品生产基地晋升为农业部无公害农产品基地。

4 月

1日 区级领导干部举行务虚会,听取市规划委员会昌平分局关于最新修编的《北京城市总体规划2004~2020年》的情况介绍,并针对本区规划修编情况进行讨论。

△ 区政府召开“昌平区有机农业工作会”,全面启动有机农业项目建设。

5日 区委、区政府召开人口和计划生育工作会议。

6日 昌平区行政投诉中心正式挂牌。

11日 北京蟒山旅游度假村被中国饭店协会、全国绿色指导委员会批准为“AAAA级中国绿色饭店”。

13日 核准投资额达近25亿元的北大国际医院项目入驻中关村生命科学园。

14日 市委副书记、市纪委书记阳安江到昌平调研。

15日 区旅游局和区科协联合对北京市森林消防总队直属大队进行颁牌仪式,确立此大队为昌平区青少年科普教育基地。

16日 副市长牛有成到小汤山现代农业科技示范园和北京天翼生物工程有限公司调研。

18日 “北京市昌平区水务局”正式组建。将原区水资源局承担的全部水行政管理职责和原由区市政管委承担的管理城市供水、排水与污水处理、再生水利用以及主要城镇地区防汛、排洪等方面的职责划入区水务局。

21日 水利部副部长翟浩辉、北京市副市长牛有成一行14人到响潭水库上游清洁小流域、响潭地表水厂、十三陵供水厂进行调研。

22日 由区政府投资30万元的南口镇南口村清真寺举行开工典礼。

25日 中央巡视组到昌平视察工作。

26日 召开新城规划编制工作会议。

△ 国家旅游局局长邵琪伟、副市长张茅检查本区“五一”黄金周旅游接待准备工作。

27日 在昌平广电中心大厦召开庆“五一”暨经济技术创新工程表彰大会。

28日 第二届小汤山温泉文化节启动仪式在九华山庄举行。

5 月

3日 市委书记刘淇到昌平调研。

11日 智利圣地亚哥市政府市长Cristian Labbey一行4人到本区访问。

12日 区委召开“两查找、两促进”活动总结会暨农村基层组织建设工作部署会。

△ 区水产公司生产的罗非鱼、珍珠白、白须公、金丝鲶及金水牌鱼肉制品被农业部农产品质量安全中心认证为“无公害农产品”并获得认证证书。

15日 举办北京市少儿科普阅览中心昌平分中心揭牌仪式。

16日 举行北京市昌平区科技周开幕式暨“站在巨人的肩膀上”科学名篇诗歌朗诵会。

18日 韩国釜山金井区议会代表团对本区进行友好访问。

△ 清河入河口水环境整治工程开工,

项目总投资1525万元。

19日　国际铁人三项联盟主席莱斯·麦克唐纳、秘书长比尔·沃克、执行主席劳润·巴奈特一行来本区就铁人三项比赛线路、场地及运动员驻地等进行考察。

△　举办“黄福水、王曙光同志先进事迹”报告会，市委督导组及区委、区政府理论学习中心组成员及各级干部500余人参加了会议。

20日　副市长牛有成到北京卉隆干燥花有限公司、北京东升种业有限公司和北京盛斯通公司考察。

△　永安环岛改造工程全线竣工。共拆除环岛1657平方米、旧路3245平方米，清运渣土1000立方米，完成新路铺油1.2万平方米，铺步道彩砖2000平方米，砌立道牙1200米。改造后路口交通采用信号灯控制，设计时速为40公里，单侧每小时可通过标准小客车4724辆。

20日－21日　保持共产党员先进性教育活动中央督导组到本区视察工作。中央督导组在听取汇报后，参观了小汤山现代农业科技示范园，并到北七家镇郑各庄村视察。

21日　市委副书记杜德印就镇（街道）管理体制综合改革工作到本区调研。

24日　召开“昌平区旅游企业安全月及第十届百日安全竞赛动员会”。

24日－25日　区委举办处级党政正职领导干部构建社会主义和谐社会专题读书班。

26日　举行昌平区第一届职工艺术节开幕式暨第五届“五月的鲜花”歌咏比赛。

26日－28日　共青团北京市昌平区第二次代表大会召开，团市委副书记方力出席开幕式。

31日　开展“共产党员献爱心”捐献活动，全区共98个单位、5704名党员及69名入党积极分子参加了捐献活动，捐款总额393133元。

是月　区、镇动物防疫、工商、公安、城管等相关部门，在进出本区的13个主要交通道口设置了亚洲Ⅰ型口蹄疫防控检查站，共查堵车辆90部次、偶蹄动物1220头（只）。

△　北京市昌平水产养殖场和常兴庄渔场被北京市农业局认定为“无公害农产品‘渔业’产地”并颁发认定证书。

6　月

1日　庆祝六一国际儿童节大会在昌平二中举行。

2日　举办昌平第一部民俗旅游故事集《聊林趣海》发行仪式。

6日　“昌平区青春健康教育基地”在北京明皇蜡像宫落成。

7日　十三陵镇遭到近年来罕见的冰雹袭击，造成果树、农作物大面积受灾。

8日　国家档案局局长、中央档案馆馆长毛福民就现行文件利用服务等方面的问题到区档案馆、南口镇龙虎台村、铁道部南口机车车辆厂西社区进行调研。

9日　韩国釜山金井区政府代表团来本区访问，与区政府正式签订友好交流合作协议。

20日　全国政协副主席、民建中央常务副主席张榕明与部分全国政协常委和委员到本区视察职业教育工作。

22日　召开农业科技入户工作会，确定了3个农业科技示范重点镇、10个示范村、300个示范户，辐射带动5000个农户；确定2个农业科技示范园、3个观光园、10个标准化示范基地、10个养殖场（小区）进行科技示范。制定并下发了《昌平区关于农业科技入户工作的意见》和《指导手册》。

23日　“美国嘉吉公司投资昌平签约仪式”在昌平商务会馆举行。

24日　昌平区慈善协会正式成立。

28日　区委召开庆祝建党84周年暨优秀共产党员表彰会。会上表彰优秀共产党员400名，“五个好”镇党委6个，“五个好”村党支部59个，“五个好”群众满意镇、站、所21个，“五个好”社区党支部10个。

△ 区委举办农村集体经济产权制度改革村干部培训班。

△ 水关环岛改造工程全线竣工。共拆除环岛面积1696平方米、旧路面积2826平方米，新路铺油8874平方米，铺设步道彩砖1835平方米，砌立道牙1607.8米等。改造后路口采用信号灯控制交通，设计时速为40公里，单侧每小时可通行标准小客车4700辆。

7 月

1日 教育部副部长吴启迪到本区考察职业教育。

△ 市政府发起的“万亩彩色生态林工程”在本区实施。实施地点位于南口镇羊台子村京张高速公路八达岭回线两侧。工程规划总面积10000亩，其中彩色树林区8000亩、育苗区1000亩、育种林区500亩、仓储区300亩以及其他工作区200亩。工程规划2008年完成。

5日 区委召开第二批保持共产党先进性教育活动部署会。第二批教育活动涉及处级单位27个，基层党组织660个。其中党工委4个、党委39个、党总支70个、党支部547个，党员18810名。

6日 区重点工程——南口地区马兴路改扩建工程全面竣工通车。该路全长5.68公里，路面均宽9米，路基均宽11米，工程总投资1000多万元。

9日 回龙观文化居住区体育公园落成并投入使用。

14日 国际货币基金组织首席经济学家拉古拉迈·拉杰访问昌平。

△ 昌平旅游网正式开通使用，网址www.chply.com。

16日 水利部部长汪恕诚、北京市副市长牛有成、市水务局局长焦志忠到本区调研水务工作并参观了小汤山现代农业科技示范园。

17日 加拿大大不列颠哥伦比亚省坎卢普斯市市长梅尔·罗森博格一行到本区进行友好访问。翌日，昌平区与坎卢普斯市签定友好交流合作协议。

23日 全区普降暴雨，平均降雨量为87毫米，最大降雨量达到128毫米。

26日 召开第四批农村集体经济产权制度改革下派工作队会，标志着本区第三批农村集体经济产权制度改革准备基本完成，第四批农村集体经济产权制度改革工作即将展开。

28日 全国人大常委会委员、全国人大农业与农村委员会主任委员刘明祖及全国人大代表一行120人，到小汤山现代农业科技示范园视察调研。

△ 第一届北京网络安全研讨会在本区图书馆大厦举行。

是月 昌平区动物防疫部门紧急制定应急预案，采取严格核查生猪来源地，定时定点检查生猪销售市场、冷库，严密监控生猪销售环节等措施，积极应对“四川省链球菌病事件”。

△ 启动《昌平文物志》和《明十三陵志》两部特色志书的编纂工作。

8 月

2日－3日 召开第四批农村集体经济产权制度改革动员大会。

8日 十三陵镇召开由全镇各村党支部书记、副书记及部分党员参加的保持共产党员先进性教育活动动员会，标志着本区第三批先进性教育试点工作正式启动。

9日 市委常委、市公安局局长马振川到本区调研。

24日 市人大常委会副主任林文漪视察本区公共卫生体系工作。

26日 市长王岐山到东小口镇天通苑居住区和回龙观文化居住区现场调研，实地了解天通苑、回龙观两个居住区社会管理和公共服务等方面的情况。

30日 区委召开老干部纪念抗日战争胜利60周年座谈会。

是月 流村镇北禾路改扩建工程正式动工，该工程是流村镇百里环形旅游走廊的主要干道,道路全长23.5公里,总投资8200余万元。

9　月

1日　市委副书记、市人大常委会主任于均波出席回龙观中心小学开学典礼。

△　市委常委、市委教育工委书记朱善璐到南口镇桃洼学校视察指导工作。

△　王家园水库除险加固工程开工,工程总投资3506万元。

5日　市委书记刘淇,市委常委、市委教育工委书记朱善璐到长陵镇黑山寨学校就九年制义务教育情况进行调研。

7日　昌平区农村“两网”建设暨农村卫生室药品统一配送工作启动仪式在流村镇漆园村举行。

9日　水南路改扩建工程正式通过验收。该工程共投资1.3亿元,主要建设内容包括8.7公里道路、4座桥梁、2座铁路箱涵顶进、1座排水泵站、4条市政管线以及相应的绿化、照明工程。

17日　2005年傲胜北京铁人三项世界杯赛在十三陵水库九龙游乐园进行。来自28个国家和地区的132名运动员参赛,中国队派出男女各6人参赛。

△　在亢山广场举行大型科普宣传活动。

20日　“长陵镇第一届民俗文化节暨黄泉寺村紊枣采摘仪式”在长陵镇黄泉寺村举办。

25日　北京市第二届文学节《作家眼中的昌平》采访活动在昌平旅游企业中进行。

26日　市委副书记龙新民到昌平区调研流动人口子女教育情况,先后视察了“汇蕾”和“雨竹”两所流动人口子女学校。

△　首届昌平区优秀中国特色社会主义事业建设者表彰大会在广电中心召开,36名非公有制经济人士获“优秀中国特色社会主义事业建设者”称号。

△　小汤山镇酸枣岭生态民俗村举行开村仪式暨大兴寺文物古建修复落成典礼。

△　举行昌平区防震减灾科普知识进村、进社区、进家庭、进学校活动启动仪式。

是月　昌平区果树研究所、大辛峰果园、中日友好观光果园三家果园通过农业部有机食品转换期认证,获得苹果有机转换产品认证证书。

10　月

1日　举办昌平区第六届“新秧歌”广场舞蹈比赛,来自全区17个镇、街道办事处的秧歌队参加了比赛。

8日　副市长牛有成到本区调研农村垃圾管理情况,并召开落实“春季调研”年度项目现场会。

17日　市政协副主席黄承祥到东小口天通苑居住区和回龙观文化居住区调研。

△　本区运动员景雪竹以1.92米的成绩夺得第十届运动会田径比赛女子跳高决赛冠军。

18日　韩国首尔市道峰区区厅长崔仙吉先生率领道峰区政府代表团到本区访问。

20日　全国农业标准化示范区现场会在南邵镇三合庄果园举行。

21日　小汤山镇申报“中国温泉之乡”通过评审。

△　美国加利福尼亚州奥克兰市政府代表团到本区进行友好访问。翌日,区政府与奥克兰市政府签订友好交流协议。

22日　昌平区第二届苹果节开幕式在崔村镇真顺果园举行,副市长牛有成出席开幕式。

26日　在北京召开的全国精神文明建设工作表彰大会上,北七家镇郑各庄村获全国文明村镇称号。

28日　区委、区政府召开昌平区2005年冬季征兵工作会。

30日　举行2008年北京奥运会匈牙利奥运俱乐部落户龙脉温泉项目签约仪式。

是月　昌平区禽流感免疫工作完成,免疫密度达到100%。

11　月

4日　中国科协办公厅正式下发批准确定全国第三批科普示范县(市、区)的通知,昌平区位列表中第一名。

△　南邵镇有线广播正式开通。

8日　全国政协北京考察团一行60余人到小汤山农业园视察指导工作。

9日　市人大常委会副主任赵凤山到桃林果园,就旅游农业发展问题进行调研。

△　区委、区政府召开规划编制工作汇报会,听取了市规划委员会昌平分局就昌平新城规划(2005年~2010年)编制工作的汇报。

10日　区委召开区人大工作会议。

11日　市委副书记、市纪委书记阳安江到昌平调研。

12日　"奥运向我们走来倒计时1000天"北京市直机关干部登长城活动在居庸关长城举行。

△　"奥运向我们走来倒计时1000天"暨昌平区大型秧歌展示活动在亢山广场举行。

14日　全国政协副主席周铁农率30名全国政协文史和学习委员考察团到本区考察世界文化遗产保护利用与修缮工作。

15日　市委副书记、市纪委书记阳安江到本区调研。

16日　全区2005年度冬救物资发放工作完成。共发放棉被600床,棉褥500条,棉衣500套,共计15万元。

18日　由北京市技术监督局、市农委、市林业局、市农业局、市畜牧兽医总站等相关单位领导和专家组成的市级验收小组对昌平区2005年确定的22家标准化示范基地进行验收。

△　南口镇有线广播正式开通。

20日　美国总统布什夫人劳拉参观明十三陵。

25日　市委常委、市委教育工委书记朱善璐率队到本区检查党风廉政工作。

△　完成全区苗圃清查工作。全区共有苗圃总处数174处,苗圃总面积50373亩,可育苗面积47885亩,实际育苗面积47854.5亩,总产苗量5503.3万株。

是月　区森林防火指挥部在长陵镇碓臼峪、兴寿镇牛蹄岭、南口镇四桥子、中国银行南口义务植树基地、南口镇黑山坨、阳坊镇后白虎涧新建6座瞭望塔。全区瞭望塔数量由15座增加到21座,瞭望面积由27050公顷增加到34375公顷,瞭望率提高了15.28%。

△　投资300万元的流村镇人畜饮水工程全部竣工,共打机井1眼,安装主管道48711米,支管道98531米,出水头3342个,砌阀门井3342个,新建蓄水池12座、500立方米。该项工程的实施解决了18个村、3313户、10010人的饮水难问题。

12　月

1日　国务院副秘书长陈进玉、国家科技部副部长李学勇以及国务院办公厅、国家科教办、国家发改委等五部委领导就中关村国家工程技术创新基地方案进行调研。

4日　20时20分许,八达岭高速公路进京方向49.4公里处发生一起特大交通事故,一辆内蒙古自治区的运载电石的大货车因制动失灵,与一辆北京市公交集团长途客运公司的中型客车相撞后,两车坠入南口镇羊台子村附近路旁山沟内起火,造成24人死亡,9人受伤。

5日　副市长孙安民、市人口计生委主任邓行舟率队到本区检查人口和计划生育"两个转变"工作。

7日　副市长范伯元到中关村生命科学园入园企业——北京蛋质组研究中心调研。

8日　北京生命科学研究所在生命科学园正式挂牌成立。中共中央政治局委员、北京市委书记刘淇,全国政协副主席、民盟中央副主席张梅颖共同为北京生命科学研究所揭牌。国家科技部部长徐冠华,北京市市长王岐山,市委常委、秘书长孙政才,副市长范伯元,区领导赵凤桐、佟根柱,理事单位代表及有关专家、学者、科技人员近百人出席了揭牌仪式。

△　区委、区政府召开2005年欢送新兵大会，欢送150名昌平籍新战士入伍。

9日　区委召开第三批保持共产党员先进性教育活动动员部署大会。

△　昌平公安消防支队举行揭牌仪式。

△　韩国金井区厅长金文坤率领企业家代表团到本区访问。

10日　昌平区第三届领导干部党风廉政建设书画展开展。

△　完成2005年山区人畜饮水工程，彻底解决了黑山寨等49个村3万人的饮水难问题。

11日　副市长吉林到八达岭高速公路康庄治超站慰问执勤民警，调研指导治理超限超载、预防交通事故和缓解交通拥堵等工作。

16日　回龙观、东小口地区办事处城管分队正式揭牌。东小口和回龙观办事处分队共有队员71人，所辖区域64平方公里，有25个行政村、28个社区居委会，共有常住人口29万人。

18日　副市长吉林到八达岭高速公路康庄治超站调研。

20日　全国人大财政经济组视察代表团一行到小汤山现代农业科技示范园视察指导工作。

26日　区工会第二次代表大会开幕。

28日　举行广电大厦启用仪式。

29日　北京市首家“数字民俗村”——麻峪房民俗村正式开通。

31日　市委书记刘淇，市委常委、秘书长孙政才，副市长牛有成等领导先后到流村镇北照台村、漆园村、白羊城村就京郊农村各项政策落实情况进行调研。

是月　昌平区农业服务中心、昌平牧工商总公司正式开始在百善镇、兴寿镇实施“千羊百户”富民示范工程。

△　首部《北京昌平年鉴》正式出版发行。年鉴的框架为综述、大事记、特载等20个类目，83个分目，159个子目，1993个条目，65万多字，并配以地图、彩色照片335幅，全面反映了昌平区2004年度的政治、经济、文化和社会发展等各方面的新情况、新进展和新成就。

△　《中国共产党北京昌平区历史大事记（1921～2003）》正式出版发行。全书共分为新民主主义革命、社会主义建设探索和社会主义现代化建设三个时期，比较全面地记述了党领导昌平人民80多年来走过的历史进程。此书共收录大事2453条，约31万字。

政党·团体

政党·团体

中国共产党北京市昌平区委员会

概　　述

2005年，区委坚持以邓小平理论和“三个代表”重要思想为指导，认真履行职责，先后召开了3次全委会和49次常委会，就关系全区经济社会发展的重大问题进行了深入研究，作出了一系列决策和部署，团结带领全区各级党组织和广大党员干部群众，开拓进取，扎实工作，顺利完成了全年的各项任务，在推进“三个首选之区”建设、构建和谐宜人新昌平的道路上迈出了新的步伐。

贯彻落实科学发展观，全面谋划全区经济社会发展。不断完善学习制度，结合构建社会主义和谐社会和开展保持共产党员先进性教育活动，努力理解掌握和贯彻落实科学发展观。落实市委九届十次全会精神，提出关于“十一五”规划的建议，进一步明确了全区未来五年的发展思路、发展目标和发展任务。落实市总体规划和区县功能定位，研究确定了“科教创新基地、人文生态景区、和谐宜居新城”的发展定位和“一带两轴、一城多点”的总体空间布局。进一步修编完善了昌平新城规划以及交通、环境整治等17个专项规划。研究制定了各镇(街道)功能定位和经济社会协调发展绩效评价考核体系，促进了镇(街道)特色发展、整体功能优化和城乡协调发展。

全区保持共产党员先进性教育活动取得了明显成效。圆满完成了第一批、第二批先进性教育活动的各项工作任务，启动了第三批先进性教育活动。区委常委以普通党员的身份带头学习、带头分析评议、带头整改提高，进一步坚定了理想信念，增强了党性意识，执政能力有新的提高。制定了五个方面89项整改措施，切实解决了一批涉及群众利益和影响改革发展稳定的突出问题。广大党员的党员意识、组织纪律观念、保持先进性的意识进一步增强，先进性教育活动真正成为了群众满意工程。

全区经济继续保持平稳较快的增长势头。在经济发展中，坚持有所为、有所不为的方针，加快调整经济结构，转变经济增长方式，进一步加大了中关村科技园区昌平园、生命科学园、小汤山农业园等重点产业发展区的基础设施和环境建设力度，积极支持支柱作用强、导向性明显的重点企业发展，全区高新技术产业和先进制造业、旅游会展业、流通服务业、现代农业等“五个经济板块”有了新的发展，产业综合竞争力进一步增强。年内，全区区域税收实现38.7亿元，增长12.8%；地方财政收入实现13.2亿元，增长20.5%；城镇居民人均可支配性收入和农民人均纯收入达到15684.2元和7416元，分别增长13.7%和9.8%。

统筹城乡发展的力度进一步加大。进一步加大对农村地区基础设施建设和社会事业发展的支持力度。启动北禾路、南雁路等农村地区近100公里的道路改扩建工程，完成56个山区村的饮水设施和30多个村的村内道路的改造，实现山区有线电视全覆盖，恢复11个镇的有线广播，建设了一批镇文化站，新建了87个规范化的村级文化和卫生设施。继续落实好山区生态林补偿机制，制定了矿产资源看护政策，组建群众性社会治安巡逻队伍、农村垃圾收集队伍等，解决了万余人的就业。加大对农村劳动力的培训力度，全年培训1万多人次。深入开展新一轮山区对口支援工作，山区村自我发展能力进一步增强。积极推进城乡生态建设和环境综合治理，进一步完善农村垃圾消纳工作机制，城乡群众的生产生活环境得到进一步改善。

城镇建设与管理水平进一步提高。加强市政重点工程建设，启动南环路大桥等一批道路工程的建设，完成回龙观部分地区道路疏堵工程；大力推进昌平、沙河、南口等城镇市政设施建设，加强北七家集中供水、小汤山污水处理厂等一批公用事业建设，全面实现昌平卫星城集中供暖；继续加大与群众生活息息相关的路标路牌、公共厕所等公共服务设施的建设力度。按照高效能管理城市的要求，积极探索运用信息技术管理城市，进一步加强对天通苑、回龙观两大社区的管理，初步建立了社区管理工作的新机制。进一步加强大气污染治理、污水处理等工作。

体制改革和对外开放进一步深化。积极推进国有、集体企业改革，引进战略投资者重组改造现有企业取得新进展。按照市委、市政府的统一部署，完成国土、水资源等部门的体制改革工作。继续推进全程办事代理制向基层延伸，覆盖到全区科、队、站、所、村。启动网上互联审批的筹备工作。农村集体经济组织产权制度改革扎实推进，启动15个村的改革工作，进一步探索了农村新型经济组织运行的体制机制。投融资改革稳步推进。积极做好对外开放工作，对外交往日益增多，外贸出口交货额持续增长。

和谐社会建设稳步推进。扎实推进社会建设与管理，城镇社区、村等基层自治组织建设不断加强，维护和谐稳定的作用得到进一步发挥。认真做好再就业工作，城镇登记失业率控制在2.5%以内。加快社会保障体系建设，进一步做好对特殊困难群体的帮扶工作，城乡困难群众的基本生活保障水平进一步提高。全面落实社会治安综合治理的各项措施，加大对各种违法犯罪活动的打击力度，全区保持了良好的社会治安状况。高度重视公共安全和安全生产，认真抓好禽流感防控工作。深入贯彻落实《信访条例》，规范信访秩序，加强了人民内部矛盾的排查调处工作。制定《关于开展创建和谐社会试点工作的意见》，全区在1个镇、32个社区、村和企业中开展试点工作，进一步探索了构建和谐社会的途径和方式，为全面推进和谐社会建设积累了经验。

精神文明建设和民主法制建设取得新进展。切实加强公民思想道德建设，启动城乡居民素质教育工程，广泛开展群众性精神文明创建活动。进一步改善部分中小学校办学条件，落实城镇优质教育资源支援山区的政策，教育教学质量有了新的提高。沙河高教园区的筹建工作稳步推进。进一步加强科技工作，制定加强科协工作的意见，争创全国科普示范区工作取得明显进展。深入组织开展基层群众文化体育活动，成功举办了2005年度铁人三项世界杯赛。继续加强公共卫生服务体系建设，城乡医疗卫生服务水平进一步提高。切实加强人大、政协工作，召开了第二次区人大工作会、政协工作会。深入落实村民自治和各项办事公开制度，基层民主建设取得新进展。扎实推进“四五”普法的总结验收和争创“四五”普法先进区工作，依法行政、公正司法和法制宣传教育工作得到进一步加强。

党的建设进一步加强。积极推进执政能力建设和先进性建设,全区各级党组织的领导核心、政治核心作用和党员的先锋模范作用进一步发挥。认真贯彻市委《关于推进基层党建工作创新的意见》,落实了党员年人均100元支部活动经费的要求,根据实际需要设立社区专职党务工作者,组织一批处级后备干部到农村基层挂职锻炼。按照中央和市委关于建立健全教育、制度、监督并重的惩治和预防腐败体系的要求,深入落实和完善各项制度,不断加大反腐倡廉宣传教育工作和查处违纪违法案件工作的力度。成立了行政投诉中心,启动了巡视工作,全区党风廉政建设和反腐败斗争取得了新的成效。

(李弗甘)

单位名称:中国共产党北京市昌平区委员会
地址:北京市昌平区政府街19号
电话:(010)69742713
邮编:102200

主要工作和重大活动

【召开区委二届六次全会】 1月15日,中共北京市昌平区第二届委员会第六次全体会议召开。区委书记赵凤桐代表区委常委会作题为《牢固树立和认真落实科学发展观,推进全区经济和社会全面协调可持续发展》的报告,对2004年全区工作进行了回顾,提出了2005年工作的总体设想和经济社会发展的预期目标。区长佟根柱作题为《落实科学发展观,坚持以人为本、转变政府职能,推动全区经济社会平稳协调发展》的讲话。全体区委委员、区委候补委员出席了会议,区级党员领导干部、区纪委委员、各处级单位党政正职领导干部列席了会议。

(李弗甘)

【市领导出席电视光缆开通仪式】 1月21日,山区有线电视光缆覆盖工程开通仪式在流村镇韩台村举行。市委副书记龙新民,市委常委、宣传部长蔡赴朝和区级四套班子主要领导等出席仪式。龙新民、蔡赴朝走访慰问了韩台村部分困难户,并送去了电视机等慰问品。

(李弗甘)

【召开先进性教育活动动员会】 1月29日,区委召开保持共产党员先进性教育活动动员会,全区处级以上领导干部和各基层党组织负责人参加了动员会。区委书记赵凤桐作动员讲话,市委保持共产党员先进性教育活动督导组组长刘凤歧到会并提出工作要求。

(李弗甘)

【召开庆祝荣获“全国科技进步示范区”大会】 3月3日,召开庆祝荣获“全国科技进步示范区”大会,区级四套班子主要领导参加了大会。

(李弗甘)

【市领导到本区调研】 4月14日,市委副书记、市纪委书记阳安江到本区调研。区委书记赵凤桐汇报2004年全区工作总体情况和2005年全区工作的思路、重点,详细介绍了2004年全区党风廉政建设、反腐败工作情况和2005年党风廉政建设工作的重点。

(李弗甘)

【中央巡视组到本区视察工作】 4月25日,中央巡视组到本区视察工作。区委、区政府领导班子成员出席见面会,有关区领导陪同视察。

(李弗甘)

【第二届小汤山温泉文化节启动仪式】 4月28日,第二届小汤山温泉文化节启动仪式在九华山庄举行,区级四套班子领导出席了仪式。

(李弗甘)

【举办先进事迹报告会】 5月19日,举办“黄福水、王曙光同志先进事迹首场报告会”。市委督导组,区委、区政府理论学习中心组成员以及基层干部500余人聆听了报告。

(李弗甘)

【中央督导组到本区调研】　5月20日至21日，保持共产党员先进性教育活动中央督导组到本区调研。市委组织部副部长朱秉春主持调研会议，区委书记赵凤桐向中央督导组汇报全区先进性教育活动整改落实情况，区建委、区计生委、区地税局汇报了各自的整改落实情况。

（李弗甘）

【市领导调研乡镇管理体制改革】　5月21日，市委副书记杜德印就镇（街道）管理体制综合改革工作到本区调研。区委书记赵凤桐以及作为镇（街道）管理体制综合改革试点的长陵镇、回龙观镇、城北街道办事处作了汇报。杜德印对本区的镇（街道）管理体制综合改革工作给予充分肯定。同时指出，在研究镇（街道）管理体制综合改革的过程中，要注意把握好四个问题：第一，坚持发展是第一要务。机构改革一定要有利于农村经济社会的协调发展，有利于更好地解决"三农"问题，有利于实现农民的共同富裕。第二，通过利益协调实现科学发展。改革要解决的是利益协调问题，改革的本质就是要建立利益协调机制，解决在利益上出现的工作脱节问题、不协调问题和冲突问题。第三，改革要从实际出发。改革一定要从乡镇工作所面临的矛盾和问题出发，要敢于揭示乡镇工作中存在的矛盾和问题，正视工作中存在的差距和不足，并善于把二者结合起来考虑，促使改革工作稳妥推进。第四，不要求一步到位。改革没有万全之策，不可能一步到位。要先捡急迫的又能解决的问题入手，在这个过程中积累认识和经验，为解决其他环节的问题奠定基础。

（李弗甘）

【举办和谐社会专题读书班】　5月24日至25日，举办处级党政正职领导干部构建社会主义和谐社会专题读书班，区委常委会成员参加了各组的分组讨论并出席结业式。

（李弗甘）

【开展"共产党员献爱心"捐献活动】　5月31日，区委办公室党支部、区人大常委会机关党支部、区政府办公室党支部、区政协机关党支部的全体党员，在区委办公楼举行"共产党员献爱心"捐献仪式，并向全区党政机关共产党员发出捐献倡议。区级四套班子中的党员领导干部出席了捐献仪式。全区共98个单位、5704名党员及69名入党积极分子参加了捐献活动，捐款总额393133元。

（李弗甘）

【市领导出席回龙观小学开学典礼】　9月1日，市委副书记、市人大常委会主任于均波出席了回龙观中心小学开学典礼。

（李弗甘）

【市领导到本区视察指导】　9月1日，市委常委、市委教育工委书记朱善璐到南口镇桃洼学校视察指导工作，慰问全校师生，并与北京市支援农村学校的骨干教师进行了座谈。区委书记赵凤桐等陪同视察。

（李弗甘）

【市领导调研义务教育情况】　9月5日，市委书记刘淇，市委常委、市委教育工委书记朱善璐，市委常委、秘书长孙政才等市领导到长陵镇黑山寨学校就九年制义务教育情况进行调研。市领导察看了硬件设施建设情况，看望教职员工并听取有关方面汇报。刘淇指出，昌平的山区教育发展很快，区委、区政府落实教育优先发展战略，高度重视教师队伍建设。刘淇强调，要更多地关注教育、关注农村教育特别是山区教育，在构建和谐社会和首善之区上，让所有的孩子们都能够接受到义务教育；采取手拉手的办法，让优秀教师前来支教，这项工作一定要做好，并且要长期坚持下去，真正做到提高山区的教学质量。

（李弗甘）

【市委巡回检查组到本区检查工作】　9月15日，市委保持共产党员先进性教育活动巡回检查组到本区检查第一批先进性教育活动"回头看"工作，区委书记赵凤桐、区长佟根柱等陪同检查。

（李弗甘）

【市领导调研流动人口子女教育情况】　9月

26日,市委副书记龙新民到本区调研流动人口子女教育情况。龙新民先后查看了“汇蕾”和“雨竹”两所流动人口子女学校,并作了重要讲话。区委书记赵凤桐、区人大常委会主任任宝贵、区政协主席王振华等陪同调研。

(李弗甘)

【召开首届优秀中国特色社会主义事业建设者表彰大会】 9月29日,首届昌平区优秀中国特色社会主义事业建设者表彰大会在广电中心大厦召开。张仁武等36名优秀中国特色社会主义事业建设者受到表彰。

(李弗甘)

【召开区委政协工作会议】 10月26日,区委召开政协工作会议。市政协副主席王长连、秘书长李建华出席会议,区委书记赵凤桐作了重要讲话。

(李弗甘)

【召开区人大工作会议】 11月10日,区人大工作会议召开。区委副书记王刚作关于《中共北京市昌平区委关于进一步加强和改进人大工作的意见》(讨论稿)的说明,区委书记赵凤桐作总结讲话。区级四套班子主要领导出席会议。

(李弗甘)

【市领导到本区视察】 11月11日,市委副书记、市纪委书记阳安江视察中关村生命科学园,听取了园区发展总体情况汇报,并参观了博奥生命芯片公司和扬子江药业集团。区委书记赵凤桐汇报了全区主要工作和党风廉政建设情况。阳安江指出,昌平各方面工作开展得很好,关于“科教创新基地、人文生态景区、和谐宜人新城”的定位很明确,党风廉政建设工作“抓的狠、抓的实、敢碰硬、有创新”;要采取有力措施,提高土地利用率;要加大预防腐败的力度,使领导干部形成“以廉为荣、以贪为耻”的意识;要把先进性教育活动同新农村建设联系起来,给农民解决一些实实在在的问题,建设名副其实的和谐宜人新昌平。

(李弗甘)

【召开区委二届七次全会】 11月15日,召开中共北京市昌平区委二届七次全体会议。会议审议通过了《关于制定昌平区国民经济和社会发展第十一个五年规划的建议》,区长佟根柱就《建议》作了说明,区委书记赵凤桐作总结讲话。会议深入学习贯彻党的十六届五中全会和市委九届十次全会精神,全面总结了“十五”期间全区经济、政治、文化、社会建设等各个领域取得的成绩,认真研究了“十一五”时期全区国民经济和社会发展规划问题,进一步明确了“十一五”时期全区的发展思路、发展目标和发展任务。全体区委委员、区委候补委员出席了会议,区级党员领导干部、区纪委委员、各处级单位党政正职领导干部列席了会议。

(李弗甘)

【市党风廉政检查组到本区检查工作】 11月25日,市委常委、市委教育工委书记朱善璐率市党风廉政检查组到昌平检查工作。朱善璐提出三点意见:一要进一步深化对党风廉政建设工作重要性的认识,二要进一步明确党风廉政建设责任制工作的重点,三要进一步加强对党风廉政建设责任制工作的领导。

(李弗甘)

【北京生命科学研究所挂牌成立】 12月8日,北京生命科学研究所揭牌仪式举行,中共中央政治局委员、北京市委书记刘淇,全国政协副主席、民盟中央副主席张梅颖为北京生命科学研究所揭牌;国家科技部部长徐冠华,北京市市长王岐山、区领导赵凤桐、佟根柱,理事单位代表及有关专家、学者、科技人员出席仪式。

(李弗甘)

【召开区委二届八次全会】 12月29日,召开中共北京市昌平区委二届八次全体会议。区委书记赵凤桐代表区委常委会作题为《深入贯彻落实科学发展观,实现“十一五”经济社会发展的良好开局》的工作报告,对2005年全区工作进行回顾,并提出2006年工作的总体设想和经济社会发展预期目标。全体区委委员、区委候补委员出席了会议,区级党员领导干部、区纪委委员、各处级单位党政正职领导干部列席了会议。

(李弗甘)

【市领导调研新农村建设】 12月31日,市委书记刘淇,市委常委、秘书长孙政才,先后到流村镇北照台村、漆园村、白羊城村就京郊农村建设社会主义新农村和第三批先进性教育活动情况进行调研。刘淇视察了生活垃圾封闭处理、基础设施建设及村卫生室情况,走访慰问了生态林看护员、老党员等村民。刘淇指出,昌平在落实山区补偿机制等政策的同时,创造性地把山区补偿机制扩展到矿产、治安联防、垃圾处理等方面,按照这一思路走下去,农民的负担就不会增加。刘淇强调,新农村建设不是新村建设,是政治、经济、文化、社会四位一体的建设;没有郊区300万农民的现代化,就没有北京市的现代化。刘淇要求,要在"多予"上下功夫,继续加大对郊区的投资支持力度,仔细研究农村经济发展的定位。

(李弗甘)

【区委全年召开49次常委会】 年内,区委共召开49次常委会议和常委扩大会议,贯彻落实市委、市政府的各项工作部署,研究全区经济建设、政治建设、文化建设、社会建设和党的建设中的重大问题,有效发挥了统揽全局的作用。

(李弗甘)

组织工作

【概　况】 2005年,全区各级党组织和各级党委组织部门坚持以邓小平理论和"三个代表"重要思想为指导,全面贯彻落实党的十六大、十六届四中、五中全会、全市组织部长会议精神和区委二届七次、八次全会的部署,紧紧围绕加强党的执政能力建设,牢固树立和认真落实科学发展观,以深化干部人事制度改革为动力,以开展保持共产党员先进性教育活动为契机,切实加强领导班子、干部队伍、党员队伍和人才队伍建设,全面推进基层组织工作创新,健全制度,突出重点,狠抓落实,为建设"三个首选之区"目标提供坚强的组织保证和人才支持。

(操太盛)

单位名称:昌平区委组织部
地址:昌平区政府街19号
电话:(010)89741601
邮编:102200

【大规模培训干部】 年内,区委组织部改革了以往的干部培训方式,建立起以需求为导向的培训机制,实现培训工作由"注重管理"向"注重服务"的转变。建立了干部培训与干部管理为一体的干部信息采集库和干部管理手册,实行干部培训情况通报制度。围绕科学发展观和构建社会主义和谐社会等内容,面向各级领导干部举办主体培训班21期,学习十六届五中全会精神系列报告3场,累计培训领导干部1700多人次。

(操太盛)

【推行新任职领导干部岗前培训】 年内,出台了《新任职领导干部岗前培训制度》,在全区推行新任职处级领导干部岗前培训工作,对新任职领导干部(包括新任正职和交流轮岗的领导干部)上岗前3至5天内进行岗前培训。根据新任职领导干部在履职规范、履职环境、党风廉政建设和预防职务犯罪等方面的不同特点,聘请有关领导和专家进行专门讲解。同时引入导师制,重点安排选拔单位的党政正职与新任职干部进行一对一的交流,在介绍单位基本情况的同时,对职位的职责权限划分、内外部工作关系等进行详细阐述,使新任职干部能够在短时间内了解情况、熟悉角色、树立并强化职责意识。结合"四五"普法,认真推行新任职领导干部任前法律知识考试制度,推动行政执法机关依法行政和规范化管理，增强机关工作人员的公仆意识和被监督意识。

（操太盛）

【公开选拔副处级领导干部和高级管理人员】 1月至3月，面向全市开展公开选拔团区委副书记、区妇联副主席、区商务局副局长、区安全生产监督管理局副局长、区投资服务中心副主任、区发改委总经济师、区市政委总工程师、区国资委总会计师等8名副处级领导干部和高级管理人员工作。区委成立公开选拔领导干部工作领导小组，区委副书记王刚任组长，区委常委组织部长朱光彤任副组长，区委组织部、区纪委、区监察局、区人事局主要领导任组员，领导小组下设办公室，负责公开选拔的日常工作。为扩大公开选拔工作的覆盖面和影响力，区委对本次公开选拔工作在《北京日报》、《北京晚报》、《北京人才市场报》、《昌平周刊》、263网络通信等新闻媒体和现代网络进行了广泛深入的宣传动员。公开选拔工作坚持高标准选人的原则、“公开、公平、公正”的原则、“以人为本”的原则，经过前期准备、报名审核、考核测试、考察任用等阶段，在87名符合条件的报名者中，考核聘用了8名同志，安排在副处级领导岗位。在这次公开选拔工作中，还将选拔干部与储备后备领导人才相结合，建立了公开选拔人才档案，将差额考察后没能任职的干部和面试过程中落选的干部纳入处级后备领导人才管理的视野，丰富后备领导人才库。

（操太盛）

【选派处级后备干部到农村（社区）挂职锻炼】 9月，建立了选派处级后备干部到农村（社区）挂职锻炼制度。全年共选派37名处级后备干部到农村（社区）挂职锻炼，挂职锻炼时间为半年。在挂职锻炼中每一名挂职锻炼干部充分发挥自身优势，结合挂职村（社区）的实际情况，有针对性地开展工作，不仅为基层工作增添了活力，更主要的是切实帮助基层解决了一些实际问题，同时后备干部自身的实际工作能力也得到了锻炼和提高，积累了一定的基层工作经验，取得了很好的成效。

（操太盛）

【组建巡视组，开展巡视工作】 年内，出台了《中共北京市昌平区委关于巡视工作的规定》，建立区纪委和区委组织部联席会议制度，组建区委巡视组2个，成立巡视工作办公室，加强对领导班子及其成员特别是主要负责人的监督，促进领导干部廉洁从政，提高执行党的路线、方针、政策的自觉性，增强领导班子的战斗力。

（操太盛）

【完善领导干部服务工作制度】 5月和8月分别组织区级领导和处级领导干部参加健康体检，对区级领导医疗蓝卡进行注册，为符合条件的区级领导新办了医疗蓝卡。起草了致全区处级干部的一封信，在每个领导干部生日的当天为其发送生日祝福的短信，既体现了组织对干部的人文关怀，又起到了很好的激励作用，开辟了一条组织与干部沟通的渠道，得到了全区处级干部的认可。

（操太盛）

【建立完善干部管理信息系统】 年内，制定组织部信息化建设方案，配备了专业机房，对硬件设备进行了升级。完成了处级干部基础信息的录入工作。制定了干部任免信息系统提供材料准备、形成议题、上会谈论到任免发文的全部任免工作流程，为领导决策提供直观可靠的依据和科学的分析，提高了工作的信息化水平和工作效率。干部信息统计工作连续三年获得市委标兵单位。

（操太盛）

【汇编修订干部管理工作文件】 年内，对11大类共50项干部管理制度进行认真的研究和梳理，将具有较强指导意义和较为常用6大类62项制度文件汇编成册。对干部选拔任用工作进行梳理，形成了《处级领导干部选拔任用工作手册（讨论稿）》。同时按照《党政领导干部选拔任用工作条例》、《党内监督条例（试行）》和市委组织部的有关规定，对5项制度提出初步修订意见，并建议补充制定考察预告、差额考察以及处级领导干部任期制等8项制度，进一步完善全区的干部管理制度体系。

（操太盛）

【建立区委人才工作机构】 年内，在成立人才领导小组的基础上，建立人才工作科，具体承担区人才工作领导小组的日常工作，负责制定人才工作的统筹规划和政策措施，指导、协调、督促检查全区的人才工作及培养、选拔、表彰和管理全区高层次人才等工作，形成由区委、区政府统一领导，组织部门牵头抓总，有关部门各司其职、密切配合，社会力量广泛参与的人才工作领导新格局。

（操太盛）

【开展“十一五”人才队伍建设专题研究】 紧紧围绕“十一五”期间昌平区经济社会发展对人才的需求，重点针对党政人才、专业技术人才、企业经营管理人才、技能人才、农村实用人才“五支队伍”，在中关村科技园区昌平园、中关村科技园区生命科学园、小汤山现代农业科技示范园、十三陵旅游区、回龙观和北苑北文化居住区、沙河高教园区“三园三区”等领域，从历史、体制、政策、环境、观念等方面进行深入地研究，提出加强人才工作的基本思路和主要措施，为“十一五”期间的人才工作指明了方向。

（操太盛）

【建立动态人才信息库】 成立了调查小组，对全区人才状况进行了摸底调查，并组织召开了座谈会，广泛听取意见，经过推荐、群众评议、领导审核等程序，界定人才范围，填写人才基础统计表，建立动态人才信息库，为人才管理工作提供了信息保障。

（操太盛）

【开展人才培养工程】 年内，整合全区基础教育、职业教育、成人教育、社会教育等各种教育资源，采取岗位实践、在职进修、考察交流、挂职锻炼、境外培训等多种培训形式，加大对各类人才的培训力度。实施“一村一名大学生计划”，年内，招生67人，取得了较好效果。制定《昌平区农民科技培训实施意见》，实施“跨世纪青年农民科技培训工程”，相继举办了企业管理专业研究生班、经济管理干部培训班，农村管理专业和实用技术专业大专班，全年共完成职业技能培训5190人，引导性培训8910人次。

（操太盛）

【大力引进人才】 年内，推行“双向选择、自由流动”的柔性人才引进机制，畅通人才引进的“绿色通道”，妥善解决引进人才在科研启动、工作、生活、学习、发展、创业中遇到的困难和问题。全年引进“双高”人才40人，引进大学应届毕业生385人。

（操太盛）

【加强与区域内高校人才的联系】 采取互派干部挂职锻炼的方式，加强与驻昌高校的沟通和了解。同时，在事关全区发展的重要决策问题上，通过调查问卷的形式，尽可能征求驻昌专家学者的意见，力争做到集思广益。在干部培训方面，初步建立了由高校、科研院所800余名专家教授组成的师资库，满足各个层次培训需求。

（操太盛）

【优化人才发展环境】 年内，开展“优秀中国特色社会主义事业建设者”评比表彰活动，设立人才发展专项基金，区财政拿出113万元对22名为全区精神文明建设和社会主义现代化建设做出突出贡献的优秀企业家、专业技术人才和专家学者进行了奖励，对7个高科技项目和优秀人才个人项目进行了资助。同时真情关心广大人才的工作和生活，认真做好慰问、体检、休假、联谊、考察、交流等各项服务工作，及时协调和解决各类人才在工作与生活方面遇到的突出问题，不断改善人才工作环境。

（操太盛）

【开展保持共产党员先进性教育活动】 自年初开始，在全区各级党组织和广大党员中，以“珍惜荣誉树形象，建设昌平当先锋”为主题，以实践“三个代表”重要思想为主要内容，分三个批次深入开展了保持共产党员先进性教育活动。年底,第一批、第二批集中教育活动基本结束,第三批教育活动完成动员部署。区委以十三陵镇为试点单位,首先开展了第二批、第三批先进性教育活动,为全区顺利开展先进性教育活动积累经验。在先进性教育活动中,区委制定下发工作文件40余个,明确了先进性教育活动“四级责任人”,建立起“三级责任体系”。三个批次教育活动中先后成立督导组和联合督导组53个,协调巡视组4个,各镇党委下派驻村督导组244个。在先进性教育活动中,全区广泛开展了“远学宋鱼水,近学黄福水”、“黄福水、王曙光事迹报告会”、“先进性教育影片巡展月”、“百名农村优秀共产党员风采展”等活动。按照开门搞教育的原则,组织开展了“永葆党的先进性”党员标准大讨论、“我对党员荐一言”、“我为组织献一策”、“五查五看一访问”、“五个走进”等一系列活动,征求意见建议31149条,确定整改项目2677项。通过开展党员“服务日”、“服务周”活动,投入资金20196.23万元,为民办实事、办好事950余件,解决了一大批群众生产生活中的突出困难,得到了群众的认可。在先进性教育活动群众满意度测评中,参加前两批教育活动各单位的满意率均超过了93%。探索建立党员“长期受教育、永葆先进性”的长效机制1383项。全区呈现了“广大党员普遍受教育,基层组织切实增活力,人民群众真正得实惠,实际工作显著出成果”的良好局面。

(操太盛)

【推进基层民主政治建设】 年内,研究制定了《昌平区健全和完善村务公开和民主决策的规定》,对村务公开和民主决策的内容、时间、形式、程序和监督做了明确规定,进一步规范了村民自治运行机制;成立区村务公开协调小组,制定《关于健全和完善村党组织领导的村民自治机制的目标任务分工》,进一步明确了协调小组成员单位的责任,形成了区委组织部牵头,区民政局具体组织实施,纪委、农委、经管站、司法局等部门密切配合,人大内务司法委指导监督的工作机制;召开了“昌平区村务公开民主管理示范单位创建现场会”,制定并下发了“昌平区村务公开民主管理示范单位考评标准”,进一步规范村务公开工作。

(操太盛)

【建立农村基层干部分级分类学习培训机制】 年内,研究制定了《关于进一步加强农村(社区)基层干部教育培训工作的意见》,健全完善了农村基层干部大规模集中培训和小规模集中调训相结合、埠外培训和市内区内参观相结合、专业学历教育和日常学习相结合的农村基层干部分级、分类学习培训机制。全年共举办农村基层干部调训班4期,培训94人。

(操太盛)

【改善基层党组织工作条件】 年内,建立基层党组织工作和活动的经费保障机制,制定了《关于基层党组织工作和活动经费拨付、使用和管理的意见》,按照全区党员总数每人年均100元的标准,核定并提供工作和活动经费,全年共拨付基层党组织工作和生活经费430万元。建立基层干部的待遇保障机制,制定《昌平区村级“两委”班子成员报酬管理考核暂行办法》,为1765名村级“两委”班子成员发放基层干部的工作补贴1553万元。研究制定了《关于加强镇(街道)党(工)委党校建设的意见》和《关于进一步加强党员电化教育工作的意见》,建立和完善了全区17个镇、街道的党校和党员电教分中心,建立基层党员电化教育播放站526个,加强了基层党组织开展组织活动的阵地建设。

(操太盛)

【开展创建和谐社会试点工作】 年内,以试点工作示范、推动全区和谐社会的构建。成立了试点工作机构,抽调相关部门的人员组成了办公室,确定了区级试点单位11个(1个镇、3个社区、6个村和1个企业)和镇级试点单位20个,总结了试点单位经验,明确了创建内容和形式,探索形成了和谐创建标准。深入基层了解情况,开展调研,形成了建设和谐社区、和谐村镇工作与创建"五个好"村(社区)党组织、文明村镇、平安村(社区)、民主法制示范村等工作有机结合的创建思路。

(操太盛)

【扩大党内民主,保障党员权利】 年内,制定了"基层党组织党员接待日制度",由基层党委部门负责人亲自接待党员,听取意见、解决问题,疏通党员反映问题的渠道。在马池口、北七家等镇试行了发展党员票决制,积极探索发展党员工作的新机制,增强发展党员工作的透明度,提高新发展党员质量。在个别干群矛盾比较紧张、不稳定的村开展了公推直选村党支部书记工作,在改进党内选举方式、扩大党内民主等方面进行了积极探索。

(操太盛)

【建立党组织服务党员群众制度和机制】 年内,坚持对困难党员长效帮扶和临时救助相结合,制定了"昌平区党员互助机制试点工作方案",建立"党员爱心互助基金"和党员"一助一"制度。发动机关党员深入困难党员群众中开展"一助一"帮扶结对子活动,并建立帮扶工作台帐,为困难党员群众提供实实在在的帮助。建立"党员从业需求档案",组织有关部门对党员群众进行岗前技能培训,提高他们的就业竞争力。

(操太盛)

【开展党员电教片播放月活动】 年内,结合"保持共产党员先进性教育活动",在全区基层播放网点开展了党员电教片播放月活动。把《先进性教育活动音像教材推荐目录》、《百部革命爱国主义影片目录》等专题目录挂在"昌平党建网"上,方便基层查询借阅。全年为基层提供先进性教育学习电教片 2000 多张次,及时满足了党员学习需要。遵循"用身边人教育身边人,用身边事示范身边事"的制片思路,先后摄制了《铺就幸福路》、《要干就干出样子来》、《牵挂》、《如何做好农村工作》等数十部电教片,为基层干部和广大党员学习,提供了"看得见、树得住、学得会"的音像学习教材。

(操太盛)

【加强组织部门自身建设】 年内,在组织系统内开展组工干部队伍能力建设调研活动,认真分析调研结果和组工干部队伍能力建设现状,深入挖掘在自身建设方面存在的问题及原因,按照学习型组织、团队式建设、人才式管理、研究式工作和专业化发展的要求,加强组织部门和组工干部队伍能力建设。充分发挥机关党支部的作用,坚持定期学习制度,采取聘请专家讲、交流体会、外出学习等形式提高组工干部的专业化水平和整体素质。开展反腐倡廉教育和警示教育,树立组工干部"公道、正派"形象。加大组工干部交流轮岗力度,实行多岗位锻炼组工干部。加强组工干部的调查研究能力建设,组织各科室干部深入基层,围绕组织工作的重点、难点、热点问题开展调研。加强组织工作的宣传工作,充分发挥昌平党建、《昌平组工通讯》的作用,成立组织工作信息小组,建立信息交流研讨工作机制,努力提高信息报送质量,全年上报组织工作信息 102 条,被中组部《组工信息》采用 2 条,被市委《北京信息》刊发 1 条,被市委组织部《组工动态》刊发 37 条,编发《昌平组工简讯》26 期。

(操太盛)

宣传工作

【概　况】 2005 年,全区宣传工作以高举邓小平理论和"三个代表"重要思想伟大旗帜,宣传贯彻党的十六大、十六届三中、四中、五中全会精神,贯彻落实科学发展观为主线,围绕中心,服务大局,唱响主旋律,打好主动仗,为推进"三个首选之区"建设、构建和谐宜人新昌平提供了思想保证、舆论支持、精神动力和文化条件。主要体现在以下五个方面:一是理论武装工作全面加强,理论学习特点明显突出，内容不断丰富，成效显著提高；二是社会舆论氛围健康向上，正面宣传形成强势，宣传策划引导有力，宣传载体不断创新；三是群众性精神文明创建活动有新推进，城乡居民素质教育工程取得明显成效，精神文明创建活动进一步深入，典型宣传的力度进一步加大；四是全区文化事业繁荣发展，群众性文化活动蓬勃开展，宣传文化阵地建设不断加强，文化服务的水平得到提升；五是宣传干部队伍建设得到切实加强，教育培训力度不断加大，各项工作制度不断健全。

（李爱武　廖雨霖）

单位名称：昌平区委宣传部
地址：昌平区政府街19号
电话：(010)89741617
邮编：102200

【区委区政府理论中心组学习】 年内，相继邀请叶小文、韩庆祥、吴建民、柴晓钟、王瑞璞、周天勇等中央、市委党校专家学者，市委、市政府相关职能部门负责人就“如何在新的历史条件下保持共产党员的先进性”、“如何构建社会主义和谐社会”、“十一五”规划、《公务员法》辅导、党风廉政建设问题和反腐败斗争、解读《信访条例》、宗教问题等内容作了专题辅导。学习通过电视电话会议的形式，扩大到各镇、街道中心组成员和各委办局一把手，使党的先进理论、方针、政策得到了及时的学习贯彻落实。本年度理论中心组学习集中表现出两高、两多的特点，两高：一是学习频率高，全年集中学习的次数达到了22次，平均每月两次；二是集中学习辅导的层次高，既有部级的领导也有著名经济学家、著名理论学者，还有资深外交官等。两多：一是市级政府职能部门领导增多，辅导的针对性不断增强。二是学习形式不断多样化，通过组织中心组成员参观各类展览，聆听先进事迹报告会，观看电影等形式，使中心组学习形式日趋多样化。在此基础上实现了三个转变：一是学习内容的一般性向特殊性转变；二是学习方法从泛泛地学向动手动脑转变；三是学习范围从小范围向大范围发生了转变，部分学习内容的辅导范围扩大到处级中心组成员。

（李爱武　廖雨霖）

【《领导参阅》和《理论学习专刊》】 为了做好区、处两级中心组学习的服务工作，扩大中心组学习的知识面，继续编发了《领导参阅》和《理论学习专刊》两个内部刊物，在网络和报刊杂志上摘编理论文章和各种评论，作为理论学习的重要参考资料，全年分别编发40期和12期。

（李爱武　廖雨霖）

【编辑出版区级中心组学习体会汇编】 2月至5月，宣传部将区级中心组成员学习成果整理汇编成书，形成了《树立和落实科学发展观，推进昌平“三个首选之区”建设》和《珍惜荣誉树形象，建设昌平当先锋》两本体会汇编，并印发全区。

（李爱武　廖雨霖）

【城乡居民素质教育工程】 年内共推出培训、文体活动、宣传教育三大类活动，受教育群众达120万余人次。一是开展了广泛的培训活动。如城北、城南、南口、马池口、长陵、流村、阳坊、百善、东小口等镇(街)根据各自特点，加大了对社区居民和村民的培训力度，区委组织部、区委党校加大了对处级领导干部和村级“两委”班子成员的培训，十三陵特区、小汤山农业园加大了对旅游接待人员的培训，建委、农委、市政管委、非公经济工委、科技园区等委办局也根据各自行业特点，加大了对外来务工人员、农民和经营建设者的技能培训和维权。二是开展了丰富多彩的文体活动。通过开展拔河、长跑、新秧歌会演、歌咏比赛、文艺演出、电影下乡等活动，寓教于乐，受教育群众达100万人次。三是积极开展各类宣传教育活动。如兴寿镇的“自编自演村歌评选活动”，沙河镇的“老照片回忆当年风采展示活动”，崔村镇的“每月一张明白纸”村务公开宣传活动，十三陵镇的“村官比武”活动，南邵镇的“我来讲一课”活动，北七家镇的“小区每月一星”评选活动，回龙观镇的“楼道文化”展示活动，区直机关工委对机关干部的培训参观活动，教委、少工委、团区委等单位联合，加强了对未成年人的思想道德建设，发改委、政法委积极推进政策法规进村入户宣传教育活动等。

（李爱武　廖雨霖）

【文化、科技、卫生“三下乡”活动】 本年度共送书下乡1.45万册，送戏下乡44场，新建村级文体活动室132个，电影下乡5702场，举办科技培训班210余次，举办医务人员培训班75次，下乡医疗队35支，新建医疗卫生室27个，送器械药品60余万元，培训医务人员3500余人次，诊治农民1900余人次。

（李爱武　廖雨霖）

【组织“保持共产党员先进性教育”专题系列报告会】 2月22日至3月1日，邀请市委党校教授元跃旗、韩庆祥、周锡荣分别作了“如何在新的历史条件下保持共产党员先进性”、“坚持党的宗旨发扬党的优良传统”、“先进性教育必须以实践‘三个代表’重要思想为主要内容”等3场系列报告。区第一批先进性教育活动单位的党组织负责人、各党总支书记以及区委先进性教育活动领导小组办公室人员共400余人参加学习。

（李爱武　廖雨霖）

【组织全区宣传系统形势报告会】 3月22日和4月19日，举办了两场全区宣传系统形势报告会。会上主管区长就新形势政策、全区经济社会发展情况以及本年区政府的重点工作和当前全区农业、农村形势，十一五规划以及本年区政府农业重点工作安排作了分析和介绍，各委办局政工干部，宣传部、文化委、广电中心、新闻中心机关干部、编辑和记者，以及各镇宣传委员、宣传干事300余人参加报告会。

（李爱武　廖雨霖）

【组织黄福水、王曙光先进事迹系列报告会】 年内，成立了事迹材料创作小组，组织区文联部分作家完成了黄福水、王曙光的先进事迹报告和通讯稿，并在《昌平周刊》、《军都文苑》、《京郊日报》、《前线》等报刊上刊发；组织新闻中心、电视台、昌平广电网的记者进行了专题采访，并在《昌平周刊》、电视台、昌平新闻网、昌平广电网上进行了系列报道；与区先进办合作成立了黄福水、王曙光先进事迹报告团，组织了三场系列报告会，全区各级领导干部和党员1500人参加了报告会；随后，又组织两个报告团到各镇、各委办局进行巡回报告，据不完全统计，巡回报告21场次，直接受教育人数近1万人次。

（李爱武　廖雨霖）

【“昌平农民创业先锋”评选活动】 年内，组织开展了“昌平农民创业先锋”评选活动。通过各镇推荐和严格评选，评出10名农民创业先锋，并从中选出5名参加全市评选，其中沙河镇曹洪生和阳坊镇李胜利当选“首都农民创业先锋”，郎文清、李润、门景立荣获“首都农民创业先锋提名奖”，北京电视台和昌平电视台对当选者进行了专题采访。

（李爱武　廖雨霖）

【组织参观纪念抗战胜利60周年大型主题展览活动】 7月7日至9月底，组织全区干部群众7500人，到中国人民抗日战争纪念馆参观了《伟大胜利——纪念中国人民抗日战争暨世界反法西斯战争胜利60周年》大型主题展览。

（李爱武　廖雨霖）

【组织建国56周年庆典游园参观活动】 为庆祝建国56周年，展示昌平区改革开放取得的新成就，十一前夕，按照区委要求组织了全区各界人士和老干部进行了参观视察、茶话庆祝活动，其中劳模、优秀教师、驻昌部队首长、优秀医务工作者、非公企业代表、驻昌高校代表、高新技术企业代表、村（社区）党支部书记及老干部代表等150多人参加。各界代表参观了响潭水厂，了解了清洁小流域治理情况；视察了南口西大桥、南雁路和北流果园；在居庸关古客栈举行了茶话会。

（李爱武　廖雨霖）

【组织观看电影《生死牛玉儒》】 10月25日组织了党员、干部、群众、学生共2000人在广电大厦一层报告厅观看电影《生死牛玉儒》。10月26日,组织开展了观看电影《生死牛玉儒》的座谈会,部分镇(街道)和委办局的党员干部代表及师生代表参加了此次座谈会,《生死牛玉儒》的编剧、制片人和部分演员等也参加了座谈会。座谈会上大家就25日观看电影的体会、感受作进一步交流。中央电视台、北京晨报、信报、京华时报、竞报等各大媒体对此次活动进行了大篇幅的报道。区电影院继续组织了电影的系列放映,共放映20场,观众6000余人次。

(李爱武 廖雨霖)

【举办"奥运向我们走来倒计时1000天"庆祝活动】 11月12日上午,区委宣传部、区文化委、区体育局、十三陵特区办事处、团区委等单位与市直机关工委联合组织举办了"奥运向我们走来,倒计时1000天"系列庆祝活动。在居庸关长城,全国人大常委、市人大常委会原副主任段柄仁、区委书记赵凤桐等市区领导及市区直属机关工委干部1000余人参加了活动。同时在亢山广场及各镇举行了"百队秧歌扭街乡"庆祝活动,在各大中小学校举行了"万名学子迎奥运签名"庆祝活动。

(李爱武 廖雨霖)

【"燕山情——情暖昌平"大型文艺演出】 12月30日,"燕山情——情暖昌平"大型文艺演出在流村镇白羊城村举行。本次演出由市委宣传部主办,北京电视台、中共北京市昌平区委员会、昌平区人民政府承办。旨在表达北京市委、市政府对基层地区的群众亲切关怀和慰问。

(李爱武 廖雨霖)

【山区有线电视网络覆盖工程】 区委、区政府,北京歌华有线电视网络股份公司以及流村镇政府三方筹资900万,全面推进有线电视光缆网络山区覆盖工程。1月21日,山区有线电视光缆覆盖工程开通仪式在流村镇韩台村举行,南口、长陵、兴寿、流村、崔村等5个山区、半山区镇的39个行政村和18个较大自然村,全部实现了光缆覆盖,标志着本区在北京市率先实现了有线电视光缆行政村"村村通"。市委副书记龙新民,市委常委、宣传部长蔡赴朝出席了开通仪式。昌平房地产总公司出资30万,通过企业赞助等形式,为山区346个低保贫困家庭赠送了彩色电视机,解决了山区群众收看电视难的问题。

(李爱武 廖雨霖)

【昌平有线调频广播村村通工程】 区财政出资215万元,在全区10个山区、半山区镇建立镇级广播站,截止年底,全区共有10个镇建立镇级广播站,200余个村收听到了有线广播。区委宣传部还组织编写了《昌平区有线广播使用手册》一书,作为各镇建立广播站的指导用书。

(李爱武 廖雨霖)

【新闻宣传】 全年在各类市级以上媒体(包括:电台、电视台、报纸、杂志、网络)刊登(播出)反映昌平政治、经济、文化的各类稿件3200多篇,比上年有大幅度增长;加强了与市级以上新闻媒体的沟通,《北京日报》一版刊登重头稿件15篇,北京电视台北京新闻栏目平均每周播发一条昌平新闻。昌平电台、电视台、《昌平周刊》、《昌平新闻网》全年共刊播新闻稿件、专题、评论等1.1万余篇条,并且按照"三贴近"要求,开办了一批读者、观众喜爱的栏目。其中《珍惜荣誉树形象,建设昌平当先锋》专栏,全年共播发新闻、专题近300条。昌平新闻网进行了全面改版,改版后共有栏目109个,截止年底点击率达到20万次。创办了《昌平周刊》的第一份子报《新周刊》,针对东小口天通苑地区发行,已发行20期。

(李爱武 廖雨霖)

【小汤山温泉文化节宣传策划报道工作】 4月28日,第二届小汤山温泉文化节在小汤山镇文化广场拉开帷幕。协助主办方策划推出了中国温泉之乡万人签名大行动、温泉文化沙龙、温泉文化博览等一系列活动。策划开幕式大型文艺晚会《真情小汤山》。人民日报、中央电视台、北京电视台、北京日报、北京晚报、京郊日报以及香港文汇报、大公报等海内外100余家市级以上媒体(包括网络)对温泉节进行了报道,北京电视台、千龙新闻网还对开幕式当天晚会盛况进行了现场直播和录播,引起海内外的广泛关注。

(李爱武　廖雨霖)

【傲胜北京铁人三项世界杯赛宣传报道工作】 9月17日,“2005傲胜北京铁人三项世界杯赛”在十三陵水库及附近区域举行。昌平电台、昌平电视台、《昌平周刊》、昌平新闻网均开辟了铁人三项宣传栏目,对铁人三项赛各次筹备会议进行了全方位报道。区广播电台开办了英语《走遍昌平》“2005傲胜北京铁人三项世界杯赛”专题节目,昌平电视台制作播出了9期共45分钟的访谈节目,《昌平周刊》对铁人三项赛筹备及赛事的相关报道共计近10个版面,出版《昌平周刊英文版赛事特刊》,昌平新闻网开辟了“2005傲胜北京铁人三项世界杯赛”栏目,对赛事进行了现场直播,新闻中心承担了本次赛事宣传标语、宣传广告、标识和宣传品的设计、制作、投放以及布展工作。

(李爱武　廖雨霖)

【党报党刊征订工作】 9月20日,召开党报党刊发行协调会,按照北京市党报党刊工作会精神,统一部署2006年党报党刊发行工作。通过半年的摸底调查,确定了全区各部委办局、各镇、街道办事处正副职领导、离退休干部、调研员、支部、科室、学校、村委会的数量,根据市委宣传部下达的订阅任务,结合实际制定了操作性强的党报党刊订阅公式。年底全部超额完成2006年党报党刊征订任务。

(李爱武　廖雨霖)

【宣传文化阵地建设】 年内,区委、区政府加大了对宣传文化阵地建设投资力度,投资1亿多元用于宣传文化阵地建设。相继落成的图博大楼、广电大厦,使图书馆、博物馆、广播电视台、新闻中心的工作、服务环境得到根本改观,为开展宣传文化活动打下了坚实的基础。搬迁新址后,昌平区新闻中心办公面积800余平方米,设有综合办公、新闻采编、网络设计、形象策划四大平台。昌平电视台设有7个部门,2个大、中型直播室,配备了卫星转播车。区委、区政府把镇村文化中心(文化站)的建设纳入为民办实事工程,全年共投入332.9万元,重点扶持了10个镇级文化站、59个村级俱乐部,使全区147个村级俱乐部达到了市级示范俱乐部标准。各镇、街道也加大了对社区、村镇文化设施的建设,一批镇级文化中心和村级俱乐部的相继投入使用,使全区文化设施建设向前迈进了一大步。

(李爱武　廖雨霖)

【宣传系统干部培训工作】 年内,采用区内交流、组织宣传委员出境考察学习、组织系列区情报告会、集中封闭培训、开展宣传干事调训等方式,加强了对宣传系统干部的培训力度。9月22日至24日,区委宣传部在密云举行第二期昌平区宣传系统干部培训班,全区各镇街、各大委80名宣传干部参加了培训。邀请一批专家学者就构建社会主义和谐社会、新闻宣传工作、基层思想政治工作等几个方面给大家做专题报告。

(李爱武　廖雨霖)

【社会舆情信息工作】 全年共收到基层报送舆情信息600余条,向市委宣传部报送信息206条,被市委宣传部采用30条,名列全市前列。加强了舆情调研的力度,撰写了两篇舆情季度报告,通过调研形成了《昌平农村重点舆情调研报告》并在市委宣传部《宣传通讯·业务通讯》和市委研究室《北京调研》上发表。在各镇推动建立舆情工作室,工作室设独立办公室,设置热线电话,由专人负责接听,并由宣传部统一制作标牌。同时在部分村(社区)试点建立村民(居民)恳谈室,负责收集本村(社区)舆情。

(李爱武　廖雨霖)

【健全完善各项工作制度】 为了整合宣传资源,形成宣传强势,建立了《新闻吹风会制度》，组织区属媒体和相关单位定期召开新闻宣传吹风会；制定了《宣传思想季度工作会议制度》，定期召开会议，沟通情况、交流信息，达到促进工作的目的；全区85个单位设立了新闻发言人，初步建立了新闻发言人制度。制定了《中共北京市昌平区委宣传部关于突发事件新闻外宣工作的应急预案》、《中共北京市昌平区委宣传部关于突发事件新闻外宣工作应急预案的实施方案》、《记者接待程序》、《新闻发言人培训计划》等一系列规章制度，使宣传思想工作进一步规范化、制度化。

（李爱武　廖雨霖）

社会主义精神文明创建活动

【概　况】　2005年，区精神文明建设以邓小平理论和“三个代表”重要思想为指导，树立和落实科学发展观，大力宣传《公民道德建设实施纲要》，积极推进“人文奥运行动计划”，广泛开展公民道德和文明礼仪宣传教育实践，未成年人思想道德建设得到加强，科教文卫体全面进步，群众性精神文明创建活动蓬勃开展，双拥共建工作取得新的成绩。广大城乡居民的文明素质普遍提高，城乡环境明显改善，全区文明程度进一步提高，推动了“三个首选之区”以及和谐宜人新昌平建设。

（杨国华）

单位名称：昌平区精神文明建设委员会办公室
地址：昌平区政府街19号
电话：(010)89741639
邮编：102200

【加强阵地建设，宣传精神文明】　年内，充分利用广播电视、大型广告牌、宣传栏、电子屏、网站等宣传媒体，开展公民道德和文明礼仪宣传教育。在京西宾馆设置宣传橱窗，在《昌平周刊》、昌平电视台开办了《人文奥运宣传栏》、《文明30秒》、赛场礼仪知识讲座等专题栏目。开展了公民道德实践进单位、进学校、进社区、进农村、进家庭活动，引导广大群众养成文明、科学、健康、向上的生活方式。宣传了一批先进典型。制定下发了《昌平区关于加强和改进社区“精神文明建设宣传栏”的工作方案》（试行）和《昌平区社区精神文明建设宣传栏管理考评办法》，规范了社区精神文明建设宣传栏。

（杨国华）

【广泛开展文明礼仪宣传教育实践活动】　年内，全区先后开展生活礼仪、社会礼仪、赛场礼仪、职业礼仪、校园礼仪、涉外礼仪等宣传教育实践活动。向全区发放《文明礼仪普及读本》、“文明礼仪知识讲座”光盘等宣传材料8.6万份。各文明市民学校通过播放光盘、组织讲座、开展文体活动等多种形式，组织群众学习文明礼仪知识。全区共组织礼仪知识讲座、礼仪秧歌表演、“美德在农家”征文等活动400余场，受教育群众达20余万人。组织广大城乡居民、中小学生开展清理小广告、帮扶老人残疾人等文明礼仪实践活动。区交通局大力宣传公交文明礼仪、区人事局举办公务员礼仪知识讲座、团区委开展青少年文明礼仪宣传教育实践活动。全区17个镇（街道）成立“青年文明礼仪宣传队”，开通“昌平区青年文明礼仪直通车”，开展文明礼仪宣传进社区、进村庄、进校园活动。文明礼仪宣传教育贯穿全年，有声有色，群众广泛参与，勇于实践，文明素质普遍提高。

（杨国华）

【加强未成年人思想道德建设】　年内，制定下发《昌平区加强和改进未成年人思想道德建设折子工程》。折子工程分三大项50小项，明确全区各单位的工作任务、工作目标、工作内容。扎实开展青少年德育工作，建立并完善各项工作机制，制定行动计划和实施方案。开展“唱响新童谣”、“情系奥运，文明礼仪伴我行”等一系列活动。成立昌平区少年军校总校，推动中小学生国防教育。进一步加大青少年法制宣传教育力度。区教委、团区委、司法局、昌平交通支队联合编写《青少年法制教育讲义》、《青少年维权常见法律问题200问》等教材，其中《中小学生交通安全手册》人手一册。全区84名法制校长深入学校，通过法制讲座、模拟法庭等形式进行法制教育，提高了中小学生的法律素养。区关心下一代工作委员会发挥了“老干部、老战士、老专家、老教师、老模范”言传身教和“活教材”的独特作用，深入中小学进行法制教育、爱国主义教育、党史教育、心理健康教育和演讲，促进了青少年的健康成长。

（杨国华）

【深入开展群众性精神文明创建】 年内，开展“四进社区”、“三下乡”、创建“五好文明家庭”、评选“十星级文明户”、交通安全社区（村）及非公经济领域的精神文明创建活动。小汤山镇被评为全国创建文明村镇工作先进村镇，北七家镇郑各庄村被评为全国文明村，区地税局、十三陵特区被评为全国精神文明建设工作先进单位。城北街道被评为首都文明街道，回龙观镇、马池口镇被评为首都文明镇，区地方税务局机关、区邮政局机关等8个单位被评为首都文明单位标兵，区文化委、区体育局等37个单位被评为首都文明单位，北七家镇郑各庄村、南口镇花塔村等32个村被评为首都文明村，城北街道东关南里社区、东小口镇天通东苑一区社区等18个社区被评为首都文明社区，14个社区被评为绿色社区，定陵博物馆等10个景区被评为首都文明旅游景区。6人获得首都精神文明建设奖章。

（杨国华）

【开展“建北京有我一份、办奥运有我一功——来京建设者与首都文明同行”系列活动】

年内，在广大外地来京人员中开展了征文、演讲、评选“文明之星”等活动。通过基层推荐、区县初评、市民网上投票、组委会评选确定。本区推荐的周建忠、李华萍、张仁武、刘霞、朱东光5人被评为2005年度“来京建设者文明之星”。邵学锋荣获“来京建设者与首都文明同行”征文一等奖，缪勇、巨建红、杨建新、熊爱枝、孙树东分获二、三等奖和鼓励奖，杜春红获得“来京建设者与首都文明同行”演讲比赛三等奖。

（杨国华）

【双拥共建工作取得新成绩】 年内，把双拥共建纳入全区总体工作，以社区双拥为依托，以抓基层为重点，狠抓各项工作的落实，双拥共建质量不断提高。深入开展全民国防教育，逐级成立国防教育领导小组，形成较为完整的国防教育制度，增强了城乡居民的国防意识。再一次被市政府、北京卫戍区评为征兵工作先进单位。接收安置120名军转干部，建设第五期双拥大院，支持部队进一步改善办公、训练、生活条件。全区各单位、各部门广泛开展科技拥军和智力拥军活动，为共建部队送去电脑、图书，帮助部队建立了微机培训室、专业健身场所、拥军图书室、蔬菜温室，依托一些高等院校、科研院所，组织部队干部战士参加法律、会计、电脑等专业培训。认真组织协调驻昌部队官兵开展拥政爱民活动，积极参与全区抢险救灾、植树造林、综合治理等工作，为促进全区经济社会发展发挥了重要作用。成立了少年军校总校。北京市第二社会福利院（航空博物馆）、法政集团（武警五支队）荣获全国军（警）民共建先进单位。亭自庄学校被评为首都少年军校示范校，小汤山中学被评为首都先进少年军校。

（杨国华）

【科教文卫体各项事业全面发展】 年内，争创全国科普示范区的工作取得明显进展。围绕实现全区教育现代化的目标，进一步改善办学条件，提高教育教学质量。切实加强基层文化建设，区委、区政府投入资金332.9万元，建成10个镇级文化站、59个村级俱乐部，进一步完善公共文化服务体系，提高服务质量。进一步加强农村卫生室建设，完成28个村卫生室、46个社区卫生服务站、27个传染病接诊室、6个传染病专用门诊和1个传染病隔离留观室的建设任务，农村地区的医疗卫生条件得到明显改善。

（杨国华）

【城乡环境明显改善】 年内,文明办发挥组织协调的职能,加强督促检查,编制完成《昌平区迎奥运城乡环境整治建设规划方案(2005~2007年)》。加大农村环境的督促检查力度,重点加强"五一"、"十一"黄金周旅游环境整治。全区"四化村"建设达标的有165个,其中符合"五化"要求的村有110个。按期完成本年市、区环境整治重点工程。全区白色污染明显减少,环境明显改善。阳坊镇被评为京郊"环境优美乡镇",岭上、二拨子、龙潭、湖门、花果山、菩萨鹿、南郝庄村被评为京郊"生态文明村"。

(杨国华)

【圆满完成"北京铁人三项世界杯赛"环境保障任务】 9月,区文明办对铁人三项赛比赛场地周边和通往赛场沿线道路两侧环境状况进行勘察,将存在的问题和具体工作任务登记造册,确定责任单位,规定完成时限,制定详细的整治方案。每天派人对铁人三项赛场地周边整治情况进行督促检查,与相关单位协调解决整治过程中出现的问题。整治南环路底商的经营秩序和二毛市场秩序;整治水库路的环境;解决比赛场地沿线摆放垃圾桶问题;解决十三陵水库食堂旧址和845路公交车站环境脏乱问题;清理南邵镇营坊村果园以北路边沙石和临时建筑。

(杨国华)

统战工作　对台工作

【概　况】 2005年,区委统战部、区台办始终坚持以邓小平理论和"三个代表"重要思想为指导,认真贯彻落实党的十六大、十六届三中、四中、五中全会精神,坚持中国共产党领导的多党合作和政治协商制度,进一步增强责任感和使命感,使全区的统一战线继续保持了团结、稳定、振奋、活跃的局面。

(卫　勇)

单位名称:昌平区委统战部
地址:昌平区政府街19号
电话:(010)89741629
邮编:102200

【区对台领导小组会议】 1月12日,区委、区政府召开对台领导小组会议。会上,宣读了本区《关于贯彻落实〈北京市对台工作规划纲要(2004~2008年)的实施意见〉》(征求意见稿),总结了2004年全区对台工作,通报了2005年对台工作计划。对台领导小组成员就《关于贯彻落实〈北京市对台工作规划纲要(2004~2008年)的实施意见〉》(征求意见稿)进行了讨论,并提出了意见和建议。

(卫　勇)

【区统战、对台工作会议】 5月11日,区委召开了全区统战对台工作会议。会上传达了中央及北京市统战部长会议精神和《中共中央关于进一步加强中国共产党领导的多党合作和政治协商制度建设的意见》精神,听取了《紧紧围绕加强党的执政能力建设,发挥统战优势,为构建社会主义和谐社会作出贡献》的报告,会议总结了2004年度民主党派、民族宗教、非公经济、对台等各项工作,部署了2005的统战工作。5月18日,区委统战部组织全区统战人员50余人,召开学习贯彻全区统战、对台工作会议精神座谈会。

(卫　勇)

【市领导调研考察】 7月29日,市委常委、统战部长尤兰田一行到昌平就统战工作情况进行调研。听取了昌平区经济和社会发展情况及统战工作情况的汇报。5月11日,北京市民委副主任、市宗教局副局长马兰霞等有关领导到长陵镇燕子口村就天主教工作进行调研。6月7日,北京市宗教局局长张恕贤和副局长季文渊等宗教局有关领导就本区宗教工作进行调研。九三市委就加强北京市基层公共卫生体系建设来昌平进行调研。

(卫　勇)

【依法规范宗教活动】 年内,依法取缔了韩国基督教长老会崔奎泰长老和基督教信徒任云分别在小汤山镇和北七家镇举办的基督教培训班，防止了非法宗教活动的出现；依法取缔了谈东升等人在十三陵水库附近焚烧食品进行的藏传佛教“火供”仪式；依法废除了佛教禅净双修在本区的两处活动点。6月3日，区委统战部、区民宗侨办召开了全区清理整顿乱建庙宇、露天宗教造像工作动员会，部署全区的清理整顿工作。

（卫　勇）

【做好预防工作防止宗教问题扩大化】　年内，到流村镇瓦窑村实地调查佛教信徒张凤友在家中开办“儿童经典导读班”情况，及时将情况报告区教委，防止利用导读班向小学生宣传宗教；到北京吉利大学就部分信仰伊斯兰教的少数民族学生向校方要求在伊斯兰教月期间为其提供方便一事进行调解，做好学校和学生的工作，有效地避免了问题的扩大化；调查有关“平安喜乐神”在本区的传播情况，防止宗教异端的滋生；区委统战部会同公安昌平分局国保支队、区民宗侨办、区文委等有关部门妥善处理了河南平顶山少林武功表演团欲在亢山广场表演事件。

（卫　勇）

【为统战对象办实事】　年内，将民主党派办公经费18万元列入区财政预算；拨款30万元，解决5个民族村基础设施建设资金；拨款30万元，用于抢修南口村清真寺的大殿、讲堂；解决民主党派10间办公用房问题；为阳坊镇西贯市回民村争取市民委“北京市少数民族发展扶持资金”。

（卫　勇）

【确保各种宗教活动顺利进行】　4月7日，区委统战部协调各有关部门召开会议安排阳坊镇西贯市村清真寺510周年庆典活动。4月30日，区委统战部、区民宗侨办对各处宗教活动场所进行了节前安全检查。5月12日，区委统战部等有关部门在阳坊西贯市清真寺召开协调会，对即将举行的西贯市清真寺510周年庆典活动准备工作再次进行安排。10月20日，召开了关于做好2005年开斋节工作的会议。11月1日，区委统战部、区民宗侨办和有关镇负责人到各清真寺进行安全检查，以确保开斋节安全、顺利地进行。11月3日开斋节上，区委统战部、区民宗侨办和区公安分局的领导分别前往各清真寺看望穆斯林群众。

（卫　勇）

【做好与统战对象的沟通和交流】　1月6日，区委统战部召开了全区处级党外领导干部座谈会，传达了市培养选拔党外领导干部工作座谈会议精神，通报了全区统战工作形势。与会的党外干部汇报了自己的工作情况，并就党外干部的培养、选拔和任用等方面提出了意见和建议。1月26日，召开了全区驻昌台商春节联谊会，会上向台商介绍了昌平区2004年经济发展情况和2005年政府工作计划，并就优化台资企业发展环境征求了台商意见和建议。2月1日，区委统战部、区民宗侨办公室组织全区民族宗教界代表人士和部分归国华侨召开迎新春座谈会，会上通报今年民族宗教侨务工作情况，并征求与会人员对民族宗教侨务工作的意见和建议。4月1日，区委统战部组织全区各民主党派负责人、无党派代表人士、民族宗教界代表人士和部分非公企业家召开座谈会，会上学习讨论了《中共中央关于进一步加强中国共产党领导的多党合作和政治协商制度建设的意见》和十届人大三次会议通过的《反分裂国家法》，通报了统战部机关和工商联机关保持共产党员先进性教育活动的有关情况，并就此征求与会人员的意见和建议。9月13日，区委统战部组织从事统战工作的老领导、老同志、统战系统各界代表人士和统战协调机制有关部门的领导40余人，召开迎“中秋”庆“国庆”座谈会。9月29日，统战部与农工党昌平支部召开迎国庆座谈会，会上介绍了上半年昌平社会经济发展情况，回顾了区委统战部半年多来的工作。与会人员就树立民主党派形象、发挥参政议政作用等方面进行了座谈。

（卫　勇）

【采用多种形式，广泛宣传统战政策】 1月14日，区委统战部等多家单位组织了“庆两会，迎新春”大型书画展，区有关领导及党外代表人士共计200余人参加了此次活动。4月23日，区委统战部、区民宗侨办组织南口基督教堂骨干信徒和家庭聚会点负责人共60余人，参观了居庸关长城和十三陵水库。4月，组织民族宗教界代表人士30余人，参加区委组织的“中日关系形式报告会”。5月20日，区委统战部、区台办组织召开台海形势报告会。6月，邀请国务院宗教事务局局长叶小文为全区党政干部500多人作“宗教在和谐社会中的作用”专题报告。8月4日，区委统战部组织全区统战系统人士40余人参观卢沟桥抗日战争纪念馆。8月26，在十三陵镇涧头村举办了以“走进民族大家庭”为主题的夏日文化广场文艺演出。9月18日，在南口镇花塔村和平寺举办了“中秋赏月，敲响和平钟”茶话会。10月30日，区委统战部、民建昌平工委组织党派成员共20余人，观看台湾同胞抗日斗争展览。

（卫　勇）

【统战系统开展自身建设投身光彩事业】 6月15日，在流村镇举行企业家与流村镇残疾人结帮扶对子启动仪式。民建昌平工委协调有关单位为长陵镇慈悲峪村解决资金60余万元；为3所打工子弟学校捐助书籍和学习用具价值4000余元；为特困户送去生活用品价值1万余元。民盟昌平支部帮助一个困难家庭并捐款2000元；为流村镇、十三陵镇、香堂村义诊，送医送药价值3000余元，为家境贫寒的患者减免医药费10万余元；农工昌平支部组织部分医学专家到兴寿镇义诊咨询，向贫困学生捐赠助学金，向抗战老英雄捐赠2万元。九三昌平综合支社与茂陵村结成对子，帮助其改变落后面貌。6月17日，区委统战部组织民建昌平工委会员企业家与区地税局有关领导就税务工作和保持共产党员先进性教育活动召开座谈会。

（卫　勇）

【成立昌平区台资企业联谊会】 8月23日，区台办组织成立了北京台资企业协会昌平区台资企业联谊会，选举出会长、副会长、秘书长，探索对台工作新途径。8月25日，区邀请广州、深圳、天津等地及在京其他区县台商100余人召开招商会。

（卫　勇）

【为台资企业服务，协调、处理各种涉台事件】 年内，区政府主管领导先后数次主持召开协调会，就北京宝树堂科技制药有限公司欲购买现租赁的厂房用地、北京统一食品有限公司与员工签订无固定合同等事宜进行商谈；区台办会同其他有关部门，处理了昌平百福食品厂残疾员工到朝阳区一家台资企业静坐追讨债务事件；妥善处理台胞姜顺忠约会网友遭抢劫事件；妥善处理一滑翔伞爱好者（系台湾人）在蟒山公园试飞滑翔伞坠落事件。

（卫　勇）

【对台交流交往工作】 年内，区台办先后接待京元太农业科技有限公司董事长傅元湘先生、台湾连锁加盟促进会会长王国安先生、永和豆浆董事长林炳生先生、原台北县警察局长王安邦先生；热情接待台湾国民党原秘书长林丰正先生和台湾温泉协会考察团等台湾同胞到昌平参观考察；组织社区管理考察团、经贸考察团等三批20余人赴台考察交流，同时协助昌平职业学校，北京标准件集团等单位办理赴台考察等有关手续。

（卫　勇）

政策研究工作

【概　况】 2005年，全区政策研究工作坚持围绕中心、服务大局，按照区委的工作部署，紧密结合全区实际，认真服务领导、服务基层，围绕着全区经济社会发展中的一些深层次问题深入开展了调查研究，起草了一批重要文件文稿，形成了一些优秀调研成果，为领导科学决策提供了重要依据，充分发挥了参谋助手作用。

（王海宁）

单位名称：昌平区委研究室
地址：昌平区政府街19号
电话：(010)89741635
邮编：102200

【起草区委重要文稿】 年内，在认真学习把握中央精神和市委、市政府总体部署，深入了解区情民意和深刻领会领导意图的基础上，先后起草了区委二届七次、八次全会报告，起草了《中共北京市昌平区委关于制定昌平区国民经济和社会发展第十一个五年规划的建议》，起草了全区先进性教育活动、规划工作会、农村工作会、人大工作会、政协工作会、山区工作会、党风廉政建设工作会等各类会议领导讲话；调研起草了《关于全区各镇（街道）功能定位的指导意见》，起草了向市委书记刘淇、副书记阳安江等市领导及市委组织部的汇报材料。共计完成90余篇，65万字。

（王海宁）

【参与撰写对外宣传稿件】 年内，按照区委领导指示和部门职责分工，参与编纂了《昌平建设史》、《北京农村年鉴》等书籍的文稿写作工作；协助区委办、宣传部等部门在《新华社内参》、《北京日报》、《北京工作》等刊物上发表稿件4篇。

（王海宁）

【建立健全调研工作制度】 年内，研究制定并实施了《中共北京市昌平区委关于进一步加强调查研究工作的意见》，进一步完善了区委常委会定期研究调研工作、区级领导带头调研等工作制度，逐步建立了“调研——决策——实施——督查——考核”有效衔接的工作机制和调研成果转化机制，加强了对重点调研课题管理、调研工作总结表彰、调研成果交流等方面的制度建设。

（王海宁）

【组织协调区级重点调研】 年内，结合全区实际，按照区委领导指示，拟定区级重点调研课题8个（其中市级关注课题2个），经区委常委会研究确定后，由区级领导牵头，组织协调各有关单位深入开展了大量调研工作，形成了一些优秀调研成果。其中《落实科学发展观，推动昌平农村全面协调可持续发展》、《2004年昌平区农村重点舆情调研报告》、《昌平区农村产权制度改革凸显五大成效》等3篇调研成果在市级调研刊物上发表。

（王海宁）

【全面加强基层调研工作】 年内，组织、督促全区各单位确定调研课题100余个，完成调研成果95篇。以基层调研成果为基础，全年共编发《昌平调研》14期，收入调研文章31篇、约12万字，内容涉及全区就业、治安、信访、财政、文化产业、产权改革、行政许可、环境卫生、土地管理、城镇建设、执政能力建设等多个方面，为推动全区各项工作深入开展提供了重要指导。全区各单位高度重视调研工作，一些单位创办了基层调研刊物，全区调查研究工作基础进一步夯实。

（王海宁）

【开展调研表彰培训活动】 9月，召开全区调研干部培训班暨表彰大会。区委领导以及全区各镇（街道）、各委办局调研干部共100多人参加了会议。会上表彰了18家调研工作先进单位、22名优秀调研联络员和27项优秀调研成果。会后，全区200余名专兼职调研干部参加了为期3天的培训活动，来自国家部委和市委研究室的专家学者就国家经济政治形势、文稿起草和调研工作技巧等方面做了专题辅导。

（王海宁）

老干部工作

【概　况】 昌平区委老干部局负责全区离休和处级退休老干部的管理与服务工作，设有办公室、宣传活动科、行政科3个职能科室和1个老干部活动站。2005年底,全区有离休干部478人(其中异地安置离休干部27人),处级以上退休干部1099人。年内,区委老干部局进一步加强老干部党支部建设,积极开展思想政治工作,落实离休费保障机制、医药费保障机制和财政支持机制,协调解决拖欠离休干部"两费"(离休费、医药费)问题;看望并慰问家庭生活有困难和久住山区的老干部,较好地落实老干部政治待遇和生活待遇;发挥老年大学的作用,举办6次老干部书画展及摄影比赛,组织老干部艺术团参加市、区不同规模的文艺演出30余场,为丰富老干部的晚年生活和在创建和谐社会中发挥作用提供了展示的平台。

(许雪英)

单位名称:昌平区委老干部局
地址:昌平区鼓楼南大街26号
电话:(010)69746786
邮编:102200

【召开2005年老干部工作会】 2月3日,区委、区政府召开2005年老干部工作会。会上,总结了2004年全区老干部工作,通报了2004年全区经济和社会发展情况,并就如何做好全区老干部工作提出了具体要求。

(许雪英)

【落实老干部生活待遇】 春节前,走访慰问离退休老干部及2004年去世离休干部的家属共计638人。七一前夕,对长期居住农村的45名离休干部逐户登门走访慰问,及时看望生病住院的老干部60人。5月20日,老干部局利用6天的时间为全区离休和副处级以上退休老干部1200余人进行体检。区委、区政府出资10万元,为全区离休和处级退休老干部1260人注射了流感疫苗。

(许雪英)

【切实落实老干部政治待遇】 7月28日,区长佟根柱就全区经济发展情况、发展规划及工作思路向老干部做了通报。邀请北京师范大学政治学与国际关系学院的院长、博士生导师杨世文教授,为老干部做了题为《永葆共产党员先进性》的辅导报告,邀请中科院张厚英教授为老干部做《航天科学与应用》的报告。

(许雪英)

【加强老干部工作人员队伍建设】 3月22日至23日,区委老干部局举办了为期两天的老干部工作人员培训班,学习老干部工作方针、政策以及落实老干部政治待遇及生活待遇等方面的业务知识,区委副书记王刚从维护改革发展稳定的高度对老干部工作人员提出五项要求,全区117个基层单位的工作人员及主管老干部工作的副书记参加了学习。

(许雪英)

【创办《昌平老干部》刊物】 5月初,老干部局创办了《昌平老干部》刊物,设有学习之窗、政策咨询、老年风采、老年大学、健康之友等10个栏目。宣传党的政策,刊登老同志撰写的诗歌、散文和回忆录等文章,以及书法、绘画、摄影等内容丰富的老干部作品,并发放到全区每一位老干部手中。

(许雪英)

【开展纪念抗日战争胜利60周年活动】 8月30日,老干部局组织20余名抗日战争老干部代表参加了区委、区政府召开的"纪念抗日战争胜利60周年老干部座谈会",为老干部颁发了纪念章,向每一位抗战老干部发放1000元慰问金。与区政协联合开展了"向全区抗战老干部献爱心"活动,将区政协向每一名抗战老干部赠送的保健磁疗盆和慰问金1000元送到老干部家中;为全区抗战老干部订做了印有"纪念抗日战争胜利60周年"字样的文化衫;走访慰问了全区100名抗战老干部;与区文化委联合举办了一场"纪念抗日战争胜利60周年"演唱会,200余名老干部前来观看;举办了以歌颂党、歌颂祖国为主题的书画作品展,展出老干部书画作品50幅;利用电视台和《昌平周刊》等新闻媒体,编播了一期张子山、王凤山等抗战老干部的人物专访,宣传他们的抗战经历和战斗事迹。

(许雪英)

【专项检查《老干部工作领导责任制》落实情况】 10月,区委老干部局利用4天时间针对《老干部工作领导责任制》落实情况进行专项检查,抽查了北京标准件厂、红冶钢厂、区国资委、区供销联社、区教委、区农委、沙河镇和城北街道办事处8个单位,并通过与各单位部分老干部代表座谈的形式,与老干部们面对面地交流与沟通,听取老干部意见和建议。

(许雪英)

【老干部艺术团合唱队荣获市农口比赛一等奖、区二等奖】 7月2日,老干部艺术团参加了市委农工委举办的“纪念红军长征70周年和抗日战争胜利60周年”的歌咏比赛,《到敌人后方去》、《到吴起镇》两首歌曲荣获一等奖。并获区第五届“五月的鲜花”合唱比赛二等奖。

(许雪英)

【承办市农口老干部“金秋杯”台球赛和区老年台球赛】 6月中旬,老干部局承办了昌平区第五届全民健身体育节老年台球比赛,200余名老年人参加了比赛。10月25日,承办了北京市农口系统老干部“金秋杯”台球赛,来自全市农口系统的12支代表队,近100名老干部参加了比赛。

(许雪英)

【老干部与部队官兵共庆“八一”】 在庆祝中国人民解放军建军78周年之际,老干部艺术团与空军小汤山接待站、中国航空博物馆的官兵们联合举办了庆“八·一”军民共建文艺联欢活动,老干部和部队官兵们纷纷表演了合唱、独唱、舞蹈、乐器合奏等精彩的节目,营造了军民“心连心、鱼水情”的氛围,为推动和发展军地精神文明建设起到了良好的促进作用。

(许雪英)

【老年大学“四个一”活动丰富多彩】 一是老年大学摄影班到敬老院和农村为孤寡老人及农村老党员免费拍照片;二是利用“十一”黄金周,摄影班举办了“迎国庆老干部摄影作品展”,38名老干部的100幅优秀作品在昌平中心公园展出;三是书法绘画班学员创作了30幅作品,赠送给昌平精神卫生保健院;四是春节前夕,书法班学员撰写200余幅春联送给家住农村的老干部。

(许雪英)

【举办“庆重阳”老干部运动会】 10月10日至17日,老干部局举办了“庆重阳”老干部运动会,设有门球、地掷球、象棋、麻将、五子棋、乒乓球、台球等竞赛项目和十余种趣味比赛项目,全区有600余名老干部参加此次运动会。有90名老干部分别获得竞赛项目比赛一、二、三等奖和门球、地掷球团体奖。

(许雪英)

保密工作

【概　况】 昌平区国家保密局(区保密局)是负责全区保密工作的职能部门,承担着区委保密委员会、区无线电管理委员会和区计算机网络与信息安全管理工作领导小组的日常工作。2005年,按照胡锦涛总书记关于加强保密工作重要批示的要求,统一思想、服务大局,立足当前、着眼长远,突出重点、整体推进,加强领导、落实责任,进一步加强党政领导机关的保密工作,强化涉密计算机信息系统的保密管理,积极推进保密依法行政、宣传教育和监督检查工作,不断提高保密工作法制化、规范化水平,充分发挥“保安全、保发展”的作用,使保密工作更好地为加强党的执政能力建设和推进昌平经济社会发展提供有力的保障。

(李淑新)

单位名称:昌平区国家保密局
地址:昌平区政府街19号
电话:(010)89741513
邮编:102200

【依法定密和动态管理】 年初，依照法定程序做好确定密级工作，对各单位的定密工作进行检查指导，解决定密工作中出现的偏差。经审核确认，新产生国家秘密事项485项，其中绝密级6项，机密级53项，秘密级426项。年中和年底分别对已到期的484项国家秘密事项进行解密操作，切实做到了国家秘密事项的动态管理。

（李淑新）

【保密委调整】 3月，对原区委保密委员会组成人员进行了调整。确定了区委副书记王刚任保密委员会主任，区委常委、区政府常务副区长杨旭明，区委常委、区委办公室主任曹鹏程任保密委员会副主任，区委保密委员会下设办公室，主任由贾洪东兼任。

（李淑新）

【落实责任制】 3月，依据《昌平区基层单位保密工作目标管理责任制》落实情况和日常保密工作完成情况，经评选委员会审核确定，全区共评选出2003～2004年度先进单位32个、先进个人41名。

（李淑新）

【执法检查】 4月，对复制国家秘密载体的2家定点单位进行了检查并年审。通过检查和年审，对存在的定密依据不充分、安全防盗和招用临时工问题，提出了改进意见，增强了复制国家秘密载体的安全性。

（李淑新）

【保密干部培训】 5月，举办保密干部培训班，44名新任保密干部参加了培训。通过培训，进一步加深对当前保密的形势与任务、保密法律法规条文的具体含义、保密行政执法检查、定密程序、计算机网络存在的问题、技术范围与管理措施以及宣传教育的重要性、实效性等方面的理解，为今后的工作打下了基础。

（李淑新）

【信息安全】 4月至5月，根据市局的统一部署，下发了《关于对全区计算机网络及互联网站开展调查和保密检查的通知》，并采取摸底调查、自查、重点抽查相结合的形式，对全区115个单位的145个网站进行检查。为加强对计算机及其网络的安全保密管理，防止通过计算机及其网络泄露国家秘密，制定下发了《北京市昌平区计算机信息系统保密工作管理暂行规定》。

（李淑新）

【工作检查】 7月，依照市保密委《关于在全市党政机关开展一次保密工作大检查的通知》，重点在要害部门部位、涉密载体、涉密信息传输、重要涉密会议和活动以及涉密人员教育等方面开展了一次检查，促进了基层单位保密工作的开展。

（李淑新）

【考试考务】 为做好国家教育统一考试中的安全保密管理工作，制定了考试保密工作预案，明确了工作任务和目标，制定了具体保密措施，分别对区考试中心保密库以及4个高考考点和15个中考及高中会考考点保密室的人员配备、硬件设施建设及制度建设等情况进行了检查，并对试卷的交接过程进行了现场监督。

（李淑新）

【军工生产企业保密资格审查】 11月，按照《武器装备科研生产单位保密资格审查认证管理办法》的规定，对申请保密资格认证的两家军工生产企业进行了实地检查，帮助企业整章建制，完善各项保密管理制度，就如何强化保密管理提出明确要求，经过严格审查，完成了三级保密资格认证初审工作。

（李淑新）

【保密管理】 为确保涉密文件、资料及内部刊物销毁工作的安全可靠，转发了北京市国家保密局《关于加强销毁涉密文件资料管理工作的通知》。对基层单位保密人员重新登记，做好基层涉密人员管理。配合驻昌高等院校做好四、六级英语考试工作，对中国政法大学和中国石油大学（北京）的试卷保密室进行了实地检查，为保密室的建设与使用提供了依据。

（李淑新）

区直机关工委工作

【概　况】 区直机关工委是负责区直机关党的建设和思想政治工作的区委派出机构。2005年,区直机关工委坚持以邓小平理论和“三个代表”重要思想为指导,坚持落实科学发展观和构建和谐社会,突出保持共产党员先进性教育活动和党建创新工作,围绕党建、纪检监察和群团组织三项主要工作,立足“机关大院和系统归口单位”两个平台开展教育和喜闻乐见的活动,搞好三个服务(上级领导服务、系统单位服务、老干部服务)。并认真做好综合治理、交通安全、计划生育、反邪教、档案和保密等项工作。

（张富有）

单位名称:昌平区委直属机关工委
地址:昌平区政府街19号
电话:(010)89741660
邮编:102200

【举办老干部迎新春团拜会】 1月26日,机关工委举办了系统老干部迎新春团拜会,100余名离休干部和处级退休干部参加了团拜会,并参观了区博物馆,观看了由区老干部艺术团、退休干部活动中心和部队文工团演出的文艺节目。

（张富有）

【抓好交通安全工作】 年初,区直机关工委在老干部局多功能厅召开了交通安全“五进”(进农村、进社区、进单位、进学校、进家庭)工作会议,系统单位主管领导、车管干部、驾驶员150余人参加了会议。2月4日,成立昌平区委直属机关工委交通安全委员会。

（张富有）

【召开机关工委工作会议】 3月22日,召开2005年机关工委工作会议,区直机关工委系统各单位的主管领导70余人参加了会议。会上,机关工委负责党建、纪检监察、群团的工作领导分别了工作报告,总结了2004年的工作,对2005年的工作进行了安排部署。

（张富有）

【召开先进事迹报告会】 4月29日,在区文化委八楼报告厅召开了王曙光、徐立民、周亚铃先进事迹报告会。来自系统各单位的300多名党员干部听了报告。在系统党员干部中掀起了“学典型、做表率”,为昌平全面发展做贡献的热潮。

（张富有）

【举办党支部书记和科级干部培训班】 5月19日至21日,在区党校举办了为期3天的“党支部书记和科级干部培训班”,有67名领导干部参加了培训。

（张富有）

【举办建党84周年系列活动】 6月初,组织系统1000余名党员参加了党的知识答题活动。6月22日,组织系统6支代表队,在自来水公司会议室举办了庆祝建党84周年党的知识竞赛活动。区商务局代表队荣获一等奖。6月30日,在广电大厦召开了庆祝建党84周年表彰大会,表彰了系统103名优秀共产党员,并在系统表彰的基础上推荐了20名区级优秀共产党员。表彰会后举行了新党员入党宣誓仪式和文艺演出活动。

（张富有）

【举办文体活动】 年内,区直属机关工会、体协、妇委会、团工委举办了登蟒山、长跑、跳棋比赛、乒乓球比赛、羽毛球比赛;在昌平体育活动中心,举办一年一度的系统篮球联赛;在区妇联多功能厅举行了系统机关干部职工交谊舞比赛;组织系统单位参加了北京市第五届全民健身体操比赛,获先进单位。

（张富有）

【组织学习宣传和贯彻执行《实施纲要》系列活动】 6月,组织本系统80多名纪检监察干部进行了学习《实施纲要》专题培训。8至11月份,分别组织本系统副处级以上领导干部、党员参加了《实施纲要》知识竞答卷活动,

1000多名党员干部参加了答卷。

（张富有）

【搞好廉政文化活动】 年内，组织开展了“当公仆为民、树形象争光”为主题的征文活动。组织系统单位460余名党员干部到中华世纪坛参观了反腐倡廉警示教育展览。参加了区纪委举办的廉政歌曲创作、廉政书法和廉政绘画比赛等活动。

（张富有）

【抓好保持共产党员先进性教育】 12月初，机关工委组织机关工委党支部、政府招待所党支部和兰天经协党支部的党员，参加了第三批保持共产党员先进性教育活动。在区委统一安排部署下，制定下发了《区直机关工委保持共产党员先进性教育实施方案》，对学习教育阶段进行了动员，并组织党员进行了集中学习。

（张富有）

党校工作

【概　况】 中共昌平区委党校是在区委直接领导下培养全区党员领导干部和理论干部的学校，以培训轮训党员干部为根本任务。内设办公室、教研室、培训处、组教处、财务室、行管处6个处室，教职工60人，其中专兼职教师18人。2005年党校与区委组织部、人事局、民政局等部门合作，共同举办处级领导干部培训班、公务员培训班、工会干部培训班、农村基层干部调训班、农村集体经济产权制度改革村村干部培训班、社区干部培训班、信息网络管理员培训班等62期，培训人数6881人次。年内，招收学员926名，其中大专生561名，本科生254名，研究生111名；毕业679名，其中大专生362名，本科生317名；在籍生2833人。

（纪士林）

单位名称：中共昌平区委党校
地址：昌平城区镇东环路北头路东
电话：(010)89741308
邮编：102200

【首次建立外聘兼职教师人才库】 4月10日，区委组织部、区委党校把聘书送达45名党政处级领导干部和6名高级专业技术人员，并向受聘教师提出了具体的授课内容。这51名受聘教师均为各部门、各专业的高级人才。

（纪士林）

【教师参加全国学术研讨会】 6月8日至11日，教师王钦双参加了中共中央党史研究室、陕西省委在中国延安干部学院联合举办的纪念中国共产党第七次全国代表大会召开60周年全国学术研讨会。其撰写的《抗日根据地军民学习宣传“七大”精神的活动及启示》的论文在会上进行了交流研讨。该文较系统地阐述了七大召开后陕甘宁、晋绥、晋察冀、晋冀鲁豫、山东、华中各根据地军民学习、宣传七大精神的情况、过程和特点，从领导发动、理论联系实际、创新活动方式方面总结了各根据地军民学习宣传七大精神的经验。

（纪士林）

【科研课题结项】 科研课题组承担的北京市党建研究会“基层党组织在构造社会主义和谐社会中的地位和作用”的科研课题年内结项，其科研成果《充分发挥基层党组织在构建社会主义和谐社会中的作用》的论文同期完成。本课题从分析基层党组织在构建社会主义和谐社会中的功能定位入手，探索并阐述了基层党组织在构建社会主义和谐社会中发挥作用的途径。这一课题是市党建研究会立项的14个科研课题中惟一一项被获准的区县级党校承担的科研项目。此外，结合区委、区政府的重点工作，拟定党的建设、法制建设、建立社会主义和谐社会、社区建设等15项校内科研课题，年内全部完成。

（纪士林）

党史工作

【概　况】 2005年党史办坚持以十六大精神和“三个代表”重要思想为指导，全面贯彻落实科学发展观，认真贯彻落实中共十六届五中全会和区委二届六次、七次全会精神，开拓创新，扎实工作，完成《中共北京昌平区历史大事记（1921～2003）》编写工作，开展多种形式纪念抗日战争胜利60周年，积极配合市区两级电视台拍摄纪念抗战专题片和纪念建党84周年宣传活动，做好党史宣传教育工作，推动全区党史工作上了一个新台阶。

（王宏适）

单位名称：昌平区委党史办公室
地址：昌平区政府街19号
电话：（010）69746538
邮编：102200

【完成《中共北京昌平区历史大事记（1921～2003）》编写工作】 年初部署了《中国共产党北京昌平区历史大事记（1921～2003）》编写工作。4月底完成初稿，6月底完成送审稿，12月出版发行。全书共分为新民主主义革命、社会主义建设探索和社会主义现代化建设三个时期，比较全面地记述了党领导昌平人民80多年来走过的历史进程。此书共收录大事2453条，约31万字。

（王宏适）

【组织《昌平区社会主义建设史》编写工作】 年内，对有建设史专题编写工作的单位和人员进行督促和指导，对出现的问题进行辅导。年底共完成建设史专题素材稿件32份，专题文章22篇。党史办在做好协调指导的同时，积极参加市党史研究室组织的各种培训，邀请市委党史研究室人员就建设史写作中遇到的问题与编写人员进行研讨，虚心学习借鉴先进区县的编写经验，对《建设史》编写大纲进行多次修改，对编写内容进行分工，明确任务，责任到人，先后组织力量去区档案局等单位搜集资料，共查阅档案200卷，征集资料30余万字。

（王宏适）

【开展纪念抗日战争胜利60周年活动】 年内，与宣传部共同举办了“难忘燕平抗日烽火——纪念抗日战争胜利60周年”活动。从6月13日至9月5日的两个多月期间，《昌平周刊》连续刊载由党史办提供的《英勇反击日军“扫荡”》等13篇纪念文章及一组反映昌平抗日时期图片，纪念文章同时在区广播电台播出；6月份组织参加市委党史研究室、河北省党史研究室和门头沟区委联合举办的平西根据地抗战史研讨会，并撰写《从国民抗日军在平西地区的活动看其对创建平西根据地所起的作用》研讨文章，被《平西根据地抗战史研讨会文集》收录；与区老干部局等部门联合举办“纪念抗战胜利60周年老干部座谈会”，向老干部赠送反映昌平地区抗战纪实文学作品《不平凡的岁月》等书籍200多册。

（王宏适）

【配合市区两级电视台拍摄纪念抗战专题片和纪念建党84周年的宣传活动】 一是组织力量积极协同配合市委党史研究室、北京市电视台拍摄60集电视专题片《烽火幽燕——京华抗日战地行》。在南口、白羊城、溜石港等处完成《白羊城出了“红蓝箍”》、《溜石港的复仇火焰》等3部专题片的实地拍摄。二是为纪念建党84周年，配合昌平电视台在十三陵镇庆陵村实地拍摄昌平第一个农村党支部成立及其活动专题片。三是配合北京电视台拍摄以“南口抗战”为主题的专题片。

（王宏适）

【开展革命传统教育】 11月，党史办为昌平区中学生业余党校80多名学员作《昌平区党组织发展概况》报告。报告讲授了党在昌平区发展壮大的光辉历史和可歌可泣的英雄人物的历史事迹，使在场的学员了解昌平党组织的发展历程，深刻接受了一次党史教育。

（王宏适）

纪检·监察

【概　况】 2005年,全区各级纪检监察组织坚持以邓小平理论和“三个代表”重要思想为指导,深入学习贯彻党的十六届四中、五中全会和中央纪委五次全会以及市纪委七次、八次全会精神,按照中央、市和区的工作部署,紧密结合实际,突出针对性、注重实效性,充分发挥职能作用,扎实认真地开展工作,党风廉政建设和反腐败各项工作取得了较好成效。

(毛百战)

单位名称:中共北京市昌平区纪律检查委员会
北京市昌平区监察局
地址:昌平区政府街19号
电话:(010)69719485
邮编:102200

【召开区纪委三次全会暨党风廉政建设大会】 1月12日,召开中共北京市昌平区纪律检查委员会第三次全体(扩大)会议暨全区党风廉政建设工作会议。会议总结了2004年全区党风廉政建设和反腐败工作,部署了2005年党风廉政建设和反腐败工作任务。市纪委副书记王翔、区委书记赵凤桐分别作了重要讲话。

(张　恒)

【召开区纪委第四次全会】 12月27日,召开中共北京市昌平区纪律检查委员会第四次全体(扩大)会议。会议审议并通过了《全面履行工作职责,加大防治腐败力度,不断开创全区党风廉政建设和反腐败工作新局面》的报告,同意将此报告作为昌平区2006年党风廉政建设工作会议暨启动巡视工作会议报告,审议通过了《中国共产党北京市昌平区纪律检查委员会第四次全体(扩大)会议决议》。

(张　恒)

【召开巡视工作联席会】 11月1日,召开区纪委、区委组织部关于区委巡视工作的第一次联席会议。会议研究了区委巡视组的机构设置、人员选配及人员编制、人员相关待遇、后勤及办公设备等问题,会议就以上内容形成《关于区委巡视组若干具体问题的说明》。

(孟　晖)

【召开巡视组成立暨培训会议】 12月26日,召开区委巡视组成立暨培训工作会议。宣布了区委巡视组人员组成名单,区委巡视一组:李富明、王海龙、沈爱民;区委巡视二组:王和平、王维军、阚绍林。会议同时就开展巡视工作的相关制度进行了学习。

(孟　晖)

【切实落实党风廉政建设责任制工作】 年内,制定了《2005年全区党风廉政建设和反腐败工作主要任务分工》、《落实市委关于贯彻落实〈实施纲要〉的意见的任务分解方案》,并下发全区各处级单位,明确了各项工作任务的牵头单位及具体要求。全区各级党政机关、企事业单位领导班子与下属单位层层签订了党风廉政建设责任书,层层分解党风廉政建设和反腐败主要工作任务。在全区处级领导干部中统一使用区纪委规范印制的台帐记录本,明确了填写要求、内容和方式,并通过填写台帐记录本,强化了各级领导干部的责任意识,做到“一岗双责”。11月1日至11月10日,区委、区政府领导班子成员亲自带队,对全区处级单位落实责任制情况进行了全面检查,从总体情况看,全区党风廉政建设和反腐败工作得到切实落实。

(王双锋)

【加强领导干部廉洁自律工作】 年内,以落实“五条规定”为重点,制定完善相关纪律规定,加强对各级领导干部的要求。继续认真执行好中纪委、中组部《关于严肃查处党员干部参与赌博的通知》精神的落实,有效预防和制止了一些党员干部参与赌博的行为。4月7日，制定并严格执行了《关于严禁全区各级党政机关工作人员工作日午间饮酒的规定》，全区各级党员干部的工作作风进一步转变。继续坚持与新任职领导干部进行廉政谈话制度。7月29日，以《保持共产党员先进性，做一名合格的领导干部》为题，与59名新任职的处级领导干部进行廉政谈话。围绕如何做到廉洁自律、认真贯彻落实党风廉政建设责任制，对40名新任职的处级干部进行了培训。在党员领导干部家庭中开展了"当好廉内助、共建幸福家"的家庭助廉活动。

（王双锋）

【认真开展村级干部廉洁从政专项检查活动】 6月1日至7月15日，针对农村干部存在的突出问题，围绕村务公开和民主决策、执行廉洁自律规定、执行财经纪律三个方面，广泛深入开展了农村干部廉洁从政情况专项检查活动，完善了《关于村级领导干部廉洁从政的若干规定》，进一步强化了村级干部廉洁从政意识，密切了党群干群关系。通过专项检查，纠正违反规定为他人担保4200万元，清退违反规定领取工资奖金补贴94729元，清退超标报销通讯费84997元，清退违规上保险费用31215元，对13个村存在的帐外帐现象进行了纠正。

（王双锋）

【积极开展党务公开试点工作】 10月10日，制定下发了《中共北京市昌平区委关于开展党务公开工作的意见(试行)》和《关于开展党务公开试点工作的实施方案》，在区建委、区国资委、区财政局、小汤山镇、回龙观镇、兴寿镇共六个试点单位及三个试点村和一个试点企业正式启动党务公开试点工作。

（王双锋）

【加大源头治理腐败工作力度】 年内，行政审批事项得到进一步精简，行政审批事项做到了公开透明；财政体制改革稳步推进，部门预算改革继续深化，行政事业性收费"收支两条线"管理工作不断规范和加强；以政府机构改革为契机，干部人事制度改革进一步深化，实行了干部署名推荐、全委会表决和领导干部竞争上岗等措施，改进了干部选拔任用方式。继续深入推进农村集体经济产权制度改革。在全区12个镇(街道)42个村推行的农村集体经济产权制度改革中，已完成21个村。严格监督，积极参与招标采购工作。对区广电中心办公楼装修、设备招标采购，南环供热厂、昌盛园供热厂改造及基建、设备招标采购，区行政事业单位机动车辆保险政府招标采购等，进行全程监督，确保政府招标采购工作的公开、公正、公平、透明。

（毛百战）

【认真受理群众来信来访】 年内，全区各级纪检监察组织共受理信访举报454件(与上年同比下降了15.3%)。其中区纪委受理301件(检举、控告类300件，申诉类1件)，基层纪检监察组织受理153件。在区纪委受理的检举控告类信访件中，从反映干部的职级分类看，反映处级领导干部问题的63件，反映科级以下干部问题的58件，反映村干部问题的179件；从反映问题的性质看，反映贪污受贿等经济问题的109件，反映公款吃喝、索要公物等以权谋私问题的86件，反映乱占土地、乱批房宅等问题的105件。这些问题都得到了较好的处理和解决。

（万会英）

【查办案件工作取得显著成绩】 年内，全区共立案件34件(区纪委监察局直查12件，基层纪检监察组织查处22件)，大要案18件(大案13件，要案5件)，给予党纪政纪处分38人。其中处级干部6人，科级干部6人，普通干部6人，党员20人。通过查办案件，为国家和集体挽回经济损失230余万元。

（张 成）

【严把案件审理质量关】 年内，按照《案件审理工作条例》的要求，坚持"事实清楚，证据充分，定性准确，处理恰当，程序合法"的方针，根据各类案件的不同情况，确定主承办人，做到一人主办，人人阅卷，集体讨论，对实体和程序进行全面监督审查，确保案件查处质量。全年共受理案件34件，结案34件，结案率100%，给予党纪政纪处理34人。

（张少莉）

【纠正部门和行业不正之风工作成效显著】 年内，对全区卫生系统15家医疗机构和18家社区门诊使用中标药品、医用耗材集中招标采购以及医疗服务工作等情况进行了联合检查。全区医疗单位集中招标采购药品总金额1.67亿元，占用药总金额的85%，让利患者202万元。认真开展治理中小学教育乱收费工作，对两所学校的7294元不合理支出进行了纠正，对一所学校违规补课行为进行了查处，向学生退还补课费9.6万元。确定检查重点，确保减轻农民负担工作落到实处。制定了《关于政府机关与所办企业和管理的直属企业营利性事业单位脱钩的处理意见》，脱钩工作按要求及时完成。

（王宇红）

【加强民主评议政风建设工作】 9月29日，对区建委、区城管监察大队等四个单位，就依法行政、办事效率、服务态度、群众来信来访办理情况等四个方面的内容，开展了民主评议政风行风活动。制定了《昌平区关于完善民主评议政风行风工作机制的实施意见》、《昌平区政风行风网络热线群众来信办理情况考核办法》等，进一步规范了政风行风评议工作。在区政府网开通了"政风行风热线"，接受群众举报和投诉。年内，共受理"政风行风热线"投诉499件，办结417件，办结率为83.6%。

（王宇红）

【围绕中心工作加大执法监察工作力度】 年内，深入推进"阳光工程"，特别对区综合体育馆等8项在建项目重点工程程序执行情况进行了监督。对全区交通安全、违章建筑拆除、非煤矿山生产安全等项工作进行了联合督查。对区"高考"、"中考"等考务工作进行了全程监督。以"抓规范、抓延伸、抓成效、抓监督"为工作重点，进一步规范和深化全程办事代理制工作，促进政府部门依法、高效行政和廉政勤政建设，形成为民、利民、便民和规范有序的办事机制。

（李松岩）

【不断加强全程办事代理工作】 年内，全程办事代理制工作进一步规范和深化，基本建立了区、镇、村三级全程办事代理机制，并向基层科、队、站、所、队进行了延伸。全年共受理代办事项25.82万件，办结25.78万件，一次办结率达到99.86%。

（李松岩）

【区行政投诉中心的职能作用得到有效发挥】 4月初，昌平区行政投诉中心成立。中心成立以后，认真履行各项职责，建立了《昌平区行政投诉工作规则》、《昌平区行政投诉中心工作流程》，集中力量对重点投诉件进行查处，并在尽短时间内办结，全年共受理投诉79件次，其中上级转办件3件，领导批办件4件，来访32件，来信4件，来电36件；受理范围内投诉45件，其中，投诉区政府各职能部门36件，投诉相关工作人员9件。在处理投诉件过程中，由区投诉中心查处并由区纪委监察局做出决定，分别给予3人政纪处分，其中行政记过处分2人，行政警告处分1人；给予2人行政告诫。为进一步调动各单位的工作力量，保证区行政投诉中心与各单位的联系畅通，在全区各行政执法部门以及17个镇（街道）设立专门的行政投诉工作人员，加强对全区各镇（街道）、委办局行政投诉工作的督促和指导，使投诉事项在基层得到妥善解决，以最大限度地保护群众利益，维护地区稳定。

（李　欣）

【纪检监察干部队伍素质进一步提高】 8月19日至9月9日，采取集中与分散相结合的方式，围绕"以改革统领反腐败工作全局，进一步提高纪检监察能力建设"、"认真受理信访举报，不断提高查办案件工作水平"，对全区纪检监察干部进行了专题培训。年内，组织45名纪检监察干部分别参加中央纪委、市纪委、市农村纪工委举办的业务知识培训。加强对派驻纪检监察干部的日常管理和年度考核工作，制定了《关于对派驻机构实行统一管理的意见》、《关于对派驻机构实行统一管理工作的实施意见》、《派驻机构业务工作统一管理暂行办法》和《派驻机构干部工作统一管理暂行办法》等，派驻机构统一管理工作有序进行。

（吴学军）

【党风廉政宣传教育工作深入开展】 全年坚持党风廉政"大宣教"工作联席会议制度和"分层施教"原则，形成了反腐倡廉宣传教育的整体合力，突出了教育的针对性和实效性。在区"两台、两刊、两网"开办党风廉政专题节目。4月7日至4月11日，组织全区3120名党员干部参观了市纪委在中华世纪坛举办的"北京市反腐倡廉警示教育展"，旁听区质监局原局长付金祥违纪违法案件庭审，制作违纪案件剖析专题片等。6月起，坚持每月给全区各处级单位党政"一把手"发送廉政手机短信，年内，向全区200余名处级干部发出廉政短信1400多条，赠送廉政图画1万余张。

（吴艳群）

【举办廉政歌曲大赛和廉政书法比赛】 9月15日，区纪委与区文化委联合举办了党风廉政歌曲比赛。12月10日，区纪委与区委组织部、区委宣传部、区文化委员会、区书画协会联合举办"昌平区第三届领导干部党风廉政建设书画展"。共征集到作品315幅（书法作品247幅，绘画作品68幅），其中参展作品100余幅。经过严格审评，评出一等奖16名，二等奖20名，优秀奖64名。

（叶玉东）

【开展廉政文化进村、警句格言促廉活动】

年内，认真开展了"廉政文化进村，警句格言促廉"活动，全区各镇、各村在党员活动室、村两委办公室和村会计室悬挂或摆放廉政警句格言，提醒广大农村党员干部时刻不忘廉洁从政，各镇（街道）以廉政警句格言为内容，共制作了1247块标牌悬挂或摆放在醒目位置。

（叶玉东）

【理论研讨、调研工作取得新成果】 年内，编辑出版了《党风廉政建设文件选编（2004年）》，编写了《北京监察志（昌平部分）（1987～2002）》、《昌平社会主义建设史（纪检监察部分）》。全年向市纪委上报理论研讨和调研文章20篇，其中有5篇调研论文分别被评为全市纪检监察系统调研论文二、三等奖和优秀奖，《北京纪检监察研究》采用5篇。《廉政文化宣传进农村——昌平区廉政文化建设一瞥》被市委机关刊物《前线》杂志刊登，《关于昌平区廉政文化进农村的调查与思考》被人民日报新闻文化发展中心刊物《时代先锋》刊登。全年向市纪委报送《昌平纪检监察调研信息》3篇，受到市纪委领导的好评。

（毛百战）

【信息工作取得新成绩】 年内，共收集纪检监察信息1342条，其中，基层单位报送1132条，区纪委机关各室报送210条。编辑《昌平纪检监察信息》43期，编辑《领导参考》17期。向市纪委报送信息137条，被市级以上刊物采用共36条，其中，被市纪委信息专报采用2篇，被评为优秀信息1篇，被市纪委领导批示1篇。区纪委被市纪委评为2005年度纪检监察信息工作先进单位，信息采用量名列全市第6位。

（张　恒）

民主党派

【概　况】 2005年，区委统战部认真学习中共中央《关于进一步加强中国共产党领导的多党合作和政治协商制度建设的意见》和《中共北京市委关于贯彻落实<中共中央关于进一步加强中国共产党领导的多党合作和政治协商制度建设的意见>的实施意见》精神，采取多种措施，完善政治协商制度。加强党外后备干部队伍建设，完善工作机制和选拔任用方式，做好党外后备干部的人才摸底工作。为推动民主党派的自身建设、切实发挥参政党作用，实现全区多党合作事业的稳步发展提供了广阔的平台。

（卫　勇）

单位名称：昌平区委统战部
地址：昌平区政府街19号
电话：(010)89741629
邮编：102200

【党外干部任职】 年内，通过公开选拔、竞争上岗的方式，从石油大学选拔了一名民建昌平工委成员担任区市政管委总工程师；推选一名无党派人士担任区卫生局副局长；全区共安排党外干部13人，副局级5人，副处级8人。

（卫　勇）

【民建昌平工委工作】 年初，对9户特困户进行走访慰问。1月，与区委统战部共同举办迎新春书画展。4月，配合市会组织处完成会员数据库的录入。5月，对信息员进行培训；组织会员参加区委统战部组织的中日关系报告会和台湾形式报告会。为长陵镇慈悲峪村筹措资金60余万元，用于改善村容村貌，帮助村民开展民俗旅游及养殖业。6月，组织会员企业家到昌平地税局参观学习座谈；在区两会期间，会员王欣获得优秀政协委员称号并在政协第二届第二次会议上代表区政协工业科技一组就《树立科学发展观打造民营科技企业技术创新平台》一题做典型发言；会员蔡洪雄所写的《关于加快改善回龙观周边地区交通状况的建议》获得区政协优秀提案奖，同时获得区政协提案工作先进个人；会员王飞雪获昌平区“首届优秀中国特色社会主义事业建设者”和“文明昌平人标兵”称号；会员明战学顺利通过竞聘考试，就任区市政管委总工程师；6月中旬，为3所昌平打工子弟学校的学生捐书和学习用具。上半年，发展2名新会员；完成党派交叉人员的登记上报工作；配合区委统战部完成推荐党外后备干部工作。10月，完成了《构建和谐社会与统一战线》、《如何把统战部门建成党外人士之家》、《加强民主党派参政议政能力建设的思考》三篇理论研究文章。

（卫勇）

【民盟昌平支部工作】 年内，参加民盟市委组织的美国外交政策报告会；听取民盟市委举行的“和谐社会，人文北京”主题系列报告会；参加“奥运经济与旅游纪念品”论坛；参加民盟市委新春电影招待会；部分老盟员参加并观看了民盟市委组织的重阳节文艺演出；选派主委、副主委参加民盟市委的基层组织建设工作会议；参加民盟石油大学支部的学习活动；部分盟员参加民盟市委举办的医疗卫生座谈会；组织盟员学习曾呈奎和俣祥麟的先进事迹；旁听区委统战系统工作总结暨情况通报会；旁听区政协工作会议；参加区统战部举办的迎中秋、庆国庆座谈会及纪念抗日战争胜利60周年座谈会；在昌平区“十一五”规划征求意见座谈会上，主委黄克勤代表民盟以《加快转变经济增长方式，大力发展昌平区循环经济》作专题发言；1月22日，到流村镇贫困山区的特困家庭、敬老院、残儿院扶贫送温暖；六一儿童节期间，捐赠500元现金，看望残疾儿童；7月份，黄克勤主委代表支部参加昌平区慈善协会组织的“慈善博爱，共创和谐”活动，无偿救助一个有残疾的困难家庭；6、7月份黄克勤主委带领皇城医院全体盟员，参加医疗扶贫活动；印度洋地震海啸灾难中，捐款2560元；黄克勤主委印制“前进中的昌平——投资创业、旅游休闲、生活居住的好地方”的宣传单1万余份（印刷费约2000元），向来自全国各地及国外患者发放；10月25日，支部向贫困山区捐献旧衣物30余件，黄克勤主委捐款1500元；年内，黄克勤主委对家境贫困的患者减免医药费达10万余元；10月份，主委黄克勤获中共北京市昌平区委、北京市昌平区政府授予的昌平区优秀中国特色社会主义建设者光荣称号。

（卫　勇）

【农工昌平支部工作】　年内，发展新成员2名，接受1名党员编入支部；全年共参加视察、考察、座谈会、协商会等活动40余次，多次参加区委及各委办局党委组织的保持共产党员先进性教育的评议会；春节前夕，支部组织全体党员参加每年一次的区委组织的区情通报会；支部成员杨会伶、杜春生分别向赵志成等3名贫困学生捐赠助学金；通过不同渠道向贫困地区捐款460元，捐物40余件，受益人员40余人；11月12日，组织部分专家到兴寿镇卫生院开展健康指导和义诊咨询活动；杜春生代表支部向抗战老英雄捐款2万元。

（卫　勇）

【九三昌平综合支部工作】　年内，就昌平区民俗旅游的发展状况等全区统一战线和改革开放中的重大问题广泛开展调查研究；与茂陵村结成对子，多次捐款捐物，帮助其改变落后面貌。3月29日，科普之春活动期间联合市委社会工作部在崔村镇香堂村组织了科技、卫生、文化下乡活动，发放各类科普资料10570份，宣传农民420人。5月18日，科技周活动期间安排了市委社会工作部和中医研究院等支社的医务专家在兴寿镇秦城村进行了送医进山村活动，发放科普资料1200份，为山区农民义诊近百人次。5月19日，支社甄燕昌工程师作为卫生部科教司特约专家参加了由中宣部组织的大型老区扶贫活动。7月30日，联合市委社会工作部在回龙观物美超市广场进行了节水、节电科普宣传进社区活动，发放宣传品和科普资料7000份，宣传社区居民1000人次。9月17日，联合九三中央、市委社会工作部在亢山广场举行了全国科普日“你我共参与——共建节约社会”为主题的百名专家现场医务咨询大型科普活动。九三中央副主席洪绂曾参加了此次活动。11月7日，联合市委社会工作部召开了市委社会科技服务工作委员会主任联席会，中科院、中国中医研究院、北京农学院等18名主任专家参加了此次会议。

（卫　勇）

群众团体

昌平区总工会

【概　况】　2005年，区总工会认真贯彻市工会十一大精神，按照区总工会一届十二次委员（扩大）会议确定的各项工作任务，以加强工会维权能力建设为主线，以“组织起来、切实维权”为目标，坚持服务大局、服务职工，与时俱进、开拓创新，使全区的各项工会工作得到了稳步推进。

（王　勇）

单位名称：北京市昌平区总工会
地址：昌平区南环东路1号
电话：(010)69746557
邮编：102200

【"弘扬劳模精神、宣传劳模事迹"系列活动成效显著】 2005年是"劳模推选年"。根据全市的有关部署和要求，经过全区各系统推选并经区委审核，市劳动模范和先进工作者表彰大会筹委会批准，有1人被评为2005年全国先进工作者，26人被评为2005年北京市劳动模范(先进工作者)，5个集体被评为北京市模范集体，1人被评为全国工会系统先进工作者(享受市级劳模待遇)，农口有1人被评为2005年全国劳动模范，5人被评为2005年北京市劳动模范，2个集体被评为北京市模范集体。年内，区总工会以"弘扬劳模精神，宣传劳模事迹"为主题组织开展了"十五个一"系列活动。组织举办了"昌平劳模风采"事迹展，全区2280余人次参观了展览；在昌平电视台开辟《劳模风采》专题栏目，宣传报道了2005年部分劳动模范和先进工作者的先进事迹；编辑整理了2005年全国和北京市劳动模范(先进工作者)以及出席北京市模范集体的简要事迹，在《昌平周刊》开辟"劳模特刊"进行了宣传；依托《昌平新闻网》和《昌平广播电视网》，充分利用现代信息网络技术，编辑制作了劳模网页，登载了劳动模范、先进工作者的简要事迹，进一步扩大了宣传覆盖面；组织区诗词学会会员以2005年劳动模范(先进工作者)的事迹为题，开展了"我为劳模作首诗"活动，赞颂劳动模范的崇高品德；在人员密集的亢山广场东侧制作了"劳模墙"，登载了2005年劳动模范(先进工作者)的照片、诗词和简要事迹；利用昌平卫星城内主要路口的电子显示屏，在"五一"前后连续播放宣传劳模的有关口号，营造了良好的宣传劳模、学习劳模的社会氛围；结合全区保持共产党员先进性教育活动，组织了劳模事迹报告团，举办了劳模事迹报告会，广泛宣传了劳动模范和先进工作者的先进事迹；以"劳动颂"为主题，举办了书画摄影作品展，广泛宣传劳动伟大、劳动光荣；组织召开了庆"五一"暨"经济技术创新工程"表彰大会；"五一"前夕，向全区各级各类劳模、先进人物发出了《慰问信》，鼓励和鞭策他们珍惜荣誉、戒骄戒躁，拼搏进取、乘胜前进，在不同的岗位上为昌平经济建设和社会发展做出新贡献；区总工会领导分别走访慰问了部分生活困难的劳模和先进人物；组织全区劳动模范和先进人物进行了健康体检；组织部分市级在职劳模和先进人物分三批在国内进行休养疗养，组织部分在职全国劳模赴欧洲进行了学习考察；《昌平劳模风采》书籍的编辑出版工作紧张有序地进行中。

(王　勇)

【群众性"经济技术创新工程"广泛开展】 年内，紧紧围绕全区的各项中心工作，以"建设'三个首选之区'、培养'四有'职工队伍"为主题，以实施"职工素质教育工程"为载体，深入实施群众性"经济技术创新工程"，制订下发了《关于开展2005年群众性"经济技术创新工程"活动的意见》，表彰了在2004年度群众性"经济技术创新工程"活动中涌现出来的昌平劳动奖章获得者10名、昌平劳动奖状获得集体5个，经济技术创新先进单位10个、优秀班组20个、区级标兵100名，向全区广大职工发出了《倡议书》，在全区各级工会和广大职工群众中掀起了"学劳模、比贡献"的劳动热潮。全区65个委、局、公司和镇(街道)所属的891个单位、约6.9万名职工参加了创新竞赛活动；活动中共创新技术283项，创新工艺607项，创新产品147个，实现技术革新、攻关291项，创效益11592万元；部分创新成果申请了国家专利，全年申报专利达34项；双增双节153项，创效6814万元；提出合理化建议4360件，采纳1973件，实施1821件，创效5731万元；举办各级各类技术比赛125场次，参赛职工达24566人次；为促进企业改革、推动技术进步和经济发展做出了积极的贡献。

(王　勇)

【深入开展工会劳动保护工作和"安康杯"竞赛活动】 年内，以"加强安全教育，落实安全措施"为主题，围绕促进企业安全生产，维护职工生命健康权这一总体目标，在继续深入开展“十个一”活动的基础上，广泛组织开展了“发动职工查隐患、堵漏洞、提安全生产合理化建议”以及“揭查本工序安全隐患”、提出简便易行的“合理化改进建议”等活动，初步实现了安全生产的系统化。“安全月”期间，在一建公司组织召开了全区“安康杯”竞赛经验交流现场会，全总和市总领导分别为荣获2004年全国“安康杯”竞赛优胜企业的昌平一建公司以及北京市“安康杯”竞赛优胜单位昌平一建公司和区自来水公司颁发了奖牌、奖杯和奖金；全区545家企事业单位参加了2005年的“安康杯”竞赛活动，在全区兴起了“安康杯”竞赛和工会劳动保护工作的新高潮。

(王　勇)

【厂务公开和职工民主管理工作继续深化】 年内，区厂务公开协调领导小组在分析和研究全区厂务公开工作的基础上，提出了行政主体“四个到位”和“两书一查”制度的具体意见，明确了行政主体作为厂务公开“第一执行人”的责任，部署了本年度全区企事业单位厂务公开民主管理的重点工作；8月底至9月上旬，在全区各系统、各单位全面开展自检自查工作的基础上，对全区部分重点企事业单位的厂务公开民主管理工作进行了抽查，有效地促进了全区厂务公开民主管理工作的深入开展。据统计，全区国有、集体及其控股企业的职代会和厂务公开建制率均达到了100%，123家非公有制企业先后建立了职工(代表)大会制度，占已建会非公有制企业的36%。

(王　勇)

【集体合同建制和履约兑现工作稳步推进】 3月，组织20多名企业负责人和工会干部赴上海、江苏南京、湖北宜昌等先进省市，就集体合同建制、工资集体协商等工作进行了学习和培训；制订了本年度集体合同工作的指导意见，研究确定了集体合同建制和工资集体协商试点工作。全区各级工会组织以《北京市集体合同条例》的颁布实施为契机，在广泛宣传《条例》的基础上，结合自身实际，大力开展集体协商工作，劳动保护单项协议、女职工特殊保护单项协议以及工资集体协商工作开始推行。全区已建会企业中有790家签订了集体合同，建制率达到了70%以上；覆盖职工3.76万人，职工覆盖率达到了80%以上；百善、沙河等镇的集体合同建制率分别达到了100%。

(王　勇)

【“送温暖”工作迈出新步伐】 “两节”期间，全区各级工会深入开展“进万家门，知万家情，解万家难，暖万家心”的“送温暖”活动。区总工会开通了热线电话，筹措资金17.9万元，走访慰问了3个企业、299户特困职工和部分退休工会干部；全区各级工会共筹措资金417.57万元，慰问职工4302人，发放米、面、油7820斤；173支贴心人服务队活跃在基层，为困难职工做好事2663件；积极组织开展了“金秋助学”活动，为4名特困职工子女解决助学资金8000元。十三陵镇工会认真处理困难职工来访，积极与行政协商，解决了3名困难职工反映的问题。

(王　勇)

【昌平职工素质教育工程顺利实施】 年内，“昌平职工素质教育工程”正式启动。成立了组织领导机构，下发了《关于组织实施昌平职工素质教育工程的通知》，建立了相关制度，进行了广泛发动；根据学员分布情况和企业的实际需要，创建了4个培训站点，选派有丰富教育教学经验的教师上课辅导；第一批通用能力培训于5月上旬开课，昌平电大、福田公司、昌平供销学校等3个职工素质教育培训站点先后开班，348名职工参加了第一阶段课程的培训并全部通过了第一阶段的考试。

(王　勇)

【基层组织建设开辟新领域】 一是以建筑行业进城务工人员工会组建和厂家信息员等特殊职工群体入会为重点，积极开展新建企业工会组建工作。年内，新建工会65个，发展会员1668名。二是深入开展“建家”活动，先后为昌平职业学校代颁了“全国模范职工之家”奖牌，为昌平一中、昌平邮政局、昌平公安分局分别代颁了“北京市模范职工之家”奖牌。三是组织举办了工会干部培训班，280名基层工会干部参加了培训。四是根据市总工会《关于聘用街道乡镇工会助理员的意见》的有关要求，在9个镇设立了工会助理员，举办了工会助理员业务知识培训班，初步缓解了镇街工会人员少、工作量大的矛盾。五是结合庆祝中华全国总工会成立八十周年，对全区从事工会工作满30年的老工会工作者进行了摸底调查，并召开座谈会为8名老同志代颁了奖章和证书。组织全区1539个基层工会、12223名职工参加了知识竞赛，获全总二等奖1名，市总纪念奖25名；并组队代表北京市参加了全总“纪念中华全国总工会成立80周年‘帝豪杯’知识竞赛”获得铜奖。

（王　勇）

【努力建设服务型工会，整体工作稳步推进】 一是先后与新世纪商城、阳光商厦、昌平医药药材总公司、区司法局法律援助中心、昌平新华书店、区体育局体育运动场、昌平卫校附属医院以及沙河哮喘病医院等8个单位建立了特约合作伙伴关系，在购物、买药、就医、法律咨询、体育健身等方面对工会会员实行优惠。二是认真坚持区政府与区总工会的联席会议制度，充分发挥源头维护的作用。三是严格执行工会经费预算管理办法，进一步加强工会财务规范化管理；不断加大工会经费的收缴力度，有效地推动了新建企业的工会经费收缴工作。四是职工互助保险工作有了新发展。五是职工休养疗养服务工作坚持“信誉第一，服务至上，低价高效，优质安全”的服务宗旨，热情搞好服务工作。六是充分发挥区总工会经费审查委员会和女职工委员会的作用。

（王　勇）

【举办昌平区第一届职工艺术节】 一是组织开展了第五届“五月的鲜花”群众歌咏活动，举办了“五月的鲜花”歌咏比赛决赛。全区37支代表队、2000多名职工参加了决赛，共决出大、小合唱一等奖各2个，二等奖各4个，三等奖各6个；评选出创作奖15个，优秀奖6个。二是组织参加了市总工会举办的“职工书画摄影作品展”，26幅摄影作品、3幅书画作品获奖。三是组织举办了“昌平区职工书画、摄影作品展”，全区46个单位选送的313件书法、绘画和摄影作品参加了展览。四是广泛开展大众体育健身活动，积极推广职工体育健身项目，与区体育局联合推广了“大众广播体操”等。五是组织参加“首都职工迎奥运系列夺标赛——三人制篮球比赛”。六是组织开展了职工交谊舞比赛，来自全区的37名选手以优美的舞姿和精湛的舞技展示了广大职工的艺术风采。

（王　勇）

【召开区工会第二次代表大会】 12月26日至28日，组织召开了昌平区工会第二次代表大会。会议总结了五年来的各项工作，确定了今后五年的主要任务，选举产生了区总工会第二届领导机构和领导班子成员。

（王　勇）

共青团昌平区委员会

【概　况】 2005年，团区委牢固树立和坚持“建设、服务、创新、发展”的工作理念，认真贯彻中央、市委和区委以及团市委工作部署，紧密围绕区委、区政府中心工作，以服务“三个首选之区”建设、服务全区青少年为总体目标，充分利用保持共产党员先进性教育和第二次团代会的契机，以实践“三个代表”宣传教育活动、团员意识教育活动、迎奥运系列志愿服务活动、助学助贫募捐活动、民办高校文化节、“党建带团建”主题活动、奥运倒计时1000天万名学子签名活动、昌平区“十大优秀青年”评选、五四系列评优等专题活动为支撑和载体，努力构建点、线、面立体化、高效率的共青团工作体系，进一步开创了蓬勃活跃的工作局面。

（刘　飞）

单位名称：共青团北京市昌平区委员会
地址：昌平区政府街19号
电话：(010)89741642
邮编：102200

【召开2004年红领巾读书活动总结表彰大会】 1月24日，团区委与区教委、文化委和区图书馆，联合召开了“昌平区2004年红领巾读书活动总结表彰暨2005年‘红读’活动”动员大会，表彰了2004年红领巾读书活动的获奖单位及学生。全区25所学校1.28万名少年儿童参加到活动中来，活动中涌现出市级奖项45个、区级奖项400个。

（刘　飞）

【举行青少年文明礼仪教育实践活动】 3月23日，团区委组织举行了全区青少年文明礼仪教育实践活动启动仪式，迎奥运志愿服务活动月系列活动拉开序幕。

（刘　飞）

【召开保护未成年人委员会工作会议】 3月区未成年人保护委员会召开2005年工作会议，总结回顾2004年全区未成年人保护工作，对“优秀青少年维权岗”的单位进行了表彰，全面部署2005年各项任务。区未委会各委员单位负责人、各镇（街道）未委会主任、团委书记80余人参加了会议。

（刘　飞）

【开展“五四”专题评优表彰活动】 4月26日，为表彰先进，推动“达标创优”竞赛活动广泛深入开展，授予马池口镇团委等43个团（工）委2004年度“五四红旗团委”称号，授予流村镇瓦窑团支部等101个团支部“五四红旗团支部称号”，授予邱少杰等102人优秀共青团干部称号，张彦华等195人优秀共青团员称号。

（刘　飞）

【召开第二届团代会】 5月26日至28日，共青团北京市昌平区第二次代表大会在中国石化昌平会议中心召开，365名代表参加了会议。会议听取、审议并通过了团区委书记赵宝东代表共青团北京市昌平区第一届委员会所作的《在邓小平理论和“三个代表”重要思想指引下，团结带领广大青年在推进昌平“三个首选之区”建设和基本实现现代化的伟大实践中奋勇前进》工作报告。团市委副书记方力，区有关领导以及各群众团体、各大工委、各镇（街道）、驻昌有关单位负责人出席了大会开幕式。大会依据团章的有关规定，按照民主集中制的原则，选举产生了共青团北京市昌平区第二届委员会委员33人、常务委员会委员9人，团区委书记1人、副书记2人。

（刘　飞）

【开展联系服务基层行动】 8月，团区委在全区团的各级委员会中开展了“联系服务基层行动”，要求团的各级委员会、团干部与基层团组织结成长期联系服务对子，建立长期联系服务基层组织制度。团区委机关干部每人直接联系3个以上基层团组织，团区委委员、各镇街道委办局团委书记每人直接联系2个以上基层团组织，各镇街道、委办局团委委员每人联系1个基层团组织。

（刘　飞）

【积极开展团建工作】 8月9日，团区委在全区范围内组织实施非公经济组织团建季报工作。一是要求各单位进一步加强非公有制经济组织团建工作调研，全面了解本地区、各系统非公有制经济组织准确数量，行业类别，准确掌握各个组织中的团员青年情况，建团工作开展情况以及团员青年的意向和需求等。二是要求各单位建立健全本地区非公经济组织团建统计分析制度，在认真做好调查研究和统计分析的基础上，每季度第一个月10日前上报季度《非公有制经济组织团建情况登记表》、《已建团非公有制经济组织登记表》、《拟建团非公有制经济组织登记表》、《已建立党组织的非公经济组织登记表》等统计数据。团区委根据统计结果制定相应工作计划,扎实有序地推进非公有制经济组织团建工作。截止 12 月 31 日,全区共有团员 39479 名,建团单位 860 个。其中团委 41 个,团总支部 95 个,团支部 1419 个。

(刘 飞)

【“北京铁人三项世界杯赛”志愿服务活动】 9 月 17 日,傲胜杯北京铁人三项世界杯赛在十三陵水库举行。团区委按照中国铁人三项运动协会和区政府的统一部署,负责了本次铁人三项赛的志愿者招募和观众组织工作。团区委、区青年志愿者协会与中国政法大学、中国石油大学、北京化工大学和北京涉外经济专修学院等驻区高校密切合作,招募了 200 名志愿者,从事比赛的运动员接待、路线指引、兴奋剂检测、卫生服务、赛事直播、观众组织等方面的服务工作。

(刘 飞)

【开展团员意识教育】 11 月 15 日,团区委成立了增强共青团员意识主题教育活动领导小组,下设办公室,开展以增强团员意识为主题的教育活动。此次主题教育活动以增强意识、健全组织、活跃工作为目标,从 11 月中旬至 12 月中旬持续一个月。

(刘 飞)

【开展“青春红丝带”行动】 12 月 1 日是世界第 18 个“世界艾滋病日”,团区委联合区计生委、区建委到建筑工地开展“青春红丝带”行动——进城务工青年防治艾滋病“面对面”宣传教育活动,中国石油大学 13 名研究生参加了志愿服务。活动共发放了预防艾滋病的知识手册 200 套,《流动人口常见法律知识问答》、《公民常见法律知识问答》各 150 本。

(刘 飞)

【举办纪念“一二·九”合唱比赛】 12 月 9 日,在纪念“一二·九”运动 70 周年到来之际,团区委组织全区民办高校共同举办“青春的记忆”合唱比赛,来自民办高校的共 200 余名学生参加了比赛。

(刘 飞)

【积极开展扶贫助学活动】 年内,团区委、希望工程北京捐助中心昌平工作站共从希望工程北京捐助中心以及社会各界募集和争取各类捐款近 33 万余元,以“希望之星(1+1)奖学金”、“爱心基金”、“明德奖学金”、“金龙鱼奖学金”、“学子阳光”、“中南海爱心基金”、“为了山里孩子”助学金的形式资助贫困大中小学生 1090 人次;在流村镇、兴寿镇、南口镇、崔村镇、长陵镇各建设“希望阅览室”1 个,在东小口镇霍营小学建设“希望电脑教室”1 个;募得资金 20 万元援助流村镇西峰山小学改善学校危旧房,切实为贫困学生解决了学习、生活困难。

(刘 飞)

昌平区妇女联合会

【概 况】 妇联是社会群众团体,是党和政府联系妇女群众的桥梁和纽带,是国家政权的重要社会支柱。其基本职能是:代表和维护妇女权益,促进男女平等。北京市昌平区妇女联合会(简称区妇联)是在区委领导下的社会群众团体,内设机构为办公室、组宣部、权益部(儿童部)3 个职能部门,区妇女儿童工作委员会办公室设在区妇联,承担妇儿工委日常工作。另外,有一个下属科级全额事业单位——昌平区妇女儿童活动中心,服务于全区妇女儿童。全区有三级妇联组织 461 个,其中各镇、街道妇联 17 个,工委妇委会 13 个,基层妇代会 431 个;三级妇联干部 2357 人,其中区妇联第一届执委会委员 39 人。年内围绕区委、区政府的中心工作,区妇联把发展作为创新妇联工作的第一要务,加强对妇女的理想信念和思想道德教育,从提高妇女整体素质入手,突出搞好“双学双比”(学文化、学科学,比成绩、比发展)竞赛、巾帼建功、五好文明家庭、“双合格”创建四大主体活动,教育引导广大妇女参与三大文明建设,进一步促进了妇女、儿童事业健康发展。

(王 红)

单位名称:北京市昌平区妇女联合会
地址:北京市昌平区东环路区妇女儿童活动中心
电话:(010)69714345
邮编:102200

【举办家庭生活礼仪知识讲座启动仪式】 1月3日,区妇联在回龙观镇北店嘉园社区举办"家庭生活礼仪"知识讲座启动仪式,邀请昌平职业学校的教师为社区的居民讲述了家庭生活礼仪知识。随后由区妇联统一安排并聘请老师,先后在城北、城南街道,小汤山等镇,为社区家庭举办了10场生活礼仪知识专题讲座,1200余人参加。

(王　红)

【举办"美德在农家"征文活动】 1月26日,区妇联在回龙观北店嘉园社区举办了"美德在农家"征文揭晓,全区360个家庭参赛,其中60篇作品分别获得一、二、三等奖,会上5名获得征文一等奖的作者上台演讲。

(王　红)

【开展"送法律、送科技、送健康"三下乡活动】 2月26日,区妇联牵头与区法院、区科协、区中医院鼓楼分院等单位联合,在流村镇漆园村开展了健康咨询、义诊、赠科技图书、法律宣传等"三下乡"活动。村里的干部群众积极参与,发放宣传材料9000余份、出示宣传展板60余块,义诊人数达300人次。

(王　红)

【举办家庭英语培训项目启动仪式】 3月2日,区妇联在东小口镇天通苑社区举办"庆三八、迎奥运"家庭英语300句培训项目启动仪式。社区80多个家庭代表参加了启动仪式。会上为中国石油大学的10名大学生志愿者颁发了聘书,志愿者现场为社区居民上了第一堂英语课。

(王　红)

【举办妇女领导干部培训班】 3月初,区妇联与区委组织部联合举办了"昌平区妇女领导干部培训班",全区128名副处级以上女性领导干部参加。

(王　红)

【组织观看评剧《长霞》】 3月4日,区妇联组织全区处级女领导干部、基层妇联干部和女警官、女税官等各界妇女代表1300余人,在北京人民警察学院观看了中国评剧院演出的评剧《长霞》。

(王　红)

【市区领导慰问"双学双比"先进典型】 3月7日,副市长牛有成、市妇联主席荣华和市农委主任李进山等领导慰问本区获得市级农家女"热心娘家人"荣誉称号的——流村镇妇联主席崔文秀、回龙观镇北店嘉园社区妇代会主任张亚民。牛有成在讲话中围绕"就业富民"政策对妇联工作提出三点要求:一是要努力提高妇女素质,加大对农村妇女的培训,特别是实用技术培训;二是要因地制宜,结合实际安排农民就业;三是加大研究市场的力度,努力在营销和包装上多下功夫。同时要求各级妇联组织要多树立典型,带动更多的妇女增收致富。

(王　红)

【开展纪念"三八"国际劳动妇女节活动】 "三八"前夕,慰问了兴寿镇西湖村82岁的老妇救会主任徐淑玉,全国"三八"红旗手、百善镇狮子营村党支部书记郭桂鹅。3月8日,区妇联在区文委报告厅隆重召开纪念"三八"国际劳动妇女节大会暨"五好文明家庭"颁奖演出。来自全区100个"五好文明家庭"标兵户及各行各业的妇女代表共300余人参加,会上向区级"五好文明家庭"标兵代表颁发了奖牌和荣誉证书。

(王　红)

【开展"五进家庭"系列活动】 在"5·15国际家庭日"之际,区妇联开展了"文明礼仪进家庭、网络知识进家庭、英语培训进家庭、助廉教育进家庭、环保知识进家庭"的"五进家庭"系列活动,在全区营造了人人讲礼仪、讲环保,家家说英语、上网络的社会氛围。

(王　红)

【举行“婚检”宣传咨询活动】 4月3日，区妇联、区妇儿工委办公室联合在亢山广场举行“婚检”宣传咨询活动。

（王 红）

【举办家庭助廉报告会】 5月13日，区妇联举办了家庭助廉报告会，各工委书记、各镇、街道党委书记、镇长的妻子及基层妇联干部100余人参加。并向全区处级领导干部、各村党支部书记、村委会主任的妻子发放了700余份《家庭助廉倡议书》。

（王 红）

【开展家庭主页设计大赛】 全区近百个家庭参赛，12个家庭分别荣获市级二等奖和鼓励奖。5月15日，区妇联与区科协联合表彰了“昌平区首届家庭主页设计大赛”的获奖选手。这次大赛历时半年，共收到了有效作品98件。经组委会的评审，对36个优秀作品进行表彰，并现场演示了部分获奖家庭的作品。

（王 红）

【举办家庭教育专题报告会】 5月20日，区妇联、区家庭教育研究会举办家庭教育专题报告会。东城区教研科研中心高级教师常京娥作了《家长要全面关心孩子成长》的专题报告。会上城北中心三街小学教师李淑君等4名家长介绍了教子经验。

（王 红）

【举办自拍录像片和摄影、绘画作品征集活动】 5月，区妇联在全区范围内举办了自拍录像片、摄影、绘画作品和家庭文明习惯短句征集活动，共收到录像片12个，摄影作品73幅，绘画作品172幅。5月20日举行了表彰大会，其中25个作品分别获得了一、二、三等奖。征集家庭文明习惯短句191条，经过筛选，编辑印发了《昌平区百条家庭文明习惯短句集锦》一书。

（王 红）

【欢庆六一，情系贫困儿童】 5月28日，区妇联、区活动中心举行庆“六一”文艺演出，并特邀12名贫困女孩参加活动，区妇联领导向孩子们赠送了节日礼物，并请她们到肯德基用餐。使她们与全区的少年儿童度过了一个有意义的儿童节。

（王 红）

【区妇儿工委召开会议】 6月9日，区妇女儿童工作委员会召开妇女儿童工作会，对“十五”时期妇女儿童规划终期评估和“十一五”时期妇女儿童规划编制工作进行安排部署。各镇、街道妇儿工委主任、区妇儿工委委员等80人参加会议。

（王 红）

【举办家政服务培训班】 6月8日至10日，在区活动中心举办了第一期家政服务培训班，有35名家庭妇女参加了培训。6月20日至24日，在流村镇举办第二期家政服务培训班，有40余人参加了培训班。

（王 红）

【组织百名禁毒志愿者参加万人长走活动】 6月26日，组织百名禁毒志愿者参加了以“提倡健康人生，全民参与禁毒”，为主题的北京禁毒志愿者万人长走活动。

（王 红）

【举办“继续'95共谋发展”论坛】 7月28日，举办了“继续'95共谋发展”妇女论坛，各界妇女代表230人参加。会上邀请北京市水务局总工程师、博士生导师刘培斌教授作了关于节约用水的专题报告，并就农业现代化与农村妇女、预防和制止对妇女的家庭暴力等内容进行了大会研讨。

（王 红）

【北京三八服务中心昌平分中心成立】 8月8日，“北京三八服务中心昌平分中心”举行开业剪彩仪式。区妇联与北京市“三八”家政服务中心联合成立了昌平分中心，是区活动中心新开辟的服务项目。参加培训的人员可以到中心登记求职，并与市家政中心实现网上资源共享，拓宽了就业门路，初步形成培训、就业、增收的有效循环。

（王 红）

【开展百名女村官带动农家女节水致富行动】 年内，为了充分发挥村党支部女书记带动全社会参与节水、促进首都水资源可持续利用与发展。在全区范围内推荐马池口镇葛村等9个女书记的村参与该项目行动，已有7个村完成节水项目的施工。11月中旬，区妇联、区水务局等部门联合进行了检查验收，50万元节水项目资金已全部下发到各节水村。

（王　红）

【开展“争当节约型主妇”系列活动】 10月15日，“争当节约型主妇”系列活动暨巧妇杯农家饭大比武在北七家镇郑各庄村下沉广场举行。活动有“限时限价”农家饭大比武、“废物利用”少儿时装秀表演和“变废为宝”手工艺品展。主题是倡导家庭主妇在生活中注意节约“一滴水、一度电、一分钱”，推动民俗旅游走节约资源、人与自然和谐共处的可持续发展道路。

（王　红）

【中外妇女友好往来】 4月2日，日本群马县妇友会成员小竹洋子、平田雅子参观访问崔村镇真顺村中日友好果园。11月初，日本群马县妇女代表团和日本妇友会访华团在全国妇联国际部部长张静、北京市妇联副主席王慧敏、区政协主席王振华的陪同下，一行70余人来到崔村镇真顺村的中日友好果园参观。

（王　红）

【举办爱心妈妈编织爱心毛衣捐赠活动】 11月16日，举办了“百名爱心妈妈编织爱心毛衣捐赠活动”。由北京市妇联及恒源祥集团联合推出的“恒源祥寻找万名爱心母亲，为孤残儿童编织毛衣活动”在全区展开，各镇、街道妇联、妇儿工委等32家单位编织毛衣203件。其中上交市妇联毛衣4件，其余全部捐赠给孤残、贫困儿童和孤儿院的孩子。

（王　红）

【北京市商海女能人演讲比赛】 12月1日，太平庄塑料厂厂长王淑英、万千家和物业公司经理张伟革代表本区参加市商海女能人演讲比赛，张伟革获得第三名的好成绩，并被评为北京市十大“商海巾英”。

（王　红）

【动员妇女参加植树活动】 年内，围绕“爱绿、植绿、我为奥运添绿色”的主题，开展了丰富多彩的植树造林、绿化美化活动。全区妇女6万余人（次）参加义务植树劳动，累计植树275.3万株，营建“三八”林156个、果园114个，“三八”林管护队54个。

（王　红）

【举行绘画、作文比赛颁奖仪式】 12月25日，区妇联、区妇女儿童活动中心联合举行绘画、作文比赛颁奖仪式，180余名学生参加比赛，其中有97名同学分别获得一、二、三等奖。

（王　红）

昌平区工商业联合会

【概　况】 昌平区工商业联合会（简称区工商联）是区委、区政府领导下的具有统战性、经济性、民间性的人民团体。截止到2005年底，共有会员企业840余户，基层镇级分会6家。2005年，区工商联坚持以邓小平理论和“三个代表”重要思想为指导，充分发挥党联系非公有制经济代表人士的桥梁和纽带，政府管理非公有制经济助手的作用，紧紧把握国务院颁布《关于鼓励支持和引导个体私营等非公有制经济发展的若干意见》的良好契机，在促进非公有制经济健康发展和非公有制经济人士健康成长方面开拓进取、扎实工作。重视组织建设和非公经济代表人士思想政治工作，做好十六大、十六届四中、五中全会精神以及市、区委重要决策部署在会员企业中的贯彻和落实。通过召开不同形式的座谈会、组织工商联界别政协委员到企业视察等形式做好参政议政工作，促成会员政协委员形成提案40余件。搭建维权、信息、教育、交流、舆论等五个平台，做好维权、咨询、培训、中介、宣传等五项服务，积极扶助企业发展，全年为企业解决法律纠纷、融资贷款等实事、难事100余件。完善非公经济荣誉体系，在全市范围内率先组织承办"首届昌平区优秀中国特色社会主义事业建设者"评选表彰活动,评选出36名优秀建设者。全年会员企业获得国家及市级表彰和荣誉称号100多项。完成了昌平区首部反映非公经济发展的专题片《挺立潮头,撑起半壁江山——昌平区非公经济的五年巨变》。积极组织引导会员企业开展光彩公益活动,在捐资助教、结对扶贫、支援山区建设等光彩公益活动中累计捐款、捐物总价值达220余万元。工商联党组、非公经济组织工委认真开展了保持共产党员先进性教育活动,在组织建设、制度建设、党员教育管理等方面取得了新成效。

(孔令军)

单位名称:昌平区工商业联合会
地址:昌平区南环东路1号(广电大厦9层)
电话:(010)69744516
邮编:102200

【组织承办"首届昌平区优秀中国特色社会主义事业建设者"评选表彰活动】 2005年,区工商联与区委统战部、区人事局联合承办了在全市率先开展的"首届昌平区优秀中国特色社会主义事业建设者"评选表彰活动。区工商联具体负责评选表彰活动的组织协调与实施工作。历时三个月,经过严格评审评选出了王金玉、夏明、张仁武等36名优秀建设者。9月29日,隆重召开了"首届昌平区优秀中国特色社会主义事业建设者表彰大会"。全国工商联副主席辜胜阻和市委统战部、市工商联及区委、区人大、区政府、区政协的主要领导出席大会并为优秀建设者颁奖。配合评选表彰活动,举办了"首届昌平区优秀中国特色社会主义事业建设者"事迹展;印制了展现36名"首届昌平区优秀中国特色社会主义事业建设者"主要事迹的精美画册,共计1000册;编辑出版了《建设者的足迹》(第二辑),共计2000册。

(孔令军)

【拍摄完成首部反映非公经济发展的专题片】 邀请中央电视台、北京电视台、八一电影制片厂,历时两个月,联合拍摄了反映昌平区非公经济飞速发展变化的专题片《挺立潮头,撑起半壁江山——昌平非公经济的五年巨变》。该片涉及60家非公企业、80名非公企业家,是本区改革开放二十多年来第一部完全体现非公企业和企业家们发展、建设、贡献的专题片。

(孔令军)

【加强基层分会组建和发展会员工作】 年内,成立了小汤山、阳坊、沙河等3家镇级分会,建立了比较完善的会务制度。先后有北京新奥京昌燃气有限公司、北京祥鹏伟业电子设备有限责任公司等56家企业成为工商联新会员,其中注册资金在1000万元以上的企业17家。工商联会员数量达到840余家。

(孔令军)

【加强教育培训提升企业素质】 年内,区工商联与区委组织部联合组织了两期"昌平区非公企业家培训班"。4月12日,聘请国务院发展研究中心社会部部长岳颂东结合国务院《关于鼓励支持和引导个体私营等非公有制经济发展的若干意见》做了专题讲座。12月29日,请全国工商联副主席程路结合《若干意见》和国际国内经济形势为120名非公企业家授课并现场答疑。9月15日、10月20日,组织了两期以企业文化、企业现代管理为主要内容的培训班,共有50名企业负责人和管理者参加了培训。同时协助企业开展多种形式的员工技能培训60期,培训员工3000余人。

(孔令军)

【开展会员企业与贫困村结对扶贫活动】 年内,区工商联继续开展会员企业与贫困村结对扶贫活动,12家会员企业与山区贫困村结成帮扶对子,用实际行动支持贫困村的发展。北京法政集团向长陵镇大岭沟村捐款20万元,北京西三旗新龙商贸集团向流村镇北照台村捐赠20万元和一辆汽车,北京宏福集团向流村镇北庄村捐款10万元,九华山庄国际保健俱乐部向长陵镇捐款10万元，北京博力建筑工程有限公司向流村镇黄土洼村捐款3万元等。全年，会员企业累计投入款物近180万元。区工商联向流村镇发电站村捐赠价值近万元的办公设备。

（孔令军）

【开展非公企业家与残疾人贫困户和贫困生结对子活动】 6月，区工商联先后组织北京蓬莱置业集团、北京皇城股骨头坏死专科医院、北京恩祥投资管理有限公司、北京紫鑫汽车配件有限公司、北京阳坊胜利涮羊肉食品集团等15家企业负责人分别在下庄学校和流村镇举行了企业家与贫困生、企业家与残疾人贫困家庭结对子仪式。5名企业家认领了5名贫困生，10名企业家与10户残疾人贫困家庭结成了帮扶对子。15个帮扶对子结成后，企业累计向贫困生和残疾人家庭捐赠款物合计4万多元。

（孔令军）

【开展送温暖慰问活动】 春节前夕，区工商联连续第五年组织非公企业开展送温暖慰问活动。先后组织阳光商厦、天融环保设备中心、博力建筑工程公司、天翼生物工程有限公司等22家非公企业到流村镇发电站村、流村镇残保中心和南口镇敬老院、香堂村敬老院慰问，送去了价值5.1万元节日用品和慰问金。“六一”儿童节，组织北京皇城医院、宏力茶庄、四合汽车服务公司、万千家合物业公司等会员企业到流村镇残保中心慰问，为10多名残疾儿童送去了价值5000元的学习、生活用品和慰问金。各种送温暖慰问活动总计捐赠款物近6万元。

（孔令军）

【落实原工商业者补助工作】 年内，区工商联按照市民政局、市工商联关于做好部分原工商业者基本生活保障工作的通知精神，按有关政策向16名生活困难的原工商业者及遗孀发放一次性生活困难补助金共计1.5万元。

（孔令军）

【做好非公企业建档工作】 3月29日，与区档案局联合召开了“非公企业建档工作会”，并对26家非公企业的档案人员进行了现场培训，全年协助区档案局完成了110家非公企业规范建档案工作。

（孔令军）

【非公党建和群团组织建设取得新进展】 年内，接转、组建党支部10家；发展新党员31名。工委所属党（总）支部数量达到35家，党员625名。组建、接转企业工会8个、团支部8个、妇委会8个，企业工会、团支部、妇委会达18个。

（孔令军）

【环球集团与店上村签订《尊老敬老奉献爱心共建和谐村协议书》】 12月26日，区工商联会员企业北京环球集团与企业所在地的东小口镇店上村签订《尊老敬老奉献爱心共建和谐村协议书》。协议规定自2006年1月起环球集团将为店上村60岁以上的老人每人每月补助生活费100元，店上村现有60岁以上老人15名，预计企业每年此项投入近2万元。同时，企业将加大投入，帮助店上村进行道路、自来水工程改造等。

（孔令军）

【北京利德华福电气技术有限公司成为国内同行的领航企业】 区工商联会员企业北京利德华福电气技术有限公司2005年销售额突破2亿元，成为国内生产高压大功率变频调速系统的领航企业。

（孔令军）

【北京康比特公司领跑国内运动营养食品行业】 区工商联会员企业北京康比特威创体育新技术发展有限公司作为国内第一家，也是国内最大的集研发、生产、销售运动营养食品并提供技术服务的企业，2005年纳税500余万元，入选“福布斯潜力100榜”，成为全国运动营养食品行业的龙头企业和领跑者。

（孔令军）

【北京拉斐特城堡位列世界最具代表性的50座私人城堡第三名】 区工商联会员企业北京宇辰八仙房地产开放有限公司建设的北京

拉斐特城堡人选摩纳哥出版的《私人城堡》第一册英文及法文版。《私人城堡》收录了世界著名最具代表性的50家私人城堡，“拉斐特城堡”位列第三。该书图文并茂地向世人展示了各个城堡的主人及家庭、历史、建设、文化和旅游信息。

（孔令军）

昌平区科学技术协会

【概　况】 昌平区科学技术协会成立于1958年，1985年独立建制。区科协现有区级学、协会、研究会8个，办事处科协、镇科协17个，计算机网络俱乐部1个，会员1500余名。区科协在区委、区政府的领导下，团结和组织科学技术工作者，广泛开展“学术交流、科学普及、咨询服务”、“青少年科技创新大赛”“科技、卫生、文化三下乡”、“金桥工程”、“科技交流学术月”等多种活动。为了实施科教兴国战略和可持续发展战略，加强科普工作力度，发挥科普主力军的作用，支持有关社会组织和企事业单位开展科普活动，协助政府制定科普工作计划，在全区普及科学技术知识，倡导科学方法，传播科学思想，弘扬科学精神，反邪教等方面做了许多的工作。年内，区科协举办学术交流活动30多次，交流学术论文200余篇；举办科普展览30多个；科普讲座20多场；参加区科协组织活动的有数十万人次。成功的召开了昌平区科学技术协会第一次代表大会，选举出新一届的领导班子成员。完成了“创建全国科普示范区”的申报工作，使本区进入到全国创建行列。

（陈自刚）

单位名称：昌平区科学技术学会
地址：北京市昌平东关二条科技中心大楼
电话：(010)69742971
邮编：102200
网址：http://www.cpkx.gov.cn

【组织参加“第五届中国青少年机器人竞赛北京赛区”活动】 2月3日，区科协组织有关学校的青少年参加“第五届中国青少年机器人竞赛北京赛区”活动，获得一等奖1项、二等奖1项、三等奖5项。

（陈自刚）

【召开科普工作会】 2月24，在小汤山现代农业科技示范园会议厅，召开了区科协2005年科普工作会。会上总结2004年农村科普工作，布置2005年农村科普工作计划，对先进集体、支持科普工作先进领导、先进工作者进行了表彰。

（陈自刚）

【北京市科普之春启动仪式】 3月1日，区科协承办的北京市科普之春启动仪式在小汤山现代农业科技示范园举行；市科协常务副主席田小平、市科协科普部部长张江民及延庆、平谷等10个郊区县科协主席、小汤山、流村等17镇、街道科协和农村科技户代表近800人参加了启动仪式。

（陈自刚）

【组织参加第25届北京市青少年科技创新大赛】 3月24日，参加初评获得二等奖以上的师生参加第25届北京市青少年科技创新大赛竞赛、展示综评活动。获得一等奖2名、二等奖6名、三等奖14名、优秀教师奖1名、优秀组织奖1个，优秀实践活动2项。

（陈自刚）

【承办“物理照耀世界光速传递”活动】 4月1日，中国科协、北京市科协主办，昌平科协、前锋学校承办的“物理照耀世界光速传递”活动，在前锋学校举办预演。市科协青少部、区科协的领导以及前锋学校的500名师生参加此次活动。4月19日，区科协组织前锋学校500名师生及物理专家和市、区有关领导在居庸关长城一起参加“物理照耀世界光速传递”活动。

（陈自刚）

【送科普知识、文化用品进校园活动】 4月21日，区科协会同区文化委、区教委、区建委等有关部门，在民工子弟小学“雨竹学校”举办送科普知识、文化用品进校园活动。区科协向学校师生赠送了价值近千元文化用品和科普书刊。区电影学会免费为孩子们放映了故事片“一个都不能少”。区图书馆、区610办公室等有关部门也进行了宣传咨询活动。

（陈自刚）

【科技、卫生进社区科普宣传活动】 5月16日，区科协组织区卫生局、区图书馆、计算机网络俱乐部到城北街道办事处、东关南里小区，举办了健康义诊进社区暨科普宣传活动。医务人员为社区居民义诊300人次，区图书馆组织有奖猜谜，计算机网络俱乐部为群众提供技术咨询，区科协向群众发放宣传资料达2000多份，书籍500多册，科普宣传扑克牌100副。参加活动的群众近千人。

（陈自刚）

【召开科技人员座谈会】 5月16日，召开昌平区2005年科技人员座谈会。科技人员就如何运用循环经济理念，推动昌平经济发展；如何更快提高本区公众整体科学素养；结合昌平区域定位，如何更好发挥科技人员的作用进行了座谈，参加此次会议的有区科协、区科委、以及昌平区政府顾问团成员、有关委办局主要领导，驻昌大学教授等42人。

（陈自刚）

【送科技、送卫生下乡服务活动】 5月18日，区科协特邀中国中医研究院望京医院的医务专家到兴寿镇秦城村，为山区村民进行送科技、送卫生下乡服务活动，卫生部专家组的专家现场为村民就儿童健康、老年病、健康咨询，电脑专家免费为群众上门开展电脑维修服务，迅速排除了电脑故障，并在果树种植和心理健康方面问题进行了咨询服务。赠送《崇尚科学、关爱健康》扑克牌50副，展出科普展板50余块，发放科普宣传资料2000份。

（陈自刚）

【科学利用能源科普宣传活动】 5月19日，市科协、北京电机工程学会、区科协、昌平供电公司联合举办了科学用电、合理利用能源科普宣传活动，市科协副主席辛俊兴出席并讲话。此次活动围绕公共生活、学习的需要，现场向公众宣传科学用电、安全用电、节约用电知识。宣传合理利用资源并为人们提供咨询解答问题。展出展板80块，有关人士、专家学者及科普志愿者100余人参加了此次活动。

（陈自刚）

【数字昌平网络论坛】 5月21日，由区科协、区计算机网络俱乐部主办，脉博网络昌平在线承办的“2005年北京科技周数字昌平网络论坛”在昌平区科技中心大楼召开，区有关委、办、局、驻昌高校、高科技企业、科研单位和网络专业人士、网络精英、基层科协秘书长近百人参加了论坛活动。参会代表就昌平数字化基础设施、数字家园、博客教育、网站建设、网络安全、办公自动化、电子商务等方面进行了交流探讨，为昌平的信息化建设提出了参考意见和建议。

（陈自刚）

【“科技、文化、卫生、法律”四进社区活动】 5月22日，区科协、北七家镇联合在望都小区举办“科技、文化、卫生、法律”四进社区活动。区卫生局、区地震办、区兽医站、区图书馆、北京农学院法律系及北七家镇有关部门参加了活动。医务专家为群众现场义诊；科普志愿者为社区的居民就动物防疫狂犬病的免疫知识进行了咨询服务；区图书馆进行科普猜谜活动；区地震办发放家庭避震要诀、地震灾害现场救护、自救互救宣传折页、防震减灾季刊《安全生产》，现场播放了印度洋地震海啸灾难纪实光盘；区科协发放了保健生活科普资料及《崇尚科学、关爱健康》扑克牌；北七家镇开展了计划生育、健康咨询、法律、反邪教、文化宣传。活动展出科普展板100余块，发放科普资料7300份。望都小区的居民和全镇各社区干部、群众代表700余人参加了活动。

（陈自刚）

【全国第十三届青少年科技辅导员论文】 6月30日，区科协组织全区各学校的科技辅导员撰写科技论文，征集评选出12篇论文，参加“全国第十三届青少年科技辅导员论文”评选活动。荣获全国二等奖4名、三等奖1名;荣获市级一等奖5名、三等奖2名。

(陈自刚)

【申请创建全国科普示范区获得批准】 7月20号,区委、区政府正式向中国科协提交了关于创建全国科普示范区的申请报告。11月4日,中国科协办公厅正式下发批准确定全国第三批科普示范县(市、区)的通知,昌平区位列表中第一名。

(陈自刚)

【第一届北京网络安全研讨会】 7月28日,第一届北京网络安全研讨会在区图书馆大厦召开。会议由北京网络行业协会主办,区科协、北京江民新科技术有限公司、北京瑞星科技股份有限公司、北京金山软件有限公司、北京启明星辰信息技术有限公司协办。协办公司分别做了江民未知病毒主动防御系统、当今病毒的发展趋势、网络蠕虫的综合防御、互联网安全态势分析及对策主题报告。北京网络行业协会向北京网络行业协会昌平工作委员会授牌。来自北京市各网站负责人网络安全技术人员、软件研发人员及部分计算机爱好者近300人参加了会议。

(陈自刚)

【北京龙圣枣业协会成立大会】 8月6日,北京龙圣枣业协会成立大会和区科协科普宣传进山村活动在流村镇漆园村举行。该协会是由当地农民自发成立的协会组织,现有90户村民入会。区科协向漆园村赠送了电视机和DVD放映机,市科协和昌平图书馆赠送了科普图书,北京农学院赠送了枣树技术光盘。会上聘请了张铁强教授为“龙圣枣业协会”科技顾问,会后开展了市学联办组织的医疗和林业的专家义诊活动,发放了2000份资料,200多人参加了活动。区科协和农学院的有关专家参观了枣树科普示范基地。

(陈自刚)

【纪念科普法颁布3周年】 9月15日,在区科协六楼会议室举办“节约能源科普知识大赛——纪念科普法颁布3周年”活动。本次活动的指导思想为:科普法宣传,建设节约型社会。

(陈自刚)

【举办“你我共参与——共建节约社会”大型科普活动】 9月17日,在亢山广场举行“你我共参与——共建节约社会”大型科普活动,此次活动围绕节水、节电、环保、资源再利用、太阳能利用、医疗保健、体育健身和健康生活方式等方面进行科普宣传,近百名科技专家开展了现场咨询、发放相关资料1万份,现场展示了300块科普图板和生物质气化直燃式节能炉,太阳能高压杀虫灯、风力发电机、太阳能暖气房、太阳能停车锁等50件节能产品,并进行了项目互动和产品演示。

(陈自刚)

【举行防震减灾知识进校园启动仪式】 9月29日,在昌平四中大会议室举行了“昌平区防震减灾知识进校园启动仪式”。中科院地球物理研究所、区科协、区地震办、区教委、昌平四中100多名师生参加了启动仪式。

(陈自刚)

【召开反邪教警示教育百场电影下乡活动总结表彰大会】 11月28日,召开昌平区反邪教警示教育百场电影下乡活动总结表彰大会。此次活动从4月14日开始至10月20日结束,历时半年时间,区电影管理处组织两支放映队,行程6000多公里,深入全区17个镇(办事处)的153个行政村放映反邪教方面的科普片、故事片共计306场,宣传观众8万多人次。大会表彰了组织落实具体放映活动的北七家镇、南口镇等6个先进单位和17个先进个人。

(陈自刚)

【召开科学技术协会第一届科技代表大会】 12月19日,区科协在蟒山金池会议中心召开了昌平区科学技术协会第一届科技代表大会,出席本次大会的代表共186人,会上表彰了十佳科普工作者、十佳科普工作先进集体。全体代表投票选举出昌平区科学技术协会第一届代表大会委员人选。全体委员选举出新一届领导成员。

(陈自刚)

【举行北京市科协农村科普研讨会暨北京农学院产学研教育基地揭牌仪式】 12月30日,在崔村镇举行"北京市科协农村科普研讨会"和北京市科普示范基地(昌平基地)暨北京农学院产学研教育基地揭牌仪式。会上介绍了北京市农村科普基地——昌平区果树研究所近年的科普工作,就科普示范基地在新农村建设中所起的作用进行了广泛的研讨。

(陈自刚)

昌平区残疾人联合会

【概　况】 2005年,全区残疾人工作以"三个代表"重要思想和党的十六届四中、五中全会精神为指导,坚持落实以人为本的科学发展观,认真贯彻区委二届六次、七次会议精神,求实创新,开拓进取,全面推进残疾人事业发展,残疾人工作取得了较快的进展。

(于晓杰)

单位名称:昌平区残疾人联合会
地址:昌平区府学路17号
电话:(010)69707843
邮编:102200

【建立完善扶助贫困残疾人长效机制】 年内,一是落实重度残疾人生活补助政策,3460名重度残疾人享受生活补助,占全区残疾人总数的15.2%。二是加大教育政策研究力度,颁布了《昌平区残疾人教育和贫困残疾人子女就学扶助暂行办法》。三是农村残疾人大病统筹补助政策得到落实,残疾人参加农村合作医疗的个人出资部分,全部由区财政负担,97%农村残疾人的医疗得到了切实保障。四是残疾人失业登记制度得到完善,纳入了全区失业登记总体工作之中;城镇和农村残疾人社会保险补贴工作也取得了积极进展。

(于晓杰)

【检查验收"十五"计划执行情况,研究制定"十一五"发展规划】 区政府残工委专门成立了"'十五'终期检查验收暨编制'十一五'发展规划领导小组"。各镇、街对照全区残疾人事业"十五"计划各项任务指标,加强薄弱环节,狠抓业务工作的落实。通过检查验收,认真总结经验,研究制定"十一五"规划,初步确定了今后五年的发展目标:按照全区的总体要求,加快发展残疾人事业,切实改善残疾人生活状况,促进残疾人充分平等参与社会生活,使残疾人事业在总体上与全区的经济社会发展相适应。

(于晓杰)

【切实做好第二次全国残疾人抽样调查准备工作】 按照北京市开展第二次残疾人抽样调查工作的统一部署,启动了本区抽样调查工作,成立抽样调查领导小组及办公室,制定调查工作方案,培训相关工作人员,准备调查所需的物资、器材、设备。

(于晓杰)

【大力加强基层残联组织建设】 年内,全面检查各镇、办事处的组织建设落实情况,进一步健全基层残联组织,逐步改变基础工作发展不平衡的状况。全区共建立农村残疾人协会132个,社区残疾人协会32个。

(于晓杰)

【有效开展第十五次"全国助残日"宣传活动】

"助残日"期间,围绕"平等共享,促进残疾人就业"主题,开展了一系列扶残助残活动。昌平电视台对北京宏福源电子材料厂、北京迪桑特有限公司、区自来水公司和北京启飞福利包装制品厂等四家单位扶残助残事迹进行了报道。同时,以宣传街、电子宣传栏的形式广泛宣传残疾人就业等有关政策。

(于晓杰)

【康复工作】 年内,一是重点抓了白内障复明工作,做复明手术73例,实现白内障无障碍化的目标。二是重点抓了贫困精神病人、智力残疾人入住基地训练工作,20名精神病人入住精神病托管基地,9名智障人入住培智学校、区残疾人公益事业促进会培训中心，进行生活、劳动技能培训。三是抓好肢体残疾人康复，区、镇、村三级康复组织网络体系共为235名肢体残疾人进行康复训练。四是残疾人康复需求调查工作全面完成，圆满完成了需求调查和计算机录入工作。五是加大残疾预防工作力度，广泛宣传康复和残疾预防知识，提高残疾人康复和全民残疾预防意识。

（于晓杰）

【就业工作】 年内，以“平等共享促进就业”为主题，全面推进残疾人就业工作。认真落实残疾人就业和再就业各项优惠政策，协助劳动部门切实做好城镇残疾人失业登记工作。在做好集中就业、按比例就业的同时，重点做好农村和城镇残疾人在社区就业和新安置就业。各镇（办事处）、村（居）委会纷纷出台优惠政策，优先照顾残疾人和残疾人亲属到矿产资源看护和生态林养护工作岗位上，全年共安置残疾人220人、亲属540人，企业新安置残疾人95名，安置社区就业45名，扶持个体就业19户。

（于晓杰）

【培训工作】 年内，依托区农委“农林牧副渔”实用技术培训计划，广泛动员残疾人参与，先后有180人次接受培训（其中盲人按摩师9名），掌握了机电、手工、编织、种养等专业技术，并有54人取得了相应的资质证书。

（于晓杰）

【特殊教育工作】 年内，积极研究制定《昌平区残疾人教育和贫困残疾人子女就学扶助暂行办法》，着力解决贫困残疾学生和贫困残疾人子女在接受中高等教育阶段的突出困难，共计为219名学生上学资助10余万元。扶持民办特教培训机构，帮助解决困难，积极开发特殊教育资源，使之更好地为残疾人服务。

（于晓杰）

【扶贫解困工作】 年内，采取多种形式，加强对农村贫困残疾人的生产扶持，有重点地确定扶持项目，落实扶持资金，培育发展助残基地。引导、动员社会民营企业家结对帮扶，开展党政领导和工、青、妇、武等组织采取“一帮一”、“多助一”等形式的助残活动，共有285户残疾人家庭通过帮助解决了生活困难，扶持19户贫困残疾人家庭脱贫致富。继续争取民政部门和各镇对贫困残疾人家庭翻建危旧房的政策倾斜，落实好城镇残疾人廉租住房政策，为29户残疾人家庭实施危旧房改造，总投资55.9万元，切实改善他们的住房条件。

（于晓杰）

【启动奥运行动计划，开展残疾人素质教育】

年内，举办残疾人艺术团巡回演出18场，广泛宣传残疾人自立自强典型，把文明用语等素质教育内容融入之中。选拔、培养一批优秀的残疾人文艺体育人才，积极组织参加全市残疾人文艺会演，开展残疾人群众体育活动，召开基层残疾人运动会3次。

（于晓杰）

【维权信访工作】 年内，贯彻市残联《关于进一步加强法律维权工作努力维护贫困残疾人合法权益的工作意见》，在百善镇吕各庄村、十三陵镇涧头村、北七家镇郑各庄村、南邵镇金家坟村率先建立四个村级残疾人维权站，初步形成区、镇、村三级残疾人服务网络。与北京双强律师事务所签署服务协议，由其为残疾人无偿提供法律咨询、代写司法文书业务；接受区法援中心指派无偿为贫困残疾人代理民事、经济、行政法律诉讼。进一步规范信访工作程序，建立领导接待制度，加强对信访工作者的业务培训和指导。加强排查调处，积极处理由于拆迁补偿、残疾人专用车运营等问题引发的维权和信访事件。完善全程办事代理工作制，方便来访、来电办事人员。区残联信访室全年共接待8500余人次。

（于晓杰）

昌平区红十字会

【概　况】 2005年，区红十字会以弘扬人道主义为宗旨，以改善最易受损群体境况为基本目标，遵循“人道、公正、中立、独立、志愿服务、统一、普遍”的七项基本原则，认真履行《中华人民共和国红十字法》赋予的职责，重点抓好救援救灾救助、卫生救护知识培训、社区服务、传播国际人道法及红十字运动基础知识、推动无偿献血和红十字青少年道德教育、预防艾滋病、捐献遗体等项工作，当好政府人道领域工作的助手，发挥社会救助团体的功能及作用。

（刘芝雨）

单位名称：昌平区红十字会
地址：昌平区南环东路1号广电大厦综合办公楼10层
电话：(010)69718416
邮编：102200

【理顺管理体制】 6月21日，区少儿住院医疗互助金管理办公室批准成立，为区红十字会下属事业单位，编制2名。7月26日，区红十字会列为政府直接联系的独立设置的群众团体机构，机构规格调整为正处级，核定区红十字会机关事业编制5名，其中处级领导职数1正1副。9月1日办公地址从区卫生局院内迁到南环东路1号广电大厦综合楼10层。

（刘芝雨）

【弘扬红十字精神】 年内，与区献血办联合开展纪念“5·8”世界红十字日，宣传红十字会法、献血法，开展无偿献血活动，共发放红十字会法宣传册1000份，无偿献血800人。

（刘芝雨）

【开展救灾、救援、救助工程】 1月，在全区开展了援助印度洋地区地震、海啸灾民募捐活动，20天内区红十字会接受11万人为受灾地区募集善款60万元，全部上缴北京市红十字会。为南口、兴寿等镇发生各种自然灾害的地区拨救灾、救助款5.6万元。继续开展了“博爱在京城”募捐救助系列活动，共募集善款75万余元，50%上缴市红十字会。在全区开展“助困、助学、助残、助老”活动，救助困难家庭173户，每户500元；救助特困家庭30户，平均每户3000元；资助150名家境困难的学生，每人400元；为19户困难家庭的白内障患者施行手术，每人平均2000元；为兴寿镇桃峪口村无保老人杨春友办理入住北京市红十字会颐年护理院，出资6000元；出资为1425名家境困难的0～18岁孩子加入“少儿住院医疗互助金”每人50元。全年共支付救助金351750元。

（刘芝雨）

【少儿医疗互助金】 本学年内全区0～18岁人数约71299人，参加少儿住院医疗互助金18443人，占25.87%，互助金收缴922150元。符合报销703人次，支付925654.17元。其中个人最高报销7.3万元。

（刘芝雨）

【社区服务】 12月初，城北街道办事处三街社区建立了全区第一家“红十字社区服务站”。人员、设施到位，为社区居民提供良好服务。

（刘芝雨）

【获北京市红十字会系统奖励】 年内，在为印度洋地区地震海啸灾民和博爱在京城募捐工作中，区红十字会荣获特别贡献奖；城北街道办事处、昌平区教委系统、东小口镇红十字会荣获募捐先进集体；兴寿镇于德春和北京圣霖房地产有限公司张月娇女士荣获“北京市红十字会荣誉奖牌”。

（刘芝雨）

【实现遗愿、奉献医学】 马池口镇畜牧屯村村民尤强生前志愿捐献遗体。2005年6月4日去世，完成捐献遗体的夙愿。

（刘芝雨）

昌平区建筑行业协会

【概　况】 昌平区建筑行业协会，下设建筑专业分会、房地产开发专业分会和建材专业分会，现有139个会员单位。2005年，协会遵循“当好党政参谋助手，愿为政企纽带桥梁，共图发展合力奋斗，精心营造企业之家”的协会宗旨，开展了丰富多彩的活动，促进了会员企业的发展。

（隋庆成　段志勇）

单位名称：昌平区建筑行业协会
地址：昌平南大街泰安胡同5号
电话：(010)69711339
邮编：102200

【开展科技创新活动】　年内，提出了促进企业发展的“人才兴企战略”、“知识产权战略”、“标准管理战略”、“推广‘四新’战略”和实施这“四大战略”的“五大举措”。通过组织参观学习、召开座谈会、研讨会、经验交流会等活动，大搞技术革新、发明创造。其中会员单位当中有注册商标22个、发明专利81项、实用新型专利108项、外观设计5项。

（隋庆成　段志勇）

【开展诚信体系建设活动】　年内，全区有22家企业被市评为守信企业。北京天圣元建筑拆除公司等单位，凭借“守信企业”证书，在多次招投标中中标。

（隋庆成　段志勇）

【加强对外宣传】　年内，协会大力宣传会员企业，宣传建筑行业科技创新活动和成果。在昌平电视台、昌平周刊、建设市场报、中国建设报上共播刊稿件66篇。在《中国建设报》头版刊登了《“赵氏塔基”领跑建筑节能产业化》、《“奇特钢梯的魅力”——北京君生环消防设备有限公司发明循环式救生梯探秘》、《“赵氏塔基”进军东北》等稿件。编辑建筑行业企业科技创新集萃《天工开新物》第三版，介绍了33家企业和品牌产品。

（隋庆成　段志勇）

【开展创优评优活动】　年内，组织企业参与市区评优工程、2004年度昌平区竣工优质工程及2005年度昌平区结构优质工程评选工作，有23项竣工工程和22项结构工程符合《北京市昌平区优质工程评选办法》的有关规定要求，被评为优质工程。

（隋庆成　段志勇）

【培训专业技术人员】　年内，金鲁班建筑培训学校积极开展培训工作，组织开办了企业负责人、项目经理、安全员、预算员、二级建造师等各类培训班10期，共培训1180人次。

（隋庆成　段志勇）

【开展青年突击队“双创”活动】　年内，积极开展“双创”活动。全区8家施工企业的11支青年突击队工作取得新进展。北京顺天通青年突击队首次申报“北京市优秀青年突击队标杆”称号，其施工的“天通大厦”工程首次申报“北京市优质青年工程”，项目经理张华春首次申报“北京市优秀青年工程指挥”。

（隋庆成　段志勇）

政权 · 政协

政权·政协

昌平区人民代表大会常务委员会

【概　况】 2005年，区人大常委会认真落实中央9号文件精神和市委、区委人大工作会议精神，全面贯彻执行区人民代表大会二次会议各项决议，坚持党的领导，人民当家作主和依法治国的有机统一，围绕中心，服务大局，与时俱进，开拓创新，认真履行宪法和法律赋予的职责，发挥了地方国家权力机关的作用。一年来，区人大常委会依法举行了8次会议，审议了34项议题，做出了4项决议、决定，为坚持和完善人民代表大会制度，加强社会主义民主法制建设，推进“三个首选之区”建设作出了贡献。

（徐传江）

单位名称：北京市昌平区人大常委会
地址：昌平区政府街19号
电话：(010)69742804
邮编：102200

【区第二届人民代表大会第二次会议】 1月17日至19日举行了区第二届人民代表大会第二次会议，210名代表出席会议。会议听取并审议了《昌平区人民政府工作报告》、《昌平区人大常委会工作报告》、《昌平区2004年国民经济和社会发展计划执行情况与2005年国民经济和社会发展计划草案的报告》、《昌平区2004年财政预算执行情况和2005年财政预算草案的报告》、《昌平区人民法院工作报告》、《昌平区人民检察院工作报告》。作出了相应的六项决议；审查批准了北京市昌平区2004年国民经济和社会发展计划执行情况与2005年国民经济和社会发展计划草案；审查批准了北京市昌平区2004年财政预算执行情况和2005年财政预算；审议通过了北京市昌平区人民代表大会议事规则；依法补选了李启忠为昌平区第二届人大常委会委员。大会共收到10名以上代表联名提出议案69件，代表提出建议、批评和意见112件。上述69件议案，经大会议案审查委员会审查，大会主席团审议批准，均转为建议办理。

（吴丽华）

【区二届人大常委会第八次会议】 3月24日举行。会议听取审议了区司法局局长赵军受区政府委托所作的关于“四五”普法规划实施情况的报告；听取审议了区建委主任杨国昌受区政府委托所作的关于建设工程招投标工作情况的报告；听取审议了副区长任学良所作的全区体育工作的报告。

（吴丽华）

【区二届人大常委会第九次会议】 5月27日举行。会议听取审议了区政府法制办主任周晓东受区政府委托所作的关于贯彻实施行政许可法情况的报告；听取了区财政局局长刘亮珍受区政府委托作的昌平区2004年度财政收支决算报告；听取了区审计局副局长刘会春受区政府委托作的关于昌平区2004年预算执行和其他财政收支情况审计工作的报告，作出了关于批准昌平区2004年度财政决算的决议；听取了区人大常委会城建环保工委主任张泉知受区人大常委会执法检查组委托所作的关于对水污染防治法律法规执法检查工作的报告；审议决定了区人大常委会主任会议、区人民政府提请的人事任免事项；审议通过了区人民法院提请的人民陪审员任免事项；讨论决定了其他有关事项：一是听取了区人大常委会主任会议关于许可区人民检察院对区人大代表刘国明、李一明依法采取强制措施的报告。二是听取审议了区人大常委会代表资格审查委员会主任委员武宁关于接受区人大代表李一明辞去昌平区第二届人民代表大会代表职务的报告。会议决定接受李一明辞去昌平区第二届人民代表大会代表职务的请求，并予以公告。三是会议决定，在7月下旬的区人大常委会第十次会议上对区政府副区长冯维利和区教委主任李永生进行述职评议。

（吴丽华）

【区二届人大常委会第十次会议】　7月22日举行。会议听取审议了区委常委、常务副区长杨旭明所作的关于办理区二届人大二次会议代表建议、批评和意见情况的报告；听取审议了区发展和改革委主任郝和受区政府委托所作的关于2005年上半年国民经济和社会发展计划执行情况的报告；听取审议了区财政局副局长马永顺受区政府委托所作的2005年上半年财政预算执行情况的报告；听取了区政府副区长冯维利的述职报告并进行了评议；听取了区教委主任李永生的述职报告并进行了评议；听取了区人大常委会教科文卫工委主任王成立受区人大常委会执法检查组委托所作的关于食品卫生法律法规执法检查情况的报告。

（吴丽华）

【区二届人大常委会第十一次会议】　9月20日举行。会议听取审议了市国土资源局昌平分局局长郑全智受区政府委托所作的关于全区土地管理使用情况的报告；听取审议了市公安局昌平分局局长李清林受区政府委托所作的关于昌平区社会治安综合情况的报告；听取审议了区人大常委会城建环保工委主任张泉知受区人大常委会执法检查组委托所作的关于对水法执法检查工作的报告；听取审议了区人大常委会财经工委主任张之良受区人大常委会执法检查组委托作的关于检查《北京市安全生产条例》实施情况的报告；审议了区政府副区长冯维利述职评议整改措施落实情况的书面报告；审议了区教委主任李永生述职评议整改措施落实情况的书面报告。

（吴丽华）

【区二届人大常委会第十二次会议】　11月2日举行。会议审议了区政府副区长任学良提出的辞职请求，通过了区人大常委会关于接受任学良辞去昌平区人民政府副区长职务请求的决定；传达学习了北京市人大工作会议精神。

（吴丽华）

【区二届人大常委会第十三次会议】　11月18日举行。会议审议决定了区人民法院和区人民检察院提请的人事任免事项；听取审议了区发展和改革委员会主任郝和受区政府委托作的关于“十一五”规划编制工作情况的报告。

（吴丽华）

【区二届人大常委会第十四次会议】　12月20日举行。会议作出了《关于召开北京市昌平区第二届人民代表大会第三次会议的决定》；审议通过了昌平区二届人大三次会议的建议议程（草案），大会主席团和秘书长建议名单（草案），国民经济、社会发展计划和财政预算审查委员会建议名单（草案），议案审查委员会建议名单（草案）和议案办理办法（草案），区人大常委会常务副主任武宁就上述建议名单和文件草案作了说明。会议决定将这

5个文件草案提交昌平区第二届人民代表大会第三次会议预备会议审议表决；决定了区二届人大三次会议列席人员名单；听取审议并通过了代表资格审查委员会主任委员武宁作的关于代表资格审查的报告；确定了2005年度向区人大常委会书面述职人员名单；审议并原则通过了昌平区人大常委会工作报告。会议决定：北京市昌平区第二届人民代表大会第三次会议定于2006年1月9日召开。

（吴丽华）

【区二届人大常委会第十五次会议】 12月28日举行。会议决定接受陈锐同志辞去北京市昌平区人民法院院长职务的请求。审议决定了区人大常委会主任会议提请的人事任免事项，任命鲁为同志为北京市昌平区人民法院副院长、审判委员会委员、代理院长；审议通过了修改昌平区二届人大三次会议的建议议程（草案）；审议通过了区二届人大三次会议选举办法（草案）；听取审议并通过了代表资格审查委员会主任委员武宁作的关于代表资格审查的补充报告。

（吴丽华）

【加大工作监督力度】 年内，常委会紧紧围绕全区重点工作，审议了6项重大事项的报告，推进了全区经济社会发展目标的顺利实现。常委会审议了区政府关于国民经济和社会发展第十一个五年规划纲要编制情况，2005年上半年国民经济和社会发展计划执行情况及财政预算执行情况，2004年财政收支决算，2004年度财政预算执行和其他财政收支情况审计工作报告，作出了关于批准昌平区2004年财政决算的决议。常委会还审议了全区土地管理使用情况的报告。组织代表听取了教育、卫生、妇女儿童、昌平新城建设等专项规划编制情况的汇报。常委会对全区旅游规划修编工作进行了专题调研，撰写了专题调研报告，提出了32条建议，促进了旅游规划修编工作。区人大常委会主任会议专题听取了区政府关于土地确权和农村集体经济产权制度改革的报告。常委会视察了区动物疫病预防控制中心和镇动物卫生防疫站，查看了动物疫病检测、防控设备及防控物资储备，听取了区农委、区动物疫病预防控制中心关于禽流感防控工作的汇报。组织人大代表视察了在建的昌平综合体育馆、奥运铁人三项赛运动员训练基地和镇村体育设施建设及使用情况，听取了体育工作情况的报告。

（吴丽华）

【加强法律监督】 年内，常委会始终把促进依法行政、公正司法和解决人民群众关心的热点问题作为法律监督工作的重点。常委会专题审议了区政府关于社会治安综合情况的报告，综合运用听取审议工作报告、执法检查、视察等多种措施，对全区实施药品管理法、档案法和北京市图书馆条例等法律法规情况进行了审议和检查。常委会审议了实施“四五”普法规划的报告，常委会征求了820名行政管理相对人对实施行政许可的评价意见，听取审议了区政府贯彻实施行政许可法情况的报告。常委会专题听取了区人民法院审判工作情况的报告。常委会认真落实全国人大关于完善人民陪审员制度的决定，及时调整充实了人民陪审员队伍。按照市人大常委会的安排，常委会就《中华人民共和国畜牧法》、《北京市集体合同条例》、《北京市烟花爆竹安全管理条例》等9部法律法规草案征求了意见，参与了立法工作。

（吴丽华）

【加强对任命干部的监督，述职评议工作取得新突破】 年内，常委会认真贯彻执行任免国家机关工作人员办法，坚持了任前法律法规知识考试制度，建立了法律考试题库，依照法定程序，任免了国家机关工作人员42名，人民陪审员10名。加大了述职评议工作的力度，对副区长冯维利和区教委主任李永生进行了述职评议，对6名区政府组成人员进行了书面述职评议。述职评议工作在三个方面有了新的突破，一是首次评议了副区长，二是会议评议与书面评议相结合扩大了覆盖面，三是评议工作的影响进一步扩大。

（吴丽华）

【发挥代表作用，为代表履职服务】 常委会加强了代表学习培训工作，组织区、镇两级人大代表学习代表法、北京市实施办法和代表履职的相关知识，学习贯彻十届全国人大三次会议和中央9号文件精神，与镇、街人大一起举办了二十多场次学习研讨会，提高了代表整体素质。组织代表对基本农田保护、垃圾集中清运、山区学校改造、昌平图书馆和博物馆建设、人口和计划生育等工作进行了视察。组织代表旁听法院案件审理。邀请了136名人大代表列席常委会会议，参与议题的审议。以镇、街道为单位建立健全代表小组和代表联组活动制度，开展了学习培训、民主评议和视察检查活动。举办报告会，向代表通报全区经济运行和社会发展情况。常委会认真落实联系代表制度，加强了与代表经常性联系，为代表寄送《中国人大》、《北京人大》、《昌平周刊》和《昌平人大信息》等学习资料，利用昌平人大网站为代表提供法律法规知识、常委会工作情况、代表活动和区情、政情信息，为代表知情知政创造条件。编印了《代表风采》一书，宣传代表的先进事迹，进一步激发了依法履职的积极性。组织区人大代表开展对区党、政、群机关及相关部门工作情况进行督察考核。

（吴丽华）

【加强代表建议督办工作】 为了提高督办质量，常委会加强了与办案单位的联系和沟通，与区市政委、发改委、政法委、农委和教委等承办单位共同召开办理工作分析会，听取意见，掌握进度，促进落实。加大重点难点建议的督办力度，对涉及面广、难度大的重要建议案，由区人大常委会领导牵头督办。组织人大代表对办理情况开展专项视察检查，先后视察了山区人畜供水、京密引水渠跨河桥、城区公厕和道路建设等工程，推动了建议的办理。常委会听取了区政府关于办理区二届人大二次会议代表建议、批评和意见情况的报告。常委会重视闭会期间建议的办理工作，规范程序，加强督办，代表在闭会期间提出的15件建议均如期办复。

（吴丽华）

【加强信访工作】 常委会认真办理群众来信，依法接待群众来访，全年共办理来信来访843件次。其中，来信286件，接待来访557人次。常委会主任会议专题听取了区人大信访工作情况的汇报，对进一步加强和改进人大信访工作提出了要求。对关系群众切身利益的重要来信来访，常委会领导亲自受理，督办落实。

（吴丽华）

【加强对镇、街道人大工作的指导】 年内，常委会坚持主任、副主任和各工作机构联系镇街道人大制度，深入各镇、街道人大调研并指导工作。坚持每季度召开人大主席联席会，举办了人大干部培训班，召开了代表工作经验交流会，指导各镇依照法定程序召开镇人民代表大会。

（吴丽华）

【做好为市人大代表服务工作】 受市人大常委会的委托，组织市人大代表昌平团视察了重点工程建设情况和区法院、检察院的工作情况，听取了制定“十一五”规划情况的汇报，为市人大代表知情知政、依法履职提供了服务。

（吴丽华）

【召开昌平区第二次人大工作会议】 11月10日，中共昌平区委召开了第二次人大工作会议，制定了《关于进一步加强和改进人大工作的意见》。区委副书记王刚就区委《意见》作了说明，区委书记赵凤桐发表了重要讲话。会议由区委副书记、区长佟根柱主持，区人大常委会主任任宝贵作了题为《贯彻落实区委人大工作会议精神努力开创人大工作新局面》的讲话。区人民政府、区人民法院和区人民检察院的主要负责人分别就贯彻区委《意见》作了表态发言，与会人员分组讨论了会议文件。为了开好这次会议，区人大常委会进行了专题调研,召开了有镇人大主席、人大代表、政府组成人员、法院、检察院有关人员和人大机关干部参加的座谈会,重点调查了落实区委第一次人大工作会议情况,对各级党委加强和改进人大工作的领导、人大代表依法履职、"一府两院"接受监督、镇人大工作等情况进行了广泛深入的调查研究,对区人大代表和人大秘书进行了问卷调查,广泛征求了进一步加强和改进人大工作的意见,汇总撰写了调查报告,为区委决策提供了重要依据。

(吴丽华)

【健全工作制度,规范工作程序】 年内,常委会建立了审议意见书制度,规范了审议意见的交办和反馈;健全与"一府两院"和有关部门的沟通协调机制;规范了执法检查工作的形式和程序,完善了常委会重大事项向区委报告制度,制定了理论学习制度,推进了常委会工作制度化、规范化建设。

(吴丽华)

【加强对外交流】 年内先后接待韩国金井区、道峰区议会代表团来访,并组团对两区议会进行回访,促进了相互交流,增进了友谊。接待外省、市人大来访42批、320人次。

(吴丽华)

昌平区人民政府

概　述

2005年,区政府坚持以邓小平理论和"三个代表"重要思想为指导,全面贯彻落实科学发展观,紧抓发展这个第一要务,以提高人民群众生活质量为根本出发点,促进经济社会平稳协调发展,圆满完成区二届人大二次会议确定的各项任务,在创建"三个首选之区"、构建和谐宜人新昌平的道路上迈出了坚实步伐。

区域经济平稳较快增长,经济结构调整取得新的成效。各项主要经济指标均提前或超额完成了"十五"计划任务。地方财政收入实现13.2亿元,增长20.6%;区域税收实现38.7亿元,增长12.8%。继续贯彻落实国家宏观调控政策措施,坚持"强二兴三优一"的产业发展思路,高新技术产业和先进制造业、旅游会展业、现代流通服务业、现代农业、房地产业和建筑业"五个经济板块"进一步发展壮大。工业总产值达到465.7亿元,其中,高新技术产业和先进制造业产值占80%以上。旅游经营收入完成18.4亿元,增长19.9%。社会消费品零售额完成55.2亿元,增长20%。三次产业结构调整为2.1:42.4:55.5,基本达到了现阶段的发展要求。

城乡居民收入持续增加,群众生活质量进一步提高。通过建立生态林看护、土地矿产资源看护和社会治安巡防3个专群结合机制,开发环卫保洁、社区服务等一批公益性岗位,解决了15079名城乡劳动力的就业问题。实施了"万人次就业培训计划",免费培训农村劳动力13762人,帮助6952名农村劳动力实现就业。城镇登记失业率控制在2.24%,城镇登记失业人员再就业率保持在60%以上。城镇居民人均可支配性收入达到15684元,增长13.7%。农民人均纯收入达到7416元,增长9.8%。城镇居民储蓄存款余额达到189.9亿元,增长26.5%。初步形成了多层次的社会保障体系,社会保险参保人次达到53.7万,新型农村合作医疗大病统筹参保率达到86.4%。妥善解决了3072名建设征地农转工自谋职业人员、终止解除劳动关系人员和超转人员的社会保障问题。对口帮困、社会救济等工作成效显著,山区农民人均劳动所得达到5878元。实施为民办实事项目31项,解决了一批直接关系群众生产生活的突出问题。

基础设施和公共设施建设加快推进，城乡环境面貌进一步改善。编制完成了昌平新城规划，启动了昌平卫星城旧城区等重点地区控规编制工作。全面推进城乡基础设施和公共设施建设，完成了111国道一期（立水桥—太平庄北街）改建、南环、昌盛园集中供热厂等一批基础设施工程，启动了南环路大桥及昌平卫星城东区3条道路建设，在小汤山、北七家、阳坊等重点镇和各建制镇中心区建成了一批新的基础设施。加大农村建设投入，实施了27个村、1.76万农民的山区饮水工程，以及北禾路改扩建、南雁路大修等道路工程，完成了56户、198人山区险村险户搬迁工作。加强环境治理和生态建设。建立了“村收集、镇运输、区处理”的垃圾管理长效机制，垃圾无害化处理率和城镇污水处理率分别达到70%和50.2%。创建全国卫生区取得阶段性成果。整治乱采砂石、治理河道和京津风沙源等工作取得新进展，林木覆盖率达到57.8%。全面落实控制大气污染的各项措施，空气质量二级以上天数达到全年的74%。加大水污染治理和水资源保护力度，实施了小汤山污水处理厂改扩建和温榆河封禁治理一期工程。

各项改革不断深入，对外开放达到新水平。深化政府机构改革，完成了国土、水务等部门的撤并调整和重组工作。加快投融资体制改革，完善了基础设施投融资平台的功能，成立了中小企业服务中心。深化国有、集体企业产权制度改革，启动了玻璃公司与联想集团的并购重组，对物资公司顺利实施了破产。加强国有、集体资产监管体系建设，组织开展了国有企业的清产核资工作，启动了以年薪制试点为核心的国有企业负责人业绩考核和薪酬管理制度改革。积极推进农村改革，启动了第三批15个村的集体经济产权制度改革。进一步扩大对外交流与合作，开放型经济快速发展，外贸出口交货额完成74.5亿元，增长1.9倍；实际利用外资5737万美元，增长27.3%。

各项社会事业均衡发展，政府的公共服务能力进一步增强。坚持调整优化中小学校布局，完成了8所小学、2所中学的撤并任务，启动了流村中学、长陵学校和南口中学建设。初步建立了引导城镇资源支援农村教育的机制，山区教师待遇进一步提高。狠抓教育教学管理，义务教育质量稳步提高，高考升学率达到85%。加快发展卫生事业，启动了区医院外妇手术楼、区妇幼保健院门诊病房楼建设和十三陵、流村镇卫生院改造工程，建成了沙河、南口、北郊、小汤山4个医疗急救站。为76个山区村配建了卫生室，农村卫生室药品器械统一配送工作全面启动。高致病性禽流感防控工作取得阶段性成果。加强农村科普工作，继续实施“一校带一镇、科普进村镇”工程，科技创新服务体系初步建立，信息化建设稳步推进，被评为全国科技进步示范区。积极推进公共文化服务体系建设，建成了10个镇级文化站等一批基层文化设施，区图书博物馆正式投入使用。进一步提高计划生育服务水平，计划生育率达到98.8%。加快发展体育事业，建成了区体育馆主体工程和一批社区、村健身服务设施。广泛开展了全民健身运动，广大群众健身观念和健康素质进一步提高。成功举办了2005北京国际铁人三项世界杯赛。在第十届全国运动会上取得了优异成绩。

社会管理水平不断提高，和谐社会建设迈出新步伐。启动了社区建设和城市管理体制改革试点，进一步强化了街道办事处和社区的城市管理功能，对构建社区居委会、业主委员会和物业公司协调运转机制进行了积极探索。加强天通苑、回龙观居住区管理，进一步支持两个居住区的社区居委会及公共设施建设，组建了两个城管分队，建成了龙园派出所，完成了部分教育、卫生、邮政等配套设施的接管工作。继续推进警务、城管进社区，社区便民服务网络体系进一步完善。强化公共安全管理，组建了公共突发事件应急委员会和应急指挥中心,研究制定了全区总体应急预案及各分项预案,应对突发事件的能力进一步提高。加强安全生产监督管理,持续开展食品安全整治、“治超”等专项行动,有效遏制了重特大事故发生。加强社会治安综合治理,依法严厉打击各类违法犯罪活动,及时查处了影响社会治安秩序的违法行为。深入贯彻落实《信访条例》,积极开展人民内部矛盾排查调处工作,维护了群众利益和社会稳定。

精神文明建设取得新成绩,民主法制建设进一步加强。根据区委统一部署,在政府系统深入开展了保持共产党员先进性教育活动,党员干部队伍的凝聚力和战斗力进一步提高。认真贯彻《公民道德建设实施纲要》,开展了以“新北京、新奥运”、“争做文明昌平人”等为主题的一系列群众性精神文明创建活动,全区人民文明意识和区域文明程度进一步提升。积极开展双拥共建和国防教育,获得全国双拥模范城(县)五连冠。坚持依法治区战略,全面推进依法行政,认真执行区人大及其常委会的决议,充分发挥区政协的参政议政作用,坚持重大决策向区人大常委会报告和向区政协通报制度,自觉接受人大、政协的监督,办理区人大代表、政协委员的建议、议案和提案368件,办复率100%。加强政府内部制度建设,修订和完善了区政府工作规则。研究出台了《政务公开工作考核及群众评议制度》、《政务公开工作责任追究制度》等文件,政务公开的监督保障机制进一步健全。进一步完善基层民主管理和村民自治机制,“四五”普法教育取得了新的成果。

(周金星)

单位名称:北京市昌平区人民政府
地址:北京市昌平区政府街19号
电话:(010)89741530
邮编:102200

主要工作和重大活动

【区政府组团到美国、智利考察生态建设和城市管理】 2004年12月31日至2005年1月14日,区长佟根柱率团就生态建设和城市管理到美国夏威夷、智利首都圣地亚哥区的部分城市进行考察学习,并与智利首都圣地亚哥区普罗维登斯亚市商谈建立友好城市关系的相关事宜。期间,经国家海洋局安排,区长佟根柱一行考察了中国南极长城科学考察站,并向长城站的工作人员赠送了慰问品。

(桑先军)

【北京市第十五届农民艺术节开幕式暨北京市第六届乡村歌手大赛在本区举行】 1月8日,北京市第十五届农民艺术节开幕式暨北京市第六届乡村歌手大赛在本区举行。市委副书记强卫、市人大常委会副主任赵凤山、副市长牛有成、市政协副主席黄以云出席开幕式。

(桑先军)

【市领导到本区检查防控禽流感工作】 1月31日,副市长牛有成带领市农业、卫生、工商等部门领导对本区医院、水屯批发市场和华都肉鸡公司防控禽流感工作进行综合检查。

(桑先军)

【召开廉政工作会议】 2月16日,区政府召开廉政工作会议,区长佟根柱就贯彻落实国务院和市政府廉政工作会议精神,加强区政府系统党风廉政建设和反腐败工作做了讲话。区委副书记、区纪委书记李福忠,常务副区长杨旭明,副区长洪起忠、任学良、冯维利、陈秋生、金晖出席会议。

(桑先军)

【市领导到本区视察工作】 3月23日,副市长牛有成到本区视察生态林补偿和春季森林防火工作,市林业局有关领导和区领导佟根柱、冯维利陪同视察。

(桑先军)

【市领导到本区调研】 4月14日，市委副书记、市纪委书记阳安江到本区考察了北汽福田汽车股份有限公司、北七家镇郑各庄村和区国土资源和房屋管理局。区领导赵凤桐、佟根柱、李福忠、杨旭明、曹鹏程等陪同调研。

(桑先军)

【区政府代表团访问日本和韩国】 4月25日至30日，区长佟根柱率政府代表团分别拜会了日本板柳町区政府、韩国道峰区政府、金井区政府和区议会，并与日本板柳町区签署了2005年友好协议，与韩国道峰区就2005年友好事宜进行了商谈，与韩国金井区政府签订了两区结好意向书。

(桑先军)

【国家旅游局领导、市领导到本区检查工作】 4月26日，国家旅游局局长邵琪伟、副市长张茅检查了本区"五一"黄金周旅游接待准备工作。副区长陈秋生等领导陪同检查。

(桑先军)

【韩国釜山金井区政府代表团访问本区】 6月9日下午，韩国釜山金井区政府代表团来本区访问，与本区政府正式签订了友好交流合作协议。区领导佟根柱、任学良、金晖出席签字仪式。

(桑先军)

【全国政协领导到本区视察工作】 6月20日，全国政协副主席、民建中央常务副主席张榕明与部分全国政协常委和委员到本区视察职业教育情况。区领导佟根柱、王振华、任学良陪同视察。

(桑先军)

【市公安局领导到本区调研】 8月9日，市委常委、市公安局局长马振川到公安昌平分局调研社会治安整治工作。区领导赵凤桐、王书合、曹鹏程、陈秋生陪同调研。

(桑先军)

【市领导到本区调研】 8月26日，市长王岐山、副市长刘志华、市政府秘书长刘晓晨等领导到本区东小口镇天通苑居住区和回龙观文化居住区调研，实地察看了天通苑、回龙观两个居住区社会管理和公共服务等方面的情况。区领导赵凤桐、佟根柱、曹鹏程、陈秋生陪同调研。

(桑先军)

【市领导到本区调研】 9月5日，市委书记刘淇，市委常委、市教育工委书记朱善璐和市委常委、市委秘书长孙政才等市领导到本区长陵镇黑山寨学校调研。区领导赵凤桐、佟根柱、李福忠、王书合、曹鹏程陪同调研。

(桑先军)

【2005傲胜北京铁人三项世界杯赛在十三陵水库九龙游乐园举行】 9月17日，来自28个国家和地区的132名运动员参赛，中国队派出男女各6人参赛。

(桑先军)

【市领导到本区调研】 10月8日下午，副市长牛有成到本区调研农村垃圾管理工作，并召开落实"春季调研"年度项目现场会。区领导赵凤桐、佟根柱、陈秋生陪同调研。

(桑先军)

【市领导到本区调研】 10月17日，市政协副主席黄承祥带领部分市政协委员及市有关部门领导到本区东小口天通苑居住区和回龙观文化居住区调研，听取了市民代表的意见和建议。区领导佟根柱、陈秋生陪同调研。

(桑先军)

【本区运动员夺得第十届全国运动会女子跳高冠军】 10月17日，本区运动员景雪竹以1.92米的成绩夺得第十届全国运动会田径比赛女子跳高决赛冠军。

(桑先军)

【韩国道峰区政府代表团访问本区】 10月18日，韩国道峰区区厅长崔仙吉率政府代表团来本区访问，区长佟根柱、副区长金晖会见了代表团。

(桑先军)

【全国农业标准化示范区建设现场会在本区召开】 10月20日，全国农业标准化示范区建设现场会在南邵镇三合庄果园召开。国家标准化管理委员会、市质量技术监督局的有关领导和副区长冯维利参加了现场会。

(桑先军)

【小汤山镇申报“中国温泉之乡”通过评审】 10月21日,来自中国矿业联合会、市国土资源局等单位的专家组成评审会,对小汤山镇申报“中国温泉之乡”进行了评审。评审会认为,小汤山镇已具备“中国温泉之乡”的条件,建议命名该镇为“中国温泉之乡”。

(桑先军)

【区政府与美国加州奥克兰市政府缔结友好】 10月22日,双方在居庸关古客栈签订友好交流合作协议,正式建立友好交流合作关系。

(桑先军)

【举办第二届苹果节】 10月22日,本区第二届苹果节开幕。副市长牛有成、区委书记赵凤桐、区长佟根柱、区人大常委会主任任宝贵、区政协主席王振华参加开幕式。

(桑先军)

【全国政协文史和学习委员会考察团到本区视察】 11月14日,以全国政协副主席周铁农为团长的全国政协文史和学习委员会30名委员代表团视察了明十三陵中的康陵和德陵。区长佟根柱、副区长陈秋生陪同视察。

(桑先军)

【市领导到本区调研】 11月15日,市委副书记、市纪委书记阳安江到本区调研,实地察看了中关村生命科学园入驻企业。区领导赵凤桐、佟根柱、任宝贵、王振华、曹鹏程、洪起忠等陪同调研。

(桑先军)

【区政府向南极考察队捐赠设备】 11月18日上午,正在上海考察的区长佟根柱、副区长冯维利出席了中国第22次南极考察队暨“雪龙”船起航赴南极考察仪式。区长佟根柱代表区政府向国家海洋局极地考察办公室捐赠了3辆性能先进的丰田陆地巡洋舰吉普车,并向中国第22次南极考察队赠送了长城砖;中国第22次南极考察队和中国极地研究中心分别向区政府回赠了题为“深厚情感冰雪世界、赤子心报祖国人民”的锦旗和一块采自中国南极中山站的南极石。

(桑先军)

【国家五部委领导到本区调研】 12月1日,国务院副秘书长陈进玉、国家科技部副部长李学勇以及国务院办公厅、国家科教办、国家发改委等五部委领导就中关村国家工程技术创新基地建设方案进行调研。市政府副秘书长王晓明、区委书记赵凤桐、区长佟根柱、副区长洪起忠等市、区领导陪同调研。

(桑先军)

【八达岭高速公路进京方向发生特大交通事故】 12月4日20时20分,八达岭高速公路进京方向49.4公里处发生一起特大交通事故,一辆大货车因制动失灵与一辆中型客车相撞,两车坠入路旁山沟内起火,造成24人死亡,9人受伤。这是建国以来北京市发生的最严重的一起交通事故。事故发生后,公安部副部长刘金国,国家安全生产监督管理总局副局长王德学,市委副书记强卫,市委常委、市公安局长马振川,副市长吉林,区领导赵凤桐、佟根柱等到现场指挥处置和救援工作。

(桑先军)

【区公安消防支队成立】 12月9日,区公安消防支队揭牌仪式举行,区领导赵凤桐、潘建新、曹鹏程、陈秋生参加仪式。

(桑先军)

【韩国金井区政府企业家代表团访问本区】 12月9日上午,区长佟根柱会见了金文坤厅长率领的韩国金井区政府企业家代表团。副区长金晖和区文化委、商务局、中关村科技园区昌平园等单位的负责同志参加会见。

(桑先军)

【回龙观、东小口两个地区城管分队正式成立】 12月16日下午,两个地区的城管分队正式揭牌。区委副书记王书合,区委常委、政法委书记潘建新,副区长陈秋生等领导参加了仪式。

(桑先军)

政府法制工作

【概　况】 2005年,区人民政府法制工作坚持以邓小平理论和“三个代表”重要思想为指导,牢固树立和落实科学发展观,以认真贯彻落实国务院《全面推进依法行政实施纲要》和《北京市人民政府全面推进依法行政的实施意见》为契机,较好地完成了《昌平区人民政府2005年度依法行政工作要点》部署的各项工作任务,全面推进依法行政。进一步加强法制宣传培训工作力度,使各级领导干部依法行政水平明显提高;积极参与、认真办理市法规、规章草案的征求意见工作,为推进本市立法工作进程做出了积极贡献;认真做好区政府规范性文件的审核、发布、备案和清理工作,保证了区政府抽象行政行为的合法有效;进一步加大行政执法和行政执法监督工作力度,积极稳妥地开展行政复议和行政诉讼应诉代理工作。年内,各行政执法部门认真履行法定职责,加强管理、严格执法,重点对土地矿产资源、城市管理、文化市场、安全生产、交通运营秩序等方面进行整治,为全区经济发展和社会稳定创造了良好的法治环境。

(孙保军)

单位名称:昌平区人民政府法制办公室
地址:昌平区政府街19号
电话:(010)89741630
邮编:102200

【制定《昌平区全面推进依法行政实施方案(2005年~2008年)》】 3月,为了深入做好《全面推进依法行政实施纲要》和《北京市人民政府全面推进依法行政的实施意见》的贯彻实施工作,区政府法制办起草了《昌平区全面推进依法行政实施方案(2005年~2008年)》,并组织区发展改革、人事、监察、司法、财政等有关部门认真进行研讨,以区政府文件正式下发。

(孙保军)

【开展行政许可事项梳理工作】 3月至5月,区政府法制办为深入贯彻实施行政许可法,根据市政府《关于印发北京市设定的行政许可保留和取消项目目录的通知》和市政府法制办公室《关于印发〈本市实施的国家设定的行政许可事项目录〉的通知》要求,对本区负责实施的国家和本市设定的行政许可事项和实施主体进行清理。经清理核实,本区负责实施的国家和本市设定的行政许可事项共计253项,行政许可实施主体52个,其中区政府工作部门35个,镇、街道办事处17个。

(孙保军)

【认真做好行政许可法实施情况报告】 5月,在区人大常委会第九次会议上,区政府法制办受区政府委托向区人大常委会作了关于贯彻实施《中华人民共和国行政许可法》的情况汇报,对行政许可法实施近一年来的情况进行了总结,对实施过程中存在的问题进行了分析并提出了改进措施。

(孙保军)

【积极参与本市行政立法】 年内,区政府法制办共组织办理市政府法制办转来的《北京市大型社会活动安全管理条例》、《北京市集体合同条例》、《北京市烟花爆竹安全管理条例》、《北京市标语宣传品设置管理办法》、《北京市行政规范性文件备案监督办法》和《北京市军人抚恤优待办法》等市法规、政府规章征求意见稿16件,组织全区有关部门进行研讨,及时提出修改意见并反馈到市政府法制办。

(孙保军)

【审核备案区政府规范性文件】 年内,法制办共组织审核修改了《昌平区政府投资项目管理实施意见》、《昌平区残疾人教育和贫困残疾人子女就学扶助暂行办法》、《昌平区行政事业单位固定资产管理办法》、《昌平区人民政府关于促进本区农村劳动力就业的奖励办法》和《昌平区安全生产监督管理办法》等30件区政府规范性文件草案,保障了政府抽象行政行为的合法有效。

（孙保军）

【加强行政执法工作】 年内，区政府及其各行政执法部门认真履行法定职责，结合年度重点执法项目，加强管理，严格执法，不断加大行政执法工作力度。全区各行政执法部门共实施行政处罚1.67万起（次），罚款8700万余元。

（孙保军）

【行政复议和行政诉讼情况】 年内，区政府共受理行政复议案件3起，已办结并维持原行政决定2起，另1起正在办理中；全区共发生行政诉讼案件78起，行政机关败诉的有8起，其中区政府职能部门5起，镇、街道办事处3起，败诉率为10.2%。

（孙保军）

【政府法制宣传培训工作】 年内，坚持实行领导干部学法制度，区政府常务会和区长办公会前共组织安排了《劳动保障监察条例》、《土地权属争议调查处理办法》、《北京市信访条例》和《北京市实施<中华人民共和国动物防疫法>办法》等法律、法规讲座8次。2月23日、3月11日和3月24日，区政府法制办就如何提高依法行政工作水平，促进依法行政，以"认真贯彻落实《纲要》和《实施意见》"为题，分别在区地震办、建委、档案局举办的法制培训班上进行了讲解。5月27日，在区人大常委会第九次会议上，结合本区依法行政工作现状，向区人大常委会主任、副主任和各位委员讲解了中华人民共和国行政许可法知识。

（孙保军）

【创办《现行文件汇编》刊物】 年内，按照《北京市昌平区人民政府印发关于北京市昌平区2005年在直接关系群众生活方面拟办重要实事的通知》要求，区法制办和区档案局作为"政务公开"项目的承办单位，共同创办了《现行文件汇编》刊物，全年共发行4期，涉及到现行有效的国家及本市有关法律、法规、规章和文件共计119份，约25万余字。

（孙保军）

政务信息化工作

【概　况】 2005年是全区信息化工作重大转折的一年。经过四年的发展，基础物理网已建成，2005年信息化工作重点全面转向应用系统开发、建设、推广和应用。特别是三个规划的制定，在总结近几年全区信息化工作经验的基础上，明确了"数字昌平"的指导内涵，为今后全区信息化工作发展确立了战略目标。

（温海宁）

单位名称：昌平区信息化工作办公室
地址：昌平区政府街19号
电话：(010)89741792
邮编：102200

【制定"十一五"信息化规划】 年内，依据《关于加强信息资源开发利用工作的若干意见》、《关于加强数字化管理加快电子政务建设的通知》精神，在全面认真总结本区"十五"期间信息化发展经验教训的基础上，结合正在实施的区域信息资源平台、办公自动化OA系统改造升级等应用项目及正在制定的《昌平区区域综合管理信息系统建设方案》、《北京市昌平区应急指挥系统建设方案》，完成了全区"十一五"期间信息化规划，并经区政府常务会通过。规划包含全区信息化的现状与形式；指导思想、发展战略与发展目标；信息化结构体系；"十一五"期间的主要任务和重大工程；主要的保障措施等五大部分。

（温海宁）

【制定区域综合管理信息系统建设方案】 年内，完成了以"一个中心，一个机制，一个队伍"三个一为主要思路的昌平区城市综合管理信息系统建设总体设计。该方案从需求调研、系统建设、保障措施三个方面八个章节对本区区域综合管理信息系统的建设提供了可行的方案。

(温海宁)

【制定应急指挥系统建设方案】 7月,成立了北京市昌平区公共突发事件应急委员会,完成了相应的机构建设。委托北京市开发应急指挥中心平台的建设单位首都信息发展股份有限公司设计昌平区应急指挥中心平台建设方案。结合市应急指挥中心平台建设和对本区14个专项指挥部的相关单位的调研,制定了《北京市昌平区应急指挥系统建设方案》。

(温海宁)

【区域信息资源平台建设工作】 年内,一是对全区1:10000的底图进行全面修正,新增了2003年全区正摄影像图和2004年六环以内的正报影像数据,建立数据更新的长效机制;二是结合区域综合管理信息系统和应急指挥系统方案,启动了昌平区信息资源数据平台及区安监局、地震办、人防办分平台建设工作;三是完成了昌平规划分平台二期工程建设;四是进行统计分平台的硬件配套工作。

(温海宁)

【网站建设】 年内,加大区属各部门网站建设力度。区政务门户网站"北京昌平"进行了第五次改版。网页设计本着清新美观、图文并茂、体现政府特色的原则,对原有栏目进行调整,增加一些新栏目,网站共设置四个主频道、两个用户频道和两个互动频道,突出昌平投资创业、旅游休闲、生活居住三个首选之区战略思想,广泛宣传全区经济发展、"三园三区"建设成就、城市建设成就及发展规划,与转变政府职能优化发展环境相结合,推行网上政务公开、网上行政审批、企业网上办事指南和居民网上办事指南等在线服务。建立了区民主评议政风行风系统,通过网络对区政府各部门进行民主评议,建立"意见箱"、"反馈栏",接受群众的意见、建议、举报、投诉,通过与群众的网上快速互动,实现优质、高效、规范、全方位为群众、企业提供政府应具有的职能服务。政风行风系统包括从市政府和网上接收网民的来信,网民能从网站和电子邮件得到回复意见,并可进行打分和投诉,同时系统实现了网上的行风评议的问卷调查打分。

(温海宁)

【完成全区使用正版软件工作】 年内,全区采购了880套windows XP操作系统,以场地授权方式购买了Red office办公套件,完成了区政府行政机关使用正版软件工作,并通过了市正版软件领导小组的验收。

(温海宁)

【区级办公自动化(OA)平台建设】 为配合全区使用正版软件工作的开展,建立正版使用的长效机制,对OA系统进行了全面改版,将原来的微软办公套件改成红旗办公套件,新增督察系统、提案议案系统、短信服务系统、数据报送系统等功能,衔接全区已有的应用系统,实现在办公系统中调用数据资源平台(GIS)、视频点播系统、全程办事代理系统、政风行风评议等系统的链接。完成了区委组织部、人大、政协、发改委、科委、档案局、工业局、国土局、水务局9个委办局的业务办公自动化(小OA)系统的开发。进行了区政府办、区委办、组织部、水务局等单位的全员培训、9个已开发单位业务办公自动化(小OA)系统的网管员培训及区属各单位的使用培训。启动了区建委等15个委办局的小OA开发工作。初步建立了全区网上办公自动化平台。

(温海宁)

【全程办事代理制二期工程完成】 全程办事代理制二期系统进一步完善,新增了功能:支持组织机构作为申请人、委托人存在;各部门系统管理员,各部门的系统管理员可以管理本单位的人员、权限、项目、办理监控、统计查询等功能;各部门下属的二级机构设置,各个二级机构使用本系统;各个项目在委办局内进行互联审批,包括各个科室和有关领导的审批;各个单位单独输入每个月份的未进行网上办理的项目总数、汇总表,将网上数量与手工数量进行汇总等。

(温海宁)

【全区其它信息化建设工作】 年内,区农委、区经管站完成了农村管理信息系统;区委组织部完成了组工网的建设;完成了市政府办公厅网上办公系统的改造工作;协调区电信公司和供电公司,组织光缆施工,完成了全区各社保所接入政务专网工作;区统计局完成本区第一次全国经济普查数据网上报送工作;区安委会办公室完成区交通安全网站及办公系统建设;区政府督察室完成了全区61个部门的政务公开网上填报工作;长陵镇建立了全区第一个镇级“数字家园”;完成昌平看守所内昌平公安分局、区人民检察院武警支队监控系统的改造、建设方案的确定工作;协助组织2005中国信息化政策与趋势报告会,区政府做了“以信息资源平台为核心的昌平电子政务”的报告。

(温海宁)

【信息化培训工作】 5月,在区委党校举办昌平区首届网管培训班开班典礼,分初级班、高级班两期各进行5天培训,全区初步建立网络管理制度培训,网管员们在培训期间学习办公自动化系统、网络安全系统、政务专网建设等方面的内容。

(温海宁)

【开展全区信息化调查】 年内,向全区各单位下发了调查表,并根据调查反馈填写了北京市信息化基础情况调查表;在全区范围内开展了信息化现状调查,并组织所属乡、镇填报了乡镇信息化基本情况调查表,撰写了《昌平区信息化现状》调研报告。

(温海宁)

【出口资源得到扩展】 年内,为保证区政务中心平台的出口畅通,在原有昌平电信的10M出口和首都信息化股份公司的15M出口的基础上,将首都信息化股份公司出口扩充为20M,可有效满足区政府各部门局域网建成后,各部门之间和区各部门与市对口部门之间的网上办公业务信息交流。

(温海宁)

机构编制　人事工作

【概　况】 2005年,全区人事人才工作全面落实科学发展观,坚持党管人才原则,深化改革,强化管理,大力实施人才强区战略,为建设“三个首选之区”、构建和谐宜人新昌平提供了强有力的人事人才支撑。年内,行政管理体制改革持续深化,公务员队伍、事业单位和机构编制管理工作不断加强,人才资源整体性开发成效显著,人才市场体系日趋完善,人才队伍整体素质进一步提升,机关事业单位工作人员工资水平和离退休人员生活待遇稳步提高,各项人事人才工作取得了显著成绩,全区发展环境得到进一步优化。

(王小军)

单位名称:昌平区人事局
地址:昌平区政府街19号
电话:(010)69746851
邮编:102200
网址:http://www.rsj.bjchp.gov.cn

【表彰奖励项目正式立项】 1月,以区委、区政府名义进行表彰奖励的57个集体项目和38个个人项目正式立项,从评选范围、条件和审批程序三个方面对表彰奖励工作进行了严格管理,严禁擅自设立表彰奖励项目或随意扩大表彰奖励的范围和规模,推进了全区表彰奖励工作的规范化、制度化建设。

(王小军)

【区人才工作领导小组办公室成立】 3月,经区机构编制委员会领导批准,区人才工作领导小组办公室成立。区人才工作领导小组办公室为区人才工作领导小组日常办事机构,设在区委组织部,挂人才工作科牌子,负责制定人才工作的统筹规划和政策措施,指导、协调、督促检查全区的人才工作及培养、选拔、表彰和管理全区高层次人才等工作。

（王小军）

【人才奖励与科技骨干基金表彰工作】 3月，区委、区政府在昌平区荣获“全国科技进步示范区”庆祝大会上，对全区2002~2004年度人才奖励及科技骨干基金获得者进行了表彰奖励。此次共有22人获奖，其中企业带头人奖11人，学科带头人奖3人，智力贡献奖2人，科技带头人基金2人，科技开发基金4人，共计发放奖金69万元。

（王小军）

【各镇机构编制冻结】 3月，区编制委员会办公室冻结了各镇机构编制。今后5年内，各镇机构和人员编制只减少、不增加，坚决清理清退超编、借调和临时聘用人员，机构改革中尚未分流人员与在岗人员不得混岗、轮流上岗，招录人员必须经过控编审批，严禁超编进人，严格按职数配备领导干部。区编制委员会办公室将配合区纪检监察部门对各镇机构编制管理情况进行不定期的检查和抽查，对违反机构编制纪律的行为进行严肃处理。

（王小军）

【专业技术职称评审工作试行资格制度】 5月，新闻、出版、档案、图书资料（群众文化）、文物博物、播音、农业技术等7个系列高级职称以及工程技术、农业技术、艺术、新闻、图书资料（群众文化）、档案、文物博物、体育教练员、工艺美术、广播电视播音等10个系列中、初级职称试行专业技术资格制度，取消原有户口、档案、身份、单位所有制性质等限制，实行社会化评审，专业技术职称不再与待遇挂钩，用人单位根据岗位需要，择优聘任。

（王小军）

【专业技术人员聘任实行公示】 7月，全区事业单位专业技术人员聘任工作开始实行公示制度。专业技术人员聘任上岗前需公示7天，公示期间经各单位聘任工作小组调查确有问题的不得聘任上岗，专业技术人员聘任制度得到进一步完善和规范。本年度，全区聘任上岗的569名专业技术人员有204人履行了公示程序。

（王小军）

【区突发公共事件应急委员会办公室成立】 8月，区突发公共事件应急委员会办公室（简称“应急办”）成立。区应急办为区应急委员会常设办事机构，设在区政府办公室，同时加挂区应急指挥中心牌子，分设应急指挥组、预案管理组、综合信息组和技术通信组，其中应急指挥组与区政府办公室值班室合署办公，负责组织、协调、指导和检查全区突发公共事件的预防和应对工作。

（王小军）

【社会保障事务所公开招聘工作人员】 8月，区街道、镇社会保障事务所公开招聘工作人员。608人通过资格审查参加17个街道、镇45个岗位的竞争，最终41人被正式聘用。

（王小军）

【面向社会公开招考国家公务员】 年内，1113人报名参加63个职位的竞争，比上年同期净增118%，报考人数创历年新高；94人经过各项程序的严格选拔被正式录用为北京市国家公务员，录取率约为8%。

（王小军）

【国家公务员招考面试工作日趋完善】 年内，159人次参加了区人事局举办的公开招考国家公务员面试考官培训班，124人通过考核取得《北京市国家公务员面试考官合格证书》，从而在本区初步建立了一支相对固定的面试考官队伍；同时，在本年的公开招考中，8个职位首次采用了无领导小组讨论的面试方法，面试工作更具科学性；考生体检首次执行人事部、卫生部于2005年联合印发的《公务员录用体检通用标准（试行）》，体检录取工作更加公平合理。

（王小军）

【各项教育培训工作进展顺利】 年内，开展了“四五”普法的考核验收、以预防职务犯罪为主要内容的培训和《公务员法》的宣传学习等工作，6300多人次参加了培训，4000多人次参加了考试；举办了首届专业技术人员高级研修班——《昌平柿树标准化栽培管理技术研究与推广》高研班，并被列为市级专业技术人员高研班；组织了以“职业道德与创新能力”和“落实科学发展观，构建和谐社会”为主题的专业技术人员继续教育活动，5249人次参加并全部通过考试；120多名技术工人参加了以实用性内容为主的技术等级培训。

（王小军）

【人才市场蓬勃发展】 年内，共举办招聘会43场，参展单位1142家，求职人数近3万名，求职成功率约10%，另有6700多人通过招聘和求职登记的方式与用人单位达成意向；完成了昌平人才网的改版，网站浏览总量达57万人次，日均3000人次以上，网站数据库中个人求职简历7万余份，企业招聘信息近5万条，人才市场网上业务进一步拓展；存档人员达到9565人，比上年净增1561人。

（王小军）

【人才和智力引进工作成效显著】 年内，引进非北京生源毕业生385人，其中博士6人，硕士135人，双学士5人；引进“双高”人才64人，其中高新技术及民营科技企业引进54人；办理《北京市工作居住证》561人；接收、安置计划分配军转干部120人，接收随军家属75人；8个引进国外智力项目通过市外专局审批，13个项目正在申报。

（王小军）

【管理人才和专业技术人才队伍保持稳定】 截至本年度，全区管理人才、专业技术人才总计13059人，其中国有事业单位11747人，国有企业993人，集体企业319人，与上年基本持平；具有高级职称605人（正高级人才16人），中级职称人才3972人，初级职称6307人；主要分布行业为教育、卫生、工程技术、财会、农业技术等。

（王小军）

【街道、镇卫生院改革进展顺利】 年内，区卫生系统街道、镇卫生院机构调整和事业单位人事制度改革完成。全区调整组建街道、镇卫生院13个，编制702名，全部纳入全民事业单位差额拨款管理；14个街、镇卫生院共设置岗位724个，其中管理岗位72个，专业技术岗位621个，工勤岗位31个，分别占定岗总数的10%、85%和5%，基本符合事业单位人事制度改革定岗要求和街、镇卫生院实际情况。

（王小军）

【行政管理体制改革持续深化】 年内，撤销了原区国土房管局所属3家自收自支事业单位，整建制划转了15家单位，其中8家上划到市国土局，6家划转到区建委，1家划转到区市政管委，430名在职人员和140名离退休人员得到妥善安置；撤销了原区水资源局，成立了区水务局，完成了原属区水资源局和区市政管委的155名职工的人员划转；组建了区文化委员会行政执法队，调整了文化行政主管部门与行政执法队伍的职责权限，归并了分散设置的文化行政执法机构和职能；开展了对本区各镇（街道）职能、事业单位基本情况的调研，截止年底，全区乡镇公务员总数842人，事业单位487人，工勤120人，编外人员333人，临时聘用人员354人，另有长期不在岗的公务员32人，长期不在岗的事业单位人员142人。

（王小军）

【开展“人民满意的公务员和集体”评选工作】 年内，全区共评选出“人民满意的公务员”10名和“人民满意的公务员集体”5个，推荐出席北京市“人民满意的公务员”1名。此项活动每三年进行一次，本次评选较以往两次更加注重人民群众自发推荐，在政府网站增设了选票下载功能，初步人选要经过纪检、监察部门审核同意，并在区属新闻媒体、所属机关和服务对象中公示。

（王小军）

【督查考核工作进一步加强】 年内，接受督查考核的单位由67个增加到了73个，民意测评方式改由区人大代表、区政协委员和列席人员进行民主评议，党群系统和政府部门分别独立统计民意测评票、确定考核等次，督查考核奖金发放与考核结果挂钩，考核为“优秀”等次的人员可高于“称职”等次人员 10%~20%，进一步加大了督查考核工作的力度。本年度督查考核中，30 个单位被确定为优秀等次，43 个单位被确定为良好等次，民意测评满意率 80%以上的部门达到 71 个，全区党政机关工作作风和服务质量得到进一步改进。

（王小军）

【开展事业单位分类调查工作】 年内，区人事局对全区事业单位基本情况进行了调查，为事业单位分类改革奠定了基础。截至本年度，全区全额拨款事业单位机构 248 个，编制 9422 名；差额拨款事业单位机构 60 个，编制 4298 名；自收自支事业单位机构 229 个，编制 4135 名。

（王小军）

【行政事业编制实现有效控制】 截至本年度，全区已分配行政编制 1919 名，实有 1892 人；城管大队行政执法专项编制 247 名，实有 216 人；文化执法专项编制 16 名；卫生监督行政执法专项编制 94 名。全民所有制事业单位 537 个，编制 17855 名，实有 17241 人。

（王小军）

对外事务

【概　况】 2005 年，昌平区通过全方位、多层次、多渠道的对外交往活动，扩大了本区的海外知名度，加强了与国外在经济、科技、文教等领域的交流与合作，并取得显著成果。

年内，积极为中央和北京市的对外交往服务，共安排接待国宾和重要外宾 54 个团组、总计 491 人次，其中包括：美国总统夫人劳拉、泰国外长甘达提、国际货币基金组织首席经济学家拉古拉迈·拉杰等多位外国首脑和政要人物。中关村科技园区、小汤山现代农业园、生命科学园、十三陵特区和民俗旅游村和北七家镇郑各庄村已成为中央和北京市首选的外事参观考察单位，为展示昌平经济建设和社会发展，扩大对外交往发挥了重要作用。全年共有 52 个团组，348 人次因公出国（境）从事公务活动。其中包括 5 个大型团组 148 人次，出国团组数较去年增多，因私出国（境）人数也呈增加趋势。

年内，制定了昌平区与国（境）外交流与合作项目管理制度、昌平区接受国（境）外捐助和昌平区涉外活动登记制度。并对各级领导干部和涉外工作人员进行了涉外政策和知识的培训，提高了外事干部队伍的基本素质。全年通过加强环境保护、开展文明礼仪教育、深化国际接轨意识，特别是普遍开展“市民讲外语活动”，使区内涉外环境有了进一步改善。

（郭春霞）

单位名称：昌平区人民政府外事办公室
地址：昌平区政府街 19 号
电话：(010)69743764
邮编：102200

【加强对外友好城市交流】 5 月 11 日，智利圣地亚哥市政府市长 Cristian Labbey 一行 4 人访问昌平；6 月 9 日，区政府与韩国釜山广域市金井区签署了友好交流合作协议书；8 月 7 日，区政府与加拿大坎卢普斯市签定了两地友好交流合作协议。10 月 22 日，区政府与美国加利福尼亚州奥克兰市签定了两地友好交流协议。制定了与德国纽伦堡市、英国纽卡斯尔市和丹麦贝乐浦市建立友好城市关系的工作计划。

（郭春霞）

【与韩国汉城道峰区实施公务员交流计划】 年内，与道峰区继续执行“公务员互派交流员项目”。两地于年内相互委派了新的国际交流员。“公务员互派交流员项目”为促进落实两地之间的友好交流与合作项目发挥了重要作用。

（郭春霞）

【市民讲外语活动深入普及】 年初，区委、区政府调整了昌平区市民讲外语活动组委会的组成单位，加强该项工作的领导和管理。市民讲外语活动工作计划在全区范围得到有效落实;区讲外语活动办公室和区人事局建立了外语人才库,有200个不同水准的外语人才备案在册。年内,昌平区市民先后参加了“北京市民生活英语电视大赛”,“北京市民讲外语活动游园大会”、“北京市民讲外语活动成果展”及全国或北京的大、中学生的外语竞赛活动。本年度共举办全区性的各类市民讲外语活动10次,包括:“昌平区旅游行业英语大赛”、“亢山英语角活动”、“昌平区商业职工行业英语竞赛”、“全区教师英语比赛”和“大学生英文歌唱比赛”、“昌平区奥运英语千日千句”等。其中商业职工行业外语大赛参加人数达到800人。基层单位组织的各种讲外语活动约有300多次。年内,全区有近4万人次参加了各类市民讲外语活动。累计开办各种外语培训班或课程约800余期,培训学员(包括电视、广播课程)约有3万人次。涉外窗口行业的外语培训更加标准化和制度化,确保2008年区内基本实现涉外服务无语言障碍。实现了将区内外语人口提高2个百分点的目标。

(郭春霞　张烁)

信访工作

【概　况】 2005年,信访排查调处工作以贯彻实施国务院新修订的《信访条例》为契机,结合保持共产党员先进性教育活动,紧紧围绕区委、区政府的中心工作,立足于维护人民群众的根本利益和辖区稳定,与时俱近,开拓创新,为全区的经济发展、政治安定和社会稳定作出了突出贡献。全年,共受理群众来信来访3432批件次,其中群众来信1435件,联名信123件,15470人次签名;接待群众来访1997批9021人次,集体访343批6227人次。同比,信访总量增加6.4%,来信量增加10.75%,联名信件次减少24.5%;来访批次增加3.5%,人次减少20.5%,集体访批次和人次分别减少17.1%和29.5%。此外,共发生到市以上集体访42批1204次,与上一年相比批次和人次均有大幅下降。

(戈　娜)

单位名称:昌平区信访办公室
地址:昌平区政府街19号
电话:(010)89741695
邮编:102200

【召开区信访排查调处工作会】 2月24日,区委、区政府召开2004年全区信访排查调处工作会暨表彰大会,对2004年的工作进行总结表彰,部署2005年工作,区委副书记王书合及市信访办有关领导出席了会议,并作重要讲话。

(戈　娜)

【开展《信访条例》主题宣传日活动】 4月19日,在亢山广场举办了《信访条例》主题宣传日活动。全区各镇(街道办事处)共设立了19个宣传点,市信访办在居庸关设立了宣传点。

(戈　娜)

【区委常委研究信访事项复查工作制度】 7月18日,区委常委会第89次会议,研究了昌平区信访事项复查工作制度,听取了信访办关于昌平区信访事项复查工作制度的汇报。

(戈　娜)

【建立信访事项通报制度】 7月18日,区信访办向各考核单位下发了《昌平区信访办公室关于实行昌平区信访事项通报制度(试行)的通知》并附《昌平区信访事项通报制度(试行)》。

(戈　娜)

【信访事项复查复核工作有序开展】 8月19日,区委、区政府联合向各单位下发了《中共北京市昌平区委办公室北京市昌平区人民政府办公室关于印发〈昌平区信访事项复查工作制度(试行)〉的通知》,信访复查工作提上日程。截至年底,全区共受理群众复查复核信访件67件,其中复查件58件,复核件9件,共办结62件,正在办理中的5件,办结率达92.5%。

（戈　娜）

【规范信访受理范围】 11月11日，区信访办根据国务院新的《信访条例》有关规定，结合工作实际，拟定了《关于区有关部门受理的信访事项和各级信访工作机构不予受理的事项的说明》，以通知的形式下发到考核单位。

（戈　娜）

【市长信箱网上办公系统正式运行】 11月24日至25日，市信访办组织进行了“市长信箱”网上办公系统的工作培训，全区各单位的信访工作人员参加了培训，“市长信箱”网上办公系统于12月底前正式运行。

（戈　娜）

【狠抓预测排查】 年内，在全区范围内进行了2次排查，5次重点单位排查，共排查出矛盾纠纷336件，确定区级重点矛盾纠纷15件。针对排查出的矛盾纠纷，及时召开各镇、办事处、城口重点单位参加的排查调处工作会，部署任务，明确责任单位及责任人，落实包案领导，并限期解决。

（戈　娜）

【领导接待“五位一体”】 年内，在原有“四位一体”的基础上，将涉及问题较集中的国土、民政、规划、劳动保障、农委等5个部门充实到接待中。涉及哪个部门的问题就由哪个部门进行解释、承办，就地解决问题。从而提高了接待效率，减轻了接待领导的压力，降低了信访成本。

（戈　娜）

【信息报送快捷】 年内，区信访办共向市信访办及区委、区政府报送各类信息180篇，采用50篇，完成调研文章4篇；编发《信访动态》12期，《信访通报》12期，《信访信息》通报、普刊各9期；编发《昌平信访》4期，为全区信访工作机构、专兼职信访干部提供了一个学习、交流的平台，促进了信访排查调处工作的开展。

（戈　娜）

【加大培训力度】 年内，先后对全区133个处级单位的主管领导和专兼职信访干部进行了专题培训。另外，还受邀到基层进行《信访条例》专题讲座19次，受训人员达5000余人次。

（戈　娜）

招商工作

【概　况】 昌平区投资服务中心(招商局)作为昌平区专业从事招商引资和投资服务工作的部门，主要负责广泛建立全区对外联络渠道，收集招商引资信息，策划包装招商项目，实施“走出去、请进来”，直接对外进行招商引资；负责组织策划全区重大招商活动方案，牵头组织全区重大对外招商引资活动，协助全区各单位策划招商活动；负责督促检查全区各有关部门在改善投资环境等方面所做的工作，建立和完善一条龙服务体系，协调解决投资项目在注册、建设中遇到的困难和问题；监督指导全区各镇及有关单位招商机构开展招商引资工作，通报招商工作的落实情况；参与研究制定全区招商引资政策措施，并负责组织实施。2005年，中心充分发挥职能作用，宣传昌平，推介昌平，引进增量，盘活存量。全年共接待各类投资商3300余家，累计发放宣传资料3500余份。引进企业304家，注册资金总额22.9亿元。其中内资企业274家，注册资金14.8亿元，外资企业30家，总注册资本8863.8万美元，合同利用外资7508.8万美元。其中美国嘉吉公司等世界500强企业，华电煤业集团、远大空调等一批国内知名企业落户昌平，成为本区经济增长的新亮点。年创新能力可达千亿元的中关村国家工程技术创新中心项目历经三年洽商、论证、协调，已落户昌平科技园区。

（朱凯峰）

单位名称：昌平区投资服务中心(招商局)
地址：昌平区科技园区超前路9号
电话：(010)69726240
邮编：102200

【举办中山音乐会】 3月12日，区投资服务中心（招商局）在中山音乐堂举办了“中关村科技园区昌平园交响音乐会”，此次活动对增进企业间的合作交流，创建投资创业首选之区起到了积极的促进作用。

（何　蕾）

【组织法国中小企业协会到昌平考察】 3月24日，区投资服务中心（招商局）组织接待了法国中小企业协会考察团。向来访者全面介绍了昌平区的投资环境，就城市与经济发展等方面问题进行了广泛交流，并和中小企业协会初步达成了长期合作意向。

（何　蕾）

【组织春季投资推介会】 4月26日，区投资服务中心（招商局）与回龙观镇共同组织了春季投资推介会，有60余家企业200多人参加，并有企业现场签订了投资意向，达到了预期效果。

（何　蕾）

【召开投资昌平企业家座谈会】 4月26日，区投资服务中心（招商局）举办了“投资昌平企业家座谈会”，深入了解企业需求，进一步完善了服务内容，为企业间的多领域合作搭建了平台。会上，针对企业的难点、热点、焦点问题进行了问卷调查。

（何　蕾）

【组织参加第八届北京科博会】 第八届北京国际科技产业博览会于5月23日至27日召开，区投资服务中心（招商局）代表昌平区参展。期间发放宣传资料1.5万余份，接待客户8万余人次。

（何　蕾）

【组织成立昌平区药械行业协会】 8月25日，由区投资服务中心（招商局）、药监昌平分局、区科委三方共同筹备的“昌平区药械行业协会”正式成立，共有会员单位百余家。10月28日，药械协会第一届会员代表大会召开，会议通过了《北京市昌平区药械协会章程》，选举产生了协会理事、监事单位。

（何　蕾）

【召开“三资”企业中秋联谊会】 9月15日，区投资服务中心（招商局）承办了“2005年昌平区‘三资’企业中秋联谊会”。此次会议对树立政府服务企业的良好形象，增进企业间的合作交流起到了促进作用。

（何　蕾）

【召开镇长招商工作座谈会】 10月12日，由全区各镇主管招商工作的镇长参加的招商工作座谈会在区投资服务中心（招商局）召开。本次会议的目的是加强区内招商部门之间的沟通和交流，增进了解，统一认识，积极配合，尽快盘活各镇存量资源，引进经济增量，促进经济发展。副区长洪起忠到会并做了重要讲话。

（何　蕾）

【扶贫工作再现亮点】 11月8日，区投资服务中心（招商局）组织了新引入的企业华美倚兰公司向流村镇发电站村进行5万元的扶贫捐款仪式，为构建和谐新昌平做出了积极贡献。

（何　蕾）

【组织区招商人员赴华东开发区学习考察】 11月11日至17日，区投资服务中心（招商局）组织区内相关镇及企业孵化器等6个单位的11名招商人员，到华东地区进行学习考察活动。重点考察了上海张江高科技园区、苏州工业园区和昆山开发区三个国家级开发区，并与上海张江高科技园区及苏州工业园区招商人员进行了深入交流。双方互相了解了彼此的发展状况，并且就共同关注的土地开发、税收政策、农民安置、孵化器建设等问题进行了深入的交流与探讨。

（何　蕾）

【国务院副秘书长到本区调研】 12月1日，国务院副秘书长陈进玉带领国家科教办、国土资源部、国家发改委、科技部、财政部、国家开发银行等部门领导到本区就“中关村国家工程技术创新基地”筹建工作进行调研。北京市政府副秘书长王晓明、中关村管委会常务副主任戴卫和市相关部门的领导陪同调研。区委书记赵凤桐、区长佟根柱、副区长洪起忠及昌平园管委会、区投资服务中心(招商局)等有关人员参加了座谈会。国务院副秘书长陈进玉一行在实地考察中关村国家工程技术创新基地选址后,听取了副区长洪起忠的专题汇报。各级部门领导分别就基地的筹备工作提出了意见和建议。陈进玉指出,各级部门对此项工作要高度重视、积极推进。

（何　蕾）

【组织冬季投资推介会】 12月15日,区投资服务中心(招商局)、中关村科技园区昌平园管委会与北京电子商会、北京永丰国际信息园开发有限公司联合组织了“北京国际信息产业基地2005年冬季投资推介会”,有近60家企业200余人参加了会议。会后,企业家们实地参观了国际信息园,并对投资昌平表示了浓厚兴趣。

（何　蕾）

【对全区可利用资源和闲置资产核实统计】 年内,区投资服务中心(招商局)在各有关单位的配合下,对全区可利用的资源和闲置的资产逐一摸清核实,并将这些数据信息整理入库,配以具体的图片增加其直观性。

（何　蕾）

【境外招商见成效】 年内,由区领导带队的友好城市交流访问团先后到欧洲、加拿大等地考察交流;驻韩办事处的设立已经把摩拓尼克汽车配件有限公司和东洋汽车部件有限公司两家韩资企业成功引入昌平。

（何　蕾）

【推进“一站式”办公大厅全程办事代理工作】 全年共办理各类事项15365项,其中审批事项5896项,咨询事项6472项,受理事项2048项,登记事项949项。9月底工商局的受理审批发照职能正式进驻大厅,新入区企业前期办理阶段所涉及的相关部门已基本协调到位。

（何　蕾）

【加大网上招商力度】 年内,区投资服务中心(招商局)对昌平招商网进行了改版,同时推出英、德、韩等外语版本,图文并茂,在网上为投资人解答问题,并与政府网、贸促会、民营企业协会等单位和中介组织进行了友情链接,扩大了宣传范围。

（何　蕾）

人口与计划生育工作

【概　况】 2005年,区人口计生委围绕稳定低生育水平、提高出生人口素质这一核心,大胆探索,改革创新,将人口和计划生育工作主动融入昌平经济社会发展的大局,在服务大局中,开展人口计生工作,为建设和谐宜人新昌平创造良好的人口环境。本年,户籍人口出生3752人(其中婚嫁随父入户出生1029人),符合政策生育3707人,符合政策生育率98.8%,死亡人口3231人,人口自然增长521人,自然增长率1.12‰。区人口计生委获全国药具工作和婚育新风进万家活动先进单位、北京市行政执法案卷优秀单位。

（张亚新）

单位名称:昌平区人口和计划生育委员会
地址:昌平区五街煤市口胡同2号
电话:(010)69710342
邮编:102200

【积极参与“十一五”人口规划制订工作】 2月中旬,区人口计生委全面启动“十一五”人口发展规划的编制工作。聘请国家人口计生委原规统司司长张二力指导本区做好“十一五”期间的人口规划工作。在专家指导下,采取年龄孩次递进生育方法,用近三个月的时间进行数据测算,收集5000余条育龄妇女相关数据,并对近20个相关部门提供的人口信息进行筛查,为制订昌平区“十一五”人口发展规划提供了参考依据。

（张亚新）

【召开人口和计划生育工作会】 4月5日,召开了昌平区人口和计划生育工作会。市人口计生委主任邓行舟,区委书记赵凤桐、区长佟根柱等领导出席会议,全区各镇镇长(街道主任)、主管领导、计生办主任、基层计生专干以及城口单位的主管领导450余人参加了会议。

(张亚新)

【配备计划生育服务车】 在市人口计生委和区政府的大力支持下,区人口计生委筹措资金180万元,为每个镇、街道配备一辆计划生育服务车,最大限度地保证手术群众有车送、有人陪,优质服务落到实处。4月5日举行了发车仪式,18辆计划生育服务车奔赴计划生育工作第一线,成为服务育龄群众的有效载体。

(张亚新)

【发放“幸福工程”扶助款】 4月15日,区计生协分别在流村镇新建村、南口镇水厂路社区举行了主题为“幸福工程,扶助贫困母亲”的扶助款发放仪式,市计生协秘书长张瑞霞及有关领导出席发放仪式。此次发放扶助款29.9万元,93名独生子女贫困母亲受益。

(张亚新)

【落实计划生育家庭奖励扶助制度】 6月市政府出台了对农村部分计划生育家庭的奖励扶助制度,1933年1月1日以后出生,年满60周岁;1973年1月1日以来,没有违反计划生育法律、法规、规章和政策规定生育;现只有一个子女的双农家庭,每人每年可得到600元的扶助金。区人口计生委成立领导小组,开展镇村两级培训,积极争取宣传、财政、民政、公安等部门的支持,严格三级审核,层层把关,有计划、有步骤地开展奖励扶助工作。为保证奖励扶助档案保存完整,区人口计生委出资20余万元,为区、镇、村三级统一配备奖励扶助专用档案柜,做到专人保管,专柜保存。12月29日,在财会之家举办了奖励扶助金发放仪式,588名老人领到了奖励扶助金,合计35.28万元。

(张亚新)

【小额贴息贷款工程】 由市政府贴息、区政府提供大部分风险抵押的计划生育小额贴息贷款工程,到2005年底,三年来共发放贴息贷款1841万元,扶持山区计划生育家庭1247户,累计贴息79.59万元,户均年增收3000至5000元。长陵镇利用贴息贷款实施“356”工程,即:利用三年时间,使500户计划生育家庭,年增收600元。到年底,已经帮助602户计划生育家庭,实施野酸枣嫁接传统果品技术(尜枣和梨枣),为山区群众建起“绿色银行”。

(张亚新)

【关爱女孩阳光助学行动】 年内,区人口计生委开展了“关爱女孩阳光助学行动”。8月27日,在流村镇举行了助学金发放仪式,为全区首批53名考入大学本科,生活确有困难的独生女,发放奖励扶助金每人3000元,总计15.9万元。

(张亚新)

【建立独生子女困难家庭帮扶慰问机制】 年内,区人口计生委制定了独生子女家庭伤残、死亡、灾难性事故慰问帮扶措施。要求基层及时上报情况,信息中心分类建档,代表政府及时送去物质上的帮助和精神上的关怀,同时,镇街、村居委会把独生子女父母作为长期帮扶对象,最大限度地解决他们的实际问题,让群众感受到计生国策的温情。

(张亚新)

【市领导到本区进行人口与计划生育“两个转变”工作评估验收】 12月5日,北京市人口与计划生育工作领导小组成员在副市长孙安民的带领下,对本区人口计生“两个转变”工作进行评估验收。检查组听取了区委副书记王书合及区委组织部、区农委、区民政局和南邵镇、回龙观镇、百善镇领导的汇报,走访贴息贷款户,了解贷款使用情况,在十三陵明皇蜡像宫考察青春健康教育基地,孙安民为基地题词:“和谐社会人口为先”,并在留言簿上留言:“关爱青少年就是关爱未来”。市人口计生委主任邓行舟带领检查组成员分别到百善镇贺茹超市、百善卫生院、回龙观龙泽苑社区对企业参与计生工作进行了实地考察。

(张亚新)

【外事活动】 3月11日,泰国皇家妇产医院院长坎亨·查特拉教授、泰国卫生部公共卫生司生殖健康处处长米蒂·提吉提拉,及两名项目官员组成的泰国计划生育考察团,在北京市人口计生委有关领导的陪同下,到本区人口计生委生殖健康服务中心参观考察。4月16日,挪威儿童和家庭事务部部长莱拉·道维、挪威儿童和家庭事务部司长阿尼·豪尔、挪威外交部性别平等高级顾问古乐·维克等一行5人组成考察团,到本区就人口、家庭、性别平等、计划生育、妇女就业等方面情况进行考察,并参观了区人口计生委生殖健康服务中心和人口学校,了解有关免费技术服务、避孕药具发放、优生优育等方面情况。10月12日,应国家人口计生委科技司安排,加拿大多伦多大学社会工作学院博士曾家达到区人口计生委考察,参观了区人口计生委生殖健康服务中心,并与服务中心和基层计划生育干部进行了座谈。10月18日,美国福特基金会代表团一行30人在国家人口计生委优质服务项目办公室解振明、刘鸿雁和郑真真三位专家的陪同下到本区考察计划生育优质服务工作。

(张亚新)

档 案 工 作

【概　况】 2005年,区档案局(馆)以党的"十六大"精神和"三个代表"重要思想为指导,以先进性教育活动为契机,以贯彻落实区第二次党代会以及区委二届六次、七次全会精神为主线,用科学发展观总揽全局工作,全面完成了"十五"期间的各项计划任务。积极推进档案创新,充分发挥了档案工作在全面建设小康社会中记录历史、传承文明、服务社会、造福人民的作用。

(徐连英)

单位名称:昌平区档案局
地址:昌平区东环路144号
电话:(010)69747164
邮编:102200

【召开档案工作会】 3月10日,区档案工作会在区财会之家举行。会上,表彰了档案工作先进集体21个、先进档案工作领导23人、先进档案工作者81人、首届档案编研成果展先进集体10个及89种优秀作品。市档案局副局长姜之茂,区委常委、常务副区长杨旭明在会上做了重要讲话,区档案局局长丁朝胜作了关于《抓住机遇,谋求发展,不断开创昌平档案事业新局面》的报告。全区主管档案工作的领导和档案员共213人参加了会议。

(徐连英)

【国家档案局领导到本区调研】 6月8日,国家档案局局长、中央档案馆馆长毛福民就现行文件利用服务等方面的问题到本区档案馆、南口镇龙虎台村、南口镇南厂西社区进行调研。对区档案局馆2001年起在全国率先推出现行文件服务工作给予充分肯定,并对开展的《现行文件汇编》的刊印发行和建立"三在乡"档案予以高度评价。

(徐连英)

【档案法制建设进一步加强】 年内,区档案局制发了全区重大活动管理、保持共产党员先进性教育等重要活动的专门文件,依法加强重大活动档案工作的监督力度。9月,区档案局邀请区人大教科文卫委、区政府法制办、区政协城建环保与社会法制委及城口各大委组成联合检查组,对全区60个单位开展了为期10天的档案行政联合执法检查。12月1日,区政协副主席张仲民等一行20余名政协委员视察了区档案局馆、南邵镇何营村、昌盛园社区档案工作。

(徐连英)

【市局对昌平进行档案执法检查和档案馆认定工作】 11月9日,市档案局副局长姜之茂等一行8人,对区档案局馆档案执法检查情况和优秀馆认定工作进行检查。年内，区档案局被评为档案行政执法先进单位和优秀档案馆。

（徐连英）

【加大档案员培训力度】 年内，举办法制培训班、计算机培训班、村级档案员培训班等各类档案业务培训及专题讲座13期，培训近千人次。

（徐连英）

【举办档案知识竞赛】 8月30日，由区档案局首次自行出题、单独组织的档案法律法规知识现场抽奖暨颁奖仪式在昌平自来水公司举行。全区处级单位、学校、医院、社区、农村等各界群众7000余人参赛，回卷率达100%。市档案局局长陈乐人，区委常委、常务副区长杨旭明等领导出席仪式并现场抽奖、颁奖。

（徐连英）

【现行文件汇编印发到村和社区】 作为区政府当年31项为民办实事项目之一，区档案馆在完善行政范性文件查阅服务工作的基础上，将已公开的现行文件汇编成5期5000册下发到各镇、村、社区和非公企业设立的547个阅览点，成为区政府与人民群众交流沟通的重要渠道和平台。

（徐连英）

【建立“三在乡”档案】 年初，区档案局与区农委联合制发了《关于进一步加强“三在乡”档案管理工作的意见》，全区17个镇、办事处和309个行政村全部建立了“三在乡”专题档案。

（徐连英）

【民营企业建档突破100家】 区档案局在民营企业建档中，实行服务承诺制，提出了“坚持自愿建档、坚守商业秘密、坚持无偿指导、坚持建档标准不搞一刀切”的四项原则，在区工商联密切配合下，年内建档实现110家。

（徐连英）

【档案信息化建设取得突破性进展】 年内，完成了20个单位电子文件的接收试点工作，目录中心建设稳步推进。完成了90个单位1996~2000年案卷级档案目录和86个单位1996~2004年文件级目录工作的接收。建立完善了32个专题数据库，机读目录达到160多万条，全文数据库40余万页，婚姻、土地等重要档案实现了计算机全文检索。

（徐连英）

【尝试“OA系统”，实现网上归档】 区新版办公自动化系统（简称“OA系统”）项目组与区档案局经多次研讨，利用新版的办公自动化系统的档案管理软件，接收、管理、利用各处级单位在办公自动化系统中形成的电子文件，填补了原版OA系统中电子文件无法实时网上归档的空白。

（徐连英）

【档案业务整体水平提高】 年内，区档案局馆完善和制定了保管、保密、鉴定、销毁、统计、借阅、寄存、电子档案接收等一系列规章制度；依法接收11个单位的人事、文书档案13101卷，年末馆藏档案190154卷，资料10845册；依法向社会开放第7批档案17570卷，开放率达到67%；依法对1954年以前3468卷到期档案进行了鉴定，向11个处级单位下发了鉴定销毁意见函；接待档案利用者5463人次、利用档案资料12995卷次。

（徐连英）

【珍贵玻璃底片征集进馆】 年内，区档案馆向社会征集不同载体的档案资料2260件。其中，征集的阳坊镇西贯市村2张拍摄于50年代的玻璃底片具有一定的史料价值和文物价值，虽经历了50余年的沧桑，洗印出的照片人物表情仍清晰可见。

（徐连英）

【“花钹大鼓”申报资料收集进馆】 小汤山后牛坊“花钹大鼓”约有250年的历史，是较为少见的一种民间鼓舞，1956年经北京市群众艺术馆张启润老师挖掘、整理和提炼，与当时的老会首郝纯芳共同训练出12名8至10岁的儿童，将12套鼓谱动作串连成一套精彩的“花钹大鼓”民间舞蹈。其音乐和舞蹈方面都很有保存价值，并作为民间非物质文化遗产向国家申报。年内，区档案馆将前期申报方案、论证报告等6份档案资料、2张光盘、8张照片和一面大鼓、一对鼓锤、一对铜钹收集进馆。

（徐连英）

【铁人三项赛档案资料收集进馆】 2005年傲胜北京铁人三项世界杯赛在十三陵水库举行，区档案馆通过赛前介入、赛时追踪、赛后督办，将反映赛事主要活动的1000余件档案资料征集进馆，为2008年北京举办奥运会提供参考依据。

（徐连英）

【爱国主义教育基地活动形式创新】 年内，邀请中国人民解放军61126部队南口仓库官兵到区档案馆参观；与北京化工大学开展了“了解昌平、参观档案馆”为主题的社会实践活动；与昌平五中联合举办参观档案馆有奖征文教育活动。在档案馆网站上举办了《庆祝二战胜利70周年》、《今日昌平摄影》、《永远的丰碑》、《纪念郑和下西洋600周年》、《纪念中国电影百年》等网上展览。将北京市档案局、北京市先进性教育办公室举办的《保持共产党员先进性教育——永远走在时代的前列》展览深入到镇、社区、学校、医院、民营企业的428个党支部巡回展出，参观者达2.34万人次，在保持共产党先进性教育活动中起到了积极的推动和促进作用。

（徐连英）

【为个人提供展示藏品平台】 9月28日，区档案馆为个人收藏爱好者刘平起举行藏品展开展仪式，这是区档案馆首开先例为个人收藏看好者提供展示藏品的平台。

（徐连英）

地方志工作

【概　况】 2005年，区地方志办公室在市地方志办公室的指导下，围绕全区的中心工作，充分发挥资政育人、服务现实的作用，开拓创新，真抓实干，完成首部《北京昌平年鉴》的出版发行工作，完成《北京年鉴》昌平区情专稿、《昌平区地方志工作大事记》、《北京志·胡同志》昌平专稿的撰写，启动《昌平文物志》、《明十三陵志》两部特色志书的编写工作，《昌平县志》进入出版程序。全区地方志工作取得显著成绩。

（吕　征）

单位名称：昌平区地方志办公室
地址：昌平区政府街19号
电话：(010)69746538
邮编：102200

【首部《北京昌平年鉴》正式出版发行】 首部《北京昌平年鉴》的编纂历经队伍组建、人员培训、上报稿件、总纂辑成、出版审校等阶段，九易其稿，于12月底前正式出版印刷。首部年鉴的框架为综述、大事记、特载、政党·团体等20个类目，83个分目，159个子目，1993个条目，65万多字。并配以地图、彩色照片335幅，全面反映了昌平区上一年度的政治、经济、文化和社会发展等各方面的新情况、新进展和新成就。

（吕　征）

【《昌平县志》进入出版程序】 1月12日，召开《昌平县志》编纂委员会工作会议，将《昌平县志》终审稿提交编委会成员进行审阅修改。调整书中部分编下的章、节、目的结构，由原来的156章458节调整为128章434节；修改补充了“政府”、“人民政协”和“军事”等编的内容。对部分章节的内容进行了压缩，规范行文，统一称谓，挤压水分，减少重复，避免矛盾，确保史实清楚，观点正确。全书共增、删、改、调4562处，文字由150余万字压缩到130余万字。3月10日，《昌平县志》终审修改稿送交北京出版社。《昌平县志》终审修改稿共分34编，128章，434节，130余万字。年底前出版社已完成一校。

（吕　征）

【启动《昌平文物志》、《明十三陵志》两部特色

志书的编写工作】 6月初分别与区文化委员会、十三陵特区办事处就编修《昌平文物志》和《明十三陵志》两部特色志书达成共识。7月正式启动两部特色志书的编纂工作。9月、11月先后两次邀请市地方志的专家就这两部特色志书的编写纲目、篇目设置、内容选裁等问题进行指导。年内,两部特色志书均已确定了编写纲目和篇目。

(吕 征)

【完成《北京年鉴》昌平区情专稿】 年内,完成《北京年鉴》昌平区情专稿。2004年专稿约6000字,概括地记述了昌平区2004年度的政治、经济和社会等各个方面取得的成就和发展变化。

(吕 征)

【完成《昌平区地方志工作大事记》稿】 年内,查阅档案资料46卷,完成《昌平区地方志工作大事记》稿,共收集整理大事55条,约4000字。

(吕 征)

【完成《北京志·胡同志》昌平专稿】 8月,在原有昌平胡同志初稿的基础上补充了大量内容和相关图片,结合昌平实际确定昌平、南口、沙河三地区为节,整个昌平胡同的表述由节升为章,约1.5万字。

(吕 征)

【《北京昌平年鉴》收入《中国年鉴全文数据库》】 11月,与中国学术期刊(光盘)电子杂志社、清华同方知网(北京)技术有限公司签订《北京昌平年鉴》收录协议书,将《北京昌平年鉴》收入《中国年鉴全文数据库》,通过网络为各级干部参阅和社会公众浏览查阅提供了方便快捷的途径。

(吕 征)

【开展南口战役资料搜集整理工作】 8月2日,邀请中国人民大学南口战役研究专家武月星教授,会同区政协就南口战役资料的搜集整理进行了研讨。

(吕 征)

机关行政事务管理工作

【概 况】 区机关行政事务管理处(简称区行管处)设有7个科室、52人。2005年,本着“开拓创新,求真务实,优质高效”的服务理念,团结一致,强化服务意识,创新工作方法,提高服务质量,认真搞好机关后勤保障服务,确保了机关的正常运转。

(王亚玲)

单位名称:昌平区机关行政事务管理处
地址:昌平区政府街19号
电话:(010)89741738
邮编:102200

【财务工作】 坚持严格的财务审批制度,做到专款专用,杜绝浪费,提高资金利用率。加强国有资产的管理,积极清理和回收机关淘汰物资,严格按规定上交财政。全年参加工资统发各类人员550余人,装订会计档案90余册,报销医疗费490人次。

(张树凤)

【文印工作】 年内,文印室严格执行文件印刷制度,高标准、严要求、保质保量完成了本年的文印工作。本年共接收承印部门年印刷的文件达6000余件,用纸220余万张,复印量最高时达到一天2万多张。在实际工作中本着节约的意识,控制重复清印的次数,采用双面用纸,作废的纸张经剪切再次利用,有效提高了纸张利用率;坚持文件字头一版多印,减少制版量。全年,文件印刷数量较上年有所增长,但用纸量有所下降。

(龚淑兰)

【安全保卫工作】 年内,建立健全各项制度,完善和落实岗位责任制,始终坚持预防为主,查防并举的原则;加大对出入大院车辆的检查力度,加强对公车、私车使用车证管理;加强对消防设施的检查和管理,培训消防骨干,投入资金2万多元,维修和更换了消防器材;

积极配合信访部门做好上访人员的疏导工作，进一步为机关大院安全提供了保障；加强对保卫人员的教育和管理，强化保卫人员安全第一的思想意识，严格执勤，文明执勤。

（陈宝凤）

【总务工作】 年内，对机关大院内的电力设施、线路照明、动力设施、自来水管道、暖气管道、排污下水道、门、窗、桌、椅等进行定期检查、及时维修，有效保证了电力设备的安全运行、管道的畅通使用和门窗桌椅的及时修缮。将办公室楼内所有的照明灯泡都更换成节能灯。对各办公楼道内的废弃桌、柜、报纸等杂物随时发现、随时搬运。加强机关车辆的修理和管理，使其在节约的前提下确保行使安全。

（刘铁鹰）

【物业管理工作】 年内，对各办公楼的公共部位和外围环境，继续实行保洁工作专业化管理，建立物业管理工作长效监督制约机制。认真开展"三讲一树"活动，落实卫生工作"日巡、周查、月评"制度，开展好"爱护环境从我做起"的宣传教育，努力抓好"三灭"工作，大力完善卫生设施建设，不断加大环境治理力度，卫生无死角，无杂物堆放，各种措施扎实有效，保证了大院内各职能部门良好的办公环境秩序，实现了"长治久洁"的工作目标。

（谷彩芹）

【综合治理取得成效】 年内，进一步加强机关治安综合治理队伍建设，对进入机关闲杂人员实行登记准入、对车辆实行通行证准入制度，把"预防为主"作为机关内保工作的准则，加强群防群治工作，不断完善机关防控体系。进一步落实门前三包责任制，及时清理责任区内各种小广告。积极配合信访办做好上访群众的疏导工作，尽量避免上访群众情绪激化以酿成恶性事件。

（高保江）

【通讯工作】 年内，继续做好日常通讯系统设施维护，进一步确保电话线路的畅通。对负责电视电话会议室设备人员进行专业的技能培训，有效保障电视电话会议正常召开。在通信工作中，设立专职人员负责收发传递区机关的机要、文件、信函和报刊杂志，其中机要类涉及全区 147 个单位，其它各类信件涉及全区 190 个单位，文件平均每周三次，急件随时收发，年平均传送区直机关的机要文件约 1.5 万件，行程 4.7 万公里。全年，发往全国各地的快件、挂号信件等 1800 多件，报刊、杂志 4.6 万多份。文件的传送方式由以往的邮局投递转为自我投递方式，有效提高了传送速度和节约了邮寄费用，仅传递机要一项较上年相比节省财政资金 20 多万元。

（赵　沫）

【食堂工作】 年内，先后制定和完善了《膳食科管理制度》、《岗位责任书》、《卫生安全责任书》，并继续强化了《食品卫生法》的贯彻和实施，使食堂的管理工作更加规范化、合理化、科学化。在供餐方面，不断增加花色品种和风味小吃，进一步完善了卫生制度，严抓个人卫生、工作场地卫生、容器卫生，严把餐具消毒关，进一步确保了饭菜的质量。

（柳德金）

中国人民政治协商会议
北京市昌平区委员会

【概　况】 2005 年，在区委正确领导和市政协精心指导下，区政协坚持以邓小平理论和"三个代表"重要思想为指导，认真贯彻落实党的十六大、十六届三中、四中、五中全会和《中共中央关于进一步加强中国共产党领导的多党合作和政治协商制度建设的意见》，用科学发展观统揽政协工作全局，紧紧把握团结和民主两大主题，全面落实区政协二届二次全会决议和常委会年初确定的全年任务，围绕中心、服务大局、求真务实、开拓进取，认真履行职能并取得新成绩。

（赵守华 葛晓光）

单位名称：政协北京市昌平区委员会
地址：昌平区政府街19号
电话：(010)69746197
邮编：102200

【区政协二届二次会议】 1月16日至19日，在金池蟒山会议中心召开。北京市政协副主席陈难先、区县联络处处长雷时正出席开幕式。会议听取并审议了区政协主席王振华、副主席周振华分别代表中国人民政治协商会议北京市昌平区第二届委员会常务委员会所做的工作报告和区政协二届一次会议以来提案工作情况的报告；列席了北京市昌平区二届人大二次会议开幕式，听取并协商讨论了区长佟根柱所做的《政府工作报告》以及其它报告；增补张维亮、塔娜、衡晓帆、李雪红、刘艺兰、薛林兴为区政协常务委员；通过了《中国人民政治协商会议北京市昌平区第二届委员会第二次会议关于常务委员会工作报告的决议》、《中国人民政治协商会议北京市昌平区第二届委员会第二次会议关于常务委员会提案工作情况报告的决议》、《中国人民政治协商会议北京市昌平区第二届委员会第二次会议政治决议》。

（赵守华 葛晓光）

【常务委员会第八次会议】 1月28日召开，常务副主席沈玉宝主持会议。会议审议并原则通过了《政协北京市昌平区第二届委员会常务委员会2005年工作要点》，决定经修改并授权主席会议审定后，印发全体政协委员。区政协主席王振华在会上传达了市政协主席程世峨在市政协十届十五次常委会议上的讲话精神。

（赵守华 葛晓光）

【常务委员会第九次会议】 4月26日召开，副主席张仲民主持会议。会议学习了《中共中央关于进一步加强中国共产党领导的多党合作和政治协商制度建设的意见》；通报了中日关系的形势和我国政府的对日政策；审议并原则通过了区政协《关于评选优秀界别活动小组的暂行办法》和《关于建立镇、街道、地区办事处政协委员分片联席活动制度的暂行办法》，决定经修改并授权主席会议审定后，印发全体政协委员。

（赵守华 葛晓光）

【常务委员会第十次会议】 10月20日召开，常务副主席沈玉宝主持会议。会议听取了北京市城市规划设计院于彤舟副所长关于《昌平新城规划》有关内容的介绍和区规划分局局长郭援的补充说明。与会常委针对规划内容进行了协商讨论，并就土地利用、公共服务设施建设、城市管理等方面问题提出了意见和建议。会议决定增补齐炳瑞、刘宝军、尹高武为区政协特邀委员；接受周福贵、杨红梅辞去区政协委员职务的申请。

（赵守华 葛晓光）

【常务委员会第十一次会议】 12月20日召开，副主席周振华主持会议。会议审议通过了《关于召开中国人民政治协商会议北京市昌平区第二届委员会第三次会议的决定》，决定中国人民政治协商会议北京市昌平区第二届委员会第三次会议于2006年1月8至11日召开；审议通过了《中国人民政治协商会议北京市昌平区第二届委员会第三次会议日程（草案）》；审议并原则通过了《中国人民政治协商会议北京市昌平区第二届委员会常务委员会工作报告》，决定经修改并授权主席会议审定后，提交区政协二届三次会议审议。

（赵守华 葛晓光）

【调研工作】 年内，组织委员35人次参与区政协对山区学前教育情况、卫生室和村医队伍情况的调查，在普遍调查基础上重点走访了115个山区村，形成了《关于昌平山区农村学前教育情况的调查报告》和《关于山区村卫生室和村医队伍情况的调查报告》，共提出7条建议，及时报送区委、区政府主管领导并和有关部门交换了意见，有关建议得到了采纳。组织委员112人次参与了区政协对全区台资企业、农民致富技能培训、村务公开和山区乡村旅游等情况进行的专题调研，形成了《关于进一步发展台资企业的调查与思考》、《关于昌平区农村劳动力技能培训工作的调研报告》、《关于深入开展村务公开工作的调研报告》和《关于对我区山区乡村旅游发展情况的调查》，共提出26条建议。

（赵守华　葛晓光）

【通报、视察、座谈活动】 年内，先后25次组织政协委员共715人次开展通报和视察活动，委员们相继听取了全区有线电视网络建设、治理大气污染、工业骨干企业发展、科技工作、农业重点工程建设等16项情况通报；组织委员先后对北京中车摩比斯汽车零部件有限公司和北京清华阳光能源开发有限公司等11个企业、十三陵水库上游京津风沙源治理和流村王家园水库除险加固、山区供水等7个农业重点工程和昌平广电中心、昌平看守所等28个单位进行了视察。组织委员参加区委召开的座谈会，对《中共北京市昌平区委关于制定昌平区国民经济和社会发展第十一个五年规划的建议》进行了讨论；先后组织委员参加区教委、卫生局、妇联等部门召开的座谈会，对全区教育、卫生、妇女、儿童工作等“十一五”专项规划进行了讨论。召开了新城规划座谈会，与会委员听取了区规划分局和北京市规划设计院有关北京城市总体规划和昌平新城规划的情况介绍，对昌平新城规划提出了建设性意见和建议。

（赵守华　葛晓光）

【提案工作】 年内，召开提案工作会议，贯彻落实全国和市政协提案工作会议精神，总结和部署提案工作。委员们在全会期间提出的179件提案经审查立案178件（其中经济科技类35件，城乡建设与管理类76件，教育文化体育卫生类35件，社会与法制建设类32件）；政协主席、副主席及时了解提案办理情况并督办了15件重点提案；视察了歌华昌平分公司提案办理工作；对区市政管委系统办理提案情况进行了民主评议。在区委、区政府高度重视和相关职能部门共同努力下，委员提案全部办复。

（赵守华　葛晓光）

【文史工作】 年内，对即将正式出版的《北京市文史资料精选·昌平卷》再次进行了认真核实校对；编辑出版有76篇文章29万字的《昌平文史资料》第四辑；新征集到文史资料152篇31万字；与区委党史办合作搜集整理了60万字的有关抗战时期南口大战的史料；初步建立了一支较稳定的文史资料撰稿员队伍。

（赵守华　葛晓光）

【宣传工作】 年内，在《北京观察》杂志发表了图片专版，宣传了区政协部分工作；编辑印发了《与时俱进，创造辉煌》第一本宣传册，对57家委员企业进行了宣传，为委员加强相互了解，整合企业资源提供了方便；由政协提议、组织并本着委员自愿个人出资原则，尝试制作了《政协委员风采》2006年台历3500本，宣传了部分委员及其单位事迹；《昌平周刊》和昌平电台电视台及时报道政协工作情况，共编发广播电视新闻稿件78篇，播放新闻报道59条。

（赵守华　葛晓光）

【对外友好交流】 年内，接待外省市、本市区县政协来访共13批150人次；组织委员赴外省市和本市区县考察学习共5批75人次。接待全国政协和市政协视察5批190人次；协助市政协在昌平召开工作会议5次。受区委、区政府委托，组团到韩国、德国和法国进行了友好访问；接待了韩国首尔市道峰区和釜山市金井区代表团、日本板柳町和群马县友好人士来访。

（赵守华　葛晓光）

【举办政协委员迎新春茶话会】 1月28日，在北七家镇拉斐特城堡举办。区政协常务副主席沈玉宝主持茶话会，区政协主席王振华致辞，部分委员及拉斐特城堡的员工表演了精彩的文艺节目。

（赵守华　葛晓光）

【召开特邀监督员座谈会】 2月23日，在财会之家召开。会上,各位政协特邀监督员听取了区政协二届二次会议情况和2005年区政协常委会工作重点的通报。特邀监督员踊跃发言,畅谈了自己作为特邀监督员的感想和体会,并对区政协的民主监督工作提出了意见和建议。

(赵守华 葛晓光)

【举办庆“三八”女委员参观座谈活动】 3月7日,组织女委员参观了已投入使用的区图书馆、博物馆大厦和即将竣工的区广电中心大楼,并在财会之家召开了座谈会。委员们听取了区妇联副主席蔡淑芝关于区妇联工作情况的介绍,区政协主席王振华做了总结讲话。

(赵守华 葛晓光)

【邀请市政协领导和部分区县政协老领导举办联谊参观活动】 4月22日,邀请市政协副秘书长、人事室主任崔顺年、人事室副主任陈昕和西城、崇文、宣武、房山、大兴、丰台、石景山区政协老领导等举办了联谊参观活动。市政协领导和区县政协老领导到十三陵博物馆、昭陵、居庸关等地进行了参观考察。

(赵守华 葛晓光)

【召开政协委员分片开展联席活动工作会议】 5月26日,在财会之家召开。会上,郭守忠秘书长宣读了《关于建立镇、街道、地区办事处政协委员分片联席活动制度的暂行办法》。区政协主席王振华在讲话中指出:采用委员分片开展联席活动是为了加强委员之间的联系和沟通,促进委员之间的学习和交流,使委员更加了解所在地区的情况,更好地为全区经济和社会的发展献计出力。

(赵守华 葛晓光)

【召开部队特邀委员和部队领导及部分委员庆“八一”座谈会】 7月14日和15日,分两次邀请区武装部和驻昌部队中国航空博物馆、国防大学防务学院、解放军95906部队、解放军防化指挥工程学院、解放军防化研究院、解放军装备指挥技术学院士官系的领导和部队特邀委员及部分委员举行了庆“八一”座谈会。

(赵守华 葛晓光)

【开展“纪念中国人民抗日战争暨世界反法西斯战争胜利60周年”活动】 7月29日,组织委员和委员单位捐资40万元慰问了曾参加过抗日战争的102名老干部,并为地处曾是抗日根据地的流村中学和黑山寨幼儿园献爱心。8月4日,组织全体政协委员参观了中国人民抗日战争纪念馆。9月16日,举办了纪念中国人民抗日战争暨世界反法西斯战争胜利60周年、迎国庆中秋座谈会。

(赵守华 葛晓光)

【召开为构建社会主义和谐社会做贡献研讨会】 9月21日和10月31日分两次在凤山度假村和财会之家召开。与会的部分委员结合学习胡锦涛总书记《在省部级主要领导干部提高构建社会主义和谐社会能力专题研讨班上的讲话》精神,联系自身工作实际,畅谈了对构建社会主义和谐社会重要性的认识,对昌平如何构建社会主义和谐社会、政协如何进一步履行好职能、委员如何进一步发挥主体作用等提出了意见和建议。会后编印《发挥政协委员主体作用,为构建和谐社会做贡献》论文集,收录了委员76篇35万字的论文。

(赵守华 葛晓光)

【邀请市政协老领导来本区参观考察】 10月19日,邀请市政协原主席王大明等市政协老领导到本区参观了崔村镇香堂文化新村。

(赵守华 葛晓光)

【邀请部分驻昌全国政协和市政协委员举办联谊参观活动】 11月4日,邀请部分驻昌全国政协委员杨朝仕、郭理和市政协委员张耕、白宗全、刘德明、陈继如、刘德顺、邹义壮等举办了联谊参观活动,区政协主席王振华、常务副主席沈玉宝、副主席张仲民、张国良、秘书长郭守忠和部分区政协委员陪同全国政协、市政协委员到崔村镇香堂文化新村进行了参观。

(赵守华 葛晓光)

政法·军事

政法·军事

政　　法

政法委工作

【概　况】 2005年，区委政法委深入贯彻落实党的十六届四中、五中全会精神、全市政法工作会议和区委二届六次、七次全会精神，大力加强执政能力建设，全力维护全区和谐稳定的大局，认真开展“保持共产党员先进性”教育活动和“规范执法行为、促进执法公正”专项整改活动，大力提高执法工作水平和政法队伍建设水平，各方面工作取得了新成绩，为全区经济社会全面、协调、可持续发展提供了有力的司法保障。

（祖　哲）

单位名称：昌平区委政法委员会
地址：昌平区政府街19号
电话：(010)89741650
邮编：102200

【召开政法工作会】 1月27日，召开政法工作会。大会主题：深入贯彻党的十六大、十六届四中全会、市政法工作会议和区委二届六次全会精神，不断深化“执法为民、服务发展”主题，推进政法工作改革创新，着力提高“五个能力”，大力加强政法队伍建设，全力维护昌平和谐稳定，全面提升政法工作水平。会上总结2004年政法工作，表彰一批先进集体和个人，分析政法工作面临的形势，紧密联系实际，部署本年的工作。

（祖　哲）

【加强队伍建设】 年内，政法队伍建设工作，紧紧围绕加强党的执政能力建设，牢固树立和认真落实科学发展观，以提高能力素质为核心，以深入开展保持共产党员先进性教育活动和“专项整改活动”为契机，结合“争创人民满意的政法干警(单位)”的开展，突出基层基础建设，以开拓进取精神和求真务实的工作作风推进政法队伍建设全面开展。

（祖　哲）

【坚持季度考核】 年内，按照目标管理责任制的要求，每季度政法委考核小组通过明察暗访、召开征求意见座谈会、集中听取工作汇报等形式，对系统单位季度工作全面考核进行打分。

（祖　哲）

【政法委员会调整】 9月，根据工作需要和领导干部人员调整情况，区委决定对原昌平区委政法委员会组成人员进行调整。调整后的政法委员会由书记1人、副书记5人、委员8人组成。

（祖　哲）

【重大案件协调】 11月，区委政法委召集政法机关主要部门领导，就“十三陵天堂别墅”案件召开了第三次协调会。会议就案件进展存在的问题、环节进行逐个研究，制定落实措施，确保案件在法律规定的期限内做出处理，全力维护全区的社会稳定。

（祖　哲）

公安工作

【概　况】 2005年，昌平分局围绕市局确定的“整体防控、精确指导、精确打击”的工作思路，以“立足一个目标，推进两个战略，提升三个水平，织实四张网络，实现五个最佳化”的工作目标统揽全局，始终保持打击整治的高压态势，深入开展社会治安综合治理，全面推进整体防控体系建设，大力加强公安队伍建设，圆满完成了各项公安保卫任务，有效地维护了全区政治稳定和社会安定。年内，共侦办法轮功邪教及有害功法专案6起，查获法轮功违法犯罪和有现实活动不稳定人员64人，依法取缔了大韩耶稣基督教在九华山庄、韩国异端“万民中央教会”在天通苑等非法传教活动。全年，分局共立刑事案件5315起，破案1750起，破案率32.9%，抓获刑事拘留人员1619人，与上年相比，立案增加1818起，上升51.9%，破案增加267起，上升18%；刑事拘留增加349人，上升27.5%；抓获上网逃犯171人，其中公安部督捕上网逃犯2人。相继破获了“3.17”网上非法买卖枪支案、“10.5”绑架案等一批社会影响大、敏感性强的重特大案件。不断加大经济犯罪案件侦破力度，全年共立经济案件220起，破案196起，破案率89.1%，抓获涉嫌经济犯罪嫌疑人36人，为国家、集体挽回经济损失833.9万元。通过线索查证和预审深挖，全年共获取犯罪线索613件，破获刑事案件491件，其中特大案件65件，重大案件121件。全年，共查处治安案件19398起，与上年相比，减少3401起，下降14.9%；查处违法人员27911人，与上年相比，减少9224人，下降24.8%；治安处罚2387人，同比多处罚300人，上升14.4%，其中行政拘留2140人，同比多拘留329人，上升18.2%。共查处偷盗少量财物案件1458起，查处违法人员1767人，其中查处偷盗自行车案件146起，打掉盗窃自行车团伙32个，抓获违法人员196人。昌平保安公司客户服务单位达到242家，受到客户好评。充分发挥公安机关主力军作用，全年，分局共出动警力7500余人次，配合城管、民政、工商、文化、卫生、质监等45个职能部门执法3000余次，取缔无照经营行业场所328家，吊销营业执照3家，责令停业37家，责令改正224家，批评教育76家；查处非法行医诊所29家；端掉制贩假烟、假酒、假公章、假证件窝点23处，暂扣非法经营设备487套，查获假烟12300余条，价值12万元；查处制贩假酒窝点4个，查获假酒5300余瓶；查获假章1413枚、假证件9383张；查处黑摩的378辆、黑出租126辆、黑三轮33辆，罚款10.6万元；告知、引导、救助流浪乞讨人员575人。严格执行消防处罚行政法规和出租房屋管理规定，全年共实施消防行政处罚1878起，罚款39万余元。处罚违法房主和用工单位20人，罚款1万余元，警告225人。全年，共查处妨碍国家工作人员执行职务案件11起，查处违法人员11人，行政拘留8人。认真做好全区集中换发第二代身份证工作，全年共受理群众申领“二代证”手续377224件，换证率为90.27%；接受群众和流动人口咨询13561人次，办理暂住证11500个。全区343支、2661人的巡防队伍，自7月1日正式组建以来，深入到各街道、村、社区，开展治安巡逻防范工作，共协助公安机关破获刑事案件17起，刑事拘留36人；查处治安案件30起，治安拘留59人，其他处理5人。在治安网综合业务信息系统的22个子系统中，分局已投入使用的有旅店业、典当业、印章业、民爆物品雷管打号、枪支管理、信访管理、机修业、歌舞娱乐、桑拿洗浴、电子游艺等10个管理系统；

在内保网建设上，投资15万元完成了分局内保防控网二级平台建设，成功实现了与试点单位监控、报警信号的网络连接；分别对已建成金融单位和机关企事业单位2个子系统与25家单位的监控报警资源进行了整合，联网到分局指挥中心和内保处防控中心平台。确保各类大型活动绝对安全，全年共出动警力1766人次，协助维护大型活动现场秩序96场次，未发生任何治安问题。开展"规范执法行为、促进执法公正"专项整改活动，市局挂帐督办的18件，分局确定的6件重点案件全部办结。全年，分局向区政府、区财政争取各项公安业务经费11005万元，同比增长23%，共为基层派出所新购置机动车62辆，购置各类防护装备480套。先后完成了崔村、十三陵农场、小汤山、流村、百善5个派出所办公用房修缮工作。投资500万元，购置800兆数字电台622部，实现了350兆电台向800兆电台的数字转网。全力推进公安队伍建设和党风廉政建设，深化教育培训工作，促进警营文化活动开展。按照择优培训的原则，选派106名现职领导干部和业务骨干参加了市局"三优一提高"培训班，优秀率达94.3%。组织部分派出所领导干部和民警到分局预审、法制、刑侦、人口等业务单位进行挂职和轮岗培训。"保持共产党员先进性"教育活动取得实效，广大公安民警遵规守纪意识进一步增强。加大对外宣传工作力度，全年共刊播稿件873篇，其中中央级30篇；市、区级分别为670和173篇。分局工会荣获2004年度"北京市模范职工之家"称号；有2人分别荣获"全国优秀人民警察"称号和被公安部授予个人一等功。

（赵常友）

单位名称：北京市公安局昌平分局
地址：昌平区西环路甲68号
电话：(010)69742197
邮编：102200

【"110"接处警工作】　年内，分局接"110"报警电话91755个，其中有效报警53046件，比上年上升24.4%；发出处警通知38127个，出动警力112409人次、车辆57740辆次。破获刑事案件78起；查处治安案件3247起，查获各类违法犯罪人员1665名，比上年上升45.3%；救助服务6859人次。

（赵常友）

【加强警务督察工作】　年内，分局警务督察队共出动督察警力1342人次，出动机动车736台次，与市局警务督察处等部门联合检查37次，与分局各职能部门联合检查211次，现场纠正民警117人次。发督察通知书6份，通报批评9个单位。给予行政告诫2人、停止执行职务5人。受理和查处"110"投诉127件。

（赵常友）

【加强对境外人员管理】　年内，分局严格执行出入境管理有关规定，加强境外人员管理，共依法查处境外人员非法居留28人，查处境外人员违反住宿登记管理规定案件76起，警告处罚101人；处置涉外治安案件9起，依法处置违反境内外国人宗教活动管理规定案件2起，协助市局出入境管理处查办涉外案件2件，办理散居境外人员临时住宿登记4554人次。

（赵常友）

【积极妥善处置群体性事件】　年内，分局共出动警力2383人次，参与处置群体访184批、8774人次，与上年相比，批次和人次分别下降了22%和9%，其中到重点地区群体访13批203人次、市内非重点地区群体访68批2007人次、到区政府群体访50批2314人次、到其他部门和地区群体访53批4250人次，处置个人访29批42人次，依法处理扰乱秩序人员32人，教育训诫194人；处置群体性事件15件16批。

（赵常友）

【重点信访办结率达100%】　年内，分局共受理群众来信来访1797件(次)，比上年上升18.8%。其中，初次信访754件，比上年下降

39.6%，占信访总量的41.9%。市局、区委转来重点信访65件，已全部办结。

（赵常友）

【调研工作再上新台阶】 年内，分局共完成各类调研课题73篇，其中市局下达的重点调研课题7篇，分局重点调研课题15篇，一线调研课题51篇。有10篇调研文章被区、市部级刊物采用12次。其中《对1045个不精确点的思考》被北京人民警察学院列为教学专题进行研讨，《坚持两个精确确保命案侦破工作实现两降一升》除在市局《首都公安理论与实践》刊登外，还引起市局领导高度重视，相继两次作出重要批示。

（赵常友）

【命案侦破实现了“两降一升”】 年内，分局按照公安部和市局党委命案侦破必须实现“两降一升”的工作要求，不断健全完善命案侦防机制，积极运用侦查防范理念，强化精确打击力度，全年共立“两死”命案45起，破案40起，破案率88.9%，与上年相比，立案减少20起，下降30.8%，破案率提高18.1个百分点；其中立故意杀人案件24起，破案20起，破案率83.3%；伤害致死案件21起，破案20起，破案率95.2%，成功破获了“3.07”胡某某等4人抢劫杀害黑出租司机等一批性质恶劣、严重影响群众安全感的命案。

（赵常友）

【27个恶势力团伙被打掉】 年内，分局始终坚持“打小恶防大恶，打大恶防大黑”的原则，不断完善打黑除恶工作机制，对媒体关注、群众反映强烈的恶势力团伙，加大侦查、查处力度，共打掉危害一方的流氓恶势力团伙27个，抓获涉案成员155人，刑事拘留124人。

（赵常友）

【严厉打击聚众赌博、卖淫嫖娼违法活动】 年内，分局以开展“公安执法周”活动为载体，围绕卖淫嫖娼、聚众赌博等突出治安问题，多警联动，实施精确打击，共查处赌博案件77起，抓获参与赌博人员452人，收缴赌资87.2万余元，收缴赌博机18台，打掉“百家乐”“推牌九”等特大赌博团伙19个；共查处卖淫嫖娼案件272起，抓获卖淫嫖娼人员491人，打掉卖淫团伙64个，取缔卖淫窝点33个。

（赵常友）

【开展“四防”安全大检查专项行动】 年内，分局开展以“防火、防盗、防事故、防煤气中毒”为重点的“四防”安全大检查，及时发现消除安全隐患，全年共出动警力8000余人次，检查单位3101个，发整改通知书204份，解决各类安全隐患240余件；检查互联网上网服务营业场所210家次；配合工商部门依法查抄取缔黑“网吧”15家，查获涉案主机273台；共检查出租房屋14107户38046间，登记流动人口42901人，签订治安责任书10071份，查处存在治安隐患的出租房屋556户，消除各类安全隐患789件，会同区商务局、区安监局，对全区43家商（市）场和超市进行消防安全专项治理解决火灾隐患68件。

（赵常友）

【开展特种行业专项整治】 年内，分局开展了规范行业场所经营行为、清“七黑”百日专项行动，共出动警力5.1万人次，协同区有关部门检查特种行业5289家次，取缔无照二手手机门店6家，停业整顿二手手机门店2家，责令改正2家，取缔废旧金属收购摊点29家，停业11家，吊销营业执照1家，取缔无证照旅店5家；检查娱乐场所10284家次，查处存在问题场所687家，其中限期整改场所201家，取缔非法经营场所464家，函告工商吊照10家；共检查旅店业2970家次，通过旅店信息网，抓获网上逃犯10人。

（赵常友）

【整体防控能力增强】 年内，分局以“预防为主”大力开展群防群治，整合全区3万名治安力量，参与社区防范和治安巡逻工作，控制了可防性案件的发生。通过社会面巡逻抓获各类违法犯罪嫌疑人3373人，其中刑事拘留1459人，行政拘留1914人；通过社区民警开展基础工作，提供线索破获刑事案件233件，刑事拘留329人。

(赵常友)

【加大对危险物品安全监管力度】 年内,分局积极探索危险物品管理长效机制,定期开展专项行动,全年共出动警力2326人次,检查危险物品从业单位242家,调查从业人员764人,发现并整改一般问题41项;收缴各类枪支30支、子弹718发,管制刀具259把;查处非法销售烟花爆竹案件42起,查处违反危险物品管理违法犯罪嫌疑人75人,其中刑事拘留2人,行政拘留71人,罚款2人。

(赵常友)

【圆满完成年度养犬登记年检工作】 年内,分局认真贯彻北京市限制养犬条例,圆满完成了全区限制养犬登记年检任务,共出动警力1500人次,累计登记年检犬42146只,行政处罚20起,罚款710元,批评教育犬主1500余人,没收违规犬86只,收容无主犬257只。

(赵常友)

【缉毒工作成绩显著】 年内,分局共破获各类毒品违法犯罪案件13起,抓获各类违法犯罪人员33人,收缴各类毒品690.75克。成功的破获了"9.22"杜某、苏某某等人贩卖毒品案,共收缴摇头丸、冰毒、K粉等各类毒品602.72克。

(赵常友)

【确保各项重大警卫活动安全】 年内,分局共出动警力1766人次,完成各项重大警卫任务73次,确保了美国总统布什访华及其夫人劳拉参观昭陵等重要外宾活动的绝对安全。

(赵常友)

【大力推进科技创安工作】 年内,分局不断提高科技防范水平,全区304个重点部位、113个直管内保单位全部安装了技防设施和监控技防系统;50余所学校、幼儿园安装了电视监控技防系统设施;85个具有规模的居民小区科技创安达标率为61%。

(赵常友)

【分局举办派出所档案业务培训班】 3月29日,分局在史各庄派出所举办有分局办公室档案管理人员和局属23个派出所25名专、兼职档案管理人员参加的培训班。市局办公室档案处主管人员就基层派出所档案管理工作中存在的问题和档案达标升级满三年复查工作的考核标准等内容进行授课,并针对档案实体进行现场指导。市局档案处指导科、分局办公室领导等到会授课,做现场指导。

(赵常友)

【贩卖枪支犯罪嫌疑人被抓获】 4月18日,分局在市局刑侦总队、网监处、行动技术处的配合下,在西关三角地大都涮肉饭馆前,将通过网上联系到昌平地区贩卖枪支的犯罪嫌疑人李某某(男、1964年11月28日出生,河北省永清县人,网名"军工厂")当场抓获,收缴仿"六四"式手枪11支,子弹247发。李被刑事拘留。

(赵常友)

【圆满完成"5.1"黄金周安保工作】 5月1日至7日,分局共出动公安民警997人次,武警456人次,内保积极分子1589人次。共接待中外游客398798人,圆满完成全区各旅游景点安保工作。其中外宾27564人,停放机动车28013辆。圆满完成全区各旅游景点安保工作。

(赵常友)

【全力做好"开门大接访"工作】 5月18日,全国公安机关"开门大接访"工作正式启动,分局成立集中处理群众信访问题领导小组,制定专门工作方案,建立领导包案责任制。投资10万元扩建45平方米大厅作为"开门大接访"接待室。至9月底,分局领导共接待来访群众150人,受理信访案件97件,全部办结。通过处理信访问题,破获刑事案件4起,抓获犯罪嫌疑人5人,查处治安案件42起,治安拘留2人;解决信访积案20件,结办率为100%,为群众办实事35件,收到群众送来锦旗32面,收到感谢信8封,为群众挽回经济损失100余万元。

(赵常友)

【“夏季治安百日专项行动”取得显著战果】 6月至9月，分局集中开展夏季治安专项整治工作，主动会同工商、文化、城管等职能部门联合执法，共出动执法力量8.3万余人次，整治市、区挂帐项目4704个，其中查处“七黑”行业场所337家，暂扣非法经营设备2500套(件)，端掉特大制贩假证章窝点6个，收缴假公章及半成品1.26万枚，捣毁非法小广告窝点14个，没收非法小广告8.3万张，没收盗版光盘3.7万余张，刑事拘留32人，治安拘留286人，为迎接国庆56周年净化了社会治安环境。

（赵常友）

【“6.26”国际禁毒日宣传活动】 6月26日，区禁毒委在全区17个镇、街道办事处，主要道路(段)、繁华地区、大型住宅区、大、中专院校和中小学校开展以“珍爱生命，远离毒品”为主题的禁毒宣传活动。全区设立宣传站点50余个，发放各类宣传品20余万份，设置宣传栏420个，宣传展版120余块，悬挂宣传横幅300余幅。组织全区禁毒委员成员单位，以及各乡镇、街道办事处，居、村家委会的治保积极分子1500余人观看了禁毒宣传影片《黑白记忆》。通过《昌平周刊》、昌平电视台、区广播中心等媒体专题报道宣传，全区受教育群众达60余万人。

（赵常友）

【集中力量做好档案实体整理工作】 6月至12月，分局聘用10名有档案工作经验的局外人员，在分局专职人员指导下，对档案实体进行了集中整理。完成劳改案卷389卷、刑拘案卷195卷、预审卷4500余册、裱糊业务档案10570张，完成计算机录入条目4083条、人物卡片4496张。

（赵常友）

【开展“打黑除恶”专项行动】 7月24日，分局按照市局和区委指示，在市局刑侦总队、巡警总队、行动技术处等单位的大力协助下，于24时，出动警力260人，分别对“月神迪吧”、“金光大道”歌厅、“杜家烧烤店”采取集中抓捕行动，一举打掉了以傅某某、王某某、徐某为首的三个流氓恶势力团伙，共抓获犯罪嫌疑人23名，收缴砍刀、镐把、匕首、垒球棒等作案工具30余件。

（赵常友）

【举行《治安保卫目标责任书》签订仪式】 7月26日，分局根据市局关于《公安机关主管部门与列管内部单位重新签订治安保卫责任书的通知》精神，召开了全区296家新列管的内保单位《治安保卫目标责任书》签订仪式暨《内保条例》宣讲会。会上，宣读了区政府关于同意昌平公安分局对昌平工商银行等296个单位被列为内保单位请示的批复，并与十三陵特区办事处等6家单位的法人代表签订了《治安保卫目标责任书》。向与会人员宣讲了《内保条例》。

（赵常友）

【分局“推土机”专项行动成效显著】 8月1至11日，分局从机关抽调89名警力深入城乡结合部东小口、回龙观2个治安洼地，配合属地派出所开展“推土机”专项行动，期间，共破获各类刑事案件12起，刑事拘留23人，治安拘留47人。专项行动中，仅用24小时侦破了发生在东小口地区绑架案，4名绑架犯罪嫌疑人全部落网，人质获救。

（赵常友）

【圆满完成“傲胜北京铁人三项世界杯赛”安保任务】 9月17日，2005年傲胜“北京铁人三项世界杯赛”在昌平举行。为确保赛事活动安全顺利进行，分局多次召开党委会、局长办公会进行专题研究，及时向区政府和市局进行汇报，加强与区有关部门协调、及早确定比赛路段，并深入赛段范围，对人、地、物、事，落实控制措施，主要领导亲自上线、踩点，成立了三层指挥体系，制定了1个总方案和11个分方案，并制作多媒体向区、市局领导进行汇报，向全体参战民警发出政治动员令，誓保赛事圆满成功。当日，分局领导和347名民警提前到岗到位，自上午7时至当晚9时，历时14个小时，圆满完成了赛事警务工作任务，实现了万无一失的工作目标。

（赵常友）

【召开相对侦查工作联席会】 11月9日，分局在昌平商务会馆牵头组织召开了由朝阳、海淀、顺义、怀柔、门头沟、延庆等7个分县局相对侦查工作联席会议。会上，昌平分局通报了近年来全区经济发展状况和社会治安形势，提出了在七分县局之间开展相对侦查工作的目的和意义，宣读了《七区县相对侦查协议书》；与会单位领导在认真研讨的基础上，签署了《七区县相对侦查协议书》，并一致表示将遵守协议书章程，严格操作，认真履行职责。市局副局长傅政华、刑侦总队及7个分县局主管刑侦工作的副局长、刑侦支（大）队长等领导参加了会议。傅政华在讲话中，对昌平分局率先组织开展相对侦查工作给予了充分肯定，并对各分县局贯彻落实市局整体防控工作提出了具体要求。

（赵常友）

【开展节日安全大检查行动】 12月7日，分局在全区范围内开展安全大检查。共出动警力276人，协警人员589人，检查出租房屋1500户4356间，检查洗浴中心35个，旅店103家，学校43个，单位323家，发放宣传材料1.5万份，收缴非法烟花爆竹553箱。

（赵常友）

【对"黑影视屋"进行集中清理整治】 12月15日晚，分局会同区工商分局，对昌平镇松园村影视屋进行了集中清理整治，共出动警力50人，工商执法人员15人、协管员8人、机动车15辆。行动中，查处"黑影视屋"8家54台电视机、41台VCD机、4280张VCD光盘和26张淫秽光盘被依法收缴。工商分局依照程序对8家"黑影视屋"依法予以取缔。

（赵常友）

【圆满完成"燕山情"大型文艺演出安保工作】 12月30日14时至15时30分，由北京电视台主办、区委宣传部协办的"燕山情"大型文艺演出活动，在流村镇白羊城村举行。分局抽调102名警力，到岗到位，确保了演出活动安全顺利进行，没有发生任何治安问题。

（赵常友）

案例举要

【破获一大学生被伤害致死案】 1月8日10时许，北京某研修学院大学生严某某（男，19岁，江苏省镇江市人）在校园内被人扎伤致死。分局经工作，于当日10时20分，在该校园内将犯罪嫌疑人马某某（男，1985年8月25日出生，甘肃省玉门市人）抓获，并起获作案用的管状刀具。经审查，马对其因与女友发生口角，后持刀将严扎伤（致死）的犯罪事实供认不讳。

（赵常友）

【破获"3.07"抢劫杀人案】 3月9日10时许，分局东小口派出所接报：家住北七家镇名佳花园15号楼的事主方某某（男，43岁），于3月7日驾驶一辆车牌为京FD2629银灰色吉利美日优利欧型轿车在西三旗环岛附近走失，下落不明。分局经工作，于3月11日3时许，在延庆县张山营治安检查站配合下，将抢劫杀人犯罪嫌疑人胡某某（男，1978年10月15日出生，河北省张家口市人）、吴某某（男，1983年8月8日出生）、魏某某（男，1980年7月21日出生，2人均为江苏省苏州市人）抓获，并收缴管制刀具3把。经审查，胡、吴、魏交待了3月7日晚，在西三旗环岛附近以找人为由，租乘方某某轿车，当车行驶至沙河镇一胡同内时，对车主实施抢劫，并持刀将方某某杀害，后抛尸于南口镇兴隆口水库西侧山沟里的犯罪事实。

（赵常友）

【破获系列强奸、抢劫、寻衅滋事案】 3月9日，分局经工作，将系列强奸、抢劫、寻衅滋事犯罪嫌疑人张某某（男，1983年5月13日出生，昌平区十三陵镇人）抓获。分别破获了发生在南口镇强奸、抢劫、寻衅滋事3起案件。经审查，张对3月5日13时许，在南口镇东大桥北侧山上,持刀对李某(女,11岁)抢劫强奸和2004年5月22日、29日在南口镇东大桥北侧、南口镇东北侧小山上,分别持刀抢劫刘某(女,21岁)、无故砍伤路人尤某某(男,26岁)的犯罪事实供认不讳。9月23日,区人民法院以强奸、抢劫、寻衅滋事罪依法判处张某某有期徒刑9年,罚金人民币3000元。

(赵常友)

【破获"4.21"抢劫强奸杀人案】　4月22日10时许,分局接报:小汤山镇大汤山村村民高某某(女,85岁)被人杀害。经工作,分局专案组于当日将犯罪嫌疑人李某某(男,26岁,昌平区小汤山镇人)抓获。经审查,李交待:4月21日22时许,其潜入本村高某某家中,对高实施强奸并抢走现金804元后将高掐死的犯罪事实。

(赵常友)

【破获"5.10"抢劫案】　5月10日2时许,4名男子在昌平区第二中学附近租乘事主李某某(男,36岁,昌平区人)驾驶的中意牌微型面包车,当车行至京昌高速路满井桥南650米处时,4人使用搂脖子等暴力手段威胁李交出财物,并合伙对李进行殴打,从李身上抢劫现金320元,小灵通手机1部。分局经工作,于5月13日在昌平区将犯罪嫌疑人党某某(男,1981年3月23日出生,陕西省延安市人)、薛某某(男,1983年8月4日出生,陕西省延安市人,2003年4月因抢夺被劳动教养一年三个月)抓获。经审查,2人对5月10日2时许,伙同李某某、马某(均在逃)经事先预谋后,在出租车上对事主实施殴打抢劫财物的犯罪事实供认不讳。12月16日,区人民法院以抢劫罪分别判处党某某、薛某某有期徒刑6年,罚金人民币6000元。

(赵常友)

【侦破"7.07"抢劫杀人案】　7月7日6时许,南口镇七间房村村民佟某某(男,44岁)在南口镇南大街附近驾驶自家一辆黄色龙工50型铲车趴活时失踪。分局经工作,于7月15日13时和零时许,分别在吉林省通化市和辽宁省抚顺市将犯罪嫌疑人房某某(男,1965年11月11日出生,吉林省通化市人)、孙某某(男,1958年12月12日出生,吉林省通化市人)抓获。经审查,房、孙对7月7日8时许,以租车到小汤山干活为由,将佟骗至兴寿镇香屯村一废弃鸡场内杀害,后抛尸至鸡场一化粪池内,后将铲车抢走运至沈阳销赃的犯罪事实供认不讳。

(赵常友)

【破获"7.29"无头女尸案】　7月29日14时许,十三陵水库环湖路北岸水沟内发现一蓝色旅行包内装有一具无头女尸。经工作查明,死者张某某(女,23岁,河北省沧州市人)生前系河北省三河市某干部管理学院自考班学生。分局经大量工作,于8月12日8时在北京市西城区柳巷15号将暂居的犯罪嫌疑人邵某(男,1953年2月28日出生,云南省昆明市人)抓获。经审查,邵对其以请家教为由,于7月28日将张骗至其暂住处,欲与张交朋友。因张不同意,且大声喊叫,其随即用手掐住了张的颈部致张死亡,并用家中菜刀将张的头割下,分别将尸体和头颅装入蓝色旅行包和黑色塑料袋内,后驾车将尸首抛至于十三陵水库北岸水沟和怀柔区富密路工业区处的犯罪事实供认不讳。

(赵常友)

【破获强奸杀人案】　8月2日15时许,女青年王某某(23岁,河北省人)被一自称姓王的男子骗至十三陵镇西山口村附近玉米地内实施强奸,后对王某某采取掐、卡脖子,往嘴、鼻处塞泥土和沙子等手段致其昏迷,欲杀人灭口,并抢走其随身携带的手机。分局经工作,于8月4日15时许,在松园村一"网吧"处将犯罪嫌疑人王某(男,1985年11月27日出生,昌平区长陵镇人)抓获。经审查,王某对上述强奸杀人(未遂)犯罪事实供认不讳。

(赵常友)

交通管理

【概　况】 2005年，昌平交通支队紧紧围绕保持共产党员先进性教育活动这一主题，以“规范执法行为，促进执法公正”专项整改活动为契机，着力解决党员队伍和执法工作中存在的突出问题；继续深入开展“执法为民树形象，服务发展做贡献”主题教育活动，不断提高队伍的整体素质。确保了主要干道和城区秩序良好，圆满完成了各项重大交通保卫任务。全年，共纠正各种违章45万起，处罚41万人次，罚款6413万元；发生交通宣传事故40起，死亡45.5人；全区管界共发生一般以上交通事故508起，伤558人、死亡153人。一般以上事故与上年同期相比，事故次、伤、亡分别上升了87.5%、141.6%、17.7%。年内，昌平交通支队沙河队小汤山警区荣立集体三等功，有5个人荣立个人三等功，有45个人受到嘉奖。

（付井朋）

单位名称：北京市公安局公安交通管理局昌平交通支队
地址：昌平区府学路11号
电话：(010)69742016
邮编：102200

【加大非现场处罚工作力度】 年内，昌平交通支队继续加大非现场执法力度，在原有34处的基础上，新增6处非现场设备。全年共录入非现场违章162587起，处罚79512起，罚款1455万元。

（付井朋）

【集中销毁461辆非法运营“摩的”】 年内，昌平交通支队针对管界内“摩的”非法运营问题，坚持日常严管与夜查整顿结合、专项整顿与综合治理相结合。保持高压严关态势，联合区城管大队、工商局等相关执法部门对查获的461辆无牌照、无合法来源等逾期未接受处理的“摩的”及46辆人力三轮车进行两次集中销毁。

（付井朋）

【治理超载、超限工作】 年内，昌平交通支队继续加强对超载、超限车辆的整顿力度，在专项整顿中，康庄治超站共投入警力6742人次，检查超载车辆392693辆，卸载货车3279辆，卸煤25546.85吨，其他货物35533.69吨。

（付井朋）

【处置公路治安案件】 年内，昌平交通支队共处置公路治安案件25起，查获盗抢车案件5起，破获利用交通工具“碰瓷”诈骗案件1起，参与处置群体性上访事件19起。

（付井朋）

【交通肇事逃逸案侦破率达84.2%】 年内，昌平支队管界共发生重大交通肇事逃逸案19起，侦破16起，侦破率84.2%；局下达抓逃指标6人，实际抓逃8人。

（付井朋）

【交通警卫工作】 年内，昌平交通支队共部署三级以上勤务310次，出动警力4538人次，其中一级勤务17次，二级勤务88次，三级勤务205次。确保了首长、外宾交通安全万无一失。

（付井朋）

【北京市第一支社区交通协管队成立】 1月10日，天通苑小区交通协管队成立大会召开，队员是天通苑小区物业公司从400名保安中精心选拔100人组成。经过昌平交通支队民警对协管队员进行交通指挥手势和有关业务培训后，统一着装正式上岗。天通苑小区交通协管队是北京市第一支社区交通协管队。

（付井朋）

【全国首例白酒包装印制交通安全警句启动仪式】 4月29日上午，北京华都酿酒食品有限责任公司为在新产品“盛都明皇”系列白酒的8种商标和包装上，印制“酒后请勿驾车”中、英文交通安全警句的产品举行了正式进入市场的启动仪式。

（付井朋）

【举行交通秩序环境综合执法启动仪式】 8月30日上午，昌平支队举行了“交通秩序环境综合执法”启动仪式，区政法委、区综治办、公安分局、区城管大队、工商局等单位共70余人参加。截至到9月底，共出警540人次，出车259辆次，组织社会力量1340人次，纠违6752起，处罚3580起，罚款57860元，扣留自行车601辆，人力三轮车480辆，非法“摩的”、“残三”1231辆，农用车、畜力车80辆，其他车辆202辆。

（付井朋）

【市局领导慰问一线执勤民警】 12月7日晚，市委常委、市公安局局长马振川，副局长张卫华在市局办公室、交管局等主要领导陪同下，先后到八达岭高速路上清桥五环检查站、健翔桥四环检查点，慰问了一线执勤民警，实地检查了交通执法情况。

（付井朋）

【市领导到康庄治超站进行工作调研并慰问一线民警】 12月11日、12月18日，副市长吉林到八达岭高速公路康庄治超站慰问执勤民警，调研指导治理超限超载、预防交通事故和缓解交通拥堵等工作。

（付井朋）

案例举要

【110国道发生一起死亡6人特大交通事故】 2月11日10时9分，北京市巴士旅游分公司司机常某某（男、33岁）驾驶“金龙”牌大客车（车号京G/H1856）内乘香港、广东乘客29人（车辆核载37人）到昌平雪世界旅游，由东向西行至110公路泰陵园路口处，遇有河北省围场县克勒沟镇元宝洼村村民吴某某（男、34岁）驾驶“红岩”牌挂车（车号晋B/08578）由北向南驶来，大货车前部撞在大客车右侧中部，大客车向左侧翻，造成6人死亡，两车损坏。

（付井朋）

【八达岭高速路发生一起死亡24人的特大交通事故】 12月4日20时许，内蒙古自治区司机曹某某（男、26岁，住内蒙古呼和浩特市赛罕区西把栅乡小厂库伦村）与车主段某某（男，35岁，住内蒙古达拉特旗四村乡）驾驶大货车（车牌：蒙B/21344）从陕西往天津运送“电石”途中，由北向南行至北京市昌平区八达岭高速公路进京方向51公里处下坡路段时，曹发现制动系统漏气，即在车行道内停车检查，段下车在一旁等候，约1分钟后，曹发现溜车，便独自一人上车力图控制失控车辆。后该车行至八达岭公路进京方向49公里+400米处时，大货车前部左侧追撞在前方同方向行驶的河北省张运集团蔚县交通运输公司司机马某某（男、46岁，河北省蔚县下营村乡孟家庄村）驾驶的“亚星”牌大客车（车牌：京G/27043）右后部，后两车翻入道路左侧深沟后起火，造成24人死亡，1人重伤，2人轻伤，6人轻微伤，两车烧毁。

（付井朋）

检察工作

【概　况】 2005年，区人民检察院共受理提请逮捕案件717件1121人，其中，批准或决定逮捕577件878人；共受理移送审查起诉案件737件1212人，其中，提起公诉677件1027人。依法监督侦查机关立案3件，追加逮捕5人，追加起诉3人；对不符合法定逮捕、起诉条件的，依法决定不批准逮捕225人，不起诉33人。此外，发出纠正违法通知书4份，改变侦查机关定性45人，退回侦查机关补充侦查298人，有效的维护了司法公正。年内，先后从速办理了在全区乃至全市具有较大影响的杨显峰等12人抢劫、聚众斗殴、敲诈勒索、寻衅滋事、容留介绍卖淫案，王晓明等20余人参与的“月神迪吧”恶势力寻衅滋事、聚众斗殴、故意伤害案，徐国良等19人在天通苑社区采取威胁、打骂手段强行为业主搬运建材寻衅滋事等一批严重危害社会治安的犯罪案件；受理职务犯罪案件线索51件，立案侦查16件16人，其中大案9件，要案2件，为国家挽回经济损失100万元。协助外省市检察机关办案17件，成功协助抓获犯罪嫌疑人1名。积极开展民事审判和行政诉讼监督，全年共审结案件87件，其中，立案7件。控告申诉部门全年共受理刑事申诉案件7件，来信118件，来访443件500余人次。深入推进预防职务犯罪工作，开展各类法制、廉政培训12次；制作预防职务犯罪展板42块；编印发放《预防职务犯罪法律知识一本通》8000余册；外宣和调研工作紧紧围绕"两个一、三个二"的总体工作思路，贴近检察实际，服务区域发展，外宣稿件被全国各新闻媒体采用377篇(次)，有29篇调研文章被国家、省部、市、区级采用编发。

(刘 辉)

单位名称：北京市昌平区人民检察院
地址：昌平区政府街21号
电话：(010)69742705
邮编：102200

【编发《廉政铭》】 春节前夕，区检察院纪检组从预防角度出发，编写了《廉政铭》(致全院干警的公开信)，并发放到每位干警的手中，警示全院干警廉洁自律，警钟长鸣。

(刘 辉)

【检察职能宣传进社区】 3月6日，区检察院团支部组织青年党、团员参加了团区委向雷锋同志学习"青年文明直通车——争当昌平文明青年"进社区活动，青年干警向社区群众宣传检察职能，解释相关法律问题，发放了文明礼仪宣传材料及《检务公开手册》。

(刘 辉)

【为在押女犯讲法制】 "三八"节前夕，区检察院监所检察处会同区看守所，为70余名在押女犯举办了"增强法制观念，维护合法权益"的主题法制讲座，以特有的方式帮助她们过了一个有意义的"三八"妇女节。

(刘 辉)

【民行工作新举措】 区检察院民行部门在原有便民措施的基础上，于4月制定了《昌平区人民检察院民事行政检察处基层行制度》。内容包括：设置法制课堂、开展法律咨询、对村镇和社区的领导干部进行法律知识培训、定期与相关村镇和社区联系、进行个案跟踪等。

(刘 辉)

【邀请人大代表团来院视察】 4月26日，区检察院邀请兴寿镇人大代表团成员来院参加检察开放日活动。期间，代表们观看了《奋进中的昌检》电视专题片，参观了该院的驻所检察室，查看了监区安全防范情况，并与部分领导和干警座谈。

(刘 辉)

【荣获全国反腐倡廉公益广告优秀奖】 5月份，在中纪委举办的"首届全国反腐倡廉公益广告大赛"上，区检察院制作的《把舵》获得此次大赛活动优秀奖。

(刘 辉)

【开展个案预防向行业预防的转化】 5月10日，区检察院就本院立案侦查并提起公诉的原区质量技术监督局局长付金祥涉嫌滥用职权、受贿案，组织了有市、区两级人大代表、政协委员、北京市质量技术监督局及其各直属区、县局纪检、稽查、法制等部门的主管领导、各主要部门的负责人，以及该院特约监督员、人民监督员200余人参加的法庭公开审理活动。庭审后，召开了质监干部座谈会，对150份调查问卷归纳、析分，针对案件发生的原因以及技术监督部门在行政执法过程中存在的普遍性问题，区检察院向北京市质量技术监督局发出了《检察建议》，市技术监督局党委高度重视，当即向全市质监系统全文转发，建立和完善了涉及党组自身建设、依法行政、内部管理等方面的40余项规章制度，并分阶段就整改情况向检察院反馈。

(刘 辉)

【启动人民监督员程序】 6月10日,区检察院就拟撤销沈玉孝滥用职权案首次启动人民监督员程序,经3名人民监督员独立评议、表决,最终一致同意本院做出的撤案决定。

（刘　辉）

【举办“举报宣传周”新闻发布会】 6月20日,区检察院在“富豪宾馆”召开了主题为“惩防并举,反腐倡廉”举报宣传周新闻发布会。会上向3家举报有功单位颁发了奖杯和荣誉证书,部署了2005年举报宣传周活动。

（刘　辉）

【区委书记来院视察】 6月23日，区委书记赵凤桐到区检察院视察工作，专门听取该院“两房”建设的进展情况，并对“两房”建设设计方案、建筑用地、资金筹措、工程质量达标等问题作出了重要指示，提出了具体要求。

（刘　辉）

【设置预防公益广告牌】 年内,区检察院将“让廉洁铭刻人生,把清白留给历史”、“志不可无,傲不可有,财不可贪,欲不可纵”等近10条警句以滚动电子显示屏方式,在全区范围内进行广泛而深入地宣传。同时,以能够凸显本区特色的十三陵神路为背景,以“预防职务犯罪,净化发展环境”为内容,在京昌高速公路旁设置四面预防公益广告牌。

（刘　辉）

【政协委员视察监所检察工作】 8月11日，区检察院邀请部分政协委员到区看守所视察未成年人司法保护工作情况。政协委员听取了《忠实履行检察职责,不断深化未成年人保护工作》情况报告。查看了“未成年人监室”,了解未成年人犯的生活、学习情况,并与部分未成年人犯进行座谈。

（刘　辉）

【查办村官职务犯罪案件】 年内,区检察院针对辖区农村土地确权工作中暴露出的问题,适时调整侦查工作重点,深挖背后的职务犯罪案件,先后查办了万洪才等3起农村基层组织工作人员职务犯罪案件,法院依法对三名被告人均判处有期徒刑以上刑罚。

（刘　辉）

【慰问抗战老战士】 9月4日,区检察院到家中慰问了本院曾参加过抗日战争的离休老干部刘万元同志,向其颁发了“抗战胜利纪念奖章”和慰问金、慰问品。

（刘　辉）

【慕平代检察长来院调研】 11月2日,市检察院党组书记、代检察长慕平来区检察院调研,就本院检察工作的发展前景作出指示,视察了本院“两房”建筑工地。

（刘　辉）

【走访人民监督员】 12月1日,区检察院集中走访了人民监督员,并以书面形式向人民监督员通报了开展“规范执法行为,促进执法公正”专项整改活动和人民监督员制度试行以来监督案件的情况,征求对试点工作及依法规范和不断完善人民监督员制度的意见和建议。

（刘　辉）

【集中开展办案纪律教育月】 区检察院于12月16日起利用一个月的时间,开展以落实高检院“六个严禁”规定为主要内容的办案纪律集中教育月活动。旨在进一步巩固专项整改活动成果,严格执法,规范办案,保护干部,服务区域发展。

（刘　辉）

【印制《昌平检察2005》画册】 区检察院结合年度检察工作情况精心制作了《昌平检察2005》宣传画册,向人大代表、政协委员及基层单位领导发放。画册以检务公开、队伍建设、检务保障以及服务区域发展为内容全面介绍了一年来本院的整体工作情况。

（刘　辉）

审判工作

【概　况】 昌平区人民法院共有审判和工作人员157人。下设南口、沙河、回龙观、小汤山4个人民法庭。2005年,区人民法院用科学发展观统揽法院工作,坚持司法为民,围绕"公正与效率"工作主题,努力增强司法能力,不断提高司法水平,全面加强法院各项工作。全年共受理刑事、民事、商事、行政、执行等各类案件16683件,比上年的13928件增加2755件,上升19.78%;办结各类案件16598件(含旧存),比上年的13927件增加2671件,上升19.18%。

(刘建伟)

单位名称:北京市昌平区人民法院
地址:昌平西环路南东侧
电话:(010)80109292
邮编:102200

【加强刑事审判工作】　全年共受理刑事案件712件,比上年上升7.55%;审结714件,比上年上升8.02%,判处罪犯1083人。审结盗窃、抢劫、抢夺、故意伤害等多发性犯罪案件387件,判处罪犯583人;审结聚众斗殴、寻衅滋事等妨害社会管理秩序案件65件,判处罪犯142人;审结交通肇事等危害社会公共安全的犯罪案件59件,判处罪犯68人;审结贪污贿赂类职务犯罪8件,判处罪犯9人。依法保障人权,认真贯彻宽严相济的刑罚原则。为57案83名符合条件的当事人指定承担法律援助义务的律师进行辩护、代理,依法保护当事人的合法权益。对193名符合缓刑条件的被告人宣告缓刑,对2名被告人免除刑事处罚,教育挽救了一批犯罪分子。

(刘建伟)

【加强民商事审判工作】　全年共受理民商事案件10977件,比上年上升18.57%;审结10959件,比上年上升18.98%。妥善处理涉及10人以上的群体性纠纷49起,涉案人数达3900余人。稳妥处理婚姻家庭纠纷992件,有效保护了妇女、儿童和老人的合法权益。审结劳动争议案件376件,依法保护了劳动者的切身利益和生产积极性,维护了正常的生产秩序。依法解决房地产纠纷案件296件,促进了本区房地产业的健康发展。审结物业管理纠纷案件1027件,促进了本区物业管理的规范化和制度化。妥善处理追索供暖费案件1256件,为供暖费的收取提供了司法支持,维护大多数人民群众的利益。妥善处理经济纠纷案件,维护市场秩序。积极审理金融纠纷案件,共审结金融纠纷案件278件,涉案标的额达1.62亿元。审结破产案件4件,宣告破产案件1件,促进了企业产业结构调整和资源的合理配置。

(刘建伟)

【加强行政审判工作】　全年共受理行政案件71件,比上年上升31.48%;审结69件,比上年上升23.21%。在审结的行政案件中,依法维持行政机关处理决定的13件,依法确认行政机关违法及撤销行政机关决定等8件,判决驳回原告诉讼请求11件,裁定驳回原告起诉9件,裁定准许原告撤诉21件。办结非诉行政执行案件26起。全年被诉行政机关改变具体行政行为,原告申请撤诉案件达到12件。

(刘建伟)

【加强执行工作】　全年共受理执行案件4844件,比上年上升25.01%;办结执行案件4777件,比上年上升21.83%。执行标的金额达4.2亿元。努力提高案件执结率、执行标的到位率和当事人满意率,高度重视追索劳动报酬、赡养费、抚养费及群体性纠纷案件的执行。加强执行公开工作,进一步增强执行工作的规范性、透明度和公信力。充足适用法律规定的各种强制措施,运用了"委托调查令"、"悬赏公告"等执行新举措,在新闻媒体公告52名拒绝履行人民法院生效裁判的被执行人名单,进一步加大执行力度;认真贯彻落实最高人民法院《关于人民法院民事执行中拍卖、变卖财产的规定》,进一步规范民事执行中的拍卖、变卖措施,全年共委托评估案件70件,评估标的额3521万元;委托拍卖15次,拍卖标的额793万元。

(刘建伟)

【加强基层基础工作】　年内,召开人民法庭工作会对长期坚持在人民法庭工作的干警进行表彰，人民法庭工作得到进一步加强。对人民法庭进行了改造，并增配了办公车辆。分派新录用的大学生到人民法庭工作，提高人民法庭干警的整体素质，为人民法庭配备了司法警察和聘任制书记员负责法庭的安全保卫工作与审判辅助工作。完善填充式起诉状、巡回办案、送法下乡、赡养案件审后回访等司法为民举措，不断加强相关制度建设，有效减轻了当事人的诉累。

（刘建伟）

【加强涉诉信访工作】 年内，不断加强涉诉信访工作，积极化解人民内部矛盾，维护社会稳定，被市高级人民法院授予"涉诉信访工作先进集体"的荣誉称号。全年共办理群众来信505件，接待群众来访1886人次，院庭长接待168人次。严格执行《信访工作规定》、《信访工作紧急情况处理方案》，建立了信访工作分级负责、归口管理机制，进一步完善院庭长接待制度、值班法官接待制度和法官助理值班制度，将信访工作纳入院目标管理责任制进行考核。

（刘建伟）

【加强社会治安综合治理工作】 年内，主动开展对未成年被告人的帮教工作。在审理未成年人犯罪案件中，本着"教育、感化、挽救"的方针，做到庭前抓调查、庭审抓教育，庭后必回访。主动邀请未成年人户籍所在地派出所民警、村民委员会主任、未成年人所在学校领导及其家属举行落实帮教措施座谈会，切实帮助和鼓励被告人悔过自新。进一步加强社区矫正工作，会同区司法局制定出《关于加强未成年缓刑人员社区矫正工作的具体办法》，启动未成年人犯罪案件社会调查员制度。积极参加法制宣传教育活动。全年共举办法律咨询、讲法制课等法律宣传活动129场次，积极推动全区的普法工作。针对审判中发现的问题，及时向有关单位发出司法建议书40份，提出司法建议96条。

（刘建伟）

【加强审判管理】 年内，为了保障当事人申诉和申请再审的权利，规范了申诉再审案件的立案标准和审理程序，全年共受理申诉、再审案件79件，全部审结。深入开展案件评查工作，采取随机抽查、合议庭互查等方式，定期按比例检查各类生效案件，将案件评查与差错案件界定和岗位目标管理责任制考核有机结合，促进了案件质量的提高；继续坚持利用计算机网络等现代化办公设施强化审判流程管理，提高办案效率；加强对裁判文书的管理，提高裁判文书的整体质量；积极运用"庭审光盘刻录系统"，通过科技手段促进庭审行为规范化。

（刘建伟）

【创新调解机制】 年内，注重运用调解方式审结案件，并将开庭审理中的调解与开庭前的调解有机结合，妥善处理人民内部矛盾，维护社会稳定。设立了民事案件的简易审判组，专门审理婚姻家庭、民间借款、物业管理纠纷等类型的简易案件，在注重调解的基础上又体现了案件的繁简分流和速裁机制。审结的10959件民商事案件中，调解结案和经法院做调解工作当事人主动撤诉的案件为4567件，占41.67%。

（刘建伟）

【加强便民诉讼】 年内，坚决贯彻《落实司法为民的若干规定》，设立了当事人书写台和便民电话，将司法为民落实到法院工作的各个环节。切实落实法律救助制度，全年共为经济确有困难的当事人减、免、缓交诉讼费32万余元。认真总结和完善释明制度，制定并深入落实《关于在诉讼程序中就有关事项向当事人进行释明的规定》，要求从立案、审理到执行，对于涉及影响当事人程序权利和实体权利的重要事项，都要向当事人进行解释说明，引导当事人正确行使诉讼权利、履行诉讼义务。

（刘建伟）

司法行政

【概　况】 2005年,昌平区司法局共有在职在编干部职工95名,其中局机关公务员27名,工人5名;司法所公务员(司法助理员)54名;事业干部2名,公证员3名,工人4名。局内设行政编制机构23个,即政工科、办公室、法制科(含纪检监察工作)、法制宣传科、基层工作科、法律援助指导科、17个镇(办事处)司法所;内设事业机构2个,即法律援助中心、公证处。年内,认真落实全国司法厅局长会议精神和市司法局长会议精神,以服务大局、维护稳定为首任,以改变机关工作作风,提高队伍素质为根本,充分发挥了司法行政工作的职能作用。组织召开了依法治区大会,对45个法制宣传依法治理先进单位、135个先进集体、141名先进个人进行了表彰,并与全区各大委,各镇、街道办事处签订了《法制宣传依法治理工作目标管理责任书》,调整充实了各部、委、办、镇、办事处法制宣传领导小组,协调全区有关部门较好地完成了"四五"普法检查验收工作,验收分数位居全市第一;全年整顿充实了调解组织496个,调解人员1898人,比上年同期增加79个313人,全年共排查调处民间纠纷7475件,调解成功7396件,调解成功率为98.9%,有效防止了104件濒于激化的纠纷,避免了197人的可能伤亡;全区764个基层帮教小组2292人参加了对771名"两劳"释放人员的帮教感化工作,有739人得到了妥善安置,安置率达95%,重新犯罪率控制在3%以下;全年共接收矫正对象581人,解除矫正271人,还有矫正对象310人(管制1人,缓刑193人,假释28人,暂予监外执行4人,剥夺政治权利84人),其中273人得到了妥善安置;全年共办理各类公证1621件,法援中心受理法律援助案件共计159件,其中民事援助案件76件,刑事援助案件83件,"148"专线全年解答电话咨询1950人次,20个法律服务所通过了年检,注册了77名法律工作者,比上年减少6人,共承担顾问506家,比上年同期增加3家,代理诉讼477件,比上年同期减少18件,非诉讼115件,比上年同期增加26件,代写法律文书2328份,解答法律咨询4879人次,比上年同期增加788人次;全年刊播通讯稿件741篇,市级、区级和网络媒体分别刊播284篇、347篇和110篇,分别被市、区级部门采用39篇和67篇。

(郑晓轩)

单位名称:北京市昌平区司法局
地址:北京市昌平区东环路146号
电话:(010)69742780
邮编:102200

【在"北京市'村官社干'法律知识电视大奖赛"上勇夺桂冠】 4月初至8月中旬,在全区范围内层层开展了法律知识竞赛活动,8月17日,进行了法律知识决赛。通过决赛选拔出4支代表队参加"北京市'村官社干'法律知识电视大奖赛",南口镇代表队在11月17日北京市"村官社干"法律知识电视大奖赛总决赛中获得冠军。

(龚向东)

【圆满完成"四五"普法总结验收工作】 2005年是"四五"普法总结验收年,依法治区领导小组办公室、区司法局以努力争创全国"四五"普法先进区为目标,认真贯彻落实《北京市法制宣传教育评估指标体系》确定的66项工作。8月17日和9月13日,北京市依法治区领导小组及办公室组成检查团分别对本区"四五"普法各项工作进行了检查验收,通过现场查阅档案、工作资料、听取汇报等,对本区"四五"普法取得的成效给予了充分肯定。

(龚向东)

【利用普法电视短剧开展"送法下乡"活动】 2月2日,市司法局、区司法局联合举办了"送法下乡"活动,共向全区村(居)民赠送区司法局拍摄的普法电视短剧光盘2万张,区电视台春节期间播放了此剧。截止年底,全区农村、社区有组织地播放普法电视短剧近800场次,受教育人数达50万人次。群众普遍认为普法电视短剧形式新颖、内容贴切,符合基层百姓口味。

(龚向东)

【阳光社区矫正服务中心成立】 11月9日上午,昌平区阳光社区矫正服务中心揭牌仪式隆重举行。参加揭牌仪式的有市、区领导、各镇(街道)司法所所长和司法助理员、抽调狱警、中国政法大学和北京农学院社区矫正志愿者等100余人。

(柏家学)

【撰写人民调解专题调研文章】 年内,根据市局《关于加强人民调解工作,开展影响社会稳定矛盾纠纷专项调研》的精神,专门成立了由基层科、法制科、办公室等业务部门组成的专题调研组。调研工作采取组织全区17个司法所各自调研并写出调研报告,再由调研组分别召开不同层面关于影响社会稳定主要矛盾纠纷的座谈会,就近两年来影响全区社会稳定的矛盾纠纷数量、类型、原因、特点和规律进行了分析讨论,形成题为《北京市昌平区司法局关于当前影响社会稳定主要矛盾纠纷的调查与研究》的专题调研报告。

(杨　林)

【首次联合召开人民陪审员联系会】 年内,区司法局、区人民法院联合下发《2005年人民陪审员实施方案》、《人民陪审员工作方案》、《人民陪审员联系会制度》。5月20日,区司法局、人民法院首次召开联系会。会议主要议题:一是贯彻落实三个会签文件精神,座谈当前人民陪审员工作情况;二是下一步工作安排,研究部署召开人民陪审员工作会,总结2004年的工作、表彰优秀人民陪审员、颁发人民陪审员工作证和上岗证等具体工作。

(杨　林)

【紧急部署释解人员调查工作】 6月10日,区政法委、综治办、司法局联合召开了由各基层司法所、派出所和主管镇长参加的“昌平区刑释解教人员情况调查工作会议”。

(杨　林)

【与中国政法大学校团委签订法律援助合作项目协议书】 4月25日,区司法局与中国政法大学校团委举行了法律援助合作项目协议签字仪式。双方签订法律援助协议的内容主要包括法律咨询解答、代写法律文书、非诉讼调解、参与昌平地区法律宣传活动以及法学方面研究等工作。

(李　颖)

社会治安综合治理

【概　况】 2005年,全区社会治安综合治理工作以基层平安创建为载体,以“六创建一整合”和建设“平安奥运”为重要内容,紧紧围绕基层基础建设这个中心,坚持重点突破,强化领导责任制,完善综治工作机制,狠抓社会治安综合治理各项措施在基层的落实。年内,社会治安综合治理工作取得了明显成绩,基层基础建设和平安建设取得了实质性的进展,基层平安建设已形成品牌和体系,平安创建水平和治安防范能力明显提高,治安重点地区和行业场所的治安秩序得到进一步改善,综治工作规范化制度化得到进一步加强,重点难点问题得到进一步解决,实现了社会治安秩序持续稳定的奋斗目标。

(杜焕琴)

单位名称:昌平区社会治安综合治理委员会办公室
地址:昌平区城北街道北环路东沿妇幼保健院后小白楼4号门。
电话:(010)69746474
邮编:102200

【建立健全基层治安巡防网络机制】 上半年,区委、区政府决定建立基层治安巡防网络机制,组建村、社区治安巡防队。区综治委通过召开座谈会、深入基层调研，广泛征求意见后起草了《关于建立村、社区治安巡防机制的工作意见》，经过区委常委会、区政府办公会研究决定后，以区委文件形式下发全区贯彻落实。到6月底，全区343支2661人的专职村、社区治安巡防队正式组建完毕并上岗巡逻。全年，镇、村（社区）巡防组织协助公安机关破案316起、抓获犯罪嫌疑人472人，发挥了显著作用。

（杜焕琴）

【加大对治安重点地区和行业场所的整治力度】 6月，以整治突出治安问题、强化行业场所管理为重点，区综治办协调公安、工商、城管、民政等有关部门，加大对案件高发地区、流动人口聚集区、繁华复杂场所和城乡结合部的治安秩序整治力度，深入开展校园周边治安秩序整治和“清七黑，整秩序”等专项行动。期间，共出动各类执法力量8.3万余人次，查处违法违规场所近5000家，端掉违法犯罪窝点84个，抓获各类违法嫌疑人469人，社会治安秩序明显好转。

（杜焕琴）

【深入推进平安建设和科技创安工作】 年内，在深入开展“平安村（社区）”创建活动的基础上，全面启动“六创建”活动。全区达到创建标准的平安校园20个、平安旅游景区9个、平安商场9个、平安单位215个、平安村（社区）160个、平安市场8个，基层平安建设已形成完整的工作体系。全面完成科技创安五年规划各项指标。全区重点要害单位技防设施普及率达100%；11个大型商场、85个规模住宅小区全部安装了技防设施；金融单位紧急报警联网和单位报警联网系统进一步完善；中小学校、幼儿园和农村平房、出租房技防设施建设得到进一步加强；制定了《2006～2008年昌平区科技创安三年规划》，明确今后三年科技创安的工作目标。

（杜焕琴）

【牢固树立创新意识，促进综治工作健康发展】 年初，紧紧围绕“和谐”这个本质要求，加强和改进工作，推动社会治安综合治理工作机制创新和方式方法创新，制定了《昌平区关于强化社会治安领导责任制的若干规定》和《昌平区关于建立村、社区巡防机制的工作意见》。各镇、街道对各基层单位实行综治工作绩效考核制度，将考核结果与单位负责人工作业绩和经济收入挂钩。全区镇级直属巡防队，在实现规范化、专业化管理的基础上，建立基层党支部和团支部，加强党委对巡防工作的领导。建立了区、镇铁路护路巡防工作领导小组，将铁路护路巡防工作纳入区镇（街道）综治工作之中。

（杜焕琴）

【交通秩序集中整治行动执法组正式启动】 年内，成立6个专项整治小组，执法组成员分别由交通支队、公安分局、工商分局、城管大队人员组成。交通民警担任各小组组长，每组10人，共计60人。8月29日上午，在交通支队举行《昌平区交通秩序环境综合执法启动仪式》，区综治、交通、工商、城管大队的领导出席了启动仪式，并于9月1日起开展联合执法专项行动。

（杜焕琴）

【广泛开展综合治理宣传活动】 年内，印发综合治理宣传月专题文件，并在4月30日召开的各镇（街道）主管领导会议上进行了专题部署。5月15日，全区各镇（街道）按照要求广泛开展综合治理宣传日活动，宣传日当天，全区共设综合治理宣传站点56个，共摆放宣传展板2500块，设立咨询台85个，张贴综合治理宣传标语1万余条，悬挂宣传横幅56幅，发放调查表、宣传材料总数5万份。各站点参加宣传活动的公安干警、街道社区干部、综治办、武装部、610干部和技防单位负责人共计3800人，参与宣传日活动的群众总数达15万余人。

（杜焕琴）

【部署清理取缔铁路沿线无证照废旧金属收购点专项行动】 年内，制定《关于清理取缔铁路沿线废旧金属收购点开展专项整治行动方案》。8月30日，在公安分局召开会议，分析、研究部署了专项整治行动。区综治办、铁路公安、公安分局、工商分局、城管大队、规划局的职能部门领导及各有关公安派出所所长参加会议。

（杜焕琴）

【市区领导到东小口地区办事处调研】　7月25日，市政协法工委、区委区政府的部分领导到东小口地区办事处进行调研。办事处汇报了部分自然村、部分社区不稳定根源及相应解决的对策，介绍了办事处总体发展思路。市、区领导对前段工作比较满意。建议今后加大对社区的社会治安综合治理工作经费投入，搞好治安巡防队建设，充分发挥巡队员积极性，做好邻里守望、群防群治工作，增强群众的安全感，并希望对本地区现存的一些不能解决的问题形成局面材料，通过市政协法工委及时向市委领导反映。

（杜焕琴）

【对全区村（社区）治安巡防队队长进行培训】　9月29日，区综治办、公安分局在昌平燕化培训中心召开了全区村（社区）治安巡防队队长培训会议。17个镇主管镇长、23个派出所长、343支巡防队队长、区综治办及分局人口处等有关人员，共计430人参加培训会。培训会上，巡防队组织建设好、发挥作用强的4个单位和个人作了典型发言。公安分局有关领导分别就巡防队如何更好地开展巡逻防范工作和应该注意的问题进行了详细讲解；对巡防队长如何带领巡防队员协助公安机关维护本地区治安秩序及巡防日常管理提出了明确要求。

（杜焕琴）

【对学校周围环境进行专项整治】　11月28日，区综治办牵头，昌平公安分局内保处、治安处、人口处、信通处、刑侦处、消防处、巡警支队及属地派出所等单位，联合区交通、城管、工商、文化等职能部门共计50余人，对昌平城区的六街小学、三街小学、昌盛园小学、昌平一中、昌平二中学校门前及周边，回龙观辖区的北京农学院、华北电力大学的周边环境进行了集中整治。出动车辆10余台，重点对两所大学校门前150米道路两侧进行了专项整治，共清理黑车20余台、黑摊点10余处，检查网吧3家、影视屋4个、发廊2家，清查出租房屋30余间、外来人口200余人，收缴广告横幅5条、非法广告灯箱6个。

（杜焕琴）

军　事

人民武装

【概　况】　中国人民解放军北京市昌平区武装部隶属于中国人民解放军北京卫戍区，是中共北京市昌平区委员会的军事部和昌平区政府的兵役机关，接受北京卫戍区和昌平区委、区政府的双重领导。现有25人，其中干部18人，职工7人。下设1个委、1个特区、2个街道、15个镇、1个科技园区及中央市属、厂矿企业等共计54个基层武装部，配备专（兼）职武装干部114人。2005年区武装部在卫戍区党委、机关和昌平区委、区政府的正确领导下，坚持以“三个代表”重要思想为指导，全面贯彻落实科学发展观，紧紧围绕反台独军事斗争准备为龙头，按照“抓班子、带队伍、促工作、保安全”的总体思路，发扬“把着红旗不放，站在排头不让”的精神，认真贯彻落实上级的指示要求，较好地完成了各项工作任务，多次受到上级表彰，先后被北京军区评为军事设施保护先进单位，被北京市评为全民国防教育先进单位，被北京市征兵领导小组评为征兵工作先进单位，被北京卫戍区评为干部转业复员工作先进单位，在卫戍区组织的半年军事考核中荣获第3名，被《中国国防报》评为读报用报先进单位,7月,装备仓库职工沈长虹同志被北京卫戍区评为优秀共产党员。

（宋九伟　朱建国）

单位名称:北京市昌平区人民武装部
地址:昌平区政府街17号
电话:(010)69742516
邮编:102200

【完成全区民兵组织整顿工作】 1月15日,召开整组动员会,1月20日落实整组任务,3月20日检查验收落实情况,3月30日汇总上报各种统计。全区整顿民兵连队225个。其中基干民兵连队65个,普通民兵连队160个。落实民兵总数16538人,其中基干民兵5827人、普通民兵10711人。落实应急分队800人,专业技术分队1211人,对口专业分队2809人,圆满完成了全区民兵组织整顿工作任务。

（宋九伟　王贵山）

【抓好人武部机关训练】 年内,贯彻落实卫戍区按纲施训和正规化建设试点的经验做法,抓好人武部现役人员的学习训练,重点是抓好以学习贯彻新大纲为主要内容的正规化训练,10月参加了军区组织的民兵防空力量建设成果网上交流。

（宋九伟　王贵山）

【加强基层正规化建设】 年内,完善和规范了民兵营(连)部硬件建设,健全各类制度,完善各种配套设施,达到了“五册二表一图一本一案”要求。经检查验收,各基层武装部80%以上民兵营(连)部达到了规范化建设标准。

（宋九伟　王贵山）

【召开全区民兵预备役大会】 4月8日,组织召开了全区2005年民兵预备役工作大会,分管武装工作的区、镇领导及各单位武装部长和民兵共500余人参加了会议。会议贯彻了“党管武装”的要求,总结了上年的工作,部署了本年的工作任务,表彰了先进武装部、优秀专武干部和国防教育先进单位,区委副书记王书合作了重要讲话,号召全区各级党委、政府从战略全局加大对武装工作的领导力度,扎扎实实抓好民兵预备役工作。

（宋九伟　朱建国）

【开展保持共产党员先进性教育】 4月,按照卫戍区的统一安排和部署,集中利用15天时间,在党员队伍中进行了以“保持共产党员先进性”为主要内容的教育实践活动。教育中,大力开展“十个一”活动,突出了理论学习、典型激励、参观见学、民主评议、党性分析和整改提高等重要环节,严格落实考勤、讨论交流和补课制度,确保了教育效果。

（宋九伟　朱建国）

【抓好民兵应急分队训练】 5月,组织400名民兵应急分队人员集中训练,突出应用训练,改进训练方法,贯彻落实卫戍区组织的民兵应急分队快速拉动建设试点任务,进一步规范了全区民兵应急分队训练内容和快速拉动的实施程序,修订完善了应急预案。

（宋九伟　王贵山）

【完成民兵双37高炮分队训练暨实弹射击任务】 6月,采取“军地挂钩、优势互补、专业对口、组合训练”的方法,着眼实战需要,紧紧围绕民兵高炮分队防空作战“训什么、怎么训”等问题,组织民兵双37高炮分队及各种保障人员到66477部队进行挂钩联训。7月,组织民兵双37高炮分队到河北乐亭参加实弹射击,并取得了优异成绩,受到了军区、卫戍区首长和机关的肯定。

（宋九伟　王贵山）

【抓好专武干部的培训工作】 8月,组织专武干部集中培训,突出军事技能和人武工作业务,采取理论授课、专题讲座、研讨交流、实践操作、参观见学等方法,进一步提高了专武干部的实际工作能力和组织指挥能力。

（宋九伟　王贵山）

【组织“三战”现场演示活动】 年内,根据卫戍区的计划安排,积极协调地方相关部门,成立了“三战”组织,制定了“三战”预案,进行了

"三战"地方资源的调查，并以对台军事斗争首都防空为背景，商请政法大学的专家进行了"三战"的理论研讨，组织专武干部进行了"三战"理论的学习。积极做好"三战"现场观摩演示会工作，多次深入驻本区的英斯泰克公司和208轻武器研究所，研究探讨"三战"装备的研制开发和参加演示的方案，反复进行论证推敲，组织民兵进行"三战"训练，努力提高全区后备力量遂行"三战"的能力。严密组织现场演示，联系八一电影制片厂为演示课目进行拍摄，按照筹备组的要求，组织好装备展示，高标准挑选解说员，精心设计板报。9月，区武装部在"三战"研究性现场演示活动中，拍片质量、展示的装备和解说员多次受到上级领导和筹备组的好评。

（宋九伟　朱建国）

【加强党管武装工作】 年内，坚持党管武装工作制度，贯彻党管武装工作制度的要求，认真落实党委议军、现场办公、地方领导过"军事日"等党管武装工作制度。按照北京市和卫戍区《关于加强新形势下党管武装工作的意见》，深入分析党管武装工作形势，广泛开展"党管武装先进人物"评选活动，通报表彰党管武装先进典型，激发各级领导关心和支持武装工作的责任意识，积极解决人武工作中遇到的问题，把党管武装的优良传统体现到办实事、解难题上。9月会同区委组织部联合召开了"党管武装"工作研讨会，将党管武装工作述职制度延伸到镇、街道，并形成制度，促进了基层党管武装工作。

（宋九伟　朱建国）

【加强基层专武干部队伍建设】 年内，认真贯彻中发[1999]24号文件和京办发[1999]57号文件要求，按照德才兼备的要求，选拔配备基层专武干部，严格把好质量关。3月，对专武干部履行职责情况进行考评，任命一批专武干部。8月，组织专武干部进行一周时间的集中培训，强化职责意识，提高业务水平。

（宋九伟　朱建国）

【加强思想道德和法纪教育】 年内，针对复杂社会环境影响和干部职工的思想实际，在抓好"四个教育"的基础上，突出思想道德和遵纪守法教育，认真组织"严防敌对势力渗透破坏、永葆军人革命气节"和"安全管理警示"专题教育，教育引导大家树立正确的人生观、价值观和享乐观。

（宋九伟　朱建国）

【开展国防教育进万家活动】 年内，以民兵之家为主阵地，大力开展国防教育进万家活动，为基层民兵订阅《中国国防报》、《中国民兵》等报刊杂志，组织民兵及时学习党和国家的方针政策。9月20日是第五个全民国防教育日，各镇、街道设立宣传点，在主要街道、电子显示屏上打出标语，发放宣传品，宣传车进行流动宣传，利用多种形式抓好国防教育的宣传，强化全民国防意识。结合纪念长征70周年、抗日战争胜利60周年，组织民兵预备役人员唱革命歌曲、讲传统故事、学英模事迹。协调新闻媒体和文化部门，通过座谈讨论、发放宣传材料、举行歌咏比赛等多种形式，宣传党的光辉历程，放映革命题材影视节目，形成爱党爱国爱军的浓厚氛围，把宣传教育活动推向高潮。

（宋九伟　朱建国）

【做好民兵训练中的政治工作】 年内，在民兵高炮分队训练中，健全组织，成立了临时党团支部，组织佩戴党团徽仪式；因地制宜开展丰富多彩的文体活动，教唱民兵之歌，组织球类比赛，放映录像片，活跃民兵的业余生活；组织民兵政治教育，建立"一帮一"思想互助对子，做好民兵的思想稳定工作；出简报15期，及时反映训练的情况及好人好事，调动民兵的训练热情。

（宋九伟　朱建国）

【抓好民兵思想政治教育】 年内，结合整组工作抓好入队教育，对新编入的民兵组织一次宣誓仪式、开展一次官兵相识活动、上一堂光荣传统课，使新入队人员增强"兵"的意识，加深对民兵预备役部队性质宗旨、职能任务的理解，认清肩负的责任和使命。按照《参训民兵政治教育纲目》的有关要求，以“四课教育”为基本教案，挑选授课教员，组织授课辅导。利用集中训练，广泛开展学唱《民兵之歌》、熟记《民兵誓词》活动，抓好参训期间政治教育，进一步激发广大民兵的荣誉感和责任感。结合整组、征兵、执行任务、开展活动等时机，采取刊授、网络等多种形式，落实区人武部下发的“四课”教育内容。挖掘教育资源，把民兵政治教育与公民素质教育、企业职工教育、各种纪念日教育结合起来，抓好经常性教育，扩大教育覆盖面。

（宋九伟　朱建国）

【新闻报道工作】　全年上稿16篇。中国军网以《北京昌平区人武部注重边学边改见行动》为题报道了本部先进性教育的开展情况，《战友报》、《中国民兵》、《华北民兵》、《国防》杂志也都刊发了本部教育训练及本区民兵建设的情况。

（宋九伟　朱建国）

【做好干部转业工作】　年内，积极为转业干部联系工作、办理手续搞好服务，组织转业干部参加见面洽谈会，及时与干部处和转业办联系，了解干部转业情况及相关信息，真心实意为转业干部服好务。年底被北京卫戍区评为转业干部工作先进单位。

（宋九伟　朱建国）

【开展征兵宣传工作】　早动手、早计划，先期进行征兵工作调研，了解掌握新形势下征兵工作的新特点，并做好预征对象的登记工作，全方位进行征兵工作宣传，区电视台、《昌平周刊》开辟了专栏，调动了广大青年的参军热情，全区共有900多名适龄青年报名参军。严把体检政审定兵关，努力为部队输送合格兵员。

（宋九伟　朱建国）

【完成年度兵役登记和兵员征集任务】　8月至9月，完成年度兵役登记任务，重点摸清全区适龄青年数质量情况、分布情况和可征青年服役态度的底数，做到一季征兵、四季跟踪。第四季度扎实做好兵员征集工作，完善《北京市征兵工作条例》的落实措施，健全规范高校征兵工作程序方法，提高在校大学生及高学历人员的征集比例，圆满完成征兵工作任务。

（宋九伟　朱建国）

【做好“双拥”共建工作】　利用八一、十一、元旦等节日，召开座谈会、联欢会，协调驻地政府和部队开展共建活动，组织驻昌部队积极开展拥政爱民活动，出动兵员配合驻地政府搞好环境整治，进行交通法规宣传，做好绿化工作，密切军政军民关系，积极为驻地做贡献。成立昌平区少年军校总校，为学生军训搞好保障，加强对学生的爱国主义教育。7月和9月区委书记赵凤桐、区长佟根柱率四套班子成员分别到河北乐亭、内蒙朱日和基地慰问参训民兵、预备役部队和卫戍区机关、警卫三师装甲团，给卫戍区、区武装部和预备役高炮五团各带去5万元慰问金，给警卫三师装甲团带去10万元的慰问金。多方协调地方政府为部队办实事，投资27万元为三师装甲团筹建了健身场和灯光球场，并筹建了第5期双拥大院。

（宋九伟　朱建国）

【开展参建帮建活动】　年内，围绕实现“新北京、新奥运”的战略构想，发动和组织民兵带头参加首都“三个文明”建设。积极参加群众性精神文明创建活动、社会治安综合治理和经济产业结构调整等适合民兵队伍建设的活动，组织民兵带头承担和完成市政重点工程、农田水利基本建设、城市卫生环境整治、维护社会治安和各种急难险重任务，不断扩大影响，树立昌平民兵的良好形象。

（宋九伟　朱建国）

【后勤保障有力】　年内，完成了年度国防经费、地方经费的预决算，并且执行情况良好。参加了卫戍区组织的财务干部集训，投资30万元对办公楼卫生间、洗漱室进行了改造和装修，为每个办公房间安装了空调，更新了部分办公设施。加强机关食堂的伙食管理，完成了民兵整组、高炮分队训练、征兵工作的后勤保障工作。

(王华堂　李德生)

预　备　役

【概　况】 北京陆军预备役高射炮兵第五团,是在原北京陆军预备役步兵第2师第4团和第5团的基础上合并组建的,是执行中国人民解放军一类预备役高炮团现役军人试行编制。团部下属的营、连和直属分队分布在区17个镇(街道、办事处),58家企事业单位。2005年预备役五团在上级军事机关和区委、区政府的领导下,紧紧围绕"打得赢"、"不变质"两大历史使命,以科学发展观为指导,以《军队基层建设纲要》和条令、条例为依据,全面落实军委扩大会议精神,着眼预备役部队"两个能力"的快速生成,坚持抓首位、抓中心、抓管理、抓保障,不断解放思想、与时俱进、开拓创新,转变作风、狠抓落实,有力促进了各项工作任务的完成,推动了部队建设的全面发展,先后圆满完成了部队调整部署、编组点验、反恐维稳、首都防空作战演习、高炮实弹射击等工作任务。

(张大卫)

单位名称:北京陆军预备役高射炮兵第五团
地址:昌平区政府街17号
电话:(010)66744525或(010)81446966
邮编:102200

【思想政治建设】 年内,紧紧围绕坚持党对军队的绝对领导这个"军魂",深入贯彻和落实科学发展观,狠抓党委班子、干部队伍建设,进一步增强了部队凝聚力和战斗力。针对预备役人员分散的特点,牢固树立思想政治工作首位意识,以理想信念为核心,以保持共产党员先进性教育为重点,着重先进性教育成果,结合团队实际,树立了一大批先进典型,见义勇为、智擒歹徒的卫戍区优秀共产党员、二等功臣杨树伟的先进事迹被中央电视台、解放军报、中国民兵等多家电视台、报刊和杂志报道,充分展现了新时期预备役部队战士的精神风采。

(张大卫)

【军事训练】 年内,狠抓了骨干教学法集训和专业理论学习,深入扎实地开展了预任军官培训,共培训预任军官50多名。在兴寿基地组织了北京六区(县)的民兵高炮骨干集训;组织了五七高炮分队参加了北京卫戍区组织的实弹射击考核;参加了北京军区组织的"三剑——05"演习,成功进行了野战条件下政治工作演示,较好地展现了昌平预备役部队的风采。

(张大卫)

【整组点验工作】 年内,认真抓了整组点验工作,整组点验到位率达到了98%,全团所有连队一次性全面通过了卫戍区的考核验收。全年共调整预任官兵235名,复退军人占士兵总数的85%,党团员占90%,大专以上文化程度达到80%,专业对口率达到了95%以上。

(张大卫)

【正规化管理】 年内,认真贯彻条令条例,坚持依法从严治军方针,注重部队作风建设,严格一日生活制度。加强了营、连部正规化建设,开通了"国防后备军"网站。

(张大卫)

【双拥共建】 年内,组织参加了马池口、百善镇植树活动。3月,组织官兵参加崔村镇"学雷锋活动"。"八一"期间,与兴寿镇共同开展了国防系列教育活动,先后被解放军报、中国民兵、中国国防报等刊物报道。

(张大卫)

人　民　防　空

【概　况】 2005年,昌平区人民防空办公室以开展保持共产党员先进性教育活动为契机,以人防法律法规为依据,紧紧围绕首都安全大局和未来首都防空袭斗争需要,积极推进“两防一体化”建设,圆满完成了各项工作任务。新安装防空防灾警报器 10 台,完成了 17 台警报终端机的安装调试工作。新规划人防工程 17 万平方米,竣工人防工程 6.6 万平方米,位居 10 个远郊区县之首。上交区财政人防工程易地建设费 2165 万元,在全市名列第一。完成了 8 支人防专业队整组工作。认真贯彻落实《行政许可法》,全年共受理、办结人防审批事项 81 件,满意率 100%。代表 18 个区县迎接了北京军区人防机关“准军事化”建设联合检查组的检查,受到好评。人防办先后被首都社会治安综合治理委员会办公室、北京市人民防空办公室和北京市建设委员会评为 2001 年至 2004 年北京地下空间安全管理工作先进集体;在第五次全国人民防空会议上,被评为全国人民防空先进单位。

(柴　颖)

单位名称:昌平区人民防空办公室
地址:昌平区南环东路 1 号
电话:(010)69746036
邮编:102200

【人防指挥自动化建设】 年内,完成了区防空防灾预备指挥所要素配置工作,实现了与市人防视频会议系统的连接;研制并安装了《城市防空防灾训练系统》软件,为区委、区政府、区国动委组织人民群众防空防灾训练和指挥提供了平台。

(柴　颖)

【人防工程建设管理工作】 年内,新规划人防工程 88 处 171178 平方米。新验收人防工程 51 处 66101 平方米,同比增长了 28%。开发利用人防工程 12 处 28278 平方米,保证了安全使用。对全区在建的 91 处 243322 平方米人防工程进行了施工检查。全年共回填报废早期人防工程 74 处,使用面积 11536 平方米,全面完成了三年基本消除早期人防工程安全隐患任务。完成了人防工程清理整顿,保证了人防工程安全度汛。

(柴　颖)

【人防警报设施建设】 年内,圆满完成了短波单边带电台、电台通信塔和天线的搬迁、安装工作。对全区 53 台警报器进行了年检。组织相关人员参加了市人防举办的短波单边带电台训练和警报终端机培训班。对全区 17 个新装警报终端机设点单位专管人员进行了技术培训。

(柴　颖)

【人防宣传教育】 年内,为区四大班子领导、所有部委办局、17 个镇(街道办事处)及 41 所开设人民防空知识教育课的学校共订阅《中国人民防空》杂志 180 份。投资 25 万元增印《居民防空防灾应急手册》4 万册,发放给人户分离的居民。开展人防知识进街道、进社区、进高校、进大型企业活动,利用“防空防灾知识展板”组织了巡回展示。

(柴　颖)

【为民办实事】 年内,经主任办公会研究决定并请示区领导同意,将原办公地点的 10 台空调无偿赠送给对口支援的兴寿镇海字村,并赠送资金 5 万元。

(柴　颖)

双拥工作

【概　况】 2005 年,双拥工作坚持以“三个代表”重要思想为指导,“举全区之力,争创全国双拥模范城(县)六连冠”为奋斗目标,认真贯彻落实十六大精神和党中央、国务院、中央军委关于做好双拥工作的一系列重要指示,按照“同呼吸、共命运、心连心”的总要求,以社区双拥为依托,以抓基层为重点,紧紧围绕构建和谐社会这个中心,结合“建设新北京、办好新奥运”活动,坚持与时俱进、开拓创新,使双拥工作不断取得新成果,军民鱼水情得到了进一步凝聚和升华。

(朱自宣　员再新)

单位名称:北京市昌平区双拥办公室
地址:昌平区政府街 17 号

电话:(010)69744602
邮编:102200

【创办“军旅生活”专栏】 7月6日,区委宣传部、区双拥办在民政局304会议室召开了创办《军旅生活》专栏座谈会。会上,新闻中心介绍了《昌平周刊》专题部情况和《军旅生活》策划方案,驻昌各部队领导也就创办《军旅生活》专栏方案提出了宝贵意见。区委副书记王书合,区委常委、宣传部部长戴维,区委市委、双拥办主任、武装部政委王双武参加会议并讲话。

(朱自宣　员再新)

【首都军(警)民共建指导组到本区少年军校考察】 10月21日,首都军(警)民共建指导组常务副组长许长福、副组长解家宝、曹卫平对本区申报首都少年军校示范校的亭自庄学校和首都先进少年军校小汤山中学进行了考察。两个学校分别汇报了开展少年军校活动的情况。年底,亭自庄学校被评为首都少年军校示范校,小汤山中学被评为首都少年军校先进校。

(朱自宣　员再新)

【市双拥办到本区检查双拥工作】 12月2日,市双拥办副处长王全三带领检查组到本区检查双拥工作。王全三高度评价了本区双拥工作。指出:昌平区委、区政府历来高度重视双拥工作,已连续五届取得北京市和全国双拥模范城县,探索了许多行之有效的工作方法和经验,走在全市的前列。希望昌平继续探索新形势下做好双拥工作的新路子,随着改革的不断深入,及时解决新形势下出现的新情况、新问题,为北京市的双拥工作创造更好的经验,以优异的成绩争创全国双拥模范城县“六连冠”。

(朱自宣　员再新)

【召开双拥工作座谈会】 2月5日在昌平科技园商务会馆召开了双拥工作座谈会。首都军(警)民共建指导组常务副组长许长福、副组长解家宝、曹卫平及原常务副组长宁巨川、副组长邢振民、总参政治部群工办公室主任黄柯、总装备部政治部副秘书长关铁军、驻昌部队牵头单位防化学院副政委贾雪阳等参加了座谈会。会上,双拥办汇报了2004年双拥工作情况和2005年工作思路。各级领导对本区双拥工作给予了高度评价。

(朱自宣　员再新)

【召开2005年双拥工作会议】 3月10日,隆重召开2005年双拥工作会议。会上总结了2004年双拥工作,部署了2005年双拥工作任务。宣读了区委、区政府对13个双拥模范镇、49个拥军优属模范单位、48个拥政爱民模范单位、8对军民共建标兵单位和25对先进单位、10个国防教育先进单位、12个先进少年军校、162名双拥模范个人的表彰决定。并为先进单位、个人代表颁奖。

(朱自宣　员再新)

【召开双拥工作检查协调会】 3月20日,召开双拥工作检查协调会。会上通报了市双拥办的会议精神,并就如何做好迎接市双拥工作检查提出要求;认真总结三年来双拥工作的经验,对照双拥模范城县标准查找薄弱环节,研究制定改进措施;民政局、人事局、劳动局、文明办、武装部等部门进行了自查;组织力量撰写了4篇双拥理论研讨文章;对百善镇、阳坊镇、小汤山镇、科技园区、小汤山现代农业园、科委、地税局、华北电力大学等重点单位进行检查;组织制作多媒体汇报片。

(朱自宣　员再新)

【召开少年军校总校成立大会】 年内,在昌平二中操场举行了昌平区少年军校总校成立大会,区委常委、双拥办主任、武装部政委王双武、副区长任学良等有关领导及教委和全区各中、小学校的领导参加了会议。区委常委、区双拥办主任、武装部政委王双武任昌平区少年军校总校政委;区双拥办副主任、文明办主任涂沙金任昌平区少年军校总校校长。

(朱自宣　员再新)

【首都军(警)民共建指导组到北京第二社会

福利院考察】 年内，首都军(警)民共建指导组常务副组长许长福、副组长解家宝、曹卫平对第二社会福利院和航空博物馆进行了考察。年底，北京市第二社会福利院和航空博物馆被评为全国军民共建先进单位。

(朱自宣　员再新)

【区委召开常委会研究八一活动安排】 7月4日，区委召开常委会专题研究庆祝八一建军节活动安排。会上听取了区双拥办关于在八一期间广泛开展拥军优属、拥政爱民活动的安排意见，并进行了认真的讨论。各位常委对区领导过“军营一日”活动，上国防教育课，到联系部队走访慰问和对军转干部、退役士兵、随军家属安置工作非常关注。同时，对加强部队营区周边的环境卫生、安全保卫及加强军车管理提出了合理化建议。

(朱自宣　员再新)

【召开驻昌部队政协委员参政议政座谈会】 6月30日，区政协在防化研究院召开了驻昌部队政协委员参政议政座谈会。各位政协委员热情洋溢，发表了很多很有见地的建议，为昌平的三个文明建设出谋划策。会后，委员们参观了防化研究院建院50周年展览。

(朱自宣　员再新)

【召开双拥工作分片汇报会】 12月28日召开了2005年度双拥工作汇报会。区委副书记王书合对基层双拥工作取得的成绩给予了充分肯定。他要求，各级党委要认真制定切实可行的双拥工作计划，加大工作力度，双拥工作要有新突破，开拓创新，再接再厉，各尽所能，按照计划抓好落实，扎扎实实做好双拥工作，为争创全国双拥模范城县“六连冠”再立新功。

(朱自宣　员再新)

【召开军警民联防座谈会】 11月25日，流村镇派出所邀请驻流村镇的部队领导召开了治安联防座谈会。派出所介绍了流村镇整体情况及社会治安情况。部队领导表示，维护驻地安全是大家共同的责任，部队有义务作好此项工作，做到地方政府召之即来，来之能战，战之必胜。

(朱自宣　员再新)

【区领导看望高炮参训民兵】 7月9日上午，区委书记赵凤桐，副书记王书合，区委常委、常务副区长杨旭明，区委常委、区委办主任曹鹏程，区人大副主任张援宇，区政协副主席周振华等领导，到北京军区乐亭训练基地看望了正在参加高炮实弹射击考核的全体参训民兵，观看了民兵实弹射击，并向北京卫戍区、卫戍区预备役师、预备役五团及昌平参训民兵赠送20万元慰问金。

(朱自宣　员再新)

【区领导慰问部队并参加“警营一日”活动】 7月30日，区委书记赵凤桐、区长佟根柱等区领导带领各委主任、各镇(办事处)书记到武警五支队二大队进行慰问并参加了“警营一日”活动。向武警五支队赠送了8万元的慰问款，参观了武警五支队装备展和军企校共建成果展，观看了武警五支队反恐维稳训练汇报演示，聆听了国防教育课。年底，法政集团和武警五支队被评为全国军民共建先进单位。

(朱自宣　员再新)

【区领导慰问“北剑——0510S”演习部队】 10月13日，区委副书记王书合、区委常委、政法委书记潘建新、区委常委、双拥办主任、武装部政委王双武等到北京军区朱日和训练基地看望了参演的驻昌部队全体官兵和卫戍区演习指挥部人员，为66477部队、卫戍区演习指挥部分别送10万元、5万元慰问金。

(朱自宣　员再新)

【军民共庆“七一”】 6月29日上午，区委、区政府在装备技术指挥学院士官系礼堂组织了《庆“七一”暨共产党员先进性教育专场文艺演出》，区委、区人大、区政府、区政协主要领导和驻昌部队有关主要领导共同观看了演出。这次专场文艺演出由区委宣传部、区文委主办，组织区直机关、学校和驻昌部队共同表演了文艺节目。

(朱自宣　员再新)

【组织军民共建签字仪式】 3月25日，马池口镇举行了军民共建签字仪式。会上各共建单位商谈了共建协议内容，并签订了协议。这次活动的特点是共建面扩大了，内容更加明确、规范、具体。通过签字仪式，使马池口地区军地校形成一体，并本着优势互补，资源共享，共同促进发展的原则开展活动，把军民共建工作推向更深层次。

（朱自宣　员再新）

【二街社区与士官系一大队举行共建签字仪式】 8月19日上午，城北街道办事处二街社区与装备指挥技术学院士官系一大队举行军民共建签字仪式。

（朱自宣　员再新）

【组织区人大机关进行国防教育活动】 6月30日上午，区人大全体机关干部到坦克博物馆参观学习。听取装甲兵发展史介绍，观看了坦克展览，受到了一次深刻的国防教育。

（朱自宣　员再新）

【组织驻昌部队领导参观新城规划展示】 11月17日上午，邀请驻昌部队领导参观《昌平新城规划(2006年～2020年)》公开展示活动，部队领导对规划给予高度评价，并提出了宝贵修改意见。

（朱自宣　员再新）

【组织部队参加八达岭高速公路交通事故抢险救灾】 12月4日20时，内蒙古自治区一辆装载电石的大货车，行至八达岭高速公路进京方向49公里处时，因制动失灵，追撞上同方向行驶的北京长途汽车有限公司的一辆大客车，造成24人死亡，1人重伤，2人轻伤，6人轻微伤的重大交通事故。由于货车所拉的60余吨电石掉到水里之后，整个水都呈现出乳白色，并产生大量浓烟，造成严重的环境污染。66477部队接到通知后。团长谢新华、政委陈德能立即带领应急分队60余名官兵，不怕脏、不怕冷，勇猛顽强，连续作战，仅用了一个小时左右，将60多吨洒落的电解石转移到安全地点，保证了响潭水库上游环境不受污染，并按照当地水利部门要求将洒落现场清整干净。

（朱自宣　员再新）

【百善镇召开双拥共建工作会议】 4月1日上午，百善镇召开了双拥共建工作会议。首都军(警)民共建指导组常务副组长许长福、副组长解家宝、曹卫平及区有关部门、百善镇及百善驻军有关领导参加了会议。会上，总结了2004年双拥工作，部署了2005年双拥工作任务，通过了军民共建百善镇和谐社区的协议。

（朱自宣　员再新）

【参加防化学院院庆、空军二十三厂厂庆活动】 12月11日，区委书记赵凤桐，区委常委、常务副区长杨旭明，区委常委、区委办公室主任曹鹏程，区委常委、区双办主任王双武分别参加了防化指挥工程学院院庆和空军23厂厂庆活动并送去价值20余万元的慰问品。

（朱自宣　员再新）

【广泛开展庆八一活动】 建军78周年之际，全区广大军民扎实做好双拥工作，广泛开展了丰富多彩、有声有色的庆祝活动。一是广泛开展了双拥宣传活动。区电台、电视台开办了双拥专题节目，《昌平周刊》创办了“军旅生活”专栏，“八一”当天出了专版，共刊登编辑播出双拥稿件百余份。利用新建的电子屏幕发布20条双拥工作标语和信息。区直各部门、各镇(办事处)组织20余场自编自演的“庆八一军民联欢会”、“庆八一军政联谊会”，参加人次近10万人。二是开展了走访慰问活动。区领导分别到联系部队走访慰问、现场办公，共为部队送各种慰问品价值约10万元。各镇、各部门、各基层单位为部队送慰问品约50余万元，为优抚对象发放慰问品约60余万元。三是开展拥政爱民活动。驻昌部队普遍召开了军政军民座谈会、联欢会。通过交流、座谈，沟通了思想，密切了军政关系，加深了军民感情。四是积极配合驻地政府搞好环境整治，为驻地清理垃圾等。同时，为驻地党员上国防教育课活动，加强了军民联防，确保驻地安全。

（朱自宣　员再新）

【深入开展元旦、春节双拥活动】 一是在全区广泛开展了双拥宣传活动。二是深入扎实地开展了拥军优属活动。区领导分成四个组，对全区的部队进行慰问。同时，24名副区长以上领导干部分别到联系的部队走访慰问，现场办公，为部队解决实际问题。为部队送各种慰问品价值约22万元。区领导和职能部门慰问各类优抚对象3600余人，慰问金80余万元。各镇、各基层单位召开了拥军优属座谈会，走访慰问了驻地部队和优抚对象，春节期间为部队送慰问品约50余万元，为优抚对象发放慰问品约60余万元。三是广泛开展了军民联谊活动。区直各有关部门、各镇（办事处）主动走访慰问了驻地部队和优抚对象，召开了军政军民座谈会、优抚对象座谈会、联欢会和现场办公会。为驻地部队和优抚对象解决实际问题，让子弟兵和优抚对象过了一个美满、幸福、愉快的节日。四是驻昌部队广泛开展了拥政爱民活动。各部队组织召开了军地联席会，开展了为驻地人民群众扶贫帮困、办好事，为部队办实事活动。春节期间积极配合驻地政府搞好环境整治，让驻地群众过了一个祥和、干净的节日。各共建点开展了丰富多彩、生动活泼的活动，宣传党和政府的各项方针、政策，使群众在娱乐的同时受到教育。开展了“文明执勤、文明服务、文明行车”活动，带头维护了昌平交通秩序，树立了人民军队文明之师的良好形象。部队学雷锋小组积极开展各项义务活动，帮助敬老院清整卫生，进一步增强了军民之间的友谊，使军政军民关系更加密切。

（朱自宣　员再新）

【为驻昌部队办九件实事】 一是创新部队后勤保障社会化工作，筹建了第五期“双拥大院”，补贴近200万元，解决了43户军人住房困难问题。二是投资25万元，协助66477部队建立了1个军营健身场、一个灯光球场，改善了部队生活环境。三是加强了军事设施保卫，确保军事设施安全。并积极稳妥地解决了官兵涉法问题，确保军人及其家属的合法权益得到有效保护。四是协助总参无人机情报总站、二炮规划中心、二炮气象中心新建营房，协调解决占地1000亩。五是开办了军营电脑培训班，培训800余人。六是水务局投资20万元举办了第二届“节水杯”篮球赛。七是特请驻昌部队代表50余名与昌平区各界人士一起参加了区国庆游园会、春节团拜会，并观看了文艺演出。八是奖励驻昌部队立功人员一等功500元、二等功300元、三等功100元，全年共计10万元。九是奖励昌平籍立功人员一等功5000元、二等功3000元、三等功1000元，全年共计奖励20万元。

（朱自宣　员再新）

经济行政管理

经济行政管理

综合调控

【概　况】 2005年,区发展和改革委员会紧紧围绕区委、区政府的中心工作及当好参谋、谋划长远、推进改革、管理投资、调节运行、依法治价的职能,以推动全区经济和社会各项事业协调发展、提高人民群众生活水平、构建和谐社会、全面落实科学发展观作为出发点,认真履行职责,加大投资力度与投资管理,强化价格监督和查处力度,取得预期效果,促进了全区经济和社会各项事业稳步发展。年内,圆满完成昌平区"十一五"规划编制工作;争取市政府投资项目31个,市级补助资金6.4亿元,同比增长103.8%;审批各类建设项目193项,同比增长40%;项目总投资33.1亿元,同比增长14%;总建筑面积38.2万平方米,同比减少47%;第一产业11项,总投资1.22亿元;第二产业95项,总投资2.2亿元;第三产业87项,总投资9.7亿元。受理价格投诉980件,立案210件,查结案205件,结案率98%,经济处罚26.81万元,退还消费者26.61万元;对全区1023个单位(部门)进行价格执行情况检查,查处价格违法案件9件,经济处罚0.32万元,退款63.58万元;涉案财产价格鉴定2312件,同比增长69.1%,案值1936万元。

(郑瑞强)

单位名称:昌平区发展和改革委员会
地址:昌平区西环路17号
电话:(010)69742252
邮编:102200

【签订《法律顾问合同》】 2月1日,区发改委与北京易和律师事务所正式签订《聘请法律顾问合同》,聘请该律师事务所作为区发改委的常年法律顾问、提供法律服务。

(张淑萍)

【区政府批准2005年重点工程项目】 2月22日,区发改委经过反复论证并报区政府批准,确定了2005年区重点工程41项:高新技术4项、工业9项、商贸旅游6项、农业及水利5项、生态环境2项、社会事业发展7项、市政基础设施建设8项。

(虎志祥)

【制定夏季电力平衡方案】 3月28日,区发改委电力管理办公室与区供电公司协商制定了夏季电力平衡方案。方案确定:无线电负控企业28家、轮流周休企业264家、建筑工地停工负控企业174家。

(李德君)

【市发改委批准区三条道路建设】 3月29日,南环路道路及桥梁工程、白浮泉路道路工程和南中路道路工程的项目建议书(代可行性研究报告)获市发改委批准。三个项目总投资5.6亿元,市发改委共补助资金2亿元。

(徐丽君)

【小汤山污水处理厂获补助资金】 4月8日,市发改委批准区发改委《关于小汤山污水处理厂改扩建工程项目申请补助资金的请示》。该项目由区水资源局组织实施,在小汤山污水处理厂原厂址进行改扩建工程,项目建成后污水处理规模由原设计每天4500吨增加到每天10000吨。市发改委对该工程安排350万元补助资金。

(刘军昌)

【国家发改委稽查区京津风沙源治理工程】 7月6日至13日,国家发展改革委重大项目稽查特派员办公室联合京津风沙源治理工程五省、市、区稽查办对区京津风沙源治理工程进行了稽查。稽查的主要内容:2004年度工程实施情况、2001年度建设成果保存及运行情况和各年资金管理、使用情况。稽查组对区京津风沙源治理工程的实施情况和资金管理使用情况给予了充分肯定,认为工程质量较高,建设成果保存良好,工程资金管理使用规范,对今后进一步规范工程管理提出了建议。

(王　胜)

【价格监督进社区试点工作启动】 7月14日,区发改委在城北街道办事处所属东关南里、京科苑、清秀园三个居住小区开展价格监督进社区试点工作。共发放《价格服务指南》2400册,内容涉及水、电、气、暖价格;教育、机动车停车费、居民住宅物业收费和医疗收费。

(宗宝民)

【区医院外妇手术楼获补助资金】 8月12日,市发改委批准区发改委上报区医院外妇手术楼项目建议书(代可行性研究报告)。市发改委补助资金5100万元,支持区卫生事业建设,2006年底投入使用。

(宋社臣)

【市发改委领导检查区旅游市场】 10月2日,市发改委副主任王海平、市物价检查所所长李洁一行,对十三陵地区的旅游景点景区、餐饮市场、停车场收费情况进行了检查。检查结果:各经营单位认真执行明码标价的有关规定,市场价格秩序良好。

(宗宝民)

【"十一五"规划专家论证会】 10月26日,区发改委召开了"十一五"规划专家论证会。国务院研究室公交贸易司司长陈全生、财政部综合司综合处处长汪义达和国家发改委宏观经济研究院张永桂处长等15名专家到会,对本区"十一五"规划方案进行论证,提出了宝贵的建议。区长佟根柱、副区长洪起忠、任学良、冯维利、金晖和区长助理韩宪洲等参加会议,区领导就未来五年的产业发展重点、区域功能划分和发展指标体系等问题与专家进行了广泛的交流、研讨。

(包文林)

【媒体关注区联片供暖改造项目】 11月7日,北京电视台、北京日报、京华日报、北京晨报、法制晚报等九家媒体采访报道北环供热厂、南环供热厂和昌盛园供热厂集中联片供暖改造工程。这三个项目区发改委共争取市政府资金8200万元,拆除、改造昌平城内108座老、旧、小燃煤锅炉房,改善供暖面积680万平方米,率先实现集中供暖。

(徐丽君)

【北禾路初步设计概算获批准】 12月8日,流村镇北禾路(北流村——禾子涧)改扩建工程初步设计概算获市发改委批准,核定工程总投资8388万元。其中市政府安排补助资金5000万元。

(徐丽君)

【社会事业项目获市政府补助资金】 年内,区发改委申请社会事业建设项目获市政府补助资金1.23亿元。其中卫生项目4个,1.07亿元;教育项目2个,550万元;公检法国债项目1个,1000万元。

(宋社臣)

【2006年利用外资和境外投资计划工作完成】 根据北京市发改委《关于填报2006年

利用外资和境外投资计划的通知》要求，区发改委对2005年昌平区外商投资情况进行汇总并提出2006年利用外资计划及招商措施。年内共核准外资项目40个，总投资14亿人民币，引进外资9566.25万美元。

（高　媛）

【确定区“十一五”期间高新技术产业基地及重点项目】 区发改委对2006~2010年中关村科技园区昌平园、中关村科技园区生命科学园及昌平区回龙观国际信息园的高新技术产业基地、重大产业项目进行了征集、汇总，确定34个项目报市发改委。项目计划总投资145.1亿元，涉及生物工程和新医药、都市型工业、电子信息等产业。

（高　媛）

【“十五”期间共审批商业设施项目16个】 “十五”期间，区发改委共审批商业设施项目16个，总投资为5.68亿元，建筑面积为16.28万平方米。其中鼓楼西街危旧改造建设商业设施、北京方舟书苑等项目相继落成投入使用。

（王　胜）

统　计

【概　况】 2005年，区统计局坚持用科学的发展观指导统计工作，求真务实，转变统计观念，为政府决策服务，为各级领导树立科学发展观服务，为昌平经济和社会发展提供全方位的统计服务。圆满完成了第一次全国经济普查；统计法制宣传和统计执法取得了突破性进展；尝试了统计执法廉政情况回访活动；推进全区统计信息化建设，提高工作效率；落实北京市统计局对本区政府统计工作巡查提出的整改措施；开展了1%人口抽样调查。为科学、准确、高效、快捷地反映全区经济运行状况，较好地发挥了统计的信息咨询、服务、监督的整体功能。

（王久莉）

单位名称：昌平区统计局
地址：昌平区西环路17号
电话：(010)69742558
邮编：102200

【圆满完成第一次全国经济普查】 1月1日，全国第一次经济普查工作全面启动并贯穿于全年工作的始终。区统计局制定了《北京市昌平区第一次全国经济普查办公室关于镇街道普查机构数据质量控制办法》、《昌平区第一次全国经济普查后续数据质量评估办法》，成立了数据评估小组。本次普查的标准时点为2004年12月31日，时期资料为2004年度，普查对象是全国境内从事第二、第三产业的法人单位、产业活动单位和个体经营户。普查内容包括各单位的基本属性、从业人员与报酬、生产经营活动与财务状况、科技活动以及能源消费等方面的情况。据经济普查结果显示：截止2004年末，全区共有从事第二、第三产业的法人单位、产业活动单位及个体经营户33761个，其中法人单位10077个，法人单位所属的产业活动单位796个，个体经营户22888个；第二、第三产业从业人员291578人，其中第二产业从业人员156075人，占53.5%，第三产业从业人员135503人，占46.5%；实现地区生产总值1824768万元，其中第一产业41573万元，占2.3%，第二产业864340万元，占47.4%，第三产业918855万元，占50.3%；实收资本为3493888.1万元，其中第二产业实收资本为1598911.2万元，占45.8%，第三产业1894976.9万元，占54.2%；主营业务收入7758035.8万元，其中第二产业5725755.1万元，占73.8%，第三产业2032280.7万元，占26.2%；全部调查单位综合能源消耗总量为150.46万吨标准煤，万元GDP综合能耗为0.82吨标准煤/万元，其中第一产业单位综合能源消耗总量为5.76万吨标准煤，占3.8%，第二产业为91.47万吨标准煤，占60.8%，万元工业产值综合能源消耗量为0.17吨标准煤/万元，第三产业为53.23万吨标准煤，占35.4%；个体经营户本次普查登记22888个，从业人员58757人，全年营业收入195119.9万元，营业支出153639.1万元，固定资产原值62790.7万元，其中从事第二产业的754个，占全部个体户的3.2%，从事第三产业的22134个，占96.7%。此次经济普查数据差错率为1.2‰，符合国家和北京市经济普查数据质量控制标准。昌平区经济普查办公室荣获国家级先进集体。

（王久莉）

【统计执法取得突破性进展】 年初，区统计局加大执法力度，制定了统计执法检查实施计划，确定了全年执法检查300家的工作任务。加强执法培训的力度，对全局的工作人员和基层执法人员分别进行了执法程序及文书制作的培训。通过对300家企业执法检查的结果发现有数据质量问题的245家，占检查任务的81.7%。处理结果是：立案68家，其中罚款金额114500元；对44家给予警告行政处罚；对违法数额较小，情节轻微的175家签发了《责令改正通知书》及现场责令改正。另外对18家进行了整改，每个企业都有书面的整改措施。

（王久莉）

【开展统计执法廉政情况回访】 年内，结合保持共产党员先进性教育活动，开展了统计执法廉政情况回访活动。对被执法的80家企业发放了调查问卷，随机抽取了20家企业进行了走访。通过问卷和实地走访反馈的情况看，满意率在95%以上。同时，在“昌平统计信息网站”设立了投诉E－mail，公布了监督电话，自觉接受群众的监督。

（王久莉）

【全国1%人口抽样调查】 全国1%人口抽样调查的标准时点为2005年11月1日零时。5月中旬成立昌平区1%人口抽样调查领导小组，下设领导小组办公室。本次调查抽中全区17个街（镇）的64个居（村）委会，涉及64个调查小区2万人左右。全区共抽调近300名调查员进行入户调查登记，全部调查工作于2006年2月结束。

（王久莉）

【推进全区统计信息化建设】 年内，对基层单位网上报送培训7000余人，发放使用手册6800本，顺利完成了网上报送使用的转型工作。经济普查网上直报率达到68%，城口单位全部实行网上报送，提高了工作效率。

（王久莉）

【落实市统计局巡查整改措施】 年内，针对北京市统计局巡查组对昌平区政府统计工作提出的问题和建议，区统计局采取了三项有效措施：一是召开党组专题会议分析研究明确责任分工；二是召开科级干部专题会议以专业为线条进行分解，制定改进措施；三是完善了基本单位名录库管理制度、数据质量评估制度、报表审批监管制度、统计业务培训制度。

（王久莉）

工商行政管理

【概　况】 2005年是北京市工商行政管理局昌平分局的“基层基础建设年”，全局以“三个代表”和十六届四中全会精神为指针，以“四个一流”即：“建设一流的班子，带出一流的队伍，奉献一流的服务，干成一流的业绩”为奋斗目标，以提高工商依法行政能力为核心，充分发扬“甘当主力，甘当苦力”的工商精神，坚定不移的深化各项改革措施，切实提高辖区市场秩序控制力；扎扎实实的推进基层基础建设,全面提高专业化、现代化管理水平;促进了各项工作的全面蓬勃发展。

(李乐维)

单位名称:北京市工商行政管理局昌平分局
地址:昌平鼓楼南大街31号
电话:(010)69742605
邮编:102200

【消费信用保障金签约仪式在小汤山举行】 3月11日,在小汤山举行了“深化消保维权关口前移现场会暨消费信用保障金签约仪式”。会上,小汤山工商所、区消费者协会总结了消保维权关口前移各项维权制度的落实情况。4家房地产开发商代表小汤山地区房地产开发企业发出了诚信规范经营,保护消费者合法权益的倡议,并向区消费者协会交纳了100万元,建立了购房消费信用保障金。

(李乐维)

【举办关爱农民工健康主题活动】 3月13日,昌平工商分局在“蓝郡国际花园”建筑工地组织召开了“关爱农民工健康,我们在行动”主题活动。“蓝郡国际花园”工地负责人向全区建筑施工单位发出了“关爱农民工健康,确保食品安全”的倡议。切实维护农民工权益,认真落实生产管理和食品安全各项制度。区建委领导与施工单位代表共同签订了《食品安全责任书》,区食品办聘请了包括媒体、政府、企业、农民工代表组成的6名“食品安全督察员”,代表社会力量关注监督建筑工地食品安全情况。并在全区近500余家建筑工地、学校食堂推行统一的《食堂食品采购台帐》,有效规范了食堂进货渠道,从源头上消除食品安全隐患。

(李乐维)

【区食品安全信息网正式开通】 3月15日,区食品安全信息网正式开通,使之成为全区食品安全信息归集、发布、交流的统一平台。区食品办通过该平台编发“食品安全工作动态”21期,“食品安全监测专报”和相关检查方案、信息29篇,“食品安全消费常识”12篇,发布“不合格食品下架”通知及产品名单28份,群众阅览点击率达1909次,为群众了解食品安全信息,参与食品安全社会监督提供了及时、准确、方便的服务,成为巩固食品安全专项整治成果的重要阵地。

(李乐维)

【提高业务素质,改善礼仪形象】 年内,强化队伍的业务素质,通过业务交流、模拟教学、对抗训练、岗位实习、远程教育等多种形式,使干部受训超过1500人次,平均每名干部学习时间累计超过100小时。开展文明礼仪活动。把“讲礼仪、做文明昌平人;树形象,展红盾新风采”为主题的文明礼仪活动贯穿全年,对工商所业务骨干进行全封闭军事化管理培训,邀请部队教官对其进行队列排练、体能训练。从而使干部知礼、行礼、守礼,礼仪形象得到了明显改善。

(李乐维)

【推进市场准入制度改革】 年内,开通了网上登记注册通道和登记注册服务咨询平台;在分局注册大厅和11个工商所的二三级服务平台全面推行了“简易登”的登记注册程序。申请人在名称预先核准后,只需按实际情况填写《企业注册基本信息表》并由受理人员录入程序后,即可自动生成各种登记材料及《开业提示说明》,申请人只需签字盖章即可,使以前相对繁琐的信息填录过程变得简捷方便,提高了办事效率。

(李乐维)

【互联审批与全程办事代理有机结合】 年内,通过依托区全程办事代理网络督查系统,进一步规范了互联审批程序,明确了办理行政许可事项的职能科室,归集相关部门行政许可的依据、条件、程序和需提交的文件等内容,制作并发放“一次性告知单”,实行了“一次性告知”制度。根据市、区总体规划所公示的鼓励和限制发展的产业,拟定了区“产业发展指导目录”,避免申请人盲目投资,提高了政府的诚信度。

(李乐维)

【区域经济健康发展】 年内，全区共新增市场主体18662户，累计达到57335户，其中内资企业15042户，个体工商户42293户。与上年的44259户相比净增13076户。新增注册资金3000万元（人民币）以上的企业23户，占全区注册资金3000万以上企业总数287户的8%；新增外商投资企业63户，注册资本总额达1.3亿美元，分别占总户数499户的12.7%和总注册资本额10.14亿美元的12.8%。

（李乐维）

【区私营经济精神文明委员会成立】 7月28日，在昌平广电中心召开了区私营经济精神文明委员会成立大会。市私个协会会长、市私个文明委副主任金鑫、区有关领导及100余名私营企业、个体工商户代表出席了大会。

（李乐维）

【召开区整规办会议】 9月15日，召开由31个成员单位负责人参加的2005年第一次整规办会议。会上，对当前整顿和规范市场经济秩序重点工作进行了部署，通报了关于开展2005年"诚信兴商"宣传月活动主题、宣传重点、活动的组织原则、活动内容及时间安排。

（李乐维）

【完善食品安全网络建设】 年内，在全区15年成员单位和17个镇设立了食品安全信息联络员，在全区57个社区、居委会，235个自然村设置了300名食品安全监督员，并确定了由部门主管领导负责的食品安全工作管理机制，明确了食品安全监管和属地管理责任，确保及时准确了解辖区食品安全动态，及时应对突发事件的发生。

（李乐维）

劳动和社会保障

【概　况】 2005年，区劳动保障局按照统筹城乡就业和社会保障的总体要求，不断拓宽工作思路，创新工作方法，全年各项工作平稳运行。全区就业局势基本稳定。城镇登记失业率为2.57%，失业人员就业率达到61%。全年共帮助1.2万名农村劳动力转移就业，是近年来安置人数最多的一年。全区社会保险制度改革稳步推进，社会保险覆盖范围继续扩大，基金收支规模大幅增长。五项社会保险参保人次达到53.7万人次，比2000年的27.12万人次增长近1倍；基金收支规模达到14.06亿元，与2000年的3.63亿元相比，增长285%。全区劳动关系基本稳定。区属企业城镇职工劳动合同续订率为92.5%，与上年同期基本持平；共受理劳动争议案件873件，受理群众举报案件1218起，结案率均为100%，有效维护了广大劳动者的合法权益。

（陈　霆）

单位名称：昌平区劳动和社会保障局
地址：昌平区政府街1号
电话：(010)69746816
邮编：102200

【建立促进就业三方联席会议制度】 年内，根据企业用工需求，区劳动保障局积极搭建招聘平台，协调相关镇政府，共同帮助用人单位解决用工需求问题，促进农村富余劳动力转移就业。全年在小汤山、百善、兴寿、崔村4个镇为九华集团、华都肉鸡公司和北京同仁堂制药三厂等企业举办了招聘会，组织农村劳动力进行了集中面试。其中九华集团共录用农村富余劳动力近700人。

（王德华）

【加强农村富余劳动力职业技能培训工作】 年内，区劳动保障局通过加强与社会力量办学单位联合，与各用工单位联合，与区农委、区工业局等部门和各镇街社保所联合，进一步整合培训资源，对本区农村富余劳动力推行“定向培训、定岗培训”，突出了培训的针对性和有效性。全年共培训农村劳动力 7984 人，培训后就业率达到 71%。

（赵玉明）

【妥善解决农转工人员社会保险问题】 年内，妥善解决本区建设征地农转工自谋职业人员和终止、解除劳动关系的农转工安置人员的社会保险问题。全年共有 1207 名自谋职业人员办理了社会保险补缴手续，市、区财政补助金额 2725 万元；共为 591 名终止、解除劳动关系的农转工安置人员办理社会保险补助手续，补助金额 35 万元。

（高科峰）

【积极推进企业退休人员医药费社会化报销工作】 年内，区劳动保障局按照全市统一部署，积极推进企业退休人员医药费社会化报销工作，认真解决企业退休人员报销难的问题。在 17 个社保所顺利展开。截止到年底，全市共有 1.7 万名退休人员选择在本区各社保所报销医疗费。

（李燕敏）

【加大劳动保障政策宣传工作力度】 年内，区劳动保障局在利用区电视台、《昌平周刊》等区内主流传播媒介，及时广泛宣传劳动保障政策和动态信息的基础上，从 7 月开始，每月向区人大代表、政协委员和在本区参加社会保险的 10 人以上的 971 家企事业单位免费赠送北京就业报出版的《政策法规公告》，进一步加大劳动保障政策宣传工作力度，为规范用人单位的用工行为提供政策指导。

（钟 萍）

【推行存档人员社会保险缴费卡工作】 从 7 月 1 日起，区劳动保障局积极推行存档人员社会保险缴费卡工作，对在人才中心、职介中心存档人员缴纳社会保险费实行邮局代扣代缴。截止到年底，全区共有 5586 名存档人员办理了社会保险邮局代扣代缴手续，极大地提高了代收社会保险费的工作效率，减少了广大存档人员往返的次数，解决了存档人员缴费难的问题，受到存档人员的普遍欢迎。

（于占芳）

【开展 ISO9001 质量管理体系认证工作】 从 4 月起，区劳动保障局全面推行 ISO9001 质量管理体系认证工作。10 月 18 日至 19 日，区劳动保障局顺利通过了深圳环通认证中心北京分中心审核专家组的现场审核。11 月上旬，第三方认证机构向区劳动保障局正式颁发了证书。

（陈 霆）

质量技术监督

【概 况】 2005 年，区质量技术监督局坚持依法行政，以全面提高质量技术监督工作有效性为目标，突出食品和特种设备“两大安全”，强化产品质量、计量、标准化、特种设备监督管理，提高技术保障能力。

开展食品安全专项整治。3 家五类食品企业和 43 家十类食品企业获得食品生产许可证，7 家食品企业通过生产许可证年审。加强对获证企业生产必备条件、检验能力、标识使用情况的日常巡查，出动执法人员 817 人次，抽查食品企业 374 家次，抽取样品 227 个。

加强特种设备安全监察。建立特种设备检验管理系统和区、镇、设备使用单位三级监管网络。确定重大危险源 7 个，“两会”、“五一”、“十一”、春节等重要时期、重点场所特种设备检查单位 50 家。办理特种设备安装改造维修告知 281 份，涉及设备 794 台，办理设备使用登记1261台。先后组织各类专项检查44次,累计检查单位385家次。

加强对工业生产许可证产品、"3C"强制性认证产品的监督管理。初审工业企业22家,18家通过现场审查。年审工业企业25家,许可证39个;"3C"企业67家,许可证532个。以建材、农资、燃煤、燃油等产品为重点开展专项检查。监督检查建材生产企业105家,农资企业18家,煤炭使用单位317家次,加油站11家。完成对17家商场、专卖店家用空调器、电冰箱节能标识的专项检查。

严格对计量器具生产企业的管理,完成新办证和到期复核7家,抽查发证企业19家。检查加油站75家,医疗卫生单位41个,超市58家,集贸市场12个,眼镜制配单位48家,计量器具受检率均为100%。开展对获得"QS"认证的18家定量包装食品生产企业的计量专项检查,覆盖率100%。

备案企业标准336个,登记注册170个,采用国际标准21个,注销食品标准17个,开展食品标签、商品条码等监督检查92次。协调区农委建设农业标准化生产示范基地22个。抽查农业标准化生产基地35次,抽取样品56个,合格率为100%。

全年,区质量技术监督局共出动执法人员4043人次,开展各类执法活动1916次。办理行政处罚案件368起,其中立案处罚286起,现场处罚82起,罚款118.4万元。受理和解决投诉举报120件,为消费者挽回经济损失19.75万元。完成计量器具强制检定70805台(件),产品质量监督检验样品3241个,特种设备检测6571台(套)。

(王　巍)

单位名称:北京市昌平区质量技术监督局
地址:北京昌平东关环岛东50米路南
电话:(010)69746078
邮编:102200

【开展食品、建材专项打假】　年内,区质量技术监督局组织开展了食品、建材专项打假活动,共端掉制售假冒伪劣食用精制盐、洋酒、防水卷材、"地条钢"黑窝点4个。查获假盐4000千克,散装假葡萄酒660千克、洋酒瓶及包装材料2574件,假冒防水卷材444卷,"地条钢"4吨,捣毁中频炉4台、模具45个。

(王　巍)

【开展"涉红"产品专项检查】　3月至4月,区质量技术监督局根据市局部署开展了针对在食品中使用工业用染料——"苏丹红一号"违法行为的专项检查,共检查以辣椒为原料的食品生产企业72家,抽取样品112个。

(王　巍)

【开展计量校园行活动】　5月19日,区质量技术监督局会同中国石油大学及北京新达利眼镜公司在石油大学校园内联合举办了"计量校园行暨'5.20'世界计量日宣传咨询活动"。活动中,共向学生发放宣传材料16种300余份,免费清洗和修理眼镜58副、验光35人,向中国石油大学50名贫困大学生每人赠送眼镜一副。

(高　洁)

【区产品质量监督检验所通过国家级实验室认可】　7月,通过设施、设备技术改造和严格的业务培训,区产品质量监督检验所通过中国实验室认可委员会的审查,纯净水、糕点等149个检验项目被授权为"国家实验室认可"项目,成为继海淀、顺义、朝阳质检所之后,本市质监系统第四家获得国家级实验室认可的产品质量监督检验所。

(王　巍)

【集中销毁罚没劣质食品】　8月11日,区质量技术监督局在垃圾焚烧场集中销毁了2004年以来在执法打假中没收查抄的部分劣质食品和调味品,其中主要有面包、果脯、泡菜、水饺、酱汁、陈醋等,共计600余箱,另有查抄的造假者非法回收利用的各类洋酒瓶277个。

(刘　琦)

【开展"质量月"宣传活动】　9月4日,区质量技术监督局在阳光商厦前举办了主题为

"奉献优质产品，构建和谐社会"的宣传活动。宣传中，共向过往群众发放质量宣传材料4000余份。设立伪劣产品讲解台，用实物向群众讲解商品真伪、优劣的识别方法。同时现场接受群众的质量咨询和投诉。北京华都酿酒有限公司和得利斯食品有限公司也在现场进行了优质产品展示。"质量月"期间，区质量技术监督局还相继开展了送法到基层、企业法律宣传、质量宣传活动和产品质量、计量、特种设备专项执法检查等一系列活动。

（刘　琦）

【举办技术机构开放日活动】 9月22日，为了增进企业和群众对计量检测、产品质量监督检验和特种设备检测工作的了解和认识，区质量技术监督局举办了技术机构开放日活动。20余家企业的技术负责人和部分群众先后参观了三个技术机构的实验室和检测、检验过程，对技术机构的职能、发展过程有了较深入的了解，并在技术机构扩大宣传面、提高服务质量和检测水平等方面提出了意见和建议。

（赵继江）

【召开煤炭质量管理工作会】 10月18日，区质量技术监督局组织召开了有196家煤炭使用单位的负责人参加的昌平区煤炭质量管理工作会。会上，区质量技术监督局通报了近几年全区煤炭质量监管工作情况，并向煤炭使用单位在采购、使用煤炭等方面提出了具体的要求。参会的煤炭使用单位负责人共同学习了北京市关于煤炭质量方面的相关规定，并在《控制大气污染使用低硫优质煤承诺书》上签字，为净化昌平蓝天作出郑重承诺。

（王　巍）

【区政府被评为全国农业标准化示范区先进单位】 10月20日，全国农业标准化示范区建设总结表彰现场会在本区召开，原国家标准化管理委员会主任李忠海、副区长冯维利和北京市质量技术监督局副局长李庆源参加了会议。昌平区政府被评为"全国农业标准化示范区先进单位"。与会代表先后参观了中日友好观光果园和蟒山红苹果种植中心，对本区苹果标准化工作给予了高度评价。

（陈玉和）

【开展供暖锅炉专项检查】 年底，区质量技术监督局会同区供暖办对住宅小区、工业开发区、城乡结合部的供暖锅炉进行专项检查，共检查供暖单位20家。针对检查中发现部分单位存在相关设备未按规定进行定期检验、安全管理制度不健全、安全附件年久失修没有及时更换等问题，共下发特种设备安全监察指令书7份，要求其立即消除安全隐患，尽快恢复供暖。

（王建国）

审　计

【概　况】 2005年，区审计局按照"依法审计、客观公正、实事求是、服务大局"的指导思想，紧紧围绕区政府的中心工作和社会的热点、难点问题，全面开展预算执行审计、经济责任审计、基建审计、专项资金审计等，加强审计质量控制，实行重点环节重点控制，规范审计行为，提高审计质量和工作效率。在保持党员先进性教育活动中，本着加强领导、精心组织、周密安排、讲求实效的原则，切实做到了先进性教育活动与审计工作"两不误"。在加强"人、法、技"建设方面，以增强审计文化建设为先导，组织开展多种形式的培训和丰富多彩的文化活动，全面提高每名审计干部整体意识，增强审计队伍的战斗力和团结合作的精神。全年共完成审计项目65个，其中同级预算执行审计5个，基建项目审计43个，经济责任审计11个。查出违规违纪金额2358万元。完成区政府及有关部门交办的专项审计、检查任务12项，为维护全区经济秩序健康发展发挥了重要作用。

（翟　慧）

单位名称：昌平区审计局
地址：昌平区南环东路1号广电大厦11－12层
电话：(010)69747354
邮编：102200

【同级预算执行审计】 年内，为做好2004年同级财政预算执行情况审计，抽调20人组成5个小组，对涉及2004年度同级预算的5个主管部门及110个资金拨付使用单位进行了审计。对审计中发现的预算率不高、部分专项资金使用应加强监督检查、预算内（外）暂付款还需加大清理力度、历年遗留的欠税数额仍然较大等问题，向有关部门提出了改进意见，并代区政府向区人大报告了预算执行审计结果。

（翟　慧）

【领导干部经济责任审计】 年内，对11位处级领导干部进行了经济责任审计，查出和发现违规金额290余万元。审计发现的主要问题：一是个别单位房屋转让、出租和个人收入存在漏缴税费问题。二是部分单位存在固定资产管理不规范、改变专用资金用途、财务管理薄弱、村账镇管工作监管不到位和大额白条支付现金等问题。三是大部分单位存在领导干部收入申报不实问题。四是个别单位存在收入不入帐和私存私放资金问题。针对上述问题，按照有关法规已向相关单位做出处理并提出改进完善建议。

（翟　慧）

【固定资产投资审计】 年内，按照《昌平区政府投资项目管理办法》规定，将区政府投资金额100万元以上建设项目全部纳入审计监督范围；对重点工程实行全过程跟踪审计；对部分镇、单位自筹资金的基建项目进行审计；对43项基建工程竣工结算进行了审计，审计核减基建项目投资2068万元。

（翟　慧）

【专项资金审计】 年内，对区财政2004年度粮食直补资金管理、拨补和使用情况进行了审计。审计证实，2004年本区粮食直补资金涉及17个街镇，种粮农民4.4万户，小麦和玉米播种面积12.3万亩。针对粮食直补政策实施中存在的政策有待完善、运行成本较高、缺乏配套资金、手续烦琐、相关政策之间产生冲突、影响农业产业结构调整等问题，及时以信息和专题调研的形式向市、区进行了反馈。对国有粮食企业亏损挂帐进行审计。通过全面审计，重点抽查，对本区1998年6月至2002年末国有粮食购销企业政策性亏损1149.49万元挂账进行了审计确认，为全市统一消化亏损挂帐提供了准确数字。

（翟　慧）

【审计调查】 年内，对区政府债务情况进行审计调查。摸清了本区政府债务总体规模和结构，以及债务类型和举债形式，分析了债务风险，评价了重点建设项目投资效益。同时，根据审计调查发现的问题，向区政府和相关主管部门提出应成立统一的政府债务管理机构，建立健全具体的政府债务管理制度等方面建议，为区政府宏观决策提供了依据。开展了医疗保险基金进行审计调查。对本区2004年度基本医疗保险基金的收支管理、医疗保险制度的运行进行了审计调查。对审计调查发现的超限额支付统筹基金和欠费管理不完善等方面的问题，有针对性的提出劳动、工商、税务等部门应建立联席会议制度；医保中心应进一步完善医保信息系统、加强欠费管理等方面建议。对2004年度市级生态保护与建设专项资金进行了审计调查。此次审计调查的资金主要包括：生态环境治理资金、退耕还林工程补助资金、京津风沙源治理工程资金等10项资金，调查涉及到4个资金主管部门和42个资金使用单位，延伸审计资金总额4600余万元，占资金总额的60.52%。通过审计，查明了资金投入、管理和使用效果，对个别单位未按合同规定及时下拨资金、违反现金管理规定和会计核算不规范问题，提出了整改意见。完成区政府交办的城北天方苑开发项目支出情况的审计、卫星城东区开发建设资金收支情况审计、北七家镇清产核资工作，参加了教育收费检查、“小金库”和规范收入情况等专项审计，同时配合了区纪委查办案件工作。

（翟　慧）

【内部审计协会及内部审计工作】 年内，健全内审机制。由区政府转发了《关于进一步加强和完善内部审计工作的意见》。发挥内审协会“管理、宣传、交流、服务”的职能作用，制定《关于在部分单位设置审计业务督导员的管理办法》，将督导工作指导程序、职责和范围、工作纪律等内容进行了明确；以协会名义派出审计督导员，对一些单位的财务管理、监督控制等方面工作进行业务督导；加强与被审单位日常联系，及时了解部门和单位在财务管理和会计核算方面的难点和问题，帮助找出解决问题的办法。

（翟　慧）

药品监督管理

【概　况】 2005年，北京市药品监督管理局昌平分局不断提高监督管理和服务水平，加大市场监测力度，全年共进行药品基础测试501批次；完成药品抽验160批次，医疗器械抽验31批次；化妆品抽验28批次。年内，开展药品统一配送工作，长陵、十三陵等8个镇148个村卫生室实现了药品统一配送。有10家药品生产企业通过GMP认证；28家药品经营企业通过GSP认证。全区药品生产经营企业质量管理进一步规范，两项认证的成果进一步巩固和扩大。

（周科宇）

单位名称：北京市药品监督管理局昌平分局
地址：昌平区西关环岛往西100米
电话：(010)89702346
邮编：102200

【开展农村卫生室药品统一配送】 年内，继续加大力度进行农村两网建设，新发展药情信息员40名。截至年底，全区建立由10名特约监督员，60名药品协管员，288名药情信息员组成的监督队伍。制定《关于加强村级卫生室药品管理工作的意见》，成立区药品统一配送评审委员会，负责对配送全过程进行监督检查，长陵、十三陵等8个镇148个村卫生室实现了药品统一配送。

（周科宇）

【巩固认证工作】 年内，有10家药品生产企业通过GMP认证；28家药品经营企业通过GSP认证。全区药品生产经营企业质量管理进一步规范，两项认证的成果进一步巩固和扩大。

（周科宇）

【建立信用监管体系】 年内，根据辖区内药品零售企业分布特点，成立了药品经营企业协管网，聘请来自药品零售企业的负责人担任本区域内的药品质量监督员，积极开展“依法生产，诚信自律，争创首都名牌医疗器械生产企业”倡议活动。在对企业进行信用和分级管理的过程中，多次开展警示教育活动，启动预防和纠正程序，帮助企业规范行为，使8家红标企业转为黄标企业，7家红、黄标企业转为绿标企业。

（周科宇）

【打击违法行为】 年内，共接待举报150起，立案20件，其中化妆品案件2件，取缔无证经营82户。先后开展了中药饮片、疫苗等15次专项检查，共监督检查1374家企业和医疗机构，出动检查人次3862人次。

（周科宇）

【做好保健食品、化妆品基础工作】 5月初，开始对全区保健食品、化妆品的企业及品种情况逐一进行现场摸底调查，全区有保健食品、化妆品生产企业共28家；保健食品、化妆品经营单位492家，美容美发店450家。已经对以上970个单位全部建立了基础档案，并开展了保健食品和化妆品的专项整治工作。

（周科宇）

【规范医疗机构使用药品、医疗器械行为】 年内，建立了医疗机构药品质量管理档案，将使用麻醉药品、一类精神药品和接种疫苗的医疗机构列为红标单位，对其实施重点监管，增加检查次数；将使用一般药品的医疗机构列为绿标单位，对其实施一般监管，根据日常监督检查情况实行减少或豁免检查；向各医疗机构转发《关于规范医疗机构医疗器械使用的指导性意见》，对一级以上医疗机构进行培训，使其从器械的采购、使用到销毁都达到规范化、制度化管理。

（周科宇）

【完成各项审批和换证工作】 年内，共完成43家药品、医疗器械生产企业，309家药品、医疗器械经营企业换发许可证的工作。全年受理药品、医疗器械经营企业开办和变更申请433份。

（周科宇）

【组织成立药械协会】 10月，分局组织成立昌平区药械协会。协会成立后，积极发挥作用，召开医疗器械生产企业座谈会，组织医疗器械生产企业到通过GMP认证的药厂参观。协会的成立，成为政府和企业沟通的桥梁和联系的纽带，促进了全区医药经济的健康发展。

（周科宇）

【开展拒绝虚假广告宣传】 10月15日，在天通苑社区和区医药药材总公司门前开展以“关爱群众健康，安全用药知识进社区”、“拒绝虚假药品、医疗器械、保健食品广告”等为主题的大型社区宣传活动。活动中设立真假药鉴别台、药学知识咨询台、健康咨询台、过期失效药回收台，向群众发放宣传材料，为群众讲解如何识别虚假广告、鉴别真假药常识等内容，此次活动共发放宣传材料2万余份，回收过期失效药120余种，价值3000元左右。

（周科宇）

【加强不良反应监测工作】 年内，完成对一级以上医疗机构医务人员和临床药师进行了药品不良反应监测培训，对医疗器械生产企业负责人和二级以上医疗机构负责人进行了医疗器械不良事件监测培训。

（周科宇）

国有资产管理

【概　况】 2005年是区国资委全面履行监管职能的开局年、基础年，也是国有资产管理体制改革和国有企业改革深入推进的重要一年。企业改革发展取得积极进展，经济运行态势平稳有序。全年，监管企业累计实现销售收入20.64亿元，工业总产值15.60亿元，上交税金6711万元，实现利润负9091万元（能源及原材料价格上涨、市场不景气以及企业兼并重组等因素致使企业销售收入锐减，成本费用激增，与2004年同期相比经济效益明显下滑，其中仅北京平板玻璃集团公司兼并重组增加管理费用就达6200余万元）；监管企业资产总额54.1亿元，比上年同期增长4.1%；负债总额32.9亿元，同比减少4%；所有者权益21.8亿元，同比增长20.1%。数据显示，区内国有经济运行状况受宏观经济影响，增长放缓，利润下降，但经济总量、产能和销售收入仍保持着平稳发展态势，国有资本经市场机制的优化选择和配置，正逐步向优势行业、优势企业集中，国有资本总量持续增加，运营质量和安全系数正在逐步提高。

年内，区国资委邀请国务院国资委研究中心进行《企业改革发展规划》研究编制，制定“经济布局结构、国有企业改革、资本市场建设、国有资产管理体制”的指导性意见，对国有经济结构进行了分类整理，整体布局。全年共有14家企业已经完成或正在运作改制：水产公司普惠饲料厂等5家监管企业完成改革；北京平板玻璃集团公司与联想集团弘毅公司进行了资产重组；北标公司与北汽公司签订重组框架协议；物资公司等4家企业破产工作终结；滤纸厂已经完成破产清算报告，北京轴承厂资产已部分拍卖，债权债务清缴工作正在稳步推进。

积极推进企业重点工程建设，切实加强国有资本经营管理。红冶钢厂嘉禾木科技造纸项目投产运营并取得收益；区联社完成55家农村便利店建设，“城——镇——村”三级现代流通网络已具雏型；水屯市场升级改造项目已部分完成，家居广场开张营业；冶金机械厂高科技信息产业园开工建设；水产公司温水鱼良种孵化中心投产运行，红栌生态渔业园建成营业；铭嘉公司东区建设中，内环路、崔昌路、何营路市镇道路工程和南环大桥工程已顺利开工；进一步完善授权经营体系，促成全区105家企业与长城公司3.2亿元债务的一揽子核销协议，成功收购新疆百花村股权，将其麾下极具发展潜力的鑫胜装饰材料公司整体搬迁至昌平发展；晨光昌盛公司全年为区内企业提供贷款担保3.83亿元，累计担保余额10.47亿元，新增投资5126万元，有力的推动了昌平高科技企业的健康发展。

牢固树立出资人意识，依法履行监管职责。年内共完成《企业经营业绩考核暂行办法》、《企业产权制度改革工作意见》、《企业重大经营决策失误责任追究暂行办法》等9项规范性文件；建立了重大事项报告、经济责任审计、业绩考核与薪酬管理等相关制度；开展了所属84家企业清产核资工作，建立和完善统计评价体系；建立健全产权登记与管理制度；顺利开展了以年薪制试点为核心的24家企业负责人经营业绩考核，并完成收入专项审计，加强了对企业负责人的审计监督；层层落实由“监管法规体系、统计评价体系、业绩考核与薪酬管理体系、企业负责人管理体系、国有资本经营预算体系”组成的完整配套的国有资产经营责任体系，确保实现国有资本保值增值。

（喻明喜）

单位名称：北京市昌平区人民政府国有资产监督管理委员会
地址：昌平区南环东路1号广电大厦
电话：(010)69742185
邮编：102200

【重点开展八项工作】 开展清产核资工作，加强法规体系建设，夯实监管基础；推行企业负责人年薪制、经营预决算报告等试点工作，着手建立完整配套的国有资产经营责任体系；对监管企业分类整理，整体规划，深化国有企业产权制度改革；明确权责，两权分离，逐步建立和完善企业公司法人治理结构；加大企业兼并重组力度，推动国有经济布局结构优化调整；完善授权经营制度，实施监管企业的分级管理；全力推进监管企业各项重点工程建设；围绕中心、服务大局，进一步改革和创新国有企业党建工作。

（喻明喜）

【区领导到冶金机械厂和红冶钢厂调研】 3月1日，区委书记赵凤桐一行到首钢冶金机械厂和红冶钢厂进行考察调研。赵书记对两企业工作给予充分肯定，并对企业改革发展问题做出重要指示：从企业实际出发，加快改革步伐，推进产业结构调整；积极推进企业法人治理结构建设，创新机制，推动企业可持续发展；结合北京和昌平发展规划，协调好搬迁和建设问题；突出主业，创新技术，强化管理，降低成本，争取经营业绩更上一层楼。

（喻明喜）

【国有企业负责人业绩考核与薪酬管理工作拉开序幕】 3月17日，国资委召开企业负责人业绩考核与薪酬管理工作会，下发《薪酬管理暂行办法》、《业绩考核暂行办法》、《薪酬核准制暂行办法》三个文件,并与35家分类实施年薪制、模拟年薪制、薪酬核准制企业的负责人签订了《经营业绩考核责任书》,把经营业绩与奖惩挂钩,实施有效的激励约束,层层落实国有资产经营责任制,确保国有资本保值增值。

(喻明喜)

【对国有资产有效实施动态监管】 年内,切实加强对所出资企业国有资产产权管理工作。截至3月底,完成全区国有产权转让和资产处置项目55个,完成评估项目核准15245万元,备案资产1152万元。

(喻明喜)

【昌房公司为构建和谐社会办实事】 4月中旬,昌房公司下属立昌物业管理中心为丰富东关南里小区群众的业余文化生活,构建和谐社会,在物业办公楼首层增设小区居民工作站,新添设棋牌室、乒乓球室、学习室、护理室,开辟健身舞场、夏日广场,使社区群众业余文化生活更加丰富多彩,小区和谐健康氛围为之一新,受到小区居民的热烈欢迎和一致好评。

(喻明喜)

【皇城粮油总公司圆满完成全区“退耕还林粮”供应工作】 3月中旬至4月上旬,皇城粮油总公司充分发挥粮食供应主渠道作用,与区林业局配合,认真及时开展退耕还林补助粮供应工作。总计供应全区14401户退耕还林农户45480.16亩,还林粮3173241公斤。其中:小麦113205公斤,玉米39648公斤,面粉2294350公斤,特等米727038公斤,圆满完成“退耕还林粮”供应工作。

(喻明喜)

【常兴庄渔场火爆“五一黄金周”】 五一黄金周期间,水产公司常兴庄渔场共接待游钓人员3500人次,垂钓罗非鱼、青鱼、金丝鲶等7200公斤,直接收入21.9万元。中国钓鱼协会在常兴庄进行两场钓鱼比赛,参赛运动员600余人,渔场的良好服务得到了组织者和参赛者一致好评,有力的宣传和促进了昌平旅游业的发展。

(喻明喜)

【全面展开企业清产核资工作】 5月12日至13日,召开所属企事业单位清产核资动员暨培训会,全面部署对所属84家企事业单位清产核资工作。会后,国资委聘请专业人员对参会财务人员进行了为期两天的关于清产核资政策法规、报表、软件操作等内容的集中封闭培训。

(喻明喜)

【水产公司为区内外养殖户提供优良罗非鱼种22万公斤】 5月22日至6月2日,水产公司举行了为期一周的罗非鱼放种工作,为全区及外埠100多家养殖户提供不同规格的罗非鱼种22万公斤。本年鱼种的优势无论在亲鱼的选育、苗种的培育,还是鱼种的科技含量上均较往年有所突破。由于苗种的品质高、质量好,出现了本市及外埠养殖户争相购买、供不应求的局面。

(喻明喜)

【北京平板玻璃集团公司并购重组协议正式签订】 8月30日上午,联想集团弘毅投资公司与北玻集团公司并购重组签约仪式在昌平商务会馆隆重举行。副区长洪起忠、联想弘毅公司、中国玻璃控股公司和区各相关委办局主要领导参加签约仪式。联想集团弘毅投资公司并购重组北玻集团公司资产后,将投资改造一条600吨浮法玻璃生产线,新建一条900吨高档浮法玻璃生产线。

(喻明喜)

【组织监管企业面向全球招股推介】 9月14日起,组织所监管的竞争性领域的全部企业(共15家企业,总资产21亿元,净资产8.2亿元)参加北京市国资委、北京产权交易所举办的面向全球投资者的招股推介活动。

(喻明喜)

【积极推进国有企业改革工作】 截至年底,北京市普惠饲料厂、昌平宏业铁木制品公司、红益物资经营部、北京红馥饭店、红冶工贸公司的产权制度改革已完成。玻璃集团公司与联想集团弘毅公司并购重组进展顺利，资产重组、新公司组建和生产线改造建设等后续工作正在稳步推进；红冶钢厂、华都酒厂、栎昌王麻子公司、外贸公司改革方案已拟定；王麻子剪刀厂、制刀厂、物资公司、巩华凯新机电设备公司、北轴厂、滤纸厂、昌商五交化中心 7 家企业已基本完成破产主要工作，其信访问题逐渐缓解，趋于稳定。

（喻明喜）

【全面开展企业国有产权登记工作】 10 月 27 日，召开企业国有产权登记工作会，全区 40 余个行政事业单位及国资委所属一级公司参加会议。会议就换发新的企业国有资产产权登记表证的政策文件、注意事项、产权软件使用、数据上报等工作做了详细说明和部署。此次产权登记证的换发涉及全区 120 余家国有企业，资产总额 32 亿元。产权证 12 月底全部换发完毕。

（喻明喜）

【国有资本总量增加】 截止年底，国资委所属 52 家监管企业资产总额 52.59 亿元，同比降低 0.1%；负债总额为 30.6 亿元，同比减少 7.6%；所有者权益 21.99 亿元，同比增长 12.7%；监管企业实现销售收入 22.1 亿元，工业总产值 1.32 亿元，上交税金 9323 万元。首钢红冶钢厂、鹿牌都市生活用品公司等规模企业销售情况和经济效益表现良好。国有资本经市场机制的优化选择和配置，正逐步向优势行业、优势企业集中，经济运行态势平稳有序。

（喻明喜）

【对所出资企业负责人工资收入进行专项审计】 11 月，对参与年薪制试点的 24 家所出资企业的 30 位党政负责人的 2004 年收入进行了专项审计。经统计核查，负责人实际年平均收入为 72837.29 元。对于审计中发现的个别问题，国资委已明令纠正，并将在 2005 年的企业负责人业绩考核工作中切实予以规范。

（喻明喜）

【规范所监管企业改革工作流程】 11 月中旬，制定下发《国有集体企业产权制度改革操作程序的暂行规定》，对改革过程中的清产核资、经济审计、方案审批、产权交易等做出详细规定，为进一步规范改革操作流程，防范国有资产流失，维护职工权益提供了强有力的制度保证。

（喻明喜）

【成立离退休职工托管中心】 年内，成立了离退休职工托管服务中心，将已经关、停、破的企业离退休职工统一交托管中心管理，着力解决困扰企业经营发展的离退休职工管理问题，截至 12 月中旬，托管中心人员和经费已经基本到位，正式开始运作。

（喻明喜）

【自来水公司落实区政府“民心工程”】 自来水公司高度重视区政府“全面推行使用自来水 IC 卡水表工程”，热忱为民办实事。截至年底，共计改造安装 IC 卡水表 37741 块，超额完成安装任务，使区政府该项为民办实事工程得以切实落实。

（喻明喜）

昌平展鸿图　发改建其功

2005 年，在区委、区政府的正确领导下，昌平区发展和改革委员会坚持以邓小平理论和“三个代表”重要思想为指导，全面贯彻落实科学发展观，以市政府实施“两个转移”、“五个倾斜”为契机，紧紧抓住“发展、统筹、创新、开放、和谐、人本”的主题，通过抓好保持共产党员先进性教育活动，使全委上下团结一心，锐意进取，开拓创新，扎实工作，圆满完成了全年的各项工作任务，为昌平的经济发展和社会事业的不断进步做出了突出贡献。

一年来，区发改委坚持以科学发展观为指导，通过精心组织、缜密筹划、认真调研、集思广益，圆满完成了昌平区“十一五”规划的编制工作，并顺利地通过了专家论证。同时，在广泛征求意见的基础上，在昌平人代会上予以通过。另外，区发改委紧紧抓住“两个转移”、“五个倾斜”的政策机遇，积极争取市级补助资金，为全区各项事业的蓬勃发展提供了强有力的资金支持。全年共争取市政府投资项目 31 个，市级补助资金 64131 万元，比上年度增加了 103.8%。

一年来，区发改委不断强化宏观调控和调解经济运行的工作职能，注重从总体上引导和指导全区经济和社会事业的协调发展，对全区 41 项重点工程进行了全过程的跟踪服务和检查监督，并积极协调有关部门解决重点工程建设中遇到的困难和问题。另外，在加强中小企业的服务工作上，在开展循环经济的试点工作以及价格管理和价格监督检查工作中，还有在开展节能工作上都做了大量的工作，取得了一定的成绩。加强党建、精神文明和法制建设是提高综合执政能力，增强创造力、凝聚力和战斗力的重要保证。区发改委认真开展保持共产党员先进性教育活动，全面加强和改进党的思想、组织、作风和制度建设，深入开展各项精神文明和法制建设活动，有力地推动了全委各项工作的开展。

节前市场检查

先进性教育

合唱比赛

“十一五”专家论证会

市发改委检查工作

推进科技创新 拓展工作空间

2005 年，昌平区科技工作以提高区域科技创新能力为中心，拓展科技工作空间，不断增强昌平区社会经济发展活力。科技创新服务体系初具规模，三大科技园区引领全区经济发展，1400 余家高新技术企业落户昌平，136 家企业建立了企业研发机构，专利申请和授权量再创新高，专利项目质量专利申请、授权的质量显著提高。驻昌高校、科研院所的科技资源优势得到有效整合，政府顾问工作在高校和科研院所之间架起沟通对话的桥梁。

坚持先进文化的前进方向
开创昌平文化事业新局面

2005 年，昌平区文化工作以邓小平理论和"三个代表"重要思想为指导，认真贯彻落实"十六大"精神，坚持先进文化的前进方向，坚持与时俱进，开拓创新，以务实的作风和有力措施，不断推进基层文化设施和文化队伍建设，文化工作体现了先进性、突出了特色性、实现了广泛性，实现了社会文化工作重心下移，为"三个首选"之区建设提供了精神动力，形成了文化事业与整个社会发展互动的新局面。全区社会文化工作呈现了健康文明、繁荣兴旺的良好态势。

完善税收征管 创建繁荣昌平

2005年是昌平区地税局的“能力建设年”，是全面提升地方税收服务与管理水平的一年，是全面提升全局干部职工综合素质的一年。昌平区地税局紧紧围绕本区“强二兴三优一”的发展战略，不断提升思想理念，创新服务手段，加强税收征管，强化队伍建设，完善管理手段，为全区的经济发展和社会稳定做出了积极的贡献，在精神文明、物质文明和政治文明三个方面均取得了丰硕的成果。昌平区地税局已连续七年被授予“首都文明单位标兵”荣誉称号，连续十年被评为“昌平区行政执法先进单位”。同时，还荣获“全国精神文明建设工作先进单位”称号，是北京市地税系统唯一一家获此殊荣的单位。

2005年，昌平区地税局以组织税收收入为中心，大力组织税收收入，以认真组织开展保持共产党员先进性活动为重点，做细征收，确保税收收入任务的完成；做精管理，提高工作效能；做强稽查，发挥威慑作用；做实税政，确保税收政策的落实；做优服务，让纳税人满意，全力打造一流管理、一流服务和一流队伍，为昌平区的经济发展和社会繁荣保驾护航。

将税务登记证发放到农民手中

开展税收宣传活动，发放宣传材料

纳税人进行现场契税咨询

依法审计促发展　服务大局创新篇

2005年，昌平区审计局在区委、区政府的领导下，按照“依法审计、客观公正、实事求是、服务大局”的工作思路，审计业务工作和自身的“人、法、技”建设都取得了令人欣喜的成绩。

审计机关全年完成审计项目65项，查出各类违规行为金额2358万元。其中应减少财政拨款或补贴1818万元，应自行纠正金额280万元；已调帐处理金额2213万元（含落实2004年度金额），已自行纠正金额268万元。提交审计工作报告34篇、信息72篇，被采用45篇。

在财政审计中，抓好2004年同级财政预算执行情况审计，对涉及2004年度同级预算的5个主管部门及110个资金拨付使用单位进行了审计。在固定资产投资审计中，抓重点工程竣工结算审计。为充分发挥财政资金使用效果，全区对43项基建工程竣工结算进行了审计，审计核减基建项目投资2068万元。在经济责任审计中，对11位处级领导干部进行了经济责任审计，通过审计，查出和发现违规金额290余万元。在专项资金审计方面，对区财政2004年度粮食直补资金管理、拨补和使用情况进行了审计。通过审计调查，2004年全区粮食直补资金涉及17个街镇，种粮农民4.4万户。在对国有粮食企业亏损挂帐进行审计中，通过全面审计，重点抽查，对全区1998年6月至2002年末国有粮食购销企业政策性亏损1149.49万元挂账进行了审计确认，为全市统一消化亏损挂帐提供了准确数字。

开展了专项审计调查。对2004年度基本医疗保险基金的收支管理、医疗保险制度的运行进行了审计调查。基本掌握了全区医疗保险制度的建立、运行及各项医保政策的执行情况。对2004年度市级生态保护与建设专项资金进行了审计调查。调查涉及到4个资金主管部门和42个资金使用单位，延伸审计资金总额4600余万元，占资金总额的60.52%。

区领导到审计局调研

审计工作现场

审计干部参加市局“审计之光”汇演获“优秀奖”

昌平区水务局

2005 年，昌平水务工作在区委、区政府领导下，紧紧围绕创建“三个首选之区”的目标，解放思想，开拓创新，加强管理，优化环境，全面推进昌平水务建设。全年重点完成以下工作：

（一）城乡供水基础设施进一步改善，确保了供水安全。

重点解决了山区 49 个村 3 万人的饮水困难问题。投资 1107 万元，建设了黑山寨集中供水厂，打水源井 2 眼，铺设主管线 4 公里，建蓄水池 3 座；投资 4984 万元，以村为单元，打井 11 眼，铺设支管道 221 公里；完善了已建水厂的备用水源、输水管线建设，打备用水源井 5 眼，铺设管线 9.6 公里。全区城乡日集中供水能力达到 20 万吨。

（二）加强水资源的管理，推进了节水型社会建设。

抓好节水计划管理，完成全区 425 家自备井单位水指标的年审工作；下达全区用水计划 2.19 亿立方米；完成 20 个用水量较大的单位的水平衡测试；创建市级节水先进单位 5 个、节水小区 7 个；完成 51 项节水技术改造；安装家庭节水器具 5000（套）件，普及率提高了 10 个百分点；新增节水绿地面积 10 万平方米；新增农业节水灌溉面积 1.18 万亩。全年节水 500 万方。

（三）加快污水治理，污水处理率显著提高。

本着集中与分散相结合的原则，加快了对污水的治理力度。完成小汤山污水处理厂改扩建工程建设，日污水处理规模增加 0.6 万吨；实施分散治污单位 53 家，建污水处理设施 50 处，日处理能力增加 3.4 万吨。全区日污水处理能力达到 18.86 万吨，污水处理率达到 50.2%。

（四）加大生态环境建设，改善昌平水环境。

实施了温榆河封禁治理工程，绿化 28 万株，建设生态湿地 300 亩，修建了辛店河和土沟两座橡胶坝，改造了郑各庄橡胶坝，增加蓄水能力 130 万立方米；完成清河口水环境整治工程，建设湿地 300 亩；消除地下水源污染隐患，封填报废机井 100 眼；实施清洁小流域和京津风沙源工程建设，生态治理河道 5.3 公里，治理水土流失面积 40 平方公里。

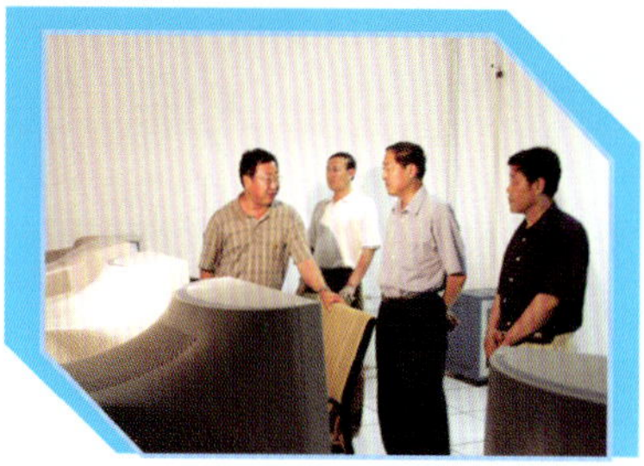

农村供水工作
区委书记赵凤桐视察

防汛工作
区长佟根柱检查

碓臼峪清洁小流域

（五）加大防汛工作力度，保证了防洪安全。

全面落实了区各级指挥部防汛责任制，新成立了“两库一渠”防汛分指挥部；全区落实防汛抢险物资，组建各类防汛抢险队伍 267 支 16069 人，抢险机械、车辆 791 辆，编制各种防汛应急抢险预案 35 个；认真做好水利工程汛前检查工作；实施了王家园水库除险加固和南庄水库溢洪道改造工程；加强防汛工程建设，修建护村坝 19 公里，治理排洪沟道 54 条，防治泥石流 68 处，解决流村、长陵等七镇 33 个险村，817 户险户安全问题。

（六）坚持依法行政，加强执法管理，保证正常的水事秩序。

认真贯彻落实《水法》、《防洪法》、《水土保持法》及相关法律法规，做到有法必依，执法必严，违法必究。全年共查处水事违法案件 25 起，协调解决群众举报水事案件 63 起，组织联合执法 12 次，有力地维护了全区正常的水事秩序。

温榆河生态水环境

谋发展 落实科学发展观
办实事 创建和谐马池口

2005年，马池口镇在区委、区政府的正确领导下，认真落实科学发展观，充分发挥党委领导核心作用，带领全镇广大党员干部群众与时俱进、开拓创新、扎实工作，各项事业蓬勃发展、蒸蒸日上、成绩辉煌。

党的建设明显加强。镇党委以加强党员干部队伍建设，提高党员干部素质为重点，以增强党员干部服务群众的本领为目标，以保障稳定为根本，以促进经济发展为中心，深入扎实的在全镇开展了“五个好”镇党委、“五个好”村党组织创建活动。

经济持续增长。2005年，全镇税收总额13616万元，同比增长83.6%；地方财政收入达到3438万元，同比增长71.8%；其中地方财政收入增加绝对额和增幅均排全区各镇第一。

乡风文明进一步推进。全镇实现了文化广场村村有，水泥路村村通；以水南路改扩建后通车为标志，实现了供水、供电、天然气、通讯等市政基础设施的综合配套；昌流路改扩建工程的前期准备已完成；投资20余万元恢复了镇村广播；投资80万元装备了镇治安巡防大队；镇、村投资150万元为全镇17000名农民加入合作医疗大病统筹。通过开展城乡居民素质教育和“十星级文明户”评比，极大的推动了乡风文明建设。全镇有4000多户被评为“十星级文明户”。

2005年，马池口镇被北京市委评为“2003-2005年五个好镇党委”和“首都文明镇”。成绩只能代表过去，未来任重而道远，马池口镇将进一步加快新农村建设的步伐，为建设和谐宜人的新马池口而努力奋斗。

北七家
BEI QI JIA

北七家镇概况

北京市昌平区北七家镇位于昌平区东南，距亚运村北4公里，距首都机场17公里，毗邻朝阳区、顺义区。占地面积56.83平方公里，辖19个行政村、21个生活小区（14个居委会），地区常住人口23.4万人。1999年10月被国家体改委确定为全国小城镇建设试点镇。2005年，全镇农村经济总收入完成16.2亿元，比上年增长12%；上缴国家税金1.5亿元，比上年增长17.4%；农民人均劳动所得实现9326元，比上年增长8%。

1992年以来，北七家镇以房地产业为龙头开始了资本的原始积累，相继建成并投入运营八仙别墅、蓬莱别墅、王府公寓、望都家园、北亚花园等二十几个生活小区。从而打破了古老的农村人口和文化结构，改变了地区落后面貌，探索农村小城镇建设的雏形也由此形成。房地产业的迅速崛起，带动了地区二、三产业经济蓬勃发展，社会资金的涌入加速了地区企业结构调整。宏福集团、北亚集团、宏翔鸿企业孵化基地、都市绿洲等骨干企业不断发展壮大，形成了促进地区经济发展的强劲动力，地区经济建设呈现了勃勃生机。阔土天成的地理环境；异常丰富的地热和水电资源；齐全的市政设施；四通八达的交通线路；兴旺发达的文教事业和淳朴好客的文明风俗是北七家人实施独特的发展战略，迎合现代人“亲近自然、贴近土地”的生活理念。豪华典雅的高档别墅群、充满现代气息的公寓楼、传统的自然农庄村落在茂密的丛林中时隐时现，“都市中的乡村，乡村中的都市”新概念正在这里逐步实现。

宏福——温都水城

拉斐特城堡酒店

北七家——彼岸青滩

稻香村——北七家食品生产基地

回龙观

HuiLongGuan

HUILONGGUAN

市人大代表到回龙观视察环境建设情况

文化居住区体育公园落成仪式

城管大队回龙观地区办事处分队成立仪式

区委书记赵凤桐到回龙观调研城市建设

迎奥运倒计时1000天文艺演出

昌平书画协会回龙观分会成立

回龙观办事处办公楼开工仪式

回龙观地区地标性建筑金燕龙大厦正式启动▶

创新求变促发展　创造奇迹郑各庄

昌平区北七家镇郑各庄村，村域面积 4332 亩。有 576 户，1390 口人，其中农业人口 1100 人。

2005 年，村党总支、村委会一班人，团结和带领全村干部群众认真落实和实践中央制定的建设新农村的 20 字方针，坚持把生产发展、富裕群众为第一要务。通过实施巩固发展传统产业、大力发展现代高新技术产业、积极发展旅游产业以及努力培育后勤服务业的发展战略，促进了本村经济持续稳步增长。现有独资企业 15 家，参控股企业 30 家，集体总资产 10 亿元。2005 年，完成集体经济总收入 7.6 亿元，纯收入 8000 万元，上缴税金 3300 万元，人均纯收入 17800 元。进一步完善了村民的退休、养老、医疗、失业、工伤、生育保险以及全程教育补贴、住房费用补贴等福利保障制度体系，人均福利 4300 多元。

2005 年，分别荣获全国文明村，全国建设小康明星村标兵、北京市生态文明村等荣誉称号，北京宏福集团被评为“2005 中国最具生命力十大民营企业”。村党总支书记、村委会主任、宏福集团董事长黄福水被国务院授予“全国劳动模范”称号。

外国友人走进郑各庄

水上嘉年华

平西王府

香堂变“天堂”　构建和谐新农村

人工湖

在京郊大地上，昌平卫星城以东12公里，有一个依山傍水、景色秀丽的山村，南临京密引水渠北岸，北靠燕山山脉，村域面积14.2平方公里，全村703户，1868人，这就是闻名遐尔，一颗璀璨的京郊明珠——香堂村。

这些年来，香堂村在三大文明建设中取得了显著的成绩，村内治安稳定，经济快速发展，百姓安居乐业。一进入香堂村，便感受到了欣欣向荣的景象：整齐划一的仿古三合院、雕梁画栋、古色古香；院里宽敞整齐，天井内铺了地砖；正北的堂屋里家具齐全，舒服而温馨，高雅而时尚。村内还建起了敬老院、健身广场、东方书画研究院、陈氏太极馆、街心公园等场所，让村民真正过上城里人的生活。

高尔夫球场

圣恩禅寺

小汤山现代农业科技示范园

中共中央政治局常委、全国政协主席贾庆林(中)到园区视察指导

中共中央政治局常委、国家副主席曾庆红前排（左一）到园区视察指导

中共中央政治局委员、北京市委书记刘淇(左一)到园区视察指导。

国家科技部部长徐冠华(中)到园区视察指导

园区园林广场一角

北京泰兴房地产开发有限公司

董事长 石建国

北京泰兴房地产开发有限公司位于北京昌平，于 2000 年 6 月注册成立，注册资金 2000 万元。公司成立以来全体员工励精图治，锐意进取，时刻坚持“质量为本，精益求精”的经营理念。引进现代管理制度，规范企业经营行为，严谨务实，开拓创新。2001 年北京劲旅建筑工程有限公司加入泰兴公司序列，泰兴公司形成企业集团。经过几年的努力奋斗，企业规模不断发展壮大，逐渐形成了以房地产开发、建筑业为龙头，涉及餐饮、旅游、物业、教育等多个领域综合产业集团。公司先后开发了郝庄家园、水屯家园、昌科花园、泰兴大厦等 6 个居民住宅小区，累计开发面积达 40 多万平方米，上缴税金近 3000 万元，为区域环境治理改造，改善人民居住条件做出了自己的贡献。 今后，公司董事长、法人代表石建国先生将继续带领全体泰兴员工以对社会高度负责为宗旨，以热忱回报社会为方针，以客户满足为目标，为社会各界提供超值完美的高品质服务。

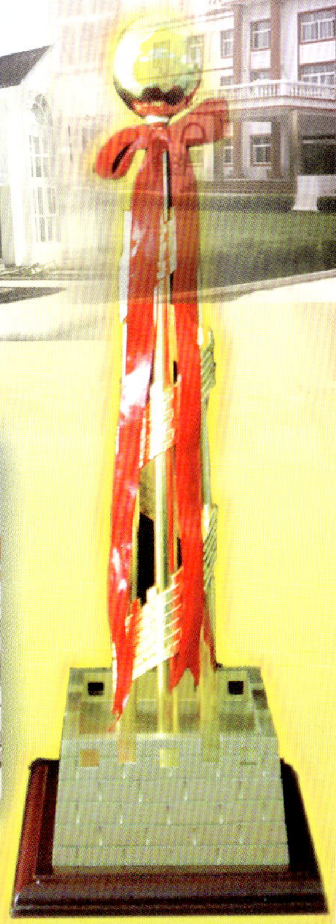

别 墅	怡康宾馆
二中分校	泰兴大厦

2005 年开发的“泰兴大厦”项目
荣获“长城杯”金杯

北汽福田汽车股份有限公司（简称福田汽车）成立于1996年8月28日，是一家跨地区、跨行业、跨所有制的国有控股上市公司。总部位于北京市昌平区，现有资产达72.66亿元，只工2.3万余人，是一个以北京为管理中心，在京、津、鲁、冀、湘、鄂、辽、粤等8个省市区拥有整车和零部件事业部，三发分支机构分布在日本、德国、台湾等地的企业集团。2005年，福田汽车以119.32亿元的品牌价值在汽车行业排名第四，同时在“中国500最具价值品牌”榜单中居第43位。

福田汽车曾被全国政协主席贾庆林称赞为“集诸多改革成果于一身的现代化企业”，业界称之为“中国汽车发展速度最快、成长性最好的企业”是全国520家重点企业之一和中国汽车工业重点骨干企业之一，先后荣获“全国五一劳动奖状”、“全国机械行业企业形象十佳”、“全国质量管理先进企业”、“首都精神文明建设标兵单位”、“2005CCTV我最喜爱的中国品牌”、酒泉卫星发射基地指定的“飞船及卫星运输车辆”、“中国制造行业内最具成长力的自主品牌企业”、2005年最佳企业公众形象评比“最佳消费者关系奖”等荣誉称号。

福田汽车经过近十年的发展，累计产销汽车超过150万辆，成为中国最大的商用车制造企业。在企业不断地探索和实践中，通过对知识的学习、积累、消化、吸收，不断地提高创新能力，加强产业链集成创新，逐渐形成了自己的发展和创新模式，这种模式就是：集成知识、链合创新。

集成知识就是充分地整合、消化、吸收世界先进的战略、技术、运营、营销等各个方面的知识，形成福田特有的知识资产，并将这种特有的知识资产转化为管理技术，运用到价值链的各个环节，从而形成企业核心竞争力。

链合创新就是在集成知识的基础上，在产业供应链、经营管理、品牌运营等价值链环节以满足市场及消费者的需求为核心，通过集成、联合和整合等复合形式运用，形成各价值链环节优势资源的深度嫁接和交互链合，达到共赢和利益最大化、最佳效果的创新点略经营模式。

福田汽车成立近十年来，“集成知识，链合创新”的战略思想贯穿了福田汽车发展的全过程。从1996年福田汽车成立，“百家法人造福田”被汽车界传为佳话。在100家法人构成中，有55家主机配套厂，45家经销企业，遍布全国13个省、市、自治区。福田公司以产品和产权为纽带，将供应商、经销商紧密联系在一起。2003-2005三年时间，福田汽车实现了欧曼、欧马可、欧V、奥铃、时代、风景、传奇、萨普等8个品牌研制开发和升级换代，带动了中国商用车行业的技术进步和升级。

十一五期间，福田汽车将继续秉承“高质量、低成本、全球化”的经营方针，以发展自主知识产权和自主品牌为主体，积极推进国际合作，培育国际竞争优势，到2010年成为百万辆级的商用车制造企业，其中海外销售占20%，把福田汽车打造成世界级汽车制造公司。

福田汽车、潍柴动力、德国BOSCH、奥地利AVL缔结国际化战略联盟。

福田汽车被酒泉卫星发射基地指定为“飞船及星运输车辆”

以章治院　科技兴院

昌平区医院

昌平区医院为全区提供优质服务

昌平区医院是昌平区建院最早、规模最大、技术力量最强的集医疗、预防、科研、教学、体检、康复为一体的现代化综合性医院

北京市副市长牛有成等领导视察区医院

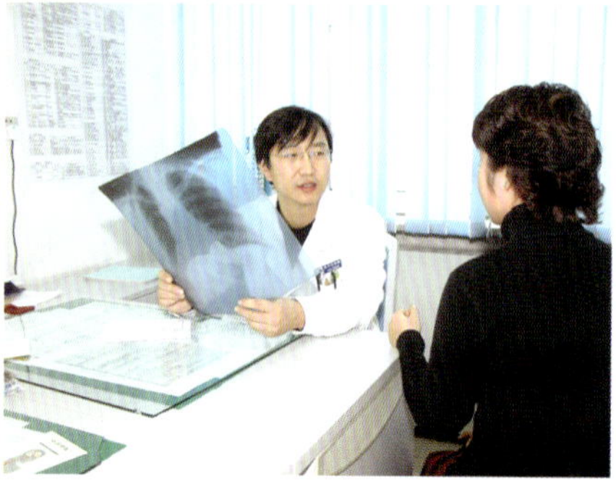

引进人才——青年学科带头人诊治病人

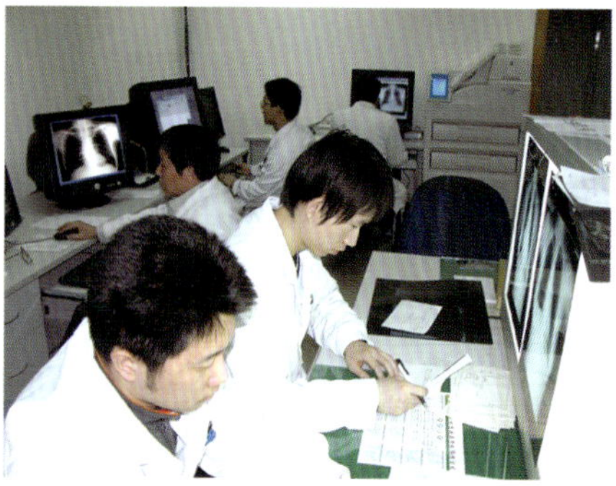

先进的CR数码诊断系统

近年来，区医院坚持走科技兴院之路，在不断提升医疗服务“硬件”水平的同时，不断完善医疗服务“软件”标准，努力适应病人多元化、多层次的需求，逐步形成以常见病、多发病防治为基础的综合医院。

经历多年改革，区医院奠定了长足发展的坚实基础，发展壮大成为规模宏大、科室齐全、设备精良、名医荟萃、管理规范、环境优美的现代化医院。区医院确立了二级医院做精做强，目标晋级三级医院并以“品牌经营、优质经营、特色经营”为发展战略，以一流的人才、一流的技术、一流的设备、一流的管理为广大患者提供全程全方位优质的服务。

区医院坚持“以章治院、科技兴院”的战略方针，完善“以病人为中心，为患者提供高效、优质、便捷的服务”的工作理念，以精益求精的医疗技术，以诚信务实的科学态度，赢得了广泛赞誉和社会信誉，2005年业务量呈增长态势，实现了跨越式发展及阶梯式上升的初步设想，走在了昌平区乃至北京市同类医院的前列。在充满机遇的新世纪里，区医院内强素质，外树形象，向科学管理要效益，向人才培养要动力，不断提升服务理念，从硬件和软件上实现医院跨越式发展，成为昌平百姓及周边百姓就医或健康维护的第一选择，营造最理想的诊疗环境。

即将投入使用的外妇手术楼

锐意改革 开拓进取 图强奋进 创新发展

——北京市昌平区红十字会北郊医院

北京市昌平区红十字会北郊医院（简称北郊医院）地处北京市两大社区——回龙观文化小区和天通苑小区之间，轻轨霍营站所在地。

北郊医院始建于 1974 年。多年来，经过几代人的艰苦努力，发展成为集医疗、教学、科研、预防、保健、康复为一体的现代化二级综合医院。

北郊医院是北京市政府指定的专门收治救助精神病人的定点医疗机构、北京市首批医保定点医院和北京市精神残疾病人农疗康复基地。医院占地152亩，环境幽雅，景色秀美。总建筑面积 6 万平方米，其中医疗用房 4.5 万平方米，固定资产近亿元。

北郊医院现有职工 640 人，床位 1222 张。设有临床科室 29 个，医技科室 18 个，专家门诊 10 个、社区卫生服务站 6 个。拥有美国 GE 螺旋 CT、飞利浦 5000 心脏彩超、日本富士 CR、1000 毫安 X 光机、头颅多普勒检测及血流变、全自动生化分析仪和日产 ES–180 钾钠氯分析仪、CA–fiO 血液凝固测定仪、电子胃肠镜、腹腔镜、子宫内窥镜、C 型臂、眼科显微手术等大型设备。

近年来，北郊医院从全国各地引进高级专业人才，增强了综合科室技术实力。目前内科可开展急性心梗的静脉溶栓治疗、急慢性心衰及心律失常的诊治、高血压脑出血的微创手术治疗、糖尿病综合防治、内镜下介入治疗上消化道出血、各种急重症的救治；外科可开展胰十二指肠切除术、肝叶切除术、腹腔镜下胆囊摘除术、胃癌及乳癌根治术、颅内血肿清除术、脑膜瘤切除术；骨科可开展人工髋关节置换术、颈椎前后路联合减压术、四肢骨折带锁髓内钉及 AO 钢板内固定术；妇产科可开展腹腔镜下盆腔肿物切除术、阴道镜检查、LEPP 刀治疗技术、液基细胞学防癌检查技术及妇产科各种常见病多发病的诊治。2005 年顺利实现内、外、妇产科的二级分科，形成了“以综合科技术为主导，治疗精神病人合并各科躯体疾病为专长”的办院特色。

北郊医院始终秉承“以人为本、真诚服务、社会满意、百姓放心”的办院宗旨，以满腔热忱、精湛技术、优良设备、幽雅环境，为周围百姓提供最满意的服务。

区委书记赵凤桐，区卫生局党委书记、局长李志武到北郊医院指导工作

区人大常委会常务副主任武宁在院长李黎光的陪同下检查医院各项工作

团结合作，坚强有力的领导班子

副区长冯维利、区卫生局局长李志武到北郊医院调研

优美的康复环境

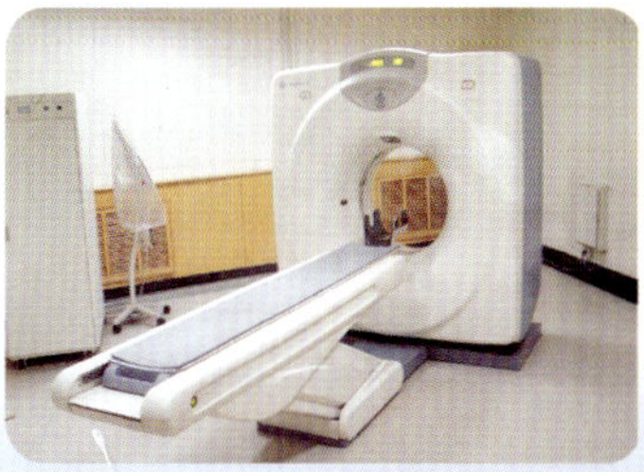

美国进口 GE 螺旋 CT

昌平区中医医院

以人为本　创建人民满意医院

锐意改革　科技兴院

昌平区中医医院是一所二级甲等中医医院，医院靠科学管理治院，以改革统揽全局，以不断创新求发展，确定了“以病人为中心，以质量为核心，以特色为优势”的办院方针，以“优质、高效、低消耗”为总体目标，走科技兴院之路。全院干部职工同心同德，积极进取，锐意改革，使医院的医、教、研、防各项工作均得到了全面发展和提高。现已成为昌平地区集中医医疗、教学、科研、防保、康复为一体的综合性中医医院。

区中医院占地面积 25.6 亩，建筑面积 21971 平方米，资产总计 8100 万元，其中医疗设备 5300 万元。现有职工 560 人，其中卫生技术人员占全院职工总数的 81%，高级职称 39 人，中级职称 127 人，初级职称 289 人。年门诊量 30 万人次，开设病床 285 张，年住院 7000 余人次，平均床位使用率为 89%。区中医院设有内、外、妇、儿等 22 个临床科室，市重点专科 1 个，院重点专科 2 个，4 个医技科室，10 个病区，9 个社区卫生服务站，1 个急救中心，1 个天通苑分院，1 个鼓楼分院。

近年来，中医院坚持科技兴医、科教兴院的战略，获北京市中医管理局科研中标课题 1 项，获区、局科技进步奖 16 项，在国家级和省市级刊物上发表学术论文 141 篇。

区中医院先后引进了核磁共振、彩色多普勒超声诊断仪、大型 C 臂血管造影装置（DSA）、螺旋 CT、全自动生化分析仪、腹腔镜、关节镜等大型医疗设备，使医院诊断治疗水平得到了长足发展。

为满足广大患者需求，区中医医院将一如既往的遵循“仁爱、敬业、务实、创新”的医院精神以及“以人为本，服务为先，患者至上”的经营理念，继续追求“技术上精益求精，服务上至善至美，信用上真诚可靠”的公众形象，使医院真正成为人民满意和人民信得过的医院。

北京市人大常委会副主任田麦久等市人大代表视察中医医院

区委书记赵凤桐，区卫生局党委书记、局长李志武视察指导工作

区长佟根柱、区委副书记王书合到急救中心视察指导工作

副区长冯维利，区卫生局党委书记、局长李志武调研指导工作

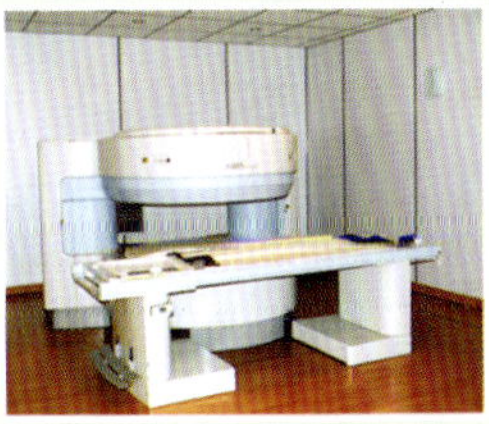

AIRIS–mate 永磁型核磁共振

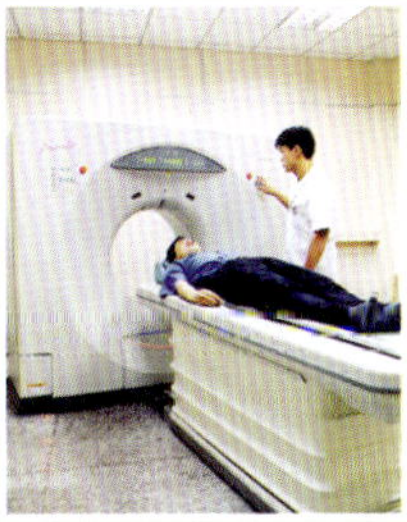

HITACHI　RADIX–PRONTO（XE）螺旋 CT 机

SF–VA200 大型 C 型臂血管机

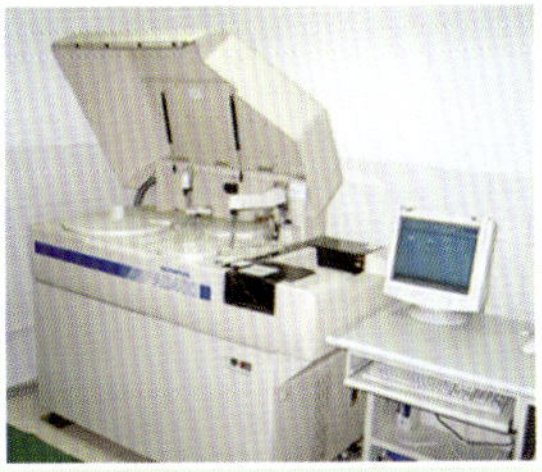

OLYMPUS　AU400 全自动生化分析仪

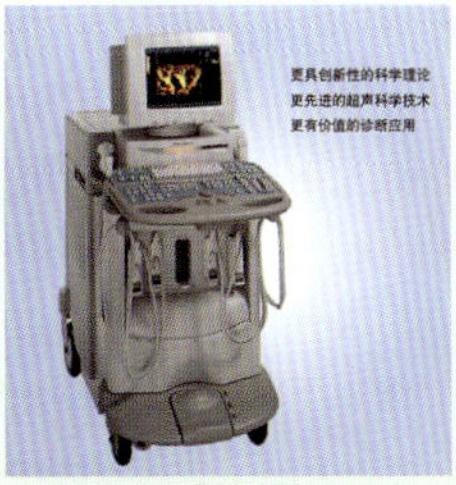

Sequoia–512 Signature 彩超

ssd/alpha10 彩超

昌平区妇幼保健院

昌平区妇幼保健院位于燕山脚下，文明遐迩的明十三陵以南，是一所集预防、保健、医疗、教学、科研为一体的专科医院，是北京市医疗保险定点医院，北京市妇产医院、北京市妇幼保健院协作医院。2000年被评为北京市二级甲等专科医院，担负着全区47万常住人口和40多万流动人口的妇女、儿童保健工作，是昌平区妇幼保健技术指导中心，始终坚持以保健为中心、保健与临床相结合，面向基层、面向群体的工作方针。近年来，区妇幼保健院在区委、区政府、区卫生局及各个有关部门的关心支持下， 一幢面积为21020平方米的门诊病房楼正在建设中，预计2007年3月投入使用。同时为解决原址施工影响住院病人休养，将原二毛医院进行投资改造成住院部，内设家庭化温馨病房、产房、手术室、内、外、妇、儿、中医、口腔、理疗、肛肠科、体检中心等服务项目，为周边居住就医、保健提供了方便条件。

随着妇幼保健事业的不断发展，区妇幼保健院不断更新、添置先进的医疗设备如：奥林巴斯宫腹腔镜、飞利浦HD11四维彩超、远程胎儿监护系统、多功能超高倍显微分析仪等。定期聘请北京市人民医院、市妇产医院、市儿童医院的专家到我院坐诊，使昌平地区的百姓不出昌平就能享受市级专家的服务，充分得到了百姓的认可。在注重医疗保健的同时，区妇幼保健院不断开展新的特色服务项目如：新生儿游泳、宫腹腔手术（微创手术）、臭氧治疗生殖道炎、四维彩超等。我们对病人实行六个一服务即：一束鲜花、一杯牛奶、一声问候、一个微笑、一份礼物、一份健康指导。同时为解决孕产妇交通不便问题，区妇幼保健院于6月1日起免费送出院病人回家，至今已送630人次，真正做到来院有人迎，住院有人管、出院有人送、回家有人访，急病人所急、想病人所想，解决患者后顾之忧。在狠抓服务质量，端正服务态度的同时，不断开展医德医风教育，树立品牌医生、品牌护士，院领导班子坚持每周一行政查房制度，全院职工在“拒绝回扣、拒绝红包”横幅上签字，杜绝吃回扣、拿红包现象发生。而拾金不昧、患者送锦旗、感谢信的好人好事却不断涌现，仅2005年院班子就向患者退红包22人次，共计11750元，医院也连年获得精神文明先进单位称号。

妇幼保健院始终将健康教育放在首位，利用《昌平周刊》、昌平电视台、宣传板、宣传栏等多种形式对群众进行健康教育知识培训与传播，积极组织参加街头宣传咨询活动，并开办新婚学校、孕妇学校、育儿学校等，到农村和基层单位讲生殖保健及健康知识，使人们对健康知识的了解有所提高，真正做到关爱生命、关爱自己。

展望未来，一座现代化的妇幼保健院即将落成，妇幼保健事业蒸蒸日上，在区委、区政府和区卫生局的正确领导下，在以院长为首的领导班子带领下，我们信心百倍、不断提高技术水平和服务质量，努力完成“十一五规划”中妇女儿童保健的各项指标，以精良的技术队伍、先进的医疗设备、优质的人性化服务，低廉的价格、认真热情的工作态度，舒适的就医环境，为全区妇女儿童营造健康乐园。

区长佟根柱等领导视察正在建设中的妇幼保健院门诊病房楼

区人大常委会主任任宝贵等领导视察正在建设中的区妇幼保健院门诊病房楼工地

副区长任学良参加“婚前医学检查”知识教育普及活动

副区长冯维利、区卫生局局长李志武到妇幼保健院视察指导工作

副区长冯维利、区卫生局局长李志武参加昌平区妇幼卫生工作会

市卫生局妇幼处领导刘刚、副区长冯维利、区卫生局局长李志武、副局长刘宝坚听取妇幼保健院关于创建人民满意医院的工作汇报

市妇产医院专家张松文、区妇幼保健院院长王红珍、妇科专家张玉华为区非公经济工委女领导、女企业家讲保健知识

同仁医院专家到妇幼保健院院进行义诊

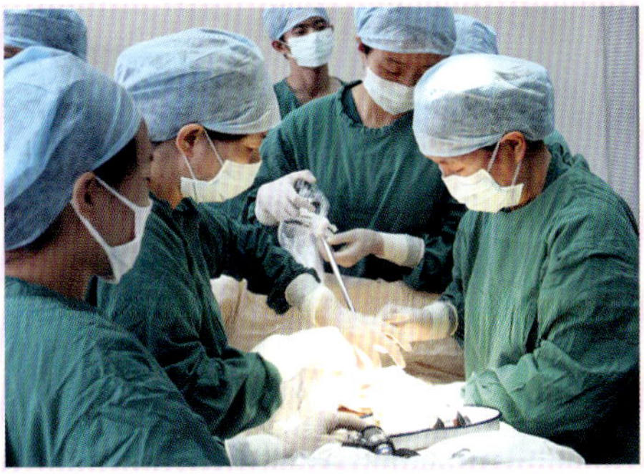

在我国著名腔镜专家夏恩兰的指导下，进行宫腹腔手术

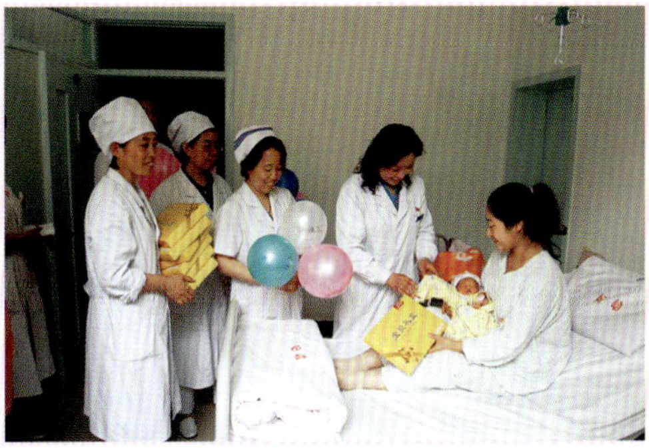

院长王红珍带领班子成员为住院宝宝送去六一儿童节礼物

免费送出院妈妈和宝宝回家

即将建成后的区妇幼保健院门诊病房楼

修缮一新的妇幼保健院住院部（原二毛医院）

昌平区沙河医院

沙河医院位于北京与昌平之间的沙河卫星城中心，与规划中的高教园区相邻，是昌平区卫生局直属二级综合医院、医疗保险定点医院。1994年被联合国儿童基金会、世界卫生组织、国家卫生部命名为“爱婴医院”。医院占地面积29.1亩，建筑面积17100平方米。现有职工216人，卫生技术人员175人，高级职称11人，中级职称37人，初级职称127人，开放病床178张，临床及医技科室24个，拥有美国GE螺旋CT、日本东芝彩超、C型数字减影X光机、500毫安X光机、德国西门子呼吸机、德国西门子移动式X光机、全自动生化仪分析仪、血球分析仪、多功能心脏监护仪、运动平板、乳腺扫描仪等一系列在昌平地区处于领先地位的大型医疗仪器设备。

医院承担着沙河周边地区人民群众的医疗、预防、保健、康复、健康教育、计划生育技术服务工作任务和科研、教学任务。

沙河医院的院训是“人道、博爱、奉献”，办院宗旨是“医技精湛、医德高尚、设备精良、环境优美、服务优质、收费合理”，坚持走“依法管理医院、科技振兴医院、以病人为中心、以服务为根本”之路，力争为沙河地区人民提供良好的就医环境。

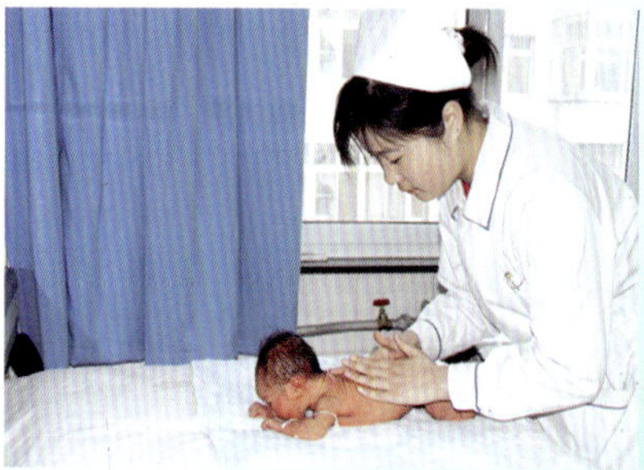

新生儿抚触

新生儿游泳

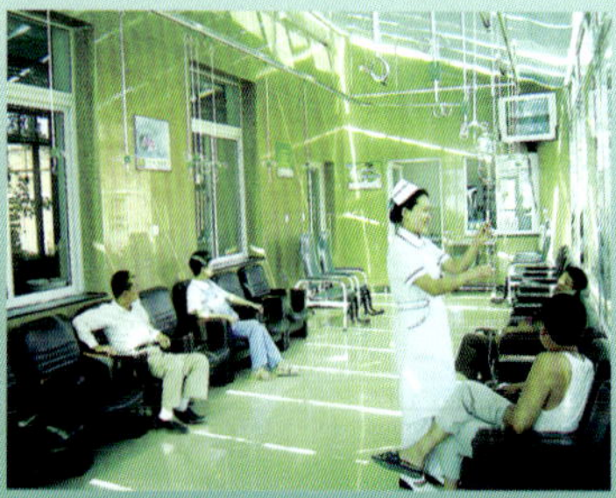

温馨舒适的输液大厅

方便快捷的绿色通道

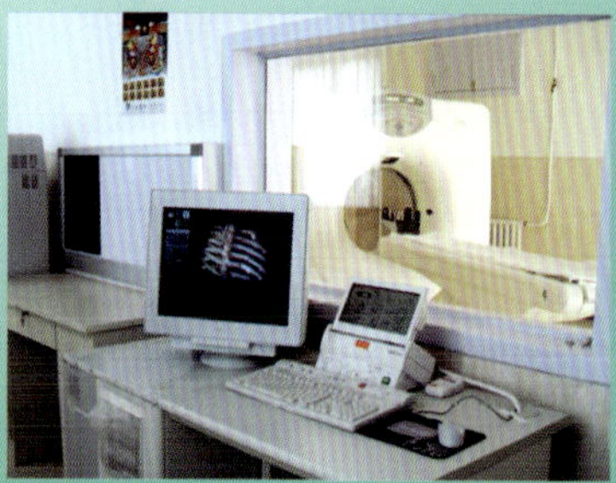

螺旋CT

财税·金融·保险

财税·金融·保险

财　政

【概　况】 年内，区财政以保持共产党员先进性为统领，牢固树立科学的发展观，围绕“三个首选之区”建设的目标，大力支持区域经济发展，努力培植财源，强化支出管理，积极推进各项财政改革，圆满完成全年工作任务。区级财政收入保持了持续稳定增长，完成13.2亿元，比上年增收2.25亿元，增长20.6%，连续四年增幅超过2亿元。财政支出累计完成25.78亿元，比上年增支3.92亿元，增长17.9%。财政部门坚持集中财力办大事，促进和谐保基层的原则，保证了全区农业、教育、科技、文化、体育、卫生等各项事业的均衡快速发展。年内，区财政积极推进财政管理体制改革工作。细化预算编制，积极推进非税收入收缴改革，开展非税收入及银行账户清理工作，金财工程网络化建设进展顺利，完成与全区370个预算单位网络布点连线工程。加强政府采购工作，全年政府采购项目完成2.83亿元，完成年度计划的239.7%。加强党政机关公务用车管理，公务用车“五统一”机制已经全部建立。年内财政坚持以提高财政资金规范性、安全性和有效性为目标，充分发挥财政监督整体功效，坚持以建立健全财政监督运行机制为保障，不断提高监督工作质量和层次，坚持以依法行政为原则，做到了依法监督、科学监督和规范监督。

（王立新）

单位名称：昌平区财政局
地址：昌平区东环路
电话：(010)69742917
邮编：102200

【财政收入突破13亿元】 年内，区级财政收入完成13.2亿元，完成年度预算的109.5%，比上年增收2.25亿元，增长20.6%。其中：固定收入完成1.39亿元，完成年度预算的101%，比上年增收818万元，增长6.2%；共享收入完成9.98亿元，完成年度预算的105%，比上年增收1.48亿元，增长17.4%；分级收入完成1.82亿元，完成年度预算的157.3%，比上年增收6887万元，增长60.6%。

（梁建新）

【三农工作呈现四大特点】 一是就业培训力度大。共落实培训资金600万元累计培训农村劳动力13762人，其中7984人获得技能证书，6925人实现就业；二是休闲产业发展快。在温榆河小汤山农业园绿化隔离带红栌园及山区五镇建设10个休闲产业区，从业人员达5000人以上，收入突破1亿元；三是农业产业化进程有序推进。重点培育了休闲、蜂业、食用菌等20个发展前景较好的行业协会和专业合作组织；四是有机农业建设全面提速。启动了2万亩有机农业生产基地建设，30个有机农业园，小汤山农业园西区有机食品产业园及老峪沟有机农业综合示范区，组建了有机农业协会，建成了有机农业开发中心。

（祝雅娟）

【有机农业建设工作稳步推进】 年内，区财政大力支持有机农业和有机食品发展，带动农民增收，培育新的经济增长点，实现农业现代化的可持续发展。全年安排资金1100万元支持有机农业建设。有机农业基地初步确定，并完成了前期环境检测取样，重点对土壤重金属、农药残留等进行了检测；建成一批长期监测网点；1万亩苹果的“有机肥行动”、2000亩的柿子树落头更新工作有序开展；金六环有机农业开发中心的21栋大棚建成并投入使用，50栋高标准日光温室、水电路基础设施配套工程等正在建设中；培训各级领导、业务骨干、农业生产者2300人次。

（祝雅娟）

【率先采用GMP生产水产专用兽药产品】 年内，区财政局积极筹措资金100万元支持水产专用兽药生产基地项目。重点用于生产车间、化验室等基础设施建设。水产专用兽药产品解决了水产养殖中许多尚未解决的病害，与饲料结合加工成饵料投放，可预防水产养殖中新的病害发生，增加水产养殖的经济效益，提高了全区水产品市场竞争力，填补了北京市水产兽药(兽药生产质量管理规范)生产的空白。

（郭　盈）

【支持农村劳动力培训】 年内，积极与有关部门配合加大对农村劳动力培训的支持力度。截止9月底，累计培训农村劳动力9400人，其中职业技能培训5190人，实用技术培训4210人，引导性培训8910人人次，财政共拨付培训补助资金222.8万元，为促进农民就业、农户增收、提升全区农业人口整体素质提供了强有力的资金支持。

（金　华）

【支持高致病性禽流感防控工作】 年内，本着急事急办、特事特办的原则，积极筹措资金432万元支持防控高致病性禽流感工作。将防疫物资储备、检测设备、动物防疫信息员补贴、动物防疫检专用车、信息数据传递设备及清理散养禽类补贴等专项资金，通过政府采购和直接拨款的形式及时拨付到基层单位。保证了本区高致病性禽流感工作防控正常开展。

（汤学刚）

【加强支农资金管理】 年内，与区农委共同制定“昌平区支农资金管理意见”，意见中明确了支农资金的使用范围、原则、责任追究等问题，为以后监督管理提供了依据；对部分基建项目预算委托中介机构进行评审，增强了支出的科学性；财政支农资金在全部实行合同制管理的同时增加了对项目的验收，实行资金和项目同时监管；对农业综合开发资金的水利、林业等项目实行全程监理，规范资金使用、项目实施中的细节问题，为其它支农资金管理提供经验。

（郭　盈）

【财政支农资金总投入再创新高】 年内，支农资金达到4.48亿元，再创历史最好水平，比上年同期增加1.56亿元，增长53%。重点支持了休闲产业区建设、有机农业建设、山区基础设施建设、山区生态林管护建设、山区搬迁建设、二三产业项目建设、农田水利建设、山区险村险防护工程建设、银农合作项目、苹果产业化建设、动物防疫体系建设及农业综合开发建设等项目，保证了全区农业项目的良好发展势态。

（汤学刚）

【土地矿产资源保护人员补贴资金拨付到位】 年内，区财政拨付补贴资金676.67万元，用于土地矿产资源专群保护人员补贴及村管理经费，共有2197人享受到补贴。

（汤学刚）

【支持城市基础设施投融资体制改革】 年内财政拨款5亿元作为资本金注入区投资中

心,资本金用于本区城市基础设施项目的融资成本,作为市政府补助资金的区配资金,通过投资中心的融资功能引导社会资金,起到放大政府投资的作用,保证区政府投资项目有效实施。

(魏福顺)

【垃圾密闭化管理工作走在全市前列】 昌平区围绕创建生活居住首先之区建设,积极加大环境卫生治理工作,三年来财政投入近4450万元用于垃圾密闭化管理工作,到年内昌平区垃圾密闭化管理工作已走在全市前列,呈现三个特点。一是专业化管理覆盖面大,达95%;二是无暴露垃圾率高,各镇(街)原垃圾池基本拆除,大部分垃圾填埋点已填平,挂帐的84处垃圾脏乱点已清理55处,无暴露垃圾率达65%;三是无害化处理程度高。垃圾日均处理量达720吨,无害化处理率为75%。

(魏福顺)

【加大环境治理力度】 年内,积极筹措资金扶持改造项目,争取大气治理资金2260.5万元,重点用于燃煤锅炉改造和集中供热厂建设。对5个单位12台燃煤锅炉进行改造,拆除锅炉房29处;减少露天煤堆、烟尘炉渣堆28处;减少二氧化硫排放56吨、烟尘等排放35吨,改造后的锅炉符合燃煤锅炉使用清洁能源要求,有效的减少大气污染,基本实现达标排放。

(高金红)

【建立研发机构提高企业创新能力】 年内,安排资金55万元对北京清华阳光太阳能设备有限责任公司的"直插式太阳能热管热水器、北京福田环保动力股份有限公司加长型轻客、北京鄂尔多斯科技发展有限公司的sm–320便协式大容量心电图记录仪、北京东方广视科技有限公司的数字电视机顶盒4家企业的研发项目给予支持。

(高金红)

【支持南环供热厂项目建设】 年内,拨付资金1095万元,专项用于南环供热厂项目建设。南环供热厂建设项目列为2005年为民办实事的区重点项目。该项目供暖能力为200万平方米,供暖范围从政府街以南,110国道以东、科技园区昌盛路以北、东关南里小区以西的地区,总投资近6085万元。

(高金红)

【城北大钟寺农副产品批发市场升级改造】 年内,区财政积极争取市局专项资金822万元,专项用于城北大钟寺农副产品批发市场的农副产品仓储和交易场所、中央业务楼、增设安全监控中心、完善市政基础设施(含消防系统)的升级改造。

(钱志英)

【支持本区环境治理及商业结构调整】 年内,区财政积极争取市级专项资金,支持全区的经济发展,到8月份,争取大气治理资金1415万元,其中:支持南环供热厂1095万元,支持玻璃公司、保温瓶公司、红冶钢厂炉窑改造320万元;争取市级商业结构资金928元。

(谷立新)

【加强专项资金管理】 年内,召开由区商务局、区工业促进局、区环保局、区科委等单位参加的商业流通发展资金、工业重点项目和中小企业发展扶持资金、大气治理专项资金项目申报会,明确了项目申报程序及要求。

(谷立新)

【支持企业信息网站等项目建设】 年内,积极争取小企业发展资金776.37万元,支持建立中小企业信息网站、"冠中冠"太阳能热水器研制等6个项目的建设。

(高金红)

【支持物流企业发展】 年内,积极争取市财政贷款贴息补助资金106.2万元,用于建立供销社物流配送中心项目建设。新增物流中心对原新世纪商城拥有的13家连锁商场、48家农村便利店实行商品统一配送,可有效抵御和控制假冒伪劣商品的流入,节省存贮空间和费用,提高连锁化经营程度。

(钱志英)

【三级医疗卫生服务体系初步形成】 年内,

继续加大对卫生事业的支持力度，并将资金投入重点逐步转向镇级卫生院、社区卫生服务站和村卫生室，全年共安排医疗设备购置、门诊及病房改造修缮等专项资金2329万元，其中区直属医院12所、镇级卫生院13所、社区卫生服务站和村卫生室372个。初步形成了区级医院、镇卫生院、村卫生室三级医疗卫生服务体系，为群众特别是山区群众提供了方便快捷的就医条件，满足了不同层次群众的医疗卫生需求。

（刘长顺）

【认真落实残疾人社会保障工作】 年内，按照《昌平区残疾人就业和社会保障暂行规定》，认真做好重度残疾人生活补助、老峪沟残保中心建设以及残疾人康复等有关政策的资金落实。截止6月底，已鉴定审批重度残疾人1508人，其中农村重度残疾人1349人；支持改善老峪沟残保中心集中供养残疾人的生活条件。改造房屋58间、更新锅炉1台、新建化粪池1座及增加其他附属设施；做好城镇和农村残疾人的康复经费保障工作。

（刘贺民）

【新型农村合作医疗制度效果明显】 自2003年9月1日在百善镇、北七家镇、十三陵镇率先启动新型农村合作医疗大病统筹，至本年已覆盖全区17个镇（街道办事处）及北企公司的309个行政村，有198678人参加了新型农村合作医疗，占全区农业人口的86.4%。至6月底已累计拨专项补助资金824万元。累计有8990人次直接受益，人均报销医药费2817元，其中达到报销封顶线的18人；为参加新型农村合作医疗的农民进行免费体检10万余人次。

（刘贺民）

【率先为重度残疾人发放生活补贴】 年内，在全市率先重度残疾人发放生活补贴。截至12月，区财政已累计拨付3434名重度残疾人生活困难补贴756.9万元。其中：城镇户口、丧失劳动能力、无工资性收入的重度残疾人307人，补助标准为每月319元；农村户口、无工资性收入的重度残疾人2425人，补助标准为每月200元；享受农村低保待遇的重度残疾人702人，补助标准为每月100元。

（李淑敏）

【为征地农转工终止、解除劳动关系人员办理保险】 年内，区财政安排专项补助资金150.3万元，共为636人建设征地农转工终止、解除劳动关系人员办理了社会保险补助手续。

（韩淑芬）

【北郊医院精神病区投入使用】 年内，区财政拨款400万元，用于弥补北郊医院新病区扩建工程资金缺口问题。扩建后新病区面积3303平方米，病床由原来的130张增加到260张，收治能力提高了一倍。

（魏福顺）

【启动国库管理制度改革试点工作】 10月，启动国库管理制度改革试点工作，区财政局、环保局、商务局、建委、审计局、残联、经管站7个部门作为首批试点单位。应用软件采用北京兴财科技发展公司的“国库集中支付系统软件”，代理银行是工商行昌平支行城关分理处，试点财政性资金支付方式是财政授权支付。本次试点重点是测试财政、银行、预算单位等各部门的网络运行情况和国库集中支付系统使用情况，以便及时发现问题，不断加以完善，确保国库集中支付系统正常运转和资金安全支付。

（王淑红）

【财政统发工资顺利推进】 年内，财政统发工资进一步完善，并完成了对镇街工资统发的培训工作，逐步扩大工资统发人员范围，到年底财政统一发放工资15413人，累计发放金额4.3亿元。

（任振慧）

【开展会计信息质量检查】 7月20日至10月15日，认真开展会计信息质量检查，检查的主要内容为《财政部门实施会计监督办法》、行政事业性收费和罚没收入是否实行“收支两条线”管理、使用财政专项资金是否做到专款专用等。

（冯育文）

【加强财政监督工作】 年内，加大《会计法》和财政监督检查工作的宣传力度，加深单位对《会计法》和会计人员地位重要性的认识；将监督检查与服务管理相结合，克服单纯“为检查而检查”的思想，加强调研、分析工作，综合利用财政监督检查的成果，使财政监督真正服务于财政管理；加大会计信息质量检查力度，扩大检查信息对外公告范围，强化财政与有关部门的信息共享，加强协同执法和跟踪回访力度，充分发挥财政监督作用；加强财政监督检查人员业务素质和政治素质的培训。

（冯育文）

【纪念《会计法》颁布实施20周年】 年内，举办《会计法》颁布20周年系列宣传活动。制作宣传标语20余条；发放《会计法颁布实施20周年知识竞赛题》6000余份；发放宣传材料及纪念品1万余份；制作宣传展板标语等10余块。举办了《纪念〈会计法〉颁布实施20周年座谈会》。邀请区老年秧歌队进行现场表演，做到宣传工作有声、有影，并将宣传工作的录像通过区电视台在昌平新闻播放。在此次宣传活动中参加群众近万人。

（冯育文）

【为创“四五”普法先进区做好资金保障】 本年是“四五”普法总结考核验收年，为全面完成“四五”普法规划确定的各项工作任务，努力争创“四五”普法先进区，财政在资金上给予有力的保障。截止到6月底已拨付近90万元专项资金。

（王　进）

【实行治安巡防机制】 7月1日开始执行治安巡防机制。该机制按本地区实有人口1.5‰的比例配备村、社区专职治安巡防队员，全区已组建2661人的专职治安巡防队伍。区政府按每人每月400元的标准给予补助，并按补助费用的10%确定镇、街管理经费。经过测算，区财政每年将增加支出1400余万元。

（王　文）

【支持昌盛园小学建设】 年内，拨款1600万元，用于弥补昌盛园小学资金缺口。昌盛园小学属昌盛园居住区建设的教育配套学校，学校占地面积1.4万平方米，建筑面积1.09万平方米，设有36个教学班。总投资3300万元，本年已竣工验收。

（魏福顺）

【高中助学金制度出台】 年内，出台了《昌平区普通高中人民助学金制度实施细则》，助学金分为甲等助学金和乙等助学金两个等级，甲等助学金每人每月100元，乙等助学金每人每月60元，普通高中、特殊教育学校高中阶段家庭经济收入低于规定标准的困难学生；革命烈士子女、孤儿等享受优抚待遇家庭的学生均可申请人民助学金。

（刘会军）

【党政机关公务用车实行“五统一”】 8月4日对全区67个党政机关的车管干部和18定点修理厂的厂长进行了培训，主要讲解了办理车险过程中有关事项、维修流程、加油卡的使用方法及注意事项等内容，并为司机专门印制了1000册服务手册。党政机关公务用车已初步形成了“五统一”格局，即“统一采购、统一国库集中支付、统一保险、统一定点维修、统一定点加油”。“五统一”的实行，有效的防范和杜绝公务用车使用管理中的漏洞，为管理者提供了更加有力的监控手段。

（张进山）

【会计从业资格考试报名人数位居全市第二】 年内，全区会计从业资格考试报名人数再创历史新高，共有3989人报名，比上年增加1812人，增长120%，位居全市第二位。从报考人员的知识结构看，大专院校的学生报名居首位，占报名人数的80%以上。

（刘淑玲）

税　务

国家税务

【概　况】 2005年，昌平国税局依法治税，大力整顿和规范税收秩序，规范各税管理，加速税收信息化建设，税收征管质量和效率显著提高，全年共组织各项税收收入14.03亿元，同比增收1.72亿元，增长13.9%，完成市局下达年度计划13.94亿元的100.64%，完成区级税收收入13.09亿元，同比增加7242万元，增长16.27%，完成区政府下达年度计划12.36亿元的105.9%，入库区级财政收入1.82亿元，完成年初计划1.71亿元的106.4%。深化税收宣传层次，积极推行政务公开，提升纳税服务水平；加强队伍建设，完善考核机制，开展丰富多彩的文体活动，全面提升干部素质；认真开展以实践“三个代表”重要思想为主要内容的“保持共产党员先进性”教育活动，倾力打造充满激情和活力的昌平国税队伍，较好地完成了全年各项税收工作。2002年至2005年昌平国税局连续四年被评为市国税系统先进单位，2005年被人事部、国家税务总局评为“全国税务系统先进单位”。

（李　雷）

单位名称：北京市昌平区国家税务局
地址：昌平区鼓楼南街23号
电话：(010)69742048
邮编：102200

【规范执法行为，完善稽查程序】 年内，深入开展法制宣传，加强法制教育培训，提高依法办事的自觉性。严格税收执法监督检查，完善执法程序，稳步推进CTAIS行政处罚子系统上线工作。全年做出行政处罚2068件，处罚金额211.46万元，较上年处罚案件数量减少595件，金额增加27.3万元，增长15%。做好税务行政许可的监督检查工作，全年实施税务行政许可2615件，合格率100%。进一步完善税务案件选案、实施、审理、执行监督制约机制，加强对执法行为的事前、事中监督，围绕日常稽查工作的焦点和难点开展学习和研讨，增强干部对稽查工作的分析和把握能力，全年共对488户企业实施了检查，入库税款、滞纳金、罚款合计1004.2万元。

（杨金明）

【各税管理日趋完善】 流转税：年内，金税工程运行质量明显提升，各指标考核排名稳步上升，存根联采集率始终保持100%；全年审核增值税其他抵扣凭证11137份，有问题发票380份，补税38万元；结合一般纳税人年审工作，制定《昌平区国家税务局关于商贸企业增值税一般纳税人认定管理有关问题的紧急通知》、《辅导期一般纳税人转为正式一般纳税人工作流程》、《增值税一般纳税人认定管理办法》等文件，一般纳税人审批工作实行“三级复审一级汇审”；积极开展增值税小规模纳税人专项纳税评估工作，集中对3709户小规模纳税人进行评估，占总户数的63%，发现有问题户数154户，补交税款90.4万元，删除增值税税种366户；规范退税管理，严格审核手续，做好出口退税工作，审批并办理上报出口货物退税1.96亿元，比上年同期增加1.18亿元，免抵退库8623万元，比上年同期增加6016万元，免抵调库7493万元。所得税：将纳税评估工作引入年度所得税汇算清缴，分层次审核和评估，将问题企业纳入汇算结束后的重点审核，弥补年度汇算报表符合性审核的漏洞，重点审核房地产企业、免税政策到期恢复征税企业、服务型企业以及汇算符合性审核中存在问题较大的企业，共计调增应纳税所得额2760万元，查补入库税款620万元。涉外企业所得税:强化调研机制,对涉外重点行业、重点税源、减免税、亏损企业、关联企业进行调查,全面提升管理水平。

(王　晴)

【落实国家税收优惠政策】 年内,制定《昌平区国家税务局流转税减免税审批管理办法》及《昌平区国家税务局流转税减免税备案管理办法》,完善减免税审批、备案管理,明确流转税减免税的审批项目和备案项目,严格减免税日常管理,规范流转税减免税审批流程,切实落实国家的税收优惠政策。全年办理软件产品退税3060万元,享受资源综合利用企业即征即退5240万元,退还福利企业增值税2252万元,减免企业所得税3.5亿元,有效地促进了地区经济的发展。

(杨金明)

【加速税收信息化建设】 年内,制定了《税收信息化工作规范》,主要包括:CTAIS系统操作规范、网络与信息安全管理办法、计算机机房管理办法、计算机应用系统紧急状况处理流程、计算机应用系统应急预案、计算机防病毒管理制度和信息化责任追究考核办法。5月28日,区国税局三大主体应用系统成功整合上线,实现了CTAIS系统、防伪税控、出口退税等三大系统数据信息的衔接与共享,进一步加强了税源管理,提高了征管工作效率和质量。

(王　晴)

【深入开展税法宣传活动】 4月9日,与区地税局在国泰商场门前组织联合税法宣传活动,国地税主要领导、各业务科室及全程代理等窗口单位选派骨干人员,规范、严谨、细致、热情地受理群众咨询。中国政法大学、中国石油大学等10名大学生组成志愿服务队义务发放宣传材料,共同交流和普及税收法律法规。4月22日,同政法大学校团委、社团部合作,联手举办了“依法诚信纳税,共建小康社会”主题税法宣传——税收实务走进大学校园活动。4月28日,与10家A级纳税企业开展广泛、深入地座谈,进一步营造依法诚信纳税氛围。

(刘　杰)

【深化政务公开,提高优质服务水平】 年内,确立“八项公开”制度,即:将全程办事代理制度、全程办事代理工作总流程图、税务工作人员行为规范、征收大厅工作岗位职责、税务工作人员廉政勤政制度、政务公开优质服务工作领导小组成员名单、征收大厅涉税工作受理事项、监督制约机制等八项内容在征收大厅向纳税人公示。完善“四项服务”,即:政策服务方便纳税人了解相关税收政策;强化技术服务推进税收信息化建设;拓展绿色通道服务解决增值税专用发票认证期间的排队等候现象,为十户纳税信用等级A级企业及月认证份数在100份以上的企业开辟了绿色通道,建立增值税发票认证大户室,向14户重点企业推行网上认证;优化环境服务,推出“服务大厅总负责人制”,落实“首问负责”及“办税向导”两项服务制度全年累计代理涉税事项13824件,办结率、群众满意率达到100%。

(李　雷)

地方税务

【概　况】 2005年,区地税局紧紧围绕北京市地税局党组的总体要求和本区“强二兴三优一”的发展战略,不断提升思想理念,创新服务手段,加强税收征管,强化队伍建设,完善管理手段,以大力组织税收收入为中心,以开展保持共产党员先进性教育为重点,努力实现“做细征收、做精管理、做强稽查、做实税政、做优服务”的工作目标,为全区的经济发展和社会稳定做出了积极的贡献。全年累计组织各项收入25.49亿元,同比增收2.74亿元。其中,完成税收收入24.68亿元,同比增收2.67亿元,增长12.1%,完成市局任务指标的100.75%。完成地方留成8.85亿元,同比增收1.42亿元，增长19.2%，完成区政府下达年度任务指标的106.4%，提前19天完成全年任务。本年，昌平地税局税收收入完成额超过城八区的崇文和石景山，创出全市排名第七、远郊区县排名第一的好成绩。同时，全局以保持党员先进性教育活动为契机，弘扬新时期共产党员先锋作用，全力打造高素质税收干部队伍。2005年，区地税局荣获"全国精神文明建设工作先进单位"称号，是北京市地税系统唯一一家获此殊荣的单位。

（张　伟）

单位名称：昌平区地方税务局
地址：昌平区南环东路16号
电话：(010)69705047
邮编：102200

【开展税收宣传月大型宣传活动】　4月9日上午，与区国税局联合在国泰商场前开展以"依法诚信纳税，共建小康社会"为主题的大型税法宣传咨询活动。宣传活动中分设了契税、个人所得税、发票、涉税举报等咨询台，相关科（室）、所的税务干部解答了过往群众提出的涉税问题，根据群众关注的个人所得税、契税、下岗再就业税收优惠政策等热点问题进行了专项宣传。

（张　伟）

【紧急落实契税新政策】　6月1日以后签定购房合同的，同时满足以下三个条件即可认定为普通标准住宅：住宅小区建筑容积率在1.0（含）以上；单套建筑面积在140（含）平方米以下（在120平方米基础上上浮16.7%）；实际成交价低于同级别土地上住房平均交易价格1.2倍以下，契税普通住宅标准按此执行。

（张　伟）

【召开房地产企业座谈会】　6月8日，与区房地产行业前十名企业的副总、财务总监等高级管理人员进行了深入友好的座谈。座谈会主要围绕房地产企业目前的经营情况及前景、区地税局开展先进性教育活动的情况，以及企业对地税局的意见和建议展开。

（张　伟）

【民建昌平会员到区地税局参观考察】　6月15日，昌平民建会员一行13人参观考察了税务所、纳税服务所的办税大厅和局计算机房，听取了"青年文明号"创建、车船税征收、发票使用、个人所得税网上申报、契税征收减免等方面的介绍。民建会员对地税局各项工作给与高度评价，并提出了一些有益建议。

（张　伟）

【发票换版首日销售情况基本正常】　6月20日开始向全区纳税人发售新版地税发票，纳税服务所4个发票窗口首日共向158户纳税人销售发票2388本，销售金额21264元，发票窗口全天运行情况基本正常。

（张　伟）

【55户企业获纳税信用A级企业称号】　年内，区地税局选送的55户候选企业被市局评为"纳税信用A级企业"，这55家企业涉及金融、制造、旅游、邮电通讯、房地产建筑等多种行业，涵盖了国有、私营以及外商投资等多种经济性质。这次当选的55家A级企业在2003、2004年度纳税总额达到6.2亿元，占到全区地方税收收入的15.1%。

（张　伟）

【召开重点纳税人座谈会】　8月19日，邀请10家重点纳税人召开座谈会。会上，企业代表开诚布公地提出了涉及税收政策优惠、税收票据开具、本区扶持企业发展的政策、影响企业发展等方面的问题，区领导和地税局领导认真记录了企业提出的问题，就部分问题进行了现场答复，并为企业的发展出谋划策。

（张　伟）

【被评为北京市地方税务局2004年度网站工作优秀单位】　9月1日，北京市地税局召开2005年度纳税服务工作会。会上，市局对2004年度北京市地方税务局网站工作优秀单位进行了表彰，区地税局获此殊荣，这是继市局开展网站评比工作以来,区地税局第二次获此称号。

(张　伟)

【开展"伸出关爱之手,帮助弱势群体"活动,热心捐助打工子弟学校】 年内,区地税局团总支在全局干部职工中发起了"伸出关爱之手,帮助弱势群体"捐助活动。全局干部职工共为雨竹学校捐助练习本768本,工具书、图书473本,铅笔444支,服装267件,橡皮、转笔刀等文具129件,铅笔盒42个,书包21个,共计2144件,价值约1万元。

(张　伟)

【成功举办首次地税开放日活动】 9月13日,在"诚信兴商宣传月"期间,成功举办了首次"地税开放日"活动。来自各个行业的A级企业代表及社会监督员走进本局,参观并了解了包括税收征收流程、投诉举报流程、税务信息化建设、地税档案等在内的10余项开放内容,同时填写了《开放日纳税人意见建议反馈单》。

(张　伟)

【召开新风税务研究社成立暨调研培训大会】 9月15日,召开新风税务研究社成立暨调研培训大会,市局纪检组长解煜和研究室主任高学江等市局领导出席会议。

(张　伟)

【涉税举报工作成绩显著】 年内,区地税举报中心共受理各种形式举报、接受市局转办等专案167件;其中电话受理件68件,信件受理件70件,来访受理件18件,受理网络举报件11件。受理各种形式举报件中,署名举报件99件,占受理案件总数的59%;匿名举报件68件,占受理案件总数的41%。转市局处理7件,对无照经营户及发票问题转入征收所67件,并案处理13件,立案76件。案件的查处情况:共立案查处76件,占受理案件总数的46%;全年检查结案件75件,结案率99%,有问题案件60件,有问题率80%,本年累计查补收入共计680万元。其中:检查补税503.9万元、滞纳金149.9万元、罚款26.2万元。较上年同期实现查补收入511.2万元上涨168.8万元,增长33%。执行入库税款737.59万元,入库率108%。

(张　伟)

【税控服务投诉系统正式运行】 自10月10日起,北京市地方税务局在tax861网站的首页中增加了"税控服务投诉"系统(http://admin.tax861.gov.cn/),区地税局相关负责人员将每天登陆该系统进行查询,并对纳税人对税控服务商的投诉问题进行及时核实和处理。

(张　伟)

【税收收入完成突破20个亿】 截至10月18日,区地税局税收收入完成20.24亿元,比上年提前37天突破20亿元大关,同比增收1.73亿元,增长9.3%,完成市局计划24.5亿元的82.6%。营业税、契税、个人所得税和企业所得税四大主体税种完成17.91亿元,占全局税收的88.5%。增长点主要体现在营业税和个人所得税。营业税完成10.44亿元,同比增收9543万元,占全局税收增收总额的55.3%;个人所得税完成25952万元,同比增收4040万元,占税收增收总额的23.4%。

(张　伟)

【推行税收管理员平台】 10月下旬,全面推行税收管理员工作平台。税收管理员平台以现代化的信息技术为支撑,实现对税源的精细化、科学化管理;通过建立市级、区级、税务所级三级重点税源户监控网,全面加强对重点税源户的管理。截至年底,全区共有地税正常登记户24116户,同比增加7331户,增长43.7%。

(张　伟)

【郑各庄村税法宣传基地揭牌成立】 10月28日,北京市地税局郑各庄村税法宣传基地成立。该基地以农民税校课堂和税校网站为依托,为广大农民提供税收政策服务。市局局长王纪平和区委书记赵凤桐共同为宣传基地揭牌。

（张　伟）

【契税提前完成税收计划直征工作成果显著】 截至11月15日，契税累计完成税收收入2.77亿元，完成年度计划的100.82%。

（张　伟）

【开展“12.4”法制宣传日系列宣传活动】 12月2日，在政府街开展了以“依法纳税是公民应尽的义务”为主题的法制宣传咨询活动。此次宣传活动，以普及税收法律常识为主，内容贴近百姓日常生活，发放宣传资料近2000份，接待纳税人咨询数十人次，受到了群众的欢迎，收到了良好的宣传效果，同时也拉开了区地税局“12.4法制宣传日”系列活动的序幕。

（张　伟）

【开通“12366”纳税服务热线远程座席】 12月8日，正式开通了“12366”纳税服务热线远程座席。“12366”纳税服务热线远程座席的开通，进一步拓宽了区地税纳税服务的管理模式，将解答纳税人咨询电话这项工作集中纳入到“12366”中进行管理，使解答问题的口径一致，提高了纳税人对区地税局纳税服务工作的满意度。

（张　伟）

【内网投入试运行】 12月，区地税局内网投入试运行。该网站从4月中旬开始着手建设，以实现信息化带动全局内部办公管理的现代化、规范化为目标，具备动态信息随时更新、各类资源高度共享、内部管理高效规范的总体功能，是集信息、资源与管理于一身的综合性网站。

（张　伟）

【地方留成提前19天完成区政府年度计划】 截至12月12日，本年区地税局完成地方留成（不含耕地占用税）8.47亿元，同比增收1.13亿元，增长15.4%，完成年度计划8.32亿元的101.77%，提前19天完成区政府下达的全年任务。区级共享收入完成7.33亿元，同比增收8404万元，增长12.9%。增长点主要体现在营业税方面，本期营业税实现地方留成6.28亿元，同比增收7805万元，占共享收入增收总额的92.9%，增幅14.2%。区级固定收入完成1.13亿元，同比增收2906万元，增长了34.5%。增长点主要体现在房产税上，本期房产税实现地方留成7415万元，同比增收2143万元，占固定收入增收总额的73.7%，增幅40.6%。

（张　伟）

【北七家税务所成立】 12月30日，举行北七家税务所成立仪式。北七家税务所主要管辖范围为北七家镇和东小口镇，此地区位于城乡结合部，所辖户数达4200余户。

（张　伟）

金　融

工商银行昌平支行

【概　况】 2005年，昌平支行围绕深化国有商业银行体制改革这一中心，为构建现代金融企业制度、加快公司化治理结构进程，昌平支行按股改的要求，全年开展了内设机构整合，本着精简、高效，以客户为中心，以业务综合化为特点，重新确立了11个部室的工作职能。对内实行集约化精细管理，狠抓资产负债结构、人员结构调整，优化资源配置，科学合理调整网点布局，积极实施经营转型和增长方式的转变，为旧的经营管理体制向新的运营机制平稳过渡奠定了坚实的基础。年内，昌平支行各项业务在改革中继续保持平稳健康快速发展，资金实力进一步增强，年末本外币资产总额达到94.95亿元，比年初增加12.59亿元。本外币各项存款持续增长，存款余额达到88.47亿元，比年初增加10.87

亿元。各项贷款结构投向日趋合理，贷款余额达到 38.46 亿元比年初减少 14.9 亿元，经营效益实现良性增长，全年实现本外币经营利润 1.66 亿元。

（侯洪林）

单位名称：中国工商银行股份有限公司北京昌平支行
地址：昌平区科技园区超前路九号
电话：(010)69746269
邮编：102200

【金融电子化、业务综合化全面提速】 年内，昌平支行金融电子化建设步伐加快，科技投入进一步加大，具有国际先进水平的全功能银行处理系统整合了包括资金汇划清算、个人金融业务、财务管理、电子银行、国际业务、信贷台帐、事后监督等 23 个业务处理子系统，实现了业务处理模式以银行产品为中心到以客户为中心的转变。临柜业务向“柜员制”、“综合化”的整合进一步加快，年内 7 个综合网点基本实现了对公、个人业务综合化，综合柜员比率达到 40%。

（侯洪林）

【企业网上银行、个人网上银行发展迅速】 年内，昌平支行的企业网上银行、个人网上银行业务成为金融服务的新亮点。网上银行这一现代化金融业务受理方式以其安全、便捷、实现资金实时清算、资金零在途，不受地域、时空限制等特点正越来越受到客户的青睐。年内，昌平支行实现新增企业网上银行客户 300 户，新增个人网上银行客户 11606 户，本年网上银行交易额突破 47 亿元。

（侯洪林）

【外汇业务、银行卡保持增长态势】 年内，昌平支行大力拓展外汇业务、银行卡业务市场，支行经办外汇业务的网点增加到 7 个，本年外汇存款余额达到 1946 万美元，实现国际业务结算量 5593 万美元，发行牡丹国际信用卡 615 张。

（侯洪林）

【经营转型带动中间业务快速发展】 年内，支行适应股份制改革带来的新变化，实施经营转型带动中间业务快速发展。新型的金融产品和业务品种，极大的满足了中高端客户个人理财、金融投资多元化的需求。年内支行相继推出了人民币理财产品“稳得利”、外汇可终止理财，代理销售了 30 支开放式货币型、证券型、股票型基金，全年实现中间业务收入 1324 万元。

（侯洪林）

【合理规划调整网点布局，打造精品名店】 年内，支行以调整网点结构、优化资源配置入手，实施了打造精品名店策略，对区内 14 个物理网点进行了标准化的装修改造。新建天通苑储蓄所，迁址于北方明珠大厦的天通苑分理处也于年末正式开业对外接待客户。

（侯洪林）

建设银行昌平区支行

【概　况】 2005 年，建行昌平支行积极贯彻总、分行发展战略，适应股份制商业银行经营管理要求，以“早日步入‘好银行’行列”为目标，细化业务管理，优化资产结构，强化风险防范，深化内部控制，年末存款总量达到 61.8 亿元，贷款总规模突破 30 亿大关达到 31.4 亿元，贷款不良率（按五级分类口径统计）为 1.93%控制在 2%以下，帐面利润实现了 1.37 亿元，各项工作持续、稳定、健康发展。

（兰云云）

单位名称：中国建设银行股份有限公司北京昌平支行
地址：昌平东环路 95 号
电话：(010)69747044
邮编：102200

【强化贷款营销工作】 年内，支行加强贷款投放及贷后管理工作，为保持盈利能力夯实基础。截止到 12 月 31 日，支行各类贷款余额为 31.39 亿元，比年初增加 25 万元。其中：企业类贷款余额 17.98 亿元，本年新增 2.55 亿元，完成年计划的 102.12%；个人住房贷款余额（含商贷）13.27 亿元，本年实际新增 1.35 亿元，完成分行年度计划 159.99%；个人消费贷款余额 1374 万元，比年初下降 19 万元，完成分行年度计划 7.85%。全年贷款利息实收率达到了 97.26%，较上年提高了 7.85 个百分点。

（兰云云）

【个人银行业务健康发展】 年内，以发展个人银行业务为中心，适时开展如“旺季营销”、银行卡业务营销等活动，带动储蓄业务的增长。截止到 12 月 31 日，储蓄存款余额达 23.25 亿元，比年初增长 3.58 亿元，年度计划完成率为 143.14%；日均存款余额为 21.79 亿元，较上年 12 月份日均余额提高 2.22 亿元，人民币储蓄业务实现了超常规增长目标。全年共新发展代发工资业务 12 户，累计发放金额 4.43 亿元，完成分行下达计划的 126%；代发国债及各类基金 6370 万元，代办保险 725 万元；储蓄卡发卡新增 35521 张，完成分行计划的 126%；贷记卡新增 821 张，完成计划的 157%；发展个人网银客户 2092 户，完成计划的 261%；个人电话银行客户新增 3475 户，完成计划的 173%；VIP 客户新增 601 户，计划完成率为 200%。

（兰云云）

【信贷资产质量稳步提高】 年内，继续把不良“双降”工作作为全行管理工作的重中之重，按照“巩固成果、差别控制、重点突破、深化管理”的要求，在细化前期调查、深化贷后管理、强化化解手段等三个方面下功夫，加强对存量资产的管理，强化不良贷款的化解措施，有效扼制了不良贷款的增长。截止到 12 月 31 日，全行不良贷款总额（按五级分类统计口径）为 6054 万元，比年初增长 259 万元；不良率为 1.93%，较年初下降 0.18 个百分点；个人住房贷款继续保持“零”不良记录的好成绩。

（兰云云）

【强化存款工作的基础地位】 年内，支行存款工作受到宏观政策的极大影响。为扼制存款负增长势头，支行所辖各综合机构积极工作，相互协作，变优势为强势、变被动为主动，变全面出击为重点维护，不断强化银企关系，稳定了一大批重点客户和传统客户，全年存款始终保持了相对平稳的态势。截止到 12 月 31 日，全行全口径存款余额 61.86 亿元，比年初增长 1.37 亿元，计划完成率 20.68%。企业存款下降的势头初步得到了控制，年末保持在 38.61 亿元，全年日均余额为 36.26 亿元，低于上年 12 月份水平；企业外币存款余额为 489 万美元，比年初增长 446 万美元，日均余额为 109 万美元，较上年 12 月份增加 64 万美元。全行对公客户总数达 2500 户，基本账户比率达到了 67.6%。

（兰云云）

【全面提升服务管理工作】 年内，全面贯彻落实“以客户为中心”经营理念，切实做好优质服务中心工作。成立“提升服务质量领导小组”，对全行服务管理工作进行检查、指导和协调；开展服务大讨论活动，使“以客户为中心”的理念成为员工的自觉行动；结合各网点综合柜员制建设，适时开展以“学业务、比技能”为主要内容的业务学习、知识竞赛和技能比赛等活动，有效地提高了柜面人员的服务效率；有条件网点开设 VIP 服务窗口或特色业务窗口，东关所和西三旗支行修建“无障碍通道”，全部网点推行“首问负责制”、“大堂经理制”，部分网点推行“弹性”窗口服务制。年内，支行共收到各类表扬意见 38 条、服务建议 10 条，较上年均有大幅增加；全年接受各类投诉 9 起，均得到了及时化解，从而继续保持了“零”有效投诉”的好成绩。

（兰云云）

【加强网点建设工作】 年内，合理调整网点布局，撤销南口储蓄所、新建回龙观储蓄所、迁建沙河支行，使全行网点初步形成了“以支行本部为中心，贯穿昌平南北全境，直面居民聚集区、住宅开发区和中高档社区”的网点格局。

（兰云云）

【强化内部基础管理】 年内，支行从总体经营、管理行为和工作人员业务执行、操作行为两个方面入手，以业务管理、执行、操作为主线，对各项业务的政策落实、制度制定、规范执行及操作的合法性和合规性进行检查和指导，以部门、机构为单位对工作人员工作行为进行排查、梳理，通过责任认定、限期整改、经济处罚和岗位轮换等形式，确保专项治理工作取得成效。全年支行共组织综合业务检查12次，各种专项业务检查40余次，检查覆盖面100%，抽调录像资料24次，检查出共性问题11个、个别问题23个，所查问题大部分已经解决或纠正，个别问题已制订整改方案，逐步加以改正。

（兰云云）

【实现各项业务工作安全运营】 年内，切实加强安全保卫工作，认真拟定了各项安全保卫工作预案，积极组织了防抢劫演练。全年堵截盗窃、诈骗案件5起；配合公安机关查办案件22起，抓获犯罪嫌疑人8人。未发生各类案件和事故，保障了各项业务的安全运营。

（兰云云）

农业银行昌平区支行

【概　况】 2005年，农行昌平支行以加快有效发展为主题，牢固树立五个观念（科学发展观念、争创一流观念、统筹运作观念、改革创新观念、坚持大局观念），努力实现经营结构调整与区域经济结构调整同步、服务功能与市场需求同步、管理水平与业务发展同步、事业发展与个人发展同步。年末，支行本外币各项存款突破70亿元大关，余额达71.88亿元，比年初增加6.99亿元；各项贷款余额44.87亿元，比年初下降2.99亿元；实现经营利润1.32亿元，较上年增加900万元。

（刘玉成）

单位名称：中国农业银行北京市昌平区支行
地址：昌平区鼓楼南街30号
电话：(010)69742829
邮编：102200

【大力组织储蓄存款】 年内，先后开展“迎新春”优质服务竞赛、理财进单位、进社区、进校园等一系列营销宣传活动，积极营销市场连结性强的理财产品，有力促进了储蓄存款的大幅增长。据统计，在为期三个月的“迎新春”活动中，增加储蓄存款2.63亿元，占全年储蓄增长额的46%。支行南口分理处抓住联想弘毅投资有限公司收购平板玻璃公司的有利时机，主动配合企业做好补发工资和买断工龄款的发放工作，吸收储蓄存款5800万元。年末，昌平支行储蓄存款余额达33.06亿元，比年初增加5.73亿元。

（刘玉成）

【坚持审慎原则，优化信贷结构】 年内，牢固树立科学发展观，坚持审慎原则，使贷款投放由高速增长向理性回落进行调整。压缩公司类贷款，年末公司类贷款余额25.77亿元，较年初下降2.3亿元；加大房地产信贷投放力度，积极支持本区房地产业发展。年末，支行房地产信贷总量达14.9亿元，占全行信贷资产总量的33%；积极主动做好风险信贷客户压缩退出工作，全年共退风险贷款6463万元。

（刘玉成）

【不良资产清收工作取得显著成效】 年内，支行加强领导，强化管理，多策并举，全方位联动，使清收工作收到显著成效。年末，支行累计清收不良贷款本息6297万元，完成全年任务的139%。加大依法清收工作力度，全年共执行回贷款本金269万元，通过发放催收通知单和公证送达、邮寄送达等方式对259户不良贷款企业进行了全面追踪延续。

（刘玉成）

【银行卡、中间业务发展较快】 年末，农行昌平支行发卡量达35万张、卡存款余额7.05亿元，分别比年初增加7.17万张和1.81亿元，卡消费额3.25亿元。制定代理保险“一对二”业务管理办法，分时间、分网点使两家保险公司在开展业务时不相互冲突，保障了柜台代理寿险业务的正常开展。全年共代理柜台寿险业务1.1亿元，较上年增加4320万元。认真做好开放式基金、国债、银证通、网上银行等金融产品的大力推广工作。

（刘玉成）

【国际业务取得一定进展】 年内，实现国际业务结算量1.07亿美元，比上年增加4580万美元。积极做好西联汇款推广、结售汇等国际业务，对客户经理、分理处主任、大堂经理和所有一线柜员进行外汇基础知识、外汇政策和西联汇款业务培训，促进此项业务开展。全年共办理西联汇款业务55万美元，较上年增加10万美元。办理结售汇9751万美元，较上年增加3900万美元。积极开发出口信用保险项下贸易融资等业务，为进出口企业提供资金融通184万元，解决了客户短期流动资金紧张的实际困难，帮助客户规避了因人民币升值带来的经营风险。

（刘玉成）

【电子银行产品取得较快发展】 年末，支行新增网上银行企业注册客户20户、新增个人注册客户420个，网银客户累计交易量为21亿元。

（刘玉成）

【开发人力资源，抓紧人才培养】 年内，牢固树立“人力资源是第一资源”、“以人为本，人才兴行”的理念，着力抓好员工的培训与培养，进一步提高全行员工整体素质。共举办各类业务培训11期，参训人员达739人次。对自学成才的员工予以大力支持，并尽可能的为其创造良好环境，对学有所成、自学成才的员工还给予适当奖励。年末，支行在岗人员中，大专以上学历占58%，中级职称占22.5%，分别比上年提高4个和2个百分点。

（刘玉成）

【开展创建学习型组织、争做知识型员工活动】 年内，为培养职工读书的兴趣，支行工会投资1.6万元，配置图书450本、书柜11个，建立了学习园地、图书室及图书角。

（刘玉成）

中国银行昌平区支行

【概　况】 中国银行北京市昌平区支行（简称支行）正式成立于1988年12月18日（其前身是1982年11月10日组建的中行昌平办事处），隶属于中国银行股份有限公司北京市分行。2005年，支行内设“五部一室”（公司业务部、个人金融部、计划财务部、业务监督部、营业部、办公室），下辖9个网点支行，共有员工185人。经营范围主要包括：办理人民币存款、贷款、结算业务；办理票据贴现；代理发行金融债券；代理发行、兑付、承销政府债券；买卖政府债券；代理收付款项；总行在中国人行银行批准的业务范围内授权的业务；办理外汇存款、贷款、汇款；外币兑换；国际结算，结汇、售汇；通过上级行办理代客外汇买卖；代理家庭财产损失保险、与贷款项目相关的财产保险、意外伤害保险、人寿保险、健康保险；代理国外信用卡付款。年内，支行坚持审慎经营、持续发展方针，以改革为动力、以发展为主题、以效益为重点，强化内控管理，大力拓展各项业务，利润创历史最高水平。

（王祥起）

单位名称：中国银行股份有限公司北京昌平支行
地址：昌平区南环路57号
电话：(010)69704844
邮编：102200

【转变经营理念】 年内，支行紧密围绕授信业务主线，确定域内业务发展目标，实现“以产品、项目为中心”到“以客户为中心”的重大转变；零售贷款做到调整结构，控制总量，分类续做，一户一策。发挥公司、零售的整体联动作用，保证业务快速、稳健向前发展。

（王祥起）

【存款稳步增长】 年内，支行人民币存款比上年同期新增逾11亿元，增幅为31.6%，在本区同业存款新增市场占有率达到25.86%，排名四大国有商业银行之首。按照同一口径，利润比上年同期增长17.41%，人均创利增加4.82万元，两项指标均创新高。

（王祥起）

【中间业务发展势头良好】 年内，支行中间业务净收入比上年同期增长48.28%，其中国际结算业务收益完成任务的135.38%，银行承兑汇票贴现、外汇买卖、代售代理业务、发卡等业务超额完成任务，部分指标位居分行前列。

（王祥起）

【强化合规意识】 年内，支行加大合规检查和专项业务检查力度，特别是对4个网点实行行长代职检查；先后制订7项内控管理制度，并通过对不良资产相关企业不法行为的依法诉讼，维护支行的合法权益，推动全辖内控管理登上新台阶。

（王祥起）

【服务质量服务效率不断提高】 年内，支行成立文明优质服务领导小组，采取定期服务检查、不定期抽查柜台录象、邀请市区同业明察暗访等方式加大检查力度，并针对检查出的问题通报全辖限期整改；多次进行全员技能培训和达标测试，有效促进了支行整体服务质量、服务效率的提高。

（王祥起）

农业发展银行昌平支行

【概　况】 2005年，认真贯彻落实党中央、国务院有关重要会议及领导同志批示精神，全国分行行长会议和北京分行支行行长会议精神，增强大局意识、创新意识、经营意识、风险意识、服务意识和现代银行的管理理念，加大支农力度，增加有效信贷投入；突出收支核算，全面提高经营效益；落实体制改革，完善内部管理机制；强化党员教育，提升全员综合素质，争创首都政策性金融的窗口行和好银行。

（崔建成）

单位名称：中国农业发展银行北京市昌平支行
地址：昌平区北环路4号
电话：(010)80106763
邮编：102200

【全面落实信贷政策】 全年累计投放粮油贷款5404万元，支持企业累计购入粮食2579万公斤。认真做好三级粮油储备贷款的供应和管理工作。一是加强对储备贷款的管理。中央储备贷款3730万元全部划转，稳步推进中央储备粮油贷款的集中统一管理。二是大力支持省级储备贷款的供应和监管力度，累计投放省级储备贷款4709万元，比年初增加228万元，支持企业累计调入粮食1689万公斤。三是加强收购、调销贷款管理。按照计划做好夏粮和秋粮订单收购资金的供应和管理，确保资金不出问题。对购销企业根据市场行情自主收购的粮食，严格按照“以销定贷，以效定贷”的原则，实行“区别对待，择优扶持”的政策。年内，全部收回粮食流转贷款2450万元。积极支持企业搞活经营，增加贷款利息收入，实现银企双赢，促进粮食市场流通和粮食流通体制改革的深入开展。

（袁连东）

【防范和化解信贷风险】 年内，把化解信贷风险工作作为支行各项工作的重中之重，努力改进工作作风，真抓实干，把求真务实的精神作为各项工作的发出点和落脚点。根据总行《关于切实做好国有粮食购销企业粮食财务挂帐占用本行贷款认定工作的通知》精神，逐笔落实亏损挂帐占用本行贷款本金及欠息情况，采取有力措施，收回粮食企业1998年5月31日前不合理占用贷款150万元及以前年度欠息14万元，实现不良贷款余额和比例“双降”及陈欠利息“清零”的目标。

（袁连东）

【加大财政补贴资金监管力度】 年内，加强与财政、粮食等部门的协调配合和联系，积极宣传财政补贴资金管理的有关政策，保证粮食风险基金最低到位规模到位率达到100%。积极督促区粮食风险基金及时足额到位，严格监控支付用途。加大对财政补贴资金专户的管理，确保财政补贴资金专款专用。加强财政补贴资金统计报表的管理工作，提高统计数据的准确性。本年，各级财政应补各项补贴3715万元，年末全额到位，实现应补尽补。认真落实“粮食直补”资金的操作程序和管理办法，确保国家政策贯彻落实到位。

（赵文彬）

【会计综合业务系统顺利运行】 9月，组织业务人员培训学习，严格操作要领，规范操作程序，确保了现代支付系统、帐户管理系统、电子联行系统的正式运行。

（王永厚）

农村商业银行昌平支行

【概　况】 2005年10月19日，北京农村商业银行正式挂牌成立，昌平区农村信用合作社联合社（以下简称“昌平联社”）与北京市各家信用联社一道共同改制为农村商业银行。北京农村商业银行昌平支行（属管辖支行，以下简称支行）下辖1个营业部、16个支行（属非管辖支行）、35个分理处，共52个营业网点遍布全区各镇。年末在册员工462人。2005年，支行始终以“三个代表”重要思想为指导，以支持“三农”发展为己任，以改革为动力，积极转变观念，努力适应改革形势需要。坚持依法合规经营，不断降低经营风险。按照年初制定的计划，扎扎实实地开展各项工作。年末存款余额达到85.6亿元，比上年同期增长17.1%，年末贷款余额42.7亿元，比上年同期增长1.6%，实现利润1.17亿元，比上年增长89.6%。年末各项考核指标得分名列全市各家支行之首。

（田迎秋　纪　晶）

单位名称：北京农村商业银行昌平支行
地址：北京市昌平区东环南路西侧
电话：(010)69744185
邮编：102200

【召开理、监事会会议】 昌平联社于1月5日和4月13日分别召开了第一届理事会第五次会议和第六次会议。1月7日，召开了第一届监事会第四次会议。理、监事会议的召开，全面总结了昌平联社2004年度的各项工作，决定了2004年度股金分红方案，一致通过了昌平联社理事会向北京农村商业银行筹备组转移事权和理事长授权北京农村商业银行筹备组组长代为履行职权的提案。

（田迎秋　纪　晶）

【召开年度工作会议】 2月24日和4月11日，昌平联社在财会之家两次召开年度工作会议，总结了2004年的工作，表彰了2004年度系统先进单位（集体）和先进个人，部署了2005年的各项工作。联社主任分别与各信用社（部）主任签订了岗位责任书。

（田迎秋　纪　晶）

【召开社员代表大会】 4月19日和6月9日，昌平联社在北京地铁度假村分别召开第一届社员代表大会第三次、第四次会议。通过了理事会提出的理事会向北京农村商业银行筹备组转移事权、理事长授权北京农村商业银行筹备组组长代为履行职权的决定，同意撤销昌平联社法人资格，与北京市辖内其他农村信用社合并组建北京农村商业银行，由新组建的北京农村商业银行承继昌平联社全部资产、负债及昌平联社净资产处置方案等事项，为实施全市一级法人管理、清股入股、顺利组建北京农村商业银行奠定了组织基础。

（田迎秋　纪　晶）

【深入开展案件专项治理工作】 为贯彻落实市农商行筹备组《关于印发〈北京市农村信用社系统案件专项治理工作实施方案〉的通知》精神，昌平联社于5月24日至11月14日在系统内广泛深入开展以“落实案件专项治理，防范信用社操作风险”为主题的专项治理工作。成立领导小组、制定实施方案、开展自查和互查，健全各项内控制度，促进依法合规经营，提升风险管理水平，昌平联社案件专项治理工作真正落到了实处，取得了实效。

（田迎秋　纪　晶）

【改革工作稳步进行】 年初，昌平联社完成了清产核资工作。3月11日，参加“贯彻2005年全国合作金融监管会议及农村信用社改革试点工作会议精神”大会。4月19日，完成理事会向北京农村商业银行筹备的事权转移工作，并授权北京农村商业银行筹备组组长代为履行昌平联社理事长的职权。6月9日，经昌平联社社员代表大会通过，同意撤销昌平联社法人资格，与北京市其他农村信用社共同组建北京农村商业银行的提案。6月20日至9月5日，昌平联社顺利完成了股金确认、股份认购、清股入股等工作。10月19日，参加北京农村商业银行的成立庆典。

（田迎秋　纪　晶）

北京银行昌平支行

【概　况】 2005年，北京银行以发展为动力，以服务地方百姓、支持昌平建设为己任，稳健经营，务实的开展各项工作。全年，支行存款余额为6.72亿元，其中对公存款5.66亿元，储蓄存款余额1.06亿元，贷款余额2.6亿元，为地方纳税82万元。

（黄春生）

单位名称：北京银行股份有限公司昌平支行
地址：昌平区政府街2号
电话：(010)80103736
邮编：102200

【安装自动缴费终端，方便社区居民】 4月，在回龙观地区安装两台自费缴费终端，为居民缴纳电费、水费、电话费等费用提供了方便。

（黄春生）

【开办外汇业务】 6月1日，北京银行昌平支行顺利通过外管局审核，获得开办外汇业务资格，以方便百姓生活。

（黄春生）

保　　险

中国人保昌平支公司

【概　况】 中国人民财产保险股份有限公司北京市昌平支公司（简称中国人保昌平支公司）设二室七部，即总经理室、车贷清收办公室、综合部、业务部、营业一部、营业二部、营业三部、沙河营业部、西三旗营业部。共有员工39名。2005年按照中国人保北京市分公司保险工作会议精神，贯彻落实总公司提出的“一条主线，两个关键、两大目标”的工作任务和分公司七项工作重点的要求，进一步更新思想转变观念，强化“效益第一”的经营理念，突出重点，狠抓承保和理赔质量及险种结构的调整，扎扎实实做好各项工作，努力完成分公司下达的各项经营指标。全年实现保费收入9453万元，同比增长9%，承担各种保险风险261.9亿元，同比增长26.6%，支付各种赔款5427万元，同比增长7%，同时消化了历史包袱4300万元,保险市场份额为61%,为地方缴纳税金550万元,同比增长10%,有效地为地方企事业单位或个人起到了保驾护航作用。

(陶爱军 陈秀松)

单位名称:中国人民财产保险股份有限公司北京市昌平支公司
地址:昌平区城区镇北环路21号
电话:(010)69723366
邮编:102200

【采取有效措施保证业务可持续性发展】 年初,在业务发展中找准位置,准确预测,早期安排,在适度规模发展的前提下,积极调整险种结构,增加创利险种的发展额度,稳步的调整险种比率,以人力资源的可操作性寻求良好的发展。充分预测保险市场的状况,结合业务发展的实力,制定出上半年业务进度必须实现55%,争取达到60%的奋斗目标,上半年实际完成计划指标57.5%,为非车险的良好发展争取了参与市场竞争空间,为完成全年任务奠定了坚实基础,实现了可持续发展的第一步设想。

(陶爱军 陈秀松)

【坚持效益第一原则】 年内,一是严把承保质量关,及时制定《业务工作具体规定》,规范业务发展,界定承保质量标准,增加部门监控环节,完善承保审批权限,严格界定或限制高保额车辆的承保条件,加强非车险承保管控,认真履行非车险承保流程,加强承保质量,降低道德风险的发生,改善实现利润的环境;二是坚持险种结构调整的决心,实现向非车险发展转化的重点工作过程,发挥人员潜能及有效的激励机制,由等待市场变为争取市场、发展市场,确定非车险的发展重点,知己知彼,驾驭市场。实现了企业类非车险保费1165万元,同比增长13%的业绩;三是狠抓理赔质量不动摇,把实现利润的着眼点放在理赔人员的综合素质的提高和理赔质量上,并提出向理赔要效益,向理赔要服务的管理要求。加强理赔队伍建设,人员岗位的调整,实务操作能力的考核,整体上提升理赔综合能力,提高队伍质量,增强理赔人员的责任心,树立服务意识,加快理赔效率。赔付率同比呈下降趋势。四是结合分公司理赔质量年活动,精心组织,周密布置,一把手亲自挂帅,狠抓理赔质量、理赔管理、理赔服务,用总公司"向服务要市场,用服务树品牌"的战略思想指导客户服务工作。

(陶爱军 陈秀松)

【建立健全基础管理制度】 年内,重点解决重要环节的制度化管理,进一步完善《昌平支公司财务管理规定》、《重要单证管理制度》、《印章管理制度》、《业务工作具体规定》、《理赔工作具体规定》等原有管理制度,制定《值班、考勤、休假管理制度》、《机动车辆管理制度》、《廉政从业管理办法》、《展业岗考核管理办法》、《综合部、业务部人员考核管理办法》、《车贷清收工作考核办法》等。各种规定、制度、办法的实施对员工起到了激励作用,员工的岗位责任心及工作效率有了很大提高,岗位操作更加规范,制度执行情况更加良好。

(陶爱军 陈秀松)

【强化员工教育培训工作】 年内,认真组织员工对新险种的学习及计算机操作技能的培训,在公司内部掀起了学习高潮,激活了员工工作热情。充分发挥领导班子集体作用,凝聚集体智慧和力量,使领导班子建设得到了加强,领导班子的思想得到了统一,领导班子管理能力得到了发展与提高,为公司的发展起到了带头作用。

(陶爱军 陈秀松)

【增强重大招标项目竞争能力】 4月,参加区政府采购招标工作会,争取当地政府的有力支持。11月,在北汽福田公司的招标过程中成功中标,为大型企业的发展提供了有力经济保证,同时也体现了人保品牌的效应。

(陶爱军 陈秀松)

城乡建设

城 乡 建 设

规 划 管 理

【概 况】 2005年，北京市规划委员会昌平分局紧紧围绕加快经济发展这一主线，充分发挥规划的龙头作用，坚持突出重点、科学规划、强化管理、优质服务的原则，准确把握科学发展观和“五个统筹”的要求，弘扬求真务实的精神，以落实国务院批复的《北京城市总体规划（2004～2020）》为重点，开展规划管理工作。全年共办理核发规划意见书161件，总建筑面积817.7万平方米，用地规模1430.1公顷；核发建设工程规划许可证210件，总建筑面积695.2万平方米；核发建设用地规划许可证16件，总用地面积496.7公顷；受理地名命名、更名46件；登记城建档案145件，登记面积498.4万平方米，预验收面积313.9万平方米。办理完成市、区各级领导交办件195件。

（王秀海）

单位名称：北京市规划委员会昌平分局
地址：昌平区西环路17号
电话：(010)69742688
邮编：102200

【落实市规委整改措施，提高办事效率】 年内，积极落实市规划委简化程序和调整审批权限整改措施，严格按照审批流程图、建立绿色通道、采用“并联审查”的要求加快审批速度。项目审批周期由原来的85个工作日减少到现在的60个工作日。采取深入实地调研、提供上门服务的办法，解决建设单位和群众的实际困难。在服务项目上增加了审批职能以外的出图、公示、组卷、备案等技术服务，方便建设单位，提高办事效率。

（王秀海）

【规划宣传】 年内，认真组织学习《北京城市总体规划（2004～2020）》及其批复精神，重点领会对昌平新城及地区发展的功能定位，先后4次向区委、区政府、区人大、区政协领导讲解《北京城市总体规划》。并于8月26日邀请市规划委副总规划师、总体处处长谈绪祥为区委、区政府理论中心组授课，详细介绍了《北京城市总体规划（2004～2020）》的重点内容和规划编制的指导思想。

（王秀海）

【《昌平新城规划（2005年～2020年）》编制工作】 年内，在以往和正在编制各层次、各项规划的基础上进行整合、细化工作。采取“政府组织、专家领衔、部门合作、公众参与、科学决策”的工作模式，采取“一家为主，多家参与”的方式，委托20多家国内外高水平规划及建筑设计单位参与《昌平新城规划》编制工作。该规划共组织开展了十项专题研究，分别为《奥运比赛项目和配套场馆周边地区城市设计》、《昌平巩华城区及周边地区城市设计》、《昌平区域综合交通规划研究》、《昌平新城公共设施及配置的规划研究》、《昌平新城市政基础设施规划研究》、《昌平区域综合生态规划研究》、《东扩地区功能定位规划研究》、《昌平新城空间整合研究》、《昌平区人口发展战略研究》。并将上述十项专题研究成果汇总整合在《昌平新城规划(2005～2020年)》当中。在编制过程中,市规划委昌平分局与区教委联合向全区中小学生开展了以“描绘昌平美好未来,构建人与自然的和谐新城”为主题的作品征集活动。492名中小学生上交作品,并将其中好的建议纳入到规划当中。11月初,《昌平新城规划(2005年～2020年)》基本编制完成并以图文并茂的方式向全区人民公示,11月底获得区政府同意上报市规划委。

(王秀海)

【试点新村规划编制工作】 为贯彻落实国务院批复的《北京城市总体规划》和市委、市政府就加快农村建设发展的有关指示精神,根据市规划委关于村庄(试点)规划编制工作的意见及工作安排,5月正式组织开展了试点村规划的编制工作。确定了十三陵镇德胜口村、长陵镇望宝川村、流村镇菩萨鹿村、崔村镇真顺村、马池口镇北小营村、奋岜屯村、阳坊镇西马坊村、百善镇狮子营村、沙河镇七里渠村、南口镇七间房村、小汤山镇讲礼村、兴寿镇上西市村12个村庄为试点村,并组织各相关镇政府进行全区村庄现状调研工作。10月根据市规划委“百名规划师下乡”的活动安排,又确定了百善镇狮子营村、小汤山镇讲礼村、酸枣岭、兴寿镇海子村、南口镇花塔村、流村镇白羊城6个村进行规划编制。年底前,已编制完成德胜口村、望宝川村、北小营村、真顺村、菩萨鹿村、狮子营村、讲礼村、酸枣岭村、海子村、花塔村白羊城等11个村庄规划方案,并上报市规划委进行审查。

(王秀海)

【《国家工程技术创新研发中心及产业化基地控制性详细规划》编制工作】 为落实《北京城市总体规划(2004～2020)》和《国务院关于建设中关村科技园区有关问题的批复》精神,2004年着手进行创新基地用地规划论证工作,并在修编北京城市总体规划时原则上将创新基地的选址规划范围确定。2005年3月正式委托市规划院开展编制工作。在控规编制工作开展过程中,规划昌平分局会同市规划院向国家科技部、国家发改委、市规划委、区委、区政府等相关部门多次就方案内容进行汇报。年底,编制完成创新研发基地控规并上报市规划委。

(王秀海)

【《昌平区域综合交通规划》编制工作】 9月,规划昌平分局向区政府作了关于开展《昌平区域综合交通规划》编制工作的专项汇报。11月协同区统计局在全区范围内开展了北京市居民一日出行调查工作,年底完成基础数据的汇总与录入工作。

(王秀海)

【《昌平老城及周边地区控制性详细规划》编制工作】 3月中旬委托市规划院正式开展《昌平老城及周边地区控制性详细规划》的编制工作。市规划院于5月初编制完成该控规初步成果,并向区政府专题汇报。

(王秀海)

【《昌平老城局部地块(二毛厂区)用地性质调整及控制性详细规划》】 该控规已经区政府审查原则同意,并上报市规划委审批。

(王秀海)

【《马池口镇工业区配套用地控制性详细规划》】 该控规已经市规划委技术预审会审查原则同意,正按照审查会意见修改完善控规成果。

(王秀海)

【各镇总体规划编制工作】 年内,编制完成了《长陵、十三陵镇总体规划》、《南口镇总体规划》、《崔村镇总体规划》及《小汤山镇总体规划》四个镇的镇域总体规划。其中《崔村镇总体规划》、《小汤山镇总体规划》已经区政府审查原则通过,并上报市规划委审批。其余

2个镇域总体规划正在按照《昌平新城规划》进行修改调整。

（王秀海）

【规划编制批复】 年内，《北七家镇工业用地控规》、《南口镇马鞍山训练场地区用地调整及控制性详细规划》、《北七家镇郑各庄、平西府组团控规》及《南口镇中心区控规》等4项控规已经市规划委正式批复。

（王秀海）

【关于清河、北苑集团片区控制性详细规划编制和审查情况】 年内，按照国务院批复的《北京城市总体规划（2004年～2020年）》，清河集团、北苑集团被纳入北京中心城规划范围，成为北京中心城产业和人口聚集的重要地区。按照市规划委关于北京中心城控制性详细规划整合完善的统一部署和要求，北京市城市规划设计研究院开展了《北京中心城－清河、北苑集团片区控制性详细规划》的修编和整合工作。

（王秀海）

【加强建设项目监督验收】 全年共对193项建设工程和在建工程进行规划监督，其中规划验线65项，建筑面积176万平方米；规划验收128项，建筑面积280万平方米。

（王秀海）

【违法建设查处】 全年共发出限期拆除通知书4份；发出违法建设停工通知书5份；发出违法建设认定书47份；做出行政处罚决定书11份，处罚面积达3.67万平方米。全年总罚款额1717.14万元，已全部上缴区财政。

（王秀海）

【卫星查违】 2004年2、3季度卫星查处违法建设项目涉及本区21项违章建设，其中9项拆除、10项没收、2项罚款保留。2005年，已拆除8项，面积1.6万平方米，占应拆除总面积的89%，剩余1项应拆除项目已申请法院强制执行；没收、罚款保留工作正在进行中。

（王秀海）

【地理信息系统建设】 为加强规划基础数据库建设，市规划委昌平分局委托京昌测绘有限责任公司将昌平区的基础测绘数据进行整合，搭建昌平区测绘数据和规划审批数据平台，加强规划管理地理信息系统建设，为资源共享、建设集约型城市、提高工作效率做好准备。

（王秀海）

【新城规划管理信息系统建设】 年内，本着树立新型的规划管理理念，推进体制改革和机制创新的原则，市规划委昌平分局对多个规划、测绘及电子信息加以整合，制作完成了《北京市昌平区新城规划管理信息系统》管理软件。它结合规划业务的特点并依托计算机技术的发展，将规划对象组件化，保证了系统的适应性、可扩展性和免维护性，加强规划编制的科学性。

（王秀海）

【新城规划征求意见展览】 11月14日至23日，市规划委昌平分局在昌平区图书博物馆举办了《昌平新城规划（2005年～2020年）》征求意见展。各委办局代表及普通群众共200余人到现场参观。昌平区政府同驻昌高校代表、部队代表进行有关《昌平新城规划（2005年～2020年）》的座谈会，征求意见，为完善规划提供参考依据。

（王秀海）

建设管理

【概　况】 2005年，区建委共办理施工招标118项，建筑面积184.71万平方米，招投标率100%。其中公开招标39项，邀请招标43项，直接发包14项，处罚补办招标手续项目22项，工程中标价格23.99亿元。办理监理招标86项，建筑面积175.54万平方米，中标价格0.37亿元。办理市政工程招投标3项，中标价格0.28亿元。办理施工合同备案130项,监理合同备案83项,达到备案要求的合同签订率和备案率100%。经区建委审批的建筑工程开复工项目208项,合同总价款41.4亿元,建筑面积339.2万平方米,比上年同期增长9.9%。其中,2004年结转到2005年在施建筑工程72项,结转建筑面积122.8万平方米,合同总价款14.3亿元,复工率100%;审批新开工程项目136项,合同总价款26.9亿元,新开建筑面积216.3万平方米,比上年同期分别增长21.7%和6.2%。开展查处违法开工行为的行政执法检查,共对7项违章开工行为进行立案处罚,处罚金额为21.8万元。全年共办理工程质量监督注册196项,建筑面积335.31万平方米。办理竣工验收工程160项,建筑面积271.35万平方米。全年累计为区财政收缴新型墙体材料专项基金1521万元,累计返退323万元。累计为市财政收缴散装水泥专项基金115万元,返退4.9万元。

（崔红英）

单位名称:北京市昌平区建设委员会
地址:昌平区南大街太安胡同5号
电话(010)69746576
邮编:102200

【召开区施工现场管理工作大会】 3月10日,在昌平一建公司召开全区施工现场管理工作大会,有66家区属建筑施工企业参加了会议。会上对全区2004年度施工现场管理工作进行总结并对做出突出贡献的单位和个人进行表彰。发放《安全生产许可证》、《区建委2005年施工现场管理工作要点》和《2005年施工现场管理工作责任书》。

（张诗红）

【召开区建设工程质量工作大会】 4月13日,区建设工程质量大会在区广电中心召开。大会总结了2004年全区工程质量管理工作情况,对2003年度市、区优质工程获奖单位和2004年度先进质量工作者进行了表彰,并部署了2005年的工作重点。

（张诗红）

【开展区建筑材料用品专项检查】 5月31日至6月3日,与区质量监督局联合组成检查组对本区在施结构工程进行专项检查。此次检查随机抽取了14项工程,建筑面积24.75万平方米。主要对建设工程主控材料的进场检验与材料质量、工程实体质量、施工技术资料、施工现场基础管理等情况进行了检查。抽查的14项工程实体未发现较大结构质量缺陷;绝大多数工程能够按照国家和市有关规定从正常渠道采购建筑材料,并进行现场验收和复试;监理单位能够严格执行进场材料检验和报验制度;施工技术资料能够执行资料管理规程,施工主控项目基本齐全。但个别工程进场材料质量证明文件与实际进场物资不符,甚至少量使用劣质钢筋。检查组根据检查情况,对存在问题的部分工程分别进行了暂停施工、整改复查的处理,并进行连续追踪监管。对于违反法规、强制性标准的行为立案查处,对存在较典型的问题在全区进行通报。

（张诗红）

【加强建设工程招投标管理】 年内,积极推广“阳光工程”,加强监管力度,做到公开、公平、公正,对昌平体育馆、昌平妇幼保健院门诊楼等39项应公开招标的工程进行了认真的组织和严格监管,推动了本区建设工程领域走“阳光道路”的进程。

（蒋大庆）

【建设工程质量监督管理】 年内,加强建设工程质量管理,全面、及时了解和掌握全区建设工程施工质量控制情况,有重点、高效率地进行质量管理,充分发挥政府职能,建立工程施工质量报告制度,印发《建筑工程施工质量报告暂行办法》。制定《工程施工质量控制等级评价标准》。与区人事局联合印发了《关于开展昌平区优质工程奖评选和表彰活动的通知》,从本年起在全区评选结构优质工程,建立了区优质工程评选专家库。在已公示的

2004年度市优质工程中,本区共有14项工程上榜公示。对申报2005年度区结构优质工程的工程项目进行结构施工过程检查。全区在施结构工程质量稳定,整体质量水平有所提高,工程质量处于受控状态。未发现较大结构工程的质量缺陷,观感质量水平大幅度提高。

(张诗红)

【建设工程施工现场管理】 年内,制定《昌平区建设工程重大生产安全事故应急救预案》和《昌平区2005年建设工程施工现场防汛工作预案》。强化企业安全生产的主体,建立健全施工现场的安全管理体系,明确法人代表、主管经理、安全管理部门、项目经理和安全员"五级管理责任制",切实做到责任到人,逐级负责。积极开展"安全生产月"活动及加强《北京市安全生产条例》宣传工作。围绕"遵章守法、关爱生命"的活动主题,开展"五个一"等活动。认真实施"绿色施工",落实北京市第十一阶段大气治理措施。加强施工现场检查,全年共检查工地386个次,检查面积约420万平方米,检查覆盖面约95%,下发隐患整改通知书285份,责令停工并下发停工整改通知书86份,通报批评6项,事故处理5项。

(张诗红)

房地产开发与建筑业

房地产开发

【概　况】 2005年,区建委继续加强对房地产开发企业的规范化管理工作。积极向开发企业宣传有关政策法规,并协同有关职能部门,为企业提供服务,帮助企业解决一些具体问题;采取召开座谈会、走访、检查等多种形式,定期掌握开发企业项目进展情况,就企业在开发建设中存在的问题进行深入了解和调研;通过设立企业台帐制,将开发企业归类划分,促使企业行为和市场秩序逐步纳入规范化管理。截止到年底,全区房地产开发企业有187家。房地产开发项目处于平稳发展态势,本年新开工项目23个,建筑面积188万平方米,投资规模在103亿元。本年度区属开发企业纳税4.77亿元,外埠开发企业在本区纳税2.38亿元,总计7.15亿元,占全区纳税总额的28.36%。

(王世武)

单位名称:昌平区建设委员会
地址:昌平区南环东路10号
电话:(010)69742427
邮编:102200

【资质年检工作】 7月,2004年度企业资质年检工作结束。参加资质年检企业181家,第一批通过104家,第二批通过68家,因拖欠工程款挂起3家(已解冻1家),资质批复一年以上无项目废止6家。

(闫维真)

【开发企业资质升级工作】 年内,积极鼓励开发企业做好资质升级工作。对开发企业守法经营一年以上,未发生过重大质量事故及人员伤亡事故,开发业绩符合升级要求的企业,通过对其进行严格审核,对不存在问题的企业指导其进行资质晋级工作。全年开发企业资质晋级5家。全区有级别的开发企业12家,其中二级企业5家、三级企业7家。

(闫维真)

【召开开发企业设立农民工工资预留帐户工作会】 10月10日,配合区劳动局召开会议。20家开发企业参加了此次会议,会上传达了市建委、市劳动局联合发出的关于《北京市在京建筑施工企业设立农民工工资预留帐户的指导意见》。结合当前本区建筑市场和房地产市场中存在的问题提出具体意见：房地产开发企业要配合施工、劳务企业，按照文件精神，建立本单位的工资支付制度，做到月清季结；开发企业要监督施工企业设立农民工工资预留帐户；建立预留帐户可以按劳务分包价款的10%寄存，资金所有权属于劳务分包企业，专项用于支付所欠农民工工资，不得用于垫支工程款、材料费等其他用途；发包单位或劳务分包企业若违法使用无资质的“黑包工头”造成农民工工资拖欠时，不得启用预留户资金，拖欠工资由发包或劳务分包企业负责支付；工程竣工后，未拖欠农民工工资的企业，可以办理撤消预留户的有关手续，帐户中的存款余额，应转到劳务分包企业。

（李福珍）

建　筑　业

【概　况】　年内，加强建筑业企业管理，提高建筑业企业综合竞争力。全区共有建筑业企业187家，其中：一级企业6家，二级企业44家，三级企业135家，不分等级2家。在做好企业资质管理的同时，努力提高企业管理人员素质。积极推进项目经理向建造师过渡和人员培训工作，直接过渡一级建造师16人，二级建造师121人。培训一级建造师40人，二级建造师86人，培训项目经理1400人，变更项目经理39人。完成建筑业总产值100.02亿元。加强建筑业企业劳务用工管理，规范建筑工地用工行为，减少劳务纠纷。加大执法力度，共检查建筑工地70个，纠正违规行为13起，督促签订劳务合同80余份，配合劳动局检查工地30余个。

（包立秋）

单位名称：昌平区建设委员会
地址：昌平区南环东路10号
电话：(010)69742427
邮编：102200

【召开建筑企业外管工作会】　9月27日，召开建筑施工总承包企业外管工作会。会上，学习贯彻来京建筑企业管理工作要点、劳务管理若干规定及建筑工程施工分包管理办法等文件。结合本区建筑业存在的用工管理、合同签订不完善引起劳务纠纷较多等问题提出要求：总承包企业发包专业工程或劳务作业时，必须选择具有相应资质等级的专业承包企业和劳务分包企业。禁止违法分包、违法转包；分包工程发包人和承包人要依法签订分包合同，并按照合同约定履行义务；总承包企业、专业承包企业应当加强劳务分包企业与劳动者签订劳动合同的监督，不得允许未与劳务企业签订劳动合同的劳动者在施工现场从事施工活动。否则，作为不良行为记入市建设行业信用系统；总包企业支付分包企业劳务工资款，必须向劳务分包企业支付；因违法分包、转包建设工程或拖欠分包工程款、劳动者工资，至使发生极端、群体性事件的，责令限期改正，改正期间限制在京承接项目，并记入市建设行业信用系统。

（李福珍）

【积极协调解决劳务纠纷】　年内，与区信访办、劳动局等部门配合，积极解决劳务纠纷和拖欠工程款纠纷。共协调解决各种纠纷100余起，涉及金额7000多万元。解决处理工程款拖欠10余起，涉及金额1000万元。到9月底，本区2004年以前遗留的5.3亿元工程款拖欠问题已全部得到解决。

（包立秋）

昌平房地产开发总公司

昌平房地产开发总公司是建设部核准，区政府所属的二级开发企业。2005年度，昌房总公司严格遵守国家法令，坚持开拓进取，各领域取得长足的发展。销售商品房达到18200.79平方米，实现销售收入6632.1万元，完成纳税额达724万元，职工工资总额由上年的820.7万元提高到1100.59万元；职工四项保险总额达到229.85万元，比上年增加38.18%；同时，为支持本区的教育事业和贫困山区捐款317万元。

年内，坚持吸收现代管理理念，贯彻ISO9000族国际质量标准的控制，实施开发业全过程质量管理，使管理、技术人员的素质和总公司的产品质量得到稳步提高。公司主持开发的"新新公寓"荣获北京市建委颁发的"建筑结构长城杯"和"竣工长城杯"。在本区以至北京地区形成良好的口碑。公司自1992年重新组建到2005年底，累计开发104.09万平方米，累计纳税额4936.1824万元。

经区国资委批准，总公司投资8800余万元，与润杰房地产开发公司合作收购北京手表厂厂区，开始做新项目开发的准备工作。为总公司持续稳定发展创造了有利条件。

（刘士森）

单位名称：北京市昌平房地产开发总公司
地址：昌平区东环路99号
电话：(010)69746898
邮编：102200

北京铭嘉房地产开发有限公司

【概　况】 2005年，东区建设基本完成了年初拟定的工作任务："四路一桥"工程如期开工；确定了东区征地补偿安置标准，并在有关部门的配合下完成征地989.63亩；签署了拆迁补偿协议65份；取得了一期、二期土地的建设项目用地预审；一期968亩土地已签署了正式征地协议，并获得市土地审批联席会议的批准。

（韩　捷）

单位名称：北京铭嘉房地产开发有限公司
地址：昌平区南邵镇四合村东
电话：(010)60730717
邮编：102200

【召开大桥景观评审会】 3月17日，召开南环路大桥景观专家评审会，宋泽方等6位专家参加了会议。会议就南环路大桥景观设计方案形成初步的评审意见。

（韩　捷）

【召开水务专家论证会】 3月27日，召开南环路大桥设计及东沙河治理的水务专家论证会。会议充分的论证和肯定了南环路大桥的结构及景观设计方案，同时对深化设计和进一步治理东沙河、修建生态型水上公园提出了建设性的意见。

（韩　捷）

【召开大桥设计方案审查会】 3月31日，由北京市规划委员会组织召开了南环路大桥设计方案专家审查会，胡达和等专家参加了会议。会议一致通过了大桥设计方案。

（韩　捷）

【三条道路招投标工作结束】 4月6日至14日，在北京市建设工程发包承包交易中心完成了昌平卫星城东区内环路、何营路、崔昌北路等3条市政道路的开标、竞标工作，确定了中标单位，并于4月14日起在北京市建设工程发包承包交易中心信息网上进行为期5天的公示。

（韩　捷）

【内环路工程开工】 7月5日，昌平卫星城东区市政道路内环路工程开工建设。该项目北起营坊村，南至京密引水渠，道路全长约6公里，规划为城市主干路，红线宽40米。

（韩　捷）

【崔昌北路工程开工】 7月10日，昌平卫星城东区市政道路崔昌北路工程开工建设。该项目西起东沙河，东至孟祖河，道路全长约1.948公里，规划为城市次干路，红线宽30米。

（韩　捷）

【何营路工程开工】 7月15日，昌平卫星城东区市政道路何营路工程开工建设。该项目北起东营坊村,南至京密引水渠,道路全长约3.142公里,规划为城市次干路,红线宽30米。

(韩　捷)

【南环路及大桥招投标结束】　9月20日至21日,在北京市建设工程发包承包交易中心完成了昌平卫星城东区南环路和南环路大桥的开标、竞标工作,确定了中标单位,并在北京市建设工程发包承包交易中心信息网上进行了公示。

(韩　捷)

【南环路大桥工程开工】　9月30日,昌平卫星城东区南环路大桥工程开工建设。南环路大桥主桥采用三跨自锚式悬索桥型,桥长750米,桥宽43米。

(韩　捷)

【召开东区建设专题会】　10月28日,区长佟根柱主持召开昌平新城东区建设专题会。会议强调,东区建设涉及面广,工作程序复杂,各部门、各单位一定要加强协调配合,加快工作进度,抓紧推进东区建设的各项工作。

(韩　捷)

【召开拆迁安置专题会】　12月7日,召开研究昌平新城建设拆迁安置专题会议。会议在一定的范围内确定了相对统一的征地拆迁安置补偿标准。

(韩　捷)

【召开大桥初步设计评审会】　12月14日,由市规划委主持召开昌平区卫星城东区南环路大桥初步设计专家评审会。参加会议的有胡达和等6位专家以及市发改委、市规划院、区规划分局、区水务局、区发改委等。会议原则同意南环路大桥初步设计、总体布局和结构设计方案。

(韩　捷)

房屋管理

【概　况】　2005年5月,国土资源和房屋管理局撤消,原所承担的本区房地产市场管理、房屋修缮、安全鉴定及房屋设备管理、房屋拆迁管理、物业管理、房屋权属管理、住房制度改革等房屋行政管理职责划入区建委。年内在房屋管理工作上转变观念,增强服务意识,积极组织人员进行新法规、新条例的培训学习。全年共完成各类房屋产权登记45362件,登记房屋产权总面积739.68万平方米,其中初始登记76件,转移登记44064件,变更登记117件,房改房1105件。完成各类房地产他项权利登记26457件,其中私产办理抵押他项权利登记26325件,占全部房地产他项权利登记的99.43%,公产办理抵押他项权利登记135件,占全部房地产他项权利登记的0.57%。全年办理抵押注销登记5994件,面积107.95万平方米。全年共办理房屋买卖交易3.3371万起,面积384.1436万平方米,成交金额129.2433亿元;办理商品房预售备案1.3011万起,面积177.2089万平方米,成交金额81.8511亿元。共受理房屋所有权发证46853件,标准价产权改按成本价产权449件。

(付　丽)

单位名称:昌平区建设委员会
地址:昌平区南环东路10号
电话:(010)69742427
邮编:102200

【普通地下室管理】　年内,认真贯彻落实了《北京市人民防空工程和普通地下室安全使用管理办法》的各项要求,按照普通地下室管理使用的“五清”标准(即底数清、用途清、安全标准清、安全责任制度清、安全隐患问题清)对全区514处、建筑总面积35万余平方米的普通地下室进行了登记备案,并制发了标志牌。

(侯庆刚)

【城镇住房制度改革】 年内,房改工作继续贯彻落实市、区有关房改政策,做好公有住房的出售工作。全年共批复成本价售房2725套,总建筑面积29.96万平方米。积极鼓励和引导购房职工在自愿的基础上把原标准价房改按成本价购房1253套,总建筑面积8.05万平方米。批复出售拆迁范围内公有住宅平房30户、面积940平方米。加强了廉租住房管理工作,全年累计发放廉租补贴3.9万余元。完成对全区城镇最低收入家庭住房情况的调查,共调查低保家庭1006户、3567人,基本建立了全区低保家庭住房情况的动态管理系统。

(王全海)

【房地产经纪管理】 全年坚持每月对房地产经纪机构进行检查,加大对违规行为调处力度。全年共办理房地产经纪机构备案29家,分支机构备案31家。全区经区建委备案的房地产经纪机构共计114家,其中房地产经纪机构72家,分支机构42家。年内,重点对回龙观、东小口、昌平镇区域内座店经营的经纪公司进行拉网式检查,共检查55家,对存在的问题,责成其限期整改。

(王全海)

【直管公房维修】 年内,认真做好各类房屋的汛期安全工作,创造了23年无塌房死人和严重伤人的好成绩。完成直管公房修缮面积25.03万平方米。房屋安全鉴定41处,面积2.4万平方米。收缴直管公房租金138.72万元,租金收缴率100%。直管公房买卖182户。完成了对北京二毛纺织集团破产企业非经营性资产的接收工作。

(谷秋俊)

【居住区管理】 全年共有8个小区成立了业主委员会。在居住小区管理工作中,有3个居住区参加了国优复验,7个小区参加了市优复验,2个居住区参加了市优评比。全年经区建委初审小区物业资质51件。其中三级资质评定28件,新办资质23件。全年共代收维修基金20160户,代收金额15497.5万元。

(赵 鹍)

【房屋拆迁管理】 年内,在拆迁行业管理方面实现行政监管信息化。全年共核发《房屋拆迁许可证》7处,涉及被拆迁户300余户,建筑面积4.92万平方米。共办理拆迁立案10件,3件达成协议,7件已经裁决。

(刘向东)

国土资源管理

【概 况】 2005年国土资源工作按照节约型社会的要求,全面落实土地管理的新机制,保障了国家和市、区的重点工程项目,积极为大秦铁路扩能电气化工程、地铁5号线、沙河高教园区、昌平卫星城东区办理项目用地报批手续,完成地铁5号线、首都机场北线高速公路等78件建设项日用地预审的初审上报工作。全年共获得批准的各类项目建设用地面积为131.92公顷;办理、协助市办理土地出让99宗,土地面积383.9公顷,合同出让金总额11.7亿元。转让土地28宗,面积29.2公顷。根据市政府的工作部署和市局的要求,全区开展了集体土地地籍调查工作。加强全区土地矿产资源保护,积极打击滥采乱挖砂石行为,使土地矿产违法案件得到了有效控制。依法对矿产资源开采实行严而又严的政策,对全区固体矿山企业加大了监管力度,开展地热企业统一换发采矿权许可证和矿泉水生产企业按计量征收资源补偿费及监管工作。

（周继波）

单位名称：北京市国土资源局昌平分局
地址：昌平区科技园区创新路9号
电话：(010)80107022
邮编：102200

【国土资源管理体制改革圆满完成】 年内，原区国土房管局中的房管、房改和物业管理等职能划归区建委；供暖工作划归区市政管委；土地和地质矿产管理工作划归北京市国土资源局，成立了北京市国土资源局昌平分局。5月8日在创新路9号正式挂牌办公。国土昌平分局为北京市国土资源局的派出机构，在市国土局的领导下，按照管理权限，负责组织实施本行政区域内土地、矿产资源行政管理工作。

（周继波）

【土地利用总体规划修编前期工作展开】 年内，进行了土地利用总体规划修编的各项准备工作。协助市土地利用总体规划修编课题组完成对本区资源、社会经济现状、土地利用特点和变化、经济社会的发展趋势、城乡的空间发展格局等方面的调研。完成对全区2004年土地利用现状图及数据在区政府信息网和各镇办事大厅为期一个月的公示工作。配合市修编办完成利用卫星遥感技术对全区2004年土地利用现状数据的核实工作。年内，全区土地利用总体规划修编前期工作组织机构已成立，具体工作方案已报市国土资源局审批。

（周继波）

【开展集体土地地籍调查工作】 6月下旬开展集体土地地籍调查试点工作。10月中旬在全区全面开展集体土地地籍调查工作。年内完成13个镇244个村的外业调查工作，共调查9109宗地，面积1104平方公里，占本次调查总面积的84.2%；地籍测量完成8809宗，面积1085.7平方公里，占本次调查面积的82.8%；完成土地利用更新调查面积1046.7公里。百善镇13个村456宗地已完成全部档案的录入工作，其数据库已上报市局。

（周继波）

【落实年度土地供应计划】 年内，在市国土局下达给本区250公顷土地供应指标中，安排了47个项目，其中：基础设施项目5个，拟占用指标81.15公顷；工业仓储项目28个，拟占用指标72.92公顷；科教文卫体和行政办公项目2个，拟占用指标7.2公顷；住宅商品房项目4个，拟占用指标9.08公顷；商服项目8个，拟占用指标80.36公顷。

（周继波）

【继续推进土地一级开发和入市交易】 年内，获得市国土局批准的土地一级开发项目12个、面积1941.9公顷。其中以分中心为主体的项目4个、面积1237.84公顷；以市中心为主体的项目3个、面积364.55公顷；市国土局授权开发企业为主体项目5个、面积339.51公顷。本区的“拓然家园住宅小区南区”、“拓然家园住宅小区北区”、“昌平二街商业用房、影院及管理用房”3个项目，于11月21日起，在区土地交易市场公开挂牌出让，3个项目占地总面积约6.34公顷，规划建筑面积约12.37万平方米。

（周继波）

【建立土地矿产资源专群看护机制】 年内，为加强对全区土地矿产资源的保护，国土昌平分局牵头，协调区有关部门拟订了全区土地矿产资源专群保护工作方案，经区政府研究同意印发了《关于印发昌平区土地矿产资源专群保护机制的意见的通知》。全区各镇（街道）通过民主程序选用看护人员共计2283名，经过相关业务培训，于6月1日全部持证上岗。通过开展土地矿产资源看护工作，对滥采乱挖砂石、随意乱取土现象做到了及时发现、及时制止、及时处理，使土地矿产违法案件得到有效控制，数量明显减少；同时，也促进了农村人员就业创收，进一步增强了广大群众守土有责、保护资源的意识。

（周继波）

【治理乱采乱挖砂石工作继续进行】 年内，与各镇（街道）签订了《治理砂石工作责任书》，取缔关停违法砂石加工企业53家，清理消纳砂石90多万吨。

（周继波）

【居庸关地质环境治理项目启动】 年内，为做好闭采矿山的环境恢复，保护和修复本区生态环境，启动了南口镇居庸关花岗石矿山地质环境治理项目，该项目于6月10日开工，项目总投资449.3万元（其中中央财政补助300万元，区财政配套149.3万元）。截止年底该项目主体工程已完成，计划于2006年6月完工。这是本区进行的第一个地质环境治理项目。

（周继波）

【加大矿山企业监管力度】 年内，关闭4家规模小、经营差、生产条件陈旧的企业。同时对12个矿山开展了储量核实工作，对2个矿山开展了采矿权价款评估，全年完成储量核实矿山4个。

（周继波）

【做好地质灾害防治工作】 年内，完成本区地质灾害调查及《昌平区2005年度地质灾害防治方案》的编制上报工作，向地质灾害易发区群众发放地质灾害防灾工作明白卡23份、地质灾害防灾避险明白卡105份，在地质灾害易发部位制作并安装地质灾害警示标牌30块，并与相关的6个镇政府签订了《地质灾害防治责任书》。

（周继波）

【采矿权管理工作】 年内，完成持证矿山采矿许可证的年检注册工作，征收资源补偿费5.3万元、采矿权使用费1.65万元；办理了北京西山花岗石厂等9家企业采矿许可证的延续和变更手续，并对北京银山选矿厂等4家企业的采矿权价款进行评估。

（周继波）

【认真贯彻落实新《信访条例》】 年内，研究拟订《信访工作管理规定》，明确信访工作各级领导在信访工作中的责任，明确办公室、有关科室及其它下属单位的信访工作职责，确定信访事项办理的程序和信访事项办理各阶段的要求和时限，制订信访工作的相关制度和信访事项办理流程图。全年共接待信访群众306人次，受理信访事项233件、不予受理20件。受理信访件中已办结227件、正在办理6件。受理信访复查30件，全部办结。对群众反映的信访事项均能够按照《信访条例》要求进行登记、办理，并及时告知。

（周继波）

城市管理

城　市　管　理

市政建设

【概　况】 2005年，区市政管委全面践行“三个代表”重要思想和科学发展观，紧紧围绕“三个首选之区”的建设目标，以完善城市功能，改善城市环境，支持经济发展，服务百姓生活为已任，进一步加大城镇基础设施建设力度，努力创造良好设施环境。年内完成西辅路、振兴路、南口镇新西广街等10条道路新建、改建；政府街、南环东路、星火街、火炬路4条步道翻建及水关、永安环岛、沙阳路口改造工程，共计道路铺油20.4万平方米，步道铺装6.74万平方米，砌路缘石3.37万方米，铺雨、污水管线2971米。完成沙河镇东环路排水渠、小汤山镇派出所南排水渠、小汤山镇老关桥至六环路排水和银街南路雨污水管道二期工程，砌排水方沟760米，铺设雨水管道800米。在西辅路(二毛环岛——水屯桥)、中山口路、五街满井胡同安装路灯143棵。其中中山口路、五街满井胡同路灯工程首次使用了节能产品，安装太阳能自控灯108棵。对昌平镇道署、南口镇半壁街及沙河镇扶京门等11条胡同进行了硬化，硬化总面积2.25万平方米。在昌平、南口、沙河、小汤山等地区修补主要街道路面3725平方米、人行步道1072平方米、胡同486平方米，清掏雨、污水井6672座，疏通雨水管线11889米，更换雨水箅子、井盖649个，更换道牙2160米。

(王春平)

单位名称：北京市昌平区市政管理委员会
地址：昌平区南环东路
电话：(010)69746250
邮编：102200

【垃圾厂路大修工程】 垃圾厂路西起水库路、东至昌平垃圾厂，全长1650米。大修工程完成路面铺细油19191.68平方米，新做路面5289.42平方米，路面破坏恢复1910平方米(中粒式沥青砼)，栽平道牙4256.6米，砌雨水边沟1220米。工程从3月25日开始，5月16日全部完成，总投资197.4万元。

(康　宇)

【超前路大修工程】 拆除旧步道砖10940.2平方米、旧道牙12173.9米，铺彩砖步道15738平方米，栽路缘石12174米，砌树池800座，补油1910平方米，整体罩油40513.3平方米，涨检查井97座，铺S砖路口112平方米。工程于3月25日开工，8月28日竣工，共投资493.55万元。

(康　宇)

【振兴路大修工程】 完成道路补油5463平方米，补坑2600平方米，全部罩油30774.3平方米，涨雨水篦子144座，铺步道彩砖4090平方米，栽道牙8374米。工程于3月25日开工，9月9日竣工，总投资为434.18万元。

（康　宇）

【永安、水关环岛改造】 永安环岛取土方1471立方米，铣刨1845平方米，铺人行步道2334平方米，栽立缘石1239米，建雨水口37座，铺设直径400雨水支管94米，铺油10159平方米，改造工程于4月5日开工建设，5月16日竣工；水关环岛取土方3561立方米，铺人行步道2135平方米，栽立缘石1977.8米，建雨水口26座，铺设直径300雨水支管36米，铺油8973平方米，改造工程于4月5日开工，6月24日竣工。两个环岛改造总投资为319.41万元。

（康　宇）

【中山口路大修工程】 大修工程将原路加宽5580平方米，铺沥青中粒式砼5580平方米，沥青石屑面层34145平方米，栽平道牙5814米，砖砌小挡墙220立方米。工程于4月4日开工建设，9月1日竣工，投资446.56万元。

（康　宇）

【科技园区片林路改造工程】 铺设雨水管道445米、人行步道3870平方米，铺沥青油面约3950平方米。工程于4月25日开工，7月3日竣工，7月8日竣工验收合格，总投资为194.17万元。

（康　宇）

【政府街步道改造工程】 政府街步道（西环路——东环路）长1094米，改造后的人行步道宽4米。改造工程共铺设大理石路缘石2212米、大理石步道砖10412平方米，花池挡墙整修70.47立方米，贴蘑菇石1089平方米，港湾铺油280平方米，翻新树池113座，增改各种井179座，同时新建交通港湾2座。工程于5月8日开工，6月30日竣工，总投资431.91万元。

（康　宇）

【八达岭高速路西辅路（水屯桥——二毛环岛）改造工程】 该道路全长1270米，此次改造将辅路由9米拓宽至12.25米，并增设2米人行步道。共铺设直径1000雨水管道1237.4米，铺油20469.52平方米，铺装步道2562.4米，栽立道牙2612.6米、平道牙1408.7米，新建、改建检查井29座。工程于5月16日开工，10月7日竣工，总投资696.86万元。

（康　宇）

【富康路大修工程】 铺彩砖步道7600平方米，栽路缘石3970米，砌树池口99座；铺油17890平方米，路面破损处重做二灰96立方米，旧砼路面凿施工缝长1500米，涨井46座、雨水篦子55个，将铸铁井盖换砼井盖29个，新做雨水井1座，铺直径300雨水连接管20米，换篦子4座，移步道废线杆15根。工程于3月19日开工，9月6日全部完成，共投资210.41万元。

（康　宇）

【沙阳路口改造工程】 完成道路铺油2377.2平方米，铺九格砖955平方米、彩砖442平方米，栽平道牙321.8米、立道牙283.8米。工程于6月19日开工，9月26日竣工，总投资144.22万元。

（康　宇）

【铁人三项赛环境保障工作】 完成广告设置、卫星城及赛场周边道路绿化美化、环卫保洁等工作，累计投入资金89.78万元。设置巨型广告牌、灯箱广告牌263块；清理各类小广告11万余条，清理垃圾50余吨；维修栏杆1320片，补换栏杆255组；摆放鲜花8万盆，五色草组字200平方米；租用移动公厕车7座。

（康　宇）

【回龙观文化居住区市政设施移交工作】 8月31日，区市政管委与北京天鸿集团公司签订回龙观文化居住区后期市政设施产权移交协议书，正式接管回龙观文化居住区二期周庄东街、站前街、回南路等14条道路（含市政道路、雨污水管线、市政绿化）以及垃圾楼、公厕7座，接管道路面积425775平方米、雨水管线18025米、污水管线12354米、绿化面积

83962平方米。

（康　宇）

园林绿化

【概　况】 2005年全区园林绿化工作以加快和营造2008年绿色奥运为契机，牢固树立城镇大园林意识，突出以人为本，倾力打造精品工程，圆满完成了区政府确定的11项为民办实事工程。主要包括：111国道（第二标段）绿化；赛场公园、亢山广场补植、南口公园绿化改造和西大桥绿化美化工程；白浮泉路、超前路、龙水路、富康路、创新路、亢山路、松园路、振兴路、东辅路、科技园区片林和水关、永安环岛绿化补植、改造、完善及“五一”、“十一”节日摆花。共计移植常绿乔木2334株、灌木24474株，新补植落叶乔木4344株、常绿乔木1899株、灌木112970株、色块188886株、月季10496株、花卉3020平方米、地被65911平方米。城镇日常及节日摆放鲜花70万盆，花坛组字800平方米。全年绿化建设及养护累计投资3468.63万元，建成区绿地面积381.73公顷，绿化覆盖面积109.78公顷，绿化覆盖率37.56%，绿化人均公共绿地面积17.75平方米。

（胡国华）

单位名称：北京市昌平区市政管理委员会
地址：昌平区南环东路
电话：(010)69746250
邮编：102200

【南口公园改造】 3月15日开始对公园的道路、绿化、公厕、亭廊等进行大规模改造，9月27日竣工。改造工程投资472.54万元，共清运渣土15627立方米、回填14707立方米，路面铺装9700平方米，大殿、长廊、亭子粉刷1457平方米，文化墙165平方米；安装园内路灯14棵；改建厕所1座，新建二类公厕1座；植雪松、油松、白皮松等常绿乔木835株，国槐、元宝枫、银杏等乔木54株，碧桃、山桃等花灌木474株，色带3.08万棵，绿蓠4700株，鸢尾11000墩，萱草17050墩，沙地柏27000株，爬蔓月季450棵，月季12000株、草坪600平方米、竹子2000株等。

（胡国华）

【西大桥绿化改造】 西大桥环境绿化改造投资155.4911万元，改造工程共清运渣土2200立方米，回填土方3000立方米，植大叶黄杨、金叶女贞、红叶小檗等色带9万余株，沙地柏2.2万株，并栽植紫叶李30株，安装景观灯10棵。

（胡国华）

【111国道绿化工程（第二标段）】 道路南起东沙各庄村路口，北至太阳城路口，全长2.1公里。工程于3月25日开工，4月26日完工，投资300万元。共计植雪松、油松常绿树200株，法桐、毛白杨、垂柳、国槐等落乔2987株，高干紫薇、丁香、碧桃、连翘等花灌木12697株，沙地柏42650株，大叶黄杨色块8000株，月季3000株，白三叶48911平方米。

（胡国华）

【科技园区片林改造工程】 4月5日开始改造，12月1日基本完工，投资591万元。共植国槐、毛白杨、垂柳、白蜡落乔1133株，油松、侧柏常乔9株，种植油松、白皮松、雪松等常乔169株，植银杏、法桐、紫叶李等落乔112株，连翘、沙地柏、迎春丁香等灌木29623株，种植女贞、黄杨、小檗色带2100平方米，花卉2020平方米，草坪5000平方米。做上水580米，铺装广场和道路11809平方米，栽路牙3663米。盖办公用房14间，安装变压器1台。安装暖气管线141.5米、管道补偿器4套、新建供暖管井3座。

（胡国华）

【白浮泉路绿化改造】 该项工程是区政府

2005年为民办实事工程之一。3月26日进场施工，4月25日竣工，总投资234.12万元。共移植红花洋槐755株，新植法桐483株，色块90300株，棣棠690株，月季2590株，扶芳藤61400株。

（胡国华）

环境卫生

【概　况】 2005年，区市政管委加大环卫基础设施建设，加强环境卫生管理，在垃圾密闭化管理工作中摸索出一套“村收集、镇运输、区处理”的垃圾管理模式，城乡环境卫生整体水平有了明显提高，得到市、区两级领导的肯定，并在全市进行推广。截至年底，市、区、镇财政累计投资1.07亿元，共配备密闭式垃圾压缩车116辆、垃圾收集三轮车200辆，购置垃圾收集容器34210只，建设垃圾楼（中转站）31座、垃圾房196座，建成达标公厕102座。粪便消纳站于11月份建成投入使用，共处理粪便1.3万吨。年内，处理生活垃圾总量达33.29万吨，初步实现了垃圾专业化覆盖面90%、无暴露垃圾率90%、无害化处理率70%的工作目标。另外，完成8个镇的57条城市化道路共213.13万平米的清扫保洁任务，机扫率达46%。8月31日接收回龙观文化居住区共52万平方米的环卫工作。

（李艳秋）

单位名称：北京市昌平区市政管理委员会
地址：昌平区南环东路
电话：(010)69746250
邮编：102200

【垃圾密闭化管理工作步入正轨】 年内，垃圾密闭化管理工作全面实现村收集、镇运输、区处理。在2004年环卫设施建设基础上，增配18辆压缩车和2560只垃圾收集容器，增建78座垃圾房、在较大居住小区建设11座垃圾楼。各镇、办事处拆除原有垃圾池1553个，填平覆盖垃圾填埋点318个，实行定点消纳后，平均日处理生活垃圾930吨，以预计960吨的产量计算，垃圾定点消纳率达97%，无害化处理率达70%。

（李艳秋）

【垃圾分类工作有条不紊】 年内，在19家居住小区、大厦和工业区推广垃圾分类工作，并全部通过了市、区考评小组的验收。到年底，全区共有119家居住小区、大厦、培训中心实行了垃圾分类工作，累计安装厨余垃圾处理设备120台，涉及居民15.4万户，参与人口达到40万人，占全区人口的36%左右。分类后平均每日就地处理厨余垃圾约11.2吨，回收可回收物16吨，垃圾平均减量率达到37%。

（李艳秋）

【公厕建设任务超额完成】 年内，按照计划要求和创建国家卫生区的需要，投资1594万元新建、改建达标公厕61座。两年累计建设达标公厕102座，比原计划超出53座。建成公厕均配备了管理人员，按照公厕管理标准保证厕内环境整洁、设施完好，并按时开放。

（李艳秋）

【粪便消纳站建成投入使用】 11月，粪便消纳站建成并投入使用，共投资719万元，使本区粪便处理方式由过去的农田处理改为先进、环保、卫生的集中工业化处理，改变了粪便到处乱卸、无处消纳的局面，有效改善了市容卫生面貌。

（李艳秋）

【垃圾堆治理工作“治”“管”并重】 年内，投资166万元对市里挂帐的沙河垃圾中转站（73堆之一）和东小口垃圾填埋场（36堆之一）进行专项整治。同时，对区内挂帐的72处脏乱点进行销帐，向责任单位下发“限期整改通知书”。年底前，大部分脏乱点均整治完毕，销帐率达90%。

（李艳秋）

【城区街道清扫实行“全天候动态保洁”】 年内，接收了鼓楼西街、昌盛园路等9条街道13万平方米的清扫保洁任务，全区累计道路57条，清扫面积213.13万平方米，新增机扫车2辆，机扫面积为60.75万平方米，机扫街道21条，机扫率达46%。卫星城区内主要街道及科技园区部分路段实现了每日机械夜间清扫，人工全天候、全覆盖动态保洁。

（李艳秋）

【清理非法小广告成效显著】 年内，成立了专业清理非法小广告队伍，每天出动高压清洗车2辆，人员16人，对卫星城镇内15条重点大街道路两侧人行步道、建筑物及公共设施上非法张贴、喷涂的小广告进行治理。“铁人”三项赛等重大活动期间还集中清理了沙河、南口、十三陵旅游沿线地区的非法小广告。在白天清理的基础上针对小广告屡禁不止现象，采取夜间蹲守，管抓并举措施。全年共清理地贴小广告450万张，喷涂2万张，清除非法张贴物280万张，冲刷公益广告牌720块，没收非法宣传品8000余张，使用专业药水700公斤，涂料400公斤，抓获非法小广告张贴者30余人次。

（李艳秋）

【垃圾、渣土运输行业管理日趋规范】 4月，召开各镇、街道办事处挂靠车辆单位行业管理会，针对垃圾、渣土运输过程中存在的问题提出了具体要求和整改措施。6月成立一站式办公受理室，负责对垃圾、渣土散装货物运输车辆准运证和渣土消纳审批程序进行初审。年内共接待咨询、审核人员700余人次。与城管组成联动检查小组，加大对运输车辆密闭运输、车容车貌及施工现场围挡、路面硬化的治理。全年共联合对北七家、东小口、回龙观等地区开展集中整治11次，查处无苫盖、无准运证、车容不整等运输车辆1500车次，关闭非法垃圾、渣土黑坑点35处，本区自产自消建筑垃圾渣土量为19万吨。

（李艳秋）

【加强回龙观文化居住区二期环境卫生管理工作】 新购置清扫车辆5台（大型1台、中型4台）、增配保洁员40名，采用机械清扫、人工保洁相结合的作业方式，对道路进行全方位保洁，机扫率达100%。对居民反映强烈的一座垃圾楼进行了改造，同时新购置6辆垃圾压缩车，对主要街道两侧、底商的垃圾进行人工收集，实现密闭化管理。

（李艳秋）

供 水

【概 况】 2005年，区自来水公司完成真顺给水复线、昌平卫星城东区内环路、小汤山银街等各类供水管线建设24.1公里；修漏443处，修漏及时率100%；查表正日率100%，查表准确率100%；实现水费收入5491万元；全年供水1844万立方米；售水1496万立方米；上缴税金531万元。

（琚海雁）

单位名称：北京市昌平区自来水公司
地址：昌平区南环中路
电话：(010)69746788
邮编：102200

【水质监测站】 8月31日，北京城市供水水质监测网昌平监测站顺利通过了国家级计量认证专家组的评审。该站为国家二级监测站，且是北京市各郊区县第一家通过认证的水质监测站。昌平水质监测站的成立，标志着昌平、沙河、小汤山及百善地区的供水质量有了更好的保障。

（琚海雁）

【IC卡水表改装工作】 IC卡水表改装工作作为区政府民心工程之一，本年度共改装IC卡水表14494块，按期超额完成了年计划安装任务。

（琚海雁）

节　水

【概　况】 2005年，区节水工作坚持以“合理开发、利用、节约和保护水资源，防治水污染，实现水资源的可持续利用”为原则，认真贯彻落实《北京市实施〈中华人民共和国水法〉办法》和《北京市节约用水办法》，以管理为中心，以节水为目的，以严格执法为保障，努力提高服务质量，实现水资源的科学化、规范化管理。全年实现工业节水143万吨，生活节水107万吨。

（邵继辉）

单位名称：北京市昌平区水务局
地址：昌平区昌平路25号
电话：(010)89749740
邮编：102200

【加强用水计划管理】 年内，全区节水工作重点放在规范辖区内用水单位的计划管理工作上，对全区979户用水单位进行了用水计划考核，全区用水计划2.19亿立方米，新纳入管理范围的单位有83家，对其核实用水指标共172.1万吨，地域范围涵盖11个镇。对全区用水单位严格依法规范收费，严格执行用水超计划管理的政策。全年全区超计划用水量为3.9068万吨，收取超计划水费金额20.73万元，比上年同期提高21.9%。

（邵继辉）

【节水设施改造】 年内，完成11个单位的节水设施改造可行性研究报告编制工作，其中7个单位的项目已经竣工投入使用，每年可节水143万吨。全年共新装计量水表380块，改造更新给水管线1.6万多米，铺设绿化微喷管线8000米，绿化覆盖面积10多万平方米。新装节水龙头3500套、延时自闭阀门2100套、红外线感应小便器980套、红外线感应淋浴器300套、3/6升节水马桶800套；同时完善了用水单位的节水管理制度，年可节水50万吨。通过巡管查漏实现年节水30万吨左右。对全区670眼自备井进行了检查并纳入管理。

（邵继辉）

【创建节水先进单位】 年内，共创建节水先进19个，其中市级节水型企业（单位）10家、市级节水型小区5家、区级节水型单位2家、区级节水型小区2家的创建工作。

（邵继辉）

【节水宣传工作】 在“世界水日”和“中国水周”期间，加大节水宣传力度，面向150个用水单位进行宣传。全年共发放节水宣传画和宣传材料3.5万份、宣传物品5000件。举办第三届“节水杯”篮球赛，组织地方和军队20家单位参加了本次比赛。组织了3次由用水大户、重点企业、驻军部队的主管领导参加的节水经验交流座谈会。

（邵继辉）

供　电

【概　况】 昌平供电公司始建于1958年，是北京电力公司的直属二级单位。现有职工375人，其中集体职工32人，具有大专以上学历168人，具有中高级职称34人。主业设有10个职能处室、6个工区及多经企业——

京电实业总公司。公司现辖110千伏变电站10座，35千伏变电站7座，主变总容量1016.3兆伏安；110千伏及35千伏输电线路387.6公里；10千伏配电线路1318.2公里；35千伏及10千伏电缆线路438.9公里，供电区域1352平方公里。2005年，昌平供电公司在积极探索区域供电公司的经营方式和管理模式的同时，扎实工作、开拓创新，圆满完成了全年各项工作任务和经济技术指标：地区售电量28.05亿千瓦时；地区供电可靠性99.91%；综合电压合格率99.50%。

（冀　明）

单位名称：华北电网有限公司北京电力公司
　　　　　昌平供电公司
地址：昌平区永安路33号
电话：(010)69742681
邮编：102200

【圆满完成重要活动期间的供电任务】 本年夏季，电网经受了48.33万千瓦大负荷的冲击，实现了安全平稳渡夏，保证了供电区域内801卫星地面站、国家广播电影电视总局北京地球站、外交部电台、新华社电台等重要用户的用电需求。全年圆满完成了"两会"、"神州6号"卫星发射及北京铁人三项世界杯赛等政治供电任务23次。

（冀　明）

【地区电网建设有序健康发展】 年内，相继完成了东小口110千伏变电站增容改扩建工程和110千伏白坊站建设工程，回龙观西站等一批输变电工程的环评、选址等项工作也按计划顺利进行。

（冀　明）

【加强需求管理，提高服务水平】 年内，通过召开优质服务工作大会及时向客户通报北京市缺电的严峻局面及昌平地区供电形势。为本地区210户电力客户安装了负控终端装置，加强了负控管理，实现了电力资源的合理分配和有效利用。完善了回龙观、小汤山、天通苑三个社区服务所的业扩报装、事故抢修及24小时售电服务等工作，得到广大用户的好评。

（冀　明）

【加快供电所的信息化建设，提高农村电网管理水平】 年内，结合农网工程加快了供电所的信息化建设，建成了覆盖全区的光纤电力通信网，公司本部至所有农村供电所、3个营业站、2个其它二级单位的光纤通信网全部开通，进一步提高了农村电网的管理水平。

（冀　明）

供　　气

【概　况】 2005年，全区共有燃气企业63家，其中压缩天然气14家，小区气化站10家，液化气储罐站11家，换瓶站28家。为保障居民正常用气，区燃气办积极协调燃气企业，加快燃气设施建设，切实保障燃气供应，印发了《关于保障燃气供应情况的通知》和《加强节日期间燃气安全管理的通知》。年内，全区新增天然气用户2936户，全年天然气供应总量1649.73万立方米，液化石油气销售12859.03吨。

（崔玉玲）

单位名称：北京市昌平区市政管理委员会
地址：昌平区南环东路
电话：(010)69746250
邮编：102200

【加强燃气行业管理】 年内，为保障天然气正常供应，区燃气办组织区安全监督管理局、技术监督局、公安局消防处、工商局等部门联合对全区燃气企业进行了5次安全检查，检查内容包括燃气知识问答、应急预案制定、值班记录、消防设施等，将隐患消除在萌芽状态。同时，严格落实行政许可法，积极组织燃气企业做好燃气经营许可的办理工作，有1家企业取得了燃气经营许可证。

（崔玉玲）

【全区“十一五”燃气规划编制工作】 按照市、区两级发改委和规委要求，积极做好“十一五”燃气规划工作。2006～2010年，计划建设六环路、西沙屯——沙河卫星城2条高压天然气管线；卫星城东部新区、水南路——阳坊镇、水南路——南口镇、温榆河——小汤山镇、小汤山——兴寿、沙河卫星城——百善、回龙观——立汤路、立汤路——新奥枫庭8条次高压管线；阳坊镇、小汤山镇、西沙屯、东部新区、南口镇、小汤山、兴寿、百善、霍营8座调压站。

（崔玉玲）

供　热

【概　况】 2005年，区供暖服务管理处（区供暖办公室）以“辛苦我一人，温暖千万家”的供暖精神，克服燃煤、水、电、钢材等价格上涨造成的资金困难，通过夏季维修改造，完成了供暖设备、供暖管线的检查、维修、改造和新建工作，做好2005～2006年度供暖的各项准备工作，组织实施了卫星城地区的供热资源整合工作，建设南环供热厂和昌盛园供热厂，拆除29座老、旧、小燃煤锅炉房，完成2004～2005年度和2005～2006年度冬季供暖运行工作，保障用户室温达标，温暖过冬，卫星城集中供暖面积达到570万平方米。5月完成昌平区“十一五”新城和2010年供暖专项规划，制定了昌平卫星城、南邵镇、南郝庄、沙河老城区（巩华城）、沙河大学城、南口镇、小汤山镇、北七家镇、阳坊镇、十三陵水库培训中心等重点区域的供暖专项规划。

（蒋宝新）

单位名称：北京市昌平区市政管理委员会
地址：昌平区南环东路
电话：(010)69746250
邮编：102200

【南环供热厂建成投入运行】 4月29日开工，11月7日落成点火试运行，安装4台46兆瓦燃煤热水锅炉，安装麻石脱硫除尘器、烟气连续监测仪，采用微机自动监控和电气系统以及封闭式地下煤库、上煤系统和除渣系统，减少了污染，实现了二氧化硫、烟尘等污染物达标排放。供暖范围为政府街以南，振兴路以北，八达岭高速路以东和亢山路以西，供暖面积235万平方米。

（蒋宝新）

【昌盛园供热厂建成投入运行】 4月29日开工，11月7日落成点火试运行，安装4台29兆瓦燃煤热水锅炉，安装麻石脱硫除尘器、烟气连续监测仪，采用微机自动监控和电气系统以及封闭式地下煤库、上煤系统和除渣系统，减少了污染，实现了二氧化硫、烟尘等污染物达标排放。供暖范围为京海铁路线以南，东沙河以西，昌盛园以北和亢山路以东，供暖面积135万平方米。

（蒋宝新）

城管监察

【概　况】 2005年，区城管监察大队以保持共产党员先进性教育活动为契机，紧紧围绕城市管理工作的重心，扎实有效地推进各项工作，在创新执法方式和提高执法绩效等方面均取得了长足进展。年内，针对城市管理中存在的各类违法行为进行了全面查处。截止年底，累计查处各类城市管理和环境秩序的违法行为43420起次，拆除违法建筑面积3.3万平方米。

（沈洪炜）

单位名称：北京市昌平区城市管理监察大队
地址：昌平区西关路12号
电话：(010)89785341
邮编：102200

【城管进社区“暖心便民工程”正式启动】 1月16日，区城管大队在昌平东关南里小区召开城管进社区“暖心便民工程”启动仪式，区有关领导出席仪式并为“城管进社区公示牌”揭牌。此项活动以“城管进社区、办万件实事”为主要内容，旨在不断改善社区居住环境，树立服务型城管形象，其实施范围将逐步覆盖全区所有社区和居住小区。

（刘　佳）

【档案目标管理工作晋升市一级】 1月28日，召开区城管大队档案目标管理工作晋升市一级考评会，区档案局领导以及市级考评员参加会议。经过近一年的精心准备，在考评组的严格审查后，大队通过晋升市一级的考评，并接受档案市一级证书，成为本区第30个晋升为档案目标管理工作市一级的单位。

（沈洪炜）

【圆满完成铁人三项赛环境保障工作】 自8月19日起，区城管大队全力开展铁人三项赛环境保障工作。整治期间达到“四个确定”，即确定重点路段、整治内容、完成时限和保障措施。比赛当天确保万无一失，共出动执法人员100名，分为5个执法小组，严格落实执法责任制，保证比赛的顺利进行。

（沈洪炜）

【大力整治八达岭高速公路非法洗车】 8月起，针对八达岭高速公路进京方向（南口段）非法洗车行为，区城管大队协调公安、交通、首发公司等部门，对上述地段先后组织了18次大规模集中整治行动。截止年底，共暂扣潜水泵、抽水机、发电机45台，没收输水管线1.21万米，电源线1850米，查抄用于非法经营的各种面值的高速公路车辆收费专用发票6.6万元，上述地区非法洗车行为已基本杜绝。

（沈洪炜）

【全面开展百日专项整治】 6月20日至9月30日，采取集中治理与日常巡查相结合的执法方式，会同公安、工商、文化、商务等部门，对昌平卫星城、回龙观、东小口等重点地区的无照经营、非法小广告、非法客运黑车等行为进行全面治理。期间，共出动执法人员1.2万人次，执法车2184台次，取缔无照经营2491起、露天烧烤1816起，查处非法露天大排挡120处，没收烧烤箱等各类违法经营工具3449件；查处小广告“三乱”行为249起，没收、清除小广告83万张，取缔小广告窝点54处，其中重大制假窝点6处；查处非法运营行为505起，没收黑车852辆；清理卫生脏乱点56处，清运垃圾60吨。

（沈洪炜）

【召开城管大队建队五周年座谈会】 10月11日，区城管监察大队召开建队五周年座谈会，区委书记赵凤桐、区长佟根柱、区人大主任任宝贵、区政协主席王振华等区有关领导以及财政、人事、法制、公安等相关各委办局领导参加了座谈会。会议首先听取了区城管大队建队五年来的工作汇报，随后，与会人员观看了城管成立五周年基本情况光盘。结合城管建队五年来的成长历程以及今后一个时期的发展方向，与会领导纷纷进行了发言。会后，与会领导参观了城管五周年成果展。

（沈洪炜）

【严密防控禽流感】 年内，坚持“预防为主、依法防治、科学防控”的原则，严密防控禽流感。及时成立领导机构，制定并下发《关于严格落实禽流感防控工作的通知》及《禽流感防控工作预案》，对城区范围内饲养的活禽进行清理后的环境消毒，依法取缔市场外活禽和鸟类非法交易，对本区广场鸽、观赏鸽和信鸽饲养情况进行登记造册，并将登记造册情况报有关部门备案。期间，共取缔活禽交易场所 17 处，查处“六不养”行为 27 起，拆除鸽舍 11 处。

（沈洪炜）

【东小口、回龙观地区办事处城管分队正式成立】 12 月 16 日，区城管大队东小口分队和回龙观分队同时挂牌成立。市、区两级政府有关领导出席成立仪式并揭牌。东小口分队和回龙观分队受两地区办事处和城管大队的双重领导，共有执法人员 71 名。分队成立后，将依据市政府授权行使相关行政处罚权，负责东小口、回龙观地区城市化管理区域的城管监察执法工作。

（沈洪炜）

【打击非法小广告工作取得重大突破】 年内，以查抄非法小广告窝点工作为核心，区城管大队严格实施“标本兼治、长效管理”的措施，全年共查处违法行为 393 起次，查获非法小广告窝点 280 个，其中重大制假贩假证件窝点 12 个，没收非法小广告 76 万张，查获各种制假设备 108 台，各类假公章、钢印、印章坯 1.64 万枚，各类假证件 1.25 万件，向公安机关移送涉嫌制假人员 22 人。

（沈洪炜）

环 境 保 护

【概　况】 2005 年，区环境保护局根据环境保护的法律、法规，结合本区的实际情况，制定了环境保护规划和计划，并组织实施。对新建、改建、扩建的建设项目进行环保审批，对排污单位征收排污费，进行环境质量监测和污染源监督性监测，调查处理群众信访及重大污染事件，组织、指导环境保护的宣传教育工作。遵循“依法、高效、便民、公开”的基本原则，在新办公楼重新设置了 300 多平方米的开放式办公大厅，制定了实施方案和规章制度，制作了办事公开栏、流程图、工作时限、工作人员职责和环保知识便民小手册等，设立投诉电话、投诉室，代理室的电脑和区监察局联网，实现了办事程序的公开化、透明化、制度化。

（宋立建）

单位名称：北京市昌平区环境保护局
地址：昌平区科技园区白浮泉路 15 号
电话：(010)69746293
邮编：102200

【环保局迁址】 5 月 8 日，区环保局迁入科技园区白浮泉路 15 号新办公、监测化验楼。新址是由区政府批准在原三星半导体厂未完工程的基础上，进行的续建、改建工程。此工程由区财政投资，新兴保信公司承建，于 2004 年 8 月 17 日开工，区监察局实行全程监督，本年 5 月竣工，总投资 1410.6 万元，总建筑面积 5281 平方米。

（宋立建）

【组建环境监察队】 9 月，经区编委批准正式组建了北京市昌平区环境保护监察队。监察队是具有独立法人资格的财政全额拨款的事业单位，在区环保局的领导和指导下开展工作。其职责是：负责本区空气质量自动监测子站周边环境的监督和巡查；检查全区排污单位的排污情况；组织协调污染防治工作；检查环保设施运行状况；对建设项目进行环保验收。

（宋立建）

【二级天数提高了 7.5 个百分点】 年内，提前 30 天完成北京市政府下达本区二级和好于二级天数达到 68% 的指标任务，使全年达到了 74.2%，与上一年度相比提高了 7.5 个百分点，达到了 271 天。

（宋立建）

【建设项目环保审批】　年内，共受理环保审批项目总计1237件。其中报告书8件、报告表409件，登记表项目312件，办理即办件443件，协助市局审批建设项目2件、协助区市政管委审批洗车点27家、协助商委审批夜市36家。一次办结率和群众满意率100%。

（宋立建）

【环境管理】　年内，贯彻落实北京市政府实施第十一阶段控制大气污染的各项措施，完成南环供热厂、昌盛园供热厂集中联片供暖改造重点工程，总投资1.1亿元，拆除锅炉房30座，拆除锅炉74台，减少露天煤堆、烟尘炉渣堆30处。确定了本区饮用水源地和京密引水渠昌平段两侧100米范围内污水排放的135个重点单位。对本区289个餐馆的油烟净化设备进行了检测，对100台燃煤锅炉和100台餐饮油烟下达了限期治理通知，完成治理燃煤锅炉拆除和安装高效脱硫除尘设施103台，验收餐饮业油烟净化器118套。

（宋立建）

【信访工作】　年内，共处理人大、政协提案建议6件，人民群众反映环保问题的信访736件。按信访件来源渠道分：市长信箱2件、市长值班电话2件、首都之窗5件、信访信箱51件、市环保局有奖举报2件、区纪委8件、区政府办和区信访办19件、12369环保热线240件、区环保局受理404件、其它3件。按举报内容分：噪声污染类380件、大气污染类332件、水污染类21件、辐射等其它污染类3件。

（宋立建）

【环保宣传】　年内，在昌平电视台、昌平周刊进行了10次环境保护的宣传报道，组织本区相关学校的中小学生参加北京市环境保护基金会组织的第五届中学生“绿色奥运我参与”中英双语演讲和第九届小学生“我爱地球妈妈”演讲比赛，一名中学生获二等奖，两名小学生分获二、三等奖。向区内工地、绿色学校、大学校园环保志愿者组织发放环保科普系列宣传材料7000余份；为区委、区政府、区人大、区政协和市、区级绿色学校、幼儿园及政府机关职能部门等单位订阅2006年度《中国环境报》近70份。

（宋立建）

【排污申报登记和收费】　年内，共对80个单位的排污申报登记工作进行了审定、核实；对62个单位开征了污水排污费；对265个单位征收废气排污费，其中对13个单位开展了氮氧化物征收工作。收到排污费261.7万元，及时全额上缴市、区财政。排污费为分散收取，集中使用，对企业实现达标排放起到一定的促进作用，对污染源治理积累了一定的资金。

（宋立建）

【地表水检测】　4月、5月、7月、8月、10月、11月对辖区内昌平桥等12个地表水采样点进行取样检测，监测项目23项，委托市监测中心6项。以上监测工作共涉及有水河流5条，8个断面，水库断面2个，获得水环境质量监测数据1100余个，质量控制数据210个。增加畅春园、蔺沟河、响潭水库3个监测断面。

（宋立建）

【环境噪声检测】　6月，对原有140个区域环境噪声网格进行重新划分，区域环境噪声功能经调整后确认监测点为350m×350m的网格，总共145个，实际有效监测网格数为128个，区域环境噪声网格覆盖率为89.6%，符合城考的要求。8月通过了市环境监测中心的验收。对原有19条道路进行监测，新增点位12个，调整点位12个，调整后共有26个监测点，监测路段总长36480米。完成478个单位的厂界噪声、区域环境噪声和施工工地噪声检测。共获得监测数据700个。

（宋立建）

【机动车尾气排放检测】　年内，共对17783辆机动车的尾气排放进行了检查，达标率为96%。其中：路检10147辆，夜查4749辆、专项检查2574辆，查处冒黑烟举报车辆313辆。检测超标车辆580辆。对东小口、南口机动车检测场进行监管，发放黄、绿标52065个。

（宋立建）

【污染源监测】 年内，共完成199个单位391台锅炉烟尘和二氧化硫的检查监测任务，其中烟尘超标38台，二氧化硫超标8个单位。对192个废水重点污染源进行了监测，新验收污水处理设备15套。监测服务性收费共计78.63万元。

（宋立建）

【处置突发性污染事件】 12月4日，八达岭高速公路进京方向49公里处，一辆装载碳化钙货车与一辆同向行驶的中型客车相撞坠入河道，造成响潭水库上游羊台子村约一公里长河道水体污染。区环保局接到事故通报后，立即启动环境污染事故应急处置预案。针对事故现场情况制定如下预案：第一，对造成污染的水体取样化验；第二，采取措施控制污染；第三，在河道下游距事故发生点1800米处筑活性碳坝，吸附水体中的有机物等措施。共采集水样35个，得到检测数据263个，上报7期监测报告及简报。通过监测证实，事故未对响潭水库的水源造成污染；年内，对发生在阳坊地区的硫酸遗撒事故、温榆河畔氯化氢压力瓶事件，进行妥善处置。

（宋立建）

防震减灾

【概　况】 2005年，出台了《昌平区人民政府关于加强防震减灾工作的通知》。充实和调整了区防震减灾工作领导小组，成员单位增至71个。明确镇（街道）、村（社区）防震减灾工作职责，并制定考核办法和考核指标。确定镇（街道）和村（社区）两级防震减灾助理员。设立建设工程抗震设防要求一站式审核大厅，制定并实施服务承诺制度。新建12个地震强震台。圆满完成了“铁人三项世界杯赛”期间震情安全保障工作。启动昌平新城地震小区划项目，协助市地震局做好活动断层探测在本区域内的工作。初步完成《昌平区破坏性地震应急预案》编写。区地震应急避难场所建设已纳入区政府（2005年～2007年）折子工程。开发制作地震办信息网，创办《安全昌平》防震减灾季刊，编写防震减灾系列读物，一套5本书。

（赵　芳）

单位名称：北京市昌平区地震办公室
地址：昌平区西环路17号
电话：(010)69742308
邮编：102200

【中国地震局领导到本区慰问指导工作】 2月4日，中国地震局局长陈建民在市地震局局长吴卫民的陪同下一行8人到本区慰问指导工作。对区地震办公室2005年转变职能，加强社会管理的工作思路给予肯定。

（赵　芳）

【召开首次防震减灾法律法规培训班】 3月22日至23日，18个镇（街道）和城口有关委办局主管防震减灾工作的处级领导共70人参加了本区首次防震减灾法律法规培训班。邀请市地震局领导和专家及区法制办领导围绕防震减灾法律法规及落实区政府依法行政实施意见进行了讲解。

（赵　芳）

【区防震减灾助理员队伍组建完成持证上岗】 5月30日，400余名防震减灾助理员经过市地震局专家业务培训和统一考试后持证上岗。该队伍由全区各镇（街道）、村（社区）推荐政治素质高、责任心强的人员组成。

（赵　芳）

【召开北京市“十五”数字强震台网建设现场会】 7月1日，在长陵镇召开全市“十五”数字强震台网建设现场会，全市16个区县地震办公室的领导和技术人员计 70 人参加。会后全体人员参观了设在长陵镇政府院内的强震台基座建设现场。

（赵　芳）

【举办纪念唐山"7·28"地震纪念日活动】 年内，全区 18 个镇（街道）在区防震减灾工作领导小组的指导下，统一启动了防震减灾宣传网，采用上街宣传咨询、镇广播、组织村（社区）负责人进行地震知识考试等多种形式宣传防震减灾。全区共张挂横幅 18 条，发放宣传材料 1.6 万余份。区电视台播放了《印尼海啸》光盘。

（赵　芳）

【防震减灾知识进万家活动拉开序幕】 年内，编写《安全昌平》防震减灾系列读物，包括《干部必读》、《法规篇》、《中学生必读》、《小学生必读》和《家庭学习手册》。9 月 29 日上午，在北郝庄村举办防震减灾知识进村（社区）、进家庭活动启动仪式。向 10 个创建和谐社会试点单位赠送了《安全昌平》防震减灾家庭学习手册。同日下午，在昌平四中启动了防震减灾知识进校园活动仪式。会上向学生赠送了《安全昌平》防震减灾知识手册。

（赵　芳）

【启动全市首个新城地震小区划示范工程】 11 月 18 日，昌平卫星城建设领导小组办公室与北京市地震局震害防御与工程地震研究所共同签署工程项目书，正式启动昌平新城东区地震小区划工程暨北京市地震小区划示范工程。此项工程包括地震破坏小区划和地震动参数小区划，将历时 8 个月完成。

（赵　芳）

【开展防震减灾基础资料调查工作】 10 月 14 日至 11 月 30 日，开展防震减灾基础资料调查工作。调查对象为区内各镇（街道）、村（社区），调查内容包括人口、房屋建筑、次生灾害、生命线工程、绿地（公园）等基本情况。此次资料调查，对修订完善应急预案、对震时抗震救灾和领导决策、震后财产损失人员伤亡评估及平时的防震减灾管理具有重要意义。

（赵　芳）

交通·邮电

交 通·邮 电

交 通

公 路 建 设

【概 况】 2005年,完成建设和养护投资27505.26万元,为年计划的90%。其中新改建工程完成投资7154.25万元,为年计划8060万元的88.8%;大修工程完成投资10784万元,为年计划11420万元的94.4%;危桥改造工程完成投资930.79万元,为年计划940万元的99%。计划外工程2项,完成投资1375.71万元。中小修维护工程累计完成投资2276.55万元,日常养护及绿化工程完成投资451.37万元,安保工程完成投资3653.7万元,交通工程完成投资180万元,乡公路工程完成投资386.28万元,村村通工程完成投资300万元,均为年计划的100%。完成好路率指标83.8%,干线86.1%,县级81.6%,综合值84.7,完成市局下达的计划指标。绿化成活率达到95%,保存率98%。完成养路费征收1.26亿元,为年计划1.16亿元的108.6%;养路费稽查260万元,欠费率为6.14%,低于年度计划(6.7%)0.54个百分点。

(王洪伟)

单位名称:北京市路政局昌平分局
地址:昌平区城角西路11号
电话:(010)69742714
邮编:102200

【承建111国道一期改建0#标工程】 工程全长3.15公里,投资8060万元,由市路政局投资建设。改建后的道路为双向六车道城市主干路,设计通行能力可达8万辆每日。截止到年底,完成天桥6座,道路工程12万平方米,6.35公里雨水管线,2.46公里污水管线,8个港湾停车站,主体工程已基本完工,主路达到全线通车的条件。此项工程昌平区段已全部完工。

(王洪伟)

【承建回龙观地区交通疏堵工程】 西辅路全长900米,东辅路全长5.06公里,累计完成投资3195.71万元,由市路政局投资建设。

(王洪伟)

【承建南雁路大修工程】 全长32.79公里,设计标准为山区三级路,路面宽6至9米,完成沥青路面铺筑248854平方米,完成投资2509.96万元。

(王洪伟)

【承建高芹路大修工程】 起点高口村,终点菩萨麓村,全长4.87公里,设计标准为山区三级路,完成投资359.92万元。

(王洪伟)

【承建温南路南口大街段大修工程】 全长1.81公里,设计标准为平原二级路。完成投资530.13万元。

（王洪伟）

【承建安四路大修工程】 起点兴寿桥，终点下庄，全长13.09公里；设计标准为山区二级路，完成投资1155.36万元。

（王洪伟）

【承建环陵路大修工程】 起点110国道，终点昌赤路，全长3.88公里，设计标准为山区二级路，完成投资377.15万元。

（王洪伟）

【承建110辅线山区段大修工程】 起点南口镇，终点延庆县交界处，全长12公里，设计标准为山区三级路，完成投资788.19万元。

（王洪伟）

【承建水库路大修工程】 该工程为奥运场馆周边道路建设项目，全长10.61公里，设计标准为山区二级路，完成投资1147.58万元。

（王洪伟）

【承建马兴路大修工程】 全长5.7公里，地方投资1000万元，市局补助投资350万元。

（王洪伟）

【承建关沟路大修工程】 全长1.52公里，完成投资808.74万元。

（王洪伟）

【承建铁人三项赛大修工程】 全长3.3公里，9月12日开工，9月17日完工，完成投资566.97万元。

（王洪伟）

【危桥改造工程】 全年危桥改造工程4项，全部完工。计划投资940万元，完成投资930.79万元。其中满白路白浮南桥加固工程投资583.57万元；定泗路泗上西桥改建工程完成投资142.95万元；昌金路南邵桥加固工程完成投资104.51万元；百沙路东沙屯桥改建工程完成投资99.76万元。

（王洪伟）

【养护工作】 全年养护里程590.73公里，其中国道1条18.42公里，市道10条248.63公里，县道37条323.68公里。桥梁160座，其中大桥22座，中桥59座，小桥79座。年计划养护投资2019.25万元，其中中修工程579万元，小修工程575万元，一类养护工程533.05万元，二类养护工程332.1万元。里程95.56公里。全年中修工程2项，投资579万元，全部完工。小修工程6项，投资575万元，全部完工，完成补强罩面44.932平方公里/5.75公里，稀浆封层21平方公里/3.1公里。全年完成日常养护工程量：路面修补105185平方米，处理翻浆14580平方米，标准化路基2109公里，清理塌方502立方米，浆砌维护689立方米，疏通排水964公里，补缺换残、粉刷标志号28591个。修复涵洞两座，解决崔阿路排水464米。

（王洪伟）

【绿化工程】 全年绿化总投资451.37万元，其中一、二级养护239.37万元，绿化新植工程212万元，共栽植树木101720株。

（王洪伟）

【交通工程】 计划投资180万元。其中标线工程130万元，完成热熔线23603平方米；标志工程投资44万元、205套，年内已全部完工。

（王洪伟）

【综合整治工程】 年内，综合整治工程共计3项，其中重点示范工程2项：南雁路综合整治工程、110辅线综合整治工程；第二批综合整治工程1项：110国道综合整治工程；折子工程1项：水库路安保工程；4项工程共投资2848.7万元，里程80.26公里。安保续建工程3项：昌赤路安保工程、安四路安保工程、高芹路安保工程，投资805万元，里程69.34公里。全年综合整治工程累计实施149.6公里，完成投资3653.7万元。累计完成护栏21339延米，安装标志1935套，施划标线44326.8平方米，栽植苗木28.94万株，铺（种）草坪39585平方米，完成各种类型边沟32.55公里。

（王洪伟）

【乡公路管理】 全年乡公路养护里程792.51公里，养护补助投资386.28万元，其中建设工程补助投资236.88万元,计划8项,年内累计完成10项,工程量128.4平方公里/22.4公里。

(王洪伟)

【路政执法】 全年共处理违章102起,其中纠正83件,收取赔(补)偿费32.7万元,处罚19件,罚款7450元;审批35件,全部办结,其中非公路标志2件,占用挖掘公路5件,增设平面交叉道口16件,穿跨公路架埋设施12件,收取路产损失赔补偿费236万元。

(王洪伟)

【养路费征收稽查】 全年养路费征收任务1.16亿元,实际完成1.26亿元,为计划的108.6%;完成养路费稽查260万元,欠费率为6.14%。

(王洪伟)

【办理建议提案】 年内,共办理人大、政协建议、提案49件,其中全国人大建议1件、市人大建议11件、市政协提案3件、区人大建议26件、政协提案8件。全部建议提案均按期圆满办结。其中A1和A2类26件,B类17件,C类6件。办复率达到了100%,人大代表、政协委员满意率达到了98.5%,同意率达到100%。

(王洪伟)

【信访工作】 全年共受理信访132件,其中群众来信12件,来访25人次,来电95次,答复率100%。

(王洪伟)

【市人大领导及代表视察立汤路0#标改建工程】 6月15日,市人大常委会副主任赵久合、市人大代表任爱军来到立汤路0#标改建工程工地现场,听取北京市路政局关于办理北京市第十二届人民代表大会第三次会议第0385号建议的情况汇报,检查工程进展情况。

(王洪伟)

运输管理

【概　况】 2005年,区交通局按照"规划、协调、服务、监督"的方针,继续做好交通行业管理各项工作,促进行业健康有序发展。全区纳入管理的汽车客运企业20户、客运汽车1423辆;客运人力三轮车845辆;水上旅游业户3户,各类游船132艘;道路货运业户8265户、14669辆车、70057吨位;各类汽车维修企业456个;轻轨铁路车站3个;铁路监护道口13处。全区交通行业共有从业人员30950人,货运、汽车维修行业和从业人员发展均创历史新高。行业全年实现旅客运输量2019.72万人次;游船运输量13.1万人次;货物运输量4987.2万吨;维修各类汽车35万辆次。

(刘秀成)

单位名称:昌平区交通局
地址:北京昌平区北环路11号
电话:(010)69746109
邮编:102200

【圆满完成春运工作】 自农历腊月三十到正月初七,区内公交客运共发车9429班次,同比增加2860班次,增长43.5%;运送乘客42.8万人次,同比增加10.5万人次,增长32.7%;旅游汽车客运发车229班次,运送游客0.63万人次,同比分别增长118.6%和34.3%。期间未发生任何安全事故。节日期间,安排执法人员坚持每天上街巡查,维护客运秩序,纠正超载、不按站点停靠等各类违章行为,劝阻乘客乘坐已经满员的客车,未发生旅客滞留现象。1月25日至3月6日,会同昌平交通支队,在西关环岛西侧200米处,设置联合检查站,对过往的春运客车进行了历时40天的安全检查,共检查客车786辆次,纠正违法违章行为37起、查处15起,暂扣客车4辆。

(刘秀成)

【重新登记客运人力三轮车业】 4月，对卫星城内运营的客运人力三轮车重新登记，更换牌证，进一步规范车容车貌和车身颜色。与845名从业人员签订了管理合同。

（刘秀成）

【开展交通文明礼仪宣传活动】 4月14日，启动公共交通文明礼仪宣传活动，通过在公交售票员队伍中聘请文明礼仪宣传员和印发宣教材料等形式，广泛进行包括车容车貌整洁、规范仪容仪表、使用文明用语、扶老携幼上下车等文明礼仪宣传教育，将文明礼仪内容纳入公交站牌宣传范围，倡导广大市民文明乘车、遵守公共秩序，促进社会公共秩序好转。

（刘秀成）

【做好五一、十一旅游“黄金周”旅客、游客运输工作】 五一黄金周期间，区内公交客运共发车6306次、运送乘客51.71万人次，同比增长25.8%、26.7%；旅游客运发车370次、运送游客1.71万人次，同比增长15.3%、17.1%。旅游游船航行3296航次，同比基本持平，运送游客2.38万人次，同比增长50.6%。十一黄金周期间，区内公交客运共发车8490班次，同比增长19.9%；客运量73.5万人次，增长72.1%。旅游游船航行4602航次，运送游客24636人次，同比分别增长44.9%和27%。所有乘客均安全抵达，未发生甩客、宰客、长时间滞留乘客现象。

（刘秀成）

【营坊铁路监护道口避免一起事故】 6月7日傍晚暴风雨过后，京通铁路营坊监护道口监护员在对道口两侧观察时，发现距道口房东侧200米处一棵直径约30厘米的大树被刮倒，树的上半部分横卧在铁轨上，此时该线上行的816次旅客列车就要驶过。监护员手持红色拦截棒迅速迎向火车，将列车拦停，避免了一起旅客列车可能颠覆的重大事故。火车停车4分钟，待清理完路障后，于19点19分启动继续正常行驶。

（刘秀成）

【开展安全生产月活动】 6月，以“遵章守纪、关爱生命”为主题，组织交通行业学习相关法律法规和宣传教育活动，开展安全生产检查。6月12日的高潮日中，组成5个宣传咨询站和1个流动宣传组上街宣传；交通行业12个企业在城铁车站、旅游场所、客运场站和企业所在地举办了咨询日活动。全区交通行业207个企业、7000余名从业人员参加了活动，共张贴各种宣传画800张、设置展板板报等宣传园地320个、发放宣传材料2万余份，1500余名从业人员参加安全知识答卷；在组织的安全检查中，共查交通企业65个，发现并及时纠正隐患16个，责令1户企业停业整顿，罚款2.3万元。

（刘秀成）

【积极推进为民办实事工程】 年内，区政府将更新提档90辆运营客车纳入政府为民办实事工程。6月30日到11月6日，分四批更新营运客车124辆，原19座中型面包全部更新为22座以上大客车，增加客位1098个。通过增加运营车辆、适当延长运营时间、线路班次间隔总体上由更新前的15分钟缩短为10分钟。运营安全系数、乘坐舒适度都有明显提高，群众出行更方便快捷。

（刘秀成）

【区专业运输交通安全委员会在交通局挂牌办公】 7月初，由昌平交通支队和交通局抽调3人组成的专业运输安委会日常办事机构，在交通局正式挂牌办公。区专业运输交通安全委员会主要对公交、旅游客运和危险品运输企业实施安全管理。

（刘秀成）

【完成铁人三项竞赛相关任务】 铁人三项世界杯竞赛期间，协调4条公交线路改线让出一周时间，用于训练比赛；协调拆除了竞赛开闭幕主会场附近的2间临时旧房；组织赛会出租汽车服务共9天120车日，出车187辆次，运送客人580人次，全部客人均安全抵达、返回；赛训期间安排执法人员，每天在赛训途经地东关环岛周边巡回检查，确保客运市场秩序和运动员赛训活动正常进行。为2008年奥运会铁人三项竞赛相关工作积累了经验。

（刘秀成）

【做好特大交通事故善后处理协调工作】 12月4日20时，市长途公司京G27043号大客车正常运营，行驶到京昌高速路进京方向49公里处时，被同方向行驶失控的一超载大货车追尾，发生特大交通事故，造成24人死亡、5人受伤。12月5日，区交通局代表区政府全程协助事故责任单位做好善后处理的相关协调工作，并将进展情况每日向区政府做书面汇报，直至12月19日事故善后处理工作结束。

（刘秀成）

【车辆二级维护检测管理】 年内，共进行车辆二级维护和技术等级评定检测1.3万辆次。保证了车辆良好的技术状况。对所有检测设备进行了检定，均取得合格证书。

（刘秀成）

【汽车尾气治理成效显著】 年内，各维修企业对进厂维修、保养的机动车实行尾气检测治理制度，全年累计检测机动车2.5万辆次，对其中尾气检测不合格的848辆车进行了达标治理。检测治理率为3.42%，尾气检测治理率即尾气不合格率比上年的14.59%降低了4.3倍，尾气排放达标率明显提高。

（刘秀成）

【全程办事代理工作正常运转】 年内，共受理群众办事52716件，其中行政审批1022件，备案1478件，发证、变更等服务类项目50216件。各类事项一次办结率100%。

（刘秀成）

【做好全区治理超载超限运输组织工作】 年内，做好马刨泉检查点劝返工作。共检查重型载货汽车1000余辆次，对其中600余辆超载超限车辆予以劝返，有效保护了路产，减少了事故隐患。加强流动治超，进行了本行政区域内二次装载造成车辆超限超载的源头治理，关、停无照煤场、倒装停车场23处、签订源头限装管理责任制及其他有关治超的合同70余份；使用便携式电子磅进行流动检查，就地称重640余辆大货车，劝返407辆；卸载39辆、1100余吨货物；罚款7.5万余元。

（刘秀成）

【开展营业性汽车驾驶员从业资格培训】 年内，共举办18期培训班，2119人经过培训考试合格取得行业从业资格证书。

（刘秀成）

【公共交通事业稳步发展】 年内，境内和过境的包括市、区公交和小公共、轻轨铁路等公共交通线路达到126条，营运总里程3356公里。其中区内客运线路28条，营运里程757公里，营运车辆267辆、车容总量达6900客位；隶属市公交集团在本区境内及过境的公交线路有97条、轻轨1条。线路四通八达，遍布城乡，网络基本形成。公共基础设施建设得到长足发展，有公共交通首末场站32个、固定站点829个，其中新建港湾式公交车站16个。

（刘秀成）

【加强交通行政执法和行业安全生产检查】 年内，依法检查客货运输、汽车维修企业900余户次，检查各类车辆、游船8000余辆（艘）次，查处存在违法违章行为的业户210户、各类违法违章车辆1200辆；发现和纠正各类安全隐患170起次；口头警告、批评教育1100人次；罚没款199万元。

（刘秀成）

【5个汽车维修企业获北京市“诚信经营企业”称号】 年内，经过报名筛选、评比推荐、社会评议、考核评估等程序，由北京市运输管理局组织、历时半年的“创建汽车维修行业诚信经营企业”活动揭晓，本区的北京天乐国汽汽车技术服务有限公司、中宇汽车服务中心、北京方向华晨汽车销售服务有限公司、北京永安汽车修理厂、北京市昌职汽车修理厂荣获“北京市汽车维修行业诚信经营企业”称号。

（刘秀成）

邮　政

【概　况】北京市昌平区邮政局(以下简称"昌平邮局")隶属北京市邮政管理局领导,主要职责是对昌平地区邮政通信市场进行管理及提供邮政通信服务。服务面积1352平方公里,覆盖全区17个镇、街道办事处,321个自然村,服务人口110万。

昌平邮局机关下设8个职能部门,即行政办公室、通信业务科、储蓄汇兑科、政工科、计划财务科、安全保卫科、营销科、报刊零售公司。全局下设11个邮政支局,22个邮政所,5个邮政代办所。年末职工人数473人。开办邮政储蓄业务的局所网点有21处;全区共设立邮政报刊亭109个;信箱信筒179个;全局共有邮路17条,总长度459公里;投递道段96条,总里程3052公里。主要经营业务有:国内国际邮件、邮政汇兑、邮政储蓄、报刊订阅及零售、集邮、特快专递、鲜花礼仪、受理商业广告、专用邮政信箱的出租以及各类代收费等业务。

2005年邮电业务总量完成8431.89万元,同比增长15.10%;邮电通信总量完成5417.20万元,同比增长21.51%;邮电业务收入完成7822.56万元,同比增长22.99%;收支差额完成3642.45万元,同比增长30.39%;全员劳动生产率实现每人204211元,同比增长20.38%;报刊流转额完成2124.73万元,其中零售完成704.08万元;特快专递收入完成945.54万元,同比增长89.08%;包裹收入839.95万元,同比增长117.65%;储蓄余额净增4.736亿元,同比增长59.8%,再创历史发展最好水平。

(孙学军)

单位名称:北京市昌平区邮政局
地址:昌平区政府街25号
电话:(010)69742290
邮编:102200

【新业务开发前景广阔】年内,制作DM广告118期,收入101.5万元;制作个性化邮票10.7万版,收入49.11万元;账单业务实现了"零"的突破,与中行签订了全年合作协议;开展三次大规模的市场调查,开辟家庭公司和乡镇工业园区两个速递业务发展新领域,成功开办法院专递业务和京北车管所单证照业务。

(孙学军)

【邮政储蓄再创新高】11月15日,提前实现了年初制定的"年未余额突破20个亿,年净增余额4个亿"的奋斗目标。11月18日,隆重召开了邮储余额突破20亿总结表彰大会,表扬了在邮储岗位上作出突出贡献的先进集体和先进个人。年底,邮储余额已达20.78亿元,年净增余额4.736亿元,实现收入4463.74万元,邮储收入占全局收入的57%,取得了邮储业务开办以来最辉煌的业绩。

(孙学军)

【报刊零售拓展空间】年内,以强化内部经营管理为手段,以"三进"(进社区、进校园、进商厦)工程活动为突破口,大力发展零售报刊业务。全年零售报刊流转额完成704.08万元。

(孙学军)

【创建北京市模范职工之家】年内,为丰富职工业余文化生活,建立台球、乒乓球、健身房等活动场所,积极开展各种文体活动。在郊区邮政局举办的"红五月,绿色的歌"活动中,获得最佳表演奖和最佳组织奖。被北京市总工会授予北京市模范职工之家称号。

(孙学军)

【改善服务,巩固创建成果】年内,从落实"形象工程"入手,按照文明单位和文明行业标准,狠抓“三个窗口”(营业窗口、投递窗口、报刊亭窗口)的服务工作。积极推进用户满意工程,在全局开展“局容局貌”和“提高服务质量,让用户满意”专项治理整顿工作;为方便用户,改善服务,共出动659人次,组织了“四进”(进军营、进校园、进商厦、进社区)上门服务工作,收寄复转军人包裹、大学生包裹、渔具包裹6267件,收寄大学生档案2068件,收寄大学录取通知书109885件;在全局开展了“学习王顺友,岗位做贡献”和“用户是亲人”的服务理念教育,使全局干部职工的服务意识、质量意识和创建意识不断提高。

(孙学军)

【加强队伍建设,提高整体素质】 年内,坚持理论中心组学习、干部学习等制度,领导班子成员带头参加管局、郊区局组织的各类培训,并组织11名支局长到石家庄邮政学校参加管理和营销知识培训。全年业务科和储汇科共举办专项业务培训50余场,组织261名职工参加职业技能鉴定考试,取得较好成绩。

(孙学军)

【加大投资,增强服务和通信能力】 年内,加大固定资产投资力度。全年共投资130多万元用于区局办公楼外部装修。为解决天通苑、回龙观地区居民用邮问题,投资358万元,增设龙腾苑、龙禧苑、太阳城、天通苑西二区4个邮政所。

(孙学军)

农业

农　业

综　述

2005年是实现国民经济和社会发展第十个五年计划的最后一年,也是本区“三农”工作迈出新步伐,取得新成绩,再上新台阶的一年。2005年市、区财政用于农业的总投资达6.24亿元,同比增长81.5%。全区农村经济总收入实现148.4亿元,同比增长12.5%;人均劳动所得实现7631.8元,同比增长8.4%。

(一)整合农业资源配置,推进优势产业发展

一是以苹果为主的特色林果产业。新发展苹果面积8500亩66万株。全区苹果产量2600万公斤,效益突破1亿元,达到1.25亿元,被评为“全国农业标准化示范区先进单位”;完成柿树形改造10.5万株,嫁接柿树芽15万个;新建成草莓温室大棚250栋。二是以乳羔羊为主的肉羊产业。完成肉羊食品加工物流储备基地主体工程建设。引进国内稀有乌骨肉羊品种——四川乌羊,使本区国内外名优种羊品种达到10余个。全区以养羊为主的标准化养殖小区发展到30个,专业大户600余户,存栏优质小尾寒羊种羊4万余只。三是以紫花苜蓿种植、加工为主的牧草产业。新发展牧草面积1.5万亩。在河北尚义、张北等地建立了原料基地,小汤山农业园草业中心的牧草收储、加工、销售能力达到15万吨。四是以温水鱼为特色的水产业。国家级罗非鱼良种场改建亲鱼培育车间、鱼种培育池3万平方米,生产罗非鱼鱼种450万尾。建成淡水鱼名优品种养殖基地。五是休闲产业。围绕温榆河、小汤山农业园、绿化隔离带、红栌园以及山区五镇建设启动了10个休闲产业区建设。2005年休闲产业接待人次达到161万人次,总收入实现1.03亿元。六是加快小汤山农业园建设。有机食品示范区项目已完成有机果蔬采摘园建设。鸵鸟产业化项目已建成种鸟及育成舍97栋,鸵鸟存栏达900只。在河北省赤城县建立食用菌生产示范基地,年产白灵菇、杏苞菇400万公斤。北方国家级林木种苗示范基地储存林木种子能力达20万公斤。农业园休闲旅游功能进一步突显,年接待游客6万余人次,同比增长31.3%。

(二)推进基础设施建设,强化生态环境治理

强化林业生态建设。全区栽植各类苗木390万株,新增绿化面积2.4万亩。全区林木绿化率达到57.82%,森林覆盖率达到30.48%。继续落实生态林补偿机制,全区5397名农民实现“养山就业”。投资1000余万元,加大森林防火基础设施建设,确保森林防火期内未发生一起火警火灾。科学规范水务管理。温榆河封禁治理一期工程,辛店河、

土沟橡胶坝主体工程全部完工;王家园水库除险加固工程完成筑堤土石方2万方,导流路土石方35万方。南庄水库溢洪道改造工程已完成土建施工和闸门的联动调试;投资1107万元,解决长陵镇黑山寨地区6个行政村农村生活饮用水问题。投资4984万元,解决5个山区镇27个村1.76万人的饮用水困难问题;小汤山污水处理厂日处理能力1万吨的改扩建工程打降水井20眼。建分散污水处理设施50处,日处理能力达3.4万吨;水土保持工程治理水土流失40平方公里。抗旱防汛防雹保安全。全区10座中小型水库、14条主要河道编制了防汛抢险预案、防御洪水方案。新建太平庄防雹增雨站,防雹增雨站点增加到了4个。累计开展人工影响天气作业40次。

(三)发展都市型现代农业,打造有机农业新亮点

投资3000万元启动了2.5万亩有机农业基地建设。以金六环农业园为核心的有机农业示范展示中心和可持续农业示范区初具规模。新建高标准日光温室、大棚100余栋;引进9台微生物处理设备,形成了年处理餐厨垃圾、城市污泥、畜禽粪便4600吨,年产优质有机肥、栽培腐殖土3000吨的生产能力;全区新建和完善有机肥加工厂5座,年生产规模7万方;在苹果、蔬菜、草莓基地实施"有机肥行动"1.6万亩,全区各基地新建日光温室、大棚480栋,配套管灌、滴灌等节水灌溉2240亩;12家农业生产基地通过农业部认证,进入有机食品转换期。

(四)加强农业标准化生产,完善安全食用农产品生产体系建设

全区建成和正在建设的苹果、林木种苗、肉羊、温水鱼、草莓国家级标准化示范区5个,农业标准化生产示范基地、国家无公害农产品基地、绿色食品认证、ISO、HACCP等各种认证154家。建立农产品安全、农业环境监测网点93个。成立区动物疫病预防控制中心,设立16个镇级动物卫生防疫站。做好"亚洲Ⅰ型"口蹄疫和高致病性禽流感防控工作,全区牛、羊、猪和禽类主要疫病免疫密度达到了100%。采取政府补贴,收购、清理禽类30万只,从源头上杜绝了禽流感传染性疫病的发生。

(五)加大劳动力培训力度,促进农民就业增收

农村劳动力培训就业。投入资金500万元,全区累计培训农村劳动力13762人次。通过职业技能培训,已有6925余人就业,就业率达到83.8%。科技入户工程。全区选择确定3个农业科技示范重点镇10个示范村300个示范户,辐射带动5000个农户;确定2个农业科技示范园、3个观光园、10个标准化示范基地和10个养殖场(小区)进行科技示范。通过科技入户,实用技术入户率和到位率将达到90%以上,实现人均收入提高10%以上。

(六)加强基础设施建设、优化山区发展环境,投入扶持资金3.79亿元,加快山区建设步伐。对流村镇北禾路等14项山区道路以及八达岭高速路辅路山区段、南雁路等14条道路进行了大修或综合整治;治理禾子涧小流域3.39万亩;2005年对口支山扶贫单位从原来的135个增加到158个,30个低收入村农村经济总收入1.78亿元,人均劳动所得实现4776元;"十百千工程"共确定市级典型村3个,区级村13个;涉及55户199人的泥石流易发区农户搬迁工程和6个镇14个村的18项生态移民工程全部完成;新发展市级民俗旅游户291户。全区累计民俗旅游村达60个村,1800户,观光采摘园达77个。接待突破100万人次,达到120万人次,实现收入8000万元,同比增长37.9%。全年山区农村经济总收入实现27.7亿元,同比增长12.4%;山区人均劳动所得实现5911.5元,同比增长8.7%。

(七)不断深化农村改革,保证农村经济持续健康发展

全区312个村,全部完成确权任务,其中

94%的村完成了土地确权证的发放工作。全区已完成产权制度改革的村23个。农村管理信息化完成了区数据处理中心与市数据处理中心的对接工作,全面实现农村管理信息的数字化报送。年内全区共安排银农合作资金930万元,给予贷款贴息项目20个,贷款金额达2.53亿元。

(胡芳静 李洪波)

单位名称:昌平区农业委员会
地址:昌平区政府街19号
电话:(010)69742758
邮编:102200

农村集体经济产权制度改革

【概 况】 2005年,全区在继续推进第二批、第三批改革的基础上,8月又抽调了15支区驻村工作队,启动了第四批15个村的改革工作。年底,全区进行改革42个村,涉及12个镇(街道),分别占总村数和总镇数的13.5%和70.6%。其中已经完成23个村,其余19个村的改革正在稳步推进之中。

年内,完成改革的村中有19个村已经进行了分红,分红总额共计2799万元。其中白坊村分红最多,共发放红利715万元,村内股东个人分得红利最高为16347元,户分得红利最高为29940元;小汤山村分红总额为314万元,位居第二;狮子营村发放红利总额为306万元,村内股东个人分得红利最高为2.7万元,户分得红利最高为8.5万元。

(郭殿祥)

单位名称:昌平区农业委员会
地址:昌平区政府街19号
电话:(010)69742758
邮编:102200

【召开第三批产权制度改革工作汇报会】 1月27日,召开第三批农村集体经济产权制度改革工作进展情况汇报会。各改革镇(街道)的党委书记,区驻农村集体经济产权制度改革试点村工作队成员,区农村集体经济产权制度改革领导小组及办公室成员等参加了会议。各镇汇报了第三批农村集体经济产权制度改革试点工作的进展情况及存在问题,各区驻村工作队队长作补充。

(姚斌元)

【北郝庄村完成选举工作】 1月28日,城南街道农村集体经济产权制度改革领导小组及办公室本着公开、公平、公正、群众公认的原则,召集北郝庄村全体股民,以按股无记名投票的方式,选举产生了社区股份制经济合作社第一届董事会和监事会,其中董事5名,监事3名。

(栗云鹏)

【四合庄村完成选举工作】 2月6日,南邵镇四合庄村组织全体股民正式投票选举农村集体经济组织产权制度改革董事会、监事会。由于第一次选举出现缺额,2月20日举行了二次选举,共选出董事4名、监事3名。

(王云霞)

【上东廓村完成选举工作】 3月10日和14日,百善镇上东廓村通过民主选举,顺利产生了本村股份制经济合作社第一届董事会和监事会成员。

(栗云鹏)

【后蔺沟村完成选举工作】 3月22日,小汤山后蔺沟村完成新的股份制经济合作社的选举工作。

(姚斌元)

【召开土地确权、产权制度改革进展情况汇报会】 4月18日,召开土地确权、产权制度改革进展情况汇报会。会上听取了各镇的汇报,并就土地确权、产权制度改革中存在问题提出了相应意见;传达了市农工委关于做好土地确权扫尾工作的会议精神,并要求各镇做好土地确权工作的扫尾工作。

（郭殿祥）

【北郝庄村召开首次股东分红大会】 4月28日，城南街道北郝庄村在村委会办公楼前召开了首次股东分红大会。此次分红总额为50万元，享有分红的股东949人，人均分红526元，分红最高的户可分到4204.44元，股东最高的可分到1298.58元。

（栗云鹏）

【召开产权制度改革村村级干部培训班】 6月28日至6月30日，区委、区政府在区委党校举办为期三天的昌平区农村集体经济产权制度改革试点村村级干部培训班。此次培训对规范农村集体经济产权制度改革试点村党支部、村民委员会、股份制经济合作社、集体资产管理委员会四套班子的组织和行为，促进试点村农村经济的健康发展有着重要的作用。

（栗云鹏）

【召开产权制度改革未完成村进展情况汇报会】 7月5日，召开会议，听取了有改革任务镇（街道）党委书记、未完成改革试点村区驻村工作队队长、未完成改革试点村党支部书记的汇报。

（栗云鹏）

【召开第四批产权制度改革下派工作队会】 7月26日，召开第四批农村集体经济产权制度改革下派工作队会，区农委、区文化委、区科委等15个区直机关的领导参加了会议。这次会议标志着本区第四批农村集体经济产权制度改革准备基本完成，第四批农村集体经济产权制度改革工作即将拉开序幕。第四批农村集体经济产权制度改革工作涉及9个镇、15个村，共下派15个区驻村工作队。

（栗云鹏）

【召开第四批产权制度改革动员、培训大会】 8月2日、3日分别召开了第四批农村集体经济产权制度改革动员、培训大会。各镇（街道）党委书记，主管副镇长或副书记，镇农村集体经济产权制度改革办公室主任、参加第四批改革的镇包村工作队队长，第四批改革村党支部书记，区驻村工作队成员，区农村集体经济产权制度改革办公室成员参加了会议。

（郭殿祥）

【上坡佳园社区股份经济合作社揭牌】 9月30日，东小口上坡佳园社区股份经济合作社宣布成立并举行揭牌仪式。

（郭殿祥）

【召开产权制度改革进展情况汇报会】 10月11日，区农村集体经济产权制度改革领导小组在二商培训中心三楼会议室召开农村集体经济产权制度改革进展情况汇报会。

（姚斌元）

【接受媒体采访】 10月23日，北京电视台9频道“话说京郊”栏目组在区农委、昌平电视台有关工作人员陪同下到本区第一批农村集体经济产权制度改革试点村东小口狮子营村进行采访。狮子营村董事长介绍了产权制度改革两年来村里的经济发展状况及取得的成绩。

（姚斌元）

【百泉庄村股份合作组织正式揭牌】 10月28日，马池口镇百泉庄村集体经济股份合作组织正式揭牌成立。

（姚斌元）

【市委农工委委员到城南街道调研产权制度改革】 11月9日，市委农工委委员陈涛到城南街道就本区农村集体经济产权制度改革情况进行调研。

（郭殿祥）

【接待参观学习】 7月12日、9月15日、9月21日、11月3日，天津市东丽区、广东省广州市、珠海市、东莞市等市、区的18个单位27人；平谷区6人；秦皇岛海港区一行40人分别到本区考察学习农村集体经济产权制度改革情况。

（姚斌元）

农业工作

【概　况】　2005年，区农委认真贯彻党的十六大、十六届五中全会、中央农村工作会议和郊区工作会议精神，立足农业增效、农民增收和农村稳定，以“221行动计划”为核心，实施农业发展“333工程”，在优化农业产业结构调整、加快优势产业发展、推进山区综合开发等方面积极开展工作，在畜禽防疫、农村劳动力就业培训、休闲产业发展以及基础设施建设等方面加大投入力度，落实一批农业重点工程，取得显著成效。

（胡芳静）

单位名称：昌平区农业委员会
地址：昌平区政府街19号
电话：(010)69742758
邮编：102200

【落实扶持山区资金】　年内，区政府安排扶持山区资金2060万元，其中流村、长陵、十三陵、南口镇各450万元，兴寿镇260万元。山区各镇围绕抓好农民就业培训，发展山区休闲产业，加强山区专业合作组织建设和发展有机食品等方面加大投入力度，落实资金投入。年内，流村、南口、长陵、兴寿、十三陵镇共完成基础设施、主导产业发展等重点工程24项，促进以休闲产业为重点的山区主导产业发展。

（李国荣　胡芳静）

【山区泥石流易发区农户搬迁工作进展顺利】　年内，区政府将泥石流易发区农户搬迁工作列入为民办实事工程之一。在山区、半山区6个镇的11个行政村实际安排了55户、199人搬迁。截止11月底，搬迁工作已经全部完成，共拆除险房228间，腾退土地68亩，新建住房22户(130间)，搬到第二居所或外购房33户。搬迁资金全部拨付到位，在原来每人补助资金1万元的基础上，以户为单位再补助资金1.25万元，市补助资金共计66万元。安排了兴寿镇花果山村搬迁征地，十三陵镇果庄村修路，流村镇瓦窑村防护工程，长陵镇碓臼峪村三叉河公路桥扩建，南口镇羊台子村修路六项工程，现已全部完工。

（李国荣　胡芳静）

【生态移民工程进展顺利】　2004～2005年度共安排生态移民工程18项，涉及6个镇，14个村。全部工程已经完工，工程款拨付到位，工程资料整理齐全。2005～2006年度市政府下达本区生态移民工程的任务是250人，补助资金250万元。在流村镇菩萨鹿、南口镇羊台子村、长陵镇碓臼峪村和上口村，安排基础设施建设工程8项，全部工程基本完工。

（李国荣　胡芳静）

【继续加强对口支援山区建设工作】　年内，对口支山工作继续保持两个不变，即全区的30个低收入村保持不变，30个低收入村的牵头领导保持不变。继续充实支山队伍，加大扶持力度，扶贫单位从原来的135个增加到158个，实行“多帮一”对口帮扶并保持三年不变。年内，以镇、村为单位已经召开座谈会33次，到低收入村调研人数达1800人。低收入村确定基础设施和产业项目共99项，落实资金653.7万元，并送去大量物资，捐物折款达38.9万元，有效促进了低收入村经济的发展。全年，山区30个低收入村实现总收入17737万元，人均劳动所得4776.2元，分别比上年同期增长13.0%和8.5%。

（李国荣　胡芳静）

【禽流感防控工作】　2月4日，区防治重大动物疫病指挥部办公室召开会议，传达了市防控禽流感电视电话会议精神及区指挥长对本区下一步防控禽流感工作要求。区政府下发《昌平区关于冬春期间加强防控禽流感工作的意见》。区指挥部成立4个督察小组，从1月30日起，分片到各镇、村、场、户，督促、检查防控禽流感工作，发现问题及时解决和上报。对92万只鸡鸭鹅、7.6万只鸽子进行紧急强制免疫，设立70个免疫抗体监测点和15个水禽监测点，关闭所有禽类交易市场，清理20余万只散养禽，紧急培训上岗311名村级专职动物防疫信息员，并实行行政督察和技术指导并举的措施，取得禽流感防控工作阶段性的胜利。

（孟德艳　胡芳静）

【完成农村劳动力培训任务目标】 年内，全区累计完成农村劳动力培训13762人，其中职业技能培训8262人，完成全年计划任务的137.7%，获得证书7984人，培训通过率达到96.6%；实用技术培训5500人，完成全年计划任务的110%；引导性培训11078人次。通过职业技能培训，已有6925人就业，培训就业率达到83.8%，人均月收入450至1200元。

（张淑媛　胡芳静）

【举办农民远程教育站点管理员培训班】 12月15日，举办农民远程教育站点管理员培训班，聘请市农村远程信息服务中心的3名专业技术人员授课，来自全区各镇26名管理员参加培训。年内，全区各站点累计下载远程教育课件4000余件。

（魏福臣　胡芳静）

【对全区312个行政村基础设施等情况进行摸底调查】 年内，区农委对全区312个行政村基础设施和社会事业建设情况，分9个类别进行了一次比较系统的摸底调查。道路：全区村内主要道路全部实现硬化的170个村，占总村数的54.5%，部分硬化的126个村，占总数的40.4%，5.1%的村未进行硬化。饮水：全区285个村实现集中供水，占总村数的91.3%，19个村部分实行集中供水，占6.1%，2.6%的村未实行集中供水。照明：278个村村内安装路灯，占总村数的89.1%，10.9%的村未村内未安装路灯。供暖：采取集中供暖10个村，占总村数3.2%，23个的村实行部分集中供暖，占7.4%，89.4%的村未实行集中供暖。能源使用：使用煤气、太阳能、沼气和其它清洁能源的有78591户。垃圾污水处理：建有生活垃圾统一收集设施的村277个，占88.8%；181个村实行改厕和部分改厕，占58%。通讯信息：安装电话户数88153户，占总户数的79.7%；安装有线电视的户数65200户占59%；15个村接通了远程教育网络，占总数4.8%。医疗卫生：301522人（次）分别参加合作医疗和大病合作医疗统筹。文化教育：建有文化体育活动场所的村231个，占总数74%；建有图书室的村121个，占总数的38.8%。

（李洪波　胡芳静）

【银农合作工作开展顺利】 年内，共安排市级银农合作资金930万元。其中小城镇建设专项资金280万元、山区小额信用贷款本金100万元、标准化基地建设资金100万元、其余450余万元用于贷款贴息。共吸引3.13亿元的金融资金和社会资金投入到全区农业和农村经济建设中，其中涉农企业贷款2.33亿元、山区小额信用贷款1339.3万元、小城镇建设贷款4000万元，新增担保贷款项目2个，贷款金额2680万元。

（葛继祖　胡芳静）

【大力推进农业标准化示范基地建设】 年内，在农业标准化基地建设上，继续坚持“基地申报、乡镇推荐、区级把关、市级验收”的原则，确定22家农业标准化重点建设单位，并通过区级、市级验收小组验收，其中3家被推荐为优秀标准化基地。全区拥有农业标准化生产示范基地88家。

（张　涛　胡芳静）

【加强食品安全检测，完善安全食品生产体系】 年内，继续组织全区达到标准的生产基地进行国家无公害农产品的申报和转换工作。2004年开始的申请转换工作已全部完成，本年又有11家企业进行了无公害农产品认证和申报，所有检测任务都已完成，检测项目全部合格，国家无公害农产品基地已达42家，绿色食品认证2家，ISO、HACCP等各种国际认证24家。定期对基地和市场的蔬菜进行农药残留检测，累计抽检蔬菜样品600个，检测土壤样品1100个。开展市场种子检测，抽检农作物、蔬菜种子样品1020份，对生猪、肉鸡等养殖企业和屠宰点加强监督，累计检测尿样、肝样、饲料样品1670个。

（鲁　晨　胡芳静）

【加快农民专业合作组织发展】　年内，按照扶大扶强的原则，申报金秋民俗旅游服务中心、兴翼草莓种植中心等3家行业协会实施"双十"计划。其中金秋旅游服务中心通过审批，从2005年起市农委将连续三年给予每年25万元资金的扶持。对本区重点合作组织推荐上报，其中区蔬菜行业、区水产养殖、崔村镇果业、马池口镇苗木、八家养蜂、百善镇养殖、南口镇峰谷果树、流村镇养蜂及龙圣枣业共计9个专业合作经济组织和行业协会被列入"百社上网"工程扶持单位，为其配备电脑、打印机、传真机等办公设备。

（牛世荣　胡芳静）

【实施生物覆盖工程】　为保证实现北京市第十一阶段控制大气污染任务指标，增加冬季生物覆盖面积，减少土壤扬尘污染，改善空气质量。区农业服务中心采用果草间作和平播的形式种植多年生三叶草和紫花苜蓿，种植任务为2500亩，其中果园三叶草间作1900亩，平播紫花苜蓿600亩。果草间作后，一是降雨和灌溉的地表径流大大减少，随水流失的土壤也很少；二是增加土壤有机质含量，提高土壤肥力；三是果草间作后果园有良性的"生物——土壤——大气"生态平衡条件。平播紫花苜蓿取得了显著的经济效益，全年总产474吨，平均亩产790公斤，亩效益378.2元。

（陈庆江）

【农药管理工作】　积极开展春季和秋季农药打假专项治理工作，协同工商、农委等相关部门联合开展执法检查。6月下旬，对全区范围内2个农药生产企业、5个农药经营单位进行了农药标签抽查，抽查农药品种66个，涉及农药生产厂家54个，共抽取标签90个，农药标签合格率为71.1%。全年对全区11个安全食品生产基地和部分蔬菜市场进行了6次抽样检测，共抽取样品323个，涉及蔬菜品种57个，抽检合格率均为100%。

（邢冬梅）

【植物检疫工作】　年内，完成了红火蚁、小麦腥黑穗病、西花蓟马等5个检疫对象的普查工作。对发生的检疫对象豚草进行了全面铲除，人工拔除豚草1150亩，确保了疫情不扩散。全年产地检疫6814亩，办理检疫签证10批次，检疫籽种337601公斤。

（邢冬梅）

种　植　业

粮食种植

【概　况】　2005年，区农委坚持以农业种植结构调整为重点，进一步优化农业产业结构，将农业增产增效，农民增收作为中心任务，继续稳定粮食面积，努力提高农业综合生产能力。全区全年粮食总播种面积134025亩，春播粮食面积109615亩，其中平播玉米94464亩，其他作物15151亩；夏播粮食面积24410亩；粮食总产量完成3727.7万公斤，平均亩产261.7公斤。6月初和9月初，农委就农业生产工作分别进行了全面部署，并针对农机安全作业，小麦、玉米秸秆禁烧，保护性耕作等重点工作，做到责任、措施、检查"三到位"。

（季有胜）

单位名称：昌平区农业委员会
地址：昌平区政府街19号
电话：(010)69742758
邮编：102200

【推广种植优质玉米新品种】 年内，区农业技术推广站为促进玉米品种更新换代，对普遍栽培的农大86、农大95、农大221、奥玉3101、奥玉3009、冠海2号、京科238、京科345、农大108等9个玉米品种进行了大量对比试验，通过测土配方施肥、保护性耕作、施用保水剂等新农艺技术措施，筛选出高产优质新品种农大95。该品种不仅亩产可达511.2公斤，而且抗旱、抗倒伏、抗病性等性状皆优于其他品种，适宜在全区推广种植。

（季有胜）

【积极推行农田保护性耕作】 全年完成春季保护性耕作3万亩，夏季保护性耕作2.5万亩，实施秋季留茬8.4万亩，落实扶持资金35万元。通过推行农田保护性耕作技术，实施免耕播种施肥、深松、控制杂草、秸秆及地表处理等4项内容，减少水土流失80%，减少大风扬沙60%，平均提高土壤含水率3.55%，减少一次耕地作业每亩节省柴油1.5升，提高每亩产量16.9公斤。

（尹学军）

【粮食直补工作圆满结束】 3月15日，小麦直补工作全面展开。5月31日前，将1622803元小麦直补资金全部发放到了14459个种植户手中；8月，对玉米种植情况进行了调查核实，10月12日前将玉米直补资金335.63万元全部发放到32083个种植户手中。

（胡芳静）

【农作物有害生物监测预报及防治】 年内，完成了小麦、玉米等粮食作物、蔬菜和草莓等经济作物、紫花苜蓿等牧草的病虫草鼠害的监测、预报及防治工作。全年累计调查5.8万亩，下乡调查460余人次，发放植保简报14期，共计840余份。通过指导小麦、玉米、紫花苜蓿、蔬菜病虫害防治工作，减少经济损失500多万元。指导农区灭鼠15.8万亩，畜牧养殖场和饲料加工厂132个，防治效果分别达到了83.3%、95.2%。

（邢冬梅）

【玉米新品种成功选育】 3月，区种子公司选育的全区首个玉米新品种“中昌158”通过北京市农作物新品种审定委员会审定，定为优良推广品种。

（徐全明）

【农作物新品种展示基地建成】 年内，区种子管理站为了更好地加强品种管理工作，在马池口镇丈头村建成160亩新品种试验示范展示基地。

（徐全明）

蔬菜种植

【概　况】 2005年，蔬菜管理部门认真落实市委、市政府“221”行动计划和实施昌平农业“333”工程的要求，紧紧抓住有机农业工作重点，进一步深化农业结构调整，不断推进农业产业化和标准化进程，大力发展现代都市型农业，以特色蔬菜、精品蔬菜为重点，不断提升农业整体素质，促进农民就业和增收。狠抓全区有机蔬菜的生产，投资3000万元启动了2.5万亩有机农业基地建设，并成立了昌平有机农业协会。建立有机农业示范展示中心和可持续农业示范区。在金六环农业园、南地绿都蔬菜基地、财会之家蔬菜基地和都市绿洲蔬菜基地等重点基地开展好有机蔬菜生产示范工作，以带动全区有机蔬菜以及有机农业的全面发展。年内，全区菜田面积20563亩，主要分布在17个镇、157个自然村、268块地。在菜田面积中，有设施面积4116亩，占菜田总面积的20%，其中日光温室2134亩，大棚391亩，中、小棚1591亩。现有菜田从业人员9478人。

（胡芳静）

单位名称：昌平区农业委员会
地址：昌平区政府街19号
电话：(010)69742758
邮编：102200

【建设有机农业示范展示中心】 年内，以金六环农业园为核心的有机农业示范展示中心和可持续农业示范区初具规模。示范区内汇集了金六环、南地绿都、美佳兴业等 10 余家蔬菜、食用菌、林木花卉种苗、有机肥生产企业,新建高标准日光温室、大棚 100 余栋,生产性建筑设施 1 万平方米,水电路等基础设施得到完善。年内全区各地共新建高标准日光温室、大棚 480 余栋。

(尹学军)

【建立蔬菜生产基本情况电子管理档案】 6 月 1 日前,完成了在全区建立蔬菜生产基本情况电子管理档案工作。区蔬菜办对管辖的 17 个蔬菜生产镇进行了调查走访,与镇蔬菜生产管理人员一起对菜田分布、设施面积、产业化发展、承包责任制、蔬菜生产品种、产品流通渠道及效益等进行了调查统计。对全区所有蔬菜镇村及地块分布、劳动力、责任制等基本情况进行了编号归纳整理。

(胡芳静)

【5000 亩蔬菜进入有机生产程序】 年内,2 万亩粮果菜面积正式进入有机生产程序,其中有机蔬菜面积 5000 亩已落实到各镇村地块。按照有机蔬菜生产技术规程,开展对生产地区环境、土壤、水源的检测工作,对进入有机蔬菜生产程序的镇村基地科技管理人员进行培训,并对生产的薄弱环节进行了调整和加强。

(季有胜)

【有机农业协会正式成立】 4 月 1 日,由区农业服务中心、林业局、小汤山农业园等发起成立了"北京昌平有机农业协会"。当日,区政府召开昌平区有机农业工作会,全面启动有机农业项目建设,有关部门先后制定并下发了《关于推进有机农业发展的意见》、《关于 2005 年有机农业的支持办法》等文件,并制定了《北京市昌平区有机农业协会章程》及协会发展的总体规划和近期目标。首期入会会员 72 家。

(季有胜)

【举办有机草莓栽培技术培训班】 8 月 24 日,有机草莓栽培技术培训班在兴寿镇天翼公司草莓生产基地举办,兴寿镇共有新老草莓种植户 60 余人参加。天翼公司技术人员对有机草莓种植户进行了现场培训和指导,向草莓种植户详细讲解了有机草莓栽培技术及生物菌肥的使用。

(胡芳静)

【百村蔬菜品种更新工程】 年内,区蔬菜办与北京市农林科学院蔬菜研究中心合作启动百村蔬菜品种更新示范工程,重点在南邵镇、马池口镇、兴寿镇、小汤山镇等选出 8 个蔬菜基地并在全区选取 100 个种菜农户进行示范推广。示范种植北京市农林科学院"京研"牌优良茄果类、瓜类、白菜类、萝卜类、叶菜类等蔬菜品种 65 个,种植面积 5000 亩。在区农业技术推广站门市部设立了"京研"牌优良蔬菜品种专柜,向农户提供蔬菜优良品种 40 多个,为本地农民使用和购买提供方便。发放"京研"新品种介绍书籍 3000 册。金六环农业园、财会之家蔬菜基地被列为北京市"百村蔬菜品种更新示范工程"挂牌基地。

(王丽萍)

【科技入户】 本年是实施科技入户工程的第一年,在全区选择 100 多个示范户,推广蔬菜新品种种植面积 5000 亩。推广黄板诱蚜、二氧化碳施肥、防虫网覆盖、生物农药防治病虫害、蜜蜂授粉 5 项无公害蔬菜生产技术,推广面积 3850 亩。

(王丽萍)

【两家基地入选市级示范基地】 5 月,昌平区金六环农业园、财会之家蔬菜基地入选市级综合示范蔬菜基地。

(王丽萍)

【开展有机农业环境检测】 4 月至 6 月,区农产品监测检测中心与北京市农业环境检测站合作,对本年全区计划发展有机农业的基地进行了一次环境检测,指标为 PH 值、重金属、农药残留、土壤养分等,涉及果品、蔬菜、牧草等生产基地 82 个,覆盖面积 25000 亩,提取土壤、农灌水样品180多个，并在此基础上建立一批长期监测网点。8月，与北京市水产技术推广站合作，对500亩鱼池的水质进行了检测。环境检测工作的开展为有机基地的确定、转换措施的实施、政策资金扶持提供了有效依据。

（陈卫文）

【举办有机农业培训】 年内，区有机农业协会聘请韩南容、杜相革等知名专家教授开展有机农业技术培训，培训管理人员、业务骨干、农业生产者3000多人次。

（陈卫文）

【成立有机资源循环利用试验站】 年内，新成立有机资源循环利用试验站，安装了畜禽类肥、城市污泥、餐厨垃圾、沼气处理及资源化利用设备，引进9台G－280型微生物处理设备，在金六环、财会之家、阳坊胜利集团进行试点。年产优质有机肥、微生物菌肥、栽培腐殖土8000吨。

（陈卫文）

【开展有机肥行动】 年内，全区新建和完善有机肥加工厂5座，年产优质有机肥8万方，在苹果、蔬菜、草莓基地实施有机肥行动1.6万亩。

（陈卫文）

【有机农业基地建设】 年内，全区各基地新建日光温室、大棚480栋，配套管灌、滴灌等节水灌溉2240亩。基地普遍采取防虫网、杀虫灯、黄板诱虫等有机生产新技术，试验使用BGB微生物菌肥等多种有机肥料，应用木酢液、清源宝、除虫菊等100余种生物农药，引进使用苹果授粉机、脱粒机、杀虫灯、小型田园管理机等先进生产机具，初步形成了苹果、蔬菜、草莓等有机农业示范基地20个。

（陈卫文）

【开展有机农业培肥地力项目】 5月12日，区农业技术推广站在南邵、崔村、兴寿三镇开展了有机农业高标准农田培肥地力项目，在蔬菜、草莓及果树基地进行示范推广，推广面积达2万亩。该项目对本区在有机农业生产方式下合理施用有机肥料、加快土壤培肥的技术推广起到积极的推动作用。

（秦　岭）

养　殖　业

畜禽养殖

【概　况】 2005年，全区畜牧业生产经历了不平凡的一年，周边国家和地区先后发生亚洲Ⅰ型口蹄疫、猪链球菌病和高致病性禽流感疫情，威胁人民生命健康、社会稳定和经济的快速发展。按照市防控重大动物疫病指挥部的要求，本着“立足于有、着手于防”的要求开展“一建、两防、三控”工作。“一建”即建立健全区、镇、村三级动物防疫体系；“两防”即抓好春季防疫和秋季防疫；“三控”即开展亚洲Ⅰ型口蹄疫、猪链球菌病和高致病性禽流感防控。全区上下共同努力，成功阻击了各种重大动物疫情，构建了强有力的区、镇、村三级动物防疫体系，在京北筑起一道坚实的屏障。按照区总体规划，畜牧业加快结构调整，逐步减少高耗粮、高污染的猪、鸡等养殖业比重。全年生猪存栏7.5万头，出栏11.3万头；肉羊存栏5万余只，出栏19.9万余只；奶牛存栏5963头，生产鲜奶近2万吨；大牲畜存栏2000多头；兔存栏1.8万只；肉鸡存栏48万只，出栏267万只；蛋鸡存栏28万只，生产鲜蛋3623吨；肉鸭存栏4.5万只，出栏16.5万只；肉类总产量17074吨。

（王亭成）

单位名称：北京市昌平区农业服务中心
地址：昌平区府学路科技中心楼

电话：(010)69742441
邮编：102200

【加强动物防疫队伍建设】 年内，在全区相关部门的通力合作下，区、镇、村三级动物防疫体系的队伍建设工作顺利完成。区、镇两级畜牧兽医站由原来的差额拨款和包干补贴改为全额拨款事业单位，昌平区畜牧兽医工作站更名为昌平区动物疫病预防控制中心，各镇畜牧兽医站更名为动物卫生防疫站。人员编制由112名增编到158名，并一次解决所有退休职工的待遇问题。从社会公开招聘了38名本专业大、中专生，为区、镇两级动物防疫部门补充了技术力量，新成立了由311名防疫员组成的村级防疫队伍，彻底解决了防疫队伍力量薄弱、人员不稳定、经费不足等问题，为本区动物疫病防控工作顺利开展打下了坚实的基础。

（王亭成）

【开展动物防疫工作】 年内，全区进行了春季和秋季两次大规模防疫，对27种动物疫病实施了免疫接种，其中对口蹄疫、禽流感、鸡新城疫、猪瘟和狂犬病5种疫病执行强制免疫。共免疫家畜128.1万头次、免疫禽类1690.8万只次。几种主要动物疫病强制免疫密度达到了100%。对12种动物疫病开展监测和净化工作，监测畜禽7万余头只，对检出的病畜进行了无害化处理。

（王亭成）

【完善肉羊产业基础设施建设】 年内，全区已建成11个肉羊标准化养殖小区、1000多个养羊专业户，羊总存栏达6万余只，对四家庄、下口、昭陵、良各庄、土楼等养羊小区及养殖大户的基础设施进行了改建，完成小区羊舍地面、产房、兽医室、人工授精室及饲料库改造任务，为养殖小区和个体养羊大户建造青贮池、配备相应的饲料加工机械和饲料贮藏设施。

（王亭成）

【肉羊协会积极发挥服务职能】 3月建立肉羊协会网站，及时有效地宣传全区肉羊产业化发展现状、养殖品种及产品信息，开拓本区肉羊产品的销售渠道；通过培训在全区肉羊饲养中推广了人工授精、舍饲养殖等实用技术；引进优质肉用国外种公羊16只，杂交乳羔羊生产步入正轨；配合防疫工作要求，为4个重点养羊小区、100个养羊大户配备了消毒器械。

（王亭成）

【种羊繁育示范基地服务作用明显】 年内，加大种羊繁育示范基地建设，年底存栏种羊已达650只，被市有关部门确定为标准化生产基地和种羊养殖基地，成为肉羊舍饲技术展示的窗口和技术培训、种羊供应基地。

（王亭成）

【强化动物检疫和监督管理】 年内，全区实施产地检疫动物52.3万头、禽类4537.9万只、种蛋319.1万枚、鲜冻肉类1170.2吨；屠宰检疫猪85万头、牛664头、羊1537只。动物防疫监督执法出动人员2980余人次，检查1810余场次，办理违法案件13起。与3029个养殖场户签订了动物防疫责任书。与86个经营、存贮、屠宰加工、动物诊疗、兽药经营单位签订了管理责任书，加大监管力度。

（王亭成）

水产养殖

【概　况】 2005年，昌平区水产业按照特色农业发展新思路，以农业增效、农民增收为总目标，紧紧抓住结构调整、科技创新、温水鱼产业化、有机水产品生产等中心工作和环节，通过积极完善产业化服务链条，加强渔业执法监督管理力度，不断提高水产养殖标准化建设水平，使全区水产养殖业展现良好发展势头。同时利用区位优势，大力发展休闲渔业，增加观光垂钓面积，提高了产品的附加值，增加了养殖户收入。全区现有养殖水面

4500亩，全年放养鱼种45万公斤，养殖品种主要有罗非、鲢、鳙、鲤、鲫、草鱼等。全年渔业产量255万公斤，其中以罗非鱼为主导的名特优品种105万公斤，占总产量的47%。

（王　锋）

单位名称：北京市昌平区农业服务中心
地址：昌平区府学路科技中心楼
电话：(010)69742441
邮编：102200

【水产养殖证发放工作取得进展】 年内，在2004年全面摸清全区水域面积的基础上，确定崔村、兴寿、百善、小汤山、马池口等11个镇为养殖证发放重点镇，有序启动全区水域养殖证的核发工作。到年底，已办理养殖证16个，水面达1300亩，占全区总水产养殖面积的32%。

（王　锋）

【加大对禁用渔药监督检查力度】 年内，区渔政监督管理站多次对辖区内水产品批发市场、渔场进行了“孔雀石绿”等禁用渔药拉网式检查，未发现销售和使用违禁渔药。昌平罗非鱼作为北京市特色水产品代表北京市接受农业部“孔雀石绿”督察组的督察，督察组在5个渔场采样5个，通过异地化验，没有查出“孔雀石绿”成分。

（王　锋）

【基础设施建设步伐加快】 年内，区水产业基础设施建设围绕温水鱼产业化工程，重点抓好了农业部及市、区3个项目的建设和完善工作。淡水鱼名优品种养殖基地项目，已于8月15日竣工并通过验收，完成了配套设施的建设，开挖池塘20亩，生产、检测、培训及餐饮住宿用房总建筑面积2300平方米。红栌生态园建设项目进展顺利，完成红栌生态渔业园一期工程的建设，建设温泉浴池5700平方米和公共设施3000余平方米，千亩绿化工程按照实施方案种植黄栌、油柏等苗木20万株，种植大樱桃5000棵，建成景观生态林250亩，并于9月9日通过市专家组验收合格。“北京国家级罗非鱼良种场”项目于9月底前全部完成，建成亲鱼培育车间改建工程3300平方米，改造室外鱼种培育池面积26680平方米。

（王　锋）

【渔业产业结构调整】 年内，全区继续深化渔业产业结构调整，大力发展休闲渔业，全年休闲渔业总产值达到渔业总产值的15%。

（王　锋）

【加大对自然水域执法检查力度】 年内，加强对自然水域的检查，打击渔业违法行为，对当事人员进行宣传教育。先后对温渝河水域、沙石场区域和十三陵水库进行了多次执法检查。全年出动执法人员67人次，出动执法车辆21车次，现场发放宣传材料300余份，查获并放生渔获物60余公斤，收缴违禁网具1600余米。

（王　锋）

林　果　业

【概　况】 2005年，区林业工作以“求真务实”为工作原则，以建设“三个首选之区”和服务“三农”为工作重点，全面加强高标准的绿色生态体系、高效益的绿色产业体系和高水平的森林资源安全保障体系“三大林业体系”建设。生态体系建设整体水平明显提高，产业体系综合效益持续增长，安全保障体系实力显著增强，林业建设步入跨越式发展新阶段。

统筹质与量的协调发展，加快绿化造林步伐。山区绿化以改善生态环境、减少水土流失为主要目的，生态优先、整体推进，完成京津风沙源治理2.88万亩、水源涵养林0.1万亩、彩叶工程0.15万亩。平原绿化围绕

“优化发展环境”，绿化、美化相结合，完成播草盖沙工程 0.5 万亩、第二道隔离地区绿化工程 0.1 万亩、国道 111 一期绿化工程 832 亩。中心城镇绿化美化水平明显提高，北七家、马池口镇完成小城镇绿化美化 837.5 亩。组织全民义务植树 88 万株。全年全区新增绿化面积 2.4 万亩，各项绿化造林工程合格率达 100%。

积极落实山区生态林补偿机制。市、区两级每年投入专项资金 2155.87 万元，区财政拨出专项管理经费 200 万元，5397 名山区农民上岗务林获得就业岗位，实现了从“靠山吃山”到“养山富民”的重大转变。重点抓好对生态林管护员的管理工作，生态建设与山区“三农”发展走上相得益彰的良性发展道路。

以苹果产业为重点，大力发展果品产业。苹果产业遵循“标准管理、提质增效”的产业发展思路，重点抓好标准化生产并在苹果有机栽培、矮化栽培等国际前沿领域开展了卓有成效的工作，不断引领产业优化升级；遵循市场规律，强化营销环节，提升昌平苹果知名度和竞争力，逐步引导果农参与市场竞争。按照“政策宣传到人头、技术服务到手头、物资运送到地头”的要求真诚为果农服务，全年共举办各类果树培训班 103 次，培训果农 4500 人次；为果农送去树苗 5 万余株、果袋 5000 万个、放心农药 0.6 万吨。注重协调发展，加大柿子、传统珍稀小果品以及干果类果品的发展力度。全区果品年产值达 1.8 亿余元，其中 3.4 万亩苹果示范区年收入突破 1 亿元，1500 户苹果承包户年收入达 2 至 10 万元；6800 名农民依托苹果产业实现就业。

抓好森林资源保护和管理工作。强化森林防火基础设施建设，全区建有现代化森林防火指挥中心 1 座、瞭望塔 21 座；拥有森林专业消防队 12 支、巡查队 11 支、消防队员 290 余名。认真落实森林防火责任制，开展形式多样的森林防火宣传。严防林木病虫害，病虫害成灾率控制在 1‰以内、防治率 80%以上、监测覆盖率 90%以上、种苗产地检疫率 95%以上。严格执法，全年结办林业行政案件 26 起、破获治安案件和刑事案件各 2 起；采取多种措施，对古树名木和野生动物资源进行有效保护。林业行政审批寓管理于服务之中，做到急事急办、特事特办，实现了全程代理。

（靳　浥）

单位名称：昌平区林业局
地址：昌平区政府街 18 号
电话：(010)69742677
邮编：102200

【京津风沙源治理工程】　爆破造林：建设面积 0.38 万亩，其中南口镇 0.17 万亩、兴寿镇 0.14 万亩、长陵镇 0.04 万亩、阳坊镇 0.03 万亩。年初启动栽植，4 月 29 日主体工程竣工并及时进行后期管护，共计栽植侧柏、油松、元宝枫、白蜡、臭椿、黄栌等各类针阔叶苗木 28 万余株。施工中，克服当地干旱缺水、土层瘠薄等不利条件，坚持采用大规格苗木，实施大规格整地，进行客土回填，合理调整树种配置比例，组织专业造林队负责施工，并将林业科技成果贯穿于施工全过程，提高了工程科技含量，自查苗木平均成活率达 97.9%。荒山人工造林：建设面积 1 万亩，其中流村镇 0.7 万亩，南口镇 0.2 万亩，十三陵镇 0.1 万亩。年初启动栽植，5 月 8 日竣工，共计栽植侧柏、黄栌、臭椿、榆树、元宝枫、山杏等各类针阔叶苗木约 74 万株，自查苗木平均成活率达 97.6%。采种基地建设：在兴寿镇建成油松采种基地 1 处，面积 690 亩。年内完成对项目区采种母树施肥、病虫害防治等抚育管理；修建了防火隔离带并配套了种子生产加工处理和贮藏设施设备。封山育林：工程任务 1.5 万亩，建设地点位于兴寿镇。年内，经过岗前培训的专职护林员全部上岗，在封育区设置标牌及封禁设施，并适时对部分地块实施间株、定株、修枝等抚育措施以提高林分质量。

（靳　浥）

【水源保护林建设工程竣工】 该工程建设面积0.1万亩，位于地处密云水库上游保护区的兴寿镇木厂村。3月25日启动栽植，5月5日完成全部栽植任务并及时进行后期管护，栽植侧柏、黄栌、油松、板栗等针阔叶苗木11万株。工程以改善水源周边生态、涵养水源、改善水质、防止土壤侵蚀为目的，严格按照北京市林业局统一规划设计和技术标准组织施工，新造林长势良好，自查苗木平均成活率达97.7%。

（靳　浥）

【彩叶工程竣工】 该工程建设面积0.15万亩，位于沿八达岭高速进京（南口）路段。3月中旬启动栽植，7月底竣工，栽植黄栌、栾树、元宝枫等彩叶树种7.89万株，自查苗木平均成活率达98.3%。工程实施后，不但能形成色彩随季节变化的造林景观效果，还能有效改善林分结构，营造混交林，达到"防旱、防火、防病虫"的目的。

（靳　浥）

【播草盖沙工程竣工】 该工程建设面积0.5万亩，其中立汤路两侧0.13万亩、顺沙路两侧0.17万亩、阳坊镇0.1万亩、南口镇0.1万亩。工程分为春季播草和雨季播草两个阶段：春季播种面积0.36万亩，4月初启动，5月底竣工；雨季播种面积0.14万亩，7月底启动，8月3日竣工。共计播种耐寒耐旱的草木樨、白三叶等草籽1.47余万公斤；栽植沙地柏、丁香、连翘等花灌木1.9万余株。各工程区植被覆盖度分别达80%至95%。

（靳　浥）

【国道111一期绿化工程竣工】 该工程南起太平庄北街，北至大柳树环岛，全长10.8公里，绿化总面积832亩。3月10日开始踏查设计，3月25日全线开工，4月25日竣工。工程保留绿化带内原有树木，采取组团栽植方式，共栽植白皮松等常绿树种0.12万株，银杏、法桐等阔叶乔木1.35万株，各类花灌木8万株，色带71.7万株，铺草坪8万平方米，播种白三叶17.3万平方米，垫土方9.3万立方米。工程以"质为先、出精品"为原则，严把质量关。实行招投标制和全程监理制，共有6家园林绿化公司中标。提高绿化标准和档次：首次采用微地形造景技术，利用微地形变化来分割空间，丰富绿化景观的层次性和空间感，体现出浓郁的时代气息；首次使用珍珠梅等抗污树种，在美化景观的同时抑制了环境污染。北京电视台、《北京日报》等媒体先后对该工程进行了专题报道，赞誉其为"一条连接城、郊的景观大道"。

（靳　浥）

【召开绿化美化现场会】 4月2日，绿化美化现场会在南口镇李庄村举行。副市长孙安民，区领导赵凤桐、任宝贵、佟根柱、王振华及各镇、委、办、局、各大公司主要领导，赴昌、驻昌义务植树单位，昌平驻军等700余人参加了现场会。会后，全体与会代表在李庄治沙工程现场植树4000余株。

（靳　浥）

【山区生态林补偿机制成效显著】 年内，加强对5397名生态林管护员的组织管理工作，成效显著。工作突出"四个重点"。一是落实责任。与每名生态林管护员签定了管护责任书并对其进行林相图定位，统一编号，统一制作了工作服；全区9个基层林业站上岗专职管理人员45名，建立健全了档案管理制度和验收考核制度。二是加强培训。组织3次森林防火、病虫害防治、林木抚育等林业综合技能培训，培训管护员7000余人次。三是以人为本。要求管护人员上岗前必须参加意外伤害保险，年内部分管护员已因工伤获得理赔；修建30余个生态林管护站，为管护人员提供了避雨、休息场所。四是创新形式。根据各村实际情况，创造性地实施了"专业队管理与责任到人相结合"等多种组织形式，得到市级主管部门好评。机制落实实现"四个结合"。一是与农民增收致富相结合。管护人员年增收3600至4800元，有管护任务的村人均增收400元。二是与生态环境建设相结合。完成15.4万亩抚育任务，补植补造营养袋苗40

万余株。三是与产业发展相结合。完成利用野生资源嫁接各种果树 16.5 万株；采摘山桃核、山杏核 100 余万公斤，创收 180 余万元。四是与森林资源管理相结合。宣传森林防火知识和劝阻野外用火 15 万余次；打防火道 40 余万延长米、清理林下可燃物 3500 公顷，分别比上年增加了 5 万延长米和 1500 公顷；有 205 名山区放牧户处理羊 6512 只，当上生态林管护员，解决山区林牧矛盾。经对 4 个山区镇 13 个村 146 名生态林管护员抽样调查表明，本区农民对此项政策落实情况满意率达 100%。

（靳　浥）

【市领导视察生态林补偿和森林防火工作】 3 月 23 日，副市长牛有成、市林业局局长宋希有等一行到本区视察生态林补偿和森林防火工作。牛有成来到长陵镇大岭沟村，听取了本区生态林补偿工作汇报并与当地生态林管护人员进行座谈。视察了黑山寨村森林防火瞭望塔，就森林防火工作做了重要指示。

（靳　浥）

【首都绿化美化花园式单位】 年内，完成全区首都绿化美化花园式单位复查及 2005 年申报工作。经复查：1984 年以来全区共创建首都绿化美化花园式单位 206 个，有 191 个单位达到标准，继续保留。有 15 个单位没有达到标准，其中 52883 部队等 8 个驻军单位已撤编；昌平水产养殖场等 3 个单位已搬迁；北京七条厂等 3 个单位已倒闭；另有两个单位分别已破产和闲置，已建议首都绿化委员会取消上述单位首都绿化美化花园式单位资格。年内，全区共申请创建首都绿化美化花园式单位 38 个，申报工作已全部结束。

（靳　浥）

【完成第三次土地荒漠化和沙化监测工作】 年内，采用航空遥感和实地相结合的办法，完成全部监测工作，调查效率和调查精度明显提高。监测结果表明：全区沙化土地固定沙地（丘）为 8209.6 公顷，比前一期（1999 年）增加 752.6 公顷；调查区内林地增加 1500 公顷，森林覆盖率增加 1.08%。数据证明，“十五”期间本区沙化土地治理成效显著。

（靳　浥）

【苹果标准化生产】 年内，贯彻“标准管理、提质增效”的苹果产业发展思路，大力推进苹果标准化生产。开展有机肥行动。共有 10 个镇、57 个村、344 户果农的 1 万亩苹果示范区享受到区政府“有机肥行动”补助资金，施入有机肥 4.86 万立方米。全区 3.4 万亩苹果全年施有机肥总量达 10 万立方米以上。加大各项标准化管理技术推广力度。全年完成摘叶转果 2 万亩、苹果套袋 5000 万个，分别比上年增加 0.5 万亩、1000 万个。推广机械授粉技术。为提高苹果果形周正率，年内从日本引进花粉精选器等授粉设备 70 余台，免费发到重点果园和果树承包户手中。实施机械授粉的园片果形周正率较上年提高 20%以上。加强产后环节。对北流村、三合庄等 10 个观光采摘果园进行了环境改造。本年全区苹果优质果率达 71%，平均售价达每公斤 4.8 元。

（靳　浥）

【苹果有机栽培】 年内，区林业局加强苹果有机栽培工作。引进、试验有机栽培技术，为多个果园引进罗勒、薄荷等趋避植物实施“以草驱虫、防病”，指导其利用纯天然原料制作营养液取代常规营养液。建设基础设施，投资 100 万元建立了两个年产量 0.5 万吨的有机菌肥加工厂。加强培训，邀请韩国有机果品专家每月来本区进行一次苹果有机栽培技术培训，全年共开展有机栽培培训班 25 次，培训果农 2600 人次。加强有机果品认证工作，区果树研究所、大辛峰果园、中日友好果园 3 家果园获得有机果品转换期证书。

（靳　浥）

【苹果矮化栽培】 2 月、7 月连续两次邀请日本苹果栽培专家成田東敏到本区就苹果矮化栽培技术进行学术交流，全区果树技术骨干和部分果农代表参加了交流，为借鉴日本苹果矮化栽培技术和成功经验打下了坚实基础。加大苹果矮化栽培示范力度,全年发展矮化苹果面积788亩,占本年新发展苹果面积1216亩的64.8%,且长势良好。

(靳 浥)

【苹果出口】 3月2日,区果品龙头企业北京鲜绿安果业有限公司签订苹果出口合同,年内分批向香港销售苹果30吨,昌平苹果摆上香港400家超市货架。12月17日,鲜绿安公司参加了在泰国举行的北京名优果蔬推介会,并与泰国客商达成了苹果出口协议。

(靳 浥)

【举行全国农业标准化示范区现场会】 10月20日,全国农业标准化示范区现场会在南邵镇三合庄果园举行。国家标准化管理委员会常务副主任张延华、副主任石保权以及市质量技术监督局和市林业局相关领导同来自全国各农业标准化示范区的200名与会代表参加了现场会。会上汇报了本区"国家苹果标准化示范区"建设情况,全体与会人员参观了标准化果园并进行了经验交流。

(靳 浥)

【举办第二届苹果节】 10月22日,昌平区第二届苹果节在崔村镇真顺果园开幕。原国家标准化管理委员会主任李忠海、副市长牛有成及市农委领导、区领导赵凤桐、佟根柱、任宝贵、王振华等及市区相关职能部门领导、苹果产区镇村书记、果农代表、新闻媒体记者等500人参加了开幕式。本次苹果节以"科技、绿色、富民"为主题,邀请多位著名果树专家组成评选组,评出富士苹果优质奖、富士苹果树王奖、富士苹果果王奖等七项大奖;举行了"走进苹果园"摄影比赛、果王拍卖、巨型苹果模型揭幕等一系列丰富多彩的活动。苹果节期间,全区各标准化示范果园纷纷开展了观光采摘活动,受到北京市民欢迎;区林业局投资60万元在北京电视台等多家媒体进行了为时两个月的宣传,提高了昌平苹果知名度。

(靳 浥)

【参加第三届北京国际农产品交易会并获奖】

10月17日至21日,北京鲜绿安果业有限公司生产的"鲜绿安"牌苹果参加了第三届北京国际农产品交易会。交易会期间,公司与香港、四川、湖北等地近10家企业达成合作意向,签订了100万公斤的苹果购销协议;860箱富士苹果供中南海使用;"鲜绿安"牌苹果被交易会组委会评为"最受消费者欢迎奖"和"畅销产品奖"。

(靳 浥)

【推广柿树形改造技术】 年内,区林业局按照"农民自愿自主"的原则,在全区范围推广了柿树形改造技术。区委、区政府制定了专项扶持政策,实施树形改造的柿农在改造期内可连续三年获得政府补助资金。该项工作3月初启动,12月底完成验收,全区6个镇、86个村、4182户农民共完成柿树形改造10万余株。为确保农民利益,重点抓好六个环节。制定技术标准:制定了《柿树形改造技术操作规程》及《柿树形改造及后续管理责任书》发放到每一个果农手中。开展技术培训:依据树形改造各环节,联合各镇林业站完成区级培训30次、镇级培训185次,培训柿农1万余人次。建立示范点:在长陵镇康陵村等地建立8个柿树形改造示范点,其中区级示范点1个,镇级示范点7个。大力宣传:通过电视报刊、村委会广播、展板等形式对政策和技术要点进行了广泛宣传。提供物资技术支持:制做10万个E型别枝器免费发放给果农;开创、推广了牙签撑角等技术。检查验收:林业科技人员每月到各果园、农户的田间地头进行检查、指导,及时解决生产中存在的问题;抽调专人组成验收小组,采用逐镇、逐村随机抽查的科学方法进行验收。

(靳 浥)

【举办柿树标准化管理技术研究与推广高级研修班】 5月31日,昌平柿树标准化管理高级研修班正式开班,并于年底通过市人事局验收。这是本区举办的第一个市级高级研修班。研修班邀请全市著名的柿子专家、学者进行学术交流,为全区培养了15名柿子管理高级技术骨干，并研究总结出一套柿树标准化栽培管理技术，对推动全区柿树产业可持续发展，促进柿农增收具有积极意义。

（靳　浥）

【支援山区低收入村】 年内，区林业局投资350万元，对长陵镇东水峪村、康陵村、大岭沟村；流村镇韩台村、禾子涧村；十三陵镇德胜口村6个低收入村开展了对口支援工作。在韩台村、德胜口等村优先安排爆破造林和生态村美化工程0.4万亩，工程注重"造林"与"造景"相结合，着力改善当地生态环境和自然景观，促进了民俗旅游业的发展。结合各村自然资源条件和果品种植历史，制定扶持村民发展适销对路名优果品的优惠补助措施。重点发展了韩台村和大岭沟村的核桃、禾子涧村的仁用杏、东水峪村的尜尜枣、德胜口村的酸梨、康陵村的樱桃。全年共计鼓励村民利用野生资源嫁接良种果树18.2万株；栽植核桃、仁用杏3.7万株，樱桃850株。为村民举办栽培技术现场会53次，培训人员342人次，发放技术资料3600余份。为韩台等村购买了水泵、水管等设备，累计送去优质果品苗木近2万株，各类接穗十余万条。

（靳　浥）

【基层林业站实力增强】 年内，全区基层林业站固定资产总值达到1414.05万元，比"九五"期间增加894.55万元，增长172%；各林业站办公用房总面积达5595平方米，比"九五"期间增加2577平方米，增长85%。通讯设备、交通工具、计算机等办公设备得到普及，办公效率和服务能力得到提高。林业站在林果技术培训、护林防火、林果科技推广等方面的职能作用得到充分发挥，基层林业站组织的各类林果技术培训班达200余期。

（靳　浥）

【新建森林防火瞭望塔】 年内，区森林防火指挥部在长陵镇碓臼峪、兴寿镇牛蹄岭、南口镇四桥子、中国银行南口义务植树基地、南口镇黑山坨、阳坊镇后白虎涧新建6座森林防火瞭望塔。全区瞭望塔数量由15座增加到21座，瞭望面积由27050公顷增加到34375公顷，瞭望率提高15.28%。其中南口镇黑山坨瞭望塔是北京市第一座依靠风力和太阳能提供能源的森林防火瞭望塔，该塔建成不仅使当地3000余公顷范围内的森林火情能得到及时有效的监控，也为本市森林防火基础设施建设由传统型向环保节能型转变提供了借鉴。

（靳　浥）

【古树保护执法检查】 3月至8月，区林业局对全区古树长势和管护情况开展了一次全面执法检查。共落实管护责任书89份，对分布在各村镇、街道的236单株古树及庆王坟、回祖坟、徐家坟、虎峪园林山庄古树群进行了GPS全球坐标系定位，实现了在挂牌的基础上确定古树名木的精确位置，为加强执法检查和工程建设规划中避让古树创造了条件。消除46宗损害古树的行为；针对26处在古树周围堆放杂物、私搭乱建、圈养牲畜等违章行为向管护责任单位下发了限期整改通知书并及时采取了保护措施。

（靳　浥）

【严防野生候鸟传播禽流感】 10月中旬开始，针对全国范围出现的高致病禽流感疫情，采取多项措施加强对区域内野生候鸟的监测。制定了《昌平区林业局2005年严防野鸟传播高致病禽流感应急预案》，成立了各镇主管领导参加的领导小组，建立完善疫情监测、检疫网络。布置15个监测点并进行GPS定位，对水域、库区、片林、公园等候鸟活动重点地区加强监测，其中沙河水库湿地和十三陵水库为市级监测点，其余为区级监测点。落实人员、物资，挑选50名责任心强的监测人员实施监测；为每名监测员配备了防护服、乳胶手套、N95口罩、望远镜等防护、监测装备。建立完善监测结果日报制度。对监测人员手机、电话进行登记，要求监测人员认真填写《野生鸟类监测记录表》，实行一日一报。加强区域内野生动物驯养繁殖场的消毒防疫工作；联合工商部门对本辖区内野生鸟类养殖、观赏场所进行执法检查，严厉打击非法捕猎、经营鸟类的行为。年内，区域内野生候鸟活动正常，未发现任何异常情况。

（靳　浥）

【加强全程办事代理服务】　年内，区林业局以“抓规范、抓成效、抓监督”为工作重点，积极推进全程办事代理制。制定完善多项规章制度并上墙公布；建立部分代理事项预约制，为办事人节约时间。全年接待办事群众1100余人次；受理各类行政许可审批事项813件，已批766件；办理各类许可证1464个。提前和按时办结率达99.5%，群众满意率100%。

（靳　浥）

农　机

【概　况】　2005年完成北京市政府第十一阶段控制大气污染推广保护性耕作项目；参与北京市环保基金会与意大利国土资源部合作开发研究环境监测项目，承担春季保护性耕作研究；完成农机政府采购项目；全年农机投入255万元，其中争取国家项目资金211万元，购置各种农业机械158台，包括120马力大型拖拉机3台，60拖拉机2台，进口大型打药机1台、播种机2台、翻转犁1部，购置田园管理机等200余台套。开展各种农机社会化服务，取得明显经济效益和社会效益。

（张士江）

单位名称：北京市昌平区农业服务中心
地址：昌平区府学路科技中心楼
电话：(010)69742441
邮编：102200

【保护性耕作技术推广取得成果】　年内，完成保护性耕作试验、示范、推广面积5.63万亩。其中春玉米30150亩，大豆1100亩，夏玉米25000亩，冬小麦50亩。每亩节省柴油1.2升，全区共节省柴油6.7万升，节省资金27万元；玉米免耕播种机研制、改造取得明显效果，各项性能指标比国内同类机型明显提高；保护性耕作比传统耕作土壤含水率平均提高3.47%；保护性耕作土壤中蚯蚓量明显增加；保护性耕作比传统耕作提前1天出苗，提前5天拔节，提前4天抽雄，提前3天成熟和收获；保护性耕作每亩增产16.9公斤。

（张士江）

【新型免耕播种机的研制取得进展】　2BMG－6玉米免耕播种机是在消化吸收John Deere1750型玉米免耕播种机的基础上研制的，已完成第一轮样机加工试验任务。

（张士江）

【树枝粉碎机国产化设计及制作】　10月完成树枝粉碎机样机的制作，并在长陵镇康陵村进行试验，取得了成功。

（张士江）

【有机肥制作机的试验示范】　ZFJ－6.0型搅龙翻抛式有机肥制作机利用农业废弃物生产有机肥，经过安装调试，开始投入生产。

（张士江）

【农机安全监理工作】　年内，拖拉机上牌209台，驾驶员考核发证65人，拖拉机年度检验1240台，驾驶员年审1499人。农用车检验101台，农用车驾驶员审验348人，田间拖拉机年检77台，收割机35台。“三夏”、“三秋”开展了“农机安全生产月”活动，巡查组累计出动74天，检查各类农业机械690余台次，检查中纠正一般性违章30余起。

（张士江）

【农业机械化学校改善培训条件】　年内，农业机械化学校加强与首都联合大学和北京农村职业学院清河分院合作，新开办汽车应用与维修、国际贸易、计算机及信息管理、商务英语等专业。招收中专、成人大专新生213人,改造教学用房1200平方米。积极与企业联系,应届毕业生就业率达到了100%。投资35万元购置教学设备,实施规范化管理,提高学生的实际操作能力。

(张士江)

【开展农机摄影比赛】 年内,由北京市农业局、区农业服务中心下属新世光农场、北京日报社摄影部和北京业余摄影家协会联合举办“关注农业、聚焦农机”摄影比赛。期间收到反映京郊农机行业风貌的摄影作品数百幅,评选出26幅优秀作品,出版了摄影大奖赛画册。

(张士江)

【加强农机社会化服务】 年内,新世光农场累计完成农机作业面积4.2万余亩,增幅40%。

(张士江)

【完善农产品监测检测中心】 2005年,区财政安排100万元专项资金,用于农产品监测检测中心设施、设备的完善,改造实验室20间,增加原子荧光仪、酶联仪、监测车等关键设备,增强了对全区农产品安全和农业环境监测能力。

(李艳迎)

【加强对生产环节的监控】 年内,区农产品监测检测中心对全区蔬菜、水产、养殖基地加强监测,累计抽检蔬菜样品323个,检测尿样、肝样、饲料样品1040个,抽检水产品样品40个。积极参与食品安全专项整治工作,促进了农产品质量安全水平的提高。

(李艳迎)

【全方位开展农民培训】 年内,各单位积极开展农民实用技术和就业技能培训活动。全年举办种植、养殖、农机等实用技术培训班69期,培训农民4300多人。农机学校完成劳动力技能和岗位技能培训1528人。

(李艳迎)

【南口镇沼气工程建设完成】 年内,由区农村能源办公室组织设计、实施的南口镇东李庄村400立方米大型沼气工程和280户供气工程建设完成。此工程可对4500头存栏猪粪便进行无害化处理,解决280户农民的生活燃气,每天可提供10吨沼液、沼渣有机肥。

(张学林)

水　利

【概　况】 2005年,全区水务工作以“实行水务统一管理,服务昌平‘三个首选之区’建设”为目标,在原水资源局职能的基础上,增加城镇供排水、城镇防洪等职能,组建水务局,对全区涉水事务进行统一管理。2005年水务建设总投入资金3.347亿元,机械台班1万个,投入人工26万个,完成土石方101万方,建成了黑山寨集中供水厂,进一步完善小汤山、马池口、北七家、响潭和碓臼峪水厂的基础设施建设,打备用水源井5眼,铺设管线9.6公里,使全区城乡日供水能力达到20万吨,解决兴寿、流村等5个镇、49个村、3万人的饮水困难问题。实施温榆河封禁治理工程,封治河道13.5公里,绿化28万株,建设生态湿地300亩,修建辛店河和土沟两座橡胶坝,改造郑各庄橡胶坝,增加蓄水能力130万立方米。实施清河口水环境整治工程,建设湿地300亩。实施清洁小流域和京津风沙源工程建设,生态治理河道5.3公里,完成水土流失治理面积40平方公里。封填废弃机井100眼,减少地下水源污染隐患。完成小汤山污水处理厂改扩建工程建设,日污水处理规模增加0.6万吨;实施分散治污单位53家,建污水处理设施50处,日处理能力增加3.4万吨。

(栾吉福　姜秀丽)

单位名称:北京市昌平区水务局

地址:昌平区昌平路25号

电话:(010)89749740
邮编:102200

【全区水资源及其利用状况】 全年实际用水量2.33亿吨,其中利用地表水90.16万吨、地下水2.03亿吨、自来水2899.72万吨;按行业实际用水量情况分别是:农业用水7882万吨,工业用水5585.98万吨,生活用水7122.06万吨,公共服务业用水1244.36万吨。实际用水量较上年总用水量2.19亿吨,增加6.53%。

(栾吉福 姜秀丽)

【"北京市昌平区水务局"正式组建】 4月18日,"北京市昌平区水务局"正式组建。将原区水资源局承担的全部行政管理职责和原由区市政管委承担的管理城市供水、排水与污水处理、再生水利用以及主要城镇地区防汛、排洪等方面的职责划入区水务局。

(栾吉福 姜秀丽)

【水利部领导调研本区水务工作】 4月21日,水利部副部长翟浩辉一行14人到响潭水库上游清洁小流域、响潭地表水厂、十三陵供水厂进行调研,北京市副市长牛有成、北京市水务局副局长毕小刚等领导陪同调研。7月16日,水利部长汪恕诚、副市长牛有成、市水务局局长焦志忠调研本区水务工作,考察了温榆河生态治理工程和响潭清洁小流域。

(栾吉福 姜秀丽)

【召开防汛抗旱指挥部全体会议】 5月31日,召开防汛抗旱指挥部第一次全体会议。防汛总指挥、区长佟根柱签署了本区2005年防汛令。

(栾吉福 姜秀丽)

【建设蓄水工程】 年内,修建了土沟橡胶坝和辛店河橡胶坝两座枕式橡胶坝,充分利用地表水源,共形成水面面积858亩,总蓄水量为130万方,实现梯级蓄水,每年可回补地下水270万方,进一步改善了河流生态环境。

(栾吉福 姜秀丽)

【实施温榆河封禁治理工程】 3月26日,温榆河封禁治理工程开工。总投资550万元,实行封河育草、绿化美化,建立景观式河道,使南北沙河、沙河水库库区及温榆河昌平段连成一体,成为一个完整的生态公园。

(栾吉福 姜秀丽)

【实施南庄水库溢洪道改造工程】 4月15日,南庄水库溢洪道改造工程开工。将原溢洪道拆除,新建泄洪闸,在满足标准洪水泄洪要求的前提下,提高运行水位,增加兴利库容18万方,有效地解决周边地区用水问题,改善该地区的水环境。

(栾吉福 姜秀丽)

【落实城镇防汛工作】 本年汛期,城镇防汛分指挥部努力提高协调能力、服务水平和监督力度。在7月23日暴雨时,城镇防汛分指挥部及时组织抢险队伍冒雨巡视、抢险,对出现积水的地段及时进行排除,保护人民生命财产安全和正常的生活秩序。

(栾吉福 姜秀丽)

【实施清河入河口水环境整治工程】 5月18日,清河入河口水环境整治工程开工,投资1489万元,建设湿地300亩,改善了河道和周边环境。

(栾吉福 姜秀丽)

【实施王家园水库除险加固工程】 9月1日,王家园水库除险加固工程开工。总投资3506万元消除王家园水库安全隐患,新建水库左岸泄洪隧洞,封堵废除现状输水隧洞,改建原来坝面过水的土坝为非过水土坝,更换渗流监测系统及沉降监测系统。项目的实施保证下游7000余人的生命及财产安全,增大水库有效库容115.3万方,增加了可利用水资源。

(栾吉福 姜秀丽)

【十三陵农业节水灌溉工程】 10月12日,十三陵农业节水灌溉工程开工,通过水源井工程、供水管线工程和配水工程,新增节水灌溉面积2131亩,改善灌溉面积9685亩。

(栾吉福 姜秀丽)

【加大污水治理力度】 年内,完成小汤山污水处理厂改扩建工程建设,日污水处理规模增加0.6万吨;实施分散治污单位53家,建污水处理设施50处,日处理能力增加3.4万吨。全区日污水处理能力达到18.86万吨,污水处理率达到50.2%。

(栾吉福　姜秀丽)

【实施险村险户防洪工程】 加强泥石流易发区防洪工程建设,修建护村坝19公里,治理排洪沟道54条,防治泥石流68处,解决流村、长陵等7个镇33个险村、817个险户安全问题。

(栾吉福　姜秀丽)

【全区全年雨情状况】 全年累计降水量456.6毫米,比上年同期降水量521.8毫米少12.5%,比多年平均降水量574毫米少20%。降水量最大站是百合站617.4毫米,降水量最小站是东小口站359.8毫米。全区全年最大一日平均降水量为104.4毫米,最大日降水量百合站137.5毫米,发生在7月23日。汛期6月1日至9月30日全区累计降水量372.7毫米,比上年同期的362.4毫米多3.8%。

(栾吉福　姜秀丽)

【全区旱情状况】 1至5月降水量为83.1毫米,比上年同期降水量77.9毫米多5.2毫米(7%),比多年同期降水量59.4毫米多23.7毫米(40%),土壤墒情较好。对抗旱工作做了充分准备,进行了人畜饮水改造工程建设,保证了春季抗旱需水。

(栾吉福　姜秀丽)

【全区汛情状况】 本年汛期,全区无洪涝灾害发生。在6月和7月发生风雹灾害4次,长陵、十三陵、兴寿、流村和南口等镇的部分地区受灾,合计造成经济损失2604万元。

(栾吉福　姜秀丽)

【全区水利工程调蓄水情况】 全区中小型水库(闸、坝)的蓄水总量为2222万立方米,比上年同期的2056万立方米多166万立方米。汛期全区中小型水库(闸)共泄水2798万立方米。

(栾吉福　姜秀丽)

【水政执法效果显著】 4月25日,区水务局成立治砂执法队,会同有关部门采取联合执法,更好地加强巡视检查,加大对严重违法行为的执法打击力度,更好地维护水事秩序。认真贯彻落实《水法》、《防洪法》、《水土保持法》及相关法律法规,做到有法必依,执法必严,违法必究。全年重点查处洗车点、乱采砂石、采矿等水事案件59起,查处率为100%;组织联合执法29次,参加人数456人次。

(栾吉福　姜秀丽)

【举办"保障饮水安全,维护生命健康"有奖征文活动】 年内,举办昌平区中小学生"保障饮水安全、维护生命健康"征文活动,全区80所中小学校5.7万名学生参加了活动,92名学生和6所学校获奖。11月7日举办颁奖大会。区水务局、区教委和区司法局等部门的领导参加了大会。

(栾吉福　姜秀丽)

【及时有效处理水源保护区的交通事故】 12月4日晚,位于响潭水库上游的八达岭高速路段发生交通事故,车辆及其装载的电石全部落入河道。水务局接到情况后,立即组织大量人力、物力赶到现场进行抢险,共投入人工280个、机械台班54个、活性炭20吨,动土方300立方米,使用灭火器50个。12月6日上午完成事故现场的清理工作,有效避免了交通事故对响潭水库及其上游水源区的污染。

(栾吉福　姜秀丽)

【昌平区荣获北京市农田水利建设评比第一名】 年内,在全市山区组农田水利建设检查评比工作中,昌平区在保障城乡供水安全、保障防洪防汛安全、生态水环境修复和节水防污型社会建设等方面,取得突出成绩,被评为山区组农田水利建设第一名。

(栾吉福　姜秀丽)

气　象

【概　况】 2005年,气象局加强政治思想不放松,树立整体观念不变,团结合作争创一流的工作目标不变。气象执法不断完善,提高执法水平,进一步加大气象执法的监管力度。较好的完成测报工作,测报质量为A级。酸雨观测、花粉观测、风沙尘观测质量较好。积极为农业服务,编写气象情况及气候评价34期。组织高炮防雹,利用火箭增雨作业。对全区多家机关、厂矿、学校避雷设施进行了年度检测,对新建建筑物进行了验收。

（曹久才）

单位名称:昌平区气象局
地址:昌平区西关路29号
电话:(010)89783659
邮编:102200

【气候概况】 年内，本区平均气温为12.8℃，比常年平均气温12.1℃偏高0.7℃。其中11月平均气温异常偏高，高出常年3.0℃。2月平均气温偏低，低于常年2.4℃。年内极端最高气温出现在7月，为39.0℃，极端最低气温出现在1月为-12.7℃。春季4、5月份降水明显多于常年，对冬小麦及牧草生长和春播十分有利。7月是降水量最多的月份，主要集中在7月下旬，其中23日一日最大降水量为137.8毫米。最长连续降水日数达5天，降水量为165.3毫米。冰雹出现3次，年内大风出现6次，雷暴日数出现31次，4月出现2次扬沙天气。总体分析，春季降水适宜，满足越冬作物生长和播种。夏季雨量较多，对夏粮生长及秋粮生长提供了十分有利的水分条件。入秋后降水明显偏少，土壤墒情下降快，旱情呈发展趋势，对秋播较为不利。

（曹久才）

【汛期两次重要过程天气】 7月23日,昌平本站日降水量为137.8毫米,23日早上出现降雨后,本局及时与主台会商并分析了云图后确认降雨到夜间停止。11时向主管区长和防汛办汇报下午将有大到暴雨,14时区长组织有关部门实地查看雨情。21时全区平均降水量140毫米,无受灾情况。8月7日15时,主台会商结果为未来36小时有大到暴雨,业务人员分析“麦莎”路径从浙江开始移向东北,8日凌晨不会影响本区。7日19时向主管区长汇报本区8日14时以后受“麦莎“影响只能下到中雨。并在区防汛办公室向各位区长通过决策服务系统显示了北京、石家庄、天津的雷达图,说明天津上空的降雨云系移到本区可能只会降到中雨。

（曹久才）

【气象执法】 年内,参加市局法规处组织的培训,单位内部定期组织5个执法员召开研讨会,就单位执法员如何提高执法水平进行了讨论。全年共开展执法检查125个单位,受处罚单位14个,其中警告单位6个,罚款单位8个。

（曹久才）

【人工影响天气】 6月7日,受强对流天气的影响,傍晚本区西部、北部、东部地区出现了冰雹,3个炮点及时作业,防雹点保护区内未下冰雹,保护区外遭受了雹灾,据统计损失了2300多万元。

（曹久才）

【世界气象组织秘书长到本区考察】 11月4日,世界气象组织秘书长雅罗在中国气象局副局长郑国光、市气象局局长谢璞的陪同下,到区气象局考察。雅罗观看了业务室气象可视会商系统,听取了市气象局局长谢璞对北京市区、县局现代化业务工作开展情况的介绍,并参观了观测场。

（曹久才）

【气象灾情】 7月20日17时25分至18时

10分，本区部分地区出现冰雹和大风，冰雹达玉米粒大小，持续5分钟。风力最大7至8级，造成10个村玉米倒伏。冰雹发生在南口镇桃洼村；大风发生在南口镇七间房、陈庄、辛力庄、雪山、龙虎台、虎峪、南口、红泥沟、太平庄等10个村。玉米受灾面积2500亩，果树受灾面积465亩，直接经济损失总计46.75万元；7月9日16时30分至17时15分，兴寿镇19个村，长陵镇南庄村，出现暴雨冰雹，冰雹直径3至5厘米，最大冰雹鸡蛋大小，冰雹持续15分钟；造成粮食受灾面积960亩，蔬菜受灾面积120亩，果树受灾面积9154亩，直接经济损失223.95万元；6月7日17时45分至19时20分，长陵镇30个村、十三陵镇16个村、兴寿镇6个村、流村镇3个村涉及全区4个镇出现冰雹，持续10至15分钟，最大直径为3厘米并伴有瞬时大风。粮食作物受灾面积4205亩，果树受灾面积31746亩。主房倒塌10间，110国道、昌赤路等道路倒树126棵。直接经济损失总计2322.96万元。

（曹久才）

农村经营管理

【概　况】 2005年，区经管站以科学发展观为指导，求真务实、开拓创新、锐意进取、扎实工作，不断研究农村发展新问题，探索农村管理新模式，初步形成以农村财务、合同、资产三大管理为核心的工作思路，积极推进农村管理信息化和产权制度改革，努力化解农村矛盾，促进农村经济发展，取得良好成效。

（曹　洁）

单位名称：昌平区农村合作经济经营管理站
地址：昌平区政府街19号
电话：(010)89741713
邮编：102200

【全面加强农村财务管理】 年内，扎实推进农村财务管理规范化工作。针对存在的问题，制定《昌平区农村村级账务规范100问》和《昌平区村集体经济组织明细会计科目的设置及使用说明》，统一会计科目设置，规范账务处理程序；对全区镇、村两级110名财会人员进行了业务培训，就民主理财问题对126个村、396名理财成员进行专题培训。东小口镇狮子营村被农业部列入全国农村财务管理规范化试点单位，在全面规范其村级财务管理的基础上，抓好6大类43项试点规范工作的落实，建立经济合作社财务管理制度19项、集体资产管理委员会财务管理制度13项，顺利通过检查，被农业部评为财务管理规范化示范村，为在全区范围内全面推广试点工作奠定基础。

（曹　洁）

【大力推进农村管理信息化工作】 5月，在全区推进农村管理信息化工作。研究制定《昌平区农村管理信息化工作实施方案》，召开全区农村管理信息化动员大会，成立专门的指导小组，在17个镇（街）以及北企公司分别安排指导员，全面开展工作。全年共投入资金535.61万元，建成区级数据处理中心1个、镇级数据处理站18个，为各镇（街道）和北企公司配置服务器18台、台式电脑36台、笔记本电脑和扫描仪各18台，为各村配备电脑、打印机各312台、U盘312个。培训农村数据采集人员1079人、数据录入人员462人、信息化管理人员80人，为各镇（街道）和行政村统一安装《北京市农村管理信息系统》。完成农村人口、劳动力、农民收入、专项补助资金、收益分配等6大类100余万张表的数据采集和录入工作。联通市、区、镇（街道）的信息化网络，为形成四位一体的农村管理信息系统，实现网络数据传输和信息资源共享奠定基础。

（曹　洁）

【扎实开展农村集体经济审计】 全年共完成区政府指派及镇政府委托各项审计项目23个，涉及审计金额1.42亿元。其中全区财政专项补贴资金审计973.9万元，区信访办复查信件审计13项共计1865.41万元，其他各类审计9项共计1.13亿元。查出违规金额109.83万元，违纪金额1.3万元，为村集体挽回了经济损失9.39万元。对审计中发现的问题及时纠正，在规定期限内均给予答复，群众一致满意，共提出审计建议48条，均已被采纳。

（曹　洁）

【认真完成农村土地确权工作】 年内，针对确权中的问题深入调研，落实各项政策，按时全部完成土地确权工作，确权土地面积共计431209亩，涉及人口24.8万人。其中确地面积84688亩，确利面积258071亩，确股面积88450亩。

（曹　洁）

【加快推进农村体制改革】 年内，继续加快推进农村集体经济产权制度改革，截至12月底，全区产权制度改革共启动42个村，完成22个村。深入改革村调研指导，并出台《农村集体经济产权制度改革100问》，并举办培训班，就清产核资、人口清查、股份制管理等工作进行培训。对改革完成村及时指导村级财会人员建好各种账目，逐步规范其各项管理。

（曹　洁）

【全面加强农村集体资产管理】 年内，全面开展农村集体资产年检工作。全区共574个单位参加了年检，其中镇级单位148个，包括18个镇级组织、130个镇级企、事业单位；村级单位426个，包括312个行政村、114个村办企业。经逐级汇总，2004年全区农村集体资产总额134.1亿元，比2003年增加24.27亿元，增长22.1%；农村集体负债总额81.56亿元，比2003年增加200131.46万元，增长32.52%；农村集体所有者权益总额52.55亿元，比2003年增加4.26亿元，增长8.81%。初步建起了农村集体资产管理台帐，强化集体资产的管理监督。

（曹　洁）

【全面加强农村合同管理工作】 年内，根据《关于将村级经济合同收归镇管的通知》和《关于转发〈北京市农村工作委员会行政许可事项程序性规定〉的通知》精神，要求各镇对村集体经济合同进行事前、事中、事后指导与监督，认真开展对外土地租赁合同的行政许可，并要求各镇将村级经济合同的复印件收归区经管站备案存档，全年共收档备案各类合同4257份，促进本区农村经济合同管理工作逐步走向规范化。

（曹　洁）

【认真做好农经数据统计分析】 年内，按时优质完成年报、季报、月报等各项统计任务，认真撰写经济分析报告，并及时上报给区委、区政府和其他有关部门，为各级领导的农村决策提供了准确可靠的依据。统计结果显示，本区农村经济发展迅速，各项经济指标增长较快。其中农村经济总收入实现148.43亿元，同比增长12.5%，农民人均劳动所得实现7632元，同比增长8.4%。

（曹　洁）

【全面加强农村经济组织管理】 年内，对全区农民专业合作经济组织开展了点面结合的调查，对其中发展好、有特色的进行了调研。全区共有农民专业合作经济组织43个，覆盖全区13个乡镇，带动农户2920户，投资总额达7455万元。其中有11个农民专业合作经济组织进入“百社上网”工程，长陵镇民俗旅游协会进入“双十”工程，兴寿镇草莓协会、长陵镇民俗旅游协会为区重点指导示范单位。根据《关于进一步做好农村合作经济组织登记工作的通知》要求，对全区村级经济合作组织进行了审核登记，并对其中符合条件的经济合作社发放证书306个。

（曹　洁）

【农民负担执法监督检查】 年内,与有关部门积极配合,圆满完成春秋两季农民负担执法监督检查工作的自查和检查。详细检查了农村电网改造出资和集体承担差额电费情况、村集体经济组织承担中小学校费用情况,以及村集体经济组织订阅报刊费用情况,对这些方面群众反映的问题做出了解释,消除了误解,进一步促进了农村的稳定。

（曹　洁）

【信访工作】 年内,实行“信访案件办理责任制度”,从接到任务起,由选派的责任人负责信访办理或审计的全过程,在接触当事人,进行实地考察,运用法律法规,提出处理意见,提交处理报告等各个环节贯彻落实责任制,详细记录,留档备查。全年共接待群众来访事件108次,涉及上访农民175人,做到让来访者满意而归,把矛盾化解在基层。

（曹　洁）

【加强村级干部报酬管理】 年内,对全区农村“两委”班子成员收入状况进行了全面调查,协助相关部门,分别召开区有关部门及镇党委书记,村党支部书记,村委会主任参加的专题研讨会,广泛征求意见,会同区委组织部、区农委、区财政局联合出台《昌平区村级“两委”班子成员报酬管理和考核暂行办法》,确定村级干部的报酬以区财政转移支付的方式全年下拨资金1553.5万元。

（曹　洁）

小汤山现代农业科技示范园

【概　况】 2005年,小汤山农业园紧紧围绕昌平“三园三区”建设,抓住经济发展契机,坚持“解放思想,与时俱进,整体推进,重点突破,服务大局”的工作思路,抓建设,创特色,建机制,促提高,在技术创新、产业带动、项目建设等方面取得了新的进展。年内,农业园完成中心园2万平方米温室供暖管道改造,新打热水井一眼。进一步完善西区基础设施建设,发展有机产业。种植有机果树、有机蔬菜共计500亩,完成了相关配套工程建设,200吨级气调保鲜库正式投入使用。赤峰牧草加工基地进入试生产阶段,已产出颗粒饲料1500吨。赤城食用菌生产基地建设完成,已向北京市场提供食用菌70吨。完成向各级部门申报科技项目共计25项,引进项目51项,新品种149个,新技术28项。专家大院被科技部挂牌为“国家星火计划农业科技专家大院模式示范单位”。“昌平区世行节水灌溉项目”进入验收阶段。组织各类技术培训413次,共有18652人次参加。组织、协办“北京市科普之春活动”启动仪式、“第二届小汤山温泉文化节”、“小汤山农业园第三届牡丹展”和“小汤山农业园精品兰花展”,共接待国内游客6万余人次。

（宋　琳　罗　娜）

单位名称:北京市小汤山现代农业科技示范园
地址:昌平区小汤山镇后蔺沟村西
电话:(010)61785121
邮编:102211

【挂牌成为中国农业大学教学实习基地】 1月5日,园区与中国农业大学农学与生物技术学院结成共建单位,挂牌成为其教学实习基地。双方就农业生产、管理、经营等方面的人才培训;新品种、新技术的引进与试种;安排学生进行参观、实践和实习等领域进行合作,为实现资源共享搭建平台。

（罗　娜）

【全国政协领导视察园区】 1月26日,原全国政协副主席张思卿到小汤山农业园视察工作。重点视察了园区入园企业——北林园艺分公司的生产温室,对科研院所与企业优势互补的发展模式给予了充分肯定。

（张　新）

【举行第七届北京市农村科普之春活动启动仪式】 3月1日，第七届北京市农村科普之春活动启动仪式在小汤山农业园举行，农村科普之春活动的主题是“科技服务三农，全面建设小康”。市科协领导田小平、王力军，区领导武宁、洪起忠、张仲民，北京市十三个郊区县领导和500多名村镇干部群众参加了此次活动。农村科普之春活动，以城乡经济统筹协调发展为原则，以农业增效、农民增收、农村稳定和发展为落脚点，以强化农村教育和提高农民素质为基础，集中利用农闲、春耕、春种前后的时间大力开展农业科学技术普及、送科技下乡等活动，以此推进京郊农业和农村产业结构调整，促进科技与经济的紧密结合。

（张　新）

【与国防大学防务学院外籍学员夫人共度三八妇女节】 3月8日，小汤山农业园部分女职工、女党员与国防大学防务学院外籍学员（准将）夫人一起，以座谈会的形式共同庆祝第95个“三八”国际劳动妇女节。会上双方就妇女权力、地位、作用以及参政议政等问题畅所欲言，小汤山农业园作为中方代表向外国友人阐述了新中国成立以来，妇女的地位在家庭、经济、政治等方面发生了翻天覆地的变化，在建设社会主义进程中，发挥了不可替代的作用，并表示在今后的工作中，要展示女性的新风采，结合党员先进性教育活动，创新开展各项工作，争做“四有”、“四自”新女性。

（罗　娜）

【市观光休闲农业观摩团到园区考察】 4月16日，由市农委组织的首批观光休闲农业观摩团到小汤山农业园进行实地考察。此次观摩团由副市长牛有成、市农委主任李进山带队，各区县主管领导以及新闻媒体、旅行社、市民代表共计100余人参加。观摩团先后来到专家大院、特种蔬菜展示温室、兰花基地、山水盆景展示厅等地，对观光产品、设施、环境、服务等方面进行考察。在观摩过程中，各位领导和代表对园区落实“221”行动计划以及发展农业观光产业所取得的成绩予以充分的肯定。

（张　新）

【做好中央督导组接待工作】 5月20日，中央督导组到小汤山农业园对开展保持共产党员先进性教育活动的情况进行调研。作为此次调研活动的接待地，园区领导就会务准备、园容园貌、参观线路、人员安排以及后勤保障等方面作了认真细致的安排。活动结束后，各位领导对农业园的接待工作表示满意。

（王晓云）

【国家水利部领导到园区指导工作】 7月16日，国家水利部部长汪恕诚、北京市副市长牛有成、市水务局局长焦志忠在区领导佟根柱、冯维利及区水务局局长奚增森的陪同下到农业园参观指导。园区领导汇报了小汤山农业园发展建设情况。汪恕诚先后参观了特种蔬菜展示温室、台湾三益兰花基地、山水盆景展示厅等，对农业园发展建设模式以及产生的经济效益和社会效益给予了肯定。

（张　新）

【全国人大代表到小汤山农业园参观考察】 7月28日，全国人大常委会委员、全国人大农业与农村委员会主任委员刘明祖及全国人大代表一行120人，到小汤山现代农业科技示范园视察调研，先后参观了专家大院、高新品种展示温室、三益兰花组培车间、葡萄长廊及小汤山山水盆景艺术馆。在调研中，刘明祖及各位人大代表认真了解了三益公司的兰花生产过程、生产能力、出口数量和销售情况，以及山水盆景的出口情况。

（侯雅丽）

【专家大院被科技部挂牌为“国家星火计划农业科技专家大院模式示范单位”】 8月，小汤山农业园获得由科技部星火计划办公室颁发的“国家星火计划农业科技专家大院模式示范单位”证书。作为直接服务于“三农”的科技中介结构，专家大院将为市场经济条件下促进农业科技转化为现实生产力提供有力平台。

（塔　娜）

【全国政协考察团来园参观】 11月8日，全国政协北京考察团一行60余人到小汤山农业园视察指导工作。委员们听取了园区发展建设情况汇报，视察高新品种展示温室内安全食品生产环境、生产流程以及无土栽培的各类果蔬，对园区严格的生产制度、标准的生产流程给予了充分肯定。

（侯雅丽）

【农业园两项目通过验收】 11月21日，受国家科技部委托，北京市科委组织有关专家对农业园承担的“国家农业科技园区科技服务体系建设”、“绿化苗木工厂化生产关键技术研究与示范”两项目进行验收。验收专家组织认真听取了项目承担单位技术研究总结报告，审阅了相关技术资料，同意通过验收。

（塔　娜）

【全国人大财政经济组视察代表团视察指导工作】 12月20日，全国人大财政经济组视察代表团到小汤山农业园视察指导工作。各位代表听取了园区工作汇报，参观了高新品种展示温室、兰花生产车间及组培室，对农业园发展情况给予了肯定。

（张　新）

【做好新形势下军民共建工作】 年内，小汤山农业园与国防大学防务学院本着“共同促进，共同进步，优势互补”的原则，继续做好共建工作，向“共同受益，共同发展，互相提高”迈进。通过共建平台，加强国际间学术交流，实现思想上互助，学术上互补，活动上同乐。逐步形成定期走访、定期活动、定期调研等共建制度。年内共组织各类活动4次，增强了防务学院外籍学员对中国现代农业的认识，密切了军民关系。

（罗　娜）

昌平牧工商总公司

【概　况】 2005年昌平牧工商总公司以肉羊产业化工程为根基，以推动肉羊产业化进程为目标，以带动全区农业产业全面发展为目的，全方位做好经营与服务。全年累计完成总收入1118万元；销售进口国外种羊26只，乳羔羊763只，商品肉羊1784只，栏存羊2277只，国外纯种羊存栏数已达1057只，年可提供名优纯种肉羊600至800只；销售种猪2034头，肥猪2945头，栏存猪4190头；为全区养猪户提供种猪精液1180头份；由于禽流感的影响，雏鸡销售大幅度下降。

（郝晓燕）

单位名称：北京市昌平牧工商总公司
地址：昌平区政府街12号
电话：(010)69742180
邮编：102200

【“千羊百户”富民工程正式启动】 11月启动“千羊百户”富民工程，该工程以昌平牧工商总公司现有羊源，力争在两年内向100户农户提供1000只种羊，实现在三年内使全区肉羊存栏量增加万只的目标。11月30日举办“千羊百户”富民示范工程培训班，共有52名人员参加了生产饲养、配种、人工授精等方面内容的培训。12月相继在百善、兴寿等镇的40户农户中放养350只羊。

（郝晓燕）

【肉食品加工仓储物流配送中心动工建设】 年内，通过进行认真的调研分析，经过设计规模的调整和主体工程的各项准备工作，肉食品加工仓储物流配送中心在百善种羊基地动工建设，该“中心”占地85亩，计划建设肉食分割及加工车间2200平方米、冷藏库30吨，主体工程已基本完工。

（郝晓燕）

【开展科技下乡入户技术服务】 全年累计下乡为养殖小区进行各种服务240人次，组织培训人工授精技术员225人次，义务人工授精配种285只种羊。恢复牛的人工授精技术服务工作，向广大养牛场户提供良种牛冻精和牛的人工授精配种改良服务业务。

（郝晓燕）

【扩大种畜品种数量】 年内，种羊场引进重庆乌山羊40只，东福利生、萨福克4只，家畜繁殖指导站引进台系杜洛克种猪4头。

（郝晓燕）

【加强种猪群结构调整】 年内，加强种猪群结构调整，组建了长白猪150头、大白猪100头母猪的核心群，并进行了系统的选种育种工作。

（郝晓燕）

【种羊基地通过中央储备肉活畜储备代储企业资格审核认定】 12月12日，由商务部牵头，北京市商务局、北京市二商集团等专家对本区种羊基地进行了申报中央储备肉活畜储备代储基地现场审查，审查组对基地各种原始记录、防疫、检疫记录、各种规章制度进行了严格的审查，通过初步审核，企业已向有关部门进行了申报，审批工作正在进行中。

（郝晓燕）

昌平水产公司

【概　况】 2005年，区水产公司按照现代渔业生产体系的发展理念，在抓好全区温水鱼产业化建设的同时，重点抓了国家级罗非鱼良种场、红栌生态渔业园和淡水鱼名优品种养殖基地建设，为发展农村经济，带动农民致富做出了贡献，公司系统各项工作进展顺利，继续保持了持续、健康、稳定的发展局面。

（张景林）

单位名称：北京市昌平区水产公司
地址：昌平区政府街12号
电话：(010)69746260
邮编：102200

【普惠饲料厂转制】 1月10日，北京市普惠饲料厂经区国资委审批，职工大会表决通过《北京市普惠饲料厂转制方案》，同意本企业改制为有限责任公司。至此，北京市普惠饲料厂彻底完成转制工作。职工身份置换后，档案关系存入区职业介绍服务中心。

（张景林）

【区财政与水产公司彻底“断奶”】 1月，区财政与区水产公司彻底“断奶”，结束了三年过渡期。本年实行自收自支。

（张景林）

【认证无公害农产品】 5月12日，区水产公司直属企业常兴庄渔场生产的金水牌罗非鱼及珍珠白、白须公、金丝鲶被农业部农产品质量安全中心认证为“无公害农产品”并获得认证证书。

（张景林）

【认证无公害农产品产地】 5月12日，区水产公司直属企业北京市昌平水产养殖场和常兴庄渔场被北京市农业局认定为“无公害农产品产地”并颁发认定证书。

（张景林）

【千亩景观生态林验收合格】 9月9日经市绿化办、林业局、财政局等有关部门对红栌生态渔业园千亩生态林验收合格。区水产公司按照北京市关于加快第二道绿化隔离地区绿化建设的要求，在小汤山镇讲礼村西建千亩生态林。其中建设经济林750亩，种植黄栌、油柏等苗木20万株及樱桃树5000棵；建成景观生态林250亩，绿化面积达到95%。

（张景林）

【淡水鱼名优品种养殖基地通过验收】 9月13日，淡水鱼名优品种养殖基地通过区农业综合开发项目办公室验收合格。

（张景林）

【红栌生态渔业园试营业并成为市农业观光示范园】 10月28日，北京红栌生态渔业园试营业。12月，市农委正式批准北京红栌生态渔业园为北京市第二批农业观光示范园。

（张景林）

【昌平水产养殖场成为标准化基地】 年初，按照农业标准化的要求，渔场建设了技术标准体系、管理标准体系和工作标准体系，并于11月10日通过验收合格。

（张景林）

【昌平水产养殖场完成整体搬迁】 12月中旬北京市昌平水产养殖场完成了整体搬迁，罗非鱼苗种和亲鱼迁移至常兴庄渔场育种车间内。

（张景林）

【开展技术培训和科技入户活动】 全年累计组织全区养鱼农民集中技术培训260人次，开展科技入户800人次，向广大养鱼农户传授科普知识、鱼病防治及各种技术服务，提供优质鱼饲料，推广先进养殖技术。

（张景林）

【为全区农户保利回收罗非鱼】 国庆节前为全区销售有困难的农户保利回收罗非鱼13万公斤，占全区罗非鱼养殖户的60%，解决了养殖农户卖鱼难的问题，保护了农民利益，促进了昌平特色罗非鱼的健康发展。

（张景林）

工　业

工　业

综　述

2005年,由于受国家宏观调控政策和重点企业变动的影响,全区工业生产和效益等主要经济指标的增长速度与上年同期相比都有所放缓。全区完成工业总产值465.7亿元,同比下降9.5%;其中规模以上企业完成工业产值430亿元,同比下降12.2%。昌平园完成工业产值231亿元,同比增长4.8%,占全区工业总量的49.6%。从经济类型分析:国有企业、股份合作企业、三资企业增长较快,增速均在20%以上;其中股份合作企业增速高达29%。股份制企业所占比重最大,完成工业产值337.1亿元,同比下降18.3%,占全区规模以上工业总产值的78.4%;其次是三资企业,占全区规模以上工业总产值的13.4%。从重点行业分析:交通运输设备制造业所占份额最高,全年完成产值178.8亿元,同比下降25.9%,占全区规模以上工业总产值的41.6%。通用设备制造业增长最快,同比增长20.6%;其次是医药制造业,同比增长18%。从工业效益情况分析:全区完成工业主营业务收入445.1亿元,同比下降8.6%;其中规模以上工业完成主营业务收入436.7亿元,同比下降9.4%。全区实现工业利润总额12.8亿元,同比下降39.2%;其中规模以上工业实现利润总额13.1亿元,同比下降38.2%。昌平园完成工业主营业务收入200.2亿元,同比增长1.6%;实现工业利润总额13.2亿元,同比下降8.6%。

年内,昌平园发展高新技术企业200家,其中股份制企业179家,外商独资企业14家,中外合资企业7家。新增注册资金14.7亿元,注册资金在亿元以上的企业1家,5000万元至1亿元的企业2家,1000万元至5000万元的企业26家。电子与信息技术领域的企业共有74家,占企业总数的37%;生物工程和新医药技术领域的企业共有37家,占企业总数的18.5%;新能源与高效节能技术领域的企业共有18家,占企业总数的9%;先进制造技术领域的企业共有34家,占企业总数的17%;新材料及其应用技术领域的企业共有27家,占企业总数的13.5%;属于环境保护新技术领域的企业共有9家,占企业总数的4.5%;属于其他技术领域的企业共有1家,占企业总数的0.5%。年内,昌平园区成功引入全球最大的食品配料加工企业和全球最大的食品供应链提供企业美国嘉吉公司,该公司2004年全球营业额超过了630亿美元,排名世界500强企业的前20名之列。项目建成后,年产值将超过15亿人民币,可实现利税近亿元。

年内,昌平区重点建设的工业项目17个,总投资17.38亿元,北京稻香村食品集团等11

个项目已竣工投产。以重组招商为主,各镇共引进新的签约项目224个,其中亿元以上5个,5000万元至亿元的8个,1000万元至5000万元的20个,500万元至1000万元的27个。协议资金总额为25.8亿元,实际到位资金6.36亿元,比上年同期减少了8.9%。区工业局重点跟踪的34个投资规模在2000万元以上的工业项目,计划总投资13.9亿元,项目完全达产后可实现销售收入22.66亿元,利润2.03亿元,税金1.05亿元,年内,已有北京万特福科技有限公司等23个项目建成投产,将成为今后经济增长的新亮点。

（庞剑光）

单位名称:北京市昌平区工业局
地址:昌平西环路15号
电话:(010)69742365
邮编:102200

乡镇工业

【概　况】 2005年,乡镇工业坚持以科学发展观为指导,主动适应宏观调控政策,贯彻落实"强二兴三优一"的产业发展思路,注重内涵发展,狠抓工业用地基础设施建设、重组招商、技术改造等重点工作,全区镇村工业企业经济实现了平稳发展。统计年报显示,企业个数1210个,职工人数44280人,实现增加值19.12亿元,完成总产值75.81亿元,利润4.47亿元,上交税金2.89亿元,资产总额90.36亿元。按登记注册类型分有内资企业1175家,其中集体企业183家、股份合作企业86家、有限责任公司302家、私营企业385家、其它219家;港、澳、台投资企业15家、外商投资企业20家。主要产品有服装、食品、汽车配件、机制纸、饮料、化肥、石材、涂料等。

年内,积极争取市发改委、农委、财政等部门的对各镇工业用地符合条件市政项目的支持,5个市政建设项目列入了市有关部门重点支持的项目库,落实市级扶持资金2480万元;落实区政府对工业用地建设的扶持政策,为各镇工业用地兑现贷款贴息2179万元,其中兑现2004年度市政贷款贴息1003万元、2005年度市政贷款贴息1176万元,税收奖励1272万元。各镇工业用地先后有34个新项目落地开工建设,计划总投资6.25亿元。各镇工业用地落地项目总数已达355家,已有295个项目建成投产。各镇级规划工业用地完成企业总收入46.7亿元,实现利润3.6亿元,上缴税收2.4亿元;分别同比增长41.09%、48.15%和49.07%;新增职工2263人,其中安置本地农民就业1484人。

年内,主动适应新形势及时调整招商工作策略,确定了"以扩大总量和调整结构为目标,以盘活存量和促进企业集聚为重点,创新招商方式,追求招商实效"的招商工作思路,全区各镇招商引资工作的健康发展。各镇累计引进新的签约项目224个,其中亿元以上5个,5000万元至亿元的8个,1000万元至5000万元的20个,500万元至1000万元的27个。协议资金总额为25.8亿元,实际到位资金6.36亿元,比上年同期减少8.9%。

（庞剑光）

单位名称:北京市昌平区工业局
地址:昌平西环路15号
电话:(010)69742365
邮编:102200

【产业基地建设】 年内,在不断完善产业基地建设手续的同时,积极推进基础设施建设、入区企业项目建设和规范产业基地管理工作,促进规范发展。筹措资金,推进市政基础设施建设完成市政建设投资1.35亿元,比上年增长7.14%。沙河镇等产业基地建设基本完成年度任务,小汤山工业区的污水处理厂建成。区工业局与区发改委等部门制定

《昌平区工业项目建设用地指标的意见》,严格项目准入标准,突出单位面积的投资密度和产出密度,强化亩效益,提高土地利用的集约程度和效益,让高能耗、多占地、少产出等不符合国家产业政策的项目不能进入门槛。到年底,产业基地入驻企业已达355家,完成企业总收入46.7亿元,实现利润3.6亿元,上缴税收2.4亿元;分别同比增长40.09%、48.15%和49.07%;新增职工2263名,其中安置本地农民就业1484名。

(庞剑光)

【开发岗位促进农民就业】 年内,会同区农委等部门,做好农村富余劳动力向二三产业转移工作,结合自身特点,重点抓了多途径开发就业岗位工作。一是加快镇级工业基地建设,引进新项目增加就业;二是推进农村二三产业发展,通过规划指导、典型引路、政策支持的手段,促进农村二三产业专业村建设;三是推进部分镇村企业进行技术改造,扩大生产规模,增加就业容量;四是鼓励农民自主创业,发展农村个体工商户,有541户达到市扶持标准。在通过多种途径开发就业岗位的同时,针对不同行业、不同工种、不同岗位,开展了定向、定岗的职业技能培训。到年底,完成劳动力转岗培训8704人,新安置农村富余劳动力进入二三产业人数达5300人。

(庞剑光)

【科技进步】 年内,经区发改委批复的技改项目共有16个。总投资1.26亿元,其中用于固定资产投资1.08亿元。已有北京恒信邦和印刷有限责任公司扩大生产规模技改等5项竣工。年内乡镇企业技改工作实施投资百万元以上的技改项目38项,其中已竣工26项、在建项目12项,26个竣工项目实际完成投资4.04亿元。北京柏瑞安科技有限责任公司投资4637万元,引进日本松下、日立等著名公司的SMT(表面贴装)生产设备,经过SMT技术改造及新设备配备,企业年生产能力由年贴装原器件14亿件,提高到26亿件/年。年内,有10家企业通过了ISO9000质量体系认证,累计已有113家企业通过ISO9000质量认证,企业质量管理水平得到了进一步提高。

(庞剑光)

【快速发展的小汤山工业开发区】 小汤山镇工业区一期规划总占地面积为122.3公顷(1834.5亩)。截止到年底,工业区已有入区企业37家,入区项目协议资金达8.8亿元,到位资金3.6亿元。计划总建筑面积24万平方米,已完成建筑面积18万平方米,投产企业达21家。全年入区企业完成工业总产值3.6亿元,同比增长52%,实现利润2560万元,同比增长118.7%,完成税收2353万元,同比增长125%。建设完成了工业区污水处理厂,铺设雨、污水管线5200米;准备了35千伏变电站的筹建工作;新建通讯线路2公里,增加电话机60门,为西区相关企业铺设供暖管道900米;为利尔公司等相关企业改造、安装自来水管道2520米;为两个新入区企业延长供暖管道1920米;并在冬季供暖前,按照市场运行方式,完成了供暖中心的总体承包。年内,北京环宇电梯工程有限公司、北京恒信邦和彩色印刷有限公司、北京港源建筑装饰工程有限公司等三家企业申请了贴息贷款资金;北京利尔耐火材料有限公司技术改造项目得到了财政支持。9家规模以上企业加入了北京市乡镇企业协会。12家企业办理了营业执照及税务登记,5家企业办理了环保手续,4家企业办理了工程监理,2家企业进行了土地证变更手续。年内,工业区引进了北京环宇电梯工程有限公司、北京兴隆铝材有限公司等项目单位8家,协议投资总额8800万元。

(刘玉香)

【利用闲置资产招商】 年内,对全区存量资产进行了调查摸底,先后清理出现有闲置厂房场地112处,占地5496亩。其中闲置企业45处,占地1488亩(符合规划的建设用地1256亩),建筑面积14.6万平方米;其他闲置场地(如场院、学校、砖厂等)67处,闲置土地

4008亩(符合规划的建设用地351亩)。对于这些闲置资产及时进行了策划包装,广泛进行重组招商。到年底,有55处闲置场地得到重新利用,盘活资产11090.7万元。崔村镇原陶瓷厂引进北京银盛药业有限公司项目,投资8000万元,盘活闲置资产1000万元。

（庞剑光）

科技园区

【概　况】 2005年,昌平园高新技术企业完成技工贸总收入327亿元,比上年增长5.0%;完成工业产值231亿元,比上年增长1.6%;完成出口创汇7.8亿美元,比上年增长39.3%;实现利润总额19.5亿元,比上年增长4.8%;上缴税费总额11亿元,比上年增长4.0%。除出口创汇快速增长外,其他指标与上年同期相比,呈平稳增长的态势,增长率在10%左右。年内,新入园高新技术企业200家,其中股份制企业179家,外商独资企业14家,中外合资企业7家。新增注册资金14.7亿元,注册资金在亿元以上的企业1家,5000万元至1亿元的企业2家,1000万元至5000万元的企业26家。对昌平园的规划范围进行重新认定:规划总面积11.48平方公里,其中中心区5平方公里;中关村国家工程技术创新基地4平方公里;生命科学园2.31平方公里;三一光电子产业园0.17平方公里,扩大了高新技术产业发展空间。完成中关村国家工程技术创新基地的4平方公里控规编制工作,并纳入中关村科技园区。完成昌平园东区范围内的南中路、白浮泉路、兴业电子信息专业园和昌平园西区昌平园三期项目的土地预审工作,为2006年的全面征地工作奠定了基础。完成昌平园东区中心路209.54米道路、雨污水工程,投资76万元,昌平园东区兴昌路、利祥路人行步道彩砖工程5590米,投资57.7万元。白浮泉路已开工建设,南中路正在与镇村协商土地和地上物赔补事宜,已拨付扶植基金2600万元。对供电2号开闭站电缆进行改造,迁移了供电4号开闭站177米电缆,解决了入区企业用电紧张的问题。生命科学园累计完成投资量11亿元。一期入园企业已达35家,聚集了一大批国内外著名企业及国家级重点项目落户园区,基本形成了国内高端产业化研发资源最密集的专业园区。生命科学园二期土地一级开发市政基础设施建设已全面开工,计划2006年年底二期范围119公顷土地达到“七通一平”建设条件的熟地。中关村国家工程技术创新基地筹建工作已经展开,创新基地拟建设成为国家重要行业的共性技术创新基地、科技成果孵化基地、高新技术产业化基地。形成国家级工程技术研发中心和国家级企业研发中心集群。多元化、专业化、特色化、网络化的科技企业孵化器体系初步形成,已经培育出一大批技术含量高、发展迅速的高新技术企业。年内,入园企业技术交易活跃,昌平园技术合同登记处认定登记技术合同829份;其中技术交易额18.13亿元,比上年同期增长79.64%;合同成交总金额共计18.39亿元,与上年同期增长79.58%。昌平园全程办事代理制相关制度已经建立,各个环节日趋完善。

（杨玉玲）

单位名称:中关村科技园区昌平园
地址:昌平科技园区超前路9号
电话:(010)89746440
邮编:102200

【产业发展】 年内,昌平园已形成了电子信息技术、生物工程与新医药、环保和新能源、新材料和先进制造等五大产业支柱,高新技术产业化环境建设逐步优化。以北京神华昌运高技术配煤有限公司、北京福田环保动力股份有限公司、国电燃料有限公司等大企业为支柱的能源环保产业发展迅猛，其主要经济指标已达到昌平园50%左右，电子信息、生物医药、新材料、先进制造等四大产业发展平稳，均占昌平园总量10%左右，形成能源环保产业一枝独秀，其他产业平稳发展的局面。年内，昌平园获得国家级、市级等科技奖项企业和项目达到百余个，部分企业或项目获得相关资金扶持达1200余万元。

（王红彬）

【两韩资企业入驻昌平园】 10月27日，北京摩拓尼克汽车配件有限公司和北京东洋汽车部件有限公司已完成企业注册手续，并与中关村科技园区昌平园、北京兴昌高科技发展总公司分别签定了《投资环境协议书》和《委托开发合同》。

（王红彬）

【两重点项目引进】 年内，成功引入全球最大的食品配料加工企业和全球最大的食品供应链提供企业美国嘉吉公司，该公司2004年全球营业额超过了630亿美元，排名世界500强企业的前20名之列。项目建成后，年产值将超过15亿元人民币，可实现利税近亿元；由中科院、北京市政府及上海市政府创办的国有资产控股公司——中生北控生物科技股份有限公司，以诊断产品的开发、生产和销售为主业，是国内著名的生化诊断试剂公司。该公司首创了中国“酶法诊断单、双试剂”产品系列，成功开发了针对肝炎、冠心病、糖尿病、高血脂症等疾病检测的系列试剂盒90多个品种、200多个规格单、双生化试剂，诊断试剂系列产品历年均被评为北京市新技术产业开发试验区的“拳头产品”，并被列入新技术企业50强《龙虎榜》，成为中国临床诊断试剂市场公认的“国产名牌产品”。

（王红彬）

【国家重点新产品】 2005年度国家重点新产品评审工作结束，中关村科技园区昌平园推荐北京万泰生物药业有限公司的戊型肝炎病毒lgM抗体诊断试剂盒（酶联免疫法）、北京中信国安盟固利新材料技术研究院有限公司的电动自行车用锰酸锂动力蓄电池（5－30AH）、北京威奥特信通科技有限公司的收入保障系统V1.0的三个新产品，都获得国家科学技术部、国家税务总局、对外贸易经济合作部、国家环境保护总局、国家质量检验检疫总局五部委联合颁发的国家重点新产品证书。

（王红彬）

【创新基金】 11月16日，北京康比特威创体育新技术发展有限公司等7家企业获得科技部创新基金无偿资助；北京康得新印刷器材有限公司等4家企业获得科技部创新基金贷款贴息支持。北京佰仁思生物工程有限责任公司、北京金域高科诊断技术有限公司等13家企业获得中关村科技园区管理委员会地方立项无偿资助；北京康得新印刷器材有限公司、北京新雷能有限责任公司2家企业获得中关村科技园区管理委员会地方立项贷款贴息支持。

（刘家如）

【国家五部委领导到创新基地调研】 12月1日，国务院副秘书长陈进玉、国家科技部副部长李学勇以及国务院办公厅、国家科教办、国家发改委等五部委领导就中关村国家工程技术创新基地方案进行调研。陈进玉等领导视察了基地选址，并听取中关村国家工程技术创新基地“工作基础与建设背景，建设的必要性与意义，基地发展远景、定位与筹建原则，基地建设的主要内容及运行机制，基地建设的组织实施，基地建设需要协调解决的重点问题”等汇报。

（刘家如）

【市领导到北京蛋白质组研究中心调研】 12月7日，北京市副市长范伯元到中关村生命科学园入园企业北京蛋白质组研究中心调研，参观了北京蛋白质组研究中心，听取了研究中心负责人的工作汇报。范伯元向研究中心负责人传达了12月5日市委书记刘淇主持召开的中央在京大型企业、科研院所负责人座谈会的主要精神。

（赵桂生）

【"专利引擎"计划】 年内，北京市知识产权局、中关村科技园区管理委员会、中关村知识产权促进局在中关村科技园区联合启动"专利引擎"计划。昌平园9家企业被确定为北京市"百家专利试点单位"。12月29日，北京康比特威创体育新技术发展有限公司得到了中关村知识产权促进局20万元的资助，该企业在2005年被"专利引擎计划"选中为试点单位后，一年内申报了10项发明专利，是申报发明专利较多的一家企业。

（刘家如）

安全生产

【概　况】 2005年，区安全生产监督管理局充分发挥职能部门作用，突出"夯实基础、重点监控、严格执法、热情服务"的工作思路，认真做好安全监管工作。按照"宏观控制，指标分解、相对集中、责任落实"的原则，坚持目标管理，完善安全生产综合考核制度，强化宣传教育，营造良好安全生产社会氛围，继续组织培训，提高企业负责人安全生产意识，严格准入，依法审批，坚持日常安全生产检查，加强对重大节假日及大型活动的执法监察，消除事故隐患，防止重特大事故发生，为全区经济社会稳步发展，构建和谐社会奠定了良好的外部安全环境。年内，先后对危险化学品、烟花爆竹生产、储存、经营企业、非煤矿山、建筑施工企业等行业进行了多次专项整治和检查，共检查企业14647家、查出隐患2368条、经企业整改消除隐患2115条、查处重大事故隐患2条、已整改完成2条、下发强制措施决定书67份、整改指令书304份、停产停业整顿23家企业、关闭不具备安全生产条件的企业6家，行政处罚4家、罚款9.8万元。全区六种非正常死亡事故共发生123起，累计死亡159人。其中发生交通肇事死亡事故118起，死亡153人；发生生产安全死亡事故3起，死亡4人；发生煤气中毒死亡事故2起，死亡2人；火灾、游泳溺水和食物中毒未发生死亡事故。

（赵　宏）

单位名称：昌平区安全生产监督管理局
地址：昌平区南环东路1号广电大厦
电话：(010)69706133
邮编：102200

【开展安全生产宣传活动】 6月12日，结合"安全生产月"活动，组织本区32家相关部门和部分企业在亢山广场举办了"安全生产月咨询日"活动。活动中共悬挂横幅10条，设置展板60块，悬挂宣传标语10条，发放宣传资料1500余份。区各镇、办事处在镇域内分别组织开展了"安全生产月咨询日"活动。

（赵　宏）

【开展贯彻《北京市安全生产条例》检查】 8月24日至9月5日，区人大常委会财经委检查组对本区贯彻执行《北京市安全生产条例》情况进行检查。区安全生产监督管理局作了关于昌平区贯彻执行《北京市安全生产条例》工作情况报告，检查组对相关企业进行了重点检查和抽查暗访。

（赵　宏）

【加强安全生产监管】 10月颁布实施《昌平区安全生产监督管理办法》。此《办法》明确规定了安全生产工作会议制度、工作报告制度、重大生产安全事故隐患管理制度、重在危险源备案制度、许可制度、目标管理和监督考核制度及责任追究等相关制度。

（赵　宏）

【加强重大事故隐患整改】 年内，本区在市政府、市安全生产委员会办公室挂帐事故隐患共6项。区安全生产监督管理局在与相关部门的共同努力下，通过加大资金投入，落实整改责任等措施，西湖新村、中石化霍营加油站、鑫隆小商品市场、北京育人中等职业学校艺术教学区、长陵镇分水岭和榆坨梁金矿5项隐患已整改完毕。挂帐的15项“三线”隐患，均已全部整改完毕。

（赵　宏）

【严格准入，依法审批】 年内，为加强和规范企业的安全管理及经营销售活动，依照安全生产法律法规和行业规范标准，坚持公开、公平、公正的原则，严格市场准入，依法进行审批。一是全区非煤矿山企业61家，应申报生产许可证的有61家，现申报企业有54家，已发证22家，占总数的33%。二是危险化学品生产企业经营许可证（甲种）申报5家，已发证3家；（乙种）发证5家。三是全区共有416家申报了烟花爆竹销售许可证，审批发证215家。

（赵　宏）

【加强基层培训】 年内，组织生产经营单位主要负责人351人进行安全生产培训；对全区危险化学品生产、经营、储存共105家单位进行了重大危险源普查登记培训；办班3期，组织相关企业305人进行了《北京市汽车加油加气安全管理规范》等5个新规范的培训和考试。组织各行业主管部门、各镇、街道办事处的安全生产监察员和检查员共计120名人员进行执法技能培训。

（赵　宏）

【做好特种作业培训】 全年共举办各类特种作业培训考核班47期，培训考核3126人，经考试合格取得《中华人民共和国特种作业操作证》共计3000人。

（赵　宏）

【加强制度建设】 年内，结合“保持共产党员先进性”教育活动，区安全生产监督管理局在原有制度基础上，制定相关制度19项，并印制成《昌平区安全生产监督管理局制度汇编》。

（赵　宏）

【加强重大节假日、大型活动的安全监管】 年内，集中开展了三次安全生产大检查及督查活动，对商场、超市、宾馆饭店、旅游景点、建筑、危化等人员密集场所、高危行业进行重点检查，及时消除安全隐患。对世界杯铁人三项比赛、北七家宏福国际旅游文化节及北京电视台心连心艺术团“燕山情”文艺演出三项大型社会活动的会场设备、设施等安全情况进行全面检查，全程跟踪了大型活动的安全运行状况，确保了大型社会活动的生产安全。

（赵　宏）

北京晨光昌盛投资担保有限公司

【概　况】 北京晨光昌盛投资担保有限公司自成立3年以来，一直遵循”政策性资金、法人化管理、市场化运作” 的模式，始终围绕确立昌平区乃至全市中小企业融资担保主渠道地位的战略思想，以促进本区中小企业投资、担保体系建立为己任，有力贯彻政府扶持企业发展的宗旨，并通过不懈的努力和追求促进了区域经济效益和社会效益的不断发展，成功入选北京市2005年度守信企业公式名单，同时成为北京担保业协会认定的担保四星级企业，信用担保能力在同行业中位居前三甲。2005年公司的收入、利润、资产、所有者权益各项指标再度攀高，分别比上年增长35.6%、36.9%、35.4%、30.8%。在投资担保的企业中，公司就22家企业进行了调查统计，通过公司的贷款担保支持，企业获得长足的发展。其中收入完成8.3亿元，利润完成1.2亿元，上缴税收3094万元，安置就业人数2536人，分别比上年增加65%、50%、53%、28%。

（彭　津）

单位名称:北京晨光昌盛投资担保有限公司
地址:昌平区科技园区超前路9号创业大厦502室
电话:(010)69709488
邮编:102200

【担保业务成绩喜人】 年内,公司共受理118个担保项目,其中76个项目通过评审获得担保,当年新增担保额5.08亿元。截止年底,公司累计受理担保项目240个,为143个项目提供担保,累计担保总额10.39亿元,担保责任余额6.56亿元,未发生一笔代偿。担保项目中涉及工业小区项目的12个、银农合作项目9个、中小企业项目122个,担保额度分别占到24.85%、3.05%和72.1%。

(李英华)

【投资业务稳中求进】 年内,公司共调研投资项目近130余个。其中生物医药类占19%,电子信息类占15%;光机电一体化占20%;新材料占27%;能源、环保及其他类型占19%。公司对北京安广美生防水材料有限公司、北京恒瑞美联医疗设备公司、北京合鑫盛企业管理有限公司3家企业进行了投资,总投资额为1400万元。

(刘双莹)

【投资成立北京合鑫盛企业管理有限公司】 年内,投资100万元,与北京昌鑫国有资产投资经营公司共同组建了北京合鑫盛企业管理有限公司。该公司将通过对企业产权进行资产重组、整合及有效的经营管理,使国有资产不断保值增值,并且在现有政策允许的范围内,在盘活和充分利用国有资本的同时,积极扩宽融资渠道,有效吸纳非国有资本、社会资本和境外资本,进行实业投资和资本运营。

(彭 津)

【增加公司注册资本金】 年内,公司成功地向国家开发银行争取到了3000万元注册资本金的贷款,使得公司的注册资本金由1.2亿元增至1.5亿元,是北京市60多家担保公司中第一个获此项贷款的公司。公司注册资本金的增加,提升了公司在行业内的战略高度,同时也提高了承保能力以及防范风险的能力,为满足众多中小企业日益增长的融资贷款需求奠定了良好的基础。

(郭学锋)

【创新金融服务体系】 年内,对一些经营状况好,信用可靠的企业,公司给予一定时期内一定金额的担保额度,企业在有效期与额度范围内可以连续使用。担保授信额度由企业一次性申报有关材料,公司一次性审批。企业可以根据自己的营运情况分期申请担保,随需随担,这种做法缩短了企业争取资金时间,节约了融资成本,深受企业好评。

(彭 津)

【积极开展项目评估】 年内,对北京红冶钢厂近海海运项目进行评估,通过深入调查,论证研究讨论,提供了建议,出具了评估报告,受到了上级单位的认可。

(刘双莹)

【争取政策资金扶持】 7月底,北京市科委第一次出台对于科技中介服务机构的资金扶持政策,包括“技术转移专项基金”和“技术咨询专项基金”。公司在上百家申报的企业当中脱颖而出,成为全区唯一的入选单位,成功获得25万元扶植资金。

(刘双莹)

【建立有效的控制风险体系】 年内,提出了“风险管理中创造财富”的理念并严格实施。第一,建立健全股东会、董事会、监事会,设立七部一室、并与投资担保决策委员会、专家咨询委员会三个层面相结合,全面实行现代企业管理制度。各部门实行岗位责任制,明确职责权限、各项业务的控制程序、日常工作严格按工作流程执行。第二,制定严格的项目评审标准,从源头处控制项目风险,投资部、担保部、综合评审部、法律事务部等业务部门分别制定了项目的评审标准。从项目的受理、调查、上会等一系列环节都要经过层层评审。按照评审标准,各部门严格把关、全面考核。第三,坚持评审制度、实行三级评审的操作流程，公司制定内部控制机制的具体方法，通过初审、综合评审、投资决策委员会决策的三级评审制度，形成较为科学的业务操作流程。第四，建立完备的契约合同体系，包括《委托担保合同》、《抵押合同》、《质押合同》、《反担保保证合同》、《还款协议书》、《个人连带责任承诺书》、《执行公证用承诺书》等，保障各操作领域流程内合同的安全履行。采取有效的执行公证措施，确保反担保合同的履行；与资深法律顾问建立了良好的合作关系，为公司的各项业务顺利开展提供服务。第五，建立各项后期监管制度，如企业联系人制度、财务月报制度、重大事项汇报制度；资本管理部工作人员定期对企业回访，实施动态管理，做到风险的早发现、早报告、早处理。

（彭　津）

【良好的业绩和服务】　年内，对投资担保的22家企业进行了调查统计，总收入完成8.3亿元，利润完成1.2亿元，上缴税收3094万元，安置就业人数2536人，分别比上年增加65%、50%、53%和28%。

（彭　津）

【开展“投资担保服务宣传月”活动】　8月11日，在昌平信用社开展了担保知识宣传活动，标志着整个担保知识宣传月活动拉开了帷幕。活动期间分别在昌平地区的信用社、乡镇企业、银行等地开展实地宣传，利用宣传栏、简报、网上宣传等形式广泛宣传担保知识，在新闻周刊上设立担保知识宣传专栏，向公众免费发放公司的宣传资料和担保知识宣传资料，并提供担保知识的咨询服务。

（刘　洋）

【利用自身资源为企业解决困难】　7月26日，在阳坊镇召开的旨在解决企业具体困难的座谈会上，公司就镇域企业在经营发展过程中有关贷款、资源、人才引进、基础设施、土地证等方面存在的许多具体困难，提出了一些切实可行的解决措施。

（刘　洋）

【参与韩台村新农村建设】　年初，公司积极参与新农村建设工程，为韩台村制定了村域发展规划，全面开展了“乡村规划整治，建设美好家园”为主题的社会主义新农村建设行动。结合韩台村实际，对该村进行资金和策略支持，提出用三年时间对这个古老的村庄进行旧村改造和生态产业的项目开发工程，并以此为切入点，推进全区乃至全市的新农村建设扎实稳步开展。

（杨成林）

【公司入选2005年度“北京信用担保机构星级企业”】　年内，北京信用担保业协会在市发改委、市工商局、市地税局、人行及信用、担保服务机构的共同支持下，对业内企业进行了2005年度星级评定。通过考核评定北京晨光昌盛投资担保有限公司在所有参加测评的担保机构中位居前三甲，成为2005年度守信企业之四星级企业。

（杨晶晶）

【公司被评为2005年度北京市“守信企业”】

年内，北京市工商局召开了“2005年度‘守信企业’公示大会”。公司被列入2005年度“守信企业”公示名单。为鼓励企业诚信经营，市工商局将对“守信企业”在企业年检中免于审查和日常检查，并享有办理行政事项优先的权利。

（杨晶晶）

【与北京银行签署支持中小企业发展合作协议】　12月28日，公司以良好的经营业绩，跻身于一流投资担保公司行列，与其他四大知名担保公司（北京首创投资担保有限公司、北京中关村科技担保有限公司、北京中科智担保有限公司、中担信用投资担保有限公司）共同成为北京市发展和改革委员会搭建的北京市中小企业融资服务平台的合作担保机构，并与北京银行签署了《支持中小企业发展合作协议》。

（杨晶晶）

商务 · 旅游

商 务·旅 游

商 业

商业管理

【概 况】 2005年,区商务局按照提升流通产业现代化水平和完善服务功能的总体要求,以落实流通领域政府折子工程为重点,统筹城乡协调发展和消费多层次便利化需求,加快优化商业设施空间布局,促进行业、业态和经营方式升级,不断提高商业服务业整体水平,消费品市场持续繁荣稳定。全区社会消费品零售额累计实现55.2亿元,同比增长20%。其中餐饮业零售额实现9.3亿元,同比增长48.6%。启动流通企业市场监测体系建设工作,首批入网监测单位43家;加强节假日消费品市场和加油站价格监测;开展禽流感时期禽类产品日监测工作。建立粮食统计月报表和价格变化日监控制度。完成了本区2004年度社会粮食供需平衡调查工作。不断加强全区粮食流通的监督管理,粮食市场秩序良好。

年内,全区社会消费品零售额累计实现55.2亿元,同比增长20%,完成"十五"计划目标的1.58倍;其中餐饮业零售额实现9.3亿元,同比增长48.6%,完成"十五"计划目标的3.1倍。"十五"期间,社会消费品零售额累计实现197.5亿元,年均增长20.2%。

(赖金坚)

单位名称:北京市昌平区商务局
地址:昌平区南环路55号
电话:(010)69746220
邮编:102200
网址:http://www.cpbc.gov.cn

【召开区域商业研讨会】 年内,加大对回龙观、亚北地区等重点区域商业发展的关注力度,成功召开了"回龙观地区商业研讨会"和"亚北地区商业生活形态研讨会",政府行业主管部门、学术专家、开发商、运营商共商区域发展策略,为商业理性发展提供了新思路。

(赖金坚)

【积极培育发展新的商业增长点】 年内,努力推进龙德广场、中关村国际商城等重点工程建设。位于东小口镇建设面积23万平方米的"龙德广场"已开工建设;北京市亚运村汽车贸易服务园7月试营业;小白羊超市6号店搬迁营业,蓝郡小区商业项目建设顺利推进。通过协调消防、卫生、动检、工商等职能部门,严格把关、简化手续,促成上海世纪联华燕平店、华润万家回龙观店、物美超市天通苑店、华普超市阳光店等较大商业设施相继开业。

(赖金坚)

【大力推进商业便民服务网络】 年内,积极发展农村便利店和社区便民菜店，57家农村连锁便利店、30个社区便民菜店开业经营，被市商务局评为农村销售网络先进单位。北京京北美廉美超市有限公司、北京昌平阳光商厦有限公司、北京市昌平新世纪商城等商业企业进行了无障碍设施改造。确定昌平宏皓浴池等4家洗浴企业为政府扶持的便民浴池。完成69个加油站、2个润滑油零售商店经营资质的年审。区域内流通业企业法人单位已发展到2227家，各类商品交易市场59个，连锁店铺151个。昌平、回龙观、东小口等城镇的中心区、社区和乡村的居民消费日趋便利化。

（赖金坚）

【生猪屠宰】 年内，“打击私屠滥宰”行政执法35次，出动执法人员147人次，对水屯市场、西三旗新龙市场等进行了专项执法检查。定点屠宰厂累计屠宰生猪90.9万头，同比增加40.4万头。

（赖金坚）

【食盐专营管理】 年内，“打击食盐非法加工、销售”行政执法102次，出动执法人员298人次。完成全区17个镇305个行政村的2000余个食盐零售网点和部分餐饮企业及农副产品批发市场的摸底调查，并逐一登记造册；以村为单位设立了食品安全监督员。全年累计销售食盐15051吨，完成市指令性计划的412.6%。

（赖金坚）

【加强安全检查】 在元旦、春节、“五一”、“十一”等节假日，深入商场、市场认真检查，排除隐患。联合相关职能部门，加强全市“规范行业场所经营行为整治社会环境秩序百日专项行动”等专项检查。年内，出动执法人员80人次，检查了商场、市场、洗浴、美容美发、旅店等经营场所。

（赖金坚）

【组织企业参与评选】 年内，组织推荐新利来通讯有限公司、华光电器城两家企业参加了全市“无冒充专利商场”评选申报工作；完成“守信企业”公示复审2户。

（赖金坚）

【有效发挥行业协会中介桥梁作用】 加强对饮服修旅行业协会、商业联合会、贸促会等行业组织的工作指导，积极支持其有效发挥桥梁纽带、行业自律和维护行业企业利益的作用。在昌平电视台开办“周末21点”专题栏目，宣传行业名店、名品、名人；开展大中型商场超市信用档案整理工作；组织150户旅店企业进行年度审验；会同有关职能部门对城北街道办事处、回龙观、东小口等地区50户消夏露天经营企业进行审核、规范；会同区公安分局治安支队规范开锁行业，对申报企业进行资质认证和开锁服务人员的考核；强化行业培训，组织厨师、服务员等职业技能培训420人次；积极邀请外商来昌平考察，办理来自19个国家和地区的邀请函81份。

（赖金坚）

【加强粮食行政执法工作】 年内，对13家符合粮食收购资格的申请企业颁发了粮食收购许可证，加强后期监管。积极引导和鼓励各类市场主体参与夏粮收购，加强粮食收购市场的检查，防止压级压价、打白条等坑农行为出现。

（赖金坚）

【粮食供应】 年内，完成退耕还林粮食供应工作。积极做好军粮供应和管理工作；完成国有粮食企业政策性亏损财务挂账的清理工作。

（赖金坚）

北京市皇城粮油总公司

【概　况】 北京市皇城粮油总公司为区属国有企业，成立于1992年6月，下辖12个库、所、公司。主要承担中央、地方和区级储备粮的管理工作，并主营粮油、饲料原料及面粉加工业务，主要产品有“红叶牌”、“绿禾牌”系列面粉。2005年坚持“三块经济”（即仓储、盘活资产、贸易经营)格局;实现"二个政治"(即党的建设、班子建设)保证;强化"一个增收节支"意识。全年销售收入完成20987万元,比上年增加1816万元;实现利润133万元,比上年增加43万元;上缴税金214万元;净资产收益率0.77%,全区政策性储粮(含区级储备)160946吨。

(张吉朝)

单位名称:北京市皇城粮油总公司
地址:昌平区政府街14号
电话:(010)69746033
邮编:102200

【退耕还林补助粮食供应】 年内,按照京津风沙源治理工程的规划,圆满完成了全区10个镇、139个村、14401户、45480亩退耕还林补助粮食供应工作。总供应小麦113吨,玉米39吨,特一面粉2294吨,特等大米727吨,总折合原粮4548吨,政府惠农政策得到很好的兑现。

(张吉朝)

【仓储设施建设】 年内,完成后牛坊粮食收储库、南口粮食购销站2栋标准房式仓,计3366平方米的建设任务,增加仓容7000吨。

(张吉朝)

【规范管理争创守信企业】 年内,为推动社会信用体系建设,倡导诚实守信的社会风尚,促进企业诚信经营,优化首都发展环境,在全市开展推荐"守信企业"的活动中,北京市南口面粉厂,北京昌平粮食收储库,北京沙河粮食收储库被北京市工商局公示为2005年度"守信企业"。

(张吉朝)

【拓展经营领域创办小餐桌】 北京温馨餐饮服务中心组建于1998年,至2005年员工由初始的4人增加到70人,其中60%为下岗后再就业人员;招收的学生总数由最初的30名增加到900名,营业面积达2000平方米。

(张吉朝)

昌平医药药材总公司

【概　况】 昌平医药药材总公司下属63家药店(50家连锁店)、230个农村药品销售服务网点,为150个农村医疗机构配送药械,2005年,公司坚持"科学发展观",落实企业"强化管理、降低成本、减员增效、增收节支"的管理目标,企业稳步发展。

(杨素春)

单位名称:昌平医药药材总公司
单位地址:昌平区城区镇北环路3号
电话:(010)69742301
邮编:102200

【抓住机遇求发展】 公司承担了为全区17个乡镇400余个农村医疗机构药械配送的重任。对村级医疗机构使用药品和医疗器械实行统一管理,统一配送。9月7日,在流村镇漆园村召开了"昌平区农村医疗机构药械配送启动仪式"。市药监局局长冯国安出席了启动仪式。4月18日至12月5日,公司做好筹备、登记、配送、回访等工作,共出动人员758人次,307车次。并与8个镇、150个村医务室签订了协议书,实行药品统一配送。

(杨素春)

【通过GMP认证】 年内,公司下属松兰饮片厂按照《药品生产质量管理规范》(GMP)要求,投资上百万元,对现有厂房进行更新改造,淘汰陈旧设备、编制GMP认证文件,完善管理制度,把企业做大做强。11月1日饮片厂通过GMP认证。使中药饮片生产规模化、标准化,极大地提高了中药饮片质量。为企业的发展增添了活力,为群众用药安全提供了保障。

(杨素春)

【降低进药成本,让利百姓】 年内,公司对所有药品、器械实行招标采购,分5次降低供货价格,让利百姓。针对农村医务室针剂、抗生素、大输液使用量比较大的特点，寻找性价比较高商品，满足群众的需求。

（杨素春）

【代客煎药，服务群众】 长期以来，中药煎药一直沿用传统的手工煎药方式，整个煎煮和灌装过程在开放状态下进行，使得煎药质量问题成为困扰中药疗效的一大难题。为了让群众享有便捷、卫生的煎药服务，对济仁堂、南口药店、沙河药店分别进行装修，安装煎药机，开展了代客免费煎药服务，方便了百姓。

（杨素春）

【诚信经营，规范管理】 年内，公司被公示为2005年度守信企业。公司除对直属企业加强监管外，每月到连锁药店、农村药品服务网点进行检查，发现违规网点11家，对屡教不改的6家网点实行经济处罚，1家网点取消其经营资格。保证售出药械合格，让百姓用上放心药。

（杨素春）

【开展职业技能培训】 年内，公司利用社会资源聘请专职教师，针对企业自身特点，开展中药调剂员职业技能培训。36名职工过考核，取得了北京市劳动和社会保障局颁发的中级职业资格证书。

（杨素春）

【降低费用，节约资金】 年内，对下属单位的电力线路进行更新、改造，安装防爆灯，节约电量1万余瓦，每年节约资金10万元。消除了安全隐患，降低了费用。

（杨素春）

昌平区供销合作联合社

【概　况】 2005年，区供销合作联合社下辖新世纪商城、银山出租汽车有限责任公司、供销合作联合社小汤山分社、陶瓷杂品公司、沙河物资回收公司5个单位，全系统在册员工1753人，其中在岗员工1595人。年内，以落实科学发展观统领各项工作，大力推进以新世纪商城为主体的区、镇、村三级现代流通服务网络建设；进一步完善“一区一社”的管理体制；骨干企业的经济实力和市场竞争能力不断增强；规范化管理水平不断提高；积极探讨新形势下支农服务的新方式；企业经济效益稳步提高。全年实现商品销售总额3.09亿元，比上年增加了1808万元，增长6.22%；上缴国家财政总额875万元，比上年增加139万元，增长18.78%；固定资产原值2.42亿元，比上年增加4371万元；所有者权益1.73亿元，比上年增加2489万元；实现利润77万元，比上年增加14.4万元，增长23%。

（姚春江）

单位名称：昌平区供销合作联合社
地址：昌平区政府街20号
电话：(010)69742066
邮编：102200

【出租汽车公司实现综合经营】 本年，银山出租汽车有限责任公司共有365辆运营车辆，全年投资2400万元陆续更新了237辆到期报废汽车，其中购置捷达40辆、爱丽舍40辆、伊兰特157辆，全年营运收入1807万元，实现利润31万元。年内投入500万元新建银兴汽车修理厂、新昌印刷厂，整理建设停车场800平方米。其中印刷厂投入305万元购置的日本产樱井466印刷机为数字控制，四色印刷量为每小时15500张。公司实现了出租汽车营运、机动车修理和印刷三业并举的综合经营。年末员工总数512名，其中出租汽车司机460名，其他从业人员52名。

（姚春江）

【举办农产品经纪人培训班】 3月，区供销合作社与区农委联合举办农产品经纪人培训班，全区有15个镇61名学员参加培训，56人通过技能鉴定获得由劳动和社会保障部颁发的农产品经纪人职业资格证书。8月，区供销合作社与区农委联合举办本区首期农产品包装营销培训班，全区各镇有60名农产品经销人员参加了培训，区供销培训中心承担了培训任务。

（姚春江）

【蜂产品合作社为蜂农创收】 年内，十三陵蜂产品专业合作社在为入社社员提供蜂药、蜂具时给予了价格优惠补偿。全年销售蜂蜜100吨，王浆5吨，花粉、蜂胶、蜂蜡等2吨，实现蜂产品销售收入126万元。

（姚春江）

【利用网络推销农产品】 8月，市供销合作总社召开“221信息平台”推介会后，区供销社及时注册为北京现代农业网的网上会员，并借助“221信息平台”帮助对口扶贫单位流村镇黄土洼村发布了马铃薯产销信息。

（姚春江）

【退出天元广建房地产公司股本】 6月，区供销社退出原参股经营的北京市天元广建房地产开发有限公司，抽回股本金200万元。自2001年8月参股经营至退出时共计收缴管理费149.9万元，年平均收益率为18.73%。

（姚春江）

【做好烟花爆竹专营管理】 年内，按照安全生产监督、公安、消防等职能部门的要求改进工作，使专营公司硬件设施更加规范标准。年末，结合北京烟花爆竹“禁改限”的新形势，对烟花爆竹实行专购、专贮、专运、专销，做好春节销售货源等各项准备工作。陶瓷杂品公司为本区烟花爆竹专营公司，全年实现烟花爆竹销售460万元，列全市各区县销售之首。

（姚春江）

【银街农副产品市场实施升级改造】 年内，按照农副产品市场升级改造规范提出了改造方案，10月得到区发改委正式批准。升级改造方案主要为撤销露天摊位、新建两座钢结构封闭交易大厅，计划建筑面积3552平方米，投资700万元。10月8日工程正式开工，年底竣工1栋1460平方米，另外一栋正在建设之中。

（姚春江）

【小汤山分社更名为银街市场】 12月，区供销合作社鉴于小汤山银街农副产品市场的规模和经营状况，决定撤销昌平区供销合作联合社小汤山分社建制，正式成立北京汤山银街农副产品市场中心，直属区供销合作联合社。

（姚春江）

【温泉浴池被确定为大众浴池】 9月，小汤山分社对所属温泉浴池进行了节水设施改造，经验收被有关部门确定为北京市大众浴池48家之一，严格按照发改委确定的大众浴池价格收费。市商务局对此给予了相应的节能改造补贴。

（姚春江）

新世纪商城

【概　况】 2005年是新世纪商城经过十年发展后的又一个新的起点。在区供销社的领导下，新世纪商城继续坚持企业集团化建设，不断健全经营网络，扩大企业规模，实现可持续发展。新世纪商城以连锁经营为纽带，倾心打造昌平商业的知名品牌。通过发展农村（社区）加盟连锁便利店，使区、镇、村三级服务网络进一步健全，推进农村流通现代化的进程，落实政府“发展农村连锁便利店”的为民办实事工程，启动配送中心迁址改造工程。全年商品零售额达到2.96亿元，在全区商业中保持领先位置。

（姚春江）

单位名称：北京市昌平新世纪商城
地址：昌平区鼓楼南大街17号
电话：(010)69741009
邮编：102200

【中贸企协在本区召开会议】 12月3日至5日，中国合作贸易企业协会在本区召开第三届会员代表大会暨农村现代流通网络论坛会议。中共中央委员、中华全国供销合作总社党组书记、理事会常务副主任周声涛出席会议并就农村现代流通网络建设做了重要讲话。国家商务部农村市场司、全国供销合作总社有关司局领导和中国贸易企业协会会员代表共110人出席会议。与会代表参观了北七家镇南七家村的新世纪商城11号加盟便利店、新世纪商城汤山商场、南邵商场和集团总部，对新世纪商城结合本区实际大力发展区、镇、村三级现代流通网络的成果给予了充分的肯定。

（姚春江）

【延边州社代表团考察新世纪商城】 10月14日，吉林省延边朝鲜族自治州供销社学习考察团一行36人，考察了区供销社和新世纪商城。代表团一行听取了区供销社《从"按经济区域并社"到"一区一社"》的工作汇报，实地考察了新世纪商城一、二、三、四楼商场、配送中心和汤山商场。区供销社向代表团介绍了配送中心的建立和发展规划，结合连锁企业和加盟企业的实际需要，阐述了龙头企业和配送中心在现代流通中的重要作用。

（姚春江）

【成功探讨直营店市场化经营模式】 1月8日，位于永安路的新世纪商城家具城正式营业，成为集中新世纪商城品牌、管理优势和家具生产厂家货源优势的联营合作店。年内，家具城更名为家居广场，与先期开业的建材中心形成永安路新世纪商城建材家居品牌店。

（姚春江）

【东区综合市场开业】 9月，由新世纪商城投资2400万元购置的昌平东关宁馨苑小区6800平方米地下商铺，经装修后正式成为新世纪商城东区综合市场。该市场采取了直营店市场化经营的模式，实现了与城区其它商业的错位经营。共辟有290个摊位，主要经营服装、箱包、皮件、五金电料、饰品等商品，16日正式营业。

（姚春江）

【农村加盟便利店成效显著】 全年共发展农村加盟连锁便利店55家。加盟连锁便利店统一标识、统一配送，购物环境明显改善，超市化经营进入农村，极大地便利了农村居民消费，提高了农村居民的消费质量。市商务局和区政府对此项工程给予了财政资金支持，市商务局推荐新世纪商城为国家商务部"万村千乡市场工程"试点先进单位。

（姚春江）

【配送中心迁址改造工程启动】 年内，新世纪商城根据连锁企业规模扩大的实际需要，将所属配送中心迁址到沙河镇原生产生活资料总公司旧址，完成办公区改造、计算机网络更新、旧库房拆除等一期工程，配送中心建设得到了发改委的正式批准。市财政、商务部门对配送中心建设给予了贷款贴息支持。

（姚春江）

【企业经济效益稳步提高】 新世纪商城全年直营店实现商品零售额2.96亿元，比上年增加1760万元，增长6.4%，实现毛利额4300万元，比上年增加480万元，增长12.6%，向国家上缴税金555万元，企业经济效益稳步提高。

（姚春江）

阳光商厦

【概　况】 2005年，北京市昌平阳光商厦有限公司面对地区商业格局新的变化，竞争日益加剧的形势，确立了扩大规模、优化整合、引进名品、提升服务、树立形象的战略目标，并提出管理创新、营销创新、调整创新、服务创新。全年完成销售1.38亿元，上缴税金296万元。

（唐　宏）

单位名称：北京昌平阳光商厦有限公司
地址：昌平区府学路29号
电话：(010)69747644
邮编：102200

【扩大规模,提升环境】 年内,在四楼顶部扩建五层,原局部五层办公区改造,与新建五层连接,开辟五楼营业区,新增经营面积1400平方米,总投资600万元,对主楼内外装修改造,使商厦内外店内容店貌焕然一新。

(唐　宏)

【发挥调整战略优势】 年内,公司对经营结构、布局、品牌进行了重新洗牌,扩大了服装经营,由原来的一个楼层1700平方米,调整为三楼女装、四楼男装,共计3400平方米,在保持传统优势品牌的同时,引进51个强势品牌,增加了竞争实力。

(唐　宏)

【召开供应商座谈会】 年内,公司分别组织了重点供应商座谈会,从管理、营销、策划等几个方面听取供应商的意见和建议,达到相互交流、相互促进、相互发展的目的。

(唐　宏)

【强强联合】 年内,公司与北京市华普联合商业投资有限公司进行了一楼超市出租合同的签订,并于7月顺利交接。

(唐　宏)

昌平区烟草专卖公司

【概　况】 昌平烟草公司现有职工80余人,共有机动车辆20余台,全区现有持证零售户2000余个。2005年销售卷烟3.6万余箱,同比增长9%,实现利税4900万元,同比增长19%。公司在牢固树立"国家利益至上,消费者利益之上"共同价值观的基础上,积极推进坚持专卖前提下的以时常为趋向的改革,继续保持着良好的发展势头。

(何吕湘)

单位名称:北京市昌平区烟草专卖公司
地址:昌平区西关路29号
电话:(010)89703417
邮编:102200

【创建企业文化】 年内,积极倡导"以人为本,从严治局"的管理理念,"团结、勤奋、责任、效率"的企业精神,"善待员工、善待企业,真诚服务客户"的企业宗旨,激发职工"立足昌烟、敬业爱岗,实践人生"的热情,较好地鼓舞了职工士气,增强了职工的事业心和使命感,为局(公司)的建设提供了动力支持和保障。

(何吕湘)

【加强专卖管理】 年内,推进诚信等级管理、零售户、社区化管理工作,建立"市场监管、行政执法监督、内部监管、联合执法体系,"形成行政执法社会监督制度、同级监督制度、层级监督制度三位一体的监督体系。重拳出击查办大案要案、信息化管理、零售户合理布局、行业自律管理、对零售户服务,全区持证年检率为100%、合法经营率达到100%、入网管理率达到100%、合法渠道进货率达到100%。

(何吕湘)

【加快网建发展】 认真贯彻国家局"整体推进、全面提升"的网建工作要求,加速推进各项工作,充分发挥卷烟营销网络在整个经济运行中的基础作用,实现传统商业向现代流通转变。按照规模化、专业化、信息化、流程化的标准,提升内部管理水平、完善内部监管制度、提高网络运行质量和效率,以"三个满意"为标准,提高服务质量和管理水平,巩固以"双诚信"为核心,以零售户星级管理、卷烟供货合理定量、批零互动订单供货、明码标价等为支持的客户关系管理系统;电话订货率达到100%,电子结算率达到80%以上;零售户满意度要达到90%以上,零售户对货源满意度要达到60%以上;提高网络管理水平和经济运行质量,名优烟占总销量比重要达到65%,销量前10位的品牌集中度达到70%,"百牌号"品牌集中度达到95%,保持销量稳步增长,实现昌平烟草形象的全面提升,确保年内卷烟销售网络达到国内先进水平。

(何吕湘)

外经外贸

【概　况】 2005年,区商务局不断健全投资促进机制,创新吸收外资方式,努力提高利用外资水平。年内,新批外资企业投资总额3.28亿美元,合同外资1.54亿美元,实际利用外资5737万美元,同比分别增长70.5%、66.1%和27.3%。其中新批昌平科技园入园企业33家,占新批企业的55.9%,投资总额在1000万美元及以上的8个项目中有5个入驻园区。其中新批外资并购企业8家,占新批企业的13.5%。截止到年底,全区外商投资企业共有397家,投资总额14.9亿美元,注册资本9.5亿美元,外方投资额6.8亿美元。2005年,有17个国家和地区到本区投资,美国最多,投资成立了15家企业,其次是英属维尔京群岛和韩国,各9家。本年,新批外商投资企业中,第一产业2家、第二产业39家、第三产业18家,分别占新批企业总数的3.39%、66.1%、30.51%。2005年新批外资企业28家、合资企业30家、合作企业1家,分别占新批企业总数的47.46%、50.85%、1.69%。

鼓励有实力的企业积极探索有效利用国外资源与市场,加快实施“走出去”战略。年内,有4家企业在境外设立公司,投资总额670余万美元。分段投入较大精力促进对外贸易工作,积极扩大外贸主体数量,截止到年底,全区实际开展进出口业务的外贸企业已达220余户。全年全区进出口总额实现8.9亿美元,在10个远郊区县中位居第三,同比增长14.2%,其中出口实现5.2亿美元,同比增长34.3%。全区出口供货额实现74.47亿元,同比增长188.5%。

(赖金坚)

单位名称;北京市昌平区商务局
地址:昌平区南环路55号
电话:(010)69746220
邮编:102200
网址:http://www.cpbc.gov.cn

【大力发展并购型外资企业】 年内,新批外资并购企业8家,占新批企业的13.5%,既吸引了国外资本,又盘活了国内资产,取得了双赢。

(赖金坚)

【中关村科技园区昌平园积聚效应明显】 本年新批外资企业中,昌平科技园入园企业33家,占新批企业的55.9%,投资总额在1000万美元及以上的8个项目中有5个入驻园区。

(赖金坚)

【依法做好外商投资企业审批与管理工作】 年内,审批59家新设立企业及164家变更企业,涉及增减资、经营范围、转股、股权质押、转内资、终止、注销等变更事项206项。利用市政府“投资项目绿色审批通道”,提高审批效率。工商部门积极做好外商投资工作,294家外商投资企业已通过年检。

(赖金坚)

【对外投资】 在做好“引进来”工作的同时,鼓励有实力的企业积极探索有效利用国外资源与市场,加快实施“走出去”战略。年内,有4家企业在境外设立公司,投资总额670余万美元。

(赖金坚)

【贸易规模继续扩大】 年内,昌平区进出口总额实现8.9亿美元,同比增长14.2%,其中出口实现5.2亿美元,同比增长34.3%。出口供货额实现74.47亿元,同比增长188.5%。

(赖金坚)

【外贸出口主体】 年内,新发展进出口企业95家,全区实际开展进出口业务的外贸企业累计220余户。

(赖金坚)

【积极支持重点外贸企业发展】 年内,对24家出口在1000万元以上的企业进行了通报表彰;与56户外贸企业初步建立了互动的服务联系;定期召开重点出口企业座谈会。

(赖金坚)

【加强加工贸易审批服务工作】 年内,对22户企业进行地验厂,出具了生产加工能力证明。全年审批加工贸易合同185个,进出口金额1.12亿美元。

(赖金坚)

【积极为企业解决实际问题】 年内协调有关部门,帮助南口斯凯浮公司等企业解决实际问题,促进企业健康发展,提高企业贡献率。

(赖金坚)

昌平区对外贸易公司

昌平区对外贸易公司始建于1979年1月,现有干部职工46人,具有大专以上学历的11人,机构设置为一个进出口部、一个农付产品加工出口基地和二个后勤科室,下属二个投资企业。

公司组建初期,是以扶持出口商品基地、厂点,给市专业公司组织出口货源为重点。随着外贸体制改革的不断深入,1988年4月北京市将区县外贸公司下放给区县管理,国家取消了对市属专业公司的出口补贴,实行承包经营,同时也逐步取消了外贸公司的供货手续费。外贸公司做为国营企业,为了生存和发展,保持经济效益和职工队伍的相对稳定,发展了多种经营。1995年,在区委、区政府的大力支持下,外贸公司经国家经贸部批准,正式获得了进出口权,成为本区第一家具有综合进出口权的专业公司。几年来,公司出口的农副产品有板栗、大蒜,工业产品有汽车配件、旋转门,也初步尝试了儿童玩具、服装的出口,同时进口的有复点机、打孔机和医疗设备,年出口创汇最高达470万美元,2000年被区政府评为“十佳出口创汇企业”,2001年被评为“外贸企业出口大户”。但由于银行不再执行企业封闭贷款政策,造成流动资金严重紧缺,再加上国家放宽了进出口政策,一些中小企业拥有了进出口权,不再通过外贸公司这个中间环节出口,造成出口创汇额逐年下滑,2005年仅出口服装一项,出口创汇23635美元。

(周丽华)

单位名称:北京市昌平区对外贸易公司
地址:昌平区西环路21号
电话:(010)69744090
邮编:102200

旅　游

旅游管理

【概　况】 2005年,全区旅游业依据年度旅游工作计划安排,在开展旅游活动、对外宣传促销、依法治旅整顿市场、旅游培训、落实为民承办25件实事和完成区政府折子工程等方面取得较好成绩,全面促进全区旅游经济发展,确保了旅游经济总量和运行质量稳步提升。年内,全区接待中外游客1625.1万人次,同比增长7.3%;旅游收入18.44亿元,同比增长19.9%;旅游税收达1.39亿元,同比增长21.92%。昌平区现有旅游企业215家,其中景区(点)36家,有世界文化遗产2处;旅游宾馆、培训中心61家,其中星级饭店45家、未评星的16家;旅游商店、餐厅43家;旅行社15家;民俗旅游度假村60个。昌平旅游业已形成了“吃、住、行、游、娱、购”等六要素齐全的综合型旅游产业布局,游览内容扩展到名胜古迹、自然风光、现代娱乐、康复疗养、休闲度假、知识博览、民俗风情、观光农业等八大系列。

(王少华)

单位名称:北京市昌平区旅游局
地址:北京市昌平区科技园区创新路8号
电话:(010)69744656
邮编:102200

【春节旅游效益稳增】 春节旅游黄金周期间,全区旅游行业努力提高综合接待能力和服务水平,促进全区春节黄金周快速发展,旅游经济效益大幅提高。7天全区接待中外游客40.93万人次,同比下降8.7%;旅游收入3705.74万元,同比增长25.2%,人均消费达90.54元,同比增加37.1%。其中十三陵特区接待中外游客10.89万人次,同比增长30%,旅游收入398.27万元,同比增长53.9%,民俗旅游接待人次达1.8万人次,收入达137.16万元,同比增长66.6%。黄金周期间,各级领导高度重视,周密安排,在充分落实全市春节黄金周各项工作措施的同时,坚持"安全第一,预防为主"的方针,强化旅游安全管理,消除旅游安全隐患,使全区各旅游企业在安乐祥和的气氛中度过,未发生任何安全责任事故。

(王少华)

【消防宣传走进民俗旅游村】 2月2日,区旅游局与区消防监督处在麻峪房民俗村举行了2005年民俗旅游消防安全知识普及培训启动仪式。根据2004年的火灾发生原因和特点,结合民俗村的实际情况为村民们讲解了消防知识。讲解了灭火器的使用及注意事项,并进行了现场的演示。为达到更好的培训效果,还组织村民进行了实际的灭火演练,并服务上门为各民俗户检修灭火器。

(王少华)

【召开年度旅游工作大会】 3月9日,区政府召开2005年全区旅游工作大会。大会的主要精神是在全面总结2004年旅游工作的同时,表彰了先进集体和个人,安排部署了2005年旅游工作任务。市旅游局于长江局长参加了会议,并做了重要指示。他指出:昌平旅游业正处在上水平、上管理、增加效益的阶段,今后要重点研究高端市场和国外市场,瞄准会展市场,同时,努力营造礼仪环境、视觉环境、卫生环境和语言环境,正确把握奥运带来的商机,使旅游产业规模不断扩大。

(王少华)

【首次举办民俗网络培训班】 3月23日,来自全区8个镇50个村的80余名学员在职业中学参加区旅游局举办的民俗旅游网络培训班。此期培训为期5天,脱产培训。共设Windows窗口、电脑网络等4部分内容,学员初步掌握电脑知识和技能。

(王少华)

【开展民俗旅游培训进山村活动】 3月25日至3月27日,组织有关教师和有经验的旅游业内人士到流村镇老浴沟地区对民俗旅游接待户及相关人员进行了民俗旅游相关知识的培训,来自老峪沟村、长峪城村、禾子涧村、黄土洼村的37名农民参加了培训。并利用晚上时间走村串户进行实地考查调研,积极为该地区发展旅游业献计献策,受到了广大村民的欢迎和好评。

(王少华)

【第七届北京旅游咨询展在王府井举行】 由北京市旅游局主办、旅游杂志社承办的北京第七届旅游咨询展暨王府井旅游文化节于4月9日至10日在王府井步行街举行。区旅游局、旅游行业协会组织九龙游乐园、中国航空博物馆、小汤山农业园与南口羊台子民俗村等四家旅游企业参加了此次展示活动。咨询期间,四家旅游企业共接待近万人次的游人咨询,并发放旅游宣传资料两万余份。中国航空博物馆公关部主任陈飞参加了北京人民广播电台《首都生活广播》栏目的直播节目,河南电视台就"香玉号"飞机对航空博物馆进行了专访,扩大了昌平的知名度。

(王少华)

【本区新增一家旅游科普教育基地】 年内，确立北京市森林消防总队直属大队为本区青少年科普教育基地。4月15日，区旅游局和区科协联合举行了颁牌仪式。全区的旅游科普教育基地达到了26家。

（王少华）

【旅游企业参加国内旅游交易会】 4月15日，区旅游局组织由20家旅游企业组成的昌平旅游参展团参加了在桂林举办的国内旅游交易会。昌平旅游参展团首次明确昌平旅游业宣传展示的五大主题：北京的后花园、世界文化遗产——明十三陵、中国十大最好玩的地方、北方著名的旅游胜地、社会主义新农村——香堂文化村。共租用展台6个，参展工作人员40余人，共发放旅游宣传品60余种5万余份，张贴昌平旅游大型宣传展板20余张。从参展人数、展览规模、展台数量、宣传品种类及展示内容在北京代表团中名列第一。市旅游局局长于长江及周边省市的旅游局长亲临昌平展示区，对昌平旅游业的崭新面貌和此次参展的组织工作，给予了充分肯定。

（王少华）

【国家旅游局领导视察本区“五一”黄金周准备工作】 4月26日，全国假日旅游工作领导小组组长、国家旅游局局长邵琪伟在副市长张茅和市旅游局局长于长江的陪同下，到十三陵定陵景区检查五一“黄金周”的接待准备工作。邵琪伟、张茅在检查中询问了景区安全、游客疏导、处理突发事件和医疗救护等工作的准备情况，对昌平区的“五一”旅游黄金周的各项准备工作感到满意。

（王少华）

【假日旅游黄金周】 春节黄金周全区接待中外游客40.93万人次，同比下降8.7%；旅游收入3705.74万元，同比增长25.2%，人均消费达90.54元，同比增加37.1%。其中十三陵特区接待中外游客10.89万人次，同比增长30%，旅游收入398.27万元，同比增长53.9%，民俗旅游接待人次达1.8万人次，收入达137.16万元，同比增长66.6%。“五一”黄金周全区接待中外游客73.9万人次，同比增长22.2%；旅游收入4811.6万元，同比增长20.6%，人均消费均达65元。民俗旅游接待游客6.8万人次，同比增长24.4%，收入405万元，同比增长43.4%；十三陵特区接待游客30.3万人次，同比增长37.6%，收入1319万元，同比增长32%。“十一”黄金周全区接待中外游客80.6万人次，同比增长2.9%；旅游收入5280万元，同比增长11.8%，日平均收入754万元，日最高收入达978万元，创历史同期新高。其中十三陵特区接待游客26.9万人次，同比下降0.7%；旅游收入1274.7万元，同比增长1.8%。7天中全区60个民俗村接待游客9.4万人次，同比增长0.8%；旅游收入596万元，同比增长30.5%。

（王少华）

【举办旅游企业管理人员岗培班】 5月3日，来自凤山度假村、财会之家、瑶台山庄、石油疗养院等8家星级饭店的30名部门经理以上管理人员参加了旅游企业管理人员岗培班。该班由市旅游局安排课程，主要包括顾客消费心理学、企业细节与高效团队、人力资源开发与管理等5门课程。师资由北京市旅游学院、北京第二外国语学院等教授讲课，该班共计5天，于6月3日结束，经考试合格者，领取国家旅游局制作的《中华人民共和国旅游行业管理人员岗位资格培训证书》。

（王少华）

【本区第一部民俗文学集《聊林趣海》发行】 年内，组织文学创作人员，深入挖掘区域内民俗、民间历史传说，经过近一年的创作与整理，出版发行了昌平第一部民俗旅游故事集《聊林趣海》。6月2日举办了首发式，有20余家新闻媒体参加了该书的发行仪式。全书共35万字，118篇作品。《聊林趣海》是昌平民俗旅游文化品位的象征，是昌平旅游宣传的重要资料，对于提升昌平旅游文化内涵，展示昌平旅游文化精髓有着特殊意义。

（王少华）

【昌平旅游联谊推介会在东北地区召开】　6月11日至6月19日，区旅游局组团赴辽宁省大连市、黑龙江省的哈尔滨市和黑河市与当地的旅游局和旅行社举办了旅游联谊推介会。此次旅游推介是为了进一步扩大东北地区客源市场，加大昌平旅游宣传促销力度，扩大昌平旅游产品在东北地区的影响。先后召开两次旅游联谊推介会，有当地近50家旅行社参与了推介活动，发放昌平旅游光盘、旅游项目招商材料和昌平民俗旅游故事《聊林趣海》共计400份。并与黑河市旅游局达成旅游联谊推介友好局，以此进一步加强两地旅游宣传促销力度。增强两地旅游同行的相互交流，促进两地旅游产品和客源市场的沟通。旅游联谊推介活动中，受到当地旅游局和旅行社的大力欢迎，同时应邀参观了当地部分旅游产品，对学习了解外地旅游产品开发、市场管理起到很好作用。

（王少华）

【举办旅游诗歌笔会】　7月10日，特邀中国作家协会、北京作家协会和昌平诗歌创作协会的诗歌创作人员20余人，在军都旅游度假村举办了歌颂昌平旅游发展建设的诗歌笔会。20余名著名诗词作家通过对昌平旅游资源及产品的参观采风，即兴以诗歌形式抒发了对昌平旅游风光及创建旅游休闲首选之区的情怀。北京作家协会的廖玉清和区文联主席王玉林现场以书法形式描绘了昌平旅游的美好诗篇。

（王少华）

【10万份宣传册力推昌平】　年内，中央电视台牵头编印了《中国十大最好玩的地方》宣传画册10万份。该画册共42页，编辑了全国十大最好玩的地方的美好风光及旅游及旅游资源，其中昌平旅游资源占了6页。区旅游局已将1万份宣传画册利用外出宣传促销的机会向外省区进行了发放，并在城区通过居民社区向广大市民发放，使本区的旅游产品得到广范宣传。

（王少华）

【昌平旅游网开通】　7月14日，昌平旅游网开通投入使用，网址 www.chply.com。昌平旅游网的筹划建设历时半年多，投资近80万元，为50多个民俗村配备了电脑及桌椅。昌平旅游网包括昌平旅游网站和昌平旅游办公系统两部分，昌平旅游网站分为昌平概述、旅游动态、旅游景点、政务公开、政策法规、旅游招商、旅游知识7个栏目，给昌平的旅游宣传提供了一个网络平台；旅游办公系统分为个人办公、数据报表、行政办公、信息园地、规章职责5个栏目，最大程度提高了旅游局和旅游企业之间的办公效率。昌平旅游网的开通将更方便地对旅游企业实施服务及管理，提高办公效率，扩大旅游宣传范围，实现电子政务的有效延伸。

（王少华）

【举办首届“凤山温泉杯”旅游行业英语大赛】　8月25日，由区委宣传部、区外办、区旅游局主办的2005“凤山温泉杯”昌平区首届旅游行业英语大赛在凤山温泉度假村举办。有来自旅游景区、星级饭店、旅游商场的32个代表队报名参赛，参赛人数达113名。区旅游局邀请了中央广播电台、国旅总社及大学教授等6名专家作为此次比赛的主持人和评委。此次大赛采用了形式多样的比赛方式，有必答题、猜词、小品、歌曲四项内容，其中旅游行业知识包括旅游景点、旅游商店、导游、昌平旅游、星级饭店五大类，通过预赛选拔出6个队进入决赛。

（王少华）

【举办《作家眼中的昌平》采风活动】　9月25日，由北京市作家协会、区旅游局、区文化委和区文联共同举办的北京市第二届文学节《作家眼中的昌平》采风活动在旅游企业举办。北京市作家协会包括李青副主席在内的9名作家和本地文学爱好者20名参加了采风活动。活动中举办了《作家眼中的昌平》采风活动出发仪式。向与会的作家们介绍了昌平旅游整体发展情况，提出以文化的视角大力宣传昌平旅游产品，为创建“旅游休闲”首选之区提升文化品位。

（王少华）

【举办“聚焦昌平，畅游金秋”记者采访活动】 10月21日至23日，区旅游局与中央人民广播电台联手整合驻京媒体，成功举办《聚焦昌平畅游金秋》记者采访活动。此次采访共邀请了驻京及外省市30余家媒体的40多名记者，对昌平八大旅游系列产品中的36家特色旅游企业进行了现场参观采访活动。活动中记者们通过现场采访、现场体验后，以新闻、纪实、专题、游记等不同形式在各自媒体刊发稿件。旅游局为媒体提供了新闻通稿、新闻素材及照片。

（王少华）

【本区新增5家国家A级景区】 年内，根据国家旅游局制定旅游景区质量等级评定报告标准，经过北京市旅游局的最终评定，本区有5家景区跨入A级景区行列，其中菩萨山风景区和蟒山国家森林公园被评为3A级景区，天池景区被评为2A级景区，地下千米电力科普长廊、北京双龙山自然风景区被评为1A级景区。

（王少华）

【开通全市首家“数字民俗村”】 12月29日，北京市首家“数字民俗村”在京郊民俗旅游第一村——麻峪房民俗村正式开通。麻峪房“数字民俗村”是由区旅游局和计生委出资、由科协提供技术，共同建设而成。投资25万元，历时3个多月。整个系统包括四部分：无线局域网系统；互联网接入系统；软件系统；各民俗户的无线局域网接入系统。“数字民俗村”的开通将对麻峪房民俗村的发展增加新的动力。

（王少华）

昌平区十三陵特区办事处

【概　况】 十三陵特区办事处是区政府的派出机关。自1981年6月设立以来，担负着国家重点风景名胜区“八达岭——十三陵风景名胜区”中明十三陵、居庸关·云台和银山塔林三处全国重点文物保护单位的文物古迹保护和长陵、定陵、昭陵、神路以及居庸关长城和银山塔林景区（点）的经营管理。2003年7月3日，明十三陵作为明清皇家陵寝的扩展项目正式列入世界文化遗产名录。办事处机关设有党委办公室、办公室、政工科、人事科、审计科、财务科、行政科、广告宣传科、保卫科、交通管理科、园林综合科、文物科、绿化基建科、票务科、档案科、工会、调研室（含ISO认证办）等17个科室。下属基层单位有长陵管理处、定陵管理处、神路管理处、昭陵管理处、居庸关长城管理处、银山塔林管理处6个正式对外开放的旅游景点的管理机构，有龙祥旅游服务中心、旅游商品购物中心、居庸关长城古客栈、基建维修队、水电维修队、金贵旅游服务中心和综合治理办公室7个服务单位。截至2005年底，正式职工总数1055人。2005年，十三陵特区以“创建国际一流景区”为目标，积极加强旅游经济建设，文物保护、环境整治、景区管理、党的建设等方面都取得了新的进展。全年共接待游客516万人次，比上年同期增长11.67%，实现旅游经济总收入2.76亿元。

（朱德英）

单位名称：北京市昌平区十三陵特区办事处
地址：北京市昌平区十三陵定陵
电话：(010)60761422
邮编：102200

【继续实行全员承包经营管理责任制】 年内，继续实行全员承包经营管理责任制。1月24日，召开“昌平区十三陵特区旅游服务开发总公司2005年全员承包经营合同书暨专项工作责任书签字大会”，9个承包经营单位和12个经营管理单位、科室分别签订了全员承包经营合同书和专项工作责任书。

（王　颖）

【《十三陵特区科学发展战略规划研究》课题

结题】　为促进十三陵特区各项事业的协调发展，特区办事处邀请北京中社科城市与环境规划设计研究院以及北京华汉旅信息咨询有限责任公司的专家承担了这一课题，就十三陵特区的旅游发展、文物保护、文物保护和旅游发展的关系、现代科技应用以及特区的旅游经济可持续发展等问题进行广泛研讨，编制出了《十三陵特区科学发展战略规划研究》文本。在市科委组织的课题评审与成果鉴定专家验收会议上，北京中社科城市与环境规划设计成果受到了与会专家们的好评，认为该课题研究及时，具有一定指导意义。

（张淑英）

【北京市“双创”工作测评组到十三陵特区检查】　6月23日，十三陵风景区作为本区推荐的北京市“双创”工作受检单位接受了由首都文明办、市旅游局、市园林局等17个委、办、局领导组成的北京市创建“全国文明风景旅游区、全国创建文明风景旅游区工作先进单位”测评组的检查，检查内容包括思想教育、管理机制、服务质量、景区环境、资源保护、安全防范、社会经济和创建活动八大方面，26项和105个检查要点。检查组对特区的文物保护、安全防护和景区管理等各项工作给予了充分肯定。

（周晓燕）

【滑板世界冠军飞越居庸关长城】　7月9日，世界滑板冠军丹尼·威在“天下第一雄关”居庸关4次成功滑越长城，成为世界上第一个用滑板滑越长城的“飞人”。居庸关的滑道是迄今为止最世界上大的滑板场地结构，起点道具高36.58米，左右跨度22.86米至27.43米。

（王　燕）

【“巴士旅游杯”趣味登银山塔林大赛】　7月16日，由北京市体育局、北京巴士股份有限公司主办的奔向2008第五届“巴士旅游杯”趣味登银山塔林大赛在银山塔林举行。共有2000余人参加比赛，比赛途中有踢毽、飞镖、运球等趣味比赛项目。起点为银山庄停车场，终点为银山塔林中锋顶。

（王　燕）

【建立文物记录档案工作】　5月，十三陵特区办事处启动文物记录档案工作。文物科专门成立了记录档案小组。根据国家文物局制定的相关工作规范，记录档案收录的内容分为科学技术资料和行政管理文件两大方面，其中涉及的案卷有18项；收录形式有文字、图纸、照片、拓片、摹本、电子文件等多种；时间从明代营建长陵开始。10月底已完成德陵和十三陵拓片的记录档案。

（王丽梅）

【明十三陵申报世界文化遗产档案资料整理归档】　8月23至31日，十三陵特区档案科对接收的申报世界文化遗产档案资料进行了归档整理，共整理包括《申报文本》在内的文书档案20件、VCD光盘7盘、幻灯片45张、照片185张、证书1张。

（朱德英）

【北京市旅游局双语标识检查组到特区检查标志牌】　9月1日至2日，北京市旅游局双语标识检查组到十三陵特区对长陵、定陵、昭陵、神路、居庸关和银山景点的厕所标牌、园内景观指示牌、交通标志、安全标志、防火标志、解说牌等双语或三语近400余块标志牌的英文进行了检查和纠错。

（周晓燕）

【举办消防知识竞赛】　11月9日，举办2005年度消防知识竞赛。特区14个单位、42名义务消防队员参加，聘请区消防监督处2名警官作技术指导和判卷工作。此次竞赛活动使特区职工获得了大量的有关消防安全的知识，提高了火灾防范意识和抗御火灾能力。物业管理委员会、精品购物中心、水电队、龙祥旅游服务中心、定陵管理处古客栈获竞赛活动的前6名。

（娜日森）

【英语培训结硕果】　自2002年1月十三陵特区办事处全面启动外语培训工程以来，职工学习外语的积极性空前高涨。特区职工外语水平有了长足的进步，并取得了丰硕的成果。截止到本年底，特区共有35人取得全国公共英语等级证书。其中通过三级考试1人，通过二级考试6人，通过一级考试28人。在9月份区旅游局举办的全区行业英语大赛上，十三陵特区代表队获得第2名的好成绩，并被授予优秀组织奖。

（曹新月）

【采取多种措施保护古树】 年内，特区投资近40万元，对德陵、长陵、定陵及各村近200多株古树采取地面改造、树体修复、支撑、修建围栏等措施。其中包括投资13万元，为德陵30株古树实施地面改造，为67株古树修补树洞，为30株古树做支撑；投资9.6万元，解决长陵新建车场内18株古树地面水土流失问题，回填掺沙营养土127立方米，并种植丹麦草1270平方米；投资13万元做仿真支撑82个；投资12.2万元，为定陵16株古树修补树洞，做仿真硬支撑28个，做软支撑28个，做仿真树盘3个，做围栏一个；投资4万元，为康陵村1株银杏树进行地面改造，并建树盘、围栏保护；为茂陵村1株国槐进行地面改造；为裕陵村1株国槐进行地面改造；为献陵村1株侧柏进行地面改造，为3株银杏修建围栏。

（郑晓飞）

【科技复壮保护德陵古树】 年内，十三陵特区投资13万元，采用新技术，分三个阶段，对德陵127株古树实施地面改造、树体修复、支撑措施，根本解决古树致衰问题。第一阶段工作自3月31日开始，针对德陵内土壤含渣石及三合土较多、缺水缺肥导致古树衰弱的情况，对衰弱古树进行地面改造。共挖复壮坑65个，复壮环3个，复壮古树30株。第二阶段工作自6月2日开始，对德陵67株古树的树洞和缺皮部位进行修复。第三阶段从6月20日开始，为防止古树被大风刮倒，对德陵30株倾斜古树进行支撑。

（郑晓飞）

【旅游“黄金周”效益显著】 “春节”、“五一”、“十一”旅游黄金周期间，十三陵特区成立黄金周领导小组，制定了游人拥堵疏导方案、交通疏导方案、停车场扩容方案、消防方案、医疗救护方案、重点部位预防治安案件刑事案件方案、突发事件游人疏散方案，增强安全保卫工作力量，整治旅游环境，加强职工教育，实现了旅游接待“零投诉”的预期目标。三个“黄金周”共接待游客690910人，占全年接待总量的13.37%，实现经济收入2992万元，占全年总数10.84%。

（张淑英）

【定陵、居庸关景区在春节黄金周北京地区旅游区点测评中位居前列】 春节黄金周前夕，北京市旅游行业协会对全市旅游区点进行的服务和环境质量综合测评，测评分游客调查意见和服务环境质量评价两部分，经过专业测评人员现场游客调查和对景区卫生、秩序、服务、安全、管理等方面进行综合评价，定陵位居全市景区第三名，居庸关位居全市景区第六名。

（王 颖）

【环境整治稳步推进】 年内，开展了五项环境整治工作。一是完成了长陵电子售票系统安装，二是完成了定陵、长陵无障碍设施改造，三是完成了神路、银山绿化美化，四是完成了定陵大停车场市场摊棚改造，五是完成景区内部基础设施改造。五项环境整治工程的实施，改善了景区的综合环境，有效地提升了景区形象，保障了景区的参观游览秩序。

（王 颖）

【工程建设强力推进】 年内，康陵和庆陵抢修二期工程按计划完成了所有工程建设，如期竣工；泰陵明楼抢修工程获得了开工许可；居庸关亮丽工程按期竣工，经受住了北京铁人三项闭幕式活动的考验；科技创安工程投资240万元先后完成了定陵、长陵、昭陵等多处安全监控系统和消防设施设备的改造安装；特区综合住宅楼工程年底前完成所有建设装修，入户居住。

（王 颖）

科技·教育·文化·卫生·体育

科技·教育·文化·卫生·体育

科　　技

科技工作

【概　况】 2005年,区科技工作围绕“三个首选之区”建设,全面落实科学发展观,促进全区各项事业的科技进步。

《昌平区科技发展规划》编制完成,规划以《昌平区2003～2010年科技发展规划纲要》为基础,结合本区“十一五”规划,分析本区的科技能力以及社会经济发展中亟需科技解决的问题,提出未来昌平科技进步五大领域,十大重点工程。

区科技工作以完善科技创新服务体系为重点,不断巩固企业创新主体地位。全年实施各类科技计划41项,申报国家、市级科技项目23个;评选13项科学技术进步奖。区财政对各类计划项目投入580万元,争取市级专项资金508万元,北京中瑞成信生态科技有限公司承担的星火计划项目“光合菌植物活力素工业化生产及产品推广应用”项目将生物菌类培育技术与光机电一体化技术结合,显著改善果品的品质和口感,年产值达5400万元。成立昌平区科技交流与合作促进中心,通过筹建行业协会、孵化器联盟等机构,搭建企业发展服务平台。

软科学研究领域不断扩大,开展形式逐渐多样。全年共进行7个课题研究,《十三陵特区科学发展规划研究》、《北京市昌平区可持续发展若干问题的研究》等4个课题顺利结题。课题范围扩展到全区工业、农业、旅游、对外开放、可持续发展等全区发展的热点、重点问题;与区科协联合举办了昌平区2005年度科技工作者软科学研究征文活动,共征集22篇软科学调研报告,从中评选出10篇优秀论文。

镇(街)科技评价指标进一步细化,科技管理工作更加规范。区科委深入各镇进行业务指导,组织镇级科技专管员培训班,逐条讲解镇级科技考核31条指标;各镇党委专门召开科技工作会,制定促进工、农业技术进步政策13项。

北京浅山区生态村示范工程在流村镇菩萨鹿村、韩台村启动,工程结合山区实际进行科学规划,重点建设农村节能住宅,推广应用污水与垃圾处理、绿色建材、雨水资源化等节能新技术,大力提高山区农民生活质量,探索可持续发展试验村的建设道路,为社会主义新农村建设积累经验。

区政府顾问2005年度工作任务圆满完成。全年,政府顾问就区政府交办的4个文件提交意见建议200余条;就《昌平区高新技术产业与现代制造业发展战略研究》和《昌平区农村社会保障体系研究》等软课题提出建议100余条；参观高新技术企业，并考察全区文化、教育、体育及卫生事业发展情况，与主管区领导、科技工作者进行座谈，就如何更好地发挥顾问作用，促进全区经济发展进行交流和探讨。

区技术市场蓬勃发展，全年全区完成技术交易1930项，成交总额23.89亿元，同比增长62%。技术市场培训进一步加强，北京技术市场领导在本区10个高校联席会成员单位、10个研发企业、10个技术转让单位讲解技术合同登记、分类及相关优惠政策。

（刘　敌　杨　旭）

单位名称：昌平区科学技术委员会
地址：昌平区科技中心大楼
电话：(010)69746947
邮编：102200
网址：www.bjchpkj.gov.cn

【启动《科技进步示范区建设与发展规划》编制工作】　1月14日，召开“科技进步示范区建设与发展规划”编制工作会议，正式启动了昌平区科技进步示范区建设与发展规划编制工作，负责规划编制的课题组专家、学者和相关委办局领导参加了会议。6月30日，规划初稿完成。该规划包括：针对区域特点、区域经济、社会发展过程中面临的主要问题分析本区科技能力；经济、社会发展需要科技解决的重点和关键问题；全国科技进步示范区建设的目标、任务和重点领域、支撑条件与保障措施；与规划目标配套的优先项目或工程。

（熊　强　张鸿雁）

【启动“首都星火富民科技下乡工程”】　1月25日，启动北京市“首都星火富民科技下乡工程”，市科委向昌平、房山等10个远郊区县赠送《百项农业实用技术》光盘和书籍《致富一方》，并开通了南邵镇农业服务中心的“科技下乡服务在线远程教育网”。

（赵俊华　王伊琨　刘瑞冬）

【召开荣获“全国科技进步示范区”庆祝大会】　3月3日，召开庆祝昌平区荣获“全国科技进步示范区”大会。北京市副市长范伯元、国家科技部农村中心副主任余健、北京市科委副主任李锦涛，区领导赵凤桐、佟根柱、任宝贵、王振华等出席庆祝大会。全区各委办局、各镇（街道）的党政一把手和部分驻昌高校及科研院所的领导、高新技术企业的代表和获得2004年人才奖和科技奖的代表参加了会议。会上，国家科技部农村中心副主任余健宣读了国家科技部关于批准昌平区为全国科技进步示范区的《通知》，副市长范伯元向本区授予了“全国科技进步示范区”奖牌。

（王学宏　宋艳敏）

【2004年度区科学技术奖揭晓】　3月3日，2004年度区科学技术奖揭晓。11名企业家获得企业家带头人奖。全区共评出科技推广奖11项，科技成果奖10项，专利实施科技奖4项，专利申请奖2项。科学技术奖各项奖金共23.8万元，科学技术奖一等奖5万元，是本区自修订《昌平区科技进步奖实施办法》以来，首次产生两个5万元的科技奖项。

（董志军　朱晨辉）

【举办“十五”科技成果展】　3月3日至25日，在区广电中心大楼举行了“十五”科技成果展。展览分为“科技引领昌平”、“创建投资创业首选之区”、“创建旅游休闲首选之区”和“创建生活居住首选之区”四个主题，利用近400张图片，全面展示了昌平区“十五”期间经济社会发展的科技成果。全区各政府机关、各镇（街道）及驻昌高校科研院所等37家单位、近1000人次参观了展览。展出结束后，又在17个镇、街道办事处进行了巡回展。

（王学宏　宋艳敏）

【开展镇级科技培训】　3月10日，对各镇科技专管员进行软科学研究和电脑基础知识培训；3月31日，聘请区计算机网络俱乐部的成员，对全区18个乡镇、街道办事处的专管员进行了电脑技能培训；6月，对专管员进行了业务培训，对各镇2004年科技指标体系进行了评价分析；并对2005年科技指标体系的修改部分进行逐条讲解说明，组织11个镇的科技专管员到重庆、武汉考察农业园、科技园及国家级可持续发展实验区。

（赵俊华　王伊琨　刘瑞冬）

【“十三陵特区科学发展战略规划研究”课题结题】　3月18日，市科委组织召开了“十三陵特区科学发展战略规划研究”课题结题会。该课题由中国社会科学院城市发展与环境研究中心和北京华汉旅信息咨询有限责任公司分别组成课题组，同时进行研究。课题组通过对十三陵特区的区域经济定位、产业链组织、世界文化遗产保护、风景名胜现状以及现阶段管理体制情况等方面的调研分析，借鉴国内外世界文化遗产保护与利用的经验，充分挖掘十三陵特区的文化内涵，提出十三陵特区未来发展的总体思路，确立科学规划工作的指导性原则，探讨在新时期十三陵特区的经济增长方向，原则性地制定出十三陵特区科学发展战略规划的大纲。

（刘　敌　王玉兰）

【区政府顾问考察高新技术产业】　3月29日，区政府顾问办公室组织以参观考察昌平高新技术产业为主题的活动。这是区政府顾问自组团以来的第一次集体活动。本次活动以参观考察中关村科技园区昌平园和生命科学园为主。区政协经济科技委员会、区科委和区科协的领导听取了顾问对今后工作的设想和建议，就如何围绕区委、区政府的中心工作，更好的发挥顾问作用；如何更好地整合驻昌高校和科研院所的科技资源，为区域经济发展做出贡献等问题进行了讨论和交流。

（刘　敌　王玉兰）

【科技信息资源网开通】　4月18日，本区首家科技信息资源网——昌平科技信息网（http://www.bjcpkj.com.cn）正式开通。该网开设了政务公开、科技咨讯、科技合作、科技交流、科技人才、科技服务、科技论坛和企业专栏等8个栏目，为本区科技信息对接提供了一个快捷方便的服务平台。

（赵志诚）

【技术合同登记培训进校园】　4月19日，区科委将技术合同登记的培训会场直接安排到华北电力大学（北京）的校园内。北京技术市场管理办公室副主任程金香就技术合同的定义及分类、如何撰写技术合同、技术市场优惠政策等内容进行了细致的讲解，受到教师和全体参会人员的广泛好评。参加培训会的人员有北京技术市场管理办公室的领导、区科委领导及工作人员、华北电力大学（北京）科技处的领导和一线教师、驻昌高校及科研院所、部分研发机构和具有自主知识产权的单位主管技术合同人员共70余人。

（张俊英　郇英英）

【“可持续发展实验区建设与发展规划研究”课题开题】　5月10日，“可持续发展实验区建设与发展规划研究”课题开题，课题拟在昌平发展定位、产业结构和产业体系、城镇化与镇域经济发展、能源结构调整与节能工作等方面进行研究。

（刘　敌　王玉兰）

【日本板柳町町长来本区友好访问】　5月13日至14日，日本板柳町町长馆冈一郎夫妇、总务科长成田洋刚夫妇、故乡中心所长铃木清孝、设计师尾崎克典夫妇到本区进行友好访问。

（乔伟华　宋思思）

【启动企业家论坛】　5月24日，由区科委出资，企业领办的首次企业家论坛成功举办。此次论坛特邀请著名经济学家、中国宏观经济学会常务副秘书长王建就2005年中国的宏观调控与企业风险等议题与驻昌大中型企业、高新技术企业高级管理人员和各镇（街道）的科技管理员等96人进行了座谈交流。9月22日，企业家论坛以“抢抓最新金融渠道，实现企业价值提升与变现”为题，举行第二期讲座，中国民生银行北京分行副行长张金顺先生主讲，内容包括：短期融资券与NIFS；风险投资与海外上市；企业价值：费用、风险、资本运营的利益驱动机制；及资本运营战略与策略、要点等。

（刘　敌　王玉兰）

【完成科技发展计划编制】 5月25日,本区2005年科技发展计划编制完成。本年,科技发展计划共列41项,其中新列项目22项,延续项目19项;科研项目20项,推广项目11项,产业化项目2项,软科学研究项目8项。

(董志军 朱晨辉)

【企业手机短信平台开通】 5月28日,与263网络通信合作,开通企业手机短信平台。企业短信平台实现将企业需要的各种信息用手机短信的方式通过互联网发送给企业的目标手机用户,实现信息快速、准确、批量的下传,首批服务企业达460家。

(张鸿雁)

【澳大利亚代表团来本区访问】 6月4日,澳大利亚维多利亚州农业部代表团来昌访问,考察中日友好观光果园、小汤山农业科技示范园。代表团成员有维多利亚州农业部长Bob Cameron(鲍伯·卡梅隆)先生、第一产业部秘书长(副部长)Peter Harris(彼得·哈里斯)先生、部长办公室主任Martin Foley(马丁·佛里)先生、第一产业部中国市场开发部(含香港台湾)主任Bin Lu(吕滨)博士、中国驻墨尔本市前总领事吴荣和先生。

(乔伟华 宋思思)

【朝鲜技术考察团来本区考察】 6月6日,朝鲜植物克隆技术考察团一行3人到本区小汤山现代农业科技示范园进行考察,考察团成员为:朝鲜科学院细胞基因分院院长洪喜景、朝鲜科学院细胞基因分院高级部员崔春英、朝鲜科学院细胞基因分院研究员田峰熙。市科委合作处万运良陪同考察。

(乔伟华 宋思思)

【清华大学研究生到本区开展社会实践活动】 6月27日上午,清华大学研究生社会实践小分队进驻清华大学研究生社会实践昌平基地,开始为期6周的社会实践活动。清华大学来昌社会实践小分队由15名在读博士生组成,将承担本区宝贵造石艺术科技公司等三家高新技术企业的5个课题的研究工作。

(赵志诚)

【科研项目成功转让】 7月6日,在"北京农学院科技成果转让仪式暨奖励大会"上,由北京农学院研制的"鸡球虫弱毒疫苗"项目进行了成功转让;农学院从300万元转让费中拿出90万元重奖了科研组人员。

(张俊英 郦英英)

【2004年科技年鉴出版】 7月20日,《2004年北京市昌平区科技年鉴》编辑出版,涉及11块内容,43万字,共印1000本。

(赵俊华 王伊琨 刘瑞冬)

【市人大领导来本区调研】 8月16日,市人大常委会财政经济办公室副主任叶立毅和市人大常委会财经办公室预算监督处副处长王玉兰等领导就科技投入对首都经济发展的影响来本区调研。本区就科技园的发展情况和园区的科技投入情况、北京地区科技投入对昌平经济促进作用及存在问题以及在科技发展过程中,政府应如何加强科技工作和采取的具体措施向市人大常委会的领导提出一系列建议。

(刘 敌 王玉兰)

【开展社会经济发展科技需求调研】 9月7日,"昌平区十一五时期社会经济发展科技需求调研"启动。该调研课题是市科委"十一五时期北京市科技需求调研"的子课题。调研全面、深入和系统地挖掘全区社会经济发展的科技需求。围绕"十一五"时期本区社会经济发展的战略目标和发展思路,提升核心竞争力、推进重大项目和解决瓶颈问题的科技需求提出相关政策建议。调研成果目的在于制订和落实"十一五"发展规划提供依据,将引导科技力量服务于全区经济和社会发展,为昌平依靠科技进步、推进"和谐宜人新昌平"建设打下坚实基础。11月16日,调研顺利通过北京市科委组织的中期评审。12月底调研结题。

(刘 敌 杨 旭)

【召开浅山区生态村示范工程项目论证会】 9月9日,"北京浅山区生态村规划与休闲产业开发关键技术及示范研究"项目论证在昌平召开。该工程项目在菩萨山地区菩萨鹿村和韩台村的旧村改造中，综合应用生态节能建材、新能源、污水及垃圾处理和绿化等先进适用技术，建设生态示范村，打造新世纪的社会主义新农村，为北京乃至全国山区村的建设与发展提供示范。论证会由区科委汇报项目总体方案和北京建筑工程学院汇报项目关键技术，专家组经过讨论一致认为，该项目立题依据充分，具有重要的理论意义和应用推广价值，同意立项。

（熊　强）

【启动京北水资源涵养区建设研究课题】　9月13日，京北水资源涵养区建设研究课题启动。课题在综合评价京北水资源开发、利用、保护和节约现状的基础上，充分考虑京北经济与自然背景，构建确保京北水资源可持续发展及其各项功能正常发挥的水资源涵养与保护技术体系，以涵养水源和保持水土建设为重点，明确提出京北水资源涵养区建设的方案，促进水源保护区水源涵养和保护能力。

（刘　敌　杨　旭）

知识产权工作

【概　况】　2005年，区知识产权局围绕“保护知识产权、促进创新发展”的工作主线，扎扎实实开展知识产权宣传、培训、执法、服务企业等各项工作，着力营造和谐良好的知识产权保护氛围，不断提高知识产权工作的管理水平。

专利申请和授权总量持续快速增长，专利申请、授权的质量显著提高。2005年，全区专利申请量达到735件，同比增长48.79%，其中发明专利300件，占申请总量的40.81%。专利授权量为324件，同比增长18.25%，其中发明专利71件，占到授权总量的21.91%。

保护知识产权宣传、培训工作不断深入。2005年保护知识产权宣传周期间，区知识产权局以“保护知识产权，促进创新发展”为主题，组织开展了企业知识产权研讨会、知识产权进村镇、企业知识产权培训班以及大型广场宣传等多种活动，发放宣传材料6000余份，受众近万人。“4.26世界知识产权日”，在北汽福田汽车股份有限公司启动了“保护知识产权——我们在行动”大型联合采访报道活动。全年出版《昌平知识产权》24期，共30000余份。积极开展“知识产权进学校”活动，在中学生中开展知识产权教育。

知识产权保护工作扎实推进。年初，会同区文委、昌平工商分局联合印发了《北京市昌平区贯彻落实<北京市保护知识产权专项行动实施方案>的工作意见》，在全区范围内发起保护知识产权专项行动。“3.15”期间，对本区无冒充专利商场、无假冒商标商场、优秀文化企业进行了重点执法检查，并对已审批的3家“北京市无冒充专利商场”进行了检查，共检查商品3000余件。

积极扶持典型企业开展知识产权工作。局通过组织企业知识产权培训班以及帮助企业申报“北京市专利试点企业”、“北京市无冒充专利商场”等形式，提高企业的知识产权保护水平。年内，全区共有16家企业被列为“北京市专利试点企业”，2家商业企业被评为“北京市无冒充专利商场”，2家企业获北京市专利实施资金支持。

（刘　敌　杨　旭）

单位名称：昌平区科学技术委员会
地址：昌平区科技中心大楼
电话：(010)69746947
邮编：102200
网址：www.bjchpkj.gov.cn

【开展知识产权执法检查】　3月15日，区知识产权局、区文委、昌平工商分局等9家区知识产权办公会议的成员单位开展联合执法检查。本次检查重点针对食品、药品以及书籍、音像制品，联合检查小组先后检查了阳光商场、方舟书苑和新世纪商城等销售单位，并对企业的经营销售提出了改进意见。

（荆红艳　葛志杰）

【市知识产权局领导视察本区工作】　3月22日，市知识产权局副局长李鸿杰、实施处副处长安跃林到北京东方长城测控设备厂节水洗车项目部，实地考察了节水洗车专利项目。专利发明人刘建平详细介绍了节水洗车技术，并进行现场演示。此项专利技术已转化为A、B、C、D型系列节水洗车机，具有洗车快、用水少的优点。

（荆红艳　葛志杰）

【举办知识产权培训班】　4月14日，2005年知识产权培训班在北京市工商局培训中心成功举办，部分企业代表、区知识产权办公会议联络员、各镇（街道办事处）科技专管员等100余人参加培训。中国商标专利事务所3位知识产权专家分别就知识产权制度与国内外知识产权发展态势、专利制度与专利知识、商标制度与商标知识等方面进行了深入浅出的讲解，并详细解答了企业界人士关心的问题。

（荆红艳　葛志杰）

【开展知识产权进镇村、学校活动】　4月20日，举办“知识产权进镇村”活动。主会场设在南口镇，其他17个镇（街道办事处）设分会场。区知识产权局与华北电力大学（北京）、中国石油大学（北京）等6家驻昌高校利用科普宣传车、展板、挂图、发放宣传资料等多种形式，向群众进行知识产权知识宣传咨询活动。4月25日，知识产权进学校活动在昌平四中举行，本次活动由区知识产权局、区科协、区教委与昌平四中联合举办。在活动仪式上，向900余名学生通俗易懂地讲解了什么是知识产权以及知识产权保护的意义，并赠送知识产权挂图、宣传画册、作业本等。

（荆红艳　葛志杰）

【举行“保护知识产权——我们在行动”启动仪式】　4月26日，由国家知识产权局、全国整顿和规范市场经济秩序领导小组办公室主办的“保护知识产权——我们在行动”大型联合采访报道活动在北汽福田汽车股份有限公司启动。国务院副总理吴仪发来致辞。国家知识产权局局长王景川、全国整规办主任张志刚、北京市副市长范伯元发表讲话。北京市知识产权局局长刘东威及来自中宣部等有关部门的领导出席了启动仪式。同日，为配合“保护知识产权——我们在行动”启动仪式，在亢山广场举办了由区知识产权办公会议成员单位参加的“4.26”世界知识产权日大型宣传咨询活动。

（荆红艳　葛志杰）

【启动《昌平区知识产权发展纲要》编制工作】　6月18日，正式启动了《2006～2010年昌平区知识产权发展纲要》制定工作。纲要在调研本区知识产权工作的现状、条件、优势、特点的基础上，提出2006～2010年昌平区知识产权事业发展的目标、任务和措施，以加强本区知识产权工作，发挥知识产权对各行业、事业的促进和保障作用。

（荆红艳　葛志杰）

【召开企业知识产权工作座谈会】　6月29日，召开旅游会展业、现代流通业企业知识产权工作座谈会。来自本区的北京天龙源温泉旅游发展有限公司、九华山庄、北京龙城皇冠假日酒店等6家旅游会展业企业以及北京新利来科贸有限责任公司、昌平新世纪商城等5家现代流通业企业参加了座谈会。

（荆红艳　葛志杰）

【5家商场获“北京市无冒充专利商场”称号】　8月10日，本区新利来科贸有限责任公司、华光通讯城被市知识产权局批准成为“北京市无冒充专利商场”。截止年底，全区已有阳光商厦、爱维电器家园、新世纪商城等5家商业企业获得“北京市无冒充专利商场”称号。

（荆红艳　葛志杰）

【制定《北京市昌平区贯彻落实＜北京市保护知识产权专项行动实施方案＞的工作意见》】　1月25日，会同区文委、昌平工商分局联合印发了《北京市昌平区贯彻落实＜北京市保护知识产权专项行动实施方案>的工作意见》，在全区范围内发起保护知识产权专项行动。

（荆红艳 葛志杰）

【通过使用正版软件工作检查验收】 12月2日，市版权局副局长王野霏率领市使用正版软件工作领导小组检查验收组，对本区国家机关使用正版软件工作进行了检查验收。市检查验收组查阅了本区正版化工作中的相关文件，并随机抽查了两个部门，没有发现未经授权的软件。市检查验收组对本区使用正版软件工作给予充分肯定，认为使用正版软件工作严格按照国务院要求，完成很好，取得了阶段性成果，顺利通过检查验收。

（荆红艳 葛志杰）

科普工作

【概 况】 2005年7月，区委、区政府向中国科协递交了创建全国科普示范区的申请和工作方案，11月，经中国科协批准，昌平区进入“创建全国科普示范区”的行列，全面启动“创建科普示范区”工作。

科普投入体系开始形成。年内，科普财政经费在上年53.9万元的基础上增加到64.8万元，并积极争取开发民间、企业等社会力量科普投入渠道，探索科普投入新机制。以各级政府财政拨款为主渠道，社会、群众自筹的多渠道、多层次科普投入体系正在形成。

科普基础设施逐步完善。为参加“一校带一镇，科普进村镇”工作的6所驻昌高校（中国政法大学、北京化工大学、中国石油大学、北京大学应用文理学院、华北电力大学、北京农学院）配置了6辆科普宣传车；为南口镇王庄村、流村镇南流村和漆园村、十三陵镇涧头村、长陵镇黄泉寺村、兴寿镇百合村、桃林村和花果山村、崔村镇大辛峰村等9个村建设了5组10米长的标准科普画廊，并制作了统一的科普展板；重点投资选购了一批价值8万余元的科普书籍，为9个山区村筹建了村级科技图书室；着力推进镇级科技活动中心建设，百善镇科技活动中心主体建设已经完工。“一校带一镇，科普进村镇”工作实施顺利。参与此项工作的各高校均与山区村镇进行了形式多样的科普宣传活动共计42项，受益群众达万余人，取得了校地“双赢”的局面。

区属政府部门、各学会、协会努力发挥各自的工作优势，积极开展了各具特色的科技、科普活动，形成科学普及网，在全区形成科学普及网络。“昌平区八大网站建设研讨会”、“北京市首届网络安全研讨会”成功举办；生态抚育林、病虫害防治、防火管理技术、果树栽培技术、柿树标准化管理等方面的技术培训班举办44期，培训各类人员4000多人次；组织《家长要全面关心孩子成长》的专题科普报告会；北京市首家“青春健康教育基地”在明皇蜡像宫建成；游戏软件《成长之道》开发完成；部分医务人员开展了义诊、慢性病宣传，发放科普宣传材料等活动，举办各种讲座16次，参加听课人员达990人次；农业信息《致富好帮手》编写后，向基层赠送达100多次，送书总量达到1万多册；在全区17个镇（街道）的153个行政村放映电影，全年放映科教片、故事片306场，宣传教育观众8万多人；农村劳动力培训就业工作累计完成农村劳动力培训13484人次；专业技术人员多次下乡上门为农民传授农林专业知识；农村妇女的科技引导工作得到加强；身心健康讲座举办167次，全区添置3500张《优孕通》卡，免费发放；科学家进校园作科普报告25场，数万名学生受到了科普教育，5000余名学生到著名的大学实验室和科技场馆参观，昌平区第一届青少年科技创新大赛成功举办，收到参赛作品600多件。

精心策划，抓好“北京科技周”等大型主题科普活动，打造科普品牌。以“科技服务三农，共建全面小康”为主题的科普之春活动重点开展了科技卫生下乡、科普电影进村入户放映、数字家园培训、科普示范基地宣传日活动与专家研讨会、科普巡回展、参观等内容的共计84项科普活动，活动中向基层发放科技图书、光盘500册，科技资料19870份。从5月16日到5月22日的北京科技周期间，各单位、各部门开展了内容丰富，形式多样的群众科普宣传80余项，充分体现了本届科技周“科技以人为本，全面建设小康”的活动主题。处处以关注人民利益、关心人民健康、关注大众生活和满足群众需求入手，举办了“科技、卫生、健康咨询进山村、进社区”、电脑数字网络论坛、科学名人名篇诗歌朗诵会等一系列科普宣传活动。

（刘　敬　杨　旭）

单位名称：昌平区科学技术委员会
地址：昌平区科技中心大楼
电话：(010)69746947
邮编：102200
网址：www.bjchpkj.gov.cn

【启动“一校带一镇，科普进村镇”工程】　2月7日，区政府向驻昌6所高校赠送科普车仪式在昌平商务会馆举行，标志着“一校带一镇，科普进村镇”工程正式启动。

（赵俊华　王伊琨　刘瑞冬）

【科普下乡宣传】　3月29日，区科委在崔村镇香堂村举行科普下乡宣传活动，发放宣传品2000份。参加活动的有区科协、图书馆、中医院、计算机协会、农业服务中心、果树研究所、农学院。

（赵俊华　王伊琨　刘瑞冬）

【北京化工大学学生参加科普之春宣传活动】　4月6日，北京化工大学的同学参加了由区科委在崔村镇组织的“科普之春”宣传活动，为前来咨询的村民热情解答了电脑相关知识并进行了节能节电的宣传。

（赵俊华　王伊琨　刘瑞冬）

【召开“一校带一镇，科普进村镇”座谈会】　4月20日，召开“一校带一镇，科普进村镇”座谈会。化工大学、石油大学、政法大学、北大文理、华北电力、农学院的领导、学生代表及崔村、兴寿、十三陵、长陵、南口、流村等镇主管科技工作的副镇长、专管员参加了座谈会。会议主要对“一校带一镇、科普进村镇”活动进行了交流总结，提出活动开展存在的问题并提出解决办法。

（赵俊华　王伊琨　刘瑞冬）

【召开科普联席会议】　5月12日，召开2005年科普工作联席会议，成员单位30多人参加会议。会议对2004年科普工作进行了汇报，布置了本年度科普工作要点和北京科技周昌平的活动安排。

（赵俊华　王伊琨　刘瑞冬）

【北京科技周活动】　5月16日，在中国政法大学举行了2005年北京科技周昌平区活动开幕式暨诗歌朗诵会——科学明天朗诵会。各单位、各部门开展了内容丰富，形式多样的群众科普宣传80余项。5月22日，区科委、区文委举办了“科技之声”文艺晚会暨北京科技周闭幕式，邀请了区科普联席会议有关单位的领导、区政府专家顾问团成员以及历年昌平科技项目的获奖者共计上百人参加了晚会。

（赵俊华　王伊琨　刘瑞冬）

【科技电影放映下乡】　3月10日至16日，南邵镇组织科技电影放映下乡活动，入村放映《食用菌种植》等多部影片。《食用菌种植》共放映7场，观众达1630人，为群众解决了种植食用菌中生产温度与湿度控制等方面遇到的问题，深受群众的欢迎。

（赵俊华　王伊琨　刘瑞冬）

【举办枣树种植讲座】　4月1日，北京农学院教授张铁强在流村镇漆园村举办春季枣树修剪和防止病虫害讲座。就如何进行枣树的矮化修剪；相关药品的使用方法进行了讲解，有80余位枣树种植户参加了讲座。

（赵俊华　王伊琨　刘瑞冬）

【南口镇开展技术培训】　4月1日，南口镇在长水峪村柿子园内召开现场会，进行技术培训，全镇100余人参加了培训活动。讲解了本区关于柿子树管理的优惠政策、柿子树的去头剪枝技术以及结合嫁接和夏剪的管理等知识,并进行了现场操作示范。

(赵俊华 王伊琨 刘瑞冬)

【"数字家园"培训班开课】 3月21日,首批"数字家园"培训班在流村镇菩萨鹿村举办。培训班学员在短时间内初步了解了信息技术,感受到高科技带来的收获和乐趣。

(赵俊华 王伊琨 刘瑞冬)

【创建科普示范基地】 科普之春活动期间,召开科普示范基地专家研讨会。市科普专家袁士畴、张一帆、黄万荣、沈瑞祥,市科协科普部副部长阎仁浩、北京市农学院科研处胡宝贵、李华教授参加了会议。4月7日,基地接受了市科协专家组的检查验收。专家们对基地进行了实地考察,并对基地的建设发展给予了很高的评价。

(赵俊华 王伊琨 刘瑞冬)

【举办科普示范基地科普活动】 3月29日,区科普之春科技三下乡暨北京市昌平科普示范基地科普活动在崔村镇香堂村举办。参加活动的医生和兽医进行了义诊,植保站进行了农药的安全使用解答。北京农学院的专家和基地技术人员为村民解答了生产技术问题,发放了果树资料。活动共展出科普展板100余块,发放资料1万余份,现场义诊140人、宣传群众400余人,收到良好的宣传效果。

(赵俊华 王伊琨 刘瑞冬)

【成立北京市少儿科普阅览昌平分中心】 5月15日,区科协、文化委共同举办了北京市少儿科普阅览昌平分中心成立大会,展出了科普电子网络中心信息港、科普演示仪器等宣传品,散发了科普宣传资料,市科协副主席辛俊兴出席了成立大会。

(赵俊华 王伊琨 刘瑞冬)

【召开科普电影研讨会】 5月18日,文化委、区科协、区610办公室联合举办科普电影研讨会,会上,区科协相关负责人作了题为"发挥科教电影优势,促进科普工作开展"的专题发言。

(赵俊华 王伊琨 刘瑞冬)

【健康咨询义诊进社区】 5月17日,区科协联合区卫生局、区图书馆、区计算机网络俱乐部到城北街道办事处东关南里小区开展了健康咨询义诊进社区活动。共向当地群众发放宣传资料达2000多份,科普读物500多册,科普宣传扑克牌100副,区卫生、医药学会还组织了内科、外科,骨伤科,妇科、糖尿病科、中医6个科室的医生为社区居民近百人进行了义诊,参加活动的群众近千人,受到社区群众普遍欢迎。

(赵俊华 王伊琨 刘瑞冬)

【科普口袋书——《凡大嘴》出版】 为了更好的普及科技知识,宣传青少年旅游科普教育基地,区旅游局、区科协与市科协科普发展中心联合出版了科普口袋书——《凡大嘴》,首期向广大市民发放10万册。5月20日区旅游局、区科协向科普示范基地赠送科普读物《凡大嘴》8000多册,20多家旅游科普企业领导参加了赠书仪式。

(赵俊华 王伊琨 刘瑞冬)

【中国中医研究院专家山区义诊】 5月18日,区科协在北京九三中研支社的大力帮助支持下,特邀中国中医研究院望京医院的内科、外科、骨科、中医等医务专家到兴寿镇秦城村,为山区村民进行义诊服务,卫生部专家组的专家来到现场为村民就儿童健康、老年病、健康咨询等方面问题进行了咨询服务,深受群众的欢迎。

(赵俊华 王伊琨 刘瑞冬)

【科学防控口蹄疫】 5月初,亚洲I型口蹄疫在本市其它区县发生,南口镇、南邵镇组织了防疫专家和科技人员严阵以待,先后聘请了北京市畜牧疫情防治的专家,为全镇防疫员及畜牧养殖户讲解了如何正确科学防治"亚洲I型口蹄疫",并组织防疫员对所有的猪、牛、羊进行疫苗注射,及时有效地防止了亚洲I型口蹄疫在本区的发生。

(赵俊华 王伊琨 刘瑞冬)

【**加强科普宣传，严防禽流感**】 自11月17日起，昌平电视台“昌平新闻”栏目中，每天播出防控禽流感的小知识，《昌平周刊》对有关禽流感的防控知识进行了连续宣传，11月21日出版专刊报道本区防控禽流感的措施。

（赵俊华　王伊琨　刘瑞冬）

教　育

教委工作

【**概　况**】 2005年，昌平教育保持了持续、快速、健康发展。3至6岁儿童学前教育率100%；九年义务教育进一步巩固，中小学全面实施素质教育，教育教学质量稳步提高；全区普及了高中阶段教育，普通高中规模不断扩大，基本满足了全区人民对高质量基础教育的需求；职业教育、成人教育、民办教育得到较快发展；教育信息化建设进程加快，建成了昌平教育信息网，“校校通”工程初具规模，被北京市确定为“信息技术与学科整合”实验区；各级各类学校党组织建设、工会建设、党风廉政建设和思想政治工作得到加强，办学条件进一步改善。昌平一中、昌平二中被北京市教委认定为“北京市示范性普通高中”；昌平职业学校被北京市教委批准为“北京市现代化标志性中等职业学校”；昌平区被评为“北京市教育工作先进区”，在北京市教育大会上受到表彰。本年中考录取率99.24%，及格率、平均分、优秀率在全市名列第三、第六、第九，综合成绩远郊区县第一。

（杨晓伟）

单位名称：北京市昌平区教育委员会
地址：昌平区南环东路1号（昌平区广播电视中心综合办公楼）
电话：(010)69742570
邮编：102200

【**召开年鉴撰写工作会**】 1月14日，召开2005卷年鉴大事记撰写工作会，总结了上年度工作，布置了本年度撰写工作要点。区教委教育志办公室对年鉴撰写的具体技术要求做了详细的辅导和说明。大会表彰了年鉴撰写工作先进单位和先进个人，颁发了荣誉证书。区教委机关各科室、区教师进修学校各处室、各直属单位、各中小学、民办学校、民办高校120人参加了会议。

（王瑞利）

【**采用CMIS系统支持中考报名工作**】 2月19日，区教委教育网络和信息中心根据市教委、市教育考试院和区教委的要求，2005年中招报名工作采取应届生从CMIS系统中导出学生基本信息和往届生从网上报名的两种方式进行。为做好这项工作，对各中学的网络管理员、学籍管理员和招生人员进行了“中考报名信息采集工具”的使用培训；各中学于2月25、26日将中考报名数据及考生照片报到区信息中心；信息中心经过审核后于2月28日将数据报到区考试中心。全年中招报名共有5631名初三年级学生报名参加考试，其中采用CMIS系统报名的有5545人、网上报名86人。

（刘春艳）

【**全面推进全区中小学教育信息化**】 2月21日，区教委为实现教育信息化工作从硬件建设转向资源建设、转向深化应用，对推进中小学教育信息化提出十项重点工作。包括：加大投入，高标准、高质量普及信息技术教育；以昌平教育信息网为载体，建成内容丰富、覆盖全区的教育资源库；加强全体教师信息技术意识与态度、知识与技能、应用与创新、社会责任的培训；建立电子政务网络系统，提高行政管理工作的信息化水平；建立深化信息技术应用工作机制，推进信息技术在学校各个领域的应用；制定《学校信息化工作评价方案》，加强对学校信息化工作的考核与评价；搭建信息技术应用平台，推进信息技术与学科教学整合；大力开展信息技术专项培训；加强教育信息网和学校网站建设与维护；实施网络德育建设。

（杨晓伟）

【接收区内5所单位归口管理】 2月，区教委完成区机关幼儿园、工业幼儿园、财贸幼儿园、财贸干校和经委中专5所单位的接收工作。4月，核算了5所单位在职职工276人工资，退休79人的退休费。

（孟春雨）

【启动第五届“平安之路”、“红绿灯杯”交通安全系列教育活动】 3月1日，与交通支队联合举行本区第四届“平安之路”、“红绿灯杯”交通安全系列教育总结表彰会暨第五届“平安之路”、“红绿灯杯”交通安全系列教育活动。会上全面总结了2004年交通安全系列教育活动情况，对交通安全教育先进单位、先进班集体、先进干部、优秀班主任进行表彰。

（杨晓伟）

【加强学校、幼儿园卫生防病工作】 3月11日，区教委、区卫生局联合召开教育系统预防传染病工作会。全区各中小学、幼儿园及民办学校计130个单位的主管领导和卫生教师200人参加了培训。

（杨晓伟）

【市教委下拨专款为区教育网络和信息中心购买CMIS硬件设备及相关软件介质】 3月23日，区教育网络和信息中心采购的硬件设备有：5台服务器、1台存储设备、不间断电源、2台印发卡机、1台数卡器、1台条码阅读器、手持IC卡POS和IC卡读写器。采购的软件介质有服务器操作系统、数据库管理系统、育典区级卡管系统、手持POS应用及通信系统。为学校采购的硬件设备有IC卡读写器、IC卡应用读写器，软件介质有育典校级卡管系统。

（刘春艳）

【加强中小学校收费管理】 3月24日，区教委、区发改委、区财政局联合对19所中小学校春季开学收费情况进行抽查。检查重点为：严格执行义务教育阶段公办学校“一费制”收费标准情况；城镇地区学校执行《收费卡》规定情况；违规补课收费情况；强制购买教辅材料及学具、报刊情况；执行收费审批备案制度、收费公示制度、收费结算制度情况；执行免收借读费政策情况。检查结果表明：各中小学对收费工作重视程度明显增强；领导工作力度进一步加大；各级领导干部对收费政策与要求的理解有新的提高，自觉治理的意识增强；学校自我监督到位，规范化程度进一步提高；乱收费现象明显减少。

（杨晓伟）

【成立中小学学科名师工作室】 3月29日，成立中小学学科名师工作室。工作室成员由区内8名中小学在职的北京市特级教师、北京市学科教学带头人和区教委认定具有特殊贡献的教师组成。区教委每年为名师工作室划拨专项经费，保障“名师带教”各项活动的开展。加强中小学学科名师管理，提出八项名师工作职责。要求名师承担完成市、区教委或业务部门交给的教育教学、支教讲学、教育科研、教师培训、教材编写等有关工作任务，服务全区各学校。

（杨晓伟）

【采取措施加强校本培训工作管理】 3月30日，对各中小学校、幼儿园校本培训工作提出：从实际出发，因地制宜，研究制定切实可行的校本培训计划；校本培训要以“新理念、新课程、新知识、新技术”为重点，制定学习和研究的内容；立足教育教学实践，探索与设计校本培训的有效形式，培训形式要多样；完善校本培训的组织管理，加强监督、指导、检查，树立典型；严格校本培训工作考核，制定教师成长远期规划和近期目标。区教委按专任教师人均200元补充校本培训经费，提供资金保障，并由教委统筹安排，合理使用。

（杨晓伟）

【检查幼儿园班车安全情况】 3月30日，区教委、区交通支队检查全区幼儿园班车安全情况。对全区幼儿园班车数量、车况、权属、司机资质等进行全面检查，并进行重新备案。区内共有接送幼儿班车的单位8所，班车17辆；所有车辆均已在区教委安委会备案；车辆行驶证、年检证齐全；司机驾驶资格符合市交通管理部门的有关规定；各单位均建立了班车管理制度；司机职责明确，定期检查车况，做到文明驾车，安全行驶，保证了幼儿的接送安全。

（杨晓伟）

【启动人才强教工程】 3月31日，召开区教育系统学科带头人骨干教师颁证暨人才强教工程启动大会。大会对本区到2008年的教师队伍建设进行全面部署，印发《昌平区人才强教工程文件汇编》。授予8位教师为“昌平名师”，表彰3名市级学科带头人、71名市级骨干教师、87名区级学科带头人、311名区级骨干教师。会上区教委制定了五项措施：健全组织，明确职责，分层推进；强化管理，建章立制；搭建5个平台，提供成长空间；加强教师培训基地建设与管理；继续加大投入，建立专项资金，用于学科名师、学科带头人、骨干教师的科学研究、奖励津贴、学术活动交流等经费使用。确保教师队伍建设工作目标的实现。

（孟春雨）

【启动干部队伍建设工程】 4月6日，召开实施干部队伍建设工程大会，制定并实施《教育系统干部队伍建设工作意见》和《教育系统干部队伍建设工程实施方案》，确定了干部队伍建设的具体目标与任务，坚持全面推进干部管理制度创新，不断完善干部发现培养机制、选择使用机制、考核评价机制和监督奖励机制，采取设立干部培训专项经费等措施。选派优秀中青年校长到教育发达地区挂职锻炼，参加国家、市级骨干校长高研班学习，召开办学思想研讨会、校长论坛，为教育系统干部成长搭建展示平台，促进干部的专业化发展，全面提高中小学的管理水平。

（徐大生）

【加强教育系统安全稳定】 4月10日，区教工委、教委分别召开驻昌公办高校、民办高校和公立中小学、幼儿园、直属单位及民办中小学领导干部会，传达中央、市委、区委有关会议精神以及部署的各项工作，积极采取措施，加强教育系统安全稳定。对区内各类学校具体要求，区教工委、教委实行领导班子成员联系学校、机关科室具体负责机制，与驻昌高校相互沟通信息，并由机关科室派专人到各高校校门口蹲点监控，发现问题马上上报区教委办公室，由区教委办公室上报区委。

（杨晓伟）

【加强青年教师师德建设和教育系统团队工作】 4月30日，召开本区教育系统庆五四暨青年教师师德标兵表彰大会，对30名青年教师师德标兵和40个红旗团支部、50名优秀团干部、10名十佳共青团员、100名优秀共青团员进行表彰。师德标兵代表、优秀团干部代表和少先队辅导员代表在会上进行典型发言。

（杨晓伟）

【加大投入，确保学校内部安全】 5月7日至10月10日，积极争取市、区投入资金309.8万元，为全区56所中小学安装电视监控报警系统，其中有32所中小学及幼儿园安装有电视监控系统。10月10日起，先后投入使用。全区所有寄宿制中小学、幼儿园均实现了24小时电视监控，全区公办中小学的重点部位全部实现了红外防盗报警监测，有效地控制了校园内刑事案件的发生。

（邵继武）

【加强食品卫生安全工作】 5月12日，区教委、区卫生局、区食品卫生办联合召开区教育系统食品卫生安全工作会，对全区教育系统食品卫生工作主管领导和食堂管理员进行食品卫生安全培训。会上区教委与各单位签定了食品卫生安全责任书，并对教育系统食品卫生安全工作提出了具体要求。区内各大中小学、幼儿园、民办学校食品卫生工作主管领导和食堂管理员300人参加了会议。

（杨晓伟）

【加强学校美育工作】 5月20日，召开学校美育工作会，全面回顾、总结“十五”期间学校美育工作，对8所美育工作先进单位进行表彰，部署昌平区“十一五”期间美育工作4项重点任务。全区各中小学主管领导，教师80人参加了会议。

（杨晓伟）

【加强学校网络安全管理】 5月23日，区教委与接入昌平教育信息网且需在网上（含在昌平教育信息中心WEB服务器上）有信息自主发布需求的单位签署网络安全协议，加强学校网络安全管理，对学校网络管理员、网站网址、网站负责人、网站技术人员进行登记备案，并对签署协议学校加强网络安全管理。

（杨晓伟）

【召开教育科研工作会】 7月22日，召开教育科研工作会，全面回顾总结“十五”期间全区教育科研工作，表彰了15所北京市教育科研先进单位、17所区教育科研先进单位、78名区教育科研先进个人，宣布2335篇第十五届教科研获奖论文。市教科院基教所所长朱懋勋、副所长赵学勤，区教委主要领导和部分科长，各中小学校长、幼儿园园长，学校、幼儿园主管教育教学、教科工作的领导，区教师进修学校主管领导和相关部门教师共220人参加了会议。

（杨晓伟）

【召开教研工作会】 7月23日，召开区教研工作会。会议总结了全区教研工作，并针对教研工作现状和存在的问题提出四条改进意见：进一步完善、落实各级教研工作机制；重点抓好教研组长的培训工作；继续抓好校本教研工作，增强教研工作的实效性；加强教研队伍建设。北京市基础教育研究中心主任梁威到会并讲话。区教委主要领导，各中小学校长、幼儿园园长，学校、幼儿园主管教育教学、教科工作的领导，区教师进修学校主管领导和相关部门教师共220人参加了会议。

（杨晓伟）

【举办自制教具展评】 8月15日至31日，举办“昌平区中小学2005年自制教具展评”活动。本次展评共设物理、化学、生物、常识科学、数学、文科和综合实践7个学科。有67所中小学报名，申报作品606件套，按评选条件初审，有63所学校的290件套作品参展。8月22日组织评委进行评选，共评选出特等奖3名，一等奖33名，二等奖49名。7所学校被评为先进集体。8月30日，北京市教育技术设备中心赵映彬主任等6人应邀参观指导。本次自制教具展评接待各级领导、教研员和教师等800人次参观。

（徐敬来）

【召开庆祝教师节座谈会】 9月9日，区长佟根柱、区人大主任任宝贵等区领导向全区教育系统干部、教师表示节日的问候，与全区优秀校长、教师代表30人进行座谈。区长佟根柱在座谈会上对近年来教育的发展给予了充分肯定。他表示，区政府还将继续大力支持教育事业的发展，解决教师、学校存在的问题，保障教师的切身利益，希望全区教师继续为全区经济社会发展作出新的贡献。

（杨晓伟）

【举办教育系统党员名师、优秀教育工作者教育咨询服务活动】 9月10日，区教工委、教委在昌平亢山广场举行“教育系统党员名师、优秀教育工作者教育咨询服务活动”。设立16个咨询服务台，32块宣传展板，为广大学生、家长和各界群众提供普通教育法律法规咨询、中小学学习方法指导、家庭教育、中小学生心理健康、学科教学、教育收费、职业教育和成人教育、招生考试政策等方面咨询服务。接待咨询3200人次，发放宣传资料6000份。

（杨晓伟）

【中小学生文明礼仪知识竞赛】 9月23日，区教委、区文化工作委员会、区少年儿童工作委员会联合举办中小学生文明礼仪知识竞赛决赛。小学组：巩华中心代表队荣获一等奖；城北中心、二一学校获二等奖。中学组：昌平职业学校获一等奖；前锋学校、南口学校获二等奖。

（安凯杰）

【召开小学作文教学现场会】　9月28日，召开作文教学现场会。全区各小学教学干部、语文骨干教师、语文教研组长等200人参加了大会。会上，昌盛园小学作题为《结合年级特点，开发多种途径，训练表达能力，提高语文素养》的作文教学管理经验汇报，由教师和学生代表分别就作文教学和作文学习谈了切身感受。与会教师分年段听了昌盛园小学的作文课堂教学展示，亲身感受了昌盛园小学从学生年龄特点入手，探索作文教学有效模式，提高作文教学效率的有益尝试，看到了该校在作文教学工作中所取得的成绩。区教委同时下发了《昌平区教育委员会关于加强小学作文教学的指导意见》，对全区小学作文教学工作提出了具体的要求。

（张建飞）

【加强流动人口子女学校安全管理】　9月28日、29日，区教委分成8个组，分别对区域内流动人口子女学校进行全面详细的安全检查。区域内共有流动人口子女学校43所，教职工829人，在校生16496人，其中8所已由区教委审批为社会力量办学。各流动人口子女学校普遍存在安全管理问题，区教委召开检查情况汇报会，传达市有关会议精神，总结检查情况，并对流动人口子女学校的管理提出具体要求进行整改。

（杨晓伟）

【积极做好与内蒙古太仆寺旗学校对口支援工作】　10月17日至18日，区教委到内蒙古太仆寺旗，向该地区中小学捐赠服务器4台、计算机120台、图书52253册、实验桌34张。11月24日，区教委通过学生捐赠、学校调剂、整体调配等方式，共筹集图书52253册，电脑120台，网络服务器4台，实验桌34个，赠送太仆寺旗学校，缓解教学设备不足问题。区教委另出资4万元，用于解决太仆寺旗当地农牧民扫盲培训。

（孟宪龙）

【加强治理教育乱收费工作】　11月11日，区监察局、纠风办、发改委、财政局、审计局、文化委、教委组成联合检查组，对区内27个教育机构（8所高中校、1所职业学校、12所义务教育学校、5个区教委所属行政事业单位、1所中专校）的教育收费情况进行了检查。针对检查中发现的问题，提出了五项整改措施。

（杨晓伟）

【召开学前教育工作会】　11月22日，召开学前教育工作会。区教委作《立足本区、不断探索，全面提高学前教育质量》工作报告，表彰了7所示范幼儿园和17名集体教育活动中获奖教师，示范幼儿园园长、民办幼儿园园长和教师代表进行了典型经验介绍。市教委学前处处长张小红、全区各乡镇（街道办事处）主管学前教育的镇长、各幼儿园的园长、保教主任及获奖教师共120人参加了此次会议。

（韩　梅）

【召开高中教学工作会】　11月25日，召开“昌平区2005年高中教学工作会”。总结基础教育质量提高工程实施一年来的主要工作，奖励在高中教学工作中做出突出贡献的干部、教师；总结和交流教育教学工作经验；明确今后高中教学工作的思路和要求。

（王丽梅）

【召开德育工作会】　11月26日，召开德育工作会，市教委德育处处长关国珍、区教工委、教委、区政府教育督导室的主要领导参加了会议。区教委作《以人为本，求真务实，不断提高德育工作实效性》的报告。总结回顾全区德育工作情况，分析存在的问题和不足，并制定今后德育工作四项重点内容：全面启动昌平区加强未成年人思想道德建设工程；进一步加强课堂教学主渠道建设，落实全员、全程育人目标；进一步加强制度建设，为德育工作提供有力保障。进一步建立健全学校、家庭、社区相结合的未成年人思想道德教育体系。会上对6个北京市德育工作先进集体、17名优秀德育工作者、12个昌平区德育工作先进集体、21名优秀德育工作者、105名优秀班主任、9所北京市文明礼仪示范校、10所昌平区文明礼仪示范校进行了表彰。全区中小学校长、德育干部、团队干部、品德教师和班主任教师代表800人参加了会议。

（杨晓伟）

【召开小学教学工作会】 11月28日，召开小学教学工作会，总结小学教学工作情况，分析存在的问题，提出进一步加强小学教学的四项重点工作：做好干部、教师新课程理念的全员培训；继续开展课堂教学改革工作；做好地方课程的管理和地方教材的使用工作，做好校本课程的开发指导和管理工作；重点建设一批校本教研基地，探索校本教研有效模式，提高校本教研实效。会上对11所小学教学质量监控与评价优秀学校、11名优秀教学干部、88名学科优秀教师和2所北京市课程教材改革实验工作先进单位、9名北京市课程教材改革实验工作先进个人及8所区课程教材改革实验工作先进单位、35名区课程教材改革实验工作先进个人进行了表彰。

（杨晓伟）

【以校本教研促进教师专业化发展现场会】 12月8日，市教委在本区召开“以校本教研促进教师专业化发展”现场会。会议观摩了中小学共8节展示课；听取了“北京市校本教研基地建设项目”总结汇报、“立足校本教研，让教师幸福地成长”专题报告和基层学校、教研组、教研员、教师代表的发言；向各区县赠送了《以校为本，促进教师专业化发展——昌平篇》。市教委领导、市教科院基教研中心领导及教研员、各区县教委领导、基层学校领导、教师代表共500人参加会议。

（付淑杰）

【政府扶持建立专门流动人口子女学校】 12月8日，区教委审批同意在东小口镇东小口村设立北京市昌平区东方红学校，为完全小学。设12个教学班，在校生110人。市政府拨付专项资金150万元，区教委扶持价值4000元的课桌椅400套。

（王久玉　李桂松）

【区委领导到小汤山中心小学检查供暖工作情况】 12月8日，区委书记赵凤桐等区领导检查了小汤山中心小学的供暖情况，并询问了学校的改造进程。区领导在听取了学校情况汇报后，指出学校一定要高度重视供暖问题，要加强食堂和宿舍方面基础设施的建设，硬件设施一定要跟上来，要重视学生的安全问题，可以考虑开通班车接送家比较远的孩子；要求已经提出了学校改造设计方案的小汤山中心小学尽快筹措好资金，保证切实落实设计方案。

（邢　丽）

【召开2006年年鉴工作会】 12月10日，召开2006年年鉴工作会。参加会议的有区教委机关各科室、区教师进修学校各处室、直属单位、各中小学、民办学校及驻昌高校等单位主管年鉴工作的领导及撰稿人员120人。会上对2005年教育志办公室工作进行了总结；对2006年年鉴条目撰写提出了具体要求；会议宣布2006年起区教委编写出版本区教育年鉴，不再出版区教育大事记，因此征稿范围为年鉴条目。会议宣读了2006年新调整的区教育年鉴编写组成员和编纂人名单。

（韩玉霞）

【召开北京市教育资源网应用示范活动昌平试点活动总结表彰会】 12月22日，召开北京教育资源网应用示范活动昌平试点工作总结表彰会。会议听取了关于资源网应用的经验总结、学校组织管理的经验介绍、教师应用资源的经验介绍。会议表彰了获得优秀组织奖的城南中心等6所学校和获得一、二、三等奖的教师。北京市教育网络和信息中心资源部负责人及全区参与试点工作的教师65人参加会议。

（刘　丽）

【召开考点总结会】 12月27日，召开了2005年考点组考工作总结会。会上对2005年组考情况进行了认真总结，明确了2006年考点组考工作的要点。全年组织各类考试12次，累计组考15599场次，考生总人数达154128人，总科次为454984科次。36个考点在工作质量综合考评中均被评为一等奖。区教委、36个考点的主考、副主考和考试中心全体工作人员共计97人参加会议。

(张 宏)

【教育部特殊教育科研课题圆满结题】 12月28日，召开《全纳性班级语文教学分层评价的研究》结题鉴定会。对课题进行鉴定的人员有：国家教育部、北京市教委基教处、北京市特教中心等特教专家。约40万字的成果集《走近全纳》一书是成果主件。各位专家认真鉴定，一致通过结题。

(周德林 周学荣)

学前教育

【概 况】 昌平区有各级各类幼儿园133所，其中教委直属幼儿园4所，城镇幼儿园18所，农村幼儿园99所，民办幼儿园12所，农村小学附设学前班25个，在园幼儿1.2万多人；专任教师1170人，大学专科以上学历798人。年内，认真宣传贯彻《北京市学前教育条例》、《幼儿园教育指导纲要》，积极推进幼儿素质教育，全区学前教育有了长足的发展，基本满足了3岁至6岁儿童受教育的需求，3岁以下儿童受教育率也正在稳步提高。幼儿园的教育教学质量正在逐步提高。全区共有北京市一级一类幼儿园3所、一级二类幼儿园2所、二级二类幼儿园7所。区教工幼儿园被评为北京市示范性幼儿园，迈入北京名园的行列。机关幼儿园等7所幼儿园被评为区级示范性幼儿园。

(韩 梅)

单位名称：北京市昌平区教育委员会
地址：昌平区南环东路1号(昌平区广播电视中心综合办公楼)
电话：(010)69742570
邮编：102200

【财贸幼儿园完成归口转制工作】 1月1日，区财贸幼儿园归属于区教委直属，单位性质也由原来的自收自支转化为财政全额拨款事业单位。财贸幼儿园占地面积1960平方米，建筑面积2222平方米，始建于1976年10月，2004年12月31日前属区商业委员会附属办园。有教职员工28人，带班教师13人，教学班9个，收托幼儿300名。

(丁建明)

【教工幼儿园举办“纲要”及幼儿快乐发展答辩会】 1月16日，教工幼儿园举办了一场《幼儿园教育指导纲要(试行)》、《幼儿快乐与发展》答辩会。共24位教师参与答辩，答辩内容以《纲要》为依据，划分为健康、语言、社会、科学、艺术五大类。评出最佳《纲要》内容领会奖6名，最佳口头语言组织奖3名，最佳语言应变能力奖2名。

(褚小芹)

【添置电子技防设施】 2月15日，财贸幼儿园投资4.9万元，在幼儿园内各处装备了科技安全防护设施，安装了带有4个摄像头的周界红外线电视监控系统。在幼儿园14个班级和两个科室安装了16部内部报警装置，有效预防各类重大幼儿安全事故的发生。

(丁建明)

【举办幼儿园教育管理系列讲座】 2月25日和4月29日，区教委学前教研室举办题为“现代学前教育需要什么样的管理者”和“共同成长——教育过程中的师幼互动”系列培训讲座。北京市丰台区学前教研室主任刘洪霞老师就现代教育管理的特征及如何做成功的管理者谈了自己的看法和观点，介绍了丰台区幼儿园管理的优秀经验。全区管理干部总计128人聆听了讲座。 (尚 南)

【开展幼儿园教师“我读书、我思考、我成长”征文演讲活动】 2月，区教委学前教研室在全区托、幼园所广泛发起了教师读书活动，号召全区幼儿园教师乐于读书，勤于思考，结合所读书目及教学实践进行反思，并将心得体会以文稿形式记录下来。9月举行“我读书、我思考、我成长——落实《纲要》精神走进童心世界”征文活动。各园教师积极踊跃投稿，本次活动共收到征文186篇，涉及18个园所。评出了一等奖10名、二等奖20名。10月19日，举行了“我读书、我思考、我成长——落实《纲要》精神走进童心世界”征文演讲比赛。经过紧张激烈的角逐，评出一等奖2名、二等奖3名。全区托、幼园所园长、教师共105人参加了此次演讲活动。

（尚　南）

【家长接送幼儿需持证】 3月1日，财贸幼儿园3名专业保安人员正式上岗值勤。财贸幼儿园向在园的350余名幼儿家长发放了幼儿接送证。接送证的内容主要有：幼儿姓名、照片、幼儿性别、入托时间、父母姓名、工作单位、家庭住址及联系电话等。家长接送幼儿必须持证方可进出幼儿园，否则不准入园接儿童。检查接送证的工作由专业保安负责，幼儿园各班级教师辅助参与检查本班接送证和接送儿童工作。

（丁建明）

【教工幼儿园举办家长开放日活动】 3月6日至8日，教工幼儿园面向家长开放，开放主题是：“祝妈妈节日快乐，妈妈您辛苦了。”活动内容有《我给妈妈做红花》、《我和妈妈一起做面点》、《给妈妈说句心里话》、《我给妈妈画像》等，共有381名家长参加。

（褚小芹）

【机关幼儿园成立早教基地】 3月27日，机关幼儿园在一街社区成立了早期教育基地，开办了0至3岁儿童早期教育亲子班。组织了第一次亲子活动，共有14名幼儿，28名家长参加了活动。

（董文秀）

【机关幼儿园加强教师培训】 3月31日至4月1日，机关幼儿园组织全体教师到少年宫进行了国画知识与技能的培训，请专业教师进行有关国画绘画基本知识、用色用笔技巧的讲解，同时进行了现场实习，教师进行了现场辅导。10月还两次组织教师到中国美术馆参观画展。

（董文秀）

【教工幼儿园被评为北京市示范幼儿园】 4月5日，北京市示范幼儿园验收小组的17位评委来区教工幼儿园进行市级示范幼儿园的检查评审。12月13日，北京市教委为教工幼儿园颁发了“北京市示范幼儿园”荣誉称号铜牌。

（韩　梅）

【教工幼儿园举办幼小衔接讲座】 4月30日，教工幼儿园与二毛小学合作举办幼小衔接讲座。讲座的内容为“大班幼儿入小学后的不适应问题”。参加讲座的人员有大班幼儿家长及幼儿教师110名。4名教师列举了刚入学的幼儿对加入小学后的种种不适应现象，讲解了家长怎样正确对待幼儿入小学后的不适应问题，建议家长及教师正确引导并帮助幼儿提前适应小学生活，养成良好习惯，减少幼儿入小学后的不适应问题。

（褚小芹）

【“双龙杯”幼儿书画大赛】 4月，机关幼儿园参加2005年全国双龙杯幼儿书画大赛，共有131幅作品参赛，123幅取得优异成绩，其中2名幼儿的作品获钻石奖，10名幼儿获金奖，30名幼儿获银奖，31名幼儿获铜奖。大班曹加一小朋友的美术作品“捉害虫”在5月份的《娃娃画报》中发表。

（董文秀）

【幼儿园管理干部及骨干教师研究性教育活动观摩研讨】 5月13日、5月20日举办“昌平区幼儿园管理干部及骨干教师研究性教育活动观摩研讨”系列活动。观摩了教工幼儿园骨干教师王凤新的语言活动课——仿编诗歌《摇篮》、机关幼儿园骨干教师尹东方的艺术活动课——拓印画《假如我有一片七色花花瓣》。课后全区各类托幼园所的业务管理干部及骨干教师开展了积极的研讨，对两节课的成功经验及不足进行了全面分析。共计176人参加了观摩研讨活动。

（尚　南）

【举办幼儿园保育员上岗证培训班】 7月10日至17日，区教委学前教研室与北京幼师师资培训中心联合举办了昌平区幼儿园保育员上岗证培训班。参加培训的教师涉及公办、农村、民办及社会人员共50人，共开设教育学、心理学、卫生学三门课程，经过考试全体学员都取得了保育员上岗资格证书。

（韩　梅）

【工业幼儿园改善办园条件】 7月至8月，区教委投资150万元将工业幼儿园南北两栋教学楼进行室内装修，把幼儿活动室、睡眠室的墙面进行粉刷，把水泥地面全部换成了木地板，厕所贴上了瓷砖，同时对危电和水暖管件进行了全面改造和局部改造，使幼儿园的内部环境焕然一新，为幼儿创造了安全舒适的学习生活环境。

（李迎春）

【幼儿园利用暑假进行室内环境装修】 7月至8月，区教委投资89万元，对财贸幼儿园两座楼共计2222平方米进行了一期工程室内装修、室外环境改造和部分设备更新。其中包括幼儿园室内、楼道墙壁的粉刷；地面铺设复合式木地板；更换塑钢门窗；加装北楼室外楼梯护拦和进行幼儿食堂内部的整体改造，使幼儿园的环境卫生条件更趋合理。

（丁建明）

【工业幼儿园举办“小小跳蚤市场”活动】 9月24日，工业幼儿园开展“小小跳蚤市场”活动，全园共有31名幼儿、40名家长参加了此次活动，共交换玩具96件。参加活动的孩子们把家中闲置的图书、玩具拿到幼儿园与其他幼儿进行交换，避免了物品的浪费，培养了孩子们的环保意识、节俭意识，同时给参加活动的幼儿创设了真实的市场情景，在交换过程中，培养了孩子们的交往能力，语言表达能力以及初步的理财观念。

（李迎春）

【师幼秋季趣味游戏运动会】 9月30日，教工幼儿园举行了一次师幼秋季趣味游戏运动会。运动会集趣味性、游戏性于一体，以“大胆参与，寓教于乐”为主题。幼儿运动项目有蚂蚁搬豆、足球小将、“猴子”钻钻钻、螃蟹走、送小动物回家、我是奥运小选手等14个项目，教师运动项目有跳绳、踢键子、投掷皮球3个传统项目。

（褚小芹）

【尝试让墙面环境成为孩子们的园地】 9月，财贸幼儿园从中大班开始尝试以“让墙面环境成为孩子们的园地”为主题，开展各种活动。让幼儿参与环境布置的过程，提高他们的设计能力、动手能力，培养幼儿合作意识并获得成功体验。确定每一个班级留一面活动墙给幼儿，由孩子们自由发挥想象动手创作，教师只有建议权和提供材料权，把所有主动权留给班里的每一个孩子，积极鼓励每个孩子动脑想、动手剪、往墙面粘贴来布置环境。

（丁建明）

【机关幼儿园家教宣传活动】 10月1日，机关幼儿园在亢山广场门口开展以“家园共育、携手未来”为主题的社区服务活动。活动内容包括发放家教知识宣传材料、手工制做、讲故事、亲子游戏等。此次活动以丰富的内容，生动有趣的形式受到了社区群众的欢迎，家长们纷纷携幼儿参与到活动中来。

（董文秀）

【工业幼儿园青年教师教学活动评优】 10月17日至21日，工业幼儿园组织了青年教师教学评优活动。评优活动包括：集体教学活动、活动反思。共有20名教师参加，参评的活动包括语言领域、艺术领域、科学领域，形式多样。张杰老师组织的“人体拓印”、杨立荣老师组织的科学活动“声音”获得一等奖。

（李迎春）

【召开贯彻落实《纲要》精神，深化幼儿园课程改革现场会】 10月26日，召开"昌平区落实《纲要》精神，深化幼儿园课程改革"现场会。观摩了机关幼儿园的教育教学活动。市教委学前教育处处长张小红等领导及本区24所幼儿园的园长、业务主任、保教主任、骨干教师，共计74人参加了会议。

（韩 梅）

【尝试幼儿园珠心算游戏化教学】 10月，财贸幼儿园尝试把游戏活动运用在幼儿园珠心算教学上，充分利用游戏的多种形式让孩子在娱乐中学习珠心算，改变单一的传统教学模式，让孩子在丰富多彩、生动有趣的游戏中参与，使孩子产生极大的兴趣，在游戏活动中调动多种感官，开发孩子的逻辑思维能力。

（丁建明）

【开展幼儿园青年教师评优课活动】 11月17日至25日，区教委学前教研室开展了幼儿园青年教师课堂教学评优活动，共14所幼儿园49名新任教师参加了此次活动。其中公办园7所、部队园4所、民办园3所。6名评委按照评委会统一要求，依据幼儿园《新任教师教学活动评优标准》，通过查看教案、现场听课、课后听取教师独立反思的方式，对新任教师的教学设计能力、课堂教学组织能力、教学反思能力进行了全面的考察与评价。经过评委认真、细致的评审，共评出一等奖10名、二等奖14名。

（尚 南）

【工业幼儿园开展向山区孩子献爱心活动】 11月，工业幼儿园开展"向山区孩子献爱心"活动。全园共有153名幼儿和50名教师参加了"献爱心"活动，共捐赠玩具660件、图书450册、文具70件、衣物264件。

（李迎春）

【安全教育游戏展示活动】 12月13日，教工幼儿园举办托班、小班安全教育游戏展示活动。游戏集趣味性、知识性、规则性于一体，展示了"不玩危险物品"、"文明小司机"、"安全伴我行"、"狼和小兔"、"乘坐汽车"、"勇敢的小黄鸭"、"小司机认标记"、"不跟陌生人走"、"喊妈妈"等16个游戏。游戏中创设和渗透了安全知识、辨别行为的对错、爱护环境等情境。通过幼儿和老师集体游戏，引导幼儿认识各种交通标志，帮助幼儿形成正确的行为方式，提高幼儿的辨别能力和自我保护意识。

（褚小芹）

【TPR英语教学活动开放展示】 12月15日，教工幼儿园面向家长举办TPR英语教学活动开放展示。展示的班级有大、中、小10个班，每班活动时间为90分钟。展示内容丰富多彩，充分利用视、听交际手段，借助游戏、歌曲、动作表演等活动来实现。381名家长参加了此项活动，并对教师的教学活动进行了书面评价。

（褚小芹）

【安全知识竞赛活动】 12月16日，教工幼儿园中班小朋友举办《安全知识竞赛》活动，110名幼儿参加，幼儿们回答主持老师许多有关安全的问题，表演有关安全的儿歌《交通拍手歌》、《电老虎》、《盲人过马路》等。各班老师上台为小朋友表演了木偶剧《小猫和妈妈出去玩》、《公共汽车上的故事》和情景表演《谁做的对》。

（赵玉娟）

【举办第二届语言艺术节】 12月27日至29日，教工幼儿园举办第二届语言艺术节。本次活动设立了三个教师评委组，12个班级分小托、中、大三个组，同组之间进行比赛汇演。比赛节目分：童话剧、听我说儿歌、英语歌曲歌谣个人展示、英语歌曲联唱、表演五个大项目，共60个节目。全园师幼380人参加了此项活动。

（褚小芹）

中小学教育

【概 况】 2005年，全区小学53所，教学班

1177个,在校生34151人,借读生11992人,招生5370人,毕业5400人,毕业率100%。教职工3906人,其中专任教师2950人。初中43所,457个教学班,毕业人数4966人,招生数3360人,在校生数14706人,借读生3505人。专任教师1440人。残疾儿童入学率97.4%,巩固率100%,结业率100%。小学教师、初中教师、高中教师学历合格率均为100%。中小学具有高级专业技术职务教师473人,其中小学16人,中学457人。校外教育单位1个,教职工32人,专任教师28人。高中学校数11所,教学班198个,在校学生7780人,借读生689人,高考录取率85%。全区校舍总占地面积2205502平方米,总建筑面积565328平方米。中小学藏书1494866册。固定资产总值74828万元,全年教育经费投入60542万元,其中国家拨款53059万元,自筹经费7483万元。

(兰永平　王立梅　王长军)

单位名称:北京市昌平区教育委员会
地址:昌平区南环东路1号(昌平区
广播电视中心综合办公楼)
电话:(010)69742570
邮编:102200

【加强学校网络设施建设,推进教育信息化进程】　1月起,昌平四中网站(www.cpsz.com)开设了信息发布、四中简介、教育教学、资源中心等窗口,学校的通知、提示、文件及资料等都在网上运行。学校购买了"北大附中远程教育网"和"蓝鼎数字世界"等教育教学软件平台,通过校园网接入一个ftp服务器。在全区中小学"校园风采"优秀网站评比中荣获一等奖;在自制课件评比活动中获得市级一等奖两个,在国家级信息技术刊物上发表作品两篇;教学设计获市级一等奖3个,市级二、三等奖共4个;教师电脑作品大赛获区级二等奖3件;信息技术与课堂教学整合的论文获市级一等奖1篇、二等奖2篇;信息技术与课堂教学整合录像课获得区级二、三等奖共3个。

(刘希杰)

【参加北京市教育学会第八届"三友杯"山区教育优秀成果表彰会获奖】　1月5日,北京市教育学会第八届"三友杯"山区教育优秀成果表彰会在北京市社会科学院举行。会上,高崖口中学李春梅老师以《扎根山区为教育无怨无悔》为题的论文做大会重点交流,并获一等奖。流村中学张瑞祥校长的"提高认识适应形势增强抓思想政治工作的自觉性"获三等奖。

(巩建文)

【教师进修学校爱心募捐】　1月6日,开展为印度洋地区海啸灾民募捐活动,共捐款10330元。6月7日,教师进修学校围绕弱势群体贫困家庭掀起"援助弱势贫困家庭,人人献爱心活动",共捐款4710元。11月21日,为昌平农家女实用技能培训学校捐款购置了围巾、帽子100套,学习用品620套,衣物160件。

(王瑞利)

【城关小学少先大队开展"我读书我快乐"活动】　1月至12月,城关小学少先大队全面开展"红领巾读书"活动。广大少先队员积极参与"童心舞台"、"爱心快递"系列活动。在活动中全心实践,在实践中充分体验,取得了优异的成绩。城关小学获得2005年度北京市红领巾读书活动先进单位、昌平区最佳组织奖、昌平区第二届"爱心快递"捐赠活动优秀组织奖,六(五)中队获得爱心先锋队,1名教师获得北京市红领巾读书活动优秀辅导员,3名学生获得北京市红领巾读书活动短剧最佳编剧奖,童话剧《森林之家》获得北京市红领巾读书活动短剧团体二等奖,文明礼仪剧《我爱"夕阳红"》获得北京市红领巾读书活动短剧团体三等奖。

(于海霞)

【召开校外科技教育工作研讨会】　1月17日,召开全区33所中、小学科技干部和教师参加的"昌平区中、小学科技教育研讨会"。

此次研讨会的议题是“交流昌平区2004年中小学生科技节活动的工作经验,讨论青少年科技教育活动中存在的问题及今后发展方向”。会议首先听取了校外教育办公室2004年科技节的工作汇报和2005年科技节的工作设想,然后由二毛小学、昌平五中和昌平二中就本校学生科技教育活动的开展进行了典型发言,大家对议题进行广泛讨论并提出建设性意见和建议。

(李玉明)

【南邵中心小学举办健康讲座】 1月18日,南邵中心小学邀请北京柯瑞生物专家团高级讲师田学敏教授为全校教职工共93人,进行了一次题为《健康生活每一天》专题讲座。田学敏教授从环境、饮食、锻炼、心理四个方面,生动地讲解了如何保健身体才能健康地生活。

(王　义)

【阳坊中学开展政教主任竞聘工作】 1月18日,阳坊中学向全体教师宣布了政教主任实行竞聘的通知。3月26日召开动员会。4月8日进行笔试。4月9日进行竞聘演讲和答辩。4月11日进行了有人事干部、教代会代表、政教领导小组成员、年级组长、班主任参加的民主测评。经过自荐、笔试、演讲、答辩和民主测评等程序,在区教委、学校两级评委的考评下,经过激烈的竞争,2人被内聘为政教主任和政教副主任。

(付文霞　李志蓉)

【史各庄中心小学举行教师硬笔书法及电脑打字比赛】 1月19日,史各庄中心小学举行全体教师参加的硬笔书法及电脑打字比赛。本次比赛学校选用统一内容,由全体教师首先进行钢笔字和粉笔字的书写比赛,分别写出手稿,再将所写内容利用电脑进行打字录入,同一时间内看教师文字书写质量和打字数量的多少进行评比,目的是提高教师的书写基本功和文档处理能力。

(樊海龙)

【成立北京市昌平区学校后勤服务中心】 1月21日,经区教委批准原“北京市昌平区校办企业公司”正式更名为“北京市昌平区学校后勤服务中心”。服务中心位于水关新村甲22号三楼,使用面积838.94平方米。4月,经昌平区教委批准原红冶中学校舍归属服务中心使用,建筑面积2600平方米。学校后勤服务中心有在册职工总数33人,其中有会计师1人、注理会计师1人、统计员1人、政工员2人。高级司机3人、中级司机3人,高级厨师1人、中级电焊工1人。新购置办公设备:3台计算机、2台打印机、1台复印机。厨房设备:电烤箱、电饼铛、电饭煲、煤气灶各一台。区教委决定对学校后勤服务中心、原昌平区教委维修站进行整合,扩大规模,增加服务项目。服务中心将为全区中、小学教育教学、后勤服务。负责全区中、小学教舍维修、供暖、中小学校方责任险、旅游、校车管理、校服、运动服、工作服及针织品加工、办公用品采购等。

(孙玉枝)

【加强教科研工作,将新课程理念转化为优质课堂教学实践】 1月21日开始,昌平四中加入了国家级课题《基于网络环境下基础教育跨越式发展》的研究,有4个实验教学班、3个实验学科,共12位教师参与了此项课题的研究。北京师范大学总课题组与区教委教育网络和信息中心领导为跨越式课题实验进行为期3天的跨越式理念培训、案例分析和资源建设前期培训;3月正式启动跨越式课题实验;8月跨越式课题组教师到厦门参加总课题组举办的交流活动。全年收集精品教学案例80篇,积累研究资料录像课70节,形成阶段性成果论文20篇。

(刘希杰)

【召开学科教学交流会】 1月22日至23日,昌平五中召开教学工作会。会议的主题是“总结经验,找出不足,相互借鉴,共同提高”。会上,6个学科骨干教师作了典型发言。语文组提出了坚持教学工作的“四认真”。即认真备课、认真上课、认真布置及批改作业,认真辅导，做好培优补差工作，把教学过程的每一个环节都落到实处；数学组提出了低起点、常归纳、快反馈及“自主、合作、探究”的学习方式，加强分层教学、分类指导的探索；英语组提出了拓展课堂，推进校本教研；物理组提出了同伴互助，跟踪听课、评课教学；体育组提出了“六抓”，即抓教学进度和备课、抓常规纪律、抓安全教育、抓运动密度、抓锻炼实效、抓听课评课；音乐组提出在说课、评课中发扬“众人为我，我为众人，人人奉献，整体提高”的精神。共27人参加了会议，提交总结论文21篇。

（于学志　王　辉）

【青年教师教学板书评比活动】 1月25日至2月5日，南口学校组织了青年教师教学板书评比活动，根据教师所教年级与学科特点，从教学目标与重点是否明确突出、安排条理是否合理清楚、字迹是否工整美观大方三个方面进行综合考评，评出青年教师板书设计与书写一等奖8人，二等奖14人。

（沈玉梅）

【召开竖笛培训成果汇报会】 1月至4月，区教委体美教研室举办小学音乐教师竖笛培训，每周授课一天。全区共有32所中心校101位小学音乐教师参加此次培训。培训以《八孔竖笛吹奏教程》为教材，系统学习了八孔竖笛的演奏技巧。经过培训全体音乐教师基本掌握了八孔竖笛的演奏技能、技巧，4月26日，举行了竖笛培训成果汇报会。101位音乐教师全部领取了结业证书。

（苏伦高娃）

【开展多种形式“新童谣”创作和表演活动】 1月，少年宫把《新童谣》引进校外教育课堂。写作班的同学进行新童谣的创作；书法班以通俗易懂，朗朗上口的新童谣为内容让学生进行书法练习，使学生在进行书法学习的同时受到教育；绘画班采用“画说《新童谣》”的形式，张开想象的翅膀，用画笔描绘出新童谣的内容，将稚真与童趣表现得淋漓尽致；舞蹈班的同学则用舞蹈的形式来表现新童谣。假期结束后，少年宫将同学们创作的66篇新童谣举办了“学员新童谣创作作品展”。

（李玉明）

【成立专题研究会提高学校整体工作】 2月1日起，昌平五中先后成立课堂教学研究会、班级管理研究会、校园文化建设研究会和党建工作研究会，以加强和提高学校教育教学研究工作。课堂教学研究会由学校骨干教师、教研组长组成，旨以课堂教育教学为中心，重点做好三个引导。即：将教师引导到教学上来、引导到课堂教学上来、引导到课堂教学改革上来，使教师在教学实践中突出体现有利于学生全面发展的教学理念；班级管理研究会由该校年级主任、校级骨干班主任组成，重点提高班主任工作能力，促进学生素质的全面发展，提升学校德育工作的整体水平。校园文化建设研究会通过研究校园文化建设基本理念，丰富校园环境建设理论，指导学校文化建设，创建完整并有鲜明特色的校园环境。党建工作研究会结合学校党建工作，对学校党组织的思想、组织、作风、制度和党风廉政建设等问题进行深入调查研究，提出建设性意见和实施措施，全面提高党员思想政治水平和综合素质，使学校党建工作管理科研化、系统化。

（于学志　王　辉）

【昌盛园小学安装全时电子安防系统】 2月1日至25日，区教委拨款8.5万元，学校自筹8万元，安装了校园安全监控防范系统。

（许顺新）

【少年宫开展“新年送春联下乡”活动】 2月1日，少年宫书法班的学员到马池口镇为村民现场送春联。学员们现场书写的一幅幅春联，得到村民们交口称赞，将63幅春联全部迎回家。

（李玉明）

【打开国学大门弘扬民族精神】 2月起，南口学校分别成立了教师、学生“国学研究学会”。教师研究会是以语文教研组牵头，以语文教师为主体，政治课教师密切配合，利用语文课和政治课对学生进行古代文明的教育。着手从众多的书中挑选出学生易懂的内容，有原文、注释、译文等方面编印中、英文两种语言的《南口学校学生国学教育读本》。学生社团以学生会牵头，学习部和宣传部学生为主体，挑选书中浅显易懂的文段，利用校刊对学生进行宣传和讲解。为创建文明的校园氛围，创建优美的育人环境，从《孔子》、《孟子》中筛选通俗易懂的有关立志、成才、为人、礼仪等名言40余条。在校园内的文化墙上书写名言警句，对学生进行潜移默化的教育。开展了“国学在我心中”的有奖征文活动，使国学教育真正落实在行动中。

（刘军芳）

【参加第五届北京市青少年电脑机器人大赛获奖】 2月3日，前锋学校代表队参加了“第五届中国青少年电脑机器人竞赛北京赛区选拔赛”。前锋学校13人参加了单项比赛中小学组、初中组、高中组的所有比赛，参加了机器人工程设计比赛中的小学组和初中组比赛。在工程设计比赛中，初中组“星球探索者”获一等奖。

（李德生）

【澳门大学张国祥博士举办讲座】 2月6日，澳门大学教育学院张国祥博士在教师进修学校举行《多元智能开发暨优质教育谘商自评系统的建设》讲座。张博士阐明了《多元智能开发暨优质教育谘商自评系统》的建设历程、在澳门培正中学的使用情况、对多元智能理论发展的贡献等。区教委及教师进修学校领导、课题实验学校干部教师共计200人聆听讲座，对课题的研究起到了极大的推动作用。

（郝志惠）

【沙河中学召开高中教学工作研讨会】 2月18日，沙河中学召开高中教学工作研讨会。以推进新课程理念，全面提高办学效益和办学质量，总结经验，巩固成果，树立先进，加快培养青年教师的成材步伐为目的，进一步落实沙河中学的“为生存与发展奠基”的办学理念和“让每一个学生进得来、留得住、都成材”的办学目标。会上重点研讨了高中三个年级的工作目标、工作策略与实施进程。学校领导、一线教师60人参加了研讨会。

（谷会宇）

【教职工个人发展规划研讨会】 2月19日，南邵中学举办教职工个人发展规划研讨会。每位教职工根据自身的发展潜力和所教学科的特点，剖析自身的发展优势与不足，阐述自己的发展目标，找出相应的措施，落实自己的规划目标。教职工之间进行了研讨。

（王克勇）

【情系奥运、文明礼仪伴我行】 2月20日，中滩中学在开学典礼上进行“情系奥运，文明礼仪伴我行”启动仪式。政教处和团委共同制定并公布了学校的活动方案，要求全体教师、同学在学校、社区和家长的帮助下，积极参与文明礼仪的实践活动。通过读书读报，了解文明礼貌的重要性；通过调查，了解周围人们的文明礼貌情况；检查自己在文明礼貌方面做得如何；通过实践，全体师生在学校做文明礼仪的带头人、在社区争做文明礼仪宣传员，在家庭做文明礼仪监督员。教师代表讲解了教师文明礼仪规范，学生代表向全体同学发出倡议：“让我们穿好校服，带好胸卡，不说脏话，不随地吐痰，把纸屑扔进垃圾桶，把国歌唱得更响亮、更加尊敬师长和团结同学，从身边的小事做起，每个同学都能够真正成为文明小使者，共同展示中滩中学的风采，为奥运做出贡献。”

（马玉娥）

【《小学生文明礼仪》授书仪式在城北中心小学隆重举行】 2月21日，城北中心六街小学在结业典礼上举行授书仪式，标志着“情系奥运，文明礼仪伴我行”系列活动正式启动。少先队大队委员会向全体师生发出文明礼仪倡议，1050人拿到了《小学生文明礼仪》读本。

（胡长红）

【昌平五中举办学生干部培训班】 2月23

日，昌平五中学生干部培训班开班。培训班采取“边学习边实践”的方式进行，培训班通过讲座、辩论、交流、个案讨论、疑难问题现场解答、自学等方式对班干部应具有的素质、如何当好班主任的助手、班干部之间如何搞好协作、怎样维持班级纪律、怎样处理偶发事件、怎样进行表扬和批评、怎样主持主题班会、怎样组织集体活动、怎样帮助后进生、如何协调同学与老师的关系等内容进行培训。班、团队干部、学生会干部130人参加了培训。从此培训形成制度，每月进行一次。

（于学志　王　辉）

【举办青年教师培训班】 2月29日，昌平五中2005年青年教师培训班开班。培训班采取导师带教的方式进行。通过讲座、观摩听课、做课、交流、反思、阶段汇报等活动，学习师德规范、课程标准、板书设计、教学管理、多媒体技术应用等内容。期间举办青年教师拜师会，21对老教师和青年教师结为师徒，相互交流教育教学经验。

（于学志　王　辉）

【首获全国班会设计一等奖】 2月，昌平五中贾俊坤老师的《“学法 知法 守法 用法——让灿烂的花季没有阴影”德育主题活动班会设计》荣获全国教育科学“十五”规划国家重点课题“整体构建学校德育体系深化研究与推广试验”2004年会暨第七届学术研讨会课题研究优秀成果一等奖。班会被设计成一模拟法庭，在模拟法庭现场，以学生团伙劫钱的案例，将整个“法庭审理案件”全程真实再现。小“主持人”邀请“法律博士”出场作为班会的嘉宾，“法律博士”通过剖析青少年犯罪现状及根源引出“案情重演”。此次主题班会是由学生们组建策划组、编剧组、演出组等多个小组，充分利用多媒体技术。整个庭审都是在区检察院的有关工作人员的指导下由学生们推敲出来的。

（于学志　王　辉）

【阳坊中学开展校园之星评比活动】 2月，阳坊中学在全体学生中开展“校园之星”大比拼评比活动。共评选出20名卫生、纪律、学习、礼仪、运动、爱心等校园之星，并以展板的形式向全校师生展示，每位校园之星的照片下都写有他们的座右铭。通过这一活动，既鼓舞了其他同学，又激励了获得“校园之星”称号的学生，使整个校园形成了一种讲文明、守纪律、互相学习、互相帮助、共同进步、和谐向上的校园风气。

（付文霞　李守颖）

【城北中心三街小学“阳光心语”信箱开通】 2月起，城北中心三街小学少先队大队设立“阳光心语”信箱。经过学校“红领巾广播站”的前期宣传，学生知道了这是倾诉心事，排解疑难的好地方。为了能让学生信任信箱，大胆敞开心扉，学校决定，写信同学可以用真名，也可用笔名，但为方便回信，要写清班级等联系方式。每周五由政教处的两位老师打开信箱或电子邮件，了解学生的问题，并根据具体内容以回信、聊天等形式及时给予解决。如果问题具有普遍性，在征得学生许可的情况下，通过红领巾广播的阳光心语栏目给以解答。

（王　颖）

【昌平实验中学加强常规工作落实】 2月，昌平实验中学加大学校教育教学管理力度，狠抓教育教学常规的落实和领导干部职责的落实工作。出台了《昌平实验中学安全保卫综合治理工作、巡视、抽查、普查制度》和《昌平实验中学教师办公室、教工宿舍安全、卫生检查管理制度》，扩大治保委员会，成立学校安全巡视、抽查、检查、普查领导小组和安全卫生检查小组。对办公室、教工宿舍、各专用教室进行定期检查和不定期抽查。实行安全、卫生责任逐级追究制，同教师的评优、评先、晋级挂钩。落实教师教学常规和学生学习常规，教务处下发了《昌平实验中学教师教学常规》和《昌平实验中学学生学习常规》，加大课堂常规检查的力度，检查结果于领导班子会上进行反馈和诊断，杜绝教学中的违法行为。加大对学生的常规管理，制定《昌平实验中学学生奖惩条例》，分别召开初高中全体学生大会，贯彻和落实该条例，加大对学生仪表、考勤、教室卫生的管理、检查、评价力度。加大对教师的常规管理，落实坐班制度，保证教育教学时间。

（廖顺华）

【开办四个普通高中英语实验班】 2月，区教委决定开办四个普通高中英语实验班，经昌平一中、昌平二中、实验中学、前锋学校申请、制定出详细的办班方案，昌平区教委审核、北京市教委批准。5月14日、15日，组织全区近2000名考生完成英语实验班招生"加试"工作。8月，在高级中等学校招生工作中，4个英语实验班招满170名学生，9月1日正式开学。

（王丽梅）

【高中阶段助学成果显著】 2月开始，区教委高中科与社会各界联合做好贫困生助学工作，先后完成5个助学项目的统计推荐工作：开展中国扶贫基金会新长城特困考生调查，有11名考生获得资助，资助金额为每人2000元/学年；配合区计生委做了"关爱女孩儿"助学工作，共推荐34名，有12名在高考中取得优异成绩的女生获得资助，资助金额为每人3000元；配合区慈善协会做了两批低保家庭品学兼优高中生助学工作，第一批有17名普通高中在校贫困生获得资助，资助金额为每人1000元，第二批有23名普通高中在校贫困生获得资助，资助金额为每人1000元；按北京市教委基教处要求做了宏志奖学金评选工作，共有180名普通高中在校贫困生获得资助，资助金额为每人500元；与民政局协调做好普通高中人民助学金推荐工作，共有62名低保家庭贫困在校生获得助学金，金额为每人每年1000元，并减免学费，住宿生减免住宿费。5个助学项目的助学金额累计33万元。

（王丽梅）

【前锋学校成立校园电视台】 2月28日，前锋学校正式成立"校园电视台"，并在学校的多功能厅举行"校园电视台开机启动仪式"。校园电视台栏目包括"前锋学校一周新闻综述"、"青春擂台"、"各类活动"。电视台的编辑、主持工作由教师和学生共同完成。

（王　霞）

【昌盛园小学建成200米标准塑胶操场】 3月1日，昌盛园小学操场建设开工，5月20日竣工，共投资194万元。操场总占地面积为5600平方米。操场设计为有四道200米的塑胶环形跑道，环形跑道内是人造草皮足球场，外侧建有一个标准的篮球场、羽毛球场、体育器材室；更新了广播器材。操场四周用3米高铁网维护，从而保证了学生体育课和课间活动的安全。

（许顺新）

【昌平三中食堂社会化】 3月1日，昌平三中食堂开始走向社会化。食堂由"京郓饮食服务中心"承包，校方与承包商达成了协议，校方同时为学校教职员工每人每学期补贴伙食费200元。为昌平三中每年节省开支10万元。

（胡志伟）

【昌平二中进一步改革青年教师培训制度】 3月起，昌平二中进一步对青年教师培训制度进行改革，在完善制度同时加强管理落实，学校为48位青年教师聘请了教师导师，学校以讲座形式对青年教师进行师德、教材、教法等内容培训，以教研组为单位对青年教师进行集体听课、会诊、反馈，推荐本学科的尖子教师。学年末，经过考核，有20位教师被评为优秀教学指导教师，有18位教师被评为称职教学指导教师。

（张　利）

【三街小学"我读书，我发展"骨干教师读书工程正式启动】 3月3日，城北中心三街小学各级骨干教师读书工程正式启动，在启动仪式上，学校向全体骨干教师推荐了一批关于文学、哲学、教育心理学、教育教学方法等方面的好书。要求每位骨干教师选择不同方面的书籍进行阅读，写出两篇读书笔记或读后感。并在隔周进行的读书交流会上进行交流讨论。使教师在读书中成长，形成我读书，我发展的良好氛围。

（孟宪卫）

【第二实验小学启动“师表工程”】　3月5日，第二实验小学为进一步加强教师师德建设，规范教师礼仪，启动“师表工程”，特请昌平职业学校老师来校作“有风度、有品位、有修养的现代人”的礼仪培训。

（路玉宝）

【开展树立学生文明形象活动】　3月5日至31日，昌平五中确定为文明礼貌秩序月，学校以校园礼仪为主要内容，结合家庭礼仪和社会礼仪的学习与实践，以“讲礼仪、懂礼节、有礼貌”的教育和养成良好行为习惯、培养优秀品质为重点，向全体学生提出树立“十个文明形象”活动，即：升降国旗，奏唱国歌时肃立行礼；与人相处，语言文明，友善宽容，明礼诚信；公共场合，轻声交谈，举止文雅，着装得体；孝敬父母，尊敬师长，乐于助人；乘车购物，不拥不挤，座位让给有困难的人；行车走路，遵守交通规则；保护环境，垃圾废物不乱扔，绿地草坪不践踏；爱护公用设施，节约公用资源，遵守公共秩序；社会交往，热情、友好、大方；情趣健康，远离不利于身心健康的场所。

（于学志　王　辉）

【南口镇小学开展未成年人行为习惯现状调查】　3月7日至11日，南口镇小学在“文明礼仪伴我行”主题教育活动中，结合本校学生的实际特点，开展了一项“未成年人文明礼仪和行为习惯现状调查”，调查结果为：75%的队员能够做到文明待人、举止文雅，但也有25%的学生有随地乱扔垃圾的习惯，15%的学生有随口说脏话的习惯，还有10%的学生有课间追跑打闹的行为。学校以主题中队会的形式，开展了身边的陋习大搜索行动，在全校共搜集陋习210条，集中反映在不能自觉使用礼貌用语，在教室、校园内追跑打闹，随地吐痰、乱扔纸屑，随口说脏话，同学之间发生矛盾不能宽以待人等10个方面。针对上述问题，学校组织开展了一系列未成年人“文明礼仪伴我行”主题教育活动。

（王国珍）

【小汤山中学法制教育常抓不懈】　3月8日起，小汤山中学开展了“法制教育宣传月”活动，活动除采取了宣传栏、校园广播、海报宣传等传统方式外，还在组织、管理和落实上加大了力度，要求每个班级必须利用一节课的时间，统一由班主任或政治教师对学生进行详细地讲解和教育，并以征文的形式让学生写出心得体会。

（任忠明）

【教师进修学校召开“最佳主人”事迹报告会】　3月8日，昌平区教师进修学校召开了2004年“最佳主人”事迹报告会。大会宣布了荣获2004年学校“最佳主人”名单，并向“最佳主人”颁发了荣誉证书，在热烈的掌声中，由学校推选出的5名“最佳主人”代表分别做了精彩的事迹报告，向全校教职工汇报了他们工作中的经验。

（王瑞利）

【南口镇小学开展变废为宝，节约资源活动】　3月9日，南口镇小学参与了北京古表檀环境科技有限公司发起的绿色校园行活动。有100名同学参加了“环保小卫士”签字仪式。会后大家纷纷把身边的可回收资源分类放进回收箱，培养了不乱丢垃圾，不浪费粮食，最大限度地节约用水，节约能源，节约用纸，拒绝使用一次性的“白色污染物”等良好习惯。

（王国珍）

【义务捐助边远山区学生】　3月9日开始，少年宫党支部组织党员到流村中心小学开展扶贫助学活动。每人每学期义务教授两名学生或捐助一名边远山区的学生一费制学费，使他们同城区孩子一样参加校外教育活动。有14名党员干部资助了22名学员。

（李玉明）

【昌盛园小学新建学生电子阅览室】　3月15

日,昌盛园小学动工新建学生电子阅览室,4月20日完工,共用资金60万元。阅览室内存有10万册电子图书,共安装60台计算机,一台服务器,可同时让60名学生进行电子阅读。

（张士杰）

【昌平三中举办教学开放周活动】 3月21日至25日,昌平三中举办"教学开放周"活动。活动主题是:沟通、交流、合作、创新。提高全校教职工的主人翁意识,展示学校教育教学风貌,进一步推动课堂教学改革的进程,促进课堂教学质量的提高,促进社会各界对学校的了解,扩大学校对社会的影响,赢得社会对学校工作的关注和支持。本周听课人数为203人,其中教师为157人,来自18所中学。10月24日至28日,举办本年度第二期教学开放周活动。本次开放周以"展示、交流、提高、发展"为主题,从初一到高三6个年级所有班级的课堂均对社会开放。本次开放周中共有14所学校的86位教师及82位家长来校听课,

（李冬梅　严春红）

【美术教学显锋芒】 3月10日起,沙河中心小学美术教研组的全体成员着手组织学生参加第五届"星星河"全国少年儿童书法美术摄影大赛,同学们在老师的辅导下,拿起画笔描绘心中的蓝图。经过1个月的紧张准备,如期送出50份优秀作品。其中有5人获得二等奖。

（卢　玲）

【开展"与时俱进,做人民满意的教研员"征文活动】 3月11日,区教师进修学校提高教研员队伍的素质,促进教研员的专业发展,在中学教研室、小学教研室、学前教研室、德育教研室、体美教研室五个教研部门中开展了以"与时俱进,做人民满意的教研员"为主题的征文演讲活动。经过各部门的初赛后,举行校级决赛。在参赛的9位教研员中,评出一等奖2名,二等奖3名。

（谢淑丽）

【"生活与化学"系列活动课】 3月17日,前锋学校化学教研组在高一年级全体学生中尝试开展"我行动我设计——'生活与化学'系列活动课"。以"化学与美"为主题,学生通过自制的课件、实物模型和上网搜集的资料,将染发、化妆、饮食、疾病、死亡等生活、生理现象与学生所学的化学知识之间的关系展示出来。6月29日以"环境与化学"为主题,活动中学生通过猜谜、抢答、讲演,表演等方式感受保护环境是每个人的责任和义务,形成自觉保护环境意识。

（窦月服）

【召开教育信息化工作会】 3月18日,区教委召开2005年度中小学教育信息化工作会。会上区教委作了《全面深化现代教育技术的应用把昌平区中小学教育信息化推向新阶段》的报告。会议提出今后发展的目标和任务,要从硬件建设转向资源建设、从硬件建设转向深化应用。大会颁发了"第五届北京市中小学师生电脑作品"、"北京市小学电化教育专业委员会及北京市'十五'重点课题'三优'联评"等5个奖项。

（刘　丽）

【第二实验小学开展"读千古美文,做少年君子"古诗文诵读比赛】 3月22日至31日,区第二实验小学在全校学生中开展了"读千古美文,做少年君子"古诗文诵读比赛活动。《中华古诗文读本》作为对教材的补充,丰富了学生的课外知识,使学生从中受到了美的熏陶。通过班级选拔、年级比赛的形式,学校共评选出5名古诗文诵读的小状元和一、二、三等级奖。

（路玉宝）

【节约用水主题教育】 3月22日,城南中心小学结合"世界水日"到来之际开展"爱惜一滴水"主题教育活动。倡导学生在平时生活中做好"六个一",即:时刻关紧每一个水龙头;向学校、家庭献出一份可行的节约用水建议;利用网络搜集一份家乡水资源资料;画好一幅节约用水漫画;写好一篇"保障饮水安全,维护生命健康"征文;向周围人进行一次

节约用水宣传。从自我做起，从点滴小事做起，人人争当节约用水小卫士。全中心共收集三至六年级学生征文382篇，评选出一等奖20篇、二等奖80篇，上交区教委义教科12篇。

（应春银）

【教育学会举办新课程条件下的理想课堂教学报告会】 3月23日，教育学会举办了一场新课程条件下的理想课堂教学的学术报告会。中国教育学会学术委员、北京市教育学会副会长文喆作了题为《新课程条件下的理想课堂教学》的报告。文喆指出：在课堂教学中，教师要正确认识并智慧地利用教材、学生差异和各种随机事件，创设相对宽松的发展环境，有目的、有计划地组织学生进行学习，培养学生自主学习的能力，使其实现知识、能力、情感等方面的改变，让尽可能多的学生在尽可能深入的程度上实现有效学习。区教委主要领导和来自80所学校240位教师聆听了报告。

（薛艳双）

【举办第八届学生艺术节】 3月23日至25日，以“新北京、新奥运、新校园”为主题的昌平区第八届学生艺术节复赛在区少年宫举行。此次艺术节比赛有来自78所中、小学和民办学校的3048人次参加。932个表演类节目，参加了校园剧、舞蹈、器乐（西乐、民乐）、独唱、朗诵、戏剧、曲艺的集体和个人组的现场比赛；920件学生书法、篆刻、绘画、摄影、工艺美术作品参加评比。共评出区级集体项目一等奖18名，二等奖19名，三等奖39名，个人项目一等奖253名，二等奖356名，三等奖445名，区级获奖总数为1130名。

（李玉明）

【流村中学与北京工业大学附属中学结成手拉手学校】 3月24日，北京城乡中学手拉手启动大会在市教委召开。流村中学与北工大附中签定了两校的手拉手合作协议。4月5日、13日，流村中学先后组织领导班子成员参观了北工大附中，并参加该校的教学开放周活动。6月28日，两校在流村中学举行拜师仪式，有6对教师结成师徒对子。9月14日，流村中学派出3位教师到工大附中进行为期两周的学习，亲身感受了北京名校的办学理念和名师的教育教学方法。

（翟冬生）

【参加北京市第二十五届青少年科技创新大赛】 3月25日至27日，前锋学校3位学生作为机器人兴趣小组的工程设计项目“探索者X”代表，参加了在北京大兴举行的第25届青少年科技创新大赛。其中工程设计荣获优秀项目二等奖和西觅亚科学奖两个奖项。3名同学分别得到了银牌。

（李德生）

【第二实验小学举办教师五年发展规划报告会】 3月28日起，昌平第二实验小学把《构建学习型学校，促进学校发展》定为学校的5年发展目标。提出一年打基础，两年见成效，三年显特色，四年出效益，五年成品牌。学校要求每位教职工结合自己的工作实际，制定自己的个人发展计划，发展学校我出力，学校发展我受益。从如何提高教学水平、提高教科研水平、运用现代教育技术、培养高素质高文化知识的学生等方面制定具体措施。利用教师例会时间，每位教职工将逐个向大家展示5年个人发展计划，让大家做监督者，实现自己的诺言。

（路玉宝）

【泰国国立艺术大学附属中学代表团到昌平一中进行友好交流】 3月28日，泰国国立艺术大学附属中学教师代表团一行12人到昌平一中进行友好交流，对一中的教育教学、行政、总务后勤等管理进行了全面了解，参观了校书画院、图书馆、阅览室、荣誉室、实验楼、师生计算机房、体育场馆和师生餐厅，对一中的各种先进设备、仪器表示惊叹并赞不绝口。

（郭丽娟）

【昌平三中举办学生会干部竞选活动】 3月28日至29日，昌平三中举行学生会干部竞职演说。竞选工作坚持公开、公平、公正原则,以工作需要为主,兼顾个人志愿,全盘考虑,任人唯贤,择优任用。初一、初二、高一、高二的37名候选人,参加了本次竞职演说,角逐学生会主席、副主席、宣传部长、学习部长、生活部长、文体部长、组织部长等职,校团委书记、副校长及团委委员共4名老师担当评委。有20名初高中学生通过竞选上任。

(杜亚利)

【昌平实验中学举办爱心基金捐助活动】 3月29日,昌平实验中学为本校9名家庭贫困学生发放爱心基金,发放的标准是初中学生每人600元,高中学生每人800元。此次发放的爱心基金一部分来自学校领导100元至300元不等的捐助,一部分来自学校的办公经费。

(马红国)

【昌平一中荣获北京市健康促进学校称号】 3月,昌平一中被市教委、市卫生局授予“北京市健康促进学校”荣誉称号。为保证学生及教职工能够在一个宽松、和谐、愉悦、优美的环境中学习和工作,昌平一中成立健康促进领导小组,把健康提到重要议事日程,制定一系列健康制度,新建、改建物质环境,为学生及教职工提供多方面的健康服务,建立健康档案,进行健康促进学校理论知识及健康技能的培训,根据学生的特点为学生提供参与社会实践的机会,增加学生适应和认识社会的能力,创造健康的环境。

(郭丽娟)

【更新观念,严格管理】 3月,小汤山中心小学加强教师队伍建设,要求教师做到三勤,即:勤于动笔,有意识的记录日常工作中有所感触的事件,进行分析、思考、整理;勤于读书,汲取先进教育理念,做好学习笔记的同时,尝试应用于教育教学实践中;勤于实践,从实践中总结经验,提升教育理论水平。加强班主任工作管理,要求班主任在工作中做到:培养小干部要“精心”;树立学生自信心和自尊心要“耐心”;培养学生良好行为习惯要有“恒心”;班级管理要有“新意”;与学生交流要有“情意”。

(邢　丽)

【编辑理论学习材料,加强教职工学习】 4月1日起,昌平四中组织编辑理论学习材料下发全校教职工,理论学习材料命名为《教育教学参考》,内容分“党建园地”、“德育研究”、“教研科研”、“教师人生”等栏目。要求每位教师认真研读,各位副主任以上的领导在自己加强理论学习的同时,每月向学校办公室推荐两篇有价值的学习材料。

(刘希杰)

【举办高中新课程培训班】 4月3日,区教委继续教育办公室发出通知,要求各高中校对教师进行新课程培训,要设专人负责组织和管理,确保培训人员落实、培训时间落实、培训地点落实、保证培训任务落实。各校根据培训内容和本校实际制定教师参加新课程培训计划,明确培训负责人,安排固定培训时间,采取多种方式检查教师学习情况,组织相关学科教师进行学习交流。9月,各校将培训总结、培训作业按学科顺序整理交继续教育办公室。继续教育办公室对学校教师姓名、性别、学科、完成的作业,参加培训人数,作业份数,逐一进行核对,共有11所高中校536名教师参加培训并完成1205份作业。9月15日,继续教育办公室将所交作业全部上交北京教育学院。

(庞淑芳)

【建立“悄悄话”信箱】 4月5日,昌平五中心理咨询室建立了“悄悄话”信箱。主要是为有心理困扰或心理障碍又不敢前来心理咨询的学生提供服务,目的是通过师生相互沟通和学生主体活动,老师给予科学有效的心理辅导,使学生尽快摆脱烦恼、调节自我,提高心理健康水平,解决心理问题,增强自我教育能力。学校组建了一支有40名专兼职心理咨询教师的队伍,并在各班设立1名学生心理宣传员。学校心理咨询室每月编辑校本刊物《心育报》教师版和学生版,解答教师和学生中的一些心理问题。

（于学志　王　辉）

【外教为英语教师培训】　4月至6月，前锋学校利用每周二9时至11时的时间，请本校外籍教师Albey专门为英语老师们进行英语口语培训。课上老师们用英语和外教进行交流，Albey则完全用英语给教师们介绍很多英语文化背景知识。

（孙富荣）

【城北中心小学举行形式多样的英语比赛活动】　4月7日，城北中心小学分低、中、高年级举行了英语口语、阅读、写作、童话剧、故事剧的决赛。参加活动的学生共计158人，经过激烈的比赛，评选出全能一等奖10名、二等奖15名，若干名同学获得了"小作家"、"小明星"、"小播音"等单项奖。

（胡长红）

【大东流中心小学筹建多媒体教室】　4月12日至11月25日，大东流中心小学由区教委投资和学校自筹资金共计10.9万元，装配多媒体教室3个，每个教室包括多媒体操作讲台、计算机、实物投影仪、正投影机、功能放大器、屏幕、音箱等设备。为确保这些设备不被损坏和偷盗，又为每个多媒体教室安装防盗门窗，共安装防盗门6个，防盗窗共计128平方米。3个教室可以同时开放。

（李国栋）

【开展家长走进课堂教育交流活动】　4月13日，高崖口中心小学开展了第二次"家长走进课堂"的教育活动。一至五年级80名学生家长走进课堂参与教学，家长参与了教学全过程，观看了学生在课堂教学中的全部活动，听取了教师授课的全部内容及采用的教育教学方法，感受了新的教育理念指导下的课堂教学。课后，高崖口中心小学领导、各班主任与学生家长在座谈会上进行了深入地交流。

（徐　娟）

【参加全国中小学信息技术创新与实践活动决赛获奖】　4月14日，铁道部南口机车车辆机械厂职工子弟小学教师彭在第三届全国中小学信息技术创新与实践活动决赛中荣获全国二等奖。

（宋毅杰）

【召开校本教研工作启动大会】　4月18日，区教委中、小学教研室《校本教研》课题研究工作启动大会在区教师进修学校召开。会上，教师进修学校领导对校本教研开展的情况作了介绍；教委领导宣讲了关于加强校本教研工作的指导意见并对开展校本教研课题的研究工作提出了具体的工作方案和措施。中、小学教研室副主任分别宣讲了中、小学分片教研组与校本教研活动组方案。区教委、教师进修学校部分领导及各中小学校、幼儿园主管教学的领导和部分骨干教师240人参加会议。

（谢淑丽）

【马池口中心小学开展教学评优课活动】　4月18日至22日，马池口中心小学在全体青年专任教师中开展了"走进新课程"教学评优活动，本次活动涉及到语文、数学、英语等7个学科，课程要求要体现教学新理念、学生自主学习新特点、突出信息技术与学科整合新教学技术、整体提高课堂效率。由教导处主任、副主任和骨干教师组成评委会，采取分学科听课评分的办法评审。经过初赛和复赛，22名教师荣获一等奖。60名青年教师参加了本次教学评优活动。

（王秋云）

【民族艺术进校园】　4月22日，由市教委、团市委联合举办的《民族艺术进校园》活动来到南口中心小学。北京市曲剧团长苏杰向学生介绍了北京曲剧的历史和几种民族乐器特点和简单演奏方式方法。北京曲剧团的演员们向学校校师生献上了民乐合奏《喜洋洋》、歌曲《破水桶》等精彩节目。国家一级演员张绍荣的一曲《龙须沟》中的《破水桶》将演出推向高潮。使全校师生受到了一次传统艺术熏陶，对曲剧、民族乐器有了初步了解。

（刘裕勤）

【启动北京市中小学校办学条件管理系统应用工作】 4月22日，区教委教学设备装备中心在昌平一中召开“昌平区推广应用《管理系统》动员培训会”。会议总结了2004年昌平区中小学应用《管理系统》工作和部署了2005年工作；转发了《北京市教育委员会关于在北京市中小学校推广使用〈北京市中小学办学条件管理系统〉的通知》文件，印发了《昌平区中小学推广使用〈北京市中小学办学条件管理系统〉工作方案》。北京市教学设备装备中心副主任柴旭津就应用《管理系统》工作的重大意义、取得的主要成绩和存在的问题作了讲话。动员会结束后，教学设备装备中心在昌平一中举办了全区中小学、幼儿园和直属单位《管理系统》统计员“倒帐、纠错”的培训班。培训后，各学校进入了对2004年以前《管理系统》数据的修改工作。

（徐敬来）

【昌平三中成立乒乓球俱乐部】 4月23日，昌平三中“第二届’艺鼎装饰’杯暨庆祝北京市乒乓球运动协会昌平三中乒乓球俱乐部挂牌邀请赛”在昌平三中举行。北京市乒乓球运动协会副秘书长孙忠任出席开幕式，并为乒乓球俱乐部揭牌。此次比赛共吸引了全区各界40支代表队参加比赛。经过激烈的角逐，众人从俱乐部代表队和佛山陵园代表队分获男、女团体比赛冠军。

（聂　磊）

【昌平一中在北京市第十届头脑奥林匹克(OM)创新大赛中成绩优异】 4月24日，昌平一中21名学生与3名教师参加了北京市第十届头脑奥林匹克(OM)创新大赛，昌平一中作为本区唯一的代表队获得了本届比赛的“最具创造力”奖、“长期题”奖和“风格表演”奖三个单项奖并获得团体第四名；4人被评为优秀辅导教师，7名同学分别获得高中组三等奖。

（郭丽娟）

【召开高中音乐教学展示课观摩研讨会】 4月25日，区教委体美教研室在昌平一中召开高中音乐教学展示课观摩研讨会。全区40名中学音乐教师参加了研讨会。课上与会教师与学生一起学唱了京剧唱段，感受京剧的艺术魅力。课后教师对如何进行民族音乐教学展开热烈讨论，探讨了音乐教学中民族音乐教学改革的新思路和新方法。

（刘　坤）

【中学音乐课堂教学展示课观摩研讨会在一中举行】 4月25日，区教委体美教研室组织全区音乐教师在昌平一中召开音乐课堂教学展示课观摩研讨会。区教委、昌平一中、区教委体美教研室及各中学音乐教师50人参加了研讨会。昌平一中音乐教师现场会做课，以欣赏、体验、感悟、演出等主要手段，使学生了解中国传统京剧的艺术魅力，使之能对京剧艺术感兴趣，全面调动学生参与的积极性，使学生感悟到京剧的艺术价值所在，增强民族自豪感，提高学生对京剧的正确认识和审美能力。

（郭丽娟）

【残疾人艺术团进校园】 4月26日，北京市雄鹰演艺公司为小汤山中学献上了一场别开生面的残疾人艺术演出。艺术团的残疾演员们为全体师生表演了舞蹈《千手观音》、《雄鹰》，小品，书法和杂技等节目。

（任忠明）

【昌平五中修建“状元林”】 4月26日，昌平五中修建“状元林”。“状元林”墙面总面积39.14平方米。上面记载着建校以来学生在学校教育教学中取得的各级各类成绩。旨在通过展示，营造良好的积极向上的育人氛围，激励师生继续努力，使其成为昌平五中铭记历史的闪光点。

（于学志　王　辉）

【全国政协情系山区教育】 4月27日，全国政协联络局捐资助学仪式在黑山寨学校举行。全国政协联络局党总支在开展党员先进性教育活动中，情系山区教育事业。党员个人出资购买图书200册、文体用品100件，捐助给黑山寨学校，捐款1万元用于改善学校的办学条件。

（关树文）

【民间艺术进校园】 4月29日，北京市曲剧团“民族艺术进校园”演出活动在十三陵中学举行，剧团27名艺术家走进校园为学校262名教师和学生带来艺术欣赏。艺术家们从北京曲剧的发展到民间艺术的乐器做了详尽的介绍，从曲剧的唱腔到乐器的使用、音质等都做了精彩示范演出，并且给学生讲解了观看不同演出的鼓掌技巧等。曲剧剧目的演唱、单口相声的表演等艺术家精湛的表演带给学生以美的享受，丰富了学生课余文化生活。

（孟秀娟）

【小汤山中学将红五月作为德育工作传统阵地】 5月6日至6月6日，一年一度的红五月艺术节是小汤山中学德育工作的传统阵地，学校师生的各类才艺作品层出不穷，“艺术长廊”更是师生才艺展示的最佳平台，整个校园里充满了诗情画意，传统型的歌咏比赛与作文、绘画、诗歌等现代个性十足的艺术作品相得益彰。在本年艺术节结束之际，学校举办了“小汤山中学第一届校园歌手比赛”，比赛在传统型活动的基础上增添了新的更加符合当代中学生的内容，学生在这里可以充分展示自己的才能，评出一等奖2名，二等奖2名。

（任忠明）

【昌平三中危电及旧教学楼改造】 5月1日至7日，昌平三中投资20万元把教学楼内原有的危险用电线路进行了彻底改造，将旧铝线更换为铜线并增加了用电容量。7月22日至8月25日，昌平三中投资288万元利用暑假把教学楼进行了彻底的改造，将楼内地面铺砖、粉刷墙面、教室黑板翻新。

（胡志伟）

【“新星杯”英语词汇大赛及语言技能、技巧邀请赛圆满结束】 5月7日，区校外教育办公室举办的“昌平区‘新星杯’英语词汇游戏大赛及小学生语言技能、技巧邀请赛”在昌平五中举行。北京市大赛组委会成员吴立新等到场。全区有42所中小学校的2636人参加了英语词汇游戏大赛，有11所学校的822人参加了小学生语言技能、技巧邀请赛。“新星杯”英语词汇游戏大赛获区级一等奖129名，二等奖218名，三等奖360名，区级获奖总数为707名；6月26日市级比赛中，获市级一等奖54名，二等奖115名，三等奖58名，市级获奖总数为227名；语言技能、技巧邀请赛获区级一等奖38名，二等奖62名，三等奖103名，区级获奖总数为203名；在6月26日市级比赛中，获市级一等奖57名、二等奖98名、三等奖50名，市级获奖总数为205名。

（李玉明）

【百善中学新校区落成并投入使用】 5月8日，百善中学新校区落成并投入使用。新校区毗邻六环，位于百善村北，整体工程包括中学教学楼、小学教学楼、食堂、篮球场、400米标准跑道的塑胶操场，占地面积75亩。其中中学教学楼建筑面积8700平方米，总投资3100万元，其中土建1500万元，设备1600万元。砖混结构的教学楼拥有24间标准教室，设有办公室5个，主任室3个，多媒体教室2个，生物、化学、物理实验室各2个，音乐、美术、劳技专用教室各1个，教师机房、学生机房各1个，一层还设有能容纳300人的阶梯教室。

（赵立伶）

【建立流动人员子女学校】 5月8日至7月8日，由市教委、市财政拨出专款150万元，在东小口镇东小口村建立一所流动人员子女专门学校。学校总建筑面积为4610平方米，有13个专用教室，能容纳500名学生。学校建成后解决了东小口及周边地区外地打工人员子女入学问题。

（徐宗琪）

【召开教学协作组交流研讨会】 5月10日，区教委在巩华中心小学召开小学教学协作组工作交流研讨会。全区七个小学教学协作组组长、巩华组部分教师、区教委义教科、小学教研室部分领导共计50人参加会议。与会人员全程观摩了巩华组的一次协作组活动，听取了巩华中心小学关于巩华协作组的工作经验介绍，研讨了协作组工作如何深入开展。

（张建飞）

【助贫困生完成学业】 5月11日，南邵中学党政工团联合举行“扶助贫困学子，奉献一份爱心”助学金发放仪式。此次活动共筹集助学金4123.5元，发到全校15名品学兼优的特困生手中。

（王克勇）

【物理组教师开展自制教具展评交流活动】 5月11日，前锋学校物理教研组在学校物理实验室进行教具展示和交流。参加人员有学校的8名物理教师和1名实验教师，展出的新制教具14件，从过去10年学校物理教师自制教具中，选出4件优秀教具参展进行交流。物理教师从自己在讲课过程中自制的物理多媒体课件里，共选出8件进行了多媒体课件的展示和交流。

（刘海明）

【香港英基国际学校来访交流】 5月至11月，小汤山中心小学共接待来自香港英基国际学校的师生5次600人。香港英基国际学校师生参观了校园，英基国际学校师生与学校学生一起上课学习、交流座谈，课间一起游戏，共同表演节目，如合唱、独唱、舞蹈等。

（邢　丽）

【举办中小学生春季航模竞技大赛活动】 5月13日，区校外教育办公室举办北京市中小学生航模竞技大赛复赛昌平分赛。由2900名中小学生初赛选拔出500名学生参加。此次比赛获市级一等奖58名，二等奖87名，三等奖290名，市级获奖总数为435名。

（李玉明）

【昌平三中成立“三友书画社”】 5月14日，昌平三中“三友书画社”正式成立。“三友书画社”之名，取自“松竹梅岁寒三友，桃李杏春风一家”，又有三中以书画广交朋友之意，是集书法、绘画、篆刻为一体的艺术性社团。开办之后，社团以“团结、拼搏、开拓、进取”为立社精神，以“立足校内，走向校外”为办社方针，每周二下午活动，并定期举办书法讲座、书法比赛、观摩交流等一系列活动。

（杜亚利）

【九三学社石油大学支社与流村中学合作签字仪式举行】 5月14日，流村中学与九三学社石油大学支社合作签约仪式在流村镇政府举行。九三学社石油大学支社给流村中学提供英语教学示范、多媒体课件制作培训和科普讲座等智力支持，不定期地为流村中学捐赠一定的图书资料和教学设备。在仪式上九三学社石油大学支社给流村中学捐赠价值8000元的图书。九三学社石油大学支社、石油大学、区统战部、流村镇、流村中学等单位领导参加了签字仪式。

（翟冬生）

【编辑印发书画作品集】 5月16日，马池口中心小学编辑印发了第一部师生书画作品集。作品集共收录学生、教师优秀书画作品80幅。书法作品结构严谨，充满生活气息。美术作品主题鲜明、色彩丰富。共印发3000册。极大地调动了学生书法、绘画的积极性，推动了学校美育工作的发展。

（王秋云）

【开展教学设计评优活动】 5月16日，城南中心小学开展“第二届整合教学设计评优活动”，评价内容包括：教材分析、学习者特征分析、教学方式、学生学习方式、教学评价、教学流程、媒体设计阐述、预期效果、板书设计、特色加分共10个方面，把教学设计评比与课堂教学评优、综合课例制作形成系列活动。本次活动共有75名教师参加，分别评选出校级一、二、三等奖各10人。

（应春银）

【前锋学校成立教师家长协会】 5月17日，前锋学校召开“教师家长协会”成立大会。各年级家长代表、各年级班主任和初一、初二、高一、高二年级学生代表参加大会。校领导讲解成立“教师家长协会”的意义，介绍协会会长、副会长，向担任副会长家长的颁发聘书。教师家长协会的运作将转变原来家长学校单项灌输、家长被动接受的模式，促进家长教师的双项交流，推动家长对学校教育评价的主动参与。

（王　霞）

【通过现场诊断活动培训校长】 5月17日、5月25日、9月28日、11月30日，区教委干训部教学干部提高培训班、德育干部提高培训班分别在小汤山中学、南口学校、中滩中学、天通苑学校进行教学管理和德育管理工作现场诊断活动。培训班学员听取被诊断学校的自我诊断报告、召开学生教师座谈会、听课、参观，对各校的教学管理和德育管理工作进行认真的诊断分析、研讨交流，提出了许多建设性建议。这是教委干训部探索出的“学、研、做”相结合的干部培训新模式，这种培训方式强调了学员的参与互动，强化了研究与培训工作的紧密结合。

（郝志惠）

【北京教育资源网应用示范活动昌平试点启动】 5月20日，区教委教育网络和信息中心在教师进修学校举行北京教育资源网应用示范活动昌平试点启动仪式。会上介绍了资源网应用发放对象的选取原则和范围，并对卡的使用提出了具体要求。向城南中心、城关小学、昌平四中等7所学校发放了试点卡。此次活动标志着本区信息化工作开始由硬件建设向资源建设和资源应用推进。

（刘　丽）

【参加北京市中小学生航模比赛获奖】 5月20日，城关小学航模队62名同学参加了北京市中小学生航模竞赛，荣获北京市团体一等奖。在个人项目比赛中7人荣获一等奖，14人获二等奖。张艳生老师荣获北京市优秀辅导员称号。

（刘忠武）

【重奖美育教育先进学校】 5月20日，区教委“2005年学校美育工作会暨第八届学生艺术节汇报演出”在昌平二中举行。会上，区教委领导对“十五”期间全区中小学的美育工作，特别是艺术教育工作进行了全面的总结，并提出了新的要求。对“十五”期间“美育工作先进校”昌平二中、昌平区少年宫等8个单位进行了表彰，并奖励每校5万元，为昌平区第八届学生艺术节集体项目一等奖获得者颁发了奖牌。会后，大家参观了“昌平区第八届学生艺术节书画、摄影、工艺优秀作品展”，欣赏了部分节目汇报演出。

（李玉明）

【昌平二中举办2005年课堂教学评优赛】 5月22日至25日，昌平二中举行“2005年课堂教学评优赛”，经过初赛，各教研组共推出50名教师参加校级决赛，评价组评委由21位区级专家组成，指导组评委由15位市级专家组成。10名教师获一等奖，16名教师获二等奖。

（张　利）

【激情五月青春飞扬】 5月23日，南口学校引导学生在学习、生活中感受美，创造美，给学生展示自己艺术才能的机会，丰富师生的业余生活，开展学生才艺展示比赛活动。内容有诗朗诵、歌舞、器乐、武术、小品等。共评出声乐类一等奖2名、二等奖3名；器乐类一等奖1名、二等奖2名；综艺类一等奖1名、二等奖2名。

（周京玲）

【市教委领导到回龙观中心幼儿园慰问】 5月24日，北京市教委副主任杜松澎和学前教育处处长张晓红到回龙观中心幼儿园进行六一慰问。回龙观中心幼儿教师代表接受了市教委领导捐赠的价值2万元的儿童玩具，并演出了一台精彩的节目。

（张艳苓）

【开展小学生古诗词诵读比赛活动】 5月24日至26日，区教委小学教研室分六片（城北中心小学、昌盛园小学、小汤山中心小学、巩华中心小学、南口中心小学、实验二小）进行全区小学生古诗词诵读比赛。各校二、三年级选出学生人数的6%参赛，学生从1至5册《小学生必背古诗词》中按题目抽签背诵5首必背古诗；再按类别抽签背诵带有“山、水、日、月”等字或“带有颜色、动物、植物的古诗。最后评出了一等奖208人，二等奖262人。

（高春杰）

【市政府教育督导室、市教委小学教学专项视导】 5月25日，市政府教育督导室、市教委组成联合视导小组，对本区小学教学工作进行联合视导。联合视导小组听取了全区小学教学工作汇报。随堂听了城北中心小学的20节课，参观了城北中心小学的校容校貌。视导小组对本区小学教学工作给予了充分的肯定。

（张建飞）

【“桃洼学校”正式成立】 5月26日，根据区教委、南口镇党委教育发展规划，由原桃洼中心小学、桃洼中学合并组建的桃洼学校成立。开设教学班数21个，（其中小学15个、初中6个）。教职工113人，其中专任教师51人，高级专业技术职称3人、中级职称39人。毕业生91人，其中小学28人、初中58人；招生78人，其中小学34人、初中44人；在校生507人，其中初中207人。普通教室21个、专用教室16个、实验室5个。图书馆（室）藏书总数2万册。学校占地面积60亩，建筑面积4914平方米。操场面积18934.3平方米。固定资产总值65万元。全年教育经费投入472万元，其中国家拨款464万元，自筹经费8万元。

（彭淑琴）

【城乡教育“手拉手”，促进教育教学工作深入开展】 5月27日，石景山区扬庄中学一行5人来到黑山寨学校，与黑山寨学校进行了教育、教学交流，协商建立了“手拉手”学校互助协作关系。双方互派干部、教师定期到对方学校交流学习；定期组织教育科研和教学研究活动，开展教师继续教育；通过互联网等形式沟通教改信息，开展远程教育教学活动。“手拉手”活动期为五年，9月21日，扬庄中学为黑山寨学校初一两个教室无偿安装了总价值8500元“班班通”教学设备。对黑山寨学校教师进行网络教学、学科整合的培训。

（关树文）

【高崖口中心小学与北航附小“手拉手”十周年】 5月27日，在高崖口中心小学与北京航空航天大学附属小学“手拉手”十周年之际，高崖口中心小学11名学校领导及教师和82名学生应邀来到北京航空航天大学附属小学，师生欢度“六一”儿童节。高崖口中心小学的82名学生为北航附小的190名新入队的少先队员佩戴红领巾。在长达十年的“手拉手”伙伴关系交往中两校师生密切联系，学生们经常书信往来，相互交流、相互了解，拉近了农村孩子与城市孩子的心理距离，逐渐消除隔阂，加快了城市与乡村的逐步融合。

（徐　娟）

【为民办学校办实事】 5月和11月，区教委为8所民办学校装备价值80万元教学仪器设备。8月至12月，为20所民办学校配备办公桌、文件柜、木器家具和学生课桌椅3000件套。

（高秀莲）

【“六一”活动丰富多彩】 6月1日，十三陵镇康长路十三陵中学段竣工剪彩仪式在十三陵中学举行。该路段全长1680米，扩建后路面宽6米，由十三陵镇政府出资110万元，历时一个半月建成。彻底改善了原有路面凹凸不平、尘土飞扬的状况，解决了学校师生出行难的问题。竣工剪彩仪式后，举行了十三陵镇党委、政府为十三陵中学赠书仪式。镇政府共出资2万元购买了1358本（套）图书，用于补充学校图书馆藏书，供教师和学生阅览。举行了“迎奥运、文明礼仪伴我行——十三陵中学文明礼仪情景剧文艺汇演”和“崇尚科学，关爱生命，维护人权，反对邪教”大型图片展。

（孟秀娟）

【整合现有校舍，满足师生需求】 6月，实验中学为彻底改善教师和学生的办公、住宿、学习条件，对学生教室、教师办公室、学生和教工宿舍的布局进行调整，最大限度扩大师生生活、办公、学习空间。教师办公面积达到人均4平方米，解决了教师办公拥挤和教工住宿条件差的问题。

（杨全山）

【平西府中学举办“水火箭”比赛】　6月1日，平西府中学初二年级组举办了一次“水火箭”比赛。本次活动有16个小组80人参加，每个小组集体制作一支水火箭参加比赛。经过一个多小时的比赛，有六个小组获得一、二、三等奖。

（蒋国栋）

【学校社区共庆“六一”】　6月1日，南口中心小学举行庆祝活动。会上发展一年级14名新队员，有37名少先队员受到不同项目的表彰，有3位家长被评为好家长。南口村社区关工委小组成员和南口村社区秧歌队到南口中心小学和孩子们共同庆祝六一国际儿童节，并送去2000元慰问金。

（刘裕勤）

【区少工委庆祝中国少年先锋队建队56周年】　6月1日，区少工委以“火炬指引前进方向，领巾搭建友谊桥梁”为主题组织马池口中心小学、城南中心小学、巩华中心小学分别与雨竹学校、汇蕾学校、赛伯学校3所打工子弟学校联合开展“手拉手”活动，庆祝中国少年先锋队建队56周年。活动中，几校联合表彰了100名“文明礼仪小使者”，表演了文艺节目，以此营造关心打工子弟成长、支持少先队工作的良好氛围。

（柏连亮）

【北京教育网络和信息中心“六一”之际慰问学生】　6月1日，北京市教育网络和信息中心慰问团一行6人来到高崖口中心小学慰问。为3名家庭贫困学生带来资助金，并向学校捐赠图书5000册。

（徐　娟）

【昌平二中陈凯同学获“世界中学生田径锦标赛”金牌】　6月，昌平二中学生陈凯参加了在葡萄牙举办的“世界中学生田径锦标赛”，以2.01米的成绩获得跳高金牌。

（张　利）

【城北中心小学举行“树师德风范，展青春风采”演讲比赛】　6月3日，城北中心小学为落实区教委人才强教工程会议精神，在青年教师中弘扬“教书育人、无私奉献”精神，组织师德演讲比赛征稿活动，66名青年教师投稿，评选出一等奖16名，二等奖21名。从一等奖中选出10篇优秀稿件进行“树师德风范，展青春风采”演讲比赛活动，百名35岁以下青年教师参加了活动，评选出一等奖2名、二等奖3名。

（王敬阳）

【机器人小组荣获北京市第一名】　6月4日，城南中心小学“新城南队”机器人小组的两名同学作为本区代表到海淀实验中学参加北京市第六届机器人比赛。荣获“北京市机器人灭火”比赛第一名，并于7月份代表北京市到江苏省常州市北郊中学参加全国比赛。

（应春银）

【七少年危难时刻伸援手】　6月7日，一场暴风雨袭击了十三陵地区，被刮倒的树封死了徐树华老两口的院门，院中积水一尺多深。十三陵中学学生张鹏、姜华、张楠、宋明丽、贾文霞、李亚菊、秦晓兰等7名同学在代理家长（7名同学为该校借读生，在各自家长的同意下，共同在附近租住民房，房东被聘为代理家长）的带领下，从院墙上翻进院内，将断树拉开，将积水舀出，帮助老人脱离险境。

（孟秀娟）

【平西府中学举办教具学具展览】　6月13日，平西府中学举办教具学具展览，共有30多个作品参展，其内容涉及物理、化学、生物等多个学科。经学校领导、骨干教师组成的评审小组的认真审阅、评审，评出一等奖1人、二等奖4人，评选出获奖作品代表学校参加了8月15日至31日区教委教学设备装备中心举办的教具学具展评，获二等奖。

（蒋国栋）

【开展节能宣传活动】　6月13日至20日，城北中心西关小学定为"全校节能宣传活动周",开始为期一个星期的节能周宣传教育活动。在节能宣传周中开展"三个一"活动,即利用红领巾广播进行一次关于节能知识的讲座;开展一次以"我为节能献一计"为主题的班队活动;举办一次以节能为主题的绘画比赛。

(张轶欧 张艳忠)

【市教委领导检查防汛工作】 6月14日,市教委基教处领导到高崖口中心小学检查学校夏季防汛工作。市领导对高崖口中心小学的防汛工作给予肯定。在视察学校的防汛工作结束后,又对学校的教学设备进行检查,并与青年教师进行座谈交流。

(徐 娟)

【美国教师代表团到昌平一中交流访问】 6月15日,由20人组成的美国教师代表团到昌平一中进行友好交流。学校邀请美国朋友观看了由一中电视台录制的英语解说光盘资料《走近昌平一中》,选派50名学生用流利的英语与美国教师们交流,美国教师参观了学校的软硬件设施。

(郭丽娟)

【市领导检查"十五"昌平干训工作】 6月16日,"十五"北京市普职成教干部培训工作检查小组一行7人到本区检查"十五"干部培训工作。市领导听取了区教委"十五"昌平区干部培训工作总结。与部分中小学校长、干训教师进行了座谈,查阅了干训相关档案和材料。市领导认为昌平干训探索出了干部培训新模式,培训效果显著;具有一支素质高、专业化的干训师资队伍;干训工作相关档案、材料齐全、丰富;希望干训继续创造出新成就。同时就名校长培养问题与区教委领导、干训部门进行了探讨。

(郝志惠)

【大东流中心东官庄小学危旧房屋改造工程竣工】 6月17日至8月20日,大东流中心东官庄小学由区教委投资19.6万元,改造危旧房屋。共新建砖木结构房屋18间,建筑面积共计324平方米。其中计算机教室和自然实验室各3间,体育器材室、图书室、办公室、厨房、宿舍各2间,主控机房、实验仪器室各1间。为计算机教室、主控机房、办公室铺设地板砖108平方米,安装防盗门4个,防盗窗69平方米。

(李国栋)

【宝来车会捐资助学】 6月18日,宝来车会到高崖口中心小学看望贫困生。给全校学生带来作业本、圆珠笔等学习用具,并向学校捐赠了两台电脑。

(徐 娟)

【阳坊中心小学开展毕业生毕业教育】 6月20日至22日,阳坊中心小学以"今天我为学校骄傲,明天学校为我自豪"为主题,以讲座和主题讨论会的形式对应届96名毕业生进行了为期三天的集中教育培训。内容包括:礼仪教育、理想教育、爱校、爱家乡和安全教育。

(刘全华)

【昌平一中分校正式成立】 6月21日,经区教委批准筹建昌平一中分校,经过两个多月的积极准备,学校所需各种手续、校址校舍、师资、招生、急需的各种教学设备等均筹备齐全,于9月1日在北七家镇宏福苑小区正式挂牌成立,举行新学年开学典礼。学校共开设教学班数4个(其中高一年级2个班,高三复读年级2个班)。教职工27人,其中专任教师18人、高级专业技术职称7人、中级职称5人。在校生97人,其中高一48人,高三49人(寄宿生95人)。高中录取分数线400分(本区);普通教室5个、专用教室和实验室4个。学校占地面积和建筑面积2000平方米。全年教育经费投入110万元,其中国家拨款100万元,自筹10万元。

(孙长力)

【加大投资改善办公条件】 6月,区第二实验小学投资13.7万元安装了电视监控防盗报警系统,将学校与周边、学校角落置于可监控之下,大大提高了学校的安全保卫能力。此外，学校投资 3．2 万元购进三台柜式、12 台挂式空调机，为每个办公室和多媒体教室安装了空调，改善了教师的办公条件。

(路玉宝)

【参加第五届中国青少年电脑机器人大赛】 7月9日至12日,前锋学校学生李亚昌作为前锋学校机器人兴趣小组的工程设计项目“探索者 X”的代表,参加了在西安市高新一中举行的第五届中国青少年电脑机器人大赛。大赛对创新项目进行评审,增加对选手能力的考核,由大赛组委会给选手们提出设计要求,选手当场利用机器人器材现场搭建,李亚昌和人大附中的一名同学联手搭建获得了全国二等奖。

(李德生)

【昌平实验中学校园校舍改造效果显著】 7月10日至8月24日,昌平实验中学校园改建工程全部完成,共计投资 489 万元。此次改建工程包括校园地面硬化 5000 平方米,校园建筑外墙弹涂粉刷 2.3 万平方米,内部改造翻新 6300 平方米,校园弱电全面改造,师生饮水系统改造,更换教师办公桌椅等。

(杨全山)

【燕丹学校暖气改造工程完工】 7月12日,燕丹学校由区教委投资 46 万元进行暖气全面改造,8月11日全部完工。

于云娟

【改善校园环境加强校园安全管理】 7月12日至10月20日,巩华中心第二小学投入大量资金,加强校园环境建设和校园安全管理。7月12日至8月30日,对所有房屋的外墙进行了粉刷,共计 2467.75 平方米。把原来的老式厕所进行了改造,建成了水冲式厕所,并通上了暖气,室内地面铺上了防滑磁砖,墙壁贴上了白色通体磁砖,进入厕所的地面铺上了防滑红色水泥砖,铺砖面积共计 251.6 平方米。翻建房屋6间,共计 100 平方米,修缮房屋7间,做防水共计 230.84 平方米。9月将所有的木制门窗全部更换成了塑钢门窗,共计 197.38 平方米。10月20日安装4个电视监控安全报警系统。

(张志亮)

【独轮车比赛放异彩】 7月19日至21日,第十一届全国独轮车锦标赛在山西省右玉县举行。城关小学 12 名独轮车运动员参加了集体花样表演、独轮车篮球、个人竞技花样、5公里越野等项目的比赛。独轮车篮球荣获本届比赛第四名,王雨露同学获得个人越野第13名。城关小学获得最佳组织奖。

(刘忠武)

【与航天英雄合影】 7月,小汤山中心小学积极组织学生参加“我给神舟六号航天员写封信”征文活动,李星洲、王征、张国庆三名同学分别荣获二等奖、三等奖。11月24日,张国庆被邀请来到北京航天城。在航天城工作人员的带领下,参观了“神舟六号”发射指挥中心、航天员模拟训练场和神州六号返回舱,并参加了《航天员》杂志创刊暨征文活动颁奖仪式,与杨立伟、费俊龙、聂海胜等航天英雄合影留念。

(邢 丽)

【参加市中小学美术教师基本功比赛获奖】 7月,崔村中心小学朱克月、昌平四中宗吉吉两位教师代表全区美术教师参加北京市中小学美术教师基本功比赛,经过三天五项(色彩写生、中国画创作、工艺设计、电脑制作、美术常识)的激烈角逐,朱克月荣获北京市一等奖、宗吉吉荣获北京市三等奖。

(王雅兰 郭建强)

【檀峪小学新建教师食堂】 7月至8月,区教委投资 12.6 万元,新建高崖口中心檀峪小学教师食堂,建筑面积 149.85 平方米,改善了山区教师的生活条件。

(彭淑琴)

【改善教师住宿条件】 7月至8月,区教委投资 50 万元改善中小学住校教师的住宿条件,采购席梦思床 555 张,铁皮柜 278 个。12月2日至8日,为 30 所学校的支教教师采购并安装冷暖空调 48 台,价值 7.8 万元。两项共投入资金57.8万元。

(孟宪龙)

【改善办学条件】 7月至8月,十三陵中学通过申请资金支持、自筹资金等方式新翻建办公区368平方米,改善教师办公条件;8月至10月,市财政投入专项资金30万元进行学校生物、化学、物理三个实验室共计162平方米的改造和设备更新;10月,北京市教委更新农村中小学体育设备器材项目下拨价值3万元的单杠、乒乓球台等体育器材,改善学校的办学条件。

(孟秀娟)

【实施饮水工程促进学生健康】 7月至8月,史各庄中心小学为了改善学生饮水条件,由区教委投资13万元对学生的饮水环境和饮水设备进行了改造。对原有的饮水间进行重新装修,更换新的软化水设备,保证学生的饮水既卫生又有益健康。

(樊海龙)

【昌平一中剪纸艺术获世界和平国际书画特殊贡献奖】 8月,在中国人民抗日战争胜利60周年暨世界人民反法西斯战争胜利60周年之际,昌平一中的剪纸艺术参加"鹰联杯"世界和平国际书画大展,被世界和平国际书画大展组委会评为特殊贡献奖,学生赵英杰剪的孔雀图、薛亚斌的云龙图获少儿组剪纸一等奖,王小曦、谷艳梅、王强的团画图获二等奖,齐亚军、张赛等作品获三等奖,教师刘平的千手观音图获成人组一等奖,此次参赛师生23人获奖。

(郭丽娟)

【昌平二中加大投资力度,改善办学环境】 8月,学校投资15.5万元对学校教学楼进行装修改造。同时针对学生身体发育情况,投资31.25万元对全校2500套桌椅进行更换,全部换成可调试桌椅。为使教师和学生有一个良好的工作和学习环境,投资220350元为每个办公室和教室安装空调113台。

(张 利)

【昌平一中荣获国家百所德育科研名校提名奖】 8月,在全国教育科学"十五"规划国家重点课题"整体构建学校德育体系深化研究与推广实验"2005年会暨第八届学术研究会上,昌平一中荣获"百所德育科研名校"提名奖,论文"触网学生思想道德问题的对策研究——课题实验三期工程"、"贴吧后的德育反思"荣获课题优秀成果一等奖;论文"诊断高中生网络成瘾"、"让网络成为教育的听诊器与治疗仪"获课题优秀成果二等奖。

(郭丽娟)

【下庄学校操场改造工程完工】 8月10日,区教委投资60万元改建下庄学校运动场。铺设200米焦砟环形跑道和1000平方米的水泥篮球场、2100平方米的三合土足球场及运动附属设施共耗资60万元,10月11日完工并正式交付使用。

(王学安)

【暑期"三优评比工作"圆满结束】 8月12日至14日,区教委教育网络和信息中心组织"昌平区第六届师生电脑作品"、"中小学信息技术与学科教学整合优秀录像课"及"主题资源"的评比工作。优秀录像课评审共收录全区44所学校的111件作品,其中中学70件,小学41件。电脑作品教师组参赛学校共有65所中小学,教师作品530件;小学生电脑作品共有43所学校参赛,收到学生作品377件,涉及到电脑绘画188件、电脑动画67件、网页54件、电子报刊48件、电脑平面设计11件、程序设计9件。主题资源共收集39所学校293个作品。按照一等奖5%,二等奖15%,三等奖25%的获奖比例评选。

(刘 丽)

【召开主题教学研讨会,提高课堂教学质量】 8月20日,昌平五中召开以"增强教研活动的实效性,提高课堂效率"为主题的暑期教学研讨会。会上,16名教研组长、备课组长围绕如何提高课堂教学的实效性谈自己的思路和做法,从教科研融入教学过程问题、上好一堂课的标准、学科特色的进一步落实和深化、有实效性的落实集体备课、说课和跟踪听课等内容作了典型发言。会议围绕教学活动的备课、说课、上课、听课、评课、献课展开。研讨会共有29人参加，提交论文25篇。

（于学志　王　辉）

【改善住宿条件】 8月12日至28日，燕丹学校对教师宿舍进行了全面装修。工程包括吊顶、铺地砖、粉刷墙壁、更换门窗等项目。共耗资15万元。

（于云娟）

【市区学校优秀教师支援农村教育】 8月28日，东城教委、西城教委、朝阳教委和市教科院基教研中心精心选派59名优秀教师与昌平34名教师一同深入本区18所中学和37所小学开展为期一年的“城镇教师支援农村教育”支教活动。

（孟春雨）

【印度某所完全学校校长尤阿什女士参观昌盛园小学】 8月28日，印度某所完全学校的校长尤阿什女士来到昌盛园小学参观、交流信息技术教育工作。此项活动架起昌盛园小学与印度学校之间的友谊桥梁。

（张士杰）

【南口镇小学召开新生家长会】 8月30日，南口镇小学召开了以“您准备好了吗?”为主题的一年级新生家长会，会上向家长畅谈了学校的概况，并引导家长如何有的放矢的帮助学生使用教材，学校与家长共同探讨了如何根据学生特点，增强家庭教育效果，鼓励家长注重与学校、教师的沟通，加强家长与学校、教师间的理解与宽容，保持家庭与学校教育的一致性。对新生家长提出了“三个一”的建议：为孩子设置一张时间表、给孩子制定一个规矩、提供一个好的学习环境。会后为每位家长下发了一本学校自己编辑的家教指导手册。

（王国珍）

【昌平实验中学加大对电子教学设备的投入】 8月，昌平实验中学在区教委和教学设备装备中心的大力支持下，投入195万元，购置、增添、改造电子教学设备，学校办学条件得到显著的改善。本年度共购置电脑75台，多媒体教学设备40套，并重新安装了校园广播系统、闭路电视系统、会议系统、语音教学系统，改装了校园闭路电视监控系统、校园程控电话系统、校园照明系统。

（蔡宇光）

【满足人民群众对优质高中教育的需求】 8月，区教委在昌平一中、昌平二中两所北京市示范性普通高中校招生1100人；昌平三中、昌平区实验中学、昌平区前锋学校三所优质高中校招生783人。示范高中校和优质高中校共招生1883人，占全区高中年招生总数的79%，基本满足了人民群众对优质高中教育的需求。

（王丽梅）

【在教职工中开展读书活动】 8月，巩华中心小学出资2.08万元为每位教职工购买一套学习用书，书目为魏书生所著《教学工作漫谈》、[美]霍华德·加德纳著《多元智能》、周哲主编《新背景下教师人文读本》，鼓励教师认真学习教育教学理论，提高自身素质；为中心及完小干部购买一套世界500强员工培训经典。9月，学校出资2.27万元把从教师中征集到的优秀论文、优秀教案、优秀案例等编辑成书，书名为《春华秋实》，内部交流。

（夏　琳）

【上好爱国主义教育第一课】 9月1日，昌盛园小学与中国人民解放军61975部队仪仗队战士一起，举行了隆重的升旗仪式，庆祝中国人民抗日战争胜利暨世界反法西斯战争胜利60周年。

（许顺新）

【德育工作突出年级特色】 9月1日，昌平五中以年级诊断为切入点，提高年级管理水平。教育学生以不说脏话、不追跑打闹、不高声说话、不乱写乱画为起点，养成学生的良好文明习惯；以课堂教学为主阵地，强化德育渗透功能；以丰富多彩的活动为载体，提高德育实效性;以贴近生活、贴近学生、贴近实际为原则,提高素养,全面育人;以学会做人、学会合作、学会学习、学会负责,养成良好习惯和优秀品质。

(于学志 王 辉)

【构建课余体育活动模式,创设校本体育工作特色】 9月,昌平四中制定"面向全体,发展特长"的体育工作思路,构建课余体育活动的校本模式。形成较为规范的篮球、足球、跳绳、拔河、健美操的联赛体制,而且创新性地引入了女足、女篮的比赛,不断改革完善校运动会的赛制和项目设置,让更多的学生参加到比赛当中。在暑期中小学生系列比赛中,该校健美操队、足球队、篮球队、跳绳队、乒乓球队均获前三名,其中女篮两个队包揽冠、亚军。健美操队获全国第六届广播操比赛第一名。

(刘希杰)

【昌平二中筹建新校区】 9月,区教委将新接收的一所学校(回龙观中学)做为二中南校区。11月学校投资500万元对南校区进行改造,将16个教室改为学生宿舍。对教学区、办公区、食堂进行装修,建饮水房、浴室等项工程。

(张 利)

【开展校际交流工作】 9月1日,全区有12所城镇学校与山区学校建立交流关系,有24名骨干教师到16所学校支教,通过上观摩课,组织研究课,进行听评课、专题讲座,开展调研,引领学校校本培训工作。

(孟春雨)

【市委领导慰问桃洼学校】 9月1日,市委常委、市教工委书记朱善璐等领导来到桃洼学校慰问全体师生。各级领导走进校园、走进办公室、走进学生宿舍,认真询问了学校教育教学情况,教职工生活、居住情况,学校办学条件和学生学习现状。与北京市支援农村学校的骨干教师进行了亲切地交谈。

(彭淑琴)

【探索学生自主学习的课堂教学方式】 9月1日,陈庄中学开始进行学生自主学习模式的探究,创设了"六阶段"课堂教学法。第一阶段是教学任务阶段,由教师把本节课要学习的内容以板书或字幕的形式展示给学生,让学生明确学习目的和任务;第二阶段是自学看书,由教师根据教学目的和任务提出1至3个问题,学生看书自学,目的是培养学生自学习惯和自学能力;第三阶段是学生讨论交流互动,激发学生对问题探究的兴趣,教师参与其中并适时给予指导;第四阶段教师讲解辅导,根据学生自学、讨论中出现的问题进行"精讲",通过讲解使学生掌握知识并启迪学生的思维;第五阶段是学生演练,练习的过程是学生消化吸收的过程,练习的内容要精选,要体现分层教学、分类指导的原则,让每个学生都体验到成功的愉悦;第六阶段是学生静想,学习内容结束后,学生在轻音乐的伴奏下,进入思维静想状态,对教学内容进行回忆和梳理。

(姜淑芬)

【马池口中心小学开设心理健康课】 9月1日,马池口中心小学在三至五年级学生中开设了心理健康课。每个班两周上一次心理健康课,每节课40分钟。教学内容涉及学习心理、情绪调节、人际交往、自我认识、自信心理等方面。课上老师通过活动、游戏、小故事、讨论等多种形式进行教学,重在学生的主体参与、体验,促进学生心理健康发展。设立心理健康咨询室、心理信箱,为教师、家长和学生进行个体咨询,解决他们面临的心理问题。

(王秋云)

【《走进昌平》一书正式发放到小学生手中】 9月1日,依据《综合实践活动课程指导纲要》和《九年义务教育课程计划》的相关规定,区教委小学教研室编写出小学综合实践活动地方课程教材《走进昌平》,由全书分为四册,共20万字,作为本区地方教材发放到小学生手中。

(高春杰)

【百善中心小学新校落成暨开学典礼】 9月

1日，百善中心小学教学楼建成并投入使用。新校址占地面积5.4万平方米，教学楼建筑面积9887平方米，设有普通教室29个，专用教室12个，另建有建筑面积2700平方米的食堂，可供400人同时就餐，此项工程百善镇政府共投资3000万元。2004年3月26日工程正式启动，2005年4月26日竣工，百善中心小学将原来的2所完小、3所村小合并为1所学校，彻底改变了原来学校分散的布局。

（闫振庆）

【回龙观中心小学举行“情系祖国、爱我中华”开学典礼】 9月1日，回龙观中心小学举行“情系祖国、爱我中华”为主题的开学典礼。市委副书记、人大主任于均波及市教工委等领导参加了开学典礼。在开学典礼上回龙观中心小学对上学期的工作进行了总结，围绕“情系祖国、爱我中华”这个主题对学生进行了爱国主义教育，要求学生勿忘国耻，勤奋学习，将来做祖国的栋梁之才。市教工委领导和区领导在讲话中肯定了回龙观中心小学的成绩并对学校提出了殷切的希望。

（张艳苓）

【加大课堂教学改革力度】 9月1日起，阳坊中心小学加大课堂教学改革力度，严格按照“六还给”（把课堂时间还给学生；把教室空间还给学生；把活动主动权还给学生；把探索权利还给学生；把创新可能还给学生；把张扬个性的自然性还给学生。）的要求，积极实践，勇于探索，教学质量显著提高。

（刘全华）

【新学期开学典礼】 9月1日，昌平二中分校举行新学期开学典礼。毕业生代表作了《感激学校、感谢一生》的发言，并向学校送了《厚德载物、春风化雨》的牌匾。学校共出资7万元，对考入北京大学和清华大学的2名同学给予5000元的奖励，对于其他考入本科院校的学生和优秀的教职员工进行了奖励。

（张　兴）

【今天“我”当家】 9月2日，城北中心三街小学红领巾先锋岗的学生开始上岗了。五(1)班的3名学生身披鲜红的绶带，精神抖擞地站在学校门口，迎接同学们的到来。进入校门的学生则在值周生的带领下有序地排着队，按要求向鲜艳的队旗敬礼，向旁边的老师问好，还没有入队的小学生则有礼貌地向队旗鞠一躬。同时还开展了“优秀国旗班”、“优秀值周班”、“红领巾广播台”、“我爱我家”等系列活动。利用校会，对全体学生进行宣传、讲解。活动以班级为单位，自愿报名的形式进行。

（王　颖）

【昌平实验中学实施封闭式管理】 9月5日起，昌平实验中学实施封闭式管理。要求住校生周日到校后至周五放学期间不得离开校园，一日三餐和晚自习均在校园内进行。走读学生每天进校门之后，不能离开校园，家长同意在校上晚自习者，直至晚自习结束后方可离开学校。中午全校学生在校就餐，统一购置饭卡，按时间统一就餐，午休时间由教育处负责，各年级、各班有老师专门负责管理此时间段学生的休息和学习。

（马红国）

【支玉恒老师到昌盛园小学讲学】 9月6日至8日，全国语文四大名师之一的支玉恒老师应邀来到昌盛园小学讲学，并进行指导。支老师分别听了昌盛园小学丰志奎老师的《水果丰收》、金东明老师的《节约用水》说话课、那世学老师的《影视笔记》、王淑阳老师的《根据声音编故事》、王丽萍老师的《为动画配音》、王京辉老师的《创编我们的栏目》口语交际课、张立平老师的《作文评改》八节课，课后支老师做了讲评，并针对这八节课中发现的习作教学改革的“结合年级特点，开发多种途径，训练表达能力，提高语文素养”做法给以了充分的肯定，并针对教学中存在的问题和学校的全体语文教师特别是骨干教师交换了意见，提出了进一步研究的方向。

（王铁英）

【马池口中心小学新建礼堂落成】 9月8

日,马池口中心小学投资180万元新建礼堂落成。礼堂建筑面积560平方米,采用砖混建筑结构,建有音响灯光设施,能容纳600人。

(王秋云)

【少年宫天象厅免费对中小学生开放】 9月9日,区少年宫天象厅免费向全区中小学生开放。城北中心小学百名师生观看了天文、天体、各种星座等天文知识的放映。

(李玉明)

【北京电视台七色光栏目记者到六街小学拍摄文明礼仪游戏活动】 9月9日,在教师节来临之际,北京电视台七色光栏目的记者来到城北中心六街小学,与六街小学的20名“文明礼仪小使者”一起拍摄了课间文明礼仪游戏活动。拍摄后,又一起进入社区,“文明礼仪小使者”用自己的眼睛捕捉了社区中的不文明现象和活动,小使者们用自己拍摄的素材召开主题班会,各抒己见,纷纷发表了自己的见解。

(唐红颖)

【阳坊中心小学举办家庭教育咨询活动】 9月10日,阳坊中心小学在阳坊镇大都饭店广场前,党支部组织全体在职党员和骨干教师自愿参加共计20人,公开向本地区学生家长征求对学校工作的意见,并举行有关家庭教育知识方面的现场咨询活动。活动中向家长们发放家庭教育知识宣传材料500份。此项活动受到学生家长们的广泛关注,前来咨询的家长有400名,达到了在校学生数的80%。

(刘全华)

【昌盛园小学多功能厅建成并投入使用】 9月10日至9月28日,昌盛园小学投入资金30万元,改建了多功能厅。多功能厅使用面积为340平方米,可同时容纳200人参加活动。内部装配了多媒体设备和音响器材,为教师集会、研究课、评优课以及大型文娱活动提供了场所。

(张士杰)

【参加“爱教、爱校、爱生北京市中小学美术教师绘画作品展”】 9月10日至14日,“爱教、爱校、爱生北京市中小学美术教师绘画作品展”在北京中华世纪坛展出。全区中小学美术教师共有49人作品参展,其中2幅作品获得一等奖、区教委体美教研室获组织奖。

(王雅兰　郭建强)

【前锋学校开展心理健康教育系列活动】 9月15日,前锋学校对高一年级77名新生进行了《中学生心理健康状况》的调查。从测试结果来看,在77名学生中,心理健康状况良好者占总体的97.4%;心理状态欠佳者占总体的5.3%;心理有问题倾向者占总体的1.3%。根据测查的结果,为每个学生建立了心理档案,并针对心理有问题倾向的学生进行跟踪服务。11月初,心理咨询室向广大师生宣传和普及心理健康知识;对全体学生进行社会适应、人际交往、情绪调节、学习等心理素质的训练;为学生进行心理健康状况测查,并建立心理档案;面向学生、老师、家长开展心理咨询服务。12月19日,开通心理健康教育广播,利用每周一中午13:30至13:50的时间,对全校学生进行心理健康知识的广播教育。广播的内容包括:心理知识、心理小故事、心理保健、心理小测验。

(王　芳)

【昌平实验中学开展开放月活动】 9月15日至10月14日,昌平实验中学开展开放月活动。在开放月活动期间,学校邀请全体学生家长、上级主管部门、教研部门、其他学校领导和教师随时来校观摩教师课堂教学活动,参观校园环境和教学设施,下发意见建议反馈表,请来校人员对学校工作提出宝贵意见和建议。

(虎素菊)

【中学教师“我读书、我思考、我成长”演讲比赛】 9月16日,区教委中学教研室举行中学教师“我读书、我思考、我成长”演讲比赛。竞赛活动是在学校选拔的基础上进行的,各学校共推选稿件232份,通过评选,共评选出一等奖24名,推选11人在会上演讲,每人演讲10分钟。

（付淑杰）

【百善中心小学操场落成】 9月16日，由区教委投资550万元的百善中心小学操场落成仪式暨百善镇第一届全民运动会在百善中心小学操场举行。开幕式上，百善中心小学400名学生身着鲜艳的体操服表演了精彩的大型团体操《初升的太阳》，八一跳伞队进行了精彩的跳伞表演。百善中心小学操场设有标准400米塑胶跑道、人造草坪足球场1个，4个标准塑胶篮球场。

（闫振庆）

【南口镇小学、高崖口中心教学联谊拜师交流大会】 9月16日，南口镇小学领导及部分骨干教师来到高崖口中心小学，举行两校开展了两年之久的骨干教师拜师交流活动。交流活动主要是两校在教学上优势互补，南口镇小学在数学、语文学科上带动高崖口中心小学教师的发展，以平原带动山区。

（徐　娟）

【阳坊中学召开初三年级教育教学研讨会】 9月18日，阳坊中学召开初三年级以“总结情况、分析问题、制定措施、明确目标”为主题的教育教学研讨会，参加会议的有学校全体领导班子成员、初二、初三年级的年级组长和全体初三年级教师，共计25人。校领导就召开这次会议的目的、意义和要求进行了说明；年级组长、班主任和任课教师分别介绍了初三学生的学习、纪律等各方面的具体情况，认真分析了学生存在的问题及原因，并提出了解决问题的方法和途径。大家经过充分讨论，制定了改进初三工作的具体措施和工作目标。

（付文霞　李志蓉）

【城北中心六街小学举办青年教师拜师会】 9月21日，城北中心六街小学举办了一年一度的“青年教师拜师会”，34位市、区、校三级骨干教师及经验丰富的老教师与41位青年教师签订了师徒协议书。会上对师傅提出了师德示范、教学相长、悉心指导、诲人不倦等要求，每学期对徒弟做到三个“一”，即：指导学习一本教育教学理论书籍，指导撰写一篇教育教学论文，与徒弟一起备课；每学期听徒弟10节课以上；对徒弟提出了尊师乐学、勤学好问、大胆实践，加强反思，及时总结，展示汇报等要求，每学期听师傅15节课以上，做到嘴勤、手勤、眼勤。

（唐红颖）

【城北中心小学召开德育导师制启动大会】 9月21日，城北中心小学隆重召开“德育导师制”启动大会。97名非班主任老师分别被指派到97个班级中，与班主任一起共同管理班级事物，充分发挥德育导师的作用。会上学习了《德育导师工作手册》，向德育导师颁发了聘书。紫禁杯优秀班主任、德育导师代表作了典型发言。

（胡长红）

【区教委教育志办公室全体成员到西城区考察学习】 9月22日，区教委教育志办公室一行7人到西城区教委考察学习，了解学习西城区教育年鉴编纂情况。西城区教委办公室年鉴编写组人员详细介绍了西城区年鉴工作的编写流程及运作情况，双方就年鉴的编写工作情况进行了广泛交流。

（韩玉霞）

【阳坊中心小学举办一年级新生家长培训班】 9月2日至25日，阳坊中心小学举行为期三天的第二届一年级新生家长培训工作。在认真总结第一届新生家长培训工作经验的基础上，依据学校实际从《培养孩子良好习惯的重要性和途径》、《家长如何配合学校对孩子进行习惯教育》、《如何营造良好家庭氛围，促进孩子智力发展》、《怎样创造条件，因势利导，培养孩子的一技之长》、《怎样帮助孩子做一名合格的小学生》、《学校教育简介》等几方面，采用专题讲座的形式对一年级新生91名家长进行了培训。此次培训家长参与率达到了100%，家长上交培训感想共88篇。

（刘全华）

【积极参与课题研究与实践】 9月26日，昌平五中数学教师张玉英上了一节“以学困生教育为载体，引导教师进行教学、反思的策略研究”的市级课题研究课。教师注重让学生进行合作学习，把学生按学习层次分成几个小组，请每个组的组长给组员出一道习题，既照顾了学困生，又培养了优等生的能力。区教委中学教研室教研员、课题组成员及各校教师65人参加了听课、评课。

（于学志　王　辉）

【中外名曲赏析讲座受到好评】 9月28日、10月10日、11月21日和12月19日，区教委体美教研室组织昌平实验中学音乐高级教师、昌平区音乐学科带头人陈文明为全区中学音乐教师举办四次“中外名曲赏析”讲座。分别以“《黄河大合唱》与钢琴协奏曲《黄河》”、“音乐中的战争”、“音乐中的河流“和“走进贝多芬”为题，对十几部中外经典名曲进行了细致的介绍与讲解，取得非常好的示范效果。

（虎素菊）

【加强科学技术普及宣传活动】 9月29日，昌平四中举办“昌平区防震减灾知识进校园启动仪式”，市地震局、区地震办、区教委领导参加仪式。地震学专家张少泉作了科普讲座，区地震办为全校同学赠送学习资料，在学校进行了为期一周的宣传图片展览。12月8日，组织师生参加“防震减灾知识进校园——昌平四中专场讲座”。

（刘希杰）

【“我讲抗战小故事”演讲比赛】 9月30日，南邵中学政教处和团总支联合举办“纪念抗日战争胜利六十周年——我讲抗战小故事”演讲比赛。12名学生参加此次比赛，3人获得一等奖。

（王克勇）

【南口学校开展导师带学工作新举措】 9月，南口学校为了进一步加强学校对教育教学管理的力度，提高办学质量与水平，组织开展了领导干部与教师一同认领辅导初三年级学困生的带学工作。通过与学生谈话、听课、检查部署作业、跟踪调查、签写上课情况反馈单、家访等多种方式，不断鼓励学生端正学习态度，树立学习信心，争取有进步。

（沈玉梅）

【举办第一届昌平区青少年科技创新大赛】 9月，“第一届昌平区青少年科技创新大赛”拉开帷幕，大赛主题是“体验科学健康成长”，本届大赛是一项大型的具有示范意义的青少年科学竞赛。大赛设奖项目有：优秀科技创新、科技实践活动、少儿科幻画、科技辅导教师、组织工作奖。大赛获奖比例为一等奖10%、二等奖15%、三等奖25%。

（李玉明）

【城北中心小学开展奥运寄语活动】 9月，城北中心六街小学开展全体师生共同参加的奥运寄语活动，共收到奥运寄语1750条。

（唐红颖）

【南口学校开展毽球运动】 9月，南口学校成立了以花毽为主的小学毽球队和以毽球为主的中学毽球队，请来中国毽球协会的老师作技术顾问，不定期地对学校毽球队进行理论讲座与技术指导。学校结合冬炼开展一系列丰富多彩的毽球活动，组织了年级、班级之间的踢毽比赛和毽球比赛。

（雍小龙）

【举办青年教师培训班】 9月，南口学校举办第八期青年教师培训班，通过请名师讲座、听观摩课、小组讨论相互交流等形式，培养青年教师整体能力和水平。学校青年教师培训工作领导小组根据学员的考勤、作业、听课笔记、学习记录、学科教学成绩、敬业精神、工作态度等方面，采取量化分析与定性评议相结合的原则，及时进行综合考评，评出优秀学员6名，学校对6位优秀学员予以表彰，颁发证书和奖品。

（沈玉梅）

【城关小学开展“我给神舟六号宇航员叔叔写封信”征文活动】 9月，城关小学少先大队开展了《我给神舟六号宇航员叔叔写封信》征文比赛活动，共收到来自四个年级中队的优秀稿件193篇。队员们通过邮寄“一封信”，表达了对神舟六号宇航员的无比敬佩之情、对奥妙宇宙的无限遐想。同时，大队号召队员关心国事、关注时事，充分体验中华民族的伟大振兴，在活动中不断增强民族责任感、使命感、自豪感。队员们的积极参与为城关小学赢得了“航天清华杯《我给神舟六号宇航员叔叔写封信》征文活动优秀组织奖”。11月24日，王思涵、王国兴、王天月3名同学被邀请参加了《航天员》杂志创刊发布会暨“航天清华杯”征文颁奖仪式，队员们与杨立伟、费俊龙、聂海胜三位宇航员英雄零距离接触、合影留念。

（于海霞）

【巩华中心小学少年之家开设兴趣小组】 9月，巩华中心小学少年之家开设舞蹈、古筝、跆拳道、绘画、书法、英语、奥林匹克数学、写作等8大类共55个兴趣活动小组，招收学员1100余人，成立舞蹈表演队、古筝表演队、跆拳道表演队等三个学生团体。有42名学员通过了北京市英语口语初级考试，8人取得了优秀；在2004至2005学年，跆拳道兴趣小组有20人晋升为8级，7人晋升为7级，他们均已成为北京市跆拳道协会会员；奥林匹克数学兴趣小组学员参加昌平区小学数学邀请赛，有27人获等级奖；写作兴趣小组学员参加全国中小学生“春蕾杯”作文比赛，7人获全国等级奖，35人获区级等级奖。截至年底共开设兴趣小组98个，招收学员2100余人，活动人次达到3.7万人次。

（周正敏）

【建立生物ftp资源交流平台】 9月，区教委中学教研室生物组充分利用本区教育网络形成完整城域网的优势，建立ftp资源交流平台，该平台具有数据传输速度快、容量大、稳定性强、管理方便、专业性强等优点，现已拥有包括教案、课件、试题、视频、教材、讲座及培训等在内的6大类教学资源，真正实现了全区的生物教学资源共享。该平台受到北京市基教研中心生物教研室的关注，并撰文发表于《生物学通报》。

（张榕青）

【努力改善办学条件，打造拴心留人工程】 9月，阳坊中学建成一个教师电子备课室、三个多媒体教室，为每位领导、年级组长和每个办公室配备电脑共27台；更换计算机专用教室的电脑40台，购买了4套多媒体设备，更换了电子广播系统；重新修建了运动场和主席台，添置了2套篮球架、12个乒乓球台以及其他体育器材。年内，共投资173万元，改善师生的工作、学习、生活条件。

（付文霞　李志蓉）

【深化课堂教学改革，提高教学质量】 9月起，阳坊中学广大教师在课堂教学改革中，以先进的教育理念为指导，努力做到三新：观念新、模式新、手段新；把握好三度：教学目标达成度，课堂气氛融洽度，调动学生深广度；注重三培养：学习习惯培养，自学能力培养，创新精神培养。在教学过程中：做到改革课堂教学模式，积极开展了分层教学、探究式教学、合作式教学模式的探索；坚持“四为主”的教学原则：教为主导，学为主体，思为主攻，练为主线；加强学法指导，交给学生一把成功的钥匙。教给学生的学习方法是“七环节”学习法。即课前预习、专心听讲、及时复习、独立作业、认真纠正、系统小结、课外学习。

（付文霞　李志蓉）

【燕丹学校举办课堂教学评优大赛】 9月至11月，燕丹学校举行由全体教师参加的课堂教学评优大赛，全校共有73名老师参加比赛。所有参赛教师每人准备一节公开课，课程要体现信息技术与学科整合的特点，并结合新课标的要求，力求创新。本次大赛3人获一等奖、4人获二等奖。

（于云娟）

【昌平一中班主任杂志刊发】 10月，昌平一中德育处主办的《班主任》杂志面向全体师生刊发。《班主任》杂志由校长讲话、班主任大家谈、国旗下讲话、心理驿站、学生荣誉、常规管理六大项组成，切合实际，生动丰富，以一中师生真实工作、生活为主要内容，如实反映他们的精神面貌，加强班主任之间的沟通交流，解决师生思想上的疑难问题，成为班主任的良师益友。

（郭丽娟）

【昌平二中举办第五届学生文化节】 10月1日至28日，昌平二中举办第五届学生文化节，文化节以“美化校园、展示校园生活”为主题，以“班班有歌声”的形式开展。学生艺术作品征集历时40天，307人参加，征集作品335件，教师辅导学生完成作品85件，共计420件。参加展出作品105件，书法24件，摄影15件，剪纸15件。92名学生作品获得一等奖。

（张　利）

【昌平二中学生在第三届全国中学生“学校杯”运动会上获奖】 10月4日至6日，在浙江省台州市温岭中学举行的第三届全国中学生“学校杯”运动会上，昌平二中陈凯获男子跳高金牌，并以2.06米的成绩打破了运动会最高记录。同时景卉君获女子跳高银牌，王冠龙获得男子800米铜牌，王会获女子跳高铜牌。本次运动会有59所学校700名运动员参加，经过评选昌平二中教师马思勇荣获“十佳教练员”称号，陈凯同学荣获“十佳运动员”称号。

（张　利）

【前锋学校召开教育教学研讨会】 10月6日至7日，前锋学校召开了由学校领导、年级组长、教研组长、区校级骨干教师、优秀班主任等54人参加的教育教学研讨会。会上大家就教师专业化发展、校本教研、教研组建设等问题进行了讨论，并积极为学校建设进言献策。

（冯月丽）

【“我谈师德”经验交流会】 10月9日，南邵中学召开“我谈师德”经验交流会，学校的6名师德标兵和6位青年教师走上前台，从不同的角度谈了对师德的认识和深刻感受，特别对“惩罚”与“体罚”、“责备”与“批评”的透彻分析，折射出作为一名对学生高度负责的优秀教师所应该具有的优良品质。全校教职工认真撰写体会，深刻剖析自己在学生思想、行为及工作中的得与失，分别从各个方面分析对师德的认识和感受，教职工的思想觉悟得到了加强，职业道德素质得到了提高。

（王克勇）

【昌平二中现场培训学生义务消防员】 10月10日，昌平二中特邀区消防处教官，为110名学生进行了消防知识培训学习。在学校主管领导的组织及有关教师配合下，教官进行了现场示范，学生在教官的指导下进行现场操作。通过培训学习和现场演练，110名同学成功地掌握了火情发生时应如何使用灭火器和有关消防知识，成为校园内的义务消防队队员。

（张　利）

【举办小学音乐教师奥尔夫教法培训班】 10月10日和12月6日，区教委体美教研室举办小学音乐教师奥尔夫教法培训班。特邀中国音乐家协会奥尔夫专业委员会的专职教师王正芳现场做课。课堂以实践活动贯穿始终，内容安排集演唱、演奏、舞蹈、朗诵表演于一体，即兴创作、创编的形式使大家思路拓宽。44位小学音乐教师参加培训。

（苏伦高娃）

【开设学科拓展班】 10月11日，昌平五中开设学科拓展班。拓展班开设历史、生物、地理、政治、体育、音乐、美术、计算机8个学科，学生自愿报名，每人可参加两个学科，每周4节课。学生根据自己的兴趣和爱好选择学习，教师则根据每个学生现有基础进行知识拓展和深化。课程中举办“开辟第二课堂，丰富学生生活”的学科成果展示。学校初二年级学生212人参加了拓展班学习。

（于学志　王　辉）

【集体备课，同伴互助】 10月12日，昌平五中初三备课组开展区级开放课活动，讲授“解直角三角形”和“解直角三角形的应用”。课题选定后备课组进行了集体评课,修改教案、学案、教法、课件等内容。在教学过程中,充分发挥学生主体作用,合理利用电教、教具模型等多种教学手段,注重学生思维过程及体现数学的实用性。区教委中学教研室数学教研员及教师80人到校听课。

(于学志 王 辉)

【两校联谊增进情谊】 10月13日,城南中心小学小记者15人到汇蕾小学访问交流,两校建成友谊学校,学生代表交换纪念品。联谊会上双方表示今后将建立经常性联系,在教育教学改革发展以及学校建设中给予相互支持。

(应春银)

【举办家庭教育咨询会】 10月16日,阳坊中学举办家庭教育咨询会,北京师范大学心理教育专家为学生家长讲述中学生的身心特点和存在的问题,提出教育、培养孩子的方法和途径,很多家长向专家提出了自己教育子女所存在的问题,专家们都分别给以了意见、建议。学校印发阳坊中学自编家长学校材料——"教育之窗",此刊物对家长进行家庭教育启发很大,受到家长欢迎。

(付文霞 李守颖)

【《管理系统》统计员培训考核】 10月17日、18日,教委教学设备装备中心举办中小学《管理系统》统计员培训班。对全区中小学、幼儿园和直属单位《管理系统》统计员进行培训。共有136人参加培训,经过考试有129人取得了合格证书。

(徐敬来)

【举办小学音乐教师结合课堂教学编舞大赛】 10月18日,区教委体美教研室举办小学音乐教师结合课堂教学编舞大赛。特邀评委北京教育学院音乐系主任赵楚到会点评。比赛以舞蹈和律动两种形式穿插进行。31名教师、20个节目参加激烈角逐。允小东、李丽等老师表演的《绿叶情》、马宝平老师自编的《山路十八弯》荣获一等奖。

(周洁冰)

【市教委领导到南邵中学检查实验室装备情况】 10月18日,市教委教育技术设备中心主任刘双贵和市教委体育美育处处长白荣正检查了南邵中学的多媒体教室和实验室的装备情况。

(王克勇)

【南新村小学召开特色办学现场会】 10月18日,十三陵中心南新村小学召开"特色办学现场会"。区领导及部分学生家长共150人参加了现场会。听了6节公开课,观看了跳绳、踢毽、新童谣诵读、英语话剧及诗朗诵等表演,听取了南新村小学校长"以体育工作为突破口,提升学校品位,促进学生全面发展"的汇报及体育教师和班主任的经验汇报。10月28日,昌平电视台"花开未来"栏目报道了南新村小学的办学特色。10月31日,第10期《昌平周刊》第一版对南新村小学办学特色的经验进行了报道。

(邢玉苓)

【城北中心小学举行第二届特体儿童健身运动会】 10月19日,城北中心小学举行第二届特体儿童健身运动会,共有95名肥胖超重儿童和消瘦超轻儿童分别参加了30米负重跑、往返做标记、踏石过河、30秒和60秒跳绳、后抛实心球、二人角力、立定跳远、持轻物掷准等八个项目的比赛,比赛结束后为各单项比赛取得前六名的同学颁发了奖品。此次比赛推动了健康促进学校工作的开展,提高了超重肥胖儿童和超轻消瘦儿童的健身和健康意识,比赛形式活泼生动有趣,比赛活动取得圆满成功。

(王 英)

【"在学科教学中培养学生的创新精神和实践能力"课题结题】 10月20日,区教委中学教研室召开"十五"市级教科研课题"在学科教学中培养学生的创新精神和实践能力"结题会。此课题经过4年的研究,取得预期的成果。市课题组专家、学校领导、课题组长和子课题组长参加了会议。会上专家听取了结题报告,看了相关资料。经专家组和议,充分肯定了此课题研究成果同意结题，并签署颁发结题证书。

（付淑杰）

【《开发农村学生多元智能的实践研究》课题顺利结题】 10月20日，区教委教科所承担的北京市教育学会“十五”课题《开发农村学生多元智能的实践研究》顺利结题。经过四年的实践研究，课题研究成果包括：《改革探索教学模式，多元智能课堂初步形成》；《使学生多元智能的开启与发展》；《促进教师的专业成长；促进学校的发展》。7月，举行的第四届多元智能国际年会上，本课题组有6人大会发言，25篇论文获一等奖，2人获得先进科研个人称号。鉴定专家对本课题取得的成果给以积极评价，并准予结题。

（郝志惠）

【北京市电视台“今日话题”栏目记者到城北中心六街小学采访】 10月21日，北京电视台“今日话题”栏目组的记者来到城北中心六街小学进行实地采访，本次采访是对“平安之路”活动在学校开展情况的回访。出校门前，路队长带领大家喊着交通安全童谣：“红灯停，绿灯行，平安之路伴我行；讲文明，懂礼貌，走路要走人行道”等整齐的口号有序地走出校门。电视台记者在对接孩子的家长们进行采访时，家长们对学校的安全教育工作给以肯定。在建设和谐校园的同时，狠抓学校安全教育，收到了明显的教育效果。节目当日在北京电视台播出。

（唐红颖）

【十三陵中学寓亲情教育于活动中】 10月21日，十三陵中学召开“《感悟亲情》——‘我的亲情故事’初一年级主题队会”，队会分为五个篇章：序曲、朋友同学篇、老师篇、父母亲人篇和结束篇。由6名学生主持。学生亲自讲述发生在自己与同学朋友、老师、父母亲人之间的平凡故事，讲述自己感受到的亲情。中间穿插学生问答、小调查、家长共同参与游戏等，为家长和孩子之间的情感交流搭设桥梁，拉近了彼此的距离。家长亲自了解孩子对亲情的认识，走近孩子的感情世界。学生剪的83颗心和83朵花贴在幕布上，使会场充满浓浓亲情。学生还为父母准备了亲手制作的礼物，在队会结束时送给父母，表达养育之恩。

（孟秀娟）

【满井中学举行全员技能活动大赛】 10月26日至11月29日，满井中学举办“全员技能活动大赛”。本次大赛内容涉及语文、数学、英语、物理、化学、生物、体育及计算机8个学科，形式有体育游戏、汉字录入比赛、数学计算题竞赛、查单词比赛、查字典比赛、实验操作竞赛及年级篮球联赛。本次活动各项比赛均在每星期二、星期五第八节课进行，学生参与率100%。

（崔淑红）

【手拉手活动——教学资源赠送仪式】 10月27日，北大附中与小汤山中学手拉手活动——北大附中教学资源赠送仪式在小汤山中学阶梯教室举行。北大附中将“天地人”三网的相关资源使用权赠与小汤山中学。天网就是卫星接收设备，用于视频教学资源，每一周将从北大附中拍摄20节课供教师学习；地网就是因特网，为教师提供备课资源、试题库以及丰富的教学相关资料；人网就是每个学期、每个月举办的特色课和教师培训，包括信息技术、学科专业培训等。此次捐赠总价值人民币10.4万元。

（任忠明）

【沙河中学举办预防艾滋病知识普及、宣传和讲座】 10月27日，沙河中学聘请区教委、区健康教育所来校举办预防艾滋病知识普及、宣传和讲座，使学生了解艾滋病的预防和如何关爱艾滋病病人等知识，了解艾滋病的病因、传播途径和如何预防艾滋病；并学会关心、帮助和不歧视艾滋病病人及感染者；让学生认识到艾滋病威胁着每一个学生家庭和个人，预防艾滋病是全社会的责任。

（谷会宇）

【城关小学两名学生拾金不昧受表彰】 10月28日，城关小学四年级二班蒋磊、纪明同学在上学路上拾到一个黑色皮包，内装现金3800余元、3张转帐支票、3张银行卡，两位同学立即将皮包上交校长。在学校领导多方调查寻到失主后，及时将所拾全部物品转交失主，失主感动不已。为表彰先进，学校决定给予蒋磊、纪明两位同学嘉奖，并授予拾金不昧好少年光荣称号。

（于海霞）

【昌平四中健美操队在全国健美操大赛上获奖】 10月29日，昌平四中健美操队代表本区参加"全国健美操万人大赛北京赛区比赛"，获5级规定动作组第2名，6级动作组第3名。12月1日，代表北京市参加在福建泉州举办的"浩沙杯全国万人健美操大赛总决赛"，获中学生5级规定动作组三等奖。

（刘希杰）

【教师参加全国小学数学课堂教学比赛】 10月29日，昌盛园小学数学教师赵震，代表北京市参加在安徽黄山举办的全国第七届深化小学数学课堂教学改革观摩交流活动。本次活动为期五天，是全国小学数学界的一次盛会，全国共有4800名教师参加。赵震老师所讲的小学四年级《生活中的负数》一课，在32节课中脱颖而出，获得了一等奖中的第一名。

（王国亮）

【满井中学弘扬中华民族传统体育项目将"空竹"列入体育课】 10月30日，满井中学在充分调研的基础上，将"空竹"这一中华民族传统体育项目正式列入体育课程，作为学校特色课程来开发。经过两个月的实践，抖"空竹"已成学校一道靓丽的风景。

（崔淑红）

【召开"保护环境，从我做起"主题大队会】 10月31日，巩华中心第二小学召开"保护环境，从我做起"主题大队会。在主题大队会上，同学们演唱歌曲《美丽的田野》、《小松树》、《小青蛙你唱吧》，表演自编情景剧《地球就诊记》、《校园里》、配乐诗朗诵《环保之歌》和三句半《说环保》。通过多种文艺形式，向大家讲述地球环境被破坏的情况。少先队大队向全体少先队员发出争做"环保小卫士"的倡议，宣读了倡议书。各中队长从大队长手中接过倡议书，代表中队举拳呼号："保护环境，从我做起，人人争做'环保小卫士'"。

（孟庆侠　张志亮）

【城北中心西关小学开展"好书伴我成长"读书月活动】 10月31日，城北中心西关小学开展主题读书活动。活动分三个阶段。第一阶段为宣传发动阶段，利用升旗仪式时间，进行"图书国里看祖国——好书伴我成长"主题读书活动启动仪式，充分利用红领巾广播、黑板报、致家长的一封信等形式开展宣传活动。第二阶段为读书积累阶段，号召各班学生开展多种形式的读书活动，做到读一本关于中国历史、文化的书籍（低年级以开展古诗文诵读活动为主），讲一个爱国小故事，写一篇读后感或观后感（高年级），观看一部爱国影片，开一次家庭读书会。第三阶段为总结评比阶段。

（张树玲）

【昌平实验中学积极开展禁烟教育活动】 10月，昌平实验中学开展校园"禁烟"专题教育活动。进行"吸烟与健康"的宣传，明确吸烟违纪行为的管理内容，出台相关奖惩制度，并将上述内容在全体学生大会、全体学生家长会上进行宣讲，发放文字宣传材料1900份，做到教育先行、制度先行。学校要求全体教职员工要自觉、负责地参与此次专项教育活动，从开端、苗头抓起，积极与家长联系，取得配合，形成合力，齐抓共管，加强监督，务求实效。发现问题立即组织人员采取措施加以解决，违纪现象及处理决定记入学生档案。使本校学生在校园内和校园周边吸烟现象明显减少，结伙吸烟现象得到杜绝。

（马红国）

【优秀主题校会评选活动】 10月，区教委义教科和德育教研室在全区小学中开展"情系奥运，文明礼仪伴我行"优秀主题校会评选活动。评选过程分两个阶段，第一阶段：1月至8月，进行了主题校会教案的初评，全区44

所中心小学共有46份主题校会参加评选,评出26份优秀教案参加复评。第二阶段:9月26日至30日,组织评委对26所学校进行了复评,到学校实地考察和听主题校会。10所学校获一等奖,10所学校获二等奖。

(安凯杰)

【做好校方责任险,服务于学校】 10月,区学校后勤服务中心业务处为全区78所公办中、小学、幼儿园57636人,18所民办学校、幼儿园8450人上了校方责任险。为学校承担在各类活动中,因校方疏忽或过失导致注册学生人身伤害的风险,依法由被保险人承担全部或部分损失赔偿责任。

(孙玉枝)

【阳坊中心小学进行全面工作检查】 10月31日至11月3日,阳坊中心小学按照《阳坊中心小学学校工作评价指标体系(试行)》的各项标准对下辖的4所完小和一所村小,进行了全面细致的工作大检查。包括:学校管理、教师队伍建设、教学、德育工作、艺术教育、体育工作、少先队、安全工作等。检查采取查资料和与师生座谈的形式进行。

(刘全华)

【北京奥组委到昌平二中进行考察评估】 11月1日,北京奥组委、北京市教委、区教委领导到昌平二中进行考察和评估。校长向奥组委领导介绍了学校的基本情况,体育组的分工和职责,培养国家一级运动员情况,学校体育俱乐部开展活动情况,主办五届体育节情况。奥组委认为昌平二中基本上具备奥林匹克示范校条件,并提出几点要求:在教育特色方面要加强;要把奥林匹克教育与正常教育相结合;不要摆花架子;突出示范校的实力和特色。在总结提练中提供典型材料,并做出规划。

(张　利)

【开展征集教师师德座右铭活动】 11月1日,昌平五中围绕新时期师德建设的新观念、新内涵、新要求和新热点、新问题,在教师中开展征集"师德在行动中"教师师德座右铭活动。

(于学志　王　辉)

【昌平四中家长学校开课】 11月4日至12月2日,昌平四中家长学校开课,历时一个月,共5讲,每周五进行。采用系列讲座的形式,先后聘请4位心理学、教育学的专家,从初中生的心理变化特点、与学生交流的技巧、习惯培养对学生学习的促进作用、指导学生学习的有效方法等方面对初一年级家长进行了培训。学校为家长订了为期一年的《少年儿童研究》,家长每人交一份学习体会,学校为每名家长颁发了结业证书。

(刘希杰)

【加强体育教科研工作,推进学校体育创特色】 11月9日,区教委体卫科、体美教研室领导到昌平四中进行贯彻《学校体育工作条例》体育条例规范化验收,对学校体育工作给予了肯定。2002年2月,昌平四中体育教研组加入了全国教育科学"十五"规划教育部重点课题——《素质教育与学校体育整体改革》课题组,承担了《以学生建康为本,构建校本特色学校体育模式的行动研究》的子课题,2005年11月结题。在第三届中国体育科学大会优秀论文报告会上,该校一篇题为《普通中学开展系列课余体育竞赛的可行性研究》的论文在全国体育论文报告会上获二等奖,为北京代表团争得团体总分6分。

(刘希杰)

【小汤山中心小学召开班主任工作交流会】 11月9日,小汤山中心小学召开班主任工作经验交流会,85名任课教师参加了会议。会上,4名优秀班主任分别以《让爱的阳光照进学生的心灵》、《抓住教育时机,促进学生发展》、《记录成长的足迹》和《享受教育的快乐》为题,从不同侧面介绍了自己在班级管理工作中的经验。

(邢　丽)

【昌平实验中学建立校园感恩月活动机制】 11月11日,昌平实验中学在西方感恩节即将到来之际,坚持"古为今用、洋为中学"的原则，决定自2005年开始，将每年的11月定为校园感恩月，“11月11日”定为校园感恩日，并把这四个“1”诠释为家长、孩子、教师、学校。学校在11月11日至12月11日一个月的时间内，开展给父母写一封书信、算一笔感恩账、帮父母做一件力所能及的事、调查计算一下任课老师每天上班在校时间、调查统计任课教师每天业余时间用于备课学习和无偿辅导学生的时间、为学校老师做件好事等系列活动。

（刘庆文）

【参加北京市中小学生航模比赛】 11月13日，城关小学航模队参加了由北京市体育运动委员会、北京市教育委员会、北京市科学技术协会举办的“2005年北京中小学生航空模型比赛”。8名学生分别参加了四个项目的角逐，朱墨涵同学获电动自由飞机模型飞机项目丙组第一名。

（刘忠武）

【平西府中学开展教学开放周活动】 11月14日至18日，平西府中学举办了首届“教学开放周”活动。这次活动所有任课教师全部参加，来校听课人员可以任意选择不同课程随堂听课。课后每位听课人员都细心地填写了教师讲课评价表，对教师上课的满意率为85%以上。

（蒋国栋）

【市教委领导到昌盛园小学指导工作】 11月15日，市教委副主任李观政带领市教委基教处处长乔淑平、市基教研中心主任梁威及小学数学教研室吴正宪一行到昌盛园小学指导工作。各位领导、专家听取了学校对青年教师的培养及一节五年级数学活动课——数字与编码，并与本区部分市、区级骨干教师代表进行了亲切座谈，对本区的校本教研工作进行了指导。

（王国亮）

【市科协组织部分委员到南邵中学进行调研活动】 11月18日，市科协组织部分委员到南邵中学进行农村校开展科普活动情况的调研工作。委员们听完介绍后，分成两组分别与该校的部分教师、学生进行了座谈交流。市科协领导向南邵中学赠送了5个机器人组件和1个学生用多功能机床。

（王克勇）

【城北中心三街小学和平小使者团成立】 11月20日，中华和平小使者城北中心三街小学分团举行颁证仪式。会上，确立了团长及副团长，明确了职责。三街小学和平小使者团正式成立了。

（王　颖）

【物理化学生物实验室改造工程完工】 11月21日，流村中学由北京市教委投资25万元对物理、化学、生物学科实验室改造工程完工，使流村中学实验室的实验桌、供水、排水、通风、通电实现现代化、规范化，仪器室、准备室、实验室达到标准化。

（翟冬生）

【市政府教育督导室领导到城北中心小学进行公费医疗调研工作】 11月25日，市政府教育督导室领导在区教委领导的陪同下，到城北中心小学进行公费医疗调研工作，通过问卷和座谈等形式了解了教师们对公费医疗的看法和建议，城北中心小学有10位教师参加了调查问卷，8位教师参加了座谈，主要集中反映了指定医院就诊面太窄，门诊费报销难，住院报销手续繁琐，学校没有专项资金等问题。

（王敬阳）

【评剧进校园】 11月25日，北京市评剧一团来到小汤山中学演出，将评剧艺术引进校园，向广大中学生宣传评剧艺术。演员们为全体师生表演了“花木兰”、“报花名”、“三岔口”、“故乡歌”等经典曲目。

（任忠明）

【沙河中学建起文化长廊】 11月28日，沙河中学建起全长600米的文化长廊。文化长廊包括美育作品62幅，玻璃展板176块。长廊分文化与科技走廊、艺术走廊、德育走廊、奥林匹克墙等几大版块。内容涉及到文化、科技、艺术、体育等方面的知识，有名言警句、科学知识宣传、师生艺术作品展示。

（谷会宇）

【参加全国万人健美操大赛获奖】 11月28日至12月2日，在福建泉州举行的2005年"浩莎杯"全国万人健美操总决赛中，昌平五中健美操队代表北京市参赛，分别荣获四、六级中学生组二等奖。

（于学志 王 辉）

【昌平第二实验小学首届跳长绳比赛】 11月29日，昌平区第二实验小学举行首届跳长绳比赛项目，为10人8字跳。比赛以班为单位，男女分别报名，各班限报男女各12名（两人摇绳，10人参加比赛），一、二年级限报10人，正副班主任摇绳。

（路玉宝）

【举办小学音乐教师打击乐培训活动】 11月29日，区教委体美教研室邀请南京艺术学院的打击乐专家关晓杰教授为全区132名小学音乐教师培训。培训主要从节奏训练入手，介绍多种节奏训练的方法，老师们认识了各种打击乐器的敲击方法，并了解了节奏练习与身体协调能力的关系。培训采取讲座与练习编配多种节奏的形式，教师们掌握了多种节奏的教学方法，并能为课本歌曲配器。

（周洁冰）

【举办法律在我心中演讲比赛】 11月30日，阳坊中心小学开展了"法律在我心中——增强法律意识"主题演讲比赛活动。参赛的10名小选手们结合发生在自己身边的真实事例，从知法、守法，争做文明小使者方面发表了自己的见解。

（刘全华）

【昌平实验中学进行青年教师评优课】 11月，昌平实验中学开展青年教师课堂教学片段评优活动，共有40位青年教师参加了此次活动。

（虎素菊）

【首届科技创新月活动】 11月，南口镇小学开展"科技环保教育月"活动。活动主题为：我们爱科技，我们爱环境。教育月期间通过"科技之窗"、"科学幻想绘画比赛"、"奇思妙想"、"环保教育讲座"、"科技小论文"、"科技与我们的生活大讨论"等游戏化的科技活动，让学生手脑并用，在玩的过程中懂得一定的科学道理和掌握初步的动手技能，从而激发学生对科学的兴趣，培养实践创新能力。

（王国珍）

【小汤山中心小学举办合理化建议月活动】 11月，小汤山中心小学开展优秀合理化建议评选活动。教职工们从教育、教学、后勤管理等多方面提出85条意见和建议，共评选出8项优秀合理化建议，其中一条合理化建议在北京市群众性经济技术创新活动中被评为优秀奖。

（邢 丽）

【小汤山中学外语教学引入外教】 11月，小汤山中学被国家基础教育实验中心和外语教育研究中心定为"外语实验学校"后，迎来了历史上第一位来自美国的外语教师Cynthia，担任初一、初二、高一、高二4个年级的英语口语课程。

（陈海燕）

【完成理、化、生实验室改造工程】 11月，市教委为沙河中学拨款53万元对理、化、生实验室进行改造，重新购置仪器展示柜，配备实验桌，更新仪器设施设备，对实验室进行地面和墙壁的装修。

（谷会宇）

【昌平三中学生荣获全国绘画比赛大奖】 12月1日，昌平三中学生张广的漫画作品《抗击艾滋》在由中国教育部、中国艺术教育促进会联合举办的"预防艾滋病，青少年责无旁贷"全国中学生绘画比赛中荣获一等奖。

（杜亚利）

【"走进校园"德育观摩活动现场会在沙河中学召开】 12月1日，由区教委义教科、德育教研室主办，沙河中学承办的"昌平区中小学德育交流活动"在沙河中学举行。市教委德育中心、区教委、全区各中小学主管德育的领导116人到会。会上听取了沙河中学“发挥学生主体作用，凸显德育实效性”的报告，观看了升旗仪式。听了8节班会和6节德育进课堂的教学课。

（安凯杰）

【伸出热情之手，奉献一份爱心】 12日1日，城关小学少先大队面向全体师生发出倡议：伸出热情之手，奉献一份爱心，为长陵中心小学患白血病的董雷同学捐款，共捐款8349.4元。

（于海霞）

【联合国教科文组织教育总干事助理到百善中学参观考察】 12月3日，联合国教科文组织教育总干事助理彼得·史密斯先生到百善中学参观访问。百善中学介绍了学校的情况，回答了对学校的办学条件、发展现状、教师培训和学校管理等方面提出的问题。彼得·史密斯参观了校园，观看了学校的硬件设施及音乐、劳技、信息兴趣小组同学的活动。

（赵立伶）

【百善中学举办“趣味实验”比赛】 12月8日，百善中学举行“趣味实验”比赛。共有7项、7人次参加了本次比赛表演，比赛项目涉及光学、电学、力学、化学，形式新颖独特，每一个实验都由学生自己动手，一边演示，一边讲解，并在现场回答评委的提问，其中《火烧手帕》的表演以小品的形式展示，比赛持续了近一个小时。评出一等奖1个、二等奖2个。

（赵立伶）

【举办小学音乐教师口风琴培训活动】 12月8日，区教委体美教研室邀请了阿波罗艺术中心的姚远老师为小学音乐教师101人进行口风琴培训。本课程主要从教材歌曲入手，从合奏练习到独立吹奏，仅用半天时间，教师们就已熟练掌握，在一定程度上提高了音乐教师的专业水平。

（周洁冰）

【市教委领导到下庄学校视察】 12月8日，市教委副主任罗洁到下庄学校视察。下庄学校校长汇报了学校的基本情况及学校的发展规划。罗洁参观了学校的学生住宿楼、师生餐厅、计算机教室、理化实验室、教师电子备课室、锅炉房、教学区及运动场，并详细询问了学校的办学水平、教职工的福利待遇、住宿学生的生活水平等情况。

（王学安）

【天通苑学校校园信息网络开通】 天通苑学校是一所新建公办校，为了支持天通苑学校校园网络建设，区教委投资47万元，区教育网络和信息中心为天通苑学校配置了整套校园网络设备。12月8日，正式开通了校园信息网。该套校园信息网络设备，共设置了120个端口，覆盖了天通苑学校的每台计算机。

（李建军）

【昌平二中启动“师生手拉手、共创和谐校园”活动】 12月8日，昌平二中党支部在党员中实施师生手拉手行动计划。此次活动由党员干部带头领取学困学生，党员教师每人领取一名，二线党员自愿的原则实施手拉手行动计划。党员干部和党员教师在领取学困学生之前将领取学生的意向表上交党支部进行备案。有30名党员教师和部分领导与学生建立了“手拉手”小组。

（张　利）

【联合国教科文组织EPD教育项目教学研讨会在二毛学校召开】 12月12日，“联合国教科文组织EPD教育项目教学研讨会”在二毛学校召开。联合国教科文组织EPD教育项目中国工作委员会执行主任史根东博士参加了活动。与会者观看了学校课题研究专题片、课题组《教案集》、学生《节水文集》，听取《黄河的变迁》、《人类与水》两节语文汇报课和学校EPD课题负责人的工作报告。史根东博士以《中国EPD教育基本理念和操作模式》为题进行了专题讲座，并为学校题词“让EPD教育将二毛学校引向全市、全国名校”。

（王静霞）

【昌平五中教学设施扩建工程进入施工阶段】 12月16日，昌平五中教学设施扩建工程正式进入施工阶段。扩建工程总建筑面积8800平方米,其中综合楼建筑面积4500平方米,食堂建筑面积2000平方米,修建400米塑胶跑道、草坪等。此项工程市、区两级政府投资2740万元。

(于学志 王 辉)

【说课提高教学水平】 12月16日,城南中心小学开展“说课评审”活动。本次说课分成三个评审小组,每组三名评委。涉及10个学科,共有66名一线教师参加。说课教师提交完整的教学设计方案、相应的教学资源和制作的说课演示文稿,按照教学目标、教材分析、教法设计思路、学法指导思路、教学资源使用、教学效果体现六大方面进行说课。评委根据教师说课中的表现评定教师素质,分别给予相应成绩,根据三位评委的意见确定教师最终成绩。

(应春银)

【组织乒乓队教练与队员录制《名将之约》电视节目】 12月17日,昌平第二实验小学乒乓球队教练员与部分队员共15人参加了中央电视台《名将之约》节目的录制,被采访的是国家乒乓球队主教练刘国梁。教练员柳东红获得了发言提问的机会。节目最后刘国梁与实验二小的全体教练员和队员合影留念。

(路玉宝)

【澳门语文教师到百善中心小学考察】 12月22日,受国家教育部的委托,正在北京师范大学参加第三期培训班学习的澳门中小学语文教师,到百善中心小学进行参观考察。观摩了区级骨干教师讲授的《台湾的蝴蝶谷》;培训班的澳门中小学语文教师与百善中心小学的部分教师进行了座谈交流。

(闫振庆)

【昌平五中师生与澳门同行学习交流】 12月22日,在北京师范大学继续教育与教师培训学院栾少波主任带领下,国家第三届澳门中小学语文教师培训班一行30人到昌平五中考察。观摩了初二年级《呵,中国心》语文课。课后,授课教师与澳门同行们对教学设计、教学过程进行了研讨。来自澳门同行及学校语文教师45人参加了听课交流。

(于学志 王 辉)

【开展青年教师普通话演讲比赛活动】 12月22日,南口学校组织教龄在6年以内的青年教师参加的演讲比赛活动。学校根据教师教龄划分为不同的小组,评奖比例以小组人员总人数为参照,分别设立了不同奖项。演讲的主题以教学心得、读书感想、生活感悟、师德等为题材,旨在促进教师的反思与演讲艺术水平。学校评委小组根据教师的演讲内容、语言表达、精神状态、形体语言、情感投入、演讲时间、脱稿程度等方面,对参赛选手进行现场综合量化打分,最后评选出一等奖获得者8名。

(沈玉梅)

【学生英语情景剧汇演】 12月28日至29日,巩华中心小学举行了2005至2006学年第一学期学生英语情景剧汇演。比赛分低年级组、中年级组和高年级组分别进行,表演限时7分钟,学生人数每组限额8人。表演内容由教师自定主题,选择与主题相关的韵文、歌曲或语言,也可根据剧情需要适当地加入旁白,串联成一个完整的故事进行表演。力求立意新颖,有情趣或有教育意义。共有10个情景剧参加汇演,评选出一等奖3名,二等奖4名。

(申锦程)

【南邵中心举办心理健康讲座】 12月29日,南邵中心小学聘请城关小学副校长、昌平区“八大名师”之一、北京市学科带头人柏继明老师,在学校多功能厅进行了一次心理健康知识讲座,全中心教师93人参加了此次培训。柏继明老师结合新的课程标准,联系自己的课堂教学、讲学实际深入浅出的阐述了当代教师必备的素质和所应具有的心态以及教师走向成功之路的重要条件。在讲座之前还为中心校四年级的学生上了一节“在玩中学习数学”的观摩课。

(王 义)

【沙河中学举办第十六届艺术节】 12月30日，沙河中学举办主题为"畅想奥运，健康成长"第16届艺术节，其中包括文艺汇演和美育作品展两部分内容，这次美育作品中，参赛的绘画、书法、摄影参赛作品多、质量高，经过美术教研室老师评选，共有70名同学获奖，将获奖作品进行了展出。100名学生演员和部分教师同台献艺。

（谷会宇）

【《城乡结合部地区学校的发展策略》课题结题】 12月30日，市教育科学规划领导小组办公室对平西府小学等4所学校承担的北京市教育科学"十五"规划课题"城乡结合部地区学校发展策略"进行了结题鉴定。此课题历时2年。平西府中心、北七家中学、霍营中心、回龙观中心的干部教师60人，多次开展学校管理、教学管理、教师队伍建设、校园环境建设、校园文明建设等研究探索活动，获奖论文200篇、100节课例、60件课件，编辑并印刷了近30万字的《城乡结合部地区学校发展策略的研究》一书。经过听取课题组汇报、阅读研究报告和相关资料、与课题组交流，专家组认为：课题研究意义重要，课题研究成绩突出，建议持续深化研究。专家鉴定组一致同意该课题通过鉴定，同意结题。

（崔占名）

【教学硬件环境进一步改善】 12月，区教委教育网络和信息中心给巩华中心小学调拨40台学生计算机，巩华中心小学投资新建一所计算机机房，对学校的旧机房进行改造，粉刷墙面、铺装地板、对计算机进行升级，使学生计算机数量达到77台，使在机房中上课的学生能够达到人手一机，信息技术、语文、英语、数学等学科都可以在学校的机房里进行网络环境下的学科教学。新安装了7套多媒体教学设备，包括投影机、多媒体电脑、实物展台，使每个年级至少有一个班拥有多媒体教学设备。

（丁建军）

【昌平实验中学举办学生才艺大赛】 12月，昌平实验中学举办第二届学生才艺大赛。共有1000名学生参加了朗诵、绘画、工艺、摄影、书法、西乐、声乐、舞蹈、相声、小品、等各项专场比赛，评选出朗诵一等奖6名、二等奖6名；绘画一等奖3名、二等奖10名；工艺一等奖3名、二等奖2名；摄影二等奖2名；书法一等奖4名、二等奖4名；西乐一等奖2名、二等奖2名；声乐一等奖5名、二等奖7名；舞蹈一等奖4名、二等奖6名；小品一等奖3名、二等奖3名。

（刘庆文）

【小汤山中心小学投资改变育人环境】 12月，小汤山中心小学自筹资金23.01万元，为骨干教师配备多媒体教学设备，并为所有教师配备了一个容量为128MB的华顺电子U盘。增加两个红外线探头，修了一条90米长的排水沟，并维修了房屋。

（邢　丽）

职业教育

【概　况】 2005年，职业学校开设园林花卉、航空服务、汽车运用与维修、多媒体技术与应用、网络技术与应用、旅游服务与管理、休闲体育服务与管理、金融事务、家政与社区服务、物流管理、烹饪等11个专业，32个专门化方向。教职工总数205人，专任教师163人，包括副高级专业技术职务24人、中级专业技术职务67人。市级骨干教师1人，区级骨干教师13人。兼职教师27人，包括行业技术专家、退休高级教师等。开设教学班数75个；毕业生525人；招生1834人；在校生3600人；毕业实习率98%。

学校占地面积133.2万平方米、校舍建筑面积7万平方米、使用面积6.2万平方米。拥有多媒体教室、阶梯教室、音乐教室、插花室、形体训练教室、计算机教室等专用教室36个。篮球场面积2300平方米、田径场面积1.47万平方米，体育器材配备42933元。图书馆建筑面积1600平方米，藏书量75012

册,电子图书4万册,订阅杂志240种,报纸43种。固定资产总值5680万元,其中教学仪器设备总值65万元。全年教育经费投入3794万元,其中国家拨款3094万元,自筹经费700万元。

（刘文军）

单位名称:北京市昌平区教育委员会
地址:昌平区南环东路1号
电话:(010)69742570
邮编:102200

【完成航空专业学生综合素质测评】 1月4日至7日,昌平职业学校航空专业完成高一年级8个班学生的综合素质测评工作。本次测评按照航空专业的行业要求,从英语口语、文明礼仪、航空知识、个人才艺、综合能力等方面对学生进行全面测评。

（马玉兰）

【合作举办外航招乘面试培训课程班】 1月8日至9日,北京外航服务公司与昌平职业学校合作,为马来西亚航空公司乘务员面试应聘人员举办"外航招乘面试培训课程班"。培训主要内容:空乘专业化形象设计、服务礼仪、面试技巧、马来西亚及马航概况等。此次培训是昌平职业学校与外航服务公司联手进行的系列合作项目之一。

（陈丽娜）

【首届农村劳动力技能培训班开学典礼】 3月4日,首届农村劳动力技能培训班开学典礼在昌平职业学校举行。即将参加培训的90名学员代表参加了典礼。在本次培训中,昌平职业学校承担了民俗旅游从业人员技能培训任务,将在兴寿、崔村、流村、长陵、十三陵等镇全面展开。

（姚　蕾）

【举办初级中式烹调师培训班】 3月7日,昌平职业学校在兴寿镇下庄村开设中式烹调师培训班。参加培训的学员共计40人,分别来自兴寿镇湖门、西湖、花果山、木厂4个山区村,都是民俗旅游户村民。昌平职业学校投资10万元,购置了不锈钢灶台、操作车、原料车、各种刀具等中式烹调实操设备及用具。学校选派优秀专业教师授课,采用理论与实践相结合的方式,针对民俗旅游的特点进行培训。培训内容包括:中式烹调的基本知识、职业道德基本知识、卫生安全要求;介绍北京传统菜肴特点与安全生产;学习制作具有老北京传统特色的菜肴、具有农家特色的凉菜;学习制作具有本地特色的农家主食、具有乡土风情的菜肴。培训共计15天。培训后学员全部参加职业技能考核鉴定,成绩合格者取得了由劳动和社会保障部门颁发的《初级中式烹调师》职业资格证书。

（姚　蕾）

【举办软件工程师培训班】 3月14日,昌平职业学校与安博信息集团、信息产业部、IBM公司合作举办的软件工程师培训班举行了开学典礼。29名计算机专业二年级学生参加了开学典礼。8月24日,软件班29名学生赴位于苏州的安博信息集团软件基地进行为期两个月的封闭实习。10月17日,学生圆满完成实习任务。培训结束后,学生参加了SEACE资格认证,取得信息产业部和IBM公司颁发的《高级软件工程师证书》。

（陈　静）

【举办民俗网络培训班】 3月23日,昌平区民俗网络培训班开学典礼在昌平职业学校举行。此次培训是区旅游局与昌平职业学校共同开展的。学员来自本区各民俗村的负责人,共计58名学员。培训内容包括:计算机基础知识、word、Excel办公软件的应用、互联网使用、操作方法。

（姚　蕾）

【新建航空服务模拟训练器】 3月,昌平职业学校投资300万元新建的航空紧急撤离训练舱、舱门训练器建成。新建成的航空训练器是目前国内飞机设备生产厂家制造完成的技术最先进、设施最完善的模拟训练器,为学生提供更好的实践实习条件。

（刘艺兰）

【举办“坚持诚信为本，营造和谐校园”演讲比赛】 4月14日，“坚持诚信为本，营造和谐校园”演讲比赛正式拉开了昌平职业学校2005年校园文化艺术节的帷幕，本次艺术节活动内容包括：演讲比赛、卡拉OK比赛、大合唱比赛、舞蹈比赛及宣传比赛。共有10名同学参加了14日的演讲比赛决赛。题目包括：《我们的祖国需要诚信》、《诚信无价》、《诚信是生命里的彩虹》等。

（王　伟）

【成立校园心理剧小组】 4月28日，昌平职业学校校园心理剧小组成立。小组由15名学生组成，旨在帮助学生克服人际交往中出现的不适应现象，增强同学独立解决问题的能力。心理剧小组根据发生在学生中的事，编写小短剧、打印剧本、自己排演，把学生们在生活、学习中遇到的苦恼、困难呈现在舞台上，并把解决问题的方法教给大家。

（马春宇）

【昌平职业学校被确定为“北京市农村富余劳动力转移培训示范基地”】 4月，昌平职业学校被北京市农村富余劳动力转移培训工作联席会议办公室确定为“北京市农村富余劳动力转移培训示范基地”，成为首批获此称号的68家单位之一。“示范基地”的确定，旨在进一步发挥现有教育培训资源的作用，建设一批能起示范和带头作用的农村富余劳动力转移培训示范基地，引导和鼓励各类符合条件的教育培训机构和用人单位积极开展农村富余劳动力转移培训。

（付　静）

【联合举办扶贫汽修专业培训班】 5月13日，昌平职业学校与清华大学继续教育学院联合举办扶贫汽修专业培训班开学典礼。20名来自云南省贫困地区香格里拉县的少数民族学员，全部是清华大学扶贫办在西部贫困地区首批招收的学生，委托昌平职业学校培训中心进行汽修初级工培训，学员大多是藏族、彝族、纳西族等少数民族。

（于东平）

【新建标准田径场投入使用】 5月，昌平职业学校新建标准田径场投入使用。该田径场2004年10月18日开始动工，2005年4月30日完工，总投资680万元，新建面积达1.47万平方米，观看台面积337.6平方米，为标准400米田径场。田径场采用塑胶跑道，有直道8道1600米，环道6道2100米，场地中央是面积为4500平方米的人工草地足球场。场地西边设有2块篮球场地及羽毛球场地；东面有铅球、单杠活动区。整个器械场地面积达500平方米，场地质量为塑胶铺设。西看台为二层结构，底层为办公设备室，上层可容纳200人观看比赛。

（蒋秀英）

【英国教育专家考察职业教育工作】 6月1日，英国教育专家一行3人到昌平职业学校进行考察交流。英国教育专家参观了航空模拟训练舱、安检设备、化妆间、汽修实习车间、计算机网络中心、烹饪操作间等专业实训实习场地及设备，实地观摩了航空专业学生的化妆课、客舱服务课，汽修专业学生“划痕修复”、“变速器拆装”等实践实习课。双方就合作开展职业教育工作进行了会谈，初步达成在航空、旅游、烹饪三个专业开展合作意向。

（付　静）

【全国政协领导考察职业教育工作】 6月20日，全国政协副主席张榕明率全国政协常委、全国政协委员一行15人到昌平职业学校考察职业教育工作。考察中，昌平职业学校校长作题为《高擎中职大旗，学校持续发展》的办学情况汇报。区长佟根柱就全区的职业教育发展情况向与会领导进行了汇报。全国政协的领导参观了昌平职业学校航空模拟训练舱、安检、化妆教室、汽修厂、汽修实习车间等专业实训实习基地，实地观摩了学生的实践实习课，并重点参观了农村富余劳动力转移培训课堂，了解学校开展农民技能培训工作。张榕明在考察结束前指出：把北京市职业教育的发展定位于中等层次，为经济建设培养初、中级技术人才，定位准确；昌平区做好职业教育发展规划，重点支持一所职业学校，投入力度大，方向对头，效果明显。

（付　静）

【加拿大旅游学院、美国饭店协会北京代表处专家到校考察】　6月22日，加拿大旅游学院领导、美国饭店协会北京代表处专家一行2人到昌平职业学校考察。双方就课程置换、课程及教材引进、学分互换及对接等问题进行了深入细致地交流，在联合举办短期空乘服务人员培训及旅游、酒店管理等方面达成初步合作意向。

（付　静）

【教育部领导到校考察职业教育工作】　7月1日，教育部副部长吴启迪、职成司司长黄尧等领导在北京市教工委副书记张建明、市教委副主任李观政等领导的陪同下到昌平职业学校考察职业教育工作。市教委副主任李观政以《全面贯彻全国职业教育工作会议精神，推进职业教育跨越式发展》为题，从调整结构，打造品牌，做大做强，提高办学质量与效益；深化教育教学改革，提高职业学校的办学水平、办学质量；以服务首都经济发展为宗旨，实施北京市紧缺人才培养培训工程；充分发挥首都职业教育优势，加强与西部地区的合作，积极为促进西部地区劳动力转移服务四个方面汇报了北京市的职业教育情况。昌平职业学校作题为《加强内功建设，走“经营学校”之路》的工作汇报。领导们参观了学校航空模拟训练舱、安检教室、化妆教室、实习汽修厂、汽修专业实习车间，实地观摩了学生的实践实习课，并重点考察了学校农村富余劳动力转移培训课堂，了解学校开展农民技能培训工作的情况。

（付　静）

【成立“学生阳光班”】　9月10日，昌平职业学校成立“2005级学生阳光班”，共有学生25人。“阳光班”对学生实行减免学费等优惠政策，并通过企业捐资助学等渠道，对品学兼优而家庭经济有困难的学生实行助学、奖学政策，这是学校实施“民心、暖心、安心工程”的具体措施。北京“中外合资圣星电机整流电子制造有限公司”代表向“阳光班”学生代表捐赠助学金。

（付　静）

【举办“昌职毕业生之星”事迹报告会】　9月29日，昌平职业学校举办“敬业、勤学、创新、奋斗——成就职场人生暨2005年昌职毕业生之星”事迹报告会。有5位毕业生荣获“昌职毕业生之星”称号。在演讲中，他们将自己成功、失败的经验告诫在校生，一定要全面地审视自己，为理想而努力学习。

（崔忠民）

【开展计算机专业教学改革】　9月，昌平职业学校计算机专业经过市场调研，分析专业在市场需求中的实际状况，坚持“以就业为导向”，在市场实际需求中寻找真实的岗位项目和岗位任务，作为学生学习和操作练习的目标，从而实现教学与企业需求零距离接轨，为学生提供真实的岗位操练和岗前培训。这一尝试在中专计算机应用、网络技术两个班实施，共有45名同学参加此次活动。专业为这两个班的学生新开设了《网站设计》专题课程。专业教师联系博思波尔广告有限公司、丁大夫美容院、北京科力恩保洁公司等几家公司，由学生无偿进行网站设计，专业教师负责指导和监督学生完成工作。

（陈　静）

【芬兰职教考察团访问昌平职业学校】　10月25日，芬兰赫尔辛基职教考察团一行5人访问昌平职业学校。昌平职业学校从学校规模、办学体制、国际合作、开设专业、课程设置、学生就业升学等方面介绍了学校的基本情况，并就学校实验实训基地的建设及使用情况与芬兰职教专家进行了交流。芬兰职教专家重点介绍了烹饪专业的建设及发展情况，表示希望通过互派教师学习、授课，互派学生学习、实践等方式开展交流与合作，加强餐饮文化的交流，促进双方烹饪专业的发展。会后，芬兰职教专家参观了学校航空、汽修、园林花卉等专业的实验实训基地,实地观摩了学生的实践实习课,对学校实训基地建设给予良好评价。

(付 静)

【各专业开展技能大赛】 12月,昌平职业学校各专业开展技能大赛。12月1日,汽车运用与维修专业在实训实习车间举办了首届汽车文化节。文化节上,有班级汽车文化板报展示、汽车文化知识竞赛、小工艺品设计及制作比赛、汽车故障诊断与排除比赛等活动。12月23日,计算机专业举办第三届学生技能大赛。参赛选手共计200多人。比赛包括六个项目,分别为:五笔输入法比赛、任意输入法比赛、办公自动化比赛、Flash作品展示与比赛、Word平面作品展示与比赛、VB作品展示与比赛。所有比赛项目共有100多名学生获奖。金融专业、烹饪专业、花卉专业也分别举办了技能大赛。

(王 昭 陈 静)

成人教育

【概 况】 昌平区成人教育经过多年发展,已经基本形成多层次、多形式、多功能,具有昌平特色的成人教育体系。2005年,建立健全政府统筹协调、分工负责、归口管理的社区教育管理体制,成立区、镇两级社区教育委员会;完善以昌平社区学院为龙头,各镇(街道办事处)社区分院为骨干,各村(街道)成人文化技术学校(市民文明学校)为基础的社区教育运行机制;建成覆盖全区12个镇和街道办事处的农村远程教育基地网络,每个远程教育基地拥有30台最新配置的计算机和卫星接收系统,常年开展各种培训活动;学习型组织建设初见成效,其中昌平一建公司被评为"北京市发展企业教育,促进学习型企业建设先进单位",宏福集团被评为"北京市示范性社区教育中心"。全年开展各类成人教育培训活动17万人次,对于促进城乡教育协调发展,进一步提高农村劳动者的综合素质起到了积极的作用。

年内,全区共有成人类学校1所,开设专业13个。毕业生754人、招生1650人,在校生7342人,其中学历班在校生4842人,短期培训在校生2500人;教职工90人,其中专任教师21人;占地面积7350平方米、建筑面积4100平方米;固定资产总值750万元;全年教育经费投入530万元,其中国家拨款270万元,自筹经费260万元。

(刘江宇)

单位名称:北京市昌平区教育委员会
地址:昌平区南环东路1号
电话:(010)69742570
邮编:102200

【昌平区、延庆县机关单位正处实职领导干部计算机培训在本区举办】 1月5日,北京电大昌平工作站举行昌平、延庆机关单位正处实职领导干部计算机培训班开学典礼,共有昌平区、延庆县48位正处实职领导干部参加此次培训。培训从1月5日至1月9日,共进行5天,主要内容包括:计算机基础知识、微机操作系统、文字处理系统、电子表格系统及电子演示文稿系统,这是针对北京市机关单位正处实职申报高、中级政工专业职务人员职称评定而设立。

(王福田)

【市教委专家评估组到昌平电大工作站检查验收开放教育试点工作】 4月23日至25日,市教委"人才培养模式改革和开放教育试点工作"评估专家组一行10人,到昌平电大工作站进行总结性检查验收。市教委专家评估组认为,昌平的"人才培养模式改革和开放教育试点工作"各级领导高度重视,硬件设施投入力度大,利用率高;软件资料齐全、规范有序。经过评估验收昌平电大工作站被市电大评为"人才培养模式改革和开放教育试点工作"合格单位。

(王福田)

【昌平农广校被中央农广校列为2005年“致富早班车”项目试点单位】 6月，中央农广校开展“致富早班车”下乡进村试点工作，即利用乡村有线广播和大喇叭，宣传推广农业实用技术、农产品市场信息及农业政策法规，帮助农民增收致富。昌平农广校被列为试点单位。中央农广校将向昌平6个镇10个村提供1000盘广播节目录音带。

（王福田）

【电大工作站加强干部和教师队伍建设】 8月25日至27日，昌平电大工作站召开研讨会，针对电大工作站现存的主要问题和解决的办法进行了研讨。电大的所有教职员工参加了此次活动并在会议上积极发言，每位教师根据自己不同的管理和教学岗位的特点及教授的课程提出问题和实施方案，大家给以诊断论证，相互交流，使每位教师更加明确了自己承担的工作的目的意义、重要性、实施方案及落实的具体措施。

（王福田）

【职工学校成立】 8月30日，昌平区职工学校成立。职工学校的前身是财贸干校和经委中专学校，在全体职工大会上，宣布了两校整合的批文，学校迁址至原昌平区财贸干校。

（李　莉）

【北京广播电视大学、北京电大开放教育学院领导到本区视导】 9月27日，北京广播电视大学校长闫拓时、北京电大开放教育学院院长蒋泽生一行到本区对电大工作进行检查指导。成教中心、昌平电大工作站的相关领导汇报工作及半年来的整改情况。在查看档案和资料后，闫拓时对昌平电大工作站提出了改进建议：要完善档案工作，针对4月份北京市教委评估组专家的反馈意见，对整改后的档案资料独立建档，突出整改的效果；进一步解决好师资和师生比问题，要求专兼职教师的资料齐全；加强网络环境建设，充分利用网络资源，增进师生互动，更好地体现现代远程开放教育的教学模式。

（王福田）

【职工学校举办短期培训班】 10月至12月，职工学校举办“三高危”短期培训班三期，培训396人次。培训内容以实用性为主，采取集中授课的方式，每期三天，参加北京市统一考试。为北京市怀柔区安全监督局培训危险化学品行业负责人94人次。为区安全监督局培训危险化学品行业负责人、安全员21人次；非煤矿山负责人、安全员103人次；烟花爆竹销售单位负责人、安全员178人次。

（李　莉）

【昌平农广校“科技培训直通车”被中央农广校批准立项】 11月，为加强农广校体系建设，提升农民科技培训能力，推进农民科技培训进村入户。经农业部和国家发改委立项批复，决定实施中央农广校“科技培训直通车”项目，在全国150所县级农广校配备“科技培训直通车”，以巡回课堂的形式，进村入户为农民提供教育培训、科学普及、技术推广和信息传播服务。昌平农广校被列入首批实施中央农广校“科技培训直通车”项目单位。

（王福田）

民办教育

【概　况】 2005年，全区民办学校总数141所，其中大学16所，在校生人数72225人，教职工4738人。中小学28所，在校生10726人，教职工1283人。幼儿园13所，有在园幼儿1628人，教职工423人。其他培训类学校84所，教职工1421人，培训66869人次，开设23个专业。民办学校重金聘请优秀教师和管理人员进行教学和管理，确保学校的教育教学质量。民办教育机构采取灵活多样的办学模式，办学内容涉及高等教育自学助学考试、学前教育、学历教育及各类文化、技能培训，基本满足社会上对各级各类学校的需求。一批起点高、规模大、硬件条件好的民办学校，成为本区民办教育的一个亮点。北京吉利大学、北京科技职业学院、北京汇佳高职业学院是三所国家计划内招生的民办大学；北京私立汇佳学校、北京少林武术学校、北京昌平农家女实用技术培训学校等学校立足社会，服务社会，产生了良好的社会效益。

（王　蓉）

单位名称：北京市昌平区教育委员会
地址：昌平区南环东路1号
电话：(010)69742570
邮编：102200

【北外研修青年志愿者赴山西扶贫助困】 4月28日至5月5日，北京外事研修学院雪翼青年志愿者协会赴山西省黎城县开展为期一周的以“服务在基层、爱心千万里”为主题的志愿服务和文化下乡活动。大学生志愿者们走进黎城县黄崖洞镇下赤峪小学，为贫困山区的302名孩子讲授了语文、数学、英语等课程。在黎城县一中，与老师和同学们座谈，推广科技文化，传播志愿知识。节日期间，到黄崖洞兵工厂和烈士墓接受爱国主义教育；在县文化广场献上了一场精彩的“庆祝五一文艺汇演”，受到1000名观众的热烈欢迎。志愿者们广泛宣传消除迷信、崇尚科学知识，帮助孤寡老人干农活、做家务，为村民们维修家用电器51人次，义务植树200株。在茶棚滩山村建立了定期资助贫困学生的联络站，让长期辍学在家的4名同学重返课堂。

（王行元）

【北京少林武术学校在北京市“北京少林武校杯”武术散打比赛中获奖】 5月21日，由北京市武术运动管理中心主办，北京少林武术学校承办的2005年度北京市“北京少林武校杯”武术散打比赛在北京少林武术学校举行。北京市各区县武校、体校、俱乐部的30支代表队，200名散打高手参加比赛。本次比赛分十一个级别进行，经过两天的激烈角逐，北京少林武术学校在此次比赛中分别获得了6金、4银、4铜，总分第一名的好成绩。

（黄　健）

【科技英语创意大赛获奖】 5月22日，北京市天通苑中山实验学校在市教委组织的2005年北京市中小学生科技英语创意大赛中，荣获团体一等奖、李恬和贾丹妮同学分别获得最佳表演奖和最佳口语奖。大赛采取首先按区评比，然后全市评比的顺序进行。

（丁文浩）

【由北京少林武术学校学生主演的儿童特技大片《童话西游》首映】 6月22日，一部拍摄制作耗时三年、国内首屈一指的儿童特技大片——《童话西游》在搜秀影城首映并召开新闻发布会。剧中孙悟空的扮演者陈泽鑫、沙僧的扮演者孙志刚、蓝贝儿的扮演者徐晓燕、雪儿的扮演者陈昌昌、枫儿的扮演者刘俊婷、牛魔王的扮演者李迎雪、铁扇公主的扮演者刁焕英以及剧中大规模打斗场面的武术表演者均由北京少林武术学校提供。

（黄　健）

【韩国培材大学来访】 7月12日，由韩国培材大学校长郑淳勋博士率领的培材大学代表团到天通苑中山实验学校参观访问。

（丁文浩）

【市领导到天通苑中山实验学校视察】 8月26日，北京市市委副书记、市长王岐山到天通苑中山实验学校视察。王岐山认真参观了学校的教学楼、实验室和体育馆，详细询问了学校的办学情况和教育教学情况，了解教职工的工作生活情况。对学校在开办仅四年的时间里所取得的成绩给予高度评价，并对学校的发展提出了指导性建议。

（丁文浩）

【特长生考试取得良好成绩】 9月以来，北京市天通苑中山实验学校部分学生分批参加了由北京市教委组织的特长生考试。孙遥同学获打击乐一级证书，武玥同学获扬琴一级证书，秋天同学获美术二级证书，王萌同学获舞蹈三级证书，秋天同学参加北京市外语等级考试，以370分获全市第一名，并取得一级证书；陈铭同学参加团市委、北京市未成年人保护委员会组织的第七届“画说未成年人保护”大赛活动,荣获绘画组一等奖。

（丁文浩）

【迎北京奥运,展学生风采】 10月15日,中央电视台少儿频道《少年体校》节目组来北京市天通苑中山实验学校录制专题节目,高一年级50名学生参加了拍摄。节目以“迎北京奥运,展学生风采”为主题,分为知识、力量、耐力、速度、协作等五个版块,集知识性、趣味性于一体。

（丁文浩）

【我学,我说,我成功】 11月11日至13日,“第二届全国高职高专实用英语口语大赛”决赛在中国传媒大学视听中心举行,北京汇佳职业学院教育专业刘志凡同学以9.29分的最高分夺取了“一等奖”、“最佳人气奖”、“最佳表演奖”共三项大奖,北京汇佳职业学院获唯一“最佳培养奖”。

（丁文浩）

【北京少林武术学校表演团赴沙特参加海湾中国文化周】 11月19日,“海湾中国文化周暨海上丝绸之路文化展”开幕式在沙特首都利雅得的阿卜杜·阿齐兹国王历史中心举行。北京少林武术学校表演团在开幕式上演出了大型武术节目风云和硬气功(二指禅、三枪顶人、铁掌碎砖、五枪刺喉、头开钢板)等,并在沙特利雅得四方宫、法赫得文化中心及法特国家公园等地进行了4次武术演出,每次演出的观看人数均在500人以上。

（黄 健）

【北京少林武术学校表演团赴埃及参加开罗国际电影节演出】 11月1日在开罗歌剧院举办了名为“中国之夜”的专场演出活动,北京少林武术学校的表演团与埃及传统“转毯子”演员一道上演了一场中、埃文化盛宴。北京少林武术学校的20名队员表演8个节目。200多位埃、中友好人士一同观看当晚的演出活动,中国驻埃及大使吴思科在演出前接见了中国北京少林武术学校表演团的演员。

（黄 健）

【建立专门流动人口子女学校】 12月8日,由区教委审批同意在东小口镇东小口村设立北京市昌平区东方红学校。学校由市政府拨付专项资金150万元,区教委扶持价值4000元的课桌椅400套。学校占地面积1126平方米,12个教学班,在校生110人。学校为民办学校,为本区专门培养流动人口子女完全小学。

（王 蓉）

【设立南七家村实验学校】 12月8日,北七家镇南七家村设立北京市昌平区南七家村实验学校,由北七家镇政府协调,南七家村委会调整土地,来京务工人员高长伟出资64万元,区教委扶持价值5万元的取暖锅炉1台,价值6000元的课桌椅600套。学校为完全小学,占地面积1215平方米,12个教学班,在校生670人。学校为民办学校,为本区专门培养流动人口子女完全小学。

（王 蓉）

【澳门国际武术散打争霸赛获得4金4银2铜】 12月10日,北京少林武术学校代表队赴澳门参加“2005澳门国际武术散打擂台争霸赛”,共计荣获4金4银2铜的优异成绩。

（黄 健）

【获首届媒体信赖的教育品牌最佳服务奖】 12月12日,“首届媒体信赖的教育品牌评鉴活动”揭晓,北京汇佳职业学院获得民办教育机构(高校类)“最佳服务奖”。

（殷 俊）

【民办学校《管理系统》的推广应用工作】 12月16日和20日,区教委根据北京市教委文件精神和北京市教育技术设备中心的要求,由区装备中心分两次召开20所民办学校校长和统计员会议,进行民办学校推广应用《北京市中小学校办学条件管理系统》的动员和表格填写的培训。各学校在清产核资后填表,由区装备中心审查并录入、汇总后报市教育技术设备中心。

（徐敬来）

【加强民办幼儿园的考核工作】 12月,区教委依照《北京市教委关于做好民办幼儿园年度考核工作的通知》精神，成立了义教科、教行科等相关科室与区妇幼保健站、骨干教师共同组成的考核小组，对辖区内的11所在区教委注册的民办幼儿园进行了年度考核。考核工作主要通过深入园所听取园长的工作汇报和分组实地考察相结合的形式，按照考评细则的要求，全面考评幼儿园的各项工作。经过考核小组的集体考核评议，10所幼儿园考核合格，1所幼儿园考核不合格，合格率90%。对存在问题较严重的幼儿园下发了整改通知书。

（韩　梅）

沙河高教园区

【概　况】 2005年，沙河高教园区作为市、区重点工程，在市委、市政府、区委、区政府的正确领导下，在市、区各有关职能部门的大力支持下，在沙河镇、百善镇、南邵镇及当地群众的支持理解下，园区广大干部职工上下一心、团结奋斗，求真务实、开拓创新，坚持以“三个代表”重要思想为指导，以科学的发展观统领整个园区建设，做到全力以赴为高校服务，实实在在为农民服务，真心诚意为公司服务，使园区各项工作取得了阶段性进展。

截至年底，园区主干道路已完成9.3公里，并铺设了相应的市政管线（自来水、雨水、污水、中水、电信、有线电视、燃气）；五所高校已经与昌平区政府签订了入驻协议，新校区规划设计、立项、征地等各项手续正在抓紧办理；园区征地补偿及农民拆迁安置补偿工作已提出方案，农民搬迁楼建设立项、规划设计、征地等前期手续正在办理；园区配套住宅一期已经开工11.3万平方米；中小学、幼儿园、医疗、公共交通、商业金融等公共配套服务设施建设手续正在有序办理。

（郭殿宝）

单位名称：北京沙河高教园区办公室
地址：昌平区沙河镇南丰路1号
电话：(010)80761647
邮编：102206

【市、区政府加大园区建设领导力度】 2月22日，市长王岐山主持召开“关于研究沙河、良乡高教园区建设进展情况”专题会议。会议决定，由常务副市长翟鸿祥牵头，副市长张茅、范伯元参加，组织市有关部门和单位，全力做好高教园区建设工作。为贯彻落实此次会议精神，3月25日，市委常委、市教工委书记朱善璐组织中央部属和市属20所高校召开座谈会。会议分别听取了关于沙河及良乡高教园区建设工作情况。市领导要求各高校要加快新校区建设前期手续办理，制定新校区建设计划和建设进度，争取早日开工；市有关职能部门要牢固树立服务意识，按照重点工程的要求，对园区建设要特事特办，快事快办；昌平、房山两个区政府要全面做好征地补偿及农民拆迁安置工作，确保社会稳定。区委书记赵凤桐、区长佟根柱等领导也多次到园区现场办公，组织区有关职能部门召开专题会议，解决园区建设有关问题。

（郭殿宝）

【高校新校区建设前期手续办理顺利】 年内，北京航空航天大学新校区立项已获得批复，取得规划意见书，一期单体设计已经完成；中央财经大学和北京邮电大学新校区立项均已获得批复，一期建设已取得规划意见书，完成了土地预审；外交学院新校区立项已获得批复，可行性研究报告经外交部审定后已上报国家发改委；北京师范大学新校区立项已获得批复，可行性研究报告已上报教育部，新校区规划方案设计已完成并已上报市规划委。中央财经大学、北京邮电大学已经与区政府签订了《土地划拨协议补充协议》。

（郭殿宝）

【园区住宅及公共配套设施启动建设】 截至年底，一期B区8.5万平方米的配套住宅主体结构已经完工；C区1号—5号楼2.8万平方米正在建设中。

（郭殿宝）

【园区征地补偿价格基本确定】 12月7日，区政府召开专题会议，确定沙河高教园区、昌平科技园区东区和昌平新城东区的征地补偿费约为每亩11万元（包括土地补偿费和安置补助费）。

（郭殿宝）

石 油 大 学

【概 况】 中国石油大学（北京）是教育部直属，首批进入"211工程"建设的全国重点大学，是一所石油特色鲜明，以工为主，理工管文相结合的研究型大学。它的前身是北京石油学院。

学校坐落在风景秀丽的十三陵旅游区。校园总面积约460亩。学校现有全日制本科生6338余人、硕士研究生2751人、博士研究生536人、工程硕士生500人、留学生251人。在校生总数1万余人。

学校现有教职工1077人，专任教师602人，其中院士8人，教育部"长江学者奖励计划"特聘教授3人，总理基金获得者4人，"973"首席科学家1人，教育部创新团队1个，博士生导师104人，教授138人，副教授158人。

学校设有10个二级教学院（系、部）、24个本科专业；具有4个博士授权国家一级学科、31个博士点、103个硕士点和4个博士后流动站；在10个工程领域具有工程硕士学位授予权；具有5个国家重点学科、1个国家重点实验室和1个国家工科基础课程教学基地以及20个省部级重点实验室和重点研究机构。学校已经成为中国石油石化工业高层次人才培养的主要基地，高层次工程技术人员继续教育的主要基地、应用基础研究及超前技术储备研究的重要基地。

"十五"以来，获国家科技进步奖8项，国家教学成果奖1项，省部级科技进步奖80余项，省部级教学成果奖13项，取得科研成果1000余项。

学校图书馆藏书60万册，光盘及网络数据库35种，学术期刊1115种。学校编辑出版有《古地理学报》、《Petroleum Science》等报刊。

（戴立昌）

单位名称：中国石油大学（北京）
地址：昌平区府学路18号
电话：(010)89733256
邮编：102249
网址：www.cup.edu.cn

【举行新校名揭牌仪式】 1月25日，在北京昌平举行新校名揭牌仪式，学校正式更名为中国石油大学。教育部部长周济，原石油工业部部长王涛，四大石油公司、北京市、山东省等领导出席了揭牌仪式。教育部部长周济揭牌并做重要讲话。

（戴立昌）

【王铁冠教授当选中国科学院院士】 12月16日，中国石油大学（北京）王铁冠教授当选为中国科学院院士。王铁冠院士在分子有机地球化学基础研究方面成就卓著，是中国最早研究煤成油的专家之一。

（戴立昌）

【5项科研成果获国家科技进步二等奖】 年内，中国石油大学（北京）科研工作喜获重大突破，共有5项科研成果获国家科技进步二等奖，13项获得省部级奖励，其中3项获得一等奖。全年学校申请专利68项，授权34项，申请国际专利3项；被三大检索系统收录的论文达260篇。

（徐樟有）

【四项科研成果达到国际领先水平】 8月，教育部科技发展中心组织有关专家对中国石油大学（北京）完成的三维水力裂缝空间扩展控制理论与应用研究、复杂结构井开发新技术研究及应用、复杂气藏高效开发理论与应用和塔里木叠合盆地形成演化油气藏改造富集规律研究4个项目进行了成果鉴定，鉴定结论认为上述成果均达到国际领先水平。

（徐樟有）

【徐春明教授获得国家杰出青年科学基金资助】 根据国家自然科学基金委员会的正式通知，中国石油大学（北京）徐春明教授获得国家杰出青年科学基金资助，资助时间为2006年1月至2009年12月，资助金额100万元。

（郭绪强）

【21项国家自然科学基金面上项目获批准】 年内，中国石油大学（北京）申报国家自然科学基金面上项目89项，根据国家自然科学基金委员会评审结果，批准资助面上项目21项。

（徐樟有）

【获国家教学优秀成果二等奖】 年内，"面向国家重大需求，改革研究生培养模式"项目获得国家教学优秀成果二等奖，这也是学校8年来首次获得国家教学成果奖。

（戴立昌）

【与中国石油天然气集团公司签署《共建中国石油北京科技研修中心协议》】 9月29日，中国石油大学（北京）与中国石油天然气集团公司签署《共建中国石油北京科技研修中心协议》。该研修中心是中国石油集团公司参与共建石油高校计划中，投资最大的一个项目，占地面积为5880平方米。双方共投资1.78亿元，其中集团公司投资9800万元，石油大学（北京）投资8000万元。计划用一年零八个月的时间完成项目建设。中国石油天然气集团公司副总经理郑虎出席了签字仪式。

（戴立昌）

【签署长期全面合作协议】 年内，中国石油大学（北京）继续加大与石油石化企业的科研与教学合作力度，先后与大港油田、冀东油田、吉林油田、新疆石油局、大港石化公司等9家企业签署了长期全面合作协议。根据协议，学校充分发挥在人才培养、科学研究、科技攻关等方面的优势，油田企业充分利用资金、技术、地理位置等优势条件支持学校建设。

（戴立昌）

【加强"订单式"人才培养模式探索】 年内，中国石油大学（北京）继续加强"订单式"人才培养模式探索，从培养目标、培养方案、培养过程到就业等各个环节与企业进行了全面合作。学校从2003年起先后与中石油东方地球物理公司、大港油田、独山子石化公司、大庆石油管理局和海洋工程公司签定协议，联合培养了地质工程、石油工程等专业7个班、177名学生。与中石化江苏油田签订了签约毕业生联合培养协议，培养了16名本科生。在联合培养中，企业为学校提供一定的办学经费，为学生提供生活费，并全面参与培养过程管理，学生毕业后直接去企业就业。

（史 庆）

【举办石油石化公司联合招聘会】 11月10日，中石油、中石化、中海油三大公司首次集中进入中国石油大学（北京）进行联合招聘。三大石油公司及下属企业240余家、600余名代表参加了招聘会。招聘会持续2天，签约1083人。此次招聘规模之大、人数之多、企业之集中在石油高校招聘会历史上尚属首次。

（庄玉琳）

北京私立汇佳学校

【概 况】 2005年，北京市私立汇佳学校开设教学班75个，其中中学37个、小学38个。在校学生1891人，包括小学881人、中学1010人；招生452人，其中小学101人、中学351人，中招录取分数线430分；毕业425人，其中小学177人、中学248人，高考升学率92%。教职工545人，其中专任教师220人，外籍教师53人。中、小学高级教师共69人。

校园占地面积13.34万平方米，建筑面积9万平方米，拥有教学楼3座、学生宿舍楼7座，以及艺术楼、学生餐厅、保龄球馆、陶艺馆、游泳池、网球场和人造草皮田径运动场等设施，专用钢琴房123间，钢琴134架。图书馆设有普通阅览室、国际文凭(IB)图书阅览室以及校园网络中心，藏书6.25万册。固定资产总值1.37亿元。全年教育经费投入6538万元，其中学费5063万元，社会赞助298万元，其他1177万元。

(赵万里)

单位名称：北京市私立汇佳学校
地址：北京昌平龙凤山
电话：(010)69744794
邮编：102200

【高尔夫球馆投入使用】 6月3日，汇佳学校高尔夫球馆正式挂牌投入使用。该馆是由亚康体育设备有限公司、立信兴业彩钢压板有限公司施工。占地面积11934平方米，建筑面积1098平方米。由教学区(教师办公室、教室、练习区)、俱乐部区(营业区、餐饮区、贵宾区)、挥杆练习区(双层打位，楼下14个楼上16个)、其他工作区、停车场5个部分组成。2004年9月开工建设，2005年6月3日竣工。总投资400万元，是全国第一所中小学高尔夫球训练场，被中国高尔夫球协会授予"中国第一所中小学高尔夫教育试点校"称号。

(赵万里)

【举办大型科普人文知识展】 11月2日，汇佳学校在校内举办了大型科普人文知识展。本次展览的主题是"提高科学人文素质，共建和谐校园与节约型社会"。展板内容丰富多彩，共130块。主要内容有：情系奥运—文明礼仪伴我行；反对迷信，崇尚科学；掌握科学方法，努力学习；诚实守信，尊重他人；科学饮食，加强锻炼，保持良好心态，促进身心健康；关爱生命，禁烟禁毒，预防艾滋病；临危不惧，自护自救；遵纪守法，预防青少年犯罪；科技创造美好生活，科技引领未来；提高人文素质，人与自然协调发展，共建和谐校园与节约型社会。展览占地面积3277平方米。师生3000人次参观展览。

(赵万里)

【举办春季田径运动会】 4月15日，举办2005年中学生春季田径运动会。以各学部为单位设立田赛和径赛共计9个比赛项目。来自双语初中部、国际高中部、IB高中部、男子高中部、澳华学校400名同学参加了比赛。其中7人分别以1.85米、13.4米、14.52秒的成绩打破了男子跳高、实心球、女子100米的学校记录。

(赵万里)

【31名学生被聘为校长助理】 2005～2006年学年度第一学期，汇佳学校实行校长助理聘任制。校长助理人选分别是从IB部、国际高中部、双语初中部及双语小学部精心选拔出来的思想敏捷，行事果决，富有责任心，积极进取而又乐于奉献的31名优秀学生。其目的就是为了让学生参加学校的管理，在管理实践中塑造自身人格，凸现主体精神，在学校学会学习；学会生活；学会共处；学会管理；学会创新；尝试失败；享受成功。

(赵万里)

【荣获中国民办教育创新与发展贡献奖】 9月5日，在北京人民大会堂隆重举行中国民办教育创新与发展贡献奖授奖大会，汇佳学校荣获"中国民办教育创新与贡献奖"称号。

(赵万里)

【实施全英语教学实验】 2005～2006学年第一学期，汇佳双语初中部初一两个新生班，实施全英语教学实验，实现语言教学"双强"(中、英文双强)。全英语教学的两个新生班，除语文课外，其他学科全部用英语授课，历史、地理、生物、戏剧、音乐等由外籍教师授课，班会课学生也要用英语发言讨论。期中和期末的试题全部使用英文(语文试题除外)，通过一个学期的全英语教学实验，提高了学生的听、说、读、写、译能力，提高了教学质量和学生的学习积极性，深受学生及家长好评。

（赵万里）

【双语初中部获科技英语创意大赛团体表演一等奖】 5月22日，双语初中部在市中小学生科技英语创意大赛表演赛中获得一等奖，华夏和江肃洋获得最佳语言奖。

（赵万里）

【引进国际预科项目——GAC】 1月5日，汇佳学校引进国际预科项目——GAC（全球评估证书项目）。GAC项目为读完高二年级的学生且英语基础较好、想进一步深造出国留学的学生开辟了一条捷径，不出国门就能完成海外大学预科阶段的全部课程。汇佳学校已有239名学生赴澳大利亚；230名学生进入加拿大的高等院校学习。汇佳学校引进的GAC项目被评为全国最好的教学中心。

（赵万里）

【与美国GOULG学院签订友好协议书】 7月8日，汇佳学校与美国百年老校GOULD学院签订友好校际协议书。根据协议，两校定期交换教师，互换学生等方面达成一致意见。双方商定在每年寒、暑假就中美两国或两校举办语言强化训练项目进行探讨。为确保双方交流的开展，双方商定双方领导定期互访以商讨实施合作与交流的细节。

（赵万里）

【召开数学教学研讨会】 4月13日，汇佳学校小学部全体数学教师召开数学教学研讨会。主题是："以学生为本，学生自主学习"。点评4名数学教师的展示课，会议认为展示课的教案设计符合开发学生潜能原则，教学过程注重师生互动，以学生为本，学生自主学习，全员参与，同时研讨会共同学习了优化课教学过程的"六个一"即，树立一种观念——以人为本；构建一种模式——学生自主学习；体现一种思路——学生积极参与；打好一个基础——新旧知识连接；把握一个关键——调动学生思维的切入点；做好一个设计——课堂提问。（赵万里）

【举行新学年开学典礼】 9月4日，汇佳学校全体师生在小学大厅举行新学期开学仪式。会上回顾了过去一年所取得的成绩，提出了新学期奋斗的目标，即全面贯彻方针——就是使学生德智体全面发展，和谐发展；狠抓校风建设——就是营造良好的教风、学风、作风；努力提高质量——教育教学质量是民办学校成败的关键；彰显汇佳特色——就是彰显汇佳新型、高品位、国际化特色。

（赵万里）

【英语俱乐部正式成立】 3月22日，汇佳学校英语俱乐部正式成立。由双语初中部美籍英语教师担任俱乐部总经理，4位外籍教师分别担任俱乐部的资源经理和活动经理。汇佳英语俱乐部为学生创造一个学习英语的氛围，激发学生学习英语的兴趣。通过各种活动（戏剧，小品等）提高学生学习英语、运用英语的能力，是课堂教学的延伸。俱乐部共有会员30名，分为英语戏剧组、英语听说组、英语影片欣赏组、英语国家节日庆祝组4个小组，英语俱乐部每周活动两次。

（赵万里）

【书画艺术又添佳绩】 6月，在第29届奥林匹克运动组织委员会、教育部艺术教育委员会和中央教科所等单位联合举办的"第二届北京2008全国青少年儿童书画摄影展评活动"中，汇佳学校小学部共有120人获奖。其中一等奖3名，二等奖21名，三等奖50名，荣誉奖46名。同时荣获团体一等奖，连续五年荣获"美术教育成果特殊奖"。

（赵万里）

【男子高中部开设五门特色课程】 9月，汇佳学校男子高中部开设适合男孩品格塑造和个性发展的五门特色课程。即男人素质设计课、男性心理课、礼仪课、法制课、生存训练、力量与耐力训练等军事性质的训练课。特色课程的开设提高了学生的文化品位，法制观念，增强了体质。

（赵万里）

【掀起国学研究热】 3月10日，汇佳学校IB

高中部举办“国学与做人”主题讲座。由国学研究会会员、IB部高级语文教师周克勋老师主讲。内容是“志于道,据于德,依于人,游于艺”。03IB、04IB班共110名同学参加了学习。7月15至21日,赴香港参加了第五届中华传统文化研修班。7月23至29日,参加由钱穆夫人支持、中国高中教育专业委员会组织的国学夏令营,带去出版的第五十期“汇佳交流·国学论文集”参加会议并受到大会赞扬。

(赵万里)

【举行“情系奥运,文明礼仪伴我行”启动仪式】 2月21日,汇佳学校小学部全体师生共1004人在小学部大厅举行了“情系奥运,文明礼仪伴我行”的启动仪式。此次启动仪式是配合北京市人文奥运行动计划实施意见而发起的。在启动仪式上教师和学生代表分别向全体师生发出了倡议,希望大家齐心协力,从我做起,从现在做起,用新形象,新风尚来迎接奥运盛会,并提出了“情系奥运,展示风采,文明礼貌,从我做起”的口号。

(赵万里)

【实施开放式语文阅读教学实验】 9月,汇佳学校IB部实施开放式语文阅读实验。采用学生阅读中外名著(小说)后自己选择某一片段改编成话剧,学生自己讨论各自的角色、表演技巧。打破老师讲读,学生写评论的传统教法,使阅读教学有了新突破,提高了学生的阅读兴趣及鉴赏评论能力。IB高中部三个年级12个班的学生参加了实验。

(赵万里)

【国际文凭IB部喜获大发展】 年内,国际文凭IB部创造了“四多”,即:毕业生最多(80人),毕业生获高分最多(40分以上的高分3人,其中王昊旻总分44分,获中国考区第一),毕业生考取美国著名大学的最多(10所),毕业生获得国外大学奖学金最多(总计达103万美元)。

(赵万里)

【举办首届中美插班夏令营】 年内,留学生部举办美国孩子插班在汇佳夏令营活动。57名来自美国本土的孩子迷上了中国茶文化、书画文化及陶艺文化和饮食文化。一个月的插班学习,他们掌握了常用的问候语、介绍语,购物、运动、学习、打电话及问路等用语,体验了渊博的中国文化,欣赏了秦始皇画像和有关长城的传说,游览了著名的人文景观,引发了学生对中国历史的好奇和赞赏。

(赵万里)

文　化

文化文物

【概　况】 2005年,区文化工作以传播先进文化为主题,以构建和谐社会和可持续发展为方向,以北京新城区建设和“三个首选之区”建设为动力,以满足群众文化需求为目标,以完善公共文化服务体系为重点,以提高服务质量为手段,坚持政府主导,社会参与,进一步繁荣了文化事业和文化产业。年内,政府文化资金投入加大,基层文化设施体系建设全面推进;坚持紧紧围绕弘扬主弦律,群众社会文化活动空前活跃;区图书馆功能更趋完善,图书馆网络体系初步形成;全区文化企业发展势头良好,文化市场整顿成效显著;文化下乡活动深入扎实,文化为民服务形式不断创新;《文化昌平》深受群众爱戴,引起多家媒体关注;电影工作逆境求进,“2131工程”再结硕果;新华书店机制改革不断深化,图书销售零售额稳步提高;文物监管稳步推进,文物建设成效明显;文艺团体作用明显,内外文化交流非常活跃。

(于新忠)

单位名称：昌平区文化委员会
地址：昌平区府学路
电话：(010)69742257
邮编：102200

【全面推进基层文化设施体系建设】 年内，区委、区政府投入332.9万元，重点扶持10个镇级文化站、59个村级俱乐部，提高基层文化设施建设水平，并把这项工作作为政府为民办实事的一项重要工作确定下来。按照区政府的要求，本着"全面规划、分步实施，突出重点、狠抓落实"的基本思路，积极与各镇和有关部门进行沟通、协调，确定扶持对象，确保资金到位，确保建设标准和质量。组织区图书馆、文化馆等单位对文化站建设过程中的设计布局、图书室的设备采购和安装调试、音响等进行全过程的跟踪服务，提供便利条件。全区共投入建设的镇级文化站（文化中心）10个，其中有9个镇级文化站（文化中心）建设已基本完成。流村镇年底前可完成主体工程建设。全区原建有村级俱乐部（文化室）249个，有147个可达到市级示范性俱乐部标准。一批镇级文化中心和村级俱乐部的建设并投入使用，使全区文化设施建设向前迈进了一大步。

（刘士增）

【群众社会文化活动空前活跃】 年内，全区基层群众文化活动呈现出自发性强、内容丰富、层次高、参与范围广等特点。从要我活动，到我要活动，要活动场地、要专业培训、要经常活动，出现了群众推着干部走、下级追着上级走的局面。全区各文艺团体和广大文艺工作者，用不同的艺术形式和激情洋溢的表演，充分反映了人民积极向上的精神面貌，使全区各文化广场到处都呈现出人如海、歌如潮的活动场面。通过开展群众喜闻乐见的文化艺术活动，弘扬主弦律、歌颂新成就、展示新风采、畅想新未来，进一步提高了文化服务水平，丰富了群众文化生活，推动昌平文化事业发展，展示了新北京、新奥运和按照"三个首选"构建和谐宜人新昌平的新景象。

（于新忠）

【文艺创作水平又有新提高】 年内，组织20余名作家及文学爱好者先后5次深入基层体验生活，创作出版两集《说说唱唱》文艺节目专辑，发到全区村和社区进行排练、演出，受到了业余艺术团体和文艺爱好者的欢迎。区文艺工作者在"首届三农题材文艺创作大赛"中，获一等奖3个、二等奖1个、三等奖和优秀奖3个。

（刘庆华）

【加大基层文化骨干的培训指导】 年内，区文化馆先后义务举办文艺创作，戏剧、曲艺、舞蹈、声乐、器乐表演，美术、书法等各类文化骨干培训班23个，为基层培训文艺骨干2000多人次。坚持常年派专业干部深入基层对秧歌队和演出队进行具体教授和辅导。

（刘庆华）

【成功举办丰富多采的主题文化活动】 年内，成功地举办第六届艺术节、第六届新秧歌比赛、北京市乡村歌手大赛和纪念抗战胜利60周年等大型文艺演出活动，以元旦、春节、五一、七一、八一、十一等重大节日庆典为主题，统一部署，在各镇、街道开展了内容丰富、形式多样的主题文化活动。第六届艺术节期间，全区、镇、村共计举行花会表演100余场，演员达3000余人，观众达25万人次；组织文艺演出近百场，演出各类文艺节目1200余个，观众达1.2万人次；放映电影120场，观众达2.4万人次；举办了10次书画展、摄影展，展出作品2000余幅。

（刘士增）

【文化艺术团队作用明显】 年内，区业余艺术团以及分布在部委办局、镇、街道的39支业余艺术分团，社区、村级102支业余演出队，251支秧歌队，61档民间花会，43支民族乐队，2支铜管乐队，坚持活动不断线，为丰富群众文化生活做出了积极的贡献。昌平文联、书画协会、诗词协会、摄影协会、戏曲协会、文学创作协会等组织机构不断完善,新人、新作不断出现,加强内外交流,推动全区文化的进步发展。全年举办全区性的书画展7次。5月,为纪念毛泽东延安文艺座谈会上的讲话发表63周年,区文化委与西安市长安区成功举办了书画联展、互展,受到社会广泛关注和好评;举办区第三届领导干部廉政书画展,迎春书画展;庆“十一”书画展;三中教师书画作品展,孔庆新、司德卿个人书画展。举办摄影展3次。8月,配合区计生委举办“关爱女孩”摄影大赛和摄影展览,从参赛的1000幅摄影作品中评选出100余幅举办了摄影展。10月,配合计生委举办了“关爱女孩”征文的评选活动。10月22日,第二届苹果节期间组织了大型摄影展览;与韩国摄影协会联合摄影,到内蒙古等地拍摄。

(张桂梅)

【深入开展文化下乡和为弱势群体服务活动】 年内,继续开展主题鲜明、内容丰富、贴近百姓生活的文化下乡活动。重点抓了文化扶贫、廉政文化进农村和保障弱势群体的文化权益工作。积极参加“三下乡”、“四下乡”活动,送书、送戏、送电影到学校、工厂、部队、农村田间地头,到农民科技户家里,到敬老院、施工工地、外来务工人员子弟学校,开展了形式多样的文化活动,先后下乡100多次,送书1万多册,演出60多场,放电影5000多场,受到群众的好评。

(张桂梅)

【区图书馆功能更趋完善】 年内,区图书馆广泛开展了以“知识工程”、“科技跟踪服务”、“红领巾读书活动”等为载体的各项全民读书活动,先后成立了科普阅览昌平分中心、海洋科普阅览室和电子读物借阅处,平均每天接待读者2000余人,到图书馆自习的学生400多人,图书流通量达15.85万册次;北京市农业资料中心在昌平区图书馆正式建立。

(邓书林)

【四级图书馆网络体系初步形成】 年初,提出“以区馆为中心,在基层设立图书馆分馆,实现区、镇、村图书服务网络化,建立图书服务体系”的工作思路。在回龙观镇、郑各庄宏福集团、马池口北方企业公司、阳坊镇、百善镇、南口镇建立6个图书馆分馆。在北七家镇、回龙观镇、十三陵镇、崔村镇建立2个图书共享工程点和2个网络网点,其他镇级图书室和村级图书馆也得到了改善和加强。

(邓书林)

【文化市场整顿成效显著】 年内,以百日专项整治活动为契机,以净化文化市场为目的,针对昌平文化市场面宽、点多、线长、监管难度大等特点,建立三级监督网络体系,进一步加大文化执法力度,取得明显成效。区文化执法队先后开展七个阶段的执法检查工作,出动执法检查人员138人次。共受理群众及市转来的举报30件,查实举报25件。取缔非法经营摊点(店)64个,其中非法图书摊点15个,非法音像摊点49个。检查娱乐场所、新闻出版场所共计632个,其中娱乐场所338个,新闻出版场所294个。没收盗版光盘3.08万张,盗版音带540盒,没收盗版图书3638册。行政处罚立案3起,其中2起是网吧违规接纳未成年人案,一起是违规印刷期刊案,均依法做出了处理。

(柳长贵)

【建立三级文化市场监督员网络】 6月30日,建立由区人大代表、政协委员、离退休干部、各文化企业协会会员和热心文化市场管理的群众共557人组成的区、镇、村三级文化市场监督员队伍,在全区初步形成了群防、群治的文化市场监督管理体系。研究制定了文化市场监督员管理规定,制定了监督员会议制度、情况信息通报制度、法规培训制度和持证上岗制度等工作规范。下半年共接到群众举报11件,比上半年减少27件,每月平均下降63.64%,收到了良好的效果。

(柳长贵)

【完善全程办事代理制度】 年内,按照市文化局等有关上级部门的要求,重点审核,修订了23项行政许可事项。完善了岗位职责、工作流程、服务规范等工作规范，较好的发挥了全程办事代理机构的作用。截止到10月30日，共办理行政审批119件，变更许可32件，办理换证143件，接待群众办事咨询5736人次。

（景冬蕊）

【《文化昌平》引起多家媒体关注】 年内，与区委宣传部、区广电中心共同筹措大型文化系列专题片《文化昌平》，坚持在不断丰富内容和提高质量上下功夫，每周播出一集。《文化昌平》已写出乡音乡情、文物长廊、视角访谈、书画之窗、文化名人、文化市场及各种相关稿件80余篇，完成拍摄任务60余集，播出52集，刻录盘2000多张。《文化昌平》的播出，弘扬了昌平文化主旋律，反映了昌平悠久历史，歌颂了昌平现代文明，受到了普遍的关注和欢迎。反映昌平传统民俗风情的“泥塑人物场景”、“海子戏楼”等被北京市电视台转播，群众反映《文化昌平》栏目办得好。

（邓书林）

【电影工作逆境求进】 9月，昌平影剧院因设备陈旧存在不安全隐患，被消防部门停止使用。为了挽回损失，昌平影剧院全体干部、职工，主动走出去找市场，举办了以“崇尚科学、抵制邪教、摒弃生活陋习”为主题的中小学生科技周活动。购置了充气大棚，利用中小学生假日，精心安排多种题材的影片，走进学校开展电影放映活动。此次活动共放映电影41场，26个学校的1.8万多名学生观看。

（梁淑兰）

【“2131工程”成绩突出】 年内，电影发行放映工作，坚持以推进“2131工程”为主线，紧密结合全区实际，围绕大局，找准工作载体，拓宽领域，立足服务，收到了良好的效果。一是认真落实电影发行放映“2131工程”。放映队常年活跃在基层，深入到社区、村开展电影放映活动。本年为全区放映电影6000多场，完成全年任务的141%，在全市居于领先的位置。二是找准工作载体，不断拓展工作领域。与区防范和处理邪教问题办公室联合举办了“反邪教警示教育百场电影下乡活动”；与区科委、科协联合举办了“科普之春”电影专场放映活动及“北京科技周暨科教电影宣传月活动”、“百场电影进校园活动”；与建委、民政局等部门联合开展了为弱势群体放映电影活动，无偿提供文化服务。深入到30个建筑工地、17个敬老院和3个打工子弟学校，放映电影98场。三是坚持电影放映为民服务的宗旨，结合农民的需求，安排了放映内容。在科技电影专场放映活动中，针对兴寿镇桃峪口村养殖户和种植户的要求，为该村精心挑选了《羊多头蚴病》、《鲁西小尾寒羊》等7部科教片进行放映，受到了当地种植、养殖户热烈欢迎。全年，管理处为150个村放映各类科技影片290余场。

（刘　汀）

【文物监管稳步推进】 年内，坚持从昌平文物工作实际出发，以博物馆新馆建设为契机，围绕“保护为主，抢救第一，合理利用，加强管理”的文物工作方针，按照《文物保护法》及北京市文物法规规定，完成区级文物保护标志的设立，划定全区文物保护范围及建设控制地带；对区属不可移动文物进行普查登记，确定61处区属不可移动文物。加强对区级文物保护单位的抢修工作，认真落实区人大代表建议及政协委员提案，加强对文物的保护力度，认真开展地上不可移动文物的保护和地下埋藏区的勘探工作。将文物巡视检查作为一项重要工作列入工作日程，春节、“五一”期间，文物执法人员对全区文物古建、文物修缮工地进行安全检查，要求各文物使（占）用单位及修缮施工方，做好防火防盗工作。继续设立电话热线，及时处理群众举报，确保了本区文物的安全。

（徐士强）

【文博阵地建设成效明显】 年内，加强博物馆阵地建设，完善博物馆功能。制定博物馆规章制度，设立导向标志，改造展陈办公室，筹备建立票务制度。举办多种展览活动，提高群众生活品味。先后举办了珍稀贝壳展、区政协民建书画展、北京昌平——陕西长安书画联展、2004年北京市区县文化工作成果交流展、昌平区预防职务犯罪展等展览。1月8日，在北京市第十五届艺术节暨北京市第六届乡村歌手大赛中，本区的3名选手分获民族、美声、通俗唱法的二等奖，其中参赛歌曲《树叶》、《我爱我的家》获得了比赛的优秀创作奖。

（徐士强）

【“三农”题材文艺创作成绩突出】 年内，在北京市“三农”题材文艺创作大赛中，歌曲《我爱我的家》、报告文学《黄福水和他的乡村》、评剧《老来俏》获一等奖，戏剧小品《叔嫂情》获二等奖，快板《抢专家》、散文《金丝小枣厚乡情》获三等奖，戏剧小品《养牛与吹牛》获三等奖。全年在全区组织的“三农”创作歌曲比赛中，共收集百余首歌颂家乡、歌颂首都的创作作品，其中《我爱家乡美》、《欢迎您到北七来》、《我心中的昌平》、《昌平美丽的家园》等15首创作作品获得了优秀创作奖，部分优秀作品还搬上了舞台，受到了群众的喜爱和传唱。

（刘庆华）

【小汤山后牛坊村“花钹大鼓”成功进入北京市非物质文化遗产评审】 年内，经过3个多月的努力，对小汤山镇后牛坊村民族民间舞蹈“花钹大鼓”和漆园村“龙鼓”两项民间艺术进行了挖掘、采访、调查、搜集、制片、加工、整理等工作，其中小汤山镇后牛坊村“花钹大鼓”成功进入北京市市级非物质文化遗产评审。

（刘士增）

【新华书店图书销售零售额稳步提高】 年内，新华书店积极适应市场需要，进行了部门调整，合理分配使用员工，热心服务“三农”，扩大营业面积，增加进货品种，克服各种困难做好课本发行工作，创造了较好的经济效益。全年配合文联等有关部门先后到农村送书26次；新华书店实现营业额2006万元，利润12万元，上缴税金98万元。

（周亚玲）

【成立文学创作协会，积极开展文学创作活动】 4月26日，成立昌平区文学创作协会，全区已有6个文化协会；与旅游局联合开展文学节采风创作活动，分别到十三陵水库九龙游乐园、蟒山公园、碓臼峪、银山塔林等地进行了采访活动，并创作出版“作家眼中的昌平”和“诗人眼中的昌平”两本书；7月，区文联和区旅游局共同举办“百首诗歌颂昌平”的诗歌咏颂活动，邀请了10余名市级诗人，编辑出版《说说唱唱》、《相声小品专辑》书目，为基层创编文艺节目提供了素材；参加市级文艺和文学节目比赛，歌曲《我爱我家》、评剧《老来俏》、报告文学《黄福水和他的村庄》3个项目获一等奖；中篇小说《中西部》获市级文学艺术优秀奖；开展了“纪念抗日战争胜利60周年征文”活动和“文学作品有奖征文”活动，共收到征文作品80余篇。其中纪念抗日战争胜利60周年征文评出一等奖1名，二等奖3名，三等奖6名；文学创作有奖征文评出一等奖3名，二等奖6名，三等奖7名，文学新秀奖5名；1月底，分3次组织本区诗歌楹联协会和书法协会会员到基层送春联，共2000余幅；区书画协会和区旅游局合作，绘制2000幅书画作品，装裱后送到民俗旅游户，悬挂在屋内以增添其文化氛围，受到民俗户和游客的广泛好评；区文联对《军都文苑》刊物的版面和内容不断扩充，质量不断提高，全年出4期共1万余册；完成了书画协会换届选举工作；为戏曲协会联系协调戏迷活动场所，先进性教育撰写先进典型人物材料，合作编写了《昌平农事》一书并提供了大量照片。

（于新忠）

广播电视

【概　况】 昌平区广播电视中心为全额拨款事业单位。现有职工120人，下设工会、办公室、财务科、宣传科、事业科、昌北音像广告中心、北京摇篮文化发展中心、昌平广播电视台

(昌平广播电台和昌平电视台)8个部门。2005年,区广播电视中心围绕宣传好党的基本路线和扣紧区委、区政府的工作重心,牢牢把握正确舆论导向,坚持为人民服务,为社会主义服务的方向。深入落实科学发展观,宣传导向万无一失,平稳顺利完成迁入新址,经济实力不断壮大,党组织的凝聚力、战斗力、号召力进一步提高,各项工作取得了新的成效。本年昌平电视台共播发新闻3508条,其中经济新闻1488条,比上年增加29%和36%,昌平广播电台各栏目共编辑播出4800期(组),比上年增加37%。在抓好内宣基础上,广电中心不断强化外宣工作,全年在中央电视台、北京电视台、各大报刊等媒体共播发新闻140条,其中在中央电视一台和北京电视一台播发稿件32篇,比上年增长50%。

（罗莉莉）

单位名称:昌平区广播电视中心
地址:昌平区南环东路1号
电话:(010)69746088
邮编:102200

【全面做好新址建设和搬迁工作】 年内,区广电中心喜迁新址并实现新址广播电视成功开播。6月,总建筑面积达3.2万平方米的昌平广电大厦主体工程竣工。6月至年底,广电中心在顺利完成广播电视技术区技术装修的基础上,全中心顺利、平安迁入新址,并实现在新址成功播出。入驻新址的昌平广播电视中心,办公区和技术区布局合理,设备超前,功能齐全。其中,技术区设有大、中、小3个演播厅,12个编播制作机房及导播室、候播室、非编室等,技术区采、录、编、播均实现数字化,声学、灯光等各项指标均符合国家广播电视建设标准。

（罗莉莉）

【举行昌平广播电视开播仪式】 12月28日,广电中心在新落成的广播电视技术区演播大厅成功举行隆重的开播仪式。市委宣传部副部长肖培,区领导佟根柱、任宝贵、王振华等同市广电局副局长李春良、市广播电视学会会长于知峰及14个区县广电中心领导,区人大代表、政协委员、各委、办、局、镇、街道办事处领导和友好协作单位共200多人参加开通仪式。市委宣传部副部长肖培与区长佟根柱共同为“昌平广播电视迁入新址开播”启动按钮。

（罗莉莉）

【宣传工作服务社会经济发展】 年内,以全面宣传党的基本路线和服务全区经济社会发展为中心,坚持做好内、外宣传,坚持不断提升节目质量,坚持做好主题宣传,确保舆论导向正确。认真做好区人大、区政协“两会”宣传工作;全力做好保持党员先进性教育主题宣传报导工作,开设《珍惜荣誉树形象,建设昌平当先锋》专栏,共播发新闻、专题260余条;围绕宣传主旋律,精心策划了一系列专题报道:城乡居民素质教育、企业风采、支山扶贫、构建和谐社区和谐村镇、政府办实事、区重点工程等,广播电视宣传无一疏漏,密切配合。8月19日至9月18日,成功报道了2005北京铁人三项赛,电视台共播出相关新闻、专题、专访42条,总时长148分钟。昌平电台开辟英语版《走遍昌平——2005世界杯铁人三项赛》专题节目,利用英语宣传昌平,受到国际国内友人的赞扬。

（罗莉莉）

【网络宣传成效显著】 “昌平广播电视网”将昌平电台、电视台节目及时上传播出,提供广电中心动态信息,电台、电视台主持人信息。年内,网站共进行两次改版,完成了新闻、文化、广播、电视、电视人、访谈等综合频道的建设。传播各类信息6万余条,制作、播出“三八节”、“五一节”、“七一节”、“书画艺术”等昌平各界人士专题访谈58期,极大方便了百姓获取信息,为昌平营造良好的舆论氛围提供了平台。

（罗莉莉）

【获北京市郊区广播电视奖第一名】 年初,在由京郊14区县参加的2004至2005年度北京广播电视奖评奖会上,昌平广电中心荣获

2个一等奖,1个二等奖,1个三等奖,居京郊各区县前列。

（罗莉莉）

【做好广播电视社会管理工作】 年内,协助歌华昌平分公司全面做好利用有线电视网络开通镇、村广播节目工作。截止到年底,共开通马池口、十三陵、崔村、兴寿、百善、阳坊、南邵、南口、长陵、小汤山10个镇的有线广播。

（罗莉莉）

北京歌华有线电视网络股份有限公司昌平分公司

【概　况】 2005年,北京歌华有线电视网络股份有限公司昌平分公司在总公司的正确领导下,在昌平区各级领导和群众的支持下,坚持“以用户为中心”的服务宗旨,以经济创收、网络建设、用户发展和安全传输为工作重点,加快完善内部建设,经过全体员工的共同努力,各项工作取得了良好的进展。经济效益、安全播出、网络建设、用户发展、服务工作、基础建设等方面都到达了一个新的历史水平,实现了机房、办公、收费一体化,为歌华公司在昌平的发展奠定了坚实的基础。

（管　捷）

单位名称:北京歌华有线电视网络股份有限公司昌平分公司
地址:昌平区西环路60号
电话:(010)69709899
邮编:102200

【“金财网”工程全面开通】 年内,“金财网”建设是歌华有线公司的重点工程,昌平分公司计划共需建设432个点。为保质、保量地完成建设任务,昌平分公司确定了“金财网”工程为本年“壹号工程”,由分公司技术部具体负责实施,各部门通力协作,全力确保工程建设任务。定期召开协调会议,总结经验、研讨问题、全力推进工程建设进度。年内,共架设、敷设光缆350公里,开通了400个点。

（管　捷）

【启动银行代收维护费业务】 年内,推行银行代收代缴有线电视收看维护费业务,在歌华有线公司用户部、信息部、分公司管理部和兄弟分公司的协助下,于12月1日顺利启动了银行代收费工作,共有6家银行和邮政储蓄的60多个网点办理此项业务;为方便用户办理手续,分公司员工利用双休日时间,到银行和居民区现场办公,向用户讲解交费流程,帮用户填写表格,取得了较好效果。截止到12月25日,有4230户办理了银行交费手续。

（管　捷）

【完成前端机房迁改工作】 8月至10月,完成前端机房的搬迁和设备的彻底更新。机房搬迁共进行了5次光缆切割,顺利完成了搬迁工作。新机房传送的电视信号质量比以前有了很大的提高,得到了用户的赞扬。完善新机房建设,设置监控台,购置发电机,UPS、接地、防雷等防护系统齐备,完成备份机房的建设、调试,实现办公、收费、机房一体化,极大提高了传输安全系数。

（管　捷）

【恢复乡镇有线广播工作进展顺利】 年内,随着山区有线电视覆盖工程的完成,全区312个行政村、21个自然村全部实现有线电视光缆覆盖。为了发挥乡镇广播的地域优势和实效性,及时宣传党的方针政策,丰富群众文化生活。昌平分公司投资60余万元,为各乡镇恢复有线广播。其模式为:镇广播站编辑制作广播节目,调频后通过有线电视光缆网传送到各个行政村,村内使用大喇叭广播。春节前率先开通了十三陵镇,南邵镇、崔村镇、马池口镇、南口镇、长陵镇、阳坊镇、兴寿镇、小汤山镇、百善镇等镇也陆续开通。沙河镇、流村镇由于政府办公楼的搬迁,2006年上半年也将开通。

（管　捷）

【文化活动丰富多彩】 年内,开展企业文化建设，营造和谐的工作氛围，树立了良好的公司形象。坚持开办板报宣传栏，全年更换展版30期，编辑内部信息19期；举办春节联欢晚会；为全体员工订制了统一的工作服；办好食堂，进行营养搭配，提高员工生活水平；建文体活动室，购置了台球、乒乓球，建篮球场、健身器材，活跃职工的业余文化生活。与北京广播电台、视宽公司等相关单位多次开展足球友谊比赛；在分公司内部开展乒乓球、台球比赛，组织员工进行登山健身活动；确定每周五下午为员工“健康活动日”，通过一系列文体活动，增强了员工的凝聚力，为企业文化建设深入持久的开展营造了良好的氛围，也为企业获得良好经济效益奠定了基础。

（管　捷）

卫　生

卫生管理

【概　况】 2005年，区卫生系统按照《中共中央、国务院关于进一步加强农村卫生工作的决定》精神，继续深化城乡医疗卫生体制改革，做到抓好重大传染病防治，做好非典、禽流感防治工作，为全区社会、经济建设保驾护航，建立完善疾病控制、医疗救治、卫生监督和公共卫生信息“四大体系”；创建“人民满意医院”成效显著；医疗服务质量显著提高；城镇医疗急救网络初步形成，人民群众院前急诊抢救半径逐渐缩小；卫生监督执法、公共卫生信息网络体系基本形成，全区应对突发公共卫生事件和疾病预防控制的能力大大提高；镇级卫生资源整合工作初步完成；新型农村合作医疗大病统筹工作得到了普及，农民抵御疾病风险的能力不断增强。全区有各级各类医疗卫生机构836个，医院床位数5765张，卫生技术人员4258人，其中医生1882人，护士1412人，每千人口平均拥有医院床位7.89张、卫生技术人员5.83人、医生2.58人、护士1.93人，初步解决了群众“看病难、住院难”的问题，随着医疗技术人员的整体素质不断提高，医疗服务进一步改善，一些高水平的医疗技术陆续在本区医院开展，卫生服务水平显著提高。全年完成门急诊173万人次，床位使用61万床日，急诊抢救3482人次，抢救成功率98.76%。完成大学招生体检3861人次，完成征兵体检840人次。

（谭光剑）

单位名称：北京市昌平区卫生局
地址：昌平区西环南路
电话：(010)69746223
邮编：102200

【圆满地完成世界杯铁人三项赛预防保健和医疗救护工作】 年内，对2005年北京铁人三项世界杯赛所承担的具体工作给予了高度重视，召开专题会议进行认真的安排和部署，成立以局长为组长的“杯赛”医疗救护、卫生防病保障工作领导小组，制定世界杯铁人三项赛医疗急救工作预案和卫生防病保障工作方案，抽调责任心强，技术水平较高的医疗专业技术人员、疾病预防控制人员和卫生监督人员，负责参赛队员的医疗急救和疾病预防控工作，共出动救护车43辆次，医疗卫生技术人员214人次，圆满完成了世界杯铁人三项赛地预防保健和医疗救护工作。

（谭光剑）

【创建国家级卫生区工作进展喜人】 年内，重点开展了大规模灭鼠和灭蚊、蝇、蟑活动。全区共出动投药员2500名，投放鼠药5吨，使鼠密度下降5%，蟑螂密度低于全国爱卫会规定达标标准的3倍。经市爱卫会专家考核验收，本区灭鼠、蚊、蝇工作已达到全国爱卫会规定标准,为实现创建国家卫生区奠定了基础。

(谭光剑)

卫 生 监 督

【概　况】 区卫生局卫生监督所是在区卫生局领导下承担全区1352平方公里土地上60万常驻人口及30万流动人口的传染病防治、食品卫生、消毒产品、生活饮用水、公共场所卫生、职业卫生、放射卫生、学校卫生、医疗机构、妇幼保健、采供血机构以及相关执业人员的执业活动等相应法律、法规的监督执法任务的执行机构。设置职能科室3个,业务科室4个,综合执法队4个,卫生监督派出机构2个,员工83人,其中副高级职称3人,中级职称27人。2005年,继续深化卫生监督体制改革,推行人事制度改革,进行了内部机构调整,正式开始实施卫生监督综合执法,遵循与时俱进,依法行政,优质服务,便民高效的原则,不断加大卫生监督执法力度,提高卫生监督执法水平,做好各项卫生监督执法工作。

(李秋林)

单位名称:北京市昌平区卫生局卫生监督所
地址:昌平区鼓楼北街7号
电话:(010)69745043
邮编:102200

【成立区卫生局卫生监督所北七家分所】 为加强全区卫生执法监督体系建设,适应卫生监督体制改革发展的需要,在北七家镇设立卫生执法监督派出机构——北七家分所。12月2日,北七家分所正式挂牌成立。

(李秋林)

【加强监督检查】 年内,对各行业管理相对人实施了有效的卫生监督检查,全年共检查各类管理相对人20048户次;新核发卫生许可证4307份,延续1332份,变更216份,注销3710份;调离职业禁忌岗位的健康检查异常者55人;卫生监测、抽检577件,合格556件,合格率96.36%;实行24小时举报投诉值班制度,全年共受理各类举报投诉事件601件,均及时进行了调查处理,对存在卫生问题的单位实施了行政处罚;全年共实施行政处罚674起,其中警告148起,处罚人民币111.58万元,没收违法所得1起,金额1.84万元;没收非法药品50箱、医疗器械90件,价值近10万元;查封、销毁过期食品185个品种,共计1928件,其中饮料96350毫升,定型包装食品187630克,面粉约20袋,近1000公斤,加工工具10件。

(李秋林)

疾病预防控制

【概　况】 2005年区疾控中心认真贯彻执行市委、市政府和卫生部关于加强疾病预防控制体系建设的有关规定,坚持预防为主的工作方针,以传染病预防控制和疾病预防控制体系建设为工作重点,以创建人民满意的疾病预防控制中心、维护和增进全区人民的身体健康为根本宗旨,按照科学的发展观和“整体推进,共同发展”的工作思路,创造条件,争取支持,勇于创新,科学管理,全面提升卫生防病工作的能力和水平,认真开展了传染病预防控制、公共卫生监测评价、健康教育和调查研究等工作。区疾控中心现有职工108人,内设16个业务科所,中、高级技术职务人员占专业技术人员总数的35%。具有一批较先进的卫生防病检验检测设备:如高效液相色谱仪、气相色谱仪、离子色谱仪、全自动生化分析仪、原子吸收分光光度计、流动分析仪、PCR扩增仪、荧光显微镜、血细胞分析仪、及职业卫生、放射卫生和公共场所卫生检测设备等。

(郭红侠)

单位名称:北京市昌平区疾病预防控制中心
地址:昌平区鼓楼北街7号

电话:(010)69742645
邮编:102200

【做好疾病预防控制工作】 年内,组织完成15万余人次的预防接种任务;完成公共卫生服务从业人员体检61549人;开展各种卫生防病检测检验30万余件;主要传染病得到了有效控制;全年在国家级期刊发表专业论文36篇,学术水平不断提高;出色完成年度疾病预防控制工作。

(郭红侠)

妇 幼 保 健

【概　况】 2005年,妇幼卫生工作以贯彻落实《北京市妇幼卫生工作要点》为主导,继续突出依法管理,依法服务,围绕"目标"和"质量"做好各项保健工作。及时制定和下发妇幼保健相关文件,加强基础设施建设,改善妇幼保健工作条件。引进人才资源,拓展业务项目,开展优质服务,广泛开展健康教育,提高社会对妇幼保健工作的认识。加强培训,提高妇幼保健队伍的整体素质。以提高各项管理率,降低死亡率为目标,努力完成十五规划的各项保健工作指标。本年妇幼卫生工作指标完成情况:孕产妇死亡率35/10万;新生儿死亡率5.95‰;婴儿死亡率6.30‰;5岁以下儿童死亡率7.00‰;出生缺陷发生率7.14‰;婚前医学检查率3.65‰;孕产妇系统管理率78.01%;住院分娩率99.96%;新生儿破伤风发生率0;儿童系统管理合格率97.50%;新生儿疾病筛查率98.25%;0~4个月母乳喂养率91.04%;计划生育手术并发症发生率0.46/万。

(丁　莉)

单位名称:北京市昌平区妇幼保健院
地址:昌平区北环路
电话:(010)69746091
邮编:102200

【加强基础设施建设,改善妇幼保健院工作条件】 年内,21020平方米的门诊病房楼建设开工,年底完成地下二层、地上四层主体结构。由于门诊病房楼工程属原地拆建,区政府为保证妇幼保健工作的正常开展,将原二毛职工医院划拨给区妇幼保健院使用,并装修一新,及时解决孕妇住院分娩难的问题。

(丁　莉)

【及时制定并下发加强妇幼保健院工作的通知】 年内,针对基层妇幼人员配备严重不足,硬件设备配备不足、部分地区保健工作管片划分不明确,管理真空地带等问题,于6月制定并下发《关于进一步加强妇幼保健院工作的通知》,促进保健工作的发展。

(丁　莉)

【拓展新生儿游泳项目】 5月,率先在全区开展新生儿游泳项目,该项目对促进婴儿智力发育和体格增长有显著效果。

(丁　莉)

【积极开展母乳喂养宣传】 8月,按照全市"世界母乳喂养宣传周"活动计划,组织"昌平区母乳喂养健康宝宝征文摄影比赛",通过评比并推荐参加市级评选,分别获得北京市征文一等奖和摄影三等奖。此次活动促进了母乳喂养知识的宣传普及和婴儿母乳喂养率的提高。

(丁　莉)

【动员基层积极开展普查普治工作】 年内,动员镇级卫生院努力克服困难,积极开展普查普治工作,重点加强对宫颈涂片、染片、阅片的质量监督以及对基层普查数据分析的审核,确保了农村普查质量。全年全区农村共计普查29950人,宫颈涂片23198张,涂片率77.46%。

(丁　莉)

【孕产妇、围产儿、五岁以下儿童死亡、计划生育手术并发症评审】 9月,组织专家开展本区上半年孕产妇、围产儿、五岁以下儿童死亡及计划生育手术并发症评审会,对本区1例孕产妇死亡、15例围产儿死亡、5例5岁以下儿童死亡、1例计划生育手术并发症逐一进行评审。评审中专家们指出医疗保健环节中存在的问题,提出改进措施,对加强孕产期及儿童保健起到了指导性作用。

（丁　莉）

【启用新的计划生育病历】 年内,计划生育技术服务单位统一更换北京市新的计划生育手术病历,新病历增加了各种手术通知单、知情同意书,不断完善对病历的管理,并对登记本和病历书写规范进行培训,进一步规范全区计划生育技术服务工作。

（丁　莉）

【严格加强助产机构的监督管理】 9月至11月,对全区8所助产机构进行产科及爱婴医院质量检查。找出存在的问题,熟练产儿科人员的新生儿窒息复苏技术,规范《健康档案》的使用,强化母乳喂养意识,进一步提高全区整体产科质量及母乳喂养率。

（丁　莉）

【检查验收计划生育技术服务单位】 年内,对39家计划生育技术服务单位和从业人员进行检查验收及考核发证。向31家合格单位颁发了母婴保健技术资格许可证,2家限期整改,3家由于搬迁暂缓验收,3家不合格予以取缔。158人参加理论和模拟操作考核合格,颁发母婴保健技术考核合格证。通过检查规范了计划生育技术管理,发挥了母婴保健的监督职能,提高了计划生育技术全行业管理力度。

（丁　莉）

【DDST筛查早期发现儿童智力残疾】 年内,有10家单位新开展对具有高危因素的新生儿在出生后3个月进行DDST筛查工作,共筛查出高危新生儿5人、可疑6人,及时转往市级医院进一步确诊,对避免儿童智力残疾提供了早期干预的机会。

（丁　莉）

昌平区医院

【概　况】 2005年，昌平区医院集中开展了以实践“三个代表”重要思想为主要内容的“保持共产党员先进性”教育活动，认真落实卫生部、国家中医药管理局“以病人为中心，以提高医疗质量”为主题的医院管理年活动精神，扎实开展创建人民满意医院活动，使医院在医疗、教学、科研、预防等方面全面发展，通过新人才、新医疗、新技术、新专业的开展，推进了各专业的提升。全院开放床位442张，开设内科、外科、妇产科、儿科、肿瘤科、口腔科、眼科、皮肤性病科、中医科、耳鼻喉科等临床科室以及检验科、放射科、特检科、病理科等医技科室，设有体检中心、急救中心、碎石中心、介入治疗中心、糖尿病治疗中心、血液透析中心、市级专家诊区。医院坚持院有重点、科有特色、人有专长的方针，形成了神经内科、糖尿病专科、心血管内科、呼吸内科、血液病科、肝胆外科、神经外科、泌尿外科、骨外科和脊椎外科等品牌科室。各科室及专业保持和发展其优势，各具特色，全面发展。

（尚长虹）

单位名称：北京市昌平区医院
地址：昌平区鼓楼北街9号
电话：(010)69742509
邮编：102200

【医院建设日新月异】 年内,完成了外妇手术楼奠基到封顶的主体及二次结构和部分区域内装修工程。完成综合病房楼的环境评估和外部设计,完成在区发改委的立项。

（尚长虹）

【市领导到区医院视察】 1月31日,副市长牛有成一行到区医院进行春节前卫生防病方案落实情况的检查。牛有成听取了区医院工作报告，市卫生局局长金大鹏强调了传染病防治的重要性。

(尚长虹)

【特色专科建设】 3月1日，“糖尿病专科门诊”正式开诊，此专科门诊的设立是区医院注重突出“专业特色”的重要体现。

(尚长虹)

【医疗设备更新换代】 年内，投资400余万元新引进日本富士公司和柯尼卡公司生产的数字化X射线影像设备三台，投资269万元引进全自动生化仪一台，投资213万元引进一台彩超，投资75万元引进新柏式TCT超薄细胞检测仪等。设备的引进促进了区医院医疗技术水平的提高，为救治病人提供了良好的条件。

(尚长虹)

【注重人才群体效应】 随着医院的发展，科室的健全，专业队伍的组建，医院大胆进行人事改革。从全国各地引进研究生6人，副高以上职称人员11人，增强了医院各学科的实力，对引进的高学历高职称人员委以重任，为医院注入了新的活力。

(尚长虹)

【开展创建人民满意医院活动】 年内，为响应卫生部“医院管理年”开展创建人民满意医院活动。医院党政领导班子向全院职工提出：按照市卫生局“创建人民满意医院”方案中“优质服务十条标准”暨“患者就诊、费用的五个知道和五个明白”的要求去做，在各自不同的岗位上，为创建人民满意医院奉献力量。

(尚长虹)

【注重培养管理干部】 7月21日，派副院长袁成赴澳大利亚就读卫生事业管理硕士研究生，学习期两年。医院计划陆续派出管理干部进修学习，提高医院管理干部的素质与才能，提高医院的管理水平。

(尚长虹)

【信息化建设】 年内，医院加快信息化建设步伐，成立信息科，率先在全区实行全成本核算，实行全面信息化网络管理，统筹管理全院信息工作，为医院决策提供科学准确的信息支持。

(尚长虹)

【承办第三届北京泌尿外科医师联谊会】 10月22日，由中华医学会北京分会主办、区医院承办的第三届北京泌尿外科医师联谊会在本区举行。中华医学会泌尿外科专家、北大医院、同仁医院、友谊医院、人民医院等多家市级医院的泌尿外科专家以及郊区县的医院院长、泌尿外科主任等参加会议。中华医学会资深泌尿外科专家那彦群主任高度评价了区医院承办的此次活动。

(尚长虹)

【蒙古国中央医院院长访问区医院】 12月6日，蒙古国中央医院院长莎拉女士及北京人民医院副院长王积善一行，到区医院访问，就三家医院合作开展骨科手术工作进行会谈。为合作做前期筹备工作，三家医院领导分别介绍了各自的基本情况及远期发展目标。

(尚长虹)

【科技兴院创佳绩】 年内，开展最具代表性的TCT技术和新生儿颅脑超声检查两项新技术。基于此两项技术开展的“新柏氏TCT技术与传统技术对宫颈癌及癌前病变筛查的对比研究”和“基层医院高危新生儿颅脑超声的应用研究”分别获得了区科技推广奖，成为本院2005年的两项重大科技成果。全年完成了区卫生局科研立项中15项中的10项。

(尚长虹)

【强化社区卫生保健工作】 年内，社保科同社区服务站所在的政府联系，开展社区宣教活动96次，健全各项制度，完善“六位一体”功能，全年接诊39985人次，较上年度增加了6.4%。因管理和服务规范，区财政拨款74万元“以奖代补”用于社区建设。

(尚长虹)

【加强安全工作管理】 年内，召开安全工作会议，认真及时落实卫生部电视电话会议精神，按照北京市卫生局对安全工作要求及区卫生局组织召开的安全工作会议精神，结合区医院安全工作实际就安全生产工作进行详细检查部署。制定一整套行之有效的方案，并成立安全生产管理小组，加强消防、安全工作的管理，并请来消防局的专家对全院职工进行消防培训。加强对重点部门重点管理，对配电室、监控室，除重点培训外，实行严格的上岗制度和运行制度。

（尚长虹）

昌平区中医医院

【概　况】 昌平区中医医院占地25.6亩，建筑面积21971平方米，医疗用房14690平方米。资产总值8100万元，医疗设备5300万元。开设病床285张，年住院7000余人次，年门诊量33.5万人次，平均床位使用率89%，最高达126%。拥有正式职工560人，其中医疗卫生技术人员占全院职工总数的81%。医院设有临床科室21个，病区10个，急救中心1个，医技科室4个，社区服务站9个，分院2个。近年来，获北京市中医管理局科研中标课题1项，获区、局科技进步奖16项。在国家级和省市级刊物上发表学术论文141篇。现已成为昌平地区集中医医疗、教学、科研、防保为一体的综合性中医医院。

（田小飞）

单位名称：昌平区中医医院
地址：昌平区东环路南段
电话：(010)69742196
邮编：102200

【重新修订制作八套规章制度汇编】 年内，按照国家卫生部、北京市中医药管理局和区卫生局的统一部署，区中医医院开展“以病人为中心，以提高医疗服务质量，创建人民满意医院”为主题的医院管理年活动，进一步健全“质量、安全、服务、费用”等管理制度，在2002年编辑的《规章制度汇编》的基础上，重新修订完成了《规章制度汇编——管理分册、医疗分册、护理分册、应急分册、院感分册、医保分册》八套规章，在各项规章的执行中形成统一性，强制性和协调性，推进医院管理向标准化、法制化、人性化和制度化的迈进，使医院管理更贴近实际，更具可行性。

（田小飞）

【执业医师规范化管理】 年内，严格执行《中华人民共和国执业医师法》规定，制定“专业技术人员准入制度”及“执业医师规范化管理规定”，对全体医务人员进行法律法规知识培训，规范诊疗常规127种，操作87种，各种知情同意书27种。

（田小飞）

【成立介入中心】 2月，正式成立介入中心并投入使用。2月23日，开展第一例冠脉介入治疗。在阜外医院姚民教授指导下，开展桡动脉途径的冠脉介入技术。该技术在国内尚处领先地位。应用此技术已完成82例手术，其中综合科6例，心内科76例，有23例植入支架。愈后良好。

（李立昆）

【开展“肾脏穿刺活体组织检查”】 3月26日，综合内科首次对“急进性肾炎（Ⅱ型）1例、狼疮性肾病（Ⅳ）1例、IgA肾病3例”，共计5例患者进行“肾脏穿刺活体组织检查”，取得圆满成功。肾脏活体组织检查(肾活检，renal biopsy)是肾脏疾病临床和研究必不可少的检查方法。开展“肾脏活体组织检查”，对确定肾脏组织病理学诊断类型、选择合理的治疗方案、判断预后等均有重要的意义。此项检查尚属全区首例。

（李　楠）

【成功切除首例巨大子宫肌瘤】 5月，妇产科收治一位经确诊为“巨大子宫肌瘤，不排除变性”的陕西来京患者。入院即得到全科医务人员高度重视，经过全科详细反复充分讨论，确定手术实施方案。在麻醉科、手术室医护及妇产科医师的配合下，成功取出为“25厘米×22厘米×19厘米、重6斤”的“巨大子宫肌瘤”。为妇产科手术以来所取最大肌瘤。

（谷晓芬）

【开展“文明诚信、青春微笑行动”】 5月4日，“青年文明号”先进班组心血管内科护理组、骨伤科护理组和妇产科护理组共同开展主题为“文明诚信、青春微笑”活动。采取在醒目位置悬挂“青年文明号”牌匾、宣传条幅、文明公约，佩戴团徽上岗，公布“青年文明号”服务标准及服务监督电话，开展“精心、耐心、细心、责任心的“四心”服务，送鲜花活动和开展义诊咨询及慰问活动，为病人及时排忧解难。

（姚海英）

【“伏灸疗法”解患者所疾】 8月，针灸按摩科充分发挥中医特色优势，为人民群众提供优质的中医医疗服务，在全区首次推出夏季“伏灸”疗法，解决了广大患者在暑伏天到市区医院贴穴的困难，深受广大患者好评，现已成功诊治患者50余人次。

（周立武）

【圆满完成“世界杯铁人三项赛”赛场救护工作】 9月17日，区中医医院承担了“世界杯铁人三项赛”赛场救护工作。分别在十三陵水库大坝的南北头设立了2个救护点，出动2辆救护车及包括翻译人员在内的医护人员12名。全体人员相互配合，自早7时至下午15时内，及时救治了一位出现虚脱征兆的外籍运动员，圆满完成此次赛场救护工作。

（谢俊英）

【首次中医学术继承拜师仪式圆满成功】 10月2日，区中医医院开展了中医学术经验继承工作并成功举行首次拜师仪式。制定了详细的继承工作管理办法和指导老师及学生的遴选条件，从医院中医队伍中选出学历、职称、资历及学科医术较高的6名专家作为首批指导老师，从近几年中医院校毕业的本科生中选出热爱中医事业、好学上进的6名年轻医生作为首批学生进行为期三年的跟师学习。

（刘敬东　白雪丽）

【6公分小切口成功切除直径28公分巨大卵巢囊肿】 10月13日，妇产科成功为一名22岁未婚女性切除“28厘米×24厘米×12厘米”重12斤“巨大卵巢囊肿”。术前手术组对手术进行了充分讨论，考虑患者年轻、未婚，决定采用小切口切除囊肿。术中先抽出清亮液体5000毫升后将囊肿取出切除。

（谷晓芬　姜红佳）

【编制《医患沟通技巧指导书》】 年内，医务科编制《医患沟通技巧指导书》，进一步提高医疗服务质量。书中要求：医生要向患者或家属详尽讲述诊疗经过、疾病诊断、必要检查及检查目的、治疗用药、饮食调护、出院后医嘱等，尽量对病情做出准确的解释，争取患者最大限度的配合。医生应掌握沟通技巧，本着诚信的原则和愿为患者献爱心的服务态度，杜绝“生、冷、拒、推、硬”，避免使用刺激对方情绪的语气、语调及语句，以通俗的语言向患者说明病情，避免使用对方不易听懂的专业词汇。

（谢俊英　吴春燕）

【实施“绿色温馨阳光服务”工程】 年内，医院率先在特需病区开展了“绿色温馨阳光服务”工程，以增强护理服务意识和竞争意识，提高护理服务质量，树立热情、真诚、文明、技术过硬的护士形象，从根本上改变护士的服务理念：即由被动服务到主动服务继而发展成感动服务，以更好的适应社会及不同层次的人群。聘请专业老师对特需病区护士进行职业礼仪培训，从服装、举止到护理服务充分体现护士对病人的关心和尊重。

（董连花　康红星）

【首次中标市级科研课题】 在北京市中医管理局2005年度155项科研课题招标中，医院科研课题《贺氏针灸三通法治疗神经根型颈椎病的临床应用研究》中标，并获科研经费3万元。

（刘敬东）

【新建感染科门诊】 为落实《北京市突发公共卫生事件医疗救治体系规划建设方案》和

市政府2005年拟办的重要实事中第46项提出的“建设完善一级医院传染病接诊室和二级医院传染病专用门诊、传染病隔离留观室以及发热门诊,符合传染病收治设计规范、院内感染控制流程等标准”的要求,医院按照区卫生局部署圆满完成了传染病专用门诊的建设与改造工作。感染科专用门诊按计划建成并于11月1日正式启用,并接受了全国人大代表、市卫生局、传染病学专家、区卫生局等多次检查验收,得到了上级和专家的肯定。

(田小飞)

【成功召开昌平区第一届超声学术学习研讨会】 年内,功能检查科在中华医学会支持下成功召开“昌平区第一届超声学术学习研讨会”,对全区超声医师进行了腹部超声、妇产科超声、心脏超声、血管超声培训,提高了超声医师诊疗水平。

(高启旺)

体　育

【概　况】 2005年,全区体育工作,紧紧围绕体育为人民服务、为经济建设服务的中心,深入贯彻实施《体育法》,积极落实《奥运行动规划》,以2008年北京举办奥运会为契机,紧密结合体育工作实际,把增强人民体质、提高全民素质作为基本任务,广泛深入地开展全民健身活动,加强体育基础设施建设,不断推进体育社会化进程,进一步深化竞技体育改革,加强体育法制建设,体育工作取得了显著成绩。年内全区体育人口达60%,比上年增长5个百分点(按户籍人口计算);为15个村、社区配建了健身器材,全区健身工程已达265个,总面积40余万平方米,配建率达66%;全程办事代理工作共代理事项295件,群众满意率100%;发展二、三级裁判员174名,社会体育指导员140名,新增晨、晚练点46个,青少年俱乐部1个;全区共有10个测试站,全年开展6次国民体质测试,发放宣传品3000余册,测试群众近2000人。3月,区体育局被市体育局授予第28届奥运会培养后备人才贡献奖;9月,被市体育局评为第四届全民健身体育节最佳组织奖;11月,昌平区被授予“全国第十届运动会北京市输送优秀竞技体育后备人才贡献奖”;南邵镇被国家体育总局授予全国群众体育先进单位荣誉称号。

(宋　松)

单位名称:昌平区体育局
地址:昌平区西环路31号
电话:(010)69742856
邮编:102200

【区综合体育馆工程进展顺利】 区综合体育馆位于南环路南侧,京张高速公路东侧150米,占地70.67亩,总工程面积22556平方米。于2004年2月28日开工,年内完成主体工程建设,进入内外装修阶段。

(宋　松)

【奥运筹备工作逐步展开】 区体育活动中心被确定为2008年北京奥运会铁人三项训练基地,为完成好区体育活动中心田径场、游泳场的改造升级工程,使其达到2008年北京奥运会铁人三项训练基地的要求,区体育局对相关体育场馆进行了考察,完成了初步设计方案、效果图及可行性报告、编制预算方案,初步通过了规划方案。

(宋　松)

【举办第五届全民健身体育节】 4月27日召开第一次组委会,8月26日举行闭幕颁奖大会,历时4个月,先后组织了登山、广播操、田径趣味、创编新秧歌、乒乓球、老年台球、篮球7项区级赛事,3000余人参加了比赛。期间,开展科学大课堂1次,200人到场听课;利用假日上街宣传1次,发放健身和科学养生知识宣传材料500份，利用各级体育竞赛发放宣传材料500份，发放《全民健身科普知识手册》2000份。体育节闭幕式上举办了《与奥运同行全民健身科普知识进万家》赠书仪式，赠送书籍2000册。

（宋 松）

【广泛开展群众健身活动】 年内，开展了春季长跑比赛、健身秧歌大赛、独生子女家庭趣味运动会、驻京部队篮球赛、区篮球联赛、副职领导乒乓球比赛等区级传统比赛。工会、共青团、妇联，各系统、镇、街道办事处，各部、委、办、局，各企事业单位都结合自身特点，开展了健身秧歌、拔河、长跑、乒乓球、羽毛球、足球、篮球、棋牌、登山等健身活动。全年各单位共开展健身活动400余次，6万余人次参与。

（宋 松）

【中小学生春季田径运动会】 区体育局与区教委联合举办的"昌平区中小学生春季田径运动会"于4月28至29日成功举办。运动会上共有399名运动员达到运动员等级标准，其中1人达到一级运动员等级标准，46人达到二级运动员等级标准，264人达到三级运动员等级标准，88人达到少年级运动员等级标准。

（宋 松）

【组织参加承办大型竞赛活动】 7月承办了北京市"奔向2008巴士旅游杯登银山塔林大赛"。11月12日，北京市直机关工委、昌平区委区政府联合举办"奥运向我们走来，倒计时1000天"千名机关干部登居庸关长城活动。

（宋 松）

【积极组织培训活动】 区体育局、区教委于3月26、27日在城北中心小学联合举办了田径裁判员培训班，86人参加培训；4月19日至20日，区体育局在退休干部活动中心组织了自编健身秧歌"开门红"培训班，120名体育骨干、社会体育指导员、健身爱好者参加了培训；5月21至22日，举办羽毛球二、三级裁判员培训班，40名羽毛球爱好者参加了培训；5月26日，组织大众广播体操培训班，共有120人参加了培训。年内，开展体育骨干培训4次，参与培训人员300余人次；举办裁判员学习班25项次，参与人员600余人次；区篮协为基层部队培训篮球裁判员40名。

（宋 松）

【备战北京市第十二届运动会】 北京市第十二届运动会（简称"十二运"）四年一届，为做好备战工作，针对"十二运"所设项目，认真研究制定参赛方案，进一步调整项目布局，组建了网球、田径、乒乓球、排球、自行车、柔道、武术、国际古典摔跤、篮球、皮划艇、跆拳道、举重、射箭、足球等14个项目的代表队，并参加了年内的北京市锦标赛、北京市业余体校比赛等全部预选赛。

（宋 松）

【教练员和运动员队伍建设】 年内，进一步加强竞技体育管理网络建设；继续实施教练员聘任制度，提倡科学训练，充分调动广大教练员的工作积极性；加强专职体育教练员队伍的建设和年轻教练员的培养，提高教练员队伍素质；坚持学训并进，全面提高运动员的整体素质，使运动员学习、训练两不误，提高了区体育运动学校的办学质量。

（宋 松）

【加强运动员选材和输送工作】 在增强人才观念、坚持科学训练的同时，区体育运动学校在选材上求质量，采用集中和分散相结合的方法，先后下基层30次，涉及40余所学校，通过形态、素质测试和文化课摸底等形式完成了区体育运动学校招生工作。全年共向上级体校及优秀运动队输送运动员7人。

（宋 松）

【竞技成绩不断提高】 10月12日至10月23日，第十届全运会在江苏省举行，本区运动员代表北京市参赛取得了1金、2银、2铜、1个第五名、2个第六名、1个第八名的好成绩。其中景雪竹以1.92米的成绩夺得女子跳高金牌、郑小海夺得男子公路自行车赛银牌、吕宏为与队友配合夺得男子1000米双人皮艇银牌、500米双人皮艇铜牌、1000米四人皮艇铜牌、周民与队友配合夺得男子4×400米接力第5名、张娜夺得女子撑杆跳第6名、暴娥静作为北京女曲主力队员夺得女子曲棍球赛第6名、于童夺得男子公路自行车赛第8名。11月1日,景雪竹在澳门举行的第四届东亚运动会田径比赛女子跳高决赛中,以1.85米的成绩夺得冠军。6月,在葡萄牙举行的世界中学生田径运动会上,陈凯以2.1米的成绩取得男子跳高金牌。2005年北京市青少年锦标赛昌平运动员共获金牌8枚。

（宋　松）

【成功举办铁人三项世界杯赛】 9月17日,"2005年傲胜北京铁人三项世界杯"赛在十三陵水库九龙游乐园成功举行,比赛分为男、女两个组别,来自29个国家的132名运动员参加了比赛。

（宋　松）

【体育法制建设】 1月20日、6月9日分别召开两次全区游泳安全工作会议,区减溺工作领导小组与各游泳场馆签定了游泳安全责任书。区体育、卫生、公安、消防多家联手,对辖区内健身场馆进行安全检查。采取召开会议、制定方案、发放通知、调查问卷、现场检查等方式积极开展工作,有力地推动了《健身房、滑雪场安全管理规范》的贯彻实施。

（宋　松）

社会生活

社 会 生 活

人口管理

【概　况】 2005年底，本区共有常住人口197025户，482523人（男243955人，女238568人）。其中非农业人口107624户，256660人（男138268人，女118392人）；农业人口89401户，225286人（男105339人，女119947人）。全年出生3862人（男1989人，女1873人），死亡3635人（男1975人，女1660人），迁入12198人（市内迁入374人，市外迁入11824人），迁出3484(迁住市内205人，迁往市外3279人)。

（赵常友）

单位名称：北京市公安局昌平分局
地址：昌平区西环路68号
电话：(010)69742197
邮编：102200

【流动人口管理】 年底，共登记流动人口187582人，办理暂住证175894人，办理率93.8%。

（赵常友）

【出租房屋管理】 年内，共登记出租房屋26430户，89919间。处罚违法出租房主13户13人、单位7个7人，罚款1.45万元。

（赵常友）

民　　政

民政工作

【概　况】 2005年，民政工作围绕构建社会主义和谐社会的总体目标，坚持“以民为本，为民解困”的工作理念，着重围绕社会建设、社会管理、公共服务和困难人群权益保障等工作领域全面落实科学发展观要求，各项新型工作机制正在建立健全，以社会建设和管理为中心的民政各项工作取得了新的突破。

以城乡居民最低生活保障制度为主体，特殊困难群众的临时救助、城市流浪乞讨人员的救助管理和救灾救济等分别发挥作用的社会救助体系发挥了显著作用。积极推动社区服务建设，社区及居委会开展了大量的群众喜闻乐见的文体活动。调整充实村务公开协调小组，制定并下发了《关于健全和完善村党组织领导的村民自治机制的目标任务分工》等系列指导性文件，召开了村务公开、民主管理示范单位创建工作现场会。以社区双拥为依托，以抓基层为重点，开展了系列双拥共建活动。及时落实了优抚政策。投资33.6万元为全区24户优抚对象进行了危房改造。为优抚对象报销药费共计430万元。为全区306名义务兵发放236万元优待金。确认5名见义勇为人员。圆满完成退伍军人接收安置工作。全区96家福利企业实现销售收入3亿元，利税4000万元。1150名残疾职工的月收入人均由360元提高到460元。区殡仪馆积极开展“优质服务、诚信经营”活动，实现业务总收入1633万元，固定资产投资180万元。销售电脑福利彩票首次超过1亿元，成为全市第六个电脑福利彩票年销售额突破亿元大关的区县。强化了殡葬管理措施。紧紧依靠区委、区政府对“十三陵天堂别墅”骨灰堂违规经营系列问题进行彻底清查，司法部门已全面介入。对全区非法公墓进行了排查和清理，有效扼制了非法墓地经营行为。婚姻登记管理、民间组织监督与管理得到进一步规范，老龄工作深入开展。

（杨随银）

单位名称：北京市昌平区民政局
地址：昌平区政府街23号
电话：(010)69742214
邮编：102200

【民政宣传】 年内，紧紧围绕全区经济社会发展的大局，以“培育队伍、开辟阵地、突破重点、全面提升”为总体目标，结合以“三个代表”重要思想为主要内容的保持共产党员先进性教育活动，积极广泛地开展民政宣传工作并加大宣传力度。全年共编发《昌平民政信息》96期，《军休信息》43期，《军休园地》143期，《民政工作动态》23期。共完成各类宣传稿件1247篇（报刊稿件538篇、网站稿件318篇、昌平电视台宣传报道15次、乡镇广播376条），其中重头文章35篇。

（陈　赣）

【民政信访工作】 年内，共受理群众来信来访、电话咨询共1002件次、1101人，其中信件42件42人，群众来访305批407人，电话咨询652人次，办结案率100%。其中反映农村、城镇最低生活保障问题的281批308人占28%；反映社区物业、居委会问题的80批81人占8%；反映民族、复员安置、优抚抚恤问题的300批330人占30%；反映结婚问题的251批264占25%。

（王书义）

【全程办事代理工作】 年内，局全程办事代理窗口共受理承办件2259批，2510件，其中办理城镇低保261件、农村低保153件、医疗救助27件、办理老年证1980件、民办非企业单位年检42件、民办非企业单位注销3件、社会团体年检30件、收养6件、社会救助3件、变更民族成份5件。

（王书义）

优抚安置

【概　况】 2005年，区民政局认真贯彻国家各项优抚安置政策，积极为广大优抚对象和退伍士兵解决实际问题，依法维护和保障其基本权益。投资33.6万元为全区24户优抚对象进行了危房改造。元旦、春节和“八一”期间对309医院、区光荣院及优抚对象、见义勇为人员进行了走访慰问。对全区原8023部队59名无工作单位的退役军人，按标准解决其生活困难和医疗费报销问题。确认5名见义勇为人员。圆满完成181名城镇和农村退役士兵的安置工作。

（伍正禄　刘　静）

单位名称：北京市昌平区民政局
地址：昌平区政府街23号
电话：(010)69742214
邮编：102200

【走访慰问优抚对象】 “八一”、元旦、春节等重大节日期间，市民政局、区委、区人大、区政府、区政协及民政局领导采取多种形式广泛开展送温暖活动，全年走访慰问解放军309医院、区光荣院和优抚对象55户，慰问金及慰问品总价值56.36万元。

（伍正禄）

【落实定期抚恤金新标准】 根据北京市民政局、北京市财政局《关于转发民政部、财政部关于提高部分优抚对象抚恤补助标准文件的通知》，从2004年10月1日起，调整烈士遗属、因公牺牲遗属、病故军人遗属的定期抚恤标准和在乡红军老战士、在乡复员军人、1954年11月1日以前入伍的在乡残疾军人等优抚对象的定期补助标准。对照新标准，经过认真核实，于2005年12月为全区优抚对象落实了定期抚恤金新标准，共补发抚恤金226万元。

（伍正禄）

【残疾军人等级调整、更换新证】 年内，为全区424名残疾军人进行了等级调整，即由原来的四等六级调整为一至十级，更换了新的《残疾军人证》。

（伍正禄）

【解决原8023部队退役军人生活医疗困难问题】 根据市民政局、财政局、人事局、劳动和社会保障局《关于解决原8023部队退役军人生活医疗困难问题的通知》，对全区原8023部队59名无工作单位的退役军人，按每人每月135元生活补助标准解决其生活困难，并享受50%的医药费报销，此标准从2004年10月1日起执行。

（伍正禄）

【清明节扫墓安全有序】 为确保清明节期间扫墓工作安全有序，区民政局优抚科指定专人到烈士陵园加强扫墓工作的接待、管理。3月27日至4月9日，共接待大、中小学学生1426人。

（伍正禄）

【优抚对象翻建、维修房屋】 认真做好全区优抚对象危房改造工作，共为全区24户优抚对象翻建房屋70间、4户优抚对象维修房屋12间，共用资金33.6万元。

（伍正禄）

【发放义务兵优待金】 年内，为全区2003、2004年度义务兵306人发放优待金236万元。

（伍正禄）

【优抚对象报销药费】 全年认真落实国家各项抚恤、优待政策，为全区优抚对象报销医药费近430万元。其中烈属、因公牺牲、病故军人家属及复员军人医药费306万元；二等以上残疾军人医药费51万元；原8023部队退伍军人医药费3万元；三等残疾军人医药费70万元。

（伍正禄）

【确认见义勇为人员5名】 根据《北京市见义勇为奖励和保护条例》实施办法，经过调查、取证，对于树生等5人的见义勇为事迹进行了确认、审批，并颁发了证书，发放了见义勇为奖金。

（伍正禄）

【圆满完成退役士兵安置工作】 年内，全区共接收退役士兵181名，其中城镇退役士兵73名，农村退役士兵97名，转业士官5名，复员士官6名。在城镇安置的86名退役士兵中有自谋职业45人，自谋职业率52.3%；农村退役士兵3月20之前全部办理了回乡手续，两用人才开发使用率达98%。安置任务在6月底以前全部完成，安置率100%。

（唐慧勇）

救灾救济

【概　况】 2005年，区民政局加大管理力度，做好全区最低生活保障工作，实现了动态管理下的应保尽保。全年发放保障金734.1万元，下拨救灾款90万元，临时救助款111万元，城市低保医疗救助款7.4万元。落实地方退休人员的两个待遇，报销地方退休人员医疗费30万元。对149名流浪乞讨人员实施了及时有效的救助。

（邹水堂）

单位名称：北京市昌平区民政局
地址：昌平区政府街23号
电话：(010)69742214
邮编：102200

【城市低保】 年内，认真落实城市居民最低生活保障政策，新增城市低保204户287人。截止年底，全区共有享受城市低保待遇的995户1592人，年保障金378.1万元。为34人办理了医疗救助手续，报销医药费7.4万元。

（邹水堂）

【农村低保】 年内，认真落实农村居民最低生活保障政策，新增农村低保158户273人，截止到年底，全区共有享受农村低保待遇的2534户4179人，年保障金356万元。

（邹水堂）

【救灾救济】 年内，下拨救灾款90万元，发放棉衣、棉被等冬救物资1600件，下拨冬煤补助款9.62万元。

（邹水堂）

【危房改造】 年内，投资90.9万元(其中市17.9万元，区18万元，镇、村自筹55万元)完成了45户、135间的危房修缮工作，在汛期前全部竣工。

（邹水堂）

【接收捐赠工作】 10月，开展扶贫济困送温暖募捐活动，共接收衣被14.1万件，捐款85万元。

（邹水堂）

【流浪乞讨人员救助】 年内，认真落实国务院《城市生活无着的流浪乞讨人员救助管理办法》，对149人实施了及时、有效的救助，全年支出救助经费32万元。

（邹水堂）

社区建设

【概　况】 2005年，社区建设重点落实推进城市管理体制改革工作；深入基层，展开社区工作调研；加大投入，采取有效措施，加强社区基础设施建设；落实退离居委会老积极分子生活补贴和医疗待遇；做好市政府2005年天通苑、回龙观地区公共建设工程工作；组织培训，切实提高社区专职工作者综合素质；完成第六届居委会选举调查摸底工作。

（姜　红）

单位名称：北京市昌平区民政局
地址：昌平区政府街23号
电话：(010)69742214
邮编：102200

【城市管理体制改革工作】 年内，成立社区建设和城市管理体制改革领导小组。领导小组下设办公室，办公地点设在民政局。召开城市管理体制改革领导小组会议，制定了关于贯彻落实市第五次城市管理工作会议精神，深入推进城市管理体制改革工作的实施意见，确定城北为街道体制改革试点单位。对涉及本区的16项折子工程进行了任务分解。社区建设领导小组各成员单位按照各自的职能，采取切实可行的措施，深入基层，开展调研，拿出具体解决办法，16项折子工程全部完成。

（姜　红）

【加强社区基础设施建设】 随着部分社区居民人口的增加，实际入住率远远超出原来核定的数字，出现社区居委会办公经费不足问题，及时追加43个居委会办公经费共计40.6万元，全年区财政共拨付社区经费1000余万元。

（姜　红）

【做好市政府折子工程】 为配合市政府完成本年天通苑、回龙观地区公共建设工程任务，对回龙观、天通苑地区的社区居委会办公用房情况进行了调查摸底，并与地区办事处、物业公司有关领导共同研究制定具体解决办法，促使两个地区的社区居委会办公用房问题全部得到解决。

（姜　红）

【落实退离居委会老积极分子生活补贴和医疗待遇】 为解决退离居委会老积极分子生活补贴和医疗困难,与财政局、卫生局、劳动保障局联合出台了《昌平区调整退离居委会老积极分子生活补贴和提高医疗待遇的实施意见》,对定点医院、报销流程、经费划拨和管理等方面做了明确的规定。

(姜 红)

【组织社区专职工作者培训】 上半年,举办2005年社区专职工作者提高性培训班,全区435名社区专职工作者参加了培训;下半年与组织部联合举办社区党组织书记、居委会主任专题性培训班,全区140名社区党总支、党支部书记、居委会主任参加了培训。

(姜 红)

【社区信息网络建设】 年内,全区六个街道级社区服务中心和一个区级社区服务中心录入工作类信息和居家生活类信息4690余条,登记志愿者人数395人,全年共接到百余件服务需求单。完成89个社区居委会的"北京市社区管理信息系统"数据录入及上传工作。录入及上传数据:户数为96901户,常驻人口217527人,老年人31708人,337名低保对象,优抚对象77人,80个社区党组织,社区党员1935人,数据录入合格率和准确率达到95%。

(李金永)

农村基层政权建设

【概 况】 2005年,区民政局以促进全区农村改革、发展、稳定为出发点,切实做好村务公开、民主管理工作,加强农村干部培训和工作情况调研,及时组织开展罢免、辞职、补选指导及群众来信来访接待工作,增强了广大农村干部群众参与村民自治的自觉性和积极性,提高了全区村民自治水平,推进了全区基层自治组织和民主政治建设。

(张学斌)

单位名称:北京市昌平区民政局
地址:昌平区政府街23号
电话:(010)69742214
邮编:102200

【加强基层干部培训】 年内,与区委组织部、区委党校联合举办了村委会主任培训班。培训班分四期,每期7天,共培训93人。

(张学斌)

【调整充实区村务公开协调小组】 6月,对区村务公开协调小组进行了充实调整,调整后的成员单位由原来的14个增加到21个。同时组成办公室,及时沟通和解决村务公开和民主管理工作中出现的新情况、新问题,实现了长效机制。

(张学斌)

【召开村务公开民主管理示范单位现场会】 9月,在北七家镇郑各庄村召开村务公开、民主管理工作现场会。会议下发了《关于开展村务公开民主管理示范单位创建活动的实施意见》及《昌平区村务公开、民主管理示范单位考评标准》,组织参观先进村,交流先进经验,发挥典型村的示范、辐射作用,全面启动示范单位创建活动。

(张学斌)

【来信来访接待工作】 年内,针对部分村出现的罢免问题,到相关镇、村调查核实、了解情况,在程序上加强指导,严格依法办事,杜绝违法现象发生。做好群众直接来访和信访办转来的群众来信办理工作,认真研究出现的新情况、新问题,及时化解农村各类矛盾。全年共接待群众来信来访56批次172人。

(张学斌)

行政区划

【概 况】 2005年,区民政局完成区县界线界桩及标志物情况的彻查和界线标志物管理协议书的签定工作;分别向区发展改革委员会、区规划分局、区国土资源局移交了本区涉及的省市、区县、镇三级行政区域界线勘界成果资料。

(李玉芳)

单位名称:北京市昌平区民政局
地址:昌平区政府街23号
电话:(010)69742214
邮编:102200

【完成边界线、界桩联合检查工作】 3月,在延庆县、门头沟区民政局的协助和配合下,圆满完成了"昌延线"、"门昌线"界桩及"海门昌"三交点的彻底检查。

(李玉芳)

【界线标志物协议书的签定】 年内,就本区相邻区县的界线标志物管理工作与毗邻区县签定了管理协议书;区民政局与镇、街道办事处签定了标志物管理工作协议书。

(李玉芳)

【做好边界线跨界建设的调研】 年内,积极配合朝阳区、海淀区民政局,圆满完成了朝昌线、海昌线跨界建设地区管理问题调研工作。

(李玉芳)

殡葬管理

【概　况】 2005年,区民政局按照《北京市殡葬管理条例》、《昌平区殡葬管理办法》和市民政局的工作部署,制定方案,扩大宣传。区政府针对本区的殡葬管理工作的特点成立了以主管区长为组长,民政局主管局长为副组长、有关单位领导为组员的"昌平区殡葬工作领导小组"。制订了《昌平区殡葬管理办法》,及时下发了《昌平区关于规范合法公墓及对非法公墓进行清理整顿》的意见。加强对全区公墓的管理,做好清明节群众扫墓接待工作,积极、妥善地做好"十三陵天堂别墅"工作,确保全区火化率100%。

(刘卫红)

单位名称:北京市昌平区民政局
地址:昌平区政府街23号
电话:(010)69742214
邮编:102200

【清明节祭扫安全有序】 清明节群众扫墓接待工作以安全稳定、交通安全、护林防火、文明祭扫等工作为重点,高度重视,周密计划,落实职责,措施到位,全区各公墓共接待扫墓群众36.54万人次,扫墓车辆65810辆次,公墓上岗人员8600人次;公安、交通出动警力2950人次;工商、城管、交通等部门出动执法850人次;制止烧纸16起,查抄无照经营132起,规范摊位360个,没收鞭炮20挂。使全区清明节群众扫墓活动安全、平稳、有序的开展。

(刘卫红)

【加强对非法公墓的清理】 年内,协同市殡葬行政执法大队和全区有非法公墓所在镇、村的主管领导,对全区20余家非法公墓进行了执法检查,对问题严重的翠华山公墓(香堂村村民公墓)、大自然故园、黄泉寺公墓、德胜口公墓分别下发限期改正通知书,责令在规定的时间内,立即停止对外经营,对已修建未安葬、未售出的墓穴全部拆掉,恢复地容地貌,拆掉路边所有的广告指示牌,收回对外宣传材料。加强对十三陵地区非法公墓的清理整顿,以当地镇政府名义在非法墓地内栽上了"非法墓地"警示牌7块,拆除空穴74个,在永陵村召开了拆除非法墓地空穴现场会,有效扼制了非法墓地的经营行为。由于各级政府的重视,清理非法墓地工作收到了一定的效果,区主管领导与各镇镇长签订了责任书。

(刘卫红)

【积极、妥善地做好"十三陵天堂别墅"工作】

随着"十三陵天堂别墅"涉嫌违法经营案件的正式立案,上访群众不断增多,殡葬管理办公室认真接待群众来访,积极采取一切措施,随时将"十三陵天堂别墅"问题的进展情况和政府所做的工作告知上访群众,使上访群体规模没有继续扩大。积极协助公安人员做好取证工作。认真做好购买骨灰格位和集资合作情况的登记工作,为善后工作提供可依靠的数据。截止到11月15日,已登记购买骨灰格位和合作的1591人,金额4651.06万元,其中炒卖格位2616.04万元,合作集资2035.02万元。

(刘卫红)

【殡仪馆工作】 年内,区殡仪馆以开展保持共产党员先进性教育活动为动力,以“优质服务、诚信经营”为内容,取得了“三个文明”建设的稳步发展。全年火化尸具9393具,实现业务总收入1633万元,纳税21万元,固定资产投资320万元。

(王子厚)

民族宗教侨务

【概　况】 2005年,区民族宗教侨务办公室按照北京市民委、市宗教局、市侨办的工作部署,全面落实《北京市宗教事务条例》、《北京市少数民族权益保障条例》、《北京市实施〈中华人民共和国归侨侨眷权益保护法〉办法》,加强少数民族经济发展专项资金的使用。对清真饮副食网点进行行政执法检查,对清真食品从业人员进行民族宗教政策培训。清理整顿了全区乱建寺庙、大佛现象。做好基督教南口教堂择址重建,燕子口天主教堂、长陵延寿寺的筹建工作,解决本区信教群众过宗教生活的需要。积极为归侨侨眷服务,维护归侨侨眷的切身利益。

(张　岳)

单位名称:北京市昌平区民政局
地址:昌平区政府街23号
电话:(010)69742214
邮编:102200

【加强清真食品经营管理】 为满足少数民族群众的生活需求,上半年,对东小口、回龙观等地的新建小区中少数民族新增人口和现有的清真网点进行了调查,并将该地区清真网点少,不能满足具有清真饮食习惯的少数民族群众生活需求的情况上报了市民委,争取清真网点扶持基金,增设规范化清真专柜,为少数民族群众和消费者营造安全、舒适的购物环境,提供生活方便。

(张　岳)

【扶持少数民族村发展经济】 年内,向市民委争取少数民族发展扶持资金20万元,用于阳坊镇西贯市村发展奶牛养殖;为北京老马清真食品公司争取资金15万元,用于企业扩大再生产;认真做好资金的管理、使用、落实,做到专款专用。积极向区政府申请配套资金,区财政拨专款30万元,支持全区5个民族村基础设施建设。

(张　岳)

【加强党政干部培训】 6月,根据区委理论学习中心组的安排,邀请国务院宗教事务局局长叶小文为全区党政干部500多人做了“宗教在和谐社会中的作用”专题报告,突出讲解了宗教在构建和谐社会的作用和在新时期如何做好宗教工作等内容,使全区党政领导干部深受教育。

(张　岳)

【加强民族宗教群众的爱国教育】 为纪念世界反法西斯战争暨中国人民抗日战争胜利六十周年,8月15日组织各宗教场所负责人、教职人员、骨干信徒40余人参观卢沟桥中国人民抗日战争纪念馆,为他们上了一堂生动的爱国主义教育课。

(张　岳)

【清理整顿乱建庙宇、露天宗教造像】 根据市委统战部、市宗教局关于“清理整顿乱建庙宇,露天宗教造像”会议精神,6月召开清理整顿乱建庙宇、露天宗教造像工作动员会,部署全区的清理整顿工作。对于全区17个庙宇,逐个检查核实并将所有庙宇进行录像,制成光盘,配上解说词,上报到有关部门。经过治理,乱建庙宇情况得到了制止,确保正常宗教秩序，维护了全区的稳定。

（张　岳）

【开展文体活动】 8月26日，与区文委、十三陵镇政府在十三陵镇涧头村举办了“走进民族大家庭”夏日文化广场活动的文艺演出，充分展示了各民族共同团结奋斗，共同繁荣发展的良好氛围，获得了少数民族群众的一致好评。

（张　岳）

民间组织管理

【概　况】 2005年，区社会团体登记管理办公室以社团和民非登记管理、规范管理为中心，以促进民间组织健康发展为目的，依法监督，规范管理，认真做好民间组织的成立、变更、注销登记、年度检查和档案管理。到12月底，全区累计登记民间组织173家，其中社会团体40家，民办非企业单位133家。11月，开始使用北京市民间组织业务审批平台，实行网上审批；重点发展培育农村经济协会，增加农民收入，促进农村发展，解决农村产业结构调整，提高产业规模化程度；积极开展民办非企业单位自律和诚信建设活动，引导民办非企业单位建立健全以章程为核心的各项规章制度，不断完善内部自律机制，规范业务活动，遵守社会公德，诚实守信，努力回报社会。

（梁雪梅）

单位名称：北京市昌平区民政局
地址：昌平区政府街23号
电话：(010)69742214
邮编：102200

【社会团体登记工作】 年内，办理社会团体成立登记16件，变更登记11件，办理社团年检44件，参检率占100%，评定合格社团39家，基本合格社团5家。在成立的社会团体中农村经济协会有13个，涉及种植、养殖、林业、果业等行业和领域，累计吸纳会员683户。协会的成立，为农村经济的发展注入新的活力，为农民增加收入起到了良好的带头作用。到12月底，全区累计登记社会团体40家，包括行业性社团27家，学术性社团4家，专业性社团7家，联合性社团2家。

（梁雪梅）

【民办非企业单位登记工作】 年内，办理民办非企业单位成立登记47件，变更登记52件注销登记4件，办理转变教育类民办非企业单位主体资格32件；办理民办非企业单位年检81件，参检率达87%，评定合格民非单位76家，基本合格民非单位5家，未参检12家。到12月底，全区累计登记民办非企业单位133家，包括民政类民非企业12家，教育类民非单位96家，科技类民非单位8家，卫生类民非单位15家，法律务类民非单位1家，其他1家。4月，召开全区民办非企业单位诚信建设动员会议，号召全区民办非企业单位开展诚信建设活动，引导民办非企业单位建立健全以章程为核心的各项规章制度，不断完善内部自律机制，规范业务活动，遵守社会公德，诚实守信，努力回报社会。在自律与诚信建设活动中，各民办非企业单位积极参与，开拓创新，涌现出一批先进典型，扩大了民办非企业单位的社会影响，提高了社会公信力，取得了明显成效。12月，区民政局对北京市私立汇佳学校等13个自律与诚信建设先进民办非企业单位予以表彰。

（梁雪梅）

婚姻家庭

【概　况】 2005年，区民政局认真贯彻落实《婚姻法》、《婚姻登记条例》、《收养法》及《中国公民收养登记管理办法》，严格执法、热情服务，不断提高工作水平和服务水平，确保婚姻登记、收养登记合法率、合格率100%。全年共办理结婚登记4017对，离婚登记901对，收养登记17件，补办结婚登记586对，出具无婚姻登记记录证明22人次,出具档案证明350件。

(高艳丽)

单位名称:北京市昌平区民政局
地址:昌平区政府街23号
电话:(010)69742214
邮编:102200

【结婚登记工作】 年内,实行全日制办公,对特殊群众上门登记。全年共办理结婚登记4017对,离婚登记901对,补办结婚登记586对。为配合计划生育部门发放独生子女补助金,补办结婚证上门服务256人次。

(高艳丽)

【离婚登记工作】 为确保协议离婚当事人的合法权益,在办理协议离婚过程中,认真做好调解工作,进行耐心细致的疏导及家庭伦理道德方面的宣传教育工作,全年共办理离婚901对。

(高艳丽)

【收养登记工作】 年内,按照《收养法》及《中国公民收养登记管理办法》规定,以维护收养人和被收养人的合法权益,坚持以人为本,严格执法,依法办理的原则,认真地做好审核工作,全年共办理收养登记17件,准确率、合法率100%。

(高艳丽)

【婚姻档案管理】 为规范婚姻登记档案管理,维护婚姻当事人的合法权益,根据《中华人民共和国档案法》和《婚姻登记条例》,婚姻档案要进行长期保存,防止婚姻登记档案丢失或遗漏,按照区档案管理标准要求,对婚姻档案进行系统整理成卷。全年共整理婚姻档案295卷,婚姻档案实现规范化管理,出具档案证明350件。

(高艳丽)

福利事业

【概　况】 2005年,区福利生产认真贯彻党和国家的各项方针政策,工作中围绕发展规模经济和优势企业,不断加强产业结构、产品结构调整、与时俱进,在资金、人才、技术等方面拓宽思路,有20家企业获得ISO9000认证,企业活力和市场竞争力不断增强,经济效益和社会效益不断提高。全区社会福利企业96家,职工2467人,其中管理人员451人、残疾职工1079人,实现销售收入3亿元、创利税4000万元,残疾职工月平均工资由原来的360元增加到493元,为社会稳定创建和谐社会做出了积极的贡献。

(王殿昌)

单位名称:北京市昌平区民政局
地址:昌平区政府街23号
电话:(010)69742214
邮编:102200

【落实军休干部两个待遇】 年内,共接收安置军队离退休干部9人,其中正师3人,副师2人,正团2人,副团1人,志愿兵1人。认真落实军休所干部的“两个待遇”。举办了歌咏比赛、书画展,开展门球、乒乓球、台球比赛;“八一”前夕,召开军休干部座谈会,畅谈人民军队在党的领导下取得的丰功伟绩。为89位军休干部调整了公勤费和护理费;为379名部队离退休干部及时调整了房租补贴;为21名军休干部“双无”遗属发放了定期抚恤金;为435名军休干部的基本情况组建了数据库并进行了录入;开通了与市军退办关于军队离退休人员的工资联网。

(薛　琪　曾红燕)

【福利彩票发行工作】 年内,福利彩票总销售额1.003亿元(其中普通网点销售电脑福利彩票6659.06万元,“快乐8”网点销售电脑福利彩票3370.9万元),创造本区福利彩票发行史上的最高记录，成为远郊区县中第2个销售亿元大关的郊区，继朝阳区、海淀区、丰台区、西城区、通州区后第6个电脑福利彩票销售额突破亿元大关的区县。

（刘　静）

老龄工作

【概　况】 2005年，老龄工作认真贯彻落实全国老龄委、市老龄工作委员会的文件精神，大力宣传落实《老年法》和《北京市老年人保护条例》。总结了区老龄“十五”规划，拟定了《昌平区老龄工作“十一五”规划》，明确责任目标，维护老年人合法权益，努力为全区老年人办好事、办实事，积极组织老年人开展适合老年人特点的文体活动。年内，区老龄办争取福利彩票资金30万元兴建了老年计算机学校，免费办理老年人入学。春节、重阳节期间区委、区政府领导及全区各部委、办、局和区老龄办以各种形式走访慰问老党员、老干部和高龄、特困、空巢老人，送去慰问金及慰问品共计20万余元。

（廖运乐）

单位名称：北京市昌平区民政局
地址：昌平区政府街23号
电话：(010)69742214
邮编：102200

【评选先进村、居委会】 年内，根据市老龄办的通知精神，在全区各村大力开展双创建活动，在创建评选活动中有5个村、1个居委会评为出席市级先进村(居)委会。在全区广泛开展评选健康老人和健康老人之星活动，有419位60以上老人评为市级健康老人，有10位老人评为健康老人之星。

（廖运乐）

【文体活动丰富多彩】 年内，在回龙观镇举办老年门球赛，比赛共有6支代表队100名老年人参加，并从中选拔2支代表队参加北京市和全国老年门球赛。重阳敬老日举办了各种适合老年人的活动。

（廖运乐）

【完成调研、全区老年网络统计】 年内，完成了昌平老龄的现状、如何开展本区老龄工作的两篇调研论文；对全区60岁以上老人进行了系统调查统计。据统计，全区60岁以上的老人12.6万人，占全区总人口的12.3%。

（廖运乐）

【为老年人办实事】 全年为老年人安装救助门铃539对，办理老年优待证3000多个。

（廖运乐）

人民生活

【概　况】 年末全区常住人口78.2万人，比上年末增加5.1万人。全区户籍人口482523人，比上年末增加1.2万人；全区人口出生率为8.1‰，死亡率为7.63‰，自然增长率为0.48‰。全区在岗职工平均工资达到22008元，同比增长14%。城镇居民人均可支配性收入达到15684.2元，同比增长13.7%；消费性支出10848.9元，同比增长10.5%。城镇居民人均住房使用面积20.2平方米。农村居民人均纯收入达到7416元，比上年增长9.8%；生活消费支出达到6735元，同比增长25.5%。农村居民人均住房面积44.9平方米。

（李　艳）

单位名称：昌平区统计局
地址：昌平区西环路17号
电话：(010)69742558
邮编：102200

【农村居民收入支出情况】 据农村居民家庭抽样调查统计，2005年，农民人均纯收入

7416元,比上年增长9.8%。其中工资性收入、家庭经营纯收入分别为5005元和816元,同比分别增长9.6%和4.9 %;财产性和转移性纯收入合计1595元,同比增长13.2%。农村居民人均生活消费支出6735元,同比增长25.5%,超出全市平均水平22.1个百分点。农村居民生活质量进一步提高。

(陈振方)

【城镇居民收入支出情况】 据城镇居民家庭抽样调查统计,2005年,城镇居民人均可支配收入15684.2元,同比增长13.7%,其中增幅较高的是财产性收入,同比增长62.3%。城镇居民人均消费性支出10848.9元,同比增长10.5%,八大类消费支出呈全部增长态势。其中食品支出3324.9元,同比增长9.1%,恩格尔系数为30.6%;衣着支出996元,同比增长8.1%。家庭设备用品及服务、医疗保健、交通和通信、教育文化娱乐服务、居住、杂项商品和服务均比上年有不同程度的增长。增幅最高的是交通和通信,人均支出1136.7元,同比增长21.2%,其主要原因是在通讯工具迅速进入家庭之后,家用轿车开始进入普通居民百姓家。

(刘春青)

街道·镇

街道·镇

街　　道

城北街道办事处

【概　况】 城北街道办事处地处昌平卫星城中心,所辖区域面积18.9平方公里,是区委、区政府所在地。下辖28个社区居民委员会、5个村民委员会,总人口16.8万。有中央、市、区属和驻军单位300余家。辖区内交通发达,八达岭高速公路贯穿南北,京通铁路横卧东西。卫星城公交线路成网,345、357、912、919、845等11路公交车和城乡小公共汽车直通市区,并与周边区县公交相连。区内市政基础设施配套,街道宽阔整洁、绿化优美,城市功能齐备。文化底蕴深厚,12所中、小学以及中国政法大学、石油(北京)大学、北京化工大学坐落其间。是投资创业、生活居住、购物休闲的首选之地。

2005年,城北街道在区委、区政府的正确领导下,团结调动各方面社会力量,以构建和谐社区为目标,以社区建设为主线,以建设现代化城镇为重点,以旧城改造为契机,深化改革、开拓创新、统筹兼顾、扎实工作,经济和社会各项事业取得了显著成绩。全年共引进各类企业40个,引进资金2.2亿元,全年税收完成3.5亿元,城市居民人均可支配收入实现11461元,农民人均劳动所得实现9685.5元。社区建设步入新的发展阶段,居民文化生活丰富多彩,社区环境不断改善,卫星城面貌更加优美,为建设管理有序、经济发达、文化繁荣、治安良好的现代化新社区和昌平"三个首选之区"建设做出了贡献。

(黄文利)

单位名称:北京市昌平区城北街道办事处
地址:昌平区东关环岛东北侧
电话:(010)89731143
邮编:102200

【召开总体规划调整工作会】 1月3日,召开城北地区总体规划调整工作会。区规划局领导部署了对城北辖区实际建设情况进行调查的工作任务,并要求在3月15日前完成城北地区2020年的总体规划编制工作。该总体规划编制将为编制2020年昌平总体规划和城北地区的旧城改造工作打下坚实基础。

(黄文利)

【成立社区矫正服务中心】 4月5日,城北街道阳光社区矫正服务中心正式成立,并举行了揭牌仪式。该中心是全区首家矫正服务中心,是开展社区矫正工作的新举措,标志着社区矫正工作的新开端,它将在对社区服刑人员的帮助、教育、引导、指导就业上更有效地利用社会资源,充分发挥社区矫正工作中的社区作用和社会作用。

（黄文利）

【区领导调研社区工作】 4月19日，区委书记赵凤桐到松园社区宁馨苑工作站和八街社区西环里工作站进行调研。赵凤桐就社区工作人员工资和办公经费来源、居民工作开展情况和存在困难等做了详细了解。同时指出：社区居委会尽管是居民自治组织，不属于政府机构，但在协调各方面利益关系、反映解决居民要求和愿望，组织群众开展文化活动和维护社会治安等方面发挥着巨大作用。由于本区社区建设起步晚，基础较为薄弱，目前存在一些问题。但可以选择几个工作站作为社区改革建设的试点，逐步解决社区工作人员、场地、经费、体制等问题，完善社区建设、管理和服务，提高城市建设和管理水平，为实现“三个首选之区”的目标而努力。

（黄文利）

【向困难家庭发放救济粮】 4月28日，街道办事处将2.6吨春（夏）救济粮发到11个社区居委会，由各社区将救济粮领回并送到享受低保人员手中，使104户享受低保、生活困难的群众领到救济粮。

（黄文利）

【价格监督进社区在东关试点】 6月初，区发改委和街道决定在东关南里工作站开展价格监督进社区试点工作。设立价格宣传公示栏和热线电话，公布与社区居民生活密切相关的行政事业性收费和经营收费的范围、收费标准及部分商品价格，增强透明度。受理群众举报和投诉，免费向社区居民发放《现行价格、收费政策汇编》，定期进行宣传、咨询等。

（黄文利）

【举办“体之节”杯健身秧歌大赛】 6月17日，举办“体之节”杯健身秧歌大赛，辖区内12个社区的12支秧歌队参赛。经过激烈的角逐，在“友谊第一、比赛第二”的和谐气氛中，评出一等奖2名、二等奖4名、三等奖6名。通过本次活动，进一步增强了辖区居民全民健身的意识，全面推动了全民健身秧歌的普及，促进了街道的全民健身工作蓬勃开展。

（黄文利）

【街道开展绿化现状普查工作】 6月开始对辖区绿化现状进行全面深入的普查工作。此次普查采用人工普查和电子技术相结合的方式，利用计算机技术，通过互联网、局域网和电子表格等手段，进行绿化普查表格的填写、上报、汇总，利用航空遥感、GPS定位技术，绘制各类绿地绿化现状图，并计算绿地面积、绿地率、覆盖面积、覆盖率等。9月，街道将对普查数据进行整理、审核、抽查、汇总。此次普查工作对本区城镇绿化工作的发展方向提供了科学依据。

（黄文利）

【举办庆祝建党84周年活动】 6月29日，举办庆祝建党84周年活动。组织进行了新党员入党宣誓仪式，表彰了15个先进基层党组织和85名优秀共产党员，并组织退休老干部党员和入党积极分子到革命圣地西柏坡进行参观学习。进一步激发了新老党员奋发进取、继续发挥先锋模范作用的革命热情。

（黄文利）

【完成农村信息化数据采集工作】 截止到7月底，街道农村信息化数据采集工作已全部完成。辖区内5个村，有农业人口2599人，农业户数1515户，劳动力1633人，其它相关数据也全部采集完。此项工作的完成，标志着城北街道农村信息化建设又上了一个新台阶。

（黄文利）

【荣获经济普查先进集体】 7月底，为期近一年的第一次经济普查结束。此次全国经济普查，街道辖区共登记个体工商户、法人单位1147个，占全区普查单位的10%。城北街道荣获本区唯一国家级经济普查先进集体称号。

（黄文利）

【做好创建国家卫生区工作】 7月30日，市爱卫会专家组对街道辖区创卫"除四害"工作进行预检验收。此次检查街道的创卫工作得到了市专家组的充分肯定。8月1日，街道创卫工作领导小组召开创建国家卫生区灭蚊蝇攻坚动员会，对下一阶段的创卫工作做了进一步的安排。8月4日、5日，市爱卫会专家组对本区创建国家卫生区除"四害"灭蚊、蝇、蟑工作进行了全面考核验收，并正式向国家爱卫会提出验收申请。

（黄文利）

【对私立小学进行安全教育】 9月底，街道交通安全委员会对西关社区三所打工子弟学校的师生进行了"十一黄金周"节前安全教育，发放《致小学生一封公开信》600份、宣传画20张、小学生安全提示卡100张。通过此次专项宣传教育，进一步增强了私立学校师生的安全意识，填补了交通安全宣传工作的空白。

（黄文利）

【举办第二届残疾人运动会】 10月22日，街道残联在东关小学举办了"城北街道第二届残疾人运动会"。此次比赛得到街道社保所领导、化工大学15名大学生志愿者、东关小学2名体育老师及西关社区医院2名医生的大力协助和参与。通过此次活动丰富了残疾人的业余生活，受到了残疾朋友的好评。

（黄文利）

【召开创建和谐社区研讨会】 11月3日，召开创建和谐社区研讨会，确定五街社区和二街社区亢山佳园小区作为试点单位，为推进和谐社区建设集思广益、建言献策，并制定了"三步走"的步骤。一是摸清底数，调查研究先行。二是区别对待，制定具体方案，并组织实施。三是总结经验，以点带面，逐步推进。12月底街道对两个社区的创建工作进行阶段性总结，并推广好的做法，以点带面，发挥了示范引导作用，促进了街道创建和谐社区工作的全面推进。

（黄文利）

【召开防控禽流感紧急会议】 11月7日，召开各社区和有关企业参加的防控高致病性禽流感紧急工作会，传达贯彻了街道《关于做好防控高致病性禽流感几项重点工作的紧急通知》和《防控高致病性禽流感应急预案》等文件，昌平城区畜牧兽医站领导就有关防控知识和注意的问题进行了讲解。从11月8日开始，各社区每天下午3点前将禽流感防控情况，捕杀、收购情况，免疫情况和存在的问题逐级上报，确保了"零"指标的实现。

（黄文利）

【对辖区部分电网实施改造】 12月中旬，会同区供电公司对辖区内原有电网进行了实地勘查，完成对三街、八街电网的改造工作，改造后将实现一户一表，彻底清除安全隐患。

（黄文利）

【开展"安全宣传月"活动】 为进一步提高辖区内居民的各项安全防范意识，普及安全常识，12月开展"安全宣传月"活动。通过开展各项安全宣传活动，提高辖区居民的安全防范意识、法律意识，从而保障自身的合法权益，切实做好各项安全防范工作。

（黄文利）

城南街道办事处

【概　况】 城南街道办事处（以下简称城南街道办事处）位于京北30公里的燕山脚下，东邻南邵镇，西到南口镇，北接十三陵镇、城北街道办事处，南与马池口相连，地处昌平卫星城城区内，属城乡结合部。区域面积14.13平方公里，总人口33734人，其中城镇居民27848人，农业人口5886人，下辖5个居民委员会、6个村民委员会，分布于卫星城东、南、西三个方向。

城南街道办事处交通便利，9条公交线路和多路城乡班车直达或在此通过，110国道和八达岭高速公路纵贯区域，是北京通往西北部地区的必经之路。辖区内有中关村科技园区昌平园、京北最大的水屯商贸交易市场和北方交大等高校院所。空气质量常年保持在2级以上，并有丰富的地热资源和旅游资源。

2005年，经济工作中一批重点项目、工程取得良好发展。投资达2300万元、占地21亩、建筑面积1.1万平方米的昌盛实验小学建设工程于年初全部竣工并于2月交付使用；昌盛园小区二期开发项目、凉水河旧改项目取得新进展。由北京世涛基业房地产有限公司投资开发的昌盛园二期开发项目，年内封顶竣工面积达17万平方米；由昌平科技园区开发、北京泰兴房地产开发公司施工建设的凉水河旧改项目，已完成3万平米回迁楼建设；由泰兴公司开发的劲旅旧改项目，工程现已全部竣工；一批重点工程项目相关手续报批工作取得进展。天龙源二期项目即五星级宾馆建设已取得立项、规划、征地手续，正在调整规划方案及办理开工前手续报批工作。水屯市场改造项目、南郝庄、水屯、北郝庄、昌石等旧改项目待西部控规确定后，加紧办理相关手续，争取早日开工；1月和5月北郝庄村、化庄居委会产权制度改革工作，使农村经济组织成为产权清晰、农民配股、主体多元的市场主体。全年农村经济总收入完成8.94亿元，同比增长12%；人均劳动所得完成9782元，同比增长8%；工业总产值完成4.58亿元，同比增长12.1%；地区生产总值实现区2.65亿元，同比增长10.3%；企业总收入完成7.85亿元，同比增长12.5%；企业利润总额完成7868万元，同比增长12.5%；税金实现1.65亿元，财政收入达4360万元。

（邱玉仿）

单位名称：昌平区城南街道办事处
地址：昌平区南环东路昌盛园小区
电话：(010)69741019或(010)60741049
邮编：102200

【介山村农村经济体制改革首次分红】 1月2日，介山村农村经济体制改革首次年底分红，全村1207名股民最多的股民领到股金1055元，这次分红总金额为52.6万元。

（邱玉仿）

【召开总结表彰会】 1月20日，召开了2004年总结表彰大会，会上对南郝庄村、北郝庄村等先进集体和付启星等先进个人予以了表彰，对街道的经济工作和党建工作做了总结。

（邱玉仿）

【召开帮教座谈会】 1月25日，司法所和抽调狱警及社区帮教人员在旧县村召开由矫正对象及其家属（监护人）参加的帮教座谈会。

（邱玉仿）

【召开经济工作新春座谈会】 1月26日，召开经济工作新春座谈会，听取了各个项目的发展状况以及企业代表对政府服务工作的意见和对关于街道2005年经济工作发展的建议。

（邱玉仿）

【北郝庄召开股份合作制企业董事会、监事会正式选举会】 1月28日，城南街道组织召开北郝庄股份合作制企业董事会、监事会正式选举大会。北郝庄村是第三批农村集体经济产权制度改革试点单位中首先完成经济体制改革工作的，产生了北郝庄村股份合作制企业第一届董事会和监事会，董事5名，监事3名。

（邱玉仿）

【山峡经济合作社召开二次股东分红大会】 1月，北京山峡经济合作社经过投资入股和几个月的运营，召开了二次股东分红大会。按照股东持有股金的3%对415名股东进行了股金分红，分红总金额26.95万元，其中股东分到的最高红利达每人2613元，户分最高红利达10601元，户平均红利3750元。

（邱玉仿）

【北郝庄村召开首次股东分红大会】 4月28日，举行了首次股东分红大会。其中最高的户得红利4204.44元，最高的股东红利为1298.58元，人均红利526元。

（邱玉仿）

【举办招工招聘洽谈会】 2月23日，城南街道在凉水河社区举办了城南专场招工招聘洽谈会，街道6个村、5个社区的群众积极踊跃的前来报名、咨询的有60余人，其中20余人与用人单位达成了用工意向。

（邱玉仿）

【进行农村实用人才调查】 城南街道对旧县、邓庄、北郝庄等6个行政村的农村实用人才进行了认真、细致的调查统计。符合农村实用人才条件的人数共12人，40岁以下有2名，占总数的16.6%；5名妇女，占总人数的41.6%；还有1名文体艺术类人才；中专及以上学历的6名、自学成才的3名；参加农业技术推广机构培训后取得农民技师资格的2名、农民助理技师的3名。

（邱玉仿）

【举办居民家庭防火培训】 3月30日，聘请北京防治火灾咨询服务中心专家在介山社区举办居民家庭防火的培训，56名村民参加了此次培训。

（邱玉仿）

【成立治安巡防队】 3月，成立了由50名队员组成的街道级治安巡防队，统一佩戴袖标上岗。

（邱玉仿）

【举办苹果培训班】 4月8日，在中卡友好观光园举办了“苹果标准化栽培培训班”，全街道果林技术员参加了培训。

（邱玉仿）

【举行政策服务直通车启动仪式】 4月9日，举行街道居民素质教育暨“政策服务直通车”进村、进社区启动仪式，城南街道居民素质教育全面启动。

（邱玉仿）

【加强禽流感防控工作】 一是成立了以办事处主任为组长的疫情领导小组，并启动疫情防治预案；二是对辖区内牲畜进行拉网式检查，免疫率达到了100%；三是签订了严禁从外省市（区、县）调入偶蹄类动物及动物产品责任书；四是加大对各养殖场所消毒的检查力度。

（邱玉仿）

【举办残疾人象棋比赛】 5月12日，举办残疾人象棋比赛，来自11个村（居）委会和福利企业的16名残疾人代表参加了此次比赛。

（邱玉仿）

【召开超转人员医疗补助报销实施会议】 5月20日，召开“征地超转人员医疗补助费报销管理办法”实施会议，街道办事处、科技园区、介山、化庄、凉水河、山峡等单位的负责人参加了会议。

（邱玉仿）

【对7家场所进行食品卫生安全检查】 5月21日，对辖区内南郝庄村级超市、糕点屋、菜市场、辖区内松滨楼、百合饭庄等7家从事食品经营、加工、销售的场所和单位进行食品卫生安全检查。

（邱玉仿）

【召开矿产资源看护队成立大会】 6月2日，召开矿产资源看护队成立大会，成立矿产资源看护队，设矿产资源看护员51人。

（邱玉仿）

【举办庆七一表彰大会暨党员培训班】 6月18日至19日，在区委党校大礼堂举行了庆七一表彰大会暨党员培训班，表彰了2005年度优秀党务工作者和优秀党员，授予16人优秀党务工作者荣誉称号；授予83人优秀共产党员荣誉称号，市劳动模范汤淑敏代表优秀党员做了典型发言。

（邱玉仿）

【召开化庄股份合作制企业董事会、监事会正式选举大会】 6月，召开了化庄股份合作制企业董事会、监事会正式选举大会。通过选举，产生了化庄股份合作制企业第一届董事会和监事会，董事5名，监事3名。

（邱玉仿）

【举办后备干部、预备党员、积极分子培训班】

12月8日至9日，在区委党校举行了“城南街道政策服务直通车进村进社区暨后备干部、预备党员、积极分子”培训班，对基层各单位的后备干部及预备党员、入党积极分子110余人进行了培训。

（邱玉仿）

【投资145万元用于设施建设】 年内，共投资145万元用于设施建设。投资40余万元硬化了长1800米的邓庄村标准化果园路面、购置了长1000米的果园围栏；投资80余万元对北郝庄村标准化果园进行了100亩果园围栏建设，修建800平方米果园水泥路面；投资25万元建设了8栋南郝庄蔬菜、花卉、蘑菇种植大棚和100亩标准化果园围栏。

（邱玉仿）

镇

沙　河　镇

【概　况】 沙河镇位于昌平城南面，南距德胜门24公里，北距昌平卫星城3公里，八达岭高速公路及京包铁路纵穿沙河镇。沙阳路、顺沙路、定泗路在镇内交汇。沙河水库、沙河机场位于镇东部。地域总面积56.5平方公里，辖22个行政村，5个居委会，现有人口54218人。全镇现有各种类型的企业1000余家，个体经营户上千家，有130余家中央、市属大企业和三资、民营大企业落户沙河镇，形成门类较为齐全的产业体系。2005年沙河地区工业总产值完成10.6亿元，企业利润完成8766万元，人均劳动所得达到8922元。

（李　隽）

单位名称：昌平区沙河镇人民政府
地址：昌平区沙河镇丰善村东
电话：(010)80761375或(010)80761643
邮编：102206

【市委调研评估小组到本镇检查】 1月20日，市委"三级联创"调研评估小组到沙河镇检查2004年度"三级联创"活动开展情况。检查内容包括听取党委书记工作汇报、机关干部民主测评和查看创建活动材料。通过检查，调研评估小组对沙河镇"三级联创"活动开展情况给予了肯定，对沙河镇工作提出了可行性建议。

（李宝林）

【区地震办在本镇设地震监测站】 1月24日，区地震办在沙河镇设立的两个地震宏观监测站正式挂牌成立。有专人负责，由区地震办和镇政府共同管理，平时每周上报一次情况；特殊时期及震情紧张期间，每天上报一次信息，确保对地震的有效监测。

（孟祥宝　路　欣）

【福田工业园建设有新进展】 福田工业园土地利用规划方案已初步完成，被列入北京市总体规划修编范围内，于1月进入征求工业园区域内各单位的意见阶段。

（田东伟）

【区镇两级人大代表视察沙河医院】 9月7日，沙河镇人大组织区、镇两级人大代表共50余人，对沙河医院进行了视察。代表们听取了关于沙河医院一年半来工作情况的汇报，视察了医院的环境卫生、药品器械、病房和门诊。

（吴金霞）

【中科院产业基地项目进展顺利】 截止到11月，中科院方面入驻中科院沙河高新技术产业基地内的7个工业研发生产项目已全部开工建设。年内，中科院产业基地项目完成施工面积3万平方米，可实现产值1.8亿元，利润总额2900万元，上缴税金1000万元，安排劳动力200余人。中科院产业基地入驻的7个项目，总占地210亩，计划总投资2.8亿元，总建筑面积9.15万平方米。全部建成投产后预计每年可实现产值4.6亿元，实现利润总额7700万元，上缴税金38万元，安排就业劳动力600人。中科院产业基地有12家企业入驻。

（武　杰　吴秀强）

【市、区再就业领导组到本镇检查】 12月13日,市劳动和社会保障局副局长宋丰景带领市财政局、民政局、税务局、残疾人联合会等部门人员组成的市再就业工作领导小组,以及区再就业工作领导小组成员共30人来到沙河镇,检查验收沙河镇的再就业工作,对沙河镇的再就业工作给予了充分肯定。

(史迎东)

南口镇

【概　况】 南口镇位于昌平卫星城西北部7.5公里处,南距北京德胜门38公里,北距八达岭长城18公里,东距明十三陵9公里,是昌平卫星城重要组成部分之一,全镇地域面积202.5平方公里,其中平原面积约为15.7平方公里。全镇山场面积占总面积的92.3%,地区最高山海拔1239米。地域总面积排在全区第二位。有28个行政村,11个社区居委会。镇内有海、陆、空驻军部队22家,中央、市、区、镇属企事业单位459家,有个体工商户1248个。常住人口5.85万人,农业人口1.56万余人,外来人口1.2万人。辖区内有大专院校2所,中学5所,小学4所。医院2所,已建成的农村、社区医疗网点11个,敬老院2所。

2005年,完成农村经济总收入4.08亿元,同比增长12.6%;完成人均劳动所得5191元,同比增长8.2%;镇自有财力完成1380万元,比上年同期净增480万元,增长53.3%。各项税收累计完成13800万元,比上年同期净增3958万元,增长42.2%。

9项重点工程和11项为民办事实工程全面落实。南口中学工程已开工建设。北京远通制管有限公司3.5万千伏安变电站工程年底完成立塔。龙虎台(草莓基地)农业观光园建设工程已建成中心路、配水电工程、停车场、办公用房及产品库等基础设施,建成温室大棚23栋。潭峪沟环境治理工程完成年初制订工程。东李庄燕岭生态园于8月20日正式开园。南口镇旅游休闲产业策划方案已完成,包括沙盘制作和图文工作。绿化造林工程完成爆破造林1700亩,风沙源人工造林、治沙造林2200亩。王庄、陈庄1000亩观光采摘园工程已通过验收。涉及七间房、红泥沟、后洼、南口镇、燕么峪、居庸关、响潭等7个村的险村险户防治工程全部完成。

农民培训工程全年完成引导性培训1060人,职业技能培训604人,实用技术培训745人。西李庄的农村节水型户厕改造工程已经完工。李庄、花塔等5个村的人畜改水(安装过滤和消毒设施)工程全部完工并通过市、区验收合格。

工业经济发展平稳。完成工业总产值1.8亿元,完成年计划的109.4%,同比增长23%;完成企业总收入2.67亿元,完成年计划的106.1%,同比增长19.4%,实现企业利润720.7万元,完成年计划的114.4%,同比增长29.4%。

认真落实粮食直补政策,小麦、玉米共补贴资金23.3万元,全部兑现到2615户农民手中。积极推进王庄、陈庄果园市级农业标准化示范基地建设。建设太平庄、辛力庄、红泥沟等5个果园和龙虎台农业观光园为区有机农业生产基地。努力改善生态环境。总投资1500万元,造林及各类绿化工程共栽植侧柏、油松、国槐、黄垆等苗木36.62万株。围绕休闲产业,整合资源,抓好旅游整体开发。完成了对南口辖区内旅游资源进行整体策划,全年实现旅游收入540万元。

认真贯彻土地法,加强土地管理和整顿。成立了257人的砂石看护队,对全镇重点地区进行昼夜巡查。

加强城镇失业人员管理和再就业工作。全镇有失业人员档案1951份,领取失业金人员为540人。社会化退休人员404名,企业管理社会化退休人员纳入社保所管理报销药费5026人,“4050”失业人员425人,享受社会保险补助自谋职业人员937人,城镇低保187

户315人,农村低保180户365人,领取农村养老保险金人员12人。

从1月1日起,正式启动农村合作医疗大病统筹二级工作,参加人员达到了全镇农民总数的90%。全年共为369人报销医药费90余万元。

加强安全生产、交通安全管理,确保人民生命财产安全。全镇40支192人组成的治安巡防队7月1日正式上岗以来,活动在农村、社区,在预防犯罪,保障人民生命财产安全和维护社会稳定方面起到了积极的作用。积极协助区有关部门妥善处理12.4八达岭高速公路羊台子路段货车追撞客车事故。

加大环境卫生综合整治力度,创造良好的社会发展环境。63人组成的专业保洁队正常作业。投资1.9万元在南口环岛至西大桥路段增设果皮箱50只。

加强民主与法制建设,维护地区稳定。积极开展法制宣传,"四五"普法深入人心。我镇3名农村干部参加《北京市"村官社干"法律知识电视大奖赛》,取得全市第一名的好成绩。

深化政务公开,全面推行全程办事代理制。全年共为群众全程办事代理745项。

(胡金伶)

单位名称:昌平区南口镇人民政府
地址:昌平区南口镇
电话:(010)69778770
邮编:102202

【李庄治沙造林治理工程正式启动】 4月2日,李庄治沙造林治理工程正式启动。副市长孙安民、区委书记赵凤桐、区长佟根柱等领导及全区正处级干部、南口镇党政领导及机关干部、驻军部队代表700余人现场植树3000余株,掀起了全区林业绿化工作的序幕。

(张桂兰)

【南口镇清真寺修复动工仪式现场举行】 4月22日,南口镇清真寺修复动工仪式现场举行。区领导及南口镇党政主要领导参加了动工仪式。

(胡艳玲)

【市残联领导到南口镇调研】 5月26日,北京市残联副理事长侯淑芬到南口镇调研。参观了铁路医院的康复中心,并到曹庄、羊台子村专访残疾困难户。

(张桂兰)

【南口旅游推介会暨北京燕岭农业生态园开业典礼】 8月20日,南口旅游推介会暨北京燕岭农业生态园开业典礼。中央人民广播电台、中国旅游报等新闻媒体以及区各局领导和友临单位负责人参加了会议。

(郑振靖)

【花塔和平寺举办中秋茶话会】 9月18日,南口镇花塔和平寺举办中秋茶话会,市佛教协会秘书长孔祥钧、副秘书长聂伟与民共度中秋,同祈世界和平。

(胡金伶)

【全程监督农村重大建设工程】 10月,对王庄村果品观光采摘园150万元基础设施建设工程、李庄村农业生态示范园观光园150万元基础设施建设工程进行试点工作。

(武春玲)

【举行有线广播开通仪式】 11月18日,南口镇有线广播开通仪式在红泥沟村举行。

(张 霞)

【农村成人远程教育基地设施全部安装完毕】 12月3日,南口镇农村成人远程教育基地设施全部安装完毕,所配备的设备有:接收天线一套,接收器一套,电脑及电脑桌21套,投影设备一套,总计价值20万元。

(张 霞)

【成立残疾人协会】 12月16日,全镇28个村、11个社区分别成立残疾人协会。先后召开两次招聘会,安置217名残疾人就业,全镇共有330名残疾人办理了重残生活补助,投资4万元为两户残疾人家庭改善了主房条件、翻建了房屋,整理了院落。

(刘桂兰)

阳 坊 镇

【概 况】 阳坊镇位于区域西南部。1956年建乡,1961年成立阳坊人民公社。1982年改称阳坊乡,1990年改设阳坊镇。2000年成为北京市33个小城镇中心试点镇之一。东邻马池口镇,南与海淀区苏家坨镇接壤,西与流村镇毗连,北与南口镇相连。面积36.4平方公里。地处山区、平原交接地带,地势由西向东倾斜,最高处驻跸山,海拔859米。北部河流属北沙河水系,从镇域西北部山区高崖口及白羊沟下泄洪水于四家庄村北汇成河,向东南流入北沙河;南部河流属南沙河水系,其中二道河是南沙河最大支流沙涧沟的上游,均为季节河。京密引水渠由东北向南贯穿全境,全长6公里,每年可向农业供水100万立方米。山地的山脊及采石区多为裸岩,中部和西北部有广布的砾石滩和沙滩。矿产资源多花岗岩石料,储量占北京市的95%。鹅卵石、砂石料储量也较多。山地植被为半旱生灌丛杂草,南部东侧有较多针阔叶混交林,西南部山前洪积冲积扇有大面积经济林,平原区有经济林及人工林。森林总面积4.67平方公里,林木覆盖率33.1%,野生动物有獾、狍子、兔等。京北环线(河)三(家店)铁路东西向横贯全镇,沙(河)阳(坊)路、温(泉)阳(坊)路、颐(和园)阳(坊)路在境内交会。镇政府驻地西贯市村。2005年全镇村民委员会10个,总户数4153户,人口17242人,其中从事农业1309人、工业1158、建筑业579人、运输业1042人、商贸餐饮业1211。种植业产值1278万元,林业收入69.8万元,牧业产值1579.5万元,渔业产值152.5万元。农村工业总产值8.79亿元,建筑业总产值3625万元,运输业总产值7570万元,批发零售贸易总产值5605万元,餐饮业总产值8777万元,农村经济总收入4.95亿元,粮食总产量2821吨,蔬菜总产量2727吨,干鲜果品产量951吨,年出栏猪6749头,鲜蛋总产量9吨,鲜奶总产量203吨,水产品产量64吨。乡镇企业198家,从业人员3602人,企业总收入9.52亿元,实交税金总额3655万元,企业出口产品交货额5.40亿元。财政收入3852万元,居民储蓄存款余额5.64亿元。镇西北有白虎涧自然风景区,内有著名自然景观驻跸山,为清初燕平八景之一。西贯市是回族聚居村,有建于明弘治七年(1494年)的清真寺,慈禧太后曾为其书“灵感昭著”。

(徐 莹)

单位名称:昌平区阳坊镇人民政府
地址:昌平区阳坊镇
电话:(010)69760175
邮编:102205

【首批5个小城镇户籍指标一次性报批成功】 1月底,首批5个小城镇户籍指标一次性审批成功,有5人办理了迁入手续。

(徐 莹)

【召开第二届人民代表大会第五次会议】 3月30日,召开阳坊镇第二届人民代表大会第五次会议。来自全镇的44位人民代表听取和审议了2004年阳坊镇人民政府工作报告、财政预算执行情况和2005年财政预算情况的报告、人大工作报告。大会顺利补选了阳坊镇人民政府副镇长一名。通过了关于政府工作报告的决议;通过了关于财政工作报告的决议;通过了关于人大工作报告的决议。

(徐 莹)

【举办基层代理员培训班】 4月7日,阳坊镇全程办事代理办公室对全镇11个全程办事代理服务站代理员进行培训。通过这次培训,更好地使基层代理员掌握了代理项目、办事依据、代理程序、代理期限和结果,使代理工作更加地规范,较好的促进了全程办事代理制向基层延伸。

(徐 莹)

【军民齐心搞好防火工作】 4月22日,区武装部、区森林公安处、派出所召集阳坊、马池口、南口三镇周边驻军的有关负责领导，在阳坊召开了关于阳坊地区护林防火座谈会，各驻军部队负责人向大会介绍了各单位的防火措施，认真分析了引发火灾的原因及遇到火情时的紧急预案，并找出不足，进行讨论改正。

（徐　莹）

【西贯市清真寺举办建寺510周年庆典活动】 5月15日，阳坊镇西贯市清真寺举办建寺510周年庆典活动。阳坊镇政府为配合清真寺搞好庆典，积极组织做好安保工作和各项工作应急预案，采取多种措施为庆典活动顺利开展提供了有利的保障。

（徐　莹）

【粮食直补发放工作全面展开】 5月23日，阳坊镇粮食直补发放工作在全镇全面展开。补贴涉及到9个村，补贴面积4308.9亩，受益2742户，共计金额25.85万元。

（徐　莹）

【开展“健康、法律、知识”三下村活动】 为提高全镇人口素质，落实计划生育工作，确保育龄妇女优生优育，5月10日至29日，开展了“健康、法律、知识”三下村活动。

（徐　莹）

【5家单位接受食品卫生和食品安全检查】 5月23日，区卫生局卫生监督所、区镇两级人大代表对阳坊镇机关食堂、阳坊镇中学教工食堂、鹏达制衣和后白虎涧两个农家院共5家单位进行了食品卫生和食品安全检查。检查过程中，执法人员对各单位所存在的问题诸条列出，下发了卫生监督意见书，详细地提出了监督意见，明确了限期落实整改措施。

（徐　莹）

【首届自创节目文艺汇演】 5月31日，在大都饭店宴会厅举办了以“树文明形象，促和谐发展”为主题的第一届自创节目文艺汇演。

（徐　莹）

【“六一”节前暖童心】 为关心儿童的健康发展，在“六一”儿童节来临之际，对全镇6所小学及镇幼儿园进行了走访慰问，为镇幼儿园的340名孩子送去了学习教具。

（徐　莹）

【阳坊镇卫生院首获261医院对口支援】 阳坊镇卫生院成为解放军261医院在本区的首家对口支援单位。6月2日举行揭牌挂牌仪式，副区长任学良和261医院院长张松进行了揭牌。

（徐　莹）

【举办招聘会】 7月27日，举行了小型招聘会，在农村富余劳动力中，为驻地在阳坊镇的北京光源建筑材料公司公开招用工作人员50名。

（徐　莹）

【加强农民就业技能培训】 阳坊镇团委、妇联从8月25日起举办为期15天的美容美发技能培训班，聘请区职业技术学校专职教师教授职业道德、发型发展史、发型美学知识等美容美发知识；12月27日，举办了锅炉工培训班开班仪式，全镇60多位村民参加了培训。年内，在各村举办了电工、电焊、中式烹调师、美容美发师、手工艺品制作、民俗旅游、手工插花等一些切合农村实际且较易增收的项目培训，方便了群众参与，受到群众的欢迎。

（徐　莹）

【加强廉政建设】 9月3日，阳坊镇以“加强廉政建设，弘扬先进文化”为主题，在阳坊大都饭店举办了迎国庆书画笔会，邀请了市、区、镇三级及本地驻军单位的书画家共14名，现场创作书画作品40余幅。

（徐　莹）

【安装交通信号灯】 9月29日，阳坊镇协调有关部门投资80余万元在镇域内主干道增设了2处交通信号灯和6处人行横道灯，增加了13块交通标志牌，划人行横道线3693米。

（徐　莹）

【免费为锅炉工体检】 为达到培训的目的和效果，为用人单位输送合格的技能型人才，12月19日，阳坊镇对60名锅炉工培训学员，免费进行了肝功、胸透、血常规等10余项内容的身体机能健康状况检查。

（徐　莹）

【广播站顺利开通】 12月31日，举行宣传教育中心揭牌暨有线广播开通仪式。广播站建设由区、镇两级投资共22万余元，其中购置镇广播站前端设备和村级广播终端设备17.24万元，装修镇广播室5万元；新建成的广播站具备了四项功能，包括宣传教育功能、政务公开功能、广播会议功能、紧急预警功能；可实现五种播出形式，即预制节目播出、转播节目播出、广播室直播、会议直播和村级自行播出。

（徐　莹）

【"四抓"促全程代办工作见成效】 一抓规范：进一步规范了服务事项，管理制度和公开办事依据、条件、程序、期限、结果；二抓延伸：下发了相关文件，成立了11个基层服务站，完成了基层服务站代理员的培训，并于基层服务站的法人代表签订了责任书；三抓监督：做到平时自查和定期检查相结合，发现问题，及时解决。四抓效果：全年镇全程代理办公室及基层服务站共受理各类事件2235件，其中审批项目643件，便民项目476件，接待来电来访咨询1176人次，办结率100%。

（徐　莹）

小汤山镇

【概　况】 2005年，小汤山镇坚持以经济建设为中心，不断调整优化农业、巩固提高工业、大力发展三产，进一步加快小城镇建设步伐。年内，全镇实现农村经济总收入13.8亿元，同比增长13.1%；人均劳动所得8495元，同比增长8%；企业总收入7.24亿元，同比增长21.1%；实现工业总产值4.43亿元，同比增长21.1%，上缴国家税金1.84亿元，同比增长74.9%；实现区财政收入4252万元，同比增长48.7%。在全区乡镇综合绩效考核中名列第一。

投资960万元的银街南路、投资200万元的沟赴路改造工程和投资250万元葫芦河桥工程竣工通车。投资1700万元的大柳树污水处理厂扩建工程和常兴家园的污水处理厂建设完工。投资900万元的南四村改水工程完成马坊、官牛坊两个村主管线及部分村中管线的铺设。为改善温榆河及周边地区环境而兴建的土沟橡胶坝工程完工并投入使用。有562人接受了多项实用技术培训，892人接受了农村富余劳动力转移性培训。全年举办各类招聘活动6次，80多家用人单位共安置农村富余劳动力1215人。

认真落实粮食直补政策，及时发放10个村1340户共10.5万元的小麦直补款和16个村2763户共45.7万元的玉米直补款。认真落实防控禽流感工作的各项具体措施，全镇未出现一起疫情。

工业势头发展良好，逐步完善各项基础设施建设，为镇工业园区和园区内企业的不断发展壮大提供了良好的软、硬件环境。建设完成了工业区污水处理厂，铺设雨、污水管线5200米；积极准备了35千伏变电站的筹建工作；为西区相关企业铺设供暖管道900米；为大东流供电所、利尔耐火材料有限公司改造、安装自来水管道2520米；为新入区企业延长供暖管道1920米；按照市场运行方式，完成了供暖中心的总体承包。

第三产业稳定发展，保利垄上、纳帕溪谷、汤house等项目相继开工建设，全年完成投资18亿元，实现开复工面积38.4万平方米。成功举办了第二届小汤山温泉文化节，全面展示温泉古镇的新风采、新形象，扩大了小汤山的知名度。年内，全镇旅游收入实现5.6亿元，接待人次306万，成为京郊旅游重镇。11月，申报中国温泉之乡圆满成功，成为全国第四个、北京市唯一获此殊荣的单位。

切实解决百姓最为关心的出行难、饮水难等问题，共投资260万元，完成硬化道路、胡同29556平方米，广场、操场、停车场5500平方米，铺设雨、污水管线2340米，完成3个村的文化广场建设，6个村的居家工程器材安装和镇内多处绿化、亮化工程。

（宋美辰）

单位名称：昌平区小汤山镇人民政府
地址：昌平区小汤山镇
电话：(010)61781357
邮编：102211

【第二届小汤山温泉文化节开幕】 4月28日，第二届小汤山温泉文化节揭开帷幕。本次温泉文化节为期10天，其中包括开幕式暨“真情北京·情暖小汤山”文艺演出、中国温泉之乡“万人签名”大行动、温泉文化沙龙、万名空巢老人汤山浴温泉、小汤山温泉文化博览、温泉养生讲座、中华茶道温泉情、游泳比赛、激情漂流比赛、高科技农业观光游、纪念抗日战争胜利60周年航空展等多项主题活动。邀请了中央电视台、人民日报、北京电视台、北京日报等新闻媒体近40余家，城区旅行社及区重点旅游企业多家，广泛宣传和推介小汤山，展示汤泉文化的厚重底蕴，为成功申报“中国温泉之乡”奠定基础。

（宋美辰）

【国家教育部与马来西亚教育部考察团到酸枣岭村考察】 6月5日，国家教育部、马来西亚教育部有关领导及马来西亚几所大学代表到酸枣岭村进行实地考察。村党支部书记及两委成员向考察团介绍了酸枣岭村的相关情况。考察团成员饶有兴趣地参观了酸枣岭的村容村貌，并对酸枣岭村的经济、政治、文化、民俗等情况进行了详细了解。

（李宝强）

【小汤山镇被评为首都平安示范镇】 为确保经济和社会各项事业的快速发展，小汤山镇不断加强社会治安综合治理，广泛开展平安社区和平安镇创建活动。在广泛征求群众意见的基础上，建立小汤山地区治安巡逻网络机制，开展各项安全检查。为加强科技创安，全镇24个村、80多个中央、市、区属企事业单位均安装了电子自动联网报警系统，实现全镇报警无盲区和处理突发事件点面结合、上下联动的有效防范机制。在6月1日召开的首都社会治安综合治理先进表彰会上，小汤山镇被首都综治办、市公安局、市民政局授予首都平安示范镇的荣誉称号。

（宋美辰）

【后牛坊村“花钹大鼓”列入市级非物质文化遗产保护项目名录】 小汤山镇后牛坊村“花钹大鼓”有200多年的历史，在历史、文化、艺术等各方面颇具价值，体现出较高的传承性、创造性。9月，后牛坊村花钹大鼓被正式批准为“市级非物质文化遗产保护项目名录”，这是北京市唯一一项申报被保护的非物质文化遗产项目。

（谷天红）

【酸枣岭生态民俗村开村】 9月29日，全区首家平原地区生态民俗村——酸枣岭生态民俗村正式开村。在镇党委、镇政府及有关部门的大力支持下，酸枣岭村修整了主要街道，进行了绿化美化，修复了具有350年历史的大兴寺，选择10户农家作为民俗旅游接待户，为生态民俗村开村奠定了良好的基础。

（马立成）

【申报“中国温泉之乡”取得圆满成功】 10月，在申报“中国温泉之乡”专家评审会上，小汤山镇以平均分92.32分获得了专家的一致通过，成为继广东省恩平市、大庆市林甸县、海南省琼海市之后的第四个“中国温泉之乡”，也是北京市唯一获此殊荣的地区。中国矿业联合会副会长兼秘书长王燕国给予小汤山“开发规模最大、集中利用最高、保护发展最好、服务领域最广、经济效益最多、文化底蕴最深、品牌意识最强、田园山色最美”的高度评价。

（宋美辰）

【加大基础设施建设投入】 为加快小城镇建设步伐，小汤山镇进一步加大基础设施建设力度，投资250万元重建葫芦河桥；投资900万元用于银街南路改造；投资1200万元修建小汤山污水处理厂；投资900万元用于马坊、官牛坊等南四村人畜饮水工程;投资250万元用于后牛坊、小汤山、酸枣岭、土沟、东官庄等村的道路、雨水、文化广场建设等村级基础设施建设工程。

(龚家银)

【供暖中心项目招标圆满成功】 小汤山镇工业园区集中供暖中心投资850万元,建筑面积720平方米,供暖能力可达到16万平方米。为做好该项目的招投标工作,镇政府成立了纪委牵头、人大监督、司法把关、主管负责的7人评标小组。按照招标有关规定,编制招标文件,发布招标信息,核定成本预算,确定供暖面积,严格投票评审。经过对招标人设置的标底进行拆标、对标,当众开标,北京昌煤同鑫商贸有限责任公司最后中标。10月8日,镇政府同北京昌煤同鑫商贸有限责任公司就工业园区供暖中心项目招标举行签字仪式。此次进行公开招投标是镇政府增加工作透明度,大力推进阳光工程的体现,也是全镇供暖运行的一次新尝试。

(宋美辰)

【小汤山镇有线广播开通】 小汤山镇投资50万元实施有线光缆传输及有线广播村村通工程,建立广播室和宣教中心办公室,购置有线广播专业设备和宣教中心相应的办公设备,制定出相应的工作制度,组织工作人员参加了有关培训。镇有线广播本着"贴近生活、贴近实际、贴近群众"的原则,开设新闻速递、法制世界、生活在线、文娱驿站等栏目,并于11月举行了开通仪式。有线广播的恢复为全镇经济发展和三大文明建设营造了良好的舆论氛围。

(高　原)

百　善　镇

【概　况】 2005年,在区委、区政府的领导下,百善镇党委、政府坚持以邓小平理论和"三个代表"重要思想为指导,认真贯彻党的十六届五中全会精神,牢固树立科学发展观,以党员先进性教育活动为契机,紧紧围绕农村改革、发展、稳定大局,突出经济建设这个中心,充分发挥党组织的战斗堡垒作用和党员的先锋模范作用,全镇的三大文明建设都取得了新成绩,主要经济指标持续稳定增长,全镇综合经济实力进一步增强。年内,全镇农村经济总收入完成5.02亿元,增长12%;地方财政收入完成679万元,增长12.3%;企业总收入完成3.8亿元,增长13.9%;农民人均劳动所得完成7614元,增长8%。

(田　爽)

单位名称:昌平区百善镇人民政府
地址:昌平区百善镇
电话:(010)61730019或(010)61739214
邮编:102211

【农业全面发展】 年内,全镇粮食种植面积达到1.37万亩,实现粮食产量400.66万公斤。年度农业综合开发工程圆满完成,总投资221万元,新修农田机耕路4条,全长2900米。投资141.8万元,开挖孟祖河上游段渠道1400米,铺设衬砌渠道1200米,新建蓄水池3个、配套水泵3台和管件及附属配电设施3套,新修过路方涵2座,实施灌溉250亩,输变电路配套550米。投资100万元,启动千亩樱桃园二期项目,项目区面积为1400亩。全面落实粮食直补工作,小麦、玉米直补资金共计37.6万元,全部按时发放到户。做好优良品种和新技术的推广工作,推广春播玉米农大108品种1万多亩,优质大豆科丰6等新品种800多亩,实施化学除草1万多亩,推广免耕播种500多亩。成立肉羊养殖协会组织,从国外引进优良种公羊,培训重点养殖户学习人工授精技术,实施"千羊百户"富民工程,带动村民致富。积极做好禽流感防控工作,与各村及养殖场户签订责任书,全镇5.2万只禽类及牛316头、羊6399只、猪4029头全部进行强制免疫。

(田　爽)

【招商引资成效明显】　在贯彻国家宏观政策、坚持以科学发展观为指导的基础上，以盘活和优化重组闲置资产为突破口，积极调整招商引资思路。对镇域内17处闲置资产进行全面清理，通过重组转制引进了6个项目，盘活资产2500万元，安置农村富余劳动力就业370人。全年引进各类注册项目31项，投资项目6项，协议投资总额7150万元。年内，实现企业工业产值3.5亿元、企业收入3.8亿元、企业利润1076.8万元，分别增长15.9%、3.8亿元、190.9%。

（田　爽）

【民主法制建设不断加强】　依托村民法制学校，整合社会法律资源，对村民开展法制教育，全年开课27场次，受教育人次近3万人；加强对基层调委会的培训、指导，启动人民调解例会制度，年内共调处纠纷196件，调解成功率达99%；在百善村建立镇社区矫正教育基地，扎实推进社区矫正工作。

（田　爽）

【精神文明建设成果丰硕】　年内，共组织乒乓球、歌咏、拔河、新秧歌比赛等各类文体活动50余次，参与群众8000人次。9月18日，成功举办全镇第一届全民运动会。上东廓村代表本区参加《舞动北京》第二届广场舞蹈新秧歌比赛，获得“首都风采奖”。新建文化站，组织13个村成立有一定规模的文体活动队。为孟祖村新建文化广场并配备活动器材，下东廓村建成3600平方米的多功能健身广场和民族旅游停车场。建成昌平图书馆分馆，积极开展群众性图书借阅活动，藏书1万册。筹集资金28万元，为全镇各村统一安装村级广播设备，实现广播“村村通”。积极开展反邪教和反迷信活动，认真实施电影放映“2131”工程，开展电影下乡活动。

（田　爽）

【切实为民办实事】　年内，继续完善全程办事代理制，提高服务质量，群众满意率100%。完成了3个村1049户的有线电视入网工程，实现全镇有线电视覆盖率100%。多渠道筹措资金，为二德庄村建桥一座、修路30米，为下东廓村建成100亩梨树园并配齐设备。投资130万元，用于水、电、路等村级公益事业建设。成立残疾人协会和康复训练室，为残疾人安排就业并进行康复指导。规范医务室建设，完成药品统一配送工作。投资81万元促进农村大病统筹保险继续普及推进。新增学生班车6辆，开辟违章网上查询服务热线，共接受查询29人次，满意率达100%。积极做好就业安置工作，年内共组织招聘会5次，对535名农村富余劳动力进行实用技术培训和职业技能培训，实现就业和再就业780人。审核房宅基地翻扩建户157户，过户变更27户，解决宅基地纠纷50起。

（田　爽）

【加强基层党的执政能力建设】　年内，精心组织开展第二批保持共产党员先进性教育活动，扎实开展学习动员、分析评议、整改提高阶段各项工作。完善决策工作机制，村级重大事项的决策坚持先党内，后党外的原则；加强和改进党的思想政治工作，贴近改革和发展，贴近人民群众利益，举办寓教于乐的活动，增强思想政治工作的针对性和有效性；建立民意调查制度、民意反馈制度、利益协调机制，促进社会和谐；创建服务载体，建设“党员服务日制度”，组织党员开展“一助一”、“献爱心”活动，逐步形成党组织扶危济困的长效机制；成立镇党校，利用镇党校加强镇村两级党员干部、村民代表培训学习，建立镇村两级党员干部长期的培训制度、党员和村民代表轮训制度；进一步完善村级两委班子的考核办法，强化村级两委班子的管理，使村级两委班子的管理规范化、制度化；进一步完善信访接待制度和党员服务日制度，建立镇村两级党员服务日制度，密切党群干群关系；成立百善镇科技、文化、宣教中心，加大对党的政策、路线、方针的宣传力度。

（田　爽）

【安全稳定工作成效显著】　年内，制定《百善镇重、特大安全事故应急救援预案》，完善镇、村两级综合领导机构和组织建设，加强辖区内社会治安的综合治理工作，落实各项规章制度，与全镇162个基层单位签定了社会治安综合治理责任书。全镇13个村均成立村级联防队，建立村级巡防队管理制度，与各村签定管理责任书，为75名村级巡防队员人意外伤害保险，各单位均成立治保小组，并坚持昼夜巡逻。重点做好“两节”和“两会”的安全保障工作，确保在此期间没有发生重大刑事治安案件和安全生产责任事故，狮子营村被评为“首都平安示范村”。对全镇162个企业组织开展6次安全大检查，查出事故隐患92处，对41家企业下达了限期整改通知，并定期复查。组织19次宣传活动，利用广播、横幅、展板等各种形式进形广泛宣传，发放各类宣传材料22960份，受教育人数达1.5万人次。举办各类培训班，共计146课时，2730人参加培训；审核、发布规范性文件18件。

（田　爽）

回龙观镇
（回龙观地区办事处）

【概　况】 回龙观镇位于昌平区最南端，与京城接壤。城市轻轨铁路横贯东西，八达岭高速公路纵穿南北，京包铁路蜿蜒而过，北清路把回龙观与中关村紧紧相连；近30条公交线路始发或途经本镇。中关村生命科学园、国际商城和北京市最大的人文社区——回龙观文化居住区的兴建，加快了农村城市化进程。回龙观辖区面积34平方公里，下辖9个行政村，42个社区，其中22个社区已成立居委会。社会总人口24万多人，其中常住人口近15万人。在常住人口中居民人口13.6万多人，农业人口1.1万余人，流动人口8万多人。辖区内有中央、市、区属企事业单位80余家，大专院校6所、中学1所、小学7所、医院2所，已建成社区医疗网点12个，敬老院2所。经过几年的调整回龙观地区经济结构发生了质的变化，以高新技术为主体的第二产业和以商业服务业、建筑业等为代表的第三产业在经济成份中的比重不断扩大，多种所有制成份的经济发展迅猛。2005年，全镇完成税收3.6亿元；实现财政收入5113万元；人均收入实现10400元，随着回龙观地区的城市化的不断推进，人民生活条件和环境建设的日益改善，回龙观地区具有广阔的发展前景。

（王瑞兴）

单位名称：昌平区回龙观地区办事处、昌平区回龙观镇人民政府
地址：昌平区回龙观镇
电话：(010)62713340
邮编：100096

【开展禁放宣传咨询活动】 1月15日，根据市政府、市禁放办和区禁放办《关于在全市、全区开展禁放集中宣传咨询日活动的通知》的精神，镇禁放小组成员会同镇宣传部、政法办、回龙观派出所、史各庄派出所、回龙观工商所、回龙观城管分队等部门，在全镇人口稠密的回龙观村举办了“回龙观镇禁止燃放烟花爆竹宣传咨询活动”。并对沿街商业网点进行了检查和发放宣传材料，本次宣传活动的举办，对提高全镇群众禁放意识，营造禁放氛围起到了积极的促进作用，为全镇城乡居民过一个祥和、快乐的新春佳节打下了良好的基础。

（周红艳）

【昌平书画协会回龙观分会成立】 1月20日，昌平书画协会回龙观分会正式成立，昌平书画协会、回龙观地区相关领导和书画爱好者参加了协会的成立。著名画家李洁明参加了协会的成立。

（戴景忠）

【召开文化工作表彰会暨文艺汇演】 1月26日，在北京农学院礼堂举行“回龙观地区2004年度文化工作表彰会暨文艺汇演”。来自地区农村、社区企事业单位的领导和部分

城乡居民400余人参加了此次活动。会上对为地区文化工作做出突出贡献的龙泽苑社区、回龙观村等11个单位颁发了“文化工作先进集体奖”，西店、史各庄等5个单位获文化工作优秀组织奖，对地区216名文化工作先进个人进行了表彰，表彰结束后进行了精彩的文艺演出活动。

（李　娟）

【召开二届五次人代会】 1月27日，召开第二届人民代表大会第五次会议，会议分别听取并审议通过了政府工作报告、人大工作报告和财政工作报告。代表们对本镇上年的工作给予了充分肯定，并对本年的工作积极献计献策，提出自己的意见和建议。

（张玉龙）

【区第三批村委会主任调训班全体成员到三合庄村参观学习】 3月17日下午，区第三批村委会主任调训班全体成员共26人到回龙观镇三合庄村进行参观学习。听取回龙观镇近年来的发展情况、三合庄村的发展历程及如何在村党支部的领导下开展好村委会工作的汇报，并分别到三合庄园、三合商厦、兴普公司和回龙观城北大钟寺商品交易市场参观。

（李　娟）

【金燕龙大厦落成并正式启用】 3月18日上午，北京金燕龙科贸集团兴建的金燕龙大厦正式落成，并举办乔迁庆典暨企业文化笔会。来自国内的8位知名书画家为大厦落成及企业乔迁当场挥毫泼墨，题诗作画。

（李安巨）

【区职能部门上门为入驻本地区企业服务】 3月24日，区工业局、区科委、区发改委、北京晨光昌盛担保公司、北京银行昌平分行等职能部门主要领导来到回龙观镇。就工业产业基地，为企业提供上门服务。各职能部门的领导在认真听取了入驻企业情况汇报和实地考察后，针对入驻企业当前存在的困难，表示将尽快为企业解决流动资金贷款，积极为企业争取各项政策支持，促进企业发展。

（石耐东）

【金燕龙启动科研办公楼建设】 金燕龙集团充分利用原办公院内3666平方米的闲置土地，为下属企业柏瑞安、新雷能公司建科研办公楼。科研办公楼高8层，拟用地面积29372平方米，总建筑面积47019平方米。3月25日，举行办公楼开工典礼。

（李　娟）

【举办交通安全宣传进社区巡展仪式】 4月1日，举行交通安全宣传进社区巡展启动仪式。此次活动是由政法办与社区办联合举办，主要形式是以《中华人民共和国道路交通安全法》、交通安全知识和交通安全事故案例为内容，用20延长米的展板，配以横幅、宣传标语等形式，在各社区巡回展出，以提高居民遵守交通安全法律、法规意识，减少交通违法行为，预防交通事故的发生。9月底结束。

（周红艳）

【举办农民物业管理员培训】 4月3日，在三合庄举办农民物业管理员培训班，此次培训为期8天。

（石耐东　马　丽）

【举办婚前医学检查知识宣传教育普及活动】 4月3日，在文化居住区回龙园广场举办“尊重生命尊重爱——‘婚前医学检查’知识宣传教育普及活动”大型宣传日活动。

（王　敬）

【开展《信访条例》主题宣传】 4月19日，开展了《信访条例》宣传活动，悬挂横幅1条，展板4块，发放宣传手册200本，填写调查问卷50份，三合庄村秧歌队配合宣传活动，在现场进行秧歌表演。现场咨询15人，过往群众共有200多人观看了图片展览。各基层单位共悬挂横幅40余条和张贴宣传图片35份。

（周红艳）

【举办入党积极分子、基层后备干部和党支部副书记培训班】 4月19日，镇党委举办入党积极分子培训班正式开班，来自24个基层党支部的164名入党积极分子参加了培训。4月26日，镇党委举办回龙观镇基层后备干部培训班，来自19个基层党支部的47名后备干部参加了培训。5月13日,镇党委举办基层党支部副书记培训班,来自各行政村、企事业单位的党支部副书记共20余人参加培训。

(张月利)

【新龙集团流星花园物业入选“中国物业管理公司百强”】 4月22日,由世界经理人周刊、中国工商时报社、世界地产研究院、中国房地产联合会、中国地产指数办公室联合主办、新浪网房产频道协办、消费者报告网站具体承办的“2005(第二届)中国地产年会”在北京国际大饭店隆重举行。本次年会上,与会专家和房地产界知名人士对中国房地产业的现状和发展趋势进行剖析研讨,分别就中国住宅、别墅、商铺、写字楼、酒店式公寓、地产经纪公司、物业管理公司分别评出100强,天宇流星花园物业公司在数千家物管企业中脱颖而出,以80.27分名列百强物业企业排行榜第54位。

(王黎明)

【北京国际信息产业基地举行投资招商推介会】 4月26日上午,北京国际信息产业基地举行投资洽谈推介会,市投资促进局副局长李保卫出席了推介会。近60家企业200余人参加了招商会,北京昊维正源科技公司总经理闻东、中铁隧道勘察设计有限公司北京投资项目负责人茅立平先生签订投资入驻协议,预计总投资超过一亿元。会上,北京国际信息园公司对产业基地进行了详细介绍。

(石耐东)

【对龙泽地铁站进行综合防治整治】 4月18日,召开关于城铁龙泽站前秩序整顿协调会议。为落实会议精神,4月26日,镇政府牵头,会同城管、公安、交通等职能部门进行专项整治,共出动执法车10辆、执法人员56名,对龙泽站进行综合整治,收缴三轮车15辆、电动三轮车1辆、黑摩的15辆、桌凳16张、广告牌10块,清除乱挂条幅52条。通过专项整治,使城铁龙泽站地段整体环境有了明显的改善。

(周红艳)

【召开回龙观区域商业研讨会】 5月10日,区商务局、回龙观地区办事处与北京鑫龙源房地产开发公司在昆泰大酒店联合举办了“回龙观区域商业研讨会”。北京市政协委员艾克拜尔·米吉提,市、区商务局有关领导,铜锣湾集团、永和大王、家乐福北方区等企业代表,重点镇(办事处)领导参加了研讨会,共同讨论回龙观区域商业配套、业态分布等事项,意在共同打造配套设施齐备、分布合理的回龙观新城商业设施。

(石耐东)

【召开培训安置劳动力就业工作会】 5月12日,召开“2005年培训安置劳动力就业工作会”。9个村委会、3个转制居委会主任及主要工作人员和镇经济发展办、社保所相关人员参加了会议。

(石耐东)

【云趣园文体活动中心举行揭牌仪式】 5月18日,云趣园文体活动中心正式揭牌。著名评剧表演艺术家谷文月和书法协会会长姜锐作为居民代表为活动中心揭牌。云趣园文体活动中心由天鸿集团和镇政府出资支持建立,投资8万元,面积达460平方米,设有健身房、麻将室、棋牌室、阅览室、台球室、书画室、卡拉OK等,为附近居民提供了一个休养娱乐的好去处,受到居民称赞和欢迎。

(李 娟)

【回龙观时讯社区版创刊】 6月28日,《回龙观时讯社区版》正式创刊。该刊物是根据地区发展和社会管理的实际需要创立的。目的是在地区工委、办事处和天鸿集团回龙观开发部与广大居民之间构建一座沟通的桥梁和纽带,及时将党和政府的声音、地区建设与发展的重大决策、重要工作事项传递给居民,提高居民对党的路线方针政策的理解和把握,增强地区工作的透明度,并以此为平台宣传地区涌现出的各类先进事迹和人物,鞭挞社会不良现象和丑恶行为,倡导人们崇尚科学、崇尚现代文明的新风尚。引导地区居民知家园、爱家园、建家园的热情,为促进地区发展，保持地区稳定，推进地区文明进程创造良好的社会氛围。

（李　娟）

【召开庆祝建党84周年大会】 7月1日，在北店嘉园会所召开回龙观地区庆祝建党84周年纪念大会。来自全地区各条战线上近150余名党员参加了大会。会上，对回龙观村等12个先进党支部、14名优秀党务工作者和89名优秀共产党员进行了表彰。

（张月利）

【回龙观地区社区党支部成立】 7月1日，在庆祝建党八十四周年大会上回龙观地区社区党支部正式组建成立。文化居住区党总支部下设：云趣园社区党支部、风雅园社区党支部、龙泽苑社区党支部、龙华园社区党支部、慧华苑社区党支部、龙腾苑社区党支部、龙乡社区党支部、北郊农场社区党支部。

（张月利）

【回龙观文化居住区体育公园启用】 7月9日，回龙观文化居住区体育公园举行启用仪式。体育公园占地5公倾，是一个集足球、蓝球、网球、跑步、健身、儿童乐园于一体的综合性体育设施。

（李　娟）

【召开高新技术企业工作会】 8月31日，召开高新技术企业工作会，来自20家高新技术企业的相关负责人到会。会议对财政超收的高新技术企业当场进行奖励兑现。区镇两级政府拿出80万元(其中区财政出资48万元，镇财政出资32万元)用于奖励北京三一重工有限公司、柏瑞安科技有限责任公司等9家上年完成财政收入工作突出的企业。

（石耐东）

【开展向社区党支部赠送“警句格言”活动】 9月14日，开展了向社区党(总)支部赠送“警句格言”活动。此次向社区党(总)支部赠送“警句格言”活动是回龙观地区工委、纪工委继今年7月份举办廉政书画作品和永葆共产党员先进性廉政歌曲比赛后，在本地区实施“宣廉、倡廉、助廉、促廉”的联动工程的又一项重要举措。专门聘请了市书法家协会会员王珍亲自执笔，为每个社区党支部分别题写了“廉政格言”，装裱后送给各支部，悬挂在醒目地方，以此教育党员干部，同时自觉接受监督。

（闫树忠）

【地区办事处办公楼正式奠基建设】 9月16日，举行办事处办公楼开工仪式。地区办事处办公楼位于龙锦苑六区南侧，由北京司空建筑设计咨询有限公司负责设计，中国航空港建设总公司负责施工。办公楼建筑高度17.5米，总用地面积4500平方米，总建筑面积6180平方米，其中地上五层为办公用房，地下一层分为人防区和非人防区，办公楼用地中规划绿化面积约为1400平方米，绿化率达到30.21%，规划地上机动车位31个。

（韩　玲）

【市人大代表到本地区视察工作】 11月3日，市第十二届人大常委会副主任范远谋带领市人大代表城建环境专题组到本地区视察工作。市人大代表一行在龙泽苑小区售楼处听取了北京嘉鸿房地产开发有限公司和小区物业公司就龙泽苑小区配套设施建设情况进行汇报，并参观了龙泽苑小区居委会、幼儿园等公共配套设施。到二拨子村垃圾站视察垃圾处理工作，市人大代表对本地区社区配套工作和垃圾处理工作给予了充分肯定。

（李　娟）

【迎接奥运倒计时1000天】 11月12日，回龙观地区在回龙园广场举办迎奥运倒计时1000天文体演出活动。来自地区农村、社区、学校、幼儿园等表演了精彩的文艺节目，近千人参加了演出活动。

（李　娟）

【城管大队回龙观分队成立】 12月16日，区城管大队回龙观分队在新龙集团机施车队院内举行成立仪式。市城管局、市政府有关部门领导、区有关职能部门领导及回龙观地区党政班子成员、社区、农村、企事业单位领导参加了成立仪式。

（李硕成）

【城北回龙观市场被评为"农业部定点批发市场"】 年内,城北回龙观市场被评为"农业部定点批发市场"。城北回龙观交易市场是北京西三旗新龙商贸集团投资3亿元兴建,于2002年初正式投入使用。市场建成以来,农产品成交额以每年100%以上的速度递增(本地农产品50%以上进入市场销售),市场吸纳4500个商户,提供就业岗位1万余个。(其中本市农民个体商户2500户,从业4000余人),安排回龙观地区450名劳动力就业,有效带动本市和周边地区农村劳动力的就业。

(李　娟)

北七家镇

【概　况】 北七家镇位于本区东南,距亚运村北4公里,距首都机场17公里,毗邻朝阳区、顺义区。占地面积56.83平方公里,辖19个行政村、29个生活小区(16个居委会),地区常住人口23.4万人。1999年10月被国家体改委确定为全国小城镇建设试点镇。2005年,全镇农村经济总收入完成16.2亿元,比上年增长12%;上缴国家税金1.5亿元,比上年增长17.4%;农民人均劳动所得实现9326元,比上年增长8%。

(魏仲启)

单位名称:昌平区北七家镇人民政府
地址:昌平区北七家镇政府路
电话:(010)69751031
邮编:102209

【羊各庄村完成产权制度改革】 年内,北七家镇党委、镇政府根据《关于积极推进农村集体经济产权制度改革的实施方案》的通知精神,对所辖羊各庄村、歇甲庄村、北七家村进行产权制度改革取得圆满成功。羊各庄村以户代表讨论决定参与量化配股的人员共计1169人。其中农业户692人,自1956年成立经济合作社以来户口迁出243人,非农户234人。全村净资产总额为7017.97万元,量化配股共计23550.04股。羊各庄经济合作社董事会、监事会、集体资产管理委员会成员在公开、公正、透明的原则下产生。改革后村民就业率达到95%;村民平均年劳动所得7800元;年终每股收益60元。

(魏仲启)

【宏翔鸿通过质量管理体系认证】 9月27日,北京宏翔鸿科技孵化基地有限公司正式通过了ISO9001:2000(GB/T19001－2000)质量管理体系认证。创建了本区规划工业用地第一家崭新的、现代经营管理体系平台,为全面提升北七家镇规划工业用地整体竞争力打下了坚实的基础。

(魏仲启)

【百年老字号稻香村入驻北七家】 5月,稻香村食品集团北七家食品加工厂项目正式投入使用。项目占地百余亩,建筑面积54750平方米,总投资1.72亿元。稻香村食品集团北七家食品加工厂是入驻北七家镇宏翔鸿企业孵化基地的一个较大的企业项目,其占地规模、建筑面积和资产投资居所有入驻企业首位。

(魏仲启)

【城建三公司总部迁入北七家】 7月2日,北京城建三公司总部迁入北七家镇燕丹村3号院。该公司注册资金1亿元;拥有职工1000余人;有大中型机械设备425台;动力装备11.8千瓦/人;年总产值11亿元;年上缴国家税金3500万元。

(魏仲启)

【七星指南网站开通】 3月,七星指南网站(北七家镇人民政府网站)开通。北七家镇党委、镇政府发挥现代数码科技手段和信息网络工程的积极作用,通过网站向社会广泛宣传主题教育活动,扩大了居民素质教育范畴。网站开设政务之窗、政策法规、精神文明、七星指南、经济信息、近期动态、便民服务等窗口,上贴文字信息2000余篇,上贴图片信息

1000余张，用直观、生动的画面和文字，把区域三个文明建设信息推向社会、面向群众，使群众随时能够看到自己需要的动态和信息。网站上分别设立了先进性教育、和谐社会专题栏目。在和谐社会专栏里，推出了文明礼仪常识28项，供全镇居民和群众阅览，扩大群众获取信息的途径和范围，为建设社会主义新农村开辟了新的信息窗口。

（魏仲启）

【每月一星绽放光彩】 年内，北七家镇党委发挥社区文化的积极作用，在社区、企事业单位和农村家庭中开展“每月一星”评比活动，把建设和谐社区先进经验推广到各基层单位，有力地推动了地区居民文明素质的提高。全年共评比出基层先进典型170名，镇级先进典型12名。通过“每月一星”评比活动，使群众从身边看到了先进，增强了群众自觉提高个人素质的意识。

（魏仲启）

【映天红摄影比赛弘扬改革成果】 年内，成功举办了改革成果映天红摄影比赛。摄影比赛利用艺术形式歌颂改革成果，活跃了群众文化生活。比赛收集了摄影作品1000余张，深刻、直观、生动的展现区域近些年来的改革成果，促进群众发现和感受改革成果的积极性，引导和启发居民良好的文化素养和艺术兴趣，展现社会主义新农村建设亮点。

（魏仲启）

【招商引资成果显著】 年内，发挥区位优势，不断完善基础设施建设，使地区经济迅猛发展，第二产业规模及收益进一步扩大，全镇共引进注册项目239个；宏翔鸿和宏福两个工业产业基地引进签约项目28个，协议资金13亿元，到位资金1.45亿元；新投产企业项目24个。

（魏仲启）

【综合治理成效显著】 年内，以“门前三包”为主要内容，镇政府同100余家单位签订了环境卫生责任书。对全镇的环境整治情况和卫生死角进行了多次拉网式检查和大规模治理。先后治理了东沙市场一条街、鲁疃村旧货市场和5个市区挂帐的脏乱点，使全镇卫生状况不断改善。在社会环境整治上，着重解决了私搭乱建问题，打击各类不法行为。全年共查处各类违章建筑96起，拆除私搭乱建房屋5400余平方米，制止违建行为100余起，查处了多起非法采砂行为，清除砂石堆、填埋沙坑100余个。

（魏仲启）

【全程办事代理制服务水平不断提高】 年内，镇政府全程办事代理制工作严格按照办理程序和服务标准，以方便群众为宗旨，为群众提供热情、优质、高效的服务。共受理群众事项1040件，一次性办结率达100%；全镇基层服务站为群众办事4350件，办结率达99%。基本达到了群众的满意、高效、便捷、优质的全程代理服务，营造了良好的便民服务环境。

（魏仲启）

【市领导考察郑各庄村】 4月14日，北京市委副书记、纪委书记阳安江等领导一行到郑各庄村考察调研，听取了北七家镇党委副书记、宏福集团董事长、郑各庄村党总支书记黄福水的汇报，考察了社区环境建设以及宏福创业园招商情况，视察了北京深神威电子有限公司。

（郝玉增）

【宏福社区中心广场竣工】 4月30日，由宏福集团投资600万元兴建的宏福社区中心广场竣工并投入使用。该中心广场于2004年9月动工，占地面积3000平方米，主要有音响、喷泉、石雕、舞场、舞台等设施。这是郑各庄村兴建的第二个大型室外文化活动设施，宏福社区中心广场的竣工，满足了社区发展的需要，为社区居民提供了高标准的文化活动场所。

（郝玉增）

【郑各庄村惊现“铜井”】 5月20日下午3时许，在郑各庄村正在建设中的温都水城施工现场，发掘出平西王府的水井，即传说中的铜井。井口的直径为70厘米，井口至井底的深度为7.2米，井水深度为3.19米。水质清凉透澈、口感甘甜。砌井用的青砖为20厘米长、12厘米宽、3.5厘米厚，外形棱角十分规矩。据区文物管理所的专业人员称，这种青砖的规格在目前还没有同等尺寸。可以断定，这种砖是当时为建造这口井而专门烧制的。另外在井的南侧还发现一段长约24米、厚度为1.2米的"三合土"地基，且特别坚实。文物人员断定，这里曾建有大型宫殿。

（郝玉增）

【"壹千栋"举行揭幕盛典】 6月5日，"壹千栋"别墅区举行揭幕盛典。首创集团总经理刘晓光、北京华远集团总裁任志强出席揭幕仪式并做了精彩演说。"壹千栋"的策划、设计团队及来自国内外的上千名宾客参加了这一盛典。"壹千栋"是由首创集团、富阳物业和北京宏福集团共同组建的北京原创地产，联合海外十大建筑及景观设计事务所研发的独栋别墅社区，位于温榆河上游最大的回转水湾处既宏福社区东北侧。总占地160万平方米，规划兴建1025栋不同风格的独栋别墅以及配套的商务文化休闲等功能设施，总建筑面积56万平方米，绿化率为60%。预计5年内全部建成。

（郝玉增）

【郑各庄村举办北京国际旅游文化节】 9月25日，第八届北京国际旅游文化节暨第二届宏福温都水城文化节在温都水城广场举办。来自美国、日本、韩国等23个国家和地区的800多名演员以民族歌舞、高跷等艺术形式展示民族特色文化。

（郝玉增）

【宏福活动中心投入使用】 9月30日，宏福社区庆祝建国56周年文艺晚会在宏福活动中心举办，这是宏福活动中心落成后举办的首次大型活动。宏福活动中心由宏福集团投资兴建，是温都水城的重要配套设施和宏福社区大型公共活动场所，2003年4月破土动工。该活动中心东西长为120米，南北跨度为41.8米，占地5016平方米，总建筑面积7000余平方米。一层设有可供举行大型演出、会议以及羽毛球、网球、蓝球、排球、乒乓球、攀岩等活动项目的多功能大厅；二层除设有保龄球、沙狐球等健身项目的设施外，还设有300平方米的图书室。宏福活动中心的落成，标志着基础设施得到进一步完善，特别是为社区开展文化健身娱乐活动提供了充分的设施保证。

（郝玉增）

【宏福5号地热井竣工】 10月1日，宏福5号地热井竣工。是宏福集团自2000年以来开采的第五眼地热井。该井从4月12日正式开钻，井深度为2400余米，出水温度为69℃，日出水量达到2400立方。使宏福社区日供温泉水能力达到万余立方米。满足社区居民生活，为郑各庄村发展旅游业提供了资源保障。

（郝玉增）

【宏福集团被评为十大民营企业】 11月27日，由中国乡镇企业协会、乡镇企业导报联合发起的"2005中国最具生命力的十大民营企业"揭晓，仪式在北京人民大会堂隆重举行，北京宏福集团位居第二。

（郝玉增）

【积极防控禽流感】 年内，共免疫禽类40893只；集中清理禽类5029只；指导5个养殖场和487个养殖户的消毒、报检牛羊血样97头份、鸡血样500只份。

（马　平）

【有效防止"口蹄疫"传播】 年内，为有效防止"亚洲I型口蹄疫"传入镇辖区域，积极购买并免费发放价值1.1万元的消毒药品，对全镇的340头牛、12671头猪、2190只羊进行了两次强制免疫。

（马　平）

【农业直补到位】 年内，完成冬小麦直补3个村合计781亩，填写粮食直补通知单1045份、下发直补资金46860元；完成玉米直补9个村，合计4951亩，填写粮食直补通知单

2381份、下发直补资金15.5万元。

（马　平）

【海鹊落物业通过三体系认证】　4月15日，海鹊落村所属的海鹊落物业管理中心正式通过华夏认证中心的ISO9001质量管理体系、ISO140001环境管理体系、ISO180001职业安全管理体系三体系认证。

（翟建林）

【海鹊落湖项目奠基】　3月13日上午，海鹊落湖项目奠基大典在海鹊落村进行。该项目由置信华安房地产有限公司开发，项目占地面积为13万平方米，开发后的海鹊落湖项目集人工湖、公寓为一体，它将为人们提供一个现代的居住、休闲、娱乐为一体的处所。

（翟建林）

【小区安装24小时监控系统】　11月，海鹊落村委会为更好地加强小区安全，让村民有一个安全居住环境，投资24万元在小区内安装了红外线监控系统。

（翟建林）

崔　村　镇

【概　况】　崔村镇距市中心天安门约34公里，镇域北部的军都山为北京旧城中轴线的北起坐标点，位于昌平卫星城正东约10公里处，镇域东侧与兴寿镇相接，南到六环，西与南邵、十三陵、长陵相接，北依燕山山脉。京通铁路（长约5.2公里）和京密引水渠（长约8公里）东西横贯镇域，镇域总面积约62.81平方公里，其中山场面积占55%，为半山区镇。镇辖12个行政村，1.3万人。21路公共汽车香堂直达龙泽轻轨站，949路支线、947路、小9路途经崔村，交通十分便捷。

崔村镇依山傍水，风景秀丽，环境优美，自然景观、人文景观资源丰富，有3000亩西峪风水坡原始橡树林、清代恭亲王奕忻陵墓、400万立方米容积的十三陵水库蓄能电站上水池、华北地区最大的50万伏变电站、1万亩标准化果园。

2005年，全镇农村经济总收入完成7亿元，比上年同期增长11%；企业总收入完成6.52亿元，比上年增长15.2%；工业总产值完成3.58亿元，比上年增长17.6%；上缴国家税金3389.7万元，比上年增长8.9%；人均劳动所得7800元，比上年增长6.8%；全镇经济实力进一步增强。

崔村镇现有镇级工业小区1个、村级工业大院6个，已得到市首规委的规划批准。小区重点发展科技含量高、投资规模大、效益好、无污染的企业入驻，并按企业类型划分为三个区域，一区为大型工业企业，二区为食品加工类企业，三区为高科技企业。已有4个规模较大的企业入驻。其中北京京师育联科技发展有限公司，占地73亩，总投资5600万元，总建筑面积8400平方米，价值150万元用于生产教学设备的仪器已安装完成，从德国椰鲁引进的500万元新型塑钢设备已进入批量生产，正式投产后年产值8000万元，利润800万元，税金400万元。年内，新引进企业29家，其中投资在8000万元以上的企业2家，一是盘活了现有陶瓷厂闲置资产，引进北京银盛药业有限公司，二是与北京夏都三康科技有限公司签订开发西峪村“风水坡生态观光谷”项目，总投资约为5亿元人民币。截止年底，全镇累计注册企业341家。村级工业大院成为招商引资、发展经济的亮点。6个村级工业大院入驻企业80多家，其中香堂工业大院和西辛峰工业大院列入市511工程，并通过了市级验收。香堂工业大院占地100亩，投资700余万元。有凯润塑胶制品厂、双马奥星消防设备厂、正通塑料制品厂、凯明提琴生产厂等9家企业入驻。西辛峰工业大院有乐士飘香食品厂、北京金元首饰包装厂、北京佳文金日制品公司等120多家企业入驻。

崔村镇以旅游链里的苹果产业为龙头，加强产业化基地建立，推进园林式果园建设，打造精品，在通过ISO9001认证的基础上，努力使“中华名果”享誉全国。年内，全镇果品总产量突破1000万公斤，总收入达4540万元，其中苹果总产量860万公斤，优果率达到70%以上，苹果总收入4300万元，仅观光采摘收入就达400万元，并出口到欧盟、泰国、香港等地，开创了本区苹果出口创汇的先河。年内，利用自身优势，提出了“一带”的发展计划，即自西向东，在山前打造一条观光旅游链。旅游链包括军都山滑雪场；麻峪村的恭亲王墓；香堂村的翠花山自然风景区、圣恩禅寺、东方书画院、北京太伟工贸有限公司开发的高尔夫项目；西峪村风水坡野生橡树森林；真顺村千亩观光果园、民俗旅游等旅游资源。在西起八家村，东至麻峪村的山前暖带形成了旅游休闲、健身娱乐、观光采摘等别具特色的旅游项目。

（刘富贵）

单位名称：昌平区崔村镇人民政府
地址：昌平区崔村镇
电话：(010)60721700
邮编：102212

【文化科技卫生“三下乡”活动正式启动】 1月15日，在崔村镇红苹果剧场，区文化科技卫生“三下乡”活动正式启动。启动仪式上由文化部主办，文化部社图司、市文化局承办，中国文化报、北京群众艺术馆、区文化委员会、北京市顺义区文化委员会协办的“文化部第13届群星奖获节目展演暨迎新春送戏下乡演出活动”为崔村镇人民送来了一场精彩的演出。

（殷爱华）

【举办2005年村级“两委”班子培训班】 3月11日，崔村镇2005年村级“两委”班子培训班动员会在区委党校召开，来自全镇12个村的56名“两委”成员参加为期5天的集中培训。

（殷爱华）

【召开第二届人民代表大会第七次会议】 3月30日，崔村镇召开了第二届人民代表大会第七次会议。会上，听取审议并通过了《政府工作报告》、《崔村镇人民代表大会主席团工作报告》、《崔村镇2003年财政预算执行情况和2004年财政预算（草案）报告》。

（殷爱华）

【与中美合资高新技术企业签约】 6月15日，崔村镇与中美合资高新技术企业——北京银盛药业有限公司顺利签约，该公司预计总投资8000万元，年利税可达4000万元，年收入可达2亿元。

（闫雪莲）

【召开“七一”表彰大会】 6月25日，召开了庆“七一”表彰暨先进事迹报告会，来自基层的400多名党员参加了会议，会上表彰了崔村镇2004～2005年度10个先进基层党组织、9名优秀党支部书记、20名优秀党务工作者和101名优秀共产党员。

（朱建杰）

【组织党员开展爱国主义教育活动】 8月7日，组织参加先进性教育活动的7个支部140余名党员参观了位于卢沟桥畔的中国人民抗日战争纪念馆举办的《伟大胜利——纪念中国人民反法西斯战争暨世界反法西斯战争胜利60周年大型主题展览》。参观结束后，全体党员针对如何准确理解伟大抗战精神；如何更好地加强爱国主义教育，切实落实胡锦涛总书记提出的“牢记历史、不忘过去、珍爱和平、开创未来”的指导思想；如何实践“三个代表”重要思想的，永保共产党员先进性进行了座谈。

（宋向阳）

【有线广播正式启动】 9月20日，召开“崔村镇宣传教育中心挂牌暨崔村有线广播开通仪式”，区有关领导和全镇各村的领导干部参加了开通仪式。

（朱颖杰）

【北京风水坡森林公园合作建设项目落户西峪村】 9月29日，“北京风水坡森林公园合作建设项目”的签字仪式在崔村镇西峪村举行。该项目投资2.7亿元，将解决崔村镇劳动力就业480人。

（朱颖杰）

【第二届苹果节开幕式在真顺村举行】 10月22日，由区政府、市林业局举办的昌平区第二届苹果节在真顺村举行。副市长牛有成，原国家标准化管理委员会主任李忠海，市林业局局长宋希友，区委书记赵凤桐，区长佟根柱，区人大主任任宝贵，区政协主席王振华等领导及区有关职能部门领导参加开幕式。

（殷爱华）

【苹果出口泰国】 年内，崔村镇真顺村红富士苹果以优质的品质打入国际市场，首批5万斤红富士苹果已出口泰国，可由市场价格每斤5元上提高到13元以上，可创收入65万元。

（霍红霞）

兴　寿　镇

【概　况】 兴寿镇位于首都北京正北方向，在故宫中轴北延长线上，昌平卫星城东部，与顺义区、怀柔区接壤。南距亚运村22公里，东邻首都国际机场25公里。镇域面积157平方公里，其中山区、半山区面积100平方公里，平原面积57平方公里。2005年，全镇农村经济总收入完成6.4亿元，同比增长10%；工业总产值完成3.2亿元，同比增长22.7%，工业利润总额完成2900万元，同比增长21.2%；税收完成5000万元，同比增长28.6%；镇财政收入完成1300万元，同比增长13.6%；农民人均收入实现6376元，同比增加361元。

（刘大伟）

单位名称：昌平区兴寿镇人民政府

地址：昌平区兴寿镇兴寿村

电话：(010)61726118或(010)61726158

邮编：102212

【全力做好稳定工作】 年内，针对不稳定的形势，按照区委、区政府的指示精神，结合兴寿镇的实际，确立了“团结固阵，稳步前进”的指导思想和“立足当前，干好每一天，打好三个战役，实现年底前稳定形势基本好转”的工作思路。健全信访工作体制、建立信访工作机制、加大解决信访问题力度、积极为群众办事实等措施，全镇稳定形势基本好转。

（刘大伟）

【建立信访接待大厅】 2月14日，针对兴寿镇无序上访的局面，及时建立纪检监察、信访接待、法律服务、警务工作、综合治理“五位一体”的信访接待大厅，从各部门抽调精干人员集中办公，充分发挥五个部门的整体合力。全年共受理群众来信来访294件，办结290件，其中5人以上集体访50件，全部办结。

（刘大伟）

【加强对农村经济的扶持力度】 年内，针对不稳定的形势，积极调整政策，加大对经济较薄弱村的扶持力度，通过清产核资、支持村建工程等多种形式，促进各村偿还债务430多万元，减除了各村的债务负担，增强了各村自我发展的能力，有效促进农村社会的稳定。

（刘大伟）

【开通全镇有线广播】 10月28日，全镇有线广播开通。配合有线广播的接通，成立镇宣教中心，每周二、周五进行广播。通过广播的形式，积极向群众宣传有关政策法规，用党的路线、方针、政策和正确的舆论导向教育和引导群众，凝聚人心，统一思想，鼓舞士气，营造了较好的地区舆论环境，对做好稳定工作，起到了很好的推动作用。

（刘大伟）

【启动大杨山国家级森林公园建设】 年内，完成了大杨山国家级森林公园的总体规划，启动了公园建设项目，该项目计划总投资4000万元。其中公园基础设施建设一期工程，总投资311万元，包括大门、大桥、上山游步道、人工湖景观、停车场等项目。大门建设已完工，其它工程也将在2006年“五一”前完工。大杨山国家级森林公园建设的启动将进一步改进山区的生态旅游环境,促进本镇民俗旅游业的发展。

(刘大伟)

【启动海字村铁壁沟观光园建设】 年内,投资150万元,实施了海字村铁壁沟果品观光采摘园建设项目,基础工程部分已完工。

(刘大伟)

【积极扶持民俗户发展】 年内,积极争取民俗旅游设备和资金支持,共争取电脑7台、冰柜202台、资金15万元。全年新发展民俗旅游村1个(海子村)、民俗旅游户78个,使市级民俗旅游户总数达到222个。民俗旅游全年共接待游人15.7万人次,实现收入830万元,其中仅“十一”黄金周就接待游人1.9万人次,实现收入133万元。加大对民俗旅游的宣传力度,推动了民俗旅游的快速发展。

(刘大伟)

【工业产业基地软硬件环境日臻完善】 年内,工业产业基地入驻企业20家,总占地面积41万多平方米,完成投资1.89亿元,建筑面积8.5万平方米,新增绿化面积1.6万平方米,新修道路2条,新建供热设施1座,新增规划用地400多亩,完成市级报送工作。积极为企业发展服务,为高科技企业争取资金189万元。对工业产业基地入驻企业进行系统的调查摸底,建立企业管理档案。全年新引进项目16个,其中北京天融环保(集团)公司项目,占地25亩,计划投资3000万元,已完成投资1000万元;麦庄村木器厂项目,占地28亩,投资800万。

(刘大伟)

【加快改善农业生产条件】 年内,完成总投资为400万元的兴寿镇草莓标准化生产基地建设项目;积极争取对西湖、海字、百合三个低收入村的对口支援,3个村已获得扶持资金和物资共计45.4万元;在上庄、下庄、上西市三个村,落实村级道路、果树嫁接、观光采摘等扶贫项目,共安置农村劳动力就业230人,人均增收1000元;投资23.72万元,完成了桃林、半壁店村人畜饮水工程,新打机井1眼、铺设引水管道600米,并配套了相应的引水设施。

(刘大伟)

【加快改善农村生产条件】 年内,投资50万元,完成花果山村幼儿园防护工程和海字村西主路桥涵、护坝修复工程,进行危险房屋翻建和险情处理;落实了东新城、兴寿等村的防汛排水工程;完成山区5个村的险村险户防护工程,修建护村坝7处、排洪沟2条,浆砌石工程8429立方米,工程总投资135.53万元;投资69万元,完成花果山、上庄、湖门3个村的险户搬迁工作,惠及13户、46人;投资22万元,完成了花果山村生态移民工程,安装带照明铁艺护栏480米,浆砌排洪沟550米,硬化水泥路2200平方米。

(刘大伟)

【加快改善农民生活条件】 年内,全镇有线电视网络改造完工,其中全镇三分之二村完成了入户接线工作;向区发改委申报的修建9条村级路、1条政府街、改造2座危桥等项目得到批复,共争取到资金1864万元,到位资金1320万元。完成香屯村、海字村等修路工程9项,东新城危桥改建工程正在进行中,下苑村桥建设工程将于2006年开工建设;完成百合、木厂、花果山、海字、上庄5个山区村的自来水管网改造工程。

(刘大伟)

【农业特色产业发展迈上新台阶】 年内,新发展草莓大棚200栋,使全镇温室草莓的总量达到700栋。依托兴翼农业种植中心的技术优势,在原有质量的基础上,不断增加草莓的附加值,全年草莓总产量70万公斤,实现产值1100万元。积极发挥镇草莓协会的作用,为种植户提供产前、产中、产后服务;充分利用山前暖带的区域优势,积极推进以桃林村为代表的苹果产业发展,使全镇苹果不但在规模、数量上稳中有升,而且在外观、口感等质量上得到了社会各界的一致赞誉。全年苹果产量达208.6万公斤,收入达784.7万元。在全区“鲜绿安”杯第二届苹果节上,在所设的16个奖项中，获得11项，其中包括富士苹果优质金奖1名、银奖4名、铜奖6名，还包括树王奖、果王奖、科技能手奖等其他奖项。

（刘大伟）

【投资支持教育事业发展】 年内，通过各种渠道为教育事业争取资金250万元；开展科技图书入村活动，为桃林、花果山、百合等村送去价值1万元的图书及科普橱窗、书架、桌椅等图书设备；出台《兴寿镇学生高中直接考入大专、大学的奖励办法》，对高中直接考入大专、大学的分别给予1000至3000元的奖励，共向全镇144名大专、大学学生发放奖励金22万元；为下庄学校争取资金410万元；在节日期间为教师、贫困学生送去慰问金10万元；积极筹划上苑中、小学合并事宜。

（刘大伟）

【投资建立眼科手术室】 年内，为镇卫生院争取装修、改造、还账资金280万元，新建眼科手术室一个，有效改善全镇人民的就医环境。

（刘大伟）

【成立劳动就业服务中心】 3月23日，成立兴寿镇劳动就业服务中心，对全镇农村劳动力分布的年龄段、性别、受教育程度、生产技能等情况进行调查摸底。投资8万元，加大农村劳动力就业技能培训，全年共培训农村劳动力27期、1658人，其中472人获得了初级技能证书。通过举办就业洽谈会、专场招聘会、提供就业信息、协调就业岗位等多种方式，全年共安置农村劳动力1300余人。

（刘大伟）

【成立兴奥清洁服务中心】 年内，成立兴奥清洁服务中心，治理镇内10余处卫生死角，全年清运垃圾5100吨。

（刘大伟）

【成立合同指导服务中心】 9月28日，为做好法律指导和服务工作，成立北京市首家“合同指导服务中心”，全年共受理合同咨询89件，清理各村经济合同150余件，审查村集体经济合同22件。

（刘大伟）

【全力以赴做好禽流感防控工作】 年内，认真落实区委、区政府要求，成立防控高致病性禽流感指挥部和镇级督察组，详细制定防控高致病性禽流感应急预案，对禽流感进行严密防控。投资35万元，建立高致病性禽流感防控物资储备库。禽类圈养率、免疫率、消毒率、监测率达到100%。严格执行禁止活禽交易的规定，杜绝禽流感疫情的发生。

（刘大伟）

【加强党的建设工作】 年内，以“五好创建”、“保持共产党员先进性教育活动”为重点，加强了各级党组织和党员的思想建设、组织建设、制度建设。建立农村“两委”班子干部学习培训制度；建立健全农村“两委”干部评议机制，制定《农村“两委”班子成员工作补贴及奖励管理考核实施办法》；完善驻村工作队制度。进一步完善“两长”负责制，领导包片、队长包村，及时加强对基层党员干部的指导，提高基层干部处理复杂问题的能力，更好地维护社会的稳定；坚持“党员固定活动日”和“党员义务活动日”制度，制定《关于基层党建创新的意见》，具体指导基层的党建创新工作；按照新时期“五好”创建的要求，有6个“五好党支部”和1个“五个好群众满意乡镇站所”通过了区委的检查验收；完成24个村党支部书记的补选工作，健全基层党组织；开展党务公开试点工作。

（刘大伟）

【积极推进新农村建设】 年内，平原地区积极做好半壁店村旧村改造项目、民福集团占地2000亩的房地产开发项目、肖村村南的温泉山庄项目前期准备工作，镇中心旧改正在抓紧洽谈；以花果山村为试点的和谐村建设进展顺利；以沙坨村为试点的农村产权制度改革进展顺利。

（刘大伟）

【制定全镇第十一个五年规划】 年内，根据区委、区政府编制“十一五”规划的具体要求，紧密结合全镇实际，科学制定了全镇经济和社会发展的第十一个五年规划。规划既突出战略性、宏观性和政策性，又突出可操作性、实践性，是今后一个时期全镇经济和社会发展的重要指导文件。

（刘大伟）

【花果山村积极推进和谐村建设】 年内，花果山村被确定为区和谐村试点。试点工作进展顺利，相关规划正在逐步完善，与此同时，该村开展了党务公开试点工作。

（刘大伟）

【沙坨子村农村产权制度改革进展顺利】 年内，沙坨子村被确定为农村产权制度改革试点村。方案已经确定，相关人员核定、老股金核定等工作正在进行。

（刘大伟）

东小口镇
（东小口地区办事处）

【概　况】 东小口镇、东小口地区办事处辖区面积32.2平方公里，下辖16个行政村，区域内有17个居民小区，18个居民委员会，48家中央、市属企事业单位及驻军、23家镇属企业，派出所2家，中学由原来1家增加到3家，小学由原来6家增加到7家，派出所2家，工商行政管理所1家，一级以上的医院由原来的3家增到5家，敬老院1家，农村信用社、农业银行、工商业银行、交通银行由原来的6家增至到12家，在区域内注册的企业有1000余家，总人口已达到279978人，其中居民小区口199397人，行政村业人口10438人，非农业人口7583人，流动人口62560人。经过一年来的调整，东口地区的经济结构发生了很大的变化。

2005年，东小口镇完成农村经济总收入9.45亿元，比上年增长12.2%，完成企业总收入7亿元，社会消费品零售额为2.3亿元，居民人均可支配收入为11199元。随着东小口地区办事处的成立，城市化进程的加快，职能的转变，东小口镇政府、东小口地区办事处将围绕建设新型的和谐社区、建设社会主义新农村为根本宗旨，使东小口地区成为昌平区的亮点。

（金文亮）

单位名称：昌平区东小口地区办事处、昌平区东小口镇人民政府
地址：昌平区东小口地区办事处中滩村386号
电话：(010)84811902
邮编：102209

【召开第二届人民代表大会第六次会议】 3月31日，召开东小口镇第二届人民代表大会第六次会议，大会审议并通过了政府工作报告、2004年财政执行情况、2005年财政报告和人大报告。补选了东小口镇副镇长，大会应到51人、实到49人。

（姜玉鑫）

【召开纪念中国共产党建党84周年大会】 6月30日，召开东小口镇纪念中国共产党建党84周年大会。会上对兰各庄等10个先进党支部、77名优秀共产党员进行了表彰。

（杜淑净）

【召开纪念中国人民抗日战争胜利60周年老同志座谈会】 8月13日，召开纪念中国人民抗日战争胜利60周年老同志座谈会。参加大会的有镇领导、天通苑离休老干部、驻军、派出所等110人。会上11名参加过抗战的老前辈们讲述了他们的亲身经历，告诉大家一定要牢记历史、不忘过去、真爱和平、开创未来，为实现中华民族的伟大复兴做出更大的贡献。

（金文亮）

【城管大队东小口地区办事处分队正式挂牌成立】 12月16日，区城管大队东小口地区办事处分队正式挂牌成立，它的成立是深化城市化管理体制改革的重大举措，标志着东小口地区城市化管理工作进入了一个崭新的时期。

（贺玉江）

【成立信息办公室】　12月23日，召开东小口地区办事处信息工作会。随着中心工作由农村向社区的转移及城市化的迈进。为了能够准确地反映办事机构、农村、社区等方面的基本情况，促进本地区信息工作的规范化和制度化，成立了信息办公室，是本区首个镇级单位成立的信息办公室。

（贺玉江）

【立汤路天通苑段全线通车】　3月12日开工建设，12月28日，立汤路天通苑段全线通车。该路为双向六车道城市主干路，沿线增加了8座行人过街桥和8个港湾停车站，缓解了天通苑行车难的问题。

（贺玉江）

南　邵　镇

【概　况】　南邵镇位于明十三陵南麓，十三陵水库下游，昌平卫星城东3公里处。全镇总面积35.18平方公里，下辖16个行政村，镇域内有2个居民小区，16个村委会，1所中学、4所小学，镇级医院1所、村级卫生室24个，敬老院1所，北京市商业银行1所，在镇域内注册的企业有262家。全镇总户数5938户，常住人口15332口人，其中农业人口12214人，非农业人口3118人，从业人员8041人，外来人员4522人。全镇农业用地面积18079亩，粮食总产量179.7万公斤。种植蔬菜面积2384亩，蔬菜总产量1399.9万公斤。果园占地面积4620亩，果品总产量330.4万公斤。年内完成国内生产总值2.85亿元，比上年同期增长5%；全镇农村经济总收入完成7.85亿元，比上年同期增长13.2%；人均劳动所得完成8711元，比上年同期相增长8.2%；上缴国家税金实现了3309万元，比上年同期相增长21.8%；外贸出口交货额完成了4702万元，比上年同期增长7.9%；农村各项存款余额突破了2.94亿元，比上年同期长了24.0%。镇级财务收入实现1500万元，比上年增长40%。

（李兆明）

单位名称：昌平区南邵镇人民政府
地址：昌平区南邵镇南邵村
电话：(010)60732264或(010)60732234
邮编：102200

【大力发展有机农业】　年内，根据区政府关于推进有机农业发展意见，全面提升农业生产能力，开发有机食品。以南地绿都种植场为龙头向周边发展推广有机肥的使用，共使用有机肥1500亩，投入生物有机肥1000吨、干鸡粪80吨、湿鸡粪3050方，纯羊粪2000方。通过有机肥的实施力度，蔬菜质量得到明显的改变，得到社会广大用户的认可。年内全镇种植蔬菜2384亩，蔬菜总产量1399.9万公斤，全镇出售的蔬菜价格比市场价格高出近1倍，平均每亩增加收入300至500元。苹果套袋840万个、梨袋5万个、葡萄袋3万个。各标准化果园每亩投入有机肥4立方米，全镇共投入鸡粪1000余吨，羊粪1500方、牛粪1400方、鹿粪600方。推广使用台湾产“农保赞生物有机肥”500亩。提高果品质量及果品收入，好果率达到75%，果品产量达350万公斤，产值650万元，比上年增加25%。

（李兆明）

【多渠道促进村级经济发展】　年内，采取措施促进村级经济发展。一是建立奖励政策，村级经济在2004年的基础上，每增加10万元，奖励村干部5千元；增加20万元以上奖励1万元。二是盘活现有资产，出租厂房、场地提高收入。三是根据卫星城东扩的规划要求对外合理租赁土地，提高土地的回报率。四是加强管理，提高集体经营效益。

（李兆明）

【强化土地管理工作】　为配合昌平卫星城新城东区建设，依据相关的法律法规，严格土地管理工作。一是镇政府与16个村分别签订了土地管理责任书，进一步明确责任；二是组建17支土地管护队伍,共计276人;三是设立举报箱及举报电话,便于群众发现违建及时举报。年内,全镇共调处宅基地纠纷45起,下发违建停工通知书26份,有效保护了镇域内土地资源的合理利用。

(李兆明)

【有针对性地解决百姓关注问题】 年内,以推进村级财务公开化、村级决策民主化、村民利益最佳化为工作重点,解决深层次的焦点、难点和重点问题。在村级财务公开方面每月将收入、开支、节余情况列出清单,除在公开栏全面公开外,还发放到每一名党员和村民代表手中,公开接受监督和质询。本年没有发生一起因财务公开方面引发的上访现象。坚决按照区委、区政府关于健全和完善村务公开和民主决策的规定去执行,凡是与村民切身利益密切相关的事项如:村集体土地征占、承包、租赁,集体资金处理、村干部报酬、村公益事业建设等都实行民主决策,以村民代表大会或户代表投票形式决定。严格执行有关政策,保证按时足额发放征地款、承包费、租赁费,并提前公示,使广大村民得到收益,做到清楚明白。

(李兆明)

【统一思想,入户做好群众工作】 为扎实有效的做好昌平卫星城东区建设的基础工作,镇党委从努力转变镇、村干部和基层广大党员、群众的思想、认识入手,"以紧抓昌平卫星城东扩历史机遇,全力推进南部城市化进程"为突破口,分别对镇机关副职以上领导干部、科级以下机关干部、村级两委干部、区、镇人大代表和村党员、村民代表等进行了不同层次的宣传教育并统一思想。针对昌平卫星城东区征地标准及相关配套政策进行入户宣传征求意见,11月底至12月中旬,抽出33名机关干部与各村村民代表一道入户进行宣传,共入户9个村2452户,支持东扩征地政策户为2375户,占97%。为昌平卫星城东区建设奠定了良好的群众基础。

(李兆明)

【强化技能培训,拓宽就业渠道】 年内,共举办劳动技能及实用技术培训9次,累计培训500人,支出培训资金26万元。采取有力措施促进就业。举办招聘会21次,有400人得到就业安置。建立村级就业安置奖励机制,充分调动村"两委"安排本村劳动力就业的积极性。组建镇、村治安巡防队,环卫队、土地资源看护队,生态林管护队、灭火队,安置就业人员476人;通过招商洽谈建845、919车站,优先安置本镇劳动力110人。全镇新增就业总人数达2359人。

(李兆明)

【实行绩效考核提高村两委素质】 年内,为全面贯彻党的路线、方针、政策,努力提高村两委班子成员的政治思想和工作业务素质,针对本镇村级两委班子成员的政治理论和工作业务水平的实际,对村级两委班子成员实行月绩效考核制度,将镇党委、镇政府要求各村两委班子成员应该完成的各项工作以百分制的形式,分别予以量化,按月进行考核。

(李兆明)

【推进全程办事代理工作】 年内,全程办事代理工作人员共办理各种事项1310份,上网办结1310份,办结率100%,群众满意率达100%。全程办事代理工作延伸到16个村,每个村都有一名全程办事代理办事员,村民有事儿不出村即可有人代为办理。

(李兆明)

【张各庄见义勇为两青年受表彰】 9月16日上午,区民政领导到张各庄村委会,向8月2日下午3点在京密引水渠张各庄大桥下连救两名落水儿童的该村见义勇为青年张文岩、张洪蕾颁发了"北京市见义勇为人员证书",分别发放了2000元奖金、鲜花和纪念品。并表扬了两青年的见义勇为行为,勉励他们发扬见义勇为的好精神,多为社会做贡献。

(李兆明)

【做好"十一五"规划编制工作】 按照区政府的工作统一部署,认真做好"十一五"规划编制工作，成立工作领导小组，组建编写小组，召开5次不同形式的座谈会，广泛征求社会各界人士的意见，并根据本镇未来的发展目标，确定出“十一五”发展规划方案，按时保质保量完成了编制工作。

（李兆明）

【开通有线广播成立宣教中心】 11月4日，镇宣教中心揭牌暨有线广播开通。年内，我镇先后投资32万元，用于镇级广播设备、村级设备和机房装修等。全镇16个村，除张营村使用无线播出方式外，其余15个村均使用有线播出方式。镇宣传教育中心、社会舆情工作室，昌平人民广播电台、昌平电视台、《昌平周刊》、昌平新闻网驻南邵通联站正式启动。有线广播设立《南邵动态》、《法制园地》、《农技之窗》、《生活百科》、《文化广场》等栏目。每周播出两次，重播两次。

（李兆明）

【姜屯村以“公开、公正、务实”推动和谐村建设】 姜屯村在创建和谐村过程中，各项工作坚持公开、公正、务实，切实把维护农民利益作为本村建设发展的出发点和落脚点，有力地推动了和谐村建设工作。以“公开”促和谐。姜屯村作为南邵镇和谐村试点，坚持做到“三公开”。即村务公开、财务公开、村干部考核评议公开。村中专门制定了《财务监督制度》，成立了民主理财小组，实施对村务和财务管理的监督。坚持每月月底召开一次村民代表会，由“两委”向全体村民代表通报一个月来的村务、财务情况，并把当月帐目明细表发到每名村民代表、党员手中。党员或村民代表如有疑问，可当场提出，由村民主理财小组解答。民主理财小组解释不清的，由所负责的村干部进行解答，多数村民代表认为不合理的，村干部按谁经手谁负责的原则，自己掏腰包。年底，村“两委”将村干部考核评议表和征求意见表送到每家每户，由村民以无记名的形式填写密封后，统一投入考核箱内。再由专人统计后，上报镇党委备案。将征求上来的意见进行分类汇总，召开“两委”会进行专题研究，制定整改措施，并以村民代表会的形式及时向村民反馈。年内，村干部考核评议群众满意率平均达到60%以上。以“公正”促和谐。姜屯村坚持村政大事由村民代表举手表决，对村民代表不同意或有异议的事，进一步调查研究，一切从维护全体村民的切身利益出发。对涉及村民个人的事项，如困难户评选、政府救助、低保户评选等，由村民代表采用无记名投票的形式选出。以“务实”促和谐。姜屯村把解决老百姓最关心、最直接的生活问题作为创建和谐村的着眼点和切入点，先后进行了“一池一改一站”和“两场三化”建设。“一池”是指为广大村民修建了大众浴池，男60岁、女55岁可享受免费洗澡，解决了村民的洗澡问题。“一改”是指免费为121户村民进行改厕。“一站”是投资18万元修建了村卫生服务站，方便了村民就医。

（李兆明）

流　村　镇

【概　况】 流村镇地处太行山与燕山余脉交汇处，东与南口镇毗邻，东南隔阳坊镇与海淀区相望，西北与门头沟区和河北怀来县接壤，东西狭长，三面环山，区域面积257平方公里，占全区总面积的19%，林木绿化率86.46%。99%的地区空气质量一级。全镇下辖28个行政村。年底，全镇户籍人口18991人，其中农业人口16428人，非农业人口2563人。2005年，全镇以经济建设为中心，全力打造绿色生态和谐宜居新流村。全面落实科学发展观，以实现“强镇兴村富民”目标。

（马　佳）

单位名称：昌平区流村镇人民政府
地址：昌平区流村镇北庄村东
电话：(010)89771182
邮编：102204

【发展规划进一步完善】 年内,为实现流村镇可持续发展,镇党委、政府抓住北京市规划整体修编的机遇,对全镇的整体规划进行了调整,确定符合本镇实际的发展思路,坚持“生态立镇,农业稳镇,工业强镇,旅游活镇,科技兴镇”发展战略,全力谋划“一城三区”。“一城”,即与北京国际大都市相对接,与昌平卫星城建设相配套,规划建设符合各类人群居住的绿色生态环保小城镇;“三区”,即:依托流村自然、人文资源,建设高品位的生态休闲旅游区;整合各种要素,建设就业富民工业区;依托特色果林资源,围绕生态保护,建设高效生态观光农业区,实现养山富民目标。按照“一城三区”建设布局,首先抓好规划的落实,相继完成了2004~2020年镇域规划,重新修编了2010年前的流村镇土地利用总体规划,调整了镇中心区规划,聘请海外投资公司对全镇的“十一五“规划进行了编制,使规划更加科学、合理,符合流村发展的实际,符合大环境对流村今后发展的要求。

(马　佳)

【经济指标实现稳中有升】 年内,全镇经济克服禽流感疫情、土地市场整顿与市场宏观调控所带来的影响,继续保持了持续稳定发展。全镇农村经济总收入完成5.54亿元,同比增长12%;财政税收完成4065.6万元,同比增长32.1%;人均劳动所得达到5270元,同比增长10%。

(马　佳)

【党的先进性建设全面加强】 年内,以农村“五个好”建设为目标,确定“抓班子,带队伍;抓思想,转作风;抓党员,树形象,抓基础,创一流”思路,以先进性教育工作为抓手,开展困难党员“一帮一”、革命歌曲大家唱、“廉政文化入村、警句格言促廉”等教育活动,使党员领导干部的综合素质和执政能力得到明显增强,农村党组织的凝聚力、战斗力、创造力全面提升,党员的先锋模范作用得到有效发挥,促进了全镇各项工作的顺利开展,为经济的快速发展和社会各项事业的稳步推进提供了有力的组织保障。

(马　佳)

【镇村环境面貌明显改观】 年内,在全镇范围内,逐步实施全方位立体保洁,垃圾日产日清,环卫专业化作业,做到村收集、镇运输、区消纳,确保垃圾不暴露、不积压。全镇安排保洁人员就业119人,拥有清运车辆5辆,设置密闭性垃圾桶1020个,建设垃圾房68座,二级公共厕所5座,平均每月清理运输垃圾500吨左右。通过实施垃圾封闭无害化消纳处理工程,全镇环境卫生质量有了明显的提高,镇村面貌得到极大改观。

(马　佳)

【扶贫工作取得新进展】 年内,为使新的一轮扶贫工作达到产业发展、农民增收的目标,镇政府一抓发展思路,帮助低收入村研究确定功能定位,确定产业项目,理顺发展思路,为在新的一轮扶贫工作中取得实效奠定了基础;二抓产业项目发展,老峪沟、禾子涧、长峪城和韩台、王峪、北照台等村的旅游发展项目和种植业发展项目度取得了形象性进展;三抓项目申报,结合低收入村所报的发展项目,协调区财政部门进行立项,以此争取政策资金,使得人畜饮水等村级建设项目有了政策资金支持;四抓扶贫资金落实,通过扶贫会议落实扶贫资金221万元。

(马　佳)

【人畜饮水改造工程】 年内,全镇18个村、3313户、10010人,实施了人畜饮水改造工程。投资250万元,打机井6眼。安装主管道48711米,支管道98531米,出水头3342个,砌阀门井3342个,新建蓄水池11座,共500立方米,总投资365万元。全镇17个村人畜饮水改造工程基本完成,剩余的1个村将于2006年上半年完成。实施了王家元水库除险加固工程,确保水库下游部分村人民生命财产安全。

(马　佳)

【路网改造修建工程】 年内,在市、区政府及有关部门的支持下,重新修建市级公路南雁路和高秦路，公路总里程35公里，总投资1000多万元。市区重点工程北禾路建设工程，市投资5000万元，区投资3000多万元，修建的全长23.5公里的北禾路建设工程，第一标段路基整治工程基本完工，二、三标段招投标完成，相继开工。改造区级和镇级连村道路工程，工程共涉及12个村、3545户、9750人，共投资630万元，实施路网改造12条，建设道路总长29010米，总面积97150平方米。

（马　佳）

【山区险村险户防护、搬迁、生态移民安居工程】　年内，完成了泥石流易发区农户搬迁工程，涉及瓦窑、溜石港村，共10户，41人，全部完成搬迁任务，通过了区有关部门的验收。完成生态移民工程12项。完成泥石流和洪水易发区综合防治工程7项，5个村，226户，714人，总投资215.99万元，区补助资金191.17万元，确保山区人民生命财产安全。

（马　佳）

【农村劳动力培训工程】　年内，全镇完成培训1334人次，其中岗前培训137人，完成烹饪、建筑维修、电工职业技能培训200人，实用技术培训997人；市场营销、李子树修剪、枣树修剪、柿子树修剪、旅游培训、仁用杏修剪、手工编织、家政、鸡病防治等农村实用技术培训997人，引导性培训900人，职业技能培训就业率是91%，就业人数308人。

（马　佳）

【政府周边亮化、绿化、美化工程】　年内，在迎宾路南口建设彩虹桥一座，将迎宾路、创新路、振兴路全部改造成太阳能高压钠灯，共安装节能路灯128盏、太阳能华表灯2盏。对道路两侧绿化带重新改造，移栽国槐、油松树木220多株，新栽种上了金叶女贞、红叶小檗、小叶黄杨、大叶黄杨绿化树种。

（马　佳）

【农村医疗卫生设施建设工程】　年内，完成了漆园、南流、西峰山、马刨泉4个村的社区卫生室建设，对23个村的医疗点实施了药品配送。全镇医疗卫生设施日加完善。

（马　佳）

【文体活动广泛深入】　年内，全镇共开展大型文化、先进性宣传教育活动5场，先后举办了《庆七一文艺节目汇演》、《红心向党唱赞歌革命歌曲大家唱》、《燕山情情暖昌平走进流村》、《正月十五秧歌花会表演》等大型活动，起到了以活动凝聚人心，以活动教育人民，以活动促进稳定，以活动加快发展的作用。

（马　佳）

马池口镇

【概　况】　马池口镇紧邻昌平卫星城，属中关村产业开发区昌平园。全镇总面积58.4平方公里，辖20个行政村，1个社区居委会，镇内有国有、市属企事业单位29家，总人口近5万人。马池口镇区位优越，交通发达。八达岭高速、颐南公路纵穿南北，北京六环路横贯东西，京包、京通铁路在此设客、货两用车站，发达的交通和优越的市政基础条件为经济发展奠定了基础。110千伏变电站、日供水1.5万吨供水厂已投入使用；自筹资金建设的高等级公路——水南路、天然气管道已经建成；通讯、邮政设施日趋发达；马池口镇已经成为京郊投资置业的热土。2005年，全镇实现工业总产值7.38亿元，增长19.4%；工业销售产值6.58亿元，增长19.5%；企业总收入7.48亿元，增长17.2%，企业增加值1.5亿元，增长14.1%；企业利润总额3718万元，增长12.6%；工业利润2739万元，增长28.5%；农村经济总收入10.74亿元，增长15.8%。税收和财力持续增加，税收创历史新高，达到1.36亿元；财政收入5393万元，增长16%；人民生活进一步改善，新增就业955人；农民人均劳动所得6945元，增长8.3%。

（刘志刚）

单位名称：昌平区马池口镇人民政府
地址：昌平区马池口镇北小营村东
电话：(010)60758401或(010)60758411
邮编：102202

【召开2004年度总结表彰大会】 1月23日，召开2004年度总结表彰大会。会上，总结了2004年度工作并对北京华彬庄园绿色休闲健身俱乐部有限公司、北京首钢红冶钢厂等10家属地纳税十强企业及就业安置先进单位进行表彰，分别给予5000至10000元的奖励。

（朱本红）

【认真做好禽流感防控工作】 年内，制定防控禽流感应急方案，做到组织、人员、任务三落实，认真做好全镇辖区内禽类规模养殖场防疫工作，仅用10天时间，对全镇20个村的散养户的6335只鸡、鸭、鹅等禽类进行了再次免疫，清理鸡、鸭、鹅等禽类1200只，禽类免疫率达到100%。

（谷千秋）

【召开"两会"期间维护稳定工作会】 3月1日，召开"迎两会保安全、维护农村稳定"工作会，全镇各村、企事业单位、中央市属单位的一把手及村民主任参加了会议，并与镇党委、镇政府签订了社会治安综合治理、安全生产、消防及反邪教等工作责任书。

（史晓华）

【开展学雷锋树新风活动】 3月4日，为弘扬雷锋精神，倡导社会新风，镇武装部联合团委、科协、司法、安委会等部门与北京吉利大学志愿者协会于北小营村街心公园开展"学雷锋树新风"活动。此次活动，共向过往群众发放各种宣传材料2000余份，接待法律、医疗等方面的咨询60余人次。

（朱本红）

【召开第二届人民代表大会第六次会议】 3月27日，召开第二届人民代表大会第六次会议。全镇52名代表、各村党支部书记及镇机关科级以上干部及参加了会议。会上，听取和审议了政府工作报告、财政预决算报告和镇人大主席团工作报告，并补选了一名副镇长。此次会议代表们提出建议和议案共计13条。

（谷千秋）

【北小营村社区服务中心正式建成并投入使用】 年内，北小营村社区服务中心正式建成并投入使用，共吸纳200人就业。社区服务中心总投资达2100万元，建筑面积1.5万平方米，服务中心内集餐饮、娱乐、百货、旅店等多种行业为一体，其中农业银行、马池口镇全程代理办事大厅在此办公。

（谷士兰）

【召开农村集体经济产权制度改革试点工作动员会】 4月16日，马池口镇农村集体经济产权制度改革试点工作动员会在百泉庄村召开。区镇主要领导及百泉庄村300多名村民代表参加了会议。会上，就农村集体经济产权制度改革的相关知识给与会人员进行了详细讲解。

（朱本红）

【深入开展法制宣教月活动】 年内，投资2万余元，深入开展法制宣教工作，民主法制建设进一步加强。开展法制宣传教育17次，包括举办法制专题讲座4次；法制培训5次；大型法制宣传、咨询活动8次。发放各种宣传材料2.2万份，发放《信访条例》9000册，法制宣传光盘8000套，《信访条例》和法制宣传光盘全部发放到户；对全镇进行了5次民事矛盾排查，调处纠纷80起、疑难纠纷36起；开展两劳帮教工作和社区矫正工作。

（谷士兰）

【做好农村劳动力就业和技能培训工作】 年内，完成农村劳动力基本情况调查工作，全镇农村劳动力11477名，其中未就业2185名；完成电子信息录入，实现劳动力信息化动态管理；接收农村求职357人，安置就业431人，完成计划的123%；举办各类实用技术培训班12次，劳动力技能培训553人，超额完成全年培训任务。

（谷千秋）

【创新基层组织建设工作】 年内，在基层组织建设中不断探索新路，深化党组织建设创新工作：一是创新对村级干部的管理；二是创新村级后备干部选拔任用方式；三是创新村级民主管理、民主决策机制；四是创新党员教育经常化的方式；五是创新党员管理内容；六是创新党员发展工作内容。

（理海山）

【圆满完成夏粮直补款发放工作】 年内，高度重视夏粮直补发放工作，组织人力认真进行基础工作调查，对所属村庄、农户、种植面积、补贴金额等项目进行了公示，经区农委批复后及时发放。此次直补共涉及 14 个村，590 户，总面积为 3534.7 亩，补贴金额 21.02 万元。

（谷千秋）

【开展食品卫生、食品安全法律法规执法检查活动】 年内，马池口镇人大联合区卫生局卫生监督所执法五队及镇政府有关职能部门对镇域内 5 家单位的食堂和餐馆进行了食品卫生与安全综合执法检查。检查中，分别对被检查单位卫生许可证、食品存放与质量、操作间卫生状况、水池数量与标识、人员的健康证等重点进行了检查，对达不到标准要求及个别卫生有死角等问题出具了通知单和监督意见书，要求其限期整改，情形严重的要追究责任并待和议后作出相应的处罚。

（史晓华）

【土地矿产资源保护队伍正式上岗】 6 月 1 日，成立由 269 人组成土地矿产资源看护队伍并正式上岗，此队伍包括镇直管队伍 40 人，各村看护人员 229 人，看护人员由国土资源局昌平分局及区水务局联合签发了《昌平区土地矿产资源看护证》，确保了全镇 58.4 平方公里土地资源全部责任到人。

（谷千秋）

【开展村级领导干部廉洁从政专项检查活动】 年内，按照区纪委关于在全区村级领导干部中开展廉洁从政专项检查活动的意见，结合本单位实际制定了具体的专项检查活动意见，成立领导小组和检查组，认真抓好落实，对各村的财务进行统一检查，并结合财务检查情况和村干部自查情况，通过个别谈话、召开座谈会、查阅会议记录、公布举报电话、设立意见箱等形式，深入到各村进行实地检查，广泛征求群众的意见和建议，全面了解村干部的廉洁从政情况，确保此项活动落到实处。

（李俊荣）

【开展“十星级文明户”创建评比活动】 年内，根据“十星级文明户”评比活动意见，在全镇开展评比活动。评比活动严格走民主程序，按照“各户申报自评、群众参与互评、两委会审评、张榜公示”的办法，全镇共评出“十星级文明户”4948 户，占总户数的 69.2%，镇党委、政府对于当选“十星级文明户”给予每户 50 元的奖励，奖励资金共计 24.74 万元；对 13 个维护稳定先进村的 5075 户，每户给予 50 元奖励，共计 25.38 万元，两项合计投入资金 50.12 万元。通过开展评比活动，有利地提高广大群众的整体素质，化解了干群矛盾，对维护全镇社会稳定、推动农村经济发展起到了积极地推动作用。

（谷士兰）

【举办“横桥家园明天更美好”消夏晚会】 年内，横桥村党支部、村委会于横桥村文化广场内举办了以“横桥家园明天更美好”为主题的消夏晚会，谷文月、姚宗儒等著名表演艺术家义务参加演出，镇主要领导及 1000 多名村民观看了演出。

（谷士兰）

【启动广播音频制作播出系统】 年内，镇党委投资 20 多万元更换了高质量的音频制作和音频广播系统，实现了播音设备的正规化、系统化、专业化。对全镇 20 个村的广播设备进行了更新和维护，使得广播村村通，并于 8 月 4 日正式启用，开辟了“保持共产党员先进性教育专题”、“农民致富信息”、“法制园地”等 10 多个群众喜闻乐见的节目，分别在早晚两个时间段播出。

（谷士兰）

【开展扶贫济困送温暖活动】 年内，按照区民政局的统一部署，在全镇掀起了以"携手慈善，共创和谐"为主题的扶贫济困送温暖活动，全镇广大党员、干部、群众踊跃参加捐款捐物，共捐款3万多元，捐衣物近3000件。

（朱本红）

长 陵 镇

【概　况】 长陵镇位于昌平区北部山区。1997年12月原长陵乡与原黑山寨乡合并为长陵镇。东与兴寿镇、崔村镇接壤，南、西两面倚十三陵镇，北与延庆县大庄科乡、二道河乡交界，地势西北高、东南低，全镇最高处大北梁，海拔940米。镇域总面积143.6平方公里，森林覆盖率达85%，空气质量一级。全镇下辖30个行政村。年底，全镇户籍人口5181户，14797口人，其中农业人口13282人、非农业人口1515人。2005年，长陵镇党委、政府紧紧围绕"旅游强镇，生态富民"的工作目标，充分发挥自身优势，努力用足用活党的各项富民政策，积极整合镇域内的资源。以开展"保持共产党员先进性教育活动"为契机，以构建和谐社会为重点，认真开展各项工作，取得经济稳步发展，社会基本稳定的好局面。年内，农村经济总收入完成4.35亿元，比上年同期增长12.4%；人均劳动所得完成5937.8元，比上年同期增长459.9元；完成税收1.7亿元，比上年同期增长141.2%。

（杨福军）

单位名称：昌平区长陵镇人民政府
地址：昌平区长陵镇景陵村西
电话：(010)60761127或(010)60761833
邮编：102213

【基础设施建设得到进一步加强】 年内，在完成全镇30个村有线广播村村通工程、延寿寺旅游景点、大岭沟里桃园旅游景点和燕子口登山观景基础设施建设一期工程的同时，启动水网改造工程、路网改造工程和中小学改建工程。其中水网改造工程投资801.8万元，解决9个村管道老化和污水处理问题；路网改造工程投资1119.2万元，整修上黑路，燕康路和永陵、献陵、茂陵、德陵等五个村的村中路。长陵学校改建工程已开始动工。

（杨福军）

【安全生产工作成效显著】 年内，加大安全稳定工作力度，增加了人员、配备了车辆，先后与镇村、企事业单位签订安全责任书354份，安全生产责任书300余份；对问题较多的分水岭和黑山寨两村金矿洞口启动了封堵预案。

（杨福军）

【防汛工作落实到位】 年内，完成全镇泥石流易发区7户搬迁工作；垒防洪护村坝6195.4米，泥石流挡土墙2566.3米，修建排水桥涵11座，除险户326户，1168人，房屋2062间。

（杨福军）

【动物防疫工作顺利完成】 年内，为有效控制本镇发生重大疫情，集中对猪、羊、牛进行口蹄疫免疫，对禽类进行禽流感免疫，免疫率均达到100%，同时投资48万元完成了全镇散养禽类的屠宰工作。

（杨福军）

【稳定工作深入开展】 年内，为进一步保证地区稳定，镇党委充分发挥"五位一体"保稳定的工作机制，落实领导包案和领导干部信访接待日制度，加大信访排查力度，对于存在突出问题和出现不稳定因素的村，成立工作组，到村入户，解决问题，化解矛盾。共成立10支工作组入村开展工作，使大部分突出问题得到了解决，保证了地区稳定。全年，全镇共受理来访104批381人次，其中集体访19批225人次。

（杨福军）

【富民工程进展顺利，农民收入不断增加】 年内，组织实用技术培训班40期，2510人，推介外出就业人员399人，本镇安置"4050"人员就业64名、生态林管护人员990人、协管员56人、社会治安巡逻员120人，安置其他人员34人。完成了京津风沙源爆破造林400亩；发放退耕还林补助资金53万元，粮食160万公斤；完成柿树落头6.6万余株；完成传统果品嫁接100多万株。完成燕子口小流域治理一期工程1900米、黑山寨小流域综合治理沟道护岸1600米，护堤坝2300米；启动锥石口至茂陵、德胜口桥至昭陵河道的治理工程；为碓臼峪水厂配备井房一座、变频设备一台。成立全区首家具有法人资格的“北京昌平金秋民俗旅游协会”，有会员单位18家，会员100户。积极争取市、区旅游局的支持为每个民俗村配备电脑一台，为民俗户配备了冰柜。为进一步发展民俗旅游事业，在“十一”黄金周到来前，成功举办了“长陵镇第一届民俗文化节”，并取得实质效果。全年，全镇民俗旅游接待人次358108人次，比上年同期增加38093人次，总收入2039万元，比上年同期增长14.2%。

（杨福军）

【制定和完善各项规章制度，规范基层组织工作】　年内，制定和完善《争创五好支部奖励政策》、《村务公开和民主理财民主决策的规定》、《村级组织印章使用管理制度》、《村级干部坐班制度》等多项管理制度，开展“创建村务公开民主管理示范单位”的活动，进一步规范了村级各项工作。

（杨福军）

【支持协会建设，创新基层组织工作】　年内，在已成立的镇民俗旅游协会的基础上，针对板栗销售难、价格低的问题，南庄村党支部在镇党委的帮助指导下，分别成立板栗销售协会和农业技术服务协会，为农民拓宽板栗销售渠道，增强抵御市场风险的能力，改变增产不增收的局面。

（杨福军）

【开展党组织帮扶、关爱工作】　年内，建立六项帮扶关爱机制。一是成立党员互助会，设立爱心互助基金，捐款筹资近万元，并对本镇3名困难党员发放了5000元的扶困资金补助，把党组织的关心落到了实处。二是开展“一助一”帮贫活动，建立“一助一”台帐。机关71名党员干部每人联系一户贫困家庭与之结对子，为贫困户解决实际困难，帮助他们尽早脱贫致富。三是扶助弱势群体，保障生活需要。积极协调区民政局和有关单位，帮助弱势群体解决实际问题。争取资金95万元，办理重度残疾人生活补助335人、为3名白内障患者做手术、修缮13户优抚对象和困难户的危房、发放救济粮62吨，为全镇323户城、乡低保户发放最低生活保障金53万余元。四是关心教育事业，落实奖励政策。为24名贫困学生争取“明德”奖学金和“希望工程1+1”奖学金1.1万元；为3名贫困学生发助学金7000元。五是建立关心、关爱老干部、老党员制度。制定了老党员、老干部定期走访慰问制度和老干部每季度活动联谊制度。

（杨福军）

【召开2004年度总结表彰大会】　1月26日，召开2004年度总结表彰大会。对8个先进党支部、46名先进个人、89名优秀共产党员、900户星级户进行了表彰

（刘　超）

【举办无电视低保贫困家庭捐赠电视机活动仪式】　2月6日，昌平房地产开发总公司向长陵镇65户无电视低保贫困家庭捐赠电视机活动仪式在长陵镇政府举行。区有关领导出席了捐赠活动。

（刘　超）

【召开第二届人民代表大会第六次会议】　2月25日，在全区率先召开第二届人民代表大会第六次会议，进行了镇人大主席补选工作。

（刘　超）

【国外友人到民俗户考察】　4月16日，挪威儿童和家庭事务部部长莱拉·道维、挪威儿童和家庭事务部司长阿尼·豪尔、挪威外交部性别平等高级顾问古乐·维克等一行5人组成的考察团，在市人口计生委办公室主任刘磊

的陪同下，到长陵镇麻峪房村独生子女民俗旅游户家中考察。

（刘 超）

【遭受冰雹袭击】 6月7日，长陵镇30个村遭不同程度冰雹袭击，冰雹最大直径达3厘米，持续时间长达15分钟，使农林业生产遭受损失较重。

（徐新蕾）

【成立板栗协会】 6月16日，长陵镇南庄村由50户农民自发组成的隆盛达利民板栗协会正式挂牌。区林业局、农委、民政局、科委和长陵镇等有关部门主要领导参加了这次挂牌仪式。

（刘 超）

【举办第一届民俗文化节】 9月20日，由区旅游局和长陵镇政府主办的长陵镇第一届民俗文化节在长陵镇黄泉寺村开幕。市旅游局副局长于德彬、区委书记赵凤桐、区政协主席王振华等领导参加开幕活动。

（刘 超）

【举行"数字家园"开通仪式】 11月22日，举行全区第一个建立的镇级"数字家园"开通暨网络和计算机技术培训启动仪式。市信息办副主任李洪、市信息办推广应用处处长吴钢华参加了启动仪式。

（刘 超）

十三陵镇

【概 况】 十三陵镇位于昌平区西北6公里，毗邻京包铁路和八达岭高速公路，108、110国道贯穿全镇南北，北与十三陵世界文化遗产——明十三陵相邻。全镇总面积68平方公里，下辖16个行政村和2个居委会，总人口13480人。农业人口9659人，非农业人口2121人，外来人口1700人。全镇共有劳动人口5877人。2005年全镇农村经济总收入67243.8万元，同比增长12.1%；农村人均劳动所得6076.62元，同比增长8.3%。

（王松超）

单位名称：昌平区十三陵镇人民政府
地址：昌平区十三陵镇
电话：(010)89761455
邮编：102200

【继续加强基础设施建设】 年内，加大对基础设施的投入。投资1310万元，完成康长路王庄段1.0公里扩建工程，完成德庙路沟崖路段2.8公里新建工程，完成明苑路2.92公里新建工程，完成涧头村0.295公里街道硬化工程。投资1000万元，完成村镇人畜饮水管网改造工程。投资3400万元，建设十三陵镇农业节水灌溉工程。截至年底，已打基岩井4眼，覆盖层井12眼。总计6444米的2、3、4号主干线已经铺设完成。1号主干线已完成3892米，70%的工程量。田间配套已完成5.5万米，80%的工程量。

（赵建平）

【千方百计增加农民收入】 年内，成立了由镇长任组长的培训与就业工作领导小组，制定了《十三陵镇关于落实劳动力培训与就业工作的实施方案》，充分调动村干部的工作积极性；劳动力信息全部输入微机，进行动态管理；有针对性地开展各类培训等措施；积极与有关部门加强联系，随时进行沟通，全年共培训农民1444人次、先后19家用工单位建立了空岗信息联系制度，并认真执行回访制度，为用工单位和就职群众解决大量实际困难。全年本镇共安置就业人数为943人，每年可直接增加农民收入约500万元。

（王 哲）

【加强非公经济组织建设】 1月13日，十三陵镇第一个非公经济党组织——十三陵镇小人国旅游大世界党支部正式成立。

（程希枝）

【宣教中心及有线广播开通】 4月5日，十三陵镇举办了宣教中心挂牌及十三陵镇有线广播开通仪式。区有关领导和各镇、街道的宣传委员参加了仪式。

(徐新蕾)

【开展“做一日农民”活动】 5月1日,镇机关53名党员组成15个组,深入到全镇17个村的79个农户中,开展了“做一日农民”活动。体会百姓生活,了解百姓需求,为百姓服务。

(童亚玲)

【成立首个镇级党校】 7月1日,十三陵镇成立全区首个镇级党校。

(王　扬)

【举办革命歌曲歌咏比赛】 8月26日,举办“永葆共产党员先进性”高唱革命歌曲歌咏比赛。通过传唱革命歌曲,使广大农村党员更加坚定信仰,自觉投入到先进性教育活动中来。

(王　扬)

【组织农村党员参加军训】 9月2日,区预备役高炮5团的官兵对十三陵镇16个村45岁以下的党员和机关党员共计170余人进行了军事训练。此次军事训练,是十三陵镇第三批保持共产党员先进性教育重要活动之一。活动打破了村与村之间的界限,使党员们都能够团结一致,展现好得精神风貌。

(徐新蕾)

【免费为老人体检】 9月11日,开展为期一个半月的为60岁以上老人免费体检活动。全镇2000多名老人参加了体检。

(童亚玲)

【召开农业节水灌溉工程协调会】 9月20日,十三陵农业节水灌溉工程协调会在十三陵镇政府举行。区有关领导参加了协调会。

(李　强)

【举办“村干部大比武”活动】 10月18日,举办“村干部大比武”活动,通过知识竞赛的形式,调动农村基层干部工作的主动性、积极性,营造比学习、比业务的工作氛围,使他们认识到自身存在的不足,找到了差距,为整改提高阶段工作开展起到了积极作用。

(徐新蕾)

北企公司

【概　况】 北京北方企业集团公司(以下简称北企公司),1988年6月成立党委,1990年被批准为昌平区计划单列单位,享受镇级政治经济待遇。北企公司位于昌平卫星城西南四公里处,距北京市中心26公里,是通往著名风景区八达岭、明十三陵的必经之路,地处京北平原,辖域面积5.6平方公里。东临八达岭高速公路,西接京包快速公路和京包铁路,交通便利,地理位置优越。水电条件齐备,京密运河横贯东西,地下水源贮藏丰富,在电力供应上具有双路供电的有利条件,拥有大型变电站两座,通讯设施优良,自设有6077支局,可直接向全国各地和世界各国通话电传。拥有先进的广播和闭路电视系统,以及宽带网。自1977年5月,建立第一个企业——马池口暖气片厂以来,坚持走以工补农、以工养农、以工促农之路,大力发展企业经济。形成了机电、化工、玻璃制品、电子、电器、仪器仪表、汽车检测修配、机动车驾驶员培训、医药批发、建筑服务、食品、金属制品、各类农产品等门类齐全的企业群体。并有一定数量的高新技术和外资出口企业,“京腾”牌汽车板簧,多年做为免检产品直接出口美国和加拿大等国,直接为国家赚取外汇。农业生产全部实现机械化,第三产业迅速发展。

2005年,北企公司农村经济总收入实现2.27亿元,比上年增长6.4%。乡镇企业总收入实现2.37亿元,同比增长16.2%。企业增加值实现7043万元,同比增长5.7%。工业总产值实现1.6亿元,同比增长111%。工业利润总额实现810万元,同比增长141.8%。外贸出口商品交货额实现5099万元,同比增长36%。企业上交税金完成739万元。财政收入完成272万元。农民人均劳动所得实现6600元。

(田成清)

单位名称：北京北方企业集团公司
地址：昌平区马池口村
电话：(010)60771925
邮编：102200

【开展环境治理工作】 年内，在马池口村北建起横跨京密运河大桥一座，打通北企公司南北交通。对马池口村东西大街和南北主路人行道进行硬化改造，铺设彩色方砖10000平方米。对马池口村东西大街和南北主路所有架空线路实行地下埋设，对马池口村东西大街和南北主路路灯进行全部更换。在马池口村中心街两侧，新建标准化公共厕所5座，安排村民就业10人。投资10余万元，对马池口村二道河斜街路、牛场路、图书馆东路和北店路进行水泥硬化，方便村民出行。完成马池口村内市场摊位规范、车辆管理、卫生整治工作。完成马池口村主要道路两侧私搭乱建房屋、棚舍的拆除工作和乱堆物品的清运工作，使村容村貌得到改观。

(田成清)

【完成自来水改造工程】 年内，针对自来水管网老化，跑、冒、滴、漏现象严重，供水压力不足。北企公司积极筹措资金，全面完成村民和企业自来水工程改造，重新铺设水管，更新供水设备，并为全体村民用水户免费安装智能水表，从根本上改变了企业和村民用水状况。

(田成清)

【开展文化场所和设备建设】 年内，完成300平方米北企公司图书馆、4000平方米文化活动广场等文化活动场所建设，基本满足了北企公司职工和马池口村民的文化娱乐需要。投资40万元，在马池口村中心街显著位置安装长5米、宽4米、双基色电子显示屏一座，及时宣传政策、法律知识，报导北企公司工作动态和各种信息。

(田成清)

【加强社会治安设施建设】 年内，在重点企业、重要部门和马池口村内要地，安装一系列监视器设备，为治安防范工作创造物质条件保证。

(田成清)

【建立老人协会组织】 年内，建起北企公司老年人协会，配齐协会班子和办公设备。重阳节开支3万元，为马池口村253名老年人发放纪念品。

(田成清)

【开展植树造林活动】 4月，北企公司党委组织全体共产党员和入党积极分子开展植树造林活动，种植树木1000余棵。

(田成清)

【提高农户村民土地收益金标准】 7月1日起，将马池口村农户村民土地收益金标准从每人每年400元提高到每人每年600元，全年发放土地收益金合计125.93万元。

(田成清)

【北企公司图书馆开业】 9月30日，区图书馆北企公司分馆正式开业。馆藏图书近万册，北企公司职工免费领取借阅卡1700余张。

(田成清)

【北企公司社保所成立】 年内，经区有关部门批准，正式成立北企公司劳动和社会保障事务所。

(田成清)

【社会救济、优抚工作健康开展】 年内，努力创造条件安排残疾人就业，争取社会力量救助。帮助困难户改善生活条件。全年发放重残人员补助款50440元；残疾人子女入学补助3000元；城镇、农村低保补助77017元，优抚补助款35100元；为优抚对象报销医药费89127元。

(田成清)

【开展为村民服务工作】 年内，马池口村参加农村合作医疗大病统筹人数2368人，公司集体上缴统筹金71040元，为住院村民报销医药费27.36万元。北企公司坚持每年春节为农户村民发放米面等慰问品，年内此项开支为31.65万元。

(田成清)

人物

人　物

组织机构负责人名单

一、区委机关

中国共产党
北京市昌平区委员会

书　记　赵凤桐
副书记　佟根柱　李福忠　王　刚　王书合
常　委　杨旭明　朱光彤　戴　维(女)
　　　　潘建新　曹鹏程　王双武(2月任)

中国共产党北京市昌平区
纪律检查委员会

书　　记　李福忠
常务副书记　裴卫东
副 书 记　宋长锦　李春玲(女)
常　　委　高士旺　沈长瑞　路玉玺
　　　　　王和平　茅　江

区委工作机构及相关部门

区委办主任　曹鹏程
组织部部长　朱光彤
　　常务副部长　韩　耕
宣传部部长　戴　维(女)
政法委书记　潘建新
统战部部长　沈玉宝
区委研究室主任　李志杰
保密局局长　贾洪东
文明办主任　涂沙金
区台办主任　张维亮
610办公室主任　梁士强
综治办主任　贺德纯
区委直属机关工委书记　曹鹏程
　　常务副书记　尚大海
区委巡视一组组长　李富明
区委巡视二组组长　王和平
老干部局局长　秦玉兰(女)
区委党校校长　王　刚(兼)
　　党委书记、常务副校长　朱华海
党史办(区志办)主任　刘建初

二、人大机关

昌平区人民代表大会常务委员会

主　　任　任宝贵
常务副主任　武　宁(女)
副 主 任　张文祥　张文良　张援宇　郑国柱
委　　员　于　波　卫亚军　王书奎　王成立　王金玉　王金玲(女)　王惠兰(女)　冯宝元　杨剑平(女)　张之良　张文祺　张泉知　张艳霞(女)　张喜林　周志军　李启忠(1月选)　袁振春
办公室主任　冯宝元
代表联络室主任　张喜林
财政经济工作委员会主任　张之良
内务司法工作委员会主任　郑文俊(5月免)　袁文彩(5月任)
教科文卫工作委员会主任　王成立
城乡建设环保工作委员会主任　张泉知
研究室主任　张文祺

三、政协机关

中国人民政治协商会议北京市昌平区委员会

主　　席　王振华(女)
常务副主席　沈玉宝
副 主 席　张仲民　张国良　周振华　李富和
秘 书 长　郭守忠
常务委员　千　华(女,朝鲜族)　于　泓　王翠霞(女,蒙古族)　白三迎　田　夫　冯立军　冯　林　刘艳敏(女)　任鹏举　李万佰　李伶元　李秀玉(回族)　李胜利(回族)　吴长春　杨凤霞(女)　杨国昌　张晓东(满族)　张淑华(女)　张瑞先　武宇吉　郑全智　郑慧红(朝鲜族)　周海燕(女)　林碧英(女)　段碧华(女)　徐　军(女)　夏　敏　黄克勤　张维亮　塔娜(女,蒙古族)　衡晓帆　李雪红(女)　刘艺兰(女,侗族)　薛林兴
办公室主任　郭守忠(兼)
研究室主任　赵守华
提案委兼文史资料委员会主任　李志江
经科委兼港澳台侨委员会主任　赵德林
城建环保与社会法制委员会主任　韩玉海
教文卫体委兼学习委员会主任　赵连葆

四、群团组织

区总工会主席　王惠兰(女)
团区委书记　赵宝东
区妇联主席　王　璐(女)
科协党组书记、常务副主席　王秋生
残联党组书记、理事长　彭尚玉
非公经济工委书记、工商联党组书记、会长　王翠霞(女)
红十字会常务副会长　张启库

五、政府机关

昌平区人民政府

区长　佟根柱
副区长　杨旭明　洪起忠　任学良(11月免)　冯维利　陈秋生　金　晖(女)

区政府工作机构及相关部门

政府办主任　贺　军
信息办主任　杨春山
外事办主任　王永林
法制办主任　周晓东
监察局局长、行政投诉中心主任　裴卫东
人事局党委书记、局长、区编办主任　何朝柱
信访办主任　王怀泉
旅游局党组书记、局长　李万佰
工业局党组书记、局长　任鹏举
商务局党组书记、局长、粮食局局长　赵亚群
安全生产监督管理局党组书记、局长　陈玉起
体育局党组书记、局长　张金清
卫生局党委书记、局长　李志武
人口计生委党组书记、主任　李春菊(女)
国资委党委书记　董洪江
主任　赵素成
建委工委书记、主任　杨国昌
市政管委工委书记、主任　张荣禄
发展改革委工委书记、主任　郝　和
科委党组书记、主任、知识产权局局长　于泓
文化委党委书记、主任　杨富志
教委工委书记、主任、区政府教育督导室主任　李永生
农村工委书记、农委主任　姚富清
园区管委主任　苏贵光
投资服务中心主任　袁丽民(女)
交通局党委书记、局长　张启富
环保局党组书记、局长　田国瑞
城管大队党组书记、大队长　荣超英
林业局党委书记、局长、绿化办主任　苏卫东
水务局党委书记、局长　奚增森
司法局党委书记、局长　赵　军
民政局党委书记、局长　吕良仲
财政局党组书记、局长　刘亮珍
审计局党组书记、局长　郭自成
统计局党组书记、局长　刘富林
劳动和社会保障局党委书记、局长　徐忠富
国家安全局昌平区工作站站长　苏大伟
地震办主任　金秀清(女)
十三陵特区办事处党委书记、主任　杜高潮
档案局党组书记、局长　丁朝胜
机关行管处党组书记、主任　王亚玲(女)
广播电视中心党委书记、主任　李贵忠
农服中心党委书记、主任　李福德
经管站党组书记、站长　徐德清
小汤山农业园管委会主任　冯维利(兼)
党委书记、常务副主任　李伶元
北京交通职业技术学院党委书记、院长　陈　征

六、政法、军事机构

公安局昌平分局政委　衡晓帆
局长　李清林
检察院党组书记、检察长　白金刚
法院党组书记、院长　陈　锐
武装部政委　王双武
部长　孙连湖
人防办主任　肖立华
昌平交通支队党委书记、支队长　江跃明
政　委　郭玉山

七、镇、地区办事处、街道办事处

回龙观镇、回龙观地区办事处
党委书记(工委书记)　洪　波
镇　长(主任)　杨玉宝
东小口镇、东小口地区办事处
党委书记(工委书记)　徐平仪
镇　长(主任)　刘长永
马池口镇　党委书记　陈隽磊
镇　长　刘向东
南邵镇　党委书记　王志刚
镇　长　白向军

南口镇　党委书记　沈树祥
　　　　镇　　长　张　伟
崔村镇　党委书记　金东彪
　　　　镇　　长　宗　江
百善镇　党委书记　李元和
　　　　镇　　长　靳增立
沙河镇　党委书记　王玉禄
　　　　镇　　长　武子一
北七家镇　党委书记　董锦华
　　　　镇　　长　徐金旺
流村镇　党委书记　郭玉清
　　　　镇　　长　张　勇
十三陵镇　党委书记　刘学亮
　　　　镇　　长　云富勇
阳坊镇　党委书记　于　波
　　　　镇　　长　闫殿忠
小汤山镇　党委书记　吴小利
　　　　镇　　长　董　旭
长陵镇　党委书记　杨洪达(1月免)
　　　　　　　　　许克仲(1月任)
　　　　镇　　长　王启仓
兴寿镇　党委书记　许克仲(1月免)
　　　　　　　　　杨洪达(1月任)
　　　　镇　　长　韩续昌
城南街道办事处　工委书记　洪起国
　　　　　　　　主　　任　赵海英(女)
城北街道办事处　工委书记　林香党
　　　　　　　　主　　任　石东琨(女)
北企公司党委书记、经理　左　权

八、企业单位

兴昌高科技发展总公司总经理　王海岭
昌平房地产开发总公司党委书记、经理　郭向东
铭嘉房地产开发有限公司总经理　胡玉泉
自来水公司党委书记　张长城
　　　　　　　经理　王振国
皇城粮油总公司党委书记、经理　付宝林
供销联社党委书记、主任　蔡国平
牧工商总公司党委书记、经理　王　波
水产公司党委书记、经理　刘淑华(女)
外贸公司经理　张　勇
晨光昌盛创业投资公司总经理　孙　启
北京平板玻璃集团公司党委书记、经理
　　　　　　　　　　　　范建强
北京鹿牌都市生活用品有限责任公司党委书记、董事长　李贺明
　总经理　王征兵
北京华都酝酒食品有限责任公司党委书记、董事长、总经理　张宝生
昌鑫国有资产投资经营公司党委书记、总经理
　　　　　　　　　　　　陈行亮
北京标准件工业集团公司党委书记
　　　　　　　　　　　　郭淑英(女)
　　　　　　　　总经理　丁海军
首钢红冶钢厂党委书记　吕　星
　　　　　　　　厂长　蔡　渊
首钢冶金机械厂党委书记　潘宝全
　　　　　　　　厂长　胡世义
北京轴承厂党委书记　马玉培
　　　　　　　　厂长　王大友
第五肉联厂党委书记　赵培良
　　　　　　　　厂长　吴启成

九、双管单位

国土昌平分局党组书记、局长　郑全智
药监昌平分局党组书记、局长　王福义
市规化委昌平分局党组书记、局长　郭　援
公路昌平分局党委书记　刘满泉
　　　　　　　局　　长　李自明
国税局党组书记、局长　王作琦
地税局党组书记、局长　姚敬国
邮政局党委书记、局长　李敬生
工商昌平分局党组书记、局长　余巨川
质量技术监督局党组书记、局长　王建军
供电昌平分公司书记　关幼辉
　　　　　　　经理　穆怀山

十、其他单位

烟草专卖局局长　王亚非
气象局局长　马来勇
农行昌平支行行长　郭雨胜(7月免)
　　陈立波(7月任)
工行昌平支行行长　李　彤
建行昌平支行行长　佟留柱
农发行昌平支行行长　刘忆燕(女)(12月免)
　　郭　鑫(12月任)
中行昌平支行行长　玉　君(女)
北京银行昌平支行行长　崔永胜
北京农村商业银行党委书记　任德军
　　主任　徐金生
中国人保昌平支公司党委书记、总经理
　　隋　斌

全国(含部)先进单位及先进个人

先进单位

全国科技进步示范区
昌平区
全国农业标准化示范区建设先进单位
昌平区人民政府
全国检察机关"打击制假售假、侵犯知识产权犯罪专项立案监督活动"先进集体
昌平区人民检察院侦查监督处
全国"双合格"家庭教育工作先进集体
昌平区妇联
全国维护妇女儿童权益贡献奖
昌平区妇联
全国税务系统先进单位
昌平区国税局
全国精神文明建设工作先进单位
昌平区地税局
昌平区十三陵特区办事处
全国农村科普工作先进集体
昌平区科学技术协会
全国青少年科技创新大赛优秀组织奖
昌平区科学技术协会
全国人口和计划生育系统药具工作先进集体
昌平区人口和计划生育委员会
全国农村电影"2131"工程先进集体
昌平区电影发行放映管理处
全国军民共建先进单位
北京市第二社会福利院
航空博物馆
法政集团
武警五支队
国家先进林业工作站
南口镇林业工作站
国家重点风景名胜区综合整治先进单位
昌平区十三陵特区办事处
全国群众体育先进单位
南邵镇
全国文明镇创建工作先进村镇
小汤山镇
中国小康建设十佳红旗单位
回龙观镇
全国建设小康明星村标兵
郑各庄村
全国文明村
郑各庄村

先进个人

全国劳动模范
黄福水
全国建设小康明星村带头人
黄福水
全国交通系统先进工作者
王　保

全国“三八”红旗手称号
刘淑华
全国体育工作先进个人
徐春兰
全国经济普查先进个人
王淑芬
全国农牧渔业丰收奖一等奖
韩富明
全国职业教育先进个人
段福生
中国职业教育杰出校长提名奖
段福生　徐恒亮
中国改革百名优秀人物
傅　彪

北京市（含系统）先进单位及先进个人

先进单位

北京市森林防火工作先进区县
昌平区
北京市农田水利建设评比山区组第一名
昌平区
北京市党员电教片观摩二等奖
昌平区委组织部电教中心
北京市第十五届农民艺术节组织奖
昌平区委宣传部
北京市宣传系统舆情信息工作先进单位
昌平区委宣传部
首都文明街道
城关街道
首都文明社区
城北街道肆维花园社区
城北街道东关创时园社区
城北街道昌盛路3号院社区
城北街道亢山佳园社区
城北街道松园宁馨苑社区
城北街道东关南里社区
城北街道静心苑社区
回龙观镇风雅园社区
回龙观镇金榜园社区
回龙观镇云趣园社区
东小口镇佳运园社区
东小口镇东辰社区
东小口镇天通西苑一区社区
东小口镇华龙苑南里社区
东小口镇天通东苑一区社区
东小口镇天通西苑二区社区
北七家镇名流花园社区
城南街道昌盛园社区
首都文明示范街
昌平区白浮泉路
首都文明乡镇
昌平区回龙观镇
昌平区马池口镇
首都文明村
昌平区南口镇花塔村
昌平区南口镇羊台子村
昌平区南口镇红泥沟村
昌平区长陵镇泰陵村
昌平区长陵镇碓臼峪村
昌平区兴寿镇花果山村
昌平区兴寿镇湖门村
昌平区流村镇菩萨鹿村
昌平区沙河镇路庄村
昌平区沙河镇丰善村
昌平区沙河镇王庄村
昌平区十三陵镇王庄村
昌平区回龙观镇二拨子村
昌平区回龙观镇三合庄村
昌平区东小口镇魏窑村
昌平区东小口镇兰各庄
昌平区城南街道办事处南郝庄村
昌平区马池口镇横桥村

昌平区马池口镇文头村
昌平区马池口镇东坨村
昌平区百善镇狮子营村
昌平区百善镇上东廓村
昌平区北七家镇西沙各庄
昌平区北七家镇郑各庄村
昌平区北七家镇燕丹村
昌平区北七家镇岭上村
昌平区崔村镇香堂村
昌平区崔村镇棉山村
昌平区南邵镇官高村
昌平区南邵镇营坊村
昌平区小汤山镇后牛坊村
昌平区小汤山镇酸枣岭村

首都文明单位标兵

北京鹿牌都市生活用品有限公司
昌平区地方税务局
昌平区邮政局
昌平区人民检察院
北京供电公司昌平供电分公司
昌平区十三陵特区办事处
北京市工商行政管理局昌平分局
北京市公路局昌平分局

首都文明单位

昌平区文化委员会
昌平区广播电视中心
昌平区委老干部局
昌平区体育局
昌平区档案局
昌平区气象局
昌平区卫生局
昌平区医院
昌平区疾病预防控制中心
昌平区人口与计划生育委员会
昌平区人事局
昌平新闻中心
昌平区昌盛园小学
昌平区工业幼儿园
昌平实验中学
昌平一中
昌平城关小学
昌平区财政局
昌平区劳动和社会保障局
昌平区审计局
昌平区国家税务局
昌平区发改委
昌平区水务局
昌平区林业局
昌平房地产开发总公司
昌平新世纪商城
昌平区水产公司
昌平区人民法院
昌平区司法局
昌平区建设委员会
阳光商厦
昌平区市政管理委员会
中关村科技园区昌平园管理委员会
昌平区总工会
昌平区妇女联合会
昌平交通支队
昌平机关幼儿园

首都文明旅游景区

长陵博物馆景区
定陵博物馆景区
昭陵博物馆景区
神路公园景区
居庸关长城景区
银山塔林景区
九龙游乐园景区
航空博物馆景区
碓臼峪风景区
北方国际射击场景区

北京市老干部工作先进集体

昌平区老干部局

北京市纪检监察督查工作先进集体

昌平区纪委
昌平区监察局

办案集体三等功

昌平区纪委“4.25”案办案组

首都第二届家庭文化艺术节组织奖
昌平区妇联
2005～2010年北京市实施妇女儿童发展规划示范单位
昌平区妇联
北京市"双学双比"竞赛活动先进集体
昌平区妇联
昌平区科协
第25届北京市青少年科技创新大赛优秀科技实践活动奖
昌平区科学技术协会
北京百万家庭数字生活技能大赛优秀组织工作奖
昌平区科协
"两刊"宣传工作先进单位二等奖
昌平区残联
北京市区县残疾人工作优秀单位
昌平区残联
第十九届北京市残疾人象棋比赛体育道德风尚奖
昌平区残联
北京市红十字会系统先进集体
城北街道办事处
东小口镇
兴寿镇
回龙观镇
昌平区红十字会学校工作委员会
北京市人事系统先进单位
昌平区人事局
北京市行政执法案卷优秀单位
昌平区人口和计划生育委员会
北京市人口和计划生育工作示范社区(村)
城南街道南郝庄村
南口镇水厂路社区
沙河镇丰善村
阳坊镇西贯市村
北七家镇名流花园社区
北七家镇岭上村
东小口镇兰各庄村
马池口镇北小营村
百善镇泥洼村
南邵镇营坊村
回龙观镇北郊农场社区
十三陵镇石牌坊村
北京市人口计生系统先进集体
昌平区南邵镇
昌平区北七家镇
昌平区城南街道办事处
北京市人口和计划生育工作红旗单位
昌平区回龙观镇
北京市人口和计划生育工作先进集体
昌平区农业委员会
昌平区广播电视中心
北京市公安局昌平分局
北京市工商局昌平分局
百善镇人民政府
崔村镇人民政府
东小口镇人民政府
北七家镇郑各庄村
城北街道办事处二街社区
百善镇上东廓村
城南街道办事处旧县村
南口镇水厂路社区
回龙观镇龙泽苑社区
南邵镇营坊村
东小口镇兰各庄村
北京市档案系统先进集体
昌平区档案局
北京市优秀档案馆
昌平区档案馆
北京市档案行政执法先进单位
昌平区档案局
北京市档案工作信息先进单位
昌平区档案局
北京市法院宣传工作优秀组织单位
昌平法院
北京市高级法院青年文明单位
小汤山法庭

北京市高级法院双先单位
昌平法院刑庭
北京市高级院信访先进单位
昌平法院立案庭
首都少年军校示范校
亭自庄学校
首都少年军校先进校
小汤山中学
第二届首都大学毕业生基层志愿服务团最佳协作奖
昌平区人民检察院
北京市检察机关队伍管理信息化建设先进单位
昌平区人民检察院
北京市检察机关检察信息工作三等奖
昌平区人民检察院
北京市检察机关检察统计工作三等奖
昌平区人民检察院
北京市检察机关检察好新闻评选活动组织奖
昌平区人民检察院
北京市交通安全先进单位
昌平区农委
昌平区人民检察院
国土资源局昌平分局
昌平区邮政局
北京市检察机关先进检察院
昌平区人民检察院
北京市劳动模范先进集体
昌平区人民检察院反贪局侦查二处
北京市检察机关严肃查办国家机关工作人员利用职权侵犯人权犯罪案件专项活动先进集体
昌平区人民检察院渎职侵权检察处
北京市检察机关先进检察单位
昌平区人民检察院反贪局
北京市优秀预防处
昌平区人民检察院预防处
北京市工商行政管理系统先进集体
昌平工商局执法检查队
昌平工商局监察科
北京市国税系统先进单位
昌平区国税局
北京市工商行政管理系统先进工商所
西环路工商所
农行北京市分行先进集体
阳坊分理处
东环分理处
清收部
北京农村商业银行系统年度优秀单位
昌平支行
兴昌支行
北七家支行
北京农村商业银行系统年度创利优秀单位
东小口支行
北京农村商业银行系统年度吸存优秀单位
回龙观支行
北京农村商业银行系统年度清非优秀单位
长陵支行
首都平安示范单位
建行昌平支行
北京市建设工程质量监督系统先进单位
昌平区建委建设工程质量监督站
北京市建设工程质量监督系统先进信息单位
昌平区建委建设工程质量监督站
北京市“重合同、守信誉”先进单位
昌平房地产开发总公司
市燃气行业管理系统先进集体
燃气办
北京市集体三等功
昌平区市政管委保卫科
北京市“园林杯”管理服务奖
昌平区市政管委
北京市“园林杯”优秀园林城区奖
昌平区市政管委
北京市爱国卫生先进单位
昌平区市政管委
昌平区建委
昌平区卫生监督所
东小口镇
南邵镇

北京市城市生活垃圾分类工作先进单位
昌平区市政管委
北京市城市生活垃圾分类工作数据统计先进组织单位
昌平区市政管委
北京市十八区(县)防震减灾工作先进奖
昌平区地震办
北京市防震减灾社会动员工作先进奖
昌平区地震办
北京市地震监测工作先进单位
昌平区地震办
郊区邮政局“三强”县局
昌平区邮政局
郊区邮政储蓄杯、速递杯、发行杯第一名
昌平区邮政局
北京市防治重大动物疫病指挥部先进集体
昌平区农委
北京市农业转基因生物安全管理工作先进集体
昌平区农委
北京市内保工作先进集体
昌平区农委
北京市动物防疫工作先进集体
昌平区防治重大动物疫疾指挥部
北京市“三八”绿色优质工程
北京红栌生态渔业园
北京市政策宣传鼓励奖
昌平区科委
北京市非物质文化遗产名录
昌平区小汤山镇后牛坊花钹大鼓
北京市农村电影“2131”工程先进单位
昌平区电影发行放映管理处
北京市农村电影“2131”工程先进放映队
昌平区电影发行放映管理处
第二届“北京新秧歌”广场舞蹈电视邀请赛优秀组织奖
昌平区文委
首届现代农民职业风采大赛优秀组织奖
昌平区文委
北京市公共图书馆送书下基层活动优秀奖
昌平区图书馆
北京市公共图书馆网上阅览活动优秀奖
昌平区图书馆
北京市图书馆千场讲座活动优秀奖
昌平区图书馆
北京市图书馆全民阅读活动组织奖
昌平区图书馆
北京市红领巾读书活动优秀组织奖、二等奖
昌平区图书馆
“北京市公共图书馆计算机知识竞赛”活动优秀组织奖
昌平区图书馆
北京青少年科技博览会优秀奖
昌平区图书馆
北京市文物执法工作先进单位
昌平区文物所
北京市正版产品管理先进单位
昌平区文化委员会
北京市“扫黄打非”工作先进集体
昌平区社会文化管理所
北京市卫生监督工作先进单位
昌平区卫生监督所
北京市疾病预防控制系统新春文艺汇演一等奖
昌平区疾控中心
健康知识进农家百场讲座活动优秀组织奖
昌平区疾控中心
北京市慢病防治工作中表现突出荣获二等奖
昌平区疾控中心
北京市五四红旗团委
昌平区区医院共青团
护士节护理工作优秀奖
昌平区中医院护理部
北京市爱国卫生先进社区
城北街道二街社区
城北街道三街社区
城北街道五街社区
城北街道六街社区

城北街道东关社区

首都平安示范区

城北街道五街社区

北京市先进治保会

城北街道三街社区

城北街道五街社区

城北街道西关社区

北京市优秀群众体育健身活动站点

城北街道五街社区

北小营村

北京市先进居委会

城北街道二街社区

北七家镇桃园公寓社区

隆盛街社区

首都社会治安综合治理先进集体

城北街道办事处

首都文明市民学校优秀校

城北街道八街社区

精神文明建设宣传栏评比

东关南里小区(二等奖)

二街社区(三等奖)

城北街道(组织奖)

北京市农村残疾人工作“五好”村

城北街道三街社区

北京市养老、敬老先进单位

南厂东社区

首都绿化美化先进单位

南口镇林业工作站

北京市模范集体

南口镇林业工作站

首都青少年“保护母亲——青春奥运绿色行为”先进集体

南口镇团委

北京市第五届全民健身体育节先进单位

兴寿镇

促进郊区非农就业工作先进集体

兴寿镇社保所

首都平安示范镇

小汤山镇

北京市群众体育先进单位

南邵镇

北京市全国经济普查先进单位

南邵镇

北京市社区矫正工作先进集体

崔村镇

北京市司法行政基层建设工作先进司法所

崔村镇

北京市增强共青团意识主题教育活动先进单位

崔村镇

北京市体育先进村

马池口镇丈头村、百泉庄村、白浮村

北京市残疾人工作先进村

马池口镇丈头村、横桥村

北京市全国第一次经济普查先进集体

马池口镇经济普查办

北京市妇联系统基层妇女组织先进集体

东小口镇

先进个人

首都精神文明建设奖章

王金玉　柏继明　夏　敏　苏卫东　韩树森

黄福水

北京市宣传系统舆情信息工作先进个人

李爱武

北京市“首都农民创业先锋”称号

李胜利　曹洪生

北京市“灵山杯”优秀党课三等奖

杨洪达

北京市办案先进个人

沈长瑞　茅　江

北京市信访信息工作优秀领导

沈长瑞

北京市优秀信访信息工作者

万会英

北京市年鉴工作先进个人

袁宝伦

北京市地方志工作先进个人

卢永著

北京市妇联系统先进个人

艾亚军　张红梅

金桥工程个人奖

甄燕昌

北京市“四进社区”先进个人

甄燕昌

北京市红十字会系统先进个人

聂学礼　刘淑玲

北京市人事系统先进个人

何朝柱

北京市人口计生系统先进工作者

王曙光　金东彪　洪　波　杨洪达　张　伟
董亚卿　张青萍

北京市人口和计划生育工作先进工作者

刘全新　崔　明　张新生　魏宝华　王家和
李万平　于桂谦　杨冬泉　周燕滨　李仕文
单玉英　张晓云　尹兆怀　王玉君　王振宏
白向军　谷士凤　郭玉清　郭守华　杨洪达
金东彪　宗　江　张凤辉　李　丽　李红英
徐金英　徐书玲　洪　波　王永华　武子一
陈建元　商云峰　张凤英　董亚卿　邓淑芹
何永辉

北京市经济普查工作先进个人

徐春兰

北京市统计工作先进个人

徐孟庚

北京市农村体育工作先进个人

李继红

北京市反邪教先进个人

吴阿兰　王秀敏

全国第一次经济普查先进个人

董银亮

北京市消防工作先进个人

张　进

北京市信访排查调处工作先进个人

王怀泉　王正强

北京市高级法院双先工作者

沈长英　殷士军　刘宝东　郭建新

北京市人民满意政法干警

沈长英

北京市先进工作者

沈长英　段福生　徐秀芝　刘天胜

支援西部法官培训工作先进个人

陶志荣

北京市法院宣传工作先进个人二等奖

李汝银

卫戍区优秀共产党员、荣立二等功

杨树伟

卫戍区优秀团主官

梁进芳

卫戍区优秀基层干部

张庆晓

北京市工商行政管理局先进个人

刘晓东　刘春波　杨加森

北京市工商行政管理系统优秀工商所长

刘春波　王士良

北京市工商行政管理系统优秀科(队)长

刘晓东　陈锡博　杨加森

北京市工商行政管理系统优秀经济卫士

兰立军　陈　军　宋卫国　兰　林　辛　虎

北京市工商行政管理系统先进工作者

任贵福　刘新松

农行北京市分行先进工作者

王　伟　李红凤　池秀娟　聂　牧　杨剑英

北京农村商业银行系统年度优秀个人

任德军　杨玉琴　杨娟娟　杨志平　刘大有

北京农村商业银行系统年度营销之星

高立新　李　强

北京农村商业银行系统年度清非标兵

李树文

北京市政法系统“人民满意政法干警”

沈爱民

北京市“优秀法制副校长”

李海英

北京市检察机关深化和拓展、树组工干部形象“五个一”集中学习教育活动先进个人

于丽艳

北京市检察机关队伍管理信息化建设优秀个人
章文军
北京市检察机关宣传思想工作先进个人
于丽艳　王海祥
北京市检察系统交通安全优秀管理干部
邱　林
北京市档案工作先进个人
门淑慧
北京市检察机关模范检察干部
于丽艳　陈威杰　彭　燕　王汝强
北京市检察机关二等功
段淼松
北京市检察机关十佳(优秀)信访接待员
吴晓生
北京市建设工程质量监督系统先进工作者
彭小东　王　利　朱红梅　安晓彪　贾丽晨
王大华　丁志军　徐建鹏
北京市建设工程质量监督系统先进信息单位领导
彭小东
北京市建设工程质量监督系统先进信息工作者
朱红梅
北京市"园林杯"先进工作者
张荣禄　高俊良　张知明　樊永利　蒋宝薪
北京市城市生活垃圾分类工作先进个人
郝继生
北京市城市生活垃圾分类工作先进个人优秀信息员
李艳秋
北京市城市生活垃圾分类工作先进个人优秀数据统计工作者
王　浩　李艳秋
北京市爱国卫生先进个人
李万平　李永生　吕京静　段玉林　徐春兰
王玉君　林　莉
北京市动物防疫工作先进个人
牛路江
北京市"商海女能人"称号
刘淑华
北京市"三八"红旗手称号
刘淑华
北京市四五普法先进个人
朱　梅
第二届"北京新秧歌"广场舞蹈电视邀请赛优秀服装设计奖
顾　红
北京市级优秀辅导员
秦世刚　纪凤英　王书敏
北京市红领巾读书活动优秀辅导员
秦世刚　纪凤英　王凤霞
北京市文物先进工作者
王玉兰　李海涛
北京市专利试点单位先进个人
刘国华
北京市"政策宣传鼓励奖"优秀通讯员
郦英英
北京市干部教育优秀信息员
刘为华
北京市优秀卫生监督员
张　政
北京市护士节护理工作优秀护士
白艳霞
北京市森林防火先进个人
李贵民
北京市绿化美化先进个人
刘庆亮　谷天军

补　遗

2003～2004 年度全国市(县、区)科技进步工作先进个人
佟根柱　于　泓
2001 年～2004 年北京市爱国主义教育基地先进工作单位
中国航空博物馆

首届昌平区优秀中国特色社会主义建设者名录

北汽福田汽车股份有限公司总经理
王金玉
北京西三旗新龙商贸集团董事长
宋万增
北京肆维企业总公司董事长
刘振江
北京首创轮胎有限责任公司总经理
石祥臣
263 网络通信股份有限公司总裁助理
卫亚军
北京九华集团有限公司董事长
夏　敏
北京金燕龙科贸集团董事长
李增山
北京亚都室内环保科技有限公司总经理
刘　京
北京政法实业集团有限公司董事长
王广发
北京昌平一建建筑有限责任公司董事长
张东存
北京利尔耐火材料有限公司董事长
赵继增
北京直真节点技术开发有限公司董事长
王飞雪
北京宏福建工开发有限公司董事长
黄福水
北京华彬庄园绿色休闲建设俱乐部有限公司董事长
严　彬
北京伯瑞安科技有限责任公司总经理
杨同兴
北京振冲工程股份有限公司总经理
刘　为
北京鹏达制衣公司总经理
彭磊坚
北京新雷能有限责任公司董事长
王　彬
北京慧聪国际资讯有限公司董事长
郭凡生
北京宝树堂科技药业有限公司董事长
谢坤宗
北京天龙源温泉旅游发展有限公司总经理
史晨原
北京亚都空气净化技术有限责任公司总经理
刘东方
北京恩祥投资管理有限公司总经理
李福顺
北京昌平阳光商厦有限公司总经理
何小平
北京银桥动力科技(集团)有限公司董事长
宋德银
北京昌平酸岭福利肉类加工厂厂长
徐来飞
北京康比特威创体育新技术有限公司总经理
石厚增
北京拉斐特城堡酒店有限公司总经理
张宇辰
北京凯必盛自动门技术有限公司总经理
石建立
北京金万众空调制冷设备有限公司董事长
丁卫列
北京阳坊胜利涮羊肉食品集团董事长
李胜利
北京京昌回龙观建材城总经理
郑建成
北京绿田园生态农场有限公司董事长
张仁武
北京皇城股骨头坏死专科医院院长
黄克勤
北京宝贵石艺科技有限公司总经理
张宝贵
北京天翼生物工程有限公司总经理
周建忠

应征入伍新兵名录

路　洲
王志兴
廉　烨
张希凡
谢飞宇
殷立军
李振北
付　欣
王立超
王路刚
李建翔
包春成
赵　齐
李　爽
周　明
刘　帅
陈　杰
周　涛
王幼松
黄彦俊
马松岩(女)
陈　琳(女)
柏　娜(女)
张寅婷(女)
刘雯雯(女)
齐　飞(女)
刘晶晶(女)
李　翠(女)
杨郑艳(女)
李　斯(女)
曹宏萌
刘　远
王　兴
赵新龙
李华军
李金秋
宋闻飚
曹　磊
杨兴华
王　鑫
陈　亮
郭超欣
陈　猛
孙　琥
李　旭
马　正
顾海明
陈京鑫
崔志杰
齐永振
张　盈
徐宝全
崔元虎
郭　振
徐　健
瓮　晶
陈长征
刘奇山
刘　国
刘付强
吴玉超
王晓旭
李骁峰
马　超
牛　腾
李　佳
周海龙
邢　磊
孙　毅
刘　波
郑　伟
宋环宇
赵　达
赵　宇
王　鑫
邵　将
陈京超
李博远
刘　旭
包　毅
张石雨
王　伟
崔继业
张　松
张　宇
柳　宝
朱军杰
李　超
李　超
徐江涛
康忠鑫
李　刚
陈　晨
张天宇
赵　佟
李威刚
刘　涛
姚广阔
卢　征
邢　磊
赵　强
刘　丹
韩　宇
左　键
张杨安乐
杨思宁
张春龙
王超跃
刘　洋
朱立业
李国歧
王　争
杨　垒
刘晓斌
赵　伟
刘　爽
张　爽
王　岭
王　雨
张　强
詹　澍
唐　超
贾　石
李　维
曹　杰
崔明辉
李晓兵
谷天满
郑　涛
张　宇
关　键
杨　鹏
侯　森
卫灵运
刘英虎
刘啸霖
左　林
刘宝良
国全伟
王　浩
李晨辉
邵　海
陈达奇
赵迎喜
李德江
吕　凯
杨　辛
高　齐
张亚楠(女)
徐翠影(女)
郑　帅(女)

统计表

统 计 表

2005年国民经济和社会发展主要指标统计表

项　　目	单位	2005年	2004年	2005年比2004年±%
综合				
地区生产总值	亿元	192.0	182.5	5.2
第一产业	亿元	3.6	4.2	-14.2
第二产业	亿元	84.3	86.4	-2.5
第三产业	亿元	104.1	91.9	13.3
财政收入	万元	132000.0	109502.0	20.5
#增值税	万元	14564.0	12669.0	15.0
营业税	万元	65602.0	55443.0	18.3
企业所得税	万元	10302.0	8627.0	19.4
财政支出	万元	257700.0	216160.0	19.2
#基本建设支出	万元	20639.0	24847.0	-16.9
农、林、水利、气象支出	万元	31293.0	23582.0	32.7
文教卫生事业费	万元	57312.0	45143.0	27.0
人口和劳动力				
年末总人口(户籍)	人	482523	470123	2.6
#非农业人口	人	257099	240061	7.1
男	人	243955	237057	2.9
女	人	238568	233066	2.4
出生率	‰	8.11	7.61	6.6
死亡率	‰	7.63	5.63	35.5
自然增长率	‰	0.48	1.98	-75.8
从业人员	人	326428	320505	1.8
按产业分				
第一产业	人	49864	51393	-3.0

项　　目	单位	2005年	2004年	2005年比2004年±%
第二产业	人	118848	135944	-12.6
第三产业	人	157716	133168	18.4
劳动工资				
在岗职工工资总额	万元	435502.0	441829.0	-1.4
#国有单位	万元	151885.0	122221.0	24.3
在岗职工平均工资	元	22008	19311	14.0
农村经济				
农村从业人员	人	143201	127296	12.5
种植业	人	26461	30128	-12.2
林业	人	11109	8701	27.7
牧业	人	4760	5155	-7.7
渔业	人	516	531	-2.8
农村工业	人	22444	17583	27.6
农村建筑业	人	12363	10601	16.6
农村运输业	人	17360	14950	16.1
批发与零售业	人	12372	9632	28.4
年末耕地总资源	公顷	12462	12847	-3.0
农业机械总动力	千瓦	115564	112238	3.0
化肥施用实物量	吨	19469	11511	69.1
化肥施用折纯量	吨	6455	4794	34.6
农村用电量	万千瓦时	37164.7	34142.0	8.9
农林牧渔业总产值	万元	93641.7	110067.1	-14.9
农业	万元	48746.6	45614.5	6.9
林业	万元	12457.7	11174.2	11.5
牧业	万元	29193.2	47176.7	-38.1
渔业	万元	3244.2	6101.7	-46.8
农作物总播种面积	万公顷	1.4	1.5	-6.7
粮食作物	万公顷	0.9	0.9	0.0
经济作物	万公顷			
其他作物	万公顷	0.4	0.6	-33.3
农副产品产量				
粮食	万吨	3.7	3.2	15.6
蔬菜	吨	76071.2	101876.5	-25.3
干鲜果	吨	49273.4	54025.2	-8.8
畜、禽产品产量				

项　　目	单位	2005年	2004年	2005年比2004年±%
生猪出栏	头	103620	115912	-10.6
猪牛羊肉	吨	10387	14631	-29.0
#猪肉	吨	7344	8114	-9.5
禽肉	吨	3572	9947	-64.1
禽蛋	吨	3689	4721	-21.9
牲畜年末存栏				
大牲畜	头	8778	10278	-14.6
猪	头	67947	59940	13.4
羊	只	51835	97336	-46.7
水产品产量	吨	2550	5480	-53.5
农村经济总收入	万元	1484283.0	1257410.7	18.0
农村利润总额	万元	185038.0	179430.6	3.1
全年税金总额	万元	59144.3	50806.5	16.4
劳动所得总额	万元	187350.0	173306.7	8.1
工业				
规格以上工业总产值(现价)	万元	4385684.0	4906327.0	-10.6
商业				
按商品类别分	万元	552256.0	460262.0	20.0
吃的商品	万元	172986.0	177827.0	-2.7
穿的商品	万元	40932.0	30426.0	34.5
用的商品	万元	299042.0	227091.0	31.7
烧的商品	万元	39296.0	24918.0	57.7
外经、外贸、旅游				
出口商品交货额	万元	299691.7	258097.6	16.1
实际利用外资	万美元	5737.5	4697.0	22.2
旅游人数	万人次	1625.1	1514.7	7.3
教育				
学校数	个	145	152	-4.6
小学	个	90	96	-6.3
普通中学	人	48	48	0.0
中等职业学校	人	5	6	-16.7
招生数	人	14320	14074	1.7
小学	人	3237	3114	3.9
普通初中	人	3360	3576	-6.0
普通高中	人	2673	2914	-8.3

项　　目	单位	2005 年	2004 年	2005 年比 2004 年 ± %
在校学生	人	56538	57656	-1.9
小学	人	22159	22286	-0.6
普通初中	人	11201	12788	-12.4
普通高中	人	8559	9040	-5.3
中等职业学校	人	14450	13407	7.8
毕业生	人	13609	15711	-13.4
小学	人	3606	3759	-4.1
普通初中	人	4966	5989	-17.1
普通高中	人	2264	2142	5.7
中职业学校	人	2750	3806	-27.7
幼儿园园数	个	118	129	-8.5
幼儿入托数	人	3738	3733	0.1
文化				
文化馆、站	个	21	21	
公共图书馆	个	1	1	
公共图书馆藏书	万册	23.0	18.0	
电影放映单位	个	29	30	
区级以上重点文物保护单位	个	67	67	
卫生				
卫生机构数	个	52	60	-13.3
# 医院	个	26	31	-16.1
卫生院	个	13	13	0.0
床位数	张	5295	6059	-12.6
# 医院	张	4739	5408	-12.4
卫生院	张	335	383	-12.5
平均每千人拥有床位数	张	11.1	13.2	-15.9
卫生技术人员	人	3801	3830	-0.8
# 执业医师及助理医师	人	1215	1491	-18.5
公用设施				
区级以上公园	个	8	8	
体育场馆	个	4	4	
公路里程	公里	1589.0	1537.4	3.4

附 录

中共北京市昌平区委文件目录

中共北京市昌平区委文件

京昌发〔2005〕01号	关于加快山区低收入村、户发展(2005～2007年)的意见
京昌发〔2005〕02号	关于加强处级领导干部因私事出国(境)管理工作的意见
京昌发〔2005〕03号	关于在全区党员中开展以实践“三个代表”重要思想为主要内容的保持共产党员先进性教育活动的实施意见
京昌发〔2005〕04号	关于处级以上党员领导干部参加双重组织生活的意见
京昌发〔2005〕05号	关于印发2005年全区党风廉政建设和反腐败工作主要任务的通知
京昌发〔2005〕06号	关于印发《区委常委会2005年工作要点》的通知
京昌发〔2005〕07号	关于印发区双拥工作领导小组2005年双拥工作计划的通知
京昌发〔2005〕08号	关于实施昌平区城乡居民素质教育工程的意见
京昌发〔2005〕09号	关于印发2005年区委常委会议题计划的通知
京昌发〔2005〕10号	关于进一步规范健全基层党委(党组)向区委请示报告工作制度的通知
京昌发〔2005〕11号	关于开展向黄福水、王曙光同志学习活动的决定
京昌发〔2005〕12号	印发《昌平区关于建立村、社区治安巡防机制的工作意见》的通知
京昌发〔2005〕13号	转发《昌平区依法治区工作领导小组关于推进依法治区构建和谐社会工作的意见》的通知
京昌发〔2005〕14号	关于加强全区维护社会政治稳定情报信息工作的意见
京昌发〔2005〕15号	关于印发《昌平区贯彻落实〈人文奥运行动计划实施意见〉工作方案》的通知
京昌发〔2005〕16号	关于印发全区各镇(街道)功能定位指导意见的通知
京昌发〔2005〕17号	关于进一步加强调查研究工作的意见
京昌发〔2005〕18号	关于开展创建和谐社会试点工作的意见
京昌发〔2005〕19号	关于处级领导干部实行任前公示制度的意见
京昌发〔2005〕20号	关于处级党政领导干部实行任职试用期制度的意见
京昌发〔2005〕21号	印发《关于不胜任现职领导干部的认定标准与调整办法》的通知
京昌发〔2005〕22号	关于各镇(街道)经济和社会协调发展绩效评价考核的意见(试行)
京昌发〔2005〕23号	关于选派处级后备干部到农村(社区)挂职锻炼的意见
京昌发〔2005〕24号	印发关于落实《中共北京市委关于贯彻落实〈建立健全教育、制度、监督并重的惩治和预防腐败体系实施纲要〉的意见》的任务分解方案的通知
京昌发〔2005〕25号	关于开展党务公开工作的意见(试行)
京昌发〔2005〕26号	印发关于落实《中共北京市委关于贯彻落实〈中共中央关于进一步加强中国共产党领导的多党合作和政治协商制度的意见〉的实施意见》

	的具体措施的通知
京昌发〔2005〕27 号	关于巡视工作的规定
京昌发〔2005〕28 号	关于进一步加强和改进人大工作的意见
京昌发〔2005〕29 号	关于制定昌平区国民经济和社会发展第十一个五年规划的建议
京昌发〔2005〕30 号	关于进一步加强科协工作的意见

中共北京市昌平区委办公室文件

京昌办发〔2005〕01 号	转发《区委政法委关于做好全区 2005 年稳定工作的意见》的通知
京昌办发〔2005〕02 号	关于对各部门承办的以区委、区政府名义表彰奖励项目予以立项的通知
京昌办发〔2005〕03 号	印发《关于落实积极预防和妥善处置群体性事件工作意见的实施办法》的通知
京昌办发〔2005〕04 号	关于成立昌平区社区建设和城市管理体制改革领导小组的通知
京昌办发〔2005〕05 号	关于印发《区委二届六次全会各项任务分工方案》的通知
京昌办发〔2005〕06 号	关于调整区双拥工作领导小组成员的通知
京昌办发〔2005〕07 号	关于印发《2005 年区委常委会议题计划任务分解书》的通知
京昌办发〔2005〕08 号	关于调整昌平区依法治区工作领导小组成员的通知
京昌办发〔2005〕09 号	印发《昌平区关于法制宣传教育进社区的工作意见》的通知
京昌办发〔2005〕10 号	印发《昌平区关于强化社会治安综合治理领导责任制的若干规定》等制度的通知
京昌办发〔2005〕11 号	转发团区委《关于召开共青团北京市昌平区第二次代表大会的通知》的通知
京昌办发〔2005〕12 号	关于调整区委保密委员会组成人员的通知
京昌办发〔2005〕13 号	关于转发《昌平区村级“两委”班子及其成员学习制度》的通知
京昌办发〔2005〕14 号	关于进一步规范会议组织提高会议质量的意见
京昌办发〔2005〕15 号	关于印发《昌平区 2005 年城乡居民素质教育工程各项任务分工方案》的通知
京昌办发〔2005〕16 号	关于调整昌平区刑释解教人员安置帮教工作和社区矫正工作领导小组成员的通知
京昌办发〔2005〕17 号	关于调整昌平区机构编制委员会组成人员的通知
京昌办发〔2005〕18 号	关于将原昌平区“扫黄”工作领导小组调整为昌平区文化市场管理工作领导小组的通知
京昌办发〔2005〕19 号	转发《区委组织部、区委农村工委、区财政局、区经管站关于昌平区村级“两委”班子成员报酬管理考核暂行办法》的通知
京昌办发〔2005〕20 号	关于印发 2005 年区级领导重点调研课题的通知
京昌办发〔2005〕21 号	关于建立区级领导联系人大代表、政协委员制度的通知
京昌办发〔2005〕22 号	关于调整昌平区村务公开协调小组组成人员的通知
京昌办发〔2005〕23 号	转发《关于健全和完善村党组织领导的村民自治机制的目标任务

	分工》的通知
京昌办发〔2005〕24号	关于“八一”期间在全区广泛开展拥军优属、拥政爱民活动的通知
京昌办发〔2005〕25号	关于调整昌平区厂务公开协调领导小组成员的通知
京昌办发〔2005〕26号	关于成立昌平区突发公共事件应急委员会的通知
京昌办发〔2005〕27号	关于调整昌平区思想政治工作人员专业职务评定工作领导小组和中级专业职务评审委员会组成人员的通知
京昌办发〔2005〕28号	关于印发《昌平区迎奥运城乡环境整治建设规划方案(2005－2007年)》的通知
京昌办发〔2005〕29号	关于加强对区委常委会决定事项和区委书记办公会议定事项立项督查的通知
京昌办发〔2005〕30号	关于印发《昌平区信访事项复查工作制度(试行)》的通知
京昌办发〔2005〕31号	印发《关于开展党务公开试点工作的实施方案》的通知
京昌办发〔2005〕32号	关于实行网上互联审批进一步深化全程办事代理制工作的意见
京昌办发〔2005〕33号	关于调整区征兵工作领导小组成员的通知
京昌办发〔2005〕34号	关于调整昌平新城东区建设领导小组成员的通知
京昌办发〔2005〕35号	关于转发区档案局《昌平区重大活动档案管理办法》的通知
京昌办发〔2005〕36号	关于召开昌平区工会第二次代表大会的通知
京昌办发〔2005〕37号	关于在2006年元旦、春节期间广泛开展拥军优属、拥政爱民活动的通知
京昌办发〔2005〕38号	关于调整昌平区国家安全工作领导小组成员的通知
京昌办发〔2005〕39号	关于调整昌平区保持共产党员先进性教育活动领导小组成员的通知
京昌办发〔2005〕40号	关于举办昌平区第七届艺术节活动的通知

北京市昌平区人民政府文件目录

北京市昌平区人民政府文件

昌政发[2005]01号	关于印发2005年全区重点工程项目的通知
昌政发[2005]02号	印发关于北京市昌平区2005年在直接关系群众生活方面拟办的重要实事的通知
昌政发[2005]03号	关于调整昌平区山区建设领导小组成员的通知
昌政发[2005]04号	关于印发在驻昌高等院校科研院所聘请昌平区政府顾问的暂行办法的通知
昌政发[2005]05号	转发区防治重大动物疫病指挥部关于冬春期间加强高致病性禽流感防控工作的意见的通知
昌政发[2005]06号	关于印发2005年北京市昌平区政府折子工程的通知
昌政发[2005]07号	关于表彰2004年度政府法制先进集体和个人的通报
昌政发[2005]08号	关于印发昌平区2005年度依法行政工作要点的通知
昌政发[2005]09号	关于印发昌平区全面推进依法行政实施方案的通知
昌政发[2005]10号	关于印发昌平区镇级公路建设养护管理办法的通知
昌政发[2005]11号	关于印发昌平区治理非法盗采砂石工作方案的通知
昌政发[2005]12号	印发关于2005年深化政务公开工作意见的通知
昌政发[2005]13号	关于印发昌平区土地矿产资源专群保护机制的意见的通知
昌政发[2005]14号	转发区发改委区国土房管局昌平规划分局区工业局关于昌平区工业项目建设用地指标的意见的通知
昌政发[2005]15号	关于印发北京市昌平区水务局主要职责、内设机构和人员编制规定的通知
昌政发[2005]16号	关于撤销昌集建(96宅地)字第17-11-0094号、第17-11-0023号集体土地建设用地使用证的决定的通知
昌政发[2005]17号	关于撤销昌集建(95宅地)字第19-10-0050号集体土地建设用地使用证决定的通知
昌政发[2005]18号	关于调整昌平区夏季电力需求侧管理工作领导小组及督察组的通知
昌政发[2005]19号	关于政府机关与所办企业和管理的直属企业、营利性事业单位脱钩的处理意见
昌政发[2005]20号	关于印发昌平区国有土地有偿使用收入资金使用管理办法的通知
昌政发[2005]21号	关于印发昌平区人民政府贯彻《北京市人口与计划生育条例》实施办法的通知
昌政发[2005]22号	关于印发昌平区政府投资建设项目管理办法的通知
昌政发[2005]23号	转发区经管站关于昌平区农村管理信息化工作实施方案的通知
昌政发[2005]24号	关于转发区防汛抗旱指挥部指挥副指挥及成员单位防汛抗旱责任制

	的通知
昌政发[2005]25号	关于撤销昌集建(九三宅)字第10160122号集体土地建设用地使用证的决定的通知
昌政发[2005]26号	关于恢复李素民同志原行政职务的决定
昌政发[2005]27号	关于撤销昌集建(95宅地)字第20－03－0539号集体土地建设用地使用证的决定的通知
昌政发[2005]28号	关于撤销昌集建(96宅地)字第20－06－0019号集体土地建设用地使用证的决定的通知
昌政发[2005]29号	关于成立2008年奥运会在昌平比赛项目筹备工作委员会的通知
昌政发[2005]30号	关于印发北京市昌平区人民政府工作规则的通知
昌政发[2005]31号	关于印发北京市昌平区建设委员会职能配置内设机构和人员编制规定的通知
昌政发[2005]32号	关于印发昌平区殡葬管理办法的通知
昌政发[2005]33号	关于印发昌平区残疾人教育和贫困残疾人子女就学扶助暂行办法的通知
昌政发[2005]34号	印发关于扶持企业发展的暂行办法的通知
昌政发[2005]35号	关于撤销昌集建(93宅地)字第12－04－0302号集体土地建设用地使用证的决定的通知
昌政发[2005]36号	关于撤销昌集建(93宅地)字第12－04－0303号集体土地建设用地使用证的决定的通知
昌政发[2005]37号	关于撤销昌集建(95宅地)字第17－09－0099号集体土地建设用地使用证的决定的通知
昌政发[2005]38号	关于撤销昌集建(96宅地)字第17－11－0112号集体土地建设用地使用证的决定的通知
昌政发[2005]39号	2005年冬季征兵命令
昌政发[2005]40号	关于印发昌平区安全生产管理办法的通知
昌政发[2005]41号	关于确定小汤山镇后牛坊村花钹大鼓为区级非物质文化遗产代表作项目并明确传承单位和传承人的决定的通知
昌政发[2005]42号	关于印发昌平区行政事业单位固定资产管理暂行办法的通知
昌政发[2005]43号	关于撤销徐文宝持有的集体土地建设用地使用证的决定的通知
昌政发[2005]44号	关于加强防震减灾工作的通知
昌政发[2005]45号	关于授予魏峥同志昌平区2005年见义勇为积极分子称号的决定
昌政发[2005]46号	转发区环保局关于开展环境污染隐患排查工作方案的通知
昌政发[2005]47号	印发昌平区开展第二次全国农业普查的通知
政府令01号	昌平区突发公共事件总体应急预案

北京市昌平区人民政府办公室文件

昌政办发[2005]01号	转发区整顿和规范市场经济秩序领导小组办公室关于建立昌平区

	行政执法与刑事司法工作衔接机制的实施方案的通知
昌政办发[2005]02号	关于调整昌平区防震减灾工作领导小组的通知
昌政办发[2005]03号	关于调整昌平区交通安全委员会成员的通知
昌政办发[2005]04号	转发区统计局关于实施昌平区2004年国民经济和社会发展战略目标评估监测工作的通知
昌政办发[2005]05号	转发区统计局关于加强全区统计登记工作意见的通知
昌政办发[2005]06号	关于2004年度区政府信息工作"四优"评选结果的通知
昌政办发[2005]07号	关于成立昌平区查处违法建设工作领导小组的通知
昌政办发[2005]08号	关于成立昌平区山区生态流域综合治理工作领导小组的通知
昌政办发[2005]09号	转发区农业服务中心关于推进昌平有机农业发展意见的通知
昌政办发[2005]10号	印发关于政务公开工作若干制度的通知
昌政办发[2005]11号	关于成立昌平区行政机关使用正版软件工作领导小组的通知
昌政办发[2005]12号	转发区市政管委关于2005年昌平区城镇园林绿化普查实施方案的通知
昌政办发[2005]13号	关于调整昌平区防火安全委员会组成人员的通知
昌政办发[2005]14号	关于组建北京市昌平区水务局有关事宜的通知
昌政办发[2005]15号	转发区农委人事局农业服务中心等单位关于加强和完善我区动物防疫体系建设的意见的通知
昌政办发[2005]16号	转发区残联《关于开展第十五次全国助残日活动方案》的通知
昌政办发[2005]17号	转发区市政管委关于昌平区开展户外广告整治工作实施方案的通知
昌政办发[2005]18号	关于调整昌平区未成年人保护委员会组成人员名单的通知
昌政办发[2005]19号	转发市政管委关于昌平卫星城主要路口电子显示屏广告发布实施方案的通知
昌政办发[2005]20号	转发区环保局关于分解实施昌平区第十一阶段控制大气污染措施的通知
昌政办发[2005]21号	转发市政府办公厅《关于做好2005年夏季电力需求侧管理工作的通知》的通知
昌政办发[2005]22号	转发区科协关于2005年昌平科技周活动安排意见的通知
昌政办发[2005]23号	关于调整昌平区严防危险性林木病虫指挥部成员的通知
昌政办发[2005]24号	转发区民政局贯彻落实民政部关于进一步加强殡葬管理的紧急通知的实施意见的通知
昌政办发[2005]25号	关于调整和充实区防汛抗旱指挥部及9个重点防汛分指挥部成员的通知
昌政办发[2005]26号	关于在全区开展集体土地地籍调查登记发证工作的通知
昌政办发[2005]27号	转发国土昌平分局关于昌平区2005年度地质灾害防治方案的通知
昌政办发[2005]28号	关于成立2005年昌平区1%人口抽样调查领导小组的通知
昌政办发[2005]29号	转发区档案局关于推进政务公开规范现行文件阅览点工作的通知
昌政办发[2005]30号	废止原昌平县人民政府办公室转发市法制办、市农林办、市体改委、

	市土地局关于《郊区土地开发利用若干问题的暂行规定》的通知
昌政办发[2005]31号	关于成立昌平区打击非法行医专项行动领导小组的通知
昌政办发[2005]32号	转发劳动保障局关于实施企业管理退休人员门急诊大额 医疗费用社会化报销工作意见的通知
昌政办发[2005]33号	转发区水务局关于温榆河以南地区排水渠道清障工作开展情况进行防汛督查的通知
昌政办发[2005]34号	转发区审计局关于进一步加强和完善内部审计工作的意见的通知
昌政办发[2005]35号	关于开展整治违法排污企业保障群众健康环保专项行动的通知
昌政办发[2005]36号	印发关于进一步加强车辆超限超载治理工作的意见的通知
昌政办发[2005]37号	转发区教委关于流动人员自办学校(幼儿园)管理的意见的通知
昌政办发[2005]38号	关于调整昌平区无障碍设施建设工作领导小组成人员的通知
昌政办发[2005]39号	转发区监察局区信息办区政府法制办关于昌平区人民政府信息网上公开试行办法的通知
昌政办发[2005]40号	转发药监昌平分局关于加强村级卫生室药品管理工作的意见的通知
昌政办发[2005]41号	转发区残联区卫生局关于进一步做好昌平区创建白内障无障碍化工作意见的通知
昌政办发[2005]42号	关于调整昌平区整顿和规范市场经济秩序工作领导小组成员的通知
昌政办发[2005]43号	关于成立昌平区地震应急避难场所建设领导小组的通知
昌政办发[2005]44号	关于成立残疾人事业“十五”终期检查验收暨编制“十一五”发展规划领导小组的通知
昌政办发[2005]45号	关于成立昌平区第二次全国残疾人抽样调查工作领导小组的通知
昌政办发[2005]46号	关于成立昌平区殡葬管理工作领导小组的通知
昌政办发[2005]47号	关于进一步加强和规范议事协调机构和临时机构管理工作的通知
昌政办发[2005]48号	转发区农委关于贯彻落实《国务院办公厅关于坚决制止发生新的乡村债务有关问题的通知》意见的通知
昌政办发[2005]49号	转发区市政管委关于国庆节摆花工作安排意见的通知
昌政办发[2005]50号	转发区防汛办关于昌平区汛期突发自然灾害统计上报工作制度的通知
昌政办发[2005]51号	关于成立昌平区电力基础设施建设协调领导小组的通知
昌政办发[2005]52号	转发区统计局区商务局关于加强外贸出口统计工作的意见的通知
昌政办发[2005]53号	关于开展第三次全市交通综合调查的通知
昌政办发[2005]54号	转发公安昌平分局关于妥善解决外省市人员办理小城镇户口遗留问题工作意见的通知
昌政办发[2005]55号	转发公安昌平分局关于进一步开展预防煤气中毒工作实施意见的通知
昌政办发[2005]56号	关于昌平区政府部门使用正版软件工作的通知
昌政办发[2005]57号	转发区建委关于对全区普通地下室进行清查整治的工作方案的通知
昌政办发[2005]58号	关于调整昌平区企业信用信息系统平台建设领导小组成员的通知

昌政办发[2005]59号	关于成立昌平区村级公益事业专项补助使用管理工作领导小组的通知
昌政办发[2005]60号	转发市政府办公厅转发国务院办公厅关于认真抓好今冬明春安全生产工作文件的通知
昌政办发[2005]61号	转发区统计局区工业局关于建立规模以上工业企业部门统计调查的意见的通知
昌政办发[2005]62号	关于调整昌平区森林防火指挥部组成人员的通知
昌政办发[2005]63号	关于推行行政执法责任制若干意见的通知

昌平区重要外事活动

来访情况

时间	内容
3月15日	北欧芬兰房地产开发中国考察团芬兰新地省政府联合委员会副主任(省级)Mr.peltomaki/jukka等4人,来昌平就北京居民小区的建设和开发以及北京市人均住房情况及开发事宜进行考察,并洽谈合作开发北京市场楼盘及物业。
3月19日	“挪威王国三文鱼美食节”在昌平大宅门会所举办,有11个国家的大使、参赞首席代表等53人参加了此次活动。
4月13日	韩国首尔市道峰区议会代表团李圣雨议长等11人访问昌平。
4月18日	韩国釜山广域市金井区议会代表团朴春吉议长等11人访问昌平。
5月11日	智利圣地亚哥Cristian Labbe市长等4人访问昌平。
5月13日	日本青森县板柳町町长馆冈一郎等8人组成的政府代表团访问昌平,并前往获“北京长城友谊奖”的石泽重信先生墓地扫墓。
5月28日	古中建交45周年古巴美食旅游文化节开幕式在昌平大宅门会所举行,古巴驻华大使在开幕式上致辞,10个国家29人和13家媒体参加了此次活动。
6月9日	韩国釜山广域市金井区金文坤区厅长等7人组成的政府代表团访问昌平,并签订了两区友好交流协议书。
7月14日	国际货币基金组织首席经济学家拉古拉迈·拉杰等4人访问昌平。
8月26日	泰国外长甘达提等27人参观十三陵。
8月30日	德国科龙市Schramma Fritz市长代表团5人访问昌平。
10月17日	韩国首尔市道峰区崔仙吉区厅长等12人组成的政府代表团访问昌平。
10月21日	美国加利福尼亚州奥克兰市政府张明德副市长一行13人,对昌平区进行友好访问,并在居庸关古客栈签订了两地友好交流协议书。
11月20日	美国总统布什夫人劳拉等13人参观明十三陵的昭陵。

出访情况

时间	内　容
2月	区政协副主席沈玉宝等5人赴韩国友好城市进行访问。
4月	区政府区长佟根柱等7人赴日本、韩国友好城市进行友好访问。
4月	区政府副区长金晖等5人赴韩国友好城市进行访问。
4月	区检察院检察长白金刚赴德国、法国执行业务考察任务。
5月	区人大副主任张文良等3人赴加拿大参加培训学习。
7月	区政府副区长金晖等9人赴美国、加拿大友好城市进行访问。
8月	区委副书记、区纪委书记李福忠等2人赴美国参加培训学习。
8月	区委副书记王刚、区政法委书记潘建新等18人赴法国参加培训学习。
9月	区委副书记王书合等2人赴美国、加拿大考察。
10月	区人大副主任张援宇等7人赴韩国友好城市进行访问。
11月	区政协主席王振华等6人赴法国、德国进行友好访问。
11月	区人大副主任张文祥赴加拿大考察。

昌平区网址名录

北京昌平	http://www.bjchp.gov.cn
昌平新闻网	http://www.bjchp.com
昌平党建网	http://www.cpdj.gov.cn
区委党校	http://www.bjcpdx.org.cn/
团区委	http://www.changping.org/
区政府办公室	http://website.bjchp.gov.cn/bgs/index.jsp
中关村科技园区昌平园	http://www.zgc-cp.gov.cn/chpy/
北京昌平招商网	http://www.cpol.gov.cn/
昌平商网	http://www.cpsw.cn/
昌平教育信息网	http://www.cpedu.net/
回龙观社区网	http://www.hlgnet.com/
回龙观镇信息网	http://www.huilongguan.gov.cn/
长陵镇人民政府信息网	http://www.changling.gov.cn
劳动保障网	http://www.cpldbzj.gov.cn
区发改委	http://fgw.bjchp.gov.cn
区计生委	http://www.cpjs.gov.cn
区教委	http://www.cpedu.net
区科委	http://www.bjcpkj.com.cn
区工业局	http://gyj.bjchp.gov.cn
区人防办	http://rf.bjchp.gov.cn

区财政局	http://cpcz.bjcz.gov.cn
区人事局	http://rsj.bjchp.gov.cn
区商务局	http://www.cpbc.gov.cn
区审计局	http://ab.bjchp.gov.cn
区统计局	http://tj.bjchp.gov.cn
区林业局	http://ly.bjchp.gov.cn
区旅游局	http://www.chply.com
区法制办	fazhiban/index.htm
区地震办	http://dzb.bjchp.gov.cn
区环保局	http://epb.bjchp.gov.cn
区档案局	http://www.bjcpdag.gov.cn
区城管大队	http://cg.bjchp.gov.cn
规委昌平分局	http://hw.bjchp.gov.cn
工商昌平分局	http://www.hd315.gov.cn/gcs/19qu/changping/index.asp”
区地税局	http://changping.tax861.gov.cn
区国税局	http://www.bjsat.gov.cn/region116/index.jsp? channelPageID=116
药监昌平分局	http://www.bjda.gov.cn/changping/index.jsp
路政昌平分局	http://glj.bjchp.gov.cn/
昌平农业信息网	http://www.nfzx.bjchp.gov.cn/
明十三陵	http://www.mingtombs.com.cn/
区科协	http://www.bast.net.cn/bjkx/jckx/qxkx/cpkx/
区私营个体经济协会	http://www.gccp.com.cn/index.ycs
昌平商务网	http://www.chpbiz.com/
中国政法大学(昌平)	http://www.cupl.edu.cn/
中国石油大学(昌平)	http://web.cup.edu.cn/
北京大学应用文理学院	http://www.cp.pku.edu.cn/
清华大学核能研究院·清华大学核能研究院	http://www.inet.tsinghua.edu.cn/
北京化工大学	http://www.buct.edu.cn/
北京农学院	http://www.bac.edu.cn/
华北电力大学	http://www.ncepubj.edu.cn/
北京涉外学院	http://www.bjaaa.com/index.asp
北京科技职业学院	http://www.5aaa.com/
北京吉利大学	http://www.bgeelyu.cn/
北京市私立汇佳学校	http://www.huijia2000.com/
北京经济技术研修学院	http://www.bj-etc.com/
北京市商业学校	http://www.bjsx.com.cn/ok/
昌平电大	http://www.ccbd.net
城关小学	http://www.cgxx.net
昌盛园小学	http://www.csfx.cn
城北中心小学	http://www.cbzxedu.bj.cn/

南口镇小学	http://www.nkzxx.com
城南中心小学	http://www.cpzzx.org.cn
马池口中心小学	http://www.mckxx.com
七里渠中心小学	http://www.qihome.jahee.com
实验小学	http://www.cpsy2000.com/
小汤山中心小学	http://www.xtsxx.net
南邵中心小学	http://www.nsxx.net
崔村中心小学	http://www.ccxx.net
平西府中心小学	http://www.pxedu.com/forum/index.asp
上苑中心小学	http://www.cpsyzx.com
流村中心小学	http://www.liucun.susm.net
昌平一中	http://www.cpyz.org.cn/
昌平二中	http://www.cpez.bjedu.com.cn/lh/Index.asp
昌平三中	http://www.dw.susm.net/cpsz
昌平四中	http://www.bjcpsz.com/
昌平五中	http://www.wzhedu.net/
实验中学	http://www.cpsyzx.bjedu.net.cn
前锋学校	http://qianfeng.susm.net/
南口学校	http://www.nkxx.net
沙河中学	http://www.shhzhx.com/
南邵中学	http://www.nszx.com
十三陵中学	http://www.sslzx.susm.net
南口职业学校	http://www.nzxx.susm.cn
马池口中学	http://www.mckzxtw.cpedu.cn
亭自庄学校	http://www.tzzschool.net/
回龙观中学	http://10.116.52.21
小汤山中学	http://www.xtszx.com/
大东流中学	http://www.ddlzx.com
平西府中学	http://www.pxfzx.com
兴寿学校	http://www.cp521.com/main.asp
黑山寨学校	http://www.hszxx.com
职业学校	http://www.cpvs.com.cn/
少年宫	http://www.cpsng.com/
昌平北方驾校	http://www.bfjx.com.cn/
北京昌平广播电视网	http://www.cprt.com.cn
二毛学校	http://www.cpemxx.com/
南口中心小学	http://www.nczxx.com
回龙观中心小学	http://www.hlgzhx.bjedu.com.cn/
霍营中心小学	http://www.hyxx.susm.net
十三陵中心小学	http://www.sslxx.3322.net

昌平区中医医院	http://www.cpzyy.com/
华源生命科贸发展有限公司	http://www.chinaolive.com.cn/
晨光昌盛投资担保有限公司	http://www.chgvc.com/
翔鹏伟业电子设备	http://www.xpdz.com/
永安科技	http://www.csya.com.cn/
北京奥赛克光电技术	http://www.osicotech.com/
北京柏瑞安科技有限公司	http://www.brio-tech.com/
北京宝贵石艺科技公司	http://www.baogui.net/
北京华泰变压器有限公司	http://http://www.bbht.cn/
北京长空机械有限责任公司	http://www.bjck.com.cn/
承力电源有限公司	http://www.chengli.com.cn/
北京德欧环保设备有限公司	http://www.china-technic.com/
北京东方创远教育科技有限公司	http://www.edlt.com/
北汽福田汽车股份有限公司	http://www.futian.com.cn/
北京金万众空调制冷设备	http://www.gmtd.com.cn/
北京老万生物质能科技	http://www.laowan.com/index.htm
北京美高仪公司	http://www.meigaoyi.com/
诺华公司	http://www.novartis.com.cn/
赛迪时代公司	http://www.ccidit.com/
北京亚都空气净化	http://www.yaduairfresher.com/
北京变压器厂有限公司	http://www.bbht.cn/
北京大森长空包装机械有限公司	http://www.omorichk.com/
北大先行科技产业有限公司	http://www.pulead.com
北京恒诺堂生物科技有限公司	http://www.hengnuotang.com/index.asp
北京蒙太因医疗器械有限公司	http://www.montagne-bj.com/
有研亿金新材料股份有限公司	http://www.girkin.com
三一通讯技术有限公司	http://www.sanycom.com/index.asp
灰猪 DVD 共享俱乐部	http://www.graypig.com
星美数字信源中心	http://www.smmc.com.cn/
嗨,昌平	http://www.hichp.com
亚北社区网	http://www.mjhy.cn/
昌平点点通	http://www.ddt365.com
水屯批发市场	http://www.bjstsc.com/
天通苑购物网	http://www.ttygo.net/
回龙观购物网	http://www.hlggww.com
昌平拉拉购时尚购物网	http://www.lalagou.com/
昌平凤凰山陵园	http://www.fhs.com.cn/
昌平区信息技术网	http://www.xxjs.net/
昌平计算机网络俱乐部	http://www.chanping.cn/club/index.asp
昌平游戏网	http://www.cp521.com/main.asp

回龙观电脑服务网	http://www.3143.com/
天通苑资讯网	http://www.bjtty.com/love/
昌平方舟书苑	http://www.ark－book.com/
当代模具研究所	http://www.dangdaimodel.com/
昌平在线	http://www.changping.cn/
北京办公家具网	http://www.bjoshop.com/
昌平生活网	http://www.chplife.com/index.html
龙脉温泉	http://www.longmai－wenquan.com

昌平区社区居委会名录

城北街道办事处

名　称	地　址	电　话
一街社区居委会	石坊院小区	89746474
水关社区居委会	水关新村	69723641
南环里社区居委会	南环里小区	89716797
二街社区居委会	政府街 3 号	69746773
燕平路社区居委会	府学路 12 号	80103380
亢山社区居委会	亢山佳园	69723616
三街社区居委会	财神庙胡同	69708914
东关北里社区居委会	东关北里小区	80106054
北京手表厂社区居委会	北京手表厂宿舍	69743324
北城根社区居委会	北城根小区	无
五街社区居委会	太安胡同	69742612
六街社区居委会	西仓房胡同 7 号	89744384
建明里社区居委会	帅府墙胡同 1 号	89704384
八街社区居委会	斗姆宫胡同	69723643
玉虚观社区居委会	玉虚观小区	89784136
史家坑社区居委会	史家坑小区	69743074
西环里社区居委会	西环里小区	89783084
东关社区居委会	清秀园南区 10 号楼	89701468
东关京科苑社区居委会	京科苑小区	80107871
东关南里社区居委会	东关南里小区	80103710
西关社区居委会	西关城角路	69744215
城角路社区居委会	城角路社区文化站	无
永安社区居委会	南环路永安里小区	89706944
松园社区居委会	松园村	69744163

宁馨苑社区居委会	宁馨苑小区	80107633
国通家园社区居委会	第三水泥管厂宿舍	80107553
朝凤社区居委会	朝凤庵村	60713751
政法社区居委会	中国政法大学院内	58909161

城南街道办事处

名 称	电 话	名 称	电 话
凉水河社区居委会	89707602	山峡社区居委会	80105531
化庄社区居委会	89719450	龙凤山砂石厂社区居委会	60741713
昌盛园社区居委会	60741534		

沙河镇

名 称	电 话	名 称	电 话
南一社区居委会	80722605	东一社区居委会	80727900
北二社区居委会	80727608	西二社区居委会	69732208
沙阳路社区居委会	80725800		

南口镇

名 称	地 址	电 话
南厂西社区居委会	南口镇道北南口工厂西社区居委会	51640050
南厂东社区居委会	南口镇南口工厂住宅处院内 1 楼	51013783
新兴路社区居委会	南口镇道北派出所	51025515
南口村社区居委会	南口镇南口村社区 179 号	51022304
保温瓶社区居委会	南口镇东大街保温瓶居委会	89798935
十一条社区居委会	南口镇和平街 16 号	89798960
兴隆街社区居委会	南口镇十条 19 号	89799010
隆盛街社区居委会	南口镇西中街 24 号	51640555
玻璃公司社区居委会	南口镇新西广街玻璃公司社区	51025510
水厂路设区居委会	南口镇水厂路社区 136 号	51640179
南农社区居委会	南口镇南农家园	69781493

阳坊镇

名 称	电 话
阳坊社区居委会	69760568

回龙观镇

名称	地址	电话
龙兴园社区居民委员会	北京市德外西三旗龙兴园(中区)居委会	62938928
金榜园社区居民委员会	北京市德外西三旗金榜园社区居委会	62717341
龙乡社区居民委员会	北京市德外西三旗龙乡社区居委会	62711822
万龙社区居民委员会	北京回龙观医院万龙社区居委会	62710841
龙泽苑社区居民委员会	龙泽苑社区居委会	81796866
龙华园社区居民委员会	龙华园社区居委会(1号楼)	81794659
云趣园社区居民委员会	云趣园社区居委会(2区11-1-102)	81711128
风雅园社区居民委员会	风雅园社区居委会(2区2-11-101)	81711108
通达园社区居民委员会	通达园社区居委会(9号楼)	81712374
北郊农场社区居民委员会	北郊农场(家属院)社区居委会	80772419
慧华苑社区居民委员会	慧华苑居社区委会(15号楼5-D02)	81794653
农学院社区居民委员会	北京农学院居委会	80799237
碧水庄园社区居民委员会	定福皇庄75号碧水庄园社区居委会	80715221
昌艺园社区居民委员会	史各庄昌艺园社区居委会	69739853
龙城社区居民委员会	北京市1033信箱龙城花园社区居委会	80796064
龙兴园北区社区居民委员会	龙兴园北区社区居委会	80794045
万润家园社区居民委员会	万润家园社区居委会	62713315
龙腾苑六区社区居民委员会	龙腾园六区社区居委会	81737423
龙腾苑三区社区居民委员会	龙腾园三区社区居委会	81737427
良庄家园社区居民委员会	良庄家园社区居民委员会	69797847
东村社区居民委员会	东村社区居民委员会	62713796
北店社区居民委员会	北店社区居民委员会	81720802

北七家镇

名称	地址	电话
名流花园社区居委会	北七家镇王府路名流花园文体中心	81757475
名佳花园社区居委会	北七家镇王府路名佳花园1区30号	81758030
蓬莱公寓社区居委会	立汤路北七家镇段路东蓬莱公寓综合楼	81763735
八仙别墅社区居委会	北七家镇政府路八仙别墅仙霞西里0412号	89753512
温泉花园A区社区居委会	北七家镇东沙各庄村东温泉花园A区物业楼	81763848
温泉花园B区社区居委会	北七家镇东沙各庄村东温泉花园B区32号楼	81763350
燕城苑社区居委会	北七家镇燕丹村西燕城苑	61752014
桃园公寓社区居委会	北七家镇政府路桃苑公寓7号楼	89754071
冠雅苑社区居委会	北七家镇政府路口西侧冠雅苑3号楼	89758458
王府公寓社区居委会	北七家镇王府路王府公寓8号楼	81783817

望都家园社区居委会	北七家镇政府路望都家园物业楼	69757783
西湖新村社区居委会	立汤路北七家镇段路东西湖新14号楼	89758595
王府花园社区居委会	北七家镇王府路王府花园宿舍楼	81783061
北亚花园社区居委会	北七家镇东沙各庄村北亚花园10号楼	69752643

东小口镇

名　称	电话	名　称	电话
天通西苑第一社区居委会	84848918	天通西苑第二社区居委会	64117861
天通东苑第一社区居委会	61768017	天通东苑第二社区居委会	61740947
天通东苑第三社区居委会	61768050	天通北苑第一社区居委会	81771035
太平家园社区居委会	84847310	东辰社区居委会	84845103
佳运园社区居委会	84845102	华龙苑南里社区居委会	69791008
九台社区居委会	69791528	都市芳园社区居委会	69799206
蓝天园社区居委会	69793295	天鑫家园社区居委会	81709309
霍营小区社区居委会	81709215	上坡家园社区居委会	81707265

十三陵镇

名　称	电　话
胡庄社区居委会	89761781
北新村居委会	60762638

马池口镇

名　称	电　话
念头社区居委会	60756885

小汤山镇

名　称	电　话	名　称	电　话
大东流居委会	61713216	市场街居委会	61792754
行政区居委会	61793001		

昌平区村民委员会名录

城北街道办事处

名　称	地　址	电　话
二街村民委员会	政府街3号	69746772
三街村民委员会	三街财神庙胡同	69742403
六街村民委员会	东安福胡同9号	69742700
西关村民委员会	西关城角路	69747118
朝凤庵村民委员会	朝凤庵村	60713109

城南街道办事处

名　称	电　话	名　称	电　话
旧县村委会	89708153	邓庄村委会	89705402
南郝庄村委会	80101737	北郝庄村委会	89711954
水屯村委会	89747456	介山村委会	60741458

沙河镇

名　称	电　话	名　称	电　话
东一村村委会	69731443	大洼村委会	80761360
西二村村委会	80719079	王庄村委会	80761037
南一村村委会	80762608	丰善村委会	69737746
北二村村委会	69732681	于辛庄村委会	69732741
老牛湾村委会	69731072	辛力屯村委会	61731710
踩河村委会	69731316	松兰堡村委会	69731473
西沙屯村委会	80762357	白各庄村委会	69733085
小寨村委会	80761028	豆各庄村委会	69737548
东队村委会	69731405	北村村委会	69732354
西队村委会	69731915	南村村委会	69737546
路庄村委会	69731807	小沙河村委会	69737543

南口镇

名　称	电　话	名　称	电　话
居庸关村委会	69777574	马庄村委会	69778747
南口镇村委会	69778744	马坊村委会	89796942
南口村村委会	51025757	前桃洼村委会	69778464
龙虎台村委会	69778714	后桃洼村委会	69778443
虎峪村委会	69778748	长水峪村委会	69778407
陈庄村委会	69778713	檀峪村委会	69778470
辛力庄村委会	69776788	王庄村委会	69778417
太平庄村委会	69778762	花塔村委会	69778449
红泥沟村委会	69776560	兴隆口村委会	69778454
七间房村委会	69778764	曹庄村委会	69778434
雪山村委会	89749964	新元村委会	69778457
燕磨峪村委会	69778774	响潭村委会	69777483
龙潭村委会	69779037	东李庄村委会	89794736
羊台子村委会	89791384	西李庄村委会	69774094

阳坊镇

名　称	电　话	名　称	电　话
阳坊村委会	69767892	西贯市村委会	69760154
东贯市村委会	69760465	前白虎涧村委会	69760593
后白虎涧村委会	69760515	西马坊村委会	69767974
四家庄村委会	69760604	史家桥村委会	69768277
八口村委会	69760592	辛庄村委会	69768566

小汤山镇

名　称	电　话	名　称	电　话
小汤山村委会	61781230	大汤山村委会	61785411
马坊村委会	61792378	大柳树村委会	61785049
后牛坊村委会	61784613	阿苏卫村委会	61784815
讲礼村委会	61791439	尚信村委会	61784968
官牛坊村委会	61784969	葫芦河村委会	61781024
常兴庄村委会	61781794	土沟村委会	69751041
酸枣岭村委会	61713032	前蔺沟村委会	61712442
后蔺沟村委会	61713856	大东流村委会	61712212
小东流村委会	61711034	赖马庄村委会	61711124

东官庄村委会	61711042	西官庄村委会	61711452
南官庄村委会	61711604	大赴村委会	61711496
小赴村委会	61711224	辛庄村委会	61711483

百善镇

名　称	电　话	名　称	电　话
吕各庄村委会	61730040	半壁街村委会	61730024
牛房圈村委会	61730140	二德庄村委会	61781814
百善村委会	61730422	孟祖村委会	61739294
泥洼村委会	61739165	钟家营村委会	61739716
狮子营村委会	61730274	良各庄村委会	61730084
东沙屯村委会	61730766	上东廓村委会	61730043
下东廓村委会	61730141		

回龙观镇

名　称	电　话	名　称	电　话
回龙观村委会	62916642	黄土南店村委会	62711529
史各庄村委会	69732821	朱辛庄村委会	69738868
西半壁店村委会	80719166	定福皇庄村委会	69739831
三合庄村委会	81719002	二拨子村委会	80791288
东半壁店村委会	69732247		

北七家镇

名　称	电　话	名　称	电　话
郑各庄村委会	81784111、81785428	海鶄落村委会	61758004、61759263
鲁疃村委会	69756167、81766650	平西府村委会	81781592、81782293
燕丹村委会	61758530、61755422	东沙各庄村委会	69752341
西沙各庄村委会	69757544	羊各庄村委会	69757908、89753071
北七家村委会	69751284、69751854	南七家村委会	61758674、61758442
岭上村委会	69752864、69751032	沟自头村委会	69751283
曹碾村委会	81765446、81761137	平坊村委会	69754598、69755338
东二旗村委会	69750778、89754570	东三旗村委会	61758542
八仙庄村委会	81766434、81761427	歇甲村委会	61753228、61753227
白庙村委会	81785013、81785361		

兴寿镇

名　称	电　话	名　称	电　话
兴寿村委会	61725284	西湖村委会	89726049
桃林村委会	61726042	花果山村委会	89726445
辛庄村委会	61726134	海字村委会	89726340
沙坨村委会	61726170	西营村委会	61707046
香屯村委会	61781549	东营村委会	61707024
肖村村委会	61781103	麦庄村委会	61707288
东庄村委会	61726154	东新城村委会	61707064
秦城村委会	61726114	西新城村委会	61707042
象房村委会	61726072	上苑村委会	61707097
木厂村委会	61796444	下苑村委会	61707041
百合村委会	89726442	秦家屯村委会	61707043
上庄村委会	89726045	暴峪泉村委会	61707004
下庄村委会	89726141	上西市村委会	61707049
湖门村委会	89726042	半壁店村委会	61707048
连山石村委会	61796813	桃峪口村委会	61708524

南邵镇

名　称	电　话	名　称	电　话
姜屯村委会	69712248	景文屯村委会	69743770
张各庄村委会	60735077	南邵村委会	60735991
张营村委会	60733749	四合庄村委会	60732072
金家坟村委会	60732053	纪窑村委会	60732141
东营村委会	60734136	辛庄村委会	60732247
何营村委会	60732154	小北哨村委会	60732104
北哨洼村委会	60732250	营坊村委会	60732237
三合庄村委会	60732161	官高村委会	60732235

流村镇

名　称	电　话	名　称	电　话
上店村委会	89774100	下店村委会	89773700
南流村委会	89771164	北流村委会	89771513
西峰山村委会	89771194	白羊城村委会	89771020
新建村委会	89771152	古将村委会	89771144
黑寨村委会	89771184	北庄村委会	89771134

王园村委会	89771022	漆园村委会	89778321
瓦窑村委会	89779551	王峪村委会	89778604
小水峪村委会	89778431	高口村委会	89778427
新开村委会	69777331	溜石港村委会	89779419
发电站村委会	89779561	菩萨鹿村委会	89778584
韩台村委会	89779218	狼儿峪村委会	89778536
北照台村委会	89778630	马刨泉村委会	80192070
老峪沟村委会	80192108	禾子涧村委会	80192790
黄土洼村委会	80192286	长峪城村委会	80192955

马池口镇

名　称	电　话	名　称	电　话
白浮村委会	60771459	百泉庄村委会	89748181
奤夿屯村委会	89711702	上念头村委会	89745124
下念头村委会	60756068	宏道村委会	60771640
横桥村委会	60771224	土城村委会	60756906
楼自庄村委会	60771456	北庄户村委会	69734146
东闸村委会	69734148	西坨村委会	69733444
东坨村委会	80715885	亭自庄村委会	60756405
北小营村委会	60756432	辛店村委会	60756417
丈头村委会	60756425	乃干屯村委会	60756424
土楼村委会	89790197	葛村村委会	60758556

长陵镇

名　称	电　话	名　称	电　话
德陵村委会	60761704	下口村委会	89721131
景陵村委会	60761135	锥石口村委会	89721009
长陵村委会	60761327	麻峪房村委会	89721014
老君堂村委会	60763100	碓臼峪村委会	89721939
东水峪村委会	60762534	慈悲峪村委会	89728776
黄泉寺村委会	60761193	南庄村委会	89727054
昭陵村委会	60761261	北庄村委会	89728058
献陵村委会	60761137	辛庄村委会	89727084
庆陵村委会	60761133	黑山寨村委会	89727048
裕陵村委会	60761136	分水岭村委会	89727556
茂陵村委会		望宝川村委会	
泰陵村委会	89722485	沙岭村委会	

燕子口村委会	60761317	永陵村委会	60761129
康陵村委会	89722033	大岭沟村委会	89721408
石头园村委会	89722799	上口村委会	89721958

十三陵镇

名　称	电　话	名　称	电　话
涧头村委会	89719034	德胜口村委会	60762490
石牌坊村委会	69740324	果庄村委会	89762880
大宫门村委会	89745505	小宫门村委会	89762784
南新村委会	89763319	悼陵监村委会	89761564
仙人洞村委会	89761557	王庄村委会	89761480
西山口村委会	69740274	胡庄村委会	89761400
长陵园村委会	89761474	康陵园村委会	89761218
万娘坟村委会	89761402	泰陵园村委会	89762088

崔村镇

名　称	电　话	名　称	电　话
棉山村委会	60721030	西辛峰村委会	60722570
大辛峰村委会	60721846	西崔村委会	60721373
东崔村委会	60721384	南庄营村委会	61725071
麻峪村委会	60723188	香堂村委会	60721458
真顺村委会	60722274	八家村委会	60721363
西峪村委会	60721131		

东小口镇

名　称	电　话	名　称	电　话
太平庄村委会	84812199	中滩村委会	84815672
陈营村委会	84825555	贺家村委会	82911496
东小村委会	82924995	芦家村委会	82915749
单家村委会	82915632	店上村委会	82911498
兰各庄村委会	82917724	半截塔村委会	69796989
魏窑村委会	69791244	霍营村委会	69791197
小辛庄村委会	69791342	马连店村委会	69791340
白坊村委会	61742562	狮子营村委会	61764996

昌平区爱国主义教育基地名录

国家级爱国主义教育示范基地

名　称	地　址	电　话
中国航空博物馆	小汤山镇	61784882

市级爱国主义教育基地

名　称	地　址	电　话
十三陵水库展览馆	十三陵水库路	60713399—3012
明皇蜡像宫	城南街道	69747257
居庸关长城	南口镇	69771665
小汤山农业园	小汤山镇	61785121
坦克博物馆	阳坊镇	66759902
中国北方国际射击场	南口镇	69771368—3110
北京人与动物科普中心	小汤山镇	13910055176

区级爱国主义教育基地

名　称	地　址	电　话
昌平区档案馆	城北街道	69747164
昌平区革命史展馆	南口镇	69771140
昌平区博物馆	城北街道	69741095
十三陵水库纪念碑公园	十三陵水库路	60713399—3012
昌平区烈士陵园	城南街道	69742607
桃林烈士陵园	兴寿镇	61721149
崔村镇香堂文化新村	崔村镇	60721021
北七家镇郑各庄村	北七家镇	81785428

境域公交客运线路名录

区属运营线路

线路名称	起始站	终点站	途径站
1路	昌平北站	鲁疃	昌平北站~区医院~电影院~南大街~二中~阳光商厦~政法大学~亢山广场~东关环岛~南邵~张各庄~流研所~孟祖北口~百善~阿苏卫~大汤山~小汤山~大柳树~葫芦河~后蔺沟村~前蔺沟村~土沟~鲁疃东口
2路	昌平北站	北七家	昌平北站~区医院~电影院~南大街~二中~新新公寓~中医医院~创新路南口~白浮~景文屯~种鸡厂~东沙屯~大王庄~松兰堡~上东廓~半壁街~牛房圈~吕各庄~尚信村~讲礼村~官牛坊~马坊~种禽公司~八仙村~东二旗村~岑上村~北七家村
3路	化庄	康陵园(万娘坟)	化庄~山峡~富康路~东关南里~阳关商厦~财政局~北环市场~北站~西环北路~西关农贸~西环里~涧头~北大分校~西山口~小宫门~泰陵园~康陵园(~西山口~悼陵监~万娘坟)
5路	介山村	上口村(碓臼峪)	介山~介山小区~永安环岛~新世纪~百货大楼~家和超市~北环市场~仙人洞~南新村~长陵园~胡庄~北新村~德陵村~永陵村~献陵村~庆陵村~裕陵村~茂陵村~康陵村~泰陵村~碓臼石~石油疗养院~麻峪房~碓臼峪
6路	十三陵水库	水屯市场	十三陵水库~培训中心~前锋学校~东关环岛~石油大学~阳光商厦~电信局~长城医院~百货大楼~西环北路~西环里~自行车赛场~西关小区~南郝庄~百泉庄村~水屯市场
7路	昌平	北京人文大学	昌平北站~区医院~东四~财政局~二中~南大街~新世纪商城~商业街~凉水河~水屯市场~马池口~宏道~上念头~红冶~吉利大学~四家庄~亭自庄~清华阳光~阳坊~北京人文大学
8路	沙河	前白虎涧	沙河~踩河村~东坨~西坨~娄子庄~四家庄~史家桥~辛庄~八口村~阳坊~后白虎涧~前白虎涧

9路	昌平西关	高丽营	昌平西关～邮政局～长城医院～阳光商厦～东关环岛～四合新村～南邵～辛庄～纪窑～金家坟～棉山～大辛峰～东崔村～香堂～秦城～象房～兴寿～桃林～桃峪口～上苑～秦屯～东新城～麦庄～东营～大东流～赖马庄～高丽营
10路	西三旗	燕丹	西三旗～龙乡小区～育新小学～轮胎厂～建材城环岛～五机床～东小口～芦村～贺村～中滩～宜宾楼～天通苑～丽水园～太平庄～白坊～燕丹
11路	昌平	北流村	顺平达客运中心～京科苑小区～东关环岛～阳光商厦～长城医院～西关～旧县～陈庄～龙虎台～南口～马坊～二零八所～桃洼～檀峪～花塔～看守所～新元村～古将～北台～白杨城～新村～北流村
11路支	昌平	菩萨鹿	顺平达客运中心～京科苑小区～昌盛路～东关南里～东关～阳光商厦～南大街～西关～财贸干校～邓庄～旧县～陈庄～龙虎台～南口东街～南口～马房～李庄～白房子～曹庄～北流村～西峰山～王峪沟～瓦窑～高崖口～发电站～菩萨鹿
12路	昌平	羊台子	昌平东关～亢山广场～京科苑～四中～商业街～新世纪～西关～旧县～陈庄～南口～响潭村～龙潭村～凤凰山陵园～羊台子
13路	昌平	北流村	朝凤庵～政法北门～东四～电影院～新世纪商城～商业街～四中～凉水河～水屯市场～百泉庄～上念头～辛店～乃干屯～丈头～土楼～葛村～上店村～下店村～南流村～北流村
15路	城铁龙泽站	南七家	龙泽站～回龙观～北郊农场～龙华园小区～黄土北店～霍营～小辛店～平西府～白庙～王府花园～立汤路口～名流花园～ 海鹊落～燕丹～南七家
20路	轻轨龙泽站	南口	龙泽站～龙华园～回龙观北站～二拨子～电力大学～定福皇庄～沙河南大桥～一线材～福田集团～261医院～上庄～东小营～后章村～前章村～东贯市～西贯市～阳坊南站～阳坊镇～阳坊北站～防化学院～清华阳光～西马坊～四家庄～吉利大学～水泥厂～乃干屯～西普公司～南口医院～管理学院～玻璃公司～南口环岛

21路	香堂	轻轨龙泽站	香堂～东崔～崔村镇政府～真顺～八家～银桥电机厂～何营～北邵洼～东关～石油大学～阳光商厦～昌平二中～南大街～新世纪商城～永安路～辅仁外语大学～白浮～西沙屯～小寨～满井～北大桥～沙河～碧水庄园～定福皇庄～史各庄～朱辛庄～二拨子～轻轨龙泽站
22路	立水桥轻轨站	昭陵	立水桥轻轨～天通苑～太平家园～东三旗～平西府路口～立汤路口～西沙村～宏福苑北门～白各庄～七里蕖村～东城看守所～定福皇庄～沙河～北大桥～满井～西沙屯～白浮～水屯市场～小白羊～西关～神路～胡庄～长陵～定陵～昭陵
23路	城铁回龙观站	城铁回龙观站	城铁回龙观站～龙乡小区北门～育新北口～北新科园～黄土店～北郊面粉厂～城铁霍营站～北郊医院～霍营小区～霍营～矩阵小区～龙锦园六区～马连店～物美超市～云趣园三区～龙禧苑五区～龙腾苑二区～城铁回龙观站
24路	西三旗	城铁立水桥站	西三旗～黄土店～城铁回龙观站～育知路～物美超市～龙禧二街～霍营～龙华家园～天鑫家园～霍营中心小学～魏窑～半截塔～天通西苑～西单商场～城铁立水桥站
25路	华北电力大学	城铁回龙观站	华北电力大学～城北交易市场～风雅园一区～物美超市～龙锦苑六区～城铁回龙观站
26路	龙泽轻轨站	小沙河	龙泽轻轨～龙泽苑～龙华园～天福超市～云趣园～北店家园～龙锦园～马连店南口～马连店～育容学校～慧聪园～七里渠～小沙河
27路	立水桥轻轨站	高丽营	立水桥轻轨～天通苑～太平家园～东三旗～燕城苑小区～海鶄落～北七家～海德堡～岭上村～沟子头新村～晨浩花园～小河洼～鲁疃村～土沟村～酸枣岭～大东流～高丽营
临1路	昌平北站	禾子涧村	昌平北站～西关～南口～流村～高崖口～禾子涧村(长峪城村)
临2路	昌平北站	慈悲峪	昌平北站～西关～长陵～黑山寨～南庄～慈悲峪
临3路	昌平北站	海字	昌平北站～南大街～东关～南邵～兴寿～下庄～花果山～海字
30路	昌平西关	连山石(上西市)	昌平西关～昌平北站～昌平剧场～南大街～东关～南邵～崔村～兴寿～桃峪口～连山石(上西市)
31路	昌平北站	九渡河	昌平北站～昌平剧场～南大街～东关～南邵～崔村～兴寿～下庄～九渡河(百合)

31路支	昌平北站	百合	昌平北站～昌平剧场～南大街～东关～南邵～崔村～兴寿～下庄～百合
32路	昌平北站	慈悲峪	昌平北站～西环里～西关～长陵～黑山寨～慈悲峪
33路	昌平北站	禾子涧(长峪城)	昌平北站～北环早市～南大街～西关～南口～流村～马刨泉～禾子涧(长峪城)
35路	水屯市场	果庄	水屯市场～新世纪商城～昌平剧场～西环里～西关～万娘坟～燕子口～果庄
36路	昌平北站～虎峪(太平庄)(～南口)		昌平北站～早市～南大街～西关～旧县～陈庄～老北京～虎峪(北太平庄)(～南口)
37路	昌平西关	怀柔	昌平西关～南大街～东关～南邵～崔村～兴寿～上苑～怀柔。

境内和过境市属运营线路

线路名称	起始站	终点站	途径站
307路	回龙观小区	巴沟村	回龙观小区～风雅阁～龙华园～回龙观东站～回龙观北站～西三旗～小营～清河～北沙滩～巴沟村
314路	昌平东关	长陵	昌平东关～政法大学～东环北路～昌平北站～西环北路～大宫门～南新村～胡庄～七孔桥～定陵道口～长陵
315路	新都东站	德胜门	新都东站～新都环岛～新都～黄土店～邮政研究所～西三旗～清河～德胜门
344路	回龙观小区	德胜门	回龙观小区～广场东门～龙华园东门～龙华园～回龙观东站～回龙观北站～西三旗～小营～清河～德胜门
344支	二六一医院	德胜门	二六一医院～皂甲屯～老牛湾～沙河西站～沙河～定福皇庄～史各庄～朱辛庄～二拨子～回龙观北站～回龙观～西三旗～四拨子～小营～清河～德胜门
345路	昌平北站	德胜门	昌平北站～南大街～南环中路～水屯～白浮～西沙屯～小寨～满井～北大桥～沙河～定福皇庄～史各庄～朱辛庄～二拨子～回龙观北站～回龙观～西三旗～清河～德胜门
345快	昌平东关	德胜门	昌平东关～政法大学～南大街～西环南路～北大桥～沙河～北郊市场～德胜门
355路	育新小区	三义庙	育新小区～育新北路～黄土店～西三旗～小营～三义庙

357路	昌平东关	高崖口	昌平东关～政法大学～南大街～昌平～邓庄～旧县～陈庄～红泥沟～南口东街～南口～马坊～李庄～白房子～曹家庄～北流村～西峰山～王峪沟～瓦窑～高崖口乡～高崖口
358路	中滩北站	地坛	中滩北站～太平庄～丽水园～东小口～立水桥北站～地坛
358支	种禽公司	地坛	种禽公司～平坊～平西府～东三旗～太平庄～东小口～立水桥北站～北苑北站～地坛
362支	育新小区	北宫门	育新小区～育新北口～黄土店～西三旗～北宫门
371路	天鑫家园	西三旗	天鑫家园～霍营站～北郊医院～城铁霍营站～北郊面粉厂～黄土店～育新北口～西三旗
376路	昌平东关	南口道北	昌平东关～石油大学～昌盛路～振兴路～南大街～昌平～旧县～陈庄～红泥沟～大堡～南口北站
379路	育新小区	左家庄	育新小区～黄土店～西三旗～小营～左家庄
398路	育新小区	新街口豁口	育新小区～育新北口～黄土店～西三旗～小营～新街口豁口
407路	回龙观小区	安定门	回龙观小区～广场东门～风雅园～龙华园～回龙观东站～回龙观北站～回龙观～西三旗～四拨子～清河小营～安定门
417路	燕丹	大屯西站	燕丹～燕丹乡政府～燕丹村～南七家～沥青厂～歇甲村～白坊～太平庄村～太平庄路口～东小口～立水桥北站～立水桥～大羊坊～北苑北站～大屯西站
417支	鲁疃	安定门	鲁疃～小河湾～沟岭新村～东二旗村～北七家～北七家工业园区～政府街西口～望都家园～东三旗～太平庄～东小口～立水桥北站～立水桥～大羊坊～北苑北站～安定门
618路	回龙观小区	月坛	回龙观小区～风雅园～广场西门～龙华园～回龙观东站～回龙观北站～回龙观～回龙观南站～西三旗～安宁庄～安宁里南站～小营西站～小营～月坛
629路	东北旺中路	环行铁道	东北旺中路～西三旗～邮政研究所～黄土店～建材城环岛～建材城东二里～天龙苑～贺村～中滩～东小口～立水桥北站～立水桥～大羊坊～北苑北站～环行铁道
713路	东小口村委会	双龙超市	东小口村委会～东小口东～贺村～中滩～东小口～立水桥北站～立水桥～大羊坊～有色所～北苑北站～双龙超市
719路	轮胎厂	新发地银海市场	轮胎厂～和利时公司～新都南站～新都～北新科技园～育新北口～黄土店～西三旗～四拨子～清河小营～新发地银海市场

727支	海鹊落	北京西站	海鹊落～北七家村～八仙村～沟岭新村～东二旗村～北七家工业区～政府街西口～平西府～东三旗～都市芳园～太平庄～天通苑～东小口～立水桥北站～立水桥～大羊坊～北京西站
734路	回龙观小区	惠河刨花板市场	回龙观小区～回龙观大街～龙华园～回龙观～西三旗～四拨子～清河～惠河刨花板市场
748路	育新小区	晓月苑小区	育新小区～育新北口～黄土店～西三旗～四拨子～晓月苑小区
751路	南七家	张仪村	南七家～沥青厂～白坊～太平庄～太平庄路口～天通苑～东小口～立水桥北站～立水桥～大羊坊～有色所～北苑～张仪村
753路	马连店	豆各庄乡政府	马连店～马连店村～马连店南口～回龙观西站～育知路东口～回龙观西大街～回龙观东路～龙华园～回龙观东站～回龙观北站～回龙观～龙兴园～龙兴园南区～西三旗～四拨子～清河小营～豆各庄乡政府
758路	北亚花园	安定门	北亚花园～北亚小区～种禽公司～平坊～平西府～东三旗～太平庄～丽水园～天通苑～东小口～立水桥北站～立水桥～大羊坊～有色所～北苑～安定门
803路	宏福苑小区	十八里店村	宏福苑小区～平西王府～中国经济时报～王府温馨公寓～王府公寓～东三旗～都市花园～天通苑～东小口～立水桥北站～立水桥～大羊坊～北苑北站～十八里店村
803支	海鹊落	前门	海鹊落～名流家苑～天通苑～北苑～前门
803区间	二拨子新村	安定门	二拨子新村～二拨子～龙兴园北区～北京人家～回龙观桥～回龙观～龙兴园～龙兴苑～广场～风雅园～回龙观西站～流星花园～龙锦园～霍营～北郊医院～霍营地铁～北郊面粉厂～黄土店～新都～建材城～森林大第家园～贺村～中滩～东小口～立水桥～大羊坊～北苑北站～安定门
810路	建材城东里	双龙超市	建材城东里～建材城东二里～建材城环岛～新都～北新科技园～育新北口～黄土店～西三旗～双龙超市
811路	回龙观小区	马场	回龙观小区～广场东门～龙华园东区～龙华园～回龙观东站～回龙观北站～西三旗～四拨子～清河小营～马场
814路	建材城东里	天坛南门	建材城东里～建材城东二里～建材城环岛～新都～北新科技园～育新北口～黄土店～西三旗～四拨子～天坛南门
819路	二拨子新村	菜户营	二拨子新村～二拨子～龙兴园北区～北京人家～回龙观北站～回龙观～龙兴园～龙兴园南区～西三旗～清河～菜户营

820外环	百善镇政府	百善镇政府	百善镇政府～东沙屯～松兰堡～路桩桥～北大桥～沙河～定福皇庄～史各庄～朱辛庄～二拨子～回龙观北站～回龙观～西三旗～小营～南二环～百善镇政府
834路	回龙观小区	惠河刨花板市场	回龙观小区～回龙观大街～龙兴园～回龙观东站～回龙观北站～回龙观～西三旗～四拨子～清河小营～惠河刨花板市场
836路	单村	宝隆公寓	单村～太平庄～天通苑～立水桥北站～立水桥～大羊坊～北苑北站～宝隆公寓
845路	十三陵水库	靛厂新村	十三陵水库～公交培训中心～昌平东关～政法大学～南大街～南环中路～水屯～白浮～西沙屯～小寨～满井～北大桥～沙河～定福皇庄～史各庄～朱辛庄～二拨子～回龙观北站～回龙观～西三旗～小营～靛厂新村
845支	回龙观小区	西客站	回龙观小区～回龙观～西三旗～小营～西客站
847路	回南家园	四惠站	回南家园～九台庄园～都市芳园～太平庄～丽水园～天通苑～东小口～立水桥北站～立水桥～大羊坊～北屯北站～四惠站
849路	天通苑小区	青塔小区	天通苑小区～街心小区～天通苑～立水桥北站～立水桥～大羊坊～北苑～青塔小区
850路	北七家村	古城西街	北七家村～海德堡花园～晨浩花园～东二旗村～北七家～工业园区～望都家园～政府街西口～平西府～东三旗～太平庄～丽水园～天通苑～东小口～立水桥北站～立水桥～大羊坊～有色所～北苑北站～古城西街
850支	南七家村	张仪村	南七家～沥青厂～白坊～太平庄～太平庄路口～天通苑～东小口～立水桥北站～立水桥～大羊坊～有色所～张仪村
851路	南七家村	张仪村	南七家～沥青厂～白坊～太平庄～太平庄路口～天通苑～东小口～立水桥北站～立水桥～大羊坊～有色所～张仪村
852路	都市芳园	十八里店	都市芳园～太平庄～丽水园～天通苑～东小口～立水桥～大羊坊～清友园～北苑家园东区～十八里店
853路	马连店	豆各庄乡政府	马连店～马连店村～马连店南口～回龙观西站～育知路东口～回龙观西大街～回龙观东路～龙华园～回龙观东站～回龙观北站～回龙观～龙兴园～龙兴园南区～四拨子～豆各庄乡政府

858路	天通苑小区	安定门	天通苑小区～街心花园～天通苑～立水桥北站～立水桥～北苑北站～安定门
642(原911)路	阳坊北站	小营西站	阳坊北站～阳坊～白虎涧～西贯市～沙阳路口～后沙涧～前沙涧～稻香湖～西小营～小营西站
643(原912)路	九龙游乐园	安定门	九龙游乐园～公交培训中心～东关～水泥管厂～景文屯村～张各庄～大洼村～东沙屯西站～东沙屯～百善～航空博物馆～小汤山医院～大柳树～邮电干院～经贸干院～种禽公司～平坊～平西府～东三旗～太平庄～天通苑～东小口～立水桥北站～大羊坊～北苑北站～安定门
914路	南口北站	德胜门	南口北站～南口～南口农场～葛村～坦克博物馆～阳坊～白虎涧路口～西贯市～东贯市～后章村～东小营～皂甲屯～老牛湾～沙河西站～沙河～朱辛庄～西三旗～清河～德胜门
914支	南口北站	满井	南口北站～南口～南口农场～葛村～坦克博物馆～阳坊～白虎涧～西贯市～东贯市～后章村～东小营～皂甲屯～老牛湾～沙河西站～沙河～满井
919路	德胜门	延庆汽车站	德胜门～小营～西三旗～回龙观～朱辛庄～定福皇庄～沙河～满井～百葛路口～水屯～昌平～明皇蜡像宫～陈庄～龙虎台～南口～臭泥坑～居庸关～四桥子～延庆汽车站
919支	南口西站	德胜门	南口西站～南口镇～南口东街～龙虎台～陈庄～旧县～邓庄～明皇蜡像宫～昌平西关～体委～水屯～水屯市场～白浮～西沙屯～小寨～满井～沙河北～沙河～定福皇庄～史各庄～朱辛庄～二拨子～回龙观北～回龙观～西三旗～小营～德胜门
919区间	九龙	德胜门	九龙～东关环岛～政法大学～昌平南大街～西环南路～水屯～沙河北大桥～沙河～西三旗～小营～德胜门
925路	鼓楼地铁口	延庆	鼓楼地铁口～清河～西三旗～回龙观～沙河～满井～百葛路口～水屯～西关南口～发改委～西环路北站～明皇蜡像宫～昌平西站～昌平南大街～政法大学～东关环岛～九龙宫～水库路口～北新村～七孔桥～定陵口～长陵～玉陵～太陵～北京轴承厂～上口～马虎寨～延庆
925支	鼓楼地铁口	永宁镇	鼓楼地铁口～西三旗～回龙观～沙河～满井～百善路口～水屯～西环南路～发改委～西环里北站～昌平西站～明皇蜡像宫～太陵园～万娘坟～德胜口～果庄～永宁镇

925区间	昌平凤山温泉渡假村	鼓楼地铁口	凤山温泉渡假村～军都渡假村～东关环岛～政法大学～东环北路～北环～区医院～昌平南大街～永安环岛～科技园～水屯市场～沙河北大桥～沙河～西三旗～鼓楼地铁口
945路	昌平沙河	顺义	沙河镇～沙河北大桥～路庄～国兴电子～松兰堡～东沙屯～百善镇政府～百善北口～航空博物馆～阿苏卫～大汤山～商业街～葫芦河～赴任辛庄～大东流～赖马庄～高丽营～顺义
947路	明皇腊像宫	顺义	明皇蜡像宫～南大街～政法大学～东关～南邵～四合庄～金家坟～市政培训中心～果品批发市场～崔村～秦城路口～象房～兴寿～桃峪山庄～秦家屯～下西市口～顺义
949路	南庄	牡丹园	南庄～慈悲峪～海字～花果山～湖门口～下庄～牛蹄岭～兴寿～象房～秦城～东庄～后牛坊～大汤山～小汤山～大柳树～马坊～种禽公司～东沙各庄～平坊～东三旗～太平庄～东小口～立水桥～大羊坊～北苑～牡丹园
949支	昌平西关	兴寿	昌平西关～南大街～政法大学～昌平东关～水泥管厂～南邵～金家坟～九里山公墓～瑶台山庄～西辛峰～大辛峰～九栏山～崔村镇政府～东崔村～香堂～麻峪～秦城～象房～兴寿
966路	平西府	东直门	平西府～中国经济时报～王府温馨花园～平西府东口～东三旗～太平庄～天通苑～东小口～立水桥北站～立水桥～东直门
969路	延庆	怀柔	延庆～居庸关～臭泥坑～南口村～南口镇～龙虎台～陈庄～烟草公司～公安局～南大街～东关～南邵～兴寿～上苑～下西市～怀柔
984路	高丽营	四慧	高丽营～赖马庄～大东流～小赴任庄～大赴任庄～常兴庄～九华山庄～大柳树环岛～马坊～经贸干院～东沙各庄～平房～平西府～东三旗～太平庄～天通苑～东小口～立水桥北站～立水桥～大羊坊～四惠
985路	双兴苑	四惠	双兴苑～小汤山～小汤山镇政府～大柳树环岛～马坊～经贸干院～东沙各庄～平坊～平西府～东三旗～天通苑西三区～太平庄～丽水园～天通苑～东小口～立水桥城铁站～立水桥北站～立水桥～大羊坊～四惠
996路	平西府	肖村	平西府～王府街～霍营北口～马连店～流星花园～回龙观小区～风雅园～广场西门～龙华园～回龙观东站～回龙观北站～回龙观～西三旗～安宁里 ～肖村

城铁临1线	龙泽站	天鑫家园	城铁龙泽苑站～龙兴园南区～龙华园～风雅园～回龙观小区～云趣园～周庄东街～回龙观城铁站～霍营小区西区～霍营乡～天鑫家园
城铁临2线	龙泽站	龙泽站	城铁龙泽苑站～回龙观北站～二拨子～朱辛庄～辛庄桥～朱辛庄～二拨子～回龙观北站～龙华园北区～城铁龙泽苑站
城铁临3线	龙泽站	龙泽站	城铁龙泽苑站～回龙观北站～回龙观～龙兴园南区～西三旗～回龙观～城铁龙泽苑站
城铁临4线	霍营站	建材城东里	霍营站～北郊医院～霍营村～建材城东里
运通105路	北京金融学院	中苑宾馆	北京金融学院～新都～北新科技园～育新北口～黄土店～西三旗～上地～中苑宾馆
运通109路	北京金融学院	锦绣大地绿色市场	北京金融学院～新都环岛～新都～北新科技园～育新北口～黄土店～西三旗～四拨子～小营～锦绣大地绿色市场
运通111路	安宁里南站	东柳	安宁里南站～安宁里小区～安宁里～西三旗～黄土店～育新北口～北新科技园～新都～新都环岛～建材城～建材城东里～天龙苑～贺村～中滩～东小口～立水桥北站～立水桥～东柳
小2路	回龙观建材城	北宫门	回龙观建材城～农贸市场～回龙观小区～风雅园～三合庄园～天慧园～回龙观东站～回龙观北站～回龙观～西三旗～清河小营～北宫门
小59路	昌平北站	北太平庄	昌平北站～南大街～南环中路～昌平～昌平南环路环岛～水屯～水屯市场～白浮～西沙屯～小寨～满井～北大桥～沙河～定福皇庄～史各庄～二拨子～回龙观北站～回龙观～西三旗～四拨子～小营～北太平庄
小60路	延庆	北太平庄	延庆汽车站～龙虎台～陈庄～邓庄～昌平南环路环岛～水屯～白浮～沙河～定福皇庄～二拨子～回龙观～西三旗～北太平庄
小78路	新都东站	马甸	新都东站～新都环岛～新都～黄土店～邮政研究所～西三旗～马甸
小7路	东沙各庄	太阳宫	东沙各庄～平房～平西府～东三旗～太平庄～天通苑～东小口～立水桥～大羊坊～北苑北站～太阳宫
小7支	漕碾	太阳宫	漕碾～八仙庄～东沙各庄～平房～平西府～东三旗～太平庄～天通苑～东小口～立水桥～大羊坊～北苑北站～太阳宫
小67路	霍营小区	营慧寺	霍营小区～华龙苑南里～霍营城铁～北郊面粉厂～新康园小区～北新科技园～黄土店～西三旗～四拨子～营慧寺

昌平区主要旅游景区(点)、饭店、培训中心、餐馆民俗旅游度假村、定点商店、综合定点企业名录

旅游景区(点)

名　称	电　话
定陵博物馆	60761424
长陵博物馆	60761334
昭陵博物馆	60761435
神路公园	89749383
居庸关长城	69771665
银山塔林	89726426
北京九龙游乐园	60713002
中国航空博物馆	61784883
小汤山龙脉温泉度假村	61782445
小汤山现代农业示范园	61791792
北京明皇蜡像宫	69747257
中国坦克博物馆	66759901
中国北方国际射击场	69771368
北京雪世界滑雪运动场	89761886
老北京微缩景园	69771825
天池景区	60713831
北京国际高尔夫俱乐部	60762288
蟒山国家森林公园	60713818
碓臼峪自然风景区	89722496
双龙山自然风景区	89722163
白羊沟自然风景区	89771716
菩萨山景区	89778723
大杨山自然风景区	61796474
沟崖自然风景区	60761481
虎峪自然风景区	69770297
天龙潭景区	69779037
佛岩寺自然风景区	89771384
白虎涧自然风景区	69767588
延寿寺	60761224
敕赐和平寺	69778497
天龙源	80100088
华彬庄园绿色休闲健身俱乐部有限公司	89796868

太伟高尔夫	60722222
军都山滑雪场	13901169001

旅游饭店、培训中心

名　称	星级	电话
龙城皇冠假日酒店	五	80799988
昆泰大酒店	四	81795588
九华山庄	四	61782288
静之湖度假酒店	四	61709988
富来宫温泉山庄	四	61785588
居庸关古客栈	四	89795566
兴昌商务会馆	四	89706677
法培中心	四	61785566
地税培训中心	四	60713500
华清温泉宾馆	三	84826665
赛迪大酒店	三	69735533
华能培训中心	三	61781166
瑶台山庄	三	60721188
军都旅游度假村	三	60713338
燕化培训中心	三	60713765
地铁培训中心	三	60712288
蟒山旅游度假村	三	60713691
北京工商培训中心	三	60713882
石油工人疗养院	三	89721468－4108
昌平财会之家	三	69716688
北京北方长城宾馆	三	69771368－9858/68/69/77
阳坊大都饭店	三	69768825/8820
明皇度假山庄	二	60761030
富豪宾馆昌平分店	二	60713865
凤山度假村	二	60711188
华山酒店	二	69738866
小人国大酒店	二	89763388
汉包山度假村	二	60713300
阳坊胜利文化园	二	69761129
太申祥和山庄	二	80713808
亚奥大酒店	二	61791698
北京万博培训中心	二	
阳光饭店	二	69742849
北京府学路宾馆	二	80101133

锦水芙蓉大酒店	二	69709988
机械部虎峪园林山庄	二	69771100
北京玉翀农庄	二	80116662－8004
北京双福盛商务会馆	二	80108700
上关旅游培训中心	二	69771700
海淀教师培训中心	二	69781685
桃花坞度假村	二	61709108
回龙观饭店	二	81792266
北京东开培训中心	二	61781160
皇陵饭店	一	60761190
保险公司招待所	一	69746346－518
怡寿园老年公寓	一	61713333
高尔夫俱乐部	一	60762288

旅游餐馆

名称	星级	地址	电话
煌潮大酒店	五	昌平凉水河	89748827
英达生态园	五	昌平小汤山阿苏卫	61793960
金殿国际餐厅	四	南口龙虎台	69771246
龙地餐厅	四	昌平西关环岛	89717344
北京圣茵美食广场	四	德外西三旗环岛向东900米	82936868
肆维友谊餐厅	四	昌平西关环岛	89749805
金肆维餐厅	三	昌平西关环岛	69747805 89749805
玉隆友谊餐厅	三	昌平区邓庄	89731731 89731913
定陵外宾餐厅	三	十三陵定陵	60761433
北京唐人府酒楼	三	昌平西关	69713776
北京翠华山素菜餐厅	三	昌平香堂村	60721533
北京信祥餐厅	二	西关环岛	69726490
北京潮汕酒楼	二	昌平南桥环岛西南侧	89716666
一手东北菜酒楼	二	昌平亢山路8号	69726200
九头鸟	二	昌平回龙观二拨子路东	81795666
老北京漱芳斋饭庄	二	昌平南口老北京微缩景园	69771825
讲礼驴肉馆	一	昌平小汤山讲礼村	61781501
利恒野味餐厅	一	昌平小汤山讲礼村	61783254

民俗旅游度假村

名　称	地址	电话
德陵民俗村	长陵镇德陵村	60761704
麻峪房民俗村	长陵镇麻峪房村	89721014
碓臼峪民俗村	长陵镇碓臼峪村	89721727
泰陵民俗村	长陵镇泰陵村	89722485
康陵民俗村	长陵镇康陵村	89722033
下口民俗村	长陵镇下口村	89721131
东水峪民俗村	长陵镇东水峪村	60762534
黄泉寺民俗村	长陵镇黄泉寺村	60761193
望宝川民俗村	长陵镇望宝川村	89728258
燕子口民俗村	长陵镇燕子口村	60761782
锥石口民俗村	长陵镇锥石口村	89722868
永陵民俗村	长陵镇永陵村	60761129
昭陵民俗村	长陵镇昭陵村	60761261
上口民俗村	长陵镇上口村	89721958
大岭沟民俗村	长陵镇大岭沟村	89721408
黑山寨民俗村	长陵镇黑山寨村	89727048
景陵民俗村	长陵镇景陵村	60761135
辛庄民俗村	长陵镇辛庄村	89727084
老君堂民俗村	长陵镇老君堂村	60763100
北庄民俗村	长陵镇北庄村	69728058
庆陵民俗村	长陵镇庆陵村	60761133
羊台子民俗村	南口镇羊台子村	89791384
龙潭民俗村	南口镇龙潭村	69779037
兴隆口民俗村	南口镇兴隆口村	69778454
湖门民俗村	兴寿镇湖门村	89726042
西湖民俗村	兴寿镇西湖村	89726049
花果山民俗村	兴寿镇花果山村	89726445
百合民俗村	兴寿镇百合村	89726442
木厂民俗村	兴寿镇木厂村	61796444
连山石民俗村	兴寿镇连山石村	61796813
桃峪口民俗村	兴寿镇桃峪口村	61708524
下苑民俗村	兴寿镇下苑村	61707041
德胜口民俗村	十三陵镇德胜口村	60762490
果庄民俗村	十三陵镇果庄村	89762880
悼陵监民俗村	十三陵镇悼陵监村	89761564
长陵园民俗村	十三陵镇长陵园村	89761474

北新民俗村	十三陵镇北新村	89761487
白羊城民俗村	流村镇白羊城村	89771020
古将民俗村	流村镇古将村	89771144
菩萨鹿民俗村	流村镇菩萨鹿村	89778584
韩台民俗村	流村镇韩台村	89779218
郎儿峪民俗村	流村镇郎儿峪村	89778564
老峪沟民俗村	流村镇老峪沟村	80192108
禾子涧民俗村	流村镇禾子涧村	80192710
黄土洼民俗村	流村镇黄土洼村	80192286
北流民俗村	流村镇北流村	89771513
长峪城民俗村	流村镇长峪城村	80192955
讲礼民俗村	小汤山镇讲礼村	61784967
真顺民俗村	崔村镇真顺村	60721032
香堂民俗村	崔村镇香堂村	60725827
后白虎涧民俗村	阳坊镇后白虎涧村	69768272

定点商店

名　称	地址	电话
博纳商场	回龙观二拨子	80796761 或 80796762
锦鑫工艺商店(古槐阁)	史各庄乡	69731737
润德居商店	沙河镇	69730784 或 69730794
北郊工艺美术厂	沙河南定福皇庄	69732942 或 69738588
碧珏轩(原华夏珠宝城)	沙河西沙屯北	80763077 或 89741435
宝树堂工艺美术商店	沙河小寨	80761585 转 200 或 80762366
万润南方珠宝商贸有限公司	昌平水屯	80761448
北京同仁堂南城天汇旅游药店	昌平凉水河村西	69747551 或 69704683
宝元祥工艺品中心	昌平区城西关	69726698 或 69726483
昌平友谊工艺美术商场	西关大宅村西	89745280
霞江工艺品商店	昌平西环岛西	69701168 或 69700148
金殿肆维友谊商店	南口镇龙虎台	69771653 或 69747888
玉隆友谊商店	昌平邓庄村东	89731913 或 89731734
碧水珍珠养殖园	十三陵胡庄	89761360
新博华玉器商店	十三陵胡庄	89761124 或 89741054
小人国同仁堂北城药店小人国玉器店	十三陵胡庄	89761435 或 89741898
金定陵果脯店	定陵路口	60763099 或 60761105
明苑阁工艺美术商城	定陵路口西	60761697
京蕴轩珠宝玉器商店	定陵路口西	60761698
昌平祥瑞商店	定陵路口西	60761868
明上轩定陵精品购物中心	十三陵特区定陵	60762373

居庸关旅游定点商店	居庸关	69772665
御寿阁	十三陵胡庄	89762046—2049
宫廷大酒店商品部	昌平区城西关	69745728
十三陵长陵工艺品店	十三陵特区长陵	60761043

综合定点企业

名　称	地址	电话
北京信祥旅游中心	昌平区城西关	69746113
十三陵水晶商贸有限公司	蜡像宫院内	69748820　69747615
金肆维商城	昌平西环岛西北	69708053
龙地商城	昌平区城西关	9713900　89717348

昌平区法律服务所、律师事务所及公证处名录

法律服务所

名　称	地　址	电　话
东小口镇法律服务所	东小口镇政府院内	84826148
北七家镇法律服务所	北七家镇政府院内	69750148
小汤山镇法律服务所	小汤山镇政府院内	61784148
百善镇法律服务所	百善镇政府院内	61739049
崔村镇法律服务所	崔村镇政府院内	60725287
南邵镇法律服务所	南邵镇政府院内	60731475
兴寿镇法律服务所	兴寿镇政府院内	60762400
长陵镇法律服务所	长陵镇政府院内	60761967
十三陵镇法律服务所	十三陵镇政府院内	89761442
马池口镇法律服务所	马池口镇政府院内	60758422
南口镇法律服务所	南口镇政府院内	69771390
流村镇法律服务所	流村镇政府院内	89771123
阳坊镇法律服务所	阳坊镇政府院内	69766199
沙河镇法律服务所	沙河镇政府院内	80761444
回龙观镇法律服务所	回龙观镇政府院内	62718148
城南街道法律服务所	城南街道办事处院内	69746381
城北街道第一法律服务所	城北街道办事处院内	89731124
东小口镇第二法律服务所	东小口镇霍营村北	69793179
马池口镇第二法律服务所	昌平区司法局院内	69721022
十三陵镇第二法律服务所	昌平区六街帅府墙 1 号	89708152

律师事务所

名　称	地　址	电　话
北京市昌兴律师事务所	昌平区西环路南端钰阳商业楼A单元	89702029
北京市双强律师事务所	北京市昌平区西环南路56号D座	69723326
北京诚实律师事务所	北京市昌平区政府街23号社区服务中心七层	80107505
北京张春月律师事务所	北京昌平科技园区星火街9号	80110566
北京市民星律师事务所	北京市昌平区回龙观小区龙腾苑六区4号楼4单元401室	81722721

公证处

名　称	地　址	电　话
北京市昌平区公证处	昌平区东环路146号	69742931

昌平区教育机构名录

驻昌高校

名　称	地　址	电　话
石油大学	昌平区府学路18号	89733256
中国政法大学	昌平区府学路27号	58909114
北京大学应用文理学院	昌平区十三陵镇西山口村南	89748732
清华大学核能技术设计研究院	北京市1021信箱	89796200
北京化工大学	昌平东关亢山路	80798577
华北电力大学	北京德胜门外朱辛庄	80795112
北京农学院	北京德胜门外朱辛庄北农路7号	80799100
农垦干部管理学院	昌平区霍营村	64434810
北京交通职业技术学院	城南街道办事处邓庄村东	89701413
武警指挥学院森林部队分院	昌平区南口镇	89799611
北京人民警察学院	昌平区邓庄村	89768000

民办学校、教育机构

名　称	地　址	电　话
北京科技职业学院	昌平沙河沙阳路18号	80711587
北京吉利大学	昌平马池口镇	60751047

北京东方财经日语大学	回龙观七里渠南村	51646103
北京涉外经济专修学院	昌平十三陵石牌坊南	80116940
北京大学继续教育部法学院分部	昌平沙河镇朱辛庄 321 号	80795170
中国政法大学继续教育学院	昌平府学路	58909159
北京工商管理专修学院	昌平南口水泥机械厂	89793824
北京汇佳高等职业学校	昌平科技园区创新路 20 号	51631669
北京世纪英才高等工商研修学院	昌平南绍纪窑	62985182
北京建设大学教学七部	北京商业学校院内	81763286
北京科技经营管理学院	昌平沙河镇丰善村东	51731619
北京卓达经济管理研修学院	昌平马池口镇	69782776
中国应用技术大学	昌平农垦学院内	81700923
中国管理软件学院	昌平区马池口东坨村	69737448
北京外事研修学院	昌平沙河高教园二街甲一号	80763147
北京人文大学	阳坊镇前白虎涧村	58827890
北京中山学院	昌平职业学校内	80728950
北京绿云双语学校	北京昌平沙河镇百善镇东沙屯	61738665
北京欧美外语中学	北京昌平吉利大学	60751582
北京德美学校	北京市昌平区北新村	13801376688
北京仁德中学	北京沙河沙阳路 18 号	69730093 - 8052
北京市全程超越实验学校	昌平旧县村西	80101458 - 8813
北京市天通苑中山实验学校	昌平东小口镇天通苑小区四区九号	84842198
北京市私立汇英学校	昌平东小口镇天通苑学校内	64119206
北京市私立汇佳学校	昌平区白浮桥东龙凤山	69744794
北京市澳华学校	昌平区白浮桥东龙凤山	60785799
北京王府学校	北七家镇王府街 11 号	81783785
北京昌平赛伯学校	昌平区沙河镇西二村一队东	13121290321
北京少林武术学校	昌平区德外西三旗回龙观	62715558
北京昌平汇蕾学校	昌平区马池口镇百泉庄村	89702467
北京市昌平区昱颖学校	昌平东小口镇马连店村	81706819
北京市昌平区第二中学分校	昌平区南郝庄	89707766 - 1005
北京昌平雨竹学校	昌平区马池口镇楼自庄村	60774380
北京市昌平区智泉学校	昌平区北七家镇东三旗村 506 号	61750612
北京昌平向上学校	昌平区回龙观镇回龙观村	62942945
北京昌平清源学校	昌平区北七家镇北七家村	89751353
北京市全程超越实验学校	昌平区旧县村	80101458 - 8813
北京昌平京都府汽车驾驶学校	昌平马池口镇百泉庄村	89747605
北京市天伦学校	北京市昌平区东小口镇陈营村 3 号	84811898
北京电大昌平工作站培训部	昌平镇西环路 60 号	69746094
北京广播电视中专昌平工作站培训部	昌平镇西环路 60 号	89704237
北京昌平民远文化技术培训学校	昌平区城关小学内	69747722

北京昌平振兴职业技术培训学校	昌平镇西环路70号	69745296
北京市昌平区财贸干校培训部	昌平区西环岛西侧	69708814
北京市昌平新兴人才培训学校	昌平区北七家科技园	80719225
北京市昌平区经委中专学校培训部	昌平东环路88号	89705085
北京市商业学校培训部	昌平区北七家八仙庄	81761420
北京昌平京华文化技术培训学校	北京昌平沙河镇小李庄	80713858
北京市昌平区统计干部培训学校	昌平西环路19号统计局	69709540
北京市工美职业培训学校	昌平区回龙观西三旗环岛北路西	62916860
北京北方汽车驾驶学校	昌平马池口镇马池口村	60773945
北京市昌平区人才培训学校	昌平鼓楼东街62号	80101258
北京昌平科信文化技术培训学校	昌平镇西环路60号	89705249
北京昌平区供销培训学校	昌平区沙河镇巩华大街73号	69731265－13
北京农学院培训部	昌平区朱辛庄北农路7号	80799053
北京市昌平党校计算机培训学校	昌平区委党校	69746194
中国文联文艺培训学校	昌平区沙河镇满井村北	80761447
北京市昌平区人口培训学校	昌平区煤市口胡同	69742879
北京北方职业技术培训中心	昌平区邓庄村东	89748749
北京昌平农家女实用技能培训学校	昌平小汤山镇大东流村	61711484
国家档案局档案干部教育中心培训部	昌平区霍营黄平路	68435825
北京昌平天寿山文化艺术培训中心	昌平十三陵镇昭陵村	69770088
北京华翼宏科技教育研究培训中心	昌平区党校院内	68006965
北京中昌现代疼痛医学培训中心	昌平区东环路昌平卫校内	68669854
北京东方文化科技培训学校	昌平区沙河镇沙阳路18号	80711587
北京市友邦文化艺术培训学校	北京市昌平区实验小学	81715196
北京昌平益友科技培训学校	昌平区府学路26号	89703537
北京市昌平光大文化技术培训学校	昌平东关小学	89709061
北京京昌东方特色医药培训学校	北京市昌平区政府街13号	69724481
北京林鸿影视艺术学校	昌平区马池口镇楼自庄村58号	81785835
北京市昌平区昌明法律人才培训中心	昌平区南环路东法苑楼北京昌平6009信箱	60741804
北京昌平中建协项目管理培训中心	昌平区小汤山镇龙脉温泉	62196738
北京智光特殊教育培训学校	昌平马池口镇葛村	60750965
北京昌平现代文化培训学校	昌平区霍营农垦管理干部学院内	81702288－380
北京昌平童创美术培训学校	昌平区燕平路清秀园一号楼	69721678
北京市昌平区职工学校培训部	昌平镇西环路60号	69742848
北京昌平恒峰文化技术培训学校	昌平区城关小学	81925238
北京爱乐艺术培训学校	昌平马池口镇楼自庄村58号	60771495
北京昌平阳光电脑培训学校	昌平清秀园2号楼5单元612	69704573
北京市农广校昌平区分校培训部	昌平镇西环路60号	69746075
北京世纪英才培训学校	昌平区南邵镇纪窑村	62985182
北京昌平阳坊胜利培训学校	昌平区阳坊镇西贯市	69760320

北京市昌平区金山文化培训学校	昌平区东小口镇天通苑小区	13910078034
北京航空运输培训中心	昌平区东小口单村	84811057
北京昌平东方文化艺术学府	昌平实验中学校友楼	69726961
北京市昌平区华昊文化技能培训学校	昌平镇永安里振兴路	89709689
北京昌平思搏拓展培训学校	昌平长陵镇碓臼峪双龙山森林公园	82355909
北京昌平华夏艺术培训学校	昌平区南口镇龙虎台	69785894
北京现代中高级专业人才培训中心	昌平区沙河镇松兰堡昌平职业学校内	69732142
北京市昌平中侨语言实验培训学校	北京市昌平北郝庄小区内	64119206
北京昌平迈得高外国语学校	昌平城北街道新魁公寓	80105112
北京市金驼技术学校培训部	北京市昌平区南环路	89700624
北京昌平金鲁班建筑培训学校	北京昌平科技园区富康路22号建委企管科	69741005
北京市北科院交园汽车驾驶学校	北京市昌平区沙河镇沙阳路18号	13801235756
北京市昌平区育华艺术学校	北京昌平东三旗531号	61750230
北京仁德中学	北京市昌平区沙河镇沙阳路18号	69730093－8052
北京市昌平区旅游培训中心	昌平区科技园区创新路8号	69704656
北京市昌平兰涛文化艺术培训学校	北京市昌平天通苑小区5区29楼2门901	84848412
北京仁达教育培训中心	北京昌平商业街42号	62513224
北京市昌平区金盾物业人才培训学校	北京市昌平区南口镇新兴路18号	89799931
北京市昌平中法网文化教育培训学校	昌平区兴寿镇桃峪口	64976551
北京昌平府学教育培训中心	昌平区府学路35号昌平进修学校内	69748852
北京市昌平区前锋文化艺术培训学校	昌平前锋学校内	69723487
北京市昌平区东方剑桥培训学校	昌平东小口镇天通苑小区四区九号	84819308
北京昌平巨人文化艺术培训学校	昌平西三旗黄土店(石油工人疗养院分院)	13801000111
北京市市政培训中心	昌平崔村镇棉山村(遥台山庄)	82086751
北京昌平博实教育培训中心	昌平天通苑学校	61746012
北京昌平方舟科技文化培训学校	昌平镇东环路136号	89716441
北京市昌平区星光舞蹈艺术培训学校	昌平区回龙观文化居住区风雅园三区13号	13501339939
北京昌平政大法律培训学校	昌平回龙观沙河广电总局光电研究所内	82281090
北京昌平砺志国防教育培训学校	昌平区南口镇后桃洼村	69778666
北京燕园职业经理培训学校	昌平区七里渠	58876625
北京市昌平区文心剑桥英语培训学校	北京市昌平区东环路136号	86665227
北京昌平博大文化培训学校	昌平文化馆五楼	69748618
北京昌平帅先民办文化培训学校	昌平区城北政府街	13911262195

中学

名　称	地　址	电　话
昌平区第一中学	昌平区东环路16号	89742546
昌平区第二中学	昌平区政府街5号	69742458
昌平区第三中学	昌平区城北街道西关北果园	89782460

昌平区第四中学	昌平区永安路5号	69741024
昌平区第五中学	昌平区富康路	69741018
昌平区第六中学	昌平区西环路29号	69746793
昌平区实验中学	昌平区城北办事处永安里振兴路101号	69744509
昌平区前锋学校	昌平区水库路	69742223
昌平区南口学校	昌平区南口镇南大街8号	69771079
昌平区南口职业学校	昌平区南口镇南阳路西	69771569
北京南口机车车辆机械厂子弟中学	昌平区南口镇道北西区593号	51013357
昌平区陈庄中学	昌平区南口镇陈庄村西	69771937
昌平区桃洼学校	昌平区南口镇后洼村	69778465
昌平区马池口中学	昌平区马池口镇马池口村	60772047
昌平区亭自庄学校	昌平区马池口镇北小营村	60756280
昌平区沙河中学	昌平区沙河镇泰清宫大街46号	69731742
昌平区满井中学	昌平区沙河镇满井东村南街131号	69731833
昌平区阳坊中学	昌平区阳坊镇西大街18号	69760414
昌平区二一学校	昌平区阳坊镇防化研究院内	69760172
昌平区回龙观中学	昌平区回龙观镇三合庄园西侧	81711355
昌平区小汤山中学	昌平区小汤山镇西	61781232
昌平区大东流中学	昌平区小汤山镇大东流村	61711480
昌平区南邵中学	昌平区南邵镇南邵村	60732165
昌平区崔村中学	昌平区崔村镇西崔村	60721378
昌平区百善中学	昌平区百善镇百善村	61730471
昌平区天通苑学校	昌平区东小口镇天通苑西三区13号	64117720
昌平区中滩中学	昌平区东小口镇中滩村	84847701
昌平区北七家中学	昌平区北七家镇羊各庄村	69751274
昌平区燕丹学校	昌平区北七家镇燕丹村	61757143
昌平区平西府中学	昌平区北七家镇平西府村村北	81785343
昌平区兴寿学校	昌平区兴寿镇兴寿村	61726153
昌平区上苑中学	昌平区兴寿镇东新城村	61707263
昌平区下庄学校	昌平区兴寿镇下庄村	89726143
昌平区长陵中学	昌平区长陵镇景陵村	60761019
昌平区黑山寨学校	昌平区长陵镇黑山寨村西	89727147
昌平区流村中学	昌平区流村镇北流村	89771055
昌平区高崖口中学	昌平区流村镇瓦窑村北台	89778244
昌平区十三陵中学	昌平区十三陵镇王庄村东	89763104
昌平区职业学校	昌平区沙河镇松兰堡	69732142

小学

名　称	地　址	电　话
昌平区城关小学	昌平区西环里 32 号	89784126
昌平区昌盛园小学	昌平区昌盛路	80105886
昌平区二毛小学	昌平区城北街道五街宽街胡同	69742442
昌平区城北中心小学	昌平区城北街道瑞光胡同 10 号	69742425
昌平区南口学校	昌平区南口镇南辛庄东路 24 号	69771682
昌平区南口镇小学	昌平区南口镇兴隆街 33 号	69771078
北京南口机车车辆机械厂小学	昌平区南口镇道北东区	51013377
昌平区南口中心小学	昌平区南口镇南口村城外 5 号	68771175
昌平区桃洼学校	昌平区南口镇后洼村	69778465
昌平区亭自庄学校	昌平区马池口镇北小营村	60756420
昌平区马池口中心小学	昌平区马池口镇马池口村	60775677
昌平区巩华中心小学	昌平区沙河镇南一村	69731596
昌平区沙河中心小学	昌平区沙河镇丰善村	69731280
昌平区七里渠中心小学	昌平区沙河镇七里渠北村	69737854
昌平区城南中心小学	昌平区城南街道南郝庄	89745870
昌平区二一学校	昌平区阳坊镇防化研究院内	69760172
昌平区阳坊中心小学	昌平区阳坊镇阳坊村	69762985
昌平区西贯市回民小学	昌平区阳坊镇西贯市村	69760583
昌平区实验小学	昌平区回龙观文化居住区风雅园三区 13 号	81713452
昌平区第二实验小学	昌平区回龙观文化居住区龙腾二区	86827508
昌平区天通苑学校	昌平区天通苑西三区 13 号	64117720
昌平区天通苑小学	昌平区天通苑东一区	61750535
昌平区回龙观中心小学	昌平区回龙观镇南店村西	62718554
昌平区史各庄中心小学	昌平区回龙观镇东店村	69739820
昌平区小汤山中心小学	昌平区小汤山镇市场街	61781352
昌平区大东流中心小学	昌平区小汤山镇大赴任庄村	61711365
昌平区南邵中心小学	昌平区南邵镇南邵村	60732346
昌平区崔村中心小学	昌平区崔村镇西崔村	60721418
昌平区百善中心小学	昌平区百善镇百善村	61731690
昌平区东小口中心小学	昌平区东小口镇中滩村	84814087
昌平区霍营中心小学	昌平区东小口镇上坡村南	69791194
昌平区燕丹学校	昌平区北七家镇燕丹村	81758976
昌平区北七家中心小学	昌平区北七家镇八仙庄村	81761240
昌平区平西府中心小学	昌平区北七家镇白庙村	81785308
昌平区兴寿学校	昌平区兴寿镇兴寿村	61726153
昌平区下庄学校	昌平区兴寿镇下庄村	89726143

昌平区上苑中心小学	昌平区兴寿镇东新城村	61707251
昌平区黑山寨学校	昌平区长陵镇黑山寨村西	89727147
昌平区长陵中心小学	昌平区长陵镇长陵村	60761067
昌平区流村中心小学	昌平区流村镇北流村	89771170
昌平区高崖口中心小学	昌平区流村镇瓦窑村	89778046
昌平区老峪沟中心小学	昌平区流村镇老峪沟村	80191091
昌平区十三陵中心小学	昌平区十三陵镇涧头村	89705349

幼儿园

名　称	地　址	电　话
教工幼儿园	城北街道西环里小区	89783144
机关幼儿园	城北鼓楼南大街望安巷 5 号	69741046
工业幼儿园	城北街道西环路	69742271
财贸幼儿园	城北八街大将军胡同 2 号	69742383
沙河教工幼儿园	沙河西二村南河槽 78 号	69731515
回龙观中心幼儿园	回龙观镇南店村西	61721805
崔村镇中心幼儿园	崔村镇政府东侧 500 米	60721379
长陵镇中心幼儿园	长陵镇长陵村	60763749
南邵中心幼儿园	南邵镇南邵村	60732006
东小口中心幼儿园	东小口镇东小口村	84817175
北京市昌平区北海昌房幼儿园	北京昌东关南里小区 19 号楼	69711642
北京博苑实验幼儿园	回龙观居住区龙华园一区甲 11 号	81797658
北京市昌平启盼幼儿园	昌平马池口镇下念头村道口乡	607535852
北京昌平汇佳幼儿园新一园	北京昌平回龙观风雅园三区	81716161
北京昌平汇佳幼儿园国际园	北京昌平回龙观云趣园一区 25 号楼	81715252
北京市昌平区苹果树幼儿园	北京昌平北七家八仙别墅 0623 号	69751654
北京市昌平区乌兰幼稚园	昌平北七家镇平坊村 7 号	89751421
北京市昌平区青草地幼儿园	昌平区沙河镇北二村	80723378
北京市昌平区新世纪幼儿园	昌平区回龙观镇龙泽苑西区	81793398
北京市昌平区小脚丫幼儿园	昌平回龙观镇金达园 13 号	62941117
北京昌平幸福童年幼儿园	回龙观镇文化居住区龙腾苑六区 16 号	81733151－207
北京市昌平区爱蕾幼儿园	回龙观镇文化居住区龙锦苑四区 14 号	81720038

区域卫生机构名录

名　称	地　址	电　话
北京民康医院	北京市昌平区沙河镇	69731971
北京小汤山医院	北京市昌平区小汤山镇	61781818
北京回龙观医院	北京市昌平区回龙观镇	62716287
北京市昌平区计划生育服务站	北京市昌平区煤市口胡同2号	69745348
北京市昌平卫生学校	北京市昌平区城区镇东环路南段路东	69746597
北京市昌平区沙河医院	北京市昌平区巩华镇扶京街22号	69738556
北京市昌平区南口医院	北京市昌平区南口镇南辛路2号	69771229
北京市昌平区结核病防治所	北京市昌平区昌平镇八街	69741753
北京市昌平区长陵镇医院	北京市昌平区长陵镇景陵村	60762086
北京市昌平区小汤山镇医院	北京市昌平区小汤山镇	61781542
北京北郊肿瘤医院	北京北郊肿瘤医院	84812601
北京市昌平区阳坊镇医院	北京市昌平区阳坊镇医院	69760534
北京市昌平区红十字会北郊医院	北京市昌平区东小口镇霍营村南	69791530
北京市昌平区百善镇医院	北京市昌平区百善镇	61739134
北京市昌平区马池口镇医院	北京市昌平区马池口村	60771904
北京市昌平区十三陵镇医院	北京市昌平区十三陵镇胡庄村	89761433
北京市昌平区沙河镇医院	北京市昌平区沙河镇工商街1号	69731253
北京市昌平区医院	北京市昌平区和平街4号	69742509
北京市昌平区中医医院	北京市昌平区东环路南段	69742114
北京市昌平区精神卫生保健院	北京市昌平区沙河镇豆各庄1号	69731160
北京市昌平区妇幼保健院	北京市昌平区北环路	69746091
北京市昌平区崔村镇医院	北京市昌平区崔村镇	60721380
北京市昌平区兴寿镇医院	北京市昌平区兴寿村	61726071
北京市昌平区南邵镇医院	北京市昌平区南邵镇南邵村	69732140
北京市昌平区北七家镇医院	北京市昌平区北七家村	69756429
北京市昌平区流村镇医院	北京市昌平区流村镇北流村	89771161
北京市昌平区回龙观镇医院	北京市昌平区回龙观镇政府东	62710681
北京市昌平区疾病预防控制中心	北京市昌平区和平街4号	69742645
北京市昌平区卫生局卫生监督所	北京市昌平区和平街4号	69745043
北京市南口农场职工医院	北京市昌平区南口镇南口农场内	69781476
北京皇城股骨头坏死专科医院	北京市昌平区西关路27号	89785854
北京市平板玻璃工业公司职工医院	北京市昌平区南口镇南大街6号	69771924
北京昌平锡昌疗养院	北京市昌平区小汤山镇中心街	61782747
北京首钢股份有限公司第一线材厂职工医院	北京市昌平区沙河镇沙阳路24号	69731520－6350
华北电力大学(北京)校医院	北京市昌平区朱辛庄	80798577

昌平区残疾人联合会南口残疾人医疗康复指导站	北京市昌平区南口镇兴隆街16号	69776029
北京保温瓶工业公司职工医院	北京市昌平区南口镇东大街22号	69771061
北京市昌平区东关医院	北京市昌平区东门外	69742336
北京市昌平区军队离退休干部第一修养所门诊部	北京市昌平区北环里2号	69724903
北京市化尔克装饰公司皮肤病专科门诊部	北京市昌平区鼓楼南大街23号	89740776
北京中医药大学东直门医院昌平中医门诊部	北京市昌平区凉水河村西	89704042
北京首钢红冶钢厂职工医院	北京市昌平区马池口念头西	60756466
中国政法大学校医院	北京市昌平区府学路27号	69745577
北京农学院医院	北京德外朱辛庄	80799100
石油大学(北京)校医院	北京市昌平区水库路	89733082
北京市昌平区残疾人联合会残疾人医疗康复指导站	昌平区政府街	69707843
秦城监狱医院	北京市昌平区秦城1号	61725188
北京太申祥和医院	北京太申祥和山庄	80713469
北京南口机车车辆机械工厂医院	北京市昌平区南口镇新兴路8号	69771260-2554
北京北亚颈椎病医院	北京市昌平区北七家镇	69755209
北京骨髓炎医院	北京市昌平区沙河镇满井西	69735557
北京市昌平区十三陵特区办事处居庸关门诊部	北京市昌平区居庸关长城内	69775104
昌平区第二建筑工程公司第四工程处建工门诊部	昌平区沙河镇工商街56号	69732392
北京九华山庄国际保健俱乐部医院	北京市昌平区小汤山镇	61782288
北京安达心脑病医院	昌平区回龙观时代公司院内	81795615
北京众济堂门诊部	昌平区昌平镇商业街12号	
北京光明骨伤医院	昌平区城区镇鼓楼南大街东巷	69715143
北京昌平水屯晋顺发门诊部	北京市昌平区昌平镇水屯村南	69709058
北京昌平龙禧医院	北京市昌平区回龙观文化居住小区龙禧三街	81793485
北京天通益康中医门诊部	昌平区天通苑105楼312室	84817325

区域文物保护单位名录

全国重点文物保护单位

名称	类别	时代	地址	公布时间
明十三陵	帝陵	明	昌平区长陵镇、十三陵镇	1961年3月4日
居庸关	长城	明	昌平区南口镇	1961年3月4日
云台	古建	元	昌平区南口镇	1961年3月4日
银山塔林	古建	金、元	昌平区兴寿镇	1988年1月13日

北京市文物保护单位

名称	类别	时代	地址	公布时间
白浮泉遗址——九龙池、都龙王庙	遗址-古建	元	昌平区城南街道办事处化庄村	1990年2月23日
和平寺	古建	清	昌平区南口镇花塔村	1995年10月20日
朝宗桥	桥梁	明	昌平区沙河镇	1984年5月24日
巩华城	城址	明	昌平区沙河镇	1995年10月20日
万里长城北京段昌平部分	长城	明	昌平区流村镇	1984年5月24日

昌平区文物保护单位

名称	类别	时代	地址	公布时间
五街清真寺	古建	清	城北街道五街	2003年7月28日
一中关帝庙	古建	清	城北街道东关路	2003年7月28日
六街城隍庙	古建	清	政府街邮政局	2003年7月28日
文物石刻园	石刻	辽-民国	昌平公园	2003年7月28日
昌平烈士陵园	陵园	现代	城北街道西关	2003年7月28日
南口城	古城	明	南口镇南口村	2003年7月28日
虎峪城	古城	战国	南口镇虎峪村	2003年7月28日
上关城	古城	明	南口镇四桥子村	2003年7月28日
李公墓	墓地	明	南口镇南口村	2003年7月28日
马国柱墓	墓地	清	南口镇东园子村	2003年7月28日
孙公墓	墓地	明	南口镇东园村	2003年7月28日
南口宝林寺	古建	民国	南口镇兴隆街	2003年7月28日
龙潭石刻	古建	明	南口镇龙潭村	2003年7月28日
仙枕石刻	石刻	明	南口镇居庸关村	2003年7月28日
摩崖造像	古建	元	南口镇四桥子村	2003年7月28日
佛岩寺遗址	古建	金	南口镇湾子村	2003年7月28日
南口村清真寺	古建	清	南口镇南口村	2003年7月28日
西沙屯村药王庙	古建	清	沙河镇西沙屯村	2003年7月28日
七里渠村观音庵	古建	清	沙河镇七里渠村	2003年7月28日
南一村清真寺	古建	清	沙河镇南一村	2003年7月28日
杨增新墓	墓地	民国	沙河镇南一村	2003年7月28日
沙河镇关帝庙	古建	清	沙河镇医院	2003年7月28日
南庄村经幢	石刻	金	长陵镇南庄村	2003年7月28日
北庄村石塔	塔	明	长陵镇北庄村	2003年7月28日
慈悲峪村福庆庵	古建	清	长陵镇慈悲峪村	2003年7月28日
昭陵村关帝庙	古建	清	长陵镇昭陵村	2003年7月28日

白羊城	古城	明	流村镇白羊城村	2003年7月28日
长峪城	古城	明	流村镇长峪城村	2003年7月28日
马刨泉古长城遗址	早期长城	战国	流村镇马刨泉村	2003年7月28日
庆禧亲王家族墓地	墓地	清	流村镇白羊城村	2003年7月28日
长峪城永兴寺	古建	清	流村镇长峪城村	2003年7月28日
西山惨案纪念碑	纪念地	现代	流村镇溜石港村	2003年7月28日
高崖口烈士纪念碑	纪念地	现代	流村镇狼儿峪村	2003年7月28日
海字村九圣庙	古建	清	兴寿镇海字村	2003年7月28日
东燕州城	古城	唐	兴寿镇西新城村	2003年7月28日
西新城村双泉寺	古建	清	兴寿镇西新城村	2003年7月28日
大羊山寺庙遗址	遗址	明	兴寿镇大羊山	2003年7月28日
木厂村石佛寺	古建	明	兴寿镇木厂村	2003年7月28日
桃林烈士陵园	陵园	现代	兴寿镇桃林村	2003年7月28日
桃林村东岳庙	古建	清	兴寿镇桃林村	2003年7月28日
恭亲王墓	墓地	清	崔村镇麻峪村	2003年7月28日
周德纯烈士墓	纪念地	现代	崔村镇东崔村	2003年7月28日
何营村伯哈智墓	墓地	明	南邵镇何营村	2003年7月28日
西贯市清真寺	古建	清	阳坊镇西贯市村	2003年7月28日
阳坊镇药王庙	古建	清	阳坊镇阳坊村	2003年7月28日
摩崖石刻	石刻	明、民国	阳坊镇防化学院	2003年7月28日
军都故城	古建	战国	马池口镇土城村	2003年7月28日
上念头村九圣庙	古建	清	马池口镇上念头村	2003年7月28日
小汤山温泉遗址	遗址	清	小汤山镇疗养院	2003年7月28日
阿苏卫村关帝庙	古建	清	小汤山镇阿苏卫村	2003年7月28日
土沟村普庆寺	古建	清	小汤山镇土沟村	2003年7月28日
回龙观村玉光寺	古建	清	回龙观镇回龙观村	2003年7月28日
黄土东村真武庙	古建	清	回龙观镇黄土东村	2003年7月28日
崇年墓碑	石刻	清	东小口镇太平庄村	2003年7月28日
半截塔	古建	辽	东小口镇半截塔村	2003年7月28日
十三陵水库纪念碑	石刻	现代	十三陵水库	2003年7月28日
沟沟崖寺庙遗址	古建	明	十三陵镇德胜口村	2003年7月28日
仙人洞	遗址	明	十三陵镇仙人洞村	2003年7月28日

区域地下埋藏区名录

市级地下埋藏区

名称	地址
雪山地下埋藏区	南口镇雪山村
张营地下埋藏区	南邵镇张营村

区级地下埋藏区

名称	地址
龙山地下埋藏区	城南街道化庄村南
北郝庄地下埋藏区	城南街道北郝庄
半壁街地下埋藏区	百善镇半壁街村南
太平庄地下埋藏区	南口镇太平庄村
东营村地下埋藏区	南邵镇东营村
小沙河地下埋藏区	沙河镇小沙河村西
宝山遗址	十三陵镇十三陵渔场
上苑地下埋藏区	兴寿镇上苑村西北
半壁店地下埋藏区	兴寿镇半壁店村南
桃林地下埋藏区	兴寿镇桃林村南
阳坊地下埋藏区	阳坊镇阳坊村东
史家桥地下埋藏区	阳坊镇史家桥村西

区属文物名录

名称	地址
关帝庙	城北街道六街三步两庙胡同
菩萨庙	城北街道六街三步两庙胡同
毛泽东像	城北街道北京手表厂院内
观音庵	城南街道旧县村
菩萨庙	百善镇上东廓村
关帝庙	百善镇牛房圈村
菩萨庙	北七家镇东沙各庄村平坊村
关帝庙	北七家镇东沙各庄村南七家村
东沙各庄烈士陵园	北七家镇东沙各庄村

关帝庙	长陵镇黑山寨村
韦成峪寺庙遗址	长陵镇辛庄村
九圣庙	长陵镇下口村
龙王庙	长陵镇景陵村
菩萨庙	东小口镇单村
菩萨庙	东小口镇霍营村
菩萨庙	回龙观镇回龙观村
菩萨庙	流村镇长峪城村
菩萨庙	流村镇韩台村
张公墓	流村镇马刨泉村
五道庙	流村镇北照台村
三教寺	流村镇上店村
关帝庙	流村镇北流村
菩萨庙	流村镇南流村
关帝庙	流村镇长峪城村
九神庙	流村镇马刨泉村
九圣神祠	流村镇韩台村
财神庙	流村镇马刨泉村
菩萨庙	流村镇马刨泉村
九圣神祠	流村镇溜石港村
关帝庙	流村镇禾子涧村
昌宛县委政府旧址	流村镇狼儿峪村
上店烈士陵园	流村镇上店村
娘娘庙	马池口镇楼自庄村
观音庵	马池口镇百泉庄村
关帝庙	马池口镇东闸村
娘娘庙	马池口镇亭自庄村
李景建墓	南口镇龙潭村
城隍庙	南口镇南口村
老火车站	南口镇南口东街
烽火台	南口镇南口村
菩萨庙	南邵镇何营村
石桥	十三陵镇仙人洞村
大兴寺	小汤山镇酸枣岭村
菩萨庙	小汤山镇后蔺沟村
关帝庙	小汤山镇南官庄村
兴隆寺	小汤山镇常兴庄村
娘娘庙	小汤山镇讲礼村
双观音庵	小汤山镇小东流村
大汤山烈士陵园	小汤山镇大汤山村

昌顺县委政府旧址	兴寿镇桃林村
真武庙	兴寿镇麦庄村
关帝庙	兴寿镇肖村
八王坟石桥	兴寿镇半壁店村
关帝庙	兴寿镇下庄村
菩萨庙(俗称"北庙")	兴寿镇下庄村
关帝庙	兴寿镇上庄村
石佛寺	兴寿镇上西市村
真武庙	兴寿镇东新城村
娘娘庙	阳坊镇马坊村
宝云寺遗址	阳坊镇二道河

区域古树名木名录

名称	地址
旧县唐槐	城南街道旧县村
北庄盘龙松	长陵镇北庄村
檀峪檀树	南口镇檀峪村
王庄酸枣树	南口镇王庄村南
四桥子白果树	南口镇四桥子村

昌平区纳税前 100 名企业名录

国税纳税前 100 名企业

序号	名称	地址
1	北京神华昌运高技术配煤有限公司	北京市昌平区超前路 9 号
2	北京福田环保动力股份有限公司	北京市昌平区沙河镇沙阳路
3	国电燃料有限公司	北京市昌平区超前路 9 号
4	北京市昌平区农村信用合作社联合社	北京市昌平区东环路
5	北京市昌平烟草公司	北京市昌平区西关路 29 号
6	北京鄂尔多斯科技发展有限公司	北京市昌平区科技园区永安路 47 号
7	北京首创轮胎有限责任公司	北京市海淀区德胜门外西三旗东
8	北京水泥厂有限责任公司	北京市昌平区亭子庄乡北小营村东
9	北京利尔耐火材料有限公司	北京市昌平区小汤山镇大东流
10	北京鹿牌都市生活用品有限公司	北京市昌平区南口镇东大街 22 号
11	北京摩比斯中车汽车零部件有限公司	北京市昌平区南口镇马坊村西
12	北京清华阳光太阳能设备有限责任公司	北京市昌平区科技园区白浮泉路 10 号北控科技大厦 8 层 803 室

13	北京首钢红冶钢厂	北京市昌平区昌平火车站西
14	中国工商银行北京市昌平支行	北京市昌平区超前路9号
15	北京三元盛泰房地产开发有限公司	北京市昌平区长陵镇政府街78号
16	北京美玉映霞珠宝有限公司	北京市昌平区西关环岛北100米处
17	北京复盛机械有限公司	北京市昌平区巩华镇沙阳路15号
18	北京线材储运经销部	北京市昌平区沙河镇沙阳路18号
19	北京市三一重机有限公司	北京市昌平区科技园区火炬街18号甲
20	北京鹏达制衣有限公司	北京市昌平区阳坊镇东贯市村
21	北京北大绿色科技有限公司	北京市昌平区科技园区中兴路10号A215室
22	北京秦昌玻璃有限公司	北京市昌平区南口镇东大街52号
23	中国北车集团北京南口机车车辆机械厂	北京市昌平区南口镇道北
24	北京万泰生物药业有限公司	北京市昌平区科技园区创新路7号
25	中油测井技术服务有限责任公司	北京市昌平区创新路12号
26	北京亚都室内环保科技有限公司	北京市昌平区流村镇亚都科技园
27	北京北陆药业股份有限公司	北京市昌平区科技园区白浮泉路10号
28	北京亚都空气净化技术有限责任公司	北京市昌平区沙河镇小寨
29	北汽福田汽车股份有限公司客车销售分公司	北京市昌平区沙河镇沙阳路老牛湾
30	北京乐驰经贸有限公司	昌平区十三陵镇天寿山饭店院内
31	北京三江鸿泰房地产开发有限责任公司昌平分公司	北京市昌平区长陵镇政府北侧院内
32	北京神雾热能技术有限公司	昌平区科技园区永安路47号
33	北京宝树堂科技药业有限公司	北京市昌平区沙河小寨
34	北京博维信三瑞门窗制品有限责任公司	北京市昌平区北七家镇歇甲村
35	北京康比特威创体育新技术发展有限公司	北京市昌平区科技园区利祥路5号
36	北京市昌宁产业有限责任公司	北京市昌平区南关
37	北京赛迪经纬文化传播有限公司	北京市昌平区科技园区超前路9号
38	北京柯布克科技开发有限公司	昌平区科技园区中兴路10号A221室
39	北京京北美廉美超市有限公司	北京市昌平区政府街16号
40	北京柏瑞安科技有限责任公司	昌平区科技园区白浮泉路10号北控大厦1209室
41	三环瓦克华(北京)磁性器件有限公司	北京市昌平区创新路10号
42	北京博纳电子有限公司	昌平区回龙观镇龙城花园内
43	北京清华阳光能源开发有限责任公司昌平分公司	北京市昌平区科技园区白浮泉路10号北控科技大厦8层812室
44	北京蒙太因医疗器械有限公司	北京市中关村科技园区昌平园超前路12号
45	北京新雷能有限责任公司	北京市昌平区回龙观镇南店村南
46	北京北科麦思科自动化工程技术有限公司	北京市昌平区振兴路5号
47	北京市昌平新世纪商城	北京市昌平区鼓楼南大街
48	北京银桥电机厂有限公司	北京市昌平区南邵镇何营村东
49	北京大森长空包装机械有限公司	北京市昌平区科技园区火炬街3号
50	有研亿金新材料股份有限公司	北京市昌平区星火街6号
51	北京金殿友谊商城有限公司	北京市昌平县南口镇龙虎台村
52	北京人卫印刷厂	北京市昌平区百善镇东沙屯村
53	北京富桦明电子有限公司	北京市昌平区南邵镇纪窑村东侧(兴昌路9号)
54	北京资宝瑞光玉器有限公司	北京市昌平区西关环岛北100米处
55	北京依文服装服饰有限公司	北京市海淀区羊坊店17号
56	北京英特莱科技有限公司	北京市昌平区西环路76号

57	北京利龄恒泰药业有限公司	北京市昌平区科技园区振兴路9号
58	北京伏尔特医疗器材科技有限公司	北京市昌平区科技园区中兴路10号A328室
59	中国南车集团北京机车车辆机械厂	北京市昌平区昌平火车站西
60	北京华都肉鸡公司	北京市昌平区小汤山镇沟流路101号
61	北京三奇医药技术研究所	昌平区城区镇超前路9号
62	北京中油华昌加油站	北京市昌平区十三陵镇康陵园村
63	中电智能卡有限责任公司	北京市昌平区昌盛路26号
64	北京长空工业有限公司	北京市昌平区振兴路10号
65	北京万特福医疗器械有限公司	北京市昌平区科技园区永安路47号A317室
66	海特光电有限责任公司	北京市昌平区科技园区永安路47号A108室
67	北京变压器厂有限公司	北京市昌平区白浮泉路17号
68	北京兴普精细化工技术开发公司	北京市昌平区白浮泉路1号
69	北京市昌平区自来水公司	北京市昌平区南环路(永安环岛西)
70	国电电力发展股份有限公司北京分公司	昌平区城区镇超前路9号
71	国电博纳(北京)电气技术有限责任公司	北京市昌平区科技园区创新路8号
72	中信国安盟固利电源技术有限公司	北京昌平区中关村高科技开发区工业园白浮泉路18号
73	西藏大道堂养生制品有限公司北京分公司	北京市昌平区南邵镇四合庄村东
74	北京晓通志达科技有限公司	北京市昌平区科技园区白浮泉路13号301室
75	北京金威焊材有限公司	北京市昌平区沙河镇白各庄
76	北京老万生物质能科技有限责任公司	北京市昌平区科技园区超前路23号
77	北京环鼎科技有限责任公司	北京市昌平区创新路12号
78	北京直真节点技术开发有限公司	昌平区科技园区超前路13号
79	北京希杰食品有限公司	北京市昌平区沙河镇松兰堡村北
80	北京昌信回龙园别墅有限公司	北京市昌平区回龙观镇二拨子村
81	北京宇信鸿泰科技发展有限公司	昌平区科技园区创新路8号309室
82	韩华综化(北京)塑料有限公司	北京市昌平区中关村科技园(东区)利祥路4号
83	北京艾迪菲导航科技有限公司	昌平区科技园区火炬街23号
84	北京煜邦电力技术有限公司	昌平区城区镇创新路17号
85	北京利德华福电气技术有限公司	北京市昌平区昌平科技园白浮泉路10号北控大厦10层1003
86	北京康得新印刷器材有限公司	北京市昌平区科技园区振兴路26号
87	北京稻香村食品有限责任公司食品厂	北京市昌平区北七家镇工业科技园
88	北京京城环保产业发展有限责任公司	北京市昌平区昌平科技园白浮泉路17号
89	北京天地玛珂电液控制系统有限公司	昌平区科技园区振兴路9号
90	华北电网有限公司北京十三陵蓄能电厂	北京市昌平区城区镇水关新村
91	北京京客隆商业集团股份有限公司回龙观商场	北京市昌平区回龙观镇二拨子北京时代文具公司院内
92	北京祺祥鑫福工艺品商店	北京市昌平区西关环岛北100米处
93	北京市昌平区东小口农村信用合作社	北京市昌平区东小口镇
94	路桥集团第一公路工程局第一工程公司	北京市昌平区阳坊镇阳坊村
95	北京华泰变压器有限公司	北京市昌平区白浮泉路17号
96	北京市昌平区北七家农村信用合作社	北京市昌平区北七家镇
97	北京绿创环保设备股份有限公司	北京市昌平区振兴路28号
98	北京中油华路石化有限公司	北京市昌平区马池口宏道村马白路188号
99	北京世通华奥油田化学技术有限公司	北京市昌平区科技园区白浮泉路10号1211房间
100	北京市太极华英信息系统有限公司	北京市昌平区科技园区创新路9号

地税纳税前100名企业

序号	名称	地址
1	顺天通房地产开发集团有限公司北京销售分公司	北京市昌平区东小口镇天通苑内
2	北京新龙房地产开发有限公司	北京市昌平区回龙观镇黄土南店
3	北京顺天通建筑工程有限公司	北京市昌平区东小口镇天通苑小区201楼1单元3层5室
4	北京翰宏基业房地产开发有限公司	朝阳区亚运村华馨公寓410楼2单元501号(小汤山)
5	北京百环房地产实业有限公司	北京市海淀区厂洼街甲8号
6	北京天鸿集团公司回龙观房地产开发部	北京市昌平区回龙观镇文化居住区风雅园一区18号楼
7	北京三元盛泰房地产开发有限公司	北京市昌平区政府街78号
8	北京新龙伟业建筑工程有限公司	北京市昌平区回龙观镇回龙观村南
9	北京诺华制药有限公司	北京市昌平区永安路31号(城关乡南关)
10	北京碧水庄园房地产开发有限公司	北京市昌平区史各庄乡碧水庄园物业管理大楼
11	北京市昌平供用电工程安装公司	北京市昌平区西关三角地3号
12	北京九华山庄国际保健俱乐部集团有限公司	北京市昌平区小汤山镇葫芦河村北
13	北京佳隆房地产开发有限公司第一销售分公司	北京市昌平区北七家镇高科技工业园企业孵化器
14	北京神华昌运高技术配煤有限公司	北京市东霜区交道口菊心胡同33号
15	二六三网络通信股份有限公司	北京市朝阳区光华路1号南楼7层嘉里中心
16	北京市昌平一建建筑有限责任公司	北京市昌平区科技园区振兴路16号
17	北京佰嘉置业有限公司	北京市海淀区中关村南大街1号友谊宾馆会议楼3层
18	北京天运通房地产开发有限责任公司	北京市昌平区二毛环岛北
19	北京世涛基业房地产开发有限公司	北京市昌平区长陵镇政府南侧
20	中国工商银行北京市昌平支行	北京市昌平区超前路9号
21	北京首钢红冶钢厂	北京市昌平区昌平火车站西
22	北京枫树置业有限公司	北京市昌平区北七家镇东沙各庄
23	北京久长房地产开发有限公司	北京亚运村汇园公寓M座508室(小汤山)
24	顺驰置地(北京)房地产开发有限公司	北京市昌平区百善镇人民政府院内
25	北京中关村生命科学园发展有限责任公司	北京市昌平区生命园路29号
26	中国农业银行北京市昌平区支行	昌平城区镇石坊沿胡同西12号
27	北京市裕发东瑞房地产开发有限公司	北京市昌平区北七家镇平坊村东
28	北京市玉龙吉胜房地产开发有限公司	北京市昌平区回龙观镇南店村
29	北京华彬庄园绿色休闲健身俱乐部有限公司	昌平区土楼南口农场场部院内
30	北京兆恒房地产开发有限公司	北京市昌平区鼓楼东街42号
31	北京昌信回龙园别墅有限公司	北京市昌平区回龙观镇二拨子村
32	北京赛迪经纬文化传播有限公司	北京市海淀区学院路66号
33	北京罗顿沙河建设发展有限公司	北京市昌平区沙河镇政府院后楼
34	北京中北房地产开发有限责任公司	昌平区上苑桃峪口旅游渡假村
35	中国银行股份有限公司北京昌平支行	北京市昌平区南环路57号
36	北京金成华房地产开发有限公司	北京市昌平区小汤山镇政府西侧市政管理所3层306室
37	北京福田环保动力股份有限公司	北京市昌平区科技园区超前路9号
38	北京市裕发房地产开发集团	北京市朝阳区小营北路19号

39	北京城建天麓房地产开发有限公司	北京市海淀区永定路甲15号中电兴发大厦2层东1－15号
40	北京天成天高科技农业发展有限公司	北京市昌平区小汤山镇现代农业科技示范园
41	中国建设银行股份有限公司北京昌平支行	北京市昌平区东环路中段
42	北京掌讯远景数码信息技术有限公司	北京市昌平区科技园区富康路18号
43	中国网通(集团)有限公司北京市昌平区分公司	北京市昌平区政府街8号
44	北京玫瑰园别墅有限公司	北京市昌平区沙河镇小寨村
45	北京北大绿色科技有限公司	北京市昌平区科技园区中兴路10号A215室
46	北京中电报科技发展有限公司	北京市昌平区昌平科技园区火炬街甲12号208室
47	北京国际高尔夫游乐公司	北京市昌平区十三陵水库北侧
48	北京市昌平房地产开发总公司	北京市昌平区东环路99号
49	国电燃料有限公司	北京市昌平区科技园区中兴路10号
50	北京宏福建工开发有限公司	北京市昌平区平西府镇郑各庄村
51	北京市嘉鸿房地产开发有限公司回龙观分公司	北京市昌平区回龙观镇工业企业公司院内
52	北京九华国际会议服务中心有限公司	北京市昌平区小汤山镇九华山庄院内
53	北京三江鸿泰房地产开发有限责任公司昌平分公司	北京市昌平区长陵镇政府北侧院内
54	北京水泥厂有限责任公司	北京市昌平区亭子庄乡北小营村东
55	新时代健康产业(集团)有限公司	北京市昌平区科技园区白浮泉路10号北控科大厦九层
56	北京宏东房地产开发有限公司	北京市昌平区长陵镇政府北侧院内386室
57	北京国电诚信招标代理有限公司	北京市西城区三里河东路5号
58	中油测井技术服务有限责任公司	北京市昌平区创新路12号
59	北京鸿安兴业房地产开发有限公司	北京市昌平区科技园区永安路47号
60	北京市昌平区十三陵特区办事处	北京市昌平区十三陵定陵
61	北京华远龙苑房地产开发有限公司	北京市昌平区长陵镇政府北侧院内301室
62	国电电力发展股份有限公司北京分公司	北京市宣武区南滨河路1号高新大厦九层
63	中国人民财产保险股份有限公司北京市昌平支公司	北京市昌平区北环路21号
64	北京凤山温泉度假村	十三陵水库大坝东侧
65	北京天龙苑房地产开发有限公司	北京市昌平区东小口镇贺家村村民居委会
66	北京弘高建筑装饰设计工程有限公司	北京市昌平区长陵镇政府北侧院内
67	北京市昌平区农村信用合作社联合社	北京市昌平区东环路
68	北京手表厂有限公司	北京市昌平区东门外
69	北京嘉德建业房地产开发有限公司	北京市昌平区马池口镇政府大楼1层112室
70	北京市公路桥梁建设公司第一工程处	北京市昌平区沙河镇北门西街22号
71	北京华科电力工程技术有限公司	北京市昌平区创新路17号
72	北京昌房地产开发有限公司	北京市昌平区南邵镇景文屯西街122号
73	北京天元广建房地产开发有限公司	北京市昌平区政府街62号
74	北京国信建筑工程有限责任公司	北京市昌平区长陵镇政府北侧院内422室
75	中国石油集团东方地球物理勘探公司北京石油培训中心	北京市昌平区长陵镇锥石口村
76	北京首创轮胎有限责任公司	北京市海淀区德胜门外西三旗新都路东
77	北京法政实业集团有限公司	北京市昌平区平西府镇王府公寓
78	北京龙城丽宫国际酒店	北京市昌平区回龙观镇龙城花园内
79	北京天龙源温泉旅游发展有限公司	北京市昌平区邓庄村
80	国电物资有限公司	北京市昌平区超前路9号
81	北京神雾热能技术有限公司	北京市昌平区科技园区永安路47号

82	新兴福田建筑工程有限公司	北京市昌平区沙河镇沙阳路15号
83	北京高苑房地产开发有限公司	北京市昌平区南口镇政府院内
84	北京鑫隆源房地产开发有限公司	北京市昌平区回龙观镇
85	北京温碧源住宅有限公司	北京市昌平区小汤山镇温碧源花园
86	北汽福田汽车股份有限公司	北京市昌平区沙河镇沙阳路老牛湾村北
87	北京泰兴房地产开发有限公司	北京市昌平区南郝庄村
88	赛迪顾问股份有限公司	北京市海淀区紫竹院路66号塞迪大厦10层
89	北京慧聪国际资讯有限公司	昌平区科技园区白浮泉路10号2号楼北控科技大厦413室
90	北京昌水建筑公司	北京市昌平区二毛路口
91	北京肆维基业房地产开发有限公司	北京市昌平区水库路交通大队东侧
92	北京易地斯埃东方环境景观设计研究院有限公司	北京市昌平区中关村科技园区昌平园富康路18号511室
93	中国石油大学(北京)	北京市昌平区府学路18号
94	北京天杼然房地产开发有限公司	北京市昌平区城南街道邓庄村东侧
95	北京中源政通置业有限公司	北京市朝阳区大屯路安慧北里逸园甲16#
96	北京必胜房地产开发有限公司	北京市西城区裕中西里34号楼一层
97	北京宇信鸿泰科技发展有限公司	北京市昌平区科技园区创新路9号
98	北京红树林环保技术工程有限责任公司	北京市昌平区科技园区白浮泉路北控科技大厦1203室
99	北京北陆药业股份有限公司	北京市海淀区成府路35号
100	北京煜邦电力技术有限公司	北京市西城区复兴门外地藏庵南巷1号

昌平区科技园区重点企业名录

中信国安盟固利电源技术有限公司
中电智能卡有限责任公司
北京博奥生物芯片有限责任公司
有研亿金新材料股份有限公司
北京北科麦思科自动化工程技术有限公司
北京巴可利亚德电子科技有限公司
北京清华阳光太阳能设备有限责任公司
北京蒙太因医疗器械有限公司
北京万泰生物药业有限公司
北京利德华福电气技术有限公司
北京安泰钢研超硬材料制品有限责任公司
北京鄂尔多斯科技发展有限公司
北京市三一重机有限公司
北京康比特威创体育新技术发展有限公司
北京福田环保动力股份有限公司
北京乐普医疗器械有限公司
北京复盛机械有限公司
北京环鼎科技有限责任公司
北京老万生物质能科技有限责任公司
北京摩比斯中车汽车零部件有限公司

昌平区建筑开发企业名录

昌平房地产开发总公司
都市岳华房地产开发有限公司
中北房地产开发有限责任公司
法政实业有限公司
九台房地产开发有限责任公司
蓬莱物业开发中心
八仙房地产开发有限责任公司
久长房地产开发有限公司
元龙房地产开发有限责任公司
王府花园开发公司
玫瑰园别墅有限公司
兴昌高科技发展总公司
宏福建工开发有限公司
龙脉温泉房地产开发有限责任公司
高苑房地产开发有限公司
新龙房地产开发有限公司
昌房房地产开发有限公司
中兴恒业房地产开发中心
天方房地产开发有限责任公司
泰兴房地产开发有限公司
兆恒房地产开发有限公司
后花园房地产开发有限公司
太阳城房地产开发有限公司
中关村国际商城发展有限公司
润杰房地产开发有限公司
亚宏房地产开发有限责任公司
博达房地产开发有限博公司
伟业兴房地产开发有限责任公司
天龙苑房地产开发有限公司
天成天房地产开发有限公司
天润杰房地产开发有限公司
众益家园房地产开发有限公司
碧水庄园房地产开发有限公司
华尔克房地产开发有限公司
廾田房地产开发有限公司
盛宏房地产开发有限公司
世涛基业房地产开发有限公司
肆维基业房地产开发有限责任公司
天运通房地产开发有限责任公司
金兰房地产开发有限公司
九华房地产开发有限公司
海锦房地产开发有限公司
恒银房地产开发有限公司
若森房地产开发有限公司
玉龙吉胜房地产开发有限公司
燕海房地产开发有限责任公司
宏华伟业房地产开发有限公司
腾昌兴房地产开发有限公司
双龙房地产开发有限公司
大道惠仓房地产开发有限公司
地天四合置业房地产有限责任公司
华乾房地产开发有限公司
兴昌达博房地产开发有限公司
佳莲房地产开发有限公司
翰宏基业房地产开发有限公司
华鑫伟业房地产开发有限公司
沿海绿色家园世纪房地产公司
蓝华宇房地产开发有限公司
宏达新安房地产开发有限公司
正旗房地产开发有限公司
中联亚房地产开发有限公司
腾龙伟业房地产开发有限公司
龙脉花园房地产开发有限公司
达华庄园房地产开发有限公司
新普纪元房地产开发有限公司
天元广建房地产开发有限公司
中铁鑫业投资有限公司
天杼然房地产开发有限公司
富俊房地产开发有限公司
都市芳园房地产开发有限公司
顺驰置地(北京)房地产开发有限公司
天燕房地产开发有限公司

昌信回龙园别墅有限公司
嘉海兴业房地产开发有限公司
秀清房地产开发有限公司
华洋恒业房地产开发有限公司
昌腾房地产开发有限公司
奥成房地产开发有限公司
中盛兴建房地产开发有限公司
百邑纪元房地产开发有限公司
富兴鑫阳房地产开发有限公司
争创崇维房地产开发有限公司
嘉德建业房地产开发有限公司
嘉德新业房地产开发有限公司
兴海维房地产开发有限公司
天恒世纪房地产开发有限公司
庭宇福祥房地产开发有限公司
钰阳创业房地产开发有限公司
百环房地产开发有限责任公司
银信绿洲房地产开发有限公司
鼎昌房地产开发有限公司
振兴亚北土地开发有限公司
鸿安兴业房地产开发有限公司
必胜房地产开发有限公司
汇超房地产开发有限公司
银桥房地产开发有限公司
顺天盛房地产开发有限公司
新澳通房地产开发有限公司
新领域房地产开发有限公司
创业谷置业发展有限公司
中关村兴业(北京)高科技孵化器股份有限公司
首发房地产开发有限责任公司
瑞泰房地产开发有限公司
晨创孵化器建设有限公司
绿云房地产开发有限公司
瑞坤置业有限责任公司
金盛世房地产开发有限公司
上城家园房地产开发有限责任公司
北京乐聚置业有限公司
天龙泽房地产开发有限公司
博龙宏基房地产开发有限公司
珠江温泉房地产开发有限公司
泽杰房地产开发有限公司
正基房地产开发有限公司
皇明置业(北京)有限公司
金海通房地产开发有限责任公司
城厚祥房地产开发有限公司
中软置业有限公司
铭嘉房地产开发有限公司
安居广厦房地产开发有限公司
罗顿沙河建设发展有限公司
龙冠房地产开发有限责任公司
龙德置地有限公司
万泰华新房地产开发有限责任公司
宏旭超房地产开发有限公司
三元盛泰房地产开发有限公司
中世通房地产开发有限公司
升和房地产开发有限公司
天鸿嘉诚房地产开发有限公司
中新油房地产开发有限公司
兆泽房地产开发有限责任公司
北京地泰置业有限公司
国扬房地产开发有限公司
时光房地产开发有限公司
正阳巩华置业有限公司
龙脉兴源房地产开发有限公司
天启房地产开发有限公司
兴源时代置业有限公司
国伦房地产开发有限公司
华奥伟业房地产开发有限公司
宇辰八仙房地产开发有限公司
金龙震宇房地产开发有限公司
中关村生命科学园发展有限责任公司
建发房地产开发有限公司
华远龙苑房地产开发有限公司
凯爱置业有限公司
金成华房地产开发有限公司
信创置业有限公司
华东房地产开发有限公司
佳莲伟业房地产开发有限公司
北京佰嘉置业有限公司
金厦园房地产开发有限公司

山水居地产开发有限公司
华美财富(北京)国际置业有限公司
成泰房地产开发有限公司
圣霖房地产开发有限公司
燕丹房地产开发有限公司
恒瑞创世房地产开发有限公司
绿水山城房地产开发(北京)有限公司
龙鑫房地产开发有限公司
嵩澜置业有限责任公司
德林海房地产有限公司
联盟天地房地产开发有限公司
原创住业房地产开发有限公司
西南置业有限公司
英图光彩置业有限责任公司
星火玉龙房地产开发有限公司
国华富泉房地产开发有限公司
温碧源住宅有限公司
枫树置业有限公司
中海海洋花园房地产开发有限公司
北京宏东房地产开发有限公司
北京金环房地产开发有限公司
北京国顺昌房地产有限公司
新天麓房地产开发有限
益邦房地产开发有限公司
北京置信华安房地产开发有限公司
北京澳柯玛中嘉房地产开发有限公司
北京丰阳置业有限公司
北京德宝房地产开发有限责任公司
丽辉房地产开发有限公司
塞博房地产开发公司
龙森回龙观房地产开发有限公司
北京世纪御苑房地产开发有限公司
北京汇恒信泰房地产开发有限公司
金致达嘉润水乡地产开发有限公司
宏大金华地产开发有限公司
清河绿洲房地产开发有限公司
天汇房地产开发有限责任公司